内涵暨外延

故宫黄易尺牍研究国际学术研讨会论文集

故宫博物院 编

故宫出版社
The Forbidden City Publishing House

图书在版编目(CIP)数据

内涵暨外延:故宫黄易尺牍研究国际学术研讨会论文集/秦明主编.故宫博物院编. —北京:故宫出版社, 2018.8

ISBN 978-7-5134-1147-9

Ⅰ. ①内… Ⅱ. ①秦… Ⅲ. ①黄易（1744–1802）–金石学–国际学术会议–文集 Ⅳ. ①K87-53

中国版本图书馆CIP数据核字（2018）第171240号

内涵暨外延

故宫黄易尺牍研究国际学术研讨会论文集

故宫博物院　编

出 版 人：王亚民

主　　编：秦　明

责任编辑：朱　蓝　张圆满

装帧设计：王　梓　于朝娟

封面手写字体：丹　园

责任印制：马静波　常晓辉

出版发行：故宫出版社

地址：北京市东城区景山前街4号　邮编：100009

电话：010-85007808　010-85007816　传真：010-65129479

网址：www.culturefc.cn

邮箱：ggcb@culturefc.cn

制版印刷：北京雅昌艺术印刷有限公司

开　　本：889毫米×1094毫米　1/16

印　　张：37.5

版　　次：2018年8月第1版

2018年8月第1次印刷

书　　号：ISBN 978-7-5134-1147-9

定　　价：460.00元

故宫博物院学术出版项目

故宫博物院黄易金石学研究科研课题阶段性成果

序 一

回顾与回响

施安昌

1978 年，我到故宫博物院保管部就职不久，便为业师马子云先生整理誊抄《石刻见闻录》书稿。书中记载不少被黄易发现的石刻或收藏过的拓本，我还和院藏拓本一一对照。该书后为广西师范大学出版社出版，名为《碑帖鉴定》。由此对黄易有了较多了解。

1983 年，我曾随马子云先生到泰安、曲阜、济南、济宁考察，期间在济宁碑林和武氏祠等地仔细观摩。之后，写了《黄易〈岱麓访碑图〉》一文。

1987 年，赴嵩山实地访碑、录目，以清人叶封《嵩阳石刻记》和黄易《嵩洛访碑日记》为参照，想和清代的存碑情况做个比较。1988 年写成《嵩山访碑及佚碑考》发表。

20 世纪 90 年代，发表《清代发现的汉碑及其对清人书法的影响》，认为今所知见的汉碑，大部分是在清代发现的或重新访得的，其中黄小松起着突出的作用。

这一时期，我在编写《汉华山碑题跋年表》，见到小松的事迹，时常被他的同辈和后人称道或提到。

1991 年起，我参加了法国国家科学中心批准，戴仁（J.P.Drege）教授主持的法国藏中国碑帖拓本整理编目项目。我查阅过百年前 1893 年出版的欧洲汉学泰斗爱德华·沙畹（Edouard Chavannes, 1865—1918）撰写的《中国两汉的石刻》，该书着重讲述了作者对嘉祥武梁祠遗址之考察，详细分析了它的发掘、复原和保护，解释图画内容和结构，并有照片与绘图。他在 1891 年访问武氏祠，并向泰安碑估买下全套拓片。

以后，我在巴黎的亚洲学会、法兰西学院、法国远东学院和吉美博物馆分别见到了多套武氏祠石刻拓本，还有与黄易相关的孝堂山郭氏墓石祠、金乡朱鲔石室的拓本，传拓时间从清代后期到民国初期，其搜集者即沙畹、伯希和（Paul Pelliot, 1878—1945）等汉学家。在大英博物馆也存有整套武氏祠石刻拓本。英国汉学家卜世礼（Stephen Wootton Bushel, 1844—1908）于 1881 年搜集的，他还将其带到柏林在东方协会展示。

2007 年，我到美国芝加哥菲尔德自然历史博物馆做碑帖拓本编目，那里有武氏祠拓本两套，是该馆创始人东方学家和人类学家贝索德·劳费尔（Berthold Laufer, 1874—1934）早年入藏的。

2009年，故宫举办“蓬莱宿约——故宫藏黄易小蓬莱阁汉魏碑刻特展”，由秦明先生主持，我随院考察队追寻小松遗踪，访古观碑，拜访耆旧，参观文博、文管单位。展览之后，故宫“黄易金石学研究”科研课题随之立项，内外合作，步步推进。已出版《蓬莱宿约——故宫藏黄易汉魏碑刻特集》《黄易与金石学论集》和《故宫藏黄易尺牍研究》等，与时俱进。我先后撰文《黄易，一位值得纪念、有待研究的金石考古家》《书张廷济录黄小松致赵魏三札后》《黄易〈小蓬莱阁金石文字〉拟目——兼谈作者的编书思想》三篇。

以上回顾了和黄易相关文物接触的经历。由于工作关系，接触主要在石刻及其拓本。如今大家看到小松的遗存品类多样，内容丰富，这是当初想象不到的。

八年来，活动的策划组织者们不辞辛苦，其毅力与成效令人佩服。许多参加者，如朱琪、杨国栋、贺宏亮、杨爱国等先生，同志合虑，贡献钻研心得。我觉得他们同二百年前先贤之间建立了一条精神纽带，每发现一件相关的文物，每当一件书札讲的事情可以与其他遗文联系起来得到解释或者修正以前的看法时，都会使纽带拉得更紧一些。

欧洲学术机构为什么早在19世纪末20世纪初就纷纷收藏武氏祠拓本和其他与黄易有关的石祠拓本呢？这与沙畹、劳费尔等人的引领有关，还由于那时考古学、东方学和艺术史研究的锐进。武氏祠遗址是从地下发掘出来的（1786），人们力图复原并专门保护下来了。西方人由此看到18世纪晚期中国考古学的端倪，十分惊讶，认为黄易是个异数。武氏祠上留下了两千年前的精美复杂的绘画雕刻，一些难以破解的历史与神话谜题。而以前他们所知中国古代早期美术仅限于青铜器和玉器。武氏祠画像旁还有许多榜题揭示图像内容，这在世界各古文明的美术中罕有可类比者。如此种种不能不使外国人叹服，激发起对中国考古的向往。

关于欧洲考古发展史，大学教科书如格林·丹尼尔（Glyn Daniel）《考古学一百五十年》上讲到下面几件标志性事件：如英国画家詹姆斯·斯图尔特（James Stuart）和建筑师尼古拉·列维特（Nicholas Revett）1751—1753年在雅典进行测量、绘图和记录，编出《雅典文物》四卷（1762—1816）。如普鲁士的J.J. 温克尔曼（J. J.Winckelmann, 1717—1768）利用古代遗物为依据，写成《古代美术史》，于1764年出版。苏格兰地质学家J. 赫顿（James Hutton, 1726—1797）在《地球的理论、证据和说明》中提出“均变论”观点，从理论上确立了层位学，该书发表于1795年。英国地质学家查尔斯·赖尔（Charles Lyell, 1797—1875）的《地质学原理》（1833年出版）进一步论证了这一理论。18世纪末，拿破仑远征埃及，从行学者们研究罗塞达碑等文物和铭文，编纂了《埃及记》（1807—1813），促成埃及学产生。1822年，法国商博良（Jean François Champollion, 1790—1832）是首位成功破解古埃及象形文字的学者。丹麦皇家北方古物博物馆馆长C.J. 汤姆森（C.J.Thomsen, 1788—1865）于1836年撰写的《北方文物陈列指南》，介绍了在史前考古学中以石器时代、青铜时代、铁器时代的分期方法作为欧洲生产技术进步的三个阶段。教科书还认为：1840年以前是欧洲考古学的萌芽时期，其前身是兴起于文艺复兴时代的古物学。1840年以后则是考古学的发展和成熟时期。

回顾上述欧洲考古学史之片段，就不难理解外国学者面对武氏祠时的敏锐观察了。他们的收藏、展示和撰述可以看作对于历史的一波回响，国际上的研究从此开始并延续下来。欧洲的从古物学到考古学，中国的从金石学到考古学，这是两个题目，可以做比较研究，应是很有意思的。

放宽一点看，二十年来黄易和清代金石学在国内外都成为一个关注点，这是对于历史的又一波回响，方兴未艾。

2018 年 6 月

序 二

《故宫黄易尺牍研究国际学术研讨会论文集》序

白谦慎

2017年3月29日至30日，“内涵暨外延：故宫黄易尺牍研究国际学术研讨会”在济南市召开。在为期两天的会议中，三十多位学者提交了论文，我受会议组织者秦明先生的委托，作会议总结。经过一年的修改，会议论文结集出版，我又受命作序。在此我将自己在济南会议上作的总结发言稍作扩充整理，发表一点意见，供大家参考。

我在济南的总结中，指出了本次会议取得的三个主要成果。

一、本次会议虽然以尺牍研究为名，但由于黄易的经历丰富，研究、收藏的面广，所以会议包含的内容非常丰富，远远超出了尺牍。学者们提交的论文涉及黄易本人的艺术（绘画、书法、篆刻、双钩等），黄易的收藏（拓片、钱币、吉金、瓦当等），黄易的生平（交游、地方官在他的金石生涯中的作用等）。三场主旨演讲也涉及了黄易金石著录拟目所反映的编书思想、围绕着武氏祠的一场辩论、和黄易有关的石室等遗迹。从这个意义上来说，这次会议是继2009年11月故宫举办的“黄易与金石学国际学术研讨会”后的又一次关于黄易研究的学术盛会，对于推进黄易和清代中期金石学的研究具有重要意义。

二、本次会议的另一个重要的特点就是学者们在论文中公布了不少珍贵的资料，譬如说，山东博物馆藏《黄小松辑释吉金拓本》。2012年7月，我曾和秦明先生一起观看了这部册页，当时就觉得非常有价值。收藏青铜器，在宋代曾经成为风气，在接下来的元明时代则逐渐衰落。在我曾经研究过的明末清初，金石收藏主要是石而非金，当时的金石学著作也是如此。在乾嘉的后期，文人收集吉金开始逐渐流行起来，阮元、伊秉绶、孙星衍、张廷济、吴荣光等都有收藏。道光以后风气更盛，陈介祺、吴云、李宗岱、潘祖荫、吴大澂等都竭力收藏“金”。过去我们对黄易收藏的石刻拓本比较熟悉，而山东博物馆所藏的这套《黄小松辑释吉金拓本》，全是“金”，对我们了解黄易收藏活动的广度，很有帮助。

这套吉金拓本也可以澄清学界的一些错误认识。我在美国教书二十年，虽然在两年前海归，但是对于海外艺术史界的动态还是有所了解的。近些年来，海外和港台的学者关注从传统金石学向现代考古学的转向，“器物”这个概念的出现，以及中国文人何时开始收藏三维的雕塑。在传统的雕塑中，佛像是重要的组成部分。那么从什么时候文人开始收藏立体的佛像呢？有位美国学者说是从王懿荣开始的，因为王懿荣的妻子信佛教，所以收藏佛像。这明显是错误的。山东济宁博物馆收藏有黄易修复的一尊小佛像（薛匡生造像），2009年的黄易研讨会有一篇论文就是讲这尊佛像的。《黄小松辑释吉金拓本》中也有不少小佛像的拓片。所以，至少在乾嘉时期，已有文人收藏六朝到唐代的鎏金铜佛像，而零星的收藏可以追溯到更早。到了晚清，除了王懿荣，潘祖荫、吴大澂等也都收藏。

三、本次会议推动了黄易尺牍的整理和研究。近年来尺牍越来越引起学界不同领域的重视。前年秦明先生等整理出版故宫藏黄易手札时，我写了一篇序，专门谈到了整理稿本尺牍的重要性。2017年3月初，凤凰出版社出版了上海图书馆藏的《庞虚斋藏清朝名贤手札》。2017年8月至10月，上海博物馆举办了"遗我双鲤鱼：上海博物馆藏明代吴门书画家书札精品展"，出版了图录和论文集。信札的整理、研究、出版将是今后十年、二十年甚至更长一段时间内重要的学术工作。本次会议不但走在了学术的前沿，也实实在在地推进了尺牍的整理和研究。

围绕着尺牍而展开的学术工作，大致可以分为整理和研究两方面，两者有区别也有联系。整理工作应该努力和研究工作结合在一起，整理为研究服务，研究带动整理，因为某些尺牍只有在积累了一定的研究之后才能准确释读。整理释文，提供简单的注解，固然也是学术贡献，但若能够从中发现问题，提出有意义的议题，进行比较深入的分析讨论，则更为理想。我觉得今后参与古代书画（包括书札）整理的人们，可以思考如何在整理工作中发现一些有意思的问题来分析研究。

本次会议的主持者秦明先生多年来坚持不懈地推动黄易的研究工作。他在继故宫博物院科研课题——黄易金石学研究（一）（二）完成之后，又将开展黄易金石学研究（三）的项目——以金石学为主线的《黄易全集》的整理编纂与出版，这无疑将是黄易研究最重要的文献工作。在主要文献工作接近尾声之时，如何将黄易研究推向深入，也将成为我们面临的新挑战。

2018年6月

目 录

Contents

黄易《小蓬莱阁金石文字》拟目

——兼谈作者的编书思想

施安昌

故宫博物院研究室研究馆员

内容提要：《小蓬莱阁金石文字》是黄易的主要著作，内容包括九种汉魏碑刻和武梁祠画像石拓本的双钩本、释文和题跋。与众不同的是该书无目录，不分卷，有三种页码。因此，本文拟定了一个目录并分析作者当初编书的思想即把双钩本、释文和题跋原原本本地呈现出来，而不必遵守书籍的通常体例。

关键词：黄易　翁方纲《小蓬莱阁金石文字》目录

一、《小蓬莱阁金石文字》分卷拟目

《小蓬莱阁金石文字》是黄易编纂的金石学著作之一，并有嘉庆、道光、光绪刻本传世，[1]以嘉庆五年（庚申 1800）本为多见。该书无目录，不分卷，因为利用不便，以至后人引用时常从其他书中转引。为了有助于了解书的内容，方便翻检，今试为其分卷拟目，底本是嘉庆五年刻本，[2]五册装。

兹立编目凡例如下：

甲、每种石刻自成一卷，共十卷。石刻名称按黄易《小蓬莱阁金石目》定名，石刻名即卷名。

乙、同种石刻下附同一人题跋有一则，也有几则，不再区别。

丙、题跋自署纪年者标出，未署纪年者不作推定。

丁、武梁祠画像卷包括画像摹本、榜题摹本、榜题释文、题跋和观款五项。画像摹本的名称取榜题前几个字定名。

戊、武梁祠画像卷观款甚多，集中在 20 页至 23 页，目录内不再标出。

己、页码分两项，前者为原书页码，后者为新编分卷页码。

在卷二末尾刻印翁方纲隶书题记："钱唐黄秋盦小蓬莱阁所藏金石，就其罕传者双钩镌木以公同好。"并行书题诗："两卷岱嵩三宿梦，千年分隶一苔岑。槎枒渴笔千秋影，尽是低回忆我心。小诗奉题秋盦先生汉隶摹本。"无年款，占一页。

目录

徐坚跋　乾隆五十一年　丙午	四	26	
黄易跋	四	26	
第三册			
卷五　汉小黄门谯敏碑			
碑额	一	1	
碑文	一	6	
释文	一	27	
无名氏旧跋（附黄易跋）	一	27	
翁方纲跋	一	27	
黄易跋	二	28	
卷六　汉王稚子阙			
铭文	一	1	
释文	一	9	
摄六老人跋　乾隆四十二年　丁酉	一	9	
无名氏跋	二	10	
顾苓跋　乾隆四十二年　丁酉	二	11	
黄易跋	二	11	
翁方纲跋　乾隆五十年　乙巳	三	11	
张埙跋　乾隆五十年　乙巳	四	12	
钱大昕跋	六	14	
第四册			
卷七　庐江太守范式碑			
碑额	一	1	
碑文	一	7	
释文	一	28	
卢文弨跋　乾隆四十八年　癸卯	一	28	
翁方纲跋　乾隆四十八年　癸卯	二	28	
张埙跋　乾隆四十八年　癸卯	四	31	
郑际唐跋　乾隆四十九年　甲辰	六	32	
毕沅跋　乾隆五十年　乙巳	六	32	
严长明跋　乾隆五十年　乙巳	七	33	
黄易跋　乾隆五十四年　己酉	七	33	
范式碑残石碑阳摹本	一	34	
范式碑残石碑阴摹本	二	35	
碑阳释文	一	36	
碑阴释文		36	

李东琪记　乾隆五十四年　己酉	一	36	
黄易记　乾隆五十四年　己酉	一	36	
李克正记　乾隆五十四年　己酉	一	37	
黄易跋　乾隆五十四年　己酉	二	37	
卷八　汉三公山碑			
摹写本	一	1	
释文	一	2	
黄易跋	一	2	
赵魏跋　乾隆四十一年　丙申	一	2	
翁方纲跋　乾隆四十一年　丙申	三	4	
李东琪跋	四	5	
黄易跋	四	5	
第五册			
卷九　武梁祠像唐拓本			
（一）伏戏仓精图摹本	一	1	
翁方纲跋	二	2	
阮元跋	二	2	
（二）祝诵氏图摹本	三	3	
黄易跋	三	3	
查慎行案，翁方纲案	三	3	
（三）神农氏图摹本	四	4	
查慎行跋，世修跋，翁方纲跋	五	5	
（四）黄帝图摹本	六	6	
黄易跋，翁方纲案	六	6	
（五）帝颛顼图摹本	七	7	
黄易跋	七	7	
（六）帝图摹本	八	8	
黄易跋	八	8	
（七）帝尧图摹本	九	9	
翁方纲案	九	9	
（八）帝舜图摹本	十	10	（图 11）
翁方纲跋	十	10	
（九）夏禹图摹本	十一	11	
黄易跋，翁方纲案	十一	11	
（十）夏桀图摹本	十二	12	
阮元跋	十二	12	

（十一）曾子图摹本	十三	13	（图 12）
黄易跋，查慎行案，翁方纲跋	十四	14	
（十二）闵子骞图摹本	十五	15	（图 13）
黄易跋，世修案，翁方纲案	十六	16	
（十三）老莱子图	十七	17	
金农跋，查慎行跋	十九	18	
（十四）丁兰图	二十	20	
题跋：朱彝尊康熙四十四年乙酉、四十七年戊子，查嗣瑮康熙四十四年乙酉、四十五年丙戌，朱彝尊、龚翔麟、翁嵩年康熙五十二年癸巳，查慎行康熙五十二年癸巳，金农康熙五十六年丁酉，马曰璐乾隆三十七年壬辰，黄易乾隆五十六年辛亥，翁方纲乾隆四十二年丁酉，五十六年辛亥，潘庭筠乾隆六十年乙卯	二十	20	
观款（略）	二十	20	
榜题摹本	一	27	
榜题释文	一	36	
黄易跋，翁方纲跋，钱大昕跋	三	38	
卷十　汉圉令赵君碑			
碑额	一	1	
碑文	一	3	
释文	一	22	
顾苓跋	一	22	
黄易跋　嘉庆元年　丙辰	一	22	
李东琪跋　嘉庆元年　丙辰	二	23	
翁方纲跋　嘉庆元年　丙辰	二	23	
赵怀玉跋　嘉庆元年　丙辰	三	24	

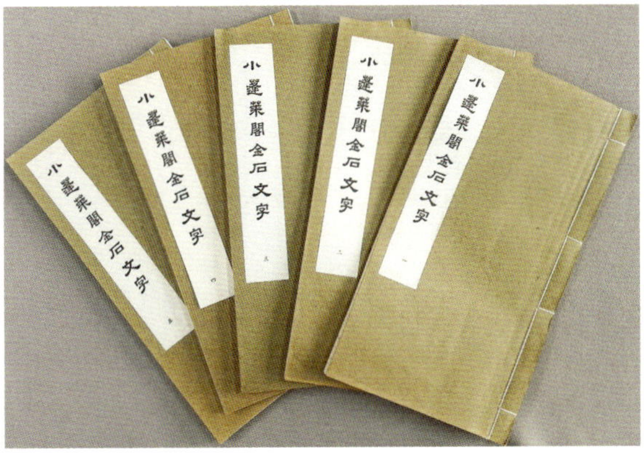

图 1.《小蓬莱阁金石文字》封面

图 2. 牌记页

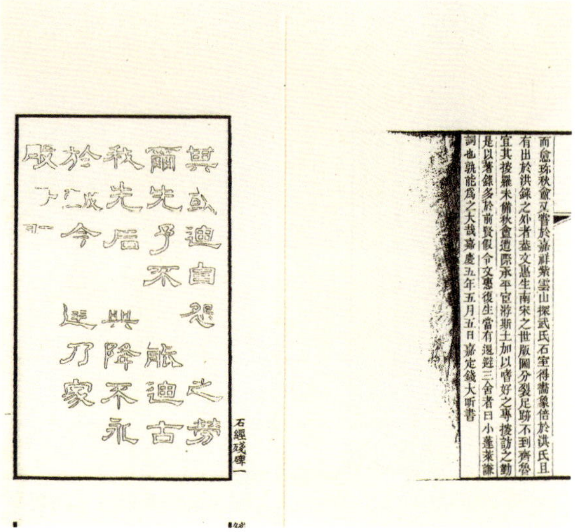

图 3. 卷一石经尚书残碑双钩本及页码

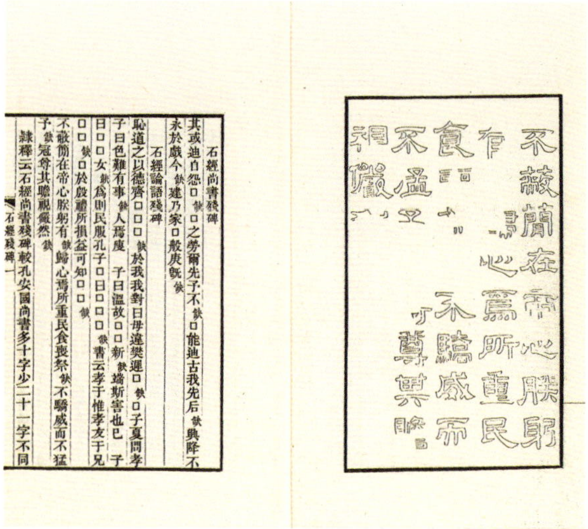

图 4. 释文及页码

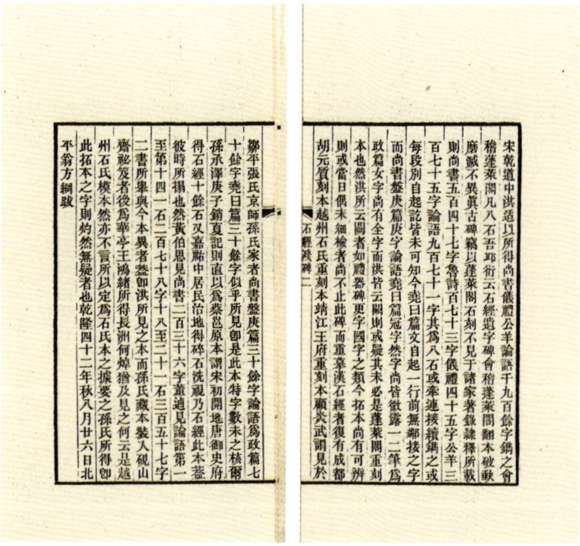

图 5. 翁方纲跋及页码

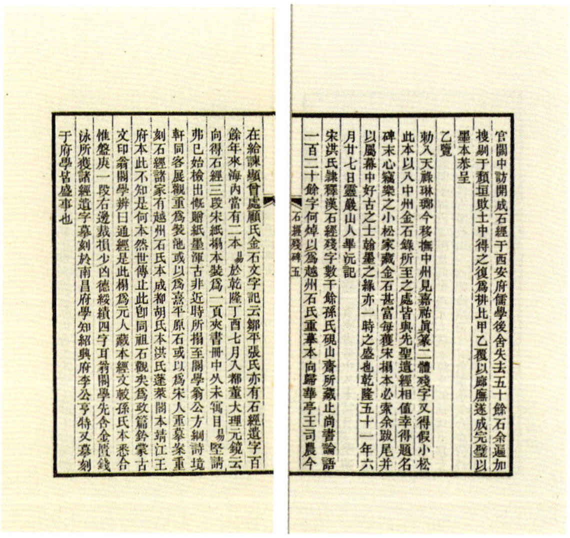

图 6. 黄易跋

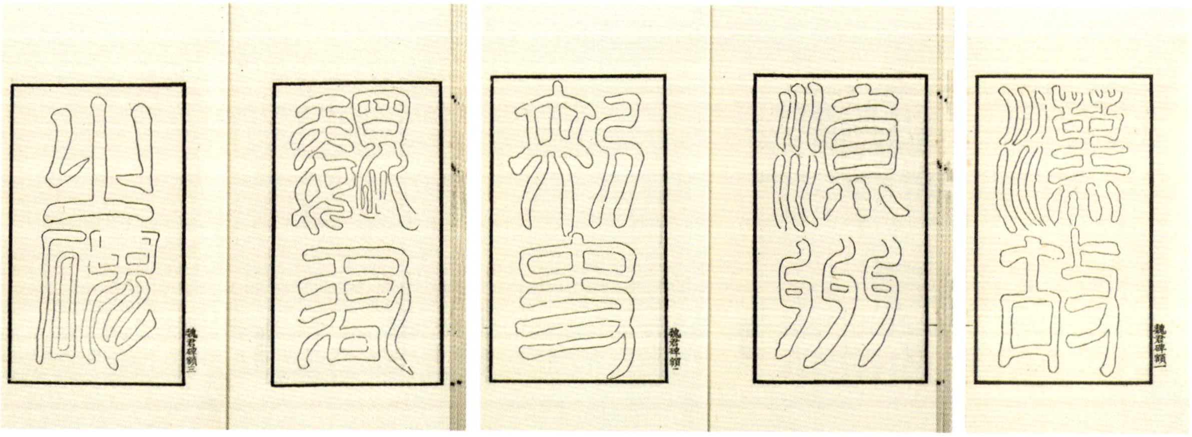

图 7. 凉州刺史魏元丕碑碑额双钩本

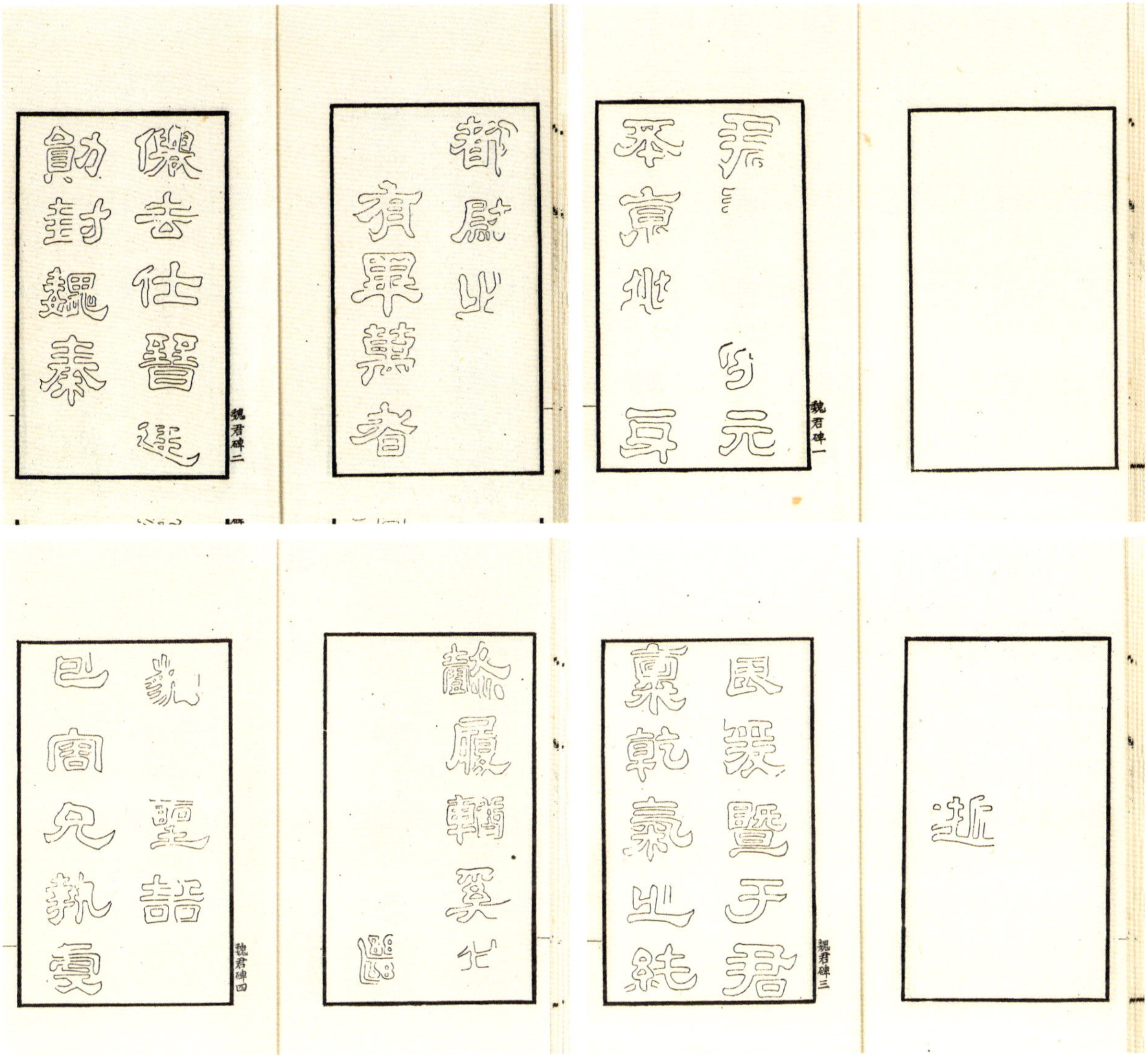

图 8. 碑文双钩本

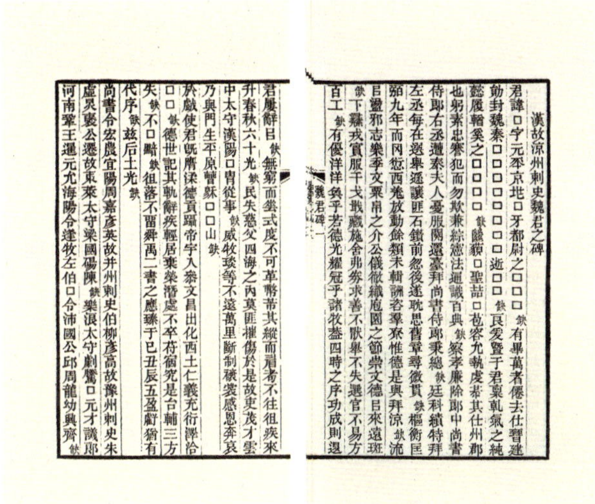

漢故涼州刺史魏君之碑
君諱□字元丕京兆□牙都尉之□□□缺有畢萬者僊去仕晉建
勋封魏秦□□□□□□□□逝□□缺艮爰暨于君稟乾氣之純
懿履輏奚之□□□□□缺龖貘□聖喆□苞容允執虔恭其仕州郡
也躬素忠謇犯而勿欺兼綜憲法通識百典缺察孝廉除郎中尚書
侍郎右丞遭泰夫人憂服闋還臺拜尚書侍郎秉總缺廷科續特拜
左丞每在選舉遜讓匪石鑽前忽後遂耽思舊章尋微貫缺樞衡匡
弼九年而冈愆西羌放動餘類未輯誅咨羣寮惟德是與拜涼缺流
吕盪邪志樂季文粟帛之介公儀徹織庖園之節崇文德吕來遠斑
缺下縣戎實服干戈戢臧施舍弗券求善不猒舉不失選官不易方
百工缺有優洋洋歟乎若德光耀冠乎諸牧蓋四時之序功成則退

魏君碑一

君屢辭吕缺無窮而籛式度不可革幣芾其縱而着者不往徂疾來
升春秋六十光缺民失慈父四海之內莫匪摧傷於是故吏茂才雲
中太守漢陽□胄從事缺威牧琰等不遠萬里斷制䄇裳感恩奔哀
乃與門生平原聻酥□□山缺
於獻使君既膺渘德貢躡帝宇入叅文昌出化西土仁義充衍澤洽
□□缺德世記其軌辭疾輕居棄榮潛處不卒苛宿究是台輔三方
失缺不□黯缺徂落不留舜禹二書之應臻于巳丑辰五盈虧猶有
代序缺茲后土光缺
尚書令宏農宜陽周嘉彥英故并州刺史伯柳彥高故豫州刺史朱
虛昊褒公遷故東萊太守梁國碭陳缺樂浪太守劇鸞□元才議郎
河南鞏王暹元尤海陽令逢牧左伯□令沛國公邱周龍幼興齊缺

图 9. 释文

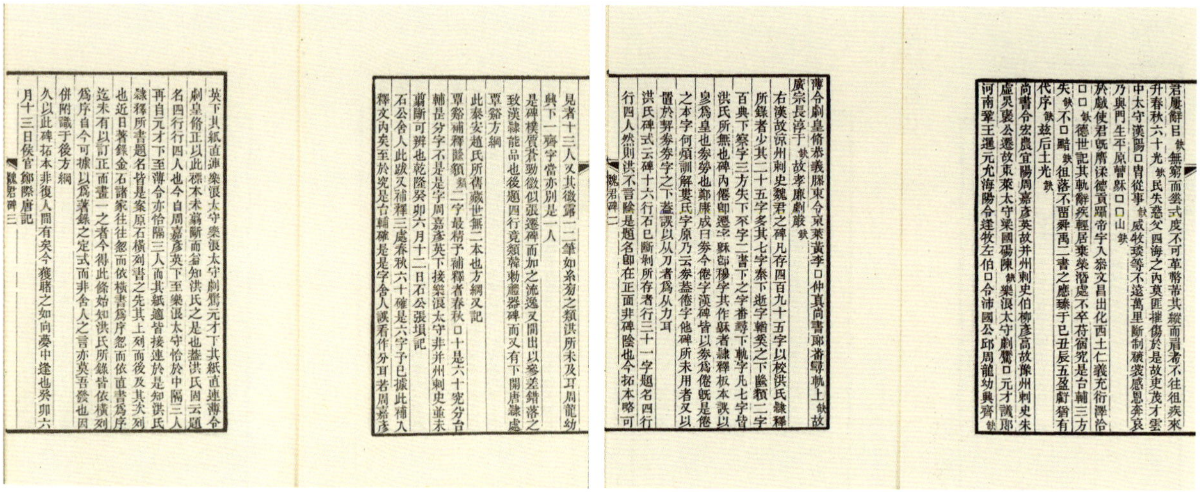
君屢辭㠯 缺 無窮而奚式度不可革幣帯其䋺而肩者不往徂疾來
升春秋六十光 缺 民失慈父四海之內莫匪摧傷於是故吏茂才雲
中太守漢陽口胄從事 缺 咸牧琰等不遠萬里斷制䋴裳感恩奔哀
乃與門生平原瞽䟽口口山 缺
於㦤使君既膺渘德貢躡帝宇入㓗文昌出化西土仁義充衍澤洽
口口 缺 德世記其執辭疾輕居棗桒潛處不卒苟宿究是台輔三方
失 缺 不口賠 缺 徂落不留舜禹二書之應臻于巳丑辰五盈虧猶有
代序 缺 茲后土光 缺
尚書令宏農宜陽周嘉彥英故并州刺史伯柳彥高故豫州刺史朱
虛炅褒公遷故東萊太守梁國碭陳 缺 樂浪太守劇鸞口元才議郎
河南鞏王遷元允海陽令逢牧左伯口令沛國公邱周龍幼輿齊 缺

薄令劇皇脩恭義滕東令京萊黃李口仲真尚書郎番尋軌上 缺 故
廣宗長淳于 缺 故孝廉劇嚴 缺
右漢故涼州刺史魏君之碑凡存四百九十五字以校洪氏隸釋
所錄者少其二十五字多其七字泰下逝字䡎奚之下隘類二字
百典下察字三方失下丕字二書下之字番尋下軌字凡七字皆
洪氏所無也碑內倦即遷字䟽郎穆字其作䟽者隸釋板本誤以
㬎為皇也券勞也鄭康成曰券今倦字漢碑皆以券為倦既是倦
之本字何煩訓解婁氏字原乃云券蓋倦字他碑所未用者又以
置於羿券券字之下蓋誤以从刀者為从力耳
洪氏碑式云碑十六行石已斷剝所存者行三十一字題名四行
行四人然則洪不言陰是題名即在正面非碑陰也今拓本略可
魏君碑二

見者十三人又其徵霸一二筆如系旁之類洪所未及耳周龍幼
輿下一齊字當亦別是一人
是碑樸質蒼勁微似張遷碑而加之流逸又間出以參差錯落之
致漢隸能品也後題四行竟類韓勑禮器碑而又有下開唐隸處
覃谿方綱
此秦安趙氏所傳藏世無二本也方綱又記
覃谿補釋隘類二字最精予補釋者春秋口十是六十究分台
輔是分字不是是字周嘉彥英下接樂浪太守非并州刺史並未
剝斷可辨也乾隆癸卯六月十二日石公張塤記
石公舍人此跋又補釋三處春秋六十確是六字予已據此補入
釋文內矣至於究是台輔確是是字舍人誤看作分耳若周嘉彥

英下其紙直連樂浪太守樂浪太守劇鸞元才下其紙直連薄令
劇皇脩正以此碑本未剝斷而翁知洪氏之是也蓋洪氏因云題
名四行行四人也今自周嘉彥英下至樂浪太守恰於中隔三人
再自元才下至薄令亦恰隔三人而其紙適皆接連於是知洪氏
隸釋所書題名皆是案原石橫列書之先其上列而後及其次列
也近日著錄金石諸家往往忽而依橫書爲序忽而依直書爲序
迄未有以訂正而畫一之者今得此條始知洪氏所錄皆依橫列
爲序自今可據以爲著錄之定式而非舍人之言亦莫吾發也因
併附識于後方綱
久以此碑拓本非復人間有矣今獲睹之如向夢中逢也癸卯六
月十三日侯官鄭際唐記
魏君碑三

图 10. 翁方纲跋、张埙跋

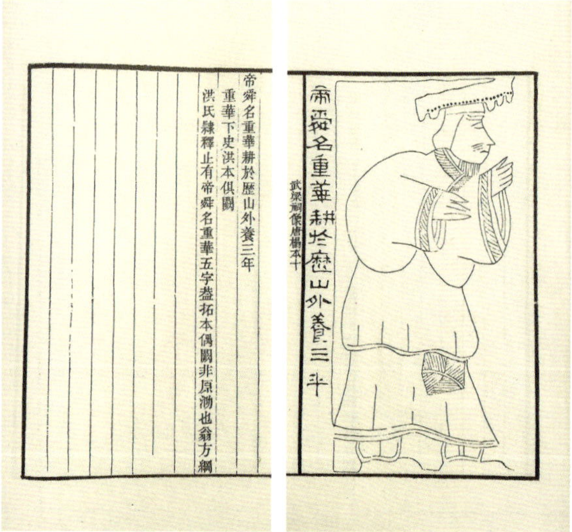

图 11. 卷九武梁祠画像石帝舜图摹本

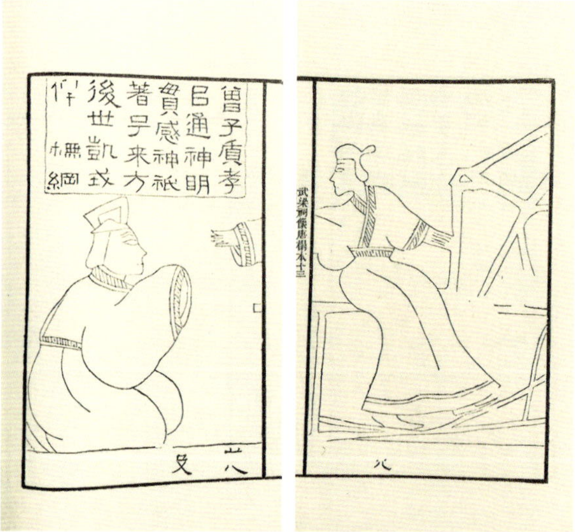

图 12. 曾子图摹本

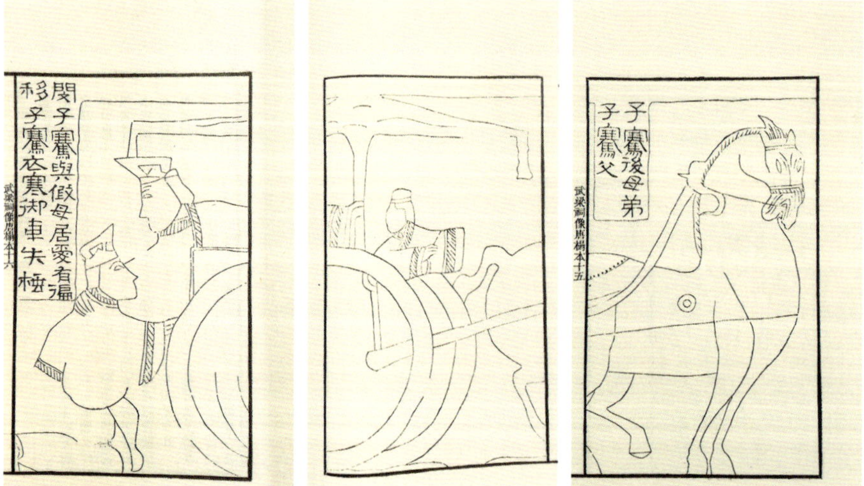

图 13. 闵子骞图摹本

二、该书编排与众不同

《小蓬莱阁金石文字》是黄易晚年留下的著作。该书将所藏的十种罕见而难得的汉魏碑刻与画像石拓本，用双钩和摹绘方法刻印成书，每种石刻后面还附刻当时金石家的题跋。关于该书最初刻印时间，书内无标识，其他文献未见记载。后人即以钱大昕序的署款“嘉庆五年五月五日”为据定为嘉庆五年（1800）。黄小松因寒湿病卒于山东运河同知护理运河道任上，时嘉庆七年（1802）二月，年五十九岁。依此，该书在其去世前两年问世。

和早先的石刻学书籍相比，该书在体例上有明显的欠缺，如以下几点：

（一）无目录。此书收入九种碑刻和武梁祠画像石，按序排列。每种碑刻含双钩本、释文和诸家题跋，题跋多则几十条。画像石情况则更复杂多样。为检索便利，书前编目是很必要的，但分装四五册的书，前面却没有目录。

（二）不分卷。流传的版本，分装四册或五册，不分卷次。其实，按每种刻石作为一卷，共分十卷是合理的。

（三）三种页码并存。每碑双钩本部分和释文部分分别编码。如魏元丕碑，就分魏君碑额一至三页，碑文一至二十五页，释文、题跋一至四页，共计三十二页。三种页码的位置也不一样。

（四）各种石刻首页即以双钩或摹绘作为开头，缺少标题，故篇章不能一目了然。

以上都是编书形式方面的问题，不影响到内容，但作者为什么这样做呢?

三、作者的编书思想

黄易和他的金石圈长期从事收藏和研究活动。他们汇集了极为丰富的金石拓本，也积累了数量更多的相关资料。资料应包括摹写本、双钩本、双钩廓填本、图画摹绘本、金石目录、铭刻释文、题跋、批注、观款、题诗。还包括相关的游记、日记、通信、访碑图等。其中的释文、题跋和题诗有些附在拓本和摹本上，有些则另纸书写。其中的双钩本、双钩廓填本和摹写本均属复制，一般通称为摹本。

在摄影和影印技术发明之前，双钩是从碑帖拓本上取像的最好方法，碑帖的书法面貌及碑石损泐借此得以真实呈现。碑刻的史学和文字学价值是通过正确的释文才能了解到的。有识之士习惯于书写题跋对碑刻加以考证和评价。所以，这三者应是与金石拓本相关的资料当中最有分量的东西。

黄易选择双钩本、释文和题跋（武梁祠画像还收入了观款）三项结集成书无疑是因其重要并适宜于刻版。同时，这三项也是友朋中间频繁传递观摩和往返商榷的材料，大家对它们都很熟悉。黄易认为把它们原原本本地呈现出来就最好、最有用了，无须加工润色，无须重新编撰。至于编书形式的常规是不必计较的。书的不分卷，几种页码并存正是成书之前各自分开的原来状况。既然大家熟悉，也就不需编目了。这样，就把当时的研究材料的原貌保留下来了，进而流布到圈外更多的人，同时也显出作者务实和灵活的治学方式和处事心态。这么看来，欠缺反而变成优点了。

白居易《与元九书》讲：“文章合为时而著，诗歌合为事而作。”此书是和那个时代的风气息息相关的：当时有许多的人，地位不同，志趣相投，乐此不疲。黄易在和以翁方纲、毕沅、阮元、钱大昕等为中心的金石圈里互相交流，研究讨探，摒弃了以往鉴藏家“居奇”“秘玩”的习气，呈现出一种慷慨和开放的气度，此时学者之间的联系前所未有地被加强，关系也更为融洽了，[3] 为学术而学术成了官场之余共同的精神享受。

该书有不同年代的版本传世，版本不同收入的石刻有七种（缺少《三公山碑》《武梁祠画像唐拓》和《圉令赵君碑》）、十种和十几种的差别，对此有的著录或专文已经谈到过。如果按照上面的编书思想，或将有助于对版本问题的进一步考察。

注释：

1. 容媛辑、容庚校：《金石书录目》，历史研究所，1981 年。杨虎《故宫存〈小蓬莱阁金石文字〉版刻年代辨析》，收入秦明主编《黄易与金石学论集》，故宫出版社，2012 年，337 页。

2.（清）黄易：《小蓬莱阁金石文字》，道光十四年石墨轩印嘉庆五年刻木，艺文印书馆影印，1976 年。

3. 参见朱琪《黄易的家世、生平与金石学贡献》，收入秦明主编《黄易与金石学论集》，故宫出版社，2012 年，368 页。

黄易及其友人的知识遗产：对 *Recarving China's Past*（《重塑中国往昔》）有关问题的反思

白谦慎

浙江大学文化遗产研究院教授

贺宏亮 译

译者按：2005 年，由美国普林斯顿大学美术馆举办的“重塑中国往昔”展览引发的辩论，在美国汉学界引起相当的震动。前此，美国汉学界正刮起一股“疑古”之风。疑古本不足为奇，而问题在于，其中少数学者汉学功力薄弱，却在没有什么坚实的历史资料作为依据的情况下，胡猜乱想，对一些传世文献和考古发现都能轻易证明的、学界也早有定论的古代遗物大作翻案文章。而普林斯顿大学是国际名校，展览又由两位资深学者主持，如果不予以及时的反驳，由此刮起的不负责任的疑古之风，将会给专业分野森严的海外学界带来极大的误导和混乱。在这种情况下，当时在波士顿大学艺术史系工作的白谦慎教授，放下手中的研究工作，撰写长文，给予普林斯顿展览图录的主要论文严厉的批判。而稍前于此，日本奈良佛教大学的黑田彰教授也已撰长文对普林斯顿大学的疑古论文进行批判。黑田彰教授是研究汉代至六朝时期孝子和烈女故事的专家，他先后撰写了四篇长文对普林斯顿的展览进行全面批判。虽说白谦慎教授的批评不及黑田彰教授的论文全面细致，但是他的论文却是用英文撰写在这场辩论的主战场美国发表的，对那股不负责任的疑古之风起了最直接也最重要的遏制作用。需要特别指出的是，白谦慎教授的这篇近五万字的长篇驳论，是迄今为止世界范围内华人学者撰写的唯一的一篇批判武氏祠翻案闹剧的文章，其学术责任感和勇气值得我们给予充分的肯定。

围绕着武氏祠的那场辩论，国内除了少数研究汉代的学者外，很少有人知道。今将白谦慎教授的文章译成中文，以供国内读者了解十年前海外汉学界的那一场不应被随便忘却的辩论。

内容提要：2005 年，普林斯顿大学美术馆举办了 Recarving China's Past: Art, Archaeology, and Architecture of the “Wu Family Shrines”（重塑中国往昔：武氏祠的艺术、考古与建筑）展览和学术研讨会，并出版了与展览同名的研究图录 *Recarving China's Past:*

Art, Archaeology, and Architecture of the "Wu Family Shrines"（Princeton: Princeton University Art Museum, 2005. 以下简称 *Recarving*）。在图录中，两位主要作者 Cary Liu 和 Michael Nylan 的几篇文章认为武氏祠非常可疑，很可能是后世伪作。这两位作者向学术界历来关于武氏祠画像和碑文是汉代文化遗迹的传统看法（从宋代的洪适、清代的黄易，直到当代的蒋英炬、信立祥、巫鸿、郑岩等人的论著）提出了挑战。但笔者发现，*Recarving* 的两位主要作者缺乏研究中国古代金石铭文以及著录这些铭文的早期著作所必须具备的基本技能和知识背景，他们所使用的材料和论述中包含着非常严重的错误。本文一方面向读者介绍黄易及其友人所构成的学术圈，指出他们是18世纪中国最优秀的学术群体，在诸多领域取得了杰出成果；另一方面，将讨论 *Recarving* 一书中某些质疑洪适《隶释》的文章在论证方法和事实材料方面包含着的错误，以反驳 *Recarving* 的两位主要作者关于武氏祠乃后世伪造的谬论。

关键词：武氏祠　黄易　洪适《隶释》

黄易（1744—1802）是18世纪中国一位具有多方面才能的艺术家和金石学家。虽然武氏祠在1786年被黄易重新发现后，久已成为西方学界关注的重要课题，但是黄易本人的学术与艺术成就，对于西方学界来讲还比较陌生。因此，当我为普林斯顿大学美术馆举办的 Recarving China's Past: Art, Archaeology, and Architecture of the "Wu Family Shrines"（重塑中国往昔：武氏祠的艺术、考古与建筑）学术研讨会提交论文时，我最初的目的仅仅是准备向西方学术界介绍黄易在学术和艺术方面的成就。

在参加研讨会时，我还没有机会阅读本次展览的图录——*Recarving China's Past*：*Art, Archaeology, and Architecture of the "Wu Family Shrines"*（Princeton: Princeton University Art Museum, 2005）。当研讨会结束之后，我仔细阅读了这本图录中的主要论文，发现其中存在着非常严重的问题。2005年和2006年的暑期，我访问了北京、麻省、剑桥等处的图书馆搜集相关材料。仔细阅读这些材料之后，我更加确信自己最初的判断：*Recarving* 一书包含着非常严重的错误。

在学术研究中，由于知识和方法上的局限，每个人都会犯错。我们从错误中学习，容忍他人的无心之错，忽略那些细枝末节的错误，通过相互之间富有建设性的批评，避免未来再次出错，以此来促进学术的进步。

而在 *Recarving* 的几篇重点文章中，错误既多，且很严重，到了不能忽略的地步。当我花费了相当一段时间来思考这些问题时，我觉得有责任来指出这些错误。如果不这样做的话，书中的这些错误很可能被那些没有条件检验 *Recarving* 两位主要作者的论据和观点的读者所接受，并被当成事实来引用。我们经常可以看到，一篇有严重问题的论文及其观点，可能会成为一种"信赖"程度很高的意见。因此，尽可能及早地澄清这些错误，显得非常必要。我下面将讨论到的问题，绝大部分都不是由于理论方法路径选择的不同所致，而是事实方面的错误。导致这些错误的主要原因，是 *Recarving* 的两位主要作者缺乏对于研究中国古代金石铭文及其早期著录所必须具备的基本技能和知识背景。尽管他们并不熟悉汉代画像石艺术、金石学、汉代隶书和善本书籍等相关领域的知识，其中的一位仍颇为自负地声称：他们的工作"为未来这一领域的研究指明新的方向"。[1]

本次展览的图录 *Recarving* 包括数篇论文及武氏祠等汉代遗迹拓片的词条。应该指出，在这数篇论文中只有几篇与“重塑”主题相关，它们是 Cary Liu（刘怡玮）的《策展人致辞》（“Curator's Preface and Acknowledgements”），《作为重塑往昔的武氏祠》（“The ‘Wu Family Shrine’ as a Recarving of the Past”）及《重置武氏祠：一个类型学研究》（“Reconfiguring the ‘Wu Family Shrines’: A Typological Study”）三篇文章，以及 Michael Nylan 的论文《“泥古”：武氏祠简史，公元 150–1961 年》（“‘Addicted to Antiquity’ (*nigu*): A Brief History of the ‘Wu Family Shrines’, 150–1961 CE”）。[2] 其他的一些文章，例如 Anthony Barbieri- Low 关于东汉石刻工匠的论文等，都与武氏祠是否被重塑的问题无甚关联。因此我对下面有关问题的分析，将主要针对 Cary Liu 和 Michael Nylan 两位作者的论文。

Cary Liu 和 Michael Nylan 在提出“重塑”主题时，抛出了与之紧密相关的如下重要观点：武氏祠可能并非是汉代的产物，可能并非属于所谓的武氏家族，甚至可能根本就不是一个家族的祠堂。[3] 提出这样的观点，无疑是在向学术界历来关于武氏祠画像和碑文是汉代文化遗迹的传统看法提出了严重的挑战。

这一挑战直接指向了学术史上的两位著名人物：洪适（1117—1184）和黄易。为什么这样说呢？首先，洪适是《隶释》一书的作者，在这本宋代金石学著录中，洪适首次将五件有铭文的刻石联系起来，视为武氏祠整体相互关联的组成部分。因此，洪适的努力对于武氏祠概念的建立至关重要。其次，黄易在 1786 年重新发现了一组刻石，根据洪适的《隶释》将这些刻石定为归属于汉代的武氏祠，并对新发现的武氏祠遗迹进行保护和复原。因此，这两位学者的工作，构成了关于武氏祠研究中包括认为其为汉代遗迹这一基本观点的学术史背景的核心部分。

尽管 *Recarving* 的两位主要作者反对将武氏祠视为汉代遗迹，但他们并没有对之给出明确的断代意见。事实上，他们提供了太多关于断代的可能性，各种断代可能性之间相互矛盾。对两位作者来说，武氏祠可能是为公元 3 世纪西晋时期的武茂修造的；也可能是一处唐代的建筑；祠堂的碑文还可能是在宋或以后朝代中重刻的。总之，武氏祠可以是汉代以后几乎所有朝代的产物。*Recarving* 主要作者所提供的断代时期五花八门，相互矛盾。[4] 一般说来，一处祠堂应该是修建于某一个特定的历史时期内。然而，这两位作者似乎并不在乎这些逻辑上的明显漏洞，他们的目标只有一个，以质疑洪适的学术水平和黄易的学术诚信为手段，在学界播下怀疑武氏祠作为汉代遗迹的种子。为了达到这个目的，*Recarving* 两位主要作者显然并不想为我们提供一套前后一致的完整论述来支撑他们的“重塑”主题，而是采取种种别出心裁的手段来尽可能使人们对那些支持武氏祠的证据产生怀疑。乍看起来，一处祠堂是堂、阙、碑的组合，人们能够声称不同的组成部分有可能建于不同的时期。但是，武氏祠在文献、画像及建造位置等诸多方面却都存在着很高程度的内在联系。 Cary Liu 和 Michael Nylan 提出的那些不成系统的机会主义式的批评，主要的功用就是拉开貌似一网打尽的架式，实则是毫无训练、前后不一的散射，来为一个武氏祠的另类历史鸣锣开道。可是，要“为未来这一领域的研究指明新的方向”，需要的是坚实的论据，而非毫无根据的质疑与否定。

两位作者不仅质疑与他们意见相左的历代关于武氏祠的学术成果，还更直接针对支持武氏祠为汉代遗物的现代考古成果表示怀疑。他们不相信这些考古新发现的刻石的真实性，甚至认为这些材料根本就不值得讨论。他们的意思是：如果以前发现的武氏祠石刻都是汉代以后重刻或伪造的，那么在嘉祥县新发现的风格相似的石刻也同样可疑。Cary Liu 这样写道："除武氏祠之外的许多汉代刻石可能都在物质形态或文化意义上被重塑过。这种可能性对如何研究差不多所有的汉代刻石及铭文都有潜在意义。所有这类汉代石刻及铭文的可靠性都必须被重新审视。重新审视的结果将会极大地改变我们对汉代艺术、历史和文化的理解。"[5]

然而早在 *Recarving* 问世之前多年，就已经有数量众多的历代学者，如清代的黄易，当代的蒋英炬、信立祥、郑岩等人，对无论是历史上流传下来的还是新出土的材料，进行过极为详尽的检验与再检验。在这些学者进行历史学的叙述和阐述之前，材料真伪的鉴别无疑是首先要解决的问题。同样，自清代中期以来，历代重要的金石学著录也被学者们认真、详尽地反复研究和检讨过，这些研究因为其精审而为后世学者所重视。因此，上引 Cary Liu 提出的质疑，是对上述学者们的努力和成果的非议。所有这些都说明，Cary Liu 和 Michael Nylan 对武氏祠为汉代遗物真实性持续不断的质疑，其错误已经严重到了我们不能回避的地步。

我们可以对权威和经典进行质疑吗？答案当然是肯定的。不过这样的质疑必须遵循普遍接受的学术规范。Michael Nylan 和 Cary Liu 在提出他们的质疑之时，并未提及那些已有的不支持甚至否定他们观点的研究成果和论据。他们既不引用也不讨论这些材料，似乎这些学术史的背景材料根本就不存在。而比起这种对已有成果视而不见更为严重的是，他们用大量的对原始材料的误译和误读来支撑自己的论点。这种有严重问题的研究方法，不仅不能论证他们所提出的观点，反而让其陷入了被严肃质疑的一方。

本文具有两个目的。一方面，向读者介绍黄易及其友人学术生活的诸方面，他们是 18 世纪中国最优秀的学术群体，他们在学术研究中不仅才华横溢，而且特别谨慎细致。另一方面，我将讨论 *Recarving* 一书中某些质疑洪适《隶释》的文章在论证方法和事实材料方面存在着的严重错误。因为 18 世纪中国学术界取得的成果不仅丰富杰出，还与我对 *Recarving* 两位主要作者的反驳意见直接关联，因此，我的上述两个目标也紧密相关。当我向读者介绍黄易及其友人所取得的学术成果时，我将继承他们的研究方法，来分析讨论 *Recarving* 一书中存在的问题。

一、黄易的交游圈

黄易在 1744 年出生于杭州的一个书香门第。其七世祖黄汝亨（1558—1626）于 1598 年取得进士，在明政府中担任职位，同时也是一位师法苏轼和米芾的书家。黄易的父亲黄树穀（1701—1751）是一位学者，擅长隶书和小篆。黄易的继母梁瑛也受到过良好的教育，能写诗作画。黄易的这种家庭背景，不仅使他后来能成长为一位文人艺术家，同时也使得他在不具很高功名的情况下，仍然能够很自在地与主持风雅的士大夫们保持着密切的互动。

黄易是著名的画家、书法家和篆刻家。作为画家，其在画史上最有名的作品是《访碑图》系列。[6]由于黄易的访碑活动在当时知识圈中影响很大，所以这些画作对研究 18 世纪的学术活动具有重要的价值。作为书法家，黄易无疑是当时极为优秀的一位，他的隶书追摹汉法，自成一家。作为篆刻家的黄易被后世尊为“西泠八家”之一。由于他是“西泠八家”之首丁敬（1695—1765）的学生，后世也把他们并称为“丁黄”。这样的尊称，反映出黄易最大的艺术成就是在篆刻方面。与黄易同时代的大学者阮元（1764—1849）就曾认为黄易青出于蓝，超越了丁敬，是当时成就最大的篆刻家。[7]

黄易曾担任过几个政府职位。这些官职尽管地位不高，但其所处的地理位置对于黄易的学术和艺术活动来说却非常重要。例如，他曾在山东济宁任职，这个地方古代碑碣极多，使他访碑和拓碑得地利之便。黄易的访碑活动和拥有的大量古代碑碣的精拓，使得他在金石圈内享有很高的声誉。

黄易生活的时代，正是中国传统人文学术达到历史高峰的时期。黄易的许多友人是“乾嘉学派”的重要学者。例如：毕沅（1730—1795）、翁方纲（1733—1818）、桂馥（1736—1805）、钱大昕（1728—1804）、洪亮吉（1746—1809）、赵魏（1746—1825）、孙星衍（1753—1818）和阮元等。[8]

毕沅，江苏镇阳人。他在乾隆年间取得状元后，很快成为政府高官。他是一位杰出的学者，曾印行过几种金石学著作。他同时也是一位重要的学术赞助人，曾资助过不少后来成为著名学者的年轻学子。[9]

翁方纲可能是与黄易关系最为密切的一位友人。黄易的大多数朋友是南方人，而翁方纲是北方人（直隶大兴县）。在当时，中国学界的重要人物几乎都是江南士人。[10]翁方纲不但在朝中担任要职，同时也是当时最优秀的金石学家之一。

桂馥也是一位北方人（山东曲阜），晚年才取得进士（1790）。除了致力于金石学，桂馥还精通小学和音韵，精研许慎的《说文解字》，撰有《说文义证》五十卷。

钱大昕，江苏嘉定人。在同时代和后世学者眼中，钱大昕在包括历史学、金石学、文字学、音韵学、历史地理学、版本学、算学等许多领域，都是最为优秀的学者。尽管仕途顺畅，但钱大昕很早就致仕返乡，潜心研究，著作等身。

洪亮吉，江苏阳湖人。他经历多次科场失意后终于在 1790 年成为进士。而在此之前，洪亮吉早已在毕沅的资助下，成为一位著名学者。他的研究领域包括音韵学、方志学和历史地理学。

在黄易的友人中，赵魏和黄易相似，是少数低层官吏之一。赵魏是浙江仁和（今杭州）人，长于金石学，并四处访碑、拓碑。他曾入毕沅幕，由于精于考证碑版，辑录过数种古代金石著录。

孙星衍，江苏阳湖人。1787 年通过科举取得进士，并在政府任职。孙氏博闻强记，在儒学、版本、金石等多个领域著述甚丰。

阮元，江苏仪征人。是 18 世纪下半叶学术界的一位关键人物。阮元在金石学领域造诣极深，并曾为算学和天文学家编撰传记。因为阮元在朝中担任要职，他成为当时最重要的学界领袖。在其引领之下，一些重要的学术领域取得了很大进步。

虽然黄易上述友人所研究的领域和学术的旨趣不尽相同，但由于18世纪学术界的风尚所在，他们都以“考证”的方法来从事学术工作。所谓“考证”，其基本原则是，结论必须建立在搜集尽可能详尽的证据材料之上。B. Elman（艾尔曼）曾指出：“在对系统搜集到的论据材料细致地进行审核甚至量化分析后，清代江南学者们将考证的方法和论据的搜集整理结合起来，开展学术研究工作。梁启超曾提及，钱大昕在提出关于古代汉语言‘轻唇音’的新观点之前，曾搜罗了上百条论据。钱大昕通过对材料的系统研究来讨论古汉语的发音问题。”[11] 钱大昕是黄易友人中采用考证方法进行学术研究的一个典型例子。

两百多年后，虽然后世研究者能够指出乾嘉学者们的一些疏忽之处，但总的来说，他们的学术扎实，他们的研究方法在今天也还具有很高的借鉴价值。18世纪学者们取得的许多学术成果在今天不但依然正确，其中的两个研究领域还与我们将要讨论的*Recarving*一书中有关问题联系密切。

让我从钱大昕的研究开始。钱大昕的一个研究领域就是搜集古今同姓名的历史人物。[12] 他曾纂辑由汉到元的同姓名录，例如：叫“孔安国”的人，在汉代有三位，在晋代有一位；而在汉、晋、隋三个朝代各有一位叫“张衡”的人。[13]

从现代眼光来看，这种学术研究似乎有点怪异难解。不过，钱大昕的这一研究对于在没有更多信息的情况下，要弄清楚历史上“谁是谁”这种问题很有用。值得特别指出的是，钱大昕的古今同姓名研究，对于我们思考武氏祠的相关问题极有启发。[14] 例如，在武氏祠的石刻画像中出现了一位叫作“朱明”的人物，而在南宋金石学家洪适的《隶释》记载的一块蜀地汉代残碑中，也提及一位低级官吏的名字为“朱明”。[15] 武氏祠所在的山东与蜀地距离遥远，这样，在汉代就至少有两位名为“朱明”的人。

而几乎就是同一时期的三国晚期和西晋早期，还有一位名为“朱明”的将军出现于史籍中。[16] 唐代陆广微的《吴地记》中记载，为了纪念吴地一位叫“朱明”的孝子，东晋时代曾建立了一所“朱明寺”。[17] 上述这些材料正好是对Cary Liu在*Recarving*中有关疑问的解答。Cary Liu在文章中曾经提出：“史籍记载朱明是生活在汉以后西晋时期的人物。如果将武氏祠认定为汉代遗迹，就必须对有关历史文献进行修改。但在另一方面，如果文献记载被修正的话，那么也就必须对石刻碑文重新进行解释。”[18]

Cary Liu这段话的问题在于，他将武氏祠画像石上的朱明，与陆广微《吴地记》中记载的朱明假定成了同一个人。而我所举的上述材料显示，在汉晋时期至少有四位叫“朱明”的人。

古代官职和行政区划问题同样是黄易友人们的研究领域，钱大昕也正是这两个领域的权威学者。钱大昕和他的同道们纂辑了关于古代地理、政府官职及边疆沿革的文献材料。在他们的研究工作中，纠正了前代学者的不少错误。钱大昕等学者还将这些学术成果应用到包括碑文研究在内的金石学讨论之中。

乾嘉学者们在这些领域留下的学术遗产是武氏祠研究无法忽略的重要资源。例如，在赵明诚（1081—1129）《金石录》和洪适《隶释》中所记载的《武开明碑》碑文中都曾提及，武氏家族中的武开明曾担任过吴郡的“府丞”。清初学者叶奕苞在关于《武斑碑》的研究中也曾思考过“府丞”

一词的使用。在《武斑碑》中记载着其某位同僚、立碑人之一，曾担任过陈留郡的“府丞”。叶奕苞认为，在唐代以前“府”都不是用来指称某级行政管理机构。因此，在汉代指称“郡”这一级行政长官的助手，“郡丞”较“府丞”更为准确和合适。不过，叶奕苞又非常细致地列出了三种可以被确认是汉代碑刻的碑文中也出现过“府丞”，表明“郡丞”与“府丞”二者应该是可以通用的。[19] 然而，Michael Nylan 在引用了叶奕苞的有关论说后匆忙得出结论：“叶奕苞在《金石录续跋》中指出，《武斑碑》在立碑人名单中出现了‘府丞’这一职位，几乎可以肯定《武斑碑》是唐代刻石。”[20]Michael Nylan 在此极力论证作为武氏祠重要组成部分的《武斑碑》是在唐代重刻或伪造的。

不过 Michael Nylan 所谓的“几乎可以肯定”这样的修辞，正说明了她于此并没有把握。我们可以提供的反驳论据非常充分：不但在欧阳修《集古录》、赵明诚《金石录》和洪适《隶释》著录的汉碑中，多次出现过“府丞”一词，[21] 而且，在《汉书》和《后汉书》这两部关于汉代历史的基本著作中，也曾多次使用“府丞”一词来指称地方官员。[22] 还有至今仍存于四川雅安的汉代《高颐阙》中也有“府丞”二字。这些大量材料可以确证，在汉代“府丞”一词用来指称某种级别的地方官员。[23]

从上述汉代史料中的“府丞”使用可以看出，“府”并非是一个地理概念，而是指称一级行政机构，与“郡守”有关。[24] 由于“郡守”常被称为“府尹”或“府君”，因此，“郡丞”也可以被称作“府丞”。[25] 除了我们上面提及的那些汉代原始材料，现代学者也论证过“府丞”是汉代“郡守”的主要部属。在关于汉代郡制研究的论文中，著名学者劳榦结合前、后《汉书》的文献记载和 20 世纪初出土的汉代竹简木牍等考古材料，来讨论“郡守”的管理职责和官职名称。他特别指出，“郡守”所在的官僚机构称为“府”，其主要部属为“府丞”。虽然“郡丞”更为常见，但“府丞”与“郡丞”二者是可以互换的。[26] 因此，Michael Nylan 误用叶奕苞的意见来得出《武斑碑》为唐代重刻或伪造的结论是完全错误的。[27]

作为 18 世纪最有成就的学术群体中的一员，黄易留下了一些研究文字。例如，他在日记中记载了到河南洛阳、登封嵩山和山东泰山等地的访碑活动，他对自己收藏的汉碑拓片进行整理著录，并对许多古代碑铭做过研究和题跋。不过，黄易对金石学最大的贡献是：他重新发现了许多古代碑刻，并制作和收藏了大量的精拓本。

黄易的拓本被他同时代的学者们所激赏这一现象，应该放在一个大的文化背景之下来思考。考据学在 18 世纪成为学术研究的主流，儒家经典和其他古籍都成为了朴学家们考证的对象。金石学在考证时代达到了其历史的高峰。学者们在研究儒家典籍及其他历史文献时，对于古代碑刻碑文这种原始材料给予了高度关注。清代中期，对古代碑铭的研究引发了访碑活动的发展，而黄易无疑是当时最为著名的访碑者和精拓本收藏家。[28]

当黄易得到一件拓本之时，他会邀请友人们题跋。如上所述，黄易的友人们大都擅长考据之学，由于熟知古代碑刻传承过程的复杂性，甚至可能发生伪造和重刻等情况，乾嘉时代的学者们绝不会不加批判地轻易认可黄易的那些拓本，尽管他在这一领域享有极高的声誉。拓本来源的真实性，无疑是黄易的友人们要检视的首要问题。在现存文献中我们可以看到，翁方纲就曾非常坦率地对黄易的几件拓本表示质疑，认为这些拓片并非拓自原石，而是重刻的碑石。翁方纲在《两汉金石记》中曾这样写道："秋庵同时得汉碑三种，皆寄来，嘱予考跋，是碑与成阳灵台碑暨小黄门谯敏碑也，三碑俱出重刻，而是碑最为精妙。"[29]

令人印象深刻的不仅仅是翁方纲在其刊行的著述中公开表达了对黄易拓本的质疑，而且黄易本人在刊行其金石著录《小蓬莱阁金石文字》时，也收录了上述翁方纲的题跋。[30]黄易等于是在提醒读者们关于其所藏拓片的不同观点，不但使得其著作在学术交流的碰撞中更加具有价值，同时也促进了当时的学术研究。

在一则关于汉成阳灵台碑（建宁五年）的短跋上，钱泳写道："此碑是黄小松司马所藏，翁覃溪先生定为重刻本，近亦不可多得矣。"[31]无疑，钱泳是从翁方纲和黄易那里得到了相关的信息。这只是乾嘉时代学者们具有极高学术规范的一个例证。学者们即使在为自己的好友题跋之时，也坚持着非常严格的学术标准。

因此，在乾嘉学者们的著作中，常常很坦诚地指出前人或同时代学者的错误之处。例如，钱大昕就曾多次直率地指出前代著名学者洪适和顾炎武的错误。即使钱大昕很钦佩洪适和顾炎武的学术水平，他还是坚持这样做。他还曾很明确地表达过在一些学术问题上与翁方纲的不同意见。[32]这样的例子不胜枚举。

中国正如其他文明，同样不可避免地会存在着伪造古代文献和遗迹的现象。不过在清代，由于与考据学紧密相关的"辨伪"之风盛行，[33]乾嘉学者们肯定不会轻易地认可和接受古代遗存之物，包括古代的经典和权威人士的作品。黄易的好友赵魏是书法家和拓本鉴藏家，他就曾经指出过传世的许多王羲之书法刻帖，很可能是以唐代的摹本为底本。赵魏的观点最终引发了20世纪关于书法史上最著名的经典之作——王羲之《兰亭序》——的一场真伪辩论。[34]如果书圣王羲之的经典都可以被质疑的话，那还有什么不能被挑战的呢？这些学术讨论所显示的批判态度极为重要。如果乾嘉学者们认为武氏祠在任何一个方面存在可疑之处的话，他们肯定早就会提出质疑。然而，目前还没有任何文献记载显示乾嘉学者们对武氏祠的真实性表示过怀疑。

当代一些学者在评论古代学术之时，认为包括宋代和清代学人在内的中国古代学者，不是"复古"，[35]便是"泥古"。[36]这种说法虽然不见得是完全错误的，但肯定是以偏概全。我们应该认识到，许多（特别是清代的）金石学学者，不但熟练掌握了具体的学术研究方法，而且极具批判的精神和能力。正是这种批判眼光使他们能够反复思考和检视自己的论据。而且他们在得出结论之时，对是否使用了伪造或重刻的碑刻材料也保持着高度的警惕。因此，这些学者们的杰出成果，直到今天我们也很难发现其有较大的错误。[37]

总而言之，黄易时代的学者们不但对古代碑刻的伪造和重刻问题极为敏感，而且他们也能够很坦诚地表达自己在真伪问题上的学术观点。没有任何一种学术著作能够达到完美无缺，但是，由于避免了个人的好恶或取悦于读者等因素，乾嘉学者们所出现的错误很少。而且，后世继承了乾嘉学派研究方法的学者们所取得的成果也大都坚实可靠。也正因为如此，这些学者们的著作直到今天仍然值得我们高度重视。

二、黄易的拓本

黄易的友人们都认为他是当时最出色的古代金石拓本鉴藏家。即使是质疑过黄易部分拓本并非拓自原石的翁方纲也同样如此。钱大昕在为黄易的《小蓬莱阁金石文字》一书作序时，给予了黄易极高的评价："海内研精金石文字与予先后定交者，盖廿余家，而嗜之笃而鉴之精，则首推钱唐黄君秋盦。"

上海博物馆藏洪亮吉致黄易的一通信札中写道："日来搜采金石又得几种？有副本能惠一二册否？"此札表明，黄易在友人圈中被主要认为是一位研究古代碑刻的重要学者。当赵魏远赴广东之时，黄易致信给他并寄赠了一些拓本。黄易希望赵魏能在广东访拓一些古代碑碣并将拓本寄送给自己。在另一通致赵魏的信札中，黄易说自己制作了数件汉代衡方碑的精拓，拟寄送一件给赵魏。[38]

由于黄易工作生活所在之处遗存不少古代碑刻，他能够很方便地得到拓本。翁方纲曾提及，黄易曾任职过的山东济宁是汉魏碑刻遗存最多的地方。[39]总的看来，在明清的访拓古碑活动中，碑刻集中的地域因素与拓碑的学者们是否居住或任职于此地域之间，有着较为明显的因果联系。例如，赵崡（1573—1620）和郭宗昌（卒于1652）都是陕西人，陕西地区的碑刻遗迹甚多，因此两人也是晚明时期最为重要的古代金石拓本收藏家。同样，19世纪的陈介祺居住在山东潍县，邻近战国时代齐国故都遗址，得地利之便，成为先秦印章和陶文的收藏大家。由于这个地理方面的因素，一方面在晚清时代没有任何其他人在这方面的金石收藏能与陈介祺相抗衡；另一方面，也使陈介祺的收藏有相当一部分来自本地，具有地域色彩。[40]

黄易所说的"精拓"在清代中期的知识圈和艺术界中都扮演着重要的角色。不过，这点对于西方读者来讲，还不是十分了解。在关于拓本的一篇英文文章中，我曾经写道："今天的人们已经习惯于现代印刷技术所生产出来的大量的艺术复制品。然而，中国古代书法碑刻的不同拓本，即使它们拓自于同一块碑石，相互之间也有差异。由于制作拓本的手工程序，使得每一件拓本都是具有原创性的艺术品。"[41]在制作拓本之时，由于纸张、墨汁等差异，以及拓碑时拓工给予纸张压力的不同，气候条件的差异，等等，能够使同一个人在同一天拓自同一块碑石的两件拓本之间出现极大的差别。而拓碑者造成这些差异的目的也各不相同：为了使拓本更有趣味、更为精致，或是更有效率，等等。

我们不妨以山东曲阜孔庙所藏的西汉五凤二年刻石（又名鲁孝王刻石）的两个拓本为例。由于西汉时期碑刻遗存极少，五凤二年刻石非常珍贵。清初的不少学者和书法家都曾观摩过此碑。例如，山西学者傅山（1607—1684/1685）和他的孙子就曾于1671年访看过此碑。[42]大约四年之后的1675年，清初著名书法家郑簠到曲阜访此碑并制作了数件拓片。[43]郑簠将其中一件赠给其友人、大学者朱彝尊（1629—1709），这件拓本（图1）至今仍保存于故宫博物院。

郑簠制作的这件拓本是讨论拓本艺术的有趣范例。由于郑使用的是湿墨法，使得这件拓本除了文字部分之外，墨色极为厚重，给人的印象很深。不过，尽管湿墨法使拓片的艺术效果很好，但却使一些文字不易辨识（特别是拓本左下角的"成"字）。郑簠是一位意识超前的艺术家，他在这里重

图 1. 郑簠拓《五凤二年刻石》

图 2. 清初拓《五凤二年刻石》

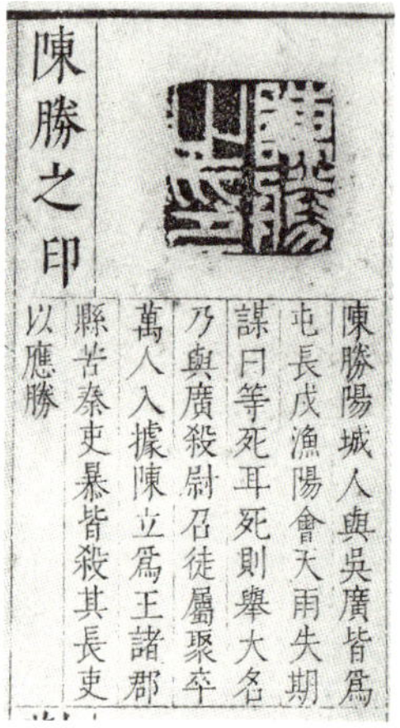

陳勝之印

陳勝陽城人與吳廣皆爲屯長戍漁陽會天雨失期謀曰等死耳死則舉大名乃與廣殺尉召徒屬聚卒萬人入據陳立爲王諸郡縣苦秦吏暴皆殺其長吏以應勝

图 3. 何通《印史》

视的是艺术性而非文字的可读性。

而中国国家图书馆（以下简称“国图”）所藏的另一件《五凤二年刻石》拓本（图 2）正好与郑簠拓本形成鲜明对比。国图所藏本曾经著名藏书家顾广圻（1766—1835）之手，是与郑簠拓本基本同一时期的清初拓本。[44] 制作这件拓本的墨包一定比郑簠的墨包干许多。五凤刻石的文字在清代初年已大多漶灭难辨，因此，在制作这件拓本时非常小心，墨色浅淡。专家们认为上述两件拓本都拓自原石，将它们一并刊布于《中国美术全集》中。这个例子很好地说明，两件同一时代拓自同一块碑石的拓本之间，在文字的可辨识性和外观面貌上具有相当大的出入。

为何像郑簠这样出色的拓碑者会椎拓出不便识读的拓本呢？[45] 上文曾经说过，郑簠在制作这件拓本时，是把关注的重点放在了艺术性而非文字的可读性之上。这种美学上的追求其实是晚明以来书界的风尚所在。在明代末期，文人治印开始流行，同时代的书法家们为古印经风雨侵蚀岁月磨损所呈现出的古趣所吸引，而努力在其书法实践中追求古意斑驳之趣。残破之美同样也是当时篆刻家们治印时的艺术追求。例如，在何通《史印》中的“陈胜”一印（图 3），笔画残破粘连，追求一种盎然的古趣。

在书法实践中追求古趣也成为当时的风尚。大书家王铎在其草书中常常使用“涨墨法”，而使得笔画漶漫，不易释读（图 4）。如其 1647 年的一件草书轴右起第四行第八字“无”（图 5），因其中部笔画用墨过浓而浸出，使该字几乎无法辨认。郑簠拓本的视觉追求，其实是 17 世纪下半叶许多篆刻家和书法家们的共同理想。

除了有意为之，另外一些因素也可能导致拓本不易释读。例如，蔓草盖住了碑石，尘垢填满了铭文，拓工技术欠佳，等等，诸如此类的因素都会对拓本的质量造成不同程度的影响。由于这些原因，学者和拓本鉴藏家们早就注意到了一种现象：即使随着时间的推移碑石可能会越来越残破，但早期拓本可以释读的文字反而可能比晚近的精拓本更少。叶昌炽（1847？—1917）是晚清著名的金石学家和藏书家，他在其著作《语石》中曾经这样写道：

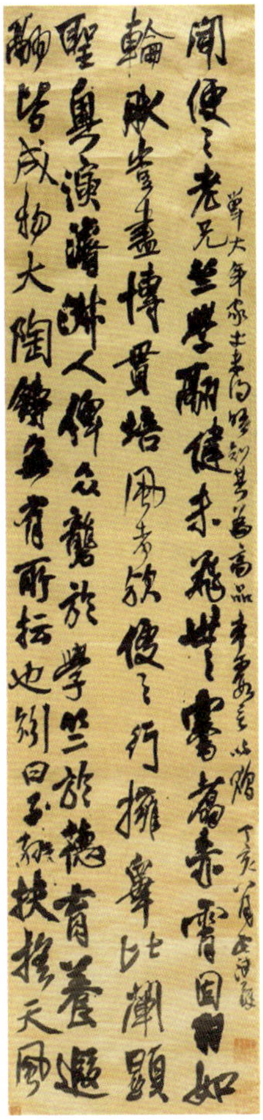

图 4. 王铎为单大年书立轴

图 5. 王铎书“无”

拓本虽以先后为别，然后拓之精本，竟有胜于旧拓者。嵩山太室石阙，王虚舟所见新拓本，校程孟阳旧拓本转多字。余所得昭陵诸碑，皆道光间拓也，[46] 陆先妃清河公主两碑，视萃编所收约多数十字。[47] 张允杜君绰两碑，则溢出二三百字。盖西北高原积土成阜，碑之下半截或沦陷入土，拓工第就显露者拓之，辄云下截无字，而不知其文固无恙也，百年后复出矣。或藤葛纠缠，或苔藓斑驳，又或尘垢丛积。拓工未经洗濯，草草摹拓，安有佳本。若为之刮垢磨光，则精神顿出矣。国学石鼓文，近时洗拓本，视国初转多字，[48] 此其明验也。[49]

在此，叶昌炽谈及制作精拓本的方法，相对晚近的拓本，其字口可能比旧拓更为清晰。另外，文字的可辨识度并不完全依赖于拓本的好坏。碑石磨损少，质量较差的拓本，照样也可以辨认出文字内容。当碑铭的文字毁损较严重之时，如何去椎拓，对于拓本文字能否被辨识更为重要，在椎拓技术上极小的差别也可能造成可辨识性方面的重大差异。同一块碑石，一件精拓本中可以释读的文字，在另一件较差的拓本中可能就无法辨识了。

正是由于这些因素，我们才能够理解为何晚明和清代的著名学者和鉴藏家们会对“洗碑”之事极为关注。因为洗碑之后可以椎拓出远较前代拓本为胜的精拓本。明清之际的文人曾这样描述当时的金石学家赵崡：“深心嗜古，博求远购，时跨一蹇，挂偏提，注浓酝，童子负锦囊，拓工携楮墨从，周畿汉甸，足迹迨遍。每得一碑，亲为拭洗，椎拓精致，内之行簏。”[50] 清初学者叶奕苞也曾记载过朱彝尊的访碑活动：“锡鬯（朱彝尊）同曹侍郎（曹溶）历燕晋之间，访得古碑，不惮发地数尺而出之。从者皆善摹搨及装潢诸事。文人好古，近罕俦匹。”[51]

上述两段文字明确地告诉我们：将碑石从土中发掘出来，清洗碑石上的文字并请技艺高超的拓工来制作拓片，对于拓本的质量好坏极为关键。而在黄易的访碑图系列中，也分别反映出了制作精拓本的过程，如：竖立起卧倒的碑石，清洗碑石等（图 6）。这些准备工作对于黄易和他的友人们访拓碑石很有帮助。当黄易在嵩山访拓《开母阙》时，他绘制了一件画作以纪其事。在画作题跋中，黄易记叙了他如何使用精制的纸张，小心地椎拓，而最终得到的拓本，较旧拓多出了二十余字。[52]

如果我们接受这样的观点，即得自原石的精良新拓可能较旧拓本有更多可以辨识的文字，那么我们就可以理解为何北宋中期的欧阳修在其《集古录跋尾》中著录的拓本，不一定比北宋晚期的赵明诚和南宋初期的洪适收集到的拓片更好。我们不妨以《武斑碑》拓本为例。欧阳修在其《集古录跋尾》中讲过，由于碑石损毁严重，十之

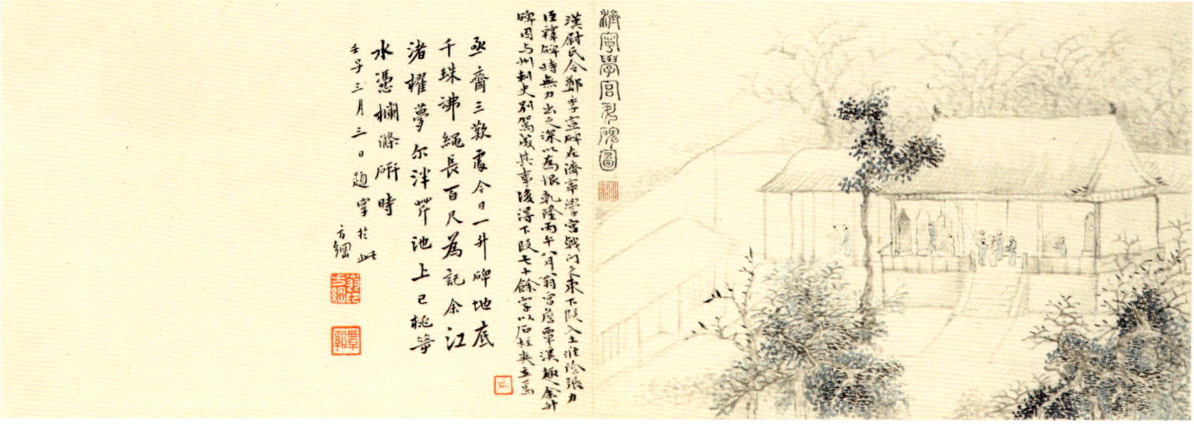

图 6. 黄易《得碑十二图》之《济宁学宫升碑图》

八九的文字都不可释读。而赵明诚在《金石录》中关于《武斑碑》这样写道："右汉敦煌长史《武斑碑》。欧阳公《集古录》云：汉斑碑者，盖其字画残灭，不复成文。其氏族、官阀、卒葬皆不可见，其可见者'君讳斑'尔。今以余家所藏本考之，文字虽漫灭，然犹历历可辩。"[53]

这段文字告诉我们，赵明诚不但看到过欧阳修《集古录》中的相关记载，而且明确知道欧阳修所藏的拓片的文字十之八九都不可释读。即使知晓自己所藏拓本可能是拓自目前磨损更为严重的碑石，赵明诚也指出他拥有的《武斑碑》拓本有更多文字可以辨认释读。赵明诚并非不信任欧阳修的学术诚信，他所言"余家所藏本"明确说明其所藏的是一件更为精良的原石拓本。[54]

我们知道，金石学在北宋晚期取得了重大进展。因此，欧阳修时代之后的几十年间，学者们能够得到更好的拓本以资研究。在这些流传的拓本中，不排除有部分是伪作。但是，赵明诚是金石拓本的鉴藏大家，伪作很难逃其法眼。[55] 所以我们不难理解在欧阳修时代几十年后，赵明诚会得到较欧阳修所藏更好的拓本。同时，也就不会奇怪为何在赵明诚生活的时代三十多年以后，洪适能够著录《武斑碑》的全文了。[56]

Cary Liu 和 Michael Nylan 在 *Recarving* 一书的文章中，都认为欧阳修是最值得信赖的北宋金石学家。Cary Liu 声称欧阳修曾流放到武氏祠所在之处的任城（今山东济宁），并在此地写下了关于《武斑碑》的有关文字。然而，Cary Liu 却并没有提供相关文献的来源。[57] 而 Michael Nylan 在她的文章中更进一步写道："三位宋代金石学家中，只有欧阳修因为曾经流放于任城（见本书中 Cary Liu 的文章）而在那里居住了数年。相反，正如洪适自己所言，他和赵明诚都没有到过任城，只是道听途说关于其所藏的拓本中任城地区的相关情况。而这些拓本也很快就散失了。"[58]

欧阳修果真曾在任城居住过数年、对任城相当熟悉并在那里为《武斑碑》跋尾了吗？由于欧阳修是否真的到过任城这一问题，对于武氏祠、其碑铭拓本以及这些碑碣的相关著录的可靠性来说极为关键，因此对欧阳修及其所藏拓本的这种历史叙述，值得仔细加以检视。比如，Michael Nylan 在质疑武氏祠中石阙的真伪之时写道："在欧阳修的相关著录里，从未提及过石阙。而从情理上讲，欧阳修流寓于任城之时不可能不去注意到如此重要的碑石。”[59] 此处 Michael Nylan 将欧阳修的著录作为定论，暗示武氏祠中的石阙、石阙铭文都非汉代原刻，遑论其拓本。

但是，Cary Liu 和 Michael Nylan 所声称的欧阳修曾流放于任城的说法非常值得怀疑。欧阳修在《集古录》中著录《武斑碑》的时间是 1064 年，而在这一年中，欧阳修正在京师担任高官，与山东任城的距离极为遥远。[60] 当我检索欧阳修的著述及有关他生平的数种年谱，发现欧阳修曾流放任城的说法有严重的问题。[61] 没有任何文献材料证明欧阳修曾流寓于任城，更别说在那里“居住数年”了。Cary Liu 和 Michael Nylan 所称欧阳修流放任城的叙述和历史事实完全不符。在 Cary Liu 的文章中，并没有提供有关欧阳修流放任城的任何文献出处。而他在讨论关于此事件的唯一注释中，也看不出能证实欧阳修流放任城的任何信息。Michael Nylan 的文章同样如此，在其整篇文章中，大量的注释似乎给人一种论据充分的假象。但除了参考 Cary Liu 的说法外，Michael Nylan 也没有提供任何能够证实欧阳修流放任城的材料。

Cary Liu 仅仅是声称欧阳修曾于 1064 年流放于任城，除此之外没有其他更多的细节，诸如曾在那里居住过多长时间，等等。但是，Michael Nylan 除了援引 Cary Liu 的说法外，在没有任何别的旁证的情况之下，更进一步发挥，说欧阳修曾经在任城“居住了数年”。Cary Liu 为读者给出的关于欧阳修流放任城的参考材料是《集古录》中关于《武斑碑》的有关论述，然而，这些记载实际上与所谓的“流放任城”毫无关系。Michael Nylan 和 Cary Liu 都多次称引《集古录》中关于《武斑碑》的有关记载，按理说他们应该熟悉这些材料并知道材料中没有欧阳修流放任城的任何信息。在 Michael Nylan 和 Cary Liu 的文章中多次提及欧阳修流放任城的目的，是为证明武氏祠为汉代甚至是宋代以后“重塑”的观点提供关键证据。然而，这一关于“重塑”主题的关键性证据，除了 Michael Nylan 和 Cary Liu 两人之间的相互引证外，我们见不到任何其他的材料来支撑它们。

关于欧阳修曾流放任城的说法也许并非是故意伪造，但如果 Michael Nylan 和 Cary Liu 这个说法有严重错误的话，我们也就可以想象他们在极力为“重塑”主题提供论据时，道听途说和想当然的论据都可能被他们所采信。令人颇为困惑的是，Michael Nylan 和 Cary Liu 在处理研究材料时所犯下的错误并非仅此一处。他们在引用有关文献时就常常严重误读这些材料（有兴趣的读者可以将 Michael Nylan 引用的原始文献与其错误的理解进行仔细对比）。

在这里我举三个例证来说明在 *Recarving* 的文章中，Michael Nylan 对原始文献的严重误读。其一，Michael Nylan 写道：“至晚在宋代就出现了关于伪造古物所使用方法的毫无掩饰的讨论，而同时也出现了对于这种做法的道义谴责。在陆游的《老学庵笔记》中，就有关于伪造汉代隶书的记载。”[62] 实际上，陆游《老学庵笔记》所提及的是书法家杜仲微以秃笔来追摹汉隶古风，根本不是说杜仲微伪造古物，这种在书法风格上的追求与所谓的“伪造汉代隶书”风马牛不相及。[63]

第二个例证是关于拓本鉴藏家方若和他所藏的武氏祠石阙拓本。Michael Nylan 写道，“我们知道，方若在《校碑随笔》中认为：现存的各种石阙拓本在风格和形制上极不相同。‘无一笔相似'"。[64] 方若的原文是："拓本非难致，不过道光以后拓本无旧拓清晰。乃近有摹刻竟无一笔似处，且每行作十字，是并原拓整张未见者耳"。[65] 在这里，Michael Nylan 对文字本意的转述极有问题。方若是将原拓与伪作拓本区分开来。Michael Nylan 仅仅提及石阙各件拓本之间极不相同，而没有同时说明方若认为旧拓为原石拓本的观点。

第三个例证是 Michael Nylan 关于武氏家族历史的讨论。她在一个注释中写道："湛若水在《圣学格物通》(《四库全书》本，卷三十一，页 6b）中认为，晋时有'武'和'辨'（此字极易与'武斑'的'斑'字混淆）两个大族，而后者似乎未见史籍记载。"其实，湛若水在这里的原文是"晋武辨二氏之女甚明"，Michael Nylan 完全误解了这段话的原意。湛若水的文字所讲的是西晋武帝关于太子择偶的讨论。晋武帝本拟立卫瓘女儿为太子妃，并讲出他看中卫家及否定贾氏女儿的原因是"卫公女有五可，贾公女有五不可。卫家种贤而多子，美而长白；贾家种妒而少子，丑而短黑。"然皇后和一些亲戚却想要太子选择贾充的女儿。贾充的妻子郭槐以重金贿赂杨皇后。最后，立了贾充女儿贾南风为太子妃。在这段文字之后，湛若水写道："晋武辨二氏之女明矣，而卒不能遂己之志者，何哉，邪佞蔽之也。"Michael Nylan 显然把"晋武"这一简称，误为晋代武氏家族，而把动词"辨"字当成了另一个家族之姓。在对湛若水的文章误读后，Michael Nylan 继续写道："我们知道宋代武氏家族在任城有一处墓地。而我们同时也知道，至少在宋代，一些军功显赫之人被赐姓为'武'。在中华帝国晚期，任城、嘉祥地区的武氏节妇们也被予以表彰。见《元和姓纂》(《四库全书》本，卷六，页 29b)。"[66] 但我们检索《元和姓纂》，却并没有发现 Michael Nylan 所提供的那些材料。况且《元和姓纂》是在唐代就完成了的著作，怎么可能与宋代甚至"帝国晚期"有关系。这样空洞无用的引证在 Michael Nylan 的文章中很多。而特别值得注意的是，所有这些带有误导性的错误翻译全都是为其"重塑"主题服务的。

与这些空洞无用的引证形成鲜明对比的是，Michael Nylan 在提出批判意见之时，往往缺少注释和参考文献。这样就使得其提出的批判意见仅仅是个人看法，而远非一种学术论点。例如，Michael Nylan 在文章中说，"当代的一位金石学家认为翁方纲的藏品百分之八十都是伪造的。"[67] 这个说法对于翁方纲来说是极为严厉的批评。不过，Michael Nylan 却没有为如此重要的论断指明到底是哪一位当代金石学家的说法以及材料的来源，使我们无法知晓关于此事的更多情形。[68] Michael Nylan 的批评也许会对翁方纲的学术声誉造成损害，不过实际上，晚近二百多年来，翁方纲的学术水准一直都得到极高的评价。Michael Nylan 如果想要反对关于翁方纲的这些正面评价，还需要更多的可靠论据来支撑她的批判。

上面已经证明，欧阳修未曾在任城生活过。不过，确实有一位学者曾经在任城居住过多年，他，就是黄易。黄易曾亲眼目睹了 18 世纪下半叶时《武斑碑》和武氏祠的真实情况。当然，黄易当时既没有数码相机，也不可能象今天的考古报告那样详尽地记载当时的情形。他只是寥寥数笔勾勒图画，并以简略的文言题跋的形式来记录当时之所见。这些简略的记录留下了太大的阐释空间，以致于在今天他的学术诚信受到了挑战。

不过，学术诚信受到质疑的不仅是黄易一人而已。洪适《隶释》中记载了比欧阳修《集古录》更多的《武斑碑》文字，因此 Michael Nylan 在告诉我们洪适只是道听途说了任城之后，她继续质疑洪适所藏《武斑碑》拓本的真伪。Michael Nylan 认为，“在赵明诚生活的时代半个世纪之后，洪适再次令人难以置信地收藏了数量更多的金石拓本。然而在洪适的时代，中国北部地区早已落入金人之手。因此在洪适《隶释》这部后来之作中记载更多的碑文实在是一件令人惊讶之事。任城和别的地方拓自同一碑石上的拓本质量变的好了很多，确实难以解释，特别是像洪适《隶释》中《武斑碑》这样的例子”。[69]

在进一步讨论这个问题之前，有三点需要澄清。首先，洪适并非“令人难以置信地收藏了更多数量的金石拓本”。作为重点收藏汉碑拓片的藏家，与欧阳修和赵明诚相比，洪适只是在隶书拓本的数量上占有优势。其次，洪适所藏拓本很可能多是在宋室南渡以前就已经椎拓完成的。第三，从赵明诚《金石录》所记载的情况来看，洪适所藏拓本并不一定比赵明诚所藏要“好很多”。赵明诚只是没有在其著录中全文抄录碑文而已。因为如果那样做的话，他的这部著作会比目前的篇幅多出好几倍。但这并不意味着赵明诚手中没有精拓。事实上，在北宋晚期，学者和收藏家们已经能够很方便地得到精良的金石拓本。

在明确了这几点之后，我们就可以进一步讨论为何即使洪适生活在南方，从未到过汉碑集中之地的北方，也能够获得那么多的拓本。洪适虽然生长和生活在南方，从未北上山东，但其居住之地在 1127 年宋室南渡之前一直都是宋王朝的疆域。我们可以想象，早在北宋覆亡之前，就已经有许多汉碑拓本（包括精拓）在南方藏家手中流传。实际上，尽管北宋的都城在北方，但自东晋以来，就不断有文化精英们带着他们的藏品和文化，迁移到气候和景色都更为宜人的南方，这一由北向南的迁徙模式在北宋依然继续着。此外，北宋的许多鉴藏家本身就是南方人，例如欧阳修，他出生于南方而在北方生活多年。欧阳修的友人刘敞，书法家、鉴藏家米芾和大收藏家李公麟也都是同样的情形。在这些人去世之前或之后，他们的收藏很可能都被带回了其在南方的故乡或居住地。

不仅在北宋覆亡之前南方就有人收藏碑拓，而且在易代之际，大量北方文人带着他们的藏品逃往南方，也使得当地的文化与艺术更加繁荣。另外，尽管北宋灭亡后，南北政权割裂分治，但商品交换却从未中断。流动的商贩将北方的碑刻拓本带至南方出售。[70] 因此《武斑碑》和其他碑石的拓本仍然能够为南方的学者们较方便地获得。如果南方没有大量古物的收藏，南宋学者薛尚功（活动于 1131—1162）也就不可能编撰出著名的金石学著录《历代钟鼎款彝器识法帖》了。

其实，当代也有不少艺术交流跨越政治隔绝的范例。1949 年至 20 世纪 70 年代中美邦交正常化之前这段时期内，中美两国之间中断了正式的官方交流。然而，美国收藏家 John Crawford（顾洛阜，1913—1988）和 John Elliott（艾略特，1928—1997）却建立起了庞大的中国书画私人收藏。即使在 1949 年后的中国大陆也很少有人能够与他们相抗衡。而纽约大都会艺术博物馆能够在 20 世纪 60 年代建立起中国早期绘画的重要收藏，也是因为早在中华人民共和国成立之前就有大量的中国早期绘画流入了美国。南宋洪适要想获得古代碑刻的精拓本，显然比艾略特和顾洛阜收藏中国书画要容易和方便得多。因为洪适生活在宋王朝的版图之内，而且，相对于书画作品的唯一性，一块碑石能够制作出许多件拓本。

总而言之，无论赵明诚还是洪适都是极为重要的金石拓本藏家和研究者，如果没有更加有力的证据来直接证明欧阳修、赵明诚、洪适三人所藏的拓本质量高下的话，我们绝不能断定或假设比欧阳修《集古录》记载更多《武斑碑》文字的拓本就是重刻甚至伪造的。而且，如果我们考虑到拓本制作过程的复杂性和影响拓本质量的各种因素，我们就不应该轻率地质疑赵明诚和洪适的学术诚信。由于拓本制作的复杂因素，那种认为较早拓本就更为可靠的假定本身恰恰是靠不住的。因此，认为欧阳修《集古录》所载拓本更早就更为可靠，并以此来质疑那些与之不尽相同的拓本，这样的观点大有问题。在拓本制作如此复杂的情况下，基于上述质疑的结论或假定在研究方法上存在着严重的缺陷。

还须指出的是，"漶漫"和"漫灭"这类描述残碑铭文的词语，并非是指这些碑文所有的文字完全不可辨识。有的时候，即使一个字的所有笔画都残破不全，但其基本的字形还是能够让经验丰富的学者正确地识别出该字。而且，即使黄易无法辨识出他重新发现的碑石上的所有文字，他也可以将这一碑石拓本上文字的字数与洪适著录的字数相比对。[71] 再者，不但黄易可以将一些残字与洪适著录中相应的记载相校勘，他还有一些别的方法来证明自己确实重新发现了《武斑碑》。[72] 例如，黄易在觉得自己重新发现了《武斑碑》之后，他制作了一件精拓本并寄给了翁方纲。尽管此时的《武斑碑》毁损严重，但残存的可以释读的 121 字与洪适著录的 489 字相校，已经使黄易、翁方纲和其他学人可以确信：黄易重新发现的碑石正是《武斑碑》。[73]

钱大昕也提供了关于《武斑碑》碑文在 18 世纪仍可释读的证据。当他的一位友人自山东返回并赠给他一件《武斑碑》拓本时，钱大昕在一则学术札记中写道，虽然从拓本可以看出碑石毁损很严重，但是仍有不少可以辨认之字。同时，钱大昕还指出碑阴拓片中的"武斑碑"三字是六朝书风。这三字在欧阳修、赵明诚等前代学者的著录中都未曾提及过。在同一条札记中，钱大昕还将《武斑碑》的碑文与应劭关于武氏家族的有关记载相比较。[74] 钱大昕学术札记的意思很明确：拓本无疑是拓自汉碑原石，碑阴三字系后人所加，以标明残碑为何碑。如果钱大昕认为此碑整个为后代重刻的话，他怎么可能不去指出这点呢？[75]

黄易和他的拓工重新发现了许多古代碑刻并制作出拓本。这些精拓本有时比旧拓多出来不少文字。了解这些关于拓本的情况后，我们也就容易理解为何黄易的拓本被学者和藏家们重视了。而具有讽刺意味的是，正是黄易那些为当时人所激赏的精拓制作得太精彩了，反而被当代的某些学者所质疑。不过，严谨的学术研究从来都是认可黄易的。

我们知道，清代中期的许多学者在其研究的领域达到了历史的高峰，而他们的成就也正是建立在前人成果的基础之上。在这些成果中，除了洪适的《隶释》等著录外，宋代其他学者的研究和著录也极为重要。

三、古代金石著录

黄易和他的友人们不仅仅收集古代金石拓本，他们通常还会刊行这些金石拓本的著录。例如，黄易的《小蓬莱阁金石文字》，翁方纲的《两汉金石记》，赵魏的《竹崦庵金石目》，钱大昕的《潜研堂金石跋尾》，毕沅的《山左金石志》，孙星衍的《寰宇访碑记》，阮元的《两浙金石志》，王昶的《金石萃编》，等等。这些金石著录的出现，标志着宋代之后金石学研究的又一座高峰。

在研究古代碑刻时，乾嘉学者们参考了前代的金石著录，例如欧阳修、赵明诚、洪适诸家著录，特别是洪适的《隶释》，一直以来都是研究汉代碑刻最重要的参考资料。

1167 年刊行的《隶释》一书包括有 180 多篇关于汉魏碑碣的词条（entries）。在目录中，洪适注明了书中所收录的碑石在前代郦道元《水经注》、欧阳修《集古录》和赵明诚《金石录》中的著录情况。洪适这样做，不但向读者说明了前代学者在这个领域中已有的成果，同时也方便读者将他所著录的碑文和题跋与前代成果相比较。目前，我们尚不清楚《隶释》到底有多少个版本。不过，我们可以确知的是，在 1325 年刊行了一种新版本，现通称为元泰定本《隶释》。到了明代，元版也非常稀见了。1588 年，广陵太守王云鹭以元泰定本的一部抄本为底本，刊印了《隶释》新版本。（图 7）在清代中期，这一新版本成为《四库全书》中所收《隶释》的底本（Cary Liu 和 Michael Nylan 的研究就是使用的这个版本）。

1588 年版《隶释》刊印不久，其中所包含的错误就引起了两位学者，亦即梅鼎祚（1549—1615）和傅山的注意。他们二人所发现的严重错误是：洪适《武斑碑》跋尾的部分及《武梁碑》的大部分碑文都缺漏了。1588 年版《隶释》遗漏的这两段文字，使得余下部分明显地衔接不上。因此，这使得梅鼎祚和傅山二人即使在缺少《隶释》早期版本作为参考的情况下，也能发现这个重要

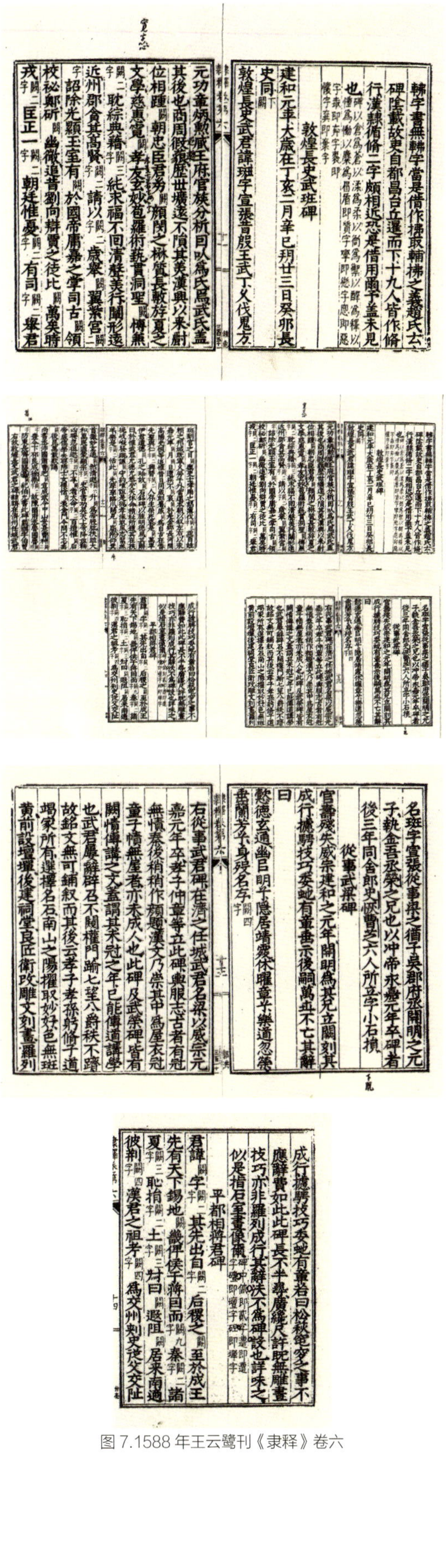

图 7.1588 年王云鹭刊《隶释》卷六

的遗漏之处。

1588年版《隶释》遗漏的首段文字，是洪适《武斑碑》的部分跋尾，这段文字突然就结束了，明显不完整；而第二段《武梁碑》大部分碑文的缺漏，则使得碑文显得非常短，并缺失了一般碑文都具有的关于碑石事主的生平事迹。是否可能是因为原石本身或拓本不可辨认呢？这些可能性都应该被排除掉。因为如果在碑文中有不可辨认之字的话，洪适按照惯例应该在此处用小字标注缺失了多少字。

这里还有其他的一些证据可以说明1588年版《隶释》中所收录的《武梁碑》碑文是不完整的。在1588年版《隶释》中尚保存有洪适《武梁碑》的跋尾文字，但从两个方面可以看出《武梁碑》碑文的缺漏。第一，洪适的跋尾没有提及碑石有残破和毁损（当然他是凭借拓本来判断的），因此可以表明缺漏的文字并非是由于碑石的残缺；第二，在洪适的跋尾中，引用了大段《武梁碑》碑文，但这些文字在其所录的碑文中却并没有出现。[76] 傅山等人注意到，洪适在准备《隶释》时，他所拥有的肯定是一个较1588年版《隶释》中所收《武梁碑》碑文有更多文字的拓本。由于洪适在跋尾中引用了一大段《武梁碑》碑文，那么在著录碑文时肯定应该包括进去。很明显，这段文字要么是王云鹭刊印新版《隶释》所依据的抄本中遗漏了，要么就是在其更早的版本中就缺漏了。

更为重要的是，1588年版《隶释》中缺漏的这两段文字是紧紧相邻的。也就是说，在1588年版《隶释》中缺漏的是洪适《武斑碑》的跋尾的中至后部分和《武梁碑》碑文的前至中部分。而造成这种情况的原因，只可能是1588年版的《隶释》所依据的抄本，整整漏掉了一页。

洪适同时代人的一些材料也可以证明，当时学者所能见到的《武梁碑》碑文比1588年版《隶释》中所收录的更长。在《隶释》首次刊行的1167年，南宋学者卫博为武氏祠画像石拓片所作的长跋中，引用了赵明诚的《金石录》，而没有提到《隶释》。这可以说明卫博当时尚未见到洪适的这部著作。不过更为重要的是，卫博在跋文中摘录了《武梁碑》碑文中的28个字，这28个字中有18个不见于1588年版《隶释》中。[77] 在卫博之前，赵明诚《金石录》中论及《武梁碑》也说过“其他刻画皆完，可读，文多不尽录”。[78] 由于卫博跋文中摘录的《武梁碑》碑文28个字，不见于赵明诚《金石录》中，因此可以肯定他是直接从拓本中摘录的。这些材料使我们相信，南宋学者们所见到的《武梁碑》拓本，较1588年版《隶释》中所收录的武梁碑碑文字数更多。

晚明学者梅鼎祚编印《东汉文纪》时也收录了《武梁碑》的碑文。他很可能是以1588年版《隶释》中的《武梁碑》碑文为其资料来源。因为他在一则题跋中称其所依据的材料为“今本”。这个“今本”极有可能就是1588年版《隶释》的原因有三：首先，《东汉文纪》中收录的《武梁碑》碑文与1588年版《隶释》中的文字完全一致；其次，在1588年版《隶释》之前的元泰定本，与编印《东汉文纪》的时间距离太久，不太可能被称为是“今本”；第三，梅鼎祚编印的《东汉文纪》中有材料可以证实当时1588年版《隶释》已经刊行了。[79]

要想完整地了解1588年版《隶释》中《武梁碑》碑文所包含的错误，我们还应该知道这段碑文的开头部分并不属于碑文本身，而是洪适的《武斑碑》跋尾中的一段话。也许是由于原抄本中的《武梁碑》碑文太过简短，1588年版《隶释》的编者在抄录或编辑的过程中，误把《武斑碑》跋尾的一行文字移到了《武梁碑》文之中。由于这段文字是关于事主卒年的固定说法，因此我们可以很容易判定这部分文字应该属于《武斑碑》。

梅鼎祚认为他所抄录的 1588 年版《隶释》中有两处遗漏：（1）《武梁碑》碑文的开头部分在洪适最早的 1167 年版《隶释》中是完整抄录的，在其后流传过程中的某个时候被遗漏了；（2）在《武梁碑》碑文首行最末二字“刻其”之后，还有文字被遗漏了。换句话说，在目前的首行和第二行文字之间，有被漏掉的文字。而梅鼎祚之所以能很容易地看出这一点，是因为首行和第二行的文句连接不上，其间必有缺漏。由于梅鼎祚知道《武梁碑》碑文不完整，所以他在《武梁碑》碑文后的注释中引用了洪适跋尾等材料，其中就包括 1588 年版《隶释》中缺少的那段《武梁碑》碑文。而且，梅鼎祚还试图找出洪适跋尾所引用的那段《武梁碑》碑文在整篇碑文中所处的位置。梅鼎祚这样做得到了一个重要的发现：洪适跋尾所引文字的最后两字“成行”，正与 1588 年版《隶释》中《武梁碑》碑文第二行文字的开头两字相同。因此，这两段文字是可以连接起来的。梅鼎祚将洪适所引的那段文字，从“孝子孝孙”到“罗列”，插入到了《隶释》中《武梁碑》碑文首行最末“刻其”与第二行开头“成行”之间。这样，梅鼎祚在 1588 年版《隶释》中《武梁碑》碑文首行与第二行之间（他其实还没有发现这里的首行文字并非是《武梁碑》的碑文），正确地填补了残缺的文本。这一成果可以被收录了完整《武梁碑》碑文的以元泰定本为底本的 1576 年抄本所证实。

另外一位金石学家，山西的傅山在 17 世纪 30 年代得到了一部 1588 年版《隶释》。三十年后，大约在 1660 年前后，傅山对这部著录进行了仔细研究。傅山在其批注文字中指出了其中的几处缺失，包括在卷六中《武斑碑》和《武梁碑》的那处缺漏。同时，傅山还发现了我们上面所提及的 1588 年版《隶释》误将洪适《武斑碑》跋尾的最末一行当成了《武梁碑》碑文的首行。[80]

我们尚不能确定黄易用来研究汉代碑刻及其拓本的《隶释》到底是哪一种版本。但由翁方纲的著述，我们可以发现，他们拥有除 1588 年版《隶释》外更多的材料可供参考。在关于《武斑碑》的一则学术札记中，翁方纲引录了洪适《武斑碑》跋尾的部分文字，[81] 这段文字的末行在 1588 年版《隶释》中被误作《武梁碑》碑文的首行。由于翁方纲没有错误地将洪适跋尾的文字误作《武梁碑》碑文，因此可以肯定他由于拥有《武梁碑》碑文的完整文本，因而知道 1588 年版《隶释》中的错误。另外，钱大昕似乎也拥有一部以宋本《隶释》为底本的抄本。[82]

在黄易的《小蓬莱阁金石文字》所收题跋文字中，有一则是江德量关于万历本《隶释》的，而另外一则是李东琪藏有一部明本《隶释》。[83] 江氏所藏很可能即是 1588 年版《隶释》，而李氏所藏为何种版本则不甚明确。这些材料也说明，黄易时代的学者们拥有不同版本的《隶释》，并能够意识到这些不同版本之间的差异所在。

实际上，除了 1588 年版《隶释》之外，随着学术研究的进步，18 世纪时已经有各种版本的《隶释》抄本在流传。我们可以确定，在 18 世纪之前至少流传有如下版本的《隶释》：国家图书馆所藏 1576 年（明万历四年）《隶释》抄本，[84] 较 1588 年版《隶释》早了 12 年。在这部抄本中，无论是洪适《武斑碑》跋尾还是《武梁碑》碑文都是完整

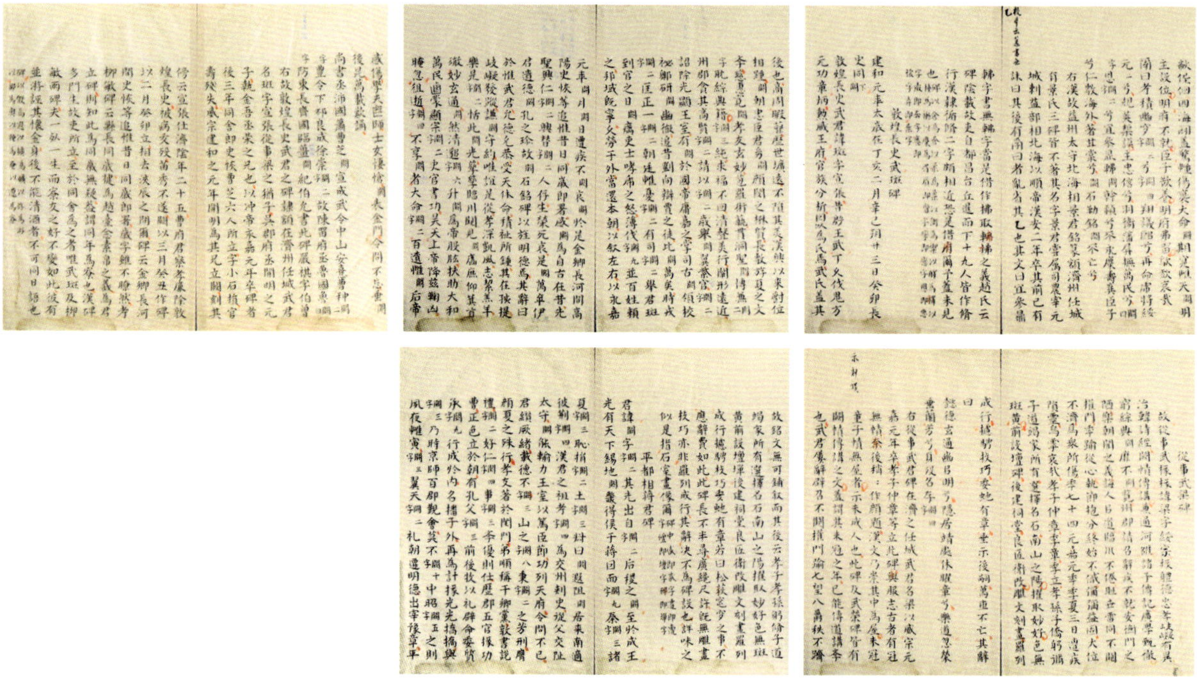

图 8. 铁琴铜剑楼旧藏万历四年《隶释》抄本卷六

无缺的（图 8）。因此，1588 年版《隶释》所缺少的文字，在 1576 年《隶释》抄本中都可以见到。当周榘在 1764 年校勘 1576 年《隶释》抄本时，在卷六《武斑碑》和《武梁碑》目录上的批注中指出，万历四年抄本《隶释》卷六所载《武斑》《武梁》二碑存字甚多，可补王云鹭本之缺误。[85]

18 世纪流传的第二部抄本属于清初著名学者和版本学家徐乾学（1631—1694）所有，被称为“传是楼抄本”。以此本为底本，汪日秀刊行了 1777—1778 年版《隶释》。

二十年后，两位著名版本学者，顾广圻（1766—1835，江苏元和人）和黄丕烈（1763—1825，苏州人），用三部均以宋本为底本的《隶释》（包括影宋抄本）与汪日秀刊行的 1777—1778 年版《隶释》相对勘。其后，由黄丕烈刊印了校勘本。[86] 虽然顾广圻和黄丕烈二人发现了汪日秀本的极少错误，但他们都没有对《武斑碑》和《武梁碑》的完整性表示怀疑。这也再次证实了梅鼎祚和傅山在一百多年前认识到 1588 年版《隶释》有缺漏的正确性。

除了上述所提到的多种版本之外，黑田彰对诸如中国国家图书馆、北京大学、上海图书馆等处所藏的《隶释》抄本进行了研究。他发现有五部明代抄本（包括常熟瞿氏所藏的 1576 年抄本），六部清代抄本，其中一部为清初抄本，而另一部则是以元泰定本为底本。除了上述诸本，黑田彰还指出湖北省图书馆有一部明抄本。当黑田彰仔细分析了上述所有版本之后，他认为 1576 年抄本（常熟瞿氏所藏）是现存最佳者。经过比较，黑田彰还认为王云鹭 1588 年版《隶释》所依据的底本无疑也是个极好的本子。[87] 应该指出的是，1850 年至 1860 年间的太平天国运动摧毁了江南的许多私家藏书。[88] 而且，中国在 20 世纪还经历了大规模的战争。在这些动荡的年代中，肯定还毁掉了不少《隶释》的抄本。在19世纪之前，学者们肯定能够见到更多版本的高质量《隶释》。

很显然，乾嘉时代的版本学者们很清楚地知道1588年版《隶释》及以之为底本的《四库全书》本所存在的问题。1588年版《隶释》中各种内在的证据也可以证明其中存在的文字脱漏。不过，由于有其他多种版本的《隶释》作为参考，这一脱漏也不算是什么大问题。无论什么时候，当《隶释》书中的文字与碑石上的文字有出入时，学者们毫无疑问更信任原石。这也正是那个时代的学者们热衷于从原石上拓取拓本的主要原因。这些原石拓本是校勘《隶释》的基本材料。

即使1588年版《隶释》一书中自身的各种证据已经可以证实其中有文字缺漏，但造成这种错误的原因却一直是个谜团。直到1935年，杰出的版本学家张元济（1867—1959）拟影印出版一部上文提及的曾由傅山所藏的1588年版《隶释》时，傅山的校勘文字引起了张元济的注意。张元济知道，常熟瞿氏藏有一部元泰定本《隶释》的明代抄本（见上文曾讨论的1576年本），所以他将之借来与傅山所藏1588年版《隶释》相校勘。在对这两个版本的《隶释》进行仔细校勘之后，张元济认为1588年本的底本有一页（两面），即20行，脱漏了。而这一脱漏在1588年本刊印时因未被发现而再次重复。也就是说，当张元济用瞿氏藏1576年明抄本《隶释》页32 A和B两面文字（包括有《武斑碑》和《武梁碑》词条的部分内容）去补充1588年本所缺少的内容时，他发现页32 A和B两面文字正好可以填补1588年本的缺失。

张元济同时还认为，出现这种错误是由于1588年本的底本、甚至可能是更早的底本中的错漏。从宋本传抄下来各种版本的《隶释》，包括元泰定本，都是每页20行（每面10行），而1588年本的编者（当然也可能是其所据底本的格式本身如此）将之剪裁为每页18行（每面9行）。[89]由此我们可知，首先，张元济是将常熟瞿氏藏明抄本与傅山所藏1588年版《隶释》逐字校勘以找出了后者卷六的错漏之处，这个缺漏就是瞿氏藏1576年明抄本中的整整一页（20行）。可以想到一种可能的解释是：原是每页20行的1588年本的底本（肯定存在这一底本，甚至可能就是元泰定本的某个抄本）脱漏了一页。在古代书籍抄录或印刷的过程中，出现某一页脱漏的情况很可能会发生，这是最初脱漏的情况。其后，1588年本的编者将每页20行改成了每页18行。因此，仅仅通过页数的比较无法发现这一页的缺漏。而行数的改变使得每页里面的内容也不能够完全对应。只有当张元济将瞿氏藏明抄本与傅山所藏1588年版《隶释》逐字对勘时，才能发现后者脱漏的具体位置所在。由于1588年版《隶释》的新的页面行数使其脱漏的原因极不易被发现，因此张元济认为这一脱漏是无心之错，甚至1588年版《隶释》的编者很可能都没有注意到。

张元济得出的解释和结论非常具有说服力。[90]这个结论也为黄丕烈的材料所支持。在黄丕烈为《汪本隶释刊误》一书所写的序言中，他明确说明用来与汪本校勘的三种《隶释》都是每页20行，每行20字。[91]另外，由于元泰定本的《隶释》和《隶续》是同时刊印的，虽然现在已经没有元泰定本《隶释》存世，但我们能由现存元泰定本《隶续》的页面推知元泰定本《隶释》也是每页20行的形式。

正如张元济所指出的，1588年版《隶释》的脱漏或许是无心之错。我们在明代刊印的书籍中常常可以见到类似的错误。研究中国书籍史的学者们经常提及晚明时代书籍中出现的由于粗心大意而造成的错漏。钱大昕就曾指出，晚明时代刊印的各种书籍，即使是像汲古阁这样的著名书商出版的儒学典籍重要版本，都可能包含有各种各样的缺失，如文字脱漏，将注释当成了原文，等等。他还列出了好几种至少有一页（两面）脱漏的书籍。因此，钱大昕提醒读书人应该小心挑选版本。[92]

很明显，Michael Nylan 是不愿意承认 1588 年本《隶释》中收录的《武梁碑》碑文是残缺不全的。她写道：

《隶释》在提及武氏祠画像石时，也提到了不知道名字的武氏家族成员选择名石，前设坛墠，后建祠堂。并由工匠卫改进行了装饰——尽管在《武梁碑》碑文中未曾提到这个工匠的名字。当代学者认为，这段文字应该是《武梁碑》碑文的一部分，不过，这种假设正与洪适自己的看法想矛盾。洪适曾说："若曰松萩宅穸之事，不应费辞如此。此碑长不半寻，广才尺许，既无雕画技巧，也非罗列成行，其辞绝非为碑设也。详味之，似是指石室画像尔。"如果这段文字不是《武梁碑》碑文的一部分，那么这段话又是什么呢？很显然，如果宋代的学者无法回答这个问题，那么今天的学者同样也无能为力。梅鼎祚编印的《东汉文纪》认为有两种版本的碑文，并认为没有提及工匠卫改的那种是"原文"。[93]

Michael Nylan 这段关于洪适《武梁碑》跋尾的讨论有几处严重的错误。Michael Nylan 选择了《四库全书》本《隶释》作为研究和讨论的基础，《四库全书》本是以 1588 年本《隶释》为底本。而 Michael Nylan 似乎没有意识到，可能她也不愿意意识到我们在前面讨论过的 1588 年本《隶释》的那些错漏。然而，*Recarving* 一书的另外两位作者，Cary Liu 和 Eileen Hsiang-ling Hsu（许湘苓），在关于 Michael Nylan 文章注释的一个附注里，提到了 1588 年本的问题，"《四库全书》本和 1588 年本《隶释》将《武梁碑》碑文与洪适的《武斑碑》跋尾混在了一起。这可能是明代抄本在传抄中的脱漏所致。《四部丛刊》三编本的《隶释》卷六附有抄自元泰定本的抄本，提供了所有脱漏部分的文字。而依据另外一种明抄本，汪日秀也将脱漏部分在其 1777—1778 年本中重新补充进去。这一脱漏之处早在 18 世纪之前就已经被梅鼎祚、傅山等学者们发现并指出过"。[94]

在对 Michael Nylan 的错误进行讨论之前，我先指出上面这段文字中的一个小错误：汪日秀并非在其 1777—1778 年本中将脱漏部分重新补充进去，他只是如实地依据了传是楼抄本，传是楼抄本本身就收录了完整的《武斑碑》和《武梁碑》碑文及洪适的跋尾。

Michael Nylan 将 1588 年本及《四库全书》本《隶释》作为其研究工作最可依赖的文献基础。即便如此，她在关于 1588 年本《隶释》的理解、翻译和表述等方面也存在不少问题。

首先，洪适并未说过其跋尾中所引用的赞美武氏祠石室中精美画像的那段文字不是碑文的组成部分。相反，他在跋尾中非常清楚地说明，他是从《武梁碑》碑文中引用了这段文字。他的跋尾在概括了武梁的生平事迹后（很明显，洪适应该是从一份完整的《武梁碑》碑文拓本中得到的这些信息），洪适写道："其后云"，并引用了一段 1588 年本《隶释》脱漏了的碑文。[95] 显然，由于在中国古代文言中引述的时候不需要使用标点符号，所以 Michael Nylan 将引文与洪适跋尾中的评论混为一谈了。而且，洪适不但在《武梁碑》跋尾中引用了那段文字，在谈论武氏祠画像石的时候，也再次引用了这段文字。他非常清楚地写道："武氏有数墓在济之任城……其辞云……"，其后便引录了这段 1588 年本《隶释》脱漏的碑文。[96]

其次，上面所提到的梅鼎祚《东汉文纪》显示他相信，(1)《武梁碑》仅仅只有一种碑文；(2) 1588 年本《隶释》中的《武梁碑》碑文是不完整的；(3) 1588 年本《隶释》中缺失的《武梁碑》碑文正好出现在洪适《武梁碑》跋尾中（即使在 1588 年本《隶释》中也有这段文字）；(4) 依据相关材料可以将缺失的文字填充回有缺漏的碑文之中。因此，Michael Nylan 所谓的梅鼎祚相信有两种碑文，并且没有提及工匠卫改的那种是"原文"的说法是不正确的。实际上，梅鼎祚非常清楚，所有的有差异的碑文版本都是来自于同一块也是唯一的碑石，因此根本就不存在有某一种碑文比另外一种更为"原本"的说法。

第三，当 Michael Nylan 说"《武梁碑》碑文中未曾提到工匠卫改的名字"和"《隶释》在提及武氏祠画像石时，也提到了不知道名字的武氏家族成员选择名石，前设坛墠，后建祠堂"时，[97] 她的说法也不完全准确。确实，在 1588 年本《隶释》所收《武梁碑》碑文中未曾提到工匠卫改的名字，这段文字和其他部分一同脱漏了。不过，卫改的名字出现在洪适的《武梁碑》跋尾中，因此实际上在 1588 年本《隶释》中也出现了。遗憾的是，Michael Nylan 并未意识到这段文字是《武梁碑》碑文的一部分，因此她也就错误地认为在《武梁碑》碑文中无卫改之名。

而 Michael Nylan 所说《隶释》谈及武氏家族成员选择名石，前设坛墠，后建祠堂，但没有点明武氏家族成员的名字，这一说法也不准确。当洪适的跋尾说到武氏家族成员建立武氏祠之时，提到了武梁的"孝子仲章"等等。[98] 因此，武氏家族成员名字并非没有给出。上述几点已经足以说明，Michael Nylan 上述文字的好几处（包括关于《武梁碑》碑文、洪适的跋尾及梅鼎祚《东汉文纪》中对摘录洪适《武梁碑》跋尾的注释）都没有能够准确理解原文的真实含义。

而 Cary Liu 和 Michael Nylan 最严重的失误之处在于，他们没有将汪日秀本《隶释》作为研究的基础。[99] 如果选择汪本的话，不但可以校正 1588 年本《隶释》的错漏之处，还可以使他们避免一些基于 1588 年本《隶释》所产生的错误。Cary Liu 和 Michael Nylan 并没有对他们为何不选择汪本为研究基础作出学术方面的说明，但却毫不掩饰地表达了对于汪本的怀疑。Cary Liu 写道："现在一般认为汪日秀本是最权威的版本，但其实值得推敲。需要指出的是，汪日秀是黄易的同乡。后来刊印的汪日秀本，包括 1871 年杭州黄氏的重印本，被称为是晦木斋丛书本《隶释》。"[100] 这段话的要害竟在于汪日秀是黄易的同乡。而 Michael Nylan 进一步写道："如果你知道了汪日秀本《隶释》来自何地，出版于何时，你就不会为它在卷六页 13 B 中提供了《武梁碑》的完整碑文而感到惊讶了。"[101]

Cary Liu 和 Michael Nylan 都没有明确写明，由于汪日秀本《隶释》有 1588 年本《隶释》中缺少的文字，因此就是伪造了《武梁碑》的完整碑文。但是他们的潜台词却是很清楚，用汪日秀的版本需要慎重，最好是用 1588 年本《隶释》来进行研究。为什么呢？难道是因为1588年本《隶释》的编者不是黄易的同乡，而且是在武氏祠被黄易重新发掘出来的两百多年以前就已出版，因此不会受到黄氏家族及其友人们的影响。相比之下，在Cary Liu 和 Michael Nylan 看来，汪本《隶释》刊行的地点和时间都令人生疑。这样一来，两位杰出的清代学者顾广圻和黄丕烈（他们都不是杭州人）校勘汪本的种种努力就被弃置不顾了。而汪本不宜被采用的原因竟是因为汪日秀是黄易的同乡，他刊行《隶释》的时间距黄易重新发现了武氏祠是如此之近。[102] 而实际上，归根结底，Cary Liu 和 Michael Nylan 不认可汪本的最根本原因是因为其中有完整的《武梁碑》碑文，其中的内容不支持甚至可以根本否定他们的"重塑"主题——武氏祠是汉代以后的文物。

Cary Liu 和 Eileen Hsiang-ling Hsu 所给出的附注可能是想稍微减弱 *Recarving* 一书对于1588年本《隶释》的过度依赖。在 Cary Liu 和 Michael Nylan 的文章中，大多数讨论、判断、怀疑和表述，包括对任何含有比1588年本更完整的《武梁碑》碑文《隶释》版本的质疑，都是以1588年本《隶释》为根本依据。由于这两位作者没有以汪日秀本《隶释》为研究依据，1588年本《隶释》中《武梁碑》碑文的错漏使他们对武氏祠作出了许多错误的论断。关于武氏祠的石阙铭文，Michael Nylan 写道：

《隶释》中的《武梁碑》碑文表明是武开明为其兄长武梁竖立了石阙。而这种说法与《金石录》中记载的碑文完全不符。在《金石录》中所载是武开明及其三位兄弟（'孝子'）竖立了石阙，根据武氏家族的谱系，武开明比其兄武梁要早三年去世。因此，在这个事例中，我们要么相信武开明具有预知修建石阙的惊人能力，要么就得承认他们不是为了武氏祠墓地建立石阙。[103]

在此，Michael Nylan 以为找到了在《隶释》中记载的武开明为其兄武梁建立石阙与《金石录》记载的武开明与其三位兄长共同建立石阙之间存在的矛盾。而实际上这个矛盾出现的原因，是在1588年本《隶释》中，《武梁碑》碑文的首行（包括武开明为其兄建立石阙的句子）实际上是被误置于此处的洪适的跋尾文字。如果以汪日秀本或四部丛刊本《隶释》来与1588年本进行比较的话，可以很容易发现这个错误。不过，由于拒绝采用汪日秀本或四部丛刊本《隶释》，Cary Liu 和 Michael Nylan 都失去了发现这个错误的机会。

Michael Nylan 正确地指出了武开明比武梁早三年去世，因此，武开明所建立的石阙不可能是为武梁所建。不过，武开明有三位兄长，当我们将这段被误置的文字放回到洪适的《武斑碑》跋尾中时，也尚不能确定开明究竟是为其哪一位兄长建立了石阙。

洪适在《武斑碑》跋尾中提及武氏石阙是由于武开明和武斑的名字同时出现在石阙的铭文中，并提及武斑是武开明之子，这种父子关系在《武斑碑》碑文中并未出现过。经过仔细分析后可以肯定，洪适在《武斑碑》跋尾中提及武氏石阙的那些信息，来自摘录和略作变动地改述《金石录》著录的石阙铭文。Michael Nylan 指出在洪适的《隶释》没有关于石阙的单独著录条目，这意味着洪适没有石阙铭文的拓本，只是将《金石录》著录的石阙铭文做了改述（paraphrase）。虽然《隶释》《武斑碑》跋尾中关于石阙铭文的信息来自于《金石录》，但它在究竟武开明是"为其兄”还是“及其兄”建立石阙的问题上相互矛盾。而由于在此问题上《金石录》是《隶释》的信息来源，两者之间的矛盾就只可能是手民抄刻的笔误或者洪适书中的一个错误事实。怎样解释《金石录》与《隶释》在武氏兄弟建立石阙这个问题上的矛盾说法呢？《金石录》收录有石阙铭文的完整文本，并列出了为父母建立石阙的武氏兄弟四人的名字。[104] 而《隶释》在卷二十四中也全部引用了这些材料。但目前所见的《隶释》刊印本和抄本的有关文字都说是武开明“为”其兄建立了石阙。这肯定是错误的。因为事实上是武开明“及”其兄弟一起建立的石阙。出现这个错误的原因，很可能是洪适的笔误，或者是抄录者或刊刻者将此段文字中的“及”字误识了。在后面这种情况中，由于草书“为”与“及”二字在字形上非常相似（图 9、图 10），抄录者在抄写这段文字时，将“及”误写成了“为”。而即使在出现这一错误后，这段文字在语法上依然是正确无误的。因为在中文文言中的“兄”字，既可以是单数词也可以是复数词，具体情况只能依据背景知识来确认。所以这个错误并不容易被发现。[105]

其实，并不需要理会这些抄录中的细节错误，洪适以《金石录》为其跋尾的依据这件事情本身就可以证明，洪适要表达的是武开明“及”其兄一起建立了石阙（为他们的父母或父母中的某一位）。因此很显然，武开明并不是“为”其兄武梁建立石阙。当这个错误被澄清后，在《武梁碑》碑文与石阙铭文之间所谓的“矛盾”也就迎刃而解了。

我个人认为，Cary Liu 和 Michael Nylan 并没有仔细地通读过《隶释》，虽然此书在他们的文章中被大量地引用。让我用下面的事例来说明这个问题。Michael Nylan 曾经写道：

图 9.“为”的草书

图 10.“及”的草书

《隶释》卷六中说，武班是任城人，曾任敦煌长史，而在目前能见到的各种版本的《隶释》中的另一卷中却又有一个武班，他是距离任城数千里之外的敦煌人。粗看起来，这个问题很容易得到解释，《隶释》卷二十三中的《武斑碑》出现著录错误，或不是可靠的老版本。现在通行的《隶释》各个版本的最终来源是王云鹭 1588 年的刻本。换句话说，这个版本的刊印时间在洪适时代百年或数百年之后；或者是这一著名参考书的粗糙的通俗本。卷二十至卷二十七由欧阳修、赵明诚等金石学经典的摘录构成，代表了这些经典的明代甚至清初版本。这个记录显示混淆了两个甚至三个不同的《武斑碑》，就如同有多个武开明的相关材料一样，哪怕他们是有着相似的生平事迹。[106]

Michael Nylan 的上述说法说明她对于《隶释》的篇章结构和不同版本一点也不熟悉。首先，就此书的篇章结构来讲，洪适在 1167 年初次刊印时共有二十七卷。洪适在另外一部著作《盘州文集》中明确指出，《隶释》卷二十至卷二十七的内容为：《水经注》碑目一卷，欧阳修《集古录》二卷，欧阳棐《集古录目》一卷，赵明诚《金石录》三卷，无名氏《天下碑综》一卷，[107]这就是说，洪适将卷二十至卷二十七作为《隶释》的附录，收录《水经注》《集古录》《集古录目》《金石录》等书中有关汉代石刻的资料，便于考核。这些情况可以证实上述Michael Nylan的说法是错误的。当Michael Nylan讲到“现在通行的”各种版本的《隶释》中的另一卷中的《武斑碑》，当她谈到卷二十三著录《武斑碑》的词条“不是可靠的老版本”时，看来她是在告诉我们她并没有意识到这些卷从来就是原著的一部分。当她说卷二十至卷二十七是欧阳修等人著作的明代甚至清初版本时，说明她根本就不懂得这个部分实际上是《隶释》一书所附录的前代著录材料。

第二个问题也和《隶释》的篇章结构有关。由于Michael Nylan对卷二十至卷二十七的错误理解，使她误认为书中有两个不同的武斑。实际上，《武斑碑》作为条目在书中虽然出现了两次，但都是指向同一块碑石和同一个人物。第一处《武斑碑》题目出现在卷六，此处洪适抄录了《武斑碑》碑文并作跋尾；第二处出现在卷二十三欧阳棐《集古录目》中所记录的汉代碑刻中。在这里，欧阳棐认为武斑是敦煌人。由于此条记录是洪适引录欧阳棐《集古录目》的材料，所以他没有对之作任何的改动。

洪适不去改动欧阳棐《集古录目》的文字是正确的学术态度。当然这并不意味着他同意欧阳棐的所有观点。[108]洪适明确知道武斑只是在敦煌任职，并非出生于那里。而欧阳棐《集古录目》错误地认为武斑是敦煌人，也可以放在一个更大的背景下来理解。欧阳棐《集古录目》对《武斑碑》的记载与其父欧阳修在《集古录》中的记录一致。治平元年（1064），欧阳修在《集古录》中根据其所藏的拓本记录《武斑碑》时，指出武斑的出生地没有出现在他所藏的拓本上。数年后，熙宁二年（1069），欧阳修得到了另外一件更好的拓本。这件拓本虽然也毁损较严重，但显然比前一件拓本有更多可以辨认的文字。[109]欧阳棐《集古录目》对《武斑碑》的记载依据的就是第二件拓本。此拓也只有部分文字可以辨识，所以，他将新认出的“敦煌”二字当成是武斑的出生地，而不清楚敦煌实际上只是武斑的任职之处。由上述讨论可知，事实上仅仅只有一个《武斑碑》，也仅仅只有一个武斑。[110]

如果按照Michael Nylan的说法，这里有两个武斑的话，那么我们是否可以说，历史文献并未记载欧阳修去过任城，而Cary Liu和Michael Nylan却声称欧阳修曾经流放任城数年，因此就有两个欧阳修呢？由于Michael Nylan误解了《隶释》一书中同一块碑石的不同条目，她就错误地认为“这些材料显示有不同的武开明，即使他们具有相同的生平事迹”。而实际上所有的材料只能得出一个结论：只有一个武开明，他是武梁的弟弟，同时也是武斑和武荣的父亲。

第三，Michael Nylan所说的“现在通行的《隶释》各个版本的最终来源是王云鹭1588年刻本”的说法也是错误的。正如我们上面曾经讨论过的，清代就有不少版本的《隶释》并非来源于王云鹭1588年刻本。在关于《隶释》和《隶续》版本方面的一个注释中，Michael Nylan说：“（文章中）所有对《隶释》和《隶续》的引用，使用的都是1983年出版的《影印文渊阁四库全书》，此本以明代万历本（1588年本）为底本。虽然《四库全书》的编者认为扬州本错误极少，但颇有脱漏。而本文则认为 1588 年本《隶释》是基本可靠的。”[111]

此段关于《隶释》和《隶续》的讨论包含有好几处错误。第一，《四库全书》本的《隶续》并非以明代万历本（1588 年本）为底本。实际上在这一年中只刊印过《隶释》，而未曾印行《隶续》。第二，虽然 1588 年本《隶释》确实是广陵（扬州）太守王云鹭所刻，但是，《四库全书》的编者在这里所说的“扬州本”其实是曹寅（1659—1712）于 1706 年在扬州刊印的《隶续》（而非《隶释》），此本目前在许多重要的图书馆均有收藏。而且 Michael Nylan 所引的“颇有脱漏”并非是指的《隶释》，而是指《隶续》。最后，《四库全书》本《隶释》并不是“主要基于”《四库全书》编者在上面所说的扬州本，这里所说的 1706 年扬州本是《隶续》。那么，这些错误是否可能是 Michael Nylan 的笔误，当她说到“1588 年本《隶释》是基本可靠的”实际上指的是《隶续》呢？即便如此，Michael Nylan 此段对《隶续》的论述仍然存在问题。因为一方面《四库全书》编者提到了 1706 年扬州本《隶续》，但《四库全书》编者所说的“颇有脱漏”却并非针对扬州本，而是指的元泰定本《隶续》。

第四，Michael Nylan 在讨论《武荣碑》时也显露出对于《隶释》一书并不熟悉。在讨论此碑中一处她觉得怪异的碑文时，Michael Nylan 写道：“（关于《武荣碑》碑文）欧阳修辨认出了 74 字，而在《隶释》一书中又多出了 148 字可以辨识。其中有十一字表明了武开明和武斑的名字、官职。这些信息出现在《武荣碑》碑文中，显得非常怪异。就我所知，还没有其他的汉代碑刻使用了‘君即……’这样的句式。这 11 字可能是窜入主体碑文中的评述文字。”[112]

在关于此段文字的一个注释中，Michael Nylan 解释了她为何觉得《武荣碑》此处的碑文怪异：“通过检索以张彦生《善本碑帖录》（北京：中华书局，1984）为基础编辑而成的碑刻材料电子数据库，只有另外一种汉碑——《淳于长夏承碑》——提及了碑主兄弟的名字。而由于此碑早已亡佚，所以我们也并不能确认《夏承碑》碑文是否真实准确。”[113]

Michael Nylan 的意思很显然，由于《武荣碑》碑文中出现了她觉得显得突兀的“君即……”数字，因此此碑是后代重刻或伪造的。但是，我们可以通过检索，看看是否真的除了《武荣》和《夏承》两碑之外，没有其他的汉碑使用过这种句式。检索宋代三家（欧阳、赵、洪）以及当代关于汉碑的著录，我们可以发现许多汉代碑刻都使用过“君即”一类句式。大多数情况之下，这些句子所提及的是碑主的祖先，特别是其祖父和父亲。碑主的兄弟也常常被提及，尤其是当他们拥有一定的官职之时（他们在被提到时一般都会写明其官职）。因此，很明显，《武荣碑》中出现的“君即”句式其实一点也不奇怪。

有太多的碑文都曾提及碑主的兄弟，限于篇幅，无法一一列举，我只举出一小部分例子。例如：“后汉桂阳周府君碑”（《集古录》卷三，页 9b），《金乡长侯成碑》（《隶释》卷八，页 6a），《费凤别碑》（《隶释》卷九，页 21），《安平相孙根碑》（《隶释》卷十，页 10b-11a），《小黄门谯敏碑》（《隶释》卷十一，页 6b），《督邮班碑》（《隶释》卷十二，页 9a），[114]《赵相雍劝阙碑》（《隶释》卷十二，页 12b），及《富春丞张君碑》（《隶释》卷十七，页 3b）。这些材料说明，Michael Nylan 所依据的电子数据库并不比传统的金石学著录更为有效和可靠。实际上，Michael Nylan 即使不信任宋代的金石著录，今天仍存世的碑石，包括新出土的碑刻材料也应该被引证。

Michael Nylan 在谈论汉碑时还有其他一些错误说法。例如，由于《武荣碑》碑文只占了整块碑石表面空间的一半，Michael Nylan 在一处注释中说："王壮弘曾说碑文只占有整块碑石表面空间一半这种形制的碑石是典型的三国曹魏时代风格。"[115] 而实际上王壮弘在这里所说的是《王基残碑》，此碑本身就是三国时代的作品。而且王壮弘所说的《王基残碑》是整块碑石的碑文都已经写好，只是镌刻了一半而已。因此《王基碑》只刻了一半碑文而非碑文占有碑石表面空间一半的情况与《武荣碑》并不相同。[116] 此外，王壮弘不仅没有在任何地方说过《武荣碑》的形制是"典型的三国曹魏时代风格"，恰恰相反，他在其《增补校碑随笔》中认为《武荣碑》是真正的汉代碑刻。[117] 值得指出的是，黄易在谈论《武荣碑》的特殊形制时，提及了另外一块汉碑——《韩仁铭》——具有与《武荣碑》相同的形制。[118]

第五，Michael Nylan 对于《隶释》的不熟悉还反映在她举例说明洪适"误将"晚期碑石断以前代时期。她写道："当代学者指出洪适时常将晚至唐代的碑石断以前代的时期。例如，袁维春在《三国碑述》（北京：北京工艺美术出版社，1992，页 81）中就表达了对于洪适收录的完整碑文的怀疑。"[119]

这段文字有两个非常严重的错误。首先，袁维春在《三国碑述》中并未认为洪适将《魏大飨碑》（Michael Nylan 在此处引用的是袁维春讨论《魏大飨碑》的文字）的断代提前了。学者们公认此碑是三国曹魏时代所立，并在唐代重刻。洪适也持有相同的看法。（1）袁维春在书中第 82 页引用了洪适《隶释》言及此碑在唐代为李暨重刻。而且，由于此碑已有部分毁损，袁维春在书中第 81 页表达了对洪适收录重刻全文的赞赏。（2）洪适在《隶释》卷十九《魏大飨碑》后的跋尾开头，就非常明确地说明其所录的文字是基于唐代重刻。[120] 值得指出的是，Michael Nylan 在上面指责洪适误将重刻的碑石断代提前时，使用了"时常"一词，意思是洪适著录中经常出现类似的错误。但是，我们已经证明，Michael Nylan 的指责所依赖的唯一例证，恰恰是因为她本人的严重误读所致。因此，Michael Nylan 需要其他的例子来支持她对于洪适的指责。否则的话，她的指责就是毫无根据和极其错误的。

Michael Nylan 没有认识到 1588 年本《隶释》中《武斑碑》和《武梁碑》的词条是不完整的，而把这种版本作为其研究所依赖的基础。虽然她信任这个版本，但是她好像也被《隶释》弄得困惑和沮丧了。她写道："《四库全书》认真的编者们对洪适的《武梁碑》跋尾提出了批评。在他们看来，洪适'未免牵合其词'，见《四库总目提要》中关于《隶释》的评论，卷 681，页 444（3a–3b）。"[121]

在此，我建议大家认真阅读《四库总目提要》中关于《隶释》的提要全文。这篇提要和《四库全书》其他提要文字相同，是对于《隶释》的简要介绍和评价。在提要的开头部分介绍了洪适的生平，随后，是对于《隶释》结构和内容的概括，并介绍了此书最早的版本，以及《四库全书》所依据的是哪一种版本，等等。

在上述关于《隶释》一书的介绍之后，编者给予该书一个简要的高度评价："自有碑刻以来，推是书为最精博。"换句话说，这本书是当时所有的金石著录中最好的一部。在宋代三部重要的金石学著录中，洪适此书是唯一受到《四库全书》编者如此赞赏的。[122]

在这一基本判断之后，《四库全书》编者认为此书“其中偶有遗漏”，指出了洪适在碑文抄录过程中出现的一些错误。[123]随后，《四库全书》编者进一步指出“又其小有纰缪”，在其所指出的四处“小纰缪”中，有一处即是洪适将“武氏祠”误作“武梁祠”。而《四库全书》编者认为称作武氏祠更为合适。在列举了其他三处“小纰缪”后，《四库全书》编者写道：“然百醇一驳，究不害其宏旨。”[124]当我们愈加认真地研读《四库全书》编者对《隶释》一书的评价，我们就愈能够确认，《四库全书》编者对于《隶释》的评价是对洪适学术水平的高度赞赏，而非 Michael Nylan 所说的指责。[125]

《四库全书》编者批评洪适将“武氏祠”误作“武梁祠”是基于清初学者顾蔼吉的意见。顾蔼吉认为在祠堂画像石的文字中“鲁庄公”的“庄”字没有因避讳而改为“严”，因此，洪适所说的“武梁祠”的断代应该早于武梁去世之时（公元 151）。然而，当代学者余嘉锡在检视了《四库全书》编者所举出的这个论据之后，认为顾蔼吉和《四库全书》编者都是错误的，原因是汉代的避讳制度并不十分严格。[126]黑田彰在关于 Michael Nylan 文章的书评中也指出，根据其他学者（如陈垣）的研究成果，可以证明《四库全书》编者对于洪适的批评是错误的。因为汉代的讳字并非绝对不能使用。[127]当代学者们发现汉代简帛文字中的材料也证实了余嘉锡和陈垣的这种学术观点。例如，在汉代的简帛文字中甚至出现过汉代开国皇帝刘邦名字中的“邦”字。[128]

为了竭力证明武氏祠中的铭刻文字可疑，Michael Nylan 还不仅仅是从《隶释》书中寻找材料。她写道：“很明显，武氏祠碑刻铭文所具有的那些错误使它们不能成为历史研究的理想材料。学者何焯（1661—1722）在仔细研究了所有的材料后，非常沮丧地说，他面对这些材料毫无办法，材料收集得越多，也就越支离，如同败叶。”[129]何焯真的是面对武氏祠的所有材料发出这些议论吗？不是，他在这里讨论的仅仅是《隶续》中关于武氏祠的部分。而何焯又是否真的“面对这些材料毫无办法，材料收集得越多，也就越支离，如同败叶”呢？其实并非如此。在这里说的“败叶”，不是指文字材料的支离，而是用来指称古书校勘中文字错误的习惯用语“扫败叶”。

何焯在其评论中所说的错误（“败叶”）其实就是“讹字”。“讹字”一词在校勘中是指与所抄录的原文字形有差异的那些字。因此，“讹字”不仅在意思上与原字大体相同，在字形上也没有太大的差异。这种错误对于理解原文意思来说基本上没有任何影响。因“讹字”而被改变的文本与原文在意思上是一致的。因此，何焯所说的根本不是什么“他面对这些材料毫无办法”，因为一位有经验的学者即使在遇到大量讹字的时候，一般也能够正确理解原文的意思。

我们还应该考虑到，即使何焯所点校的那部《隶续》中有不少误抄的讹字，但我们需要了解的仅仅是其中关于武氏祠的部分。在《隶续》中，仅仅只有一处涉及到了武氏祠的画像石部分，而并没有关于四块碑石和石阙铭文的任何记录。要判断《隶续》中关于武氏祠的论述是否确切，需要找出究竟出现了哪些“讹字”，其具体的情况如何，是否改变了原文的意思，等等。而实际上，Michael Nylan 在引用何焯那段文字时却没有给出任何这方面的信息，这是她为了质疑武氏祠及其碑文而错误使用材料的又一个例证。

关于文字抄录中出现小错误的另外一个例子是，汪日秀1777—1778年刊印的《隶释》，著名的版本学家黄丕烈和顾广圻在对其进行校勘后发现了不少小错误。然而，这些错误主要是在汪日秀本《隶释》在由隶书转录为楷书的过程中出现的。这类错误对于读者理解原文含义没有影响。两位校勘者将汪本与原文进行了仔细校对，注明其在内容和形式上极为细小的差别。不过一般地说来，两位校勘者所指出的这些细微差别对于我们正确理解原文不会产生任何影响。

关于特定对象（如武氏祠）的文字校勘，针对其条目中的错误，黄丕烈和顾广圻对汪本《隶释》的校勘也同样采用这种方法。对汪本《隶释》进行校勘时，黄丕烈和顾广圻在其收录的《武斑碑》条目下仅仅发现了三处错误。其一是将隶书“寍”替换为楷书“寧”，其二是在“于惟武君”处“误不提行”，第三处是将“二月”误抄为“三月”。

在武氏祠另外一些碑石的记录中，黄丕烈和顾广圻仅在《武梁碑》中发现了一处错误，而在《武荣碑》中没有发现任何错误。他们二人还在《隶释》收录的武氏祠画像石文字中发现了十六处错误。不过，这些错误几乎全部都是汪本在将原书隶书字体改换成楷书字体时产生的，只是改变了原文文字的字型，而没有任何意义上的更改。洪适在将赵明诚《金石录》中《武开明碑》和《武荣碑》抄录过来之时，没有发生任何错误。总而言之，有关武氏祠碑石铭文条目中的错误是极少和并不重要的。当我们审视了这些材料和何焯的评论后，从未发现有Cary Liu和Michael Nylan所谓的“材料越多越支离”的说法，况且，何焯根本就没有发出过那样的评论。这实际上是Cary Liu和Michael Nylan所提出来的毫无根据的说法。

我们在上文中曾经提及的Cary Liu在Michael Nylan文章后的“附注”显示，他应该知道1588年本的《隶释》脱漏了一页（两面），而汪日秀本则是以一部明抄本为底本，这部明抄本来自较早的宋本或元本。不过，他似乎很不情愿承认这点。因为他在其文章中的论述与这些事实全然不符。他在文章中的说法将读者们引向Michael Nylan所说的“这些重构出来的各种版本的混乱而复杂的历史”[130]（我已经在上文中指出了其错误）。Cary Liu写道：“在洪适《隶释》一书的新版本中不断有《武斑碑》新增加的碑文出现，使得这一碑文现在有十之八九的文字都可以辨识了（比欧阳修时代多出了许多）。大多数版本《隶释》书中收录的碑文都差不多。但是自1777年汪日秀楼松书屋本刊行以后，洪适的跋尾就被扩充为包含了对《武梁碑》和石阙铭文的评论，以及其他的一些材料。”[131]

他进一步声称：“另外，在将碑石、石阙和画像石上的文字转录到书本的过程中，为了增加可读性，常常人为地修正或加入缺失和模糊的文字。这也就可以理解为何在11世纪欧阳修时代的《武斑碑》仅仅只有十之一二的文字可以识读，而到了《隶释》18世纪新版本中，却突然十之八九都可以识读了。”

他接着说道：“除非在欧阳修《集古录》、赵明诚《金石录》、洪适《隶释》《隶续》之间及其各种不同版本之间的那些差别得到合理的解释，否则这些构建起‘武氏祠研究’和汉代艺术史、文化史材料的真实性就不能被轻易地接受。”[132]

其实Cary Liu应该知道，早在北宋时期，赵明诚就拥有一份可辨识文字较多的《武斑碑》拓本。

同时，由 Michael Nylan 文章之后 Cary Liu 的“附注”可知，他也知道在 18 世纪之前有多种版本的《隶释》都记录着《武斑碑》的完整碑文。而且他还应该知道，翁方纲在《两汉金石记》中所载的《武斑碑》碑文是以其友人黄易重新发现武氏祠后的新拓本为依据，包含有少量较旧拓更多的可辨识文字。[133] 然而，Cary Liu 却声称“到了《隶释》18 世纪新版本中，却突然十之八九都可以识读了”。我们曾在上文中讨论过随着拓本制作技术的进步而使更多的碑文可以辨读，但这里的例子还不是此种情况。

Cary Liu 所说汪本中《武斑碑》条目下“洪适的跋尾被扩充为包含了对《武梁碑》和石阙铭文的评论，以及其他的一些材料”，说明他并未意识到在 1588 年本和《四库全书》本中所载洪适的《武斑碑》跋尾是不完整的。[134]

Cary Liu 这段关于他和 Michael Nylan “重塑”主题讨论的第二部分是认为前代学者对宋代金石著录（及后世的版本）的研究是不充分和不连续的。而事实上，至 18 世纪，大量的学者对这些金石著录进行了极为细致的校勘、讨论和研究。与之相反，虽然《隶释》在 Cary Liu 和 Michael Nylan 二人的研究工作中占据了非常重要的位置，但他们似乎并未完整细致地读过此书。结果，对这本书的不熟悉，以有缺漏的 1588 年本和《四库全书》本作为研究的依据，并拒绝使用 Cary Liu 在这里批评的那些前代学者提供的更为完善的版本，使他们在研究中出现了许多错误。从这个角度来讲，Cary Liu 所谓的宋代金石学著录及其后世版本未被后来学者仔细研究和重视的说法，不但是错误的，而且也是非常不恰当的。

Michael Nylan 和 Cary Liu 关于《隶释》的批评基本上都是错误的和毫无根据的。他们两人并没有理解这本书流传的历史和其在学术史上占有的重要位置。即使当他们完成了 *Recarving* 这本图录的时候，他们仍然没有能够真正懂得《隶释》一书的篇章结构、洪适使用的那些词汇、武氏祠五件碑刻碑文之间的关系，以及洪适为这些碑刻写的跋尾。即便如此，他们居然敢于向《隶释》及其相关的学术问题提出挑战。这就很难以无心之错来解释 Michael Nylan 和 Cary Liu 所犯下的那些错误了。

正如上面所谈及，黄易和他的友人们在进行金石学研究时参考了由宋至清初的金石学家所撰写的著录。在他们的著述中，我们似乎能够听见相隔数个世纪的学者之间的对话。由这些学术对话，我们同时能够追寻数百年间金石学研究领域的发展轨迹。与黄易同时代的大历史学家王鸣盛在为钱大昕《潜研堂金石文跋尾》所写的序言中说：“金石之学，自周汉以至南北朝，咸重之矣。而专著为一书者，则自欧阳永叔始。自永叔以下，著录者甚多。有专取一体书者，如洪氏适《隶释》，娄氏机《汉隶字原》是也。有取金不取石者，若《宣和博古图》及薛氏尚功《钟鼎款识》、王氏俅《啸堂集古录》是也。有专取一地者，若黄氏叔璥《中州金石考》，毕氏沅《关中金石记》是也。”[135] 王鸣盛所勾勒出的这幅学术图景正确地显示，自宋代以来，金石学的研究不但更加繁荣，也更为专业和细化。欧阳修无疑是在这个领域最具有影响力的前行者。

虽然欧阳修创立了“跋尾”这种金石学研究著述形式，但是与后代学者相比较，他的学术研究还缺乏足够的深度和恰当的方法。因此，他的《集古录》一书也常常被自南宋至清代的后世学者所诟病。[136] 清初学者阎若璩（1636—1704）就写道："盖代文人无过欧公，而学殖之陋也无过公。傅山先生闻之曰：'子得毋以刘原父有好个欧九之云，从而和之乎。'余曰：'非敢。然实亲验之《集古录跋尾》。'"[137] 黄易的友人钱大昕也提出过类似的批评意见："刘原父尝病欧九不读书，读《集古录跋尾》，乃知其信。"[138]

这些对于欧阳修的批评出于以下几方面原因。首先，是欧阳修本身的知识局限，而他的友人刘敞被认为是更加优秀的学者；其次，金石学创建初期的拓本质量比后来差了很多；第三，欧阳修对于拓本中隶书字体的辨识能力并不太高。在一则关于汉碑的跋文中，他坦言"余不甚识隶书"。[139]

几十年之后的北宋末年，因为拥有了更好的拓本以供参考，金石学家们的研究水平得到了长足的进步。在洪适所处的时代，金石学研究因为细化而变得更加专业，其学术成果也更为繁盛。正如王鸣盛所指出的，在北宋和南宋交替之际，包括特定字体和特殊形制的金石学著录大量刊行。例如洪适就是专门收集、识读和研究汉代隶书碑刻铭文，这种相对专门的范围使他能够收集到更好的拓本并更加细致地对之加以研究，写出了更为详尽的跋尾。

与欧阳修不甚熟悉隶书不同，洪适精通隶书。因而他对隶书的研究，具有更高的学术价值。这些学术研究的进步是基于几十年间研究方法的改进、学者们有关知识的积累和深入，以及学科专业的细化。绝非是由于对古代作品的"重塑"，使得宋代金石学研究中可辨识文字得以增加，文本更趋完整。就像洪适著述中取得的那些杰出成就，被《四库全书》的编者们给予了"自有碑刻以来，推是书为最精博"的高度评价。

我们在美国学术界关于中国美术的著述中也可以见到学术进步的类似情况。几十年前的中国美术研究著录没有收录画作上的题跋文字。而后来所刊印相同内容的著录则收录了这些跋文。我们肯定不能够因为发现这些画作的题跋文字越来越长就去质疑画作本身的真实性有问题。金石学研究中的进步也与之相似。后世的著述肯定比前代的要详尽一些，否则的话就根本没有撰写和刊印的必要了。我们不能够用前代著述作为标准来衡量后世作品的真实可靠。同样，我们也不能认定旧拓本在质量和完整性上就一定比晚近的拓本更好。

尽管《隶释》《隶续》两书所记载的碑刻及其相关的建筑大多不存在了，但非常幸运的是，有一部分原石依然流传至今。它们是：《乙瑛碑》、[140]《礼器碑》及碑阴、《史晨前碑》《史晨后碑》《华山碑》《三公山碑》《白石神君碑》《石门颂》《西峡颂》（《隶释》所记录的碑文主体部分与原石吻合，但没有记载此碑所附记的官吏名字）、[141]《郙阁颂》《校官碑》《北海相景君碑》《郑固碑》《孔宙碑》《衡方碑》《孔彪碑》《鲁峻碑》《樊敏碑》《武荣碑》……

上面所列举的碑刻并不完整，但我们确知有大约二十块左右的碑石流传至今可供参考。将上述碑石与《隶释》中所记载的碑文相比较，我发现《隶释》确实是完整准确地记录了这些碑刻的碑文。所谓"准确"，我的意思是除了极少数异体字之外，《隶释》所记录的所有碑文都与原石相吻合。而这些少数的异体字，也是由于传抄、印刷中出现的错误，或仅仅是字形上的细小差别。总之，《隶释》所记录的碑文是忠实于原石的，现存的碑石可以证实《隶释》是研究两汉三国时代碑刻最可靠的著作。

反对我上述观点的人有两种选择：（1）他们可以将原石碑文与《隶释》所记录的碑文相对比，看看我的判断是否可靠；（2）他们也可以对我以及大多数金石学家都认为是原石的那些碑石的真实性提出质疑。不过，要想质疑上述碑石的真实性，这些挑战者需要证明的东西太多了！由于这些碑石至今依然存在，他们需要找到证据来证明这些碑石从来就是可疑的；需要证明这些碑石的文本形式、文学和书法风格与汉代的不相一致；需要去证明即使伪造拓本不需要花费太大气力，但仍会有人如此费劲地在笨重的石头上镌刻文字进行装饰并将其安放于某个地方；需要去证明书法史学家所建立的早期书法史图景并不成立（还需要证明的是学者们如何建立起这一图景并使其被广泛地接受）；等等。在 *Recarving* 一书的主要作者提出其学术批判意见之前，这些问题都必须被他们所面对、思考和回答。

《隶释》各种版本所记录的碑文大多是一致的。怎样去解释它们之间的细小差别呢？我们在上面所谈到的那些意见可以提供一些解释。例如，手抄本极易出错。而且，我们还应该考虑到《隶释》书中文字内容的特殊性。《隶释》所研究讨论的碑石是以汉代隶书字体书写的，隶书字体结构与简化后的楷书字体时常有较大的差别。当洪适在其书中抄录碑刻铭文时，他保留了不少在楷书中已经不被使用的隶书字形结构。这些隶书字体文字在后来的有些版本中被转录为楷书，与其原来的字形发生了变化。书中这些特殊的楷书字对于没有经过专门训练的人来说极难辨认，因此，当傅山在校勘此书时，大多数时间和精力都是用来使书中那些特殊的楷书字转换成常见的字形结构以使其文本更容易释读。[142] 而转抄水平比不上傅山的人就更加容易在抄录中出现错误了。即使今天，对隶书和洪适的异体字不熟悉的读者，在阅读《隶释》著录的那些汉碑碑文时也会有不少困难。

下面是一个由于抄录的不同字体而引起混淆的例子。Michael Nylan 质疑：“为何《隶释》中抄录的《武梁碑》碑文中删掉了铭赞里的语气助词‘兮’（此字在《金石录》中出现了四次，而这一个在 1588 年本中消失了的字却在《四库全书》本中再次出现）。”[143] 实际上，“兮”字在 1588 年本中并没有消失，Michael Nylan 由于没有掌握“兮”字的隶书字形而被搞混淆了。在 1588 年本《隶释》中抄录的是隶书的“兮”字，与楷书“子”字字形结构相似（图 11、图 12），而与 Michael Nylan 所能认出的赵明诚《金石录》中的那个楷书“兮”字差别较大。因此对 Michael Nylan 而言，她无法辨认出 1588 年本中的“兮”字。这个例子也可以说明，当 Michael Nylan 被她所使用的文本和材料搞混淆的时候，造成问题的主要原因是由于其自身对于洪适《隶释》的掌握程度还不够深入。

清初学者们使曾经在宋代达到繁荣的金石学研究再度复兴。受这一潮流的影响，隶书书法也得以振兴。傅山、朱彝尊、郑簠等人都以精于隶书而闻名于世。书法家们喜爱隶书的风尚一直持续到清代中叶。[144] 黄易也是一位精于隶书的书法家，使用这种书体创作了大量的作品。他的那些友人们也同样精于此道。这些书法家在练习隶书时，取法汉代碑刻。反过来，这种练习也使他们更加深入地去研究和了解汉碑。在他们的著述中，经常讨论汉碑碑文并指出前代学者著录中的错漏之处。关于汉碑在艺术上和学术上的研究，也使得精拓本的制作更趋完善，对碑文的熟悉程度也

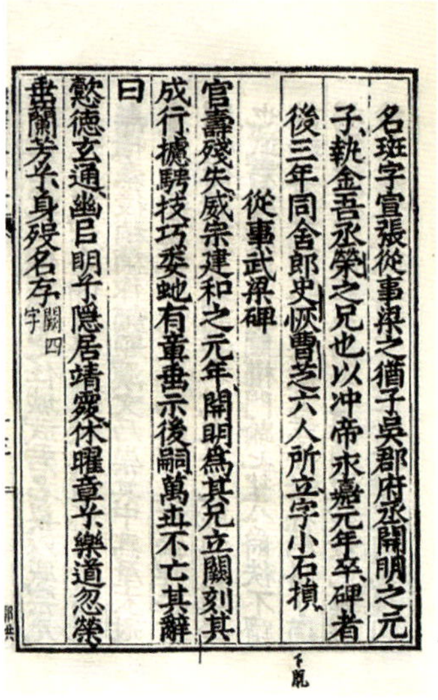
名斑字宣張從事梁之循子吳郡府丞開明之元
子執金吾丞榮之兄也以冲帝永嘉元年卒碑者
後三年同舍郎史恢曹卲之六人所立字小石損
從事武梁碑
官壽殘失威宗建和之元年開明爲其兄立闕刻其
成行攄騁技巧委蛇有章垂示後嗣萬𡋶不亡其辭
曰
懿德玄通幽呂明兮隱居靖處休曜章兮樂道忽榮
垂闌芳兮身殁名存 闕四字

图 11.1588 年版《隶释》卷六有“兮”字的一页

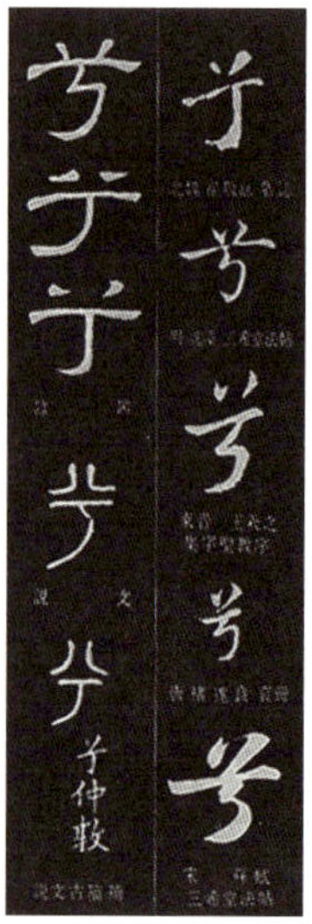

图 12.1588 年版《隶释》卷六有“兮”字的一页

大大增加，更加拓宽了关于汉代文化，包括其历史、政府结构、地理及隶书书法等的理解。这些学术探求使黄易时代的学者们在有关汉代的金石学、文字学、音韵学等研究领域取得了丰硕的成果，写出了为今日这些研究领域奠定基础的重要学术著作。

尾声

即使在黄易的时代，大型学术研究项目也不可能由个人的财力所维系，这需要更大的学术共同体来支持。黄易关于武氏祠的保护工作就是如此。不过，与今天那些精心撰写复杂精巧的学术研究计划向基金会申请项目的做法不同，黄易只不过是写些短信请几位友人帮忙。而他的朋友们向他提供经济上的支持，是基于对他研究工作质量的信任。在那个时代中，赞助者和向他们请求帮助的那些人一样，是那个领域内的杰出学者，他们能够准确地判断出什么是值得一为的研究项目和学术领域。18 世纪中国知识界的这种环境发展出了一种仔细研讨所有可获致材料的学术氛围。在这种背景下，研究中出现的任何错误都可能会很快被别人指出来。

1802 年，黄易在他 59 岁时离开了人世，没有机会与我们一起来讨论他所生活的那个时代。我甚至产生过这样的念头：要是能够起黄易于地下，让他看看今天对他那个时代学术研究的重新估量，他会是什么样的反应呢？一方面，他可能会因为其制作的精拓本以及他与友人们的学术成果至今仍受到重视而感到欣慰。另一方面，他在见到今天关于武氏祠真伪的论辩，以及究竟是他那个时代还是今天的学者关于武氏祠真伪的研究更为可靠的等等讨论时，很可能会觉得非常滑稽和怪异，也许会惊讶得目瞪口呆。他或许还会邀请我们一起来思考下面这个问题：

究竟是谁在重塑中国的往昔？

致谢：

感谢方尔义兄（Matthew Flannery）在我准备这篇论文时给予的帮助。一些阅读过本文初稿的学者提出了他们的意见，这些意见中的一部分已经被采纳到了文章之中。我向他们的建议表示感谢。

当我的文章完成之后，见到日本学者黑田彰与 Michael Nylan 商榷的长篇论文。在文章中，黑田彰批评了 Michael Nylan 文章中关于武氏祠的严重错误。请参见黑田彰，《武氏祠画象石の基礎的研究 — Michael Nylan “Addicted to Antiquity” 読後》，发表于《京都語文》第十二号（2005 年 11 月），页 155-204。黑田彰和我通过各自独立的研究，得出了许多相同的结论。例如，我们都认为1777—1778年刊印的汪日秀本《隶释》是研究武氏祠最为可靠的材料。在发表了首篇商榷文章之后，黑田彰教授还完成了两篇针对Michael Nylan学术观点进行反驳的文章：《武氏祠画象石の基礎的研究 — Michael Nylan "Addicted to Antiquity" 読後（二）》，发表于《総合人間学叢書》，第三卷（2008年1月）；《武氏祠画象石は偽刻か — Michael Nylan "Addicted to Antiquity" への反論》，发表于《説話文学研究》，第四十二号（2007年7月）。我向黑田彰教授与我分享他的见解和材料表示谢意。

我还要感谢普林斯顿大学美术馆同意发表我针对 *Recarving* 一书的批评文章。这本图录正是由普林斯顿大学美术馆出版的。

我还想指出的是，上海图书馆收藏有一份黄易制作的武氏祠刻石的拓本。其中包括黄易的六则长跋，提供了关于发现和保护武氏祠的诸多细节。2005年，这份材料由上海古籍出版社影印出版。黄易的题跋使我们能够进一步澄清 *Recarving* 书中的一些问题和错误。例如，在 *Recarving* 书中，Cary Liu 怀疑"武翟山"可能与武氏祠毫无关系，而只是与翟氏家族的军事方面有关。也就是说，Cary Liu 认为"武翟山"的"武"指的是"军事"或"战争"，而不是家族姓氏。（见 Cary Liu, *Recarving*, pp. 41–42）这又是一个毫无道理的质疑。上述黄易题跋非常清楚地表明，这座山之所以被称为"武翟山"，是由于其山脚下居住着两个大姓："武"氏和"翟"氏，参见上海图书馆编《上海图书馆藏善本碑帖》（上海：上海古籍出版社，2005，卷一，页23）。这仅仅是显示黄易制作的拓本及其题跋重要价值的一个例子。感谢许湘苓告知我这本书的出版。

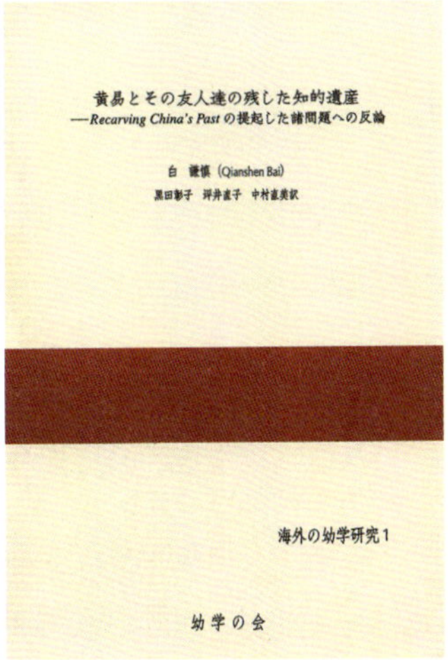

图13. 日译白谦慎著作书影

2007年5月8日初译稿

2017年3月12日修订稿

2017年10月29日再校稿

2018年8月27日三校稿

本文译自 "The Intellectual Legacy of Huang Yi and His Friends: Reflections on Some Issues Raised by *Recarving China's Past*," in Cary Y. Liu et al., *Rethinking Recarving: Ideals, Practices, and Problems of the "Wu Family Shrines" and Han China*, pp. 286–337. Princeton: Princeton University Art Museum, 2008（刘怡玮等著《反思重刻：理想、现实与武梁祠及汉代的问题》，普林斯顿大学艺术博物馆，2008年，第286–337页）；日文版单行本（图13）由黑田彰子、坪井直子、中村直美译，奈良日本幼学研究会出版，2008年。

注释：

1. 参见 Cary Liu, "Curator's Preface and Acknowledgements," in *Recarving*, p. 9.

2. 图录作者们所使用的 "recarving"（重塑）一词含义模糊。Recarving 在这里包括在历史学意义上的重新阐释，但毫无疑问也指武氏祠至少在物质形态上被重新塑造过。

3.Cary Liu, *Recarving*, p. 8.

4. 即使是认为武氏祠中画像石和五件刻石中的部分内容是在汉以后的时代中被重刻或伪造的，这种说法也是挑战武氏祠在整体上作为汉代建筑的学术传统。而认为武氏祠是为西晋时期的高官武茂所建的看法，则明显是没有根据的怀疑。

5.Cary Liu, *Recarving*, p. 9.

6. 由于在这本论文集里刊印有 Eileen Hsu 关于黄易《访碑图》系列的深入讨论，我在此处就不再详细地对之进行论述。描述或记录与古代碑刻有关活动的绘画并非由黄易首创。由宋至清，访碑和读碑活动一直未曾中断。例如，早于黄易大约一个世纪的南京画家张风就曾经有题为"读碑图"的画作。参见 Qianshen Bai, *Fu Shan's World: The Transformation of Chinese Calligraphy in the Seventeenth Century* (Cambridge, Mass.: Harvard University Asia Center, 2003), pp. 181–82.

7.（清）阮元：《小沧浪笔谈》（台北：广文书局，1970）卷二，页 30a–b。

8. 黄易大多数友人们生平信息可参见 Arthur W. Hummel, ed. *Eminent Chinese of the Ch'ing Period* (1644 - 1912) (Washington, D.C.: United States Government Printing Office, 1944). 这些人的事迹也见于 Benjamin A. Elman（艾尔曼），*From Philosophy to Philology: Intellectual and Social Aspects of Changes in Late Imperial China* (Cambridge, Mass.: Harvard University, Council on East Asian Studies, 1984).

9. 关于毕沅和阮元（下文将谈及）的学术赞助活动，参见 Elman, *From Philosophy to Philology*, pp. 104–111.

10. 关于江南士人在学术研究中的地位和作用，参见 Elman, *From Philosophy to Philology*.

11.Elman, *From Philosophy to Philology*, p. 177.

12. 在六朝时期的梁代就出现了关于同姓名历史人物的研究。参见彭作桢《古今同姓名大辞典》（上海：上海书店，1983）页 3。

13.（清）钱大昕：《嘉定钱大昕全集》（南京：江苏古籍出版社，1997）第七册，页 319–322。

14. 再举一个同姓名的例子：除了 18 世纪的黄易之外，在明清时代的文献中我们还可以见到另两个黄易，其中的一位生活在明代中期（1517 年进士）。而另一位则是生活在清朝初年（1658 年进士，卒于 1673 年后），仅仅比 18 世纪的黄易早了几十年。

15.（宋）洪适：《隶释》（1588 年王云鹭本，傅山（1607—1684/1685）、张元济（1867—1959）校勘），四部丛刊影印本（上海：商务印书馆，1935）卷十八，页 9a，"故吏应酬残题名"。

16. 见《晋书・王浑传》（北京：中华书局，1974）第四册，卷 42，页 1202。

17.（唐）陆广微：《吴地记》（《四库全书》本）页 19a。当代关于《孝子传》的研究，参见黑田彰，《孝子伝の研究》（京都：思文阁，2001）；黑田彰，《孝子伝注解》（东京：汲古书院，2003）；黑田彰，《孝子伝図の研究》（东京：汲古书院，2007）。

18.Cary Liu, "The 'Wu Family Shrines' as a Recarving of the Past," *Recarving*, p. 29.

19.（清）叶奕苞：《金石录补续跋》，《石刻史料新编》（台北：新文丰出版公司，1982）第十二册，卷 2，页 4ab（新页码 9147）。

20.Michael Nylan, "Addicted to Antiquity," *Recarving*, p. 522.

21. "府丞"一词分别出现于欧阳修《集古录》（《四库全书》本）《后汉沛相杨君碑》（卷二，页 18a）；赵明诚《金石录》（影印宋本，中华书局，1991）《武开明碑》（卷十四，新页码 338）、《成皋任伯嗣碑》（卷十五，新页码 359）的铭文中。洪适《隶释》中，"府丞"一词在《西岳华山亭碑》（卷二，页 5a），《巴郡太守张纳功德叙》（卷五，页 12a），《孝廉柳敏碑》（卷八，页 8b），《孔彪碑》（卷八，页 15a），《益州太守高颐碑》（卷十一，页 13a），《益州太守高颐阙二》（卷十三，页 2b）和《南阳太守秦颉碑》（卷十七，页 7a）中也多次出现。另外在洪适《隶续》（《四库全书》本）一书中，"府丞"出现于《武都太守耿勋碑》（卷十一，页 2b）和《胶东令王君庙门断碑》（卷十一，页 14a）中。

22. 使用"府丞"一词作为地方官吏之名可以在《汉书》（北京：中华书局，1962）的如下材料中见到：《王尊传》（卷七十六，页 3228），《朱博传》（卷八十三，页 3401），《严延年传》（卷九十，页 3670）。同时，"府丞"也出现在《后汉书》（北京：中华书局，1965）的《孔奋传》（卷三十一，页 1099），《羊续传》（卷三十一，页 1110），《袁安传》（卷四十五，页 1518），《班超传》（卷四十七，页 1579），《谢弼传》（卷五十七，页 1860），《史弼传》（卷六十四，页 2111）中。另外，在由汉至唐代以前使用"府丞"一词的文献材料还可见于如下汉代至唐以前的文献中：荀悦《汉纪》；班固、刘珍等《东观汉纪》；陈寿《三国志》；袁宏《后汉纪》，等等。在这些文献中，使用"府丞"的记载不胜枚举。

23. 高颐阙在洪适《隶释》卷十三页 2a 中有记载。目前，此阙仍保存于四川省雅安市芦山县。

24. 在讨论中国古代与官员称谓相联系的"府"字的多种含义时，Charles O. Hucker 正确地指出，"'府'在历史记录中一般是指政府或司法机构，常常出现于重要官员的称谓之前，表明他们所供职的机构地点"，但 Hucker 同时指出，"由唐至元，'府'也是指称一级行政辖区。与'州'相比较，'府'是具有更重要战略或政治地位的行政区划。"参见 Charles O. Hucker, *A Dictionary of Official Titles in Imperial China* (Stanford: Stanford University Press, 1985) p. 216.

25. 汉代"府丞"与"郡丞"具有相同含义的文献，见《孔奋传》，范晔，《后汉书》（北京：中华书局，1965），第四册，卷三十一，新页码 1099。

26. 劳幹，"汉代郡制及其对于简牍的参证"，《劳幹学术论文集》（台北：艺文印书馆，1976），卷二，页 1049–1068。在黄易时代有一位学者也曾经讨论过"府丞"在汉代的使用情况，见钱大昕，《嘉定钱大昕全集》，第六册，页 8。

27. 日本学者黑田彰在与 Nylan 商榷的文章中也讨论了"府丞"的使用。黑田彰指出，在汉代"府丞"与"郡丞"具有相同的含义。他同时指出，叶奕苞从来没有认为《武斑碑》几乎可以肯定是为唐代之物。见黑田彰，《武氏祠画象石の基礎的研究 — Michael Nylan "Addicted to Antiquity" 読後》（《京都語文》第十二号，2005 年 11 月），页 168–169。

28. 关于清初访碑活动及撰写各种金石著录的讨论，参见 Qianshen Bai, *Fu Shan's World*, pp. 161–164, 172–184. 而关于 18 世纪金石学研究的精彩论述，参见 Elman, *From Philosophy to Philology*, pp. 188–197.

29.（清）翁方纲：《两汉金石记》（1789 年本）卷十六，页 6b。"秋庵"即黄易。

30.（清）黄易：《小蓬莱阁金石文字》，重印于《石刻史料新编》（台北：新文丰出版公司，1986）卷三，页 560、573、574、588。

31.（清）钱泳：《履园丛话》（北京：中华书局，1979），页 237。

32.（清）钱大昕：《嘉定钱大昕全集》，第六册，页 9、10、11、24、34。翁方纲、钱大昕以及其他学者的文字显示，他们之间经常进行学术上的论辩。

33. 清初对古代典籍的辨伪，见林庆彰《清初的群经辨伪学》（台北：文津出版社，1990）；同时可参见 Elman, *From Philosophy to Philology*, pp. 68–70.

34. 郭沫若：《由王谢墓志的出土论到〈兰亭序〉的真伪》，载《兰亭论集》（北京：文物出版社，1973）页 12。

35.Liu, *Recarving*, p. 23.

36.Nylan, *Recarving*, p. 513.

37.Elman 曾经讨论过黄易时代学术研究中的“辨伪”现象，以及清代考据学运动中的批判与质疑，参见 Elman, *From Philosophy to Philology*, pp. 29–36. 按常理来说，Nylan 和 Liu 应该对于 18 世纪金石学研究中关于“伪造古物”的讨论极有兴趣，但他们却没有引用 Elman 的有关研究，甚至没有将 Elman 的这本书列为参考文献，原因就是：这本书中没有为 Nylan 和 Liu 两人的“重塑”主题提供支撑的材料。其实，Elman 的 *From Philosophy to Philology* 一书被学术界公认是关于 18 世纪中国知识界图景的重要论著。

38. 此信现藏于日本东京国家博物馆。

39.（清）翁方纲：《黄秋庵得碑十二图序》，见《复初斋文集》卷二，页 7b。

40. 陆明君：《簠斋研究》（北京：荣宝斋出版社，2004）。

41.Qianshen Bai, “The Artistic and Intellectual Dimensions of Chinese Calligraphy Rubbings: Some Examples from the Collection of Robert Hatfield Ellsworth,” *Orientations,* March, 1999, p. 83. 有兴趣的读者还可参考巫鸿论拓本的文章，“On Rubbings: Their Materiality and Historicity,” in *Writing and Materiality in China: Essays in Honor of Patrick Hanan*, ed. Judith T. Zeitlin and Lydia H. Liu (Cambridge, Mass.: Harvard University Asia Center, 2003) pp. 29–72.

42. 傅山曾经写了一首诗回忆与孙子傅莲苏同游泰山和曲阜。其中两句是：“尔爱五凤字，戈法奇一成。”也就是说，当傅山见到五凤刻石的时候，“成”字是可以辨识的。见《傅山全书》（太原：山西人民出版社，1991）卷一，页 49。“成”字是在五凤刻石左下角的一个字。

43.（清）朱彝尊：《曝书亭集》（上海：中华书局，1936）卷四十七，页 10a。

44. 见《北京图书馆藏中国历代石刻拓本汇编；战国，秦汉》（郑州：中州古籍出版社，1989）页 12。

45.（清）朱彝尊：《曝书亭集》（上海：中华书局，1936）卷四十七，页 10a。

46. 昭陵是唐太宗的陵寝，因此，叶昌炽在这里提及的应该是唐碑。

47.《金石萃编》是王昶（1725—1806）编辑的金石著录，王昶见到的拓本比叶昌炽所收集的时代更早。

48.“国初”即是清初时期，即 17 世纪下半叶，比叶昌炽的时代早两百年左右。

49.（清）叶昌炽撰，柯昌泗评：《语石》（北京：中华书局，1994），卷九，页 529。Cary Liu 在 *Recarving* 的文章中也讨论过拓本制作过程和“精拓”（pp. 71–72），不过，他关注的是拓本的重刻部分。

50. 这是康万民（活动于 1573—1620 年间）为赵崡的《石墨镌华》所写序言中的一段话，见赵涵《石墨镌华》，《石刻史料新编》，卷二十五，页 18583。

51.（清）叶奕苞：《金石录补》页 9133a。

52. 这件画作是黄易《嵩洛访碑图》册中的一页，现藏故宫博物院。

53.（宋）赵明诚撰，金文明校证：《金石录校证》（上海：上海书画出版社，1985）页 256。

54. 虽然山东学者早就指出过欧阳修拓本质量的问题，见朱锡禄编《武氏祠汉画像石》（济南：山东美术出版社 1986，页 1），但 *Recarving* 的两位主要作者却没有回应对于欧阳修拓本质量的质疑，反而相信欧阳修所藏的拓本质量比赵明诚和洪适所藏更好。

55. 在关于武氏祠历史的研究中，有的学者一方面质疑赵明诚和洪适所藏拓本的可靠性，另一方面却相信欧阳修所藏的拓本质量更好，这两种看法都不客观。

56. 黑田彰详细探讨了见于著录的《武斑碑》拓本，见黑田彰，《武氏祠画象石の基礎的研究 — Michael Nylan “Addicted to Antiquity” 読後》页 159–164。

57.Liu, *Recarving*, p. 37. Cary Liu 关于这一说法的注释中也没有提供关于欧阳修流放的任何信息 . 参见 Ibid., p. 84, n. 65.

58.Nylan, *Recarving*, p. 520.

59.Nylan, *Recarving*, p. 526.

60. 刘德清：《欧阳修年谱》，见吴洪泽，尹波主编，《宋人年谱丛刊》（成都：四川大学出版社，2003）卷二，页 1161–1164。

61. 除了上面所提到的刘德清《欧阳修年谱》，我还参考了两部关于欧阳修的年谱资料。一部是宋人胡柯所撰《庐陵欧阳文忠公年谱》，这部年谱的部分材料收入了刘德清《欧阳修年谱》中。另一部是陈明的《欧阳修传》（广州：广东高等教育出版社，1998）。在欧阳修的政治生涯中，他仅仅到过山东一次。熙宁元年（1068），欧阳修被任命为青州太守，青州距离任城很远，且欧阳修也绝非是流放此地。他在青州任职一年半左右后，便调任到太原。参见刘德清《欧阳修年谱》，页 1188–1193。欧阳修在青州任职的文献记录中，没有任何资料显示他曾经到达过任城。

62.Nylan, *Recarving*, p. 545. n. 32.

63. 陆游这样写道："汉隶岁久风雨剥蚀，故其字无复锋芒。近者杜仲微乃故用秃笔作隶，自谓得汉刻遗法，岂其然乎？"

《老学庵笔记》（北京：中华书局，1979）页 53。

64.Nylan, *Recarving*, p. 526.

65. 方若、王壮弘：《增补校碑随笔》页 59。

66.Nylan, *Recarving*, p. 550, n. 45.

67.Nylan, *Recarving*, p. 538.

68.Nylan, 在其他一些地方也没有给出可供查证的资料来源。限于篇幅，我将不再讨论这种情况。

69.Nylan, *Recarving*, p. 521.

70.Wu Hung, "On Rubbings," p. 36.

71. 考虑到当拓本文字在转录或重刻于印刷雕版之时的遗漏或增加，拓本与著录两者之间一定程度的细小差别是可以被接受的。

72. 无可否认，包括《武斑碑》在内的武氏祠在清代中叶以前并不被认为是什么重要的文化遗迹。这也是为什么直到黄易重新发现它们之前的许多世纪中，武氏祠都被忽视的主要原因。在宋代的好古之风出现之前，许多汉代及早于汉代的遗迹都未曾引起人们的注意。在这样的历史背景之下，我们也就容易理解为何此前没有关于它们的记录。当然另一方面，这种忽视也使其避免了人为的破坏和改变。

73. 见翁方纲《两汉金石记》卷十五，页 49b–51a 中关于《武斑碑》的记载。

74.（清）钱大昕：《嘉定钱大昕全集》第六册，页 11。

75. 在引用清代学者关于《武斑碑》碑阴所刻"武斑碑"三字的记载后，Michael Nylan 写道："一些杰出的清代金石学家指出了这些记载的相互矛盾。"（见 *Recarving*, p. 527.）Nylan 在这里所指的清代学者是毕沅和钱大昕。当我再次查阅两位学者的有关文字后，我发现他们并未认为关于《武斑碑》碑阴三字的记载相互矛盾。无论是毕沅还是钱大昕，都相信《武斑碑》是汉代所刻。而且，如果此碑正面的文字被重刻而显得清晰可辨的时候，就根本没有理由同时在碑阴刻上"武斑碑"三字了。如果整块碑石都在六朝时期被重新刻过，不但正面的碑文和碑阴三字应该同样清晰，而且单单正面的碑文就可说明此碑为《武斑碑》，毫无在碑阴加上三字的必要。另外，这三个字的草率刻工和异常的位置也显示出这显然是后来所加的说明文字，而非正式的碑额。因此，认为碑阴"武斑碑"三字为六朝所刻的看法，与《武斑碑》本身为汉碑之间并不矛盾。为了证实此点，我查阅了翁方纲《两汉金石记》关于《武斑碑》的条目，他记载了碑阴有三个楷书大字"武氏碑"，并指出："三字在穿之下，字极大，是楷书，盖后人所刻……洪氏本不言此阴有字也。"（1789 年本，卷十五，页 50b）。黄易在寄赠《武斑碑》的拓本给翁方纲之时，也单独附有碑阴"武斑碑"三字的拓片。最后需要指出的是，无论毕沅或是钱大昕都曾经为黄易复原武氏祠的工作提供经济赞助。在赞助者中，毕沅提供了五万钱，是出钱最多的一位。毕沅和钱大昕两位都是身为高官的大学者，如果他们认为《武斑碑》是汉代以后重刻的话，他们肯定就不会为黄易保护武氏祠的工作提供如此慷慨的经济赞助了。总而言之，本注释清楚地证实，不曾有过"杰出的清代金石学家”提出了过 Michael Nylan 所谓的“相互矛盾”。

76. 洪适曾在《隶释》卷六《武梁碑》跋尾中引用过一段《武梁碑》碑文。在武氏祠画像石后的跋尾中，他再次引用了这段文字（见卷十六，页 4b）。

77.（宋）卫博：《定庵类稿》（《四库全书》本）卷四，页 19b-20b。赵明诚：《宋本金石录》卷十四。

78.（宋）赵明诚：《金石录》卷十四。

79. 这里有两个论据可以证实梅鼎祚《东汉文纪》的编撰时间是在 1588 年本《隶释》之后。首先，《东汉文纪》中记载了 16 世纪 80 年代（明万历初年）出土的《曹全碑》碑文，而此碑拓本是在 16 世纪末期才为南方的学者们所获得；其次，直到崇祯年间（1628—1645）梅鼎祚《东汉文纪》仍未首次刊印。如果《东汉文纪》在梅鼎祚相对较早的年岁中即已经完成的话，那就应该在其 1619 年去世之前刊行。因此，直到 17 世纪初梅鼎祚的晚年时期，他可能仍未编辑完成《东汉文纪》一书。

80. 我曾在 *Fu Shan's World*（pp. 163-164）中讨论过傅山关于《隶释》的研究。目前我们可以确知《隶释》卷六文本中使傅山感到困惑的地方（他发现缺页之处），正是由于洪适《武斑碑》跋尾的最末一行被错误地当成了《武梁碑》碑文的首行。

81.（清）翁方纲：《两汉金石记》卷十五，页 51。

82.（清）钱大昕：《嘉定钱大昕全集》第六册，页 24。钱大昕此处所提及其所藏抄本中的文字其实是《隶续》而非《隶释》中的内容。目前我们尚不能确定，这是一处笔误，或是钱大昕拥有一部包括了两本书内容的抄本。而在另外一则笔记中，钱大昕指出《隶释》“俗刻本”中《博陵太守孔彪碑》的错误。这至少意味着他已经警觉到《隶释》“俗刻本”中的错误之处，或拥有一部《隶释》的抄本，或者两者皆是。

83.（清）黄易：《小蓬莱阁金石文字》页 561、650。

84. 我们可以通过 1576 年《隶释》抄本上的学者题跋和印章来追寻其流传的轨迹。这册抄本是抄自于钱穀（1508—1578 年后，苏州画家和藏书家）所藏的元泰定本抄本。其后在明末归常熟汲古阁毛氏所藏。稍后（不晚于清初），由孙氏收藏。1708 年，孙氏将此书借给了归鼎臣。五十年后的 1758 年，孙从谵又将此书从不知名的人手中买回。1764 年，孙请金石学家周榘对此书进行了校勘。后来，此书归常熟瞿氏的铁琴铜剑楼收藏。瞿氏家人在 20 世纪 50 年代将此书捐赠给了北京图书馆（现中国国家图书馆）。

85. 这则题跋没有署名，从上下文来看，应该是周榘所写。

86. 这三种版本为：昆山叶奕苞所藏的宋抄本，黄丕烈分别从袁氏和周项岩处借得的抄本。周氏抄本为 1570 年抄自钱氏，很可能就是抄自上面提及的钱穀所藏抄本。如果这个假设成立的话，那么这个版本就应该是 1576 年抄本的基础。这样，在明清时代，就至少存在有五种《隶释》抄本。见黄丕烈《汪本隶释刊误》序言，《石刻史料丛书》甲编（台北：艺文印书馆，1967）页 1a-1b。同时可参看李庆，《顾千里年谱》（上海：上海古籍出版社，1989）页 58-59、61、170、363-364。另外，谭献认为上述第一种版本（昆山叶奕苞所藏）并非抄自宋本，而是抄自元本《隶释》。

87. 黑田彰，《武氏祠画象石の基礎的研究 —Michael Nylan“Addicted to Antiquity”読後（二）》，发表于《総合人間学叢書》，第三卷（2008 年 1 月）。

88.Elman, *From Philosophy to Philology*, p. 249.

89. 见四部丛刊三编本《隶释》后所附张元济的校注。四部丛刊三编本《隶释》是上述曾为傅山所藏的 1588 年本的影印本。这一版本《隶释》中包括有张元济的校注和其手抄 1588 年本中脱漏的 20 行文本内容。

90.2005 年暑期我到中国国家图书馆（前北京图书馆）对馆藏元泰定本《隶释》的明抄本与 1588 年本进行了详细的比对。由于在此种明抄本保留着 1588 年本中脱漏的那些内容，因此我认为张元济的结论是正确的：即 1588 年本《隶释》脱漏了整整一页（元泰定本原书版式中的 20 行）。而且，我也检视过国家图书馆藏元泰定本《隶释》明抄本的书法风格和题跋文字，并认为此本真实性没有问题。

91.（清）黄丕烈：《汪本隶释刊误》页 1a，“其本皆十行廿字”。

92.（清）钱大昕：《嘉定钱大昕全集》第七册，页 76。

93.Nylan, *Recarving*, p. 525. Nylan 在这里对于“原文”的理解是错误的。梅鼎祚《东汉文纪》中的论述并非认为有两种版本的《武梁碑》碑文。恰恰相反，他认为两种“版本”的《武梁碑》碑文是来自于同一块碑石的摘录，因为正如上文所述，这两段碑文摘录中有两个字（“成行”）是可以重合的。Nylan 在这里仅仅相信两段《武梁碑》碑文摘录中较短的那种是真本，而认为另外一种（洪适跋尾中引用的）是伪造的。

94.*Recarving*, p. 549, additional note attached to Nylan's note 36. 当 Liu 和 Hsu 一起写下这个附注的时候，他们已经明确知道张元济在其《四部丛刊》三编本《隶释》中发现了 1588 年本的脱漏并提供了缺失部分的文字。但是，Liu 却并没有因此改变他在其文章中基于《四库全书》本《隶释》而作出的那些错误论述。更有问题的是，Nylan 与 Liu 在 Liu 和 Hsu 已经指出了有更为可靠的记载着完整的《武梁碑》碑文的汪日秀本后，依然使用《四库全书》本《隶释》中那些有问题的材料。根本原因在于，如果 Nylan 与 Liu 使用比《四库全书》本更可靠的汪日秀本，就很难再坚持他们关于“重塑”主题的许多论断。

95.（宋）洪适：《隶释》（傅山校勘的 1588 年本）卷四，页 13b。需要指出的是，当洪适在引录这段《武梁碑》碑文时，在开头处“孝子孝孙”四字后省略了武氏三位孝子及孝孙的名字。因此严格地说，这段文字是洪适的转述，而非直接引用。未被更改的原文应该是“孝子仲章、季章、季立，孝孙子侨，躬修子道……”。

96.（宋）洪适：《隶释》卷十六，页 4b。在这次引用时，洪适记载了武梁的三位孝子及孝孙的名字。

97.Nylan, *Recarving*, p. 525.

98.（宋）洪适：《隶释》卷六，页 13b。“仲章”这一名字在洪适跋尾的开头即提到。巫鸿曾列出武梁子孙的名字，见 Wu Hung，*The Wu Liang Shrine*, p. 27.

99. 黑田彰对《隶释》三种版本（1588 年王云鹭本、《四库全书》本和汪日秀本）的细致比较以及对 Nylan 由于对这些版本的误读而造成错误的分析，参见黑田彰，《武氏祠画象石の基礎的研究》页 169–190。

100.Liu, *Recarving*, p. 84, n. 69.

101.Nylan, *Recarving*, p. 549, n. 36.

102.Nylan 和 Liu 在说这些充满着讽刺意味的话之时，没有意识到汪日秀本《隶释》实际上比黄易重新发现武梁祠的时间稍早几年，因此，黄易重新发现武梁祠对汪日秀刊行《隶释》没有任何的影响。并且，自 18 世纪以来杭州一直是出版印刷业的中心，汪日秀本《隶释》在杭州出版毫不令人奇怪。在关于 18 世纪中国知识界图景的讨论中，Elman 特别指出杭州藏书家们所扮演的重要角色，“18 世纪，杭州是藏书家和出版家特别向往的地方。当地藏书家们堪称是各种文人群体以有助于学术交流的活动来增进友谊的楷模……在 1740—1790 年间，杭州的藏书事业达到了其顶峰。斯万（Swann）曾经指出过，在向《四库全书》献书超过一百种的九个人之中，就有五位是来自于杭州的藏书家。”（Elman, *From Philosophy to Philology*, pp. 147–148.).

103.Nylan, *Recarving*, p. 526.

104. 巫鸿认为武氏四位兄弟是为其于公元 145 年去世的母亲建立的石阙。见 Wu Hung, *The Wu Liang Shrine: The Ideology of Early Chinese Pictorial Art* (Stanford: Stanford University Press, 1989), pp. 26–27. 巫鸿的这个说法似乎是以《武开明碑》的碑文为依据。在《武开明碑》碑文中，提到了其母亲去世的时间，“永嘉元年，丧母去官”。见赵明诚，《宋本金石录》卷十四，新页码 338。

105. 黑田彰关于此问题的详细讨论，见黑田彰，《武氏祠画象石の基礎的研究》页 190–197。

106.Nylan, *Recarving*, p. 522.

107.（宋）洪适：《盘州文集》（《四库全书》本）卷六十三，页 15b。同时可参看钱大昕，《洪文惠公年谱》

页 9，见《嘉定钱大昕全集》，第四册。

108. 翁方纲也同意洪适的意见，并在其《两汉金石记》卷十五页 51b 中指出了欧阳棐《集古录目》的错误。

109. 这个判断是基于欧阳修 1064 年在《武斑碑》跋尾后的一则注释文字，见欧阳修，《集古录》卷三，页 2a。Michael Nylan 认为这则注释是后世添加上去的(见 Nylan, p. 546, n. 9)。不过，这应该不会。因为欧阳棐《集古录目》中所记载的《武斑碑》内容没有出现于其父关于第一件拓本的讨论中，所以欧阳棐的记载应该是基于第二件拓本。

110. 黑田彰关于这个问题的讨论，见《武氏祠画象石の基礎的研究》页 163–166。

111.Nylan, *Recarving*, p. 546, n. 2.

112.Nylan, *Recarving*, p. 523.

113.Ibid., p. 548, n. 21.

114.Nylan 在其文章中也提到了此碑（p. 546, n. 46），但未曾注意到碑文中也有我们所讨论的这种表示碑主与其兄弟关系的句式。

115.Nylan, *Recarving*, p. 548, n. 27.

116. 王壮弘：《碑帖鉴定常识》（上海：上海书画出版社，1985）页 8。

117. 方若、王壮弘：《增补校碑随笔》（上海：上海书画出版社，1981）页 85。

118.（清）黄易：《秋盦遗稿》（上海：聚珍仿宋印书局，1918）题跋，页 11a。

119.Nylan, *Recarving*, p. 547, note 5.

120.（宋）洪适：《隶释》卷十九，页 2b–3a。

121.Nylan, *Recarving*, p. 551, note 53.

122. 清代学者也极为敬佩洪适的学术水平。例如，钱大昕就克服了诸多困难来编写洪适的年谱，见钱大昕，《嘉定钱大昕全集》第四册（此册没有连续编页码。书中各部分都是独立开始编页。洪适年谱在此册末尾部分）。

123. 从这里列举的例子中我们也可以证实，“遗漏”指的是文字抄写的错误，而非文字抄录的脱漏。

124.（宋）洪适：《隶释》（《四库全书》本）页 1a–3b。

125.Nylan 还写道：“如果洪适所有文字都真是他自己所写的话，那毫无疑问，他希望通过将这些拓片归入一个汉代祠堂的整体中来提升其价值……。这样，洪适也暴露出有学者指出过的南宋学者与北宋学者之间的差距，而显得学术水平低劣。”（Nylan, *Recarving*, p. 528.）这里有两点需要澄清：（1）洪适将这些材料归纳到一个汉代祠堂的整体中，是基于其认真仔细的研究工作。没有任何证据可以证实洪适是为了提升其所藏拓片的价值而这样做。至少这些拓片材料本身就足以证明洪适的学术观点。（2）自南宋时期以来也有许多严谨的金石学著录，洪适《隶释》就是其中的一部。尽管在任何时代都有水平低劣的学者，但没有任何理由可以证明洪适属于他们中的一位。

126. 余嘉锡：《四库提要辨证》（北京：中华书局，1980）第一册，页 504–506。同时可参见《四库全书》研究所编，《清代四库全书总目》（整理本）（北京：中华书局，1997）第一册，页 1138–1139。参见陈垣，《史讳举例》（北京；中华书局，1962）特别是页 101、103，129–132 中关于秦汉时代避讳制度的情况。

127. 黑田彰：《武氏祠画象石の基礎的研究》，页 200–202。也可参见上一条注释中所提到的陈垣《史讳举例》（北京；中华书局，1962）书中有关材料。

128. 陈建功、徐敏：《简牍帛书字典》（上海：上海书画出版社，1991）页 827–828。

129.Nylan, *Recarving*, p. 527. Cary Liu 也没有对何焯的这段文字进行仔细阅读，在其“Curator's Preface and Acknowledgements”中，重复了 Nylan 对何焯这段文字的错误理解和阐释。见 *Recarving*, p. 9.

130.Liu, *Recarving*, p. 26.

131.Liu, *Recarving*, p. 37.

132.Liu, *Recarving*, p. 74.

133. 见《两汉金石记》卷十五，页 51a。

134.Cary Liu 的文章显示出他并不比 Nylan 对于

《隶释》更为熟悉。限于篇幅，我不能在这里指出其文章中关于《隶释》一书的每一处错误。同样，有限的篇幅也不允许我详尽地讨论 Nylan 文章中的其他一些错误之处。

135.（清）钱大昕：《嘉定钱大昕全集》第六册，页 1。

136.关于欧阳修被挚友刘敞批评其“不读书”的故事甚广流传。见牟巘（1227—1311），《牟氏陵阳集》（《四库全书》本）卷十，页14b。牟巘此处并没有批评欧阳修，他只是引用另外一位学者的批评意见。也可参见杨慎（1488—1559），《升庵集》（《四库全书》本）卷三，页27b。王世贞（1526—1590），《弇州续稿》（《四库全书》本）卷一百六十七，页17a。

137.（清）阎若璩：《潜邱札记》（1745 年本）卷一，页 39b-40a。

138.（清）钱大昕：《嘉定钱大昕全集》第九册，页 519。在另一则笔记中，钱大昕也提到了这个故事，并认为即使刘敞比欧阳修读书更多，但是刘敞对于欧阳修的批评仍然是太过草率了。见《嘉定钱大昕全集》第九册，页 577。欧阳修和刘敞是非常好的朋友。欧阳修在撰写《集古录跋尾》时，常常将书稿向刘敞征求意见。见《欧阳修全集》（北京：中华书局，1986）第十二册，页 1266。

139.见欧阳修《集古录》（《四库全书》本）卷三，页 18b-19a，《后汉藁长蔡君颂碑》。

140.这里所列出的汉碑的原名较长，我采用了通用的简称。

141.见何应辉、周持编，刘正成主编《中国书法全集（8）秦汉刻石 2》页 500-501。

142.见傅山校勘 1588 年本的影印本。

143.Nylan, *Recarving*, p. 551, n. 55. Nylan 的这个注释是她对《隶释》又一个错误的理解，她认为“现存的《隶释》最早版本（1588 年明万历本）中恰当地插入了一页（两面）文字，作为补充材料，成为卷六中的页 13a-b”。其实 1588 年明万历本《隶释》所中缺少的一页（两面），是张元济于 1935 年影印傅山校勘过的 1588 年明万历本时补充进去的。张元济能够准确地补充这两面文字的原因我们在上文中已经详细进行过讨论。具有讽刺意味的是，正是这两面文字的缺失，使得《武斑碑》和《武梁碑》的碑文之间出现了裂痕，而 Nylan 却似乎一直没有认识到这个缺失，导致她的文章出现了大量的错误。

144.关于清代隶书复兴现象的学术讨论，参见 Qianshen Bai, *Fu Shan's World*, pp. 185-208, 260-261.

武梁祠画像是伪造的吗？以汉代材料验证之

〔日〕黑田彰

日本佛教大学教授

贺宏亮 译 白谦慎 校

内容提要：针对 Michael Nylan 提出的“武梁祠画像石是伪造”的观点，本文作者利用武梁祠画像石中与“孝子传”叙事有关的内容，与内蒙古和林格尔汉墓壁画中“孝子传图”进行系统比较，对 Nylan 教授的观点进行检讨。在本文中，考察的是武梁祠画像石第一石至第三石上的“孝子传图”，从两个方面来讨论其作伪的可能性。首先分析了武梁祠画像石与和林格尔汉墓壁画共有的“孝子传图”；其次考察了武梁祠画像石中特有的“孝子传图”。无论从这两个方面的任一角度来审视真伪问题，在每一个例子中都很难得出 Nylan 教授所提出的是中华帝国晚期学者们伪造了武梁祠画像的结论。可以确信，Nylan 教授关于武梁祠画像石不是汉代之物的观点是完全没有根据的。

关键词：武梁祠画像 和林格尔汉墓壁画 孝子传 真伪

在最近发表的一篇题为“Addicted to Antiquity（泥古）”的论文中，Michael Nylan（戴梅可）教授提出了所谓“武梁祠画像石为伪造”的观点。[1] 中国将武梁祠画像石作为其伟大艺术宝库中的组成部分，Nylan 教授的观点让包括我在内的这一领域专业研究者们感到极为震惊。不过，我们注意到，Nylan 用来支持其论点的材料中含有明显的误漏。我已经在别处撰文批评了 Nylan 文章第二部分“Stele Summary（有关碑的综述）”。[2] 通过批评历来误解颇多的“唐拓”（下文将要论及），Nylan 在其文章第三部分“The Wu Liang Pictorial Stones: The Literary Evidence（武梁祠画像石：文字的证据）”中，提出了武梁祠画像石可能并非汉代之物的论点。

Nylan 教授关于武梁祠画像石真实性的质疑，很大程度上基于对帝国晚期传拓和流通武梁祠画像石图像铭文的可疑环境的质疑。她的论点简述如下：关于现存拓本的最早文字证据见于宋代（960—1279）金石学著录；南宋末期（1127—1279），不同版本的武梁祠画像石拓本流传于中国各地；到了明代（1368—1644）和清代（1644—1911）初期，所有的拓本和画像石原石都消失或者毁损得无法复原，但在同一时期却出现了一册“唐拓”，其上最早的收藏印鉴为“唐顺之”（1507—1560）；1703 年，此册唐拓被一位叫马思赞（1676—

约 1724）的人在其亲戚朱彝尊（1629—1709）的怂恿之下购藏，朱认为这是久已失传的武梁祠画像石拓本的一部分。这本册页有十四幅武梁祠画像石拓本。但是，在下列不同来源的材料中，这些图像却并不一致：唐拓，南宋金石学家洪适《隶续》中复制的武梁祠画像石图像，以及 20 世纪初期从武梁祠墓地所保存的石头上所拓之拓本。

这些差异性使得 Nylan 教授追问，现存画像石是否在 1782 年（现存《隶续》最早版本的刊刻时间）之后被重新刻过？ 1786 年，在武梁祠遗迹，善于自我炒作的拓本鉴藏家黄易“发现”了比宋代金石家们所见过的数量更多、保存状态更好的画像石。在 19 世纪末，更多画像石被发掘出来并移入武梁祠遗址中。换句话说，现今武梁祠所保存的画像石，有的最初是属于其他墓葬。最后，在 19 世纪和 20 世纪初期曾亲赴武梁祠的人们的有关记述中，这些画像石的保存状况极差，椎拓频繁，并曾被不知姓名的学者重新刻过。总之，Nylan 认为，现存没有任何证据可确证我们今天所谓的武梁祠画像石为汉代之物。[3]

不过，武梁祠现存这些画像石的系年真是一个问题吗？的确如此。武梁祠画像石为我们提供了关于祥瑞、圣王、孝子、烈女、忠臣等主题最大数量的东汉时期图像。有的画像附有铭刻文字，其中的一些不仅仅是标明画像中的人物。[4] 这些，都增添了其价值。如果 Nylan 的观点是对的，我们重构关于东汉时期肖像图像的最佳材料，及有关道德楷模的地方精英的观念，都将全部失效。也即是说，我们有关东汉时期如何教化人民的认识，及对于彼时儒家世界情形最有价值的参考，都将不再成立。

更值得注意的是，Nylan 从未尝试使用武梁祠画像石图像内容这一内部证据来研究其系年问题。实际上，武梁祠画像石中包括许多与“孝子传”（著名的早期道德典范的传说）叙事有关的内容，而这一主题正是我近年来所致力研究的领域。另外，非常幸运的是，我有机会对 1971 年发掘的内蒙古和林格尔汉墓壁画中“孝子传图”也曾进行过研究。[5] 这些图像是现存仅有的可与武梁祠画像石进行系统比对的材料。对这两种来源图像中的各类场景进行比较之后，我们能够有力地反驳 Nylan 教授的观点。因此，在本文中我将通过对武梁祠画像石“孝子传”有关内容的比较和讨论，来判定 Nylan 教授的“伪造”说是否能够站得住脚。在假定“伪造”说成立的前提下，本文通过对武梁祠画像石的直接检讨，来质疑 Nylan 的基本观点。

因此，以下两种方式对于辨别这些图像作伪的可能性是最有效的：首先，对武梁祠和前述和林格尔汉墓的汉代“孝子传图”进行比较；其次，不涉及和林格尔汉墓，针对武梁祠画像石本身进行详尽审查。从这两个方面，我们可以确认那些包含汉代“孝子传图”的武梁祠画像石是否为伪造之物。

和林格尔汉墓壁画与汉代的“孝子传”叙事

将和林格尔汉墓壁画“孝子传图”与武梁祠画像石的同类图像比较，让我们先注意到，和林格尔汉墓壁画总计有十二幅这种“孝子传图”壁画，其位于中室西北壁上部的第一层。“孝子”的名字见于下表（其顺序由左开始），我对其进行了编号，然后给出其被广泛接受的孝子传故事简称。括号中的文字是在和林格尔汉墓壁画榜题中所写的可辨识的真实文本（有的不止一个词组）；缺损漫漶的文字则以〈 〉标出。[6]

十二幅和林格尔汉墓壁画“孝子传图”及其榜题文字如下：

1. 舜（舜）

2. 闵子骞（骞父、闵子骞）

3. 曾参（曾子母、曾子）

4. 董永（孝子〈父〉）

以上四图见于西壁。

5. 老莱子（莱子父、莱子母、老莱子）

6. 丁兰（〈木〉丈人、〈野〉王丁兰）

7. 刑渠（刑渠父、刑渠）

8. 慈乌（孝乌）

9. 伯瑜（伯禽、伯禽母）

10. 魏阳（魏昌父、魏昌）

11. 原谷（孝孙父、孝孙）

12. 金日磾（甘泉、休屠胡）

以上八图见于北壁。

下面，我们将列出在武梁祠画像石第一、二、三石上所有的十七幅“孝子传图”。[7]其中有十一幅在前面标有星号的图像与和林格尔汉墓壁画中的孝子传图重复。与本文上列十二幅和林格尔汉墓壁画图像不同，我在下面的内容中略去了“榜题”文字。在文字后面的数字，指的是其在六朝时期钞本“阳明本”孝子传中的顺序。[8]这个钞本是两种流传至日本，现存京都的“孝子传”完整钞本之一（另一种是“船桥本”孝子传）。“阳明本”孝子传在体裁上保留着汉代“孝子传”祖本的影响。

武梁祠画像石第一、二、三石中十七幅孝子传图及其故事在“阳明本”孝子传中的编号顺序。

★曾参 36

★闵子骞 33

★老莱子 13

★丁兰 9

（以上见于第一石）

★伯瑜 4

★刑渠 3

★董永 2

章孝母

朱明 10

李善 41

★金日磾

（以上见于第三石）

三洲义士 8

羊公 42

★魏阳 7

★慈乌 45

赵苟

★阳谷 6

（以上见于第二石）

我们对武梁祠画像石、和林格尔汉墓壁画的孝子传图，以及标有星号的两者具有重复故事的图像进行比对和分析后，可以判断和林格尔汉墓壁画和武梁祠画像石的孝子传图，有超过三分之二是重复的。在武梁祠画像石中，除了一组图像（老莱子和丁兰）之外，其余部分与和林格尔汉墓壁画孝子传图顺序是不同的。造成这一现象可能的原因，是武梁祠画像石的设计者自己改变了这些故事的顺序。[9]我们可以假设这和武梁祠画像石中有关列女传图的情况相似：“列女传”卷五中那些著名故事的顺序，与武梁祠画像石中相关图像的排列次序差异极大。[10]如今，要检讨关于武梁祠画像石与和林格尔汉墓壁画所共有的十一幅“孝子传”叙事图像的真伪，当我们检讨了这些图像所源自的“孝子传”叙事文本后，[11] 可以归纳为以下三点看法：

1. 和林格尔汉墓壁画包含有一些未在中国保存下来的“孝子传图”，如曾参、慈乌和伯瑜等的“孝子传”文本，只见于现存日本的“阳明本”和“船桥本”两种“孝子传”钞本中。

2. 如魏阳、刑渠等，虽然其叙事文本能够在中国现存的各“孝子传”残本中找到，但在汉代之后，再未出现过与之相关的图像。

3. 最后，如金日磾和丁兰刻木为父的故事，在现存各种“孝子传”钞本和汉代以后的图像中均未曾出现过。

下面，我将对上述这三点看法进行详细阐述。

第一，我们只需要记住，当所谓的伪造之物被制作时，其中的一些“孝子传”故事只保存在日本的两种“孝子传”钞本中。而在彼时中国根本不知其存在。最为突出的例子是“慈乌”。除了和林格尔汉墓和武梁祠之外，在其他地方未曾出现过这一图像。[12] 将和林格尔汉墓和武梁祠“慈乌”图像进行比较后，我们很容易就能判断这是早期“孝子传图”极富价值的遗存（两处图像的铭刻文字均为“慈乌”）。由于武梁祠画像石图像和场景与在和林格尔汉墓壁画所见图像完全一致，因而很难设想前者是伪造的。和林格尔汉墓壁画中曾参母亲“投杼”的图像，所描绘场景也和武梁祠中相同故事图像完全一致。[13] 而这一图像和村上英二私人收藏的东汉铜镜上该故事图像也有许多相似之处。因此，很明显，这些图像都具有一些与汉代“孝子传”叙事有关的特别之处（与之相对比，在后世“二十四孝图”中，曾参母亲的图像则是在咬她自己的手指，而与上述图像完全不同），因此，其真实性毋庸置疑。[14]

另外，在武梁祠画像石中，曾参和闵子骞（后文还将涉及）图像是整个“孝子传图”的开头两个。需要指出的是，村上英二所藏汉镜中的图像正是这两个。而这两幅图像也是和林格尔汉墓壁画“孝子传图”的第二和第三幅图像。这样的组合很有意思。从这三件古物对于曾参和闵子骞故事图像的安排来看，我们认为其保存了汉代“孝子传”叙事的相应次序。[15] 武梁祠画像正是从这两个故事开始，这种不可思议的一致性是难以在一件伪造之物中看到的。我们从接下来的一组孝子即老莱子和丁兰图像中，也可以得出同样的观点。与之类似，伯瑜图像在和林格尔汉墓壁画和开封白沙镇东汉画像石中都曾发现，[16] 因此，我们可以顺理成章地得出观点，这一图像也是基于汉代“孝子传”叙事文本。

第二，这一部分的例子，在东汉以后并无图像流传，现存此类图像都是在 20 世纪才被发掘出来的。武梁祠画像中的魏阳图像与和林格尔所见同一图像极为相似。如果不能证明武梁祠画像是和林格尔汉墓壁画的后世摹本，那么武梁祠画像无疑也是汉代之物。[17] 刑渠图像，见于武梁祠前厅的画像石上（共有两幅，分别见于左、右石室），[18] 相同的图像也出现于和林格尔汉墓壁画、开封白沙镇东汉画像石，以及乐浪彩绘漆箧。在诸多东汉遗迹中都能见到的这一图像，因此武梁祠画像石上此图为汉代所制的可能性极高。把这些情况综合考量，这诸多共有的图像使人很难去设想武梁祠画像石的那些图像是伪造之物。

我们还可以从这些图像的构成来分辨其真伪，即便是在一些细节之中也有所体现。在武梁祠画像闵子骞图像里，我们可以见到继母之子驾驶着车辆（分别见于前、后室），其所描绘的场景与开封白沙镇东汉画像石上闵子骞故事图像一致。[19]而在阳明本“孝子传”中有“仍使后母子御车”的叙述。[20]我认为，这清楚表明了汉代“孝子传”叙事中的一个主题。而在六朝之后，无论是其图像还是与此故事相关的文本，均已失传。[21]

董永故事图像也可能保存着汉代“孝子传”叙事的特有内容。[22]首先，董永是向他父亲的方向回首望去，[23]这个细节与和林格尔汉墓壁画及大汶口画像石中的相关图像完全一致。[24]其次，与武梁祠画像中老莱子故事相似的图像，仅见于和林格尔汉墓。这使得我们假设，它们均是来源于汉代“孝子传”叙事。[25]基于同样的方式和理由，我们可以认为武梁祠画像石中关于阳谷故事的图像也是一种汉代的样式。[26]

当我们从正反两个方面来考察武梁祠“孝子传图”的真伪，可以反驳“伪造说”的最为令人信服的证据是：如果这些孝子故事已经从现存“孝子传”文本中消失了，后世就不可能伪造出与之相对应的图像。换句话说，帝国晚期的作伪者们，没有可资参考的线索，能够使其相互独立地伪造出这些相同图像。

第三，在武梁祠画像中，还包含有既未流传于后世“孝子传”文本中，也未见于汉代以后图像中的孝子故事。例如，在中国和日本现存的所有“孝子传”文本中，都未见有任何与金日磾故事有关的文字。[27]因此，在中华帝国晚期，也未见将此图像作为一种“孝子传”故事叙事的任何痕迹。也即是说，将金日磾故事伪造为武梁祠画像中的“孝子传图”，没有任何可能性。将武梁祠画像中这一图像与和林格尔汉墓壁画相同图像进行比较之后，我们可以断言，从一开始，这就是源自汉代“孝子传”叙事的一种图像。“慈乌”图像也是同一类型。同理，我们可以认为这类“孝子传”叙事文本在流传一段时间之后就亡佚了。

而有关武梁祠画像中丁兰“刻木为父”故事，我们也可见到同样的现象。[28]丁兰故事图像附有榜题文字，“丁兰二亲终殁，立木为父”，由此可知丁兰曾塑其父木像。然而，在现存中国“孝子传”诸文本中，这个说法却不见于任何记载。不过，20世纪发掘出来的汉代文物，却揭示了这些细节。例如，开封白沙镇东汉画像石丁兰故事图像榜题为“丈人……”，和林格尔汉墓壁画和乐浪彩绘漆箧丁兰故事的榜题为“木丈”。[29]这些例子可以证明，它们均是以汉代“孝子传”丁兰故事中丁兰“刻木为父”的情节为基础而制作的。不过，这些例子只能作为武梁祠画像中丁兰故事图像是源自汉代“孝子传”叙事的旁证。

关于武梁祠画像中丁兰故事源自早期“孝子传”叙事的更具说服力的材料，可在泰安大汶口画像石榜题中找到。此石的丁兰故事榜题为“孝子丁兰父”和“此丁兰父”，这两处榜题明确证实了武梁祠画像中的描写，“刻木为父”，其无疑是汉代“孝子传”叙事中的情节。而在现存“孝子传”文本中，却没有丁兰刻木为父的叙述，只有其为母亲塑像的文字。而且，从六朝开始及之后时期，有关丁兰故事的文本中，均是记载其“刻木为母，事之供养如生”。[30]考虑到上述有关图像和文本都明确表现了丁兰“刻木为父”，我们可以断定武梁祠画像中的丁兰图像不可能是伪造的。

以和林格尔汉墓壁画关于“孝子传图”的比较为基础，我们检讨了武梁祠画像的真实性。在武梁祠三件画像石上的十七幅“孝子传图”中，上文表格被标以星号的十二幅画像与和林格尔汉墓壁画重复，超过了武梁祠“孝子传”画像总数的三分之二。并且，武梁祠的十七幅“孝子传”画像，包含有和林格尔汉墓壁画与“孝子传”叙事有关的全部十二幅图像。[31]我们需要再次提醒读者，和林格尔汉墓壁画的“孝子传”图像，是能够与武梁祠画像进行系统比对的仅有材料。因此，不存在有关于武梁祠与和林格尔汉墓壁画共有的这十二幅图像乃汉代之物的否定性证据。由于其本身就是汉代之物，这十二幅图像揭示出武梁祠画像的一些特殊之处。而且，在对这些图像的内容进行考察之后，祠堂和汉墓所共有的十二幅图像可划分为三种类型，并在上文中得到了细致的讨论。

总之，我们在每种类型中，均使用了二至三个例子来证明其为伪造之物的可能性并不存在。我们所考察的这些例子，如果是伪刻，其如此相似的可能性几乎不存在。通过对武梁祠与和林格尔汉墓有关图像的比较研究，我们显然不会再去支持“伪造说”。

武梁祠画像石中特有的图像

在本文第二部分，我们将不涉及和林格尔汉墓壁画，只是基于武梁祠画像石图像本身，来讨论其真伪问题。如果我们排除了前文所讨论的武梁祠与和林格尔汉墓共有的十二幅图像之后，还剩下以下五幅图像：1. 章孝母；2. 朱明；3. 李善；4. 三洲义士；5. 羊公。

这五幅图像的每一件都具有可注意的特点。它们仅仅存在于武梁祠画像石“孝子传图”中，而没有其他相应的汉代文物以资比较。[32]一般而言，这个事实即可说明上述五幅图像为伪造的可能性并不存在。我们将在这里集中讨论朱明和李善故事的图像，以检讨这五幅图像的真伪。

首先，我们来看看武梁祠画像中的朱明故事。[33]不巧的是，在中国本土，除了《吴地记》中可能是源自“孝子传”文本的“朱明张臣尉赞”之外，并无其他文本涉及到这一故事。[34]

由于文本的缺乏，关于武梁祠画像中朱明故事的释读，长期以来一直是困扰着学者们的问题。瞿中溶是第一位试图解读这一图像的学者，他的解释如下：

> 图有五人。一小儿；右，妇人敛衽面左立者，榜题之“章孝母”也；其前左，冠服面左，手以剑下指于地者，榜题之“朱明”也；其前左，左手出胸间，右手前向左指而首回顾朱明者，榜题之“朱明弟”也；其左前，一小妇人，左手抱婴儿，右手前拽朱明妻袖者，下榜题“朱明儿”，盖指所抱之婴儿也；其左，向左行，回首面右，右手出胸间，左袖下垂，而为抱婴儿之妇所拽者，榜题之“朱明妻”也。其右上空处，一鸟向朱明妻下飞。[35]

但是，抱着小孩的“小妇人”是谁？“章孝母”在此图中扮演什么角色？瞿中溶和沙畹（E.Chavannes）都误认为章孝母是朱明故事中的一个人物，却不知其实际上是属于另外一个孝子故事的图像。[36]陈培寿才开始意识到，章孝母是章子之母，曾在《战国策》中有记载。因此，他将“章孝母”从朱明故事中剥离出来。[37]

陈培寿及随后的容庚，尝试从与朱明故事有关的两种文本来释读这个孝子故事。首先，在《初学记》中有一段“朱明赞”：

朱明张臣尉赞：诗咏张仲，[38] 今也朱明。轻财敦友，衣不表形。寡妻屏秽，棠棣增荣。臣尉邈然，丑类感诚。[39]

根据西野贞治（Nishino Teiji）的理解，这段文字的意思是：朱明不吝惜财物，对兄弟充满爱怜。他的衣着是适度的。他的妻子掩藏了朱明之弟应被谴责的行为。因为上述事实，朱明的声誉增加，兄弟之间非常和谐。[40]

关于朱明的另外一段材料见于《吴地记》，此书为唐人陆广微所著。涉及朱明的段落如下：

朱明寺，晋隆安二年。郡人朱明，孝义立身，而家大富，与弟同居，弟妻言树坏，欲弃兄异居。明知弟意，乃以金帛余穀尽给与弟，唯留空宅。忽一夕狂风骤雨，悉吹财帛还归明宅，弟与妻羞见乡里，自尽。明乃舍宅为寺，号朱明寺。[41]

正如西野贞治所指出的，尽管这两段与朱明有关的文本有不少相似之处，但它们都和武梁祠画像中朱明故事图像之间存在矛盾。《吴地记》所载的故事为后出，也即是发生在东晋时期的南方，其时间和地点均与武梁祠画像的朱明故事不一致。而且，在《吴地记》所载故事文本中，朱明的妻子并未出现，而是朱明的弟妻造成了兄弟二人之间的矛盾。在《初学记》的“朱明赞”中，文字过于简略，无法获知朱明弟与朱明妻之间究竟因何产生龃龉。而这些问题的细节，其实都在武梁祠画像石朱明故事图像中被清晰地描绘出来。[42] 实际上，朱明妻子的节俭令人同情。显然，《初学记》和《吴地记》这两种文本都无法用来解释武梁祠画像中的朱明故事。

西野贞治是第一位借助于“阳明本”孝子传第十条即关于朱明孝子故事的文本——这个唯一的路径——将朱明图像成功进行释读的学者。“阳明本”孝子传的这段文本如下：

朱明者，东都人也。兄弟二人，父母既没，不久遣财各得百万。其弟骄奢，用财物尽，更就兄求分。兄恒与之，如之非一。嫂便忿怒，打骂小郎。明闻之曰，汝他姓之子，欲离我骨肉耶。四海女子，皆可为妇。若欲求亲者，终不可得。即便遣妻也。[43]

我们必须对这段文字予以特别重视，此乃能够释读武梁祠画像中朱明图像（图 1）的唯一参考文本。[44] 基于此段文字，西野贞治将武梁祠画像中朱明故事图像释读如下：

左边那位情绪激动的女人是朱明妻，她正在斥责丈夫的弟弟，此时她已被朱明宣布遣去。女人右侧的矮小人物，即瞿中溶和沙畹认为是怀抱婴儿的“小妇人”，其实是朱明之子，他正拉着母亲，不愿她离去。在朱明子右侧的人物即是朱明弟，他面对朱明描述从其嫂那里受到的对待。朱明正倾听其弟的述说，并告诉妻子叫她离开。[45]

使用“阳明本”孝子传文本，来理解武梁祠画像中朱明因为其弟与妻子之间产生龃龉而遣去妻子的图像，能够得到明晰而准确的释读。西野贞治的成果，使用保存于日本的“孝子传”文本来解读长久以来困扰着学者们的问题，使得我们对于画像石内容的理解取得了极大进步。[46]

现代，我们再来审视图 1，一旦理解了武梁祠画像朱明故事的内容，就可以知道这是极难伪造出来的。关于朱明故事，后世没有任何与之相关

图 1. 武梁祠画像中的朱明故事拓本（采自容庚《汉武梁祠画像录》）

的图像传世，而其在“孝子传”文本中的记载也很快就失传了。因此，我们只能认定伪造这一故事的图像是不可能之事。换句话说，如果没有见到仅存于日本京都私人藏书中的朱明孝子故事文本，中华帝国晚期的某人如何能够凭空伪造出这样的图像？

图 2 显示的是武梁祠画像石第三石上的李善故事。由于此石损毁严重，我们将以图 3，即《隶续》卷六所载的同一图像来进行讨论。[47] 下文所引是“阳明本”孝子传中关于这个图像的文本，见于“阳明本”孝子传的第 41 个故事：

李善者南阳家奴也。李家人并卒死，唯有一儿新生，然其族亲，无有一遗。善乃历乡邻，乞乳饮哺之。儿饮恒不足，天照其精，乃令善乳自汁出，常得充足。儿年十五，赐善姓李氏。治丧送葬，奴礼无废。即郡县上表，功其孝行，拜为河内太守。百姓咸欢。孔子曰，可以托六尺孤，此之谓也。

李善故事也见于传到日本的《琱玉集》卷十二，该书收录有一段“佚名孝子传”。[48] 需要指出的是，无论是源自“佚名孝子传”还是见于保存在京都的两种“孝子传”钞本，这些关于李善故事的材料都仅见于保存在日本的文本中。[49] 关于这一图像（图 2、图 3）所描绘的场景，瞿中溶本“后汉书”，即《后汉书》所载“南阳李善，本济阳李玄家奴。玄遭病死，惟有孤孙续，有赀千万，奴婢欲谋杀续，分其财产。善夜抱续，逃瑕丘界，亲自哺养，乳为生湩，遂至成长”，认为“恐是奴婢欲取其孤去，故善乃长跪哀求之意耳。其上并布帷幔下垂，后且有一兽似犬”。[50]

自从瞿中溶给出了这种解释之后，很多学者都跟随其思路并以《后汉书》的那段材料来解读武梁祠画像中的李善故事。[51] 但是，如果我们以《后汉书》为依据来解读此图，如何能确认图中究竟是左边还是右边的人物是李善？这个问题使得瞿中溶所提供的解释值得怀疑。[52] 实际上，《后汉书》的那段文字最早见于《东观汉记》，后被刘宋时期范晔辑入其所著《后汉书》中，瞿中溶采用后出的材料来解读东汉时期的画像，其说法很令人怀疑。

在任何情形中，用来解读“孝子传”图像的第一手材料，应该是“孝子传”文本本身，[53] 这才是能够释读现存图像的合适材料。当我们拓宽研究的材料范围，在“孝子传”文本之外去找寻资料来解读“孝子传”图像，就会产生有问题的误读。瞿中溶在释读李善故事时说，“恐是奴婢欲取其孤去”，但这个奴婢欲杀李氏遗孤的说法并不见于《琱玉集》中的“佚名孝子传”和保存于京都的两种“孝子传”钞本。因此，我们为何不使用“阳明本”孝子传中“善乃历乡邻，乞乳饮哺之”的记载来解读这一图像呢？左边的人物是李善，中间是婴儿，而右侧的人物可能就是一位邻家妇人。这个图像的解读肯定不能局限于瞿中溶所言“恐是奴婢欲取其孤去”。实际上，这种说法也与汉代关于李善故事的另外一幅图像有矛盾之处。图4是乐浪彩绘漆箧中的李善故事。关于此图场景中的人物究竟是谁，众说纷纭。[54] 我曾在别处予以谈论，倾向于将彩绘漆箧上的这一场景与魏阳故事相联系。而现在我认为，这一场景中的四位人物应与李善故事有关。[55] 瞿中溶所使用的《后汉书》材料，无法解释图4所描绘的李善故事。[56]

图2. 武梁祠画像李善故事残图拓本（采自容庚《汉武梁祠画像录》）

图3. 李善故事线描图（采自扬州使院刻本《隶续》卷六）

关于武梁祠画像中的李善故事，由于在中国所存“孝子传”文本中没有关于李善的文字，因此，作伪者根本不可能将此图作为“孝子传”叙事的一部分。而李善故事本身是关于主奴之间的忠义关系，而非直接与“孝”有关，因此，中华帝国晚期的作伪者，也不会将其视为“孝子”故事。另外，20世纪出土的乐浪彩绘漆箧可作为补充材料，证实武梁祠画像中的李善故事图像肯定是刻于汉代之物。

除了朱明和李善之外，武梁祠五幅未出现于和林格尔汉墓壁画的图像还剩下三幅，分别是：章孝

图 4. 乐浪彩绘漆箧中的李善故事（采自朝鲜古迹研究会编《楽浪彩篋冢》）

母、三洲义士和羊公。在这三幅图像中，章孝母是唯一一幅在后世所有“孝子传”残本和其他文献中都没有记载的图像，也是武梁祠画像石十七幅“孝子传”叙事图像中唯一一件来源不明之作。[57] 关于三洲义士和羊公，我已在别处进行过详细讨论，因此在本文中略去。不过，在汉代及后世，都未曾出现过这两幅图像的痕迹。因而我愿意再次强调，伪造这些图像的难度超乎想象。最后，除了我们无法找出其来源的章孝母图像之外，其余四种图像的内容都非常有意思。朱明故事是关于兄弟之情；李善故事是关于主仆之间的忠义；三洲义士是无血缘关系的三人的故事；而羊公故事则是关于赈济穷人。[58] 总之，这四个故事图像都与父子之间的“孝”没有直接联系，因此难以将它们与“孝子传”叙事联系在一起。不过，这四个故事都包含在现存“阳明本”和“船桥本”孝子传文本之中。因此，毫无疑问，这四个故事的有关图像都是“孝子传图”。而与复仇有关的魏阳故事，也同样如此。因此，这些视觉叙事是生动反映出汉代关于“孝子”观念的重要历史材料。一位中华帝国晚期的作伪者，要把这四个故事放在一起并将其作为汉代“孝子传图”，几乎是不可能之事。

在上文中，考察的是武梁祠画像石第一石至第三石上的“孝子传图”，我们努力从两个方面来讨论其作伪的可能性。首先，我们分析了武梁祠画像石与和林格尔汉墓壁画共有的“孝子传图”；其次，我们考察了武梁祠画像石中特有的“孝子传图”。无论从这两个方面的任一角度来审视真伪问题，在每一个例子中都很难得出中华帝国晚期的学者伪造了这些图像的结论。因此，我们可以有把握确信，Nylan 教授关于武梁祠画像石不是汉代之物的观点，是完全没有根据的。

注释：

1.Michael Nylan, "'Addicted to Antiquity' (*nigu*): A Brief History of the 'Wu Family Shrines,' 150–1961 CE," in Cary Y. Liu, Michael Nylan, and Anthony Barbieri-Low, eds., *Recarving China's Past: Art, Archaeology, and Architecture of the "Wu Family Shrines"* (New Haven: Princeton Art Museum and Yale U.P., 2005) pp. 513–61.

2. 参见 Kuroda, *Koshidenzu no kenkyu*, sect. I.2.1. 白谦慎最近也撰写了一篇批评 Nylan 此部分讨论的文章，参见 "The Intellectual Legacy of Huang Yi and His Friends: Reflections on Some Issues Raised by *Recarving China's Past*," in Cary Y. Liu, ed., *Rethinking Recarving: Ideals, Practices, and Problems of the "Wu Family Shrines" and Han China* (New Haven and London: Princeton Art Museum and Yale U.P., 2008) pp. 286–337.

3. 参见 Nylan, "Addicted to Antiquity," pp. 529–541.

4. 关于武梁祠画像石精审而详尽的讨论，见 Wu Hung, *The Wu Liang Shrine*: *The Ideology of Early Chinese Pictorial Art* (Stanford: Stanford U.P., 1989).

5. 在去年召开的"孝子传研究现状"国际研讨会上，我提交了题为"漢代孝子伝図考，和林格爾後漢壁画墓"的报告，该报告关注两个主题——和林格尔汉墓壁画孝子传图像的整体情况和墓葬材料，两者均可反驳 Michael Nylan 关于武梁祠画像的伪造之说。在最近提交的一篇论文中，我将处理后一个主题。我用"漢代孝子伝図考，和林格爾後漢壁画墓"为题，在 Koshidenzu no kenkyu 的 section I.2.2, pp. 263–325 中发表了对于前一主题的看法。因篇幅所限，本文将不纳入这一部分内容。读者可参考以下材料：陈永志、黑田彰，《和林格尔汉墓孝子传图辑录》（北京：文物出版社，2009）页 4–10。关于"孝子传"故事图像基本情况的介绍，参看笔者 *Koshidenzu no kenkyu* 的 section I.2.2。我此前所撰写的关于 Nylan 教授"武梁祠画像石为伪造"观点的文章，除了发表于《京都语文》（见下文注释 9，重印于 *Koshidenzu no kenkyu*）上的论文外，还有题为"武氏祠画像石の基礎的研究［二］"的续篇，此文为 AA Communal 研究项目报告，将纳入"総合人間学叢書"发表，该文包含所有的参考材料。

6. 关于和林格尔汉墓"孝子传图"，参看 Kuroda, *Koshidenzu no kenkyu*, section I.2.2.

7. 除了武梁祠画像石第一、二、三石之外，以下武梁祠画像石中的图像也与"孝子传"叙事有关：

前石室，第七石，第一层从右：闵子骞 33，刑渠 3

前石室，第七石，第二层从右：伯游、伯游母 4，老莱子和莱子父、莱子母 13

前石室，第十一石，第三层从右：刑渠 3，丁兰 9

左石室，第七石，第一层从右：舜 1，伯奇 38

左石室，第八石，第一层从右：丁兰 9，刑渠 3

后石室，第八石，第一层从右：闵子骞 33

8. 在幼學の會编辑的 *Koshiden chukai* 孝子传注解（Tokyo: Kyuko shoin, 2003）一书中，我曾予以详细讨论，该书包含有复制图版、译文和注释。

9. 参见 Kuroda, *Koshidenzu no kenkyu*, sections I.2.2, I.2.3; idem, "Retsujodenzu no kenkyu: Horingoru Gokan hekigabo ni tsuite" 列女伝図の研究，和林格爾後漢壁画墓について, Kyoto gobun 京都語文 15（2009）pp. 7–78.

10.Kuroda, *Koshidenzu no kenkyu*, sect. I.2.3, n. 20.

11. 关于"孝子传"叙事文本，参看我的 *Koshidenzu no kenkyu* 孝子傳の研究（Kyoto: Sibunkaku shuppan, 2001）I.1.

12. 参见 Kuroda, *Koshidenzu no kenkyu*, section I.2.2, illustrations 23 (frontispiece 8), 24, as well as n. 24, which includes illustration 4.

13.Ibid., illustrations 4 (frontispiece 3) 5, and frontispiece 6.

14. 关于曾参的故事，参见 ibid., I.2.1.

15.Ibid., I.2.3.

16.Ibid., I.2.2, illustrations 25 (frontispiece 9) 26, 27, and 28.

17. 关于魏阳，参见 ibid., II.2.4。关于此故事的图像，参见 ibid., I.2.2, illustrations 29 (frontispiece 10) 30, 31。关于东汉乐浪彩绘漆箧上的魏阳图像，请注意二者之间的细小差别。

18. 参见 ibid., illustrations 19 (frontispiece 7) 20, 21, 22.

19. 旁有榜题文字“後母子禦”，参见 ibid., I.2.3, illustrations 1 and 4.

20. 需要注意的是，这段文字未见于“船桥本”孝子传；不过，其还保存在“师觉授孝子传”残本中，其辞曰“损（闵子骞）衣皆藁为絮，其子则绵纩重厚。父使损御，冬寒失辔，后母子御，则不然”，参看《太平御览》卷 413。

21. 参见 Kuroda, *Koshidenzu no kenkyu*, I.2.5.

22.Ibid., I.2.2, illustrations 7 (frontispiece 4) 8, 9, and 10.

23. 仅在保存于日本的两种“孝子传”钞本中有董永“一鋤一顾”的记载。

24. 这个细节还保存于六朝的有关文本中。不过，此主题与后世“二十四孝图”以董永得仙女之助为主要内容的神话故事有极大不同。

25. 这一图像也见于和林格尔汉墓壁画前室，参看 Kuroda, *Koshidenzu no kenkyu*, I.2.2, illustrations 11 (frontispiece 5) 12, 13, and 14.

26.Ibid., illustrations 32 (frontispiece 11) 33, 34, and 35. 关于六朝时代阳谷故事的有关描绘，参看 ibid., I.2.5.

27.Ibid., I.2.2, illustrations 39 (frontispiece 13) 40, and 41.

28.Ibid., I.2.2, illustrations 15 (frontispiece 6) 16, 17, 18, and 37. 在和林格尔汉墓壁画中，此故事图像分别见于前石室和左石室。

29. “丈人”可指岳父。在孝堂山汉墓小祠堂的一块画像石中也有丁兰故事，但无铭刻文字。

30. 关于六朝时期的丁兰故事，参看 Kuroda, Koshidenzu no kenkyu, I.2.5. 在后世的“二十四孝图”中，为父母二人均刻木像，这一描绘源自“全相二十四孝诗选”和“日记故事”中的传统图像。

31. 在武梁祠画像中，“舜”包含在“圣王”图像内。

32. 只有关于李善的画像是例外，其图像在东汉乐浪彩绘漆箧和 1996 年发掘的大同北魏司马金龙墓的漆屏中也出现了。

33. 参看本文图 1。此图在第三石上，榜题为“朱明”、“朱明弟”“朱明儿”和“朱明妻”。参看容庚，《汉武梁祠画像录》，考古学社专集 13（北京：燕京大学考古学社，1936）。.

34. 容庚：《汉武梁祠画像录》卷 6，页 22a。关于“朱明张臣尉赞”，“初学记”这段文字分成两部分，其前面的题目在“张”后面应有一“仲”字，而在“臣尉”前则还应有一“王”字，且“臣”是个误字，应是“巨”。所以，这段赞文是写给三个人的：张仲、朱明和王巨尉。值得注意的是，这三人都以兄弟之情而著称于世。

35. 瞿中溶：《汉武梁祠画像考》（北京：北京图书馆出版社，2004）卷 6，页 311-312。

36. 参见 E. Chavannes, *Mission archéologique dans la Chine septentrionale* (Paris, 1913) p. 147.

37. 陈培寿：《汉武梁祠画像题字补考》（无出版时间和页码）。

38. 参看刘殿爵，陈方正编，《毛诗逐字索引》（香港：商务印书馆，1995）第 177 条，页 80。

39. 徐坚：《初学记》（北京：中华书局，2004）卷 17，页 426。

40.Nishino Teiji 西野貞治，“Yomeibun koshiden no seikaku narabini Seike bon to no kankei ni tsuite” 陽明本孝子傳の性格並に清家本との關係について，Jinbun kenkyu 人文研究 7.6（1956）p. 29.

41.《吴地记》，载曹林娣编《江苏地方文献丛书》（南京：江苏古籍出版社，1999）页 8。

42.Nishino, “Yomeibun koshiden no seikaku,” p. 29.

43.Yogaku no kai, *Koshiden chukai*, pp. 86, 294.

44. 为便于参考，现将“船桥本”孝子传中，关于朱明故事的文本转录于下：

朱明者，东都人也。有兄弟二人，父母没后，不久分财，各得百万。其弟骄慢，早尽己分，就兄乞求。兄恒与之。如之数度，其妇忿怒，打骂小郎。明闻之曰："汝他姓女也。是吾骨肉也。四海之女，皆了为妇。骨肉之复不可得。"遂遣其妇，永不相见也。

朱明故事在中世纪日本书籍中流传较广，见*juan of Nihon ryoiki* 日本靈異記 (Yahagi Takeshi 矢作武, "*Nihon ryoiki* to kanbungaku: Koshiden o chushin ni, saiko" 日本霊異記と漢文学，孝子伝を中心に，再考, in *Kiki to Kanbungaku* 記紀と漢文学 [Tokyo: Kyuko shoin, 1994]) "序言"; in the chap. "Explaining the Importance of Rites among Brothers" of the Kanazawa Library edn. of *Shakumon hiyaku* 釈門秘鑰; in the chap. "Notebook on Brothers and Sisters" of *Gonsenshu* 言泉集 (Ryukoku daigaku edn. and Todaiji Hokurinin edn.); in Kokoshu 孝行集 (Kuroda Akira, "Seikado bunkozo Kokoshu" 静嘉堂文庫蔵孝行集, in *Aichi kenritsu daigaku bungakubu ronshu* [Kokubungakuka hen] 39 [1991], pp. 60–61); and the chap. "The Daughter of Kiyomori" of *Genpei seisuiki* 源平盛衰記 (Ichiko Teiji 市古貞次 et al., *Chusei no bungaku* 中世の文学 [Tokyo: Miyai shoten, 1991] p. 41).

45.Nishino, "Yomeibon koshiden no seikaku," p. 29.

46. 西野贞治先生的这一成果，却很少为后来的学者们引用。如 Nagahiro Toshio 長廣敏雄在其 *Kandai gazo no kenkyu* 漢代画像の研究 (Tokyo: Chuo koron bijutsu shuppan, 1965) part Ⅱ, p. 81, 引用了"船桥本"孝子传的文本，却说此图像表现的是"朱明妻想击打儿子并挣脱他"，这个说法基于"船桥本"孝子传中"打骂小郎"一语，但长广敏雄误解了"小郎"（指朱明弟而非其子）一词，所以他的说法是完全错误的。巫鸿在《武梁祠，：中国古代画像艺术的思想性》（中译本，柳杨、岑河译，北京：三联书店，2006）页 292–295，及附录 1，页 303–304，引用了"船桥本"孝子传中的朱明故事文本。另外，贾庆超，《武梁祠汉画石刻考评》（济南：山东大学出版社，1993）页 269–270；蒋英炬、吴文祺，《汉代武氏墓群石刻研究》（济南：山东美术出版社，1995）第 5 章，页 88，注释 40；朱锡禄，《武氏祠汉画像石中的故事》（济南：山东美术出版社，1996）页 25，均沿用容庚的说法，即引用"吴地记"中"朱明张臣尉赞"。

47. 榜题文字为"李氏遗孤 忠孝李善"。

48. 参看 Yanase Kiyoshi 柳瀬喜代志、Yahagi Takeishi 矢作武，*Chogyokushu chu shaku* 琱玉集注释 (Tokyo: Kyuko shoin, 1985), pp. 108–11. 此故事也见于《后汉书·独行列传》;《东观汉记》卷 17;《谢承后汉书》（载《太平御览》卷 371）;《楚国贤先传》（载《重校说郛》卷 58）。

49. "船桥本"孝子传中的李善故事如下：

李善者南阳李孝家奴也。于时家长、家母、子孙、驱使，遭疫悉死，但遗婴儿并一奴名善。爱乞邻人乳饮。恒哺养之。其乳汁不得足之，儿犹啼之。于时天降恩命，出善乳汁，日夜充足。爱儿年成长，自知善为父母而生长之由。至十五岁，善赐李姓。郡县上表，显其孝行。天子诸侯，誉其好行，拜为河内大守。善政踰人，百姓敬仰。天下闻之，莫不嗟叹。

《琱玉集》中"佚名孝子传"中的李善故事如下：

李善南阳人也，本是李父家奴。李父合家，死亡荡尽。唯有一子，生始数月。李善怀抱，不舍昼夜。历邻乞乳，得济朝夕。时既经久，邻里厌之，不肯与乳。儿遂瘦损，命在须臾。李善感结，悲不自胜，号泣呼天，求哀请救。天感其志，雨乳汁流，儿得乳饮，遂便得活。年既长大，李善拜为曹主，朝夕参奉，不失时节。郡县奏闻，达天聪。上感其义，赐善姓李，表之朝野，迁堂邑令。孝行之至，四海流名。故孔子曰，可以托六尺孤，此之谓也。出孝子传。

50. 瞿中溶：《汉武梁祠画像考》（北京：北京图书馆出版社，2004），卷 6，页 316–317。

51. 巫鸿：《武梁祠》，页 295；贾庆超，《武氏祠汉画像石刻考评》，页 238–239，均承袭了瞿中溶的意见。Nagahiro Toshio 长广敏雄，*Kandai gazo no kenkyu*,

part Ⅱ, p. 82（该文真正的作者是 Hayashi Minao 林巳奈夫），以及朱锡禄，《武氏祠汉画像石中的故事》，页 26，均引用了《后汉书》中的李善故事并认为右侧的人物是李善。而据容庚《汉武梁祠画像考释》卷 6，页 22a–b，则说此图左侧跪于地，拱手向右的人物是李善。蒋英炬、吴文祺《汉代武氏墓群石刻研究》第 5 章，注释 39，也引用了《后汉书》的这段文字。

52. 瞿中溶、容庚、巫鸿和贾庆超等均认为李善故事图像左侧的人物是李善，而 Hayashi Minao 和朱锡禄则认为右侧的人物是李善。

53. 例如，在大同发现的北魏司马金龙墓漆屏上有如下文字："……诏拜河内太守……"，而李善被赐姓"李"和"拜为河内太守"，不见载于《后汉书》，只保存在现存日本的两种"孝子传"钞本中（"赐姓为李"也见于《琱玉集》的"佚名孝子传"中）参看 Kuroda, *Koshiden no kenkyu*, sect. Ⅱ.1.

54. 例如，Yoshikawa Kojiro 吉川幸次郎认为图 4 左半侧的两位人物与李善有关，而右半侧两位人物属于另外一幅图像，其细节未详。参看其《樂浪出土漢篋圖像考證》（初次发表于 1934）载《吉川幸次朗全集 6》(Tokyo: Chikuma Shobo, 1969)。Hamada Seiryo 浜田青陵则认为，"在丁兰故事与李善故事之间，工匠用云纹进行了区别"（"Rakuro no saikyotsuka" 楽浪の彩篋冢, Shiso 思想 155［1935］）。而 Yanagi Muneyoshi 柳宗悦也认为与右侧"孝妇""孝孙"有关的故事尚不清楚，他还认为，"也许是由于画面还有空间，所以工匠使用了一种装饰图案将其填补。如果人物图像都是有所指向的话，那么孝妇、孝孙也可能属于李善故事"，参见其"Sashie shochu"插绘小注，in Kogei 工芸 57（1935）pp. 483–497。我原来认同吉川幸次郎的观点，认为右半侧的两位人物应属于另外的故事，而且，据"孝孙"二字，我认为其属于原谷故事的图像（Kuroda, *Koshiden no kenkyu*），但我现在愿意修订这个看法，如果右半侧图像属于原谷故事，但我们找不出其应有的相对应的父亲和祖父的图像。在"孝子传图"中，经常会出现在"孝子传"文本中没有出现过的人物。例如，在安徽马鞍山朱然墓出土漆盘中的伯瑜故事图像，其所附文字为："瑜母""伯瑜""孝妇""瑜子"和"孝孙"（参看 Kuroda, *Koshiden no kenkyu*, Ⅱ.1）；明尼阿波利斯艺术学院所藏北魏石棺的眉间赤故事图像所附铭文"眉间赤妻"（*Koshidenzu no kenkyu*, I.2.4）；关于魏阳故事图像，参看 Kuroda, *Koshidenzu no kenkyu*, I.2.4.

55. 这四个人物的榜题从左至右为："善大家""李善""孝妇"和"孝孙"。

56. 参看 *Koshiden chukai* no. 41, Li Shan, and n. 4 on pp. 240–241.

57. 关于"章孝母"，参看巫鸿，《武梁祠》，页 302–303，其使用的是"船桥本"孝子传第 34"蒋章训"故事文本："蒋章训，字元卿"，表明这可能是蒋训故事图像，而蒋训也称为章训。然而，"阳明本"孝子传文本则是"蒋章训，字卷卿"（"卷"乃"元"之误），这可能是"船桥本"孝子传的抄录者所犯错误。

58. 关于羊公故事，参看 Kuroda, *Koshidenzu no kenkyu*, Ⅱ.1.5. 值得注意的是京都所保存的"孝子传"文本中，"羊公"二字的写法和武梁祠画像石是一致的。

散见黄易尺牍丛考

杨国栋

山东工艺美术学院

内容提要：2009年11月故宫博物院召开黄易与金石学研讨会，开启了黄易研究的新阶段。随着黄易研究的深入，有关黄易的新资料不断面世，其中尺牍是较为重要的一部分。而黄易尺牍除故宫博物院为收藏大宗外，散见于各文博系统或私人收藏者亦不在少数。将散见黄易的尺牍进行梳理与综合考证，不仅能够丰富其生平行年、交游行迹，更能够通过其书信窥探其于金石学上的贡献，进而也能够通过尺牍作品深入研究黄易以外的乾嘉学者的学术动向。

关键词：黄易　散见尺牍　梳理　考证

一、散见黄易尺牍综述

现在所见传世的黄易尺牍，主要以故宫博物院所藏为大宗。自2013年以来，故宫将所藏黄易尺牍整理考释，已经结集出版《故宫黄易尺牍研究》手迹、考释两卷。除故宫所藏之外，尚有数宗黄易的尺牍文献，就笔者所见有如下几部分：

其一，国家图书馆藏稿本《黄小松手札》，收录黄易写给李琬《陪客》《避嫌》《盛扰》《寿郎》《心境恶劣》《海貂套桷》等六札共十二帧，保存完好，惜时间跨度较小。国家图书馆另有《黄小松等手札》册有黄易《得麟》一札两帧，受函人不详。

其二，北京艺术博物馆藏黄易手札墨迹十数通，惜保存不够完整，残存较多，断代及研究有一定困难。

其三，辽宁省博物馆藏黄易八札，其中致顾文鈇《泉志》《周公》二札；致颜崇椝《书单》一札；《近来繁与窘》一札，受函人不详；致李东琪《拓碑》一札，《碑刻》一札，《久思》一札，受函人不详；致李衍孙《春晖》一札；已著录于《中国书迹大观》第五卷。

其四，上海图书馆藏黄易致赵魏《移居》《关汉带信》二札；致吴骞《国山碑》一札；致王穀《挑河工竣》一札。

其五，已出版的书法图录对黄易尺牍也有零星的著录。如：民国华南印书社石印《清代名人手札甲集》录有黄易致孙星衍《储玉琴来》札一通四帧（为田家英旧藏，同时著录于《小莽苍苍斋藏清代书札》）；致颜崇椝《汉碑移出》一札两帧。吴修编《昭代名人尺度》光绪辛亥（1911）石印本录有黄小松致袁枚《蒙许题句》一札。日本二玄社 1996 年出版谦慎书道会编《西泠八家的书画篆刻》录有黄易致赵魏《金石相知》一札五帧；致沈可培《绛帐春风》一札三帧。

其六，除上述以外，近年各拍卖行亦偶有黄小松手札上拍。致何春渚《旋里》札，西泠印社 2007 年秋季拍卖；致赵魏《淮城带银》一札三帧，2015 年 12 月北京保利十周年秋季拍卖；致李二大爷《马褂》札，2015 年 12 月北京保利十周年秋季拍卖。

如上散见黄易尺牍，国家图书馆藏致李琬数札因时间跨度较短，涉及到的行年与交游信息相对较少，故将在黄易与济宁李氏之交游中考查，已作专文研究。国家图书馆藏《得麟》一札，将专文考证。北京艺术博物馆藏黄易尺牍因为残损比较严重，将专文进行研究。辽宁省博物馆藏黄易尺牍，郭丹、张盈袖在《辽宁省博物馆藏〈秋盦书札〉考及其相关问题》一文中作了深入研究，不赘述；上海图书馆藏致王毂《挑河工竣》札，上海图书馆藏致赵魏《移居》《关汉带信》二札，即故宫藏张廷济录黄易至赵魏《新斋》札和《信拓》札，朱琪先生亦有初步考证，不赘言；许隽超先生在《故宫博物院藏黄易致王毂札考释》一文中已经涉及，此亦无须赘言。另外黄易致袁枚《蒙许题句》札与致李二大老爷《马褂》札，因篇幅短小，信息相对较少，不作专门考证研究。其余诸札此简考如下，以补正黄易行年及交游情况。

二、散见黄易尺牍辑考

（一）致赵魏二札

赵魏（1746—1825）字晋斋，号录森，又号洛生、竹崦庵，浙江仁和（今杭州）人。贡生。家藏碑版极多，于荒僻中寻碑访石，不辞劳瘁，兼精篆、隶。中年游关中毕沅幕与孙渊如（星衍）、钱献之（坫）、申铁蟾（兆定）互相砥砺，见闻日广。黄易极推重之。著《竹崦庵传抄书目》《古今法帖汇目》《竹崦庵碑目》《竹崦庵金石目》。卒年八十。

赵魏是黄易的同乡故交，他小黄易两岁，亦同为丁龙泓弟子，是黄易终生的金石至友，黄易为其治印颇多。黄易在《访古纪游图》题跋中描述了当年与晋斋交游的情景：“同晋斋、松泉登吴山，寻阅古泉，观开成时南岳道士题名。出重阳庵登山远眺，时晚潮卷雪，帆影西飞，无意中构此奇观。松泉云：行年五十始见是景，何可无图。黄易画于毗陵舣舟亭下。”

《金石相知》札

金石相知，多时不通音问，其为怅闷，不可名言。传闻大兄入粤已还，谅来因贫之故，不知近日稍得顺叙否，念切，念切。弟服官至今，贫病交深，愿拂袖而去，奈家无担石，何恋此一官，真是万不得已。几乎右体不仁，服参羹二年，始得渐好，然作画刻印竭蹶之至。只有翻弄碑帖扇面，自为娱悦而已。无意中拓《衡方碑》，得其碑阴，正面末一行之下精拓始见“朱登字仲条（希）书”。翁覃溪先生以汉碑署书者甚少，得意之至，赋诗记事。特精拓各一通寄赏。近来癖嗜扇面，而相好朋友之迹，尤为宝爱。祈大兄一书一画扇面见惠，以便入册，至要至要。宋芝山兄在杭好否？近况何若，几时者万乞示知。顷匆匆发函，王兰泉先生处，不及具笔，乞为请安。李铁桥有《得石第二图》，在王大人处求题，屡次笔请，未得。求大兄代为乞取交寄，感不尽言。《衡方碑》仅一副本，不及多寄，随后多拓另上。吾兄在粤中得拓本乞分惠，粤碑弟与铁桥甚少也。晋斋大兄大人，愚弟黄易顿首。陈秋堂、何梦华诸君子乞叩候。

著录：此札录于1996年日本谦慎书道会编《西泠八家书画篆刻》。

涉及人物：翁覃溪（方纲）；宋芝山（葆淳）；王兰泉（昶）；李铁桥（东琪）；陈秋堂（豫锺）；何梦华（元锡）。

涉及资料：《衡方碑》《得石第二图》。

书写时间：札中提到了《衡方碑阴》，据黄易《蓬莱阁贺碑图》跋所载："嘉庆己未十月，得《衡方碑》阴。十九日又与铁桥醉赏，亦贺碑也。秋盦题记，时年五十有六。"则是札书写在嘉庆四年（1799）十月后。又云："几乎右体不仁，服参蘘二年，始得渐好，然作画刻印竭蹶之至。"潘庭筠《山东兖州府运河同知钱唐黄君墓志铭》载："自（嘉庆）三年冬在南旺感寒湿疾，三阅寒暑，未尝一日在告。"自嘉庆三年（1798）推知是札当书于嘉庆五年庚申（1800）。又云："翁覃溪先生以汉碑署书者甚少，得意之至，赋诗记事。"沈津《翁方纲年谱》嘉庆五年条有《〈衡方碑阴〉歌寄黄秋盦》，[1]亦是一证。

相关考证：札中云"李铁桥有《得石第二图》，在王大人处求题，屡次笔请，未得。求大兄代为乞取交寄，感不尽言"。据阮元《诰授光禄大夫刑部右侍郎王公昶神道碑》记载，王昶自乾隆五十八年（1793）辞官归里，常居青浦里门。嘉庆四年（1799）太上皇帝乾隆殡天，入都哭临。[2]又，江藩《王兰泉先生》载王昶于嘉庆五年（1800）受松江知府赵宜喜之邀重游泮池，谒文庙。同年，阮元授浙江巡抚，邀请王昶主讲杭州敷文书院，后居杭州三年余。[3]知此时王昶当居杭州主讲敷文书院，故黄易代李东琪委托赵魏向王氏索题。

由"传闻大兄入粤已还，谅来因贫之故，不知近日稍得顺叙否，念切，念切。"可知赵魏此前有广东之行，是时已返杭州。关于其入粤原因及往返时间待考。

《淮城带银》札

去冬托桐乡朱毓山先生由淮城带银五十金赴杭，交至尊处部署赴东，谁知过淮时未经带去，弟闻信复差役取银交明，朱公自己早到。此时一水可通，吾兄定必即来。不特唐拓《武梁本》弟已得秘诸箧笥，武宅山近日又出有字一版、无字者多版。《晋太公庙碑》下腹已有，至快至快！吾兄来山，正可清赏也。兹小信之便，特令趋叩，如可同来更妙。至溪九兄有信件，亦可带来。忙中顺候近祉，余面悉。启晋斋九兄大人，愚弟黄易顿首。

著录：2015年12月北京保利十周年秋季拍卖。

涉及人物：桐乡朱毓山（待考）；奚九（冈）。

涉及资料：汉《武梁祠画像》唐拓本，《晋太公碑》。

书写时间：是札亦无书写时间。札中言："不特唐拓《武梁本》弟已得秘诸箧笥，武宅山近日又出有字一版、无字者多版。"《唐拓武梁祠画像》于乾隆四十年（1775）乙未归黄易的朋友汪雪礓，黄易曾经与江玉屏等同观于江鹤亭的秋声馆，事后即醉心于斯。乾隆五十一年（1786）丙午，黄易为济宁运河通判时访得嘉祥紫云山武氏祠，并拓得武梁祠画像全本赠予汪雪礓，当是汪雪礓答应将唐拓本相赠，不料未及实现汪氏已亡。乾隆五十六年（1791）辛亥，汪雪礓的弟弟汪邻初将拓本送与黄易。黄易在《汉画室》印跋中记曰:“唐武梁祠唐画像,石友汪雪礓物也。余得原石于嘉祥,雪礓欣然以拓本许赠。辛亥正月,其弟邻初果践宿诺。鸿宝忽来,可胜感幸。小松并记。”又,“《晋太公庙碑》下腹已有,至快至快”!《晋太公庙碑》即黄易所访得《齐太公吕望碑》,黄易《小蓬莱剩稿》记载:“齐太公吕望碑(并额具八分书,有阴),太康元年,卢无忌文。此碑原在河南汲县太公泉。万历年间移置府治,久失。乾隆丙午余有中州之役,获上段于卫辉府署舆人小室中,辛亥秋又得下段,合而为一。”此札中曾提起这两件得碑之事,可知此札当书于黄易访得《齐太公吕望碑》以后即乾隆五十六年(1791)秋后,但具体时间不详。

中国国家图书馆藏赵魏致黄易《尊使抵苏》札,可以帮助考证此札的书写时间,现迻录如下:

二月得桐乡朱鯨山先生书,知吾兄尊使已于去岁抵苏。拳拳鄙人俾以大衍足佩知己之感。本拟偕行,缘遭先慈之变,尚在十旬之中,且约鲍渌饮偕行耳。刻下尚约亳州陈少君之事,俟彼信到即可北行,天中节□□当把肩耳。近闻谷园已归道山。弟颇有欲刻唐人之迹,吾兄谅能致彼妙手,到济时共商之。金涂塔一陈少君所得与芑堂《金石契》所刻字号异,泰宁二砖亦近时杭人所得,拓以奉览。梦华兄刻有归眷之行,恐兄悬望,特此先声。并候福安,统惟照察不备,小松九兄阁下。赵魏稽首拜之。伯母暨潭府俱请安,又及。三月廿八日。

两札相较可知:是时赵魏有山东之游的打算,所以“去冬”黄易托朱鯨山自淮城带去银子为其部署,可是朱竟然忘了,黄易又差人专门送去。次年二月朱鯨山有札告知赵魏,赵魏于三月二十八日回复了黄易《尊使抵苏》札。故而,黄易《淮城带银》札当书于“去冬”之新年后,赵魏《尊使抵苏》札收到之前。并且在三月二十八日前尚未送达赵魏,因为赵魏是在朱鯨山信中得知黄易的使者去岁到达苏州,亦即此二札在送达前均已写就。也就是说,只要确定赵魏《尊使抵苏》札的书写年份,就可以大致确定黄易《淮城带银》札的书写时间。赵札有“近闻谷园已归道山”。谷园,孔继涑,字体实,号谷园,又号信夫,曲阜人,是张照的门婿。据姚鼐《孔信夫墓志铭》记载:孔继涑于乾隆五十六年辛亥(1791)十二月戊辰卒,享年六十五岁。[4]据此知赵魏《尊使抵苏》札当书于乾隆五十七年壬子(1792)三月二十八日。故黄易《淮城带银》札亦当书于乾隆五十七年壬子(1792)的二三月间。

(二)致颜崇椝《汉碑移出》札

颜崇椝(1741—1811)字运生,号心斋,山东曲阜人。清代著名诗人颜光敏曾孙。乾隆三十五年(1770)恩科举人,曾官兴化知县。兴好金石,痴迷于古墨收藏。著有《磨墨亭诗》《种李园记》《心斋纪异》《颜氏墨考》《诗话同席录》等。颜崇椝与黄小松同有金石之好,小松在曲阜一带访碑以及对碑刻的椎拓与保护多赖此君帮忙。他们共同的朋友很多,比如桂馥、阮元等,亦多是金石爱好者。

昨接手书。承拓寄新汉碑,并知此石已移出,将来置于圣庙,妙极妙极。何不将永寿元年一碑同置耶?阮学使之跋想已刻就,乞命小□顾玉多拓数纸带回是荷。学使曾已将六兄之好事乐□言之，□承许寿门联，欣望之。昨比都汪君赠弟寿门先生第五研铭曰：脱斯且秀，不修边幅，腹中有墨，君所独具。先人手书，至宝至宝。吾兄云先少参之研在都中何处，乞详示，以便求之。此候日祉不一。世愚弟黄易顿首，心斋六兄。冯大兄均此奉候，外一联乞致之。

收藏与著录：清代名人手札甲集。

涉及人物：阮学使（元）、寿门（金农）、汪君（待考）、少参（黄汝亨）、冯大兄（待考）。

涉及资料：新汉碑即汉《熹平残碑》、永寿元年碑即《孔君碑》。

书写时间：札中“承拓寄新汉碑，并知此石已移出”，“何不将永寿元年一碑同置耶”，“永寿元年碑”即指《孔君碑》，或曰《孔君碣》，亦可知“新汉碑”即《熹平残碑》。据黄易《小蓬莱剩稿》记载：“孔子之墓碑，八分书篆额。永寿二年。此碑见赵明诚《金石录》，乾隆癸丑三月何梦华得于山东曲阜县孔林墙外，移置孔庙。”可知《孔君碑》于乾隆五十八年癸丑（1793）三月，由何元锡（梦华）在孔林墙外访得，后移至孔庙。上有山东学正翁方纲及接任学正阮元刻跋。又，阮元《汉熹平残碑》刻跋：“乾隆癸丑十月，元按试至曲阜。黄司马易访得此石于东关外，告元掘土出之……因移置孔子庙，以□学者。学使、詹事府詹事、仪征阮元识。”可知《熹平残碑》于同年十月，由黄易等在曲阜东关外访得，亦有翁氏、阮氏刻跋。黄易此札，《孔君碑》初出，阮氏跋亦初就，据此知此札当书于乾隆五十八年十月后的不久。

相关考证：据黄易《汉碑移出》札知，黄易于是年十月访得《熹平残碑》，并未能亲自移出椎拓，而是交代给颜崇椝等椎拓并移置孔庙。颜崇椝曾以金农对联许赠黄易。

另外，中国国家图书馆古籍部有颜崇椝同年（1793）六月六日写给黄易的手札，迻录如下：

行年五十有三，甫诞一雏，敢遂谓足万事哉。辱承关注，衔佩殊深，兼惠佳酿，既□且多，启罂浮白，曷啻百朋之锡耶。所存古刀布等件，谨如命拓就，伏唯检入。附呈《孔君碑》一通，视前拓者较胜。学宪尚有题字，俟刻出后再精拓续寄。又研铭一纸，此研今存黄左君处。九哥大人需耑札致之或以它研相易，当可必得耳。家叔托庇已渐就痊。古愚一函容即觅便寄去。溽暑唯珍摄，为国自爱。不宣。小松九哥大人钧座。世愚弟颜崇椝顿首。六月六日。

颜崇椝生于乾隆六年辛酉（1741），据“行年五十有三”逆推知此札亦书于乾隆五十八年（1793）。据此札知是年颜崇椝有得子之喜，黄易曾以美酒致贺，并请颜氏将所藏钱币拓片给自己。颜氏信中告诉黄易黄左君处有黄易七世祖黄汝亨铭砚一方，可往求之。与黄易《汉碑移出》亦言“吾兄云先少参之研在都中何处，乞详示，以便求之”之语。颜氏叔叔（名字待考）似有病，亦曾受黄易的关照。

乾隆五十八年（1793）七月，翁方纲山东学正任满，奉旨进京，由詹事府詹事阮元接任。翁方纲七月六日曾有札致黄易，曰：“今接兄手札并承厚意，何以克当感愧，感愧。弟已定初八日起程北上，此时笔砚皆已收拾，匆匆写此，奉复不恭之甚。”知翁方纲于七月八日启程进京复旨，故颜氏六月六日札中所言“学宪”当为翁方纲。

（三）致沈可培《绛帐春风》札

沈可培（1737—1799）字养原，或养源，号蒙泉，晚号向斋，浙江嘉兴人。乾隆辛卯（1771）举人，壬辰（1772）进士。授山东黄县知县，历任江西上高、直隶安肃、天津宝坻知县。卸官后曾主潞河、泺源、云门、鸳湖书院山长。著有《泺源问答》《云门书院志》《依竹山房诗集》《泺源随笔》。其曾在济宁运河道沈启震幕中，又在济南掌泺源书院五年，与黄易颇有金石之交。

客夏曾布尺书，并托寄颜衡斋、桂未谷之信。虽久不得先生音问，而未谷已有复音。遥想绛帐春风，满门桃李。济南名胜之地，因执事而山水争光。凝望之余，无任欣快。易客冬引见赴都，知令亲家杨大兄署篆保郡，仅通一札，未得把晤。兹青斋师复临山左，上下俱添喜色，易之欣幸，更可知也。先生近来得新碑否，乞分惠，易得者随手捡送。武定李味初二兄不知到省否，晤时乞道意。承其许《栈道之碑》，望之弥切。寿张县距此三十里，在省信函易达也。专此候安，顺贺新祉，不备。黄易顿首，沈可培先生师范。

著录：此札录于1996年日本谦慎书道会编《西泠八家书画篆刻》，是黄易写给其友养源的书信。

涉及人物：颜衡（崇椝）、桂未谷（馥）、沈青斋（启震）、李味初（衍孙）。

涉及资料：《栈道之碑》。

书写时间：札曰："兹青斋师复临山左，上下俱添喜色，易之欣幸，更可知也。"此"青斋复临山左"当指沈启震再次任职济宁运河道台。据《道光济宁直隶州志》卷六职官表载："沈启震，字位东，号青斋，浙江桐乡人。乾隆□□恩科举人，己丑中正榜。四十四年十月任，五十四年四月再任。"知此札书于乾隆五十四年（1789）。另，李廷芳《泺源问答》序中记载：

岁丙午，向斋先生来济南主讲书院，廷芳即是年执贽先生之门。窃见先生枕藉经史，几案间丹黄灿然，非与客谈艺，未尝须臾忘校勘也。先生好奖励后进，片长薄伎，善诱不怠。廷芳受先生知最深，先生属望廷芳之意殊厚，顾才识浅鄙，不获稍有成就，仅博升斗禄，浮沉宦海垂二十年，而先生之没已十五载矣。[5]

又冯浩《安肃县知县沈君可培传略》载：

乡试座主庄方耕先生视学中州，招入幕。丁酉归，遭父艰，仍游山左。同宗运河观察青斋，请课其子，因稽古今治河同异，为《东运镜机》一卷，资其考核。服缺，赴补，发直隶，署吴桥县……历主书院，以山左泺源为大，盖合白鹤、白雪、泺口、蒿庵诸生徒萃聚其中，中丞以下莫不加意培养，修廊堂舍。君崇古训，戒谀闻，以笃实辉光为英才敦励，诸生乐其和易诚切，翕然心服。有《泺源问答》六卷。凡五载，移青州云门书院。[6]

据此可知沈氏自乾隆五十一年丙午（1786）到乾隆五十六年辛亥（1791）年在山东济南主讲泺源书院。所以黄易在给沈氏札中有"遥想绛帐春风，满门桃李。济南名胜之地，因执事而山水争光"之语。

相关考证：黄易与沈可培的交游始于何时尚不确定。国家图书馆藏《黄易友朋书札》另有沈可培写给黄易的《仲春别后》札一通，迻录于下可一并考之：

仲春别后，不胜离索之思，想吾兄有同情也。弟已领到咨文，昨日来济值台驾公出，闻戴村民埝已经告竣。然未知何日言旋耳。前赐诸珍，铭谢何□。今带得《曹全碑》一本，背有《御史台精舍碑》一张，东坡《马券碑》一副，梅花道人《竹字石刻》八幅，留在张先生处，祈为收照。弟现已雇定船只，即日北去。至好暌违殊深驰结。统俟出京时面谈，不一。肃此候请近安。顺贺升祺。小松九兄先生我师。弟可培顿首，八月初八日。

朱邦经《泺源问答》序：

经囊于庚子之冬待诏公车，先生亦以谒选人至京师，同寓寄园中，朝夕过从，犹记先生议欧阳氏删驳《九经正义札子》之失，又论《新五代史》之多所漏略，他如《唐诗》不必画分初盛中晚，古文则起衰于唐而极盛于宋，娓娓数百言不倦，心窃韪之而未暇执笔以识，盖是时方奉《兔园册子》为秘笈，不自知其汩没于俗学之为可笑也。迄于今三十年矣，追忆先生之言论丰采，忽忽如梦寐，既已获睹是编，又幸竹岑之能承先志也，故遂忘其祷昧而为之序。嘉庆戊辰闰五月，同里后学朱邦经纂。[7]

据冯浩《安肃县知县沈君可培传略》所载，沈可培于乾隆三十六年辛卯（1771）举乡试，次年壬辰科（1772）中会试第五名进士，任江西上高知县，后因病辞官。生活窘困入时任河南学政庄存与（1719—1788，养源在浙江参加乡试时的副考官）的幕府。又据《庄存与传》载："三十九年提督山东学政，寻调河南学政。"[8] 知沈氏在此间入庄氏幕。乾隆四十一年（1776）庄氏丁内艰辞官，养源出幕。次年（1777）归游山东，适逢丁外艰，曾在济宁运河道台沈启震（青斋）家做教师。据《光绪济宁直隶州志》职官表：沈启震于乾隆四十四年（1779）四月任济宁运河道，养源在沈启震家做教师当在此之后。在此期间，养源曾作《东运镜机》一卷，帮助沈启震通过考核，他这个家庭教师实际上是充当了幕友的身份。恰好这一年九月黄易自商丘奉调东河，住济宁任城。[9] 黄易入职济宁又恰恰是沈启震的属官，二人有相识的可能。

冯浩在《安肃县知县沈君可培传略》中仅记载"服缺，就补，发直隶，署吴桥县"，并未纪年。而沈可培《仲春别后》札中曰："弟已领到咨文，昨日来济……弟现已雇定船只，即日北去。"当指丁忧服满，八月复入京就选。又沈可培的同乡朱邦经在《泺源问答》序中载："经囊于庚子之冬待诏公车，先生亦以谒选人至京师，同寓寄园中，朝夕过从。"（嘉庆二十年刻本）知沈可培在乾隆四十五年庚子（1780）年冬已在京就选。由此亦可知沈氏致黄易《仲春别后》当写于是年的八月八日，黄沈二人交游亦应该在此之前。

（四）致孙星衍《储玉琴来》札

孙星衍（1753—1818）字伯渊、渊如，阳湖（今江苏常州）人。清乾隆五十二年（1787）殿试榜眼，历任翰林院编修、刑部主事。乾隆五十九年（1794）再升刑部郎中。曾任山东督粮道。生平钻研经史文字音训之学，旁及诸子百家。精于金石碑版，工篆隶书，尤精校勘。辑刊《平津馆丛书》《岱南阁丛书》，堪称善本。他还著有《周易集解》《寰宇访碑录》《孙氏家藏书目录内外篇》《芳茂山人诗录》等。

黄易与孙渊如同有金石之好，在孙氏为山东

督粮道、曹兖济道以及运河道期间与黄氏往来密切，游历访碑，数年间游遍山左名山古迹。其《寰宇访碑录》中不少基础资料是直接来源于黄小松的。其为黄易画作题诗亦多。

储玉琴来，接兄与稚存兄手书，并询知大兄近祉嘉和，兴怀顺适，无任欣慰。弟繁累已极，幸吉金乐石日有所得。武宅山又得有字者一版，太康晋碑下段已得，且有碑阴，《中州金石》如有续刻宜补入也。扬州汪中也兄之唐拓《武梁祠画像》是唐襄文公之物，今归于弟，实为快事，冬间弟入都引见，当携此与好事者共欣赏耳。顷于分水口舟次见令大阮，附此奉□起居。途间未带拓本，□以附上。稚存兄宝眷想早已抵都，□经附信，□不再。启渊如大兄大人，愚弟黄易顿首。

著录或收藏：此札乃田家英小莽苍苍斋旧藏。曾著录于《清代名人手札甲集》。

涉及人物：储玉琴（润书）、汪中也（雪礓）、稚存（洪亮吉）。

涉及资料：太康晋碑即《齐太公吕望碑》《武梁祠画像》《中州金石》。

书写时间：札中有"稚存兄宝眷想早已抵都"语。稚存即洪亮吉（1746—1809）初名莲，又名礼吉，字君直，一字稚存，号北江。清代著名学者。与黄易多有交往。乾隆五十五年（1790）洪氏殿试榜眼，授翰林院编修，次年四月，洪氏妻蒋氏率家眷由水路抵京。札中涉及太康晋碑下段即太康元年《齐太公吕望碑》，据黄易《小蓬莱剩稿》载："太康元年，卢无忌文。此碑原在河南汲县太公泉，明万历间移置府治，久失。乾隆丙午余有中州之役，获上段于卫辉府署舆人小室中。辛亥秋，又得下段，合而为一。"可知晋碑下段得于乾隆五十六年（1791）年秋，故此札书写于乾隆五十六年秋以后。又，"冬间弟入都引见，当携此与好事者共欣赏耳"。乾隆五十四年（1789）十月，黄易任济宁运河同知。据《乾隆帝起居注》："五十六年十二月十三日，吏部带领（黄易）引见，奉旨实授运河同知。"则此札必写于十二月十三日以前。

相关考证：国家图书馆藏《黄易友朋书札》又有洪亮吉致黄易《判袂》札，亦可帮助考察二人之交游，现逐录于下：

小松九兄足下，客冬判袂又逾寒暑。此惟色养之余，宦况宜人为慰。亮吉昨分校京闱，又蒙恩命视学黔中。自维旬日之中叠受非常之遇，抚衷自愧，良惧勿胜。爱我如足下将何以教其不及耶。现定于九月杪起身。敝友金明经畹芳，人品学□，足下可交也。而惟情之温粹，笃爱友朋。又□辈流中取少，今应□抚军之聘来东，久慕足下，欲就近订交，谅定应相见恨晚也。余金君能口述不备。并问堂上福安。并文祉不一。愚弟洪亮吉顿首。九月十三日。

据"亮吉昨分校京闱，又蒙恩命视学黔中。自维旬日之中叠受非常之遇，抚衷自愧，良惧勿胜。爱我如足下将何以教其不及耶。现定于九月杪起身"，乾隆五十七年（1792）洪氏充顺天乡试同考官，"闱中拜视学贵州之命"。[10] 以同年九月二十四日"挈家上道"，离京师前往贵州，[11] 则洪氏札当书于乾隆五十七年（1792）的九月十三日。又据洪札"客冬判袂"，知去年即乾隆五十六年（1791）冬黄易入都引见，二人曾经相晤。洪氏诸年谱及《黄易年谱初编》皆阙如，据此补证。

（五）致何琪《旋里》札

何琪，字东甫，号春渚、南湾鱼叟，钱塘人。布衣，工诗，善书，尤善八分。何氏与黄易长兄黄庭（梦珠）为挚友，小松常以师事之。晚年贫病，小松常予以资助，并为其多方周旋寻找生计。著有《唐栖志略》。

八月间奉到钧函，知夫子大人已旋里门，不胜欣快。郑公侧席已久。兹令薛凤具关聘束修来迎，幸早惠临以慰饥渴。此地距杭一水可通，十日以内必到也。主人三子一侄，课举业者已另有人，其诗字耑求训迪，此外欲求酬应诗文，此事稀有并不冗杂。主人溧水孝廉，虽不深知笔墨而兴致豪雅，交情亦好。地虽近海不甚寒冷，起居服食似不及家乡，胜北方多矣。酒则专取绍兴，歌亦时聆昆调。有高书办家颇有旧书可以借阅，惟好事者无其人。扬州为来往必经之地，好友不少。夫子过邗时宜至橙里、雪礓（汪六先生赠一诗扇或一册子妙极）、玉屏诸君处一晤，来价具能引至也。来侄近年功课不知若何，求夫子察明。如不佳，或与世弟同一馆更妙，切祷切祷。此请近安。诸容面禀，春渚夫子大人尊前。受业黄易百叩，十月初四日。太师母、师母乞请安，并请大先生安候，世弟、妹近好。

主人嘱候不另具启。外聘金六两、先送脩金二十两，其盘费令薛凤自办。来人系易旧人，可令服伺。此间馆中亦复有仆也。又及。

著录：西泠印社 2007 秋季拍卖。

涉及人物：何春渚（琪）、郑公（制锦）、薛凤、江橙里（昉）、汪雪礓、江玉屏（立）、来侄（待考）。

涉及资料：无。

书写时间：札曰："郑公侧席已久……地虽近海不甚寒冷，起居服食似不及家乡，胜北方多矣……扬州为来往必经之地……"知黄易已为郑制锦做幕僚，但尚在武佑场。乾隆三十八年（1773）癸巳黄易结束了八年的私塾教师生涯，跟随时在江苏盐城武祐场的郑制锦做幕僚。[12] 潘庭筠《墓志铭》载："佐直隶方伯郑公，由武佑场历清苑者四年。"而次年秋黄易已到南宫。据此，知是札书于乾隆三十八年（1773）十月初四日。

相关考证：何琪与黄易长兄黄庭及陆飞（筱饮）为挚友，同有诗名，曾在杭州组织诗社，常吟诗答和。关于何氏的生卒年，疑年诸谱阙如。按：魏成宪曾有给黄易的《寄隶幅》札曰："弟去腊为人波累，上公知已即以专章奏邀，恩准留部题缺。此次察典格不合例，当路亦以为无可如何。安命奉职不敢告劳。同列如孙渊如、伊墨卿，良友则谷人、味辛辈，诗酒之乐颇足豪也。令郎嘉礼弟得信已迟，未克先贺，歉如何之。蓬莱最小仙齐眉绕膝，喜洽重闱，一家春蔼，执柯人亦鼓掌称快耳。春渚师今年七十寿辰，家居无趣，承荐西江一行，不久而还，书来极颂爱不置也。"查魏成宪《仁庵自记年谱》中"癸丑，仁庵年三十八岁，在西曹。十二月，以失察四川省遗漏秋录情实人犯一名，自行检举，经吏部议降二级"[13]，当为札中所谓"去腊为人波累"，据此可知魏成宪给黄易此札当写于"癸丑"的第二年即乾隆五十九年甲寅（1794）。是时何氏年七十，以此逆推何琪当生于雍正三年乙巳（1725）。此补证。

（六）致吴骞《国山碑》札

吴骞（1733—1813）字槎客，一字葵里，号兔床、愚谷，海宁人。诸生。清代著名藏书家。据《海昌备志》载其"笃嗜典籍，遇善本倾囊购之弗惜。所得不下五万卷，筑拜经楼藏之"。著有《拜经楼诗集》《拜经楼诗话》《国山碑考》《愚谷文存》等。

久仰盛名，常萦梦想。客岁远承柬注，并惠《国山碑考》，著作之精，不胜敬佩，谨谢谨谢。弟搜罗碑刻，内中武梁祠像最精，谨寄拓本一套，以供清赏。金文器物亦有数种，泉币刀布数十，印百余，另日拓呈。弟所有《国山碑》拓手未精，且非全璧，倘荷赐惠全本，感不可言。翁阁学书柬并碑已函致，自必具复也。东省拓本不少，惜不获一一面请教正耳。尊藏器款最精，便乞拓寄。匆匆奉候近祉，诸托朗斋先生面述，不一。葵里先生，愚弟黄易顿首。

收藏：上海图书馆。

涉及人物：翁阁学（方纲）、朗斋（朱文藻）。

涉及资料：《国山碑》。

书写时间：此札无书写时间，据“匆匆奉候近祉，诸托朗斋先生面述，不一。”可知，此札由朱文藻代传。且有“弟所有《国山碑》拓手未精，且非全璧，倘荷赐惠全本，感不可言”，向吴氏索要《国山碑》全本。国家图书馆黄易友朋书札有吴骞写给黄易的手札一通，可助此札考证，现迻录如下：

朗斋兄旋里，快奉良书，数十年慕蔺之忱，一朝如亲謦欬，欣□何如。并荷名碑古拓之赐，当什袭珍珍弃，以为世宝也。《武梁祠像》得大力搜罗，遂成全璧，厥功真不在陈仓、石鼓之亚。往读尊著《郑季宣碑》，考据精详。《武梁祠像》当必有佳文叙其颠末，以示无穷者。恨未获一读耳。兹附到《国山碑》全本，并古器铭数种。拙辑碑考一部，统惟教示。往见覃溪先生《两汉金石记》于《国山碑》颇采鄙说。弥见此公若谷之怀。弟所据尚未刻，以前草稿后来多有不同，未审得邀更正否。尊处时有邮筒往来，倘便，中一及之为惠匪浅矣。南中汉刻存者绝少，此石岿然如鲁□光。弟尝惜其风雨剥落，叹时无好古如执事之贤为料理。仅致其意于《国碑歌》中。昨岁有荆溪令唐君仲冕，下车即往寻此碑，摩挲椎拓，且拟结石亭以覆之，可为盛事。想博稚君子亦所乐闻。设能锡之篇咏以纪其事，非特弟预此荣施，俾荆南又增一故实矣，幸何如之。敝藏金石数种，鸡鸣戟不下四五，中惟商琱戈尤为鉴古家所赏。程易畴摹入《通艺录》者，未见篆文，今春拟携之天都共相订证。此无异宋人之于燕石，大雅能无为之绝倒乎？相去二千里未得时聆请教，敬此布复，并请台祺，倚毫不尽。小松先生我师。愚弟吴骞顿首，乙卯二月朔日冲。

据上札“朗斋兄旋里，快奉良书，数十年慕蔺之忱，一朝如亲謦欬，欣□何如”及“兹附到《国山碑》全本，并古器铭数种”语，可知此二札为前后相继，且黄札在前。吴札属乾隆乙卯（1795）二月朔日，则黄札书于是年二月前不久。

相关考证：吴札所言荆溪令唐仲冕（1753—1827）字云枳，号陶山居士，原籍湖南善化（今长沙），后居山东肥城。乾隆五十八年（1793）进士，历任荆溪知县、海州知州，官至陕西布政使。唐氏与黄易亦有交往。国家图书馆藏《黄小松友朋书札》有唐仲冕致黄易《国碑建亭》札一通，可大致考察他们的交游活动。现迻录于下：

□有日矣。兹奉手翰先施，乃叹缘悭咫尺。且蒙绮词褒予，惭企交深。《国碑》建亭，荆溪好古者为之，非仲冕之力也。现有拓本，亦未亭时椎拓者，并不清楚，姑寄一幅呈览。闻新得汉碑甚夥，前在岱下抄得《升龕金石古文》，未审先生所得曾为升龕所录否？希见示全拓，以广见闻。仲冕又尝不揣浅陋，于岱下辑《岱览》卅卷，于金石一门颇详，今命小史录稿，录成当□政。仲冕又闻，今之工篆隶者惟先生与桂未谷进士耳。平生皆未得，是抱憾良多。今先生乃许神交，快幸之。□先生东□必晤未谷，望为先容乞得片纸或片石，俾异日得相见，缘亦快幸矣。先生若果不弃鄙陋，于闲中亦许掷与篆刻、隶书则可宝，奚翅球图已也。冒昧之求，惟不见叱而优容之感戢无量。顺请行绥，不备。仲冕顿首再拜。十二月初一日。

吴札书于乾隆六十年二月，其中"昨岁有荆溪令唐君仲冕，下车即往寻此碑，摩挲椎拓，且拟结石亭以覆之，可为盛事"语可知，唐氏于乾隆五十九年（1794）到任荆溪（今宜兴）令，并有为《国山碑》建亭保护的想法。而由唐札"《国碑》建亭，荆溪好古者为之，非仲冕之力也"，可知唐氏书札时亭已建好，而他寄给黄易的《国山碑》拓片仍是"未亭"时所拓，故唐氏此札当写于见亭不久，或为乾隆六十年（1795）十二月初一日。由三札对照可见，唐仲冕对黄易早有耳闻，而因为唐氏建亭保护《国山碑》，黄易则先写信与之交好，他们订交很可能就是经过吴骞的介绍。

三、结语

如上将散见黄易的尺牍进行了初步梳理与粗略考证，旨在整理资料的基础上能够丰富黄易及其友朋的生平行年与交游行迹。我们通过书信交往能够窥探黄易于金石学上的贡献，进而也能够通过尺牍作品深入研究黄易以外的乾嘉学者的学术动向。希望这种初步整理能够给深入研究者提供一些原始资料信息，从而推动学术界对黄易研究的步伐。由于笔者对资料的掌握未必全面，对文献的整理与释读亦未必准确，考证中疏漏讹误在所难免，甚至挂一漏万也是有可能的，并望诸方家不吝诲正。

注释：

1. 沈津：《翁方纲年谱》，台北：中国文哲研究所，2002年，第283页。

2.（清）阮元：《诰授光禄大夫刑部右侍郎王公昶神道碑》，钱仪吉：《碑传集》，北京：中华书局，1993年，第1061页。

3.（清）江藩：《王兰泉先生》，钱仪吉：《碑传集》，北京：中华书局，1993年，第1072页。

4.（清）姚鼐：《惜抱轩文集》，《续修四库全书》，上海：上海古籍出版社，1995年，第1453册。

5.（清）李廷芳：《泺源问答序》，沈可培：《泺源问答》，嘉庆八年刻本。

6.（清）冯浩：《安肃县知县沈君可培传略》，钱仪吉：《碑传集》，北京：中华书局，1993年。

7.（清）朱邦经：《泺源问答序》，沈可培：《泺源问答》，嘉庆八年刻本。

8. 蔡冠洛编纂：《清代七百名人传》，香港：香港远东图书公司，1963年，第1598页。

9. 杨国栋：《黄易年谱初编》，济南：山东画报出版社，2017年，第107页。

10.（清）赵怀玉：《奉直大夫翰林院编修洪亮吉墓志铭》，钱仪吉：《碑传集》，北京：中华书局，1993年，第1448页。

11. 吕培：《洪亮吉年谱》，台北：崇文书店，1973年，第42页。

12. 同注9。

13.（清）魏成宪：《仁庵自记年谱》，清道光刻本。

故宫博物院藏黄易致王榖札考释

许隽超

黑龙江大学文学院教授

内容提要：黄易为乾嘉金石书画大家，王榖亦彼时书法篆刻名家，二人同官山东，交往颇密。《故宫藏黄易尺牍研究·手迹》，《故宫藏黄易尺牍研究·考释》二书中，有《黄易致王榖春明札》一通，然未交代具体时间。本文利用档案、政书、地方志、史料笔记等资料，考定此札为乾隆五十四年三月十九日作，顺带揭出黄易官年比实年小三岁的史实。上海图书馆另藏黄易致王榖札一通，作于乾隆五十五年八九月间，亦附文末。

关键词：故宫　黄易　王榖　手札考释

乾嘉金石大家黄易（1744—1802），早已进入研究者的视野。《故宫藏黄易尺牍研究·手迹》《故宫藏黄易尺牍研究·考释》二书，[1] 内容丰富，考订细致，读后获益良多。今就其中黄易致王榖札，参以相关档案、政书、地方志、史料笔记等史料，略作申说，就教于学界同人。兹先迻录原札（图 1）：

春明物丽，怀念良朋，忽拜手笺，极感存注。寄巡使帽、服二个，当为转呈，尊柬即留为送巡使之用也。至惠弟二个，顷荷宠光，感佩无既，谢谢！卫气敷政，已届数年，乔迁定在旦晚，欣望欣望！

泊船在境，最烦防守，一旦出疆，如释重负，快极！弟押首进大河前帮，于十九日出汶境，约在二十四五可抵尊境。因长中丞清查潭水，帮丁羡余较少，带货较多，首帮吃水河尺四尺二分，弟恐卫河难行，力劝帮弁在东昌一带，早为起卸，免致卫河水浅受累。弟恐丁疲利重，未必能早为之计也。兹在靳口舟次，匆匆，顺候升祺，恭请□□夫人福安，候诸世长。不一。莲湖大兄大人。愚弟黄易顿首。十九日。

朱琪先生以“莲湖大兄”为王榖，[2] 颇有见地。按，王榖字御畛，号东莲、莲湖，安徽徽州府黟县人。乾隆十一年（1746）生，嘉庆十四年（1809）九月卒。以贡生考充四库誊录，加捐县丞，由山东菏泽县丞，仕至江苏淮安知府。辑有《王氏家藏印谱》。[3]

考察此札之撰写时间，需将“敷政已届数年”“首进大河前帮于十九日出汶境”“尊境”“长中丞”等关键语词，与王榖、黄易生平事迹全部吻合方可。按，长中丞即觉罗长麟，乾隆五十二

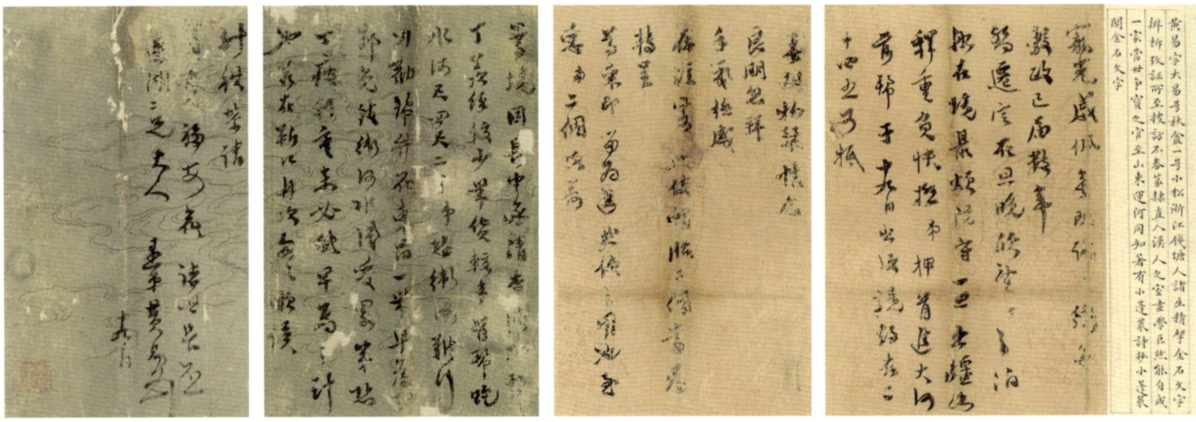

图 1. 黄易致王毂札　故宫博物院藏

年二月十九日接山东巡抚印，五十五年九月二十五日卸任。[4] 黄易此札作于长麟巡抚山东时，可无疑问。

“首进大河前帮，于十九日出汶境”，是进一步推定作札日期的关键。按，大河即大河卫，江南卫所之一，隶属总漕部院衙门。大河卫有头帮（前帮）、二帮、三帮之别，各以领运千总司之。[5] 南粮头进首帮入山东境及攒过济宁日期，督、抚例有专折具奏。而由济宁天井闸攒过汶上，仅需一二日，故可推知南粮首进大河卫前帮出汶境日期：

乾隆五十二年，“本年重运，南漕首帮大河卫前帮船十五只，泗州卫前帮船十五只，淮安卫三帮船二十九只，扬州卫二帮船二十五只，共八十四只，于本月二十四日酉刻，过济宁州之天井闸北行”。[6]

乾隆五十三年，“南粮重运首帮大河前帮船十二只，于三月十二日巳时入山东黄林庄境”。[7]

乾隆五十四年，“南粮首帮，前三月初八日入东境台庄，三月十八日攒过济宁”。“南漕首进各帮，据报自二月十四日渡黄后，于二月三十日行过皂河，距台庄一百余里，奴才等当即前后驰赴守候迎催。今于三月初八日，淮安头帮船四十只，攒入山东黄林庄境。在后之扬州等帮，亦俱跟接行走。”“本年，淮安头系南漕首帮，今于四月十一日入直隶景州安陵汛境。后跟大河前等帮，俱接续行走。”[8]

乾隆五十五年，“南粮首帮淮安二帮船二十九只，于正月二十二日行抵东境缘由，前经具奏在案。今查该帮船只，于二月初二日已过济宁北上。其在后之大河前、淮安三、扬州二、扬州三等帮，亦俱衔尾前进，即日攒过南旺，转入下水，行走更可迅速”。[9]

以上南粮首进大河前帮四年内过济日期，乾隆五十二年在四月二十四日，与札中“春明物丽”“十九日”皆不合，可率先排除。乾隆五十五年在二月初二日，“出汶境”当在二月三四日，与札中“十九日”不合，亦可排除。至于乾隆五十三年，于三月十二日入山东境，比较后两年漕船行进速度，其过济需十日，则当年过济在三月二十二日，出汶境在三月二十三四日，与札中“十九日”仍不合，亦予排除。剩下乾隆五十四年，结合上引三条史料，大河前帮于三月十八日攒过济宁，与“首进大河前帮，于十九日出汶境”符合，此札乾隆五十四年三月十九日，应可初步推定。

王毂乾隆五十四年前后仕履，亦需细致考察。札中云“约在二十四五可抵尊境”，则王毂彼时必在运河沿岸服官。按，光绪《寿张县志》卷五《职官·知县》栏载：“王毂，贡生，安徽徽州府黟县人，乾隆四十九年任。叶馥，监生，安徽安庆府桐城县人，乾隆五十三年署任。”[10] 道光《济南府志》卷三十二《秩官》德州知州栏载：“王毂，安徽人，增贡，（乾隆）五十三年任。”[11] 又，长麟乾隆五十四年四月初九日《奏请以寿张县知县王毂升署德州知州员缺》折有云：

山东巡抚臣觉罗长麟跪奏，为要缺需员，恳升署以俾地方事。窃照德州知州王道亨，调署济宁直隶州知州，已经奉部覆准。所遗员缺，系冲繁难沿河兼三要缺，例应在外拣选调补。查德州为九省水陆通衢，入境首邑，旗民错处，政务殷繁，非精明强干之员，难期胜任。臣与藩、臬两司，在于通省知州内逐加遴选，非本任要缺，即人地未宜，一时并无合例可调之员。

查有寿张县知县王毂，年四十四岁，安徽贡生，由四库馆誊录，议叙一等，选授菏泽县丞。乾隆四十九年八月，升署寿张县知县，五十三年七月，奉文实授。该员强干有为，办事结实，于地方河务情形，均所熟悉。经臣去岁七月间饬委该员前赴德州署理，试看半载以来，事事认真，颇资治理，而于催船缉贼等务，尤为出力。今以之升署德州知州，实堪胜任。该员任内并无违碍处分，罚俸亦在十案以内，唯历俸未满五年，与例稍有未符。而其人地实在相需，例得专折奏请。[12]

乾隆五十三年七月，寿张知县王毂已署济南府德州知州（从五品），翌年四月，长麟始奏请正式升署。光绪《寿张县志》、道光《济南府志》的记载，与此折皆相符。黄易札中的“尊境”，即指德州境。王毂来札中，或因作宰五年头，固已署德州，然尚不得巡抚具奏题升，难免发些牢骚，黄易回札遂宽慰之。“敷政已届数年，乔迁定在旦晚”云云，与当时语境完全契合。札中的“巡使”，即巡漕御史和琳，王毂送帽、服给和琳并黄易，见得颇善逢迎，兼之为官强干有为，堪称能吏。大河前帮漕船，乾隆五十四年三月十九日出汶北上，经东昌府聊城县、临清直隶州，五六日后抵济南府德州，符合漕船行走惯例。[13] 漕船出汶抵寿张，仅需一日，故“尊境”非指寿张县。

至于黄易乾隆五十四年前后仕履，亦应作一番交代。黄易乾隆五十一年升署河南卫辉府卫河通判（正六品），旋调山东兖州府捕河通判。[14] 又，兰第锡、伍拉纳、长麟乾隆五十四年二月初四日《河南省署开封府兰仪同知吕昌会终养员缺请以现任山东兖州府捕河通判黄易升署》题本云：

兵部侍郎兼都察院右副都御史，总督河南、山东河道，提督军务，臣兰第锡等谨题，为遵例题署厅员，以重河防事。该臣看得，河东管河同知、通判员缺，例应遴员题明，委署试用。今查河南省署开封府兰仪同知吕昌会，告请终养，现经另疏具题在案。所遗兰仪同知员缺，经管兰阳新旧堤，仪封上汛，黄河新堤工程，攸关紧要。

查有现任山东兖州府捕河通判黄易，年肆拾叁岁，浙江监生，捐纳从九品，拣发东河，由汛员洊升通判。该员年壮才优，勤干精细，于河工事件，不辞劳瘁，堪以升署兰仪同知。所遗捕河通判员缺，经管运河，有疏浚修防，催攒漕运之责，亦关紧要。查有现署沂州府沂郯海赣通判龚士煃，年肆拾伍岁，江苏监生，捐纳从九品，奏留东河，历任汛员，升署通判。该员年壮心细，河务明练，堪以调署捕河通判。以上贰员，臣与该道等熟商，均堪胜任，相应遵例题明。如蒙俞允，俱照例试用壹年，经历桃、伏、秋叁汛，果能胜任，容臣出具考语，会疏保题，送部引见，恭候钦定实授。如不胜任，立即调回，另行遴员题署。除将该员等履历，造册送部，并沂郯海赣通判员缺，另行遴员题请署理外。臣谨会同河南抚臣觉罗伍拉纳，山东抚臣觉罗长麟，合词恭疏具题，伏乞皇上睿鉴，敕部议覆施行。谨会题请旨。[15]

乾隆五十四年二月初四日，兰第锡等题请将山东兖州府捕河通判（正六品）黄易，升署河南开封府兰仪同知（正五品），至三月中旬，黄易尚在捕河通判任上等待部覆。捕河通判有“催攒漕运之责”，黄易此时押运首进大河前帮过汶，[16]兰第锡等言其“不辞劳瘁”，非虚语也。

此外，此折中云黄易乾隆五十四年时四十三岁，应为乾隆十二年（1747）生；而潘庭筠《山东兖州府运河同知钱塘黄君墓志铭》云“生乾隆九年十月十九日”[17]，二者实际上并不矛盾。黄易官年为乾隆十二年（1747）生，实年乾隆九年（1744）生，官年较实年小三岁。清代文官考核，以守、才、政、年四格评等第。年，即官员的年龄，有青、壮、健之别。年老衰惫者，非但升迁无望，甚或被勒令休致，故官年以减岁为趋向。[18]黄易不过未能免俗而已。

又，上海图书馆另藏黄易致王毂札一通，亦附于此（图2）。手札全文如下：

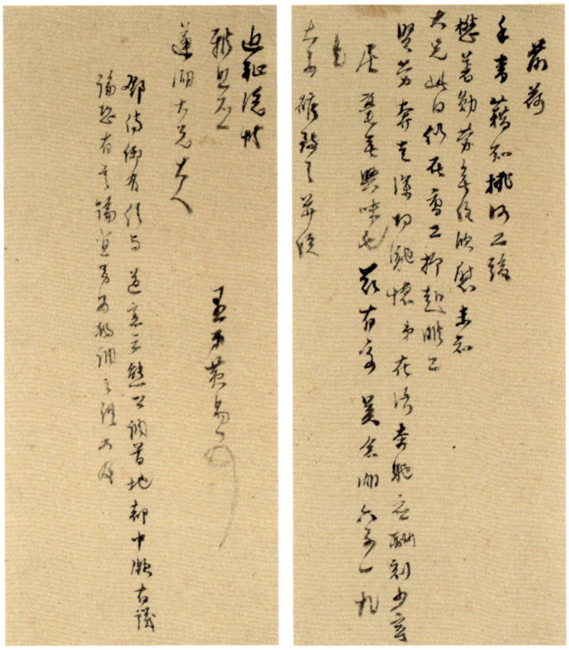

图2. 黄易致王毂札　上海图书馆藏

前荷手书，藉知挑河工竣，懋著勋劳，无任欣慰。未知大兄此日仍在曹工，抑赴睢工？贤劳奔走，深切驰怀。弟在济奔驰应酬，刻少宁居，毫无兴味也。兹有寄吴念湖六哥一札，乞大哥确致之，并候近祉，统惟雅照。不一。愚弟黄易顿首，莲湖大兄大人。

邓侍御有信与道宪，云“熊公调首地，都中颇有议论，恐有言论，宜另为酌调”之语。又及。[19]

按，吴念湖，指吴人骥，时官省城历下知县。[20]邓侍御或指工科掌印给事中邓文泮，道宪即山东运河道沈启震，熊公指熊枚。熊枚以进士出身，分部行走，引见数次，皆简在帝心。[21]五十一年四月，熊枚在河南汝宁知府任上丁忧，服满后，五十四年夏补直隶顺德知府。乾隆五十五年七月，熊枚升山东济东泰武道，越次超擢，是以“都中颇有议论”。乾隆帝虽终未改变主意，然熊枚延宕至十月始到新任，亦可感知内阁、吏部的抵触。[22] 黄易致王穀此札，应作于乾隆五十五年八九月间，时王穀官德州知州，黄易官运河同知。

注释：

1.《故宫藏黄易尺牍研究·手迹》，故宫博物院编，故宫出版社2014年版。《故宫藏黄易尺牍研究·考释》，故宫博物院编，故宫出版社2015年版。

2. 朱琪：《故宫藏黄易尺牍疏证》，故宫博物院编：《故宫藏黄易尺牍研究·考释》，北京：故宫出版社，2015年，第95页。

3. 汪启淑《续印人传》（道光二十年刻本）卷四《王穀传》云："王穀，予同郡黟县人也，字御轸，号东莲。家素力田。穀生而好学，髫龀窃听于邻塾，归执一卷效吚唔，其尊甫见之，因延师课诲。然性流动，泛览九经，涉猎诸子，粗知大意，便另习他艺。又不爱作科举文，入泮后，有声黉序，戚友咸规劝其专力帖括。而穀独嗜临池，精鉴赏，访求周彝秦鼎、法帖碑版，不遗余力。且复从事六书，栖情铁笔，日与漫公吴兆杰、家明经肇隆游，研究始一终亥之义，急凿缓铸之道，章法刀法，莫不大雅。丁酉秋，棘闱偶踬，即负箧北游，冀以他途进身。会开四库全书馆，需工八法者，侍御砚庐张公霁，见其书端谨庄秀，保送效力。笔墨余暇，留神吏治，见事明敏，颇具判断才。期满叙劳得职，选授荷泽县县丞，年尚未及四十，学业政事，造诣正未可量也。"王穀后于山阳冒赈案中，以知情得贿伏法。

4. 长麟乾隆五十二年二月十九日《奏为恭报接印任事日期事》折，载《宫中档乾隆朝奏折》，台北"故宫博物院"编，台北"故宫博物院"1982—1987年影印本，第63辑，第421页。胡季堂乾隆五十五年九月二十七日《奏为恭谢天恩命暂理山东巡抚印务事》折，台北"故宫博物院"藏军机处档折件，文献编号045589。

5.《户部漕运全书》（光绪刻本）卷十《兑运事例》载："大河卫前帮，兑运山阳、盐城、阜宁、沭阳、泰州五州县水次。"

6. 长麟乾隆五十二年四月二十八日《奏为恭报南漕首帮过济宁日期事》折，《宫中档乾隆朝奏折》，第64辑，第189页。

7. 长麟乾隆五十三年三月十五日《恭报南粮首帮入境日期事》折，《宫中档乾隆朝奏折》，第67辑，第544页。

8. 三条史料，分载东河总督李奉翰、巡漕御史和琳乾隆五十四年四月初三日《恭报南粮首帮攒过临清日期》折，载《宫中档乾隆朝奏折》，第71辑，第575页。巡漕御史和琳、山东兖州镇总兵官柯藩乾隆五十四年三月初九日《奏报南粮首帮入东境日期》折，台北"故宫博物院"藏军机处档折件，文献编号039819。直隶总督刘峨乾隆五十四年四月十三日《恭报南漕入直日期及现在水势足资浮送缘由》折，载《宫中档乾隆朝奏折》，第71辑，第649页。

9. 东河总督李奉翰乾隆五十五年二月初二日《奏为恭报南粮首帮过济日期》折，台北"故宫博物院"藏军机处档折件，文献编号043594。

10.（清）刘文煃等修、高连升纂：《寿张县志》，光绪二十六年刻本。

11.（清）王赠芳等修、成瓘等纂：《济南府志》，道光二十年刻本。

12. 长麟乾隆五十四年四月初九日《奏请以寿张县知县王穀升署德州知州员缺》折，《宫中档乾隆朝奏折》，第71辑，第631页。

13. 札中"帮丁羡余较少，带货较多"云云，指官方允许帮丁夹带土宜，以弥补经费、津贴之不足。按，巡漕御史何道生嘉庆五年二月初九日《奏为遵旨询问南船运弁旗丁事》折内，安庆卫前帮领运千总祖凤藻云："皇上轸念旗丁，加以津贴，又准每船多带土宜二十四石。"载《宫中档嘉庆朝奏折》，台北"故宫博物院"编，台北"故宫博物院"1993—1995年影印本，第8辑，第29页。

14. 东河总督李奉翰乾隆六十年闰二月二十八日《题报山东兖州府运河同知黄易丁忧日期事》题本，内引黄易呈称："窃卑职现年肆拾玖岁，浙江杭州府钱塘县监生。遵川运例，捐从九品，乾隆肆拾贰年拣发河东河工。肆拾叁年咨补商邱县主簿，肆拾肆年调补阳谷县主簿，肆拾陆年咨升武城县县丞。肆拾柒年升署东平州州判，伍拾年咨升东平州州同。伍拾壹年升署卫河通判，调署捕河通判，伍拾肆年升署兰仪同知。是年玖月内，调署运河同知，伍拾陆年拾贰月内实授。"中国第一历史档案馆藏，档号 02-01-03-08090-011。黄易丁忧前仕履，以其自述最为权威。

15. 见台北"中研院"史语所内阁大库档案，登录号 068226-001。

16. 此札作于靳口，即靳口闸，已出汶境。

17. 中国古代书画鉴定组编：《中国古代书画图目 11》，北京：文物出版社，1994 年，第 131 页。

18. 方浚师《蕉轩随录》卷八《官年》条云："今之履历年岁，每增、减若干，谓之官年，不知此风自宋已然。岳珂《愧郯录》：'世俗便文自营，年事稍尊者，率损之以远垂车；襁褓奏官者，又增之以觊速仕。士夫相承，遂有官年、实年之别。间有位通显者，或陈情于奏牍间，亦不以为非。珂考之，治平四年五月二十八日，诏劾内殿崇班郭继勋增加岁数情罪以闻，以其陈乞楚州监，当自言出职日，实尝增十岁也。'按，《北史》傅修期年逾八十，犹能驰射，盘马奋矟。常讳言老，每自称六十九，是可作今之官年论矣。"北京：中华书局 1995 年版，第 298 页。

19. 庞元济辑，梁颖整理：《庞虚斋藏清朝名贤手札》，南京：凤凰出版社，2016 年 12 月，第 4 册，第 886、887 页。

20. 吴人骥，号念湖，直隶天津府天津县人。乾隆九年（1744）生。乾隆三十年举人，翌年成进士，由山东蓬莱知县，仕至莱州府知府。事具光绪《天津府志》卷四十三《人物》。

21. 熊枚，字存甫，号兼山，江西广信府铅山县人。雍正十二年（1734）十二月初五日生，嘉庆十三年（1808）卒。乾隆三十五年举人，翌年成进士，由刑部主事，仕至都察院左都御史，降补顺天府丞。乾隆四十六年八月、五十年六月、五十四年五月、五十五年二月，熊枚四次引见，乾隆帝分别以"亦可""竟可，亦刑部好司官""去得""亦可"评之。见秦国经主编：《清代官员履历档案全编》，上海：华东师范大学出版社，1997 年，第 2 册，第 449 页。

22. 熊枚自撰《谦山行年录》有云："（乾隆五十五年）七月，蒙恩擢山东济东泰武临道，十月抵任。"载《北京图书馆藏珍本年谱丛刊》，北京：北京图书馆出版社，1999 年，第 108 册，第 247 页。据《乾隆朝上谕档》载："同日（乾隆五十五年七月二十七日）奉上谕，山东济东泰武道员缺，著熊枚补授。钦此。"又，九月二十三日，内阁"将朱笔补放熊枚谕旨进呈，伏候另行简放"。中国第一历史档案馆编，档案出版社，1992 年，第 15 册，第 822、939 页。

故宫藏黄易致张爱鼎五札补证

欧阳磊

自由撰稿人

内容提要：在黄易的交游人物中，由于张爱鼎的名气不显，他和黄易的交游一直是研究的薄弱环节。黄易和张符升、张爱鼎父子同在河道为官，期间不管是金石及书画鉴赏，还是经济上，都多有往来。文章就萧县张氏家世，黄易与张氏交往的时间，及黄易致张爱鼎五札涉及相关史料作出补证，以方便学者进一步深入研究。

关键词：黄易　张爱鼎　信札

黄易（1744—1802）字大易，号小松，又号秋盦、秋影庵、散花滩人，浙江钱塘人。清代著名书画篆刻家、金石学家，西泠八家之一。

黄易在清代乾嘉时期的学界影响比较大，举凡书画、篆刻，金石学研究等领域都有很深的造诣。从清代中叶起，黄易的书画篆刻及与当时诸多金石名家的交游、访碑活动就受到了学界的关注。其间，黄易虽然有部分著作及后来其女黄润等为其所辑的《秋盦遗稿》一书抄本传世，但是涉及的诗文、题跋、尺牍等史料仅仅是比较小的一部分。由于其他资料的散失，导致并不能窥见全貌，因之给后人对他的研究造成了很大的困难。

2014年，故宫博物院编辑出版了《故宫博物院藏黄易尺牍研究·手迹》卷，书中保存收录了故宫所藏的黄易和当时学者、官员等的来往手札及书法墨迹，这些珍贵的史料对于研究黄易的交游、经历有着十分重要的文献价值。之后，又出版了《故宫博物院藏黄易尺牍研究·考释》卷，对故宫博物院所藏黄易尺牍进行了考释，并就相关问题进行了综合研究。

《故宫博物院藏黄易尺牍研究·手迹》卷中收录有黄易致张爱鼎的信札五封，这对于研究黄易与张爱鼎家族的交游意义非常。黄易与张爱鼎家族的交游，此前少有人注意，2014年，笔者曾撰有《萧县张氏与黄易交游考》一文，[1] 由于当时所见资料有限，故考证亦未能深入。在《故宫博物院藏黄易尺牍研究·考释》卷中，朱琪先生《故宫藏黄易尺牍疏证》一文对故宫所藏黄易尺牍从时间、地点、人物、事件背景及书画资料等方面进行了全面的考证，所涉及的黄易致张爱鼎五札，亦皆有考释；同书中贺宏亮先生《黄易与铜山张氏》一文，则以黄易致张爱鼎五札为中心，对黄易和张氏家族从交游、金石交往等方面做出了阐述。本文拟根据笔者所掌握的资料，对二文中未涉及或有不同理解的部分做出补充，敬请指正。

一、张氏家族的籍贯

明代嘉靖年间，张棋由浙江绍兴车水坊迁居徐州东南五十里的河头村。明末，张棋之孙张垣迁居于徐州城。至清初，张垣之子张胆以武举起家，历官至河南督标中军副总兵、都督同知、会推河南开归镇提督总兵官。在有清一代，此支张氏簪缨世胄，官宦辈出，堪称徐州望族。到今天，张氏子孙分别散居于江苏徐州铜山区、丰县、沛县、泗阳县，安徽萧县、灵璧县、淮北市等地。

贺宏亮先生在《黄易与铜山张氏》一文中将张爱鼎（1753—1809）这支族人统归为铜山张氏，那么我们根据《彭城张氏族谱》（图 1）及其他资料来看，是否恰当。

首先，从张棋起，这一支张氏因最早肇基于彭城（今江苏省徐州市的古称），故被统称为彭城张氏。萧县和铜山县虽同为清代徐州府下属县之一，但两地皆为县级，互不隶属。铜山张氏，则被特指自清代建置铜山县后至今居住在其辖区内的张氏族人，诸如近代书法家、碑帖鉴定家张伯英先生，即为铜山张氏一支；其次，在文渊阁大学士兼吏部尚书陈廷敬为张爱鼎高祖张道瑞（1640—1691，字履贞，号薇山）所撰写的《履贞张公传》[2]中，即称“古徐萧邑有名道瑞，字履贞者”，可见其当时已经居住于萧县。张爱鼎的曾祖张彦璘则居住于萧县龙山湖，到张爱鼎，已经是在萧县居住的第五代。同时，自张彦璘以后，此支张氏族人皆以萧县籍应举、仕宦，所以才会有将张爱鼎数代小传收入清嘉庆《萧县志》的情况；[3]

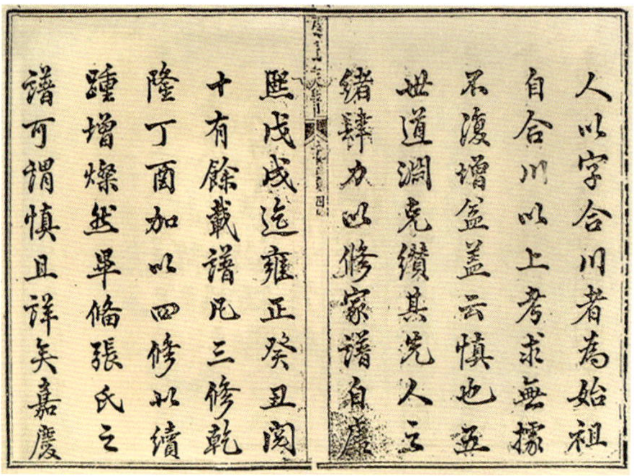
人以字合川者為始祖
自合川以上考求無據
不復增益蓋云慎也至
世道淵克纘其先人之
緒肆力以修家譜自康
熙戊戌迄雍正癸丑閱
十有餘載譜凡三修乾
隆丁酉加以四修以續
踵增燦然畢備張氏之
譜可謂慎且詳矣嘉慶

图 1. 清道光五年《彭城张氏族谱》

虽然苏去疾在为张爱鼎之父张符升（1725—1786）所作的《苏门张公墓志铭》[4]中称其为铜山人，但那是依据张氏迁徐后的祖居地而言，[5]并不是当时的籍贯。所以，对于张爱鼎家族，应称为彭城（徐州）张氏，或者萧县张氏为妥。

二、黄易与张氏家族的交游

大约于乾隆四十一年（1776）后，郑制锦为三十三岁的黄易循例捐官。[6]次年，入京候选后，正式任职于东河。此时，在与黄易有交往的张氏族人中，张太平隐居于萧县绥舆山，张爱鼎等尚未出仕，考查黄易和张氏族人的行迹，在此前他们接触的机会也不大。张符升则早在乾隆初即入时任河道总督张师载的幕中，协助治理河道，因为办事干练而深受张的赏识，后在张师载的推荐下步入仕途。在黄易就选东河时，张符升也在东河河道任职，他和黄易二人公务往来，能够经常碰面，很可能就是在此期间，他们得以结识。

乾隆四十二年八月，黄易入京候选，在京师董元镜处收得《汉熹平石经残石拓本》，黄易对此

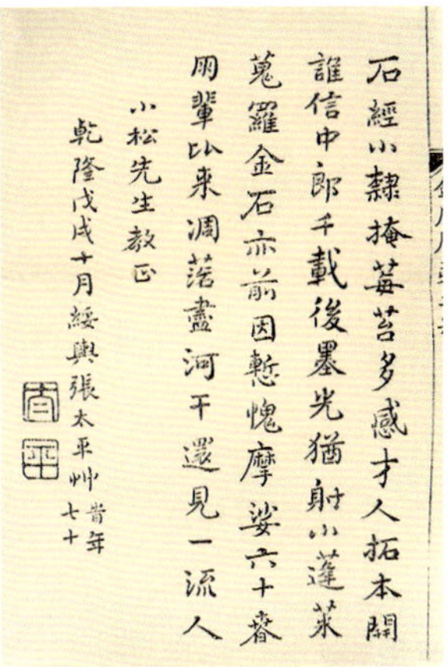

图 2. 鲍昌熙《金石屑》摹刻张太平题黄易藏《汉熹平石经残石拓本》手迹

拓本非常珍视，后将之装裱成卷。卷首为黄易小像，并钱坫篆文题：乾隆四十二年岁在丁酉钱唐黄易三十四岁得汉石经遗字时小像。后附黄易《小蓬莱阁图》，后石经拓本四页，并有余鹏年、翁方纲、阮元等人的题咏及信札。[7] 在卷中有张爱鼎的从祖父张太平题诗二首（图 2）：

石经小隶掩莓苔，多感才人拓本开。
谁信中郎千载后，墨光犹射小蓬莱。

搜罗金石亦前因，惭愧摩娑六十春。
朋辈比来凋落尽，河干还见一流人。

小松先生教正，乾隆戊戌（四十三年 1778）十月绥舆张太平草，时年七十。

张太平的这两首诗是在次年十月所题，在题跋的诸名家中，张太平的影响无疑是相对较小的，如此珍贵的拓本，黄易能请他题诗，可见他们的关系应该比较紧密。

张爱鼎家族三代人中，虽然不乏喜爱书画收藏者，但是大多忙于宦途，平常较少有精力涉及，真正以书画著名的也就是张太平。

张太平（1709—1788）字拱宸，号寿云，别号乐园、绥舆老人、银岭西樵等。他是彭城张氏第七世，出身官宦门第，家境显赫，但是性格恬淡，隐居于绥舆山中，终身不出。张太平喜好金石，嗜收藏。于书法擅行草书及分隶，行草书出自颜真卿，而参以己意，以古拙劲健见长。八分书得峻峭古雅之笔意。晚年擅狂草，融会诸家，形成独特的风格，被其族人民国书法家、碑帖学家张伯英先生评价为“体丰笔健，尤为绝特”。山水画学明董其昌，风格苍润华滋，萧散淡远。并擅花鸟，精于用笔用墨，得明人徐渭笔意，以写意笔法画家禽水鸟，极具生活情趣。张太平乾隆年间在徐淮地区影响较大，并以开创“龙城画派”而著称。

张符升少年时就跟随叔父张太平学习，和叔父亲情深厚。在和黄易结识后，作为同好，将黄易介绍给在老家的叔父也是在情理之中的事情。

张太平所题的这两首诗，是现在所见黄易和张氏家族交往最早的文字记录，根据时间上来看，可以推断黄易和张符升结识应该就在乾隆四十二年十月得官赴任东河，到乾隆四十三年十月前的时间段中。

黄易在《刻工札》中有“易廿年以来承老伯与六弟骨肉相待，解衣推食，无所不至”的句子，从大概时间上来看，也相符合。

张符升《苏门山人诗钞》[8] 卷三中收录的两首诗，亦可以作为佐证：

《黄小松寄画菊即题其上二首》
一片黄花秋满天，另般标格最清妍。

挑灯不共吟肩瘦，孤负东篱二十年。

黄河崖上足风沙，那得工夫去忆家。
今日忽惊重九近，故人画里寄黄花。

这首诗虽然没有具体写作时间，但是从内容来看，应该是写在张符升尚在河道任职时。重阳将近，在治河工地上，他收到了黄易寄来的所画菊花，诗中张符升称黄易为“故人”，也说明二人相识已久。

乾隆四十四年五月，就在张符升被河道总督姚立德以“在工年久，熟谙河防”[9]的原因挽留，破例以知府衔留任治河的两个月之后，却因为“议河事”[10]得罪，被大学士阿桂以“所需秸料数目不符”为由上书参奏，《乾隆朝实录》卷一千八十三对此有记载：

壬寅，谕：据阿桂等参奏，下北河同知张符升、南河参将李永吉，于奉委估计需用秸料数目，辄禀称应用秸料九千万觔，若非通同弊混，妄冀分肥，即系张大其词，藉端阻挠。请旨将张符升革职枷号，李永吉革职留工效力等语，张符升、李永吉承办坝工不能稳固坚实，屡至蛰塌偾事，不将伊等治罪，已属格外加恩，该员等尚不思实心奋勉，稍赎前愆，辄因奉委勘料，通同混报，借此弊混阻挠，实属昧尽天良，断难轻逭，阿桂等所参甚当。张符升着革职，即于工所枷号示众，李永吉着革职，仍留工次效力赎罪。

虽然之后事情得解，张符升并被“复以人材推，择为仪考通判”。[11]但是在乾隆四十六年，他在将所负责的河工完成后，即称病致仕。

同年，张符升的长子张爱鼎以监生出任曹考通判，开始了他的治河生涯，同时，又和黄易作为同僚，延续了其父与黄易之间的交情。

三、黄易致张爱鼎五札补证

（一）黄易致张爱鼎《石谷札》

岁暮穷愁，正无赖无聊之际，忽得故人一纸，携来四卷。内中石谷长卷，布置至三丈六尺七寸，题曰《江山无尽》，真无尽也。笔墨结构，色色俱到。若此瑰奇之宝，易眼中惟见毕师之石谷为灏庵相公作长卷，并此为二也，何容再辨题字。况王、余二跋精妙（二皆真笔）名笔，更不必致疑。且系家宝，尤当珍守，宜择佳工穷半年之力装成永宝，勿轻示人为要。杭州名裱沈君系敝友陈君转托，明年四五月来此，始可面托携裱，此时不便即托。似此重器，不能不十分慎重也。至夏珪卷，神采取境俱好，笔墨虽极老到，确乎马夏一派，然士气绝少，亦不淳古，非宋元之迹。卷之前后并无款印，细看笔路是戴文进诸人为之，不值细裱，今同石谷卷送还。如欲裱，明年夏间再取何如？至黄山谷二卷，赝笔可笑，无用物也。易得见石谷此卷，喜而不寐，谨录出跋语矣。内中松针、柳叶、芦、竹之类，稍露稚弱，恐弟子杨子鹤辈足成之，然山骨稜稜，水云灵活，一气浑沦，天衣无缝，非石谷老子亲手布置不能也，研村以为何如？顺此奉复，并候近祉，不一。愚兄黄易顿首。封篆前一日。研村六弟大人知己。

河宪今日住康庄，明定于十九日进济。罗宪已赴北矣，又及。

第一札册首钤有张伯英“汉画研斋”“张伯英印”“少溥”三印，张学宗（字秩卿，张坦之子，官至曹单同知。辑有《华黍斋印谱》《三余印可》等）“采菱渡头风急，杖策村西日斜。杏树坛边渔父，桃花源里人家”一印。

札中叙述张爱鼎将所得书画并附札差人寄送黄易，请其鉴赏。据后文可知，张所寄四卷书画分别为：清初王翚（石谷）《江山无尽图》长卷，明人仿宋夏珪山水卷，及伪冒宋黄庭坚作品两卷。

张爱鼎之父张符升嗜好收藏，其致仕回籍后，于萧县城建立茧园，用以贮存所藏书画古籍，其藏品丰富，“此吾萧张氏茧园故物也，张氏在高庙时收藏之富甲于江北”。[12] 黄易在为张符升所作的“苏门所藏”的收藏印边款中对此也有记述：

苏门司马嗜学味古，卷册之富，不让青父书画舫也。古人收藏印，苟不慎择，翻为翰墨累。天籁阁物最可憎，前人已言之矣。易为司马作此，施诸卷册，后人重司马名，或美此印。正如见金粟道人、云林子诸印悬知为周伯琦辈所篆。

张爱鼎是否善于鉴定，没有留下相关记载。从信札中的内容来看，张所携来的所谓黄庭坚作品黄易既然定为是“赝笔可笑”，可知书画鉴定应该并非其所擅长。在涉及的张氏族人中，张太平喜好收藏，并善于鉴定，张符升从学于张太平，承继了叔父的学问。张符升的三个儿子里，张爱鼎居长，官职也最高，虽然他出身在这个艺术氛围比较浓厚的家族，但是因其长期宦游在外，忙于官场，书画收藏并非其所擅长也可以理解。次子张文鼎，字龙章，号厚庵，有文才，官至河南归德府仪睢通判，可惜英年早逝，后人记载中关于他的事迹不多。三子张崇鼎，字贯之，号墨龛，官至开封府下北河同知，受家学影响，擅书画，喜收藏，有题画诗传世。张伯英和一些当地文人都有关于他在艺术收藏方面的记载。

张爱鼎寄送黄易的四卷作品中，最为黄易称赏的是王翚的《江山无尽图》，黄易在札中赞誉道：“笔墨结构，色色俱到。若此瑰奇之宝，易眼中惟见毕师之石谷为颛庵相公作长卷，并此为二也。”张爱鼎的高祖父张道瑞曾经出任常熟福山游击，与王翚、杨晋等画家相交好，诸人赠送的书画也非常多。信中黄易提到这幅画是张氏“家宝”，应该就是当年王翚赠送给张道瑞的原作。张伯英先生在杨晋《仿赵大年湖山佳趣图》[13] 题跋中提到：“先七世祖荣禄公（张道瑞）镇江南福山时，耕烟（王翚，号耕烟散人）、西亭（杨晋，字子鹤，号西亭）师弟恒居署中，各有巨制。康熙甲子（二十三年，1684）西亭绘《乐志》二图，一经营至三丈七尺，藏萧县族人家，一伯英恭藏，长丈许。”这里所提到的“萧县族人”，就是指茧园张氏。张伯英在第二札的跋文中对此亦有描述：

先七世祖荣禄公镇福山时，石谷师弟恒在署中，子鹤为公写照，尚存二卷，一伯英恭藏，一在族祖仙甫家，皆巨迹也。石谷所作亦不止《江山无尽》一图，今则片楮无存。读秋庵先后数书，为之叹喟。

信札末尾署名称张为“研村六弟”，按《彭城张氏族谱》张爱鼎大排行为老六，且小黄易九岁，所以有这样的称呼。

在札中张伯英先生跋文提到“七世叔祖澄斋公任延平府知府者，为颛庵相国之婿，故秋庵画跋有与太原王氏戚好之语”，张伯英所说的这位七世叔祖澄斋公，名张道沛（1683—1733），字履旋，号澄斋，为萧县张氏和张伯英共同先祖张道瑞之弟。初任广西桂林府通判，官至福建延平府知府。据《彭城张氏族谱》记载，张道沛的继室夫人王氏（1702—1775），是清初著名画家王时敏的孙女，文渊阁大学士、太仓人王掞（字藻儒，号颛庵）之女，又是画家王原祁（麓台）的堂妹，由之可见，张氏和清初娄东派画家的关系非常密切。

（二）黄易致张爱鼎《远荷札》

远荷手书，备叨关照，感佩之至。刻字高姓，系孔十二公家人，业已转借来此，其每字工价照易给发者，开明带览。石板运二块，庶可一到即刻，盘费已经程二兄付给矣。王麓台《辋川图》虽有败笔，却是真迹无可疑义。石师画山水，简老者居多，此作繁碎，别开一境，亦是妙品，易妄书数语奉还，法家以为何如？易所藏一小帧，用笔措意似佳于此，谨寄清赏。石谷大卷如欲南裱，易可带去，惟稍需时日，然断不失污也。此等巨迹，使吾友奚九一见亦妙。毕制府家藏《停云馆帖》十二卷，妙绝，胜孔刻多矣，不可不求之。易有业师何东甫先生托售藏金纸，卷筒者十三张，物虽好，那得知音以重价购之？然千里远托，不可不为设法。计惟王秋塍明府可以消脱，今不知在何处，特托尊处代为寄达，取其回信带掷，感佩不浅。万一秋塍处不能，即求六弟大人代为设法，如其无用，不妨带回交还，此所谓我尽我心而已。秋塍信未封口，乞阅，明转寄可耳。此候近安，临笺驰切不尽。研村六弟大人。制愚兄黄易稽首。

孔世兄札附上。

这封信黄易首先提到他向孔十二家商借刻工高登为张爱鼎的父亲张符升镌刻墓志的事。

乾隆五十一年，张符升去世后，他的挚友苏去疾为他撰写了墓志铭。当年底，张家人托黄易转请书法家孔继涑将墓志书丹上石（并非请其撰写），在黄易致孔继涑的《卫辉札》中对此有所反映：

前于卫辉兑漕之际，草草率具寸函，谅经台照。昨随河帅返济，见辛斋先生，知前求张司马尊人之传，称呼未协，种种率略，此皆侄俗事倥偬之际，料理未妥之故，惶愧已极。侄因张氏父子交情莫逆，其平日仰慕最诚，专使至侄处，嘱其如何恳求，侄因其葬期已迫，不能再迟，所有刻石式样一切，难以往返问询，因毅然代其酌定，竟照云南李中丞一传求大书以垂久远。今知其称呼而写衔，实在不妥。书撰皆以人重，何在头衔、称呼？即《李中丞传》内亦无衔称也。敬求老伯大人俯鉴寸忱，慨赐一书，不独张氏存殁均感，侄尤叩至爱非浅。惟当府第多事之时，又值岁暮，为此不情之请，蒙老伯推念小侄曲为允从，实切感激之至也。张君信来，云另为泥首奉谢。

乾隆六十年，张氏又将康基田为张符升书丹的墓志刻石留存，此札中黄易所提到的向孔继涑家商借刻工的事，即是由此。另外，张伯英在题跋中对此也有记述：

柳州公墓铭苏园仲先生去疾所撰，一孔谷园书，刻谷园帖中。一康茂园行书，嵌萧县祠壁。小松向孔十二公商借高登为刻康书也。萧邑无打

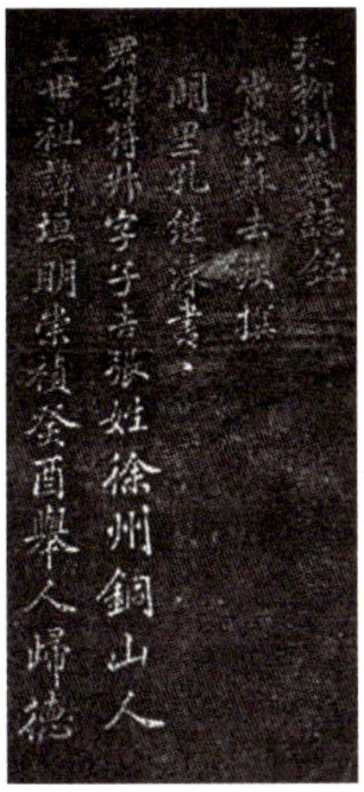
張柳州墓誌銘
常熟蘇去疾撰
闕里孔繼涑書
君諱符升字子吉張姓徐州銅山人
五世祖諱垣明崇禎癸酉舉人歸德

图 3. 孔继涑书《张柳州墓志铭》

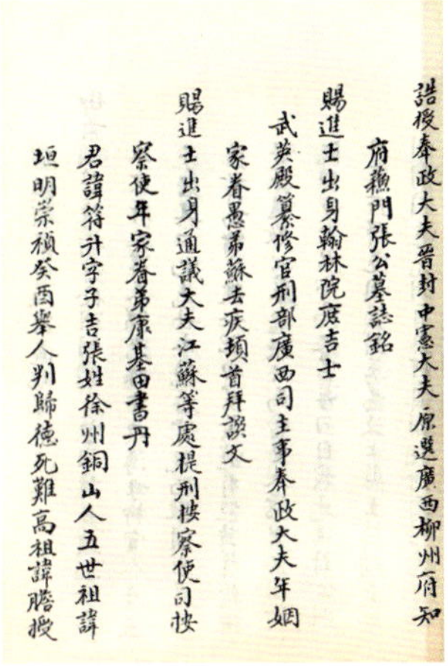
誥授奉政大夫晉封中憲大夫原選廣西柳州府知
府蘇門張公墓誌銘
賜進士出身翰林院庶吉士
武英殿纂修官刑部廣西司主事奉政大夫年姻
家眷愚弟蘇去疾頓首拜譔文
賜進士出身通議大夫江蘇等處提刑按察使司按
察使年家眷弟康基田書丹
君諱符升字子吉張姓徐州銅山人五世祖諱
垣明崇禎癸酉舉人判歸德死難高祖諱騰蛟

图 4. 张省斋《清毅先生谱稿》中抄录的康基田版《苏门张公墓志铭》

碑人，数十年欲觅拓本不可得。柳州后裔凋零，闻祠屋易主，铭石恐不知何往，为之恻然。

也就是说，张符升的墓志铭虽然内容一样，但因为书写人的不同，其实有两个版本。孔继涑所书写的志石，在乾隆五十二年三月初九日张符升入葬时被瘞入墓内，同时被孔氏收入到其所刻的《玉虹楼法帖》中，康基田书写的版本则嵌于茧园内的张氏祠堂的墙壁上。

至于黄易在致孔继涑的《卫辉札》中提到的“称呼”风波，对比两个墓志版本，就可以看出端倪：

孔继涑所书写的墓志铭，志题直接称呼为“张柳州墓志铭”（图 3），撰、书人的称呼是“常熟苏去疾撰，阙里孔继涑书”。[14] 康基田书写的版本，志题为“诰授奉政大夫晋封中宪大夫原选广西柳州府知府苏门张公墓志铭”（图 4），撰书人分别为“赐进士出身翰林院庶吉士武英殿纂修官刑部广西司主事奉政大夫年姻家眷愚弟苏去疾顿首拜撰文、赐进士出身通议大夫江苏等处提刑按察使司按察使年家眷弟康基田书丹”。[15] 孔氏书写的撰书人并未署任何官职、头衔，康氏的则相反。乾隆三十三年（1768），孔继涑乡试中举后，屡试不第，不得已才纳资为候补内阁中书，由于黄易匆忙中“代其酌定”称呼头衔，可能导致了宦途不如意的孔的不快。

后面再次提及“石谷大卷如欲南裱，易可带去，惟稍需时日。然断不失污也”，按这段话的意思，结合张伯英的题识，可以确定札中张伯英所录及《秋盦遗稿》中收录的二则跋文就是为王翚的这幅《江山无尽图》所作。

黄易和张氏不光有书画鉴赏的交流，而且经常互赠碑帖藏品。根据信札中的信息和张伯英的记载，黄易曾经向张太平赠送过汉《鲁峻碑》初拓本，向张爱鼎赠送过《停云馆帖》《郁冈斋帖》，下面一札也记载有张爱鼎向黄易赠送新刻的赵孟頫《无逸帖》，当然，这五札并不能反映黄易和张氏之间书画、碑帖酬赠的全貌，不过据此可知，他们之间的艺术交流也是比较频繁的。

（三）黄易致张爱鼎《刻工札》

昨刻工高姓回济，接荷手书，并新刻赵书《无逸》，谢谢。重刻旧帖神气太远，不若尊跋之秀整也。兹易公事已完，业已请咨，定于七月十五日扶服南还，即安窀穸。弟困累之余，忽逢读礼，往年除夕结算，不过四千余两之缺，乃四维复来，事事刻薄，以致同人店欠至八千余两。程二兄在此深悉其事，今累李亲家代担，易无颜以对至戚，并无颜以对小女。久郁成病，彻夜呻吟，四维相待，不应如是。不平之鸣，自不能已，不惟寅好尽知，为我不平，河宪亦所深知，施恩于易，格外垂慈，应缴之四数，宪谕赏给断不肯收，感愧之私，难以名状也。易廿年以来承老伯与六弟骨肉相待，解衣推食，无所不至，昨慈亲举殡，已荷厚情，今岂可再为琐渎？惟易荡然一空，今南归大事需费之时，运河诸好已承竭力，空中楼阁，布置甚难。六弟大人肝胆照人，易之近况尤荷垂怜，故不得已专价奉渎。南岸寅好，尤望齿芬，济易涸辙，感刻宁有既耶！前托寄王秋塍之藏经纸，未知已达否？如能藉力销去固好，万一不能，不妨寄还，以便交与敝业师了此一宗。易此日布置启程，心绪恶劣，不可名状，将来乞食何方，更不可问也。王石谷卷如欲重裱，乞付下，易当妥办奉复，专此，顺请台安，临书驰切不备。制愚兄黄易顿首。砚村六弟大人。七月初一日手肃。

外《郁冈斋帖》一部、拙画小扇附送清赏，又及。

此封信札承接上面一封，提到刻工高登已经回到济宁，“定于七月十五日扶服南还，即安窀穸”，乾隆六十年（1795），黄易五十二岁，其母梁瑛（号梅君）在当年的闰二月五日卒于济宁，黄易丁忧辞官，携眷扶柩南返。在这封信里黄易写出了扶服南还的准确时间，也就是是年七月十五日。

黄易在河道任职，官低俸薄，除了要满足家人日常花销，他闲暇时又沉迷于寻碑访古，购买法帖，所以平常生活比较清苦。此时再加上其母亲去世，须丁忧返回杭州，各项用度赀用不菲，以致所欠银两需要由其亲家李锺沛代垫。同时，张符升、张爱鼎父子对于黄易多有照顾，时时接济，所以黄易在信中说“易廿年以来承老伯与六弟骨肉相待，解衣推食，无所不至。昨慈亲举殡，已荷厚情，今岂可再为琐渎？惟易荡然一空，今南归大事需费之时，运河诸好已承竭力，空中楼阁，布置甚难。六弟大人肝胆照人，易之近况尤荷垂怜”，可以说，二十年间，张氏三代人与黄易结下了深厚的情谊。阮元曾经说过，黄易篆刻“生平不轻为人作，虽至交亦不过得其一二石”，但是他为张氏三代所做的篆刻作品，仅目前发现的就已经有八方之多，再加上张氏茧园所收藏的黄易的大量书画作品，足见其与张氏族人交往之密切。

（四）黄易致张爱鼎《南归札》

易定期月半南归，遣王兴奉渎一切，肃具寸函，想经台照。兹接手书并秋塍银、信、藏经纸，深承关照，感谢感谢。纸实真品，秋塍嘱十日间寄往，易与之分售矣。近日作伪者几欲乱真，此种易深知其来历，今易留其稍次者三张，为装潢古迹卷首之用，择其洁净者十张，装潢妥协，仍为秋塍致送之用也。渊如至兖郡，大妙，闻其车压腿，幸无害，今已赴热河请训，七日到此也。叶二兄既升，六弟荣擢在迩，惟祈近地方而有古迹者，兄当畅游快谈，大妙大妙！专此奉谢，余悉前信不备，此候近祉，临笺驰情之至。研村六弟大人。制愚兄黄易顿首。

十三弟在署否？均此奉候。

张符升、张爱鼎父子所担任的职务大都在东河河道上，地域范围大概在河南、山东两地。随着清代乾嘉金石学的兴起，及金石学家的着意搜求，两地新发现的古碑刻非常之多，因此也成为当时金石收藏家的关注点。在两地任职的一些官员如阮元、毕沅也都是当时的大学者，他们和黄易、翁方纲等经常有金石交流。虽然张符升有心关注金石碑刻，但是他很早就致仕还乡，不得躬逢其盛，张爱鼎则由于兢兢业业于公务，对此关注度较小。

后面说到“六弟荣擢在迩，惟祈近地方而有古迹者，兄当畅游快谈，大妙大妙”！

按咸丰《武定府志》记载，张爱鼎乾隆六十年荣升武定知府，这封信就写在其拔擢之前不久，黄易准备回杭州时。黄易在张爱鼎马上荣升之际，唯一有个期愿就是不要距离济宁太远，而且有古迹的地方，便于访古畅游、两人聚会快谈。黄易到底是文人心性，哪怕是在困境中也不忘自己所好，后面连用两个“大妙”，足见其率真的性格。

末尾的十三弟，应该指的是张凤藻。

张凤藻（1755—1813）行十三，字爱翎，号梧岗，张爱鼎堂弟。初任河南卫辉府考城县主簿，二任开封府郑州州判，三任山东泰安府东平州州同，四任曹州府曹考通判，覃恩敕授承德郎。五任曹州府曹河同知，六任直隶永定河北岸同知，覃恩诰授奉政大夫，奉旨以沿河省道员补用。[16]

萧县张氏中，黄易除了和张太平、张符升、张爱鼎等人有交往外，和张爱鼎的族弟张坦（字心阶，号敬庵，官至开封府下南河同知、护理分巡开归陈许河务兵备道）亦有交往。张伯英在题识中说“从曾祖研村、心阶皆与秋庵厚，两家存其手迹至多”。并且记载张坦之孙张仁厚（幼卿）的华黍斋中曾经收藏有黄易所画的扇面二十多叶，“以双钩法写水仙，真有凌波微步之态”。

黄易写这封信时，张凤藻大概在张爱鼎官署，此后不久他出任东平州州同。

（五）黄易致张爱鼎《荣擢札》

至好暌违，依驰倍切。伏想荣擢以后，此日五马东来，益臻景福，无任欣颂。易束装之际，倍极艰难，承古道深情，麦舟慨助，得以及期起程，举家感佩，如何可言。兹于九月初五日抵杭，已奉先灵到山，即日安葬。故乡无屋无资，贱眷不能久住，乘此河路通行，先令返东，易俟窀穸完备，亦即赴济。易大事如期而办，何莫非仁人君子关切解助所致也？感激之私，尤非浅鲜。所嘱王石谷卷，乡中赏鉴家无不叹赏，以为绝品。今装潢将就，所污者虽洗，未必能尽耳。近日谢藩台抄得内府实录中摘出开国至世宗时大事，名曰《东华录》，凡朝廷大事悉载，秘册难得，易已抄得一部，俟到东奉寄，凡为臣子不可不见也。敬此奉候，兼谢盛谊不尽。黄易顿首。志铭奉上台览。

按照内容，这封信写于乾隆六十年九月初五日之后不久。当时黄易已经回到杭州，将其母亲的灵柩奉厝在山中，准备安葬。除了在信中叙述离别之情外，黄易又对张爱鼎拔擢之后的前景做出展望和祝福。

在将要出发返杭之时，黄易当时的处境已经“倍极艰难”，又是张爱鼎等“古道深情，麦舟（《故宫博物院藏黄易尺牍研究·考释》一书中将“麦舟”二字误释为“叁再”[17]）慨助”，使得他才得以及时启程。对于至友的雪中送炭之举，黄感激不尽“易大事如期而办，何莫非仁人君子关切解助所致也？感激之私，尤非浅鲜”。

附录：

太平之印　白朱相间　边款：己亥（乾隆四十四年，1779）元旦，大梁河上为寿云先生篆，吉人佳名，试笔良美，黄易。

茧园老人　白文　边款：乾隆甲辰（四十九年，1784）九月，睢州行馆刻寄茧园老伯大人正。

图 5. 黄易所刻“张爱鼎印”“砚邨”二印

钱塘黄易。

苏门　朱文　边款：心观老人为冬心先生作寿门二字印，有汉人法，武林后学黄易仿之。

苏门所藏　白文　边款：苏门司马嗜学味古，卷册之富，不让青父书画舫也。古人收藏印，苟不慎择，翻为翰墨累。天籁阁物最可憎，前人已言之矣。易为司马作此，施诸卷册，后人重司马名，或美此印。正如见金粟道人、云林子诸印悬知为周伯琦辈所篆。黄易。

张爱鼎印　白文　边款：辛亥（乾隆五十六年，1791）仲冬二日，为研村六弟作。小松 。

砚邨　朱文　款：小松刻于南旺。

除以上所附六印外，民国神州国光社版《黄小松印存》一书中另收录有与此不同的“张爱鼎印”“砚邨”白文印两方（图 5），因未拓边款，故不知刻制年代。

黄易致张爱鼎这五封信札及所附印蜕装帧一致，根据所钤收藏印及姚朋图“少溥（张伯英字）先生护此家宝”的跋文可知，当系原由茧园张氏的子孙收藏，后归张伯英先生，最后为故宫博物院所购藏。

结语

故宫所藏黄易致张爱鼎的这五封信札，内涵丰富，涉及当时的一些重要事件，完善对五札内容的研究，我们可以对黄易的交游、和当时一些人物的关系及他的个人情况等都会有一个更深入的了解，因此，具有非常重要的意义。

注释：

1. 参见《徐州史志》2014 年第 4 期。

2.（清）张协鼎修：《彭城张氏族谱》卷七，道光五年（1825）刻本。

3.（清）潘镕纂、沈学渊修：《萧县志》卷十二、卷十三，嘉庆二十年（1815）。

4.（清）张省斋：《清毅先生谱稿》，道光稿抄本。

5. 张棋明嘉靖间自浙江迁居徐州，初居徐州城东南五十里的河头村，其时徐州为直隶州，铜山县尚未建置，故张棋后人被称为彭城（徐州）张氏，而不称铜山张氏。清雍正十一年（1733），升直隶徐州为徐州府，始置铜山县，河头村归铜山县管辖，苏去疾为张符升撰写墓志是以当时的地望称述其祖居地。建置资料参见赵明奇新千年整理全本《徐州府志》，北京：中华书局，2001 年，第 118 页。

6. 杨国栋：《黄易活动年表》，《印学研究》第三辑，2011 年 12 月。

7.（清）鲍昌熙:《金石屑》,清光绪二年（1876）刊本。

8.（清）张符升：《苏门山人诗钞》，乾隆五十六年（1791），寄云书屋刊本。

9.《清实录・高宗实录》卷一千七十七。

10.（清）苏去疾:《苏门张公墓志铭》，张省斋:《清毅先生谱稿》，道光稿抄本。

11.（清）苏去疾:《苏门张公墓志铭》，张省斋:《清毅先生谱稿》，道光稿抄本。

12. 李辅中跋萧县张氏茧园旧藏《褚遂良帖》，民国二十四年（1935）。

13.（清）杨晋《仿赵大年湖山佳趣》，北京保利：2010 年 6 月 1 日五周年拍卖会所拍。

14.（清）孔继涑书、孔昭薰摹刻：《玉虹楼法帖》之《隐墨斋帖》，嘉庆二十三年（1818）。《孔继涑书张柳州墓志铭》,民国单行本,《古今碑帖集成》第八十册。

15.（清）苏去疾:《苏门张公墓志铭》，张省斋:《清毅先生谱稿》，道光稿抄本。

16.《彭城张氏族谱》卷二，族名录，2010 年版。

17.故宫博物院编:《故宫博物院藏黄易尺牍研究·考释》，北京：故宫出版社，2015 年，第 78 页。“麦舟”一词典故见宋释惠洪：《冷斋夜话》卷十，北京：中华书局，1985 年。

辽宁省博物馆藏《秋盦书札》考及相关问题（修订稿）

郭　丹 / 张盈袖

辽宁省博物馆研究馆员 / 馆员

内容提要：《秋盦书札》为册页装，现藏辽宁省博物馆，内有黄易书札八通并附其外孙李璿书札二通。书札收集者李汝谦，题签者陶祖光，题跋者张伯英。从书札的内容看，受信人有顾文铁、颜崇椝、李东琪和李衍孙，相关人物不乏桂馥、沈默、严长明、李伊晋、王聘珍等，关涉碑刻包括邹县四山摩崖之小铁山经、汉三颂之《西狭颂》《郙阁颂》《石门颂》以及《鄐君开通褒斜道摩崖》等古刻石，内容较为丰富，其所披露的信息有些是值得关注的，如在黄易致李东琪的信中，两次提到拓工顾玉；在黄易致李衍孙的信中提到黄易曾继续兄女二人；在黄易致顾文铁的信中提到红铜作古色，这些信息对于深入研究黄易的金石考古活动乃至其家世无疑是十分难得的。

关键词：秋盦书札　黄易　顾文铁　李衍孙　顾玉

图 1. 秋盦书札册——陶祖光题签

本文在“内涵暨外延：故宫黄易尺牍研究国际学术研讨会”提交论文草稿及《〈秋盦书札〉考及相关问题》（见载于《中国书法》2017 年第 5 期）的基础上，结合专家学者于信札释文、书写时间等方面的宝贵意见修订而成。对于信札系年范围较大者，亦有进一步的认识。以第八通《黄易致李衍孙春晖札》为例，可据史料记载的程国檠调任上南同知的具体时间作出较为合理的推断，此部分将另撰专文考索。

《秋盦书札》为册页装，共十七纸，现藏辽宁省博物馆，内有黄易书札八通并附其外孙李璿（字白楼）书札二通。书札收集者李汝谦，题签者陶祖光，题跋者张伯英。从书札的内容看，受信人有顾文铁、颜崇椝、李东琪和李衍孙，相关人物不乏桂馥、沈默、严长明、李伊晋、王聘珍等，关涉碑刻包括邹县四山摩崖之小铁山经、汉三颂之《西狭颂》《郙阁颂》《石门颂》以及《鄐君开通褒斜道摩崖》等古刻石，内容较为丰富。其所披露的信息有些是值得关注的，如在黄易致李东琪的信中两次提到拓工顾玉；在黄易致李衍孙的信中提到黄易曾继续兄女二人；在黄易致顾文铁的信中提到红铜作古色，这些信息对于深入研究黄易的金石考古活动乃至其家世无疑是十分难得的。

《秋盦书札》，题签：秋盦书札。螺楼所藏，丙辰（1916）九月，武进陶祖光观于后汉画室因题。

螺楼即李汝谦，号一山，又号金田别史，山东济宁人。留学日本，著有《螺楼海外文字》，民国十六年（1927）任山东黄县知县。为黄易六世外孙，黄易长女黄润五世孙。陶祖光（1882—1956）字伯铭，又字北溟，有《翔鸾阁金石文字考释》《金轮精舍藏古玉印》。民国间与张叔诚、邱震生等人在北京琉璃厂开设宝古斋古玩店，曾任故宫博物院书画顾问。

题跋：李白楼先生学黄秋盦山水，神韵逼肖。余收其致王子梅札，分贻一山，附秋盦手札之后。李、黄世姻，故一山嗜秋翁笔。所蓄皆精本，此札是其新获。与心斋一通，下笔如闲云舒卷，遒秀扑人眉宇。白翁不以书名，学人笔墨，别饶韵致，又不以工拙论矣。札中称父台者，子梅之尊人海门，秋翁则海门弟秋垞。海门名大淮，吴人，时令曲阜，与龚定庵同年，至契。秋垞名大堉，子梅名鸿。兄弟父子皆有诗名，又同在山左，因与白楼先生

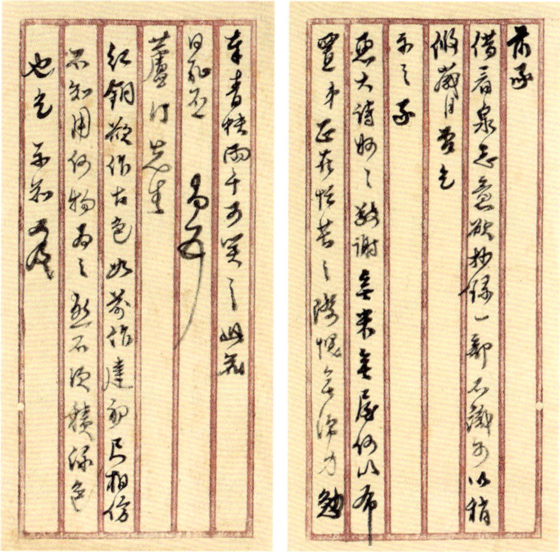

图 2. 第一通——黄易致顾文铁泉志札

为文字交。一山嘱志其原委，故详书之。壬戌（1922）九月廿有四日，云龙山民张伯英。

张伯英（1871—1949），系铜山张氏后裔，为张爱鼎（研村）曾孙。张氏、黄氏同为河防世家，张爱鼎、张爱鼎父张符升、堂弟张协鼎等均系河道官员且与黄易交好，故张氏、黄氏后人张伯英、李汝谦尤重其先人手泽，在故宫博物院藏黄易致张爱鼎五札中，刻工、南归二札，由张伯英、李汝谦共同题跋。此外，在远荷札、石谷札和荣擢札中亦有张伯英题跋。

《秋盦书札》第一通《黄易致顾文铁泉志札》：

前承借看《泉志》，[1] 意欲抄录一部，不识可以稍假藏目否？乞示之。承惠大诗，妙妙，敬谢！无米无屋，何以布置？弟正在忙苦之际，愧无绵力，勉奉青蚨[2] 两千，可笑可笑。此候，日祉不一。易顿首。芦汀先生。

红铜欲作古色，如前作建初尺[3] 相仿，不知用

何物为之，然不须积绿色也，乞示知。又及。

【注释 1】：

1-1.《泉志》，南宋洪遵所著，因其保存了五代以前各种钱币资料，为后来的古泉藏家所重视。黄易曾于乾隆五十九年（1794）自拓所藏古钱辑为《泉文》四册，作为研究中国历代钱币重要著述的《泉志》，必有所涉猎。

1-2. 青蚨：指钱。据钱泳《履园丛话》载："乾隆初年，每白银一两换大钱七百文，后渐增至七二、七四、七六至八十、八十四文……""青蚨两千"约折合白银二两半。

1-3. 建初尺：中国古尺，在周有周尺，在汉有元延尺，在宋有三司布帛尺等。建初尺则为东汉章帝所造，又称虑傂铜尺。古今尺寸不同，建初尺一尺约等于 23.54 厘米。

简考：此札两纸。受信人"芦汀先生"即顾文铁。顾文铁，字芦汀。据王宗敬《我暇编》之黄易小传："黄小松司马名易……由川运例捐从九品，拣发东河，于乾隆戊戌（1778）到济……由朱豹泉托顾芦汀为之嘘拂。"可知黄易与顾文铁相识于乾隆四十三年（1778），故此札当书写于此年之后。由信札中"弟正在忙苦之际，愧无绵力，勉奉青蚨两千"之语知黄易当时境况不佳，生活拮据。检黄易与诸友人信札有关生活状况之描述。（约）乾隆五十一年（1786）十一月十五日《黄易致陈灿阔别札》："所命者苦当羞涩，勉奉十金"；（约）乾隆五十一年（1786）十一月十三日《黄易致陈灿古韵札》："乃值弟贫困异常""东省更荒，一切俱贵，日食维艰，不堪告知己"；又（约）乾隆五十二年（1787）三月十八日《黄易致陈灿夏秋札》："而薪桂米珠，尤难自遣""弟一贫至此，

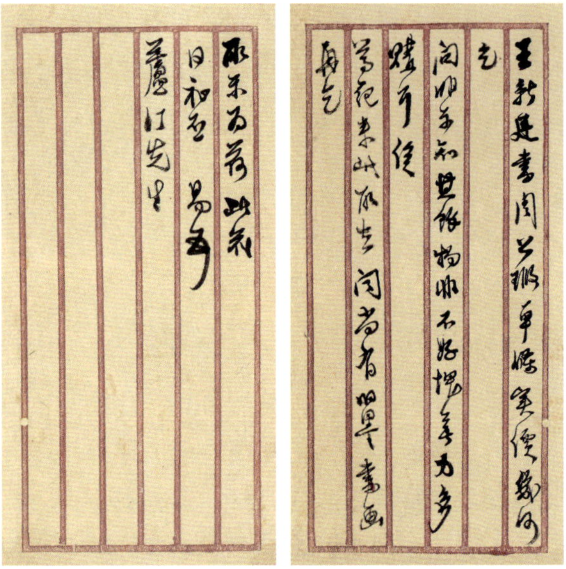
王新建书周公瑕单条实价几何乞
问明示知其余物非不好愧无力多
购耳俟
尊纪来此取去闻尚有旧墨书画
再乞
取示为荷此候
日祉不一　易顿首
芦汀先生

图 3. 第二通——黄易致顾文铁实价札

不能与大兄常聚，愧歉之情，不能笔述"。据《清史稿》："（乾隆）五十一年（1786）春，山东各府、州、县大饥，人相食。"旱灾导致粮价等上涨，生活难以为继。黄易信札中讲到的"勉奉青蚨两千"或在此背景之下。又武氏祠的发掘和重修始于乾隆五十一年（1786），黄易为此先后捐钱十四万，亦可能是导致生活窘困的原因之一。故该札书写时间约在乾隆五十一年（1786）或稍晚。

《秋盦书札》第二通《黄易致顾文铁实价札》：

王新建[1]书、周公瑕[2]单条，实价几何？乞问明示知。其余物非不好，愧无力多购耳，俟尊纪来此取去。闻尚有旧墨书画，再乞取示为荷。此候，日祉不一。易顿首。芦汀先生。

【注释 2】：

2-1. 王新建：即"阳明先生"王守仁。

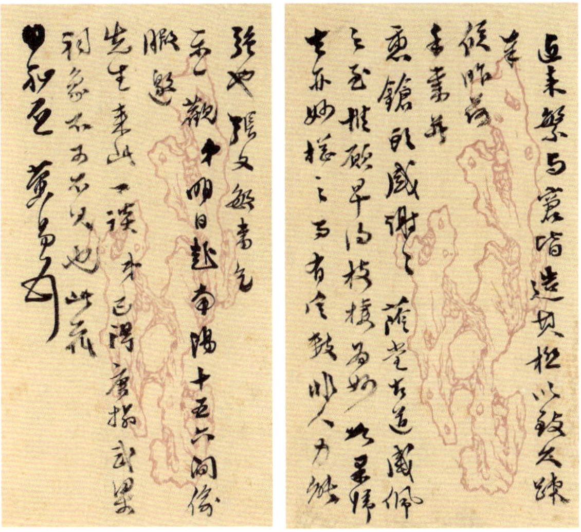

图 4. 第三通——黄易致某人鎗头札

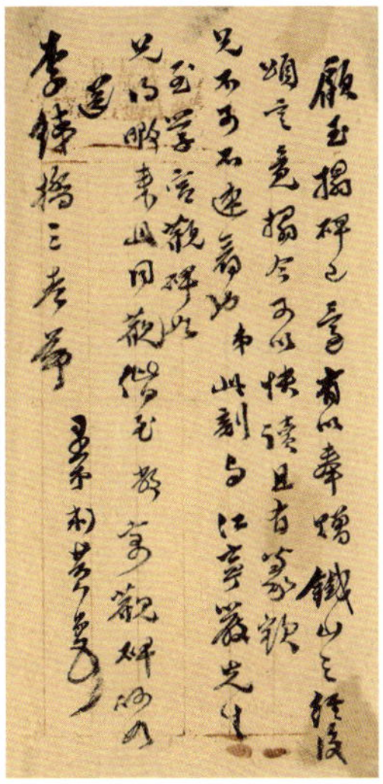

图 5. 第四通——黄易致李东琪拓碑札

2–2. 周公瑕：即周天球。

简考：此札两纸。受信人顾文铁。内容涉及买卖书画之事。因此通信札所用信笺与前通相同，且款署“易顿首”与前通笔迹相近，故该札书写时间亦约在乾隆五十一年（1786）或稍晚。

《秋盦书札》第三通《黄易致某人鎗头札》：

近来，繁与窘皆造其极，以致久疏奉候。昨荷手书，并惠鎗头，感谢感谢！荫堂[1]古道，感佩之至，惟愿早得枝栖为妙，如果归去亦妙。总之，事有定数，非人力能强也。张文敏[2]书，乞示一观。弟明日赴南阳，十五六间，偷暇邀先生来此一谈。弟已得唐拓武梁祠象[3]，不可不见也。此候，日祉不一。黄易顿首。

【注释 3】：

3–1. 荫堂：即张玉树。张玉树，字德润，号荫堂，陕西武功人。乾隆辛巳（1761）恩科进士。曾任清平知县、峄县知县、胶州知州、济宁知州、云南临安知府。黄易藏汉碑五种中《成阳灵台碑》《谯敏碑》《朱龟碑》皆系张玉树所赠。

3–2. 张文敏：即张照。张照与黄易父黄树穀相交莫逆，黄树穀书法学张照并为其代笔。

3–3. 唐拓武梁祠像：即汪雪礓旧藏《唐拓武梁祠像》。

简考：此札两纸。内容涉及黄易邀请友人叙谈并观看《唐拓武梁祠像》事。受信人不详。札中言及“弟已得唐拓武梁祠像”，据黄易“汉画室”印边款：“唐拓汉武梁祠画像，石友汪雪礓物也，余得原石于嘉祥，雪礓欣然以拓本许赠，辛亥（1791）正月，其弟邻初果践宿诺，鸿宝忽来，可盛感幸，小松并记。”知黄易获赠汪雪礓旧藏唐拓武梁祠像在乾隆五十六年（1791）正月，故本通书札书写时间在此后不久。

《秋盦书札》第四通《黄易致李东琪拓碑札》：

顾玉[1]拓碑已还，有以奉赠。铁山之经[2]后颂言竟拓，今可以快读，且有篆额，兄不可不速看也。弟此刻与江宁严先生[3]至学宫观碑，如兄得暇来此同观，偕至敝寓观碑何如？送李铁桥三老爷。愚弟制黄易顿首。

【注释 4】：

4-1. 顾玉：黄易的拓工之一。

4-2. 铁山之经：即邹县四山摩崖中的铁山摩崖刻经。

4-3. 江宁严先生：即严观，字子进，号述斋。乾嘉学派代表人物严长明之长子，为当时知名学者。

简考：此札一纸。受信人“李铁桥三老爷”即李东琪。嘉庆二年（1797）初，黄易由邹城、曲阜至泰山、历城等地访碑，时间为正月初七至二月初五，历时二十九天。据《岱岩访古日记》（嘉庆二年正月初八日记）“北门外岗山、小铁山、尖山、葛山诸崖俱刻佛经，风大不及观”，可知黄易访得四山摩崖的时间为嘉庆二年正月初八，而椎拓小铁山经的时间最早于二月初五访碑结束之后。又信札款署：“愚弟制黄易顿首”，知黄易尚在丁忧期内。黄易母梁瑛卒于乾隆六十年（1795）闰二月，据《大清律例》：“（内外官员）俱以闻丧月日为始，不计闰二十七个月，服满起复。”推算黄易应于嘉庆二年五月初五服阕，故此书札当书写于嘉庆二年（1797）二月初六至五月初五间。

《秋盦书札》第五通《黄易致李东琪碑刻札》：

前日，退亭[1]在此饱看碑刻而去，捡出重本奉上，乞察收。顾玉昨晚已回，得一画象，甚妙，摹出先奉兄看，暇时即祈来看。小铁山经文，又拓许多，妙极妙极！铁桥三哥。愚弟制黄易顿首。

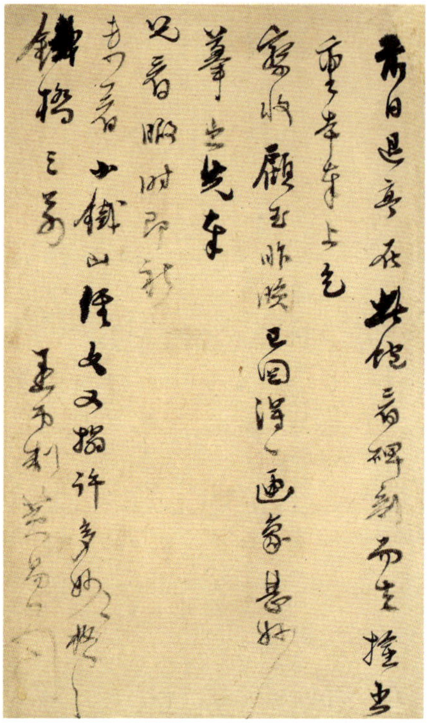

图 6. 第五通——黄易致李东琪碑刻札

【注释 5】：

5-1. 退亭：《山左金石志》阮元序称“曲阜颜运生崇槼、桂未谷馥、钱唐江秬香凤彝、吴江陆直之、巨野李退亭伊晋、济宁李铁桥东琪等皆雅志好古，藏获颇富”，知退亭名李伊晋，亦为山左金石圈中人。

简考：此札一纸。受信人李东琪，信中又及拓小铁山经之事，内容与前述第四通联系紧密，故书写时间亦为嘉庆二年（1797）二月初六至五月初五间。

《秋盦书札》第六通《黄易致颜崇槼寸函札》：

前具寸函，并王实斋[1]交来书籍单，想已收照。

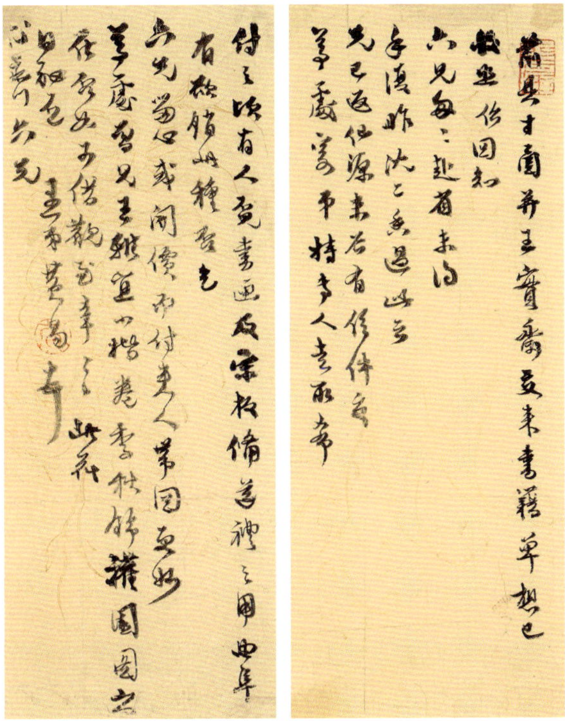

图 7. 第六通——黄易致颜崇椝寸函札

价回，知六兄匆匆赴省，未得手复。昨沈二香[2]过此，云兄已返仙源，未谷[3]有信件交尊处寄，弟特专人走取，希付之。顷有人觅书画及宋板，备送礼之用，曲阜有欲销此种否？乞六兄留心，或开价，即付来人带回更妙。尊处曾见王雅宜[4]小楷卷、李秋锦[5]灌园图，尚在否？如可借观，至幸至幸！此候，日祉不一。愚弟黄易顿首。心斋六兄。

钤印：金石癖（白文）、黄（朱文）。

【注释 6】：

6-1. 王实斋：即王聘珍。王聘珍，字贞吾，号实斋，江西南城人。乾隆五十四年（1789）由翁方纲选为拔贡，曾助谢启昆、阮元参订古籍。《续修四库全书》中收录其《周礼学》《大戴礼记解诂》。另有《经义考补正》《九经学》。

6-2. 沈二香：即沈默。沈默，陆耀（朗夫）外甥，陆绳（古愚）表兄弟，长洲（今江苏苏州）人，久客山左，与之交游者黄易、颜崇椝、桂馥等。沈默、陆绳两表兄弟曾协助黄易搜罗碑刻拓本，已知者《豆卢恩碑》《禹迹图》《华夷图》等。

6-3. 未谷：指桂馥。

6-4. 王雅宜：即王宠。

6-5. 李秋锦：即李良年。李良年与朱彝尊并称“朱李”，其《灌园图》与朱彝尊《烟雨归耕图》、陈维崧《迦陵填词图》据清陈康祺《郎潜纪闻四笔》记载在康熙朝均已失传，但从《黄易致颜崇椝寸函札》知，颜氏曾收藏《灌园图》，颜氏所藏或为临仿之本。

简考：此札两纸。受信人“心斋六兄”即颜崇椝。颜崇椝（1741—1811）字运生，号心斋、衡斋，又谓衡甫。信中提到“王实斋交来书籍单”，王实斋即王聘珍，《清儒学案》载其：自幼力学，乾隆己酉（1789），翁方纲为江西学政，拔贡成均。传世所见黄易《薛公祠图》、吴焯《父子趋直图》后有王聘珍题跋，均作于乾隆五十四年（1789）以后，故王聘珍与黄易之交往最早或在此年。沈默在乾隆五十四年（1789）至乾隆六十年（1795）间，与桂馥、颜崇椝等多有交集，资料所见如乾隆五十四年（1789）二月十六日，沈默同桂馥、颜崇椝、陈秉灼、黄畹等人同客历城，集五龙潭，谋筑潭西精舍。又如乾隆六十年（1795）四月，桂馥、沈默到潭西精舍，阮元有《柬孙渊如同年时初任兖沂曹道尚未至山东》诗寄孙星衍，桂馥和之。阮元诗云：“济南亭馆傍湖开，湖上秋风且慢催。万朵荷花五名士，一时齐望使君来。五人谓马秋药、桂未谷、武虚谷、颜衡斋、朱朗斋。”再据《颜氏家藏尺牍》阮元跋、陈洪绶《痛饮读骚图》孙星衍跋以及《桂馥七言联》伊秉绶题，乾隆六十

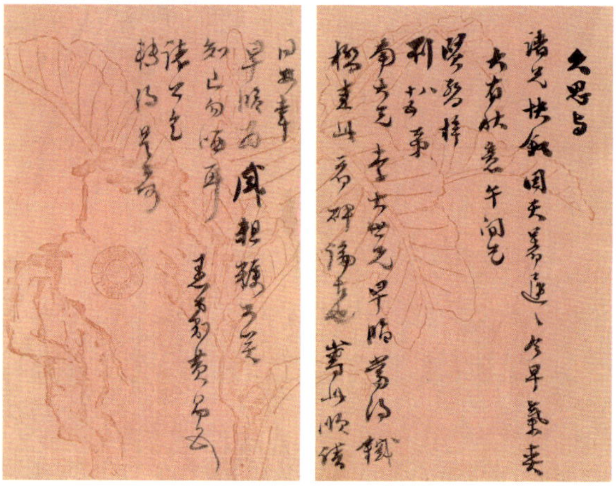

图 8. 第七通——黄易致某人久思札

年（1795），颜崇椝、桂馥受阮元之荐，谒选入都，后颜崇椝任江苏兴化知县，桂馥任云南永平知县。综上所述，暂系此信札于乾隆五十四年（1789）年至乾隆六十年（1795）间，确切时间待考。

《秋盦书札》第七通《黄易致某人久思札》：

久思与诸兄快叙，因天暑迟迟。今早气爽，大有秋意。午间，乞贤乔梓，[1]□[2]八、十五弟，南大兄，李大世兄早临，当约铁桥来此看碑论古也。专此，顺请日安，幸早临为感。粗粝可笑，知己勿哂耳。愚弟制黄易顿首。诸公乞转约是荷。

【注释 7】：

7-1. 乔梓：指父子。清王永彬《围炉夜话》："古人比父子为乔梓，比兄弟为花萼，比朋友为芝兰。"

7-2. 此处请教许隽超、薛龙春二先生，均释作"刘"字，注出，供参考。

简考：此札两纸。内容涉及黄易邀请诸友人快叙并看碑论古事。"铁桥"即李东琪。黄易生命中有"二李一南"，"二李"分别为李克正、李东琪，"一南"为南正炎。"二李一南"在发现、复原武氏祠过程中角色为实施者、出资者，其事迹载于钱泳乾隆五十七年（1792）所作《重立汉武氏石室题记》："汉武氏石室在山东嘉祥县紫云山下，宋、元以来，散落殆尽。乾隆五十一年（1786），钱唐黄易、洪洞李克正等先后访得……即其故地树石立祠，以垂永久，董其役者，洪洞南正炎，兴工成事者济宁李钟沛、李东琪也。"一事即可见黄易与"二李一南"金石交谊之深。李克正之子李学曾与其父并称"大李小李"，亦嗜金石，并为助立武氏祠捐款，故信中之"乔梓"极可能为李克正、李学曾父子。信札末尾署有"愚弟制黄易顿首"，"制"字说明黄易尚在丁忧守制期内。故其书写时间范围在乾隆六十年（1795）闰二月五日至嘉庆二年（1797）五月初五之间。据"天暑迟迟""大有秋意"之语，知此通书写于夏秋间。乾隆六十年（1795）夏秋之际，黄易忙于母亲灵柩南返之事，无时间更无心情，嘉庆二年（1797）夏秋时节，黄易已丁忧期满，不应署"制"，综合推断，此札当书写于嘉庆元年（1796）夏秋间。

《秋盦书札》第八通《黄易致李衍孙春晖札》：

（前缺）□益增□□□□春晖山馆[1]喜□慈颜，致为欣羡。弟之老母，托庇清健，舍弟亦挈妇而来。弟有一子二女，又继续兄女二人，绕膝熙熙，颇足慰老人之意。惟常在幕内，不能料理甘旨为愧耳。承示知各种汉碑已全拓，欣幸之私，莫可言喻。《西狭颂》有"惠安西表"四字之额，世所罕见，知二兄已得，且闻各种有精拓之本，艳羡之至。新出之《耿勋碑》（首曰"汉武都太守"云云）、天井题名，弟尚无拓本。其《西狭颂》《五瑞图》《唐

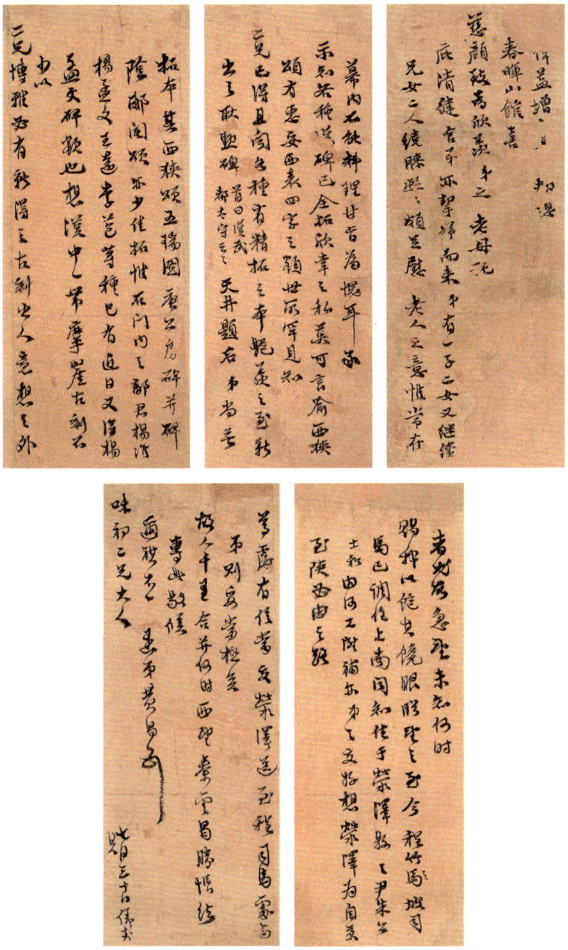

图 9. 第八通——黄易致李衍孙春晖札

公房碑》并碑阴、《郙阁颂》，亦少佳拓。惟石门内之鄐君、杨淮、杨孟文、王远、李苞等种已有，近日又得《杨孟文碑》额也。想汉中一带，摩崖古刻不少，以二兄博雅，必有新得之古刻，出人意想之外者，尤所急望，未知何时赐我，以饱其馋眼，盼望之至。今程竹坡[2]司马已调任上南同知，住于荥泽县。县尹朱公士和，由河工升补，亦弟之交好。想荥泽为自京至陕必由之路，尊处有信，当交荥泽送至程司马处与弟，则妥当极矣。故人千里，合并何时，西望秦云，曷胜怅结。专此敬候，迩祺不一。愚弟黄易顿首。味初二兄大人 。七月三十日仪封具。

【注释 8】：

8-1. 春晖山馆：据国家图书馆藏李衍孙致黄易札，为李衍孙官陕西汧县知县时为其父母所筑，李衍孙曾请黄易为春晖山馆书对联。

8-2. 程竹坡：即程国檠。程国檠，字良辅，号竹坡。乾隆年间河东河道官员。

简考：此札五纸。内容涉及“汉三颂”之《西狭颂》《郙阁颂》《石门颂》以及《鄐君开通褒斜道摩崖》诸古刻。受信人“味初二兄”即李衍孙。李衍孙，字藩升，号味初。其父李本桂，《续修四库提要》著录其《清梵亭集》，朱瑀跋称：“仲子衍孙嘱为选定，因为检存若干，汇为一集。”李衍孙于乾隆乙酉（1765）中举，亦曾掌济宁书院三年，据《汧县志·职官表》，李衍孙于乾隆四十九年（1784）至乾隆五十一年（1786）任陕西汧县知县。李衍孙与黄易、顾文铁、李东琪、钱坫、赵魏之交往，从其存世诗文篇目《题顾八芦汀煨芋图》《得石图诗为□家铁桥作即示黄九》，以及国家图书馆藏《黄小松友朋书札》中收入的李衍孙致黄易、钱坫致黄易、赵魏致黄易往来书札中窥得一斑。信札中言及“程竹坡司马”即程国檠“已调任上南同知”，查《乾隆帝起居注》，乾隆五十年（1785），程国檠被朝廷实授山东兖州府泇河同知，又乾隆五十三年（1788），河东河道总督兰第锡奏请朝廷实授程国檠上南河同知，故此札书写时间当在乾隆五十年（1785）至乾隆五十三年（1788）之间，具体时间俟考。

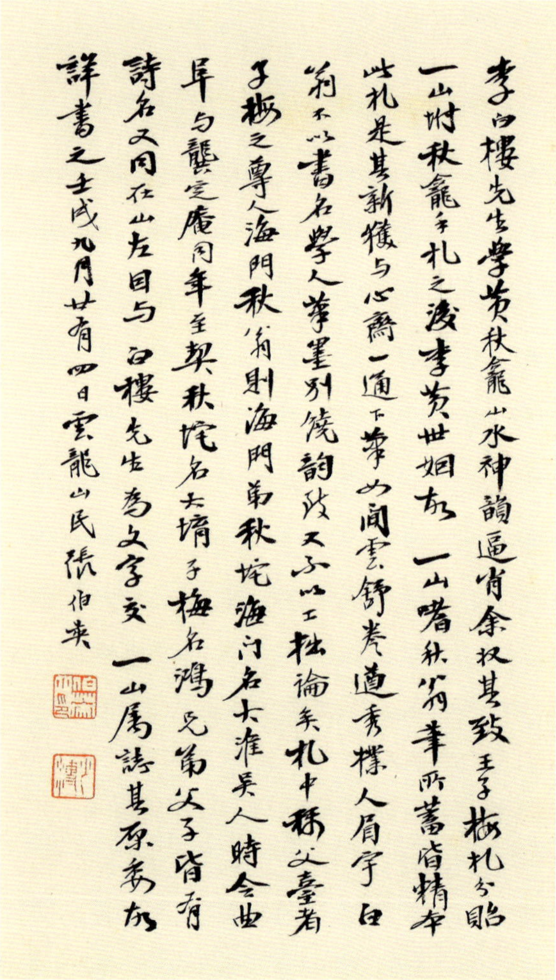

图 10. 秋盦书札册——张伯英跋

《秋盦书札》的几个相关问题：

1. 芦汀先生顾文铁

《秋盦书札》第一通、第二通之受信人顾文铁，即《敦煌太守碑》《娄寿碑》摹刻者。顾文铁约生于雍正八年（1730），卒于嘉庆十四年（1809），年八十。室名别号所见有焦龛、十二铜剑斋、小吉云盦主、百二宝鉴。阮元在《小沧浪笔谈》中称其为“秀野先生后裔”，秀野先生即顾嗣立，康熙间苏州文坛主盟，常集文人雅士于自家“秀野草堂”，颇具先世顾阿瑛“玉山草堂”之风。据《重修唯亭顾氏家谱》，顾文铁与顾廷龙、顾颉刚同属唯亭顾氏。顾文铁于乾隆辛卯年（1771）来到济宁，乾隆五十六年（1791）以后返归故里苏州。顾氏工诗文书画，尤嗜金石。其交往者黄易、翁方纲、何元锡、张燕昌、郑支宗，李衍孙等。近年所见拍品有顾文铁校订《柿叶斋两汉印萃》（郑支宗摹刻）；顾文铁、黄易等合作《泺源雅集》册（余者沈可培、黄畹、李东琪、李建乔）；顾文铁藏《宋拓玉版十三行》（题跋者黄易、顾文铁、张燕昌、瞿中溶、史本等）并《张洽临元人诸贤册》（题跋者翁文纲）。信札则有《顾文铁致铁香札》《周以耀致顾文铁札》《王缵祖致顾文铁札》。翁方纲《初复斋诗集》《复初斋集外诗》中分别有乾隆五十年（1785）作《次瘦同韵，题顾芦汀所藏文衡山缩临兰亭，即送芦汀归济宁二首》《王石谷画渔洋山庄图卷，为顾芦汀题》以及乾隆五十七年（1792）作《吴门顾芦汀以汉苑囿瓦文见赠，赋此报谢，即送其往真定，兼寄铁香太守》。其中翁方纲《吴门顾芦汀以汉苑囿瓦文见赠，赋此报谢，即送其往真定，兼寄铁香太守》诗云：“茁彼葭蓬证旧闻，黄图篆记感如云。客卿子墨劳铅椠，谁识东吴顾八分。”“谁识东吴顾八分”似恰为今人不识顾君庐山面目之写照。

2. 黄易家世的一点补充

《春晖札》中黄易自云“又继续兄女二人”，这是以往黄易家世研究不曾涉及到的。关于黄易的家世，有清代嘉庆年间抄本《楷瘿斋遗稿》所附黄易母梁瑛为其父黄树榖所作《皇清处士私谥端孝先生先夫人楷瘿黄公行述》、潘庭筠《山东兖州府运河同知钱塘黄君墓志铭》、钱大昕《赠奉政大夫黄松石先生墓志铭》、翁方纲《黄秋盦传》、王宗敬《我暇编·黄小松》以及有关的书信、诗文等相互参照，朱琪先生、杨国栋先生已经进行过详尽的梳理，略作述陈：

父黄树穀，字松石，号楷瘿斋，别号黄山，佛国山人，私谥端孝先生。康熙三十九年（1700）十一月十九日生，乾隆十六年（1751）九月二十七日卒，享年五十一，赠奉政大夫。著有《格物考》《百衲琴清华》《河防私议》《楷瘿斋集》。母梁瑛，字梅君，又自号穀梁氏。康熙四十六年（1707）生，乾隆六十年（1795）闰二月五日卒，年八十九，诰封太宜人。处士梁师燧女，为黄树穀的继妻，于雍正三年（1725）归黄氏。梁瑛晚岁就养于黄易之山左官舍，乾隆六十年（1795）在去世。兄弟四人，伯兄黄庭，字梦珠，号宝田，雍正七年（1729）生，约乾隆四十五年（1780）卒，工刻印，善诗文，有《蔗余集》《绿萍集》；仲兄黄经，字德甫，号葵田，约雍正七年（1729）生，乾隆十五年（1750）九月卒；季弟黄童，字素亭。国学生。生卒年不详。

黄易次兄黄经早卒，黄易母梁瑛所撰《皇清处士私谥端孝先生夫子楷瘿黄公行状》中未称有聘，所以黄易所称“又继续兄女二人”的兄女当为长兄黄庭之女。乾隆二十九年（1764），黄庭于湖北佐幕时因事牵连，远戍塞外，虽经黄易赎罪营救，终未能与家人团聚，乾隆四十五年（1780）黄庭卒于塞外戍所，其二女继续于黄易，当属合理。钱大昕《赠奉政大夫黄松石先生墓志铭》载：“黄树穀，长子庭。次经，早卒。次易，即小松也。次童，国学生。孙男三人，元鼎，元长，元礼。孙女五人。”“孙男三人”中黄元鼎黄时即为前述黄庭子，黄元长、黄元礼即为黄易之子。孙女五人中，已知黄易女二，黄庭女至少有二，另一女或为黄童所出，暂系于此。

3. 黄易的拓工顾玉

根据秦明先生的研究：“遣工拓取，既是黄易所藏碑帖拓本的重要途径，又是他有目的、有针对性进行碑刻研究的重要手段，从而与亲自访碑形成互补。”在黄易所跋《嵩洛访碑图》《岱麓访碑图》《得碑十二图》，以及所撰《嵩洛访碑日记》中多次提到拓工。故宫博物院藏张廷济录《黄易致赵魏南还札》述“八月杪，携拓工二人由开封、汜水、荥阳、巩县、偃师至嵩山，住山中十日。又至洛阳、游龙门，住六日……归由孟县、卫辉返洛，往还四十日，得碑四百余种”，惜均未提及拓工姓名。黄易在《岱岩访古日记》记述了其在嘉庆二年正月初八至二月初五在山东访碑时，曾命拓工“顾仆”拓碑的若干细节。细节之一：“嘉庆二年正月七日，欲赴两城山物色女娲陵，同李婿此山及其侄出济宁十里，路旁石刻佛像，疑其下有字，命拓工顾仆记明再拓”；细节之二：“（正月二十二日）午后返城中，顾仆拓佛峪碑后，复至龙洞尽拓诸碑”；细节之三：“（正月二十八日），行三十里至靳庄折而南行……入寺，古碑满目，不能数记，看摩顶松憩般若殿。视顾仆与僧人拓碑”；细节之四：“（二月初五日）……留顾仆在泰安灵岩尽拓诸碑，再达济宁”。“顾仆”当为顾姓仆从，尚不知其名。而《秋盦书札》第四通、第五通则向我们揭出黄易拓工名顾玉，从上述两通信札的书写时间看，时在嘉庆二年（1797）二月初六至五月初五间。恰与黄易带“顾仆”于岱岩访碑拓碑的时间前后相继，因而有理由推断，顾玉即《岱岩访古日记》中之“顾仆”。拓工顾玉的行为既包括拓碑，又包括访碑（顾玉昨晚已回，得一画象），这与《得碑十二图》之《嘉祥洪福院拓碑图》黄易题跋中谈及的拓工行为相一致（洪适《隶续》李刚等石室在钜野诸境，遣工屡访，得汉人画像不少）。

4. 汉画室与后汉画室

乾隆五十六年（1791），黄易得到汪雪礓旧藏《唐拓武梁祠像》后，遂刻“汉画室”印，印多用于黄易的碑刻拓本藏品，如故宫博物院藏新045374《颍川太守等题名》、新152454之三《嵩山少室石阙铭》（乾隆淡墨精拓本）、新045371《堂谿典嵩高山请雨铭》（乾隆甲寅春仲拓本）、新111809《孔林坟坛刻石》（清拓本）、新107232《尉氏令郑季宣碑》（明拓本）、新045893《尉氏令郑季宣碑》（乾隆五十一年升碑后初拓本）等，黄易除使用“汉画室”印外，又以“汉画室”名其室。新046693《武梁祠堂画像题字》黄易题跋曰：“右武梁祠像，乾隆丙午（1786）秋易访得于嘉祥县紫云山。较洪丞相《隶续》所图，虽缺‘休屠像’‘李氏遗孤’‘忠孝李善’数行，却多出‘伯榆’等字洪所未录。曾子一版内‘着号来方’四字前人辨识多误，今获新拓本，始灼然无疑也。钱塘黄易手装于张秋官署之汉画室。”“张秋官署之汉画室”之“张秋”为黄易官捕河通判时所居之地，“汉画室”即为其室名。又庞元济《虚斋名画续录》卷二著录《史痴翁晴雨图》有黄易题，款署“嘉庆四年（1799）十二月二十九日大雪，黄易题于济宁运河官廨汉画室。”此“汉画室”亦是黄易居于济宁时之斋名。

宣统二年（1910），黄易六世外孙、黄润五世孙李汝谦将黄元长与黄润收集的黄易遗文《秋盦遗稿》付印出版，这位承继者不但收藏了汪雪礓旧藏《唐拓武梁祠画像》，而且以“后汉画室”名其印其斋，印见故宫博物院藏《黄易至张爱鼎南归札》。从辽宁省博物馆所藏《秋盦书札》陶祖光题签“武进陶祖光观于后汉画室因题”看，“后汉画室”当为李汝谦斋名，从“小蓬莱”到“小蓬莱阁”，从“汉画室”到“后汉画室”，盖李汝谦之“后汉画室”像其先外祖黄易之“小蓬莱阁”一样，亦有追慕先人先贤之意。

5. 黄易的吉金鉴藏

吉金鉴藏作为黄易金石学研究中“金”的部分，不可或缺，以往关于黄易吉金鉴藏的关注主要涉及以下几个方面：

第一，与“金”有关的著述。中国国家图书馆藏黄易稿本《小蓬莱阁金石目》包含《金目》一册，收录自三代至宋元各时代金文，体例与石刻目略同；山东博物馆藏《黄小松辑释吉金拓本》六册，第一、二册为三代吉金，第三册为汉金文，第四册为魏晋以后金文，第五、六册为镜铭，黄易多有题识。除此以外，黄易与“金”有关的著述还包括《泉文》《丰润古鼎考》以及《黄氏秦汉印谱》（亦名《秦汉铜印》）等。当然诸如此类的著述并不排除还会出现。

第二，吉金藏品来源。目前已知黄易藏吉金数量有数百种之多（阮元《小沧浪笔谈》云：收金石刻至三千余种……钟鼎彝器钱镜之属不下百种），从来源看，同其所藏碑刻来源具有某些相似性，不乏友人馈赠、出资购买等方式。此外，还有一个更为重要的来源，就是直接继承其父黄树榖的藏品，据《小蓬莱阁金石目》“金目”所记，黄易藏吉金器物拓本中至少有十余件为黄树榖原藏，有的拓本尚存黄树榖手书释文。

第三，吉金藏品的类型与考定。黄易吉金藏品类型可从《小蓬莱阁金石目》以及黄易与友朋的往来书信中窥得一二。这些藏品包括钟、鼎、洗、镜、灯、尺、印以及古币等种。而其对藏品的考订有的是则是通过友朋完成的。如在《黄易致赵魏诸碑札》（张廷济录）中云："弟新获铜器八稜，似绳鞭流星之类，款曰'永昌'，当是晋元帝时物……但不知何名，拓本呈请考订。"这一件黄易不知何名而请赵魏考订之物就是后来收入《山左金石志》的永昌椎。

应该说，以上对于黄易金石学研究中"金"的部分较"石"而言，是不充分的，有些方面是尚待拓展的。以《秋盦书札》中《黄易致顾文铁泉志札》为例，黄易在信中向顾文铁请教红铜作古色的方法（红铜欲作古色，如前作建初尺相仿，不知用何物为之？然不须积绿色也），这就是说黄易极有可能对古铜器进行了仿制。在黄易生活的乾嘉时期，铜器的仿制仍在继续，其交游圈中的阮元曾仿制过散氏盘、建初尺，钱泳也以仿制钟彝见长。作为可称阮元金石之师、钱泳金石之友的黄易，仿制了什么？目的是什么？是否对后来者产生影响？遗憾的是，黄易对于古铜器的仿制目前囿于材料还无法获知更多的细节，因而难以展开，但随着对这一问题的关注以及黄易研究的推进，会日渐清晰。仅就这一点，也再次契合了施安昌先生所言，黄易是一位值得纪念、有待研究的金石考古家。

蒙秦明先生为各札命名，又得许隽超先生、薛龙春先生、朱琪先生在信札考释中给予指正，使文稿不断完善，在此深致谢意！

参考文献：

1. 故宫博物院编：《故宫藏黄易尺牍研究・考释》，北京：故宫出版社，2015年。

2. 故宫博物院编：《蓬莱宿约——故宫藏黄易汉魏碑刻特集》，北京：紫禁城出版社，2010年。

3. 故宫博物院编：《黄易与金石学论集》，北京：故宫出版社，2012年。

4.8 陈振濂主编：《黄易研究专辑》，《西泠印社》总第二十七辑，北京：荣宝斋出版社，2010年。

5. 中国古代书画鉴定组编：《中国古代书画图目》（十六），北京：文物出版社，1997年。

6. 陈烈主编:《小莽苍苍斋藏清代学者书札》，北京:人民文学出版社，2013年。

7.《黄小松友朋信札》，国家图书馆藏清稿本。

8.(清)黄易:《小蓬莱阁金石文字》,《石刻史料新编》第3辑，第1册，台北：新文丰出版公司，1982年。

9.（清）黄易：《秋盦遗稿》,《清代诗文集汇编》第408册，上海：上海古籍出版社，2010年。

10.（清）黄易：《小蓬莱阁金石目》，钱塘丁氏八千卷楼稿本，南京图书馆藏。

11.（清）黄易：《岱岩访古日记》,《中国世界文化和历史遗产历史文献丛书》第23册，上海：上海交通大学出版社，2011年。

12.（清）黄易:《嵩洛访碑日记》,《丛书集成初编》第1615册，上海商务印书馆，1936年。

13.（清）王宗敬：《我暇编》,《续修四库全书》第1179册，上海：上海古籍出版社，2002年。

14.（清）潘庭筠：《山东兖州府运河同知钱塘黄易君墓志铭》，见于浙江省博物馆藏《黄易山水画册》魏谦升抄录全文。

15.（清）翁方纲：《复初斋诗集》,《国家图书馆藏钞稿本乾嘉名人别集丛刊》第15册，北京：北京图书馆出版社，2010年。

16.（清）翁方纲：《复初斋文集》,《国家图书馆藏钞稿本乾嘉名人别集丛刊》第 16、17 册，北京：北京图书馆出版社，2010 年。

17.（清）翁方纲：《复初斋集外诗》，吴兴刘氏嘉业堂刻本，民国六年（1917）。

18.（清）翁方纲：《两汉金石记》，《续修四库全书》第 892 册。

19.（清）阮元：《揅经室集》，商务印书馆，1937 年。

20.（清）阮元：《小沧浪笔谈》，《丛书集成初编》第 2599-2600 册，上海商务印书馆，1936 年。

21.（清）毕沅、阮元：《山左金石志》，《历代碑志丛书》第 15 册，江苏古籍出版社，1998 年。

22.（清）桂馥：《未谷诗集》，《续修四库全书》第 1458 册。

23.（清）钱大昕撰，吕友仁标校：《潜研堂集》，上海古籍出版社，1989 年。

24.（清）陈秉灼、沈默：《潭西精舍纪年》，民国间刻本，山西省图书馆藏。

25.（清）钱泳：《履园丛话》（上、下），上海：上海古籍出版社，2012 年。

26.（清）端方：《壬寅消夏录》，北京：文物出版社，2004 年。

27. 庞元济：《虚斋名画续录》，《中国书画全书》第 12 册，上海：上海书画出版社，2000 年。

28.（清）张光裕：《伪作先秦彝器铭文疏要》，戴南海等：《文物鉴定秘要》，贵阳：贵州人民出版社，1994 年。

29.（清）王永彬：《围炉夜话》，《国学经典：传世名著》，合肥：安徽人民出版社，2013 年。

30.（清）顾来章等：《重修唯亭顾氏家谱》十四卷，光绪二十九年刻本。

31.《清史稿》，北京：中华书局，1977 年。

32.《乾隆帝起居注》，桂林：广西师范大学出版社，2002 年。

33.《清儒学案》，北京：中华书局，2008 年。

34.《清代官员履历档案全编》，上海：华东师范大学出版社，1997 年。

35.《民国续修曲阜县志》，《中国地方志集成·山东府县志辑》第 74 册，南京：凤凰出版社，2004 年。

36.《光绪惠民县志》，《中国地方志集成·山东府县志辑》第 22 册，南京：凤凰出版社，2004 年。

37. 杨廷福、杨同甫编：《清人室名别称字号索引》，上海：上海古籍出版社，1988 年。

38. 江庆柏编：《清代人物生卒年表》，北京：人民文学出版社，2005 年。

39. 孙青松、贺福顺：《嘉祥汉代武氏墓群石刻》，香港：唯美出版公司，2004 年。

40.《中国法制史资料选编》（上、下），北京：群众出版社，1988 年。

41. 陈清义：《聊城运河文化研究》，济南：山东画报出版社，2013 年。

42. 李树棣等：《黄河三角洲古代文化名人著述目录》，济南：齐鲁出版社，2008 年。

43. 钱君匋、叶路渊：《玺印源流》，北京：北京出版社，1998 年。

44. 杨国栋：《黄易年谱初编》，济南：山东画报出版社，2017 年。

国家图书馆藏《黄小松友朋书札》综述

卢芳玉

国家图书馆古籍馆金石组副研究馆员

内容提要：本文旨在揭示国家图书馆所藏《黄小松友朋书札》基本构成、主要内容及保存状况等，统计了各册所收信札的友朋及其信件等。

关键词：书札　黄易　金石

国家图书馆藏《黄小松友朋书札》凡十三册，毛装，纸捻装订，册高30.5厘米，宽17.5厘米。每册封面皆小松隶书题“古欢　第×册”字样，只有第一册封皮损坏导致失去了题字，第十三册未直接题写在封面上，而是另题一浮签，曰“古欢　第十三册　共十三册”。每册封面题签旁边皆钤“黄易私印”白文方印一枚。所有信札皆粘贴在提前装订好的册子上，第一册用的是宣纸，第二册至第十三册皆用竹纸。每纸皆钤盖骑缝章，骑缝章有两方，一曰“爱月斋”，白文圆形，一曰“护封”，白文长方形。第一册封底外贴一北京市中国书店定价小签，记录了此书的来源、价格等采访信息，是1960年以160元价格从中国书店购入。

竹纸纤维短，耐久性较差，很多衬纸出现开裂和断烂状况，加之纸张薄，经历二百多年的时间考验，已经变得非常脆弱，有几册已经不敢翻动，还有一些，原札较大，粘贴在两页之间的，中间因反复折叠，断烂非常严重，甚者导致两三行字已经无法阅读，因此，此书目前的状况已经不允许提供读者服务，幸好有公布的胶片可供阅览和研究。匆匆不及深入研究，下面就笔者所见，为介绍一二。

此书共收信札310通773纸，各册加起来是244人，去其重复之后约得150余人，因为有些信札没有落款，有些落款仅题“名”“名正肃”等，无法准确判断寄信者。

在这部友朋书札里可以看到黄小松的编辑过程。绝大多数信札前都有小松亲笔墨书的写信人信息，例如：“潘中翰毅堂”（图1）、“俞编修蓉裳”“张户部茫谷”“钱文学献之”“鲍明经以文”“赵秀才晋斋”等，多数是以“姓氏＋功名”或“职官＋字号”这样的方式呈现，都是小松笔迹；有些称呼如“方逸青二兄”“家小芗（黄畹）”“沈师青斋（沈启震）”等，也是从黄易角度称呼的口吻，应该是小松编辑书札时所书。

每册的信札数量不一，有些往来比较频繁的人，例如赵魏、周震荣等，几乎每册都有；同一册中，一般情况下同一个人的信札会编在一起，但是也

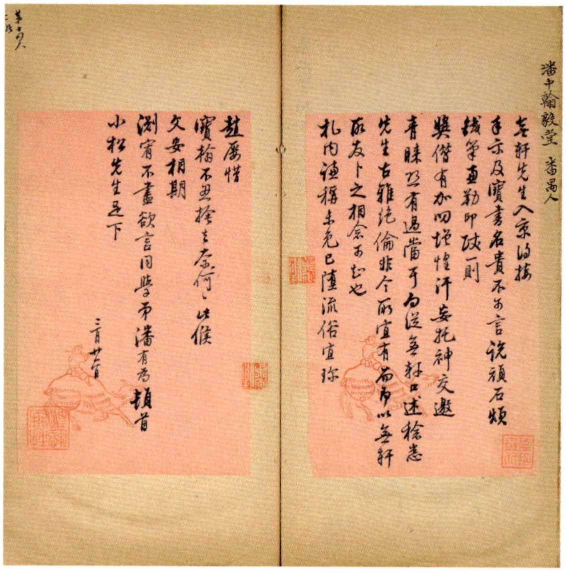

图 1. 潘有为札

有一册之中在前后皆出现同一人信札的情况，例如第九册中的第十通、第十六通和第十八通信都是周震荣的，第十三册中第八、十八、二十九、三十、三十三通都是潘有为的，因为没有仔细考证每一通信札的书写时间，无法准确判断信札的编辑是如何进行的，只能根据有时间的信札推测，大概是按照收信时间进行排列的。往来比较频繁者，一册之中必是多个时间都有信札，因此并未排在一起。若果如此，则黄易编辑这些信札，并非一时所为，而是随收随整理或者一段时间整理一次，统一粘贴在册子上，并钤盖印章。

黄易的编辑痕迹，还体现在每册最后的总结性概括上（详见附表“册后记录”栏），其中会有修改，例如第一册他在最后一札后墨书“共尺牍代帖一张共卅一张，共十六人书”，但是下一页又改题“共尺牍卅张”，实际上也是三十张，应是中间撤出一张之后又改了数字；还有一种情况，原本已经写了名字的地方又用纸贴上了，例如第十三册徐坚札后有“庄太学然一”“汪玉屏三兄”“江刺史于九尊伯”三个题名，皆遮去，亦无札；也有名字虽未遮去，但是有目无札的情况，如第三册中有“朱太学豹全，长洲人”一行，却并没有信札，但是核对每一册的信札和纸张数量，与册尾黄易自题基本吻合，就说明并非是流传过程中丢失了内容。以上现象都说明了，这是一个小松精心编辑的书札集。

《黄小松友朋书札》所收，以当时学界、官场和同好、同族人给黄易的信札为主，内容多访碑问石、探讨学术，当时一些学界名流如鲍廷博、洪亮吉、赵魏、钱泳、吴骞、邵晋涵等人，皆与黄易有往来信件，内容也多是品评学问、探讨石刻及拓本、索求拓片或者拜托抄写藏拓目录等，尤其是和赵魏、李东琪等人的信札，探讨尤其频繁；其次是求小松墨宝和铁笔的，有直接寄来石头求印的，有要求尺寸求字的，还有将他人所刻印蜕寄来，要求按此大小重刻的，作为篆刻、书法大家和金石学者，这些内容无疑是最为大家所关注的，皆有专人研究，此不赘言。

这批信札内容最多的是讨论金石，从事金石研究者不仅可以从中找到那个时代出土和新发现金石的相关信息，还可以从往还信札中看出小松在当时金石学界中崇高的地位。第十二册中收了唐仲冕给黄小松的一通长札，从信中可知两人并未见过面，但是讨论了《升龕金石古文》，唐希望能够见到小松所藏金石拓片的全目，并拟将自己所编写的泰山综合志《岱览》誊录出来寄给小松请他披览。有一封钱泳给小松的信札，钱泳在信中表达了自十五六岁始对小松的敬仰之情，他开列了当代博雅之士名单（窃见近日好古家如翁宫詹覃溪、家侍讲辛楣、安邑宋氏、雒阳武氏、阳湖孙渊如、阳曲申铁蟾船、歙之程彝斋、巴慰祖，杭州之赵晋斋、何梦华，海盐之张芑堂，长洲之

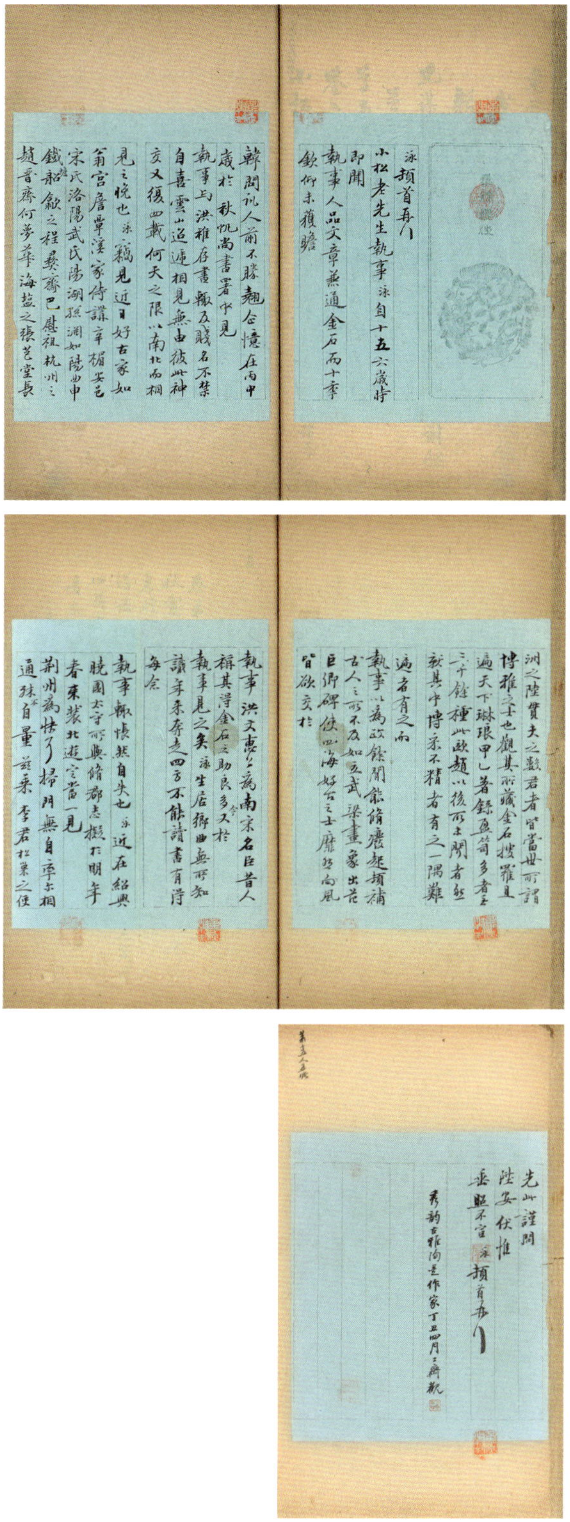

图 2. 钱泳札

陆贯夫之数君者，皆当世所谓博雅之士也），认为他们“观其所藏金石，搜罗且遍天下，琳琅甲乙，著录盈笥，多者至三千余种，此欧赵以后所未闻者”。但是和小松在金石学方面的成就相比，他们还是有“博采不精者”，有“一隅难遍者”，但是小松却能够“以为政余闲，能修废起顿，补古人之所不及，如立武梁画像、出范巨卿碑，使四海好古之士靡然向风执事。洪文惠公为南宋名臣，昔人称其得金石之助良多，今又于执事见之矣”！这个评价是很高的，也是公允的，与后人对小松的评价基本一致。（图 2）

此书前有拓本一张，存 5 行，行 15 字或 16 字不等，其文曰：

黄子松石，好奇而嗜古，其于金石文字，/ 搜罗不遗余力，丁星断烂，宝若性命，却 / 舍宅为广仁书院，平生所获古文奇字，/ 尽置其中，恣人翻阅而无所秘，真东坡 / 所谓“寓意于物而不留意于物”者欤！张照……

这段文字讲的是黄易的父亲松石先生建立广仁书院之事，拓本未完，亦未见著录，不知何时所刻。松石先生名树榖（1700—1751）字培之、松石，私谥“端孝先生”，工诗文，善小篆和八分，作幕期间曾在祖先黄汝亭故地——杭州武林门外东马塍北建立义学，广聚群书，嘉惠学林，深得当时各界人士及后世敬仰。当时他搜罗的书里面，有很多珍贵版本，赵意林手札（《我川遇赏编》三集第二辑）里有一段话说：“好友黄子松石，创举广仁义学，聚天下之书，公诸同好，此旷世事也。年上走京师，勇志求书，果得秘册数万卷，今秋载之而归。内有蜀石本《诗经・国风》二卷，更为希世之宝。余亟借校架上北监本一过，实有异同。”我们知道，蜀石经拓本非常罕见，黄松石先生所藏这两卷在学界非常有名，刘体乾跋中曰：“蜀石经，元明著录无闻。最初乾隆年，吴县陈芳林有《左传》二十卷三十五行，黄松石（小松之尊人）有《毛诗》周南、召南、邶风，后佚《周南》及《鹊巢》序。赵晋斋有《周礼·夏官》三十六行。此三残本，屡见著录。洪、杨乱后，不知流落何许。”缪荃孙跋曰：“蜀石留于世者，有黄松石之《毛诗》周南、召南、邶风，程芳林之《左传·昭二年》六百余言，赵晋斋之《周礼·夏官》三十六行，陈颂南藏《周礼·考工记》六千余言、《公羊》五千余言。”其为后世保存文献，功莫大焉。松石先生身后，有钱大昕撰文的《黄松石墓志》，松石公夫人梁瑛撰文的《楷瘿黄公行述》，皆与此文不同。不知此为何人所撰，刻于何时、何地，总之，对松石先生的记录由此多了一条。信札中关于松石先生的记录还有一些，多数是与黄易有世交的朋友，年轻时候在治学和做人方面，都曾受惠于松石先生的，在给小松写信的时候会提及。

此书收录基本为给黄易信札，也有给别人的几札，例如：第一册册首有三通彭棟塘给梦珠先生札，梦珠是黄易长兄黄庭（1729—1780）之字，号宝田，国学生，才华横溢，善诗词，著有《蔗余集》《绿萍集》。幼随父松石先生历练，作幕四方，交游遍天下，自年轻起就肩负起了养家重任，小松自十五岁起随长兄游幕楚北，兄弟感情深厚，黄庭在乾隆二十九年（1764）因事牵连，被流放轮台，乾隆四十五年（1780）虽蒙恩放还，奈何故园万里，未返先卒。黄易遣有力仆从，将长兄灵柩从新疆运回杭州安葬。将长兄书札收入集中，可见其不忍弃之深情。第四册第十札两张，黄小松墨书首题：“申明府南屏（申发祥）。此与东平刺史洪君之札。”还有一纸，用“翰香斋”笺书写，小松在前面题曰“华阳明府张君素所记”，内容是：“三体字石经碑在河南陈留县学宫；成都南门外武侯祠后殿有汉隶断碑一片，俗名‘响石’者是也。”张素，未知何人。第五册有一札，是张兑和给“异志贤侄先生”的，信中有对小松隶书的评价。另有几个书签和纸条，第一册内有小松隶书墨题，一纸曰：“汉北海相景君碑阴，计十二页。”另一纸曰：“汉北海相景君铭，计十九页。”旁边皆钤“一字百金”朱文方印、“黄易私印”白文方印。第三册最后有一条，似书签，题：“蘋洲渔笛签谱疏证。张质斋先生住苏州金丝巷朱家房子。”按：《蘋洲渔笛签谱》是南宋词人周密的传世词集，《蘋洲渔笛签谱疏证》为清代江昱所作，传本有清乾隆五十一年（1786）江恂所刻《苹洲渔笛谱考证》，稿本存浙江大学图书馆，此签比较潦草，不知谁氏手迹。第十三册有两个隶书签，一为“汉三公山碑丁酉七月铁生（奚冈）为秋影盦主题签”，一为“明少参寓林黄先生尺牍”，当是小松请奚冈所题，尚未使用，是否黄易曾有拟将其七世祖黄汝亨手札结集出版的计划呢？第九册末有一札，无年月，亦未落款，其文曰：“图书二方，曦南所送，昌化石根也。求黄小松一刻，恐忙不暇，闻伊有二小厮，皆传其技，可乱真。较之他手终胜，只要小松自篆，亦无不可，与之说明。”看起来是求印信札，但是并非直接寄给小松的，估计是中间人为省转述直接将此页转给小松，所以并无首尾，孤零零一张，也没有小松题名，此札尾钤“丛茨启事”印，丛茨未详何人。这一札有趣之处在于，我们知道了黄易当是有“二小厮”作代笔的，而且技艺高超到“可乱真”的程度，求印者心知肚明，要求只要是黄易出印稿，代笔所刻亦无不可，因

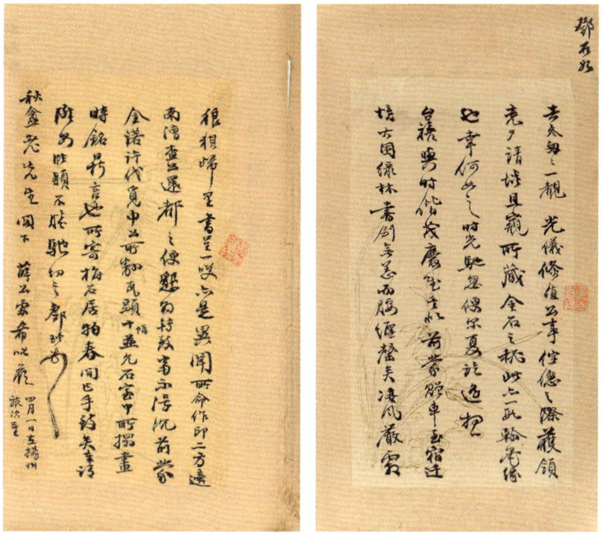

图 3. 邓石如札

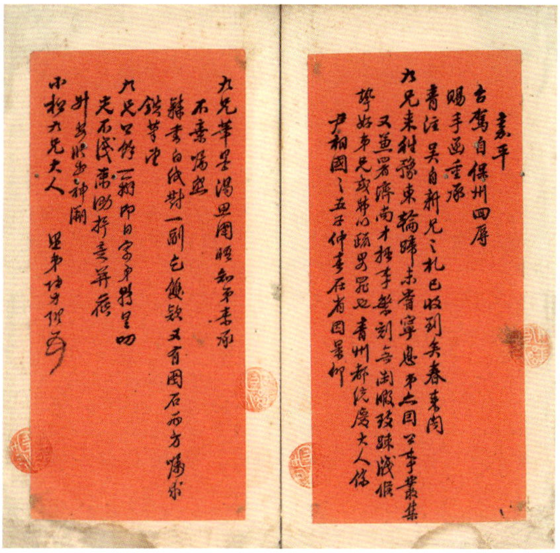

图 4. 张方理札

为总强过别人。现代研究黄易篆刻的学人，不知能否从现存印章中发现一二代笔之作？

这些信札内容丰富，除探讨金石和求字索印之外，还有一些是诗词唱和之作、儿女亲家之事及为母亲寻找安葬之所一类的家务事，例如第九册里有一通邓石如信札，除了讨论说到治印之事外，还说道黄易赠他返乡用车，行至宿迁被劫，“书剑无恙而腰缠罄矣。凄风严霜，狼狈归里。书呈一笑，亦是异闻”（图 3）。第十二册中颜崇椝一札，说道自己“行年五十有三甫得一雏”，感谢小松寄来的贺礼和佳酿，感谢小松百忙之中还惦记着自己叔叔的健康，还给小松寄上了精拓《孔君碑》拓本和研铭各一通等等，从这些信札中，我们能够想象得到，黄易非常繁忙的日常，除了政府公务，写字、治印、画画、作诗，还要照顾家人，帮助朋友，提携后辈。尽管他的精力非常旺盛，也难怪无暇编辑和整理自己的论著。

黄易在金石学方面的成就有目共睹，后世学者皆以其为先贤和楷模，但是却很少注意到小松出身于治河世家，其作为河防官吏的治河成就，在这部信札中却有所体现。在第一册和第十册里收了两通张方理给黄易的信札，释文分别如下：

嘉平 / 台驾自保州回，辱 / 赐手函，重承 / 青注。吴自新兄之札已收到矣，春来闻 / 九兄来往豫东，轮蹄未尝宁息。弟亦因公事丛集，/ 又兼署济南，才拙事繁，刻无闲暇，致疏笺候 / 挚好弟，兄或弗以疏略罪也。青州都统庆大人系 / 尹相国之五子，仲春在省，因景仰 / 九兄笔墨，渴思图晤，知弟素承 / 不弃，嘱恳 / 隶书白纸对一副，乞双款。又有图石两方，嘱求 / 铁笔，望 / 九兄公余一办，即日寄弟转呈，叨 / 先不浅，肃泐抒意，并候 / 叔安！临书神溯 / 小松九兄大人！愚弟张方理顿首。（第一册 005）（图 4）

自来荆楚，瞬息三年，侧闻 / 九兄大人荣调运河 / 勋猷卓越，年来全漕利济，上惬 / 宸衷。行见沈观察节制河东，以 / 次越迁，荣膺 / 宠命，当为 / 九兄大人额手称庆也。戊申岁杪，接 / 书凡堤工做法及楚北风土人情，事事 / 备承 / 指示，如得 / 南车，榜诸座右。是年堤工即遵层 / 土层硪连环套打之法，于今三经大汛，/ 稳固无虞，安澜迭报者，多藉 /

九兄大人指示之功。弟于/制府前往往言及，知我辈相好关情，/原非泛泛耳。荆州大灾之后，凋敝情/形，不堪寓目，幸振恤从宽，又有六/十余万之城堤各工赖以代振穷檐，/糊口有资，兼之年谷顺成，频书大有，/元气可期，渐复荆州江风，诚如/台示，争洲田坟山之类，甲于楚北，上控/积案，不下五百起，三年中审结十之九，/因严为惩创，致频有控京之案，拙于/酬应，辄挂星使弹章。弟绾苻十余/年，心力耗竭，藉此息肩，亦属厚幸，且/无愧于心，奚关荣辱。正拟整理归舟，/适逢/制府到京，面为保奏，蒙/恩准加倍捐复，留办城工，或得或失，/俱梦想所不到。又因地处繁剧，不肯/委员接署，迨六月十三崔曼亭到荆，/始得卸事。频年城堤各工及历任仓/库，赔至十方，身无完肤。幸上司同官/共知原委，故交代尚不掣肘，而弟已不堪/敷衍矣。荆下督办城工，兼审积案，冬/底俱可竣事。来年二月候/制府收工，即请咨北上。拟归途绕道/东邦，或可与/九兄大人畅谈积愫也。胡二世兄名金石署篆黄陂，亏缺甚大，欠弟漕米/千余石，不得不为赔垫，此日有饔飧/不给之状，不能回籍，爱莫能助，不识/九兄大人得其音耗否？人便泐函抒/悃。恭候/崇安，暨/阖辕上下多吉。临书神溯。/愚弟张方理顿首。/七月廿七日/前济宁王曰四兄一信，烦/转交，如已南旋，即觅便附去。

再者/秋帆制府自到两湖，求金石碑版而/不可得，往往道及/九兄搜罗甚富，罪弟在东时不与/博雅君子作齐鲁金石考。弟自惭鄙/陋，案牍劳形，何暇计及金石！因思/九兄好古，自必汇集成书，倘承/不弃，附贱名于校对之列，则幸甚感/甚！再/九兄所得石、汉中旧碑，便中/惠寄一二，更为心感。又泐。（第十册 386-389）

第一通讲张方理为自己的上司庆都统求小松为写双款的隶书白纸对联一副，并刻两方印章。第二通有四纸，是很长的一封信，讲到自己做官楚北时，在小松具体的指导下建造了非常牢固的堤坝，目前“于今三经大汛，稳固无虞”。了解小松家世的人都知道，黄家是造船和河防世家，自其七世祖黄汝亨始，直至其父黄松石先生，皆精于造船与河防技术，松石先生不仅发明过挖淤船，可以高效高速清理河底淤泥，疏通河道，还有《格物考》和《河防私议》等著作传世，翁方纲在《黄秋盦传》里也说小松“幼承家学，精究河防事宜”，他能够再任运河同知，也源于此技能，这通信札可见一斑。与书法、篆刻艺术成就相比，这不仅是黄小松养家糊口的工作，更是利国利民的大善之技，奈何中国文人一向轻视工程营造技巧，小松此技被淹无闻。希望以后能够看到更多揭示黄易治河成就的研究，还原出一个更丰富、更立体的黄小松。

有些信札的书法极其精美，其中第三册中有朱枫两纸，小松题曰：“朱排山先生，杭州人。”其自署曰：“同里弟朱枫顿首，时年八十有三。”潘有为信札，皆精美异常，更不用说本就以书法名世的邓石如等人了。我们知道，信札数据因为零散，多数事情只能从中管中窥豹，所以很难成系统，因此需要更多的数据去呼应，馆藏此书有一些信札可以和故宫等单位所藏黄小松尺牍对看，以便进行深入的研究。

以上是对《黄小松友朋书札》的简单介绍，此书虽然已经公布了全部书影，但是信札之美并不能全部体现出来，幸好也有出版社拟将全部信札影印出版，以飨广大热爱小松及其艺术学术的读者。

附表：

《黄小松友朋书札》统计表

册数	册后记录	纸数	札数	人数	作者及信札通数（通数 / 纸数）	书影
第一册	共尺牍代帖一张，共卅一张，共十六人书。/ 共尺牍卅张	31	19	14	彭湘怀 3/3，张方理 1/2，经泰 1/1（断为二纸），何琪 1/2，郑辰 1/2，李衍孙 1/3，程师圣 1/1，王凤仪 1/1（断为二纸），汪端光 1/1，王秋塍 1/1，郑辰 1/2，周震荣 3/4，吴之黼 1/2，赵魏 1/3，□松茂 1/2（断为四纸）	001—024
第二册	共尺牍七十二张	71	24	20	钱维乔 1/4，陆恭 1/5，周厚辕 2/2，□香林 1/1，冯应榴 2/4，阎泰和 1/3，王洽 1/3，陆绳 1/6，伊秉绶 1/2，张复纯 1/2，李鼎元 1/4，沉默 1/2，归朝煦 1/5，王复 1/3，魏成宪 1/5，余集 2/12，伊秉绶 1/2（断为四纸），潘庭筠 1/2，蔡共武 1/2，杨元锡 1/2，吴詹 1/1	025—077
第三册	共尺牍四十六张，共廿人书	46	22	16	赵魏 1/10，周震荣 1/2，读画楼书单 1/1，刘启秀 2/3，宁贵 1/1，周震荣 1/1，胡琳 1/1，赵魏 1/6，陈燎 1/1，方鹤皋 1/2，周震荣 1/2，卢舜 1/2，陈焯 1/1，周震荣 1/1，潘应椿 1/2，朱豹全（有目无札），潘有为 1/2，储润书 1/2，方鹤皋 1/1，朱琰 1/2，朱枫 1/2，“蕢洲渔笛签谱疏证”书签 1/1	078—117
第四册	共五十七张 /，廿四人书	57	26	23	姚大人 1/1，吕星垣 1/4，赵魏 1/3，沈观察 1/1，陈崇才 1/2，龚孙枝 1/2，张庆源 1/1，魏成宪 1/3，周进仁 1/2，申发祥 1/2，潘皋臣 1/4，沈可培 1/2，李东琪 1/2，王增 1/2，王淳 1/3，颜崇槼 1/1，鲍廷博 1/3，盛百二 1/2，赵魏 1/4，钱坫 1/5，潘应椿 2/3，周震荣 2/3，唐侍陛 1/1，沈启震 1/1	118—161
第五册	共八十八张 /，内有一条 / 共尺牍八十八张	87	36	25	潘有为 1/3，钱坫 1/1，万梅皋 1/1，潘应椿 3/12，赵魏 1/4，余集 1/1，张燕昌 1/1，陈焯 1/1，张方理 1/2，孙适斋 1/1，鲍廷博 1/4，汪中 1/1，无名 1/1，张兑和 1/1，张燕昌 1/1，潘有为 3/9，赵魏 2/11，蒋知让 1/1，□履 1/1，盛百二 3/5，李翰恩 1/3，潘有为 2/7，徐观海 1/4，洪亮吉 1/2，□明兴 1/1，梁履绳 2/6，德大宗伯 1/3	162—227
第六册	共四十三张	43	16	9	何元锡 2/5，冯集梧 1/2，魏成宪 1/8，潘有为 1/2，陆文絅 1/1，金德舆 1/4，周震荣 2/8，严长明 2/5，周震荣 3/5，无名（绛华山馆）1/3	228—259

册数	册后记录	纸数	札数	人数	作者及信札通数（通数/纸数）	书影
第七册	共七十八张廿人书	78	23	17	蔡木俊 1/1，张埙 1/2，沈升峤 1/2，李东琪 1/1，潘有为 3/9，赵魏 1/4，宋葆复 1/5，潘有为 1/1，周震荣 2/8，梅谬 1/7，徐榖 1/1，姚鼐 1/6，翁树培 1/2，赵魏 2/7，钱泳 1/5，洪锡豫 1/6，何元锡 1/3，王增 1/2，洪锡豫 1/6	260-307
第八册	共尺牍五十六张	56	21	21	何琪 1/3，潘庭筠 1/2，魏成宪 1/3，金德舆 1/4，王增 1/1，顾礼琥 1/1，庆霖 1/6，卢舜 1/2，玉山 1/2，徐观海 1/3，汪端光 1/2，张燕昌 1/3，仇梦岩 1/4，赵魏 1/4，李翮 1/2，龚烈 1/3，洪亮吉 1/3，李东琪 1/1，储润书 1/3，徐书受 1/2，汪用成 1/2	308-345
第九册	共尺牍五十张	50	19	14	董元镜 1/3，潘庭筠 2/5，初给谏颐园（有目无札），彭敬 1/1，沈铭彝 1/2，庆霖 2/4，钱坫 1/2，魏成宪 1/3，周震荣 1/4，余集 2/7，邓琰 1/2，金德舆 1/3（似缺一张），徐观海 1/2，周震荣 1/4，玉山 1/3，周震荣 1/4，丛茨? 1/1	346-379
第十册	共尺牍五十六张	56	18	15	赵怀玉 1/2，王聘珍 2/4，周震荣 1/4，张方理 1/5，龚烈 1/3，潘应椿 1/5，邱学勄 1/4，沈启震 1/2，归朝煦 1/3，余鹏年 1/2，庆霖 1/1，钱坫 1/5，洪亮吉 1/3，赵怀玉 2/8，魏成宪 1/2，方维祺 1/3	380-416
第十一册	共尺牍五十七张	56	24	20	袁秉祠 1/3，徐世钢 1/3，陆奎 1/1，黄畹 1/4，胥绳武 4/5，储润书 2/5，陆绳 1/2，吴之黼 1/3，潘逢元 1/2，朱锡庚 1/3，周震荣 1/3，钱泳 1/4，龚烈 1/2，何元锡 1/1，王聘珍 1/3，李翮 1/2，朱友桂 1/2，李鼎元 1/2，阎泰和 1/3，鲍廷博 1/3	417-461
第十二册	共尺牍六十七张	67	24	22	梁履绳 1/2，方维翰 1/4，吴骥 1/1，陈豫锺 1/4，颜崇槼 1/2，兰德滋 1/2，仇梦岩 1/3，邵晋涵 1/2，严守田 2/6，钱□李□ 1/1，潘有为 1/4，郑辰 1/3，吴骞 1/3，唐仲冕 1/4，项墉 1/2，巴□□ 1/2，方维翰 1/4，余集 1/3，赵怀玉 1/4，何锦 1/4，张□余 1/1，汪用成 1/3，查淳 1/2	462-510
第十三册	共尺牍七十八张/，内代条/共尺牍七十七张	75	38	28	赵魏 1/5，周震荣 1/1，邬玉麟 1/2，王凤文 1/1，张素 1/1，张兑和 1/1，张中 1/2，潘有为 1/3，宋葆淳 1/1，吴璟 1/2，周震荣 1/1，朱琰 1/2，陈灿 1/1，陆丹叔 1/1，余集 1/1，王复 1/3，朱文藻 1/3，潘有为 1/1，赵魏 1，3，魏东榖 1/3，徐坚 1/2，严长明 2/5，周震荣 1/1，蔡本俊 1/1，钱坫 1/1，洪亮吉 1/3，张埙 1/1，潘有为 2/4，潘庭筠 1/3，陈焯 1/1，潘有为 1/2，周震荣 1/1，朱琰 1/2，何琪 2/6，仇梦岩 1/1，胡琳 1/3	511-568

国家图书馆藏赵怀玉致黄易札考释

蓝士英

江苏理工学院中文系副教授

内容提要：乾嘉金石大家黄易，海内外学界皆有关注，研究成果颇为丰硕。今就国家图书馆所藏《黄小松友朋书札》中赵怀玉致黄易三通书札，与相关文献互证，略作申说。由此可觇两人之交游，各展所长，互通声息，互为激发。除赵怀玉外，黄易与“毗陵七子”中的洪亮吉、孙星衍、吕星垣、徐书受等常州才俊，亦皆有交往。除黄易外，赵怀玉与黄易的浙江同乡友人金德舆、鲍廷博、余集、奚冈等均有来往。于中可见江浙两地文化上的同声互振。两人尚有翁方纲、王昶、朱筠、桂馥、张埙等诸多共同好友，此种同人网络起于戚友、乡里、学缘、同僚、世交等多种联结，网络中个体之文学、学术活动震荡波动，构筑了氛围活跃、色相缤纷的乾嘉文坛、学界生态。

关键词：赵怀玉　黄易　书札

乾嘉金石大家黄易（1744—1802），海内外学界皆有关注，研究成果颇为丰硕。《故宫藏黄易尺牍研究·手迹》《故宫藏黄易尺牍研究·考释》二书，[1]内容丰富，考订精审，可谓成果代表。国家图书馆所藏《黄小松友朋书札》与此互有补益处，今就其中赵怀玉致黄易三通书札，与相关文献互证，略作申说，以就教于学界同人。

赵怀玉（1747—1823）字映川（或印川），又字亿孙（或亿生），号味辛，并曾自称“酕柯居士”“舣舟亭长”“栖园”“小聚沙庵主人”等，晚号收庵。名列“毗陵七子”。乾隆四十五年（1780），高宗南巡召试赐举人，授内阁中书。出为山东青州府海防同知，署登州、兖州知府。丁父忧归，遂不复出。李廷敬延葺《宋辽史详节》，阮元、伊秉绶延葺《扬州图经》。晚主通州石港书院、陕西关中书院、湖州爱山书院讲席。著有《亦有生斋集》《亦有生斋续集》《收庵居士自叙年谱略》等。事具陆继辂《山东青州同知赵君墓志铭》及左辅《赵收庵先生传》等。

兹按所考书札时序先后，略论如下：

一

怀玉顿首秋盦九兄司马阁下。日前良觌，快遂积诚，既饫佳庖，复窥秘笈。吉金贞石，叹眼福之难消；醇酒名花，诩行装之不薄。勤拳之谊，感慰何如！比唯侍奉万福，潭署汇禧为颂。弟别后托赖輶遣，廿一日过柳林闸，遇芝田观察来舟，盘桓竟日，始各解缆。此后为江西布政重船所阻，未免待闸，稽迟刻下，方抵聊摄。回首高斋，深于梦想也。舟中得诗二章，聊志雅集。录求教和。其《探碑图》，容当续寄，所恳分书便面、铁笔小印，公余求即为之。覃溪使者《武梁祠象记》，已拓得否？又州学中碑之著名者，并望拓寄一二，发棠之请，当垂亮也。专此布谢，肃候与居。邸报九本，并希察入。风便，伫惠德音，不具。怀玉再顿首。廿六日。此书作于东昌，忘交然一，顷来临清，藉道曾带上，故迟迟也。十月朔又肃。[2]

此札只署以日期，未知岁月，从札中可知，此为两人欢聚之后，赵怀玉一则对黄易殷勤相待，享以美食、出以秘笈之举，深表感激；二则言别后怀想之情，且有二诗纪事，并望黄易能以州学中著名之碑拓寄一二。本札姑名为"良觌札"。欲考此札作年，首先可从两人存世诗文入手。

从黄易《秋盦遗稿》来看，有《得月楼作》一诗写及赵怀玉：

巨公三五此楼过，剪雪裁冰赋绮罗。翠袖不忘薇省客（谓赵味辛中翰），馆名应号小鸥波。

陶写中年悔已迟，尊前自笑鬓成丝。诸君才妙吾深羡，红袖添香正及时。[3]

从诗中可以看出，黄赵相会时，赵怀玉诗才让黄易佩服不已。然黄易诗稿未按纪年编排，时间难以确定。

赵怀玉《亦有生斋集》写及两人交游的诗文，相对较多，且诗集按照时序编排，最早的是写于乾隆五十七年（1792）的两首：

浣笔泉用木兰山人韵

浣笔何年凿此池，岿然今日尚留祠。清泉明月空千古，白雁黄花又一时。隙地尽堪添种树，游人未许漫题诗。自惭才异山东李，也辱居停贺监知（谓黄司马易）。[4]

黄司马易招游济宁学宫观汉碑归饮署斋作

兖州司马江夏黄，任城作宦今知章。泉源重濬唐浣笔，祠象尽搜汉武梁。峩峩学宫松柏古，中有丛碑不胜数。黄君到此几摩挲，意外屡教奇迹补。我来风景当深秋，城东竟日成清游。棂星门下一坐卧，揖让直欲攀炎刘。徘徊不觉夕阳下，官舍开尊卜良夜。更缮秘籍出古香，花气月光相激射。人生快意唯朋簪，素心况兼人二三（谓洪洞李克正梅村、济宁李东琪铁桥）。年来万事总天靳，只有眼福还容贪。出门衣尘已三斗，洗濯拌倾一杯酒。待看集古录重编（君拟葺《山左金石志》），黄九前身即欧九。[5]

从以上二诗，可知赵怀玉与黄易同游浣笔泉，并有赋诗，由此得黄易相知；且于其济宁学宫中观汉碑，于其署斋同饮，则所记诸事与札中极为契合。另外，两诗前有诗题为《九日邳州道中》，可推知两人见面必在此之后；而据赵怀玉自撰《收庵居士自叙年谱略》（下文简称《收庵年谱》）中有云"十月至天津"，则札中"二十六日"当在九月，即作于乾隆五十七年（1792）九月二十六日。

另，《收庵年谱》亦云：

乾隆五十七年壬子，过济宁，访黄司马易，

同游浣笔泉，观学宫诸汉碑，还饮署斋，出所藏书画共赏，而唐拓武梁祠碑尤为罕觏之物，摩挲久之。同座者洪洞李克正、济宁李东琪皆精于金石之学者。[6]

赵怀玉此札及诗文所提及“武梁祠碑”，为黄易精心访得之物；“李克正、李东琪”二人，俱为黄易好友。据黄易《创汉武氏祠记》云：“乾隆丙午秋八月，自豫还东，经嘉祥县署……汉碑一通，文字不可辨，易访得拓取而审之，乃武梁碑，为武斑也……州人李东琪，家风好古，搜碑之功最著；洪洞李克正、南明高正炎，善书嗜碑，勇于成美，与之计画。”[7]

赵怀玉诗集按时序编排，其年谱为自撰，故两人此次见面时间颇为明确：在乾隆五十七年（1792）。两人此次晤面可能为初次，一则因赵怀玉诗文中此前从未提及黄易，而“自惭才异山东李，也辱居停贺监知”之语，道初次见面之感；二则据国家图书馆所藏《黄小松友朋书札》中金德舆手札，可作旁证。

金德舆为赵怀玉妻弟，金德舆（1750—1800）清藏书家、诗人。字鹤年，一字少叔，号云庄，一号鄂严（鄂岩）、少权、仲权，浙江桐乡人。嗜读书，考求金石图史，收藏名人翰墨，兼工书画。著有《桐华馆诗钞》《桐华馆吟稿》等。事具赵怀玉《刑部奉天司主事金君墓志铭》。[8] 赵怀玉与其关系极为亲密，曾云“余平生之交，无出君右”。[9] 金德舆致黄易手札云：“小松九兄大人阁下：忆自己酉秋一通问候，岁月以风，倏经三载，相思为劳，想同之也……弟久拟出门，以斧资未给，蹉跎至今。头颅如许，尚未获稍，图寸进以慰先人苦节，无负良友属望之殷。每念及此，中夜不寐。现在多方筹画，夏（以下缺）家姊丈赵味辛想望风采，已非一日，现在舍间，属笔道意。秋间拟图北行，当可图晤也。”札中“己酉”为乾隆五十四年（1789），“倏经三载”则为乾隆五十七年（1792）。而“家姊丈赵味辛想望风采”云云，可见彼时黄赵二人尚未曾晤面。

乾隆五十七年（1792），黄易仍在济宁为官，据潘庭筠《山东兖州府运河同知钱塘黄君墓志铭》云：“四十五年、四十九年，两遇南巡，回銮经运河，办差无误，晋秩别驾，由卫粮调捕河，权下南同知。五十四年，升任兰仪，次年调运河。六十年闰二月，丁内艰，扶柩归葬。”[10] 据此可知，自乾隆五十五年至乾隆六十年，黄易皆在运河同知任。

赵怀玉此次北行入京时间，据其年谱云：“八月就道，与黄表弟升豫同行。云庄自桐乡来，与搢之俱送至扬州。”[11]“云庄”即金德舆，其送赵怀玉至扬州。金德舆与黄易相识甚早，两人俱为浙人，黄易《减字木兰花》一词，其小序“乙未五月十有二日奉访云庄大兄，雨窗画梁溪载泉图画，并填一阙请正”[12] 中所标时间“乙未”（乾隆四十年，1775）可以为证，则赵怀玉过济宁与黄易会面，很可能持金德舆致黄易札，以作媒介。两人晤面之后，互相赏识，建立了良好的关系，且有后续文学、学术之交流。

札中另所提及人物：

“芝田观察”者，考索略费工夫，依彼时礼仪，当是呼字，乾隆时期，字芝田者不乏其人，然考其生卒年、宦迹及与赵怀玉交游情况，则多未能相合，唯有唐侍陛与之相符，侍陛（1733—1804）字赞宸，江苏江都人，巡抚绥祖孙。阮元《山东分巡兖沂曹济道唐公神道碑铭》云：“总督公命侍陛为之后，即兖沂曹济道芝田公也，公字赞宸，又号悔庵。”[13] 且其人“五十七年补山东运河道，秋调兖沂曹济道”，[14] 时间上正相吻合，以官职而言，为黄易上司，故赵怀玉才会在致黄易书札中提及其人。另，赵怀玉自撰《收庵年谱》嘉庆六年条记道经扬州时，连日过从者也有其人，且言“唐本父执，气谊甚挚”。[15] 综此，“芝田观察”为唐侍陛无疑。

“覃溪使者”为翁方纲（1733—1818），清代著名书法家、文学家、金石学家，人所共知，恕不赘述。

“然一”者，庄宝书，字然乙（然一），小字梅生，江苏武进人。工诗善书，[16] 与赵怀玉交好情密，《收庵年谱》乾隆五十七年条记云：“时庄然一宝书官聊城丞，杨介祉主东昌讲席，故乡亲串，客于斯者不少。”本札完成于九月二十六日，初拟托庄宝书转交黄易，因忘记而延至十月初一方始发出。

二

分手背面，倏将三月，言论风采，时时念之。顷奉手教，备承存注。并领到铁笔，珍感无量。阅书尾，是十月廿八日靳口所发，不审何以如是迟迟也。比惟九兄侍奉多福，宣防奏绩，茂著贤劳，自公之余，复多不朽之业，羡何如也哉！弟以水程稽滞，行次津门，已值河冻，舍舟遵陆，劳费倍增，现在虽已投供，尚未入直，长安珠桂，颇苦支持，略无善状可告，云庄托销诸件，深感费神。余者竟贮尊斋，得售与否？俟伊明岁北上面交，若何？唐观察热心古道，于阁下亦甚倾倒，闻眷口已到，而累则日增，此真爱莫能助。运河本非黄河比，今比之黄河，亦非昔之黄河比矣。蔗林先生处武梁祠象已致到，属笔道谢，附去复函，希察入。又新拓十三行一纸，并呈鉴正。摹刻未精，恐不足质之大雅耳。来人匆匆欲返，率此谢复，并问兴居。不具。小松九兄大人。愚弟怀玉顿首。嘉平十日。[17]

此札作于两人别后，赵怀玉入京待职。此前，赵怀玉曾在乾隆四十六年入职，其年“正月入内阁，在票签处，每三日则一入直……是岁充武英殿分校”。[18] 至乾隆四十九年，怀玉丁母忧返乡，直至乾隆五十八年“正月入内阁行走”。[19] 在京城，收到黄易来信及铁笔，复书道谢，并述以近况，且以新拓十三行求正于黄易。本札姑名为“珍感札”。

此札为赵怀玉乾隆五十七年九月告别黄易入都后所作。从落款日期“嘉平十日”来看，是十二月十日，此与“分手背面，倏将三月”也恰吻合。黄易曾于十月廿八日于靳口致书赵怀玉，不知何故赵怀玉未能及时收到。黄易在靳口亦曾有别友诗文《为汪兰舫作兰舟载玉图》：

玉生明艳善歌，兰舫爱之，具小舟送归，因为作图

靳口兰舟送客行，四条弦上带离声。不随我去随君去，潭水桃花自有情。[20]

由此诗亦可证黄易曾在靳口活动。靳口闸，出运河汶上县境，正黄易所管辖，其时黄易为运河同知，“勤于职事”，[21] 故赵怀玉札中言其“宣防奏绩，茂著贤劳”，且提醒黄易运河非黄河，尤非昔日黄河，对友朋之恳挚，跃然纸上。靳口有闸，为运河要地，《行水金鉴》云：“靳口闸地势最高。”[22] 乾隆一朝，全国水灾频仍，“据统计，60年间有26年在10次以下，有34年在10次以上，最多为

乾隆二年为16次。乾隆朝发生水灾在30次以上者依次为苏、皖、直、鲁、甘、鄂等省”。[23]鲁地既为水灾频发之地，则身为济宁运河同知的黄易，自然责任颇重。而黄易在公之余，学术方面大有成就，更令赵怀玉倾倒不已。赵怀玉作书时言及自身旅途及入都后窘况，与年谱所记若合符契：“十月至天津，北河涸且冻，遂舍舟登陆，以达都门，依庄植三舍人复旦，寓烂面胡同。时便血久废，兼之长涂劳顿，每架上抽一书辄气逆发喘。是岁十一月，儿子学震生。”[24]入京之旅不惟疲惫不堪，体力大耗，且耗资倍增，待职京城，又新添幼子，捉襟见肘，可以想见。

赵怀玉此札并将“新拓十三行”请黄易鉴正。关于“新拓十三行”，“襄文公旧物也，经董文敏品题，遂为海内第一”，[25]赵怀玉有《重刻〈唐氏宋拓十三行〉跋》《〈唐氏宋拓十三行〉原本跋》[26]两文述其原委，两文可知赵怀玉极为看重“十三行”，而请黄易鉴正，既是对黄易金石学功力的认可，也是分享学术新发现之举。诚然，两人有同游共饮、同赏金石之乐，然凡人皆不能凌空蹈虚，赵怀玉晤面黄易，当是持“云庄”（金德舆）信件以作媒介，而金德舆则有俗事托付赵怀玉和黄易：“云庄托销诸件，深感费神，余者竟贮尊斋，得售与否？”可见各人皆苦于生计，故赵怀玉言在北京“略无善状可告”，对黄易家累“真爱莫能助”，能做的也就是尽力逢人说项，比如“唐观察热心古道，于阁下亦甚倾倒”，“唐观察者”，即前“良觌札”中所述“芝田观察”唐侍陛，赵怀玉告别黄易之后，“遇芝田观察来舟，盘桓竟日，始各解缆”，则赵怀玉在唐观察面前，当为黄易美言不少。而黄易托赵怀玉分赠拓本给同乡董诰，即本札中言“蔗林先生处武梁祠象已致到”者，董诰，字蔗林，浙江富阳人，尚书邦达子。《清史稿》有传。[27]董诰时任军机大臣，黄易此举，既是正常的金石书画交流，当也是投其所好，以为日后奥援。当日学术，也一样离不开人情世故。

三

愚弟怀玉顿首秋盦先生九兄阁下。自前岁一奉手状，忽忽至今，思君之劳，无日能已。比惟九兄，侍奉万福，兴居汇吉，志成《金石》，书续《河渠》，誉望既隆。迁除不远，慰抃无量。弟自来都门，贫病交迫，措拄之苦，有难备言，一月中，能近几研，不过数日，其俗可知，唯望阁下因擢入都，豁我尘绪耳。委题《探碑图》，置之行笈，竟至年余，昨因述庵先生由水程南归，猛然省忆，率题奉缴，迟迟之愆，俯亮是荷。兄有功于武氏，而弟无武氏一碑，殊为憾事，望将阙铭画像及斑荣诸碑，全拓一通，同新记题名惠寄，感甚感甚。闻舍舅金鄂岩即来，讬带最便也。又过任城时，有便面求画，如已点笔，亦祈即寄。比来有新得碑刻否？求示一二，以广见闻。述庵先生舟过，想有竟日之留，当尽出所藏，共相欣赏矣。羡羡。专此，上问升祺。《探碑图册》附上，诸希照察。不具。怀玉再顿首。三月廿二日。[28]

此札作于乾隆五十九年，时赵怀玉于二月补内阁中书，三月廿二日作书黄易，述题《探碑图》诗原委，并希望黄易能惠寄阙铭画像及斑荣诸碑拓文。本札姑名为“题诗札”。

本札所作时间，据其札中“昨因述庵先生由水程南归”一语，可知两事时间只相隔一天。“述庵先生”者，王昶（1725—1806）字德甫，号述庵，又号兰泉，青浦人。著有《春融堂集》等。辑有《明词综》《国朝词综》《湖海诗传》《湖海文传》等书。《清史稿》有传，关于其“南归”一事，传云：“五十八年，方岁暮，谕俟来岁春融归里，昶归，遂以春融名其堂。”[29]可知时在乾隆五十九年春。检赵怀玉《亦有生斋集》，有《送王少司寇昶致仕南归》一诗，有云：“迢迢潞河水，归趁春融时。此流是恩波，能无恋阙私。”[30]赵怀玉诗集按时序编排，从本卷所标时间来看，亦为乾隆五十九年。且本诗后一首，即为题《探碑图》一诗《壬子九月，舟过任城，黄司马易以紫云山探碑图乞题，携之行笈，两易冬春矣。暇日检得，率题寄还，兼索武氏全碑拓本》：

鲁国西鄙今嘉祥，炎刘遗迹多茫茫。紫云山深草树荒，传有太子石享堂。人欲就考或未遑，君也赵洪相颉颃。二李（东琪克正）一南（正炎）偕益臧，履勘谛审爬搜忙。碑则武斑祠武梁，画像恢诡书精良。观者目眩走且僵，佳城千年郁景光。旧本但诧毗陵唐（荆川先生有唐拓本），一朝大力重表彰。地不爱宝敢久藏，芘以广厦缭以墙。雨淋日炙庸何伤，万物显晦岂有常？苟逢其人功炜煌，写图索句志弗忘。携来忽又更星霜，偶然检得从巾箱。急践前诺题左方，还因北风远寄将。命工火速拓硬黄，酬我便低璆琳琅。[31]

本诗言黄易与友人爬搜金石之勤及斩获之巨、建功之伟，与札文一一印证。另，《壬寅消夏录》录有此诗及跋文，跋文可见具体时日：“壬子九月，舟过任城，小松先生出《紫云山探碑图》属题，携来京师，忽忽再逢改岁。顷于行笈检得，率题一百八十二字奉还，虽迟拙兼之，然久要不忘，或冀故人之垂亮耳。甲寅三月廿一日漏下三鼓，赵怀玉脱槁于海波寺街之古藤书屋。”[32]由此可知当日送别王昶南归之后，赵怀玉深夜作题《探碑图册》诗，次日作书致黄易。

从札中“弟无武氏一碑，殊为憾事”语，可知赵怀玉对《武梁祠碑》一直耿耿在心。乾隆五十七年九月两人晤面时，黄易出所藏书画共赏，赵怀玉以为“唐拓武梁祠碑尤为罕觏之物，摩挲久之”。[33]时隔两岁，赵怀玉在京虽颇为困窘，对学术的兴趣则始终如一，故札中有向黄易索拓之语。

黄易与赵怀玉虽相见无多，然书札往还，互为推赏。从黄易索和“探碑图”及云赵怀玉“剪雪裁冰赋绮罗”“诸君才妙吾深羡”诸语，见其对赵怀玉诗才赏赞之意；从赵怀玉题《探碑图册》诗及对黄易“自公之余，复多不朽之业”，并以“新拓十三行”求其鉴正，可见其对黄易仕宦、学术推重之意。

乾隆五十七年晤面之后，目前尚未见到其他关于两人会面的证据。黄易诗文留存不多，无从查考。赵怀玉诗文编年明确，生前手定刊刻，其诗文中另提及黄易的有《为伍尧祭酒法式善题黄司马易所写诗龛图》诗，写于嘉庆二年，中有“自笑吟情逊乡思，欲烦子久画家山”[34]之语，表明想请黄易作画之意；《亦有生斋集》诗卷十六《黄司马易自嵩山拓三阙全幅寄来，翁学士方纲张之苏斋，招同人观赏竟日，因题上方》，可知当日黄易的考古新发现及时传播至京城学界中心。黄易逝后，赵怀玉仍时有念及，嘉庆七年九月，赵怀玉重游济宁，“忆乾隆壬子，曾与黄司马易同游，今司马已物故，为之喟然”，[35]并作有《任城六首》，其一云：“十载梦名泉，一年忽重到。不见同游人，酒垆埋夕照。”诗下小注：“壬子秋同司马黄易游浣笔泉，今黄已没。”[36] 嘉庆十八年，赵怀玉还在《题杨司马瑛昶印谱》一诗中念及黄易：“因君感亡友，宿草非一地。屈指方熏、桂馥、黄易，三君并工摹印，及君而有四。后人可皆贤，保之垂奕世。”[37] 于中可见赵怀玉对黄易的推重、缅怀之感。

总而言之，赵怀玉与黄易之交游，可见两人共享学术新发现、新收获，此如施安昌先生所云：“还应看到黄易的实践活动是与其他人共同商议、协作办成的。他固然有孤鸣先发的一面，同时也是一个群体——金石家、收藏家的代表人物。这个群体中有翁方纲、钱大昕……赵怀玉等。他们经常聚会讨论，观摩品题，访碑寻古，传递书信和拓本，集思广益。”[38] 由此可觇两人之交游，各展所长，互通声息，互为激发。

除赵怀玉外，黄易与“毗陵七子”中的洪亮吉、孙星衍、吕星垣、徐书受等常州才俊，亦皆有交往。与钱维乔、龚烈等常州画家，也有书信往来。除黄易外，赵怀玉与黄易的浙江同乡友人金德舆、鲍廷博、余集、奚冈等均有来往。于中可见江浙两地文化上的同声互振。两人尚有翁方纲、王昶、朱筠、桂馥、张埙、何道生等诸多共同好友，此种同人网络起于戚友、乡里、学缘、同僚、世交等多种联结，渐次扩大，由个体交往而至群体交游，由地域勾连而至仕宦、联姻，从而在更为广大的空间中产生影响，同人圈的扩大往往基于如此联系而成为巨型网络。网络中的个体之文学、学术活动遂由此震荡波动，构筑了氛围活跃、色相缤纷的乾嘉文坛、学界生态。

注释：

1. 故宫博物院编：《故宫藏黄易尺牍研究 · 手迹》，北京：故宫出版社，2014 年版。故宫博物院编：《故宫藏黄易尺牍研究·考释》，北京：故宫出版社，2015 年版。

2.（清）赵魏、余集、钱坫：《黄小松友朋书札》第 10 册，稿本，国家图书馆藏。

3.（清）黄易：《秋盦遗稿》，《清代诗文集汇编》，第 408 册，上海：上海古籍出版社，2010 年，第 228 页。

4.（清）赵怀玉：《亦有生斋集》诗卷十二，《清代诗文集汇编》第 419 册，上海：上海古籍出版社，2010 年 。

5.（清）赵怀玉：《亦有生斋集》诗卷十二，《清代诗文集汇编》第 419 册，上海：上海古籍出版社，2010 年。

6.（清）赵怀玉：《收庵居士自叙年谱略》乾隆五十七年条，道光年间刻本。

7.（清）王昶：《湖海文传》（清道光十七年经训堂刻本）卷三十五，《续修四库全书》第 1668 册，上海：上海古籍出版社，2002 年，第 699 页。

8.（清）赵怀玉：《亦有生斋集》文卷十七，《清代诗文集汇编》第 419 册，上海：上海古籍出版社，2010 年。

9.（清）赵怀玉：《亦有生斋集》文卷十七，《清代诗文集汇编》第 419 册，上海：上海古籍出版社，2010 年。

10. 中国古代书画鉴定组：《中国古代书画图目》第 11 册，文物出版社，1994 年版，第 131 页。

11.（清）赵怀玉：《收庵居士自叙年谱略》，乾隆五十七年条，道光年间刻本。

12.（清）黄易：《秋盦遗稿》，《清代诗文集汇编》，第 408 册，上海：上海古籍出版社，2010 年，第 233 页。

13.（清）阮元：《揅经室集》二集卷六，《清代诗文集汇编》第 477 册，上海：上海古籍出版社，2010 年，第 299 页。

14.（清）阮元：《揅经室集》二集卷六，《清代诗文集汇编》第 477 册，上海：上海古籍出版社，2010 年，第 299 页。

15.（清）赵怀玉：《收庵居士自叙年谱略》嘉庆六年条，道光年间刻本。

16. 张维骧撰、蒋维乔等补：《清代毗陵名人小传稿》卷五，常州旅沪同乡会，1944 年。

17.（清）赵魏、余集、钱坫：《黄小松友朋书札》第10册，稿本，国家图书馆藏。

18.（清）赵怀玉：《收庵居士自叙年谱略》乾隆四十六年条，道光年间刻本。

19.（清）赵怀玉：《收庵居士自叙年谱略》乾隆五十八年条，道光年间刻本。

20.（清）黄易：《秋盦遗稿》，《清代诗文集汇编》第408册，上海：上海古籍出版社，2010年，第225页。

21. 赵尔巽：《清史稿》（民国十七年清史馆本）列传二百七十三。

22.（清）傅泽洪：《行水金鉴》（清文渊阁四库全书本）卷一百四十五。

23. 王金香：《乾隆年间灾荒述略》，《清史研究》1996年第4期。

24.（清）赵怀玉：《收庵居士自叙年谱略》乾隆五十七年条，道光年间刻本。

25.（清）赵怀玉：《亦有生斋集》文卷八，《清代诗文集汇编》第419册，上海：上海古籍出版社，2010年。"襄文公"即唐顺之，号荆川，谥号"襄文"。

26.（清）赵怀玉：《亦有生斋集》文卷八，《清代诗文集汇编》第419册，上海：上海古籍出版社，2010年。

27. 赵尔巽：《清史稿》（民国十七年清史馆本）列传一百二十七。

28.（清）赵魏、余集、钱坫：《黄小松友朋书札》第12册，稿本，国家图书馆藏。

29. 赵尔巽：《清史稿》（民国十七年清史馆本）列传九十二。

30.（清）赵怀玉：《亦有生斋集》诗卷十三，《清代诗文集汇编》第419册，上海：上海古籍出版社，2010年。

31.（清）赵怀玉：《亦有生斋集》诗卷十三，《清代诗文集汇编》第419册，上海：上海古籍出版社，2010年。

32.（清）端方：《壬寅消夏录》（稿本），《续修四库全书·子部》第1089册，上海：上海古籍出版社，2003年。

33. 黄易当时发掘、再现《武梁祠碑》一事，在学界极受关注，及至当下，中外学者对此也多有探讨，可参秦明主编：《黄易与金石学论集》，北京：故宫出版社，2012年版。

34.（清）赵怀玉：《亦有生斋集》诗卷十五，《清代诗文集汇编》第419册，上海：上海古籍出版社，2010年。

35.（清）赵怀玉：《收庵居士自叙年谱略》嘉庆七年条，道光年间刻本。

36.（清）赵怀玉：《亦有生斋集》诗卷二十，《清代诗文集汇编》第419册，上海：上海古籍出版社，2010年。

37.（清）赵怀玉：《亦有生斋集》诗卷二十九，《清代诗文集汇编》第419册，上海：上海古籍出版社，2010年。

38. 施安昌：《黄易，一位值得纪念、有待研究的金石考古家》，秦明主编：《黄易与金石学论集》，北京：故宫出版社，2012年，第5页。

翁方纲致黄易《河南札》小考

陈斐蓉

浙江天一阁博物馆研究馆员

内容提要：翁方纲与黄易是金石至交，存世的信札数量不少。本文对翁方纲致黄易的《河南札》的三点问题进行小考：信札书写的时间；钱大昕《天一阁碑目》的编制过程及内容；天一阁藏丰坊摹刻的神龙《兰亭》的情况以及与冯承素墨迹本所涉及的问题。

关键词：翁方纲　黄易　《河南札》《天一阁碑目》 神龙《兰亭》

翁方纲（1733—1818）与黄易（1744—1802）作为清代乾嘉年间著名的金石学家，一生往来书信频繁，内容多涉及金石碑版的椎拓、鉴定、考证，有时虽寥寥数字，但是蕴含的信息量不少。从信件的解读中我们不仅可以感受翁、黄两人基于学术而建立的深厚友谊，也可以看到两人兴趣点的交集、思想的碰撞。此外，信件还为我们提供了一种更立体的视野以观察当时金石交游圈内的这些文人学者们所普遍关注的热点问题。2011 年中国嘉德秋拍上曾出现一件翁方纲致黄易的信札（为论述方便且命名为《河南札》，见图 1）。这封信反映出当时《天一阁碑目》的流行；翁方纲对神龙《兰亭》的重视；翁、黄两人就《刘君残碑》中一字的考证而书信往返的情景。《河南札》是一件伪作，但是信的内容却是真的，值得我们探究。

一、《河南札》书写的时间

翁方纲致黄易的信札全文如下：

方纲顿首，/秋盦先生九兄近禧。接读/手札，快慰之甚。承/寄示《河南碑目》，即邮致小壻，随时拓/之，若有佳副本，必奉/上也。但学政欲拓碑，总视所遇地/方官何如耳。《天一阁碑目》恳/暂借一抄，抄毕奉/缴也。弟因丁小疋兄寄来天一阁所庋/《神龙兰亭》一石，是丰道生所刻，/此视外间所行神龙本颇胜。/兄所收神龙本，想是此本乎？及昨/见冶亭侍郎，新得一神龙旧本，/则胜丰刻十倍，弟断以为即宋/时刘无言所刻，非米所为也，请即/鉴。苦于江西无善工椎拓耳，附/上一纸。/“凡”字，弟意正与/兄同，但亦未敢确定耳。/弟方纲顿首。

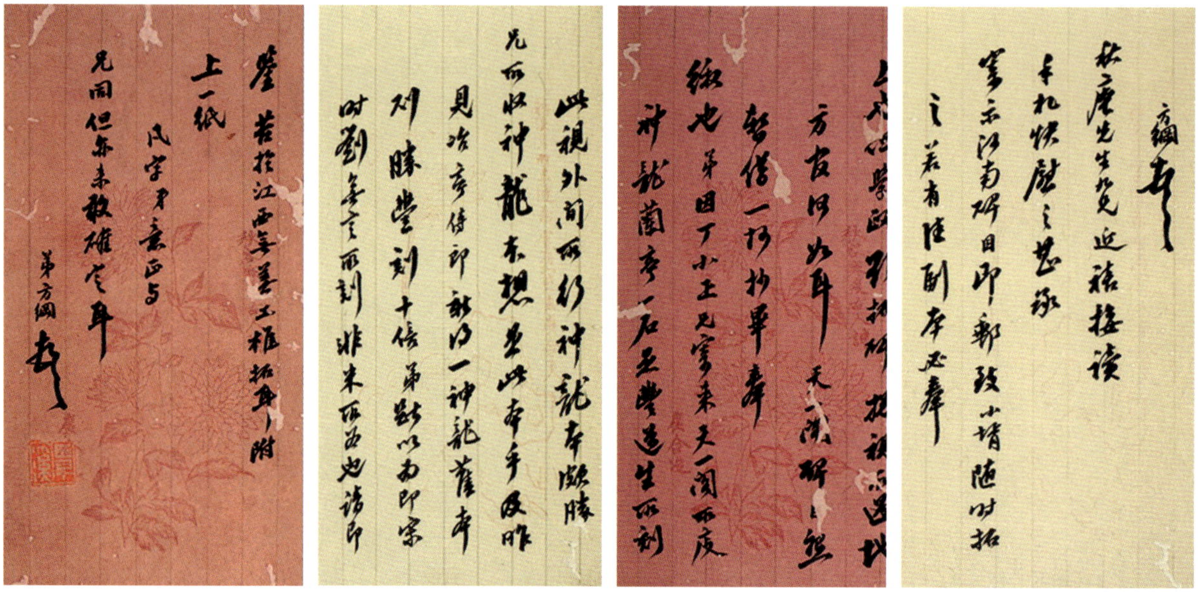

图 1. 翁方纲致黄易《河南札》

翁方纲在信中包含如下几层意思：1. 感谢黄易提供《河南碑目》；2. 向黄易借抄《天一阁碑目》；3. 发表自己对新获的两件神龙本《兰亭序》的看法；4. 表达对东汉"安阳四残碑"之一的《刘君残碑》中"凡"字的考订意见。

从信中最后一句"'凡'字，弟意正与兄同，但亦未敢确定耳"推测，上一封黄易给翁方纲的信应该涉及黄氏关于此字的考订，而这封信恰是故宫博物院收藏的《北海札》。札中黄易说："其下（案：'国之裔兮'句）'凡'字，易疑是'民'字，与上句'国之裔兮'句作对。笔画虽简而字形却类'民'字，恐刻者省漏之故。伏希训示。'凡之'下作'艹'，似乎'民之慈父'等文也。"[1] 此札没有受信人，经黄易研究专家秦明先生详细考证，此札的受信人就是翁方纲，[2] 而上述这封信恰可反证其结论的正确。秦明先生此文后所附的《枫江书屋杨氏藏翁方纲给黄易的信》（简称"杨氏藏信"），正是《北海札》的前一封。[3] 杨氏藏信中翁方纲透露安阳新出土的汉碑四通（案：《刘君残碑》《子游残碑》《正直残碑》《元孙残碑》），他已催赵希璜去精拓，目前还没寄到，署信日期"八月朔"。十二天后黄易给翁方纲回信（即《北海札》），详细阐述自己关于"凡"字的考订意见。翁方纲回信表示他同意黄易的意见（即《河南札》），但是末尾又说"亦未敢确定耳"，不敢大胆地下结论，表示出谨慎的态度。可见，从信件内容与时间的前后连贯来考察，杨氏藏信、《北海札》和《河南札》三封信刚好前后衔扣。

翁方纲最终在八月份得到了河南赵希璜寄来的《刘君残碑》精拓本，九月初一日他在拓本上做了四段题跋，其中第一段："二石（案：刘君残碑）在西门君庙门左右，穿作门关……初拓此铭，'国之'下一字不可辨。及再精拓，审视是'裔'字也。此行下'凡'字，究不能定是何字，黄秋盦云，当是'民'字，镌刻有误。此未敢遽定。"[4] 跋中翁氏引述了黄易的考订意见，但是他还是不敢“遽定”，对“凡”字的考订持保留意见，一如他在《北海札》中的态度。《刘君残碑》的出土时间翁方纲在题跋中也提到，是“嘉庆三年夏四月廿五日”。综上所述，我们大致可知《河南札》的书写当在嘉庆三年（1798）八月二十五日前后（从八月一日翁氏写第一封信，到黄氏十三日回信的时间间隔类推），至迟不会超过九月一日。

二、黄易手中的《天一阁碑目》

信中翁方纲欲向黄易借抄《天一阁碑目》，此碑目由钱大昕（1728—1804）所编。天一阁是明代宁波人范钦（1506—1585）于嘉靖晚期建立的一座私家藏书楼，康熙十二年（1673）黄宗羲（1610—1695）藉其名望，打破天一阁“外姓人不得登楼”的族规，登阁披阅古籍，并撰《天一阁藏书记》。此后，大批学者如徐乾学（1631—1694）、万斯同（1638—1702）、全祖望（1705—1755）等继踵而至，争相抄读，录目作记，天一阁在学术界声名日隆。名声的传播，自然使天一阁受到乾隆在修《四库全书》时特别的钦点，乾隆三十八年（1773）范氏后人进献古籍六百三十八种，位列江南各大藏书楼榜首，并因此受到乾隆的奖掖。

当人们把目光纷纷投向天一阁藏古籍时，殊不知，范钦收藏的碑帖亦是数一数二。钱大昕在观摹天一阁藏碑帖后叹道：“天一阁石刻之富不减欧（阳修）、赵（明诚）。”[5]沈子惇也称赞“明代好金石者，世称都（穆）、杨（慎）、郭（宗昌）、赵（子函）四家，而不及范氏，岂知天一阁碑刻之富远过四家。”[6]《天一阁碑目》范钦生前曾经编过，但是没有保存下来，后人自然无从知晓。清代第一个清理天一阁碑刻的是全祖望，他是无意中做了这件事。乾隆三年（1738）全祖望再次登阁时，他发现角落里有一书柜被人遗忘，经询问原来里面藏的竟然是碑拓。天一阁金石之藏自此进入人们的视线，全祖望对这些“如棼丝之难理”的散乱拓本，“清而出之”，“订之为目一通”，并做《天一阁碑目记》。[7]遗憾的是，全祖望的碑目最后是否完成已不得而知，[8]目录也旋即散佚。

真正记录天一阁藏碑情况的是钱大昕。乾隆五十二年（1787）钱大昕应担任鄞县县令的钱维乔（1736—1806）之邀主修《鄞县志》，修志之暇，登上书楼。钱大昕于金石学深有造诣，自然对阁内的残碑古刻感兴趣。凑巧的是，海盐的张燕昌（1738—1814）当时正因摹勒天一阁藏北宋《石鼓文》而寓居于范氏，加之范钦第八世孙范懋敏于金石亦是同好，于是三人决意共同整理阁藏的碑版。他们摹仿欧阳修和赵明诚的体例，以时代前后为次，记录撰书人姓名，不录明代的碑拓以及复本，编成《天一阁碑目》。碑目共录三代迄宋元的碑帖七百二十余通。事实上，钱大昕碑目统计的数量不尽准确，阮元在嘉庆十三年（1808）刻的《天一阁藏书目》后曾附钱大昕碑目，统计则有八百又三通，各年代数量分布如下表所示：

时代	数量
夏	1
周	3
秦	2
汉	37
魏晋南北朝	25
隋	5
唐	187
五代	5

时代	数量
宋	225
金	44
元	267
年代不详	2
合计	803 件

从表中知，《天一阁碑目》中以唐碑占 23%、宋碑占 28%，元碑占 33%，三者相加达 84%，占据绝大部分。仔细分析，数少的三代及秦汉在碑刻中质量却更胜一筹。如《石鼓文》《岣嵝碑》《峄山碑》以及《泰山石刻》。其中《石鼓文》尤为珍希，阁藏的是传世宋拓四种之一（其他三种是明代安国藏的中权本、先锋本及后劲本），被乾嘉以来的金石学家们视为瑰奇之物。钱大昕记录此本："得字四百有三，又有向传师跋。其为北宋拓本无疑。此希世之宝，较之天球赤刀尚胜一筹。"[9] 向传师的跋有七十六字，写在第十鼓上，时间是皇祐四年（1052）。阮元也评价"石鼓脱本以浙东天一阁所藏北宋本为最古"，[10] 并且也亲自来阁重抚上石，嵌置杭州府学明伦堂两壁。天一阁《石鼓文》经全祖望考证曾经元代沈右、钱逵（？—1357）和赵孟頫（1254—1322）递藏，入明后为丰坊（1494—1571 后）所得，后归入范钦。[11]

除《石鼓文》外，阁内所藏的汉代三十七件碑帖也大多为名碑，如《西岳华山碑》（现藏国家图书馆）、《刘熊碑》（现藏故宫博物院）、《圉令赵君碑》（王世贞赠送范钦）、《夏承碑》（现藏香港中文大学文物馆）、《乙瑛碑》《礼器碑》《孔庙碑》《史晨碑》《尹宙碑》等。唐、宋、元三代中也都以名人碑刻为主。

《天一阁碑目》编成后，钱大昕高度赞誉此书"将于欧、赵、洪、陈并传"。[12] 黄易作为钱大昕的金石密友想必会在第一时间得到这份手抄本。可以想见，当翁方纲从黄易处抄得这份碑目后，也极有可能再传抄给下一位感兴趣者。嘉庆七年（1802）金石学家孙星衍在编纂《寰宇访碑录》时，就从天一阁中采录二百零四种碑刻，其中有许多是当时的孤本。除古籍外，天一阁藏碑拓在乾嘉金石学术圈中的影响力与金石大家黄易、翁方纲所起的作用密不可分。

在经历鸦片战争与太平天国兵燹之后，天一阁收藏的古籍与碑帖损失惨重。顾燮光（1875—1949）说："自咸丰辛酉贼据郡城，阁中碑版尽为台州游民取投山涧，烂以造纸。迨鄞人亦有闻而急求者至，则涧水已墨矣。"[13] 当光绪十年（1884）时任宁绍台道的薛福成（1838—1894）登楼编录《天一阁见存书目》时，天一阁藏书已不及旧目的十分之四，而碑帖只存二十六种。[14] 当民国十九年（1930）杨铁夫编书目时，已不见碑刻。可见，在乾隆五十二年（1787）至光绪十年（1884）的近百年中，天一阁藏书失散最严重，而阁藏碑刻已是荡然无存，时局动荡所造成的文化损失可见一斑。

三、翁方纲提及的神龙《兰亭》

翁方纲一生致力于禊帖的收藏、考订和研究，著有《苏米斋兰亭考》八卷，其中单列"神龙兰亭考"一卷，可见他于此本的重视。[15] 黄易虽是一位金石学家，有重碑轻帖的倾向，但是于此帖也情有独钟。秦明先生曾作《黄易的王帖鉴藏——以〈兰亭〉为中心》一文，[16] 作者考察《小蓬莱阁金石目》中收录有王羲之《兰亭序》版本达二十种之多，其中就有“唐模本（范氏天一阁所藏）”。作者认为“黄易的《兰亭》收藏，很大程度上受到了翁方纲的影响，二人彼此交流也是必不可少的”。事实确也如此，信中翁方纲从友人丁杰（1738—1807）和铁保（1752—1824）手中得到两个版本的神龙《兰亭》后立刻兴奋地将这个信息告知黄易，并寄上原帖让黄易鉴定。翁方纲断言他从铁保处得来的《兰亭》是宋刘无言所刻，是旧本，“胜丰刻十倍”。信中没有详细表述原因，但有一点可以肯定，翁方纲对于丰坊所摹刻的以及后来的一些重刻诸本上所钤的累累之印，如“贞观”“开元”“神龙”等是颇有微词的，“惟秘阁续帖原本无此诸印”，而他恰恰认为刘无言所摹的正是宋刻秘阁本。[17]信中翁方纲问黄易“兄所收神龙本，想是此本乎？”，看来答案是肯定的，只不过黄易标为“唐模本”，非“神龙本”。

虽然认为丰刻不比刘无言本，翁方纲对于从天一阁新拓得的本子还是非常喜欢，热情洋溢地赋了首诗，高度称赞：“唐临绢本极纷拏，始信朱铅态莫加。漫执神龙凭褚印，不虚乌镇说文嘉。书楼带草盟兰渚，玉版晴虹起墨花。今日四明传拓出，压低三米鉴藏家。”[18]此外还视此本“居海内褚临本之冠”，[19]是褚遂良下真迹一等。天一阁藏的这块《兰亭》碑石是丰坊摹刻。丰坊的万卷楼收藏在嘉靖年间已负盛名，家道中落及书楼遭火毁后，丰氏幸存的藏品以及《万卷楼帖》的部分帖石为范钦所得，目前仍有十三块。全祖望曾说“范侍郎之喜金石，盖亦丰氏之余风”，[20]也不无道理。在这些帖石中，除这块被翁方纲称誉的神龙《兰亭》外，还有一块丰坊临刻于嘉靖五年（1526）的《兰亭》帖石，少人关注。

《兰亭序》由于在历代流传过程中，有各种墨迹本、石刻本、临摹本、翻刻本，加之各本之后题跋的拆配情况极为复杂，今天要厘清归名于各书家的各种临摹本情况，确非易事。正如神龙本究竟是冯承素所摹，还是褚遂良所摹，说法也莫衷一是。尤其神龙本、关注度极高的故宫博物院收藏的冯承素墨迹本（按：下称故宫本），以及天一阁内丰坊的摹刻本（按：下称丰刻本）三者之间的关系似乎有些扑朔迷离，尤其后两者之间，唐兰先生曾说“八柱本（案：即故宫本）的墨迹在字的笔画结构及笔法等方面，常常不如丰刻本，这是十分可怪的”。[21]

对三者情况分析最为细致的是唐兰先生，他曾在六十年代“兰亭论辨”中撰写《〈神龙兰亭〉辨伪》一文[22]。总结归纳他的观点，他认为第一，神龙本是南宋末年在东南地区伪造的本子，由宋理宗驸马杨镇所伪，且所造不止一本。神龙小印也是伪刻，并且至少有两个模本都有“神龙”印。一为张斯立所藏，底本是北宋前朝的秘阁本。另一为郭天锡所藏，底本为苏才翁本。这两个底本不是同一系统，并且都不是褚遂良临本。第二，故宫本从书法角度来看，只重姿媚，没有骨力，所以它不是唐摹本，它是伪本，底本不是杨镇伪造的原本。第三，故宫本后的宋元人题跋是杂凑的。第四，丰坊家藏有南宋时伪造的神龙《兰亭》旧搨本，丰刻本是据此勾摹的。在丰坊刻石《兰亭》后，神龙本才引起世人对它的关注，并风行一时。第五，故宫本与丰刻本相比，不如丰刻本精到，两者的底本不同，故宫本的要晚于丰刻本的底本。因此，作者认为故宫本不是文嘉在题跋中所说的“丰坊使章正甫刻石于乌镇王氏”的本子。它是嘉靖、万历年间所伪造，经过删改印章，缩并行款，重新摹写的新本，作伪时力求变为冯承素本以附会本子后郭天锡的跋。作者更从题跋的拼凑、作伪的伎俩来推测，作伪者很可能是丰坊，也可能是乌镇王氏。

1999年穆棣在《八柱本神龙兰亭墨迹考辨》一文中反驳了唐兰关于神龙《兰亭》是杨镇所伪的观点。并且认为故宫本是弘文馆内的唐供奉搨书人等依据右军真迹摹搨而成，是唐代临摹本中最好的。它流传有序，在嘉靖初流落民间为乌镇王济所得，其间一度入丰坊之手，丰氏以此摹勒上石，遂广为流传。万历初此本为项元汴购得，请文嘉题跋。[23]

2009年有一位王开儒先生就故宫本与丰刻本之间的关系发表《〈兰亭序〉千古奇冤》一文，2014年将此文出书，颇吸引眼球。[24] 王氏的大多数观点来源于唐兰，把唐兰认为故宫本是丰坊作伪的可能性进行了大胆肯定。他从字迹比对、墨气、帖名、印章、题跋等方面来表明故宫本是伪作，是丰坊伪作。他推测丰坊手里有真的神龙本，自己作了一本伪的，即故宫本，然后拿给李廷相题跋，再卖给王济，然后又故意从王济处摹刻上石带回（至于这石头下落，作者没有说明）。丰坊等王济死后（1540）再把自己藏的真神龙本拿出来摹刻上石。作者用年龄导致功力来解释为什么丰刻本书法比故宫本好。至于丰坊藏的真神龙本，作者说在嘉靖四十一年（1562）被大火烧了（万卷楼在1562年被烧，作者没有交代论据）。结论是作者认为丰刻本最接近王羲之原作，世上所有《兰亭序》与它无可比肩，它是《兰亭序》真正的代表。此文依附唐兰之文，却缺少推论的严密性，有太多的臆测，存在许多疑点，不能让人百分百信服。

关于丰坊与《兰亭》目前最主要的文献记载，第一条是故宫本后李廷相（1485—1544）给丰坊的题跋："兰亭石刻往往人间见之，余家亦藏有善本，至于唐摹真迹则仅见此耳。存礼考功偶出示，为题其后而归之。嘉靖丙戌（1526）春三月望日，濮阳李廷相观于金陵寓舍。"丰坊出示《兰亭》时，李廷相正任职于南京吏部侍郎，丰坊任南京吏部考功司主事。李廷相的题跋透露：其一，丰坊出示的是墨迹本，不是石刻本。其二，这个本子李氏与丰氏都认为是唐摹真迹。第二条文献资料是同样在故宫本后文嘉的题跋：

唐摹兰亭，余见凡三本。其一在宜兴吴氏，后有宋初诸名公题语，李范庵每过荆溪，必求一观。今其子孙亦不轻出示人。其一藏吴中陈缉熙氏，当时已刻传世。其三即此神龙本也，嘉靖初，丰考功存礼尝手摹，使章正甫刻石于乌镇王氏。然余未见真迹，唯孙鸣岐抄得郭佑之诗跋、鲜于伯机长句，每诵二诗，概然思欲一见而不可得。盖往来余怀者五十余年矣。今子京项君以重价购于王氏，遂令人持至吴中，索余题语，因得纵观，以偿夙昔之愿。若其摹拓之精、勾填之妙，信非褚遂良诸公不能也。子京好古博雅，精于赏鉴，嗜古人法书如嗜饮食，每得奇书，不复论价，故东南名迹多归之，然所蓄虽多，吾又知其不能出此卷之上矣。万历丁丑（1577）孟秋七月三日，茂苑文嘉书。

从这条信息我们可以判断：其一，五十余年前（1527年前）文嘉听说丰坊在王济处摹刻有一块《兰亭》。其二，由于文嘉未得亲见，所以，丰坊嘉靖初摹刻的祖本并不一定就是文嘉题跋的这本神龙本（即故宫本），而文嘉却误认为即此本。其三，文嘉断定神龙本是因为他看到过孙鸣岐抄得的卷后郭氏与鲜于氏的题诗，然而文嘉并未意识到题跋的拆配问题。

除上述两条文献记载外，丰坊《兰亭》石刻存世的实物有两块，一块即翁方纲信中所记的神龙本原石，另一块也在天一阁，石上有丰坊题："嘉靖五年八月十日，丰坊临。"当属定武兰亭一系。丰坊一生或临或摹或刻或藏有各种《兰亭》，如褚遂良、冯承素、欧阳询、虞世南、米芾等。还曾将欧阳询和米芾的《兰亭序》临本摹刻上石。他收藏的宋拓《玉枕缩本兰亭》今天还能在上海图书馆看到。所以，丰坊接触的《兰亭》必是种类复杂，决不限于神龙本。分析李廷相和文嘉的话，他们都没具体指出版本，退一步讲，李廷相看到的唐摹本是否是真迹今天也无从考察。而文嘉仅凭耳闻就断定"嘉靖初，丰考功存礼尝手摹，使章正甫刻石于乌镇王氏"的就是五十年后项元汴出示的这本。他所主要凭借的郭、鲜两诗，后来被认为是从《定武兰亭》拆配到故宫博物院藏本上的（故宫本后的宋元人题跋经过拆配为许多研究者认同），这一点文嘉并不清楚。所以，我们相信，丰坊出示李廷相和文嘉口中的《兰亭》应是其他版本，而此本的临刻石今天就镶嵌在天一阁藏书楼前的墙壁上。时间是嘉靖五年（1526）八月十日，这与丰坊把原件出示给李廷相的时间（1526年4月），以及文嘉题跋中的"五十余年""嘉靖初"的都相符。至于李廷相的题跋为什么会出现在故宫本后，原因极有可能与题跋的拆配有关。

四、《河南札》是一件伪作

《河南札》是一件伪作。从书写上来看，缺少信札书法的流畅与自然，许多字的出锋习气较重，字间的牵丝映带的线条很生硬，不自然。也许有原件对临，因此，信札整体上字形的结构把握还是比较准确，作伪的水平并不低劣。信纸用的是印花信笺，可以看出有些年份，大致推测应是晚清之时。[25]信中"凡"字的书写进一步证实此信之伪。

"凡"这个字是《刘君残碑》中的一个隶书别字，它近似"民"字下半部分，因此，黄易怀疑它是"民"字，"笔画虽简而字形却类'民'字，恐刻者省漏之故"。所以，它的左边决不会是撇，而是一个直竖，中间不是一个点，而应该是一个平的短横，从《刘君残碑》中可以看到。在黄易致翁方纲的《北海札》中这个字出现两次，可以看到它的左边都是直竖，中间都是横，而且顶着左右两个笔画。翁方纲在回信中表示他同意黄易对这个字的考证，所以，他也决不可能把它写成"凡"字，而这件伪作的"凡"字可以明显看出左边一笔，从起笔行笔到收笔，就是撇字的写法，中间是一个斜点，不是小横，且与左右两笔画都不搭连。作伪者自然不明白这个字是汉碑上的别字，所以写得不伦不类，成为"凡"字。

虽是一件伪作，但是信的内容却是真的，值得我们探究。

注释：

1. 故宫博物院编：《故宫藏黄易尺牍研究·手迹》，北京：故宫出版社，2014年6月版，第118-121页。故宫博物院编：《故宫藏黄易尺牍研究·考释》，北京：故宫出版社，2015年10月，第74页。

2. 秦明：《故宫藏黄易〈北海札〉考》，《故宫学刊》2013年总第十辑，第468-470页。

3. 秦明：《故宫藏黄易〈北海札〉考》第476-477页。

4. 罗振玉著、萧文立编：《雪堂类稿·戊编·长物簿录》，沈阳：辽宁教育出版社，2003年3月，第137页。

5.（清）钱大昕：《天一阁碑目序》，《潜研堂文集》，《续修四库全书》集部第1438册，卷25，第668页。

6.（清）沈子惇：《天一阁碑目跋》，冯贞群编：《鄞范氏天一阁书目内编·附录三》，1937—1940年鄞县重修天一阁委员会铅印本。

7.（清）全祖望：《天一阁碑目记》，《鲒埼亭集外编》，清嘉庆十六年刻本，卷17，第8下页。

8.全祖望在《天一阁碑目记》中最后说“友人钱唐丁敬身，精于金石之学者也，闻而喜，亟令予卒业，乃先为记以贻之”。可见，此记是全祖望应丁敬之请在碑目未完成前写好以贻之的。

9.（清）钱大昕：《跋石鼓文宋拓本》，《潜研堂文集》卷32，第55页。

10.（清）阮元：《杭州扬州重摹天一阁北宋石鼓文跋》，《研经室三集》，《续修四库全书》第1479册，卷3，第220页。

11.（清）全祖望：《宋拓石鼓文跋》，《鲒埼亭集》，清嘉庆九年余姚史梦蛟借树山房刻本，卷37，第1上页。

12.（清）钱大昕：《天一阁碑目序》《潜研堂文集》卷25，第668页。

13.（清）顾燮光：《梦碧簃石言》卷四，转录骆兆平编纂：《天一阁藏书史志》，上海：上海古籍出版社，2005年3月，第185页。

14.具体帖目见骆兆平《天一阁藏书史志》，页178页。除去钱大昕《天一阁藏碑目》未录的近拓重摹本八种，实际上与钱氏的碑目相比，阁藏碑帖只剩十八种。

15.（清）翁方纲：《神龙兰亭考》，《苏米斋兰亭考》，王云五编：《丛书集成初编》，商务印书馆，1936年12月，第23-28页。

16.秦明：《黄易的王帖鉴藏——以〈兰亭〉为中心》，《第三届中国书坛兰亭论坛论文集》，北京：中国艺术出版社，2014年6月，第53-70页。

17.（清）翁方纲：《神龙兰亭考》，《苏米斋兰亭考》，王云五编：《丛书集成初编》，商务印书馆，1936年12月，第27页。

18.（清）翁方纲：《复初斋诗集》之《题宁波丰存礼所刻兰亭》，《续修四库全书》第1455册，卷47，第101-102页。亦可见天一阁存碑拓片。

19.见天一阁藏嘉庆癸酉翁方纲诗跋碑帖。诗跋石本已亡，版本重刻。

20.（清）全祖望：《鲒埼亭集外编》卷17，第9上页。

21.唐兰：《〈神龙兰亭〉辨伪》，华人德、白谦慎主编：《兰亭论集》，苏州：苏州大学出版社，2000年9月，第96页。

22.唐兰：《〈神龙兰亭〉辨伪》，华人德、白谦慎主编：《兰亭论集》，苏州：苏州大学出版社，2000年9月，第76-106页。

23.穆棣：《八柱本神龙兰亭墨迹考辨》，华人德、白谦慎主编：《兰亭论集》，苏州：苏州大学出版社，2000年9月，第345-375页。

24.王开儒、王怀飞：《王开儒神龙兰亭真伪辨》，北京：同心出版社，2014年10月。

25.据秦明先生说，他经常听到王连起先生在说到翁方纲的伪作时，时常会提到清末有何瑗玉（约1815—1889）、何昆玉（1828—1896）两兄弟专门造翁方纲的伪，且造得不低劣。笔者认为此信札的作伪者是此兄弟两也未为可知，在此暂做一表，以待进一步查证。

翁方纲致黄易《新锓札》小考

王 喆

故宫博物院书画部馆员

内容提要：《新锓札》是故宫所藏翁方纲尺牍中的一通。内容先后涉及了《郭有道碑》《卢府君碑》《灵岩寺碑》《岳麓寺碑》《超化寺诗碑》等碑帖，以及黄易借与翁方纲《钩摹古刻五册》《嵩山汉三阙全幅拓本》和《岱麓访碑廿四图册》等事。通过考证分析，可以确定此为翁方纲写给黄易的信札真迹，书写时间为嘉庆三年（1798）四月二十日之后略晚。

关键词：翁方纲　黄易　《岱麓访碑廿四图册》　岩寺碑　北海札

在故宫藏黄易相关尺牍中有一通为翁方纲写与黄易的《新锓札》（图 1）。该札 12 开，每开纵 22.7 厘米，横 28 厘米。为福字寿桃纹信笺。行草书，凡 425 字，钤印“苏斋”印鉴。信札内容涉及多为碑帖拓本以及黄易的《岱麓访碑廿四图册》绘本。兹辑录如下：

方纲顿首

秋盦先生九兄，近禧。接诵手札并寄新锓钩摹古刻五册，谢谢。前借赏之嵩阙全幅，通计十丈有余，计所见人家房宅无能容者，十笏小斋更形局脊矣。因分数间，内外四面悬挂，日日与坐客谛观，咸谓如游嵩山也。谨已逐处涂鸦并拙诗，另写一幅连原布袱呈缴。又尊作岱东一册亦题就奉上。弟年来亦渐有收心专壹之意，是以金石，虽其夙癖而大致归于二条：一则有关考据者，一则有益书法者。其有关考据，如介休郭有道碑原石的闻有之，盖已被人磨去，希冀拓来或谛视露一半字也。乃祝令前来京，弟不知也。及其还任，一日晤曹侍御云，曾见祝公面询此事。祝云现存庙中有汉隶者翁公不要，而郭墓之石竟无一字，要拓之何用？此在翰林出身之贤令尹，其言尚且如此，则何怪古刻之日湮乎。现已急写札往云，郭墓之石虽无字，亦必拓之，但不知其肯拓否耳。安得嗜古精心如吾兄者乎。

李北海书卢府君碑竟非其得意之作，所以因见此碑而愈珍，惠赠之岳麓碑阴，是北海小行楷最佳者矣。又北海灵岩碑，其石今不可觅，弟竟至今未见此拓。倘得借尊藏灵岩碑赏鉴数月，快何如之？现在承借之元遗山二种，细看过亦仍即奉缴耳。诸祈珍摄，伏惟，心照不宣。

愚弟方纲顿首！钤“苏斋”朱文印。

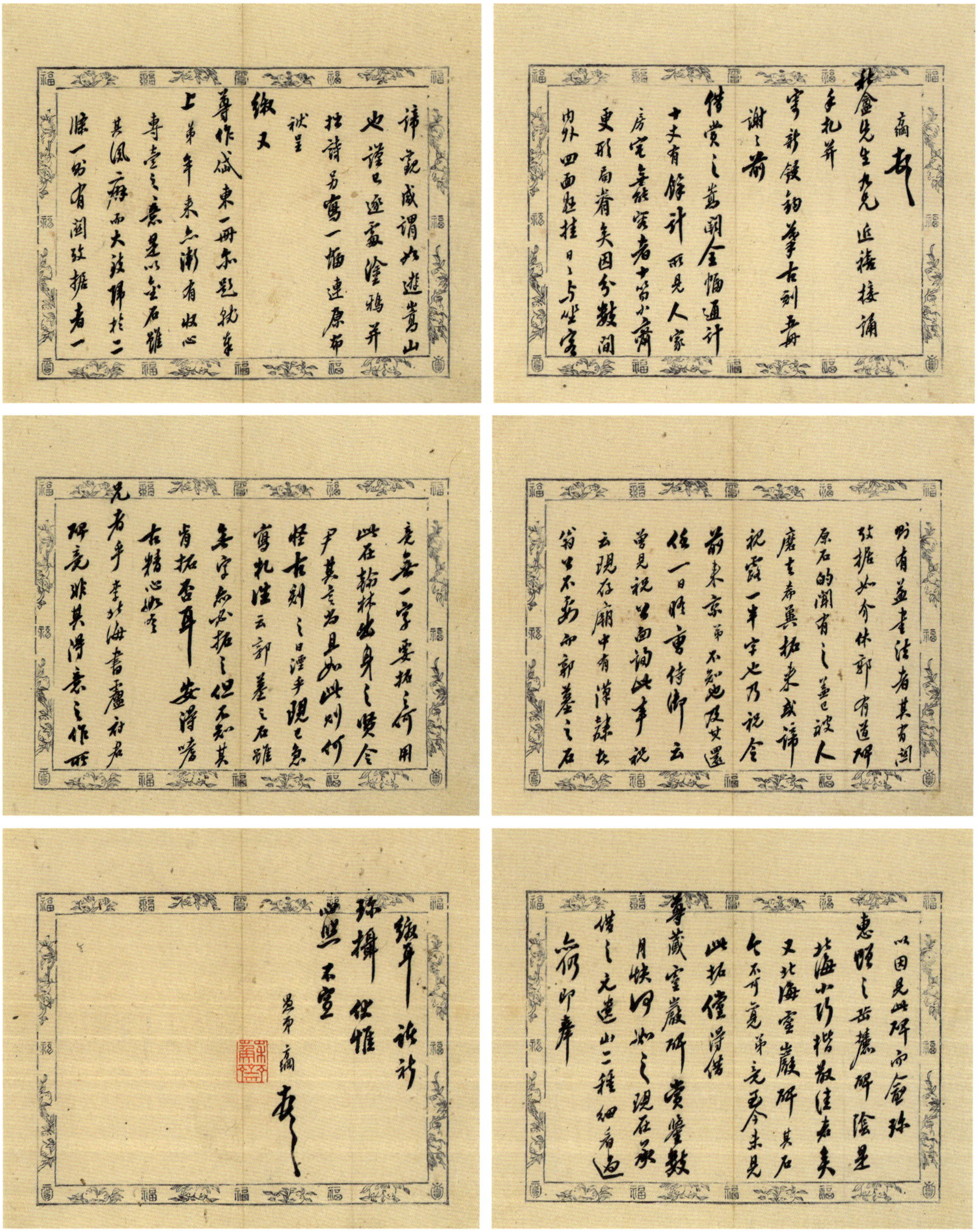

图 1. 翁方纲致黄易《新镘札》 故宫博物院藏

文中先后提及了《郭有道碑》《卢府君碑》《灵岩寺碑》《岳麓寺碑》，以及“元好问二种”等碑帖。谈及黄易借与翁氏《钩摹古刻五册》和此前借阅《嵩山汉三阙全幅拓本》和《岱麓访碑廿四图册》，翁复函致意，并告知黄嘱题册页业已完成。从此札可以看出翁方纲与黄易在金石研究方面的兴趣相投。

一、《嵩山汉三阙拓本》和《岱麓访碑廿四图册》

札中提及的“嵩阙全幅”是黄易嘉庆元年九月嵩洛访碑之时拓得的《嵩山汉三阙全幅拓本》。“岱东一册”乃黄易嘉庆二年二月访碑之后绘制的《岱麓访碑廿四图册》。黄易在嵩洛一带进行的大规模访碑活动始于嘉庆元年九月初六，终于十月初十。一路上扪碑剔藓，临摹椎拓，获得了大量的拓本。《嵩山汉三阙全幅拓本》即是众多拓本之一。

《翁方纲年谱》记载：“嘉庆三年三月三日，黄易于嘉庆元年秋九月手拓《嵩山汉三阙》（太室、少室、开母），高八尺，宽五丈许，寄于先生，先生挂于嵩阳真迹之斋，与诸友同观作歌。”

“嵩山三阙”是指嵩山的“太室”“少室”“开母庙”三石阙。三阙均为石筑，是当年山祠神庙之门阙，是我国现存最早的石阙。太室石阙在东，开母庙神道石阙居中，少室神道石阙在西。

三阙的形制大体相同，太室阙保存较为完整，分东西两阙，中间相隔 6.75 米，东阙通高 3.92 米，西阙通高 3.96 米。东西二阙结构完全相同，由阙基、阙身、阙顶三部分组成。太室阙题额刻在西阙南面上部，阳刻篆书“中岳泰室阳城□□□”，题额下刻篆隶参半的铭记，西阙北面也刻有铭记。《两汉金石记》《金石萃编》《语石》等有著录。

在翁氏写给黄易的信札中言道，因此拓本有十多丈长，一般的人家住宅都没法展示，故在“十笏小斋”分散在数个房间，“内外四面悬挂，日日与坐客谛观，咸谓如游嵩山也”。

嘉庆二年黄易再赴山东，正月至二月间黄易带着女婿李此山和江秬香[1]在泰山、邹县（今邹城）、曲阜、济南等地访碑，作《岱麓访碑廿四图册》。在图册的《后石屋》中，黄易题曰：

> 嘉庆二年正月七日，余携女夫李此山游岱，自邹鲁达泰郡。淑气虽舒，盘道犹雪，不及登山，遂至历下，与江秬香遍览诸胜。二月至泰山登绝顶，遍拓碑刻，夙愿始偿。遇胜地自留粉本成图二十有四，并记所得金石以志古缘。七月廿七日钱唐黄易。[2]

《岱麓访碑廿四图册》中所记二十四“胜地”依次为：孟子庙、孔林、孔子庙、铁山、岗山、尖山、大汶口、大明湖、龙洞、佛峪、千佛山、五峰、灵岩寺、甘露泉、功德顶、铁袈裟、岱庙、王母池、经石峪、樱桃源、对松山、开元摩崖碑、岱顶、后石屋。[3]此次出行，正处于正月期间，因天气和道路的原因，黄易仅到了山脚下。是年二月黄易再次前往，终于登顶泰山，遍拓诸碑。此次访碑，其还记有《岱岩访古日记》，详细记述了岱麓访碑之经过。

在《岱麓访碑廿四图册》册页中，翁方纲的题跋共有 12 处。分别为“岱顶”“后石屋”“开元摩崖碑”“岱庙”“灵岩寺”“龙洞”“冈山”“孟子庙”“大明湖”“孔林”“孔子庙”“大汶口”。嘉庆三年春，黄易将此图寄与翁氏，翁氏欣赏两月有余后方开始题跋。此图册为黄易最为重要的金石文献，对后世影响极大。

二、札中涉及的碑帖

此札中涉及的《郭有道碑》《卢府君碑》《灵岩寺碑》《岳麓寺碑》，以及“元好问二种”均为翁氏所关注的名碑。其中《郭有道碑》为东汉蔡邕所书，清康熙年间傅山重书。《卢府君碑》《灵岩寺碑》《岳麓寺碑》三碑均为唐代李邕书写。“元好问二种”是指金代元遗山所书的《超化寺诗碑》和另一尚未明确的碑刻。

《郭有道碑》

又名《郭泰碑》《郭林宗碑》，乃东汉名士山西介休郭泰的墓碑，东汉建宁二年（169）刻立。原立于山西省介休县（今太原）郭林宗墓前。碑文收入《蔡中郎集·卷二》。历来著录则众说纷纭。欧阳修《集古录》、赵明诚《金石录》、洪适《隶释》等皆不见此碑著录，赵明诚《金石录》有“唐立郭林宗碑，行书，无姓名”之载。清代傅山、郑簠重书。

方若《校碑随笔》载：

郭有道碑，隶书。十二行，行四十字。有额，篆书，阴文六字，已佚。后人重书刻之。在山西介休。又作十六行，行三十二字者，在山东济宁。建宁二年正月。此碑据傅山谓，宋南渡之前已不可见。重刻本有二，一即傅山书，一郑簠书。并立郭之墓侧，世皆讥之。前数十年山东济宁忽得一石，字蒙斧凿痕，相传为郭有道碑原石，因土人充作阶石，见有字，而人足践其上大罪过，乃用斧凿残云云。碑固甚旧，剥处已如水云纹，字虽斧凿尚可辨，且有未残者数十字，末五行则磨细，间多漫漶。其时议舁至济宁州学，行数作十六行，行三十二字。文中先生讳泰作讳太，与诸家所述不同。后福山王文敏谓有人曾亲视此石，则知后面为武氏残画像，果尔非原石益有据。至谓系州人李铁桥东琪戏作，不知何所考。细审拓本盖先刻而后剥蚀，非就剥蚀之石刻之也，然则去今亦远矣。[4]

［成化］《山西通志》卷九中对碑主郭泰记载为：

郭泰，介休人。容貌魁伟，博通坟籍。居家教授弟子至数千人。延禧中尝游洛，见河南尹李膺，膺奇之，遂以为友。行尝遇雨，巾一角垫，时争效之，故折巾角，其为人见慕如此。及卒，蔡邕为撰墓碑曰，吾为碑铭多矣，惟郭有道铭无愧耳。[5]

在本札中，翁氏原本希望让“介休祝君”拓来此碑，没想到“祝云现存庙中有汉隶者翁公不要，而郭墓之石竟无一字，要拓之何用？”没办法，翁氏只好紧急写信，言道：“郭墓之石虽无字，亦必拓之。”之后不久，翁氏终于得到了“白纸一张”的《郭有道碑》的拓片。

枫江书屋杨氏藏《翁覃溪致黄小松札册》中，记载翁氏曾经让介休祝君将《郭有道碑》拓片，无奈：“正背俱实有穿，是汉碑无疑。而磨去竟无一画半画可辨者矣，虚费吾辈一段怀想之意也。”由此可见，原《郭有道碑》在嘉庆初年是存在的，只是碑文已经无存。《增补校碑随笔》载：“此碑据傅山谓，宋南渡之前已不可见。”札中的记载与《增补校碑随笔》的说法有异。

在此提及拓碑的祝公，乃祝德全也。曾任介休县令。光绪朝《吴桥县志》载：“祝德全，字葆初，号午桥，吴桥人氏。乾隆四十六年辛丑（1781）

科进士。因进士授翰林院庶吉士。任山西汶水县知县，升汾州府同知，因公挂议致仕，家居以授徒。”[6]著有《葆初诗草》。嘉庆朝《介休县志》载：

……由翰林院庶吉士改令文水，调任介休，廉明公正，人不敢干以私。勤于听断，案无留牍。尤培植士类。尝修缮城垣，工钜而民乐趋，经年告竣。遇旱，步祷绵山，甘霖立沛，咸以为诚。莅介二载余，政平讼理，升潞安府同知去，邑中耆老谓数十年贤令之仅见者。[7]

由上可知，祝德全勤于政务，修缮城垣，遇旱祈雨，算是一个业绩不错的地方官吏。从翁氏的札中看出，当时其还在介休任上。

此札中，提到的“曹侍御”是曹锡龄，号定轩。

曹锡龄，字受之，学闵长子。乾隆四十年进士，进翰林编修。四十五年典四川乡试。四十八年督学云南。历江南京畿贵州道御史，擢户科给事中，转吏科掌印给事中。嘉庆十七年以目疾予告……道光元年卒，年八十一。[8]

《复初斋诗集》中收录有《曹定轩侍御踏雪访梅图》。曹氏著有《周易集粹》《翠微山房诗文集》。

《卢府君碑》

此碑全称《唐故鄂州刺史卢府君神道碑》。行书，廿五行，行五十字。额隶书，三行十二字：“唐故鄂州刺史卢府君神道碑”。唐天宝元年（742）二月八日立。碑在河南洛阳许家营，为李邕撰并书，此为李邕小行楷的精品。张□庆刻。拓本不多见，旧拓尤其难得。

李邕，字泰和，广陵江都（今扬州江都区）人。少年即成名，后召为左拾遗，曾任户部员外郎、括州刺史、北海太守等职，故人称“李北海”。能诗善文，工书法，尤擅长行楷书。传世碑刻有《麓山寺碑》《李思训碑》等。《旧唐书》卷一九〇、《新唐书》卷二〇二有传，时任灵昌郡太守。

现存字数仅为全文的五分之二，约略观之，墓志所记，碑铭亦刊，墓志未书而碑铭详述者为恩除洛州新安令，后以县名犯父讳而更宰荥阳；以在官清慎，状迹灼然而帝降玺书，并全文刊录《褒卢正道敕》等。[9]

《宝刻丛编》最先著录此碑：“碑剥落过甚，尚未见早期拓本，所见诸本皆嘉道间拓，损泐相同，故无法校对，俟将来发现早本再校。”[10]王昶《金石萃编》卷八十五有录。张彦生《善本碑帖录》：见何子贞藏刘彦冲旧藏本，何子贞跋云：“如此小字而豪纵之气不可掩，可知戒坛铭之伪。”此跋题在末页厢纸边上，此为明末清初拓，墨较淡，碑字多漫漶，此精拓本，字显出特精。用近拓校对过，不明显多字。李邕书此碑较小，有骨有肉，书刻俱佳。[11]王壮弘《崇善楼笔记》《增补校碑随笔》：“明拓本首行‘道碑’二字未损，碑文内较乾嘉拓本尚多十余字。”[12]

《岳麓寺碑》

亦称《麓山寺碑》，李邕撰文并书，唐开元十八年（730）九月立，在湖南长沙岳麓公园。行楷书。28行，满行56字。圆顶上饰有龙纹浮雕，碑额阳文篆书“麓山寺碑”四字。碑左和右下方有损缺。碑侧刻有米芾的正书阴刻题名“元丰庚申元日同广惠道人来襄阳米黻”字样，“元丰庚申”即公元1080年。

碑阴以前拓之甚少，据晚清拓本，碑阴原有题名四列，亦为李邕书。以后自宋至清又有许多题名，皆题刻于四列之上。北宋拓本，十六行“搜”字右上半，未剜作成“曲”字，廿四行“佛日环照”之“环”字右未损。廿五行“其四”之“四”字未损。廿七行“江夏黄仙鹤刻”之“江夏”二字未损，又下“且上计于京”之上“别乘乐公名光”等字未泐。[13]

《麓山寺碑》是李邕行楷书的代表作。李邕一生书写过的众多碑铭，以《麓山寺碑》最为精美，该碑笔力凝重，笔法挺拔，气势纵横。运笔博采魏晋及北朝诸家之长，结体纵横相宜，笔法刚柔并施，章法参差错落，行云流水，有化柔为刚之美。此碑笔力雄健，如五岳之不可撼，历来与《李思训碑》并称为李邕的书法杰作。

清孙承泽言：“《岳麓寺碑》虽已残剥，然其锋颖尚凌厉不可一世。北海奇人，故所书尔尔。昔俞仲蔚谓此碑胜《云麾》，必有所见也。北海书宋初人不甚重之，至苏、米而稍袭其法；又至赵文敏，每作大书，看意以拟之矣。”[14] 苏轼、米芾、赵孟頫等都沿袭其法。明王世贞说：“《岳麓寺碑》胜《云麾》……其神情流放，天真烂熳，隐隐残楮断墨间，犹足倾倒眉山、吴兴也。”[15]

因年久碑面风化，部分断裂，现存1000余字。碑文叙述自晋泰始年间建寺至唐立碑时，麓山寺的沿革以及历代传教的情况。词章华丽，笔力雄健，刻艺精湛。因文、书、刻工艺兼美，故有“三绝碑”之称。

《灵岩寺碑》

《灵岩寺碑》全称《灵岩寺碑颂并序》，亦为李邕于唐天宝元年（742）十一月撰并书。石原在山东长清县灵岩寺大雄宝殿西侧鲁班洞，此碑在被发现时已经断为上下两截，而且下半部分有残损。

碑文行书，廿一行，行四十一字，碑中断，为二石，下半前八行已残缺，《校碑随笔》云：碑再出土，为道州何子贞掌教乐源书院时访得。旧拓本，下石末第二行“硕德勤修”之“修”字完好。下“真”字可见。再前二行间“寂、内、謦、延”四字未损。《校碑随笔》云：“碑再出土，为何子贞访得，是如阮元访爨龙颜碑，乃是二次访得。并云碑再出土，是听人传说而误记之，清初后实未入土。”[16] 碑文前半部分为序，以散文的形式记叙了灵岩寺自晋法定禅师建寺至唐开元年间立碑时的兴废。后中部分为颂，为五首五言诗形式，既有对灵岩风光的描写，又有对高僧事迹的称颂。书法艺术价值极高，十分珍贵。

此碑的记载，最早见于宋赵明诚《金石录》卷七，文云：“唐灵岩寺颂，李邕撰并行书，天宝元年（742）十一月十五日。”至清代康熙丙子（1696），马大相编纂《灵岩志》时，该碑已弃于寺西北之“神宝废寺右侧荆棘中，沙淤过半矣。乃北海太守李邕之文，但磨灭不能读耳”。乾隆末年阮元编撰《山左金石志》时，碑石已失，屡饬拓工访求未果，时见拓本只存上半，下截已佚。已无碑首及龟趺，断为两截，在鲁班洞中，嵌入洞壁上（今仍存于此处）。此后，该碑录文收入陆增祥《八琼室金石补正》。咸丰六年秋天，何绍基访得此碑，已断为两截，今下半截前九行文字已失。清陆增祥编《八琼室金石补正》也予收录。现存放该碑之地（鲁班洞）应是后人移至此处的。

嘉庆一年正月，黄易岱麓访碑，曾经到过灵岩寺。在黄易的《岱麓访碑图》中有就《灵岩寺》一图，并题跋曰：

岱宗北四十余里为灵岩，古称方山，或曰玉符山。晋僧朗公所辟。过崇兴桥，灵岩寺，西有唐元奘摩顶松、辟支塔。东为藏经阁，嵌蔡卞书，寺后奇峰万笏，密柏浓深。登楼纵目，山翠欲滴，瞻朗公石，宛然一僧。寺中石刻，宋金元最多。余息般舟殿，视工人拓碑，与江秬香、李此山题名金大定二十二年僧义暄书开堂疏之左方。[17]

此外，《岱麓访碑图》中还有《甘露泉》《功德顶》《铁袈裟》三图，也描绘了灵岩寺及周边的景致，黄易的题跋亦多涉及金石碑刻。黄易《岱岩访古日记》中对嘉庆二年正月、二月灵岩寺访碑亦有详细的记载：

［嘉庆二年正月］二十八。北行三十里至靳庄，折而南行，望明孔山宛如弥侧坐。行数里过灵岩胜境坊，山翠扑人，峰攒万笏，浓绿间隐隐古寺。辟支塔、功德顶、让明龛踞最胜处。入寺古碑满目，不能数计。看摩顶松，憩般若殿，视顾仆与僧人拓碑。江秬香与李墦叔侄衣短后易轻屐，鼓兴登山，直上功德顶。狂啸爆竹，声震岩壑，余徒仰视欢羡而已。

［嘉庆二年正月］二十九日。扶杖山行数里，瞻行宫楼阁。至甘露泉坐。朗公石俨然一僧。扪铁袈裟，其上分书三字，下有篆文剥蚀难辨，或云此铸钟未成也，说亦近理。德顶佛座间之字，段赤亭尚未尽拓，石头壁及狮象身皆刻字，巢鹤岩盘道及观音洞宋人刻字最多，会工尽拓之。看滴水岩，积冰如绿玉。驱车出山，宿长城岭。

……

［嘉庆二年二月］初五日。同李墦叔侄乘车返济。秬香赠余李北海麓山寺碑旧拓本，“黄仙鹤”等字尚在，后有米元章题名，亦作北海体，精妙可爱。唐姜遐断碑，书亦古秀，割爱可感也。留顾仆在泰安、灵岩尽拓诸碑，再还济宁。此行所得不少也。[18]

虽然黄易在灵岩寺发现了很多碑刻，但是当时却未找到《灵岩寺碑》，《小蓬莱阁金石目》未见记载。

元遗山二种

札中提及的“元好问二种”，应是指元遗山题刻的两种碑帖拓本，其中一为《超化寺诗碑》，另一尚未考证清楚。

元好问（1190—1257）字裕之，号遗山，世称遗山先生，太原秀容（今山西忻州）人。金末至元时期著名文学家、历史学家。金宣宗兴定五年，元好问进士及第。正大元年以宏词科登第后，授权国史院编修，官至知制诰。金朝灭亡后，元好问被囚数年。晚年重回故乡，隐居不仕，于家中潜心著述。元宪宗七年（1257），元好问逝世，年六十八。元好问散曲虽传世不多，但当时影响很大，有倡导之功。有《元遗山先生全集》《中州集》。

超化寺，全国有多处，一处位于河南省新密市南七公里超化街内，一处位于山东省鱼台县，是著名的佛教圣地。此处的超化寺乃位于河南新密市，西依嵩山，南傍马鬼山，北望青屏，东眺大隗，绿树成荫，景色宜人，素有北方江南之称，是著名的佛教圣地。该寺始建于隋开皇元年（581），唐代达鼎盛时期，僧众两千余人，全国寺院中名列第十五。后逐渐衰落，宋、明、清虽有修葺，但已远不如前。寺内碑碣石刻很多，元好问《超化寺诗碑》是比较知名的一块，但该碑的碑文与《元遗山集》中记载的诗文还是略有不同的。

嘉庆元年九月，黄易嵩洛访碑期间，武亿热情款待，极尽地主之谊，不仅陪同左右共研金石，还馈赠诸多碑刻拓本，其中就包括元好问《超化寺诗碑》。黄易《嵩洛访碑日记》中记载：

[嘉庆元年九月]十九日。至偃师，虚谷已还，饭斋中，纵观金石拓本，及古玉圭、晋刘韬碣石，赠余拓本数十种。同至学宫明伦堂，观所收魏齐至宋元诸刻，是虚谷数十年所致也，补拓数种。秋塍先生至洛阳，书来约余同虚谷往洛。

[嘉庆元年九月]二十八日。秋塍又招友赏菊。虚谷见赠岳䓅寺碑额碑阴，并唐李吉甫等永兴石室题名、超化寺元环山、王黄华等题名拓本数十种。秋塍惠升仙太子碑，及灵㠑山人诗、昊会英才集等书。[19]

三、关于《新锓札》书写时间

此札没有明确的年款。但根据札中所言之事情，以及发现的同时期其他翁氏与黄易的信札和《岱麓访碑廿四图册》中翁方纲、赵怀玉、伊秉绶等的题跋可以作出初步判断。

首先，从“倘得借尊藏灵岩碑赏鉴数月，快何如之？”可知，翁方纲是向黄易在借其所藏灵岩寺碑拓本，以便赏鉴。在故宫藏明清尺牍信札中，有一则《北海札》，即黄易写给翁方纲的一通信札。札中黄易回复了翁方纲的请求“前易遣役入都以北海《灵岩寺碑》呈阅，谅荷垂鉴”。《北海札》的书写时间为嘉庆三年（1798）八月十三日。由此可知，此札的时间是在嘉庆三年八月十三日之前。

前文提及的嘉庆三年三月三日，黄易将所拓《嵩山汉三阙拓本》全幅寄于翁方纲，此处可证此札的时间应该在嘉庆三年三月三日至八月十三日之间。

其次，在《岱麓访碑廿四图册》的题跋中，翁方纲、伊秉绶、赵怀玉均有明确的题跋日期。其中翁方纲的题跋最富，有七处均标明了题跋时间，分别为嘉庆三年二月六日、二月十二日、二月十五日、三月九日、三月廿日、三月、三月二十一日。

时间最早的为嘉庆三年二月六日，《孟子庙》翁跋云：

嘉庆三年戊午仲春六日，适孟博士传樋来京师，与辟雍之典。方纲亦得叨陪桥门作颂之末，欣幸欢感，载笔记之。

题跋中的仲春即日历二月。

《冈山》翁跋云：

予逞来邹县屡矣，而未能与秋盦携手彳亍崖石间。想秋盦是日亦必恨不与予同游耳。然今日得披读所写铁山、冈山诸幅，亦减同游之乐邪，即作。是日，覃溪秋盦同来又何不可，正不必幅幅要倩补书耳。二月十二日识。

《大明湖》翁跋云：

亭名古历下，桥接小沧浪。北渚空秋影，南村忆夜凉。劳君题萨研，绘我拜祠堂。凭几驰千里，苍烟水一方。戊午二月望日，以南村写明湖卷对看。

此处的“望日”即为旧历十五日。

《龙洞》翁跋云：

尝闻雨窗说胜绝，竹灵图叠壁春堆。绣阴崖夜吐珠谁，留书尚溼不比石。堪摹题墨应编帙，从来著录无雨窗。运使每游龙洞归，为予谈其绝胜，尝倩吴所虚图之也。尝闻太湖深处石上有姚希孟手书，又闻陕西昭陵《孔颖达碑》石上有墨书。予间济宁学官墓碑石侧墨题甚多。今见此幅秋盦记崖间开皇三年墨书，若汇编为题墨志，亦一韵事也。秋盦前游嵩少于汉柏木理净白处题字一行，是则出于题石之外矣。戊午春三月九日方纲记于松竹双清书屋。

《开元摩崖碑》翁跋云：

大唐开元十四年岁在景寅九月乙亥朔十二日景戌建。开元磨崖铭，八分书，凡千字，而其后年月楷书一行实为有唐大楷之冠。故缩临此幅之后以粗纪其胜迹。此后有从官姓名其可见者，约尚存三十余行，行七十余字，总计从官姓名可见者约得二千余字。每人名皆空一格书之。燕国公说在焉。内有遥之造碑使某，又有登山舁玉册。官某，皆寸外隶书，此从官姓名拓者极少。予得此拓本志展竟，三椽之屋乃能容之，与铭刻对看甚妙。而秋盦以此拓本随其字势剪装为册寄来，细对尤妙也。秋盦适又寄其前秋游嵩所拓太室、少室、开母三阙全纸巨幅来，挂予斋，通记凡十丈许。邀诸友同观，题记其侧，实天下金石拓本之巨观矣。戊午三月廿日记。

《灵岩寺》翁跋云：

乾隆庚戌年三月，方纲扈跸来此，雨中手拓元遗山题名，而去衣襶尽湿。

时间最晚的为三月廿一日。《后石屋》翁跋云：

戊午春此册寄至苏斋，午阴晓霁对客披赏者两月余矣。愧题六诗拙劣不称此画也。三月二十一日，方纲。

《岱麓访碑廿四图册》中伊秉绶题跋的日期为嘉庆三年四月一日，云：

嘉庆戊午四月朔日，同两峰、小池、味辛、式亭观于苏斋。是日微雨，清气溢襟。汀州伊秉绶墨卿记。

伊秉绶（1754—1815）字祖似，号墨卿，晚号默庵，宁化人。清乾隆五十四年（1789）进士，曾任惠州、扬州太守等职，有惠政。善诗，有《留春草堂集》传世。喜画梅花、山水，尤工书法，揉古隶和北碑之长，古朴奇逸。[20]

《岱麓访碑廿四图册》中赵怀玉题跋《对松山》中亦有明确时间，为四月二十日，赵跋云：

“秦五大夫松”已不可见，后人强以五松名之凿矣。对松山为松之最胜处，盖如云如盖之外又如翠云裘也，记有卞永誉磨厓，笔力殊健。戊午四月廿日题于小聚沙盦。

赵怀玉（1747—1823）字亿孙，一字味辛，晚号收庵，江苏武进（今常州市）人。乾隆四十五年召试，赐举人，授内阁中书，出京署理山东登州、兖州知府。嘉庆年间奔丧回常后，不再出仕。辞官后主持通州石港书院讲席。赵怀玉早年师事卢文弨，长于考据、校勘，工诗，与同乡孙星衍、洪亮吉、黄景仁齐名，是著名的“毗陵七子”之一。[21]

此札中有“谨已逐处涂鸦并拙诗，另写一幅连原布袱呈缴。又尊作《岱东一册》亦题就奉上”之言，为我们提供了一个重要的时间参考节点。

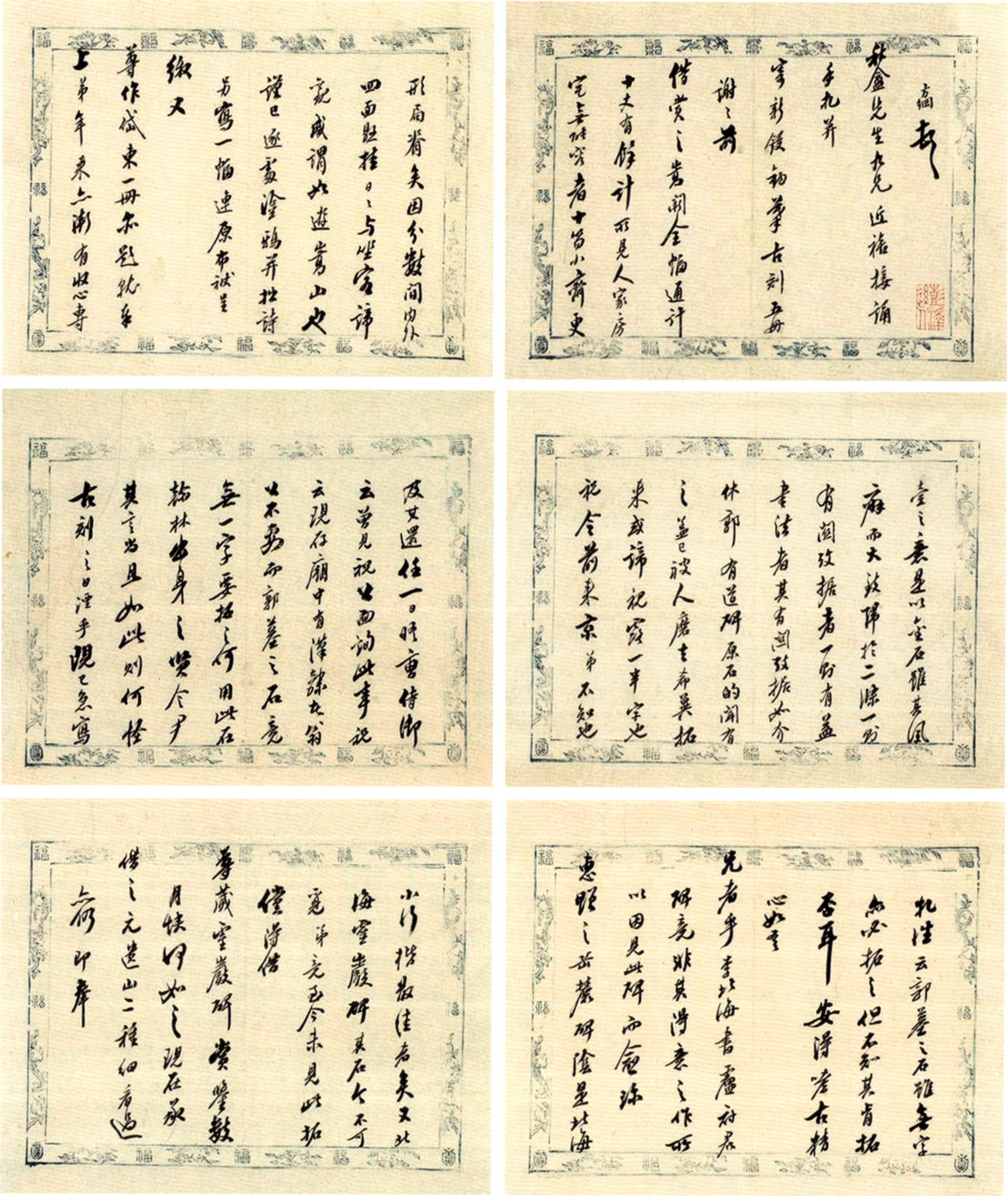

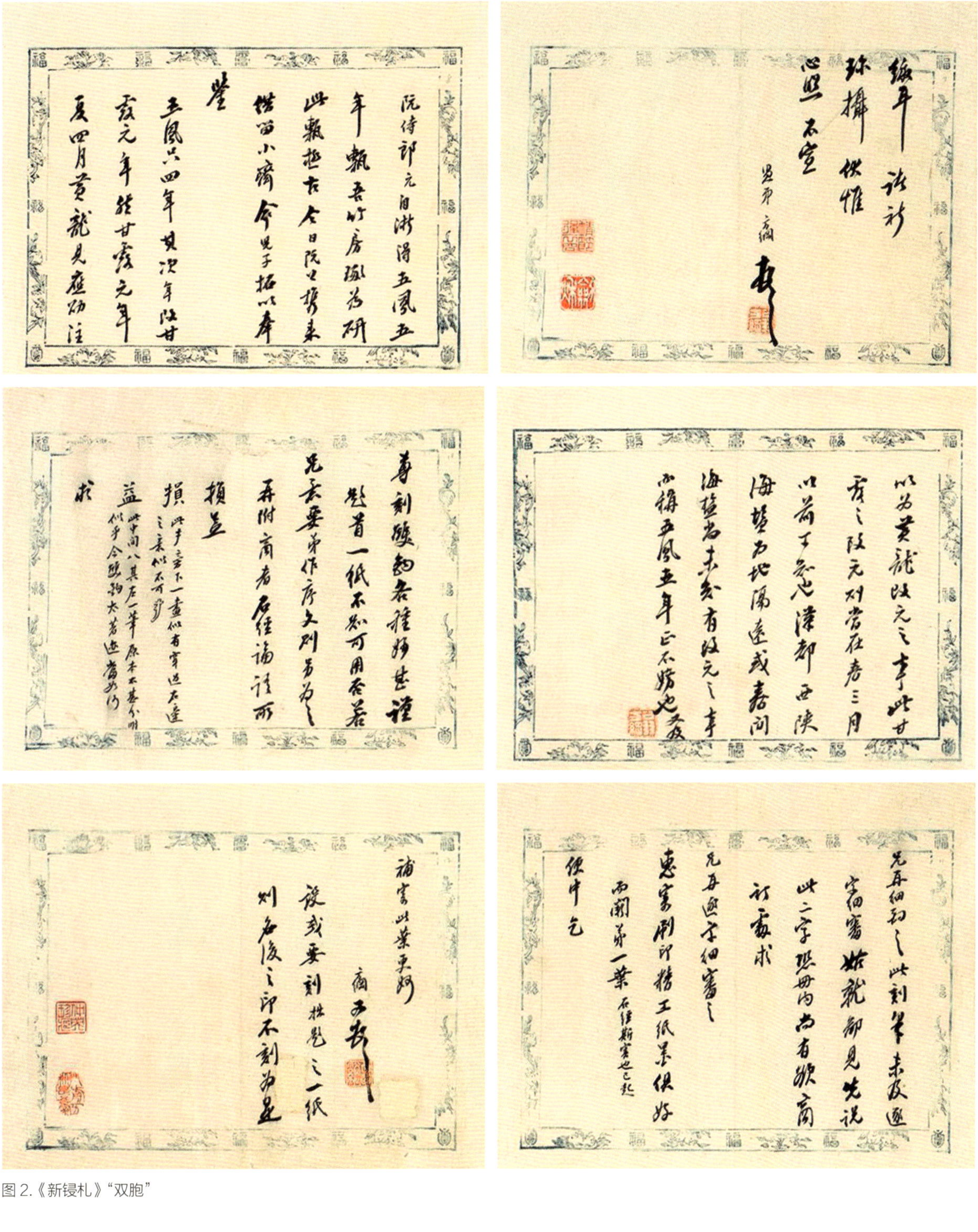

图 2.《新镘札》“双胞”

伊秉绶、赵怀玉与翁方纲的题跋时间十分接近，且三者彼时皆在北京，故当是翁方纲将《岱东一册》奉还黄易之前即已完成的。以此推算该札的书写时间，当是在上述翁、伊、赵题跋后写就的。综上各种材料佐证，翁方纲《新镘札》书写时间应为嘉庆三年（1798）四月二十日之后略晚，即赵怀玉完成题跋之后不久写给黄易的。

无独有偶，2016年北京文津阁国际拍卖有限责任公司的春季拍卖会“文津—中国书画与文房雅玩”专场上，出现了与故宫藏品相同内容的信札。该札不仅与故宫藏品内容相同，且纸张均为福寿信笺纸，样式如出一辙，可谓双胞（图2）。从整体上看，拍品的字迹明显弱于故宫的藏品，且纸张显得较为粗糙，应为晚清民国时期的仿品。

注释：

1. 江秬香，名凤彝，字秬香，钱塘（今杭州）人。嘉庆三年（1798）举人。工隶书。

2.《岱麓访碑图·后石屋》黄易题跋，故宫博物院藏。

3. 秦明主编：《黄易与金石学论集》，北京：故宫出版社，2012年12月，第121页。

4.（清）方若原著，王壮弘增补：《增补校碑随笔》（修订本），上海：上海书店出版社，2008年10月，第62页。

5.（明）胡谧：《山西通志》卷十七，民国二十二年，景钞明成化十一年刻本，第512页。

6.《（光绪）吴桥县志》卷十二，第801页。

7.《（嘉庆）介休县志》卷十四，第352页。

8.《（光绪）汾阳县志》卷十四，清光绪十年刻本，第469−470页。

9. 赵振华：《洛阳古代铭刻文献研究》，西安：三秦出版社，2009年12月，第312页。

10. 马子云、施安昌：《碑帖鉴定》，桂林：广西师范大学出版社，1993年12月，第319页。

11. 张彦生：《善本碑帖录》，北京：中华书局，1984年2月，第130页。

12.（清）方若原著，王壮弘增补：《增补校碑随笔》，上海：上海书画出版社，1981年7月，第590页。

13. 马子云、施安昌：《碑帖鉴定》，桂林：广西师范大学出版社，1993年12月，第307页。

14.（清）孙承泽：《庚子消夏记》，清文渊阁四库全书本，第57页。

15.（明）王世贞：《弇州四部稿》180卷，明万历刻本，第1468页。

16. 马子云、施安昌：《碑帖鉴定》，桂林：广西师范大学出版社，1993年12月，第320页。

17.（清）黄易：《岱麓访碑图·灵岩寺》题跋，故宫博物院藏。

18.（清）黄易：《岱岩仿古日记》，山阴吴氏遯盦金石丛书，西泠印社聚珍版，民国，故宫图书馆藏，第6、7、9页。

19.（清）黄易：《嵩洛访碑日记》，北京：中华书局，1985年，第6−8页。

20. 福建省三明市文化局编：《三明名胜》，福建省三明市印刷厂，1983年7月，第73页。

21. 包立本、陆志刚主编：《常州名人故居》，北京：方志出版社，2006年11月，第25页。麦若鹏：《龚自珍传论》，合肥：安徽大学出版社，2005年7月，第263页。

《黄小松辑释吉金拓本》综述

于 芹

山东博物馆书画部主任

内容提要：黄易是著名的金石学家，但目前学界对他在金学方面的资料公布和研究的较少。山东博物馆藏稿本《黄小松辑释吉金拓本》是研究其金石收藏和金学成就的重要资料，笔者即以其为研究对象，对《拓本》中黄易所拓器物的情况、拓片的数量和来源、名家考释等方面加以介绍，并对相关问题进行探讨。

关键词：黄易 吉金 拓本

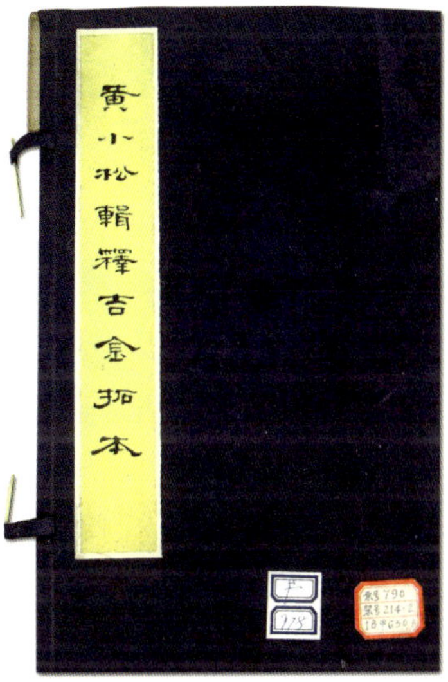

图 1.《黄小松辑释吉金拓本》

金石学的形成始自宋朝，以赵明诚的《金石录》、欧阳修的《集古录》等为标志，逐渐发展起来。元明两代一度衰落。清代乾嘉朴学之风盛极一时，影响深远，人们重读经史，更注重古物的考证与判定。这一时期大量文物出土，为金石考据学的研究提供了物质基础。金石学得以复兴和发展，陆续涌现出大批的金石收藏家和金石学家，把金石学的研究推向了高峰。

山东，又称“山左”，有悠久的历史和灿烂的文化，是中国金石学起源地之一，清代以来臻至极盛，当时所谓“金石学在山左”，诚哉斯言也。清代的山东出现了许多杰出的金石学家，如阮元、毕沅、刘喜海、陈介祺、吴式芬、许翰、王懿荣等，他们收藏之富、考释之精，居全国之首，极大地推动了山东乃至全国金石学的蓬勃发展。这其中，黄易是一位非常耀眼的金石学大家。

黄易（1744—1802）字大易、大业，号小松、秋盦，小蓬莱阁等。官兖州府运河同知，癖金石，精篆隶，工丹青，善诗文，素列“浙西三妙”“西泠四家”“金石五家”之中。乾嘉道时期金石学往往把金、石分开，著录和研究都是独立成书。黄易一生对石刻碑版痴爱，访碑录碑活动贯穿其平生。他在石刻方面有很深的研究，著有《小蓬莱阁金石文字》。对于古器物研究，黄易曾撰《丰润古鼎考》，另外自拓所藏古泉、古镜和古砚，辑为《泉文》四册和《镜铭》《砚铭》。[1]其藏品实际数量，今天已难统计。阮元尝记载黄易："收金石刻至三千余种，多宋拓旧本。钟鼎彝器钱镜之属不下数百，余每过任城，必流连竟日，不忍去。"[2]目前，对黄易在金学方面的资料发表及研究较少。

拓本的流传

山东博物馆藏《黄小松辑释吉金拓本》有助于人们对黄易在钟鼎彝器方面的成就进行了解和认识。拓本集为稿本，共六册，分别为《三代吉金》（上下二册），《汉金文》《魏晋以后金文》，《镜铭》（上下二册）。在《镜铭》的封面钤"采石山房"印。该书中的拓片大多为黄氏所有，有黄小松家旧藏器物拓本，也有从同道处所得，黄小松作了大量考释，翁覃谿、孙渊如、赵晋斋、瞿中溶等对此书也多有考订。[3]

《黄小松辑释吉金拓本》序言为胶州匡源于同治七年（1868）所作，言明拓本在同治年间为浙江归安丁彦臣（1829—1873）所有。丁彦臣为浙江归安（今湖州）人，字研丞、砚丞、筱农等。根据拓本中的题跋情况可以看到：在丁氏之前的1838年至1849年间，拓本为九皋所有，而且九皋还曾对拓本进行了编辑等工作，但是九皋的生平等资料目前还不甚清楚。在丁氏之后，拓本归李山农和李家恺父子。李山农（？—1896），字宗岱，为广东南海（今广州）人，曾任山东布政使等职，后辞官开办在招远开办金矿。李家恺（？—1931）为李山家之子，字道元，光绪二十三年（1897）继承了矿权，于1931年去世。

20世纪五十年代，经由时任山东省文化局局长的王统照介绍，由山东省古代文物管理委员会购买，后拨交给新成立的山东省博物馆保管至今。

所涉及器物

据笔者初步统计，《黄小松辑释吉金拓本》中约有367种古器物的拓片（因有的同一器物有多张拓片，器物数量有待进一步核对）。《三代吉金》（上）目录为74件器物的拓片：钟九、鼎十六、尊三、彝十五、敦十五、鬲三、卣三、盘六、匜四，实际缺少全形倒文钟、叔氏宝琴钟和中驹父匜的拓片，故实有71件器物的拓片。《三代吉金》（下）目录为51器：簠三、簋四、壶二、爵六、觯二、觚二、举一、豆一、盦一、瞿四又一、戈十三、剑五、节一、枪二、削一、钥一、秦量一，实有和书上所注相同。《汉金文》目录为78器：钩四、杂器七十四，实有与目录同。《魏晋以后金文》无目录，实有33器。《镜铭》也无目录，上册有71面镜子、下册有63面镜子。

这些器物，有的是黄易本人所有，拓本中已有注明，有的可借助其他文献考订，比如《黄小松辑释吉金拓本》中永昌椎的拓片。黄易在其尺牍中提及过的，《张廷济录黄易致赵魏诸碑札》（新00069087-12/12）中云："弟新获铜器八稜，似绳鞭流星之类，款曰永昌，当是晋元帝时物，王敦弄兵部时造器，宜有之也，但不知何名，拓本呈请考定。"张廷济注："右黄与赵札五番，经格纸本，纸六行，其所云永昌器即《山左金石志》所载永昌椎也。"永昌椎在阮元著的《积古斋钟鼎款识》中也有记载，《小蓬莱阁金石目》金目中也有著录。

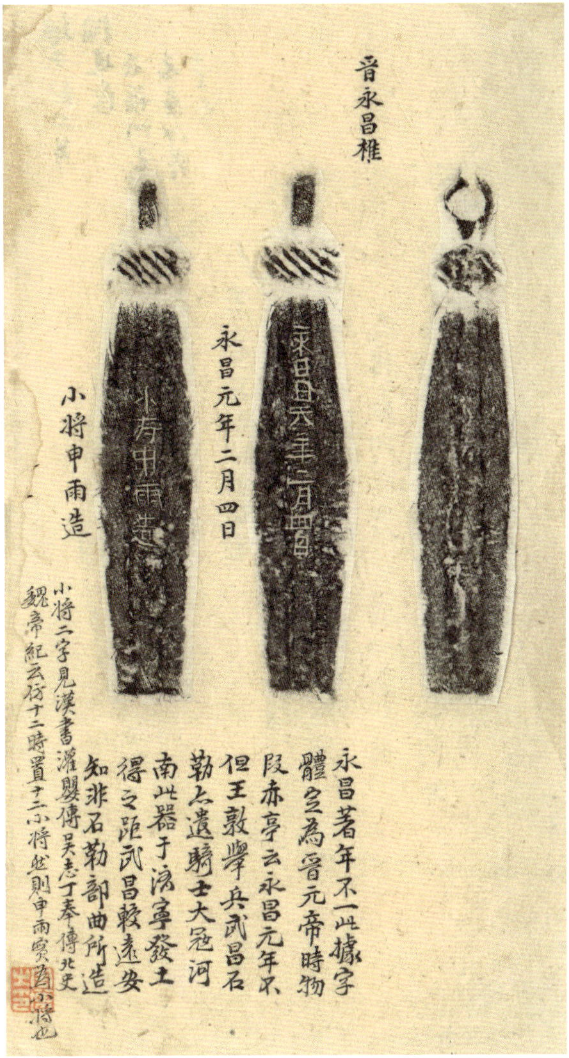

图 2. 永昌椎拓片

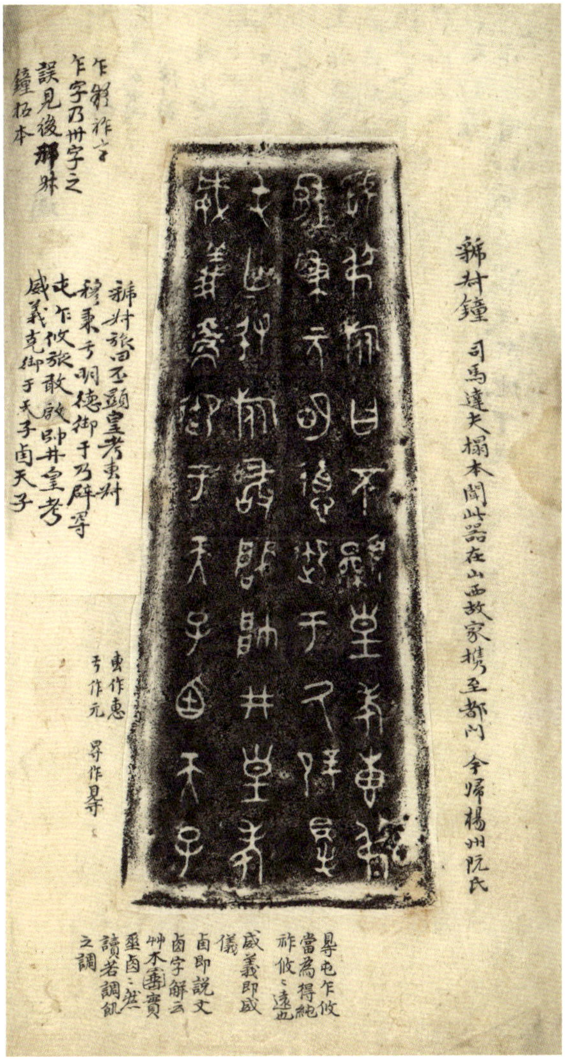

图 3. 虢叔钟拓片

《镜铭》卷多无题识记录所藏，其中一些铜镜属黄易所藏，且为黄小松嵩洛访碑时得到：

市间得汉镜，文曰“宜君乐，乐未央，大富昌”。余苦肝患，医者云“宜散郁乃愈”，读此憬然。[4]

经过核对，此为《黄小松辑释吉金拓本》中的第 36 面，《小蓬莱阁金石目》金目的第 28 面铜镜：“大富昌镜”，篆书。

（龙门）得汉镜。文曰“九子明镜，世异寡双，服者卿公”。[5]

此为《黄小松辑释吉金拓本》中的第 70 面铜镜，金目述及的第 60 面铜镜：“九子镜，隶书，文曰‘九子明镜也，世异寡双，服者卿公’，易得于洛阳董氏。”

祥符所得唐镜，文曰“仙山并照，智水齐名，花朝艳采，月夜流明，龙盘五瑞，鸾舞双情，传闻仁寿，始验销兵”共八言，“销兵”既兆，楚贼即平，可庆也。[6]

此为《黄小松辑释吉金拓本》中的第130面，金目第81面镜子，记录为：仁寿镜，正书。

《黄小松辑释吉金拓本》中，很多拓片的原器都不归黄氏，黄氏只是收藏有拓片，但注明了器物收藏者，如“郑叔鬲”为番禺中翰毅堂收藏，“北齐刘显造像”为翁太史宜泉收藏。书中对器物的流传也有叙及，如《小蓬莱阁金石目》金目没有注明虢叔钟的收藏者，而《黄小松辑释吉金拓本》中则注明：“司马达夫拓本”，“闻此器在山西故家携至都门，今归扬州阮氏”。又如“贞观赵婆婆等造像铜刻”，拓本上云：“铜面鎏金刻浅难搨，青州于秀才物，今归张刺史度。”这些成为研究乾嘉时期金石器物出土、归属和流传情况的重要资料。

拓片的来源

《黄小松辑释吉金拓本》中拓片的来源很多，主要有：

一、黄易本人的拓片。包括家藏拓本，如“邢叔钟”“司成颂敦”“虢仲敦”“郜遣敦”“寺季敦”等都是其家藏拓本，另外还包括黄易本人从济宁、西安、孔庙等地得到的。如《黄小松辑释吉金拓本》魏晋册中的“隋开皇造像”，黄易注明“隋开皇造像得于曲阜”。“北齐丁亮造像”，为黄氏“嘉庆三年（1798）九月得于济宁”，此拓在《小蓬莱阁金石目》上没有著录。

二、友人赠送或交换的。如“北齐宫江期造像”为“宁武杨杏川令滕县得此见惠”。“货泉范”为“慈谿郑三云所赠”。“大泉五十范”拓片黄易藏多种，其中一种为“吴江陆古愚所惠”。“永元洗”为“洪洞李君佩所惠”。

又如“晋釜”拓片，《小蓬莱阁金石目》上注明为“河南偃师县韩太初收藏”，《黄小松辑释吉金拓本》则注明“偃师新出虚谷拓寄”，钤“武氏金石”章。武亿，字虚谷，河南偃师人，对典制、礼制、金石等六类都非常精通。他是1787年修复汉代武氏祠的资助者之一，与黄易私交很好，黄易赴嵩洛访碑时，曾得到武亿的帮助。晋釜是由河南偃师县韩太初收藏，武亿拓后寄与黄易。

再如《黄小松辑释吉金拓本》中“隋仁寿造像”拓片，为“陆古愚从济南购赠”。钱泳在《履园丛话》中记载过与黄易和陆古愚为金石同道：

嘉庆庚申（1800）四月，余由水路入京，泊南池，是时灵石何兰士亦为巡漕御史，钱塘黄小松为运河司马，同在南池会饮者三日。小松出示所藏金石图书，与州人李铁桥、山西刘镜古、吴江陆古愚同观，为一时佳会云。

本馆藏陆古愚所拓《汉瓦当拓本》，即黄易为题签。

《黄小松辑释吉金拓本》中赵义成造像拓片注明“垂拱二年赵义成造像何梦华得于曲阜”，钤“何元锡印”。而不知何因，笔者核对国家图书馆藏何梦华帮助整理校订的《小蓬莱阁金石目》金目，此件拓片却不在其中。国家图书馆存的《小蓬莱阁金石目》金目“晋”部分系抄稿本：“《小蓬莱阁金石目》二种，手稿本，清钱塘黄易小松撰。是书为秋盦于清乾隆辛巳（乾隆二十六年，1761）抄，并以后增订之本。”[7]也许，在《小蓬莱阁金石目》编辑成书并流传在外后，黄氏才得到了此拓，黄氏在《小蓬莱阁金石目》金目原稿本上是否增

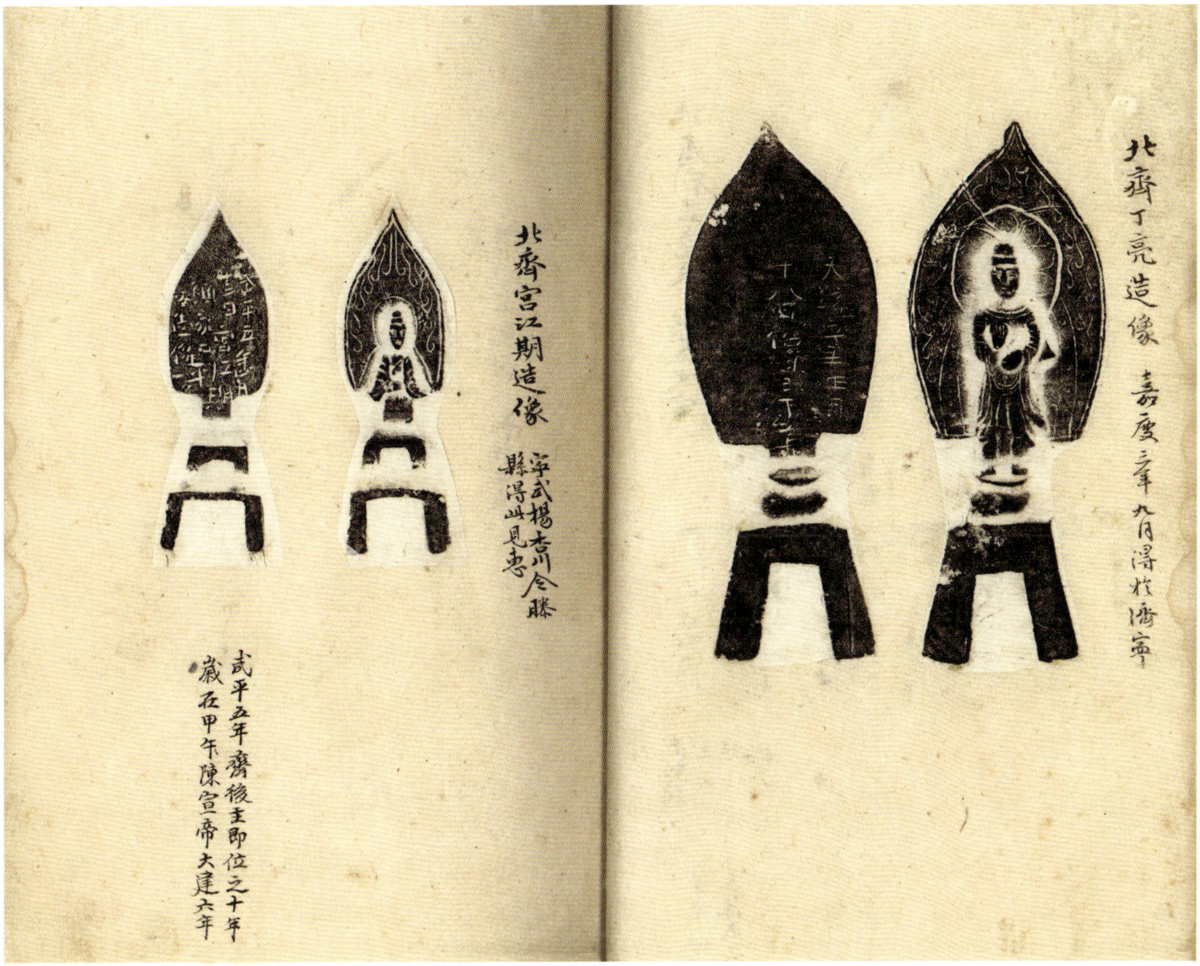

图 4. 北齐宫江期造像拓片和北齐丁亮造像拓片

补了此件不得而知。

三、值得注意的是，拓本集中含有黄氏之后羼入的拓片。笔者核对了《黄小松辑释吉金拓本》与《小蓬莱阁金石目》金目，“后吴金文”之前的器物大致相同，只有个别《小蓬莱阁金石目》金目上的器物在《黄小松辑释吉金拓本》上找不到，而据笔者初步统计，《黄小松辑释吉金拓本》则比金目超出近六十件器物的拓片。比如《镜铭》部分，金目上只有一件“清明镜”（文曰“鍊冶银□清而明，以之为镜宜文章，延年益寿而吉祥，与天毋极而日月光，随园袁氏拓本。”）在《黄小松辑释吉金拓本》上没有找到，而拓本集则比金目多出了 20 多面铜镜。

拓本集比金目多出的这些器物拓片，有的确系黄易所辑，比如前文中提到的“隋开皇造像”“北齐丁亮造像”和“赵义成造像”拓片等，黄易亲笔注明了拓片的来源等情况。但《黄小松辑释吉金拓本》在流传过程中，也有黄氏之后的拓片羼入。比如以下几件器物因是黄易过世之后的道光年间出土，肯定系后人羼入拓本集的：

“大保鼎”拓片。题：“道光十六年出梁山土中。”铭文：“大保铸。”印：“周增之印”“吉金乐石”。

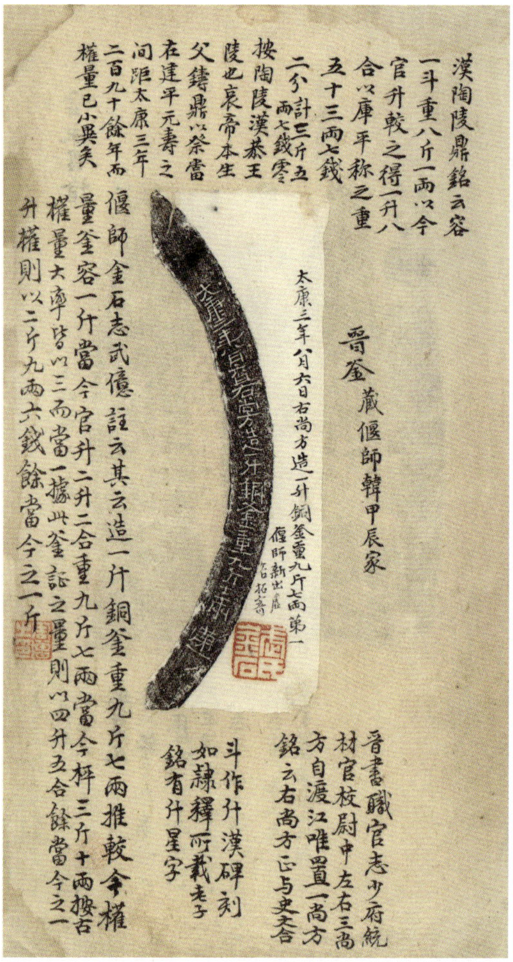

图 5. 晋釜拓片

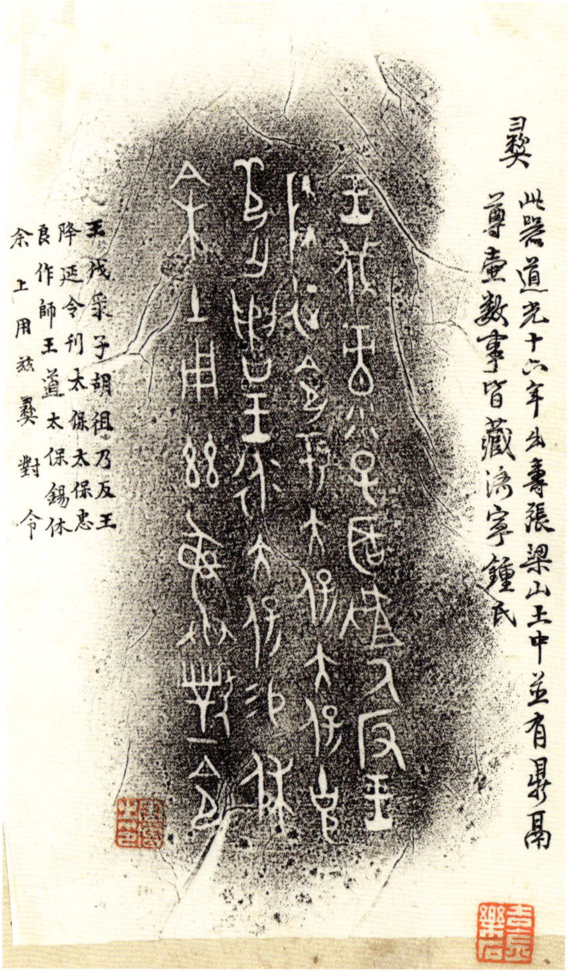

图 6. 大保彝铭文拓片

“大保彝”拓片。题：“彝，此器道光十六年出寿张梁山土中，并有鼎、鬲、尊、壶数事，皆藏济宁锺氏。”印：“周增之印”“吉金乐石”。

“大保鼎”和“大保彝”就是著名的“梁山七器”之中的两件，大保鼎现藏天津博物馆，大保彝现名大保簋，藏美国华盛顿弗利尔美术馆。《捃古录金文》《殷周金文集成》都曾著录过，很多学者对大保彝做过研究，比如唐兰。[8] 李学勤也有论文提及。[9] 大保彝的铭文为 34 字，《黄小松辑释吉金拓本》上的释读应为周增所作，周增识为：“王伐录子胡徂乃反王降延令刊大保术保忠良作师王道大保锡休余上用兹彝对令。”学者对铭文释读不一，陈梦家尝识为：“王伐录子㱿，𠭯厥反，王降征令于大保，大保克，敬亡遣，王辰大保易休余土，用乍兹彝对令。”[10] 这两件拓片虽为黄氏之后的，价值也非常高。

“宋公戈”和“宝用剑”拓片上注明为道光年间所拓，此两件也明显非黄氏所有。《黄小松辑释吉金拓本》比金目多出的近 60 件拓片，究竟多少属黄氏所有，有待进一步核对。

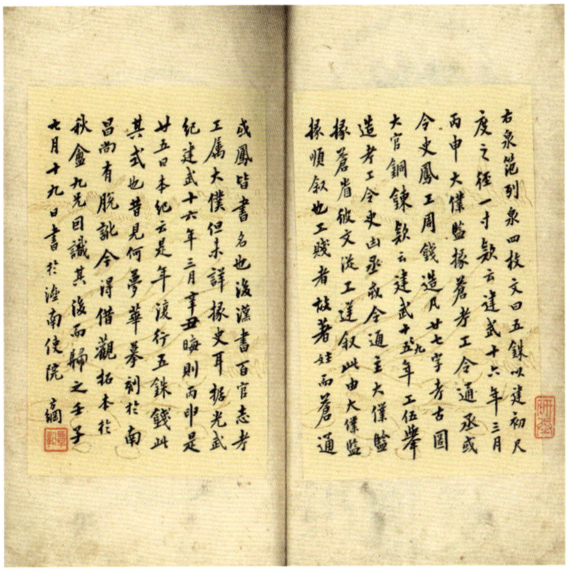

图 7. 翁方纲的考释

名家的考释

《黄小松辑释吉金拓本》上，有众多金石学家的考释。

与黄易同时代的翁方纲在拓本上作过多处考释，其中篇幅比较长的是对“五铢钱范”的考释。翁方纲考释云：

右泉范，列泉四枚，文曰“五铢”，以建初尺度之，径一寸。款云：“建武十六年三月丙申，大仆监掾苍、考工令通、丞或、令史凤、工周钱造。”凡廿七字。《考古图·大官铜鍊款》云：“建武十九年，工伍举造，考工令史由、丞或、令通、主大仆监掾苍省。”彼文从工逆叙，此由大仆监掾顺叙也。工贱者，故著姓；而苍、通、或、凤，皆书名也。《后汉书·百官志》考工属大仆，但未详掾史耳。据《光武纪》建武十六年三月辛丑晦，则丙申是廿五日。《本纪》云：“是年，复行五铢钱。”此其式也。昔见何梦华摹刻于南昌，尚有脱讹。今得借观拓本于秋盦九兄，因识其后而归之。壬子七月十九日，书于济南使院。方纲。

钤“覃谿”印。《清史稿》载：“翁方纲，号覃谿，大兴人，乾隆壬申进士，选庶吉士，授编修，擢司业，累至内阁学士……尤精金石之学，所著《两汉金石记》，剖析毫芒，参以《说文》《正义》考证至精。”他与黄易乃金石挚交。壬子为乾隆五十七年（1792）。查《翁方纲年谱》，是年，翁氏六十岁，于六月按试济南。《翁方纲年谱》提及七月二十二日，即翁氏作上述考释的第三日：

是日，黄易以汪由敦缩临《兰亭》属先生题尾。先生“不揣弱劣，辄亦效作于后”，并有跋自临小字《兰亭》后。[11]

《黄小松辑释吉金拓本》上除黄易等金石同好的考释外，黄氏过世后拓本集又经许多金石学家收藏和过眼。道光年间，九皋将《积古斋钟鼎款识》提及的器物的相关论证录在拓本册上，并有自己独到的见地。其后，值得一提的是李山农和李家恺父子。

在拓本集《三代吉金》下册中的“豆”，即黄易题为“都门吴鲁峰物”，《小蓬莱阁金石目》中有载。《积古斋钟鼎款识》对这件“豆”的考释为“柬彝”，认为是练祭之器，此器积古斋释作“柬彝”。柬为柬，按拓本中有点，当释作“柬”字，柬即柬字，见《汗简》所引《义云章》。柬字从柬，知古柬作柬也。柬，练之省，《礼记·曾子问》云：“主人练祭而不旅。”此曰“柬彝”，是练祭之器。彝，象形之字也。钤“周增之印”，应为周增所录。右半叶有一考释为：

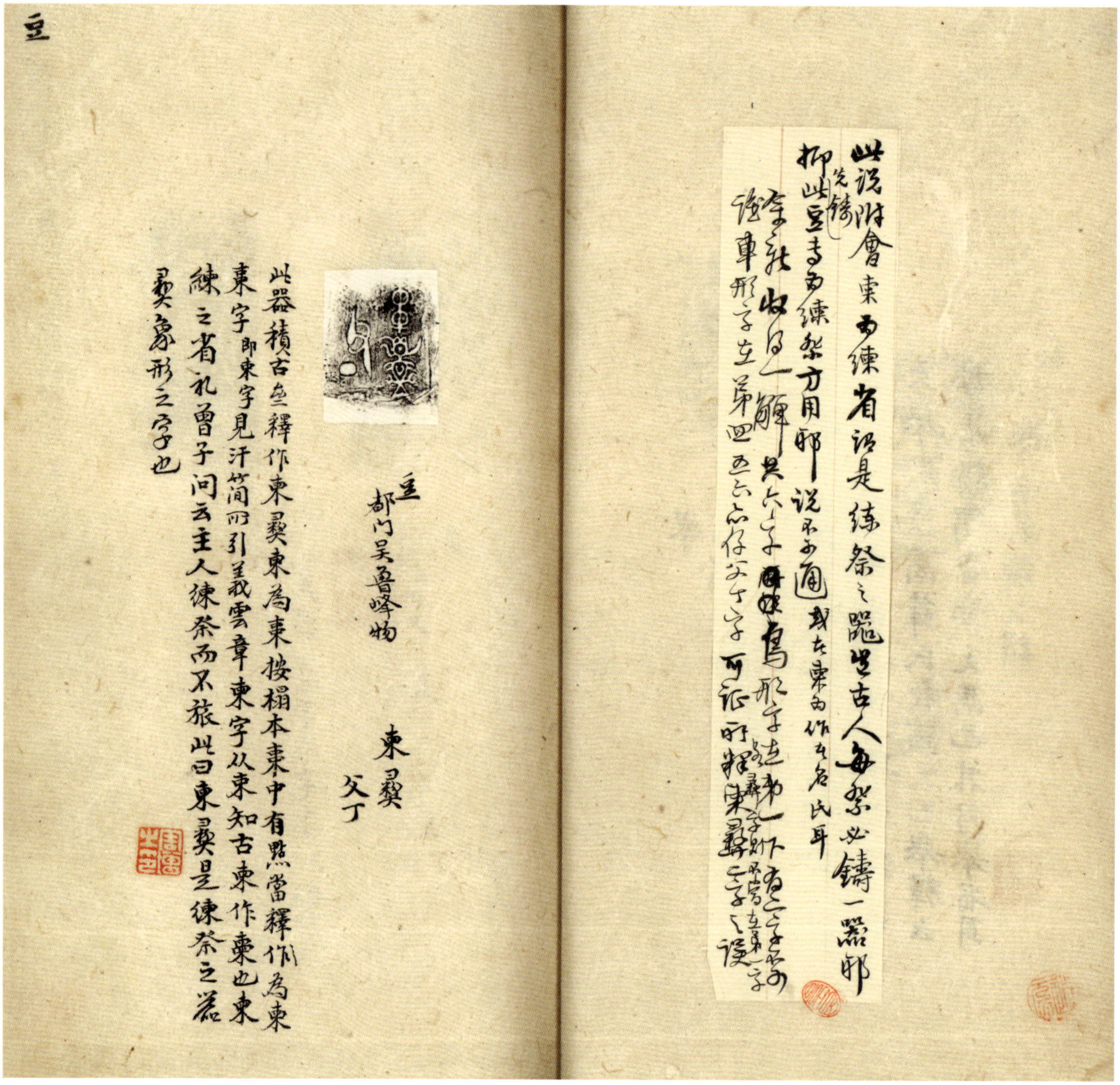

图 8. 关于豆的考释

此说附会“柬”为练省，谓是练祭之器。然古人每祭必铸一器耶？抑先铸此豆专为练祭方用耶？说不可通。或者“柬”为作者名氏耳。余新收得一觯，共六字，鸟形字在第一，下有二字，不可识。车形字在四、五、六，亦存父丁字。可证“柬彝”二字之误，若彝字则不可，当在第一字。

钤“景良”印。该考释为李宗岱所作。李宗岱（？—1896）字山农，南海（今广州）人。前面提及的“梁山七器”中有五器经李山农收藏，其手稿《宝彝堂收藏金石目录》著录他收藏有四百余件钟鼎彝器。他不仅收藏，还擅长金石考据，以上考释是李山农从丁彦臣处借观《黄小松辑释吉金拓本》时所作。

李山农之子李家恺，即道元，有些考释也颇有见地。比如父巳觚，在拓本册的目录中也有，正文中也贴有拓片，但无黄氏的笔迹。道元作题记曰："此伪刻，字尤恶劣，并无小松别驾题字，其为后人羼入无疑。道元记。"经查，《金目》中果然没有这一件。

总之，《黄小松辑释吉金拓本》所涉器物颇多，所提金石名家众多，对于文物的研究、对于清代金石学发展的研究，都具有极其重要的参考价值。拓本流传日久，很多问题尚不明晰，比如拓本集中黄小松藏器的数量、器物目前的归属、黄小松藏拓的数量、拓工的情况、拓本集收藏者与黄氏的关系、拓本的流传过程等问题，都有待于进一步深入研究。

注释：

1. 参见鲍康：《为王廉生农部题黄小松泉册》，孙殿起：《贩书偶记》，北京：中华书局，1959 年 8 月，第 261 页。

2. (清)阮元：《小沧浪笔谈》(卷三)，《丛书集成初编》，商务印书馆，1936 年。

3. (清)黄易：《黄小松辑释吉金拓本》。

4. (清)黄易：《嵩洛访碑日记》九月六日，北京：中华书局，1985 年，第 1 页。

5. (清)黄易：《嵩洛访碑日记》九月二十六日，北京：中华书局，1985 年，第 8 页。

6. (清)黄易：《嵩洛访碑日记》十月八日，北京：中华书局，1985 年，第 10 页。

7. 谢国桢：《江浙访书记》，北京：生活·读书·新知三联书店，2007 年 9 月，第 19 页。

8. 唐兰：《西周青铜器铭文分代史徵》，北京：中华书局，1986 年。

9. 李学勤：《纣子武庚实禄父与大保簋》《甲骨文与殷商史》新二辑，上海：上海古籍出版社，2011 年。

10. 陈梦家:《西周铜器断代》(二),《考古学报》(第十册)1955 年。

11. 沈津:《翁方纲年谱》，台北:"中研院"史语所，中国文哲专刊 24，2002 年 2 月。

故宫藏与黄易相关之晋唐碑帖拓本概述

尹一梅

故宫博物院研究馆员

内容提要：黄易嗜好金石，是金石收藏大家。他亲自访碑于古迹与荒野中，得汉魏碑刻拓本颇多，研究者也更偏重对其这部分收藏的研究。本文将现存故宫与黄易相关的晋唐碑帖拓本作一梳理介绍，通过对这些拓本题签、题跋的释读，厘清是本来源、经历，旨在为研究黄易的收藏理念、交友范围、金石嗜好程度及鉴定水准等，提供更多的研究资料。

关键词：黄易　碑刻　墓志　刻帖　印章问题　“小蓬莱阁”印

黄易是金石收藏大家，他收存的拓本极为丰富，人们也更关注经其鉴藏的汉魏时期刻石，而对于晋唐时期所镌的拓本则研究不多。本文对于现存故宫、曾经黄易鉴藏或与其相关的晋唐刊刻拓本予以总结概要，目的是提供些新资料作为大家深入研究的补充材料，并通过题签、题跋等了解拓本的流传经历及朋友交往等情况。

故宫有黄易题签、题跋或钤署其名印章的晋唐时期碑帖拓本十六件，包括碑刻、墓志、造像、刻帖等几类，以下分类介绍：

一、碑刻

（一）清乾隆拓西晋齐太公吕望表碑册（新45360）

碑晋太康十年（289）立，卢无忌撰文。碑文内容记太康二年（281) 在汲家冢发现竹简书周志部分记文，周文王与姜太公吕望同梦相见之事。竹简发现于吕望乡里，太公裔孙、县令范阳卢无忌为颂扬太公高德，使其传颂久远，修复旧祠镌石勒碑纪念。碑额隶书“齐太公吕望表”六字；碑阳文字有界格，二十行，行三十字；碑阴漫漶甚重，准确行字不可记。石原在河南汲县太公庙内，明代断裂为二，明万历年间移置府治，后失佚。清乾隆五十一年（1786）、五十六年（1791）时，黄易先后访得两块残碑石，《小蓬莱阁金石目》有著录。此碑承袭了汉碑遗风，字形宽扁，结体端秀，但起笔已显魏晋时期书法风格。刘熙载《艺概·书概》言：“晋隶为宋、齐所难继，而《孙夫人碑》及《吕望表》尤为晋隶之最。论者以其峻整超逸，分比梁、锺，非过也。”[1]

朱翼盦捐赠故宫藏本，清乾隆拓，黄易旧藏。毛装，38页，墨纸半开尺寸纵30.6厘米，横14

图 1. 清乾隆拓西晋齐太公吕望表碑册

厘米。有嘉庆四年（1799）刻跋。黄易题签“齐太公吕望表并碑阴”，钤“小松所得金石”印。（图 1）

（二）明拓前秦郑能进立邓太尉祠碑册（新 74058）

亦称《邓太尉祠碑》。前秦建元三年（367），冯翊护军郑能进刻石（清洪亮吉定进字为远字）。隶书，十九行。碑原立陕西蒲城东北二十公里左右阿村邓公祠，1972 年入藏西安碑林博物馆。碑文记载了冯翊护军所辖的五部城堡和部族，并详列了军府将名，为研究前秦时冯翊护军所辖的少数民族部族关系及关中地区少数民族聚居情况提供了重要资料。邓太尉，后人多认为系曹魏时的邓艾，魏棘阳人，字士载。官历南安太守、城阳太守、汝南太守。因辅佐司马懿拒蜀有功，赐关内侯。

碑文隶书，九行，行二十九字，后有题名两截。其书用笔瘦劲，起笔多棱角，转折方正。收笔多燕尾，波挑明显。结体方整宽博，隶书带有楷意，体现了由隶变楷过渡期的风格。

此拓本是与《广武将军碑》之合册，外签西蠡题，西蠡为费念慈号。[2] 内签沈树镛题一，邓传密题二，刘燕庭题一。沈树镛题注及跋文共七段。[3]《邓太尉祠碑》裱在拓本后部，明拓，碑阳六开，题名五开。墨纸半开纵 25.6 厘米，横 12.9 厘米。钤“沈树镛同治纪元后所得”“沈树镛”“沈树镛印”“郑斋”“松江沈树镛郑斋考藏金石文字印”“沈树镛郑斋鉴藏印”“熙载平生珍赏”“汉画室”“东武刘燕庭氏审定金石文字”等印。同治六年（1867）七月沈树镛跋，简述了《广武将军碑》拓本的来历，并对《邓太尉祠碑》有评价：“右

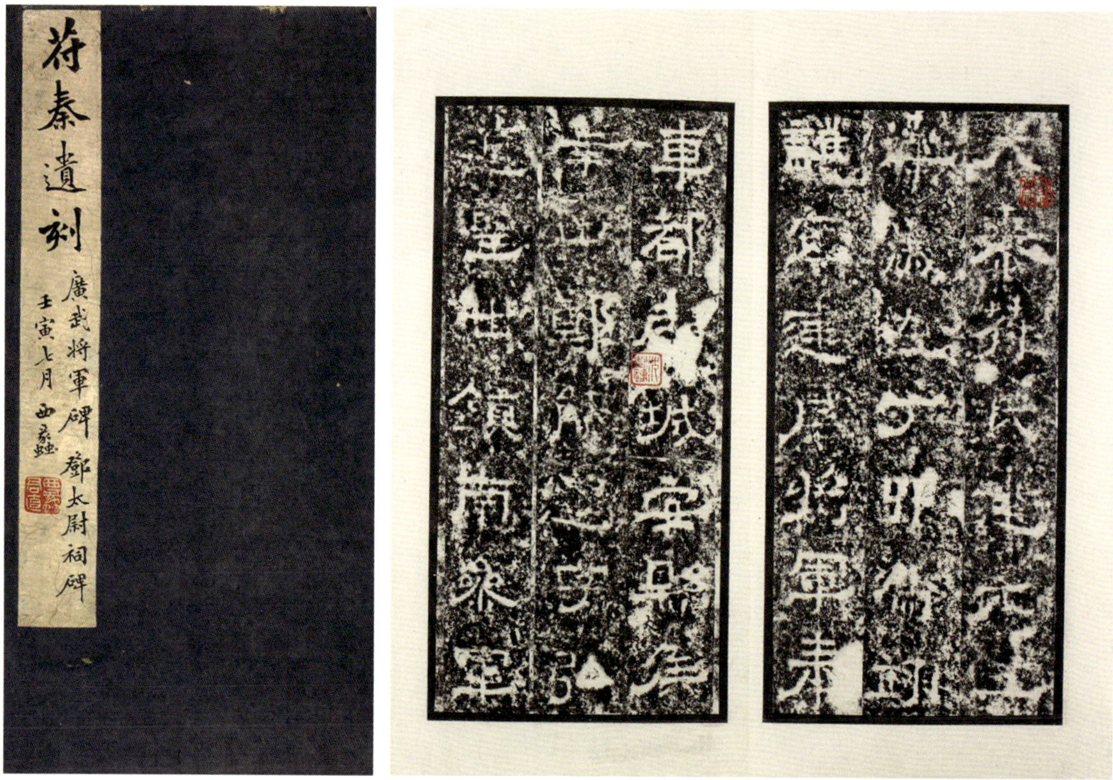

图 2. 明拓前秦郑能进立邓太尉祠碑册

苻秦广武将军碑，洛阳董金瓯故物，后归武虚谷大令，与《仓颉庙碑》合装（董氏旧有题签，附装仓颉庙碑册内）友人在中州得于武氏后人，携至京邸，余以元人马文璧画卷易之。其邓太尉祠碑，乃黄秋盦所藏旧本，尚字字可读，近拓则模糊不可辨矣。”据跋文，《广武将军碑》原与《仓颉庙碑》合装，沈树镛同治六年（1867）七月书跋时，已与《邓太尉祠碑》合装。而据费念慈所书外签，光绪二十八年（1902）时，拓本在费氏手中。（图 2）

（三）清拓梁骠骑将军始兴忠武王碑轴（新121664）

亦称《始兴忠武王萧憺碑》，是南朝梁始兴忠武王萧憺的墓碑，普通三年（522）立碑，碑在南京尧化门外栖霞镇甘家巷西新合村。碑形制高大，高 445 厘米，宽 160 厘米。东海徐勉撰文，吴兴贝义渊书，郜元上石，房贤明镌刻。碑额、碑文皆楷书，额“梁故侍中司徒骠骑将军始兴忠武王之碑”十七字，碑文三十六行，行八十六字。碑原有字约三千，后石漫漶，字迹损泐过半。碑首刻浮雕蟠螭，额下有穿，碑侧刻鸟兽纹饰。原有碑亭覆盖，抗日战争期间被毁，1957 年重建碑亭保护。

萧憺（479—522）字僧达，梁文帝萧顺之子，南兰陵（今江苏常州西北）人。官荆州刺史、侍中中抚将军等，封始兴郡王。统军时乏粮，其励精图治，广屯田，节省力役，为民所颂。普通三年（522）薨，时年四十五，谥号忠武，追封侍中司徒骠骑将军。此碑是有代表性的南朝碑刻之一，

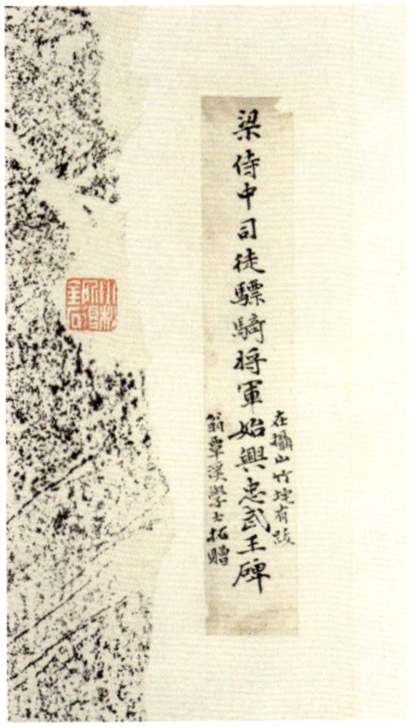

图 3. 清拓梁骠骑将军始兴忠武王碑轴题签

书法极具姿致，对后世影响较大。

黄易旧藏清拓本，整幅轴装，白花绫镶边，墨纸尺寸纵 341.6 厘米，横 133.8 厘米。“贝义渊”之“渊”字只损左下角。外签伏庐署题，伏庐是陈汉第字，后由其所藏。内签黄易书，称“翁学士拓赠”，从此可知应为翁方纲官内阁学士时赠予。钤印“小松所得金石 ”二方。（图 3）

（四）清乾隆拓东魏李仲琁修孔子庙碑（新 93584）

碑刻于东魏孝静帝兴和三年（541）。篆书题额，王长孺书碑。书法奇特，杂糅大篆、小篆、分隶于楷书之中。历代书家、金石家对其书法风格褒贬不一，清杨守敬《平碑记》云：“魏碑固多隶体，此更纯以篆隶之字参杂其间，尤多别体。顾亭林深恶之，且其笔法亦不甚佳，非真得篆隶之髓者，姑且录之以备一格。此评谬，此碑绝佳。”[4] 康有为《广艺舟双楫》言：“如乌衣子弟，神采超俊。”[5] 碑现存山东曲阜孔庙。

此为清乾隆拓本，整幅，碑阳、碑阴各一纸，白纸托裱，墨纸尺寸纵 210 厘米，横 83.5 厘米。六行“惠和”之“和”，仅损右面一竖及底横，八行“尚想伊人”之“尚”字“口”完好。墨色虽然浅淡，却系精拓。外签“东魏李仲琁修孔子庙碑”及“东魏李仲琁修孔子庙碑阴”，未署名款。内签“李仲琁修庙碑　兴和三年”，黄易题署。钤印“小松所得金石”。（图 4）

（五）清乾隆拓北齐天柱山铭册（新 45361）

北齐天统元年（565）刻，系山东云峰摩崖刻石群中的一块，为郑述祖探寻父亲郑道昭遗迹时所刻。郑述祖自撰并书，隶书二十行，行二十三字。字体方整，具汉魏遗法。杨守敬《平碑记》云：“与所书《夫子庙碑》不甚同，彼以秀雅，此以雄厚，大抵皆去正书不远。语以汉法，则毫未有也。”[6] 郑述祖系郑道昭之子（485—565）字恭文，河南荥阳人。北齐宣帝天保年间，累迁太子少师，仪同三司，兖州刺史，迁光州刺史。好属文，继父学工书法。

此清拓本，毛装，剪裱。蓝色封面上题签为黄易书写：“天柱山铭　北齐天统元年光州刺史郑述祖作　第一精拓本”。拓本题额两开“天柱山铭”四字，文七十八页。隶书。墨纸半开尺寸纵 26.5 厘米，横 13.7 厘米。钤印“小松所得金石”“西海许大甄校石刻文字”。朱翼盦及家属捐赠。（图 5）

（六）清拓唐房彦谦碑（原新非 45368）

唐贞观五年（631）三月二日立碑。碑额篆书九字“唐故徐州都督房公碑”。碑阳隶书三十六行，行七十八字；碑阴十五行，行十三字；碑侧三行，李百药撰，欧阳询书。房彦谦字孝中，唐太宗宰相房玄龄之父。贞观五年（631）房玄龄奉父亲灵

图 4. 清乾隆拓东魏李仲璇修孔子庙碑

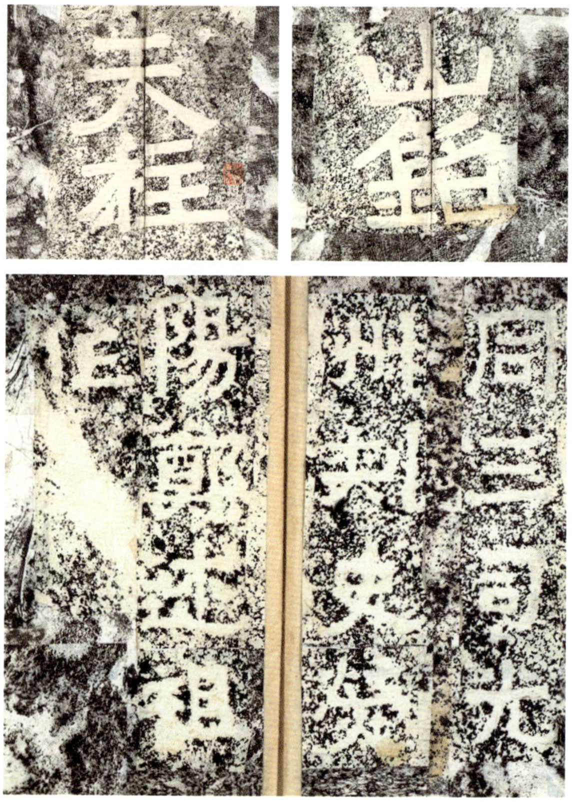

图 5. 清乾隆拓北齐天柱山铭册

柩由泾阳归葬故乡齐州赵山之阳（今山东济南市东郊），请太子右庶子李百药撰写碑文，又请太子率更令、弘文馆学士欧阳询书丹，刻石立碑于其墓前。明清早期拓本多不拓碑阴、侧，乾嘉拓本始见。

此清拓本，整幅未裱，补有碑额、碑阴及碑侧。由于并非一次拓成，因而有墨色不同之别，所补拓片墨色浅淡，为近拓。拓片背面黄易题签“临淄公房彦谦碑旧拓本并阴”几字。钤“小松所得金石”印。对于此碑拓本记载，张彦生《善本碑帖录》言，明拓本末二行“喜邦”之“喜”字笔画完好。此拓“喜”字笔画虽已损坏，然拓片背部黄易题签定该本为“旧拓本”，亦确系黄易笔记。黄易主要活动时间在乾隆年间，因此据题签，此拓本时

代当在乾隆以前。（图6）

（七）清拓唐尉迟恭碑册（新115503）

唐显庆四年（659）立碑，许敬宗撰文，无书者姓名，有王知敬书说。额篆书“大唐故司徒并州都督鄂国忠武公之碑”十六字，碑文楷书四十一行，行七十八字。碑石明代出土时即上半损甚，只五百余字可识。书法俊伟精严，结体方正匀整，却无板滞之弊。

此清拓本，拓工精湛，存碑文近六百字。墨纸十五开，半开尺寸纵26.5厘米，横14.5厘米。有乾隆十九年（1754）孙文霶跋文，知拓本得于乾隆十八年（1753），购买自陕西客，售者言此拓本拓自长安令杨文玢处。

裱边有嘉庆三年（1798）九月毕以珣篆书观款。毕以珣（1757—1836）又名以田、亨，字东美，号恬溪、九水，山东文登人。清代著名经学家、渊如学派的重要人物。出身官宦书香之家，嘉庆十二年（1807）中举，后任江西安义县知县，补崇义县知县，年八十卒于官。其为官清正，忠于职守。在群经典籍、天文地理、音韵训诂正义诸方面，有精辟论述。有《九水山房文存》《经训杂记》《孙子叙录》《古文尚书经传释疑》《新十三经叙录》《东昌府志》等著作。据观款，毕以珣四十二岁时观摩此拓本，当时还未步入仕途。

黄易跋文一段，写于嘉庆四年（1799）十一月，时年五十五。述明赵崡《石墨镌华》云此碑碑额以下已无字迹，该本则存字数百，以正其说。另是本原无碑额，由其补全。拓本从山东青州寄来，邮寄人为于文学（获古）。黄氏书写此跋的地点在济宁“运河官署”。拓本前附页钤印“中涵手装”，说明是此人装裱完成。外签未署名，后附页黄易

图6. 清拓唐房彦谦碑

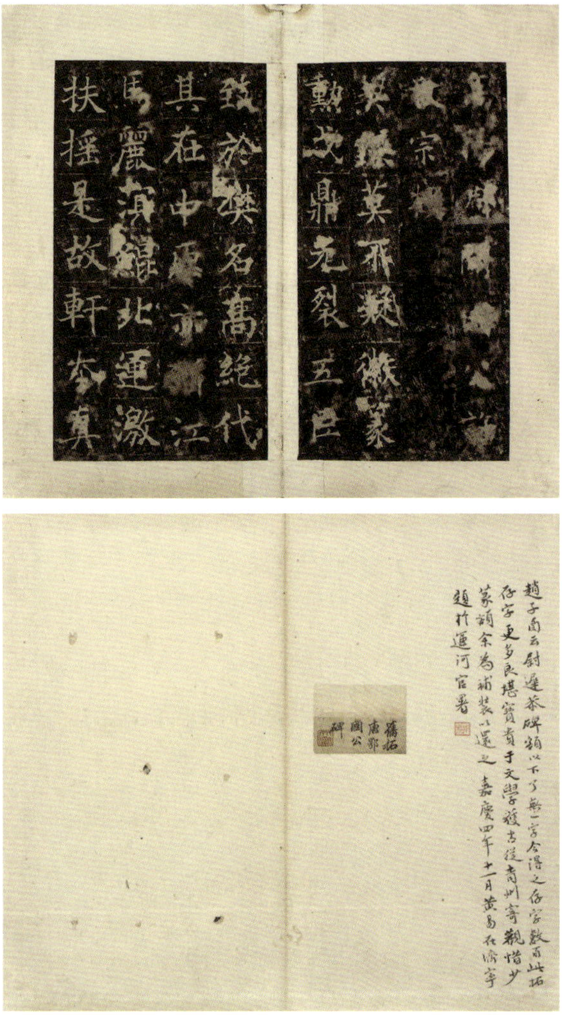

图 7. 清拓唐尉迟恭碑册

跋文后粘附旧书签一张。（图 7）

（八）清拓唐汉忠烈纪信碑（新 45364）

唐武周长安二年（702）立碑，隶书。碑阳二十三行，行四十一字，连同款署共九百零一字，碑阴三百四十三字。立碑者为当时的荥阳令孔祖舜，由唐代书法家卢藏用篆额、撰文并书丹。此碑书写内容主题鲜明，结构严谨，层次分明。共四部分：一叙述项羽、刘邦亡秦，楚汉争雄，纪信荥阳诳楚的经过；二运用典故来称颂纪信以身殉节的忠烈；三叙述荥阳县令孔祖舜为纪信立碑的原因、目的和经过；四以颂文赞颂纪信的节烈遗风。书者卢藏用（约 664—713）字子潜，唐代诗人，幽州范阳（今河北涿州市）人。少以文辞才学著称，神龙年间为礼部侍郎兼昭文馆学士。后因太平公主事，流放岭南。能属文，工书。碑现在秦汉古城荥阳郡城旧址西南的纪信庙。

是拓装裱成镜心，淡蓝花绫裱边，墨纸纵 236.5 厘米，横 106 厘米。墨色不浓，却为精拓，字字清晰。黄易行书题签："忠烈纪公碑　长安二年　得于济宁刘氏"，由此可知其本来源。钤印"小松所得金石""汉画室"二方。（图 8）

（九）清乾隆拓唐李阳冰般若台册（新 92811）

般若台篆书，大历七年（772）刻，在福建乌石山。据记载，乾隆二十四年（1759）冬孟超然始拓数纸。此拓本有篆书"大唐大历七年著作郎兼监察御史李贡造，李阳冰书"等字，后镌楷书"住持僧惠摄"。

乾隆拓本。纸封面，白纸镶边剪方裱。墨纸十五开，半开尺寸纵 42 厘米，横 26.8 厘米。此本前附页裱有黄易旧题签及题跋，言得于乾隆五十九年（1794），是"闽中伊刑部墨卿"寄来，乾隆六十年（1795）黄易装裱成册。从题签中知道拓本与伊秉绶的关系，并装裱完成的时间。[7] 跋文记载：黄易之友丁希曾访得《般若台》石刻，《般若台》在福建"福州城外华严院，院在乌石山之百层槛，有石高如危楼。此刻在石之南面……"。此本较黄易曾拓得一本字迹清晰，他评价："余拓得一本，漫漶已极，未若此本之妙。"后附页有九皋跋，前段系抄录丁希曾书寄黄易找寻《般若台》的过程，并交代拓本自己得于戊戌年。根

图 8. 清拓唐汉忠烈纪信碑

图 9. 清乾隆拓唐李阳冰般若台册

据拓本所裱黄氏签、跋及九皋跋文新旧程度，已不是裱本原样，为重装之本。钤印“黄九”“濂溪”。（图 9）

（十）清雍正拓唐李阳冰篆书“听松”册（新 45462）

拓本木面，镌刻“李少温听松篆”几字。墨拓“听松”二字，纵 30 厘米，横 15.3 厘米。边题楷书“庚戌三月十六日，北平翁方纲于济州官舍手摹是本而去，李铁桥同观”。李铁桥，即李东琪，济宁人，亦以金石之学世其家，是 18 世纪后半期济宁汉魏碑刻的主要探访者。李书观款时间，当在乾隆五十五年（1790）。李铁桥与黄易最尊崇、亲近的师友是大学者翁方纲，因同嗜金石交往密切。拓本另裱墨拓一张，为北宋政和四年（1114）题名，尺寸纵 32.3 厘米，横 37.6 厘米。后附页黄易乾隆五十六年（1791）跋文及乾隆六十年（1795）隶书跋文，清楚地交代了此拓本情况。“听松”二字，是无锡惠山寺一石床上的刻字，传为唐代李阳冰书迹，但无确证。书法笔力劲健，章法天成。最早对其著录是清代王澍，王澍于雍正六年（1728）三月访得并椎拓拓片。

此黄易旧藏本，在其乾隆五十六年（1791）书跋之首，录写了一段王澍的跋文：“王虚舟给谏《竹云题跋》云《锡山志》惠山寺有石床，在殿前月台下，长可五尺，广、厚半之。上平，可供偃仰，故名石床。顶侧有‘听松’二篆字，传是唐李阳冰笔，苍润有古色，断非阳冰不能。唐皮日休诗‘殿前日暮高风起，松子声声打石床’是也。雍正六年（1728）三月，余率同志往拓此书，一时观者列如堵墙。盖尘埋经久，莫有过而拂拭者，骤见椎拓，故遂惊为仅事也。右有楷跋十数行，日久磨蚀不可复识，怅悒良未有已。”[8] 据这段文字，王澍曾在雍正六年（1728）三月，与爱好金石者同往椎拓拓片，当时发现右面还有楷书跋文十数行。由于时间久远，字迹已模糊不清，不可读识。接下来黄易又对此“听松”二字本进行了交代，原来系其父亲的收藏。黄父与王澍常论交金石心得，又同学李阳冰篆书，拓本应是那时所得。但是本后被新安吴东序借走，一直未还，二十余年后忽然寄回，这即此本渊源。后面的拓片，是“听松”石上的另一段镌刻文字，即王澍曾言石床上字迹模糊不清的楷书跋文。在黄易乾隆六十年（1795）五月书写的第二段跋中讲到了这张拓片的来历，是宝山印庚实寄来的新拓之本，黄易将其附装于家传“听松”之后，以补石床上的镌刻字迹。[9] 此拓跋文从左至右行文，虽字有残缺，拓制时间不早，部分字迹却清晰可见，不失为精拓之作。（图 10）

（十一）清乾隆拓唐雁塔圣教序册（新 72382）

雁塔圣教序，因石嵌陕西长安慈恩寺大雁塔下，故又称《慈恩寺圣教序》。凡二石，序、记

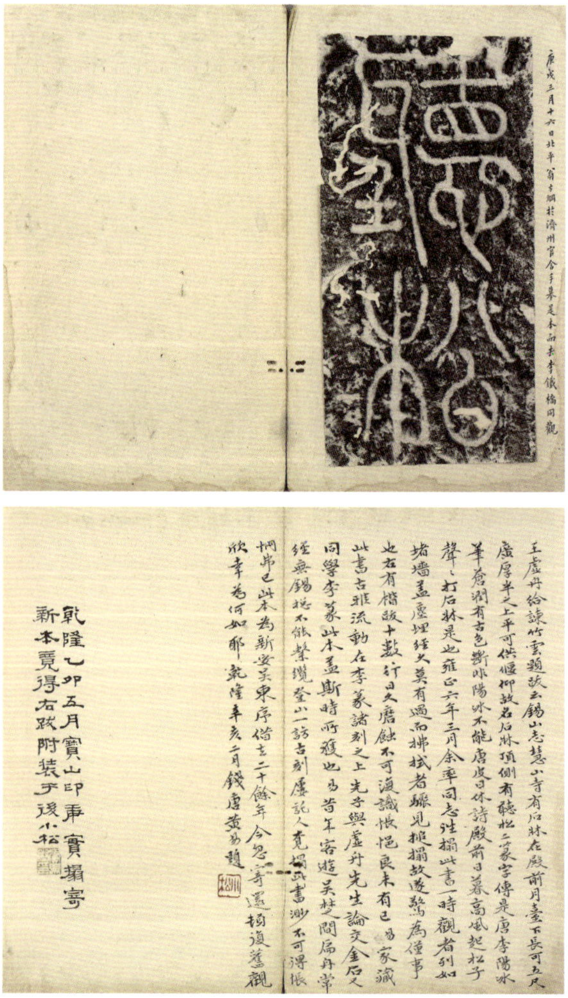

图 10. 清雍正拓唐李阳冰篆书“听松”册

各刻一石。序文全称《大唐三藏圣教序》，永徽四年（653）十月十五日立，系唐太宗李世民为玄奘法师翻译佛经而撰，褚遂良书。二十一行，行四十二字。记文全称《大唐皇帝述三藏圣教记》，高宗李治为太子时所撰，褚遂良书。二十行，行四十二字。记文时间略晚，为永徽四年十二月十日。二石在大雁塔下左右，文字行起相对，序右行文，记则自左向右行文。此碑楷书，褚遂良五十八岁时作，风格婉媚遒逸，波拂如游丝，是其晚年得意之笔。刻工为当时名手万文韶，摹勒精湛，将此碑转折微妙处一一体现出来。

拓本剪裱，墨纸二十七开，半开尺寸纵23.7厘米，横12.8厘米。早期的考据处有涂墨现象，“治”字“口”的末笔，已经填写封口，而“玄”字末笔，没有凿损，为清乾隆年间拓本。钤印“小松所得金石”“黄小松”“黄易私印”“汉画室”“听彝书室珍藏”“引生鉴藏”“军假司马”“臣绪印长寿年宜子孙”“曾经在燚”“渤海太守后人”等十二方，其中有伪印，黄易印均伪。

拓本后附页有信札两通，皆翁同龢书。第一通：“雁塔圣教序记，欲题一观款而未敢，谨缴上敝斋一本，纸墨亦精绝，容捡得奉正。同龢顿首。”第二通：“雁塔圣教精拓本，是小蓬莱阁物，佳本无疑，跋尾不敢当，附观款也。澹静吾兄，瓶生顿首。渤海屡蒙珍赠，愧无以报。”

从两通信札可以看出这是翁同龢写给澹静的，笔者以为信札前后次序裱反，依照文意，翁氏见到此拓本，确定为黄易收藏之物，且系佳本，不准备书写题跋，答应写一观款。第二封信则说，原想写一观款也不写了，要缴上自己收藏的一本雁塔圣教序拓本，纸墨也很精绝，容有时间找到请指正。

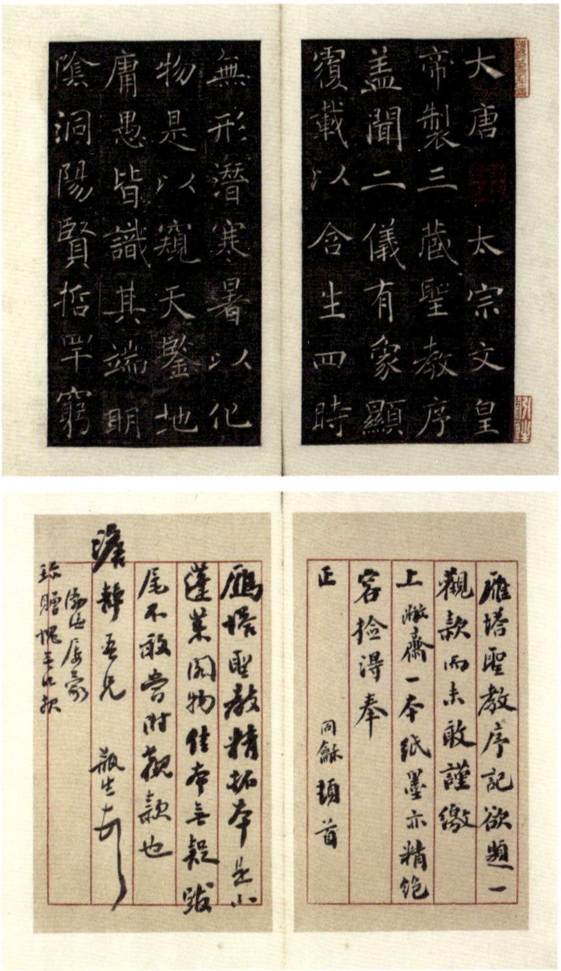

图11. 清乾隆拓唐雁塔圣教序册

结合拓本印鉴来看，可能是翁同龢粗看此拓，见到黄易印章，认为是小松藏本，因此答应写一观款。而后又细瞧，从中发现问题，于是观款也不再题写，言将送已藏拓本请正之。（图11）

二、墓志

（一）清拓北魏故怀令李超墓志（新149170）

志首题“魏故怀令李君墓志铭”。李超字景升，秦州陇西郡狄道县都乡华风里人，熙平二年（517）补荆州前将军、骑兵参军事，复作怀令。正光五

图 12. 清拓北魏故怀令李超墓志

年（524）八月十八日卒于洛阳县永年里住所，时年六十一岁。葬年北魏正光六年（525）正月十六日。志文共二十六行，行二十六字。清嘉庆时偃师县乔家村出土，后置县学明伦堂。

拓本单张未裱，黄易题签“怀令李君墓志 精拓本 武泰二年 沕补”。清出土初拓本，淡墨精拓。十二行“陵谷时异”之“陵”字耳旁首笔未损。钤印“小松所得金石”藏印一方。

墓志书法字体工整隽秀，与一般北魏墓志风格有所不同。（图 12）清人石韫玉《独学庐稿》评此碑说：“北魏志墓之石，笔画皆不工，此石独端好有法，字亦不杂伪体，殆当时名手也。”[10]

（二）清拓唐张景之等墓志六种合册（新 199669）

清拓本，锦面，蝴蝶装，剪条裱。拓本端方、袁锦明等递藏。墓志六种，为清道光二十二年（1842）陆续出土于湖北襄阳樊城的家族墓志。

是本墨纸共计二十开，半开尺寸纵 23.4 厘米，横 14.3 厘米。袁锦明题签一则，前附页悟非居士（袁锦明）书跋一段，后附页悟非居士、傅麟安各跋一段。钤印“端方之印”“陶斋所藏金石文字”“小松审定”“黄易印信”“黄易之印章”“曾存端溪何氏遽盦处”“子高审定”、“云州袁氏珍藏”“袁锦明印”等十九方。

张景之墓志，全称“唐处士张君墓志铭”。唐咸亨四年（673）十二月十二日卒，天授三年（692）正月六日葬。墨纸两开半。

张朏墓志，全称“唐故太中大夫守新定郡太守张君墓志铭”。天宝十年（751）六月二十四日病逝，天宝十二年（753）八月二十六日葬。墨纸四开半。

张玄弼墓志，全称“唐故益州大都督府功曹参军事张君墓志铭”。李行廉撰文。永昌三年（692）九月三日夫人丘氏亡，合葬。墨纸四开。

张孚墓志，全称“唐故豫州郦城县垂张君墓志”。开元二十八年（740）六月十四日去世。墨纸两开。

张轸墓志（张轸墓志共两种，与下一拓片系同一人），全称“唐故河南府参军张君墓志铭”。吕岩说撰文。开元二十年（732）六月五日亡，开元二十一年（733）十月十六日改祔。墨纸四开。

张轸墓志，全称“唐故河南府参军张君墓志铭”。丁凤撰文。开元二十年（732）六月五日亡，天宝六年（747）十月十二日与夫人邵氏合祔。墨纸三开。

墨拓精良，字迹清晰，不失原刻风采，但黄易之印伪。（图 13）

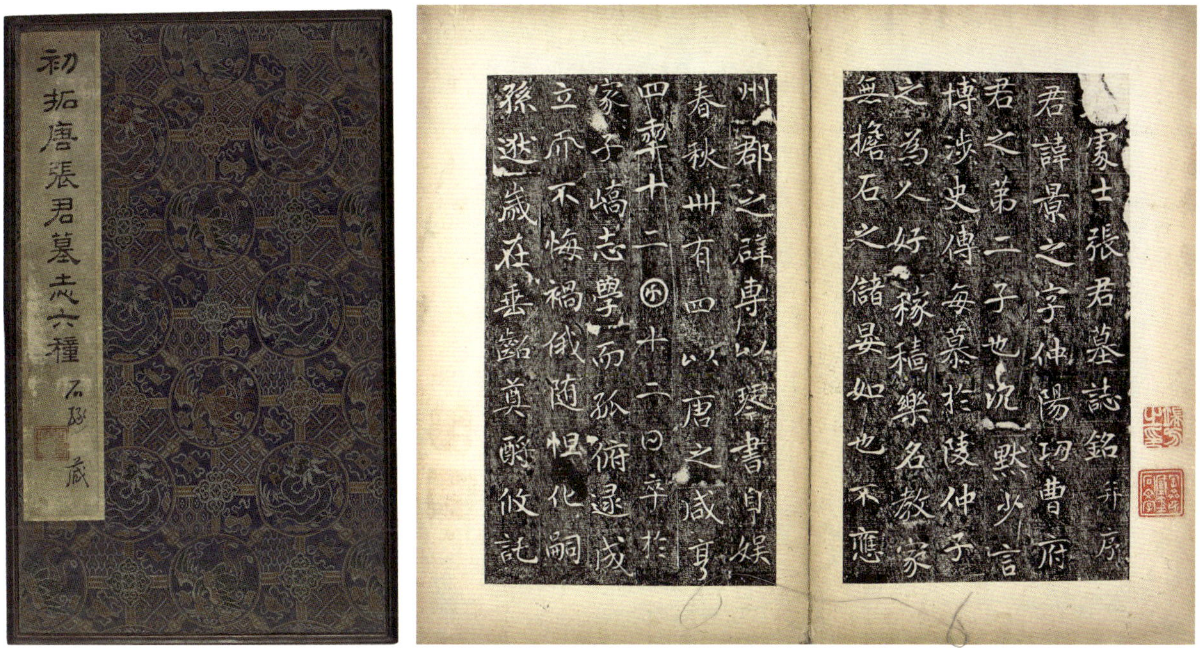

图 13 . 清拓唐张景之等墓志六种合册

三、造像

（一）清拓隋陈黑闼造像碑册（新 45551）

陈黑闼造像，隋开皇十六年（596）镌刻于章丘西彩石庄西南（亦有记载为西顿首庄大寺），陈黑闼及其姊陈法华等人出资镌刻供养，造像记纵 30 厘米，横 110 厘米，一百六十余字。据《章丘县志》及《济南金石志》等书记载，该造像清道光年间仍存乡间，道光后不知所终，仅有拓片流传。

造像记前后以线刻男女二人跪姿礼佛像，男像旁镌刻“陈黑闼供养”五字，女像左侧刻“☐姊法华供养”六字，是二造像主像。

释文：大隋开皇十六年岁次甲辰二月甲申朔十一日甲午，像主陈黑闼、像主陈法华、像主陈☐拏、像主陈洪雅敬造释迦像一躯，上为国王、帝主、刺史、县令、师僧、父母、亡过见在居家眷属，后为边地众生、有形之类咸同斯福。祭酒从事陈庆遵（或为遒字），妻孙捺女；高阳郡丞、济南郡正陈庆远，妻于丰男；闼妻孙光，男文朗、男子绍、男元仲、男元寔、男元伙、男君信，女子珠，妹阿神；拏妻于银光，男武栝、男安都；雅妻马纷，男伏仁。

此本纸封面，毛装，墨纸八页，每页墨纸尺寸纵约 24 厘米，横 15 厘米不等。石有残损，纸有破缺。钤印“小松金石”五方、“小松所藏”二方。钤印存疑。（图 14）

（二）清拓隋赵晖等造像碑记册（新 45523）

乾嘉时期拓本。纸封面，毛装，墨纸共四页，每页尺寸纵 27 厘米至 28.3 厘米不等，横 16.6 厘米至 17 厘米不等。石有残损，纸有破缺，可见文字二十一行，行八九字不等。楷书，字间刻界格。

钤“小松金石”“小松所藏”印各二方，钤印存疑。（图 15）

图 14. 清拓隋陈黑闼造像碑册

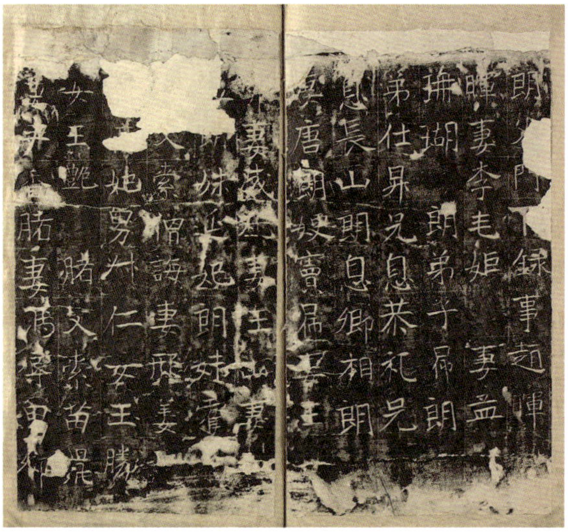

图 15. 清拓隋赵晖等造像碑记册

四、刻帖

宋拓小麻姑仙坛记册（新 46656）

小字《麻姑仙坛记》，传唐颜真卿书。据记载唐代即有刻石，最有名者系南城本，明代南城本石版已断裂，字漫漶。张彦生的《善本碑帖录》提到南城本特征为：“背刻卫夫人李氏、褚遂良、虞世南、欧阳询、薛稷、柳公权、李邕等七人的缩摹小字帖。”[11]

此本为赵辑宁旧藏，黄易、江德地题内签，前附页赵之琛跋文。后附页有翁方纲、梁同书、黄易、阮元、陈豫锺、铁生（奚冈）、沈益、陈鸿寿、陆恭、张廷济、赵辑宁、吴荣光题跋，迈龛、高树、程天潜、汪瑜、余锷观款，跋文、观款年月有顺序错乱现象。跋者多言此为南城未断本，如翁方纲评为“南城真本旧拓也”，陆恭赞“此南城真本，一种浑古之气”，张廷济言“此宋罗纹笺所拓南城真本也”，吴荣光认为是“南城原刻，无上妙品”。

黄易跋赞是本“风神浑足，极小而有擘窠之势”。言自己藏一本小字《麻姑仙坛记》，后有缩刻“卫夫人、欧阳率更、虞永兴、李北海诸书。丁龙泓先生跋称‘下唐拓一等者’，然不及此拓纸墨之妙”。从此跋可知，其收藏本与南城本的一些记载符合，也有借丁氏言赞誉自己藏本之意。

据赵辑宁自跋，拓本系汪次峰（如霖）乾隆五十六年（1791）所赠。钤印“南海叶氏云谷家藏”“叶梦龙印”“云谷”“云谷曾藏识者宝之”“叶应新印”“曾倬”“汉瞻”“步瀛”等藏印十方。[12]

以故宫藏此本，比较学者何碧琪的《〈石渠宝笈〉所载〈麻姑仙坛记〉相关问题》一文中所搜集图版之字，[13] 与所列“三井”本更加接近，但亦有不同，如其所例举的“颜”“人”等字。在何女士的研究成果中，“三井”本归于“晋唐小楷本”系统，由于故宫是本有不同处，因此不属于“晋唐小楷本”系统。而《小麻姑》存世拓本版本诸多，厘清其早晚、渊源，尚待深入细致的研究。（图 16）

图 16. 宋拓小麻姑仙坛记册

五、印章问题

在这些拓本中，有四件署名黄易的印章是伪印或罕见存疑者。第一件是清乾隆拓雁塔圣教序册，黄易印均伪，已有学者对此种印迹进行过考证。第二件是清拓唐张景之等墓志六种合册，志石道光二十二年（1842）从湖北襄阳樊城陆续出土。而黄易生于乾隆九年（1744），卒于嘉庆七年（1802），其卒年早于墓志出土时间四十年之久。这件晚于黄易去世时间四十多年的拓本却钤盖有黄易印章数方，可以肯定系后人所为，钤盖伪印之意是以充其藏。第三件及第四件是清拓隋陈黑闼造像碑册和清拓隋赵晖等造像碑记册，这两件造像拓本，从装潢、用印及题签文字可以看出，系同一人收藏，而其中“小松金石”“小松所藏”印皆为不常见印记，其钤印方式也与一般拓本有区别。如一份陈黑闼造像拓片，共计八页，却有五方“小松金石”，不符合通常钤印习惯，为存疑之印。同时，拓本装潢也与常见的黄易毛装拓本规格和样式不同。

另外，故宫藏品中一件宋拓瘗鹤铭卷（新82404），其上印章也是要注意的问题。《瘗鹤铭》是古人为葬鹤而撰写的一篇铭文，未镌刻具体年代，宋黄长睿考证为南朝梁天监十三年（514）。原在丹徒（今江苏镇江）焦山西麓崖壁上，后遭雷击崩落江中，石碎成几。由于春夏水大淹没不可拓，冬季水枯时方才施拓获得文字。清代康熙年间，曾任江宁、苏州知府的陈鹏年退居镇江，历时三月募工将碎断摩崖石刻打捞上岸，并对存字进行剔土清理。同时按前人考证的文字行次排列拼合，修补残石，在焦山定慧寺伽蓝殿南建亭保护，于康熙五十二年（1713）春竣工。现存于焦山碑林的残石共五块，有字九十三个。拓本有石被打捞出水前和出水后之分，世人多重石未出水本。由于石落水中拓取较难，出水前拓本反而较出水后拓本得字少。瘗鹤铭字体厚重高古，萧疏淡远，气韵生动自然，是著名的六朝摩崖刻石。此铭未镌书者姓名，有黄庭坚的王羲之书说，欧阳修之华阳真逸说，黄长睿之陶弘景书说等。

此故宫藏本为卷装，分为四段，前二段是南宋拓本，后为明拓。第一段南宋拓本，内签：“瘗鹤铭 苏斋签识 未出水本有米南宫题名 道州何氏

珍藏 诒恺署检”。钤印“秘阁校理”“文渊阁校理翁方纲藏”“小蓬莱阁金石”“翁方纲”“子贞”“沈庵长物”等。第二段南宋拓，钤“翁方纲”“彝斋”、“石墨书楼”“宝苏室”“小蓬莱阁”“子贞”等印八方。前裱有一段何诒恺墨迹：“‘合南北二宗为书家度尽金针，前惟黄庭，后惟化度，中间则贞白鹤铭、智永千文耳。’此先曾祖蝯叟题家藏宋拓孤本黄庭经语也。诒恺何积煌谨录”，从而得知是何诒恺录写曾祖何绍基以前的跋语。下钤“道州何绍基印”一方。后有翁方纲题跋九段并“瑞臣考藏金石”“属籍宝熙私印”钤印二方。第三段晚明拓本，有木居士中溶跋一段，钤印“道州何绍基印”“天倪阁”“沈庵宝藏金石古刻文”“木夫审定”“磨砖作镜轩”“六舟所得”“布鼓雷门”“道州何氏诒恺”等藏印九方。从鉴藏印可知，此拓曾经六舟、沈庵、何诒恺等人收藏。六舟（1791—1858）僧人，名达受，字六舟，又字秋楫，自号万峰退叟，别号寒泉等，浙江海昌（今海宁）人。擅篆刻，能书画。与何绍基交好。沈庵（盦）为宝熙号，宝熙（1871—1942）清宗室，姓爱新觉罗，字瑞臣，又号独醒客，署顽山居士等，室名独醒盦。隶属满洲正蓝旗。光绪十八年（1892）进士，历任翰林院侍读、湖北乡试正考官、山西学政、国子监祭酒、内阁学士、礼部侍郎、学部右侍郎、学部左侍郎、总理禁烟事务大臣、崇文门副监督等职。辛亥革命后，曾任总统府顾问、政治会议会员、约法会议议员、参政院参政等职。抗战前夕，出任伪满内务处处长等。工书，善诗文。其书用笔内敛，苍劲厚重、端庄肃穆。第四段明拓，为宋米芾题刻。裱边六舟题跋两段并钤“六舟所得金石”“属籍宝熙私印”印。尾纸有何诒愷题跋，记家存未出水前拓本侥幸保存下来的原因并述木居士题跋的第三段，是后揽得之本，因此墨色有差别，较他本多“天其岁化”四字。此跋何诒愷写于1926年。

以往对于这件文物的认知，因为有“小蓬莱阁”印，即确定为黄易的印鉴，归为黄易藏品。殊不知这方印文与黄易相同之印，翁方纲却是主人。原来此印是黄易为翁氏所刻，印文相同，字形略有不同。翁方纲与黄易交好，更多缘于金石，就连斋号也不约而同地起了“小蓬莱阁”。经学者考证，黄易的“小蓬莱阁”斋号形成时间上略早于翁氏，应该在乾隆四十二年（1777）八月下旬至九月中旬。也正于此，黄易为翁方纲刻了“小蓬莱阁”之印，尺寸大小及文字风格极为相像，只是在给翁方纲所刻印上，边缘多些修饰，右上角切去一刀，左下破边。在故宫收藏的黄易书于乾隆四十二年（1777）致京城友人的尺牍《契阔札》上，末尾黄易谈及治印之事：“芝山、献之印章俱刻成，候其来时面上。到京为兄刻印何如？”并钤盖了两方新刻之印“砚寿”“小蓬莱阁”，其中“小蓬莱阁”印文旁，注写了“为翁学士作”几字。而宋拓瘗鹤铭卷上的“小蓬莱阁”印，正是黄易为翁氏所刻。翁方纲对这方印章，使用不多，但在故宫庋藏的拓本中还有钤此印者，如宋拓《熹平石经残石册》（新195369）、《范式碑册》（新46690）等。[14] 鉴定是否为翁方纲的“小蓬莱阁”印，还可以观察与翁氏其他印记一起钤盖的位置和距离，以帮助进一步确定认识。（图17）

对于钤盖有黄易印的拓本，也并非皆系其过眼或收藏，因为后来他的印鉴，如“小蓬莱阁印”就为庄缙度收得，并很可能使用了该印钤盖在拓本上，[15] 这也是应该注意的问题。

拓本上黄易题签、题跋及钤署其名印情况详见附表。黄易题签的拓本，有题外签与内签者，

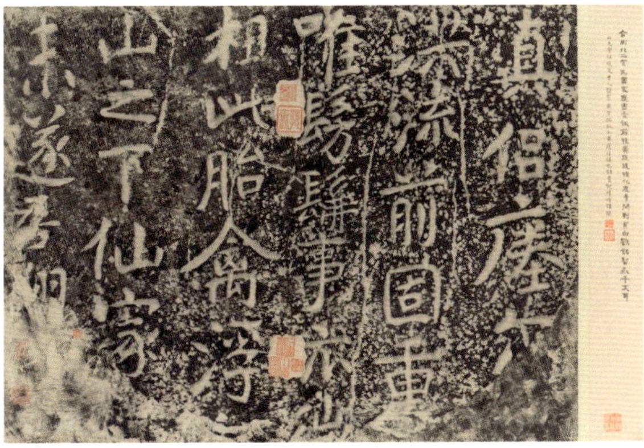

图 17. 宋拓瘗鹤铭卷

题内签的，如又有他人题写外签，多是拓本归后来者时重新装裱的。

黄易的写本《小蓬莱阁金石目》中记载了以上部分石刻的信息，抄录如下：

齐太公吕望表 并碑额俱八分书

太康十年。卢无忌文。此碑原在河南汲县太公泉，明万历年移置府治，久失。易于乾隆丙午获上段于卫辉府署舆人小室中。辛亥秋间，又得下段，今在府署衙神庙。

碑阴

阴列主簿汲□□□泰龙议曹掾巨鹿程□等名。

碑侧

有诸□有人□□□□饬表上等字。

邓太尉祠碑 八分书篆额

建元三年。在陕西蒲城县阿村。[16]

梁故侍中司徒骠骑将军始兴忠武王碑 并额俱正书

右萧憺碑，徐勉撰，贝义渊书。在江南江宁府摄山道中。

以上二碑翁官詹覃溪典试两江时拓寄

（此碑与梁故散骑常侍司空安成康王之碑）

李仲璇修孔庙碑 正书篆额

兴和三年。在山东曲阜县孔庙。

碑阴 正书

阴刻镇远将军盖子华等名。

碑侧

侧刻内□□书任城王长儒书碑一行。

天柱山铭 并额俱八分书

天统元年。郑述祖作，在山东平度州。

唐故都督徐州五州诸军事徐州刺史临淄定公房公碑铭 并序八分书

贞观五年。右房彦谦碑。李百药撰，欧阳询书。在章邱县。

大唐故司徒并州都督鄂国忠武公之碑 正书篆额

显庆四年。右尉迟恭碑。许敬宗撰。在醴泉县北赵村。

汉忠烈纪公碑 并碑阴俱八分书篆额

长安二年。右纪信碑。卢藏用文并书。在荥泽县纪公庙。

般若台字 篆书

大历七年。李阳冰书在福州府。

大唐三藏圣教之序 正书

永徽四年。太宗御制、褚遂良书。

大唐三藏圣教序记

永徽四年。高宗御制、褚遂良书。右二碑俱在西安府城南慈恩寺塔下。

魏故怀令李君墓志铭 正书

正光六年。右李超碑，在偃师县。

结语

黄易（1744—1802）字大易、大业，号小松、秋盦、小蓬莱阁等，浙江钱塘（今属杭州）人。官兖州府运河同知，能诗、擅画、精篆隶。与丁敬、奚冈、蒋仁并称清“西泠四家”，同时与钱大昕、王昶、翁方纲、孙星衍有乾嘉“金石五家”之誉。其嗜好金石，亲自访碑于古迹与荒野中。他得汉魏碑刻拓本颇多，得到拓本的途径有亲自访碑、遣工椎拓、亲朋赠送、出资购买几种。本文介绍的现藏于故宫与黄易有关的十余件晋唐时期镌刻品拓本，从题签、题跋等可知部分拓片来源：清拓梁骠骑将军始兴忠武王碑轴，翁方纲拓赠；清拓唐尉迟恭碑册，山东青州于文学（获古）寄来；清拓唐李阳冰般若台册，伊秉绶寄来；清拓唐汉忠烈纪信碑，“得于济宁刘氏”；清雍正拓唐李阳冰篆书“听松”册，“听松”是其父亲的旧藏。这些确知来源的拓本，多为朋友赠送给黄易的。拓本时代除一宋一明拓外，其余皆为清拓本，虽然多数时间不早，内容却有重要价值，并且椎拓精湛。

黄易精于金石六书之学，收藏拓本极多：“收金石刻至三千余种，多宋拓旧本，钟鼎、彝器、钱镜之属不下数百。”[17] 清代钱大昕、翁方纲、王昶、阮元、孙星衍等皆对于黄易众多的金石收藏及其笃嗜、眼力等加以肯定和赞许。他亲临古代石刻所在地搜寻古碑，进行椎拓，并以图文方式记录地点，且发现石刻后去尽力保护。他努力的搜集工作，为整个乾嘉时期学者们的金石学研究提供了大量的实物资料，为古代文明、文化的传播和石刻生命延续做出了很大贡献。本文将故宫庋藏与黄易相关的晋唐镌刻品拓本资料公之于众，在其收藏汉魏拓片之外，提供一些补充材料。同时通过对这些拓本题签、题跋的释读，厘清是本来源、经历，旨在为研究黄易的收藏理念、交友范围、金石嗜好程度及鉴定水准等，提供更多的研究资料。

注释：

1.（清）刘熙载：《艺概》，《历代书法论文选》，上海：上海书画出版社，2000年，第693页。

2. 费念慈（1855—1905）字屺怀，一署峐怀，号西蠡，晚号艺风老人，江苏武进人。清代书法家、藏书家。光绪十五年（1889）进士，会试后任馆阁职，授翰林院编修，后因事被撤职遣归。与翁同龢、汪鸣銮等为师友，以诗文、书画、藏书为业。著有《归牧集》。

3. 沈树镛，字均初，一字韵初，号郑斋，川沙城厢人。清藏书家、金石学家。咸丰九年（1859）举人，官至内阁中书。生平收藏书画、古籍、金石颇丰，于碑帖考订精辟。著有《汉石经室丛刻目录》《汉石经室跋尾》，与赵之谦合编《续寰宇访碑记》。

4.（清）杨守敬：《激素飞清阁评碑记》卷之二，录自《杨守敬评碑评帖记》。北京：文物出版社，1990年，第55页。

5. 康有为：《广艺舟双楫》，《历代书法论文选》，上海：上海书画出版社，2000年，第833页。

6.（清）杨守敬：《激素飞清阁评碑记》卷之二，《杨守敬评碑评帖记》。北京：文物出版社，1990年，第57页。

7. 伊秉绶（1754—1815）字祖似，号墨卿，晚号默庵，福建汀州宁化人。乾隆五十四年（1789）进士，曾任刑部主事、员外郎等。嘉庆年间任惠州知府、扬州知府。喜绘画、治印，工书，隶书尤气魄宏大，古朴浑厚。

8. 录自故宫藏黄易拓本跋文。跋中所录王澍《竹云题跋》文字，与书籍刊本对照略有差异。

9. 印庚实，名鸿纬，父印松亭。有姚鼐作《印庚实传》。

10.（清）石韫玉：《独学庐稿》二稿卷下，清写刻全稿本，第195页。

11. 张彦生：《善本碑帖录》，北京：中华书局，1984年，第211页。

12. 曾倬，字汉瞻，康熙三十八年（1699）举人。康熙年间与章曾印修纂《常熟县志》。步瀛为蒋海方字号。

13. 何碧琪：《〈石渠宝笈〉所载〈麻姑仙坛记〉相关问题》，《中国书法》2016年第6期。

14. 秦明：《黄易“小蓬莱阁”印沿用考》，《第四届西泠印社国际印学峰会论文集》，杭州：西泠印社出版社，2014年，第606页。

15. 秦明：《黄易“小蓬莱阁”印沿用考》，《第四届西泠印社国际印学峰会论文集》，杭州：西泠印社出版社，2014年，第610页。

16. “在陕西蒲城县阿村”为后补。

17.（清）阮元：《小沧浪笔谈》卷二，北京：中华书局，1985年，第53页。

附表：

【A 题签题跋】【B 题跋】【C 题签钤印】【D 钤印】

分类	编号	碑帖名称	备注	图像
A 题签、题跋	A1	新 92811 清乾隆拓唐李阳冰般若台册	内签	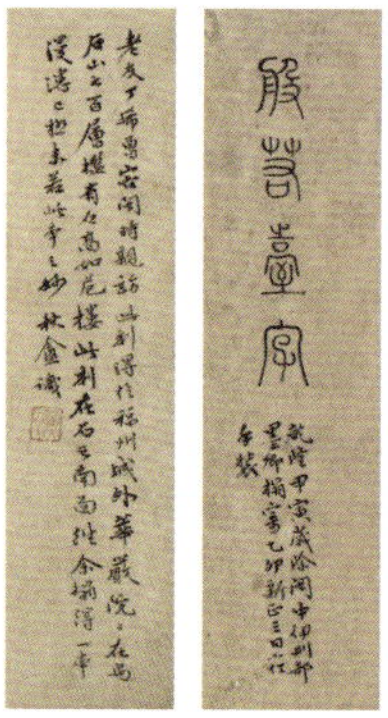
	A2	新 45462 清乾隆拓唐李阳冰篆书“听松”册	刻签	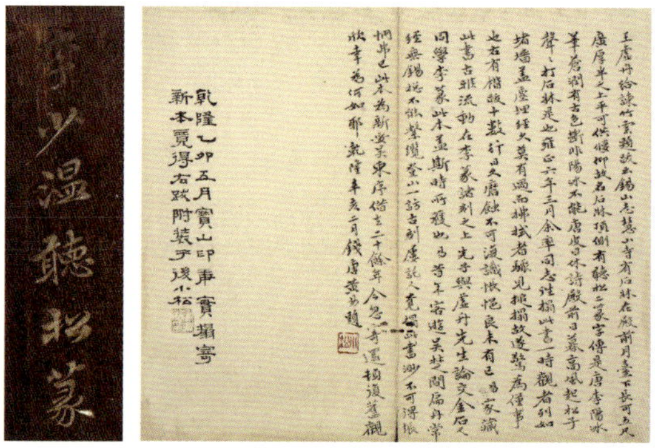
	A3	新 46656 宋拓小字麻姑仙坛记册	内签	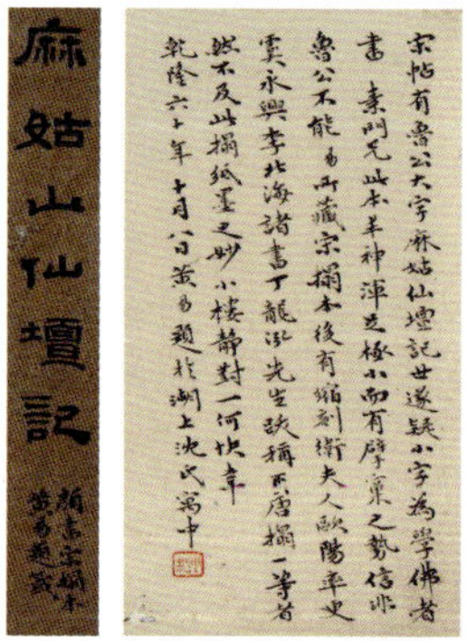
B 题跋	B1	新 115503 清拓唐尉迟恭碑册		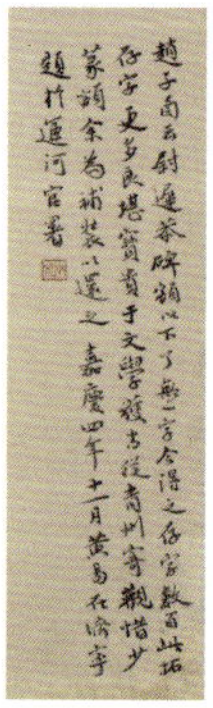

C 题签、钤印	C1 1	新 45360 清乾隆拓西晋齐太公吕望表碑册	外签	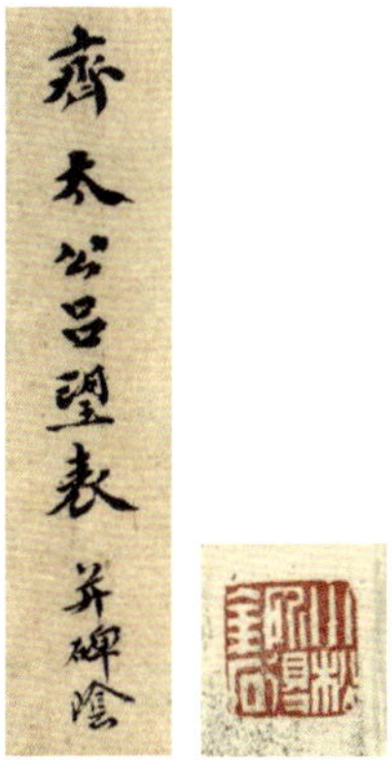
	C2	新 121664 清拓梁骠骑将军始兴忠武王碑轴	内签	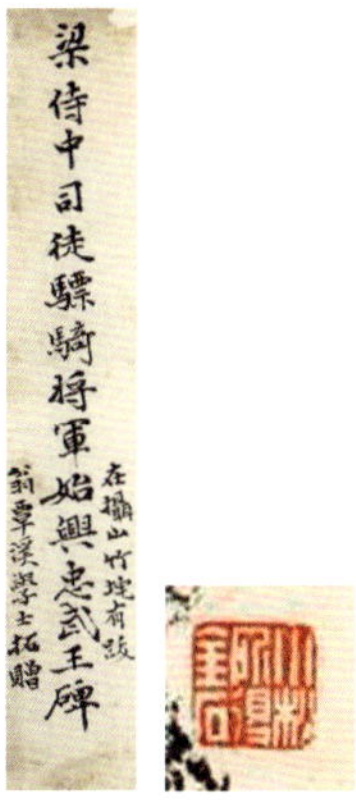
	C3	新 93584 清乾隆拓东魏李仲璇修孔子庙碑	内签	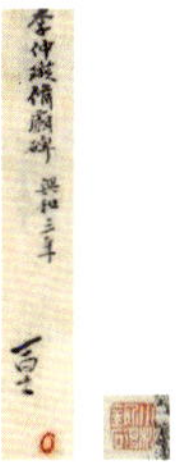
	C4	新 45361 清乾隆拓北齐天柱山铭册	外签	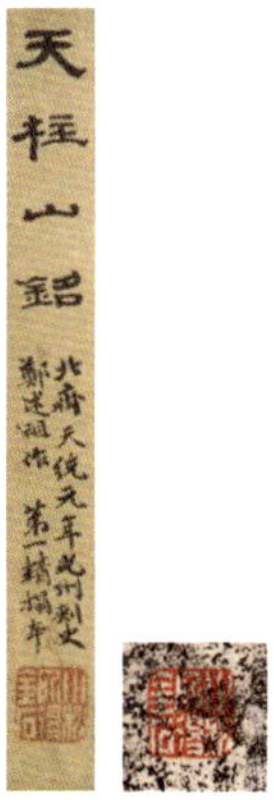

	C5	原新 45368 清拓唐房彦谦碑		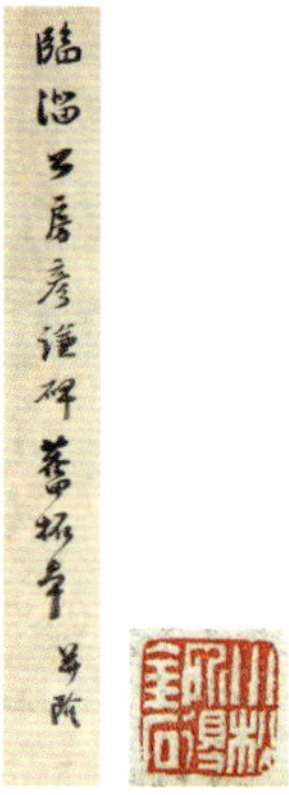
C 题签、钤印	C6	新 45364 清拓唐汉忠烈纪信碑		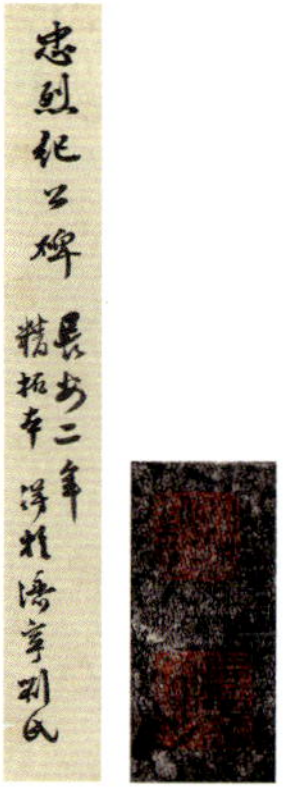
	C7	新 149170 清拓北魏故怀令李超墓志		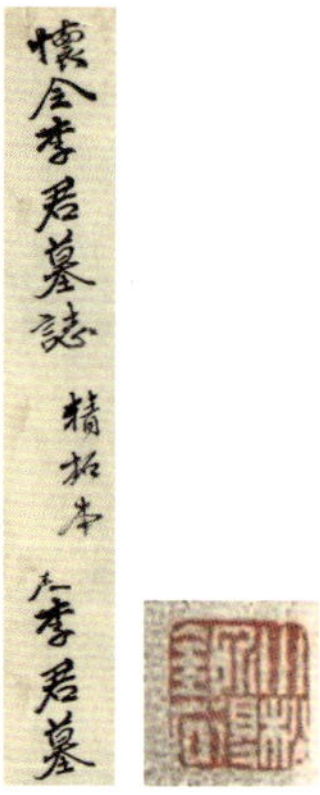
D 钤印	D1	新 74058 明拓前秦郑能进立邓太尉祠碑册		

D 钤印	D2	新 199669 清拓唐张景之等墓志六种合册	印伪	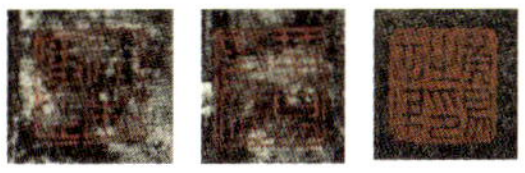
	D3	新 72382 清乾隆拓唐雁塔圣教序册	印伪	
	D4	新 45551 清拓隋陈黑闼造像碑册	印存疑	
	D5	新 45523 清拓隋赵晖等造像碑记册	印存疑	

武梁祠画像石题字黄易监拓本考

〔日〕伊藤滋

日本岐阜女子大学特任教授

王亚峰 / 堀川英嗣 译

内容提要： 黄易在武梁祠画像石的发掘、研究、保护等方面留下诸多成果。黄易监督武梁祠画像石上题字的拓本制作，并完成了《武梁祠画像石题字黄易监拓本》，该拓本仅留传下来了一小部分。本文主要介绍现存黄易监拓本的特征及其各自的优点。

关键词： 黄易 武梁祠画像石 题字 监拓本

在汉代的隶书石刻中，武梁祠画像石题字卓尔不群，其中多被采为拓本，其在书法的层面作为学习古典的对象备受瞩目。和汉魏六朝的著名碑刻不同，至今《武梁祠画像石题字拓本》的影印本或介绍书籍并不多。下面列举一下目前为止我所看到的书目。

（一）《匋斋藏汉武梁祠画像题榜字》，有正书局，民国年间（图 1）。

（二）《书品 · 二二 · 汉画像石题字》，东洋书道会，1951 年。

（三）《汉武梁祠画像题字》，《法书名品选》，玄美社，1972 年。

（四）《汉 · 武氏祠画像题字》，《书迹名品丛刊》，二玄社，1979 年。

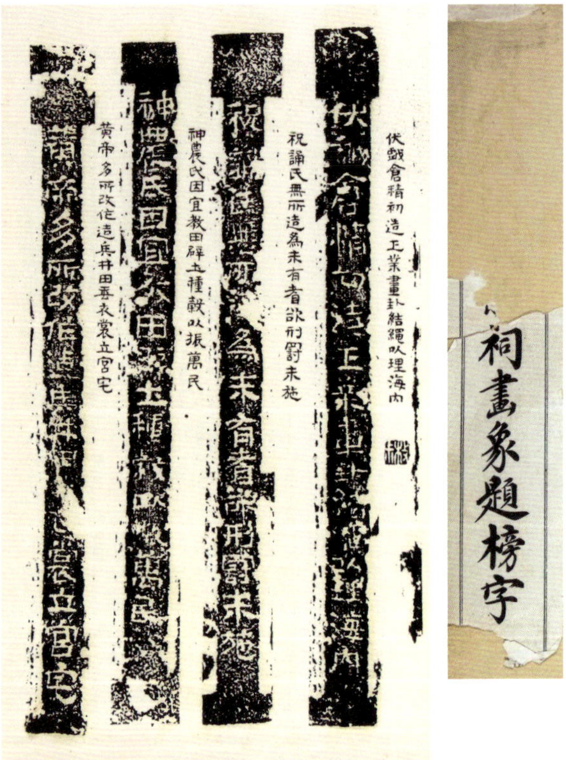

图 1. 有正书局本

（五）《武梁祠画像题字》，《北京大学图书馆藏历代金石拓本菁华》，文物出版社，2005 年。

（六）《武氏祠画像题字》，《上海图书馆善本碑帖》，上海古籍出版社，2005 年。

（七）《汉・武梁祠堂画像题字》，《中国碑刻全集》卷一，人民美术出版社，2010 年。

（八）《武氏祠画像题字》，木鸡室藏本，未出版。

（二）（三）（四）在日本出版。（三）登载题榜五十余件，（二）登载约十件。（一）（五）（六）（七）在中国出版。（六）登载有四十件，（五）登载二十余件。（一）（七）刊载了所使用的整底本。（四）加上清末民国初新发现的武梁祠系列画像石的题榜资料，其题榜数量比（一）（七）还多。（六）（七）被称为《黄易监拓本》，乃黄易重新发现并整修武梁祠堂后督人监拓，被视为武梁祠画像题字中水平较高的拓本。在（六）的拓本中，有黄易简短的题记，且帖末数次附长篇跋文。较之于此《黄易监拓本》，更早的版本为留传的火烧残本，该本在故宫博物院收藏，称为《黄易旧藏唐拓武梁祠画像残本》；拓本部分有 6 开余（图 2）；近年来在多部著作中被介绍。在近几年的研究中，该拓本被认为是宋拓，而并非唐拓。清末的金石家陆和九于民国十五年（1926）所著的《汉武氏石室画像题名补考》（图 3）中，使用唐拓本（上述的故宫所藏宋拓烧残本）、明拓整本、清初拓本、乾隆拓本、嘉道拓本、咸同拓本、光绪拓本、近日拓本等八种新旧拓本来解释其字。而且作为该研究的基础，《黄小松精拓本》被多次举出。该本亦被称为《黄小松砌壁时监工拓本》，这应该是乾隆年间，黄易发现武梁祠后，一经整修便监工拓得。现在我们能确认的武梁祠画像题榜拓本资料，有黄易旧藏的宋拓残本、黄易监拓本、嘉庆拓本和近拓本等四种。宋拓残本数量稀少，通过影印本图版可知，最上等的应该是（六）（七）的《黄易监拓本》。（一）虽也是名家藏的旧拓善本，但同

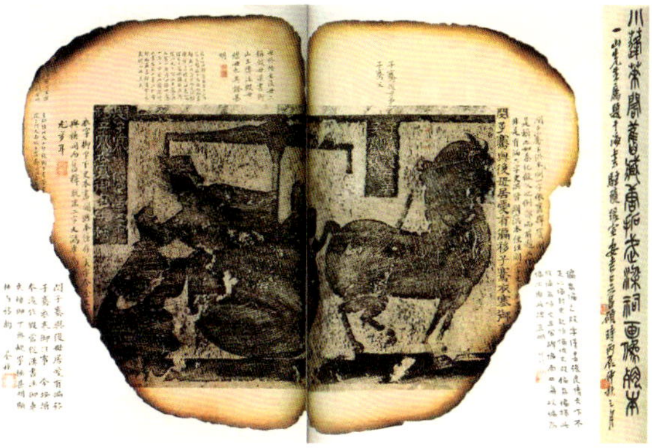

图 2. 黄易旧藏唐拓武梁祠画像残本

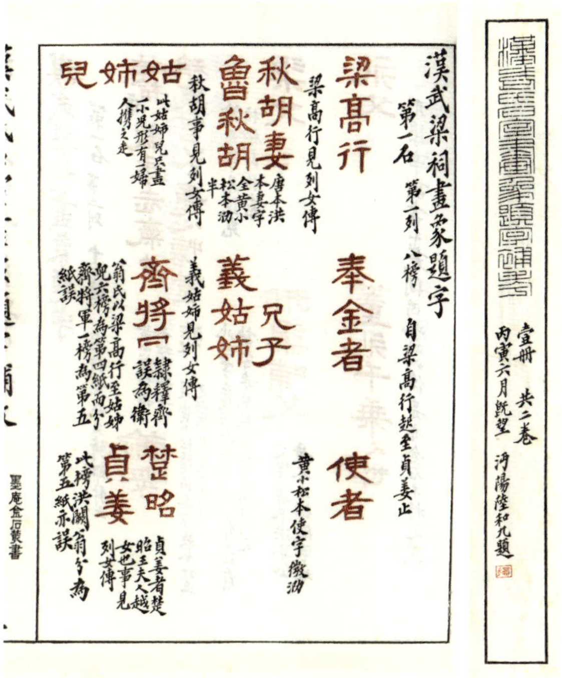

图 3. 陆九和《汉武氏石室画像题名补考》

（六）（七）（八）等仔细对比的话，年代稍微靠后，没有《黄易监拓本》早。（八）未出版，但和（六）（七）同为《黄易监拓本》，因此通过此三件的整体面貌来叙述《黄易监拓本》的特征。

一、三种黄易监拓本的比较

对（六）（七）（八）三种黄拓本进行比较。（六）

（七）（八）三件，其题榜拓本无论是数量还是排列基本都一致。接下来从整体上简单介绍此三件。

（六）为上海图书馆藏本（图4）经崇恩、沈树镛等的旧藏，附有王熙彭的题记、陆恢的题签及黄易的长篇题跋六篇。这六篇题跋已被故宫博物院秦明先生在《蓬莱宿约：故宫藏黄易汉魏碑刻特集》中介绍过。另外，册页中黄易用小字做简短的考释。笔画被清晰地拓出，可以说是拓调精湛的《黄易监拓批校本》，被陆和九称之为《黄易精拓本》可谓名副其实。

（七）为收录于《中国碑刻全集》卷一的天津博物馆藏本（以下简称天博本）（图5），其卷头有莫有芝的题记，吴大澂、杨岘、赵之谦的题签；帖中有俞樾及旧藏者沈树镛的批校。虽没有黄易的批校，但祥瑞图石的题榜页钤有“汉画室”印，这一张最后有乾隆己酉（1789）刻在石头上的五行题记拓纸的空白处钤有“黄易之印”，在卷末钤有黄易的“汉画室”印并附一张边款拓本。赵之谦和沈树镛将其记为黄易手拓本。同上海图书馆藏本相比，拓调稍显浓厚，但笔画被清晰地拓出。

（八）木鸡室藏本（图6）为线装书，有隶书题签“汉武梁祠画像题字初拓本”，第一页右下方钤有“汉画室”（白文印）、“李璿之印”（白文印），帖末钤有“小松所得金石”（白文印）。另外，册中用毛笔记有“武梁祠象”“初拓乳母下隐隐有聃字”“初拓此傍不阙”“旧本相如三字如此”等简短的题记。这与上海图书馆藏本中看到的黄易笔迹一致。此外，在卷末有李璿于嘉庆二十年（1815）所写的跋文：“……偶携此册过济宁，系丙午年初拓本，注释皆出外祖秋盦公手迹，尤宜珍重。”其拓调与上海图书馆藏本接近，可以称之为《黄易监拓批校本》。

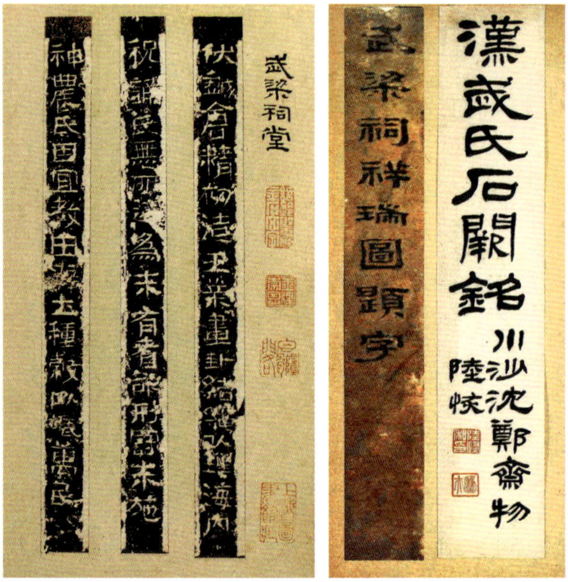

图4. 上海图书馆藏本

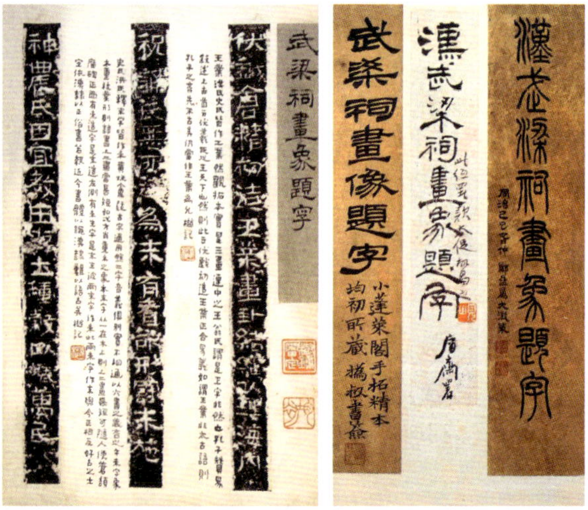

图5. 天津博物馆藏本

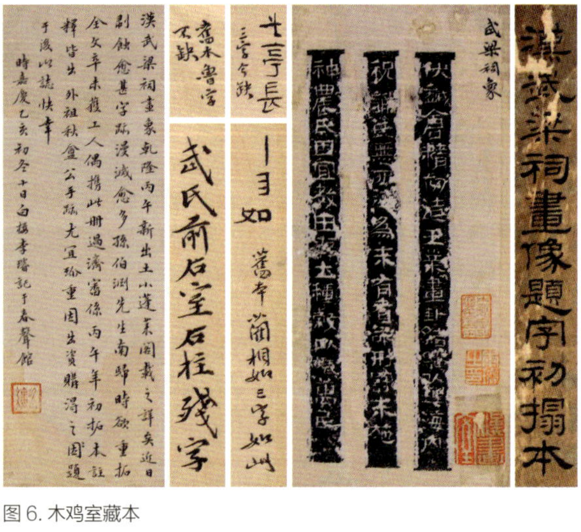

图6. 木鸡室藏本

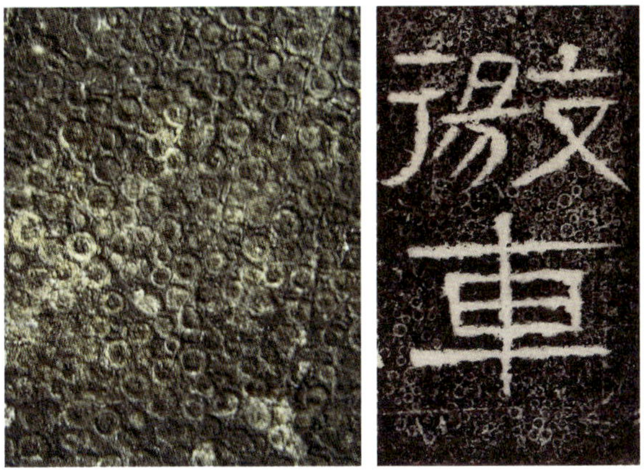

武梁祠画像石 · 鱼卵石的局部　　黄易监拓本

图 7

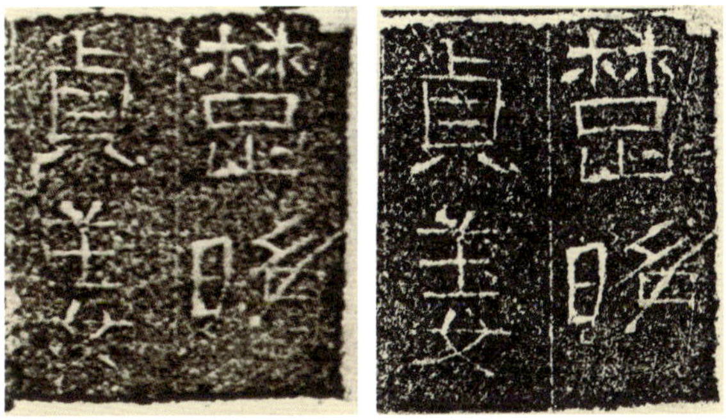

清末民国期拓（书迹名品丛刊本）　　嘉庆道光拓

黄易监拓本（本鸡室藏本）　　黄易监拓本（天津博藏本）

图 8

以上三件原石，就连石面上有像细小的鱼卵般的小圆点的石质纹都被清晰地拓出来了（图 7）。因此可以清晰地看见文字的点画。与其他的嘉庆、道光拓及清末拓相比，更可以肯定其拓本的质量高（图 8）。陆和九在《汉武氏石室画像题名补考》中所说的《黄易精拓本》该是此类拓本。现在虽然我们无法确认陆和九在对比研究中所用到的《黄易精拓本》是哪一本，但是可知他在《汉武氏石室画像题名补考》中通过勾摹《黄易精拓本》，来对拓本进行了新旧和笔画的校正。我列举其中显著的部分与上述三件《黄易监拓本》进行比照。

二、《黄易监拓本》的特征

第七石“（武）王发”的题榜部分在隶书体的注释下标有两种勾摹。分别标记为如下：上面仅有“发”字，旁边标有“发字泐于嘉庆年间”；其下面有“王发”二字，旁边标有“黄小松精拓本王发二字完好”。与前者相同的拓本为（一）的有正书局《匋斋藏汉武梁祠画像题榜字》，后者的拓本部分则与天博本和木鸡室本相同。看得出后者与《黄易精拓本》完全吻合，前者匋斋藏的有正书局本为之后的嘉庆年间所拓。在天博本中，旧藏者沈树镛在此部分做了同样的标注（图 9）。接着记述了第八石的五个题榜及第九石的四个题榜。相当于陆和九的《黄易精拓本》的部分，同样摆出了天津博本和木鸡室本（图 10）比较，基本能对上。可以看出，嘉庆之后这部分文字破损严重。另外，由于黄易精拓本的文字笔画被清晰地拓出，因此指出了前人释字的错误。在第一石第二排“柏榆”开始的第二行，从精拓本明显地看到，题榜“襄”字应为“裹”字（图 11）。还有第三石第一排“帝颛顼高阳者……”的“顈”字应为“顓”字（图 12）。陆和九就这样运用《黄易监拓本》的优势，更正前人在画像题榜方面的错误。陆和九用的《黄易监拓本》被勾摹的部分和上述的三种拓本比较的话，拓纸的大小有所不同。上述三种只有画像题榜部分的拓本，而陆和九本就不止有题

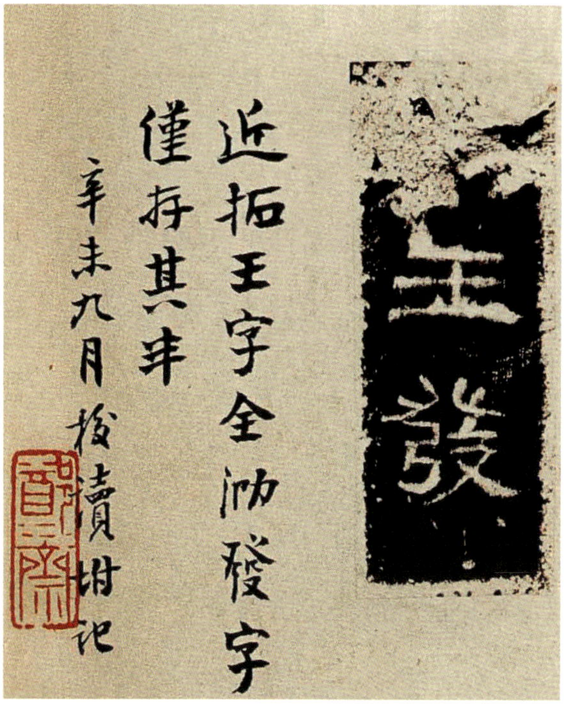

天津博物馆藏本

有正书局本

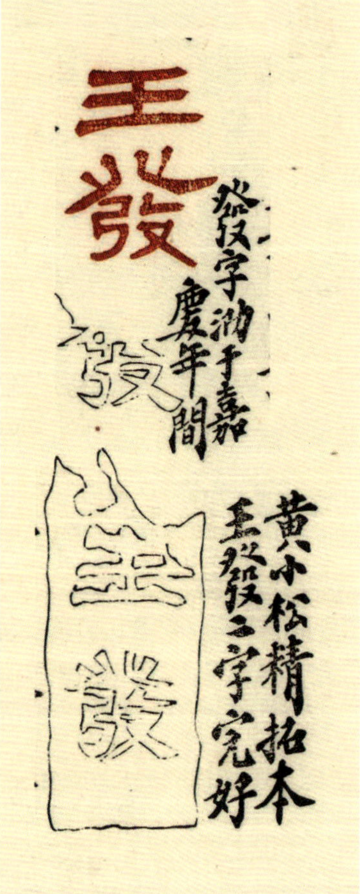

木鸡室藏本

图 9

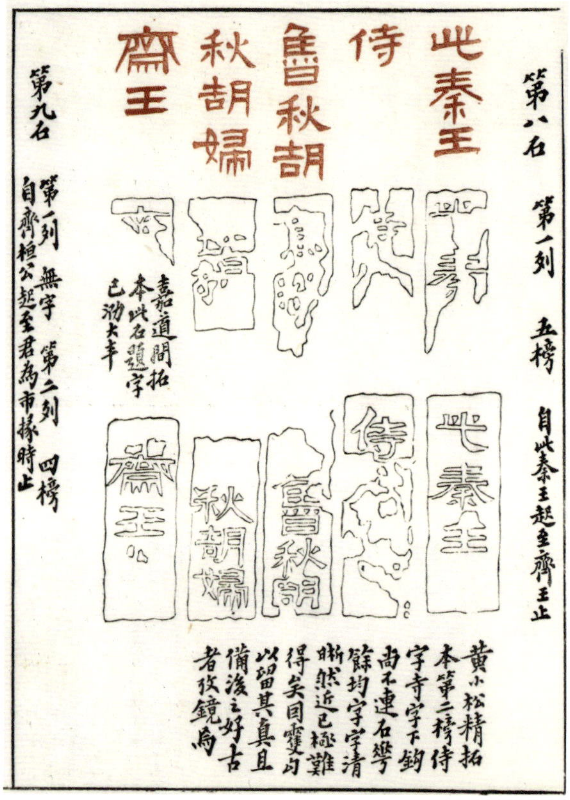

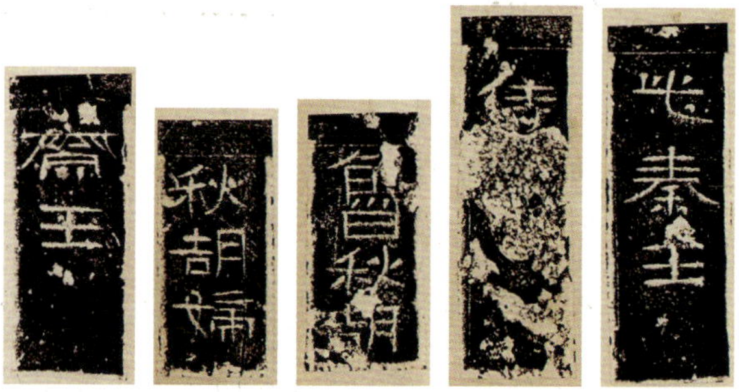

天津博物馆藏本

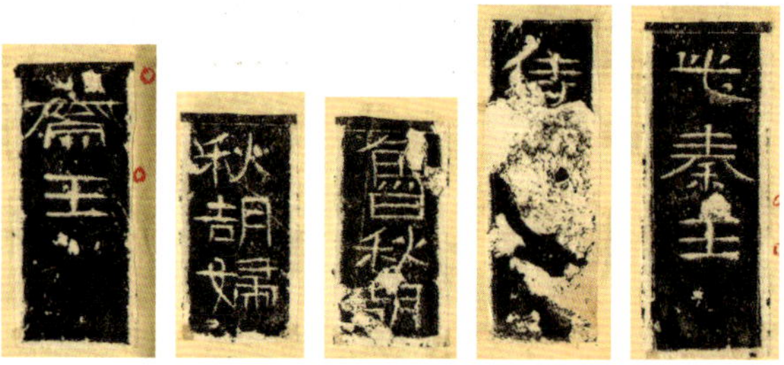

木鸡室藏本

图 10

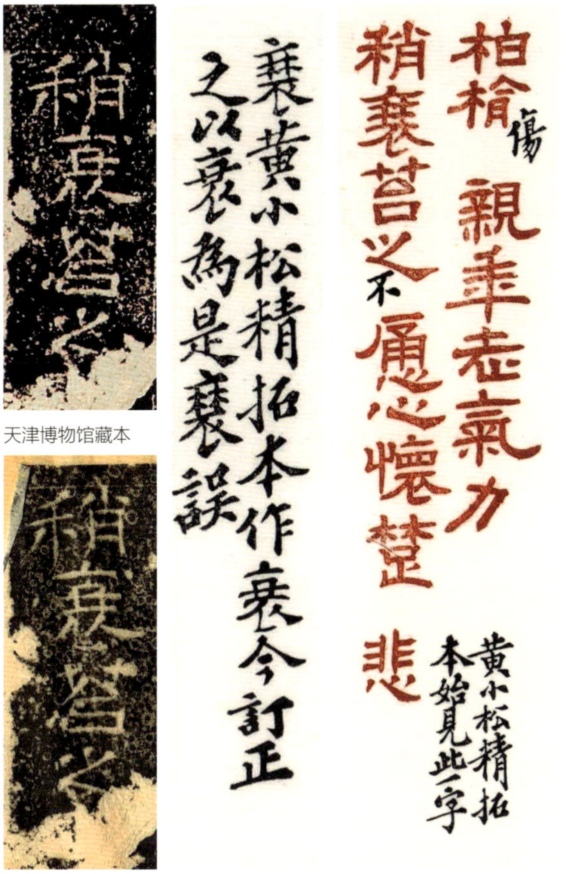

天津博物馆藏本

木鸡室藏本

图 11

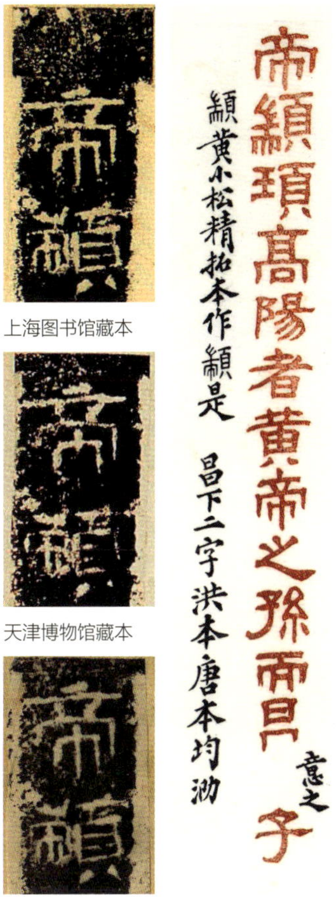

上海图书馆藏本

天津博物馆藏本

木鸡室藏本

图 12

榜部分。我近期才意识到 2013 年春天在上海的朵云轩拍卖会《双雨山馆藏珍》专场中，《陆和九批校汉武梁祠画像古拓三卷》上拍（图 13）。经确认仅有的画像等资料，陆和九称该拓本为《黄秋盦砌壁时精拓本》。从题记之日期来看，陆和九得此三卷本后著述《汉武氏石室画像题名补考》。另外从简单的画像资料来看，拓本不只题榜部分，画像也被原封不动地保存，旁边是按照每个段落原封留存的卷子装本。为此，勾摹部分稍宽，只有题榜部分的拓本有所不同。被认为和《陆和九批校汉武梁祠画像古拓三卷》基本相同的《黄秋盦砌壁时精拓本》在故宫博物院藏数件。其中最有名的版本是在《蓬莱宿约：故宫藏黄易汉魏碑刻

图 13.《陆和九批校汉武梁祠画像古拓三卷》（朵云轩拍卖图录）

特集》中被介绍的黄易题签的卷子装《黄小松拓武梁祠像》（图 14）。此件为从伏羲和女娲画像开始的长卷，整本被缩印，在卷首的三个题榜和附带的画像基本上是按原大介绍的。另外同类型的

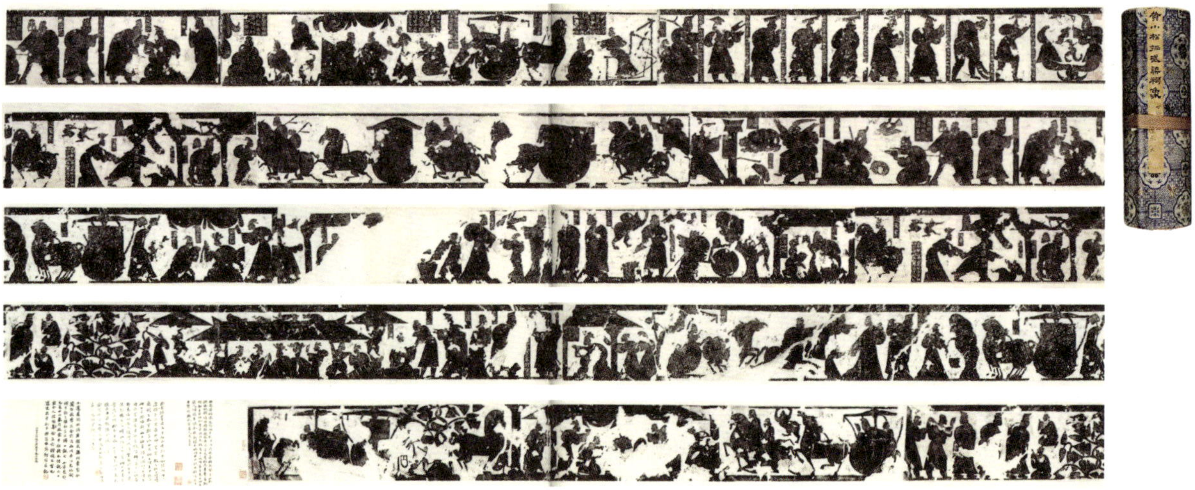

图 14.《黄小松拓武梁祠像》 故宫博物院藏

木鸡室藏本　天津博物馆藏本　上海图书馆藏本　故宫博物院藏本

图 15

若干件武梁祠画像拓本在秦明所著的《故宫藏黄易拓武梁祠画像续考》中被详细地介绍。（这次没有将它们作为比较资料来使用，是因为没有见过，而且遗憾的是拓本图版小。仔细确认在《蓬莱宿约》登载的缩小版整体图版，竟看到两处重复的图版）。可以推测陆和九本也是在大概同一时期拓出来的，其题榜和附带的画像被完整地拓出，与此次用于比较的三种只有题榜的拓本，在拓调上有微妙的区别。从《蓬莱宿约》上登载的接近于原大的卷子装《黄小松拓武梁祠像》的彩色图版来看，拓调略感沉重（图 15）。三种题榜中，上海图书馆藏本和木鸡室藏本的拓调略显轻盈，天博本则略沉重，都为同时期的黄易监拓精本。

最后，上述比较的三种版本中，在题榜的数量上稍有差异。天博本和木鸡室藏本基本相同。在木鸡室藏本中，附有六张拓本，这些拓本是在黄易特别制作的《汉武氏石室石柱砚》的砚面上补刻了画像和旧拓本的题榜（图 16）。此外，上海图书馆藏本附有黄易专门将《孔子见老子画像石》移至济宁州学的画像石上的三件题榜和黄易的拓

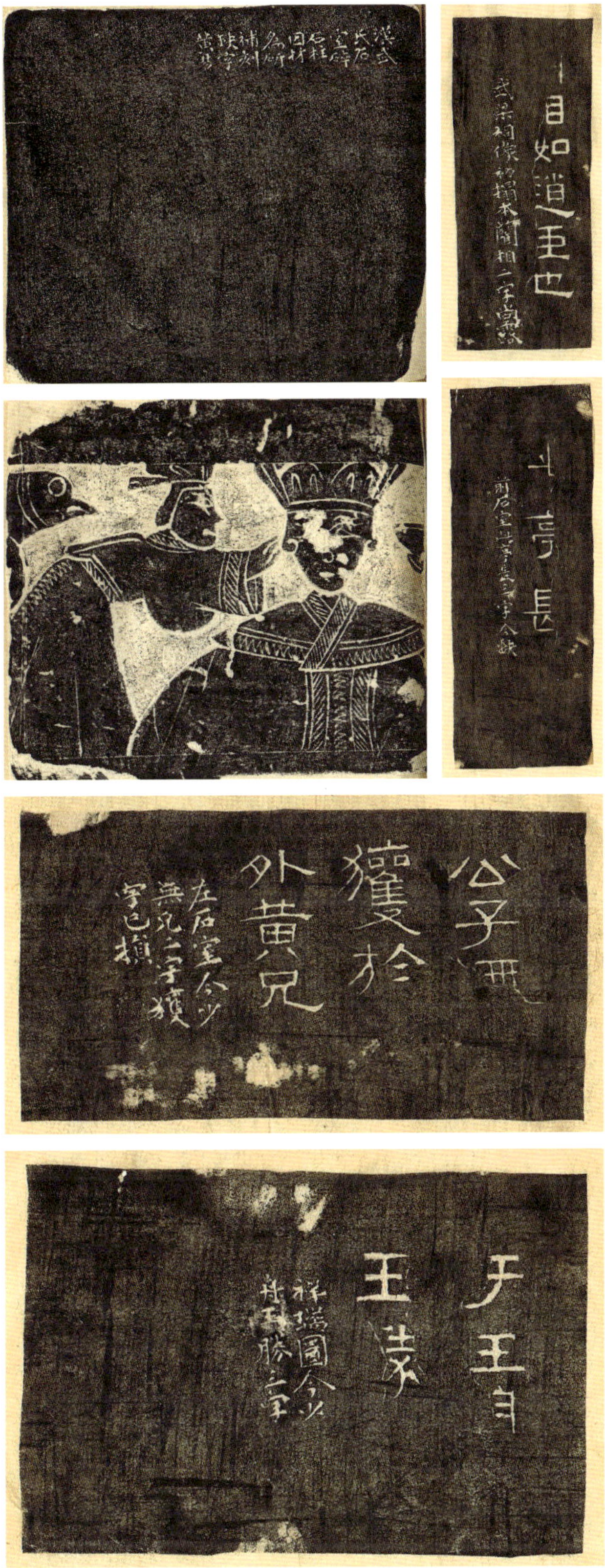

图 16. 武氏石室石柱砚拓本

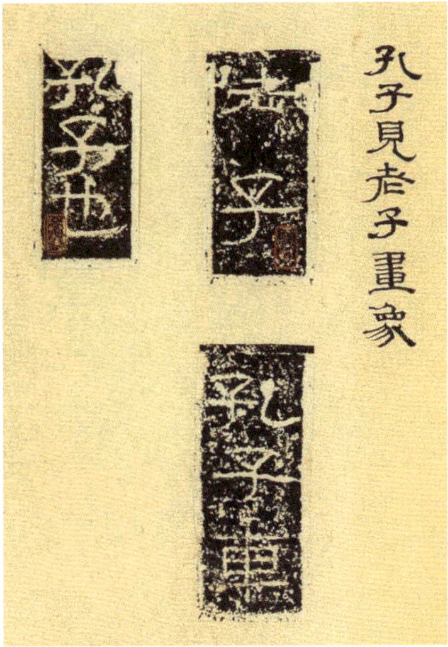

图 17. 上海图书馆藏本

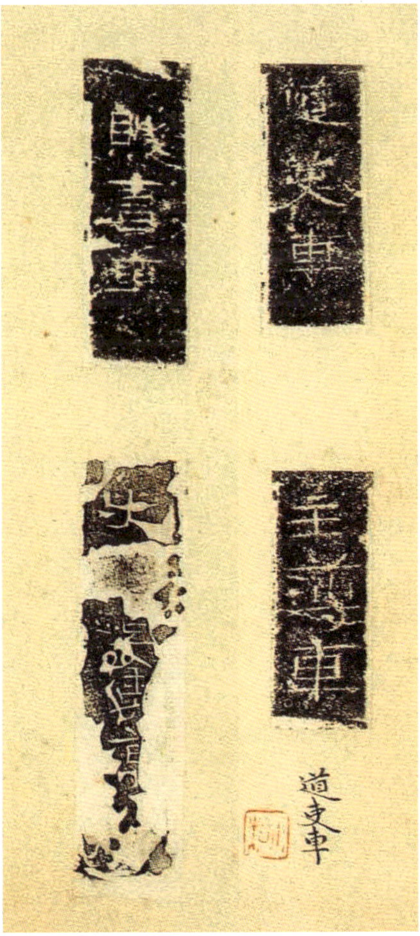

图 18. 上海图书馆藏本

图 19. 武氏前石室碎石柱残字

木鸡室藏本

上海图书馆藏本

本题跋（图 17），天博本和木鸡室藏本都有此欠缺。而且上海图书馆藏本在那后面附有“道吏车”“主簿车”“贼曹车”“此□□□金□万□”等四件题榜（图 18）。最后一件题榜“此□□□金□万□”在天博本中没有，而木鸡室藏本中在拓有四脚动物画像的一张拓本中的右端可以看到“此□□□金□万□”的题榜，在那旁边标注有黄易亲笔：“武氏前石室石柱残字”（图 19）。相较两者的题榜，笔划略有差异。上海图书馆藏本的拓调及拓纸的色调与整本稍有差异，且笔画稍硬。这个题榜的拓本，不知是否附在故宫或其他地方收藏的黄易监拓本中。

关于《黄易监拓本》，在黄易的《小蓬莱阁金石目》中收录有：“前石室碎石柱有画兽形字一行曰此□□□金□万□”。今后，如果故宫博物院收藏的善本等被影印刊行的话，想必关于武梁祠画像题榜的研究也会有很大的进展吧。

黄易与《七姬权厝志》的石墨因缘

田振宇

自由撰稿人

内容提要：清代乾嘉时期，金石学渐兴，而当时文人学者的研究兴趣，并不仅限于汉魏碑刻，金石学者黄易曾先后得到两种明初宋克书《七姬权厝志》的拓本，由于《七姬志》真本稀见，备受世人珍视，黄易与其金石同道陆恭、翁方纲等，由此展开了一段交游往来的活动。同时，临习《七姬志》，也成为对黄易书法产生影响的因素之一。而《七姬志》的版本问题，时至今日，仍有待继续探究。

关键词：乾嘉金石　收藏　交游　七姬志　版本鉴定

黄易绘制有一套《访古纪游图》册，共有十二张，今藏故宫博物院。此图册黄易自署作于乾隆辛卯腊月（1771 年 12 月），经故宫秦明先生研究揭示（秦明《黄易〈访古纪游图册〉误改纪年考》，《内涵暨外延——故宫黄易尺牍研究国际学术研讨会论文汇编》），其实作于乾隆乙卯（1795—1796），黄为避免政敌作祟，改年月以自保。这是其晚年非常重要的作品，黄在这套册页中记录了自己曾经游访的古迹与金石藏家所在。其中第九张绘制了吴门陆恭的松下清斋（图 1），在边题中，黄写道："过吴门陆谨庭松下清斋，观夏承碑宋拓本、元人写坡公相、海岳庵图、七姬志拓本。"

陆恭（1741—1818）字孟庄，号谨庭、绿扶，吴县人，先世为朱存理从弟存忠后人，后入赘陆姓，遂易朱为陆。陆恭，科考屡失利，乾隆四十五年（1780）年逾四十方中举人，绝意仕途以奉母。陆工书善画，精鉴赏，在吴门筑松下清斋以藏古帖名画，其中旧拓善本甚多，如《夏承碑》、泉州本《王右军帖》《化度寺碑》等都是名家递藏的宋拓本，赵孟頫书《鲜于府君墓志》及本文所述的宋克书《七姬权厝志》拓本也是传世极为稀见的小楷碑拓珍品。陆氏也因此与同样雅好金石的翁方纲、王文治、黄易等交往密切，并与潘奕隽为姻亲。

与黄易其他纪游类型画作一样，黄所绘的《松下清斋图》是据实景所作。今有翁方纲款题引首、王宸与宋葆淳款《松下清斋》图卷一种传世（北京保利 2012 年秋季拍卖会中国古代书画专场，拍品号 4425），对比王、宋及黄三家所绘松下清斋，格局大同小异，两间平房前后皆植有巨松，屋前一松生于太湖奇石丛中。（图 2）

关于黄易到访松下清斋的时间，据杨国栋先

图 1. 故宫博物院藏黄易《访古纪游图册》之《松下清斋图》

图 2. 王宸、宋葆淳（款）绘《松下清斋图》

生《黄易年谱初编》所载，乾隆六十年乙卯（1795）十一月，黄携所藏《唐拓武梁祠画像》《宋拓汉石经残字》等来到苏州，访潘奕隽松风萝月山房，陆恭为他借来藏于蒋春皋家的《宋拓钟鼎款识》。黄易在《访古纪游图册》中同样记录了这次金石雅集，定名为《金石重盟》。而陆恭则向黄易借观《汉石经残字》两天，因此黄易访松下清斋也发生在这段时间，今藏香港中文大学的《宋拓夏承碑》题签，正是黄为陆所写，成为这次造访的见证之一。

松下清斋蓄名迹甚多，黄易在题画中除宋拓《夏承碑》、元人画《苏东坡像》、米芾作《海岳庵图》三件烜赫名作外，还特别提到了明初宋克的《七姬权厝志》，这是因为他在同一年的早些时候，恰好也得到了一册拓本。当年二月五日黄易的生母梁瑛卒于济宁，因丁忧辞官。至夏，黄携眷抚柩南返杭州归葬。在回到杭州的短短几月中，他就获得一册原石真本《七姬权厝志》，而且是其老师丁敬曾收藏的，这应该是他特别向陆恭求观《七姬志》的原因（图 3）。

《七姬权厝志》，元至正二十七年丁未（1367）八月所刻，由浔阳张羽撰文，长洲宋克书丹，昆山卢熊篆盖。志文记述了张士诚婿潘元绍在朱元璋大军攻苏州城前之七月五日，令其侧室七女自决，以免城破后受辱之事。当时未及下葬，火化后集七人骨骸，埋于潘家后圃，后过了一月，潘请卢、张等完成志石立于塚侧。元末张士诚在苏州建立的伪周政权，网罗了很多江南文士，此志的书撰者皆是当时著名文人书家，特别是宋克的楷书，出入钟王，奇正相生，加之刻成后志石旋即毁灭，明初时拓本已珍如拱璧，故被誉为“有明一代小楷第一”。正因为拓本罕得，明代就开始翻刻，据传文徵明（或文彭）、杨慎都曾重刻，传世者多为重翻本，真本难睹。

而在获得丁敬藏本之前，黄易已经收藏了另一本翻刻的《七姬权厝志》拓本，因首页篆盖钤有“玉兰堂图书记”印，被疑为是曾经文徵明所藏（图4）。黄易后将两本《七姬权厝志》合装，清末时相继为何瑗玉、裴景福所得，又归蒋祖诒（蒋后或归吴湖帆），碑帖鉴定家王壮弘称曾在吴氏四欧堂中见到，八十年代撰文发表，考证真本伪本的区别（《〈七姬权厝志〉及其翻刻本》，《书法》1986年第四期，后文将及）。这两件拓本现藏于何处不详，所幸民国廿三年（1934）时曾由昌艺社以珂罗版合印行世，题《原拓宋仲温七姬志》。另文明书局民国十三年（1924）有一印本，系各取两本的一部分及贝墉翻刻本一页凑成整本，并附以翁、钱、黄等题跋，流行很广，2004年人民美术出版社《古代善本选萃》将文明书局此本与文明书局另印的明人沈灏跋本合并再翻印，以《明宋克七姬志二种》为名发行。

黄易得到文徵明本的时间在乾隆五十七年壬

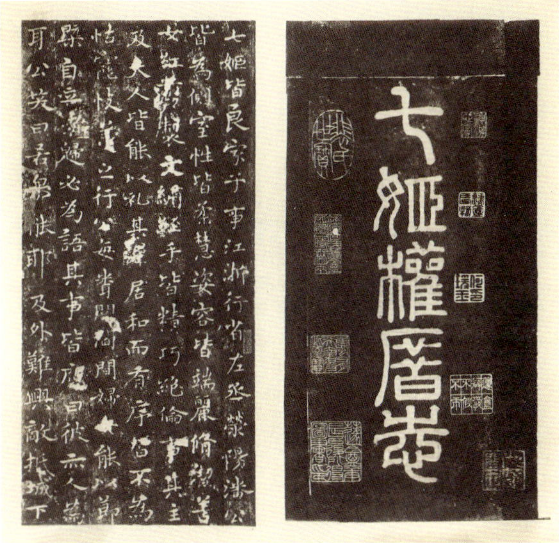

图3. 黄易所得丁敬旧藏本

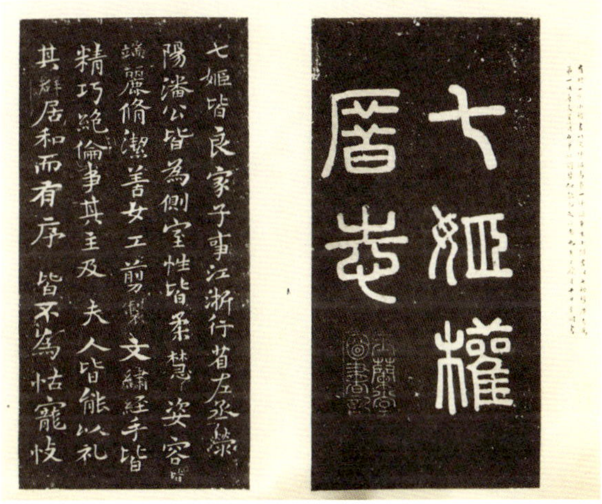

图4. 玉兰堂翻刻本

图5. 昌艺社印珂罗版

子（1792），翁方纲于前一年乾隆五十六年（1791）十月奉使视察山东学政，任职于济南，与在济宁任上的黄易来往甚密（见沈津编《翁方纲年谱》）。壬子年十一月翁方纲得知黄得到一本《七姬权厝志》后，引发了强烈兴趣，连续有两封给黄易的信中都提到此事。

"敬候秋盦先生九兄近祉，承惠借诸拓本并祝卷，今谨缄封奉缴，内祝卷至宝也，赞叹不尽不尽。今又闻新得宋克书《七姬权厝志》，弟梦想此书廿年矣，急欲快观，亦所谓口门恨窄，赞叹不尽者也。但济宁未必有装裱手，可否即寄来（或弟专差人来借奉可否）？省城当有一家略可者，弟当代为料理，兼修眼福耳。明岁弟于四月初间始过济宁。王元美云得一卷真迹先告知汪象先，使伊夜眠不着，想兄必不忍使弟久废眠也，一粲。（《王墓碑》能得更妙，外寄上坡书读书堂一纸，拙书拓本二纸。）秋盦九兄先生侍右，弟方纲顿首，十一月二日。"

"承专使寄到惠借《七姬权厝志》，赞叹不置，自当承诿题后也。闻吴下今有重刻本，未得见，然承借此本必当静玩旬日方不负也，第未审，可于来岁春末夏初，道出济上之便，面缴可否……秋盦九兄先生侍右，弟方纲顿首，十一月廿日。"（引自《黄易年谱初编》）

黄收到翁方纲十一月二日来信后，迅速把拓本寄到济南，十一月二十日翁已回函收到，并答应为作题跋。据珂罗版印本，翁方纲在册后确实留下了多段题跋，可与前引书信相印证，也成为翁、黄二人在碑拓方面交流的诸多例证之一。今按时间顺序抄录如下：

1792年，乾隆五十七年壬子："钱塘黄秋盦所藏，北平翁方纲借观于济南使院。壬子仲冬雪窗記。

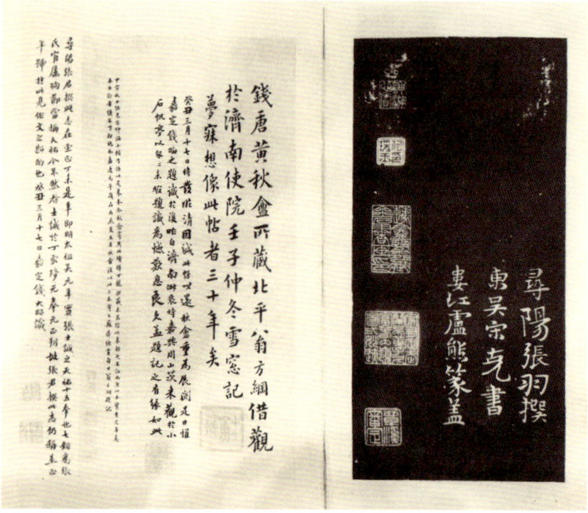

图6. 翻刻本后翁方纲跋之一及钱大昭跋

梦寐想像此帖者三十年矣。"（图6）

"潘郎作计何匆匆，贩盐九四作妇翁，昆岗一炬玉何罪，至今气吐仍白虹。

平江后园石栏畔，程翟徐罗卞彭段，杨廉夫已感金盘，陈敬初来些珠贯。

几人北郭摩诗垒，八体南宫参隶髓，弹丸走马落花丛，摇荡秋光照江水，

冢依禅龛石重勒，东吴好手摹不得，跋到新都又月峰，多少高坟无此刻。

绣纹仿佛金薤书，夜凉环佩疑有无，不合陈髯舫子上，为写长桥玩月图。

题秋盦所藏七姬权厝志旧拓本，翁方纲。"

"过江表草乞精灵，押尾三行俨鹤铭，不是笔从天授得，谁知丙舍即兰亭。

东吴生楷有明冠，儿视枝山孙孟津，若与吴兴齐步伐，四明楼石孰嶙峋。（谓七观也）

欧千文最赏丰坊，周鼎商彝迈二王，千古书评在吴下，似敧反正是津梁。

细楷元常逸气还，枝山人说胜衡山，江东羊薄吾谁与，寤寐兰台志石间。（明代吴中石墨惟仲

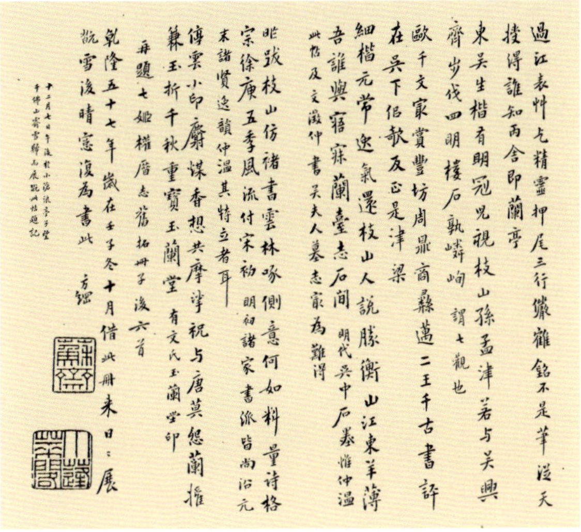

图 7. 翻刻本后翁跋之二

温此帖及文徵仲书吴夫人墓志最为难得）

昨跋枝山仿褚书，云林啄侧意何如，料量诗格宗徐庾，五字风流付宋初。（明初诸家书派皆尚沿元末诸贤逸韵，仲温其特立者耳。）

停云小印麝煤香，想共摩挲祝与唐，莫怨兰摧兼玉折，千秋重宝玉兰堂。（有文氏玉兰堂印）

再题七姬权厝志旧拓册子后六首。乾隆五十七年岁在壬子冬十月借此册来，日日展玩，雪后晴窗复为书此。方纲。”（图 7）

“十二月七日午后于小沧浪亭子望千佛山雪霁，归而展玩此帖，题记。”

“有明一代小楷书以宋仲温为第一，仲温平生小楷以七姬权厝志为第一，此唐文皇赞右军所谓势似欹而反正者也。壬子腊月十日，方纲书。”

“吾题此帖云，儿视枝山孙孟津，盖祝京兆每以天授推仲温也。承元人之隽逸，变宋人之雄奇，渐可以问津羊薄矣。

后来专力师仲温者，惟得一孙雪居耳。

七姬帖，弇州、新都皆有跋，孙月峰乃云恨未觅得，足见当日此迹之难得已如此，况今日耶？十二月十一日晨起呵冻又书此三段。”

翁在题跋诗作中多次提到了祝允明，是因为当时黄易也将自藏的祝允明《成趣园记》交给了翁，并请求题跋。翁便自觉地将祝为代表的明吴门诸家与宋克作了比较。

翁方纲将这本《七姬志》留在身边直到乾隆五十八年癸丑（1793）三月十七日，他要离开济南前往临清，在把此帖封完寄回黄易前，再次展观题跋：“癸丑三月十七日将发临清，因缄此帖以还秋盦，重为展阅，是日惟嘉定钱晦之题识于后。昨自济南淑装时嘉兴周山茨来观于小石帆亭，以匆匆未暇题识为憾，叹息良久。盖题记之有缘如此。”

时隔三年，嘉庆元年（1796）丙辰，此时黄易刚刚得到了丁敬本，将两本同时寄给了翁方纲，翁看后为文本题跋云：

“甲寅秋日偶见宋仲温小楷，乃悟此是摹本，今秋盦寄其所续得丁龙泓藏本，益信此摹勒之不诬也，然此本实有足与真本互订者，慎不可轻视也。嘉庆元年岁在丙辰夏五月秋盦复以此二本寄至苏斋，快赏旬日，翁方纲题记。”

同时翁也在丁敬本后添写了题跋：

“秋盦得七姬帖真本属题三诗。

谁教樵本苦传神，侧影灯前已逼真，昨夜吹笙披鹤氅，秋盦果是听松人。

绿满龙泓馆酒觥，老民醉笔太纵横，可能双绝争诗品。空说三兴照月明。

翠羽明珰韵宛然，神光却勿认便娟，苏斋晌搨君须记，浑朴常居用笔先。

秋盦初得停云旧本，虽摹刻夭斜，正可与原石印证。今复得龙泓馆所藏真本，山谷老人所谓松风之梦故在者邪？

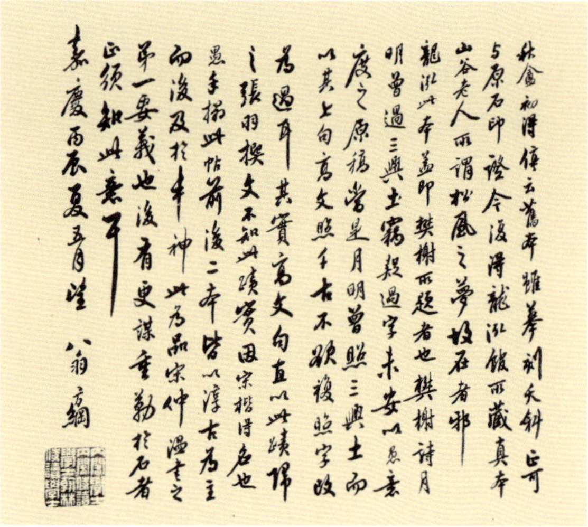

图 8. 翁方纲跋丁敬旧藏本

龙泓此本盖即樊榭所题者也，樊榭诗‘月明曾过三兴土’，窃疑‘过’字未安。以愚意度之，原稿当是‘月明曾照三兴土’，而以其上句‘高文照千古’不欲复‘照’字改为‘过’耳，其实高文句直以此迹归之张羽撰文，不知此迹实因宋楷得名也。愚手拓此帖前后二本，皆以淳古为主，第一要义也。后有更谋重勒于石者，正须知此意耳。嘉庆丙辰夏五月望，翁方纲。”（图 8）

翁方纲前前后后为黄易的两本《七姬志》一题再题，作诗多首，并声言曾亲自响搨双钩两本，足见其对此志的喜爱之深。

除翁外，今日珂罗版印本中，时间最早的是丁敬在乾隆二十四年己卯（1759）的题跋：“环碧堂为元名医朱显道氏世居之堂也，堂额乃番阳周伯温大篆书，堂在槜李县南五十里地，名幽湖，幽湖之水自南湖来，洄洑涡旋而回抱于朱氏之堂，最为奇胜。元贝廷琚有碧堂记，言朱氏家世颇详悉。幽湖今属濮院，物换星移之后未知朱氏子孙尚居此堂否。此印幸为余所得，篆刻古雅而牙之色泽纽制，与友人汪通守承斋所藏元人揭伯放牙印气韵如一，当即朱氏物也。己卯九月十一日偶披清江集乃得审定此印，因记之。敬老人书于砚林。惜我不能再至濮院一访朱氏环碧之堂矣，可胜叹耶！”丁敬在题跋中考证他得到的一方元代名医朱显道“环碧堂”牙印，还将其钤盖在题跋同页，其跋与印章和《七姬志》毫无干涉，疑为黄易或后之藏家从他处移来装入，以证此本与丁有关。（图 9）

钱大昭在乾隆五十八年（1793）三月十七日，与翁方纲同观时所书题跋，对张羽撰文时选择的年号作了一番论述：“寻阳张君撰此志在至正丁未，是年即明太祖吴元年，实张士诚之天祐十五年也。七姬为张氏官属殉节，当称天祐，今不然者，士诚于丁亥降元奉元正朔，故张君撰此志仍称至正年号，于此见作文之斟酌也。癸丑三月三十七日嘉定钱大昭识。”

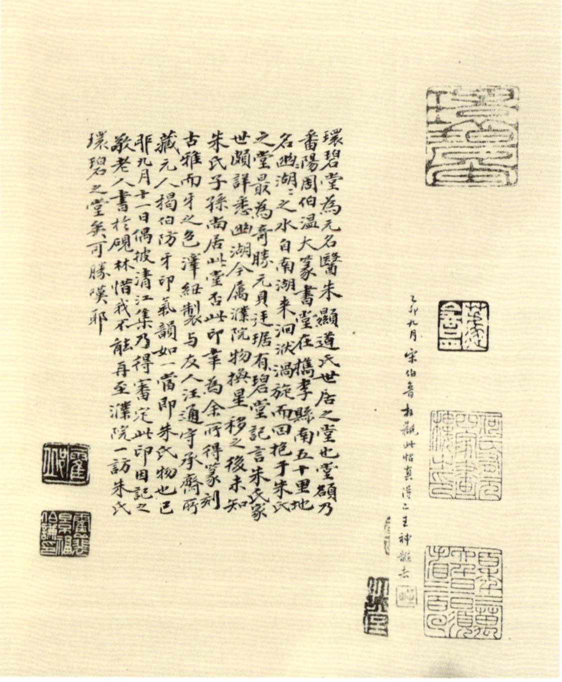

图 9. 丁敬题跋

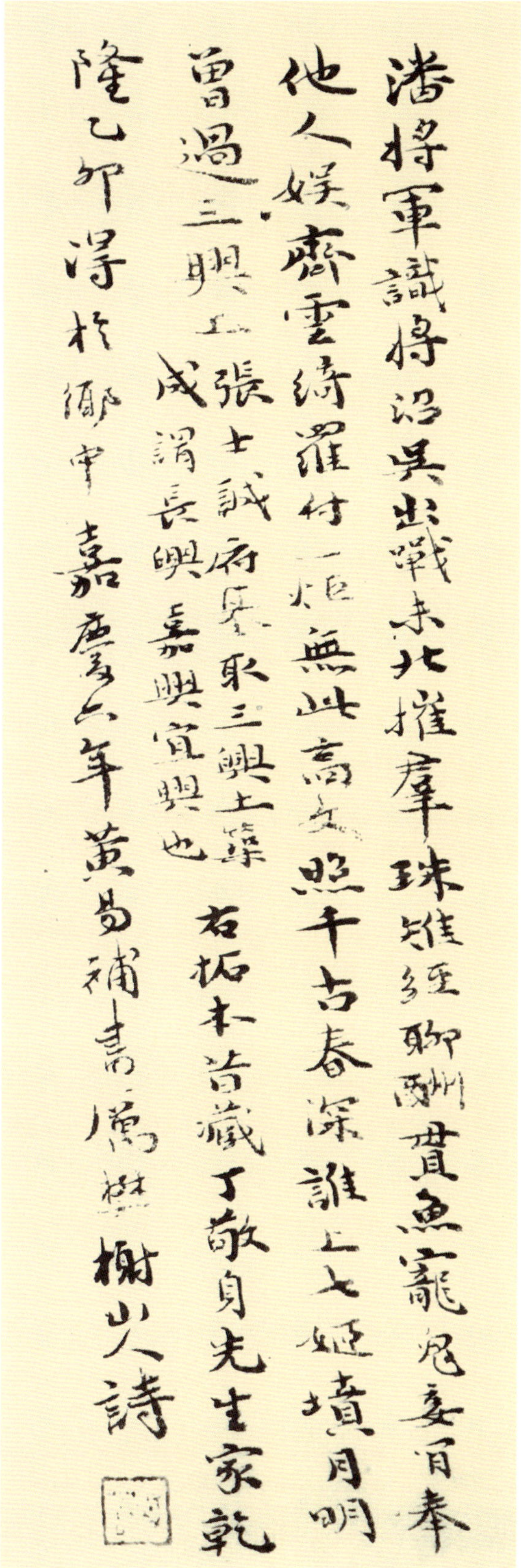
图 10. 黄易跋丁敬本

收藏者黄易在嘉庆六年（1801）抄录厉鹗诗作为题跋，记录了得到拓本的时间："潘将军识将沼吴，出战未北摧群珠，雉经聊酬贯鱼宠，鬼妾肯奉他人娱。齐云绮罗付一炬，无此高文照千古，春深谁上七姬坟，月明曾过三兴土（张士诚府基取三兴土筑成，谓长兴、嘉兴、宜兴也）。右拓本昔藏丁敬身先生家，乾隆乙卯得于乡中，嘉庆六年黄易补书厉樊榭山人诗。"（图 10）

此外还有晚清宋伯鲁与王同愈的两则跋：

"乙卯（1915）九月宋伯鲁拜观此帖，真得二王神髓者。"

"苏斋论书，赉汨归墟，辄以二王为海，若是其一蔽，然使拟七姬于曹娥、洛神，殊不为诬。原拓致难得，四欧堂所藏外今又见密韵楼新收本，世间尤物止此耳，是岂等闲眼福云尔哉？癸酉（1933）二月初吉栩缘王同愈题记时年七十又九。"

2017 年 3 月，由故宫组织的"内涵暨外延：故宫黄易尺牍研究国际学术研讨会"在济南举行，来自日本的学者谷川雅夫先生作专题演讲（后于《书法研究》2017 年第 4 期以《黄易隶书风格探究——以"书画册""隶书册"作品为主》为题正式发表），并于会间展示台湾私家藏黄易书画册页两本，其一为蒋祖诒藏《秋盦书画集》，中有黄易临写的《七姬权厝志》全文两开（图 11），黄易后记云："右七姬权厝志，拓本传世最少，闻乡中丁敬身先生有一本，今归赵晋斋矣。吴门徐理堂惠余一本是停云馆旧物。癸丑晚秋临于竹窗下，散花滩上人黄易。"（图 12）

这件作品的出现解答了黄易从何人处得到两本《七姬志》的疑问，结合印本题跋可以厘清黄易藏本的流传脉络：乾隆五十七年的早些时候，吴门徐理堂（此人待考）将文徵明玉兰堂藏翻刻

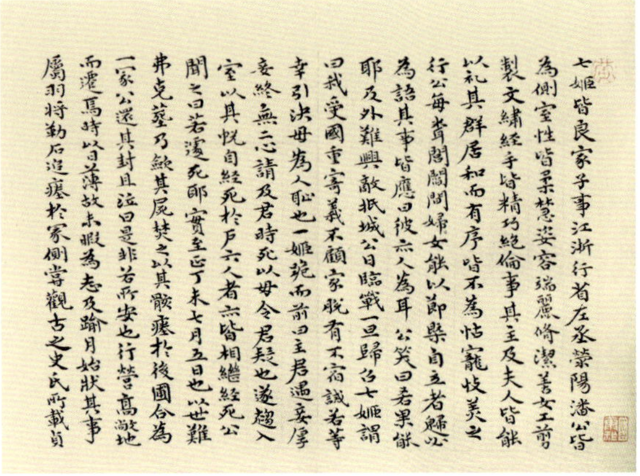

图 11.《秋盦书画册》黄易临七姬志

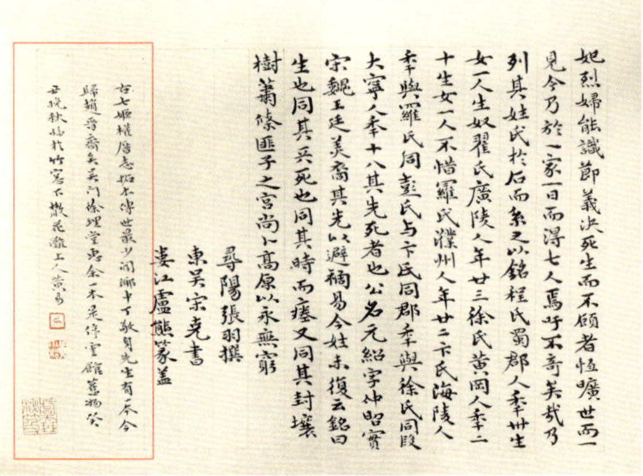

图 12. 黄易临本后记

本《七姬志》赠送给黄易，十一月翁方纲得知后，急向黄易索观，当月收到了黄寄来拓本，翁方纲对此志想往已久，收到后却不知是翻刻，爱不释手，时时展观玩赏，并应黄请于册后反复题记题诗。留在身边直到乾隆五十八年三月，翁方纲前往临清前才寄还黄易。黄易于秋天临写一通，当时他已经知道杭州丁敬有一本拓本，此时已归其好友赵魏。两年后，乾隆六十年乙卯夏，黄因丁忧返杭，极可能是从赵魏处得到了丁敬藏本，并认识到丁本才为原石真本，而之前所得文徵明本是翻刻。当年十一月，黄游访苏州，于陆恭松下清斋中见到陆藏本。归后绘成《松下清斋图》。嘉庆元年五月，黄易再次将原翻两本一同寄给翁方纲，翁始知前所累累题跋者是翻本。六年后黄易在丁敬本后留下了唯一的题跋。黄易之后这两本《七姬志》的收藏者不详，晚清时传至何瑗玉、裴景福、蒋祖诒。

至于陆恭藏本的下落，在黄易之后再无消息。施蛰存在《北山集古录》卷二及《闲寂日记》中曾经提到邵洵美藏有《七姬志》拓本一种，有王世懋、王鉴二跋，贝墉千墨盦旧藏，为邵的曾祖邵燦收藏，见载于叶昌炽《语石》卷四。（万君超先生在其博客文《血泪模糊〈七姬志〉》中有介绍）翁方纲在写给黄易索要拓本的信中曾以王世贞故事为比喻，在为黄易藏翻本后的题跋中又云“七姬帖，弇州、新都皆有跋”。王世懋为世贞弟，王鉴又是王世贞后人，则邵氏此本或即王世贞曾经寓目并题跋者。陆恭曾经得到王世贞藏三本宋拓化度寺碑中的第二本，即所谓松下清斋本。由此推想，陆氏松下清斋之《七姬志》，或是王世贞旧藏，亦即贝墉、邵洵美递藏者，此推论尚待将来此本重现人间时再验证。（作者按，今见贝墉辑刻的《宝严集帖》中翻刻之七姬志，有王世懋、王鉴、贝墉三家题跋及印迹，并未见涉及陆恭，且其碑文缺损之处与后文所提到的苏博本较为一致。）

2017 年岁末，苏州博物馆举行“梅景传家——清代苏州吴氏的收藏”专题展，展出一册吴湖帆藏明拓《七姬权厝志》（图 13），此本曾经川沙沈树镛收藏，册后有 1943 年吴湖帆的题跋：“此册七姬志明拓本向称真拓，流传至今凡数百年，曾藏川沙沈氏，迄民国庚午，余获太仓陆氏旧藏之重墨本后，假得黄小松藏本勘之，始将宋氏所书七姬志真面定论。陆氏藏本乃是孤拓，翁阁学与黄司马、厉樊榭、丁龙泓等皆未见真面也。此本亦明拓，与黄本同出一源，盖即杨升盦覆刻之初拓本也，向有明遗民沈石天一跋，亦误认为原刻，今已移入陆氏藏真本之后，盖余先一年得此也。此志为宋书平生第一得意书，在先明中叶已宝如星凤，经杨升盦、文承寿刻意摹勒，得存形似，可在明中叶真本之不经见矣？是册得于外家沈氏，藏余笈者十五年，兹以吾纪群贤甥爱书刻且其家居苏州谢衙前，距七姬庙仅数十武，因检贻之，亦文字缘中美谈也。右吴印丞跋亦认为原石，吾乡贝简香千墨庵中所藏一明拓本，不知尚存否，但据贝氏重摹本校勘，亦觉字形稍大，恐亦未原石或即停云摹本耳。附记。癸未冬吴湖帆。”其中透露重要信息，吴湖帆认为其藏有的另一本太仓陆氏本是唯一的原石拓真本，黄易所得丁本及苏博本均为杨慎的翻刻本，而贝墉本则被怀疑是文彭的翻刻本。今取苏博展出本与民国昌艺社珂罗版影印的黄易藏丁敬本及文明书局《初拓原石七姬志》沈灏旧藏本对勘，三本颇为相近，粗视似出于一石，但苏博本与文明沈灏本的损泐比丁敬本稍多，两本铭文部分皆有泐缺，苏博本损泐部分由吴湖帆用泥金字补写，而丁本则完整无缺字（图 14），细审点画细节也略有差异，笔者判断苏、沈两本为一石拓，而丁敬本并非如吴湖帆所说与苏博本同石。现太仓陆氏本和贝本皆不能得见，故吴湖帆之论以及七姬志原石的真相尚待进一步求证。（经苏博研究员李军兄揭示，苏博本原即沈灏本，吴湖帆将沈题跋挪入太仓陆氏本后，并依陆本改装了沈灏本，审之确然，特此鸣谢。）

另，前文提到已故碑帖专家王壮弘曾写《〈七姬权厝志〉及其翻刻本》一文，论及一则有关黄易藏本和吴湖帆的故事：“志既久佚，原石拓本稀如星凤，明代即有翻本，佳者往往乱真。清中叶金石家黄易（小松）先后得真伪二本合装一函，真者为钱塘丁敬旧藏，伪者为文氏玉兰堂旧藏，有大兴翁方纲等人跋。伪本极佳，翁氏初以为原刻，及见丁敬本始悟前鉴之非，故翁氏题语中有‘谁教橅本苦传神，侧影灯前已逼真’句。此册曾归霍邱裴氏壮陶阁，后为何瑗玉蘧厂所有，转归吴县吴氏时，以价值昂贵商议再三。而吴压价过半，何氏遂以赝本与之，仓促间吴竟莫辨，及携归细阅题记，知另有真本，遂复央人以原值得之。

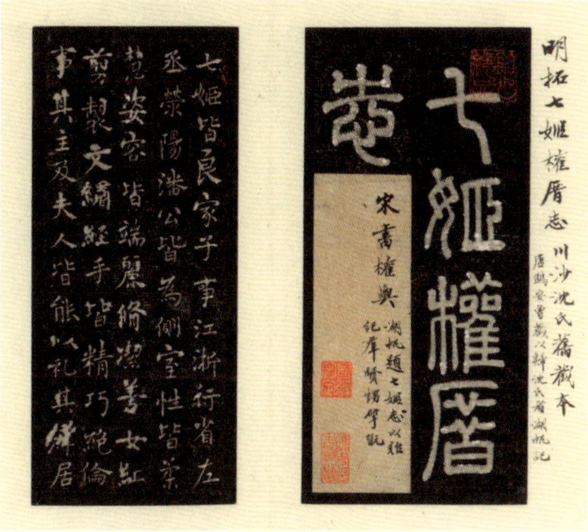

图 13. 苏州博物馆藏本

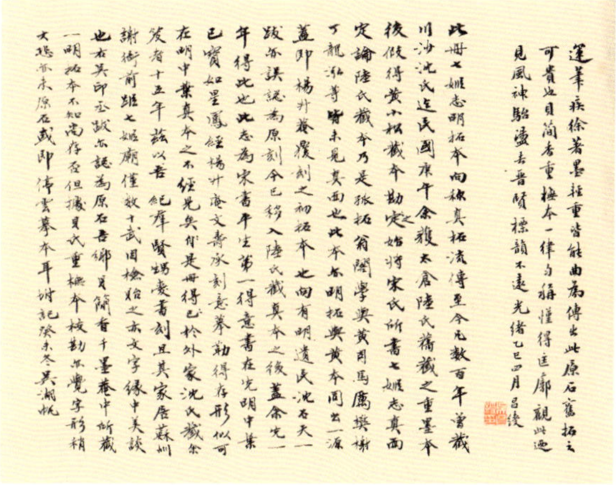
图 14. 苏博本吴湖帆题跋

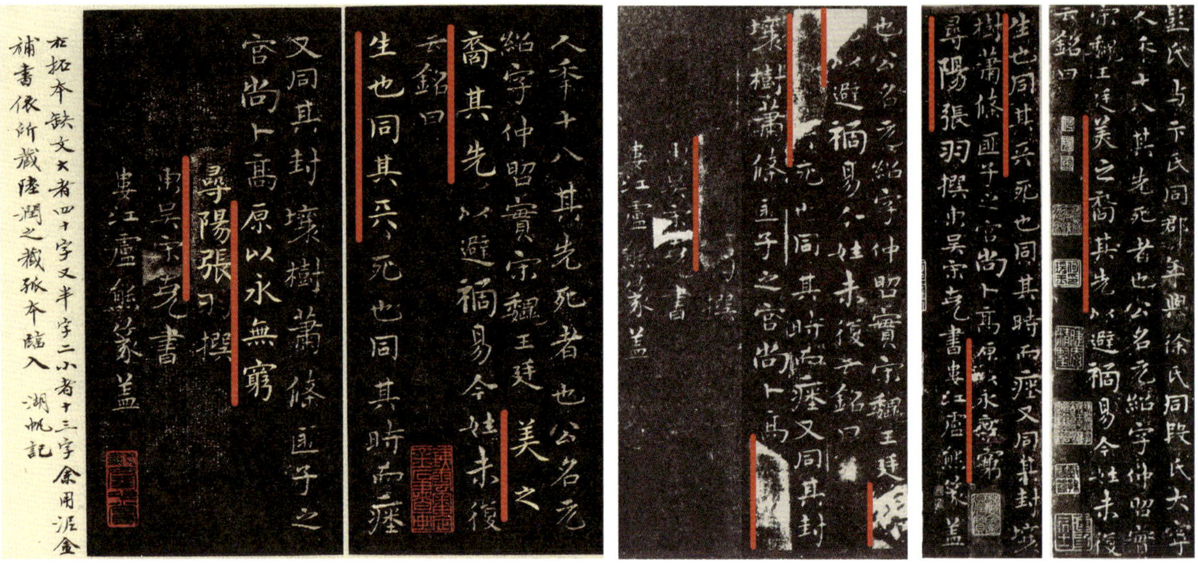

图 15. 苏博本、文明书局本、丁敬本损泐比较

此册余于吴氏四欧堂见之，真本白棉纸拓墨黝黑，伪本纸质微黄，前有‘玉兰堂’图书一印，拓墨不如真本之浓重，二本合装一红木盒。解放前昌艺社曾影印……”不知王氏何时在吴湖帆处看到，结合册后王同愈题跋，在 1934 年昌艺社影印时，这两本《七姬志》尚在密韵楼蒋祖诒处。而吴湖帆在苏博本题跋中也称是“假得黄小松本勘之”，那至少在作跋的 1943 年前尚非吴有。何瑗玉死于 1889 年，吴湖帆生于 1894 年，两人不可能有交集。因蒋祖诒、吴湖帆两人各自都至少藏有两本《七姬志》拓本（蒋有黄易藏两种，吴有太仓陆氏本、苏博本），笔者猜测，王壮弘只字不提蒋祖诒，而将故事安于吴、何二人身上，若非记忆偏差，抑或另有隐情。

言归正题，今人谈到黄易，总是和汉魏相联系，确实在其访碑探古生涯中，频频被关注的正是先秦汉魏石刻金石方面取得的成就，然而并不代表他不关心唐以后的石刻碑拓，黄易与《七姬权厝志》的石墨因缘即是一例，不仅自己收藏两本旧拓，还专程访观他人藏本，还有精心临写的作品传世，虽不像翁方纲那样留下很多题跋文字，也足见黄易对《七姬志》的重视与喜爱。探讨个中原因，首先是此志本身富有传奇色彩，加之真本极稀，翻刻甚夥，从明代开始就成为收藏家、好事者追逐的对象。而更重要的还是黄易对其书法风格的认同。与同时及后起的吴门诸子多取法宋元不同，宋克楷书迈过隋唐宋元，从王羲之直追钟繇，所以其点画古茂，结体多取横势以追魏晋遗韵。诚如翁方纲所云：“千古书评在吴下，似欹反正是津梁。”“东吴生楷有明冠，儿视枝山孙孟津。”而黄易本人的楷书走的也是与宋克相似的路径，才会将其代表作《七姬志》作为收藏、借鉴与学习的重点对象。

孝堂山石祠上的后人题刻

——由黄易嘉庆元年细拓石祠画像想到的

杨爱国

山东省石刻艺术博物馆研究馆员

内容提要：黄易在清代金石学家中，是较早且较多地关注到山东长清孝堂山石祠上后人题刻的人，这在他给赵魏等的信札里，在《得碑十二图》的《肥城孝堂山石室图》题跋里都有文字说明。从他对后人题刻的关注中，我们可以看出，他对金石拓片质量要求之高。不过，石祠上的后人题刻不是为检验拓片质量而刻的，它们体现了题刻者对孝子的崇敬，尤其是石祠被讹传为郭巨祠之后，人们更是怀着对郭巨的崇敬心情来祠堂凭吊并留下题刻的。通过石祠上的后人题刻，我们知道，这座公元一世纪的墓祠，一直在人们的视野里，不仅没有遭到多少人为的破坏，当因自然原因受到损坏时，还会有人出面组织修建，使它历经风雨，保存至今。因此，这些后人题刻既是一部孝堂山石祠的游览史，也是一部孝堂山石祠的保护史。

关键词：黄易　孝堂山石祠　后人题刻

熟悉和研究汉代画像石的人都知道其上的榜题，这种榜题与画像是同时的，是石刻工匠在雕刻画像时刻的。它们或是标示画像内容，如著名的武梁祠上的榜题；或是简介死者的经历、画像内容、建筑的修建等，如山东嘉祥宋山永寿三年（157）许卒史安国祠堂题记。本文所谓的后人题刻不是此类榜题，而是画像石建筑建成后，前来游览或吊祭的人们在其上刻画的文字，它们多与画像内容无关，而是有类今天批判的“××到此一游”。

我们今天能见到的汉代画像石建筑中，后人题刻最多的莫过于济南长清孝堂山石祠。

孝堂山石祠上的后人题刻虽然早在东汉时期就出现了，但这些题刻受到人们关注则要晚很多。较早关注到后人题刻的是北宋末年的经石学家赵明诚，他在《金石录》卷二十二《北齐陇东王感孝颂》跋尾写道：“陇东王者，胡长仁也。武平中为齐州刺史，道经平阴，有古冢，询访耆旧，以为郭巨之墓，遂命僚佐刻此《颂》焉。”[1]清初顾炎武在《金石文字记》中直接把北齐胡长仁于武平元年正月刻的《感孝颂》称为“孝子郭巨墓碑”，[2]未作任何考证。《感孝颂》几乎占据了整个西壁外侧，字大而规整，内容又涉大孝子郭巨（图1），因此，首先受到人们的关注在情理之中。而祠堂上的其他后人题记则有待乾嘉金石学家黄易了。

图 1. 孝堂山石祠西山墙外面陇东王感孝颂

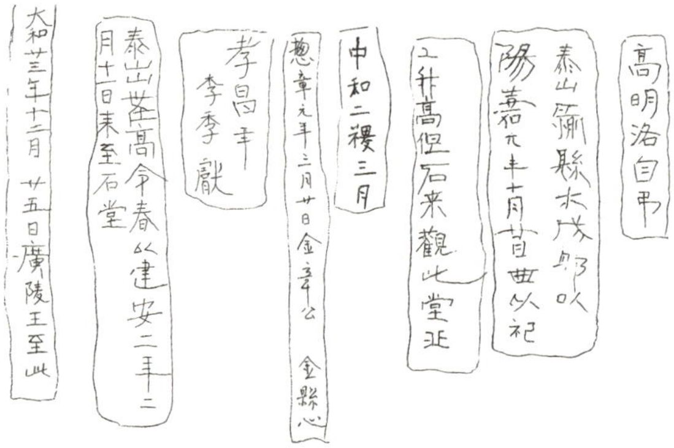

图 2. 孝堂山石祠北壁东石内面后人题记摹本

当年黄易（1744—1802）在考察石祠和赏玩拓片时曾注意到其上的后人题刻，并有所记录。[3]

黄易于嘉庆元年十二月廿三日[4]从任城（今济宁）寄给赵魏的信札末写道："弟遣工细拓郭巨石室画象，又多出建安二年高令春题名、武定二年南青州刺史郑伯猷题名、天保九年刘章题名，已钩出欲付梓也。"[5]由此数行文字，可见黄易对金石拓片要求之高，正是这个高要求，才在此前已有拓片基础上又多拓出了三条细如毛发的后人题刻。黄易在至赵魏的另一封信中说："弟今新得肥城县郭巨墓前魏碑大隶，特奉上。"[6]核查相关文献，未闻"郭巨墓前"有魏碑，此处的"魏碑大隶"最有可能是石祠西壁上北齐胡长仁的"陇东王感孝颂"，而此"感孝颂"亦属本文所谓的后人题刻。

1981 年秋，山东省文物考古研究所的蒋英炬、吴文祺二先生率北京大学历史系考古专业硕士研究生信立祥和本科生尹吉男、冯时、周继勇对孝堂山石祠进行考古调查时，也注意到了其上的后人题刻，并抄录 100 多条，摹写了数十条。[7]

黄易所谓的"建安二年高令春题名"位于石祠内北壁东石，全文为"泰山山茌高令春以建安二年二月十一日来至石堂"（图 2）。

黄易所谓的"天保九年刘章题名"位于石祠内东壁，全文为"天保九年山茌县人四月廿七日刘贵刘章兄弟二人回阡过孝堂观使愿愿从心"（图 3）。

黄易所谓的"武定二年南青州刺史郑伯猷题名"在 1981 年秋的调查中失载，不知是已被拓灭，还是调查时未见。

前面两条题刻提示我们注意，从东汉永建四年（129）到北魏兴安三年（454），长达 325 年的时间里，人们所刻都是至"此堂"，或至"石堂"。太和三年（479）王天明等题刻里就改成了"到孝堂"了。该题刻位于石祠内西壁，全文为"太和三年三月廿五日山茌县人王天明王群王定虏三人等在此行到孝堂造此字"。天保九年（558）刘章题名是这一新传统的延续。

顺着这个思路，把我们见到的孝堂山石祠上的后人题刻梳理一下，我们就可以比较清楚地看出，公元一世纪某位"二千石"官员的墓祠，是如何逐渐演变为郭巨祠的。关于这个问题，笔者另有专论，[8] 在此不赘。这里要讨论的是清代金石学家对后人题刻的关注，与后人题刻中对“孝”的强调与重视两个问题。

黄易对孝堂山石祠上后人题刻的关注，不仅在上述尺牍中有文字记录，他处亦有。他的《得碑十二图》记录了乾隆四十年（1775）至五十八年（1793）18年间，他在山东、河北等地寻访碑刻的经过，12幅图中，除前两幅外，后10幅皆与山东有关。从画左题跋可知，黄易山东访碑主要在乾隆五十一年（1786）至五十八年（1793）的八年间。其中第三图，图右侧楷书题《肥城孝堂山石室图》，左端跋曰：“赵德甫《金石录》云：北齐陇东王感孝颂在平阴县小山顶上石室，内刻人物车马，似后汉人所为。余遣工拓视，得成王、相、胡王等标题，永建四年邵善君题名及永康、永兴、延昌、武定、太和、景明、先天等年细刻之字，感孝颂后有唐杨杰，石柱间有唐焦昌、宋杨景略等题字。赵氏见画像时不知有标题，盖信勘碑不可不审也。”（图4）[9]

清代金石学家中，不仅黄易关注孝堂石祠上的后人题刻，还有多人也关注。兹举数例如下：

与黄易交好的翁方纲著有《两汉金石记》一书，在《汉郭巨墓石室画象题字》条中，他著录了“永建四年”和“安吉”两条后人题刻。[10]

阮元在《山左金石志》卷七《孝堂山画像》记其位置为“无年月，题字俱八分书。在肥城县

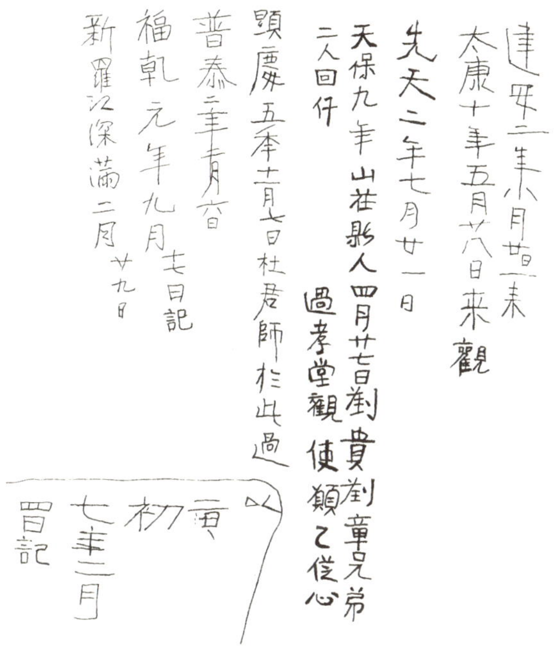

图3. 孝堂山石祠东壁内面后人题记摹本

图4. 黄易《得碑十二图》之《肥城孝堂山石室图》

西北六十里。”接下来记录了七条题记，前六处与翁方纲《两汉金石记》所录相同，最后一条为“泰山高令明永康元年七月廿一日敬来观记之”。他还以“永建四年”题刻为据，否定了祠堂属郭巨：“永建题字，有来过此堂叩头谢贤明之语，贤明乃感诵之辞，似非为郭巨而作，后人失传，以堂近郭墓，遂皆沿为郭巨之墓耳。”[11]

钱大昕是一位极重古代文字的金石学家，他在《潜研堂金石跋尾》卷三中记载了“陇东王感孝颂”，[12]于祠中画像及其他后人题刻则未涉及。

王昶的《金石萃编》是一部资料汇集类的著作，该书卷七“孝堂石画象题字”条除了抄录了《两汉金石记》和《山左金石志》的文字，还记录了6条题记文字和尺寸。[13]

道光年间的冯云鹏、冯云鹓的《金石索》一书不同于其他金石学著作的地方是，不仅用文字记录相关信息，还大量摹刻金石图像与文字，其中，《金石索·石索一》中摹刻了“汉孝堂山画像十石”并对图像和摹刻的榜题进行了描述。冯云鹏在石索五摹刻的感孝颂后的跋语中认为：“以此为巨墓亦无不可。”[14]

曾冠英的《肥城金石志》录有“感孝颂碑”名，并注“在孝堂山郭巨庙，北齐申思邕撰，梁恭之书”。[15]

发现甲骨文的金石学家王懿荣在《汉石存目》卷二中记录了郭巨石室画像及其上的后人题刻：“郭巨石室画象：有汉人题字者四石，第三石有胡王及永康元年泰山高令明题字，第六石有安吉及永建四年邵善君题名，第七石有相及成王，共三字，第十石有大王车三字。其他诸石间有六朝人题字及后世刻字，细致不可见者居多。十石外尚有石梁一，二面刻。一刻日月星，一刻二龙。又有长方石一，刻花叶，前人未著录。”[16]

段松苓在《山左碑目》卷一提到孝堂山石祠及其上的后人题刻，在他看来，“郭巨石室”与“孝堂山石室”是同义词：“汉郭巨石室画像六面：上有成王、相、胡王标题及永建四年邵善君题名，永康、永兴、延昌、武定、太和、景明、先天等年细刻，在孝堂山石室左右及后壁。”[17]

金石学家们重复著录石祠上的后人题刻，是为了什么呢？除了阮元在《山左金石志》中以“永建四年”题刻为据否定石祠是郭巨祠外，其他金石学家都只是著录，有的是照别人的抄录，没有说明原因。只能推测了。

孝堂山石祠上的后人题刻多是“到此一游”的性质，如：三角隔梁西面上的“杵□以阳嘉元年二月一日来”，东壁上的“刘升高但石以本初元年十一月廿一日来”，三角隔梁东面上的“吾以建宁三年七月廿六日过此”，北壁西石上的“成公故来观之”，西壁上的“卫门马伏生故来看也”等等，对于证经补史没有多少作用。此类题记皆随手所为，率意而刻，因此，其文字的艺术水平亦乏善可陈，金石学家们不会是出于书法欣赏或借鉴的角度著录它们。

不过，也不尽然，胡长仁的“陇东王感孝颂”是被金石学家著录最多的，而且多有拓片单独流行，它受到关注则更多的是因为它是北齐时期的隶书。

说了金石学家为什么著录石祠上的后人题刻，回过头来，我们再来看看，东汉永建四年（129）以后，人们为什么要来石祠“到此一游”？这一点，永建四年这条最早的后人题刻就定下调子了：“平原湿阴邵善君以永建四年四月廿四日来过此堂叩头谢贤明”，说得很清楚，是为了“谢贤明”。只

图 5. 肥城栾镇村祠堂后壁画像题记

是没有明说这位贤明是谁，邵善不说，后来的人也就更说不清楚，而是承其传统了。如三角隔梁西面上的“申上龙以永康元年二月二日来此堂感斯人孝至……”，西壁上的“太和三年三月廿五日山茌县人王天明王群王定虏三人等在此行到孝堂造此字”，东壁上的“天保十年四月廿四日张□□匡□四人来过孝堂书字愿公从心”，如此之类，都是慕孝名而来。

从“永建四年”题刻上，我们看不出邵善是什么社会身份，不是社会最底层的人则是可以肯定的。从后来的广陵王、陇东王等人留下的题刻看，到孝堂山石祠一游，叩头谢贤明的主要是地方官吏，包括没有留下题刻的北宋著名金石学家赵明诚“自青社（即今山东青州）如京师，往还过之，屡登其上”。[18] 这些多是社会的中层，他们的思想观念正是社会上主流的思想观念，孝也不例外。

不过，这只是一部分人的想法在题刻上的表现，更多的则可能属于乱刻乱画的范围，这种现象同样在东汉时期就出现了。离孝堂山不远的肥城栾镇村曾出土东汉章帝建初八年（83）张文思为父造祠堂后壁画像石，其上有题记：“建初八年八月成，孝子张文思哭父而礼，石值三千，王次作，勿败□。”（图 5）[19] 这最后的“勿败□”显然是提示那些来祠堂的人不要搞破坏的。滕州永元三年（91）题记的最后也是类似的文字：“永元三年四月……□成，传于后世，敬白士大夫，愿毋毁伤，愿毋毁伤。”[20] 东阿铁头山永兴二年（154）芗他君祠堂题记说得更明白：“惟观者诸君，愿勿贩伤，寿得万年，家富昌。”[21] 嘉祥宋山永寿三年（157）许卒史安国祠堂题记中也明确说道：“牧马牛羊诸僮，皆良家子，来入堂宅，但观耳，无得刻画，令人寿，无为贼祸，乱及孙子，明语贤仁四海士，唯省此书，无忽矣。”[22] 如此种种提示，都在告诉我们，当年在祠堂里乱刻乱画是常见的现象。东

图 6. 孝堂山石祠 西八角柱后人题记拓本

汉以后就更不用说了，不仅乱刻乱画，毁祠造墓也是常有的事。[23]

要之，虽然孝堂山石祠上的后人题刻，多类今天的“× × 到此一游”，但仔细分析，还是略有不同。它们体现了题刻者对孝子的崇敬，尤其是石祠被讹传为郭巨祠之后，人们更是怀着对郭巨的崇敬心情来祠堂凭吊并留下题刻的。通过石祠上的后人题刻，我们知道，这座公元一世纪的墓祠，一直在人们的视野里，不仅没有遭到多少人为的破坏，当因自然原因受到损坏时，还会有人出面组织修建，使它历经风雨，保存至今。如西八角柱上的北宋崇宁五年（1106）题刻：“大宋崇宁五年岁次丙戌七月庚寅朔初三日郭革自备重添此柱并垒外石墙。”“当村于宣德男天民助缘匠人国青张皋并特置牌额绰楔门一座。”（图 6）[24] 因此，这些后人题刻既是一部孝堂山石祠的游览史，也是一部孝堂山石祠的保护史。

2016 年 4 月 15 日上午收到故宫博物院秦明先生寄来的《故宫藏黄易尺牍研究・考释》，并《故宫藏黄易尺牍研究・参论》约稿函，为答谢他的盛情，撰此小文。同时纪念黄易遣工细拓孝堂山石祠画像 220 周年。

注释：

1.（宋）赵明诚：《金石录》卷二十二《北齐陇东王感孝颂》跋尾，济南：齐鲁书社，2009 年，第 183 页。

2.（清）顾炎武：《金石文字记》卷二《孝子郭巨墓碑》，《石刻史料新编》第 1 辑第 12 册，台北：新文丰出版公司，1982 年，第 9219 页。

3. 刘国庆曾以实地考察为基础，对黄易的记录进行了考证。刘国庆：《黄易与孝堂山石题记》，载故宫博物院编：《黄易与金石学论集》，北京：故宫出版社，2012 年，第 169–178 页。

4. 嘉庆元年为公元 1796 年，不过十二月廿三日应是公元 1797 年 1 月。

5.《张廷济录黄易致赵魏南还札》，载故宫博物院编 :《故宫藏黄易尺牍研究 · 考释》，北京 : 故宫出版社，2015 年，第 59 页。惜 2014 年编写《孝堂山石祠》时，未能读到此尺牍。

6.《黄易致赵魏夏间札》，载故宫博物院编 :《故宫藏黄易尺牍研究 · 考释》，北京 : 故宫出版社，2015 年，第 82 页。

7. 蒋英炬、杨爱国、信立祥、吴文祺 :《孝堂山石祠》，文物出版社，2017 年，本文以下所引后人题刻皆出自该书，恕不一一注出。

8. 参见拙文《故事如何生成的——以山东长清孝堂山郭氏墓石祠为例》，《社会科学战线》2016 年第 9 期，第 111–119 页。

9. 现藏天津历史博物馆（原天津市艺术博物馆），该馆还藏有黄易题签的武梁祠拓片和用武梁祠残石改制的小砚。该册 12 开，一开一图，每图有黄易题识及翁方纲诗跋，翁方纲作序，收录于《复初斋文集》。蔡鸿茹 :《黄易〈得碑十二图〉》，《文物》1996 年第 3 期，第 72–79 页。

10.（清）翁方纲 :《两汉金石记》卷十四《汉郭巨墓石室画象题字》，载《石刻史料新编》第 1 辑第 10 册，台北 : 新文丰出版公司，1982 年，第 7399 页。

11.（清）阮元 :《山左金石志》卷七《孝堂山画像》，《石刻史料新编》第 1 辑第 19 册，台北 : 新文丰出版公司，1982 年，第 14419、14422 页。

12.（清）钱大昕 :《潜研堂金石跋尾》卷三，载《石刻史料新编》第 1 辑第 25 册，台北 : 新文丰出版公司，1982 年，第 18768 页。

13.（清）王昶 :《金石萃编》卷七，陕西人民美术出版社影印民国十年石印本，1990 年，第 1 页。

14.（清）冯云鹏、冯云鹓 :《金石索 · 石索》五，《续修四库全书》，上海 : 上海古籍出版社，2002 年，第 312–324、481 页。

15.（清）曾冠英 :《肥城金石志》，载《石刻史料新编》第 3 辑第 27 册，台北 : 新文丰出版公司，1982 年，第 275 页。

16.（清）王懿荣 :《汉石存目》卷二，载《石刻资料新编》第三辑第 37 册，台北 : 新文丰出版公司，1986 年，第 526 页。

17.（清）段松苓 :《山左碑目》卷一，载《石刻资料新编》第二辑第 20 册，台北 : 新文丰出版公司，1979 年，第 14835 页。

18.（宋）赵明诚 :《金石录》卷二十二《北齐陇东王感孝颂》跋尾，济南 : 齐鲁书社，2009 年，第 183 页。

19. 王思礼 :《山东肥城汉画象石墓调查》，《文物参考资料》1958 年第 4 期，第 34–36 页。

20. 生克昭 :《滕县金石志》，第 29 页著录为“汉永元残石”，法源寺刊本（北京），1944 年 ; 文物图象研究室汉代拓本整理小组 :《中央研究院历史语言研究所藏汉代石刻画象拓本精选集》，图 29 为中央研究院历史语言研究所傅斯年图书馆藏拓片，中央研究院历史语言研究所，2004 年。

21. 罗福颐 :《芗他君石祠堂题字解释》，《故宫博物院院刊》总二号（1960 年），第 178–180 页。

22. 济宁地区文物组、嘉祥县文管所 :《山东嘉祥宋山 1980 年出土的汉画像石》，《文物》1982 年第 5 期，第 60–70 页。

23. 杨爱国 :《魏晋人盗用汉代坟墓材料造墓研究》，《中国国家博物馆馆刊》2013 年第 12 期，第 47–60 页。

24. 除了祠堂上的后人题刻外，还有石碑记录下了人们保护祠堂的事迹。如明隆庆二年（1568）《重修孝堂山庙记》，清乾隆三十四年（1769）修庙碑，清同治九年（1870）《重修孝堂山庙记》等，这些碑刻至今还立在孝堂山石祠院内。

黄易与邹城北朝佛教摩崖刻经

胡新立

山东省邹城市文物局

内容提要：黄易对山东汉魏碑刻调查及武氏祠发掘研究贡献良多，永载史册。晚年不顾病疾，又对山东北朝佛教摩崖刻经进行实地踏访。故宫博物院存黄易《岱麓访碑图》以设色绘图、题跋的形式，真实记录了在嘉庆二年，对邹城“四山”刻经及泰山经石峪等石刻遗迹的调查，题跋文字详细明了，史料价值重大。山东刻经千百年来一直沉寂山林，无人问津，黄易的调查著录，为阮元编撰《山左金石志》提供了翔实资料，经阮氏著录研究，引起诸多金石学家的关注，黄易发现、著录之功可谓大矣。本文在整理黄易对刻经遗迹著录研究的基础上，对邹城刻经及题记、历史渊源、书刊人僧安道壹与书法，进行了深入研究，以期为黄易对山东刻经的研究著录、推动邹城与山东刻经的研究，提供翔实资料。

关键词：黄易　《岱麓访碑图》邹城刻经　僧安道壹

济宁是黄易的第二故乡，自乾隆四十三年（1778）至嘉庆七年（1802），在此为官生活了二十余年，直至去世。其间他以济宁为出发地，调查山东诸多文物石刻，发掘武氏祠、寻访汉魏碑刻、北朝佛教摩崖刻经等，通过各种方式拓取、收集了大量碑刻、摩崖拓片，并进行研究题跋。调查中注重文字记录和图像绘制，每次发现摩崖碑刻，必详细记录、拓片和绘制图像，提取完整资料以供研究。这种科学的调查和提取资料的方法，与今日考古调查方法相仿，称其为石刻考古先驱，实不为过。[1] 黄易在山东等地调查绘制的《岱麓访碑图》及《岱岩访古日记》等图像文字，对研究山东汉魏碑刻，特别是北朝佛教摩崖刻经，仍具有重要的史料价值。

山东地区摩崖刻石众多，其年代主要以北朝时期为主。以地域和内容分为两种：其一，以莱州云峰诸山（有云峰山、大基山、天柱山、玲珑山）为主的北魏郑道昭上、下碑及附属刻石；其二，以泰峄诸山（有泰山、徂徕山、水牛山、峄山、铁山、岗山、尖山、葛山等）佛教摩崖刻经。两者都是刻于花岗岩摩崖或石壁之上，但内容完全不同。乾隆五十七年（1792）黄易对云峰诸山北魏刻石踏访，嘉庆二年（1797）对泰峄诸山佛教摩崖刻石踏访。两次访古调查黄易均有记录和图绘、拓片资料，见于黄易《云峰拓碑图》《小蓬莱阁金石目》《岱麓访碑图》等图文资料。

黄易对山东北朝时期的佛教摩崖刻经踏访与拓片采集，从乾隆末年开始，他提供给阮元的拓片和有关记录，是编写《山左金石志》刻经条目的资料来源。嘉庆二年（1797），是黄易进行的最后一次考察活动，目标是对泰山经石峪、邹城四山刻经及徂徕山映佛岩等佛教刻经的调查，每次调查所得，均绘有草图和日记，可以说是对山东佛教刻经一次全面记录和整理。虽然在黄易踏访邹城刻经之后，清道光年间《邹县志稿》已有相关刻经的记述，但是他的调查显然是全面和深刻的。

自阮元《山左金石志》刊出以后，影响较大，诸多金石文献相继出现对北朝刻经的著录，主要有段松苓《山左碑目》、孙星衍《寰宇访碑录》、王昶《金石萃编》、李佐贤《石泉书屋·金石题跋》、孙葆田《山东通志》、马星翼《邹县志稿》、叶昌炽《语石》，等等。康有为《广艺舟双楫》对刻经书法的理论论述也产生较大影响。直到20世纪末，邹城北朝刻经的研究才有了新的突破。1989年，山东石刻艺术博物馆对摩崖刻经进行考古普查的基础上，进行综合研究，并相继于1990年、2002年、2006年召开北朝刻经学术研讨会，编辑出版了三部学术论文集，揭开了对北朝刻经全面研究的序幕，取得了许多学术成果，引起国内外佛教文化、书法艺术各界的高度关注。2005年以来实施的中德合作中国佛教石刻经调查项目，经过5年的工作，取得丰硕的成果。邹城北朝摩崖刻经被誉为中国佛教文化和书法艺术的宝库，随着研究的不断深入，会有更多的艺术宝藏整理发掘出来。

黄易对北朝摩崖刻经的探访

清嘉庆二年（1797）正月至二月，黄易自济宁出发，与女婿李此山、同乡江秬香及拓工顾玉等对邹城、泰山北朝刻经进行实地踏访。他们从邹城、曲阜、泰山至济南，沿途进行石刻碑碣探访。保存在故宫博物院的黄易《岱麓访碑图》图册，[2]以设色绘画、题记的形式记录了这次访碑的主要情景，及对每个图像的考证文字。《岱麓访碑图》所记24个场景、石刻，依次有：孟子庙、孔林、孔子庙、铁山、岗山、尖山、大汶口、大明湖、龙洞、佛峪、千佛山、五峰山、灵岩寺、甘露泉、功德顶、铁袈裟、岱庙、王母池、石经谷（经石峪）、樱桃源、对松山、开元摩崖碑、岱顶、后石屋（坞）。其中涉及摩崖刻经的有邹城四山（铁山、岗山、尖山）和泰山经石峪，访碑的同时黄易还记有《岱岩访古日记》，[3]详载每日访碑考察经过及新的发现，可图册相互对照研究，复原当时考察情况。《岱麓访碑图》是黄易依据当时情景随手绘制的草图，回到济宁后进行了整理，以右图左题的形式完成。在图册的最后一页“后石坞”图的左侧，黄易记有这次考察和绘制图册的跋语：

嘉庆二年（1797）正月七日，余携女夫李此山游岱，自邹鲁达泰郡。淑气虽好，盘道犹雪，不及登山，遂至历下，与江秬香遍览诸胜。二月至泰山登绝顶，遍拓碑刻，夙愿以尝。遇胜地自留粉本，成图二十有四，并记所得金石，以志古缘。七月二十三日钱唐黄易记。[4]

图 1. 铁山摩崖刻经全景

铁山

铁山刻经位于邹城城区北部，铁山公园内。海拔 146 米，在山之阳有巨大的花岗岩石坪，（图 1）。铁山旧称南岗山，因刻经石坪上有一脚形石窝，当地人传说是道家铁拐李留下的脚印，故称此山为“铁山”。整幅花岗岩石坪南向，总面积约 2000 余平方米，气势恢宏。上刻有《大集经》经文、《石颂》和两段题名文字。

其一，《大集经·海慧菩萨品》位于摩崖石坪上部。刻面长 53 米，宽 15.6 米，水平仰倾 30°。经文刻在巨大的线刻碑形图案中，碑首刻六龙缠绕五彩祥云，额题“大集经”巨幅大字（双钩）。碑身线刻界格，碑身下刻龟形图案，仿碑趺而作。经文 17 行，行 57 至 62 字，隶楷书，字径 50 至 70 厘米。经文自“佛言善男子云何名为穿菩提心”始，至“万六千天得无生法忍”止。共 940 字。此段经文在昙无谶译的《大集经》中称曰《海慧菩萨品》，而铁山《石颂》则记为《大集经·穿菩提品》。

其二，《石颂》，位于经文左下方。刻面长 17 米，宽 3.5 米。上刻“石颂”两巨大篆书，字径 70 至 95 厘米。颂文隶楷书，12 行，行 43 至 52 字，字径 22 厘米。共 614 字。

其三，僧安道壹等题名，位于经文、颂文下方。现存刻面长 3.25 米，宽 3.4 米，水平仰倾 25–40°。隶楷书 6 行，行 3 至 10 字，字径 19 至 30 厘米，共 45 字。

其四，李巨敖等题名（已毁）。黄易在《小蓬莱阁金石目》有记。据清道光十四年董纯、马星翼纂《邹县志稿》卷十一载：“铁山石崖之左石屏上还有题名三行，行七字。”题刻位于僧安道壹等题名右侧，邹城博物馆有拓片收藏。

（一）铁山《石颂》

铁山《石颂》是铁山刻经的题跋文字，是铁山刻经经文完成以后，在经文的左下方刻制的大幅书法作品。刻面巨大，有 60 余平方米，上有篆书“石颂”两个榜书大字，其下有 12 行 600 余字

图 2. 铁山《石颂》刻石及拓片工作照

图 3. 铁山刻经原石

图 4. 铁山刻经选字

组成。（图 2、图 3、图 4）石颂内容丰富，主要记述铁山刻经地理环境、当时的佛教文化氛围、刻经经主、刻经年号、刻经书法主持人及对刻经书法艺术的赞誉。是研究山东北朝佛教摩崖刻经的重要资料，历来已有众多的书法、佛教界学人研究著录。

黄易在嘉庆二年（1797）的《岱麓访碑图·铁山》的题跋中，作了详细记述：

铁山在邹县北门外三里许，刻八分书，佛经，字大径尺。其上篆额止（祇）石颂二字，大二尺许。经后字稍杀，径五六寸。有汉丞相匡衡苗裔“匡喆造经□咸韬书，皇周大像元年”等字。崖势陡滑，拓字良难。余数搨始获其全。文辞雄丽，与岱麓摩崖刻争胜。而近在城外千余年无人过问。予始拓之亦可奇事也。经石下石壁刻“宁塑（朔）将军孙洽僧安道壹齐搜扬好人平越将军周任城郡主薄大都维那闾长嵩”等（八）分书。又一石崖刻李巨教（敖）等题名，俱奇伟。[5]（图 5）

在黄易《小蓬莱阁金石目》中，又对铁山刻经内容有所补充：

小铁山摩崖佛经及铭文字，八分书篆额。大象元年。□咸韬书。铭文内有“汉丞相匡衡苗裔匡喆”及“（同）义人李桃”等名。在邹县城外三里。

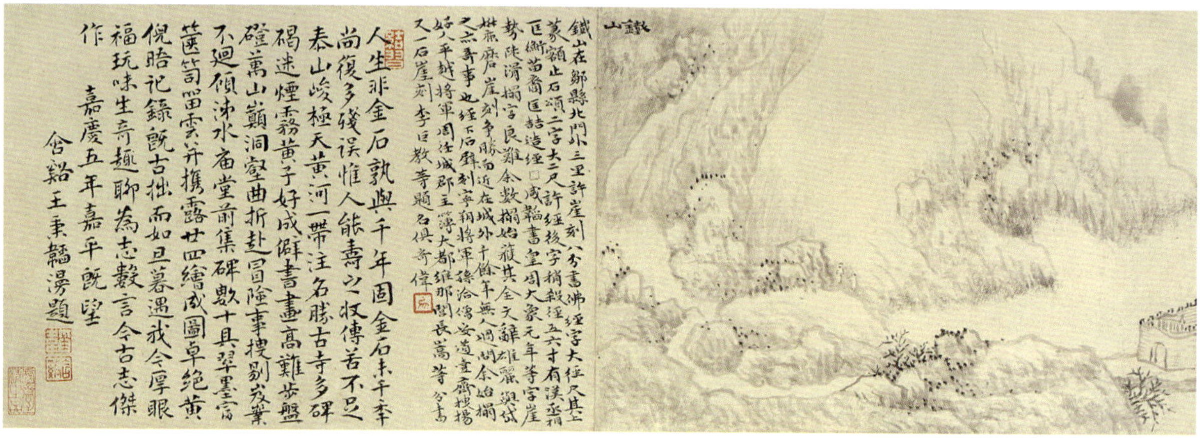

图 5. 黄易《岱麓访碑图 · 铁山》

赵郡李巨敫（敫）摩崖题字，八分书。在山东邹县小铁山大象佛经之东石壁。宁朔将军孙洽僧安道壹齐搜扬好人平越将军周任城郡主薄大都维那闾长嵩题名，八分书。在山东邹县小铁山大象佛经之下层。[6]

黄易的记述和稍前制作的拓片，为阮元编写《山左金石志》提供了资料依据。由于《石颂》刻于摩崖陡壁，难于拓制，黄易多次派遣拓工，将“数拓始获其全”的《石颂》拓片，进行深入研究，考证了铁山刻经的经主匡喆，是西汉丞相匡衡的苗裔，盛赞《石颂》“文辞雄丽，与岱麓摩崖刻争胜”。感叹“而近在城外千余年无人过问，予始拓之亦可奇事也”并将小铁山石颂刻定名为《匡喆刻经颂》。阮元在志中写道：

（石颂）因崖高字大艰于椎拓，（元）所藏拓本祇八十余字，每以未见全文为憾。嘉庆丙辰（1796）夏，黄小松司马录寄新拓全本，始知造经人匡喆为丞相匡衡裔孙，书经颂之人已缺其姓……[7]

由此我们得知，黄易早在此次调查之前，已经获得了铁山《石颂》的全文拓片，并在嘉庆元年（丙辰，1796）夏，寄给当时编辑《山左金石志》的阮元，如获至宝的阮元即将有关《石颂》的主要内容，写进正在修订的志书中，并考订了经主匡喆的家世。嘉庆二年（1797）《山左金石志》刊行。黄易提供的资料，使该志书内容更加充实完善，也见证了阮、黄二人的友谊与治学精神。

近年在辽宁省博物馆收藏的《秋盦书札》里，发现两封有关黄易的拓工顾玉拓制铁山《石颂》、经文的信札，其一《黄易致李东琪拓碑札》：“顾玉拓碑已还，有以奉赠。铁山之经后颂言竟拓，今可以快读，且有篆额，兄不可不看也……愚弟制黄易顿首。”其二《黄易致李东琪拓刻札》：“……昨晚顾玉已回……小铁山经文又拓许多，妙极妙极，铁桥三翁。愚弟制黄易顿首。”[8] 可知黄易在访碑之后，即安排拓工顾玉等开始拓制铁山《石颂》。历时约三个月，完成了《石颂》全文及篆额大字的拓制，故写信的时间，当在黄易丁忧（即为母守丧）之时，在嘉庆二年（1797）二月初六至五月初五之间。第二封信札说明了黄易在安排拓工完成《石颂》之后，还对铁山《大集经》经文大字，进行了拓制。信中用"妙极妙极"的语言，表现了黄易对获得铁山拓片时，溢于言表的兴奋心情，急于和金石好友分享收获拓片的喜悦，真可谓绘声绘色。

（二）《李巨敫题记》

在铁山刻经经文右下方，原有题名四行，行七字，1960年毁于开山采石。《李巨敫题记》在一些文献中有所记载，但说法略有不同。今取黄易、阮元、李佐贤、马星翼等记载列后，对照考证。

黄易在《岱麓访碑图·铁山》及《小蓬莱阁金石目》记述有："又一石崖刻李巨教（敫）等题名，俱奇伟。""赵郡李巨教摩崖题字，八分书。"黄易未说明行数和字数，"敫"字释为"教"字，有误。

阮元在《山左金石志》记有："一刻齐□任城郡云云，凡四行，行五、六字不等。"

李佐贤《石泉书屋类稿·跋北周小铁山摩崖古刻》记有："功曹南平阳县及功曹大都维那又赵郡李巨敫残字，共三行。"[9]

马星翼《邹县志稿》记有："石崖之左石坪上有题名数行可辨者：（一）□□任城郡。（二）功曹南平阳县。（三）功曹大都维那。（四）赵郡李巨敫。"[10]

段松苓《山左碑目》记有："北周小铁山李巨敫题名，凡四行，正书含隶意，径尺许。"

以上五段记述中各有出入，详略不一。对题记的行数，阮、马、段均记为四行，只有李佐贤记成三行，似为现场笔记时，缺记首行"齐□任城郡"，所以误以为三行。对此题记深入考证、研究，对确定铁山刻经与石颂的时间、年代，至为重要。

因此，只能依靠现存拓本，以还原其真实面目。

图6. 铁山《李巨敫题记》拓片

据查，现国内幸存的《李巨敫题记》拓片有两件，从用纸、墨色、及拓工技法分析，为清末民初拓本。其一邹城博物馆剪贴本，已将题记拓片剪成九页，使刻石缺乏完整感，给研究带来不便。其页面及内容为："齐任城／郡功／曹南／平阳县／功曹／大都／维那／赵郡／李巨敫。"齐与任之间空格被剪去。其二是陕西师范大学安旗教授拓本，整张，字口较清晰，行距清楚，墨色匀称。拓片下方参差不齐，有石面斑驳的痕迹。拓片纵长1.25米，横宽1.45米。内容为："齐□任城郡／功曹南平阳县／功曹大都维那／赵郡李巨敫。"[11]（图6）

另外，李佐贤已观察到，该题记虽已残损，仍发现还有"赵郡李巨敫残字"，未做描述。安旗拓片下部确实凸凹不齐，石面粗糙，并有沟壑。在"南平阳县"下似有刻痕，笔者推断，刻痕应是人名，南平阳县当是里籍。正如后面的李巨敫，他的里籍是"赵郡"。该题记实际记录了两人参与了刻经，并非一人。对于拓片遗漏原因，一是字迹确实不清，二是题记下部当年被泥土掩埋，没有清理，拓工草草拓就。

任城郡，地名。东汉章帝元和元年（84）分东平国设任城国，三国时改置任城郡。北魏神龟元年（518）将高平郡一部划归任城郡，领任城、亢父、巨野三县，郡治设在今济宁市区西南。北齐天保七年（556）曾移郡治于鲁县（今曲阜市）。

南平阳县，地名。西汉属山阳郡，《汉书·地理志》载："山阳郡，县二十三：昌邑、南平阳、橐、湖陵……"[12] 东汉曾置南平阳侯国，《后汉书·郡国志》卷三十一载："南平阳侯国，有漆亭、显闾亭。"《水经注·泗水》载："泗水又南过平阳县西，县即山阳郡南平阳县也。"[13] 南平阳县的治所即今邹城城区。"平阳"之名由来已久，始于春秋时代，《左传·宣公八年》有载，"城平阳"，今邹城城区附近，铁山之阳，即春秋平阳故城。《后汉书》章怀太子注："南平阳城，今兖州邹县是也，今治即唐治，即汉南平阳城又明矣。"北齐天保年间，故邹县自峄山之阳迁来今址，是汉南平阳县故址。题记中称"南平阳县"与首行"齐□任城郡""齐搜扬好人"可能是以故地名、故朝代名题写，如同汉碑常用的"故吏"，或此人在北齐时曾是南平阳县的功曹。

大都维那，都维那一职始自北魏，主要掌管寺院管理。《魏书·释老志》载："延庆二年（1132）夏四月，皇帝诏曰：'……若为三宝巡民教化者，在外赉州镇维那移文，在台者赉都维那等印牒，然后听行。违者加罪。'"[14] 北齐设"昭玄寺，掌诸佛教。置大统一人，统一人，都维那三人。亦置功曹、主薄员，以管诸州郡县沙门曹"。"北周自武帝宇文邕建德二年（573）废除佛、道二教，不再设专门管理佛教的机构和官员，在官制中也不见设昭玄寺。"[15] 赵郡，地名。东汉建安十七年（212）改赵国置赵郡，治所在河北赞皇县一带，隋开皇三年（583），罢赵郡改赵州。该题记中李巨敖，北齐时曾任管理佛教机构的官员，故里是赵郡。推断在铁山镌刻《大集经》经时，邹城仍为北齐地。刻经完成后已成北周辖区。《石颂》是在刻经完成后镌刻，使用的年号已是"皇周大象元年（579）大渊献八月庚申朔十七日"。此外，铁山另两处题记出现的"齐□任城郡"与"齐搜扬好人""平越将军周"可视为北齐的旧官职、旧僚属，他们在众多铁山刻经经主中仍然受到尊重。通过《李巨敖题记》内容和《石颂》年代、布局分析，可以推断铁山《大集经》经文刻于北齐末，完成于北周初年。

岗山

岗山在邹城城区北郊，铁山北邻，海拔243米。山体为花岗岩质，巨石凸兀，松柏掩映，风光秀丽。（图7）山阴沟壑两侧有两品刻经：一为《入楞伽经·请佛品第一》经首序文，一为《佛说观无量寿佛经》节文。《入楞伽经》同段经文刊刻两遍：一为散刻大字书写，字径30至40厘米，分布在东西两区30余块巨石上；另一是较为集中的小字书写，字径10至20厘米，分布在东西两区5块摩崖巨石之上。

黄易《小蓬莱阁金石目》中，对岗山记述有：

岗山佛经，正书。大象二年（580），后刻佛像，其下有比丘惠晖等名。在山东邹县城外三里。

在《岱麓访碑图·岗山》的题跋道：

岗山距铁山数里，余自曲阜至邹境，陟岗山之阴，行顽礓绝壑间而达山之阳，憩小庵望山巅，

图 7. 岗山摩崖刻经全景

石面刻八分大字佛经，崖壁作大楷，后有大象二年（580）比丘惠晖等名。[16]（图 8）

根据黄易提供的拓本和资料，阮元进行了整理研究，较黄易对岗山刻经的认识又进了一步。他在《山左金石志》中记载了五处摩崖刻经，有的刻经记有尺寸,应是黄易为其提供的信息。但是，阮元只是看到的岗山刻经的一部分，无法对刻经进行全面研究，记载的内容只是岗山刻经很少的一部分，并未能辨识经名，可谓遗憾。阮元在志中写道：

岗山摩崖佛经四种：大象二年（580）七月刻，在邹县岗山。一刻如是我闻云云，凡十行，在大石东面。一刻掌恭敬云云，在大石南面，此与上种末二字文义相联。一刻比丘惠晖题名，及大象二年七月三日云云，凡九行，第八行上有佛像一，在大石北面以上，俱八分书字径六寸。一刻神通之力云云，正书，凡五行，在岗山后面，崖高四尺一寸，广六尺三寸五分，字径一尺三寸。一刻曜金山千日照炎如百,八分分三行，书兼篆，曜字从目别体，此与大象二年佛经同在一山因（阴），坿于后。[17]

其实，阮元对岗山的漏记是因为黄易提供的调查资料有限。李佐贤曾到达现场，对照原石予以补正。李佐贤在道光十九年（1839）专访邹城刻经，是实地考察者之一。他“扪石辨字，一一手录其文而归”，他实地记录了铁山、岗山、尖山等刻经现状及题记。他对阮元对岗山刻经漏缺、及讹误予以大胆纠正。他在《石泉书屋·金石题跋》的岗山条目，记述最为详细，用了四百六十多字

图 8. 黄易《岱麓访碑图 · 岗山》

记录了调查所得：

邹县岗山与小铁山毗连，亦有大象年刻经，隶书亦多残泐。即现存者记之，尚存十三段，一段在大石北面，二郎比丘惠晖比丘法惠大象二年七月三日云云，凡七行，后一佛像题释迦弥勒阿弥陀佛等佛号三行，末上石经二字共十一行。二段……十三段……

《山左金石志》惟载一二三段及八段十段，余俱遗漏。按邹县古刻各著录家罕有录其文者，惟《山左金石志》收录而又多挂漏。余爱其六朝遗迹，虑其久而漫灭无证不信也，故特详载之。[18]

李佐贤记述的岗山刻经，较阮元的四段，多出九段，每段记其字数、行数及起始内容。与今存刻经对照，比较确切。但是，以现代科学调查的方法相比仍有较大差距。主要是未能厘清刻经、题记内容。1989 年，笔者即对邹城四山刻经进行了实地调查，对岗山刻经分布、经文内容进行了研究整理。岗山刻经共有刻石 39 处，由四部分组成：其一《佛号、题记》，在岗山刻经中部“鸡嘴石”北侧；其二《佛说观无量寿经》，在“鸡嘴石”东侧、南侧；其三《入楞伽经·请佛品第一》刻在“鸡嘴石”东南 40 余米的摩崖之上（图 9）；其四散刻《入楞伽经 · 请佛品第一》经文大字，散刻在岗山东西向山谷两侧的摩崖和零散岩石之上。山谷东西长约 260 余米，这些经文自山谷东口向西山顶布局，高低落差约 120 余米。当年观经者须自谷底开始诵经，到山顶才能诵读完成。第一石刻在 10 余米高的悬崖峭壁，经文自“如是我闻一时婆伽婆住大海畔摩罗耶山顶上”开始，至第 32 石“二种无我究竟通达”结束。其顺序沿山谷边缘选石镌刻，排列有序。现已确认 32 石，经文 128 字。由于山水冲蚀和地震原因，尚缺 27 字未能找到。[19]

2006 年，汉学家、德国海德堡大学雷德侯教授来到岗山考察，他被岗山佛教文化的氛围所震撼，盛赞岗山是人类心灵文化的公园，是佛教的摩罗耶山、楞伽花园。（图 10）他对散刻《入楞伽经·请佛品第一》经文所表现的岗山佛教文化景色，尤为动心，用学者生动的笔墨进行描绘，今日读来如入其境：

图 9. 岗山东侧刻经及拓片工作照

图 10. 德国海德堡大学雷德侯教授考察岗山刻经

当朝山者沿着山谷上行，读到关于摩罗耶山的文字，恍惚置身“诸宝间错，光明赫炎”，感受“微风吹击，摇枝动叶”，嗅到“百千妙香”，耳闻“百千妙音，一时俱发”。于是岗山摇身一变，成了中国的摩罗耶山，这是宗教艺术常见的手法，称作“场所置换”，即将一处场景转移重现于另一处。

接下来的这段刻经描述“重岩屈曲，处处皆有仙堂、灵室、龛窟无数，众宝所成”。

第二部分文字刻经继续描述佛陀讲经的会众，虽然历史上的释迦牟尼已离开我们的世界，而入涅槃，但此时此地，信众仿佛身临其境，能够加入“大比丘僧及大菩萨众，皆从种种他方佛土俱来集会”的行列，信众聆受“具足无量自在三昧，神通之力，奋迅游化”的菩萨教诲，修成菩萨，并最终成佛。

通览大字本（即散刻《入楞伽经·请佛品第一》经文）刻经节文，刻经显然是被有意安置于一个广阔的景观之中。观者必须沿着一条预设的小径巡行山间，逐石拜观。观者由此切身领会刻经造就了一个神圣的地理环境，将整座岗山转化成为中土的摩罗耶山，此地佛法犹存且不断宣说。[20]

当年黄易、阮元、李佐贤等学人记述的岗山刻经，虽然已经成为历史文献，但他们不畏艰难，调查探访，认真著录的精神，仍然值得我们学习。

尖山

尖山刻经位于邹城城区东北约五公里，刻经的石坪在尖山（今称朱山）正东一公里处的花岗岩石坪上。因上面刻有“大空王佛”四个大字，当地人称之为“大佛岭”。石坪呈南北长、东西窄的地貌。自上而下刻有佛号、佛经、题记和偈语等。原有《文殊般若经》《思益梵天所问经·问谈品》《诸行无常偈》三处佛经，佛号《大空王佛》一处，经名《文殊般若》一处。题记、题名12处，全部刻经等文字442字（以拓片统计）。1960年，因开山采石，刻经遭受破坏，被凿成山谷洼地，全部刻经、题记荡然无存。幸有山东博物馆、泰安市博物馆、四川博物院等收藏有全套拓片，为研究、复原刻经、题记留下宝贵资料。

黄易在乾隆、嘉庆时踏访过尖山，并在《小蓬莱阁金石目》和《岱麓访碑图》有图绘、文字记载，内容有所不同。《小蓬莱阁金石目》载有尖山刻经六种：

佛言若菩萨等字经文六行，八分书。

又武平六年沙门僧安与刺史韦兴祖等题名，八分书。

又大空王佛四大字，八分书。

又经主韦子深题名，八分书。

又晋昌王唐邕题名，八分书。

以上六种俱在山东邹县尖山。[21]

《岱麓访碑图·尖山》题跋文字有：

尖山在岗山之南，重岗重叠，登陟殊难。拓得崖际八分书佛经，字大尺许。齐武平六年（575）刺史韦兴祖、僧安及尚书晋昌王唐邕、韦平（子）振、韦子深等题名。大空王佛四字大三尺许，六朝人迹如此之大殊为少（见）。[22]（图11）

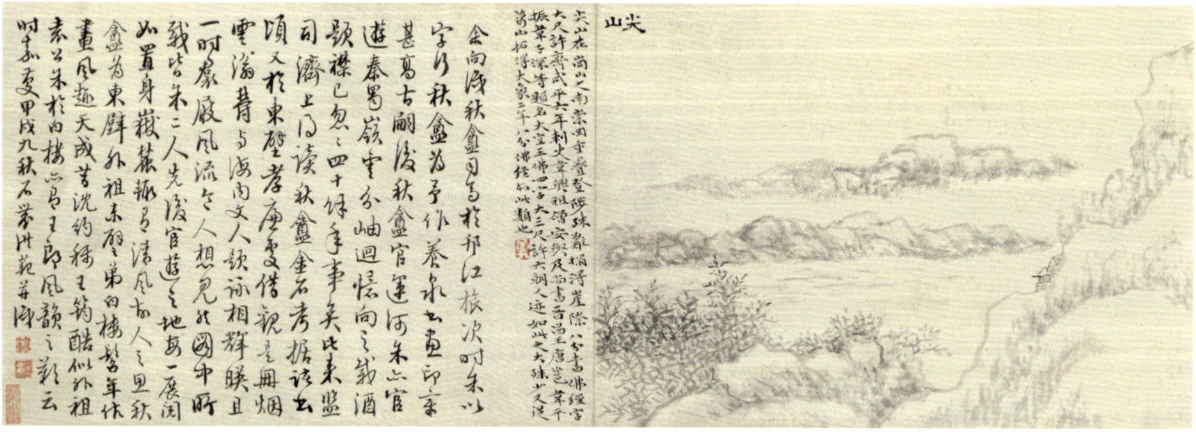

图11. 黄易《岱麓访碑图·尖山》

研究发现，黄易是到访尖山刻经最早的学者之一。其后，在道光十九年（1839）有李佐贤到访。黄易记录的《尖山刻经》内容与阮元《山左金石志》所列尖山条目基本相同。但是，阮元列出了十条，黄易记录的是六条。当时阮元还有另外提供资料信息的渠道，如段松苓，也是阮元幕府里专门搜集刻经、金石资料的学人，他的《山左碑目》里，就有大量的刻经记录。阮元在志书里记述另外四条尖山刻经的条目是：

一高二丈二尺，广五尺九寸，刻文殊师利云云，凡三十三字，分三行……

一题经主韦子深妻徐法仙……

一刻与大比丘僧云云，凡六行，三十二字……

一刻沙门僧安道壹六字……[23]

其中第一条应是《文殊般若经》，拓片是七行，行十四字，九十八字。可能获取的拓片不全，只是首行"文殊师利白"等可以看到。

第三条"与大比丘僧，凡六行、三十二字"是岗山刻经中，散刻《入楞伽经·请佛品》的片段，显然是错了，应是当时拓片混乱所致。

依据现场调查，李佐贤在《石泉书屋·跋北齐尖山摩崖古刻》中指出并纠正了黄易和阮元记录的错误，并标注出每处刻经与题记的内容、位置。虽然距黄易踏访尖山仅40余年，李氏看到了尖山刻经损坏的情况，日趋严重，深怀忧虑。李氏记述道：

按《山左金石志》载此刻其录，文殊师利云云祇三行，今实有八行，（注：拓片实为七行）又二段只载五行，汉大丞相一行失载，今实有六行，第三段则全未载。想阮文达所见拓本不全，故不免有误且不能详指其段落，故前后多错无次第也。

想在第四段已被凿石者凿去矣，夫自嘉庆年至今数十载已不能长存，况数百年乎？余故即所见者，详录之俾，后之好古者得，所考焉若。[24]

2005年9月，赖非对尖山刻经原址进行了调查，并依照有关资料绘制了复原图。[25]2016年5月，笔者在《尖山刻经》复刻前，对国内现存《尖山刻经》拓片进行了细致整理研究，得出尖山刻经实际有佛号、佛经、题记和偈语等共十五品：佛经三品《文殊般若经》《思益梵天所问经·问谈品》和《诸行无常偈》，佛号一品《大空王佛》（图12），经名一

图12. 尖山大空王佛

品《文殊般若》，题记、题名十品，全部刻经等文字 442 字（以拓片统计）。

在尖山的题记中有两处重要题记，已被黄易、阮元、李佐贤提及，历来金石志书多载其文，值得研究。

《大沙门僧安等题记》

拓片一张，长 6.12 米，宽 0.95 米。隶楷书，3 行，行 32 字，拓片文字基本完好，除有少数残缺字外，共 93 字。其内容为：

大沙门僧安，与汉大丞相京兆韦贤十九世孙，州主簿、兼治中。镇军将军、胶州长史。北肆州刺史兴祖，弟子深、妻徐、息钦之、伏儿等，同刊经佛于昌邑之西，绎岭（尖）山里。于时天降车迹四辙，地出涌泉一所，故记。大齐武平六年岁乙未（575）六月一日。[26]

该题记字数较多、内容丰富，《山左金石志》记“三行，九十一字”录全文，尚空缺二字。《石泉书屋·金石题跋》记三行，仅记题记首尾，未记全文。《邹县志稿》记“首三行，行三十一字”，并记全文，尚缺 12 字。现据山东博物馆和安旗教授藏拓片校勘，释读如下：

“大沙门僧安”，即僧安道壹。尖山发现有僧安在题记题名、书丹人署名有：“大沙门僧安”“沙门僧安道壹”“大都经佛主大沙门僧安道壹”三处。证实僧安是尖山刻经的组织者和书丹人，经主是韦氏后裔。文中提到“汉大丞相京兆韦贤十九世孙”，“汉大丞相韦贤十八世孙”。据《汉书》载，韦贤是西汉宣帝时丞相，封扶阳侯。韦贤故里在邹城城区正东约四公里的东韦、西韦两村，与尖山刻经处南北紧邻，可谓在韦贤故里的山上刻了佛经。两村是韦氏家族的聚集之地，清康熙《邹县志》记有“西韦社”。其村东依洪山，南临郭水，地理环境良好。1958 年因修建水库，将两村迁徙，至今仍保留了“西韦水库”的名字。在水库之东村落原有韦氏后人聚居，村名有“赵东韦、张东韦、杜东韦”，其中在赵东韦村西有韦贤墓。韦贤（公元前 148—公元前 67）字长孺，西汉初年博士，宣帝本始三年（公元前 71）为丞相，封扶阳侯，82 岁寿终，谥曰节侯。据《汉书·韦贤传》载，韦贤祖籍彭城，其高祖韦孟精通《诗经》并传家，是汉初的鸿儒。曾被汉高祖刘邦拜为太子楚元王刘交的太傅，楚夷王刘郢客、楚王刘戊为师，可谓三代太傅。因刘戊无道，“后遂去位，徙家于邹”。韦孟倾慕孔孟之乡已久，其诗曰：“济济邹鲁，礼仪唯恭，诵习弦歌，于异他邦。”邹鲁之地礼乐文化氛围，当是举家迁邹的主要因由。《韦贤传》曰：“自孟至贤五世。贤为人质朴少欲，笃志于学，兼通《礼》《尚书》，以《诗》教授，号称邹鲁大儒。”韦贤有四子，次子官至东海太守，四子韦玄成，师事鸿儒江公，尤精《诗》学。元帝时为拜为太子太傅，永光年间为丞相。两汉韦氏家族至吏二千石者十余人。东汉《礼器碑》阴记有“驺韦仲卿二百”，韦仲卿即当时韦氏留守邹城之族人。至魏晋至隋唐，韦氏势力显赫，多王公将军，“自汉至隋，韦氏国史有传者二十一人，其附见者九十余人，族姓之繁衍亦可谓盛矣”。[27] 今散居在邹城、曲阜的韦氏族人，据其族谱所载，即为韦贤三子韦舜的后代。至今邹鲁民间有“遗子黄金满籯，不如教子一经”的谚语流传。

题记中提到的韦兴祖，是韦贤十九世孙，其官职为兖州主簿、治中等。“（兴祖）弟子深、妻徐、息钦之、伏儿”，即兴祖的弟弟韦子深、妻子徐法仙，及子深的两个儿子钦之、伏儿，一同参加了刻经。在尖山其他题记中，多次出现韦子深、徐法仙和钦之、伏儿的名字，如“经主韦子深妻徐法仙”“经主汉大丞相十九世孙韦伏儿、韦钦之”由此可以判断尖山刻经，韦子深一家妻儿为主要参与者，是经主，而韦兴祖只是名誉的参与者，不是直接的经主。

“昌邑”，即今尖山东北十公里处的孔子诞生地，春秋时鲁昌平乡、东汉昌平亭。《曲阜县志》载：“故昌平乡，今为邹县鲁源村，在昌平山下。汉建宁二年（169），鲁相史晨就昌平亭立市会，以便尼山之祀，及其地也。”[28]可见东汉时昌平亭是当地人口密集的镇邑，北朝时已改成昌邑，今曲阜鲁源村。“绎岭尖山里”，绎岭当指今峄山，位于尖山东南约八公里。尖山里，里是指尖山的内侧，距韦氏村落很近，是从韦氏故里来表述其意。

“天降车迹四辙，地出涌泉一所”，见《北齐书·帝纪·后主》载：“武平四年（573）‘癸丑，祈皇祠坛壝蕝内忽有车迹之辙，按验旁无人迹，不知车从所来。乙未（575）诏以为大庆，班告天下’。”[29]武平六年（乙未，575），北周武帝率军攻打北齐，连战皆捷，却在进攻洛阳金墉城时久攻不克，旋因武帝患病退兵。当年齐后主高纬闻知后，为此事下诏庆贺，并告知天下。壝蕝，是指祭坛矮墙内，泥草丛生的小路。上面发现有车辙之迹，巫祝告知了齐后主，认为是天降神车马，助齐，主大吉，果然其后发生了武帝退兵之事。涌泉一所，也是吉祥征兆，或有所指。北齐帝纪中，武平末年多载此类荒诞虚妄之事，帝王多以为祥瑞之兆，其来源始于两汉时期谶讳迷信、天人感应之说。在北朝佛经题记中，这类迷信色彩的征兆尚未见到，有待研究。

《经主唐邕赵妃等题记》

拓片1张，长2.76米，宽1.20米。隶楷书，三行，行十一字不等，拓片文字基本完好，除有少数残缺字外，应有三十一字，最佳拓本现存二十四字，山东拓本为二十一字。今校勘各家文本或拓片，其内容应为：

经主：（尚）书晋昌王唐邕妃赵。

经主：（开府）仪同陈德茂（妃范）。

经主：（侍中）陈德信妃董。[30]（图13）

由于各家记载多有差异，现考订如下：

其一，阮元记有：“‘经主□书晋昌王唐邕妃赵，仪同陈德茂，□陈德信妃董。’凡三行……晋昌王上有书字未晓，其义或拓者有遗漏也。”阮元是根据黄易赠送的拓片录字，拓片不太完整，阮元考录了二十个字，三行。当时他也怀疑有漏拓的字，缺字太多。

其二，李佐贤记有：“‘经主□□书晋昌王唐邕妃赵又经主□□仪同陈德仪妃□又经主□□□陈德裕妃董’，凡三行。”李佐贤是在现场记录的文字，但将陈德信、陈德茂名字记错，共计有二十七字，三行。

其三，马星翼记有：“经主□□书晋昌王唐邕妃赵（一行），经主□□仪同陈德茂妃范（二行）经主□□□陈德裕妃董（三行）。”马星翼是现场记录的文字，共二十六字。第二行陈德茂妃范，较各家多出“妃范”二字，很有价值。

其四，山东博物馆拓片记有：“经主□书晋昌王唐邕妃赵（一行），经主□□同陈德茂（二行）

图 13. 尖山唐邕妃赵氏等题记拓片

经主□□□德信妃董。”拓片似为乌金拓，字口纤细，空白处看不到石面纹理。共有字二十二个，缺字太多。

其五，陕西师大安旗拓片记有：“经主□书晋昌王唐邕妃赵（一行），经主□仪同陈德茂□□（二行），经主□□陈德信妃董（三行）。”共有字二十四个，石头纹理较清楚，字口拓墨准确，也有漏字。但较山东省博拓片为好，确有价值。通过以上对比，可看出各资料间差别较大，只能相互校勘，结合文献记载，推断出合理的文字内容。

该题记是尖山题记中重要的历史资料。对于探研山东与河北两地刻经联系、僧安与唐邕刻经事业的关系等问题具有重要价值。唐邕，《北齐书》有传，是北齐王朝声名显赫的王公命臣，也是北齐邺都近畿北响堂、中皇山刻经的发愿、组织者。河北《武安县志》载："邕在文宣之世，以善书能文，为时所重。故相都近邑，弥勒造像多出邕手，唐王岐（即中皇山）、响堂（北响堂）两处，规模宏大，观者叹为鬼斧神工，北齐摩崖之为世所珍宜矣。”[31]又据北响堂寺《晋昌郡公唐邕刻经记》所载："（唐邕曾发出宏愿在北响堂山，又称鼓山）于鼓山石窟之所，写《维摩诘经》一部，《胜鬘经》一部，《佛说孛经》一部，《弥勒成佛经》一部。起天统四年（568）三月一日，尽武平三年（572）岁次壬辰五月二十八日"。其后又在位于涉县西北中皇山（今称娲皇山）上刻五部经典，分别在南、北两窟刻有《十地论经》《深密解脱经》《思益梵天所问经》《佛说盂兰盆经》《佛垂般涅略说教戒经》，还有《妙法莲华经·观世音菩萨普门品》和《赵妃母为亡女造像刻经发愿文》。唐邕前后历时七年，共刻了九部经，均为当时流行的般若类大乘经典，其主要目的是针对北周武帝废佛和当时流行的末法思想，更是为了保存佛经，护持三宝。在北响堂《唐邕刻经铭记》中，对刻经计划、发愿目的讲得非常清楚：

以为缣缃有坏，简策非久，金牒难求，皮纸

易灭。于是发七处之印，开七宝之函，访莲华之书，命银钩之迹，一音所说，尽勒名山……善因普被，愿力熏修，当使世界同于净土。皇基固于大地，置六道于十山，沐四生于八水，乃及无边，皆取正觉，海收经籍，斯文必传，山从水火，此方无坏……依托坚贞，永垂昭晰。[32]

在邹城铁山《石颂》也有意义相同的题跋赞颂之文：

从今镌构，逢劫火而莫烧……对灾风而常住。尔其丹青□□，以图盛法，金石长存……缣竹易销，金石难灭，托以高山，永留不绝。

邺城近畿和邹城刻经有着密切的联系，与邹城尖山刻经年代相近、经义相同，有何关联？历史背景何在？尖山《唐邕赵妃题记》印证了两个问题。

其一，关于唐邕官职的变化。尖山题记提到其官职是“尚书、晋昌王”，而在《北齐书·唐邕传》《北史·齐本纪》和北响堂《唐邕刻经铭记》，载其官职在武平五年（574）二月之前尚未封王，但已是尚书令。如，武平三年（572）一月《北史·齐本纪下》记唐邕在“庚寅，以左仆射唐邕为尚书令”；又如，武平三年五月《唐邕刻经铭记》的官职是“特进骠骑大将军、开府仪同三司，尚书令，□县开国侯，晋昌郡开国公”；再如，武平五年二月“甲午，尚书令，唐邕等大破安南王高思好”，说明此时尚未封王。武平六年（575）六月《尖山刻经》题记则记唐邕为“尚书、晋昌王”，已由“晋昌郡开国公”加封为“晋昌王”了，由于封王时间，史书并未详载，尖山题记明确了封王时间及王位。

其二，关于唐邕妃赵氏与山东刻经的联系。赵氏是邺城、泰峄两地刻经的主要联系人，或是唐邕将佛经“尽勒名山”计划的实施者，同时也是确定中皇山刻经年代的重要关联人。

武平六年（575）初，三位朝廷权贵的王妃贵妇，赵妃与陈德茂妃董氏、陈德信妃范氏结伴，由邺城来邹鲁之地弘法刻经，做功德。当时的领路人很可能就是僧安。因为种种迹象表明，武平三年五月至武平五年（572—574）这段时间，僧安在邺城结识了唐邕刻经团队，并在南、北响堂寺石壁洞窟内，留下了他在洪顶山多次书刻的“大空王佛”和《文殊般若经》。大约在武平六年初，“僧安由邺城回到了泰峄山区，与唐邕妃赵氏、陈德信妃董氏、韦氏后人等，发愿镌刻了尖山大佛岭经文与佛名。赵妃参加完尖山刻经后，回到邺城后不久去世。其母为亡女在涉县中皇山崖壁造观世音像，刻《妙法莲华经》及发愿题记。1919 年，绍兴金石学家顾梅鼎遣工拓得该题记全文，可见文字有：

……亡女赵妃，志趣贞石，德□内融，春秋未几，奄颓兰馥。闻者悲悼，声言顿绝。况曰母子焉。堪忍痛今因，令王建福之次，遂竭家资，敬造观世音像、观世音经。刊山凿石，题文不朽。唯愿亡女……入彼华堂……具游净国。[33]

顾氏曾遍寻《中皇山刻经》的年号，“然终以石刻无人名、年号，无人臆决”。河北道尹金石学家范寿铭曾考察该题记，在《河朔金石目》卷四推断该石刻“其字体与响堂无异，盖北齐唐邕之所镌刻”。题记中“令王福建之次”即指唐邕而言，其推断很有道理。笔者认为“令王建福之次，遂竭家资，敬造观世音像、观世音经”，当指唐邕在武平六年（575）初封王之后，“之次”，即第二年，武平七年（576），赵母让唐邕在中皇山已刻完五部经的石壁空间，小石梁上，为赵妃刊刻观世音像龛和《妙法莲华经·观世音菩萨普门品》及发愿题记。

由此推断，尖山武平六年（575）六月前，赵妃在尖山参加刻经，回到邺城后不久去世。赵妃母为其造佛刻经，约在下半年至次年年底前。因为，武平七年（576）十二月改元隆化，翌年正月北齐灭亡。故赵母发愿文和《妙法莲华经》经文当刻于 575 年至 576 年之间。而中皇山诸部刻经约在 575 年前完成，但不会太早。[34]

葛山

葛山位于邹城东北 13 公里，大束镇北葛炉村北 2 公里处，当地人称曰“北山”，海拔 235 米。经文刻在葛山西麓一巨大石坪上，刻面花岗岩质，长 21 米，宽 8.5 米，水平仰倾 20° 。（图 14）隶楷书，十行，中间另空一行，行四十二字，字径 60 厘米。（图 15）内容为《维摩诘经·见阿閦佛品》，鸠摩罗什译。在刻经的右下方有六行题记，由于风化剥蚀、字迹不清，又是未完成之作，故未引起探访者的注意。

从有关黄易记载的刻经资料分析，黄易并未到过葛山。在《小蓬莱阁金石目》内仅有一条记录：“葛山佛经，八分书。大象二年，在山东邹县葛楼村。”[35] 阮元的记载稍多一点，但多有漏记，连经文有几行、主要内容均未记，并误认为葛山是隋代刻石，令后人难以考证。李佐贤则记述较清晰，且有题记发现，是记录葛山题记最早的资料，其

图 14. 葛山摩崖刻经全景

在《石泉书屋·跋北齐葛山摩崖古刻》中写道：

自尔时世尊起至名为耶观大象两年岁口律侠钟二十六日止，共十行，每行三十九、四十字不等，合计将近四百字。前五行在南，后五行在北……第五行下有小字六行，行七字，已尽模糊。惟一行第五字平、第六字郡、二行第五字高、三行第三字主、第七字开、五行第三字主，仅可辨。此

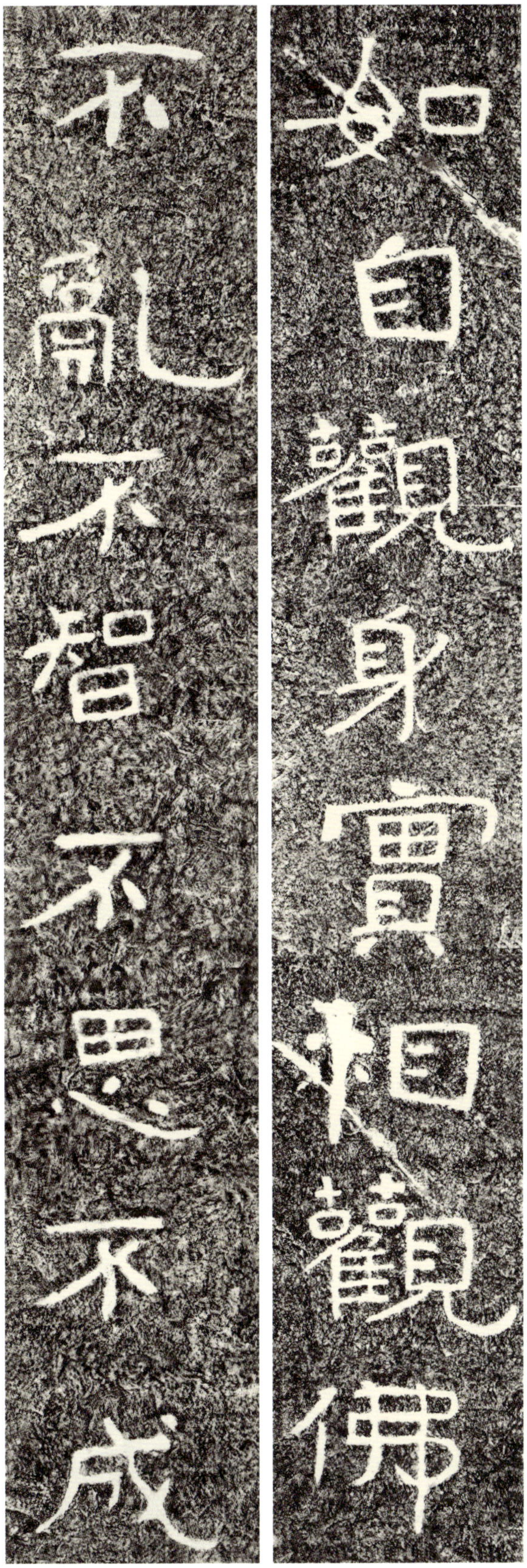
图 15. 葛山刻经选字

六行盖刻经人题名，惜不可考，金石有时而泐不信然欤。[36]

1990 年 10 月，赖非调查了葛山，比李佐贤又多识出三个字（共 9 字）。记录如下：

上述经文下方刻题名六行，行五字，风化严重。可识者有：第一行“心主”“平郡”，第二行“高”，第三行“心主”“开”，第五行“主”字，此外皆灭。[37]

笔者在 2012 年 5 月，对该题记进行了认真释读，在李、赖二位调查的基础上又有新的发现，记录如下：

葛山刻经题记位于经文三至五行下，距经文 1.6 米。题记纵长 1.9 米，横宽 2.2 米。六行，行七字。原应有四十二字，因石面风化剥蚀较重，大多字迹不清，或未刻完，题记布局上下排列整齐。在三与四行中间空一行，未有刻痕。经辨认，刻完的字两个，刻一半的字一个，双钩出刻痕的字十二个，已辨识出二十三个字。

首行：发心主高平郡□

二行：将发心主高□□

三行：□心主□□□开

四行：□心主□□□□

五行：发心主□□众□

六行：□心主□□□□

高平郡，地名。西汉时橐县，属山阳郡。《汉书·地理志》载：“山阳郡，县二十三：昌邑、南平阳、橐、湖陵……”东汉曾置高平侯国，《后汉书·郡国志》卷三十一载：“山阳郡高平侯国，故橐。

莽改曰高平，章帝复莽此号……有茅乡城。”晋时属兖州辖，《晋书·地理志》卷十一载：“兖州统郡国八，县五十六……高平、南平阳……”北魏曾为高平县，郦道元《水经注·泗水》有载：“泗水又南过高平县故城西。”

由于高平郡的设置短暂，史载较少。在《中国古今地名大词典》载：“高平县，汉置橐县，后汉更置高平侯国，南朝宋时移高平郡来治，北齐郡县俱废。故城在今山东邹县西南。”今考汉魏高平郡国的地望在邹城西南郭里、太平镇一带，周围出土汉画像石题记上有“高平石工某某”字样，[38]并在此地出土西晋永康二年（301）刘宝墓志，上有“高平刘公之铭表”。[39]在隋初开皇六年（586）《仲思那造桥记》碑文还有高平县的记载，约在隋末大业时被废。[40]

“发心”佛教词汇。《大智度论》卷四十一载：“菩萨初发心、缘无上道，我当作佛，是名菩提心。”[41]盖此菩提心乃大乘菩萨最初必发起之大心；生起此心称为发菩提心，简称发心。修行人忘失菩提心，轻则懈怠废弛，重则道心全退，大乘学人不能片刻离开菩提心。首先是发菩提心，也就是厌离世间的心；然后发大悲心，也就是救度众生的心；最后发般若心，也就是智慧心，有了智慧才能普度众生。尖山有“佛主前大发心，经主韦伏儿”，大发心、发心，意义相同，只是发心的程度略有差异。文中的“主”，当指“经主”，省略了经字，其下当为里籍、姓氏或名字。该题记书法为隶楷体，用笔娴熟，体势宽博，具有僧安典型的书法特点。如“郡”字与铁山题记“郡”字，体势一致。葛山刻经已被大家公认为僧安书丹，没有异议。该题记同是僧安书丹无疑。

邹城北朝刻经的书丹人与书法艺术

关于僧安道壹

研究表明，邹城北朝佛教刻经的书丹人、组织者是僧安道壹。最初提出“安道壹”是刻经书丹人的是阮元，他将“安道壹”之名写进《山左金石志》，在跋小铁山摩崖残字八种时云：“一刻东岭僧安道壹署经，凡八字，一行，在宁朔将军之右。安道壹已见北齐摩崖。”在跋尖山刻经时阮元又称：“安道壹又见后周小铁山题名，自称东岭僧，应是一人也。”阮元之后的李佐贤不仅认为邹城铁山、岗山、尖山刻经均是安道壹所书，泰山经石峪、徂徕山映佛岩也是出自安道壹之手。他在《石泉书屋·金石题跋》中写道：“邹县小铁山刻经及葛山刻经字，大小结构笔法与此丝毫无异，断为一人之笔……铁山之经考系僧安道壹书，则经石峪字亦属安道壹书应无可疑。尖山齐刻经亦有安道壹题名，则泰山此刻或齐或周末。”对铁山《石颂》中提及的安法师，李氏考究精细：“《石颂》云有大沙门僧安法师者，工书尤最，以写《大集经》，是明言此经为安法师所书。特未著安法师之名，考后题名，有东岭僧安道壹同署经一行，则所谓安法师者，即安道壹无疑也。”由此，清代以来金石著录、志书文献承认山东北朝佛教刻经的书丹人安道壹，并认为姓安、名道壹，二百多年来一直沿袭此说，直到1998年后，有了新的认识。

1998年春，山东东平县洪顶山发现大面积北朝刻经，石壁上多次出现“大沙门僧安道壹”“僧安道壹”“大沙门僧安又名道壹”等题字，引起了诸多学者的关注，认为历史上对安道壹的提法不妥，有必要论证。2002年在“中国北朝摩崖刻经学术研讨会”上，张伟然考证提出：

“僧安道壹”并非如以往学者认为的那样姓“安”名“道壹”，而是名为“僧安”字“道壹”。僧人有名、有字的现象，在史传中是不乏其例的。从“字以表德”的原则来看，“道壹”二字正含有“表德”的意义。铁山摩崖《石颂》称“有大沙门安法师者，道鉴不二，德悟一原”，对此已作出了阐发。而《安公之碑》更以大段文字论述“安故能一，一故能安”，点明了通常所见的名与字之间的联系”。[42]

许洪国对东平发现的《僧安道壹赞铭》中，认为“大沙门僧安又名道壹，广大乡□□里人也……‘道壹’是‘僧安’的另名”。[43]赖非也指出：“看来，僧安最喜欢把自己的两个名字连写在一起（即名僧安、字道壹。笔者加）。‘安道壹’的习惯叫法，肯定是错误的。”[44]由此，使用多年的“安道壹”不妥称呼，被停止使用，“僧安道壹”的称呼已被学界认可，沿用至今。

至于僧安道壹的身世、里籍，一直是研究者们关心的问题，在佛教《高僧传》《续高僧传》及北朝志书中未找到一点蛛丝马迹，引起许多猜测。有的认为他是一位来自西域或天竺（印度）的僧人，有的认为是国内云游的书法高僧，还有的推断“僧安道壹的乡贯在今平阴一带，而其居地‘东岭’就在邹鲁”。[45]诸说莫衷一是，未有定论。

关于刻经的书法艺术

我国南北朝时期，正是中国书法艺术大变革时期，民族大融合、文化大碰撞，促进了书法艺术大发展。社会的变革带来了一系列新的变化，思想的活跃带来了文化艺术的繁荣。就书法艺术而言，三国魏晋时期是书法大变革时期，两汉隶书逐渐衰退，开始向楷书转化，隶书在书坛的正统地位被魏书、行魏书所取代，楷书正孕育而出，民族融合带来了书坛大变革。北魏、北齐、北周时期是隶、魏书变革、发展期，北朝摩崖刻经正是活跃于这一变革时期的产物。它无论在隶书的推陈出新上，还是楷书的创新发展上，都取得了很大的成就。统观北朝摩崖刻经书法艺术，可以清楚地显示出隶、楷书法演变的轨迹，其中山东刻经书丹人僧安道壹的刻经巨作，创造出的隶楷刻经书体，在中国书法史上占有重要一席之地。

第一，刻经隶、楷书巧妙结合，取得了成功。在山东北朝刻经众多的作品中，将隶书和楷书融会贯通，巧妙地将两种书体结合在一起，以隶书结体为基调，书中糅入楷书笔画，产生出严整浑穆、劲挺空灵的审美效果。僧安道壹在山东刻经二十余年的刻经活动中，书法风格有所变化，早期作品隶书成分为主，后期转变为隶、楷笔法兼容的隶楷书法。康有为有言：“（邹城）‘四山’刻经通隶楷、备方圆，高浑简穆，为大字鼻祖，榜书之宗也”，[46]评价甚高。

第二，刻经开大字榜书新境界，自然高绝。杨守敬评价山东摩崖刻经时说：“擘窠大字，此为极则。”纵观摩崖刻经书法结体平整宽博，用笔较多地保留了隶书特征，笔画平直安详、不侧不欹、稳重扎实。对于经额、碑首巨幅榜书，则采用描写结合的写法，刻意加工出大横笔、大捺笔、肥厚宽博，创造出特殊的变形夸张的审美效果。特别是邹城、东平巨幅“大空王佛”四字，视为国内北朝时期榜书之宗的书法奇迹。

第三，刻经书法审美内涵丰富，影响深远。山东刻经将经文的语言美、书法的艺术美、摩崖环境的自然美，三者结合，追求宁静玄远、和谐淡泊的艺术审美格调，将刻经作品与大自然融为一体，创造出场面博大，气势恢宏，意境深远的书法艺术氛围，堪称我国书史之绝唱。僧安道壹“在奇峻活泼的魏书时代里，立意于隶书审美价值的更新与升华，在对隶书艺术美审视中，保留了隶书开张洞达的体势，以篆书浑穆而又简约的线条取代隶书翻飞的笔画，又吸收楷书的峻厚，从而收到了安详、简约、含蓄、和穆的审美效果”。[47]这种刻经书法艺术格调之美，正是中国书法艺术需要追求的。铁山《石颂》中对僧安道壹的书法有这样的记述：“精跨羲（王羲之）诞（韦诞），妙越英（张伯英）繇（锺繇），如龙蟠雾，似凤腾霄。”或许是对他的书法艺术最高评价。

附记：

2016年春，笔者与赖非先生共同组织复刻了尖山刻经。依据山东博物馆民国拓本，双钩上石，精细镌刻，重现原貌。经整理勘对，十五品全。越六月完成。其位置在原尖山南侧洪山主峰北麓，巨幅花岗岩石屏，真天造地设。北望泰山，近视尼山、葛山、岗山、铁山与尖山遗迹。榜书奇观“大空王佛”（图11）静穆其上，可与天地共存。赖非先生复刻题记于刻经一侧，词曰：“右大空王佛及文殊般若波罗蜜经，北齐武平六年僧安道壹主持书刊于尖山大佛岭。公元1960年毁于开山采石，2016年据山东省博物馆藏民国拓片复刻之。文化薪传，你我有责。”

注释：

1. 秦明主编：《黄易与金石学论集》，北京：故宫出版社，2012年。

2.《岱麓访碑图》，黄易题跋，故宫博物院藏本。

3.《岱岩访古日记》，山阴吴氏遯盦金石丛书，西泠印社聚珍版，故宫博物院图书馆藏。

4.《岱麓访碑图·后石坞》，黄易题跋，故宫博物院藏本。

5.《岱麓访碑图·铁山》，黄易题跋，故宫博物院藏本。

6.（清）黄易：《小蓬莱阁金石目》，清乾隆稿本，南京图书馆藏。

7.（清）毕沅、阮元：《山左金石志》（卷十），嘉庆刻本，第159页。

8. 郭丹、张盈袖：《辽宁博物馆藏〈秋盦书札〉考及相关问题》，故宫博物院故宫学研究所编：《故宫黄易尺牍研究国际学术研讨会论文汇编（内部资料）》，2017年3月。

9.（清）李佐贤：《石泉书屋类稿》（卷5），清同治十年刻本，第47页。

10.（清）董纯、马星翼：《邹县志稿》清道光十四年，孔宪尧等点校：《历代邹县志十种》，北京：中国工人出版社，1995年。

11. 安旗编选：《四山摩崖选集》，西安：陕西人民美术出版社，1991年。

12.《汉书·地理志》，北京：中华书局，1972年。

13.《水经注·泗水》（卷8）上海：上海古籍出版社，1990年，173页。

14.《魏书·释老》，北京：中华书局，1972年。

15.《隋书·百官中》（卷22），北京：中华书局，1972年。

16.《岱麓访碑图·岗山》，黄易题跋，故宫博物院藏本。

17.（清）毕沅、阮元，《山左金石志》（卷10），嘉庆刻本。

18.（清）李佐贤，《石泉书屋类稿》（卷5），清同治十年刻本。

19. 胡新立：《邹县四山摩崖刻经调查与研究》《北朝摩崖刻经研究》，济南：齐鲁书社，1991年。

20.〔德〕雷德侯主编：《中国石经》（山东卷第二辑），杭州：中国美术学院出版社，2015年。

21.（清）黄易：《小蓬莱阁金石目》，清乾隆稿本，南京图书馆藏。

22.《岱麓访碑图·尖山》，黄易题跋，故宫博物院藏本。

23. 同注 17。

24.（清）李佐贤：《石泉书屋类稿》（卷 5），清同治十年刻本。

25. 赖非：《山东北朝佛教摩崖刻经调查与研究》，北京：科学出版社，2007 年。

26. 安旗编选：《四山摩崖选集》，西安，陕西人民美术出版社，1991 年。

27. 同注 10。

28.《曲阜县志·古迹》（卷 29），圣化堂版，乾隆三十九年。

29.《北齐书·帝纪·后主》（卷 8），北京：中华书局，1972 年。

30. 胡新立：《邹城北朝佛教刻经题记考略》，《敬畏千年，房山石经——纪念房山石经与云居寺创建 1400 年国际学术研讨会论文集》，北京：燕山出版社，2017 年。

31.《武安县志·金石志》（卷 3），民国二十九年。

32. 赵立春：《响堂山北朝刻经书法》，重庆：重庆出版社，2003 年。

33. 范寿铭：《循园金石文字跋尾》（卷下），《涉县摩崖佛经跋》，上海：上海天华印书馆，1930 年。

34. 李裕群：《北朝晚期石窟寺研究》，北京：文物出版社，2013 年。

35.（清）黄易：《小蓬莱阁金石目》，清乾隆稿本，南京图书馆藏。

36.（清）李佐贤：《石泉书屋·跋北齐葛山摩崖古刻》，清同治十年刻本。

37. 同注 25。

38. 胡新立：《邹城东汉汉安祠堂题记考略》，《文物》2017 年第 1 期。

39. 邹城市文物局，《山东邹城西晋刘宝墓发掘简报》，《文物》2005 年第 1 期。

40. 同注 10。

41.《大正大藏经》（大正 25 卷）

42. 张伟然：《关于“僧安道壹”的再思考》，《北朝摩崖刻经研究》（第 3 集），呼和浩特：内蒙古人民出版社，2006 年。

43. 许洪国，《“僧安道壹”考》，《山东省书法理论研讨会论文选集》，济南：黄河出版社，2000 年。

44. 同注 25。

45. 张伟然：《关于山东北朝摩崖刻经书丹人“僧安道壹”的两个问题》，《文物》1999 年第 9 期。

46. 康有为：《广艺舟双楫》，上海：上海书画出版社，1981 年。

47. 同注 25。

遍访齐鲁山幽处，尽拓北朝石刻书

——浅论黄易对山东北朝摩崖石刻的贡献及影响

王建涛

故宫博物院展览部馆员

内容提要：山东地区摩崖石刻众多，而其中尤以北朝时期的摩崖为盛。这一时期的摩崖以泰山为中心，向东、南展开，包括泰山、邹县四山、云峰山等地。该地区的摩崖石刻内容丰富，保存较为完整，规模巨大，书刻精美。无论是历史价值，还是艺术价值，乃至佛经文化均享有重要地位，具很高的研究价值，堪称我国露天书法石刻博物馆。

山东境内的北朝摩崖距今已有1500年的历史，北朝之后虽有部分文献予以著录，诸如北宋的《金石录》、南宋的《宝刻丛编》《通志》等。但因各种因素，多未引起后人的注意。直至清乾嘉时期，随着金石学的兴起，黄易对该地区的摩崖石刻进行了系统的勘察、考据、统计、传拓、著录，并将勘察、传拓的资料提供给阮元，其考据的成果对稍后的王昶、李佐贤等人产生了一定的影响。虽有后人在黄易基础上不断予以完善与补充，然黄易对于北朝摩崖石刻的研究，特别是传播方面的贡献，无人可以与之相比。

本文试从以山东北朝摩崖石刻的分布为基点，以其被发现、研究、传播等为线索，阐述黄易在此项研究的重要贡献和积极意义及对后世的影响。

关键词：黄易　阮元　山东　北朝摩崖

一、山东北朝摩崖概况

我国北朝时期摩崖石刻数量众多，主要分布在山东、河北、河南等地，其中尤以山东地区数量最多。山东地区的北朝摩崖则以泰山、邹县四山、云峰山等地发现为早，历代书志文献均有著录。内容丰富，留存摩崖刻字多且集中，保存较为完整，规模巨大，书刻精美。

现存山东地区的北朝摩崖石刻主要集中在泰山经石峪、邹县尖山、葛山、铁山、岗山、峄山，汶上水牛山、云峰山、天柱山、大基山、玲珑山、洪顶山、凤凰山、千佛山黄石崖、书院东山、天池山、二鼓山、云翠山、大寨山、司里山、银山、陶山、罗汉山等地。这些地区的摩崖石刻构成了山东北朝摩崖的主体。邹县摩崖石刻原共有六处，尖山、铁山、岗山、葛山、阳山、峄山，其中尖山摩崖在20世纪六十年代已毁，阳山摩崖损毁严重，故现在所称的邹县四山是尖山、铁山、岗山、葛山的总称。

根据现存的摩崖和文献所做的初步统计，从北魏正始元年（504）云峰山摩崖开始，历经北周大象二年（580）岗山和葛山摩崖，直至隋朝初年的云峰山的光州刺史宇文公题名、晋阳山摩崖止（隋朝初年的摩崖也被纳入北朝时期），前后经历了约八十年的时间。

在此时期，大规模镌刻摩崖活动主要分为两个阶段。北魏时期（504—511）的云峰山地区摩崖属于第一阶段。北齐皇建二年（561）至隋初（约581）的近二十年间属于第二阶段，且以第二个阶段规模为大。

二、黄易对山东北朝摩崖石刻的寻访与传播

根据现有文献分析，山东地区北朝摩崖石刻自北宋赵明诚的《金石录》已有记载，稍晚南宋陈思的《宝刻丛编》、郑樵的《通志》亦有著录。但由于各种原因，这些文献中的记载一直没有引起人们的关注，直至清乾嘉时期，随着金石学的兴起，才重新引起重视。其中阮元、翁方纲、黄易、王昶、李佐贤等人对此均有涉猎，但黄易在勘察、传拓、著录、传播等方面则起到了重要作用。

黄易（1744—1802）字大易、大业，号小松、秋盦等，斋堂亦有小松斋、尊古斋等。祖籍浙江钱塘（今属杭州），清代乾嘉时期著名金石学家、书画篆刻家，西泠八家之一。历任山东兖州、济宁运河同知等官。著有《小蓬莱阁金石文字》《小蓬莱阁金石目》《嵩洛访碑日记》《岱岩访古日记》，辑有《黄氏秦汉印谱》《秋景盦主印谱》《黄小松存印》《种德堂集印》《小蓬莱阁诗》等，另有《得碑十二图》《嵩洛访碑图》《岱麓访碑图》等传世。

黄易对山东北朝摩崖的研究源于他在山东任职期间的寻碑、访碑活动，主要集中在其官居卫河通判和运河同知的乾隆五十一年至嘉庆二年的十二年间（1786—1797），在任期间，他多方搜访古迹，足迹几乎遍及齐鲁大地。泰山经石峪、邹县四山、汶上水牛山、云峰山、天柱山、玲珑山、晋阳山等地的摩崖见于黄易的《小蓬莱阁金石目》《岱岩访古日记》《岱麓访碑图》《得碑十二图》等文献著录之中。[1]

黄易最初的访察活动始于乾隆四十年。自乾隆四十年（1775）至五十八年（1793）的近二十年间，黄易在山东、河北等地寻访碑刻、拓本，作有《得碑十二图》。该册十二开，纸本，一开一图，每图有黄易题识及翁方纲诗跋，翁方纲作序（翁文收录其《复初斋文集》）。[2]

在嘉庆二年（1797）岱麓访碑期间，黄易考察了“邹县四山”，后又赴泰山经石峪、徂徕山映佛岩等地，留有图文并茂的记录，这些记录类似现在的调查报告，不仅记录访碑的过程，也记录当时的保存状况，已初具现代考古模式。

现有资料显示，乾隆五十七年（1792）阮元任山东学政后，黄易与其交往颇多。虽在黄易之前《邹县志》就有邹县摩崖石刻的相关记载，但是黄易却是邹县四山摩崖石刻较早的实地调查人。阮元的《山左金石志》的大部分资料（包括拓片），都是段赤亭（松苓）带领相关人员为之收集传拓的，而邹县四山刻经的某些内容（如尖山的个别题记）则是从黄易处借录的。虽黄易的记录仍不免存在一些纰漏，却是现场实地考察而来。[3]

因为文献性质的原因，《小蓬莱阁金石目》是所载的碑刻内容较为简单。因《山左金石志》一书中的部分内容依据黄易所提供的资料编辑而成。从某种程度上讲，该书是对《小蓬莱阁金石目》的进一步阐述和补充。另《山左金石志》是一种方志性的志书，它对《小蓬莱阁金石目》的内容加以

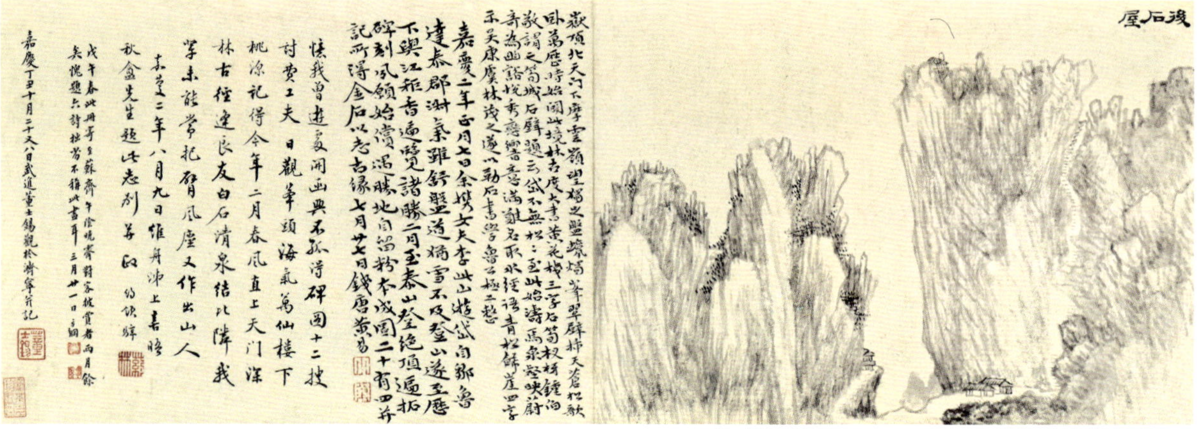

图 1. 岱麓访碑图册——后石屋

注解、疏解，所载资料更加丰富、翔实，是对黄易资料的总结和提升。鉴于此，本文将《山左金石志》中涉及黄易的部分一并列出，以供大家参考。

嘉庆二年（1797）黄易再赴山东，正月至二月间黄易带着女婿李此山和江秬香[4]在泰山、邹县（今邹城）、曲阜、济南等地访碑，作《岱麓访碑图》。在图册的《后石屋》中，黄易题曰：

嘉庆二年正月七日，余携女夫李此山游岱，自邹鲁达泰郡。淑气虽舒，盘道犹雪，不及登山，遂至历下，与江秬香遍览诸胜。二月至泰山登绝顶，遍拓碑刻，夙愿始尝。遇胜地自留粉本成图二十有四，并记所得金石以志古缘。七月廿七日钱唐黄易。[5]（图 1）

《岱麓访碑图》中所记二十四"胜地"依次为：孟子庙、孔林、孔子庙、铁山、岗山、尖山、大汶口、大明湖、龙洞、佛峪、千佛山、五峰、灵岩寺、甘露泉、功德顶、铁袈裟、岱庙、王母池、经石峪、樱桃源、对松山、开元摩崖碑、岱顶、后石屋。[6]图中涉及邹县四山的有三处包括铁山、岗山、尖山，涉及泰山的一处为石经谷，每处均有题跋。但此次出行，正处于正月期间，因天气和道路的原因，黄易仅到了山脚下。是年二月黄易再次前往，终于登顶泰山，遍拓诸碑。此次访碑，其还记有《岱岩访古日记》，详细记述了岱麓访碑之经过。

尖山摩崖石刻

尖山在邹城，当地人称为朱山，东山岭上因镌有"大空王佛"四字，故又有"大佛岭"之称。黄易在《小蓬莱阁金石目》和《岱麓访碑图》中均有记载，二者所载内容并无差异。（图 2）《小蓬莱阁金石目》载有尖山摩崖六种：

佛言若菩萨等字经文六行，八分书。

又武平六年沙门僧安与刺史韦兴祖等题名，八分书。

又大空王佛四大字，正书。

又韦平振等题名，八分书。

又经主韦子深题名，八分书。

又晋昌王唐邕题名，八分书。

以上六种俱在山东邹县尖山。[7]

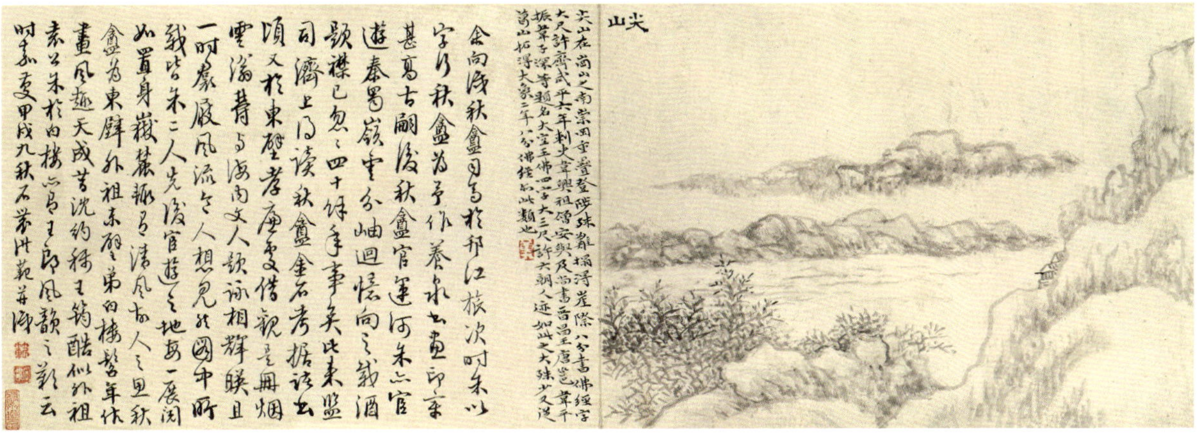

图 2. 岱麓访碑图册——尖山

另《岱麓访碑图·尖山》曰：

尖山在岗山之南，崇冈重迭，登陟殊难。拓得崖际八分书佛经。字大尺许。齐武平六年刺史韦兴祖、僧安与及尚书晋昌王唐邕、韦平振、韦子深等题名。大空王佛四字大三尺许，六朝人迹如此之大殊少。又从葛山拓得大象二年八分佛经亦此类也。[8]

最早全面记录尖山摩崖石刻的文献资料是阮元的《山左金石志》，书中刊列出尖山摩崖十种，其中六种与《小蓬莱阁金石目》所载内容相同，这些资料均来源于黄易的调查。此外《山左金石志》增加了《小蓬莱阁金石目》中未见记载的四种。黄易是最早到尖山现场的学者之一，同时是第一个在尖山传拓拓片的学者，但其留下的拓片并不完整。其给阮元呈送了铁山《石颂》等相关的拓片，阮元依据黄易的这些拓片撰写了尖山摩崖的条目。

铁山摩崖石刻

铁山在邹县城西北，摩崖位于一块巨大的花岗岩石坪上。《小蓬莱阁金石目》载：

小铁山磨崖佛经及铭文，八分书篆额。[9]

大象元年。□咸韬书。铭文内有“汉丞衡相之苗裔匡喆”及“义人李桃”等名。在山东邹县城外三里。

赵郡李巨教磨崖题字，八分书。

在山东邹县小铁山大象佛经之东石壁。

宁朔将军孙洽僧安道一齐搜扬好人间长嵩题名，八分书。

在山东邹县小铁山大象佛经之下层。[10]

在《岱麓访碑图·铁山》黄易的题跋中（图 3），将《小蓬莱阁金石目》中“后补”的篆额内容，正式标明为“石颂”二字。依据黄易的拓本，阮元在《山左金石志》关于铁山摩崖记述更加翔实。在《匡喆刻经颂》中详细列出石颂的内容，曰：“右刻因崖高字大艰于椎拓，（元）所藏柘本衹八十字每以未见全文为憾。嘉庆丙辰夏。黄小松司马录寄新拓全本，始知造经人匡喆为丞相匡衡裔孙，书经颂之人已缺其姓……”[11]

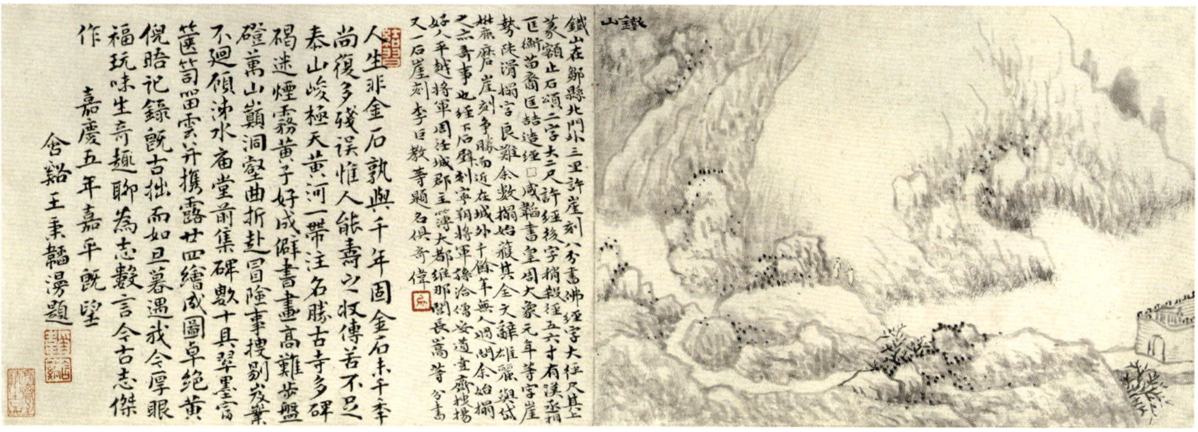

图 3. 岱麓访碑图册——铁山

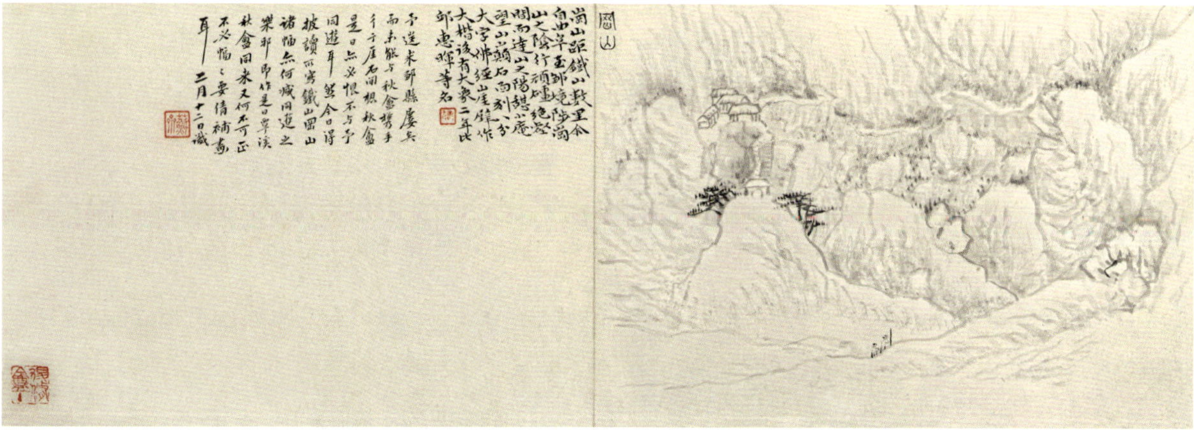

图 4. 岱麓访碑图册——冈山

嘉庆丙辰是清嘉庆元年（1796）。黄易寄去新的拓本，阮元方得知“石颂”的全部内容。在此之前，由于“崖高字大”，难以获得全部内容的拓片，故阮元只知道八十字。《山左金石志》增加了小铁山摩崖残字八种，补充了黄易的不足，其中载有：“无年月，俱八分书，在邹县小铁山。一刻鄣离二字，分拓二纸，字径一尺二寸，在冈山石壁。”[12] 此处阮元所说的“冈山”即是指铁山。清康熙时，铁山和岗山均称之为岗山，铁山称谓“南岗”，岗山称谓“北岗”。铁山的摩崖又称之为“小铁山摩崖”。不知何故，黄易和阮元均没有提及《大集经》。

冈山摩崖石刻

冈山摩崖位于邹县城北部岗山北麓，沿东西向山谷两侧分散刊刻在摩崖石壁或岩石上。《小蓬莱阁金石目》中，冈山称作“岗山”：

岗山佛经，正书。

大象二年，后刻佛像，其下有比邱惠晖等名。在山东邹县城外三里。[13]

《岱麓访碑图·岗山》亦有介绍（图 4）：

岗山距铁山数里，余自曲阜至邹境，陟岗山

之阴，行顽礓绝壑间而达山之阳麓。小庵望山巅石面刻八分大字佛经，崖壁作大楷，后有大象二年比丘惠晖等名。[14]

《山左金石志》在黄易著录的基础上记载了五处摩崖，而非仅以“大象二年比丘惠晖等名”等代替。《山左金石志》载尖山刻经十种之一：“一高五尺三寸，广五尺六寸，刻与大比丘僧云云凡六行三十二字，径八寸。”[15] 此段文字《小蓬莱阁金石目》未见著录。阮元认为其应属“尖山”。

图 5. 葛山

葛山摩崖石刻

葛山摩崖石刻位于邹城东北北葛山西麓，又名葛娄山。摩崖刻石在后山南麓，在高低不平的巨大石坪上。十行，中间另空一行，行四十二字，字径五十厘米。因年代久远、风雨剥蚀，部分刻字已模糊不清。内容为鸠摩罗什译的《维摩诘经·见阿閦佛品》。[16]

黄易《小蓬莱阁金石目》的记载仅一句：

葛山佛经，八分书。

大象二年，在山东邹县葛楼村。[17]

《山左金石志》的记载稍详细：“大象二年刻，八分书，在邹县城东北葛山石壁。一首行刻木平维摩诘云云，凡十一字，句义未全。次行大象两年云云，凡十三字，径一尺九寸，一拓本二纸，一题如来二字，一题可寺二字，径一尺五寸。此与小铁山郭离、佛善等字意相同疑是一时所刻也，隋石。”[18] 阮元认为葛山摩崖与铁山的“郭离、佛善”等摩崖为一个时期镌刻，将此处列为隋代刻石。（图 5）

晋阳山摩崖石刻

关于晋阳山摩崖石刻的记述，最初见于黄易的《晋阳山题壁图》，该图为《得碑十二图》册页八，图右上端隶书题“晋阳山题壁图”。左边跋：

济宁晋阳山慈云寺，六朝古刹也，就山凿佛，座旁开皇元年刻字，壁间多汉人画像，寺后石壁有薛子岫等摩崖大字，并唐晋阳精舍碑，周广顺二年及宋元诸刻……[19]（图 6）

翁方纲在《得碑十二图·晋阳山题壁图》中跋：“君家豫章叟，大字取焦山，似此崖阴笔，寥哉汉以还，垂虹为谁额，积藓向来斑，直待秋盦隶，青苍万仞间。”在这里翁方纲直言，因为黄易的到来，晋阳山的摩崖石刻才为众人所熟知。

据《济宁县志》载，黄易居运河同知时，多次到过济宁的晋阳山，“访得汉人画像、隋人造像、崖刻、唐晋阳府君精舍碑、宋钟金直等题名及金元碑于山上慈云寺中”。[20] 黄易到访晋阳山的具体时间是在乾隆壬子至癸丑（1792—1793），最初到访是在乾隆壬子二月、五月间，翌年四月在此到访，

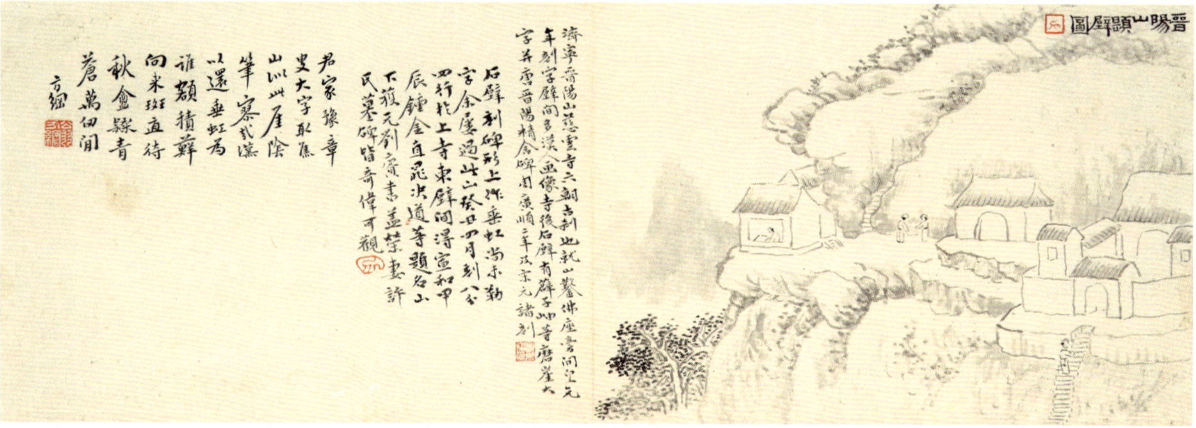

图 6. 得碑十二图册——晋阳山题壁图

并题书四行于壁上。故宫博物院藏有一幅黄易为好友王莲湖所作的扇面，在该《书石壁题名扇面》中也提及了晋阳山摩崖。（图 7）其书写的内容为：

子裕
薛子岫
薛季习
高
主翟繁
主张
都
右书在慈云寺佛殿
后石壁隋以前之刻
钟宗直陈延孺
晁升
道息道虞道决
道荣
道王原甫以甲辰
九月
来游遂登绝
望大

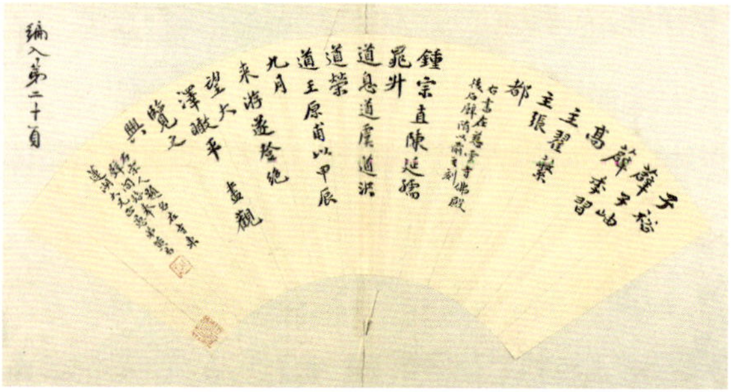

图 7.《黄易行书石壁题名扇面》 故宫博物院藏

泽瞰平　尽观
览之兴
 右宋人题名在寺东
壁间临奉
莲湖大兄正愚弟黄易　钤“小松”印[21]

此《黄易行书石壁题名扇面》应是作于乾隆五十七年（1792）五月后不久。《扇面》书写的正是《得碑十二图·晋阳山题壁图》题跋所云“薛子岫等磨崖大字”和“钟金直晁决道等题名”。

《小蓬莱阁金石目》中亦有晋阳山石刻的记载，曰：

薛子岫等磨崖字，正书。

无年月，在山东济宁州晋阳山寺后石壁间。

又石壁残字，正书。

只存主骑孝约等字。在晋阳山寺殿后崖壁[22]。

黄易关于晋阳山摩崖石刻的著录、题跋非常简单，没有更多涉及石刻文字内容。阮元依据“黄小松司马”提供的一手数据，《山左金石志》将《薛子岫等摩崖题字》《晋阳山摩崖残字》收录，且记载更为具体详细。[23]标识出摩崖的具体尺寸，石刻文字现状。

晋阳山慈云寺和薛子岫两处石刻因黄易同时拓得，故将两者放在一起，因摩崖无具体年月考证，所以也将其列入隋末。乾隆癸丑五月，为乾隆五十八年（1793），由此可知，此系黄易拓得晋阳山摩崖拓片的时间。

徂徕山摩崖石刻

徂徕山，在泰山东南四十里，现存北齐摩崖刻经，经主均为梁父县令王子椿，其于武平元年在徂徕山麓摹刻佛经二处。一在映佛岩，刻《般若波罗密经》；一在光华寺北“将军石”，刻《大般若经》及四佛名（今残）。（图8）

《小蓬莱阁金石目》曰：

徂徕山大般若经文，八分书。

武平元年。在山东泰安县府。

映佛岩佛经，八分书。

武平元年。王子椿刻。在山东泰安府。[24]

《山左金石志》关于徂徕山摩崖的记载比黄易的记录详细甚多，在黄易的基础上增加了“徂来

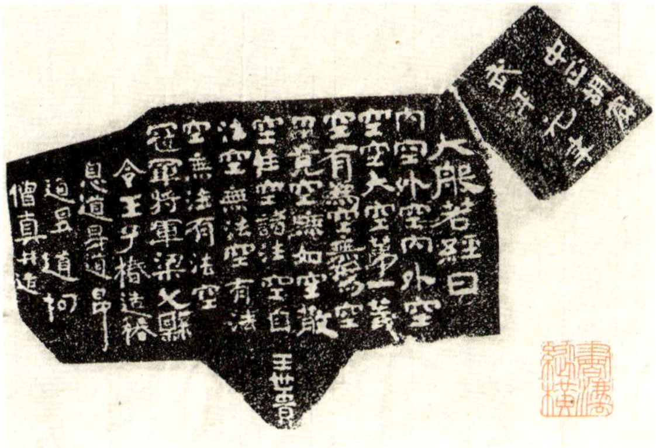

图8. 徂来山摩崖

图9. 泰山经石峪

山佛号摩崖”以及三摩崖的具体位置、尺寸，以及文字特征。这些均是《小蓬莱阁金石目》中未见著录的。

泰山经石峪摩崖石刻

泰山经石峪摩崖位于泰山经石峪一片巨大的花岗岩石坪上，面积约1200平方米。清代称之为石经峪，字体以隶为主，兼有楷、行、篆各种笔意，结体宏阔自然，富于变化，康有为誉之为“榜书第一”。（图9）

在黄易的各种著录、文献中均没有提及摩崖文字数量，《山左金石志》统计存有二百九十六字。[25]现经赖非先生详细调研，经文当为两

图 10. 岱麓访碑图册——石经峪

千九百九十八字，现仅存一千三百八十二字（有笔痕者统计之）[26]《小蓬莱阁金石目》载：

> 石经峪磨崖字，正书。
>
> 在山东泰山青州。段赤子云，向见经后有薛辰之名，今无。
>
> 笔势与徂徕山映佛岩刻经并佛号同。彼处摩崖有冠军将军梁父县令王子椿字一条。邹县摩崖则书韦子深款。笔意亦同。[27]

《岱麓访碑图》中的题跋描述了当时经石峪摩崖的景观和时人的评述。《岱麓访碑图·石经峪》（图 10）载：

> 水帘洞上石经峪危巘飞瀑，胜趣莫穷，石坪广亩许。遍刻《金刚经》，字大如斗，体甚古拙，必六朝人迹……水流石上剥落渐多，他年恐字迹益少也。其上有“高山流水亭”，雨后听泉，四山皆响诚天下奇观。[28]

《山左金石志》沿用了黄易的说法。关于经石峪摩崖镌刻的作者、时间，黄易、阮元均没有给出具体答案。阮元认为有可能为唐邕书，黄易言为六朝人书写。

云峰摩崖石刻

云峰摩崖是指掖县云峰山、大基山，平度县天柱山、益都县玲珑山等地的摩崖石刻。清末金石学家一般将云峰山、天柱山、大基山、玲珑山等山的摩崖作为一个整体，统称“云峰石刻”，共存北朝刻石刻四十多处，尤以云峰山石刻数量最多。

有关云峰摩崖的文献，最早见于《金石录》，该书对郑文公碑、郑道昭登云峰山诗、天柱山东堪石室铭等石刻均有著录。郑文公碑分为两部分，在天柱山的南麓者为“上碑”，在云峰山东麓者为“下碑”，两碑内容大体一致。上碑字数约少三百字。由于上碑因石质较差，故字迹漫漶较严重，故拓本较少。现所称郑文公碑均指下碑。稍后《宝刻丛编》《通志》对《金石录》的记述均进行引用，但没有拓片传世，也没有引起时人的重视。这种状况一直持续到清代乾、嘉时期才发生改变。黄

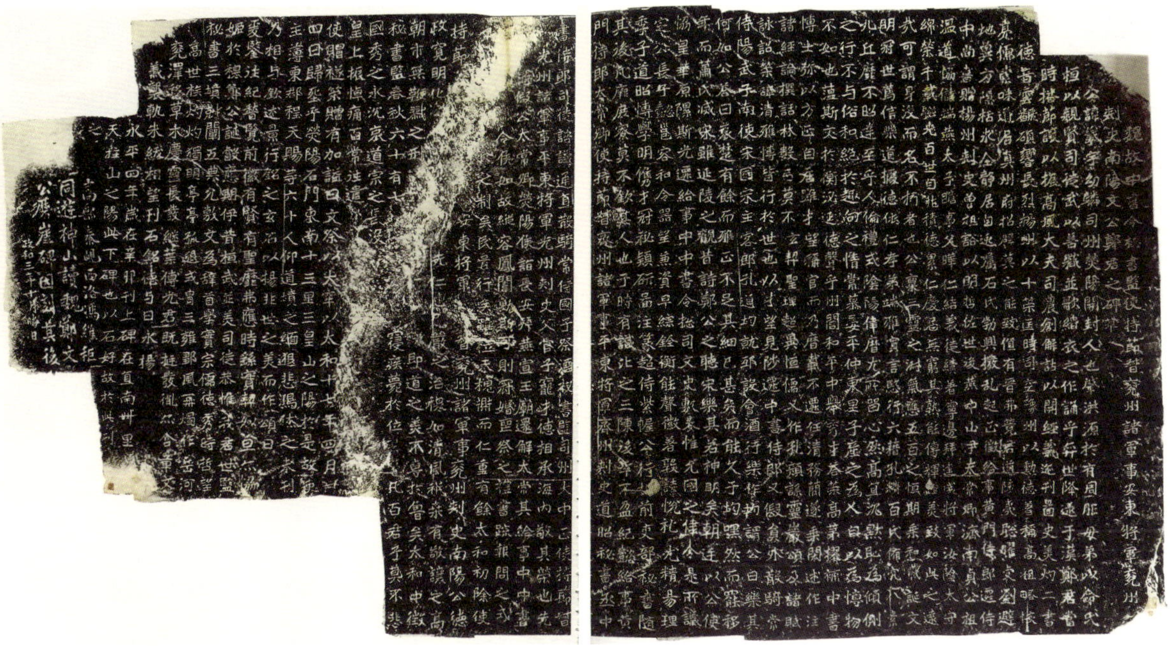

图 11. 郑文公碑下碑

易的出现使得云峰摩崖石刻让世人熟知。黄易著录提及的北朝摩崖，石刻的作者一般认为是郑道昭、郑述祖父子。有别于山东其他地区的摩崖石刻，云峰摩崖石刻镌刻的内容不是佛经，多为郑氏父子的游记。摩崖字体承隶启楷，书法谨严浑厚，苍劲飘逸，是书法艺术的稀世珍宝，为历代金石家、书法家所推崇，是研究中国书法由隶书向楷书演变的珍贵资料。（图 11）

黄易对于云峰摩崖石刻的考察始于乾隆五十七年（1792）。是年黄易到访山东掖县，掖县县宰汤亮斋将掖县境内的云峰山石刻拓片赠予了黄易，为回报汤亮斋，黄易为其作《云峰拓碑图》，翁方纲为此题诗《掖县宰汤亮斋为黄秋盦拓云峰山北齐诸石刻，秋盦因为亮斋写〈搨碑图〉属题二首》云：“秋盦写剔云峰石，恐是秋盦自写真，磨墨自营千载上，拓碑人即画图人。我怀天统隶镌铭，百里风光远送青，并与使君添一帧，汤家普彻拓兰亭（欲托亮斋为拓平度界内天柱山铭也）。”[29]

黄易《云峰拓碑图》跋曰：“莱州云峰山有北齐郑氏父子石刻，亮斋汤明府不惮荒远，扪崖剔藓为全拓，得感其意，作图记之。乾隆壬子中秋后三日，钱塘黄易。”[30] 在此跋中，黄易表达了对不顾艰险，攀崖并清除石壁传拓拓片的汤亮斋的感激之情。是年，黄易还曾为江凤彝（秬香）作《云峰得碑图》。江凤彝《云峰拓碑图》跋：“壬子之冬，小松黄师曾为余作《云峰得碑图》于□□……今秋鹤出示是册，琳琅满目，复还旧观不禁欢喜无量。嘉庆三年季冬钱塘江凤彝记于汶阳官舍之□云吟舫。”[31] 黄易从汤亮斋处所得的云峰山北朝齐诸石刻拓片，应是云峰山摩崖石刻第一次较完整、成系统的拓片，黄易在他的《小蓬莱阁金石目》均有著录：

荥阳郑文公之碑，并额俱正书。

永平四年。右郑王羲碑。

郑道昭登云峰山观海□诗

论经书五言诗

云峰山左阙字

云峰山右阙字

山门题字

当门石坐字

郑道昭讲经坛碑

郑道昭石像

右像左肩有“大宋”字，右肩有“政和癸巳”等字。

石人髟鬑等字

耿伏奴题名

光州刺史宇文公题名

石工于仙题名

以上十四种俱正书。在山东莱州府云峰山。

中岳先生郑道昭题字 正书

白驹谷字 正书

以上二种在山东青州府益都县。

光州刺史郑述祖登云峰山石刻 八分书

在山东莱州府云峰山。

郑述祖题云居馆石刻 八分书

天统元年，在山东掖县。[32]

天柱山铭 并额俱八分书

天统元年，郑述祖作，在山东平度州。[33]

文中著录的“郑道昭讲经坛碑”和“郑道昭石像”不属于摩崖石范畴之内。此后，黄易将云峰摩崖的拓片及资料送给了阮元，至此《山左金石志》才有了较为详细的介绍。

图 12. 光州刺史宇文功题名

在上述黄易著录的云峰摩崖石刻之中，只有一处摩崖石刻与郑氏父子没有关联，即《光州刺史宇文功题名》，亦称《亚禄山宇文公碑》，根据《掖县全志》的记载，碑乃刻于斧山摩崖石壁，今已无存。[34]（图 12）

黄易的《小蓬莱阁金石目》曰：

光州刺史宇文公题名，在山东莱州府云峰山。[35]

《山左金石志》载：

无年月，正书，石高一尺四寸，广四尺，在掖县亚禄山顶。右题云：光州刺史宇文公，抚育边民，恩同赤子，治方清美，□甚文王之化，□□愿乐过于□，□弱相□，故□山□□建造碑铭。万□□记。

凡十一行，字径三寸，案光州之名惟北魏北齐有之，其余自宋迄隋皆称青州也……宇文氏之列正史者，北齐书无之，魏书惟宇文福、宇文忠之二传。其先世及子孙族属未有刺光州者，史传阙略甚多兹因无名氏可考。姑郑道昭诸碑后。[36]

孙星衍《寰宇访碑录》卷二亦有载：“亚禄山

宇文公碑正书无年月，山东掖县”[37]《八琼室金石补正》则基本上引用了《山左金石志》的内容。康有为《广艺舟双楫》载:“光州刺史宇文功碑铭”，将此碑列为北周碑。[38] 由此可见，孙星衍延续了阮元对该摩崖的命名。而康有为则与黄易的称谓相同。

根据吕茂东先生文章所刊拓片对比，阮元的记载基本准确，文中除去“注”字未标注外，其他注释均准确。阮元没有明确指出该摩崖的主人公，仅言魏书所载的宇文福、宇文忠二人及其先祖、后世均没有任光州刺史之人。近来，据吕茂东先生考证，此碑的主人公乃宇文恺也，其依据为宇文恺曾任莱州刺史，北朝时期，莱州称作光州。隋改光州为莱州。考《隋书》卷六十八。列传第三十三，宇文恺任莱州刺史时已经是隋朝初年了，因此如此碑主人为宇文恺，则可证该碑是隋朝初年所作也。上述关于此碑主人的考证，仅仅是建立文献的基础上，由于摩崖已毁，故此摩崖具体年代和主人均有待考证。

宇文恺（555—612），隋朝著名的城市规划和建筑工程专家。字安乐，京兆长安人。自幼博览群书，精熟历代典章制度和多种工艺技能。官至工部尚书。后因隋文帝的重臣杨素推荐，由宇文恺主持建造了长安城和洛阳。

水牛山摩崖石刻

水牛山在汶上县白石乡小楼村东，山阳坡之石壁上凿有两个石洞，洞内原塑有佛像，洞前为一寺院今无存。东山洞因采石只剩后壁可辨。西山洞尚完好，摩崖乃刻于此洞右侧。摩崖刻字处为一长方形磨光石壁。石刻字迹清晰、笔法遒劲，与泰山经石峪、铁山摩崖石刻风格相近。以隶为主，间有楷、篆、行书，书法俊逸，雄健浑厚，古朴拙厚，方圆兼用，具有十分重要的史料和书法价值，初步考正为北齐石刻。（图 13、图 14）

石刻内容为《文殊般若》经文部分，自右向左，自上而下曰：“舍利弗汝问云何名佛 / 云何观佛者不生不灭 / 不来不去非名非相是 / 名为佛如自观身实相 / 观佛亦然唯有智者乃 / 能知耳是名观佛。”

《小蓬莱阁金石目》载：

> 水牛山磨崖字，八分书。
>
> 首曰“舍利弗”，凡五十二字。在山东宁阳县。[39]

《山左金石志》载:“水牛山佛经摩崖，无年月，

图 13. 水牛山摩崖位置

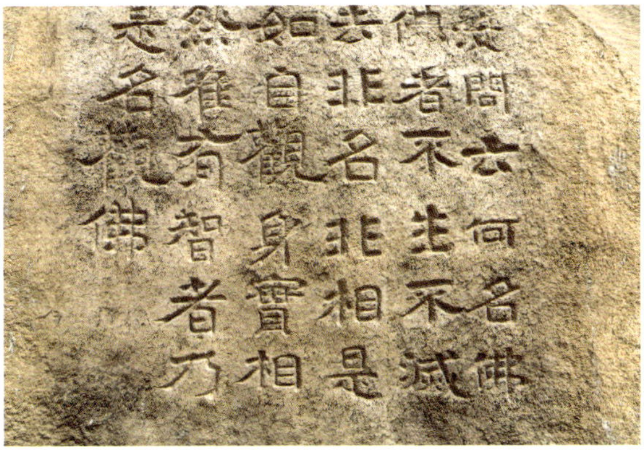

图 14. 水牛山刻经

八分书，在宁阳县水牛山，右碑黄小松录寄未详尺寸，首曰舍利弗，凡五十二字，弗即是佛字。”[40]

黄易和阮元的著述非常简单，并未列出摩崖文字全部内容，只言五十二字。均没有提及摩崖刻经纪年、经主和书者姓名。

三、结语

山东地区的北朝摩崖石刻是我国摩崖的代表，具有很高的历史价值、艺术价值以及宗教价值，对于后人研究当时的历史、法书特别是佛经具有一定地参考、借鉴作用。黄易通过访碑所获得的各种第一手资料并没有像有些中国金石学者那样秘不示人，而是与其他同行相互交流。从某种程度上黄易是我国具有初步现代考古意识的金石学家，对于山东北朝摩崖的研究、考据，特别是传播方面起到了积极的作用。虽其不是所有山东北朝摩崖的最早发现者，但是他确是最早的传播者。他以初具现代意义的考古方式结合中国传统的水墨画将众多的摩崖石刻记录在案，并加以整理、出版，将先人的遗存加以传播，为后人留下了丰富的史料，为后人的进一步研究夯实了基础。与其同时期的阮元、王昶，以及半个世纪后的李佐贤，一个世纪之后的陆增祥等多种金石学者无不深受其影响。

黄易考察的这些摩崖石刻，除具有历史、宗教、文学方面的意义，还是我国古代法书的杰出代表。这其中尤以云峰摩崖的《郑文公碑》和泰山经石峪摩崖的《金刚经》为人所熟知。北朝这些摩崖文字被后人统称为魏碑，它是由隶书向楷书发展过程中的转型。清代包世臣赞《郑文公碑》“真文苑奇珍也”。清康有为在《广艺舟双楫》中写道：“魏碑大种有三，一曰龙门造像，一曰云峰石刻，一曰冈山、尖山、铁山摩崖，皆数十种同一体者。龙门为方笔之极轨，云峰为圆笔之极轨，二种争盟可谓极盛。四山摩崖通隶楷，备方圆高浑简穆，为擘窠之极轨也。”[41]《泰山经石峪金刚经》书体古拙、用笔浑厚丰满，气势磅礴，结体端庄疏放，浑穆简静，大有容天下万事的雍容气度。用笔视方不见折，圆润。点画不露锋芒，带有浓厚篆隶书遗意。被历代书家所推崇，被冠以“大字鼻祖”“榜书之宗”的美誉，为高僧李叔同所推崇。据此可见，黄易对于北朝摩崖的考证、传播从某种意义上讲也促进了我国书法特别是魏碑的传播与发展。

但不能否认的是，受到当时科技发展水平，考古方式以及众多因素的影响，黄易对山东北朝摩崖的研究还有一定的局限性。

受当时地理、交通条件的限制，在黄易考据的摩崖石刻中，有部分地点其未亲自考察、传拓。诸如葛山、徂徕山、水牛山等摩崖尚未有资料显示黄易是亲自实地考察，或非第一个实地考察者。

云峰诸山并未亲自上山进行考察，而是从掖县县宰汤亮斋处获得掖县境内的石刻拓片。这也是云峰摩崖第一次有如此全面、系统的拓片，黄易在其《小蓬莱阁金石目》中收录了十七处摩崖。徂徕山摩崖黄易亦非第一个实地考察者，早在乾隆三十年左右，聂剑光就先于黄易对此摩崖进行了考证。

鉴于未亲自实地考察，或受限于其所著录的文献性质的影响以及当时访碑条件之影响，在其所著录的文献中对诸摩崖石刻的记载、描述相对较为简单。有的仅列出摩崖名称和所在府、县。有的即便在其他著述中有记载，也多为当地环境的描写，而对于摩崖及其文字内容、尺寸以及摩崖现状等方面记述并不翔实。此外对于摩崖石刻的描述、标注或多或少均存在遗漏之处。有的摩崖即使是亲赴其地，但因分布广泛，或拓工的疏忽等因素，也存在遗漏之处。

总之，尽管黄易的一系列研究存有或多或少的不足和遗漏之处，但其在从清中晚期始乃至现代金石学发展进程中所起到的作用是我们后人所不可忽视的。

参考文献：

1.（清）毕沅：《关中金石记》卷一，清乾隆经训堂刻本。

2.（清）毕沅、阮元：《山左金石志》，嘉庆刻本。

3.（清）孙星衍：《寰宇访碑录》，清嘉庆刻本。

4.（清）翁方纲：《复初斋外集》，卷第二十二，民国嘉业堂从书本。

5. 康有为：《广艺舟双楫》，清光绪刻本。

6. 赖非：《山东北朝佛教摩崖刻经调查与研究》，北京：科学出版社，2007 年。

7. 秦明主编：《黄易与金石学论集》，北京：故宫出版社，2012 年。

8. 泰安市地方史志编纂委员会编：《泰安历史文化遗迹志》，北京：方志出版社，2011 年。

9. 杨国栋：《黄易生平交游考论》，山东工艺美术学院，2010 年。

10. 吕茂东：《斧山光州刺史宇文公碑考释》，李靖、徐明、王锡平主编：《云峰刻石研究（二）》，济南：黄河出版社，2008 年。

注释：

1.《岱麓访碑图》《得碑十二图》本不属于文献范畴，但因其内容包括摩崖所在地外景图像、题跋已涉及金石学最为重要的文献载体和研究对象，对以后的金石学家产生了重要的影响，故将此类黄易所特有的作品在此列入文献的范畴。

2. 蔡鸿茹：《黄易得碑十二图》，《文物》，1996 年第 3 期，第 72–79 页。

3. 赖非著：《山东北朝佛教摩崖刻经调查与研究》，北京：科学出版社，2007 年，第 234 页。

4. 江秬香，名凤彝，字秬香，钱塘（今杭州）人。嘉庆三年（1798）举人。工隶书。

5.《岱麓访碑图·后石屋》黄易题跋，故宫博物院藏。

6. 秦明主编：《黄易与金石学论集》，北京：故宫出版社，2012 年，第 121 页。

7.（清）黄易：《小蓬莱阁金石目》，清乾隆稿本，南京图书馆藏。

8.《岱麓访碑图·尖山》黄易题跋，故宫博物院藏。

9. “篆额”为后补。

10.（清）黄易：《小蓬莱阁金石目》，清乾隆稿本，南京图书馆藏。

11.（清）毕沅、阮元：《山左金石志》卷十，嘉庆刻本，第 159 页。

12.（清）毕沅、阮元：《山左金石志》卷十，嘉庆刻本，第 159–160 页。

13.（清）黄易：《小蓬莱阁金石目》，清乾隆稿本，南京图书馆藏。

14.《岱麓访碑图·岗山》黄易题跋，故宫博物院藏。

15.（清）毕沅、阮元：《山左金石志》卷十，嘉庆刻本，第 160 页。

16. 赖非：《山东北朝佛教摩崖刻经调查与研究》，科学出版社，2007 年，第 120 页。

17.（清）黄易：《小蓬莱阁金石目》，清乾隆稿本，南京图书馆藏。

18.（清）毕沅、阮元：《山左金石志》卷十，嘉庆刻本，第 160 页。

19.《得碑十二图・晋阳山题壁图》，黄易题跋，天津博物馆藏。

20. 秦明主编：《黄易与金石学论集》，北京：故宫出版社，2012 年，第 118 页。

21.《黄易行书石壁题名扇面》黄易题跋，故宫博物院藏。

22. 原为“寺后殿壁内”，后改为“寺殿后崖壁”。

23.（清）毕沅、阮元：《山左金石志》卷十，嘉庆刻本，第 169-170 页。

24.（清）黄易：《小蓬莱阁金石目》，清乾隆稿本，南京图书馆藏。

25.（清）李佐贤：《石泉书屋类稿》卷五，清同治十年刻本，第 47 页。

26. 赖非著，《山东北朝佛教摩崖刻经调查与研究》，北京：科学出版社，2007 年，第 46 页。

27.（清）黄易：《小蓬莱阁金石目》，清乾隆稿本，南京图书馆藏。

28.《岱麓访碑图·石经谷》黄易题跋，故宫博物院藏。

29.（清）翁方纲：《复初斋外集》卷第二十二，民国嘉业堂从书本，第 294 页。

30.（清）黄易：《云峰拓碑图》，乾隆壬子，中国国家图书馆藏。

31. 杨国栋：《黄易生平交游考论》，山东工艺美术学院，2010 年，第 65 页。

32. 此目为后补。

33.（清）黄易：《小蓬莱阁金石目》，清乾隆稿本，南京图书馆藏。

34. 吕茂东：《斧山光州刺史宇文公碑考释》，李靖、徐明、王锡平主编：《云峰刻石研究（二）》，第 387 页，济南：黄河出版社，2008 年。

35.（清）黄易：《小蓬莱阁金石目》，清乾隆稿本，南京图书馆藏。

36.（清）毕沅、阮元：《山左金石志》卷十，清嘉庆刻本，第 15 页。

37.（清）孙星衍:《寰宇访碑录》,卷二,清嘉庆刻本，第 27 页。

38. 康有为：《广艺舟双楫》卷一，清光绪刻本，第 13 页。

39.（清）黄易：《小蓬莱阁金石目》，清乾隆稿本，南京图书馆藏。

40.（清）毕沅、阮元：《山左金石志》卷十，嘉庆刻本，第 158 页。

41. 康有为：《广艺舟双楫》卷五，清光绪刻本，第 50 页。

黄易隶书风格探究

——以“书画册”“隶书册”作品为主

〔日〕谷川雅夫

日本奈良教育大学教育学部教授

内容提要：在日本书法专业的中国书法史课堂上，讲授清代篆隶书的部分时，邓石如、伊秉绶、陈鸿寿等人的介绍，必不可少，黄易则未列其中。在相关书籍如资料丰富的《图解书道史》是书中，亦无黄易的隶书。在此种情况下，黄易的隶书，并未在日本得到普遍的介绍与宣传。因此，本文通过黄易隶书“书画册”“隶书册”作品，进行分析论证，以期掌握黄易隶书风格的特征，说明黄易作品对习隶者而言，实有举足轻重的地位，称其为“隶书教育之父”，亦不为过。

关键词：黄易　隶书　金石学　秋盦书画册　李铁桥

一、黄易隶书在日本的评价

须羽源一曾执笔《书道艺术》别卷第三中国书道史的清朝部分，在其中的《嘉庆时代：碑学派之勃兴》一文，须羽氏认为：“若论及此一时期的书家，与众不同者，则非邓石如莫属，其次有伊秉绶、桂馥、黄易等人……而钱塘黄易（字小松，1744—1802）为金石学者，对碑学钻研甚深，不遗余力探索古金石。尤善以汉《武梁祠》题字之风格作隶书。邓石如、伊秉绶、桂馥、黄易等人，由于以藏锋为秦篆、汉隶之线条用笔，因而风格高古。”[1]

中田勇次郎在《书道全集》第廿四卷的《有关北碑派》一文中则以“与此同时，钱塘的黄易乃致力于金石的探索，进入崎岖的山中访碑，自行采拓，并发现许多未经前人著录的金石资料。有《小蓬莱阁金石文字》《嵩洛访碑日记》等著述传世。黄易以新发现的金石资料为基础，尝试篆隶，特别以汉武梁祠题字之书体，而为人所称道。作为西泠一派之名家，其篆刻尤为后人所推崇，亦见长于画”[2]介绍黄易。

同书中，收录有黄易的《七言对联》，作品之说明由内藤湖南哲嗣内藤乾吉氏撰写，其评价为：“观此隶书，使人想起汉代的木简。黄易理应未见过木简，然而其专习汉碑，其作品因而与木简的特征，几近一致，实饶富趣味。素朴而带有古气的难得之作。”[3]

至于青山杉雨在《明清书道图说》一书中，选录有两件黄易书作《录翁方纲粤东金石记一则》

《汉繁阳令碑临书》。在《汉繁阳令碑临书》作品说明中，青山氏认为，“黄易精通诸艺，其书尤以隶为妙。其临书得汉隶之规矩，精妙冠于时人”，[4]给予极高之评价。在《视觉书艺术全集》第九卷中，泽田雅弘则认为黄易之书“以篆隶为佳，隶书尤妙。论者以为其大字似《校官碑》，小字则似《武氏祠画像题字》。其书技虽非精炼纯熟，书风已得汉隶浑朴之典型。图51为《西狭颂》之临书作品，属于其临书作品中较佳者”。[5]以“其书技虽非精炼纯熟”为由，而未能全面肯定黄易书技的纯熟度。

笔者于中国书法史课堂上，讲授清代篆隶书时，邓石如、伊秉绶、陈鸿寿等人的介绍，必不可少，唯从未触及黄易。且在日本的相关书籍中，资料性最高的《图解书道史》一书中，亦未收录黄易的隶书。在此种现状下，黄易的隶书，并未在日本得到普遍的介绍与宣传。因此，笔者拟透过黄易的实际作品，进行分析论证，以期掌握黄易隶书作品的特征。

二、各种题材中所见的黄易隶书

为探究黄易的隶书表现，本文首先遴选各种题材，从石刻、题签、题画、印章边款等方面，依序介绍如下：

（一）石刻（含砚铭）

黄易远赴现场采拓，并留下不少直接书刻跋文的纪录。以《蓬莱宿约：故宫藏黄易汉魏碑刻特集》的拓本图版为例，可确认有两件石刻跋文及一件砚铭，共计三件。《黄易与金石学论集》一书中，则收有北齐薛匡生造像之跋文。以此四件为石刻之例，并进一步分析黄易石刻作品之特征。

图1

《孔子见老子画像》与《朱君长刻石》的跋文[6]（图1、图2），分别作于清乾隆五十一年（1786）与乾隆五十七年（1792），即黄易43岁与49岁之时。虽有六年之差，然具有书风庄重的共通特征。前者字里行间甚少间隙，结构坚固；后者则带有流动之美感。相较于黄易的代表作《朱子家训》[7]（作于1786年），如“子”“见”“立”“钱唐黄易”“老”等字，可以看出共同的特征。在汉代石刻上亲自撰文，且不假他人之手，自行操刀，足见其严谨之一面。也由于不容许任何的失败，因此，相较于一般的书作，更为谨慎。

《半碑砚砚铭》[8]（图3）的隶书表现，则与以上两件，有明显的不同。此砚铭系乾隆五十八年（1793）十月，黄易访得《熹平残碑》，[9]同时集句临书，购砚刻铭。线条的舒展，尚保有《熹平残碑》原本的特征，然而，相对于原本，则已不见线条不安定与字体不协调的特征。以“乐”字为例，左右较原本宽广，字形稍大，整体协调，相较于原本稍偏右上发展的线条，结构更臻安定。

至于北齐薛匡生造像之跋文（图4），有甲寅五月之年款，属乾隆五十九年（1794）黄易51岁时之隶书作品。跋文位于佛像背面。[10]

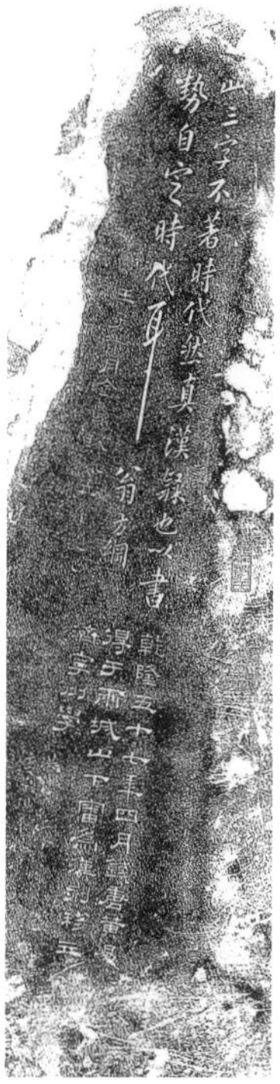

图2

图3

（二）题签

《蓬莱宿约：故宫藏黄易汉魏碑刻特集》一书中，若着眼于其中的题签，可以发现，字体略分为隶书、楷书与行书三类。比例上，隶书与楷书、行书略同。或许有册页之题字使用隶书、整张拓片之题字使用楷书的趋势。以隶书书成的题签，皆为毫无隙缝的厚重书体。[11]

不同于钱泳（1759—1844）风格的隶书般伸展，线条上无特别延长，结构上亦甚为安定。

乍看之下，仿佛了无特征，却又饶富深意，细腻而保有绝佳的平衡感。此种隶书风格，最适于题签。

图4

（三）题画

天津博物馆所藏的《得碑十二图》册页，系黄易自作，就访碑的十二场景，各自配有主题之题字，字体上可分为篆书、隶书、小楷三类。其中，六种使用隶书（图5），约占一半，篆书两种，小楷四种。六种隶书中，有五种横题，题于画面上半部，从右至左，再钤以与字大小略同的印。[12]相较于其他题签或书法作品，笔触较为轻妙。或许用笔过重，反而破坏整体画面，而有此处理。三种书体中，以隶书之表现最为强烈，字与字之间紧密连结，产生抑制的效果。至于纵书的隶书，字与字之间，则较横题为空，因此，落款另钤于画面右下。此种处理方式，或许是黄易本人的精密计划，使整体的画面构成，相得益彰。

图5

故宫博物院所藏的《嵩洛访碑二十四图》幅主题中，画面中皆未钤印，题画字体则有篆书、隶书两种，隶书十六幅，篆书八幅。其中的隶书部分，横书为主，占十四幅，纵书仅二幅。[13]

另外，同为故宫博物院所藏的《岱麓访碑图》，题画字体则有篆书、隶书、小楷三种，各有六幅、十六幅、二幅，隶书仍为最多。相较于《得碑十二图》，用笔更为轻妙。[14]

以上三种作品，分别创作于乾隆五十八年（1793）、嘉庆元年（1796）与嘉庆二年（1797），即黄易50岁、53岁以及54岁时之作品。画风与书风，乃至跋文的小楷风格，各具有共通性。至于题画字体，则多使用隶书。以实用性而论，相较于篆书，隶书书写容易，且容易判读，或许是黄易多以隶书题画之原因。

跋文所使用的小楷，书风则较少变化。对黄易而言，隶书为其最熟悉的书体，应无疑义。

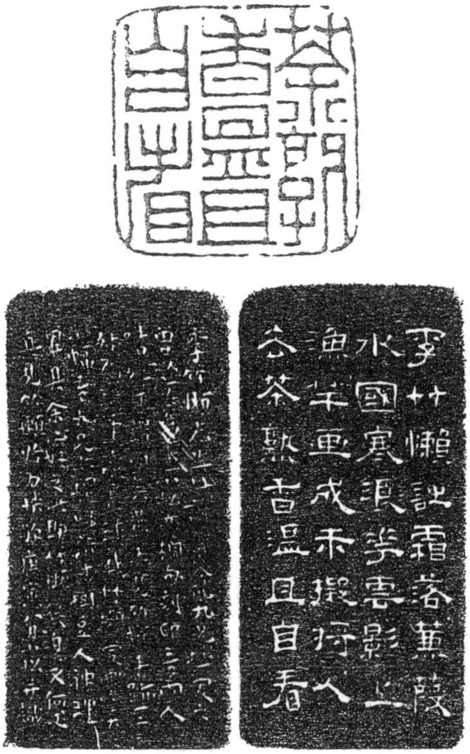

图6

（四）印章边款

印款中的黄易隶书，亦为寻访黄易隶书表现之重要线索。从"茶熟香温且自看"[15]之侧款(图6)判断，应属黄易27岁之作品，线条流丽。"师竹斋记"[16]一印，为同年之作，此印之表现则趋于厚重，此种表现风格，亦见于黄易的其他作品。

款落乙未（1775），即黄易32岁时所治之印，力作尤多。"陈氏晤言室珍藏书画"[17]（图7）、"画秋亭长"[18]等印之边款，文字甚多，达二至三面。以印刀表现的小字，虽然字形结构尚嫌宽松，但反而有温润之感。丁酉（1777），即34岁时为翁方纲所治之"苏米斋"[19]一印，隶书的边款处理，恰到好处（图8），而翌年所作的"姚立德字次功号小坡之图书"[20]（图9），较大的边款处理，直接

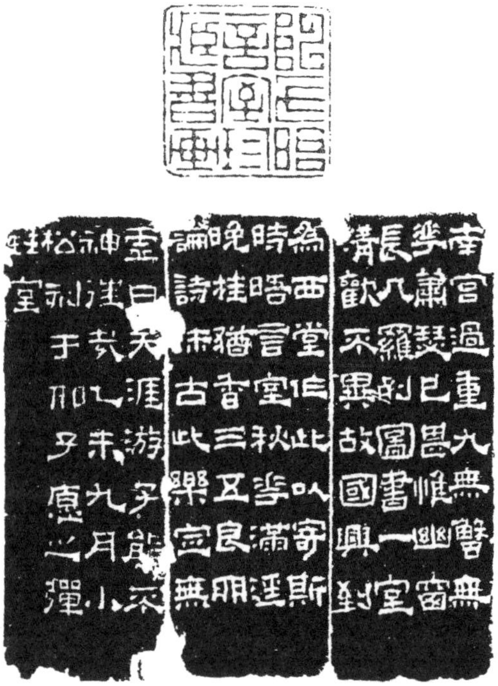

图7

呈现出整个边款画面，亦为佳作。相较于同年所治的“心迹双清”[21]大印（图 10），此款的隶书结构则较为舒展，造型优美；若以前者之气氛肃穆，则后者更具有文人之气。庚子（1780）37 岁的“青斋”，[22]则较接近后者之风格。

就以上所见，27 岁至 37 岁之间的黄易印作，以隶书为边款处理者，为数不少，而这些作品，与黄易的其他作品一样，皆具有相当的魅力。

三、清代隶书作品对黄易的影响

在《艺苑掇英》第四十六期中，有黄易《书画诗翰合册》的作品（32 岁），其中的一幅墨竹图（图 11）有“学冬心先生”的题识。其风格经过比对，可以发现，与金农的作品特征有很高的相似度。（图 12）在黄易的《临杨太尉碑》作品中，相较于原本，反而具备更多的金农书风。同样地，从黄易的另一件 35 岁作品《临尹宙碑》（图 13）也可以看到此种情况。黄易自题“以汪巢林体临”，的确，相较于《尹宙碑》原本（图 14），更有汪巢林也就是汪士慎的书法（图 15）竖长、略往右上倾及线条细长的特征。仿佛明人隶书，而不以书法见长的汪士慎，也给予黄易一定程度的影响。不管是黄易 32 岁的作品《书画诗翰合册》，还是 35 岁的《临尹宙碑》，作品都可以看出，黄易在早年吸取清代各家隶书风格的足迹。

当然，在存世的黄易作品中，也有忠于原本，如“赠守溪大兄”的《西狭颂》临书，然而，从《临圉令赵君碑》与《节临石门颂》等作品，似乎可以统整出，黄易对其自身的隶书风格，有一种执着的追求。此种追求为何，将在下一部分提出更进一步的探讨。

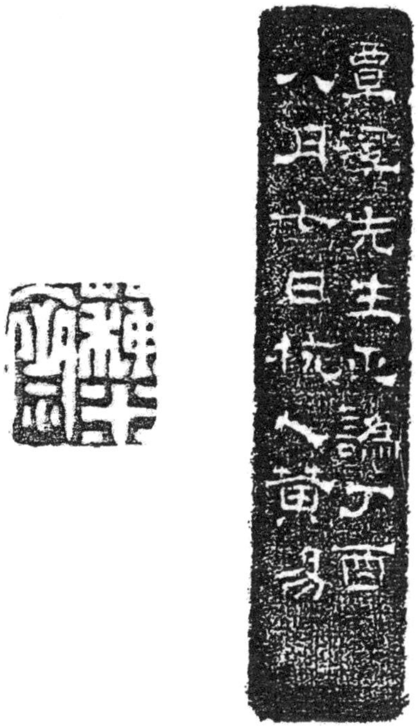

图 8

图 9

图 10

图 11

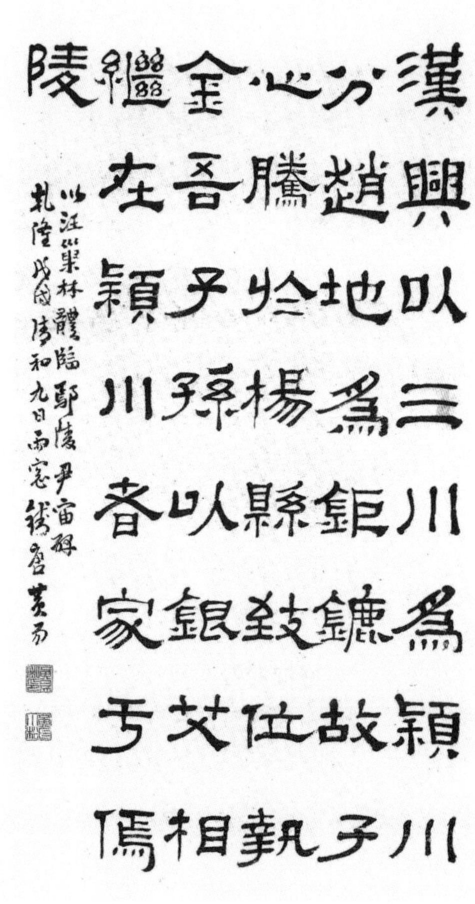

图 13

图 12

图 14

图 15

图 16

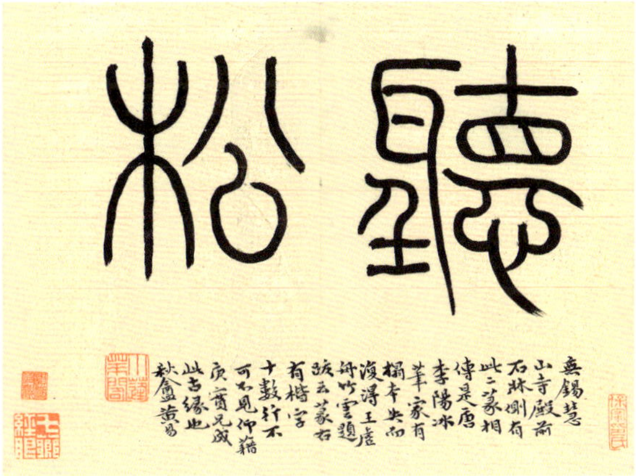

图 17

四、“书画册”“隶书册”二种作品的介绍

（一）秋盦书画册

1. “听松”二字

《书道全集》第十卷中，收录有原大的唐代李阳冰所书之听松拓本。（图 16）原拓为纵书，黄易此作，则为横书（图 17），一页一字。虽作品尺幅不大，且使用小笔书写，然纸幅配置得当，因而有小中见大之效果。

故宫博物院所藏黄易《访古纪游图》的第十一图，画面正中，为一棵盘根错节之银杏树，树下有一石，黄易并跋“惠山寺月台下，银杏奇古，根下石床，刻听松二篆字”，以绘画与文字，描绘出“听松”原刻的位置与场景。从文末“乾隆辛卯秋八月游此手拓一纸”可知，早于 1771 年，即黄易 28 岁时，已取得“听松”之拓本。而此《访古纪游图》，文章、书、画皆已具有相当高超的水准，足见，黄易在二三十岁，即已具备相当的创作能力。

至于“听松”二字，创作于乾隆癸丑（1793），即黄易获得惠山寺“听松”拓本的二十二年之后，这一年，黄易 50 岁。此“听松”二字，更具备黄易自身的独特创作风格。

图 18

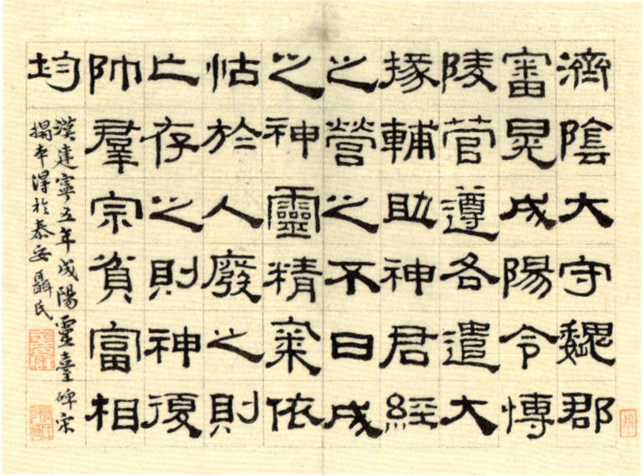

图 19

同样的“听松”二字，罗振玉亦曾背临，并留有作品。罗振玉的作品，亦有吸收、消化李阳冰书刻之特色。黄易与罗振玉“听松”作品之共通点，在于尽量降低个人的书写特征，重现篆隶之原本韵味。然而，在当代书法追求个人特色的环境下，应如何重新看待黄易、罗振玉的作品，则为日后必须深思的课题之一。

2. 临《成阳灵台碑》

《成阳灵台碑》(图 18)系黄易所藏“汉魏五碑”之一，原本为翻刻本。就目前学习隶书来说，绝非合适的范本，然黄易在当时却勤奋临书，加以整理，而有此优异的表现。

原本的横笔，似乎未经统一，而有各自的走向，然而，在黄易的临书(图 19)之下，如第一行的“魏郡”等字，已取得水平的统一，原本的偏与旁，尚留有空间，然而，在黄易的诠释下，表现出无缝隙的形态。第二行的“阳”与第三行的“陵”，亦具备同样的特征。能够如此理解、临书《成阳灵台碑》，足见黄易的实力所在。

3. 临宋克《七姬志》

原本每字的大小与特征皆不尽相同，但在黄易临书的诠释下，将原先竖长的结字，改为横宽，笔直的竖笔，亦有往右下倾斜的趋势。因此，黄易结字的重心，有置于左上之感。以第一行为例，“七”“良”“子”已不同于原本的竖长，一改为横宽之结字。第二行“丽”与第三行“制”之重心，也很显然置于左上部。竖笔，总非笔直向下，而如第三行“事”字一般，由左上起笔，略往右下收笔，在黄易其他的小楷作品中，亦能见到此种特征。从此作品可以得知，黄易于临书《七姬志》时，并非照本宣科、依样画葫芦，往往以自己的用笔、结字，意临古人的作品。

(二) 黄易、李铁桥隶书临书册

1. 临《黾池五瑞图题字》

《西狭颂》碑右，有细刻之五瑞图，五瑞图左侧之碑文，即本作之原本。(图 20)除此以外，黄易并在其后临书“木连理”字下方的一部分题记。(图 21)此部分之拓本，流传不广，即便在民国初期，亦仅见有正书局所刊的《隋上方寺塔檠遗刻、汉黾池五瑞图题名合册》而已。

相较于后述的《西狭颂》临书，其临书较为忠实，但仍有不同之处，如“龙”字。“五官”以后的临书，则更趋轻盈，意图营造出歪斜的文字

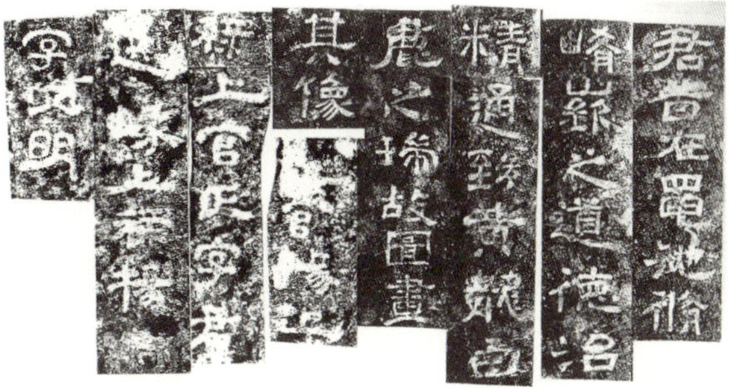

图20

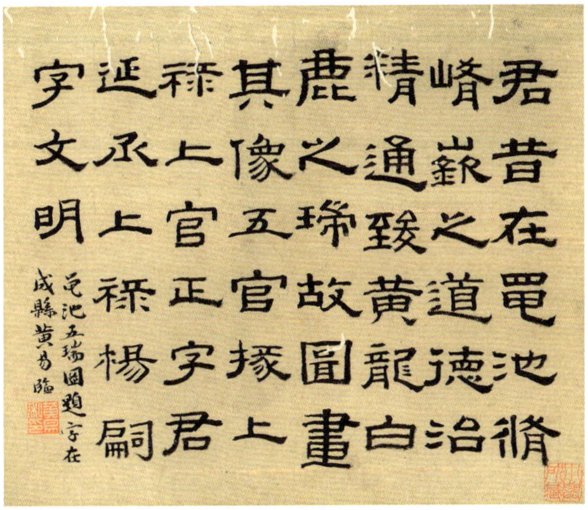

图21

气息。

2. 临《白石神君碑》

原本的结字较为竖长，在黄易的诠释下，其结字则较为横宽。文字偏与旁的关系，因为横宽的处理，视觉上较原本更为宽广。“连”“通”“石”等字，则与原本的字形，大相径庭。黄易于款识中评此碑“书体与魏碑相似”，原本的确具有三国魏碑字形的特色，然在黄易的诠释下，此作品更接近汉隶的风格。

3. 临《北海相景君铭》

黄易于款识中称：“方整有法、王元美称之曰古雅，非溢美也。”如《白石神君碑》《北海相景君铭》亦具有竖长的特征，然而，在黄易的诠释下，则一改竖长为横宽。以“清”“蒙”为例，原本的“蒙”，右撇具有篆书之风格，然在黄易的诠释下，波磔的表现，更传达出隶书的气息。至于“行”字，则忠实呈现出原本的特征，但又不失黄易的个人风格。

4. 临《曹全碑》

黄易的隶书风格，受《曹全碑》（图22）的影响较少，因此其书风较少《曹全碑》的元素。然而，从此临书作品（图23）中，也可以一窥黄易不拘一格，广泛吸取各种汉隶元素的举措。《曹全碑》的特色，在于左右撇与横画的线条，皆有拉长的趋势。因此，在黄易的诠释下，“鱼”字中的“田”，“史”字中的“口”部分，皆较原本为大；相对而言，在视觉上，左右撇之线条，则不如原本长。

5. 临《乙瑛碑》

原本笔画较少的文字，多呈现竖长的结字，如“立”“四”“巳”“主”等字，黄易将之结构，改为扁平之字形。在汉隶诸碑中，黄易的隶书风格，与《乙瑛碑》最为接近，因此，黄易的临书，原则上与《乙瑛碑》，差别不远。款记称“王虚舟以此为汉隶之最”，转述王澍对此碑的评价，在有清一代，或许《乙瑛碑》即“汉隶之最”，而为世人所接受。

6. 临《西狭颂》

《西狭颂》原本具有的丰满、古拙，乃至意外的各种线条表现，在黄易的诠释下，产生一定程度的转变。以“瑞”“以”“爱”等字为例，原先向势的曲笔，改为纵横的直线，却仍不失隶书之意趣。

黄易对于安定的汉隶之追求，亦可见于上海博物馆所藏的《临华山庙碑轴》，此作之创作缘起，乃乾隆五十五年（1790）“中秋前七

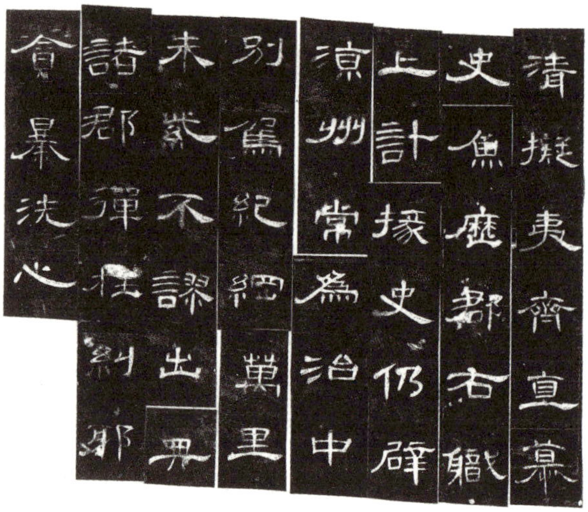

图22

图24

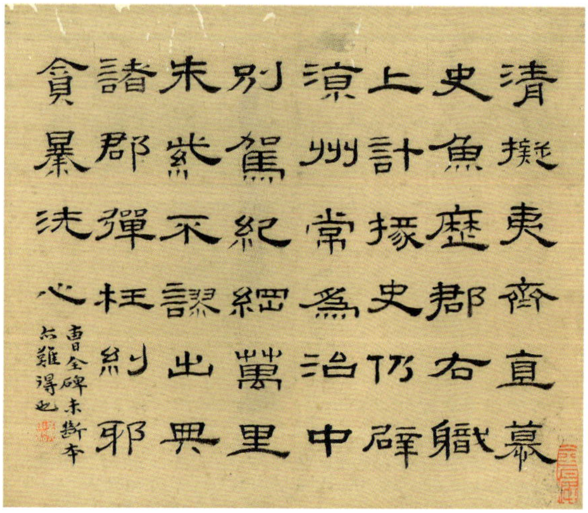

图23

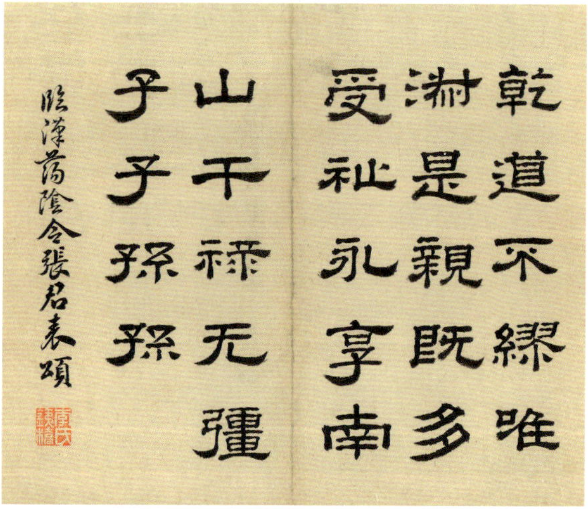

图25

日”，钱大昕携《西岳华山碑》四明本至济宁官署，黄易观后，“有惊心动魄之喜也”，因而临书之杰作。在《西岳华山碑》四明本中，“极”“遂”“云”“雨”“武”“致”“安”“敛”等字，有右撇或横画拉长之特征，然而，如何在有限的纸面空间中，安排大量的隶书文字，选择重心较低、线条安定的隶书，反而能使作品跳脱出来，因此，为了作品的安定性，黄易必须面临此种选择与取舍。

7. 李铁桥临《张迁碑》等

至于与黄易交情匪浅、一同四处访碑的济宁士人李铁桥，其临书如何？在此册页中，收有李铁桥所临的《张迁碑》（图24、图25）、《白石神君碑》《西岳华山庙碑》《史晨后碑》（图26、图27）四种。

在线条上，如《张迁碑》《白石神君碑》横画的线条，仿佛以点集合成一条线，而非直接横写。就个别字体而言，如《西岳华山庙碑》中的

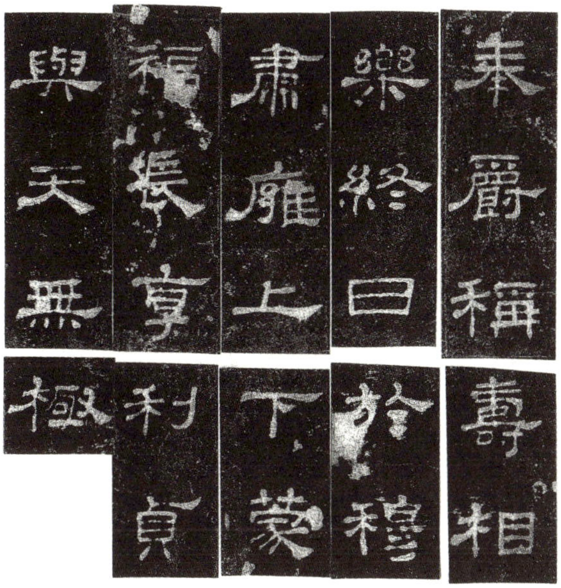

图 26

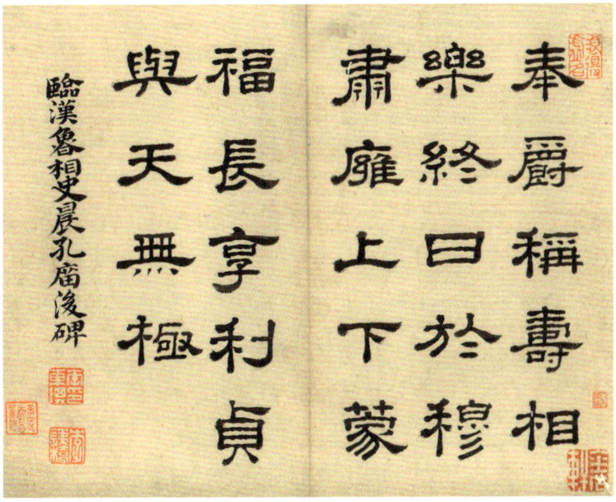

图 27

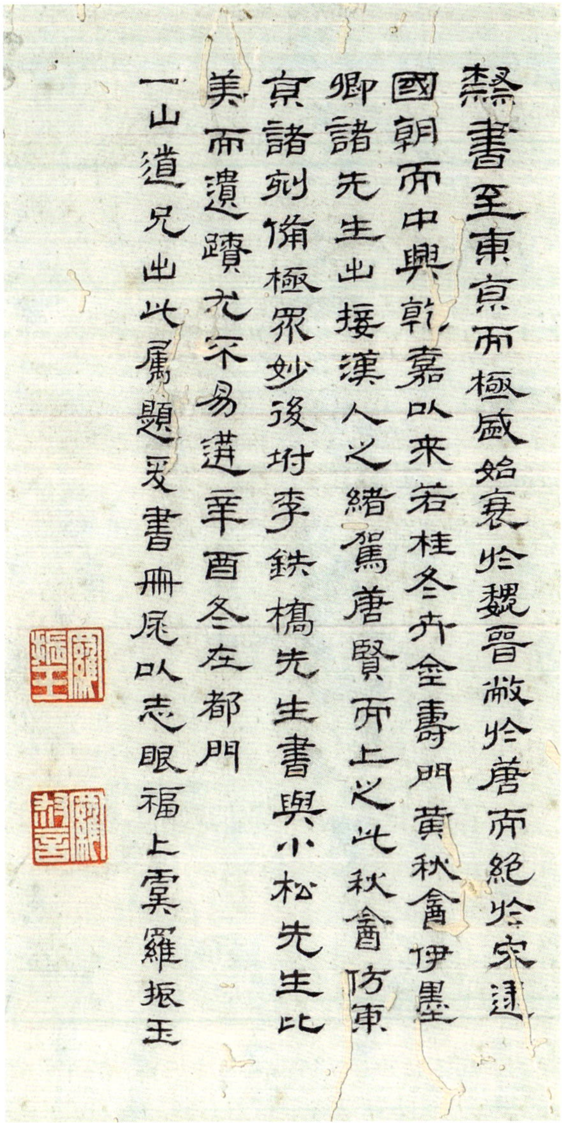

图 28

“通”“原”“斯”等字，原本应为充满锐劲与动感的文字，然在作者的处理下，略显平板；《史晨后碑》的“上”“长”“贞”“极”等字，原本的特征，在于笔画与撇捺的拉长，但在李铁桥的临书中，已不见拉长的结字，字形较原本安定。整体而论，可以感受到作者力求忠于原本的信念，其临书态度亦属正确，然在作者刻意追求安定的情况下，反而使整体的风格，流于俗套，落款行书亦未脱俗。

在册页后方空白处，有罗振玉跋文（图 28），系以隶书小字书成。文中提及，乾嘉以后的隶书，有桂馥、金农、黄易、伊秉绶四人，“接汉人之绪，驾唐贤而上”，并认为“秋盦仿东京诸刻，备极众妙。后附李铁桥先生书，与小松先生比美”，将黄易与李铁桥之书并列。透过以上的简短分析，不难发现，黄易与李铁桥的临书作品，仍有较大的差异。黄易于早年娴习汉隶，并早已确立自己的书风，因此，从其临书作品中，可以看出汲取汉碑于一身之特色。相对于此，李铁桥之临书，虽然忠于原本，但终究为纯粹的临书作品而已。或许，罗振玉受托跋文时，难免有应酬之语，其所云黄易书作“备极众妙”，笔者亦深表赞同，然将李铁桥之作品，与黄易同列高位，则有稍嫌不足之虞。

五、黄易隶书的魅力

正如开头所述，笔者于大学教授中国书法史，然而，在讲授清代篆隶书的部分时，竟然甚少触及、介绍黄易之作品。随着近年来的研究，清朝中晚期书学的系谱更臻明晰，黄易其人其作也得以重新定位、审视。本文以“书画册”“隶书册”为例，旨在鉴赏黄易的书作，以期掌握其作品的风格，在未来中国书法史或书法实作课程上，说明黄易作品的定位与特征。从以上的分析中，可以得知，在临书对象上，黄易实际参访各种石碑，经眼过各种拓本，因而选择多元，不拘一格。在此意义上，参照黄易的习书经验，以为吾人习隶的标杆，自属合理可能。

黄易的隶书作品，曾获得“大字似《校官碑》，小字则似《武氏祠画像题字》”之评价。此两作品，除字号的差异外，两者共通的特征，不外乎纸面填满文字，以致于在整体纸面上，已难强调隶书左撇、右捺或波磔等线条表现。实际上，《熹平石经》《白石神君碑》《北海相景君碑》等作品，皆具有如此特征。而黄易隶书的造型，亦可从黄易早年的篆刻边款中看出，在此时几已确定其基本风格。其后，30岁时也追求过同时代前辈的风格。但黄易虽接触各种隶书作品，这些作品，反而未改变黄易的基本风格，而是提高其隶书表现的精细程度。透过黄易的代表作《朱子家训》，不仅可掌握汉隶的基本特征，亦能一窥黄易汉隶的纯粹表现。在此种意义上，或许，黄易对习隶者而言，实有举足轻重的地位，称其为“隶书教育之父”，亦不为过。

注释：

1.〔日〕中田勇次郎编：《书道艺术》别卷第三，日本中央公论社，1977年，第181–182页。

2.〔日〕中田勇次郎编：《书道全集》第廿四卷，日本平凡社，1973年，第17页。

3.〔日〕中田勇次郎编：《书道全集》第廿四卷，日本平凡社，1973年，第146页。

4.〔日〕青山杉雨：《明清书道图说》，日本二玄社，1986年，第206–207页。

5.〔日〕西林昭一编：《视觉书艺术全集》第九卷，日本雄山阁，1991年，第85页。

6. 参见秦明主编：《蓬莱宿约：故宫藏黄易汉魏碑刻特集》，北京：紫禁城出版社，2010年，第155–156页。

7.《黄小松书朱子家训》，杭州：浙江古籍出版社，1988年。

8. 秦明主编：《蓬莱宿约：故宫藏黄易汉魏碑刻特集》，北京：紫禁城出版社，2010年，第144页。

9. 秦明主编：《蓬莱宿约：故宫藏黄易汉魏碑刻特集》，北京：紫禁城出版社，2010年，第143页。

10. 秦明主编：《黄易与金石学论集》，北京：故宫出版社，2012年，第249页。

11. 秦明主编：《蓬莱宿约：故宫藏黄易汉魏碑刻特集》，北京：紫禁城出版社，2010年，第78页。

12. 秦明主编：《蓬莱宿约：故宫藏黄易汉魏碑刻特集》，北京：紫禁城出版社，2010年，第166页。

13. 秦明主编：《蓬莱宿约：故宫藏黄易汉魏碑刻特集》，北京：紫禁城出版社，2010年，第182页。

14. 秦明主编：《蓬莱宿约：故宫藏黄易汉魏碑刻特集》，北京：紫禁城出版社，2010年，第190页。

15. 西泠印社编辑部编：《西泠四家印谱》，杭州：西泠印社，1979 年，第 58 页。

16. 浙江古籍出版社编：《中国历代篆刻集粹五：丁敬·黄易·蒋仁·奚冈》，杭州：浙江古籍出版社，2007 年，第 122 页。

17. 浙江古籍出版社编：《中国历代篆刻集粹五：丁敬·黄易·蒋仁·奚冈》，杭州：浙江古籍出版社，2007 年，第 131 页。

18. 西泠印社编辑部编：《西泠四家印谱》，杭州：西泠印社，1979 年，第 63 页。

19. 西泠印社编辑部编：《西泠四家印谱》，杭州：西泠印社，1979 年，第 69 页。

20. 西泠印社编辑部编：《西泠四家印谱》，杭州：西泠印社，1979 年，第 71 页。

21. 西泠印社编辑部编：《西泠四家印谱》，杭州：西泠印社，1979 年，第 75 页。

22. 西泠印社编辑部编：《西泠四家印谱》，杭州：西泠印社，1979 年，第 76 页。

黄易临《郭有道碑》三种

——参与李铁桥“戏作”的可能性

〔日〕堀川英嗣 / 王亚峰

山西大学外国语学院

内容提要：关于山东济宁博物馆藏《郭有道残碑》的真伪问题，自近代以来争论不休。而其争论在日本的开端为日本下部鸣鹤观摩吴大澂所藏《郭有道碑》拓本后编写的一首诗，后来中村不折等人撰写了与《郭有道碑》相关的一系列论证讨论其真伪。方若在此之前提出《郭有道碑》为“李铁桥戏作”一说。李铁桥为黄易的挚友，而目前在黄易作品中发现了三件临《郭有道碑》。通过将这三件黄易临《郭有道碑》、傅山临《郭有道碑》以及哈佛大学图书馆藏《郭有道碑》拓本作比较，从中窥见黄易隶书的突破之处，并揭示黄易在李铁桥“戏作”中起到重要作用的可能性。

关键词：黄易 《郭有道碑》 李铁桥 戏作

一、序文

黄易（1744—1802）为西泠八家之一，善书画、篆刻、诗词，特别是以金石学最为著名。

笔者从去年开始致力于收集日本、中国台湾所藏的黄易书画篆刻作品资料，其过程中收集到了三种黄易临《郭有道碑》。文中以此三件与傅山临《郭有道碑》（以下略为“傅山本”）、美国哈佛大学图书馆藏的山东济宁博物馆藏《郭有道碑》残碑拓片（以下略为“哈佛本”）做比较。从中窥见黄易隶书的突破之处，以及在方若所说的山东济宁博物馆藏《郭有道残碑》“李铁桥戏作”中，黄易起到重要参与作用的可能性。

本文中所使用的黄易临《郭有道碑》为如下三件（图 1）

①《临傅山书郭有道碑》年代不详　台湾何创时基金会藏

②《临郭有道碑》乾隆五十一年（1786）丙午七月　43 岁　日本个人藏

③《临郭有道碑》嘉庆六年（1801）三月廿七日　58 岁　台湾个人藏

另外，作为对比的对象使用以下两件：

①《郭有道碑》残碑拓本（原碑藏于山东济宁博物馆）　哈佛大学图书馆藏

②傅山临《郭有道碑》拓本（原碑藏于山西介休后土庙）　个人藏

在此所使用的三件黄易临《郭有道碑》，虽然

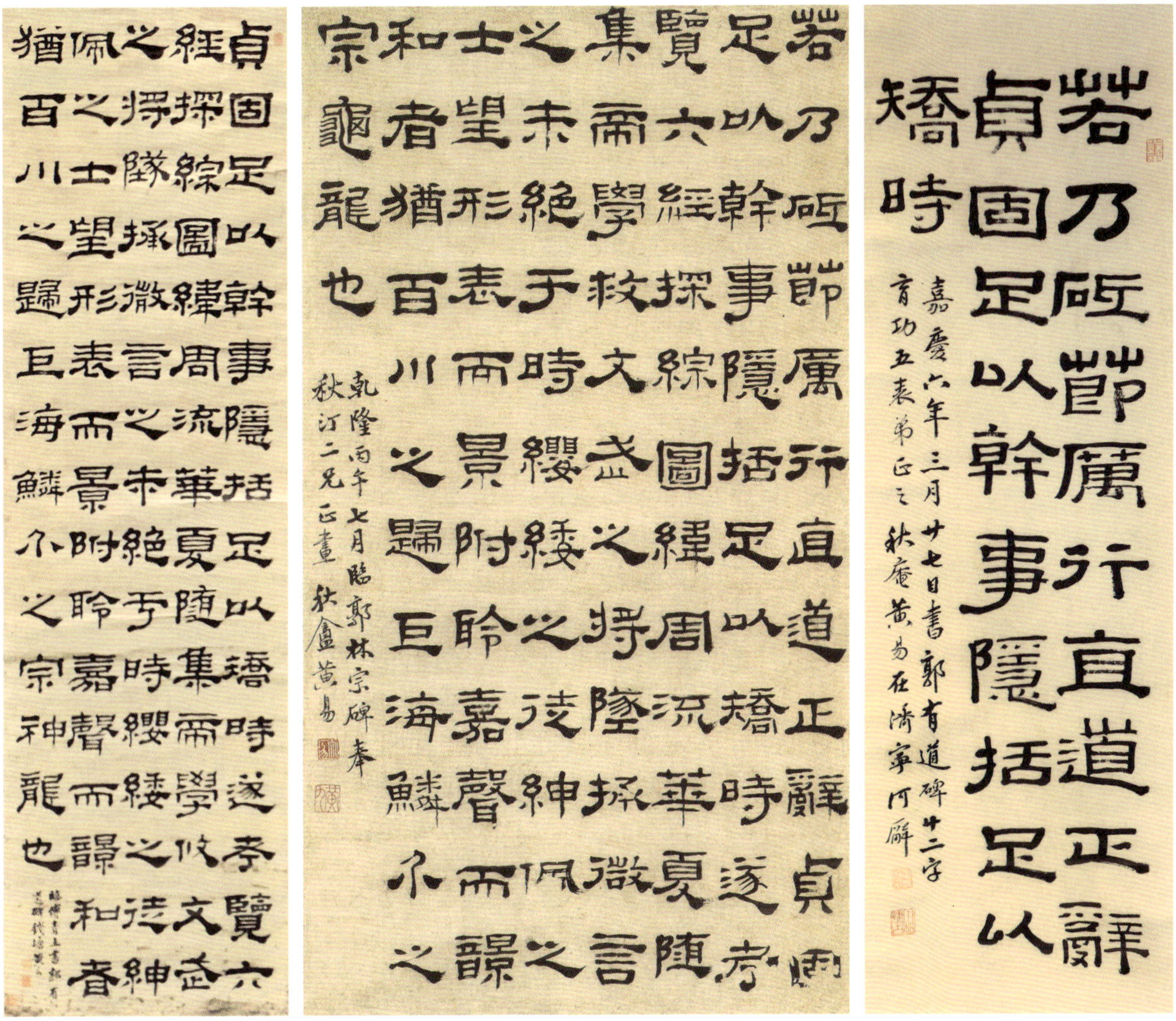

图 1. ①黄易临《傅山书郭有道碑》(左) ②黄易临《郭有道碑》(中) ③黄易临《郭有道碑》(右)

其内容前后有出入，但基本上算同一段落的节临。接下来进入本题之前，首先梳理一下对黄易隶书以及《郭有道碑》版本相关问题的先行研究。[1] 目前有关黄易的书法，特别是黄易的篆隶方面的研究是与其访碑、交友等的研究不可分开的，因此专论黄易隶书艺术的论文较少。笔者所见到的黄易隶书的相关论文如下：

探讨黄易隶书风格形成方面的文章有何碧琪先生的《金石因缘重缔结：浙江书家、黄易与清代隶书》，该文中谈到黄易“早于 20 岁左右已究心隶书源流，亦喜以隶书作篆印边款”，[2] 何先生把黄易放在整个清朝的书风变迁中做探讨，认为黄易隶书的形成受到擅于隶书的父亲黄树榖的影响，还有翁方纲的影响等，[3] 而且黄易在隶书上的贡献使“黄易却成功地把篆隶等古代文字带入时人的生活里，不知不觉改变了当时文人圈的物质及视觉文化”。[4] 除此之外，关于黄易隶书风格的形成，刘恒先生说：“黄易写隶书的爱好虽然是继承了其父黄树榖的家传，但其父去世时黄易只有 8 岁，因此他在隶书上真正的受益，应该是后来通过与钱大昕、翁方纲、桂馥、赵魏等人交往而养成的金石之癖。”[5] 刘恒先生谈到其书风特点时指出：“黄易隶书的最明显特点，也是彻底跳出了唐人隶书及其影响下明末清初诸家的怪诞和随意。”[6] 并且通过乾嘉时期的隶书和清初的书风对比总结其特点为“最突出的一点就是对汉碑的临习得到了真正的落实和深入。而促成这种转变的原因是由于学者的大量积极参加以及隶书创作的普遍化”。[7] 另外，有关清代隶书的文章还有一些，暂且不谈。[8]

探讨黄易隶书作品赏析方面的论文有于英先生的《浅谈黄易隶书艺术》，该文叙述了黄易的隶书作品“二十余件”，[9] 并对黄易临《石门颂》《西狭颂》《华山庙碑》《娄寿碑》《尹宙碑》等做出了赏析，并总结黄易为“促进碑学，更在隶书风格上创出了他的自身面目，是清代碑学中兴的先驱和实践者之一”。[10] 于先生在所见到的“二十余件”中拿出五件代表性的作品来探讨，但遗憾的是没有写出其他作品还有哪些。另外在胡冰、傅吉峰先生的《笔墨古修天趣盎然——黄易书法作品赏析》[11] 中，介绍了在济宁博物馆所藏的黄易《朱子家训》拓本等三件隶书作品。

在日本，《西泠八家的书画篆刻》[12] 收录了几件黄易作品，虽然在其他个别刊物上也收录有黄易的书画作品，但是黄易研究仍然是一个弱项。比如小林斗盦先生编的《篆刻全集》（四）和《中国书道全集》第八卷中，有关清代书法篆刻的解说分别是由孙慰祖先生和王冬龄先生来撰稿。另外，在《书道グラ フ》等杂志上做过专题，但笔者目前还没有发现日本人所撰有关黄易书法方面的研究性论文。比起中国的研究进度，可以说黄易研究还停留在赏析阶段。其中，我看到了两篇值得一提的研究黄易的论文，一篇是黑田彰先生的《武氏祠画像石的基础研究（三）：Michael Nylan “Addicted to Antiquity”读后（中世专题）》[原题：武氏祠畫象石の基础的研究（三）：Michael Nylan “Addicted to Antiquity”読後（中世特集）]，[13] 另一篇是高桥博巳先生的《围绕丁敬与黄易的人们》（原题：丁敬と黄易をめぐる人々）。[14] 前者探讨了武梁祠的真伪问题，对 Michael Nylan 做出了反驳，后者是通过丁敬、黄易赠送陆飞的印章，从东亚文化圈观念来探讨丁敬、黄易与韩国人洪大容等的交游。

接下来是《郭有道碑》版本问题的先行研究。在中国，有关《郭有道碑》的先行研究更多的是围绕文学方面的研究，涉及碑刻的并不多。《郭有道碑》为蔡邕的代表作之一，其原碑早已遗失，[15] 关于遗失时间傅山在《书补郭林宗碑阴》中谈道：“此碑在南都之前已不可得矣，而今乃有藏此碑者，吾从汾阳曹孝廉伟得一本，不知近代何人补书。”[16] 云云。由此看来在南宋之前已经看不到原碑。[17]

关于《郭有道碑》的版本问题，何宝善先生在《汉郭有道碑考》中做了详细考证，说：“《郭有道碑》包括待考的版本共有二十一种。”[18] 另外，在山东济宁博物馆藏有《郭有道碑》残碑，但方若认为：“前数十年山东济宁忽得一石…… 文中先生讳泰作讳太，与诸家所述不同……至谓系州人李铁桥东琪戏作，不知何所考。”[19] 云云。另外，明代袁养福所写楷书《郭有道碑》的拓片流传在民间。[20]

而在日本，早在明治时代，日本的书家们就探讨了有关《郭有道碑》的问题。下部鸣鹤《论书三十首》中有“久佚郭太碑，宋拓见古刻。令德与善书，百世无愧色。”一首。下部鸣鹤接着叙述了他在吴大澂的书斋看到的《郭有道碑》一事，说道：“余曾观北宋拓整幅于吴清卿之斋中。全文四百七十五字，半泐者四十九字。全阙者仅九字，篆额八字云。汉郭有道先生之碑，书法古劲遒俊，神彩射人，纸墨亦精良。一见知非近世之物。”[21]

下部鸣鹤在此用了“太”字，其特征与方若的描述一致。因此下部所看到的是现济宁博物馆藏的《郭有道碑》。虽然指的是同一个碑，但是吴大澂、下部都认为此为宋拓本，而方若却认为此乃清人李铁桥的仿作。另外，与下部鸣鹤同时代的中村不折也有若干篇关于《郭有道碑》的论考。有趣的是，中村对《郭有道碑》的真伪问题前后有矛盾。中村在《后汉蔡邕真碑考》中叙述：“被认为是蔡邕书法而流传下来的几种碑，都不足为信。唯有《郭有道碑》，其气象的雄大 厚重超过其他碑，最具权威性，乃是真正的蔡邕书法。”中村一开头就描述此碑气象不凡，认为它才是真正的蔡邕碑。接着他说：“新出土的郭有道原碑现保存于济宁府学……方若《校碑随笔》否定此为真碑……但我的论考是画像只是为了支持此碑……现在拿出此拓本试着与吴氏摹刻本对校……济宁本与吴氏摹刻本，其特征明确一致，为同一物……就是足够证明济宁府现存的新出土古碑与宋拓吴大澂藏本为同一原石。”[22] 在此，中村否定了方若学说，同意济宁博物馆 藏《郭有道碑》是蔡邕所书。另外，中村在《法帖书论集》第 9 集《郭有道碑》的解说中写道：“此碑近年出土后，现立在曲阜孔庙……此为汉以后的人们不可能达到的水平，作为汉碑也是杰出的作品。”[23]中村在这里也肯定了济宁博物馆藏碑为汉碑。但是他提出了一个疑点：“让人不了解的是，为了雕刻碑文故意用其他画像石背面的事情。”[24] 中村不折有关《郭有道碑》的叙述还有一篇，即《蔡邕传》。该篇中他说道：“过去我一直说，《西岳华山庙碑》《史晨奏铭》《郙阁颂》《夏承碑》《郭太碑》《鲁竣碑》等都是蔡邕书法，但从现在的研究可以知道都不是蔡邕书法。”[25] 在这里中村否定了济宁博物馆藏《郭有道碑》是蔡邕书法。而且中村只说了结果，对否定的理由只字未提，令人费解。

那么有关《郭有道碑》的版本问题，目前大致可以看到三种说法，即方若 的“李铁桥戏作”说，吴大澂、下部鸣鹤的“蔡邕书法”说以及中村不折的“非蔡邕书法”说。

笔者通过观摩木鸡室藏整拓本，认为济宁博物馆藏《郭有道碑》残破之处单调，感觉带有人为仿古的痕迹，所以同意方若说，认为该碑为清人翻刻。本文在支持方若学说的前提下进行叙述。

那么，黄易到底临的是哪一个版本的《郭有道碑》呢？通过思考此问题的同时，笔者意识到一个可能性，就是黄易是否参与了李东琪“戏作”的《郭有道碑》。探讨此问题，应该从黄易对《郭有道碑》的文献资料开始做研究，但遗憾的是笔者所查阅的黄易著作中，都没有提到相关的论述。因此只能通过字形比较来探讨。

二、黄易临《郭有道碑》三件的比较

如下是以上述的先行研究为基础，对三件黄易临《郭有道碑》进行对比并探讨其书风。

1. 黄易《临傅山书郭有道碑》年代不详

该作品落款有：“临傅青主书《郭有道碑》。”傅山临《郭有道碑》现藏于山西省介休市后土庙，虽没有年款，但是是在黄易临的三件《郭有道碑》中唯一写到出处的一件。关于傅山临《郭有道碑》的情况，郝继文先生、介子平先生引用《介休县志》

叙述："傅山在'康熙十二年'（1673）所写。"[26] 从现在来看，傅山临《郭有道碑》是傅山隶书的代表性作品之一，但在顾蔼吉的眼里，[27] 此碑为"近人傅山所为，体既杜撰，迹复丑恶"，[28] 因为傅山临《郭有道碑》没有落款，所以"无知者以为中郎书，争相传拓。可笑也"，[29] 因此在乾隆丁酉（1777），介休令新安吕公滋在碑阳最后一行写了如下说明："蔡议郎书久泐矣，此太原傅氏山青主所书。不知者误以为蔡作，今特识之。"

图 2. 傅山临《郭有道碑》（左）黄易临《郭有道碑》（右）

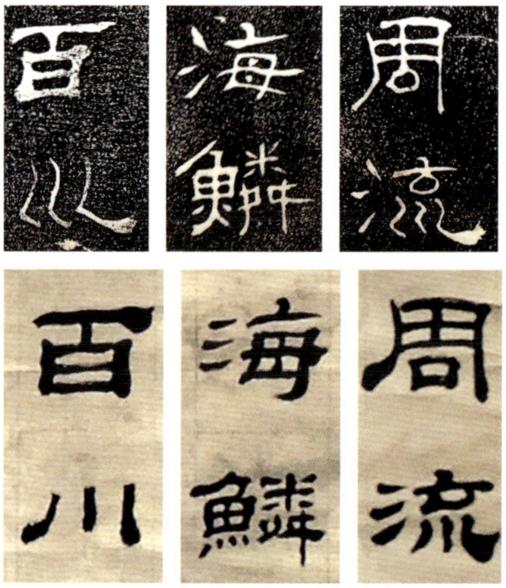

图 3. 傅山临《郭有道碑》（上）　黄易临《郭有道碑》（下）

接下来做具体比较。[30] 该作品释文为："贞固足以干事，隐括足以矫时。遂考览六经，探综图纬，周流华夏，随集帝学，收文武之将坠，拯微言之未绝。于时缨緌之徒，绅佩之士，望形表而景附，聆嘉声而响和者，犹百川之归巨海，鳞介之宗神龙也。临傅青主书《郭有道碑》。钱塘黄易。"从内容上来看，值得注意的是，黄易把"龟龙"改为"神龙"，目前在《文选》等文献上也没有找到改字为"神龙"的例子，不知何故（图 2）。另外，举出如下若干临摹时变化较大的字形（图 3）。

在这里举出三个例子，特别是"百川"的"川"字，"海鳞"二字，"周流"的"流"字等，字形上的变化较大，此件虽然落款上写的"临傅青主"，其实已经看不到以篆书形体融入隶书的那种傅山以及明末清初的书风，反而出来的是金石味特别浓厚的字形，这就是所谓黄易隶书的突破之处，也是金石考证学风时代潮流下的产物。黄易临《傅山郭有道碑》虽然个别字和原碑有些差距，但是黄易并没有像顾蔼吉所谈到的那样看待傅山。[31] 且从黄易《山水墨山水图》轴[32]（图 4）也可以看出黄易对傅山的赞扬。黄易在此画的落款处写道："尝见傅青主《秋山小图》，背摹两过，未能仿佛，盖先生耄年之作，老意更于画律精也。结构苍浑，悬揣既不得其似，又参以臆见，自然远逊古人。"

笔者试图找黄易所见到的傅山《秋山小图》，但因为对绘画没有研究，目前还没有找到相应的作品，所以暂不清楚黄易指的是哪一件。但若能找到该幅画，也许可以进一步推进黄易绘画的研究。在此只提供相关信息，待考。

接下来探讨另外两件黄易临《郭有道碑》，此两件内容多有重复，因此一并做比较。

2.《临郭林宗碑》轴　乾隆五十一年（1786）丙午七月　43 岁

八行，一行十二字，共一百一十字。该作品释文为："若乃砥节厉行，直道正辞，贞固足以干事，隐括足以矫时。遂考览六经，探综图纬，周

图 4. 黄易《山水墨山水图》

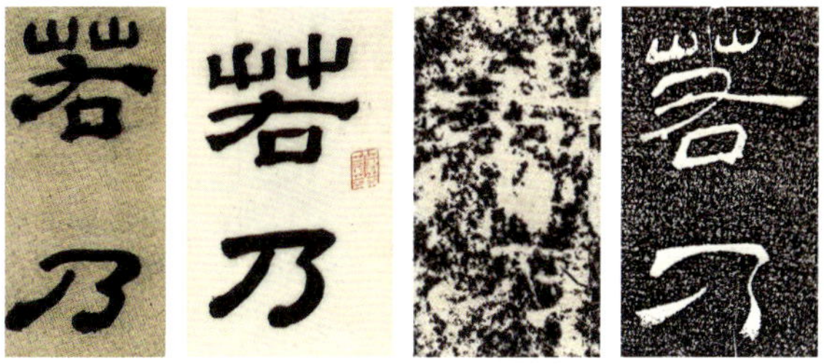

图 5. 黄易临《郭有道碑》（左 1、左 2）、哈佛本（左 3）、傅山本（右）“若”字的“右”字第二笔，黄易的两件更接近哈佛本

流华夏，随集帝学，救文武之将坠，拯微言之未绝。于时缨緌之徒，绅佩之士，望形表而景附，聆嘉声而响和者，犹百川之归巨海，鳞介之宗龟龙也。乾隆丙午七月，临《郭林宗碑》，奉秋汀二兄正画。秋盦黄易”。

当时黄易在山东济宁任“卫河通判”，[33] 该作品为其发现《武梁祠》的前一个月。落款处的“秋汀”应为王启焜。[34]

3. 临《郭有道碑》嘉庆六年 （1801）三月廿七日　58 岁

三行，一行十字，共五十五字。释文为：“若乃砥节厉行，直道正辞，贞固足以干事，隐括足以矫时。嘉庆六年三月廿七日，书《郭有道碑》廿二字，育功五表弟正之。秋庵黄易在济宁河廨。”

“育功五表”不知何人，待考。 黄易临《郭有道碑》的第二、三件都有年款，且所节临的内容也相似。在此经过和《傅山临郭有道碑》（傅山本）、山东济宁博物馆藏残碑的拓本（哈佛本）一并做对比后，看到了一种可能性，即黄易在某种程度上参与了李铁桥“戏作”《郭有道碑》的可能性。

下面做具体比较。（图 5 至图 12）

图 6. 黄易临《郭有道碑》（左 1、左 2）、哈佛本（左 3）、傅山本（右）“以”字，左 1 和哈佛本，左 2 和傅山本的字形一致

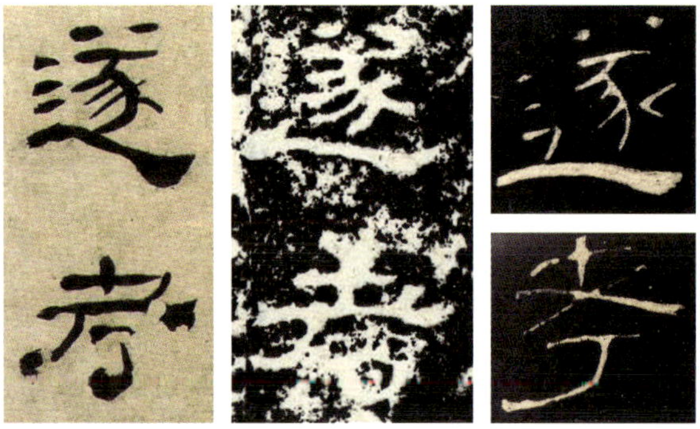

图 7. 黄易临《郭有道碑》（左）、哈佛本（中）、傅山本（右）“孝”字上部的写法，黄易临的和哈佛本一致

图 8. 黄易临《郭有道碑》（左）、哈佛本（中）、傅山本（右）“探综图”三字风格，黄易临的和哈佛本基本一致。“探”字的波磔，黄易临的和哈佛本基本一致。厚重的波磔为黄易隶书的特点之一

图 9. 黄易临《郭有道碑》（左）、哈佛本（中）、傅山本（右）“川”字，黄易临的和哈佛本基本一致

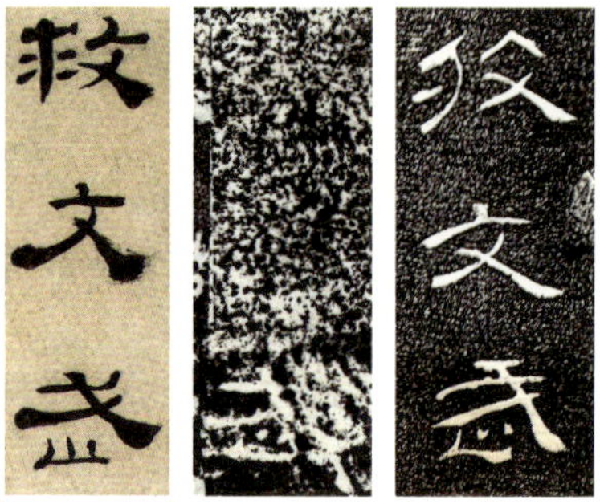

图 10. 黄易临《郭有道碑》（左）、哈佛本（中）、傅山本（右） 黄易把“收文武”改写为“救文武”，不知为何。哈佛本残破看不清楚。另外“武”字字形，黄易临的和哈佛本一致

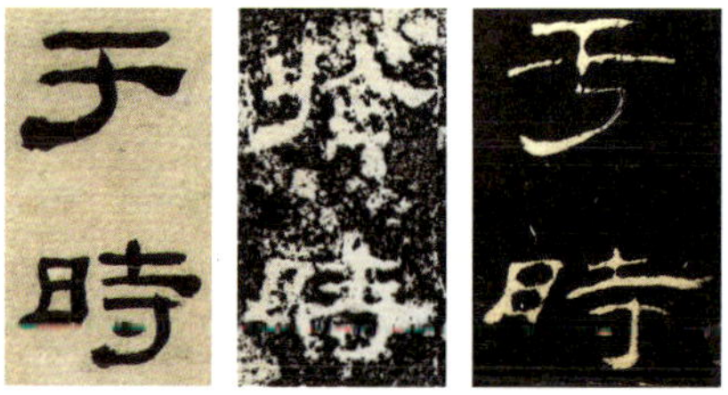

图 11. 黄易临《郭有道碑》（左）、哈佛本（中）、傅山本（右） “于”字，黄易临的和傅山本是一类。哈佛本用的是繁体写法。但，“时”字的字形，黄易临的和哈佛本更接近

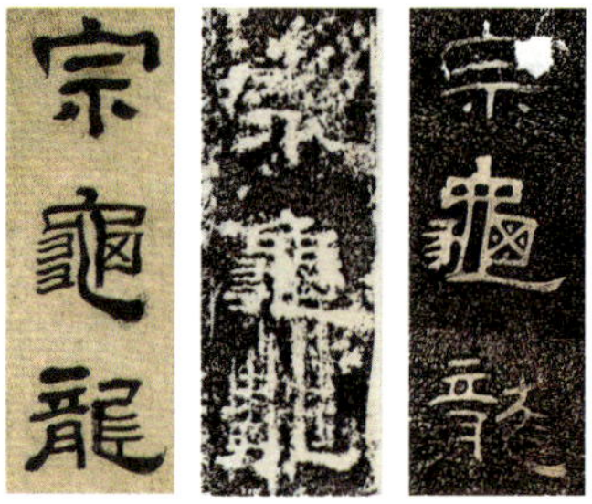

图 12. 黄易临《郭有道碑》（左）、哈佛本（中）、傅山本（右） “龟”字的第一笔，黄易临的和傅山本一致。但其他部位更接近于哈佛本。“龙”字字形黄易临的和哈佛本基本一致

三、结语

通过以上对比来看，黄易临《郭有道碑》，特别是作品②、③，其书风更接近于山东济宁博物馆藏碑（哈佛本），这是偶然一致呢？还是黄易对

济宁博物馆藏碑给予了一定的影响呢?

那么，在此需要再思考关于山东济宁博物馆藏碑的作者问题。上面所举出过的方若的一句话，在这里引用其完整的内容：“前数十年山东济宁忽得一石，字蒙斧凿痕，相传为《郭有道碑》原石，因土人充作阶石，见有字，而人足践其上大罪过，乃用斧凿残云云。碑固甚旧，剥处已如水云纹，字虽斧凿尚可辨，且有未残者数十字，末五行则磨细间多漫漶。其时议舁至济宁州学，行数作十六行，行三十二字。文中先生讳泰作讳太，与诸家所述不同。后福山王文敏谓有人曾亲视此石，则知后面为武氏残画像，果尔非原石益有据。至谓系州人李铁桥东琪戏作，不知何所考。细审拓本盖先刻而后剥蚀，非就剥蚀之石刻也，然则去今亦远矣。”王壮弘补曰：“原石久佚。传世皆重刻本，极拙劣。”[35]

这里面提到了几个事实。一是把郭有道的讳“泰”改为“太”字（图13）；二是从后面的武梁祠碑可知，这并非蔡邕原碑；第三，也是最重要的一点，是李东琪的“戏作”。

据《济宁州志》记载：“李东琪，字铁桥，山东济宁人。一作字铁樵，长洲（今江苏苏州）人。克承父学，隶书尊经阁屏风圣经一章。与友黄易志趣相契合。”[36]

黄易和李东琪的交往情况，早在钱泳《履园丛话》里面就提到，[37]另外还有更多文章谈到他们的交往情况。围绕《武梁祠碑》，李铁桥之名作为“助力之人”[38]出现，在《访碑图》的跋文中等也常出现，与黄易的关系相当密切。

那么，从黄易《郭有道碑》三种的对比，以及方若所说的李铁桥“戏作”，黄易和李铁桥的关系，还有黄易和《武梁祠碑》的密切关系来看，

图 13. 先生讳太

能否考虑这种可能性，即山东济宁博物馆藏《郭有道碑》残碑为李铁桥翻刻的话，那么黄易是否在某种程度上参与了此事，甚至黄易临《郭有道碑》是否在一定程度上对李铁桥的“戏作”给予了影响。如果这样的话，为黄易的《郭有道碑》和山东济宁博物馆藏残碑的一致性也带来一个理由。不过，现在下定论还为时尚早。在这里笔者只做了基本的文字对比，只提出一种可能性。

黄易临《郭有道碑》，除了临《傅山临郭有道碑》之外，是否参考了别的版本，还是从别的汉碑集字来写成，这个问题需要进一步的思考。但是，不管黄易是看别的版本还是集字写成，从黄易临《郭有道碑》也可见他对汉碑的见识之高。再现汉隶古朴之书风，这无疑是黄易隶书的突破之处。

注释：

1. 黄易的综合性先行研究情况，可以参考秦明《感知与感悟，黄易研究的回顾及展望》，《黄易与金石学论集》，北京：故宫出版社，2012年版，第398-421页。

2. 何碧琪：《金石因缘重缔结：浙江书家、黄易与清代隶书》，《黄易与金石学论集》，北京：故宫出版社，2012年版，第235页。

3. “黄易能写出具汉隶遗意的隶书，不能忽略“乾隆四家”之首翁方纲的影响”，何碧琪《金石因缘重缔结：浙江书家、黄易与清代隶书》，《黄易与金石学论集》，北京：故宫出版社，2012年版，第235页。

4. 何碧琪：《金石因缘重缔结：浙江书家、黄易与

清代隶书》，《黄易与金石学论集》，北京：故宫出版社，2012年版，第240页。

5. 刘恒：《中国书法史·清代卷》，江苏：教育出版社，1999年版，第169页。

6. 刘恒：《中国书法史·清代卷》，江苏：教育出版社，1999年版，第169页。

7. 刘恒：《中国书法史·清代卷》，江苏：教育出版社，1999年版，第171页。

8. 有关清代隶书的概论性论文还有：傅申《明清的书派》（原题：明清の書派），收录于《欧美收藏中国法书名迹集·明清篇》（1983，中央公论社）；王冬龄《清代隶书简论》，收录于《中国书道全集》第八卷（1988，平凡社）；苏会婷《清代初期隶书中兴研究》（2014，曲阜师范大学硕士论文）；徐娜《清代中期隶书艺术美研究》（2014，渤海大学硕士）；郑国贤《继承·创新——清代隶书创作及其美学意义》，收录于《书法艺术》第六期（1998）；李毅华《清代隶书发展中的某些现象对当代的启示》，收录于《太原城市职业技术学院学报》（2011）；李以超《清代书学中的汉碑研究》（2013，复旦大学博士论文）；刘金锋《清代隶书创新的两种倾向》，收录于《大众文艺》（2011）；徐娜《清代隶书的复苏与发展》，收录于《美术教育研究》（2013）等。

9. 于英：《浅谈黄易隶书艺术》，《黄易与金石学论集》，北京：故宫出版社，2012年版，第227页。

10. 于英：《浅谈黄易隶书艺术》，《黄易与金石学论集》，北京：故宫出版社，2012年版，第227页。

11. 胡冰、傅吉峰：《笔墨古修天趣盎然——黄易书法作品赏析》，《黄易与金石学论集》，北京：故宫出版社，2012年版，第246–250页。

12. 谦慎书道会《西泠八家的书画篆刻》（原题：西泠八家の書画篆刻），日本二玄社，1996年。

13. 黑田彰《武氏祠畫象石の基础的研究（三）：Michael Nylan "Addicted to Antiquity"読後（中世特集）》，《京都语文》，日本佛教大学国语国文学会，2009年。

14.〔日〕高桥博巳：《丁敬と黄易をめぐる人々哲学资源としての中国思想》，吉田公平教授退休记念论集，日本研文出版，2013年。

15. "原石久佚。传世皆重刻本，极拙劣。"清方若原著、王壮弘增补《增补校碑随笔》，上海：上海书店出版社，2008年版，第62页。

16.《傅山全书》第一卷，山西人民出版社，1991年版，第404–405页。

17.〔日〕下部鸣鹤：《论书三十首》，日本吉川半七出版，1901年版，第10–11页。

18. 即，汉代原石、唐代立石、元人真书、明代立石、前介休令复刻、王正已复刻、彭城摹本、仿彭城本、明末刻石、傅山补书、郑簠补书、昆山王氏复刻、嘉禾褚氏复刻、姜任修复刻、张复纯复宋刻、真额八字钩本、百砚斋砚背缩刻、钱泳缩刻、相传巴慰祖本、济宁出土本、吴大澂复刻本、待考本。何宝善《郭有道碑历代石刻表——汉郭有道碑考》，北京：文津出版社，1993年版，第1–22页。

19.（清）方若著，王壮弘增补：《增补校碑随笔》，上海：上海书店出版社，2008年版，第62页。

20.《江南通志》："袁养福，字能伯，吴县人。明初为福建宪使高启，有诗赠行，行洁才高，有诗名，精于书法。吴宽称其书《郭有道碑》得欧阳询笔意。"文渊阁《四库全书》，上海：上海人民出版社。

21.〔日〕下部鸣鹤：《论书三十首》，日本吉川半七出版，1901年版，第10–11页。

22.〔日〕中村不折：《后汉蔡邕真碑考》，《书苑》，日本法书会，1915年版，第9–13页。

23.〔日〕中村不折：《蔡邕的书碑》，《法帖书论集》第9集，日本雄山阁，1935年版，第34页。

24.〔日〕中村不折：《蔡邕的书碑》，《法帖书论集》第9集，日本雄山阁，1935年版，第34页。

25.〔日〕中村不折：《蔡邕传》，《书道》9号，日本泰东书道院出版部，1940年版，第15页。

26. "康熙版《介休县志》载有'康熙十二年傅山复补书'。"介子平《傅山书郭碑》，《书法》，上海：上海书画社，2017 年第 1 期，第 58 页。

27. 顾蔼吉《隶辨》郭林宗碑建宁四年条目说：《水经注》云：“介休县有征士郭林宗碑。林宗，县人也，以建宁四年卒。蔡伯喈谓卢子幹马日磾曰：‘吾为天下碑文多矣，皆有惭容，唯郭有道无愧于色矣。’”《天下碑录》云：“在汾州介休县墓侧。”又有郭有道碑，云在太原府平晋县，蔡邕文并书，在龙泉侧。按有道止一碑，此其误也。按：此碑久已不存，欧赵亦未见。《隶释》云：“凡欧赵录中所无者，世不复有之矣。今林宗墓侧有一碑，乃近人傅山所为，体既杜撰，迹复丑恶。无知者以为中郎书，争相传拓，可笑也。闻郑簠又书一碑与傅山并峙，岂以傅山为非，其人而欲自拟中郎耶？以五十步笑百步则何如？”文渊阁《四库全书》，上海：上海人民出版社。

28.（清）顾蔼吉：《隶辨》，文渊阁《四库全书》，上海：上海人民出版社。

29.（清）顾蔼吉：《隶辨》，文渊阁《四库全书》，上海：上海人民出版社。

30. 作为比较，傅山临《郭有道碑》选用家藏的两种清拓本。

31. 不过顾蔼吉只针对《郭有道碑》谈，并不是针对傅山本人，可能二人是同时代人，所以在他的眼里傅山很大程度上逊于蔡邕。

32. 日本个人藏。102 厘米 ×29 厘米（刊载于日本篆刻家协会编《西泠印人作品集》，日本篆刻家协会发行，2003 年）。

33. 杨国栋：《黄易活动年表简表》，《黄易与金石学论集》，北京：故宫出版社，2012 年版，第 383 页。

34. 王启焜，字东白，号秋汀，嘉善人。官至四川盐茶道。（秦明先生提供此信息）

35.（清）方若原著，王壮弘增补：《增补校碑随笔》，上海：上海书店出版社，2008 年版，第 61-62 页。

36. 徐宗幹修，许瀚纂：《道光济宁直隶州志》，清道光二十一年（1841）刻本，第 32 页。

37. “山东济宁州城下有南池，因《杜少陵集》有《与任城许主簿游南池》诗而得名也。故今东偏小室中，塑一工部像，而以许主簿配之。城上有太白酒楼，前工部尚书和公为巡漕御史时重建。嘉庆庚申四月，余由水路入京，泊南池，是时灵石何兰士亦为巡漕御史，钱塘黄小松为运河司马，同在南池会饮者三日。小松出示所藏金石图书，与州人李铁桥、山西刘镜古、吴江陆古愚同观，为一时佳会云。”钱泳《履园丛话》，北京：中华书局。

38. 参照叶玉《黄易访碑活动与交友（一）——乾嘉时期的访碑风气》，北京：荣宝斋出版社，2010 年版。

由黄易双钩古碑衍生的相关书学信息初探

赵梓汝

故宫博物院书画部助理馆员

内容提要：在金石学研究昌盛的清中期，金石学者研究碑刻，以双钩法勾勒碑文，是不同于直接从碑上椎拓的重要复制、传播方式。碑刻、拓本、双钩本、摹榻本，这些不同的传播媒介会影响其传播对象——汉字的表现形态。书法家、学者在双钩时，其对作品的理解和个人书风等信息都会渗透到双钩本中。本文由黄易双钩古碑为出发点，着重考察双钩本中不同于碑拓的新信息，阐发双钩本的独特书学价值。

关键词：黄易　双钩　书风《小蓬莱阁金石文字》《范式碑》《魏元丕碑》

引言

加拿大学者麦克卢汉提出："媒介即是讯息。"[1]他主张，媒介本身才是真正有意义的讯息。"任何媒介或技术的'讯息'，是由它引入的人间事物的尺度变化、速度变化和模式变化。"[2]即，真正有意义、有价值的"讯息"不是各个时代的媒体所传播的内容，而是这个时代所使用的传播工具的性质、它所开创的可能性以及带来的社会变革。

媒介本身带有讯息。青铜器铭文与石刻铭文有"金石气"，墨迹本有"书卷气"，双钩本也有其特有的气质，带有自身的"信息"。

一、黄易与双钩

1. 黄易生平

黄易（1744—1802）字大易，号小松，又号秋盦，钱塘（今杭州）人。官山东运河同知。工隶书，摹《校官碑额》。隶法中参以钟鼎，愈见古雅。兼善篆刻，上追秦汉，法吉金杂器物款识等，印风古劲秀逸，与丁敬并称"丁黄"，为"西泠八家"之一。辑有《黄氏秦汉印谱》，另有《秋景庵主印谱》《种德堂印集》等印谱传世。

黄易博通金石，于吉金乐石，寝食依之。广搜碑刻，绘有《访碑图》。黄易所处时代，据《清史稿·列传》载："自乾嘉以来汉学盛行，群经古训无可搜辑，则旁及金石，嗜之成癖，亦一时风尚然也。"金石学发于宋，盛于清，清代乾嘉之际，金石学研究达到高峰。

黄易一生致力于寻碑、访碑、赏碑、拓碑、

写访碑日记、考碑。访碑范围从中原到边陲，所得拓片寄赠友人、绘访碑图，请当代贤达题跋。黄易金石研究精深，正如钱大昕云：“海内研精金石文字与予先后定交者，盖廿余家，而嗜之笃而鉴之精，则首推钱塘黄君秋盦。”[3]

2. 黄易嗜双钩

双钩是一种复制法书的技法，即将纸覆于法书之上，沿其笔画的两侧外沿以细线钩出。双钩法至迟在唐代就已出现，由于古代没有影印技术，唐代的复制方法是响搨，即用双钩填墨的方式制作摹本，《万岁通天帖》等便是极为精彩的传世唐人摹本。

黄易求碑若渴，“每遇古拓秘本，解衣付质库易之，自谓千驷万乘，无以尚也。”[4]而拓本数量有限，双钩本作为拓本的再现，成为金石学者日常交流的辅助品，双钩本无疑是黄易赏碑的媒介。

黄易平日常双钩古碑，曾双钩《裴岑纪功碑》，据故宫藏《张廷济录黄易致赵魏夏间札》（新00180825-26/30）载：“裴岑真拓，家兄已为觅得壹本，碑虽泐甚，而波磔宛然，与平日所钩纪晓岚本悉合。”（图 1）

黄易“又出家藏精拓双钩锓木，凡四方好古之士得奇文古刻，皆就易是正，以是所蓄甲于一时。”[5]黄易常双钩古碑赠友人，如故宫藏黄易藏《范式碑》（新 00046690）后黄易跋曰：“宋拓本校新出断碑多一百八十余字，实海内希有之迹。亟双钩付梓以公同好。”又如故宫藏《张燕昌致黄易去冬札》（新 00039793 ）记张氏收到黄易双钩本后回信曰：“承赐古刻，并双钩古碑、白金一函，一一领到，谢谢。”（图 2）

黄易亦求他人双钩本，如曾求赵魏双钩本，据故宫藏《张廷济录黄易手札》（新 00069087-12/12）云：“尊藏石经残字，华山庙碑，希双钩以惠。”（图 3）

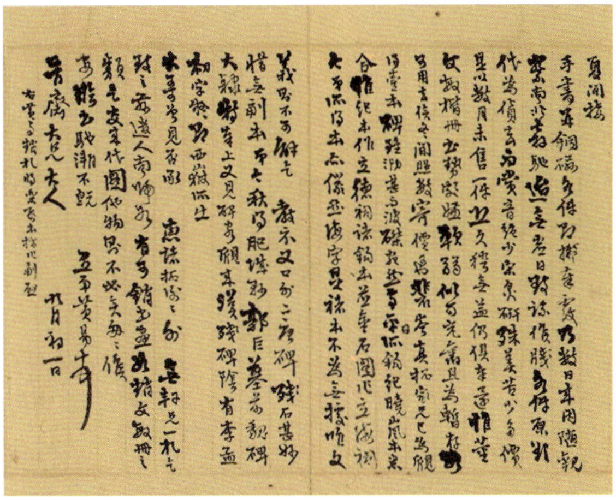

图 1.《张廷济录黄易致赵魏夏间札》 故宫博物院藏

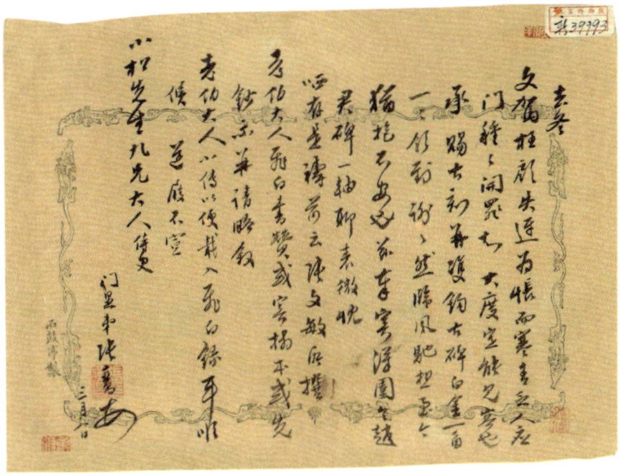

图 2.《张燕昌致黄易去冬札》 故宫博物院藏

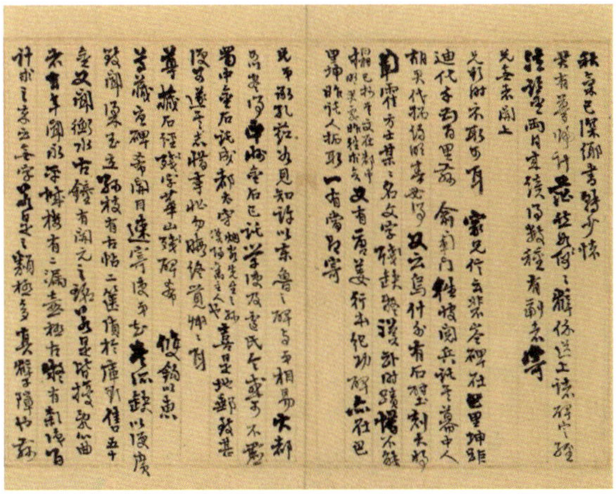

图 3.《张廷济录黄易手札》 故宫博物院藏

二、双钩的目的

图 4. 华氏真赏斋本《夏承碑》黄易题签

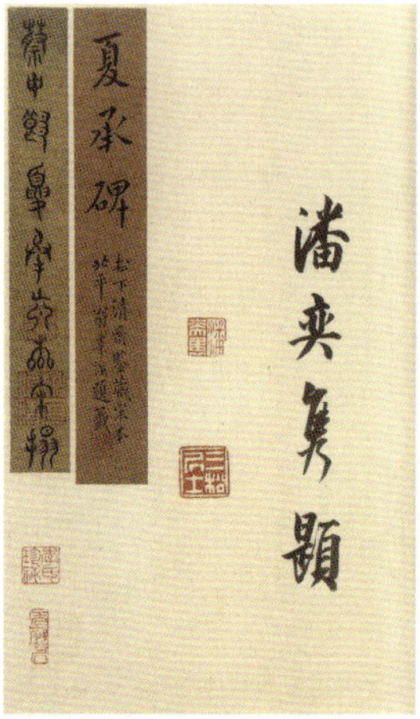

图 5. 华氏真赏斋本《夏承碑》翁方纲、张埙题签

1. 广为其传，交游互通

黄易刊行《小蓬莱阁金石文字》的目的，在其书中已明言："双钩付刻，以广其传。"黄易所处时代，活字印刷术兴盛，可印刷费时费力的局限，使双钩本成为对稀有拓本进行传播的最佳方式，推进了清代金石学研究的广度和深度。

清代金石学者把金石碑帖纳入日常，常访碑寻古、传赠购藏拓本与双钩本，若得佳拓，则送至友朋处，请观碑附题，交游互通。黄易积碑众多，常与其金石挚友翁方纲、钱坫、李东琪、桂馥等互赠拓本，互题题跋，互写手札，互通有无。如华氏真赏斋本《夏承碑》封面黄易题签"汉淳于长夏承碑宋拓本钱唐黄易题签"（图 4），前附页潘奕隽题引首"宋拓夏承碑"，引首后附翁方纲、张埙题签各一（图 5），内页有"桂馥观"（朱白文印），一册拓本内的诸多书印，正记载了乾嘉年间金石学者对碑刻拓本研究、临摹、收藏、互勘的文化交游活动。

2. 互相勘正，补阙正误

金石学治学方法受乾嘉学派影响，重考据，征引前人著录和题跋文字。黄易与其金石圈友人多以双钩本为据，就碑中文字、年代等进行整理、校勘、注疏、辑佚等。如翁方纲曾购王澍双钩本《夏承碑》，陆恭将家藏华氏真赏斋宋拓本《夏承碑》带给翁方纲临写和题跋，翁方纲观后跋曰："谨庭兄藏真赏斋宋拓夏承碑，所缺三十字，予于辛丑春据王虚舟先生所摹胡玉笥双钩本为摹补之。"[6] 可见，翁方纲补阙《夏承碑》碑文字时以王澍双钩本为据，互相勘正。且翁方纲曾跋《范式碑》曰："至其冬十二月，是碑寄至予，既为响搨一本，又为补未谷所未辨之字十有一。"[7] 既道出金石学者双钩拓本的日常，又可知其对碑文字互相勘正、补阙正误。

3. 考证经史，研究为主

清代的学术风气以实事求是的训诂考据为主流，翁方纲、黄易、毕沅、赵魏等金石学者善考据，他们钩摹的目的，更多倾向于考证。《小蓬莱阁金石文字》作为黄易双钩的典范，每碑双钩后均附其金石友人对前载碑刻考证的累累跋语。如《小蓬莱阁金石文字・册四・范式碑》[8] 后载翁方纲题跋多处，并考黄小松藏《范式碑》拓本年代，跋曰："是碑裱册之首有都省书画之印，案是印为元内府鉴藏所用，则是本为宋拓无疑矣。"

4. 记录所得，辅以临摹

金石学者通过双钩本，及时记录自己从各种名碑善本中捕捉到的信息。由于原拓的珍贵与稀缺，双钩本作为书家自藏本，从中提取对自身有用的信息，把体悟呈现在双钩本中。如《小蓬莱阁金石文字》中黄易双钩《魏元丕碑》较之其家藏原拓，笔画多有补阙，其因黄易作为双钩者是矛盾的。黄易珍视其家藏《魏元丕碑》拓本原貌，于其后跋曰："每行剪裱多误，或一字而割裂两半，或联接压盖仅露笔画。思欲更正，恐揭损失真，未敢重装。"[9]然在其双钩本中，却多处将原拓的缺损笔画补全，这得意于黄易依金石学、考据学基础佐证文字。补全记于双钩本中，更使双钩本比之原拓又增记录双钩者所思、所考、所得的价值。

因拓本稀少甚至失传，双钩本无疑成为书者临习的依据。书者在临摹过程中通过参照双钩本的钩录，可辅书者掌握原碑点画、结体的完整性，并扩展书者据以创作的空间。

三、由双钩线质，考黄易《小蓬莱阁金石文字》诸版本

1.《小蓬莱阁金石文字》存世概况

在影印技术出现之前，双钩还是金石碑拓刊印出版最主要的形式载体，黄易的《小蓬莱阁金石文字》即是如此。

黄易记录访碑所得，著有《小蓬莱阁金石文字》《小蓬莱阁金石目》《岱岩访古日记》等。《小蓬莱阁金石文字》是黄易存世不多的金石学著作之一。据其金石挚友翁方纲于《黄秋盦传》中载："君精于金石六书之学，自欧阳、赵、洪所未见者，皆著于录。尝手自钩摹汉魏诸碑，附以题跋，开雕成帙，曰《小蓬莱阁金石文字》。"可见，此书双钩摹刻碑文字形在前，附录释文并题跋于后。

学界所引用的《小蓬莱阁金石文字》，以嘉庆五年本居多。此版本共五册，将《石经残碑》《魏君碑》《朱君碑》《灵台碑》《谯君碑》《王稚子二阙》《范式碑》与残石附《赵君碑》《三公山碑》《武梁祠像唐拓本》《武梁祠像》双钩碑文字形在前，并把翁方纲、张埙、毕沅、桂馥等金石友和双钩者对所观拓本的不同见解附于每碑之后，相互勘正。其中，汉《魏元丕碑》《朱君碑》《成阳灵台碑》《谯敏碑》、魏《范式碑》原为"相国泰安赵公所藏"，流散多年后，黄易使之延津剑合，共为一函，题曰《汉魏五碑》。

故宫图书馆另藏有《小蓬莱阁金石文字》四卷本。其收录碑刻比嘉庆五年本缺《赵君碑》《三公山碑》《武梁祠像唐拓本》《武梁祠像》。对此版本的年代断定，故宫博物院杨虎先生认为："故宫图书馆藏四卷本《小蓬莱阁金石文字》应早于嘉道诸本中最早的嘉庆五年九月刊刻本。"[10]

另《小蓬莱阁金石文字》有嘉庆五年钩刻本，道光十四年石墨轩翻刻本及宜都杨氏翻刻本。"从著录可知，道光石墨轩翻刻本，光绪宜都杨氏本均翻刻自嘉庆五年本。"[11]且道光石墨轩本与光绪本所收碑刻皆与嘉庆五年本同。

2. 由《范式碑》《魏元丕碑》双钩线质，考《小蓬莱阁金石文字》诸版本的异同

故宫博物院藏黄小松旧藏《范式碑》和《魏元丕碑》的宋拓本。《范式碑》"黄易藏未入土前宋拓本，前十行下约多五十字，后半计约多百五十余字，共计约多二百余字"。[12]《魏元丕碑》"所见原石拓本，只黄易旧藏本"，[13]"世称黄氏藏本，为孤本"。[14]黄易又"出其家藏宋拓石经残字及成阳灵台、魏元丕、朱龟、谯敏、王稚子、范式诸刻双钩而镌诸木，署其名曰小蓬莱阁金石文字"。[15]可见，《小蓬莱阁金石文字》是黄易以其家藏拓本为底本的双钩本。

笔者细审故宫藏黄易藏宋拓《范式碑》《魏元丕碑》与《小蓬莱阁金石文字》故宫图书馆藏四卷本、嘉庆五年本和道光石墨轩本四者在碑文线

质、结体上的异同。在线质处理上，故宫图书馆藏四卷本《小蓬莱阁金石文字》双钩线条处理的更精致，更贴切原拓本，多处能够保留线条边缘介于点画与石花间的笔触形态。且故宫图书馆藏四卷本《小蓬莱阁金石文字》双钩碑文线质饱满圆润、笔势连贯流畅；而嘉庆五年本则线条断续、笔势不畅。而在结体的处理上，《小蓬莱阁金石文字》故宫图书馆藏四卷本、嘉庆五年本、道光石墨轩本三者双钩碑文字形结体一致，即点画间的组合方式与字势等均相同。

由此可知，《小蓬莱阁金石文字》故宫图书馆藏四卷本、嘉庆五年本和道光石墨轩本，双钩文字仅在线条与石花临界处的笔触线质有轻微的不同，而在结体上是一致的。而故宫图书馆藏四卷本《小蓬莱阁金石文字》双钩线质更圆融流畅，与原拓的笔触形态更接近，这也恰可印证故宫藏四卷本早于嘉庆五年本的断定。

四、黄易“双钩本”与故宫博物院藏黄易藏原碑拓本的比较

《小蓬莱阁金石文字》所著录碑刻，原拓文字漫漶，尤其是《魏元丕碑》可辨极少。“拓本在宋残缺，今此拓本漫漶更甚，此黄氏藏本，世称黄氏汉碑五种之一。”[16] 黄易作为一名金石考据家，研读《集古录》《金石录》《隶释》《金石文字记》等诸多金石学著作，亦考证经史，参史志文献来佐证补全缺损文字。同时，黄易又是一名书家，善隶书，其双钩本中大量缺损点画的补全与原拓本书风的一致性，正表明黄易在双钩过程中，作为书家，对不同碑文书风规律性的理解、捕捉。黄易在保证点画、结体、章法与原拓本统一性的基础上，通过双钩本钩写呈现，其书写过程无疑会受到个人书风的影响。

故宫博物院藏黄小松藏《范式碑》和《魏元丕碑》的宋拓本，笔者通过比对，《小蓬莱阁金石文字》作为黄易双钩的典范，故宫图书馆藏四卷本[17]、嘉庆五年本、道光石墨轩本三者双钩线质有别，而在结体取势上与故宫藏黄易藏宋拓本均存一致性不同。下文以《范式碑》《魏元丕碑》为例，列举例字，[18] 着重解读黄易双钩本与其家藏原拓本的区别，从而阐述黄易双钩本体现的书学信息。

1. 故宫博物院藏黄易藏《范式碑》宋拓与《小蓬莱阁金石文字》双钩本例字对比

《范式碑》刻于三国魏青龙三年（235 年），隶书，碑文记颂范式生平事迹及功德，原碑现存济宁博物馆汉碑室。

故宫博物院藏黄小松旧藏宋拓本，全称《宋拓庐江太守范式碑册》。此本为剪装本，拓墨精善。较之清乾隆重出土后拓本，约多二百余字。

黄易善与其金石友人如翁方纲等共同探讨金石文字。其藏《范式碑》宋拓孤本曾得翁方纲、卢文弨等金石学者题跋、观款，皆论有眼福得观此旧拓本，并道出此旧拓本的流传经历，“此本泰安赵阁老家旧藏，后归历城郭氏，今归钱塘黄易秋盦，为海内希有之迹矣”。[19]

通过比对故宫博物院藏黄易藏《范式碑》宋拓本与《小蓬莱阁金石文字》双钩本，笔者发现，黄易的个人书风影响到拓本与双钩本的不同，以下具体阐述。

（1）点画补缺，注重书风规律性的把握

点画形态，因起笔的方圆、藏露，收笔的按提，行笔轨迹的曲直、长短等均影响书风的不同。黄易在双钩时，依据自身的书写基础，把握《范

式碑》点画形态的规律性，注重点画起、行、收形态的统一，将部分原拓缺损的点画在双钩本中进行补缺，保证了双钩本与原拓书风的一致性。如“有”补缺撇画，使笔画衔接；“则”补缺竖钩，出钩处符合《范式碑》钩画书写常态，保证与原拓中如“乃”“刺”等字出钩写法的一致；“锡”“殊”“润”“阐”“龙”等字，黄易作为一名书家，依其自身书学基础，将《范式碑》书风规律性运用于其书写中，在保证双钩本与原拓一致的前提下，将点画与石花区分，呈现部分点画形态。（见表一）

（2）双钩本纠正与保留原拓本剪裱之误的矛盾

黄易藏《范式碑》为宋拓剪裱本，剪裱多误。然黄易在双钩时，遇到剪裱之误，出于双钩与原拓的高度还原性，故忠于原拓，保留剪裱之误。如“遂”“昊”字末笔波画均因剪裱缺失，黄易双钩本亦保留此态。（见表二）

而黄易作为一名书家，个人书学基础亦驱动其双钩本的钩写。书者出于结字完整性的考虑，黄易双钩本亦纠正部分原拓剪裱之误。如“接”字左侧，“融”字右侧，“茂”字右侧等均补缺剪裱之误。因而，黄易作为一名金石考据家同时又作为一名书家，进行双钩时是矛盾的。金石考据家要保证双钩本与原拓的一致性，实事求是，却又受其作为书家书写的潜在影响。（见表二）

（3）受个人书风影响，双钩本与原拓本结体有同有异

《范式碑》碑文厚重古朴，结体不乏欹侧之势。而黄易在双钩过程中忠于原拓，却常有个别字受自己书风平正的影响，从而使得双钩字与原拓本结体取势有同有异。如原碑中“芳”“思”“告”三字结体欹侧，上下错落，而黄易双钩本却处理平正。（见表三）

而原拓本《范式碑》中不乏结体取势欹侧的情况，如“奥”“薮”“飨”“绍”等。（见表四）可见《范式碑》结体欹侧并非个例，而这四字黄易在双钩时取法此奇势，可见，黄易个人平正书风对双钩的影响也是有限度的。

2. 黄易藏《魏元丕碑》拓本与黄易双钩本、临写本的异同

《魏元丕碑》，隶书，原石久佚，立于汉光和四年。故宫藏本是黄易藏本。此本是黄易得赵氏所藏剪裱本。如载：“此石传世仅乾隆四十八年钱塘黄易得泰安赵氏所藏剪裱本。”[20] 此本“拓墨甚旧，文字漫漶但尚可辨认。篆额一页题‘汉故凉州刺史魏君之碑’十字，碑文八页，存四百六十九字。翁方纲评为汉隶上品，以为世无二本。黄氏曾手自钩摹辑入《小蓬莱阁金石文字》”。[21]

然而，黄易双钩本《魏元丕碑》对比原拓本书风偏于平正。《魏元丕碑》原拓碑文字漫漶严重，黄易双钩过程中，为了考据文字，在双钩本中增加校勘、辨识的文字，补缺的过程更易融入黄易作为一名书家的个人书风。如“君”原拓撇画收笔处低于右侧“口”部，而双钩本则下端平齐；“其”原拓的横向笔画向下倾，而双钩本处理平直，受书者书风平正的影响；“书”原拓上下错落，“日”部靠右，而双钩本分布平正。（见表五）

故宫藏黄易藏《魏元丕碑》宋拓本、《小蓬莱阁金石文字·魏元丕碑》双钩本外，另藏一件《黄易隶书节临凉州刺史魏元丕碑轴》（新 00074357）（图 6）。拓本、双钩本、临本，这三种传播媒介，均影响到书者书其字的表现形态。临本，较之双钩本，忠于原拓要弱，更多的体现个人书风。而

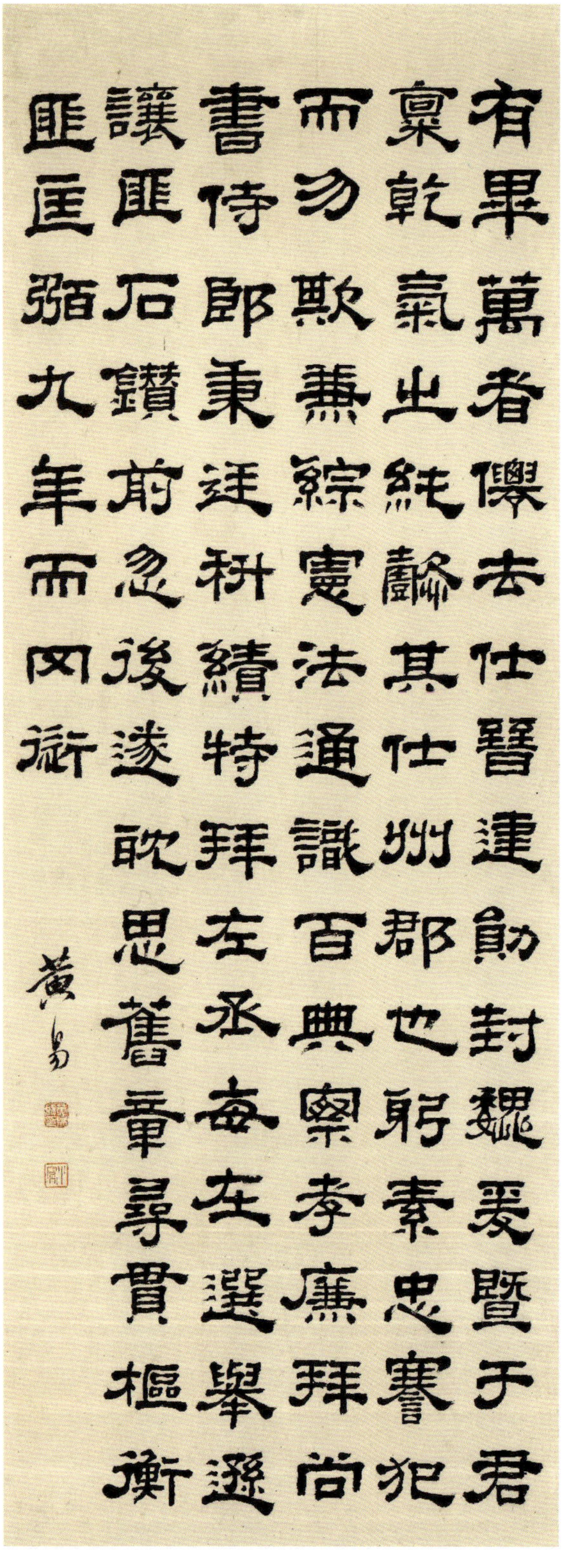

图 6.《黄易隶书节临凉州刺史魏元丕碑轴》 故宫博物院藏

这三者的比较，却将黄易平正的书风一层层凸显。例如“其”“仕”字双钩本横向笔画较之原拓本渐趋平直，亦使结体趋于平正；“州”“躬”字双钩本结体欹侧的字势较之原拓本趋于含蓄；临写本在点画和结体上较之原拓本、双钩本更是趋于平正，且字势更趋于扁平，如“也”“州”字临写本非原拓本和双钩本取纵长之势。（见表六）

黄易书法以篆隶最精，尤娴隶法，气息高古。隶法中参以钟鼎，亦法诸家之长。黄易亦法碑额、碑阴、诏版、镜铭、玺印等。如故宫藏《清拓黄易镜研铭拓本合辑书册》（新 00133181）（图 7），黄易分别拓镜铭和砚铭各一册。镜铭图旁，黄易多记镜铭中的文字、纹样与来源（图 8）；而砚铭一册，将砚台各部件附有铭文者均拓于册中（图 9），突出了黄易对镜、砚铭文的重视与取法。《中国古代书画图目・索引》收黄易法书作品 12 件，其中 1 件为篆书临石鼓文，其余 11 件均为隶书作品，从书作内容来看，黄易隶书多临摹汉碑，如摹《娄寿碑》，临《礼器碑》，临《张迁碑》，临《尹宙碑》，临《华山碑》等，而黄易书风在汉碑朴茂方整的基础上，更偏笔画圆润平实，结体敦厚平正。

总之，黄易既是金石考据家，也是书家。黄易双钩本较之原拓本进行了大量补缺，补缺涉及到书者对汉碑书风的了解，要求书者看到不同的碑刻拓本能够迅速捕捉其书风的规律性。书风的规律性主要指书者对不同碑刻统一书风的掌握。不同书体书风的区别主要体现在书者对点画、结体、章法形态的把握上。此处“形态”笔者主指“形状和态势”。点画的形态，因起笔的方圆、藏露，收笔的按提，行笔轨迹的曲直、长短等均影响书风；结体的形态，因字形的纵长、横扁，字势的收放等影响书风；章法的形态，因字距（上下、左右）、

图 7.《清拓黄易镜研铭拓本合辑书册》封皮　故宫博物院藏

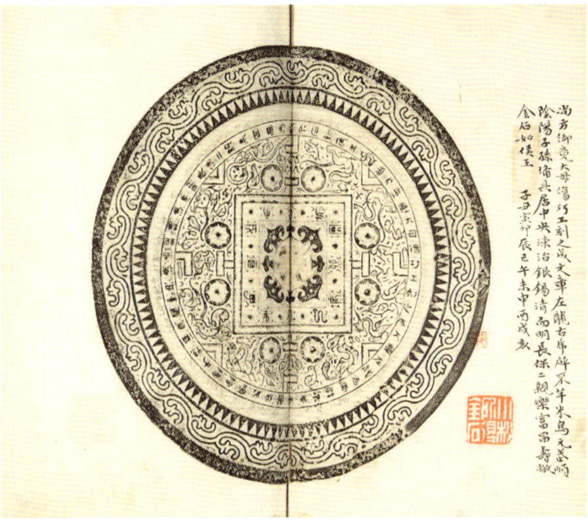

图 8.《清拓黄易镜研铭拓本合辑书册 · 镜铭》内页　故宫博物院藏

图 9.《清拓黄易镜研铭拓本合辑书册 · 研铭》内页　故宫博物院藏

字间配合关系等影响书风。因而，"黄易面对残损漫漶的碑拓，仍旧可以临摹出完整生动的作品，原来是下笔之前早已胸有成竹了"。[22]

显然，善双钩执笔者，定受其书学基础的影响。双钩本作为一种传播媒介，被双钩者赋予新的信息。双钩者，亦作为一名书者，其对作品的理解和个人书风均影响双钩本的呈现。双钩者只有捕捉到作品在点画、结体、章法等形态上的书风规律性，才能将双钩本补缺得心手双畅，才能将双钩本与原作的风格一致性表现得淋漓尽致。

参考文献

1. 故宫博物院编：《蓬莱宿约：故宫藏黄易汉魏碑刻特集》，北京：紫禁城出版社，2010 年。

2. 故宫博物院编：《故宫藏黄易尺牍研究 · 手迹》，北京：故宫出版社，2014 年。

3.（清）黄易：《小蓬莱阁金石文字》，嘉庆刻本，故宫博物院藏。

4. 张彦生:《善本碑帖录》，北京:中华书局，1984 年。

5.（清）方若著，王壮弘增补：《增补校碑随笔》，上海：上海书画出版社，1981 年。

6. 中国古代书画鉴定组：《中国古代书画目录》，北京：文物出版社，1985 年。

7. 中国古代书画鉴定组：《中国古代书画图目》，北京：文物出版社，1997 年。

8. 故宫博物院编：《故宫藏黄易尺牍研究 · 考释》，北京：故宫出版社，2014 年。

9. 故宫博物院编：《黄易与金石学论集》，北京：故宫出版社，2012 年。

10. 香港中文大学文物馆编：《北山十宝 · 东汉夏承碑》，香港：香港中文大学文物馆，2015 年。

11.（清）赵尔巽等：《清史稿》，北京：中华书局，1977 年。

注释：

1.〔加〕麦克卢汉：《理解媒介：论人的延伸》，北京：商务印书馆，2000年，第33页。

2.〔加〕麦克卢汉：《理解媒介：论人的延伸》，北京：商务印书馆，2000年，第34页。

3.（清）钱大昕：《小蓬莱阁金石文字》序，石墨轩刻本，道光十四年（1834年），第1页。

4.（清）钱大昕：《小蓬莱阁金石文字》序，石墨轩刻本，道光十四年（1834年），第1页。

5.（清）赵尔巽等：《清史稿·第四十四册·清史稿卷四百八十六·列传二百七十三·文苑三》，北京：中华书局，1977年，第13420页。

6.（清）翁方纲：《夏承碑》后跋，华氏真赏斋本，香港：香港中文大学文物馆，2015年，第66页。

7.（清）翁方纲：《小蓬莱阁金石文字》后跋，石墨轩刻本，道光十四年（1834年）。

8.（清）黄易：《小蓬莱阁金石文字》，石墨轩刻本，道光十四年（1834年）。

9.《魏元丕碑》，汉光和四年（181年），清黄易藏"汉魏五碑"之一，现藏故宫博物院。

10. 杨虎：《故宫藏〈小蓬莱阁金石文字〉版刻年代辨析》，秦明主编：《黄易与金石学论集》，北京：故宫出版社，2012年12月，第342页。

11. 杨虎：《故宫藏〈小蓬莱阁金石文字〉版刻年代辨析》，秦明主编：《黄易与金石学论集》，北京：故宫出版社，2012年12月，第339页。

12. 张彦生：《善本碑帖录》，北京：中华书局，1984年，第45页。

13. 张彦生：《善本碑帖录》，北京：中华书局，1984年，第32页。

14. 张彦生：《善本碑帖录》，北京：中华书局，1984年，第32页。

15.（清）钱大昕：《小蓬莱阁金石文字》序，石墨轩刻本，道光十四年（1834年），第1页。

16. 张彦生：《善本碑帖录》，北京：中华书局，1984年，第32页。

17. 此本现为善本古籍，受文物保护的限制，无法提照，使用受局限。

18. 因故宫图书馆藏四卷本《小蓬莱阁金石文字》的不可操作性，后文例字图片均用国家图书馆藏嘉庆五年本《小蓬莱阁金石文字》（索书号/150681）。国家图书馆藏嘉庆五年本《小蓬莱阁金石文字》共四种，通过比对线质处理的不同，笔者推断嘉庆五年版《小蓬莱阁金石文字》至少有两种印本。本文例字用本（索书号/150681），更忠实于黄小松家藏原拓，笔触形态细致入微，时间应早于同版另一种印本，且与故宫图书馆藏四卷本更相似。

19.（清）翁方纲：《范式碑》后跋语，清黄易藏"汉魏五碑"之一，现藏故宫博物院。

20. 方若、王壮弘：《增补校碑随笔》，上海：上海书画出版社，1981年，第113页。

21. 方若、王壮弘：《增补校碑随笔》，上海：上海书画出版社，1981年，第113页。

22. 秦明：《故宫藏黄易尺牍中的金石碑帖》，秦明主编：《故宫藏黄易尺牍研究·考释》，北京：故宫出版社，2014年，第40页。

23.《表五》中例字"书"，因《小蓬莱阁金石文字》国家图书馆藏嘉庆五年本（索书号/150681）印刷跑墨，无法辨识，故此处例字"书"取国家图书馆藏另一种嘉庆五年本《小蓬莱阁金石文字》（索书号/xd9231）代之。

附表：

表一

故宫藏《范式碑》拓本	嘉庆五年本《小蓬莱阁金石文字》双钩字例	说明
		撇画补全
		区分点画与石花，补全左侧“金”部点画形态。
	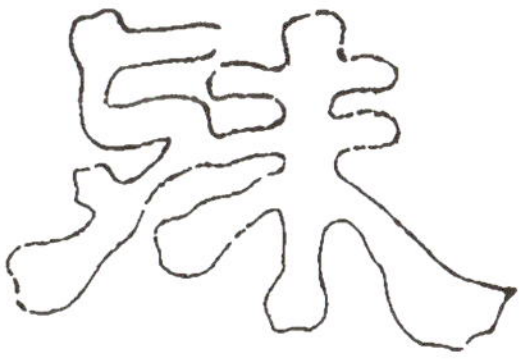	区分点画与石花，补全点画形态
		双钩本明确点画形态

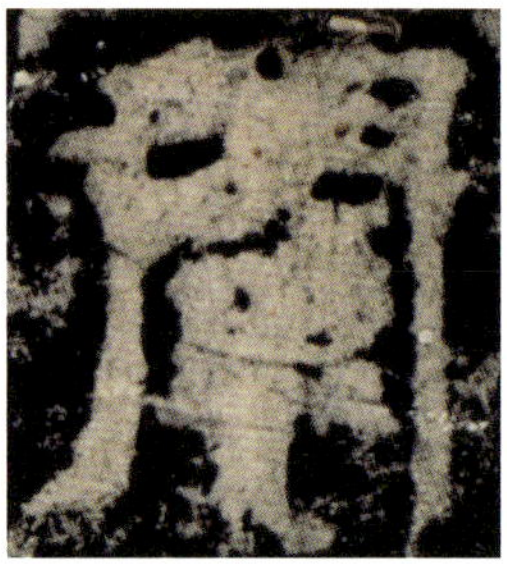	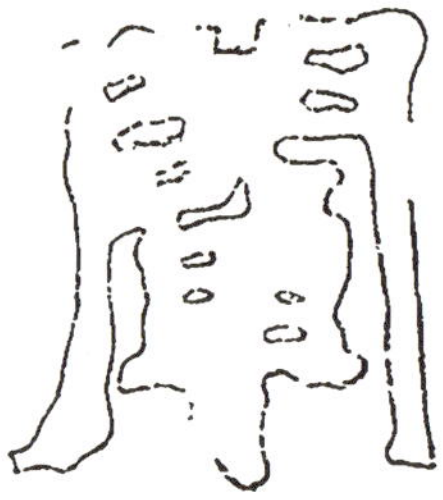	双钩本明确点画形态
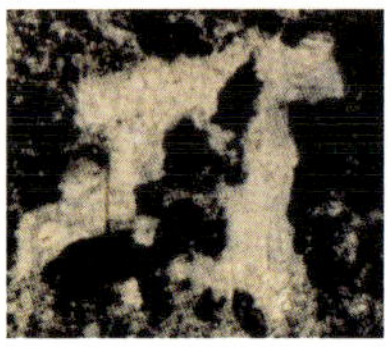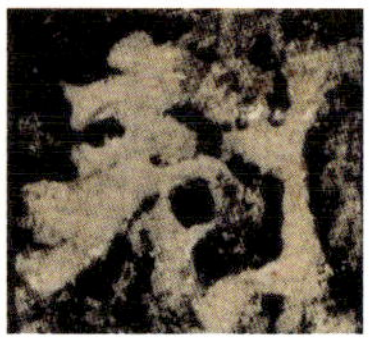	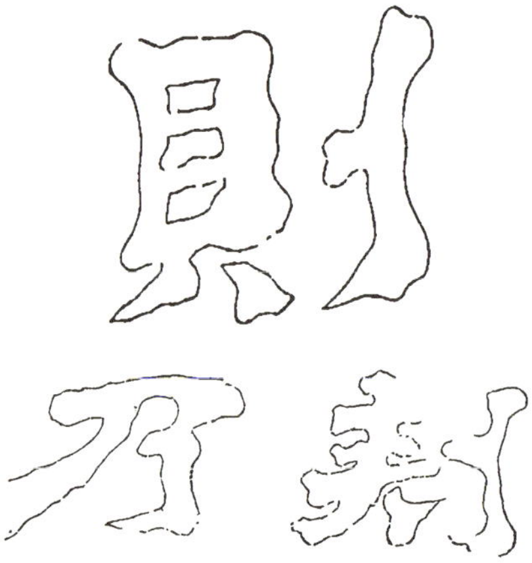	补缺竖钩，出钩处符合《范式碑》钩画书写常态。如附举：“乃”“剌”字
		区分点画与石花，明确点画形态

表二

故宫藏《范式碑》拓本	嘉庆五年本《小蓬莱阁金石文字》双钩字例	说明
		保留剪裱之误，未补全末笔捺画收笔处

		保留剪裱之误，未补全末笔捺画收笔处
		左侧出钩处纠剪裱之误，补全点画形态，使点画饱满
		右侧纠剪裱之误，补全点画，保证结字的完整性
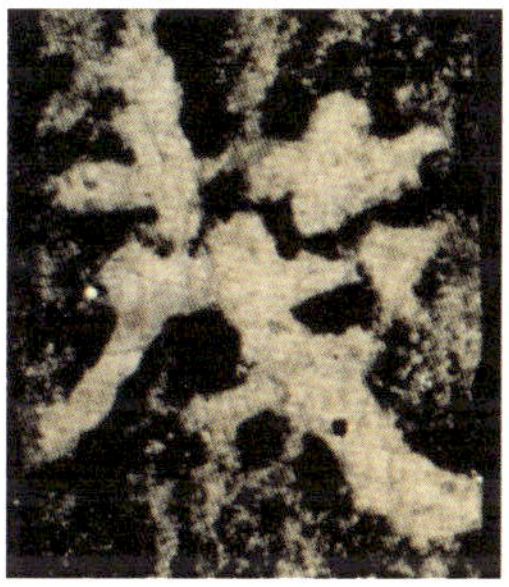		右侧纠剪裱之误，补全点画，保证结字的完整性

表三

故宫藏《范式碑》拓本	嘉庆五年本《小蓬莱阁金石文字》双钩字例	说明
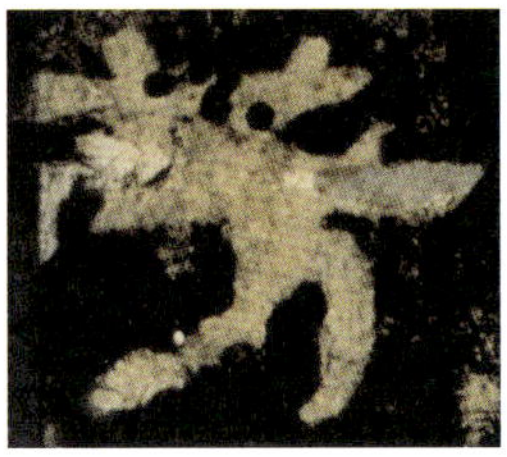		原拓上下错位，“草字头”居左；而双钩本处理平正
	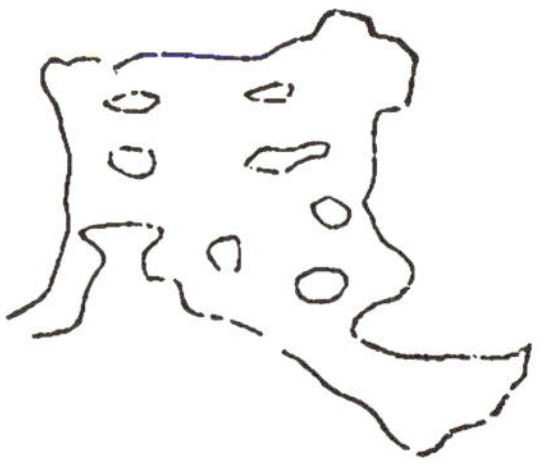	原拓重心偏左，波画向右拉伸较长；而双钩本波画的处理则相对收敛
		原拓上下错落，字形向右上方倾斜；而双钩本则处理平正

表四

故宫藏《范式碑》拓本	嘉庆五年本《小蓬莱阁金石文字》双钩字例	说明
		结字上部居左，下部居右

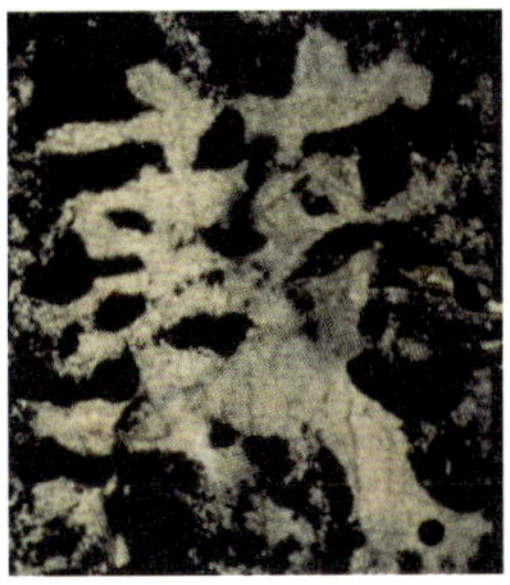	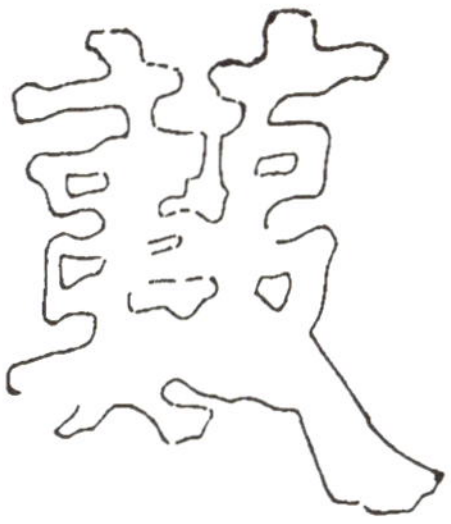	末笔捺画向右下部拖拽，然双钩本仍比原拓平正
		末笔捺画向右下方拖拽，上下错落
		结体左低右高，向右上方倾斜

表五

故宫藏《魏元丕碑》拓本	嘉庆五年本《小蓬莱阁金石文字》[23]双钩字例	说明
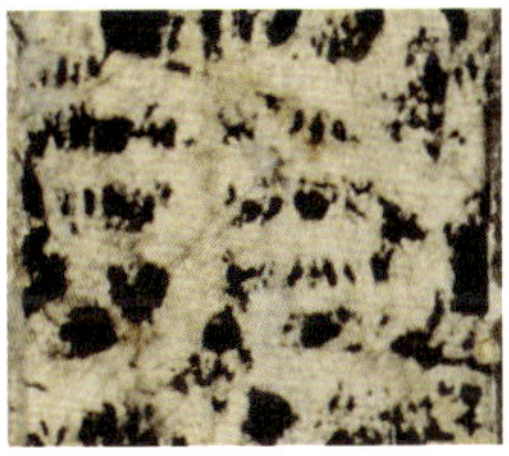		原拓撇画收笔处低于右侧“口”部，而双钩本则平齐

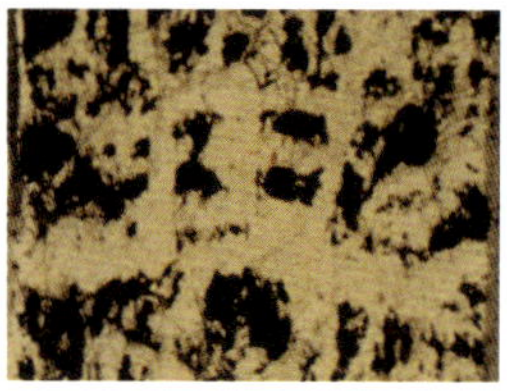		原拓的横画均向右下方倾斜，而双钩本均处理平直，受书者书风平正的影响
	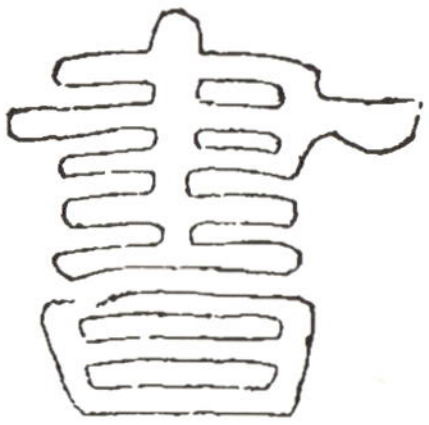	原拓上下错落，“日”部靠右，而双钩本分布平正

表六

故宫藏《魏元丕碑》拓本	嘉庆五年本《小蓬莱阁金石文字》双钩字例	故宫藏黄易临摹本
	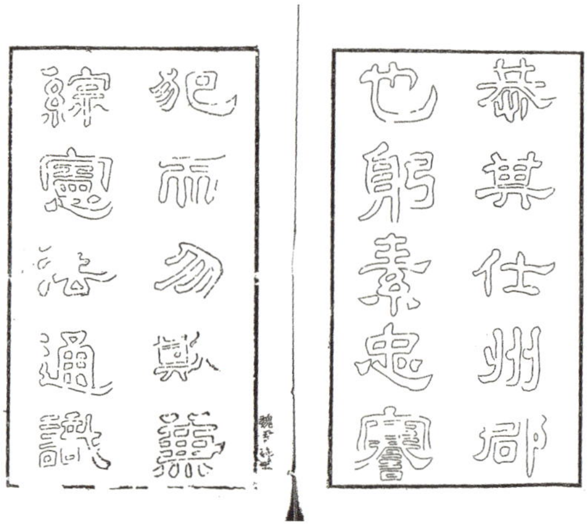	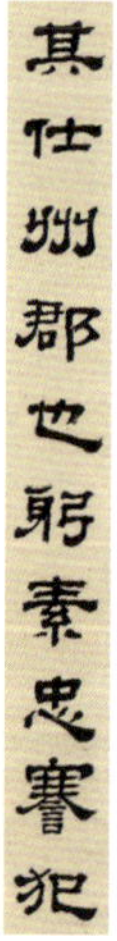

故宫藏黄易《携琴访友图卷》考

——兼谈黄易早期绘画中的古琴要素

秦　明

故宫博物院书画部副研究馆员

内容提要：黄易早期绘画因稚嫩拙涩，常采取题写古人诗词、直书临摹前贤的方式，以达到提升意境、引人入胜的效果。但由于黄易早年书法笔力纤弱，反倒于画幅之外更加平添了几分稚嫩而“弄巧成拙”，这也正是黄易早期作品的独特的魅力所在。故宫博物院藏《黄易携琴访友图卷》是目前已知黄易存世较早（28岁）的绘画真迹。作者以“携琴访友”的传统命题展开，紧扣“古琴－清音－寻觅－知己”的典型题材范式,表达出清新高远的文人意境。黄易29岁所作《琴书半室图》，堪称《携琴访友图》的姊妹篇。《携琴访友图》中的主角是仇梦岩，其与黄易知交甚早，交谊深厚，在诗词、古琴方面对黄易早年有相当影响。黄易亦家藏古琴，自幼耳濡目染,颇有感悟。但随着黄易中晚年对金石碑版的热衷，于古琴却渐行渐远。

关键词：黄易　携琴访友图　琴书半室图　仇梦岩　古琴　金石学

故宫博物院藏新00010486清黄易《携琴访友图卷》（图1），作于乾隆辛卯（1771）九月一日，是目前已知黄易存世较早（28岁）的绘画真迹。虽然中国古代书画鉴定组编《中国古代书画目录》、徐邦达编《改订历代流传书画编年表》、刘九庵编《宋元明清书画家传世作品年表》等均有著录记载，但是较之《得碑十二图册》《访古纪游图册》《嵩洛访碑图册》《岱麓访碑图册》等黄易晚年代表作品,《携琴访友图卷》并不为人们所关注，相关展览、出版和研究亦多未涉及。关于该图的介绍说明，仅见于国家文物局主编《中国文物精华大辞典·书画卷》，云：

> 《携琴访友图卷》纵26.7厘米　横90.1厘米。清黄易作。纸本。水墨。以淡墨简笔画秋溪茅舍，屋中一老者独坐远眺。屋外寒林疏落，淡烟浮动，平湖远阔，群山如带。小童携琴伴老者渡桥。卷后有秋人、陈栻、何琪诸家题诗。作于乾隆三十六年（1771）。现藏故宫博物院。[1]

“秋人”即仇梦岩，而“卷后陈栻、何琪诸家题诗”均为其嘱题。因此，黄易《携琴访友图卷》乃是专门为仇氏所作。除此以外，再无其他文字、图版可供参考。这无疑是黄易研究特别是其早期

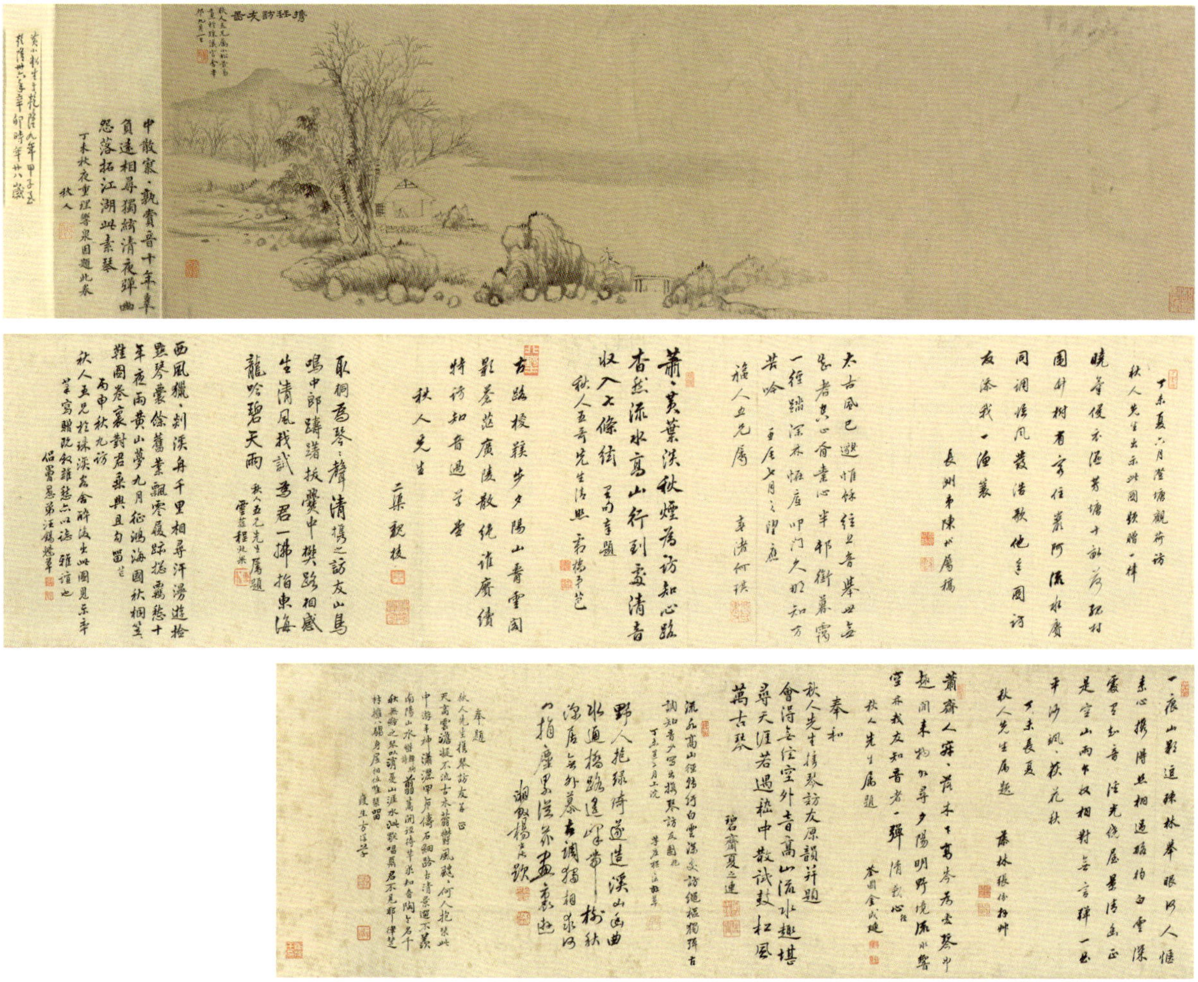

图 1. 黄易《携琴访友图卷》 故宫博物院藏

绘画研究中的一个短板。笔者基于以往对黄易的相关研究，不揣浅陋，拟就该图卷略作分析考证，以期弥补此前研究之不足，给读者还原呈现一个真实完整的黄易。

一、黄易的早期绘画

笔者认为，黄易（1744—1802）的书画作品可以分为四期，即早期（30岁之前）、中期（31岁至50岁）晚期（51岁至56岁）和末期（57岁至59岁）。[2] 基于乾嘉金石学的影响，目前学术界关注和研究的重点在中、晚期，即发展期和成熟期，而早期（初始期）、末期（回归期）的研究尚未引起足够的重视，尤其对于早期相对稚嫩的作品来说更是如此。虽然近年来随着研究的不断深入，黄易的书画作品不断被发现和公布，但其30岁以前的早期书画数量仍旧很少。徐邦达编《改订历代流传书画编年表》（以下简称《编年表》）记载有4件（《携琴访友图卷》《山水册》10页、《山水册》12页、《有斐轩作山水册》8页），[3] 刘九庵编《宋元明清书画家传世作品年表》（以下简称《作品年表》）记载亦有4件（《携琴访友图卷》《访古纪游图册》十二开、《无声诗意山水图册》十开、《无声诗意图册》十开）。[4] 其中，黄易署款乾隆辛卯（1771）的《访古纪游图册》，已经笔者考证系乾隆乙卯（1795）的晚年之作，[5] 不应再属早期作品之列。而徐邦达先生《编年表》中黄易“壬辰”“癸巳”所作2件《山水册》，正是刘九庵先生《作品年表》中定名的《无声诗意山水图册》和《无声诗意图册》，皆庞元济旧藏。两册现藏故宫博物院，即《无声诗意山水图册（上）（下）》。

《无声诗意山水图册（上）》凡十帧，黄易作于乾隆壬辰（1772）十二月。蒋宝龄题跋云：“诗人之心合秋意，秋入诗心得出味。黄九作画乃亦然，笔底绝无烟火气。萧萧竹木影太疏，淡淡山石时有无。草堂人物略点缀，云空烟静成九图。”[6] 陆恢题签云：“秋庵墨戏。汉石经室旧藏今归虚斋秘箧。癸卯二月陆恢。钤‘陆恢之印’。”[7]《无声诗意山水图册（下）》凡十帧，黄易作于乾隆癸巳（1773）五月。吴云题跋谓：“笔意隽逸，设色淡雅。”[8] 亦为庞元济旧藏。褚德彝题签云：“秋庵墨戏。中江李苏邻旧藏今归虚斋秘箧。辛巳夏四月褚德彝。钤‘褚德彝印’印。”

其实《无声诗意山水图册》上、下两册乃是后人所定，二者之间本就有着内在的联系，庞元济于《无声诗意山水图册（上）》题跋中道出原委：

此册前九帧余去岁购得时初以为不全，及细读之每帧题句皆有“秋”字。秋菴行九，殆作“九秋”之意。后六帧乃卅年前得自川沙沈氏，而蒋子延跋中有“云空烟净成九图”之句，每帧亦有“秋”字，似当时或亦九帧为后人散佚耳。因尺寸相仿且均系中年同时所作，遂合装一册。至其笔墨清微淡远神似南田，与余向藏嵩岱访碑四十八帧绝不相类。盖访碑为晚年之笔，虽精力弥满而微嫌峭刻。然二者不可偏废，识者当并珍之。辛未上巳日虚斋记于沪上。钤“虚斋珍赏”朱文印。

按：壬辰秋菴只二十九岁。虚斋记。

余尚藏有一册系癸巳所作。前年家乡遭劫，失去七帧。因将此册提出五帧分作上下两册，每册十帧，俾成全璧。特志颠末于后。己卯四月重题。钤“虚斋鉴定”朱文印。[9]

藉此可知《无声诗意山水图册（上）》之第十帧并《无声诗意山水图册（下）》之前五帧，原本属于黄易另一“九秋图册”中的六帧，风格与《无声诗意山水图册（上）（下）》其他内容一致，“均系中年同时所作”，且“因尺寸相仿”，故被庞氏先后两次拆解，于《无声诗意山水图册（上）（下）》之间，各“合装一册”。

故宫藏《无声诗意山水图册（上）（下）》属于黄易典型的早期山水作品（29岁、30岁所作），虽与以得碑访碑图为代表的晚年作品（51岁至54岁所作）风格迥异，却自有其特定的历史艺术价值。诚如庞元济题跋所云，“其笔墨清微淡远神似南田，与余向藏嵩岱访碑四十八帧绝不相类。盖访碑为晚年之笔，虽精力弥满而微嫌峭刻。然二者不可偏废，识者当并珍之。”[10] 同样，黄易28岁所作《携琴访友图卷》亦如是。

黄易与奚冈、吴履并称“浙西三妙”，刘思训《中国美术发达史》称：“及至乾嘉间，山水画著名的作家有黄小松……都能上追倪、黄、沈、董或近法娄东及虞山，乃是南宗的佼佼者。”[11] 黄易尝云：“画学至石谷萃唐宋元明诸名家之法，精深博大，无美不具，查悔余谓其落笔妙天下，信哉。然非烟客、湘碧诸君指授之精，收藏之富，亦莫能成其业。”[12] 于王翚推崇备至。在《杂临明人山水小册》（1770年3月作）、《黄小松山水册神品》(1773年10月作)等黄易早期作品中，恽本初、程正揆、李日华、周荃、方拱乾、龚贤、许有眉、弘仁、程嘉燧、胡元润、高其佩、查梅壑、杨文骢、髡残、王翚等都是他早年刻意学习的对象。广泛地临摹前人，即是学习阶段的一个必然经历，也是最终走向成熟、自成一家所必需的积淀过程，黄易早期山水即是如此。

黄易早期的山水画为了弥补构图、笔墨上的稚嫩，往往采取题写古人诗词、直书临摹前贤的方式，以期达到提升意境、引人入胜的效果。仅以故宫所藏《无声诗意山水图册(上)(下)》为例，如上册的题跋，黄易就广泛引用了南宋词人张炎的《山中白云词》(图2)：

第二帧：秋水人家，斜照西泠。过韩平原庆承园。钤“小松”印。(按：出自宋张炎《山中白云词》之《高阳台·庆乐园即韩平原南园戊寅岁过之仅存丹桂百余株有碑记在荆榛中故末有亦犹今之视昔之感复叹葛岭贾相之故庐也》)

第三帧：软波不剪素练净，碧盈盈，移下秋影。依绿庄赏荷。钤“黄九”印。(按：出自宋张炎《山中白云词》之《西河·依绿庄赏荷分净字韵》)

第四帧：晴梢渐无坠叶，撼秋声、却是梧桐。都下与沈尧道同赋。钤“黄九”印。(按：出自宋张炎《山中白云词》之《声声慢·都下与沈尧道同赋》)

第五帧：衰草凄迷秋更绿，惟有闲鸥独立。渡古黄河。钤“小松居士”印。(按：出自宋张炎《山中白云词》之《壶中天·夜渡古黄河与沈尧道曾子敬同赋》)

第七帧：趁冰玉光中，排云万里，秋艇载诗去。为卞南仲赋月溪。钤“小”“松”印。(按：出自宋张炎《山中白云词》之《摸鱼子·为卞南仲赋月溪》)

第八帧：折芦花赠远，零落一身秋。寄赵学舟。钤“黄九”印。(按：出自宋张炎《山中白云词》之《甘州·辛卯岁沈尧道同余北归各处杭越踰岁尧道来问寂寞语笑数日又复别去赋此曲并寄赵学舟》)

第九帧：甚荒沟、一片凄凉，载情不去载秋去。红叶。钤“小松”印。(按：出自宋张炎《山中白云词》之《绮罗香·红叶》)

第十帧：秋屏宜晚看。千岩竞秀陆起潜皆山楼四景之一。仿浙江法。钤“小松”印。(按：出自宋张炎《山中白云词》之《瑶台聚八仙·千岩竞秀·澄江之山岑崔清丽奔驶相触自北而东由东而南笑人应接不暇其秀气之所钟欤》)

又如在下册中，黄易不仅引用了清初钱陈群《香树斋诗文集》中的诗词，还认真注明临仿摹写的对象为王翚、李世倬、黄端木、髡残等人(图3)：

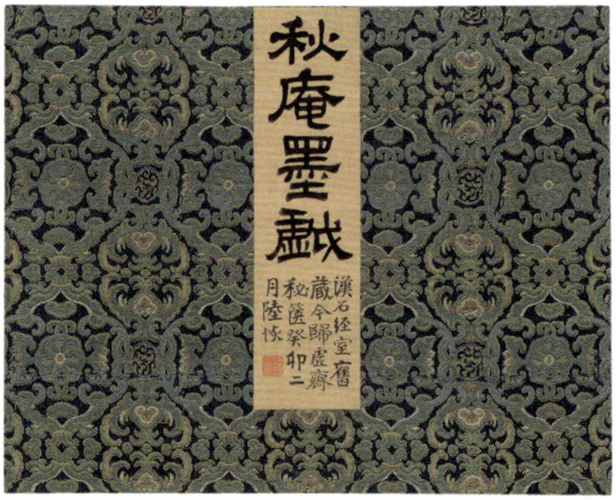

图2. 黄易《无声诗意山水图册(上)》 故宫博物院藏

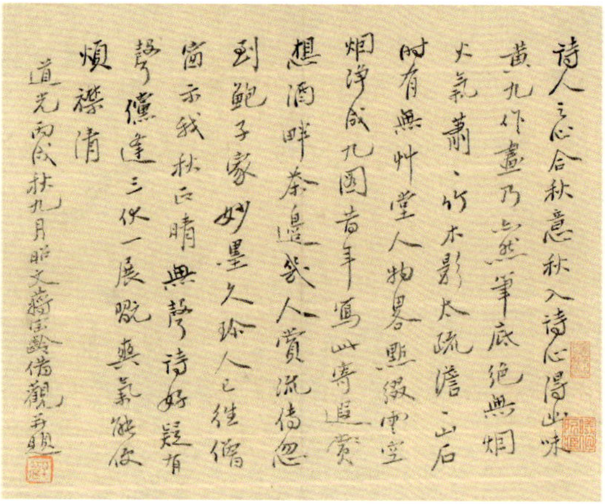

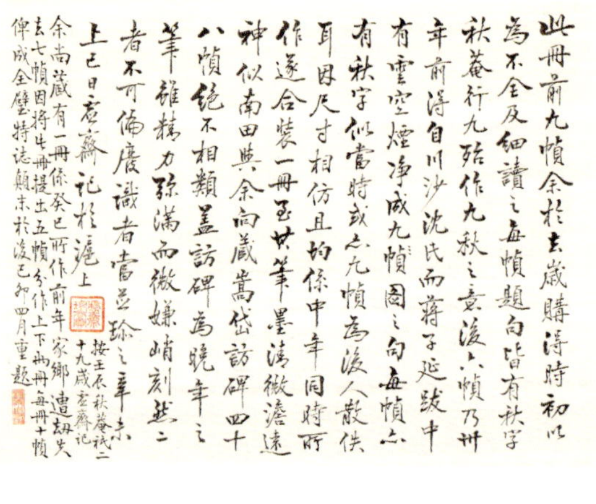

第一帧：古亭深稳坐秋塘。临石谷子便面。钤“黄九”印。（按：出自清钱陈群《香树斋诗文集》之《予再典豫章试事竣林青圃学使杨卓庵总戎彭乐君方伯徐阶五观察李苍厓参政施棠村蒋安亭两副使邀同史西山编修阿补堂大中丞集百花洲酒半大中丞指壁间石刻谓予曰此居士三载前集此叙事诗也今日之会不可以无诗盍依前韵为之遂援笔以赋时乾隆庚午九月十四日》）

第二帧：残荷折苇野塘秋。用李榖斋先生笔意。钤“黄九”印。（按：出自清钱陈群《香树斋诗文集》之《恭和御制冬日瀛台即事元韵》）

第四帧：急湍落秋峡。吴门宗祖端木先生寻亲图有广信道中一幅，因背临之。钤“松”印。（按：出自清钱陈群《香树斋诗文集》之《自余干至广信滩行五百里忆曩游阅四十年复问津焉慨然有作和咏贫士七首韵》）

第五帧：迎霜秋草白，带雨远峰清。拟石谿和尚意。钤“大”“易”印。（按：出自清钱陈群《香树斋诗文集》之《苏州》）

但是由于黄易早年书法的笔力纤弱，这些被大量引用的文人诗词，以及对前人临仿摹写的刻意注脚，反倒于画幅之外更加平添了几分稚嫩，这种看似的“弄巧成拙”也正是黄易早期书画作品的独特的魅力所在。这是一种真实的自然存在，无须人为的刻意掩盖。

二、黄易《携琴访友图卷》图文信息

黄易《携琴访友图卷》本幅有黄易题署、钤印，后有仇梦岩、陈栻、何琪、宫国苞、魏棱、程廷梁、汪锡魁、张份、金成琏、夏之连、程之沄、杨世偕、

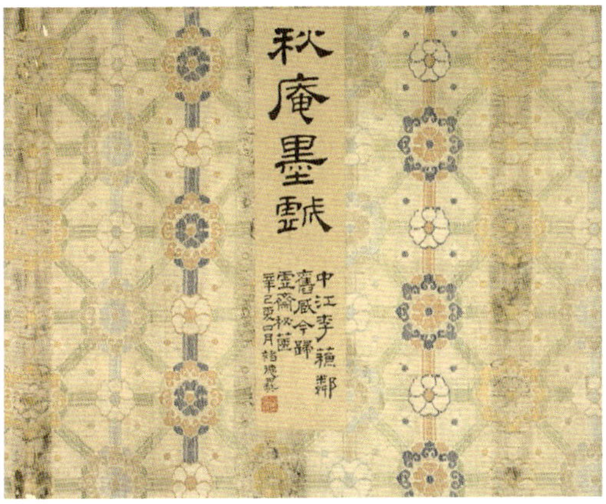
秋庵墨戲

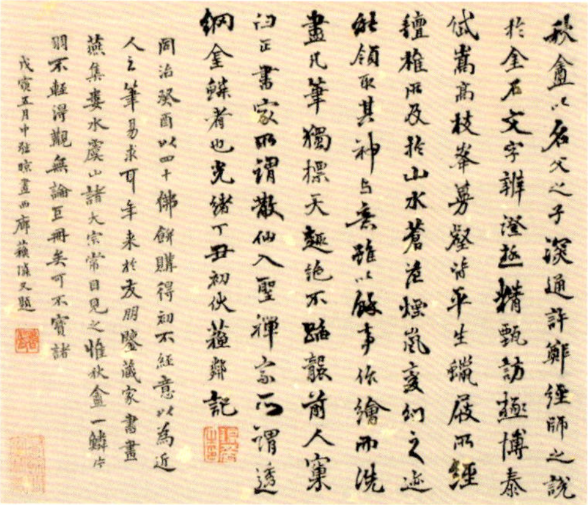

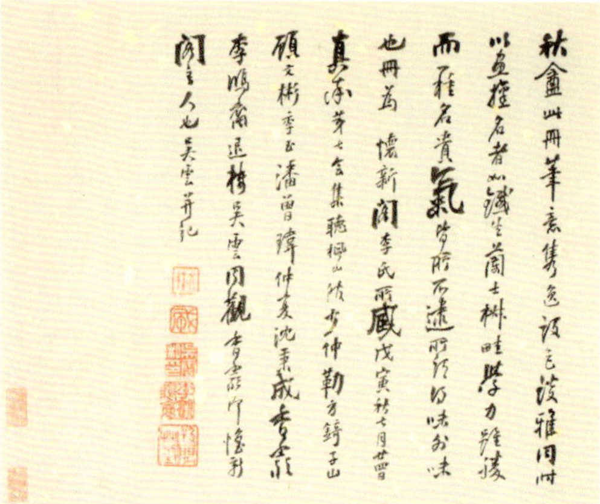

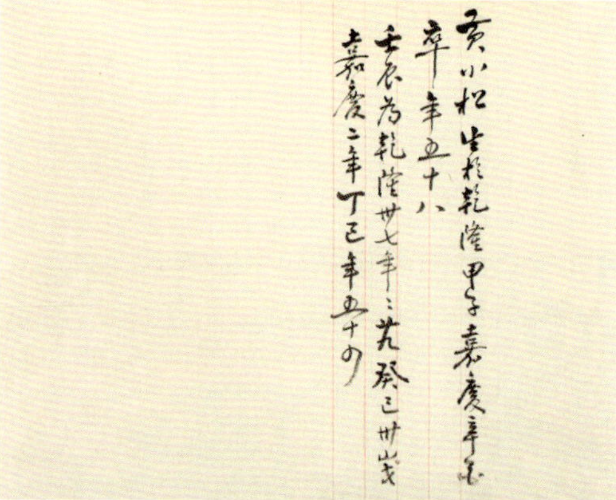

图 3. 黄易《无声诗意山水图册（下）》 故宫博物院藏

方洋、罗振玉等题跋、钤印。兹辑录如下：

1. 黄易题署钤印（1771年9月）：

携琴访友图

秋人五兄属。小松黄易画于珠溪官舍辛卯九月一日。钤“黄九”朱文印。

本幅末钤“尊古斋”白文印。

2. 仇梦岩题跋钤印（1787年秋）：

中散寥寥孰赏音，十年辜负远相寻。独弦清夜弹幽怨，落拓江湖此素琴。[13]

丁未秋夜重理响泉因题此卷。秋人。钤“秋人”朱文印。

3. 陈栻题跋钤印（1787年6月）：

钤“有鄅氏”朱文印。

丁未夏六月澄塘观荷，访秋人先生，出示此图，题赠一律。

晓气侵衣湿，芳塘十亩荷。孤村围竹树，有客住岩阿。

流水赓同调，临风发浩歌。他年图访友，添我一渔蓑。

长洲弟陈栻属稿。钤“名余曰栻”白文印、“斗泉生”朱文印。

4. 何琪题跋钤印（1772年7月）：

太古风已邈，惟余弦上音。举世无知者，空山有素心。

半村衔暮霭，一径踏深林。怪底叩门久，那知方苦吟。

壬辰七月之望应秋人五兄属。春渚何琪。钤“何氏东父”印。

5. 宫国苞题跋钤印：

钤“天涯倦旅”印。

萧萧黄叶淡秋烟，为访知心路杳然。

流水高山行到处，清音收入七条弦。

里句奉题秋人五哥先生清照。霜桥弟苞。钱“苞印”“霜桥”印。

6. 魏棱题跋钤印：

钤“北墅”印。

古路梭鞵步夕阳，山腰云阁影苍茫。广陵散绝谁赓续？特访知音过草堂。

秋人先生。二渠魏棱。钤“松窗”“散华渾客”印。

7. 程廷梁题跋钤印：

取桐为琴琴声清，携之访友山鸟鸣。中郎踌躇拔爨中，樊路相感生清风。

我试为君一拂指，东海龙吟碧天雨。

秋人五兄先生属题。云荪程廷梁。钤“云荪”印。

8. 汪锡魁题跋钤印（1776年秋）：

西风猎猎剡溪舟，千里相寻汗漫游。捡点琴囊余旧业，飘零履迹总羁愁。

十年夜雨黄山梦，九月征鸿海国秋。桐笠芒鞋图卷里，对君垂兴且勾留。

丙申秋九访秋人五兄于珠溪官舍，醉后出此图见示，率笔写赠，既叙离愁，亦以志雅谊也。

侣曾愚弟汪锡魁草。钤“魁”“履曾”印。

9. 张份题跋钤印（1787 年 6 月）：

钤“心如止水”印。

一痕山影逗疏林，举眼何人惬素心。携得丝桐过略约，白云深处有知音。

溪光绕屋景清香，正是空山雨乍收。相对无言弹一曲，平沙飒飒荻花秋。

丁未长夏秋人先生属题。藻林张份拜草。钤“张份私印”“藻林”印。

10. 金成琏题跋钤印：

钤“醉墨”印。

萧斋人寂寂，落木下高岑。为爱琴中趣，闲来物外寻。

夕阳明野径（境），流水响空林。我友知音者，一弹清秋心。

秋人先生属题。荃圃金成琏。钤“成琏”“泉璜”印。

11. 夏之连题跋钤印：

奉和

秋人先生携琴访友原韵并题。

会得无弦空外音，高山流水趣堪寻。天涯若遇嵇中散，试鼓松风万古琴。

碧斋夏之连。钤“夏之连印”“碧斋”印。

12. 程之沄题跋钤印（1787 年 11 月）：

钤“程生”印。

流水高山径转纡，白云深处抱（访）绳枢。独弹古调知音少，写出携琴访友图。

丁未建子月上浣。芋庄程之沄拜草。钤“芋奖”印。

13. 杨世偕题跋钤印：

野人抱绿绮，遂造溪山幽。曲水通桥路，遥峰带树秋。

深居无外慕，古调独相求。何人指尘界，从兹画里游。

湘渔杨世偕题。钤“杨世偕”“湘渔”印。

14. 方洋题跋钤印：

奉题

秋人先生携琴访友并　正。

天高云淡凝不流，古木蓊郁风飕飕。何人抱琴此中游，丰神潇洒罕与俦。

石细路古清景遛，不羡南阳山水幽。（韩驹诗）翦蒿开径倚芊求，知音陶令名千秋。

无弦之琴以消忧，山涯水泚独唱酬。君不见耶律楚材拥八驺，身居相位唯琴留。

瘦生方洋草。钤“方洋之印”“一孚瘦生”印。

15. 罗振玉钤印：

本幅钤“松翁鉴藏”白文印，拖尾钤“罗振玉印”

白文印。

此《携琴访友图》黄易以“携琴访友”的传统命题展开，紧扣“古琴–清音–寻觅–知己”的典型题材范式，表达出清新高远的文人意境。这也是黄易早期绘画中比较特殊的例子。作者巧妙地运用了古琴这一古典要素，以嵌入式的构图表述，达到了画龙点睛的良好效果。后人的题跋亦多是于此阐释生发。而图文中的主角无疑是携琴访友的仇梦岩。

仇梦岩，字秋人，号贻轩。安徽歙县人。生卒不详，主要活动于乾隆、嘉庆年间，以诸生作幕四方。有《贻轩诗集》二卷，又词一卷。汪端光《贻轩集序》（又称《秋人集序》）云：

秋人行笃而文芳，工诗，喜吟长短句，皆醖于情心，达其和平之性。爱集白石、玉田词，如自己出，绝技也。忆丙申（1776）秋，罗子两峰为予写照，秋人以隶书题帙首云“疏窗金粉六朝人”，其爱余特甚。一时明子春岩、黄子小松、朱子豹泉、储子玉琴、吴子凤诏、方子笠塘暨家兄绣谷皆在焉，湖山之谳，裙屐纷如，称极盛矣。秋人以歙士常游于扬，后馆海滨，理盐筴，来往竹西，席不暇暖。[14]

仇梦岩“喜吟长短句”，多寄情于景，借景抒怀，如《高阳台·三江城晚眺》就是较为著名的一首：

浅碧函空，新黄匝地，莽然万顷平沙。几点烟螺，依微不辨人家。夕阳未落潮初长，卷寒涛一片残云。忽风来，一阵征鸿，一阵归鸦。当年豪气今犹在，怎低眉牖下，铩羽檐牙。听说张骞，也曾八月浮槎。飘零海国如蓬梗，不登高、不见天涯。最伤怀，满目关河，满目蒹葭。

三江城在今绍兴市东北四十华里的浮山之南，始建于明朝洪武年间，当时筑城是为了防御倭寇。随着时间的流逝，日渐荒芜冷落，仇梦岩登城“晚眺”所见已是一派萧条、凄凉景象。这正是作者真实心境的写照，仇梦岩一生郁郁不得志，由家乡安徽歙县流落他乡授馆帮闲，寄人篱下，自以为怀才不遇，才有不甘心“低眉牖下”的感慨。[15]仇梦岩又好古琴，尝作《六友咏并序》谓古琴为“桐友”：

毛、石、楮、松四友，铅椠之辈谁则无之，而余独与四友相习最久，实同甘苦者也。至桐陶二友，为合浦还珠，尤不能忘。各系一诗以纪实。

……

昔年学操缦，兼金买余爨。藏之古锦囊，横之青玉案。嗣遭我飘蓬，古调无人按。殷勤托友生，独自归山馆。（壬寅余还黄山，以琴寄于广陵友处）不谓八年间，倏尔荣枯换。几同张响泉，痛与荒烟散。（戊申重游广陵，友家业荡尽。幸余适到，追寻故物，方得以归）信为患难交，一弹每三叹。（桐友）

（张茂枢《响泉琴记》吾家所藏古琴遭广明之乱，俱已荡尽，惟响泉、韵磬二琴为稀世之珍耳。）[16]

根据仇梦岩“常游于扬”记载，及1782年“还黄山，以琴寄广陵友处”，1788年“重游广陵，友家业荡尽。幸余适到，追寻故物，方得以归”的经历，可知仇氏早年学琴、买琴等相关事宜皆是在扬州，按古琴流派划分当属广陵派。最初，因为“兼金买余爨”，为突出如唐代名琴“响泉”一般珍贵，仅以同名形容之。此后若干年间，因为有着类似唐人“几同张响泉，痛与荒烟散”失而复得的经历，“合浦还珠，尤不能忘”，故而该琴便成为了仇梦岩六友之一的“桐友”，并堂而皇之附会唐琴“响泉”之名。《携琴访友图》中仇梦岩于裱边处的题诗“中散寥寥孰赏音，十年辜负远相寻。独弦清夜弹幽怨，落拓江湖此素琴。”亦是由此世间变故感慨而发。而“丁未（1787）秋夜重理响泉因题此卷”的署款，不仅明确了故物失而复得的时间，而且诠释了图中人物所携之琴正是所谓的“响泉”。

前文所提黄易 1772 年《无声诗意山水图册（上）》中，第六帧描写的恰是仇梦岩的琴室书斋，姑且以其号“贻轩”名之。黄易题跋云：

> 琴书半室。向桂边偶然，一见秋色。如心翁置酒桂下。秋人属小松画。山中白云词。壬辰腊月十有五日。钤“黄易之印”印。[17]

画面与题跋均出自宋张炎《山中白云词》之《桂枝香·如心翁置酒桂下花晚而香益清坐客不谈俗事惟论文主人欢甚余歌美成词》。藉此，透过深秋的桂树林，我们得以窥探“贻轩”内的半室琴书。尤为难得的是，较之《携琴访友图》中“藏之古锦囊”的秘不示人，此时的古琴恰“横之青玉案”而一览无余，使人们有幸得见“响泉”真容。且构图居中、色彩深黑，几成焦点。故此帧可名曰《琴书半室》，下文即以此称之。

三、黄易与仇梦岩的素心交

黄易与仇梦岩知交甚早，交谊深厚。除了《携琴访友图》卷、《无声诗意山水图册（上）》之《琴书半室图》页之外，黄易早年还曾刻一“仇梦岩印”“鲁英父”白文双面印，边款云：“号称某甫古人常以为印。潘仲宁作此式最佳。余亦仿之仅得其形似耳。秋人五兄正。小松并记。”[18]（图 4）可知仇梦岩又号鲁英。此外，仇梦岩“六友”之一的“陶友”亦是黄易所赠，其《六友咏并序》谓：“梅花印泥楪，武林黄九贻。虽不盈一握，真是哥窑瓷。匣刳紫檀木，盖嵌青玻璃。背镌八分字，曰秋人宝之。时遭岁大祲，嗟哉同流离。幸落识者手，去而复来兹。（己未岁被饥民攫去，有识秋人字者，知是我物，次日送还）信为莫逆好，不胜故人思。（陶友）”[19] 于此颇有爱屋及乌的味道。

图 4：黄易刻“仇梦岩印”“鲁英父”双面印及边款

黄易在与仇梦岩的交往中，在文学修养方面也潜移默化地受到了一定程度的影响。如黄易早年绘画题跋中大量引用古人诗词就是一种直接的表现。从《无声诗意山水图册（上）》中对南宋词人张炎的《山中白云词》的巧妙引用，我们可以清晰看到仇梦岩《浪淘沙·题储玉琴〈东亭感旧图〉集〈白云词〉》的影子：

> 流水自泠泠，断柳长汀。向人圆月自转分明。欲诉闲愁无说出，愁极还醒。终是未多情，杜老飘零。暖香十里软莺声。门掩新阴孤馆静，几度

销凝。[20]

而作于乾隆乙未（1775）、丁酉（1777）间的《摸鱼子·集〈山中白云词〉黄秋庵客游京洛以词寄赠写别怨焉》[21]和《偷声木兰花·怀黄秋庵集〈山中白云词〉》，[22]更是仇梦岩以《白云词》为缘，对与黄易美好过往的回忆与怀念。

黄易与仇梦岩早年皆馆客他乡，乾隆丁酉（1777）黄易终于通过捐纳改变了自己的命运，得以“就选入都”，等待领受官职。仇梦岩尝有《沁园春》一词，注云：

红桥月泛图。乙未岁明府春岩与黄子小松载酒同游，明月萧声，评今吊古。未数月，小松忽有京华之役。其题《沁园春》一词已见缠绵惜别之情。而余即用其调倚声更寓盛筵难再之意思。展卷濡毫知不徒为红桥赋耳。时在东亭舟中作。[23]

其中所谓“小松忽有京华之役”，即是指1777年黄易“就选入都”一事，而数月前，黄易方还与明春岩等“红桥月泛”，“载酒同游，明月萧声，评今吊古”，却已难掩“惜别之情”。笔者曾得见一黄易《春明门外图》册页（图5），内容恰是1777年九月黄易给好友明春岩的赠别诗画，其诗云：

春明门外即天涯，一路垂杨不见花。铃铎五更残梦破，关心直到玉钩斜。

无定河流可到家，春明门外即天涯。乡思一夜风吹鬓，不待霜深已作花。

冲寒上马前林黑，一钩新月中天白。春明门外即天涯，谁怜我是江南客。

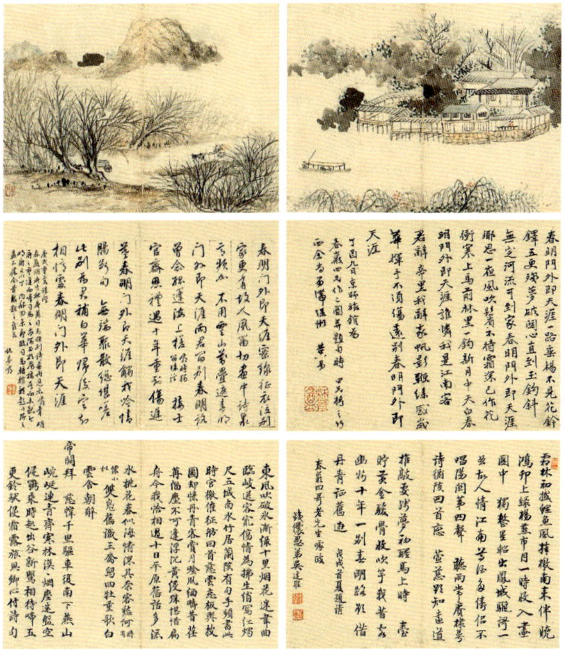

图5. 黄易《春明门外图》册页

君辞帝里我辞家，帆影鞭丝感岁华。挥手不须伤远别，春明门外即天涯。

丁酉九月，京师旅馆为春岩四兄作二图并题句。时四兄将之竹西，余尚留滞保州。黄易。钤“秋景庵”朱文方印。

从中不难看出，彼时黄易虽将步入仕途却因前途未卜而心情复杂。嗣后，黄易履职东河，与仇梦岩自此天各一方。而《春明门外图》册页经明春岩于1780年又辗转到了仇梦岩手中，其继而题跋云：

春明门外即天涯，密线征衣泣别家。更有故人风笛切，画中诗里意频加。

不用云山万叠遮，春明门外即天涯。两君留别春明路，曾念孤篷海上槎（岩时独留珠溪）。

接士官斋恩礼遇，十年重到伤迟暮。春明门

外即天涯，触我吟情肠断句。

无端聚散总堪嗟，此别为君补白华。归后定知相忆处，春明门外即天涯。

庚戌（1790）重客珠溪，春岩明府出秋庵黄司马赠别诗画册见示。岩幸明府之重逢而叹司马之尚隔，正欲属稿。属而未就，今明府又以丁内艰回京师，即效司马辘轳体题以归之，盖不胜今昔聚散之感云。仇梦岩。钤“梦岩私印”印。

故人聚散无期，每次重逢都需格外值得珍惜，诚如仇梦岩《黄九小松监浚海河携樽过其寓斋小饮》一诗所言：“鹿鹿依人事，相携且暂停。海天深欵洽，异地共飘零。夜气生寒碧，村烟带远青。迟留对樽酒，新月上茅亭。”[24]可谓一朝相聚，天时、地利、人和三者缺一不可。

有关黄、仇二人间的往来信札，目前仅见中国国家图书馆藏《黄小松友朋书札》即《古欢》册中仇梦岩致黄易《胶漆》《回南》二札：

情同胶漆，别若参商，十有余年，渴怀何限。近阅邸报，敬悉九哥大人荣升司马，莅任中州。虽膺半刺之迁，实属三公指之望，知弟与台台夙好者无不为弟庆幸。即弟雀跃之私，不禁喜而不寐，恍如身受殊荣也，祗自顾更增惭恧耳。乙巳、丙午所附程太史、洪舍亲之书，想已浮沉矣。今春附书于福中堂幕乐公，由河库道转递。四月又附朱文扆宅相沈君书，伴以松烟画条，不卜曾一达否？年年书邮觅寄难若登天，我劳如何？兹弟之胞侄润书在下南河同知朱舍亲署中，朱公与舍侄系属渭阳之好，刻接其信，云与贵治不远，特托者舍侄幼孤而又家贫甚，蒙渭阳提挈，并望台台视弟之情回光照之。弟自场事灭裂，十年息影蓬庐，去岁洪舍亲有约（名范，现在福中堂幕中），将有京华之行，舟次邗江，又为友人所误，此行不果。兹承江制川兄之招，仍来伍祐，虽一毡有托而半百将衰，自分无能为也已。海滨荒陋，风雨惟有怀友思乡，而于雅谊深情一日不能去诸怀者也。伏乞勿吝德音，胜若躬聆玉屑。片笺布勒，岂尽所怀？恃在垂照，临纸依切。秋盦九哥大人阁下，愚弟仇梦岩顿首。己六月十一日。

江制川兄、申文炳兄、黄在山兄、吴耦梅兄嘱候。[25]

此札作于乾隆五十四年（1789）六月十一日，仇梦岩时在盐城伍佑场江锦幕中，而黄易则刚刚升任河南兰仪同知。二人“别若参商，十有余年”，其间仇氏曾多方联络未果。

去岁舍侄回南，曾具书报谢。嗣又附朱文兄一缄，想尘签室。无由晤教，我劳如何？伏稔九兄老先生政祉增佳，潭禧集庆，曷胜颙祝。弟在伍阜笔耕糊口，瞬又三年，而家累之深，未能拂拭。窃虑生计如萍，老境渐臻，将来作何究竟，托契如阁下，不知何以拯拔之。客中抑郁，惟以古人金石自遣，特苦此乡荒陋，绝无见闻。阁下搜集日增，切希不时寄示。思念妙绘尤渴，旧作《秋水人家图》日悬案头，披对赏心，尚多望蜀之想，极知贤劳鞅掌，不敢溷干，但念企慕之殷，可能检赐一二？舍侄今将往豫，闻伊囊箧尚存贵署，得便祈附寄之。略陈夙悃，敬候升安，诸惟朗照，临书无尽。秋庵九兄老先生阁下，愚弟仇梦岩顿首。辛亥上巳。老伯母太夫人、嫂夫人均请福安。[26]

此札作于乾隆五十六年（1791）三月三日，

仇梦岩时在盐城伍佑场。所云“旧作《秋水人家图》”当是黄易为仇梦岩（号秋人）所作别号图。恰黄易《无声诗意山水图册（上）》中第二帧即是《秋水人家图》，但并无上款，笔者认为，黄易当是据此题材内容，为仇梦岩另作一《秋水人家》别号图，以志纪念。

仇梦岩尝言：“黄公小松余素心交，去年春闻公没于官舍，不觉哭之失声。暇时检箧中公之手书，尚存三札，每一临文，流连感慨交并。因装成小册，用志永离，留于子孙。俾知公之贵不易交相期如一，有非世人之所能及云。”[27]遂成《哭黄小松司马》四首：

金石书成遽令终，已垂不朽继欧公。千秋事业搜罗富，一代才名考据工。能起古人重表见，为开后学费研穷。济宁宝气冲牛斗，汉碣秦碑半泮宫。

负却西泠无限春，淹留半刺奉慈勤。渠成功绩褒王景，河润贤能纪郭纯。在制三年仍在任，居官卅载尚居贫。只今山左思遗爱，继起还看有后人。

忆昔论交母教闻，梅花香里诵清芬。相如最喜诗文契，耐久尤南贵贱分。漫道多情谁似乎我。愧无丽泽补于尹。云霞气谊堪千古，薄俗悠悠那足云。

岂料参商廿八年，每来尺素意缠绵。前盟未践嗟何及，后会难期竟果然。春树怀人离别恨，黄垆感旧死生怜。有灵元伯余应梦，执绋无由泪涌泉。[28]

另，关于仇梦岩的生卒年，史料文献虽无明确记载，但笔者经过对若干材料的梳理，初步分析认为，仇梦岩生卒年约为1739—1810年。原因如下：

其一，1789年仇梦岩致黄易《胶漆》札中有云：“兹承江制川兄之招，仍来伍祐，虽一毡有托而半百将衰，自分无能为也已。”可知仇氏时年五十岁，考虑到文辞修饰的因素，则其生年约为1739年。

其二，汪端光《贻轩集序》作于“嘉庆己卯（1819）之夏”，《序》云：“时庚午（1810）自粤归里，故人零落殆尽，秋人其一也……今年（1819）秋人哲嗣铭旂持遗稿示余。”故仇梦岩应卒于1810年以前。又检仇梦岩《贻轩集》，其先按类型内容再按时间先后排序之诗词，有明确纪年的最晚为“丙寅”，[29]即1806年（见表一），则仇梦岩卒年可进一步推至1806—1810年间。

表一：仇梦岩《贻轩集》有明确纪年的诗词

序号	《贻轩集》	页码	题目	时间
1	诗集 卷上 五言古	1a	丙申九日途中作用陶诗己酉九日韵	1776年
2	诗集 卷上 五言古	13a	丁巳仲夏游康山用坡公金山放舟至焦山韵	1797年
3	诗集 卷上 五言律	24a	辛亥珠溪送江橙里归里	1791年
4	诗集 卷上 五言律	27a	庚申秋日再游西湖	1800年
5	诗集 卷上 五言律	34a	丙寅生日凄然有作	1806年

序号	《贻轩集》	页码	题目	时间
6	诗集 卷上 五言律	34b	壬子十月寄大兄	1792 年
7	诗集 卷上 七言律	36b	己酉春过邵埭同乡诸君相款行作此留别	1789 年
8	诗集 卷上 七言律	42b	甲子新年即事	1804 年
9	诗集 卷上 七言律	47b	乙丑元旦试笔	1805 年
10	诗集 卷上 七言律	49a	乙丑闰六月淮东大水逃亡徧野村落荒芜不胜故园乐土之思漫成四韵寄呈诸友	1805 年
11	诗集 卷上 七言律	49b	乙丑九日同人小集仍用辛酉起句	1805 年
12	诗集 卷上 七言律	54a	丙寅元日喜晴	1806 年
13	诗集 卷下 七言绝	9a	己酉腊月十日吴大耦梅招同人泛月珠溪环孃侑觞楚楚生怜诗专为环娘赋也和李丈宝瓠韵	1789 年
14	诗集 卷下 七言绝	12b	壬子九月黄大柳溪来海上以满城风雨近重阳句乞图	1792 年
15	诗集 卷下 七言绝	17a	癸亥七夕申东里纳姬	1803 年

四、黄易与古琴

黄易与仇梦岩之间一个重要的交集就是古琴，古琴对于黄易又有着什么特殊的意义和内涵呢？检黄易《秋盦遗稿》，虽然涉及古琴的诗词仅存《思佳客用玉屏韵题陈曙峰〈师竹斋图〉》一首，云："长夏都无暑气侵，笔床萧淡墨池深。每当月色摇清影，合写箫材寄赏音。闲把卷，更横琴，故人邀我几登临。士龙已往良师在，露叶烟竿结素心。"[30] 然而一句"闲把卷，更横琴"便生动刻画出良师益友陈灿的散淡平和，后人评价黄易诗"虽非高诣，然雅人自无俗语也"[31]，其词亦然。另外，浙江省博物馆藏一黄易《山水六开册》，作于乾隆丙戌（1766），其中第三开就有"携琴远眺"的场景，黄易题跋云"拟李檀园笔。小松。"钤"黄九"印。（图 6）笔者还曾见一吴大澂《临黄小松山水册》，其中一帧亦与古琴有关（图 7），

图 6. 黄易《山水六开册》之三《携琴远眺》

题跋云："笙簧泠不闻，琴语夜来歇。一霎松风吹，泠然天籁发。咏永嘉吹台和朱垞先生题。"又香港嘉德《永嘉吹台诗意图》（图 8），亦有题识曰：

图 7. 吴大澂《临黄小松山水册》之一

“笙簧冷不闻，琴语夜来歇。一霎松风吟，泠然天籁发。永嘉吹台写为石农仁兄方家鉴正。小松弟黄易。”此件虽非黄易真迹，但其形式必有所本，内容亦自有出处。[32]

那么，除了诗词、绘画，黄易与古琴是否有更直接的关系呢？笔者尝见《小蓬莱阁金石文字》记载，乾隆甲午（1774）黄易题跋《祀三公山碑拓本》，署款为“黄易记于南宫弹琴室”[33]。又黄易刻于1776年的“陈氏晤言室珍藏书画”[34]“魏嘉穀印”[35]二印，边款分别有曰：“乙未九月小松刻于邢子愿之弹琴室”“乙未十月秋盦为松窗作于南宫邢子愿之弹琴室”。“秋景盦”“小蓬莱阁”“汉画

图 8. 黄易款《永嘉吹台诗意图》

图 9. 黄易“琴书诗画巢”印及边款

室”“尊古斋”等是黄易常用的斋号，而“弹琴室”仅见于此。这可以从一个侧面证明，黄易早年确实有过与古琴直接相关的经历。黄易二十多岁时曾刻一“琴书诗画巢”白文印，边款云：“此印不师古，不袭人，我行我法，画家没骨体，庶几近之。小松。”[36]（图 9）因为没有上款，且所言随意，此印很可能是黄易自用，果真如此的话，其印文所谓“琴书诗画”皆应是其家藏之物。又华嵒《九狮图》（图 10）黄易题跋云：

图 10. 华嵒《九狮图》及黄易题跋

乾隆乙酉（1765）冬，先兄梦珠有出塞之役。余负米游上谷，治装无术，典及琴书，秋岳先生此画，将非我有。因无款，人不之信，陆解元筱饮为题数语，始归于包梅垞。越廿年（1785），余官河丞，读礼南还，购归珍藏，黄易记。

乾隆三十年（1765）黄易长兄黄庭（梦珠）缘事遣戍新疆。黄易返回杭州，负米养母，迫于生计设馆授徒。因幕“游上谷，治装无术”，故“典及琴书”及字画。笔者认为此“琴书”当是指所藏古琴和古籍。黄易家藏古籍图书丰富，乃父黄树榖甚至还办有广仁义塾（又称广仁义学），被后世誉为公益开放图书馆的前身。[37]但黄易是否家藏古琴？却鲜有记载，亦无多证据。据《两浙輶轩录》记载，黄树榖曾著《格物考》《河防私议》《百衲琴》《清华录》《楷瘿斋集》等。[38]其中《百衲琴》一书今已佚，究竟是琴史专著还是诗词文集已不得而知，仅就“百衲琴”三字而言，黄树榖与古琴应是颇有渊源的，结合其在扬州的长期游历，师出广陵派的可能性也是存在的。黄易对此自幼耳濡目染，多有感悟。

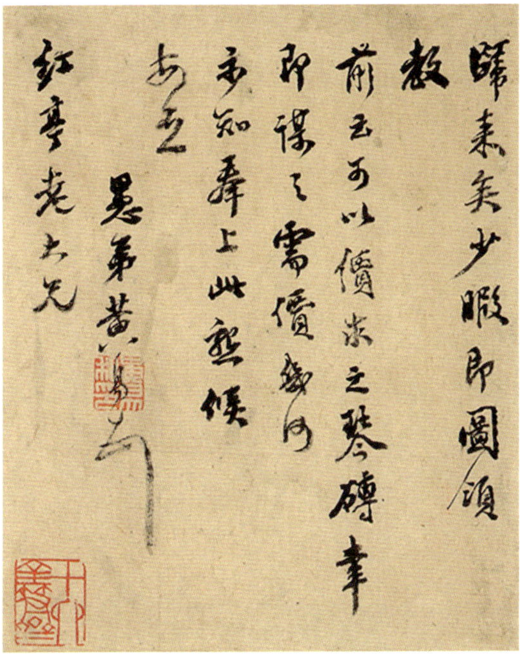

图 11. 黄易致史红亭《少暇札》

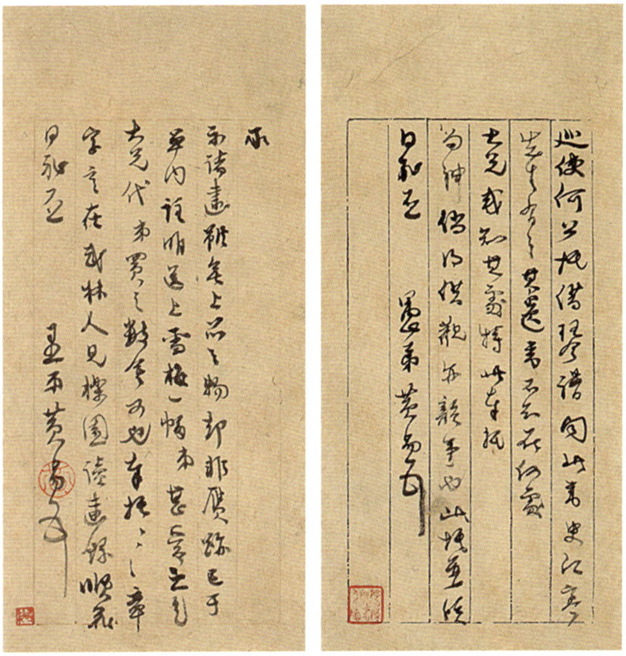

图 12. 黄易致郑震堂《琴谱札》

近年来，笔者在整理故宫博物院藏黄易尺牍书札时，又发现了一些黄易与古琴的零星线索。如新 00152027-36/146《黄易致史红亭少暇札》(图 11）云：

……归来矣，少暇即图领教。前云可以价求之琴砖，幸即谋之，需价几何，示知奉上，此恳，候安不一。愚弟黄易顿首。红亭老大兄。钤印:“黄易私印”；钤鉴藏印：“十六金符斋”。[39]

又如新 00151915-22/24《黄易致郑震堂琴谱札》(图 12）云：

巡使何公托借琴谱，闻此书史红亭先生有之，其遗书不知在何处。大兄或知其处，特此奉托留神，倘得借观，亦韵事也。此托并候，日祉不一。愚弟黄易顿首。钤鉴藏印:“游悔庐所藏名人尺牍”。[40]

史红亭生卒履历不详，黄易《题史红亭小照》一诗尝云：“旧闻日下说何详，公子曾薰粉署香。山左近来词客尽，对君真是鲁灵光。冶春高唱酒边听，梦到扬州亦梦灵。修禊再逢林古度，红桥诗后又红亭。”[41] 可知史氏亦是以诗词歌赋见长，且游艺于广陵，谙熟琴事也就不足为奇了。

《少暇札》中所谓“琴砖”，当是指秦汉空心砖，黄易向史红亭询价“谋之”，或是琴室风雅之备或是金石研究之需，笔者认为后者的可能性更大些。而《琴谱札》中的“琴谱”，仅明清主要琴谱就达 20 余部，即明《神奇秘谱》《太音大全集》《西麓堂琴统》《梧冈琴谱》《风宣玄品》《琴书大全》《松弦馆琴谱》《浙音释字琴谱》《杏庄太音补遗》《杏庄太音续谱》等，清《大还阁琴谱》《松风阁琴谱》《德音堂琴谱》《诚一堂琴谱》《五知斋琴谱》《春草堂琴谱》《自远堂琴谱》《琴学入门》《蕉庵琴谱》《天闻阁琴谱》《枯木禅琴谱》《琴学心声》等。即使排除了若干清嘉庆以后刊行的，彼时黄易为何道生“托借”的究竟是哪一种？笔者仍旧不敢妄言。但有一点似可感知，晚年的黄易较之对金石碑版的热衷，于古琴已经渐行渐远了。这不禁使笔者联想起同为乾嘉时期金石学家的钱泳，在《履园丛话》中关于“弹琴”的一段话：

余年未弱冠，不甚喜笙笛箫管及弦索琵琶之音，深有慕乎弹琴而未得其人也。遂购一琴，朝夕抚弄，始从学于鹿裘道士黄忠夫，习者有七八曲，如《良宵引》《静观吟》《秋江夜泊》《塞上鸿》《梧叶舞秋风》《梅花三弄》《普安咒》之类，乃知世之能琴者，盖星罗棋置焉。其时有俞宗灏号梅华，滕鉴号古明，潘奕正号月池，孔继洛号沛霖，田英号静莲，又有夏芝岩、计松年、华禹玉、严卓云、邵象洲诸人，审其音节，大略相同。一旦恍然有悟曰：“琴制虽古，音则非古，实是今之乐，而非古之乐也。”遂废弃不复弹。盖音之起，由人心生，人心不古，音岂能古耶？殆与笙笛、箫管、弦索、琵琶之音相类似也。[42]

随着时间的推移，黄易对古琴态度上的变化，与钱泳是何等相似，这或许正是彼时金石学者追求复古主义时，“鱼”和“熊掌”间的一种权衡的选择。毕竟“弹琴”仅是“艺能”之一，而金石研究则是史学正朔。黄易于古琴在客观失去与主观放弃的双重作用下，力求达到心理上的平衡。

黄易晚年经常书写的一副集汉碑联：“交朋会友贞贤是与，闭门静居琴书自娱。”（图 13）上联出自《尹宙碑》，乃是黄易金石人生的辉煌写照。对仗工整巧妙的下联出自《鲁峻碑》，浑然天成，系黄易对曾经拥有的简逸生活的美好回忆与再度向往。这就为黄易晚年以访碑图功成名就之后，又于传统文人绘画的大幅回归，即笔者所谓“末期”的出现埋下了伏笔。

五、总结

黄易的书画可分为早、中、晚、末四期。其早期绘画存世较少，多是临摹效法前人笔意，或直接题书古人诗词，尚不具备自我独立的艺术风格。黄易 1771 年 28 岁所作《携琴访友图卷》，既有着其早期绘画的普遍性特点（稚嫩拙涩的技法），又有着特殊的一面（古琴要素的嵌入），从而呈现出早期绘画中少有的一种高度和维度，效果直观而明显。黄易 1772 年 29 岁所作《琴书半室图》，堪称《携琴访友图》的姊妹篇，在时空人物的巧妙转换中，将“古琴－清音－寻觅－知己”的典型题材范式继续丰富内涵，拓展外延，使绘画中的古琴要素得以进一步升华。

黄易早年家藏古琴，自幼熏陶其中，仇梦岩则视古琴为“桐友”，历经反复刻骨铭心，二人以古琴为缘，素心知交。因此，《携琴访友图》《琴书半室图》等以古琴题材的作品，不仅是黄易早期文人绘画的典型代表，而且是其真实历史背景的映射和体现。随着黄易逐渐在金石学研究方面取得的成就愈发显著，其中、晚期的书画作品金石题材内容遂成为主流，并达到以访碑图为代表的个人艺术风格的巅峰与时代风格的经典，其间已难觅古琴的踪影。末期虽是黄易个人文人书画情结的大幅回归，但日臻成熟的他已无须太多的诸如古琴这般“道具”来进行内心深层情感的表达。而且，随着黄易金石学术地位的不断提升，

图 13. 黄易集尹宙碑隶书八言联

交游的日益广泛，古琴的题材范式反而很大程度制约了他的创作和交流（出于共同爱好的金石交很多，但可称清音知己者注定很少），加之再也没有了早年那样于古琴的真实情境，黄易最终选择了远离。即使是在表现文人书斋的画面中，古琴也渐渐淡出了人们的视野，为各类金石所取代。[43] 黄易于古琴的这一演进过程，是符合事物发展的一般规律的。

总之，以上是对黄易各期绘画中的古琴要素运用规律的一个初步总结，是基于笔者对黄易长期关注与研究的经验认知。但难免会挂一漏万，如果此后又有一些相关“个案”出现，本着实事求是的原则，我们还须具体问题具体分析。

注释：

1. 国家文物局主编：《中国文物精华大辞典·书画卷》，上海：上海辞书出版社、北京：商务印书馆，1996 年 1 月，第 435 页。

2. 有关黄易书画分期研究（“四期说”），笔者将另外撰文进行阐释，于此不再赘述。

3. 徐邦达编：《改订历代流传书画编年表》，北京：人民美术出版社，1995 年，第 242–243 页。

4. 刘九庵编：《宋元明清书画家传世作品年表》，上海：上海书画出版社，1997 年，第 737–741 页。

5. 秦明：《黄易〈访古纪游图册〉误改纪年考》，《中国国家博物馆馆刊》2017 年第 1 期（总 162 期），第 107–123 页。

6.（清）黄易：《无声诗意山水图册（上）》蒋宝龄题跋，故宫博物院藏。

7.（清）黄易：《无声诗意山水图册（上）》陆恢题签，故宫博物院藏。

8.（清）黄易：《无声诗意山水图册（下）》吴云题跋，故宫博物院藏。

9.（清）黄易：《无声诗意山水图册（上）》庞元济题跋，故宫博物院藏。

10.（清）黄易：《无声诗意山水图册（上）》庞元济题跋，故宫博物院藏。

11. 刘思训：《中国美术发达史》，商务出版社，1946 年 4 月，第 110 页。

12.（清）黄易：《为张砚村跋王石谷花卷》，《秋盦遗稿》，《续修四库全书》，第 1466 册，上海：上海古籍出版社，2002 年，第 18 页。

13.（清）仇梦岩：《重理响泉有感因题携琴访友卷》最后一句略有出入，云：中散寥寥孰赏音，十年辜负远相寻。独弦清夜弹幽怨，落拓江湖我共琴。参见（清）仇梦岩：《贻轩诗集》卷下 七言绝，嘉庆二十四年刻本，第 4b 页。

14.（清）汪端光：《秋人集序》（《贻轩集序》），《贻轩诗集》卷上，嘉庆二十四年刻本，第 1a–3b 页。

15. 参见贺新辉主编：《清词鉴赏辞典（图文修订版）》，北京：北京燕山出版社，2006 年 9 月，第 795–796 页。

16.（清）仇梦岩：《贻轩诗集》卷上 五言古，嘉庆二十四年刻本，第 4b–5b 页。

17.（清）黄易：《无声诗意山水图册（上）》之《琴书半室》黄易题跋，故宫博物院藏。

18. 邱德修：《丁丑劫余印存释文 上》卷三，台北：五南图书出版公司，1989 年 6 月，第 53 页。

19.（清）仇梦岩：《贻轩诗集》卷上 五言古，嘉庆二十四年刻本，第 5b–6a 页。

20. 这是一首题画词，系集宋张炎《山中白云词》成句题画，十分罕见。“流水”句：见《风入松・听琴中弹〈樵歌〉》：“松风掩昼隐深情，流水自泠泠。”/“断柳”句：见《声声慢・送琴友季静轩还杭》：“难挽清风飞珮，有相思都在，断柳长汀。”/“向人”句：见《风入松・闺元宵》：“向人圆月转分明，箫鼓又逢迎。”/“欲诉”句：见《蝶恋花・赠杨柔卿》：“欲诉闲愁无说处，几过莺帘，听得间关语。”/“愁极”句：见《斗婵娟・春感》：“谩伫立，东风外，愁极还醒，背花一笑。”/“终是”句：见《满庭芳・小春》：“消凝处，一枝借暖，终是未多情。”/“杜老”句：见《声声慢・送琴友季静轩还杭》：“倩寄远，见故人说道，杜老飘零。”/“暖香”句：见《风入松・春游》：“暖香十里软莺声。小舫绿杨阴。”/“门掩”句：见《渔家傲・病中未及过昆陵》：“门掩新阴孤馆静，杨花却解来相趁。”/“几度”句：见《水龙吟・白莲》：“几度销凝，满湖烟月，一汀鸥鹭。”参见徐元选注《中国异体诗新编》，杭州：浙江大学出版社，2010 年 12 月，第 335–336 页。

21.（清）仇梦岩：《贻轩词集》卷下，嘉庆二十四年刻本，第 2a 页。

22.（清）仇梦岩：《贻轩词集》卷下，嘉庆二十四年刻本，第 2a–2b 页。

23.（清）仇梦岩：《贻轩词集》卷下，嘉庆二十四年刻本，第 1a 页。

24.（清）仇梦岩：《贻轩诗集》卷上 五言律，嘉庆二十四年刻本，第 24b 页。

25. 仇梦岩致黄易《胶漆札》，《黄小松友朋书札》（《古欢》）第八册，中国国家图书馆藏。薛龙春先生考证认为：据款识，“己”当为乾隆五十四年己酉（1789），此际黄易升兰仪同知。故札有“莅任中州”云云。开封府下南河同知，专管祥、陈、兰三县河道工程。又江锦字制川，江村人，运判，署浙江嘉兴府通判。

26. 仇梦岩致黄易《回南札》,《黄小松友朋书札》(《古欢》) 第十二册，中国国家图书馆藏。薛龙春先生考证认为：据款识，札作于乾隆五十六年（1791）三月三日，仇梦岩时在盐城伍佑场。《古欢》第八册所收仇氏另一札作于1789年，此云“瞬又三年”，合。故宫博物院藏黄易《携琴访友图卷》，款识云：“携琴访友图。秋人五兄属，小松黄易画于珠溪官舍，辛卯（1771）九月一日。”钤“黄九”印。后仇梦岩题诗，又有陈栻、何琪诸家题，均仇梦岩所嘱。据札，黄易还曾为仇作《秋水人家图》，而此际仇氏又求新作。又，黄易为仇梦岩刻《鲁英父》白文印，见《清代浙派印风·上》。

27.（清）仇梦岩：《贻轩诗集》卷上 七言律，嘉庆二十四年刻本，第44a页。

28.（清）仇梦岩：《贻轩诗集》卷上 七言律，嘉庆二十四年刻本，第43a–44a页。

29.《丙寅生日凄然有作》(五言律诗)、《丙寅元日喜晴》(七言律诗)。

30.（清）黄易：《秋盦遗稿》，清宣统二年（1910）李汝谦石印本，华东师范大学图书馆藏，第16页。

31. 徐世昌编，闻石点校：《晚清簃诗汇》卷一百三，北京:中华书局，1990年10月，第四三五六页。

32. 古吹台，在河南开封市郊东南三里许。传为春秋时晋国乐师师旷奏乐的地方。后来梁王在此增筑吹台。

33.（清）黄易《小蓬莱阁金石文字》册四，三公山碑一b，道光十四年（1834）石墨轩本。

34.〔日〕小林斗盦：《中国篆刻丛刊》第一四卷–清8·黄易，二玄社，昭和五七年二月，第51页。

35.〔日〕小林斗盦：《中国篆刻丛刊》第一四卷–清8·黄易，二玄社，昭和五七年二月，第55页。

36.〔日〕小林斗盦：《中国篆刻丛刊》第一四卷–清8·黄易，二玄社，昭和五七年二月，第12–13页。

37. 据《中国藏书家考略》记载：广仁义塾在武林门外东马塍北，聚书其中，供四方来学者阅诵，每书全部板心折缝处，斜盖“广仁义塾”四大字为记，使人不能巧偷豪夺，书多精本，此为古来藏书家之变体，抑亦今日阅之先导也。又严宝善《“广仁义学”的藏书与刻书》评价云：清代乾隆初年（18世纪中叶），杭州曾出现过一个私人创办的图书室。以“广仁义学”的名称，征集入藏了若干图书，并且刻过书。这个义学组织，不是义务教儿童的蒙馆性质，而是为成年人提供阅读比较高深书籍的机构，实为我国对公众开放的最早图书馆。比官办的四库全书南三阁（文澜、文汇、文宗）的建立和对外开放，要早30多年。与前此存在的若干私人藏书楼的封闭性，仅供个人或子孙及少数同好使用相较，具有为社会服务的色彩。

38.（清）阮元、杨秉初辑，夏勇整理:《浙江文丛·两浙輶轩录》卷十七，杭州：浙江古籍出版社，2012年4月，第5册，第1212页。

39. 参见秦明主编：《故宫藏黄易尺牍研究·手迹》，北京：故宫出版社，2015年10月，第123页。朱琪先生考证认为：此札失叶已不全，难以详考。《故宫藏黄易尺牍研究·手迹》书中受信人失考，案当为史红亭，详新00151915–22/24黄易致某人琴谱札疏证。关涉人物：红亭老大兄（史红亭）。

40. 参见秦明主编：《故宫藏黄易尺牍研究·手迹》，北京：故宫出版社，2015年10月，第58页。朱琪先生考证认为：此札受信人“大兄”应当为郑震堂（详前）。“巡使何公托借琴谱”，当指何道生迁山东道监察御史，钦命巡视济宁漕务，故此札约作于嘉庆四年（1799）前后。史红亭，《秋盦遗稿》中有《题史红亭小照》诗，从“遗书”来看，此时史红亭已不在世。涉及书籍资料：琴谱。关涉人物：大兄（郑震堂）、巡使何公（何道生）、史红亭。

41.（清）黄易：《秋盦遗稿》，清宣统二年（1910）李汝谦石印本，华东师范大学图书馆藏，第7页。

42.（清）钱泳撰，张伟点校：《履园丛话（上）》，北京：中华书局，1979年12月，第312–313页。

43. 参见秦明：《黄易笔下的文人书斋》，《中国美术》2018年第2期，第36–51页。

故宫藏黄易绘武亿像读记

王家葵 / 贺宏亮

成都中医药大学教授 / 四川省通信管理局

内容提要： 故宫藏有一帧黄易所绘武亿像，乃黄易于访碑嵩洛的次年（嘉庆二年）正月四日，摹寄朱鲔石室壁镌画像与武亿，应该是对其在河南访碑活动中给予关照的一种回馈。武氏此时已革职多年，身体大不如前，收到此画后，在其生前只邀请了身边两位好友王复和赵希璜题跋。嘉庆四年（1799），武亿去世。嘉庆五年（1800），和珅倒台，武亿平反。武氏后人持此画像请京中政学两界名人题跋，应是有意为之，这既是对武亿的追念，也是恩泽后人的请求。该图画心及两侧题跋累累。本文释读跋文，考索人物关系，可为了解黄易、武亿生平之助。

关键词： 黄易　武亿　黄易绘武亿像　题跋　交游

乾隆、嘉庆间，江南汉学考据之风勃兴，武亿（1745—1799）生长中州，独预其流，寻撢诸经旧义，著《三礼义证》《群经义证》两书；蹊径别辟，专研诸经句读异同，成《经读考异》十二卷，三书并收入《清经解》正、续编。武氏雅好收藏碑版文字，河南多旧迹，游历所至，扪苔剔藓，尽心摹拓，多前人未经著录者，于碑刻文献之流播，厥功甚伟。武氏熟谙诸史，故所著金石跋文各种，论者称其精诣当为潜研堂之亚。性强项，不畏权势，为令博山，杖击和珅番役，直声震天下。其人其学，皆卓卓可传也。[1]

故宫藏有一帧黄易所绘武亿像，乃黄小松见朱鲔石室画像中有一人神似武虚谷，因此摹寄之。该图所绘武氏"大耳丰下，心古貌亦古"。画心及两侧题跋累累。丙申岁末，承故宫秦明兄赐下清晰图版，得以释读跋文，考索人物关系，可为了解黄易、武亿生平之助。[2]

一、武亿其人其事

武亿（1745—1799）字虚谷，一字小石，旧字老统，自号半山石人。乾隆十年（1745）十一月二十二日生于北京。乾隆三十年（1765）服阕，应童子试，偃师令见其文奇，拔擢第一。乾隆三十五年（1770），膺乡荐中式本省乡试第六名举人。乾隆四十五年（1780），会试中式第一百十名进士。乾隆五十六年（1791），出任山东青州府博山县知县。"讼无留牍，祷雨即降。有人贿以二千

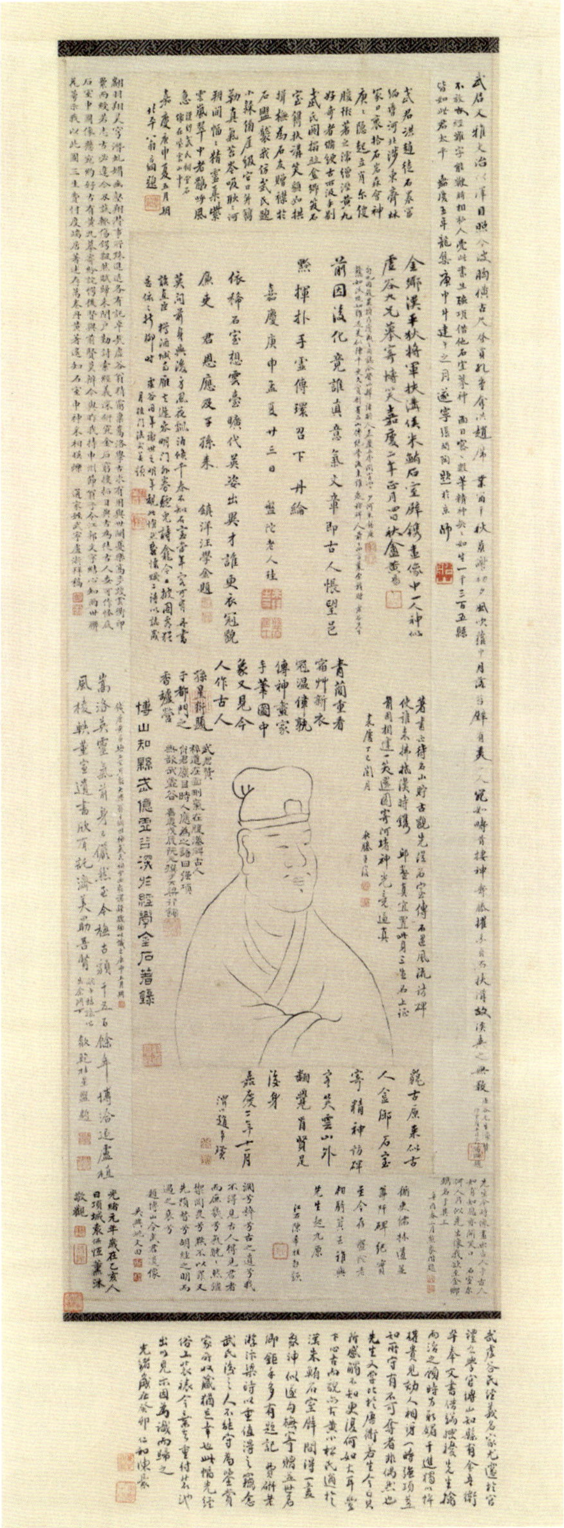
黄易画武亿像轴

金者。曰：'汝不闻雷声乎？我惧雷击我也。'"[3]乾隆五十七年（1792），和珅专权，领步军统领事，听信别人妄言，认为山东长清王伦起义被扑灭后，王伦并没有死，只是下落不明，便秘派番役四处寻找其踪迹。番役曹君锡、杜城德以缉捕为名，招结无赖十一人，横行州县。"其役携徒众，持兵刃，于民间凌虐恣肆，历数县，莫敢何问。"来到博山后，更是在市肆中手持铁尺，肆意饮博，无人敢问。武亿把这一帮人拘捕到县衙。先是杜城德恃强倔强，后又拿出提督发的牌照进行威胁。武亿质问，既是牌照命令你们与地方官府合力捕盗，为何来三日不报？而且牌照上只差遣二人，为何成群结队，耀武扬威？杜城德等一行哑口无言。武亿下令依法一一杖之，民皆称快。山东巡抚吉庆知道此事后，担心"将累上官"，以"任性行杖"劾革武亿职。武亿被罢官的消息传出后，博山老少千余人来到山东巡抚衙门前"乞留我好官"，未得到满意答复，"则日为（武亿）运至薪米，门如市焉"，吉庆深为感动，亲到京师力图挽回局面，终因和珅把持朝政，执掌吏部，未能如愿。姚鼐盛赞武亿此举是"功固及天下矣"。此后，武亿曾寓居历下、鲁山、安阳，主修《鲁山县志》与《安阳县志》，又主讲临清州青源书院及邓州春风书院。嘉庆四年（1799）十月二十九日卒于家中，终年五十五岁。及嘉庆帝亲政，和珅伏法，"召君将用之，而君先卒矣"。[4]

武亿自幼酷爱金石之学，潜心研究，成为清代著名金石学者。主要金石学著作有《金石三跋》《金石续跋》《偃师金石遗文补录》《钱谱》等。江藩在《国学汉学师承记》中说："（武亿）酷嗜翠墨，游历所至，如嵩山泰岱，遇有石刻，扪苔剔藓，尽心模拓，或不能施毡椎者，必手录一本。偃师杏庄，去所居四十余里，民家掘井，得晋刘韬墓志，长二尺有余，重几百斤，先生肩之以归。”[5]乾隆甲寅年（1794），武亿曾应著名学者阮元之邀参校《山左金石志》。武亿也是方志学大家，先后纂修《鲁山县志》《宝丰县志》《郏县县志》《安阳县志》等，还参与了偃师县知县汤毓倬、翰林院编修孙星衍主持的《偃师县志》的编纂事宜，负责金石部分。其中《安阳县志》影响巨大，被视为县志楷模。大学士、四库全书馆总纂官纪昀为其作序说：“试阅其目，井井有条，多合古意。先以图、次以表，挈其纲要；次以志、次以传、次以纪，析其目矣；殿以艺文，乃仿古人之目录，不似近人之附载诗文，其体例不亦善乎？而每条必有考证，不徒杂袭旧文，其叙述不亦确乎？”[6]武亿又精于经史、考据学，善诗文，有《群经义证》《经读考异》《三礼义证》《四书考异》《授堂诗文集》等数十卷。

嘉庆元年（1796），黄易访碑嵩洛，曾与武亿盘桓数日。武亿在与黄易相处的数日内，极尽地主之谊，为黄易嵩洛访碑之行提供了很大便利。两人彼此交流间，坦诚相待，毫无保留，使得黄易收获颇丰，有的甚至是重大发现。从《嵩洛访碑日记》中可以知道，（嘉庆元年）九月二十一日，黄易登老君洞，“虚谷见洞门高壁阳文刻字，指示喜甚，验是太和十二年洛州刺史始平公像记”。所以，武亿和黄易是龙门四品的最早发现者。[7]

二、第一组题跋三则［嘉庆二年（1797）］

笔者对黄易绘武亿像的题跋释读后进行排比，按照时间顺序分为四组。第一组题跋共三则，均为在1797年武亿去世前所写。

1. 黄易1797年正月四日所书画跋：

金乡汉平狄将军扶沟侯朱鲔石室壁镌画像中，一人神似虚谷九兄，摹寄博笑。嘉庆二年正月四日。秋盦黄易。钤“小松”印。

2. 王复1797年闰月题跋：

著书正待名山贮，古貌先从石室传。不遇风流访碑使，谁来拂拭汉时镌。

邱壑真宜置此身，三生石上证前因。相逢一笑还图寄，阿堵神光竞逼真。

嘉庆丁巳闰月。秋塍王复。钤“王”“复”印。

王复（1748—1798）字敦初，号秋塍，浙江秀水（今嘉兴）人。王又曾子。援例为国子监生，为两湖总督毕沅所引重，初入其幕，后署潘县丞及鄢陵、临漳、武陟诸县事，实任武陟；又一署考城，寻调商邱。吏议解任，引见得旨，仍以知县用，既署临颍，遂授偃师，视事几三年，染疾卒。王复也擅长金石学，曾著有《偃师金石补录》，与武亿为好友。曾请武亿主持偃师书院。武亿撰有《偃师县知县王君复行实辑略》。[8]

嘉庆（1797）丁巳闰月为闰六月。

3. 赵希璜1797年十一月题跋：

貌古原来似古人，金乡石室寄精神。访碑客笑云山外，翻觉前贤是后身。

嘉庆二年十一月。渭川赵希璜。钤“希”“璜”印。

赵希璜是武亿的同窗，均为朱竹君门下。武亿革职后，于1795年回故乡。1796年应鲁山知县董荣之聘，修《鲁山县志》，其后又修了郏县、宝丰县志。1798年应老友赵希璜的邀请修《安阳县志》。

赵希璜《怀人三十首》中，有怀武虚谷诗一章。《怀武虚谷大令》：

博山勤吏事，青齐仰厘剔。从前搜古心，尽佐循良绩。

笛莠区以别，鹰鹯思奋击。翩然忽遐翔，万里寥天寂。[9]

三、第二组题跋十则［嘉庆五年（1800）前后］

这一组题跋数量最多，均在嘉庆五年（1800）前后，即武亿“平反”后不久，当是武氏后人有意为之，既是对武亿的追念，也是祈求朝廷恩泽后人的请愿书。

1. 孙星衍题跋：

青简重看宿草新，衣冠温伟孰传神。画家手笔图中象，又见今人作古人。

孙星衍题于都门之香炉营。钤“伯渊”印。

孙星衍是与武亿关系非常密切的友人。在《授堂文钞续集》卷十中，载有武亿与孙星衍信札十五封，内容极为丰富。两人讨论金石文字，联系甚密。诗中有“青简重看宿草新”“又见今人作古人”之语，揣其意，应为武亿去世后不久所作。

2. 朱锡庚 1800 年闰四月四日题跋：

憨如汲黯知难遇，美似陈平更久贫。剩有名山传绝学，后来谁是访碑人。

前十四言，曩余戏赠虚谷先生句也，因题是帧，乃续成之，用志今昔，以归诸嗣人。嘉庆五年闰四月四日。少河朱锡庚。钤“锡”“庚”印。

朱锡庚（1762—1827）字少白，一作少河，是乾隆时期朴学领袖朱筠的次子。他曾经自刻一枚“能读父书”的篆书印章以自励。江藩在《汉学师承记》中评价他“读书好古，精于《左氏春秋》，能世其学”。然而，朱锡庚天资虽高，但勤奋不够，治学成就无多，不仅未能张扬朱门经学，反而在晚年散尽藏书，落得“无一读书种子”的结局。朱锡庚存世的著述，有《未之思轩诗草拾遗》一卷，咸丰七年朱庭干抄本，一册；《朱少河先生杂著》不分卷，稿本；一为《璞存山房初稿》一卷，仅存《书（声韵考）后》一文，清刻本。另有《韩非子校正》一卷、《椒花吟舫书目》（以上皆国家图书馆有藏）。另，日本京都大学人文科学研究所藏有朱锡庚生前自编文集稿本《未之思轩集著》（不分卷），内有李威、武亿、朱文翰、吴鼒、陈希曾等人识语。[10]

“憨如汲黯知难遇”，指武亿惩办和珅爪牙事。“美似陈平更久贫”，应是指武亿“大耳丰下”，面貌端庄，但为政清廉，家无余钱。

3. 朱珪 1800 年四月廿三日题跋：

前因后化竟谁真，意气文章即古人。怅望邑黔挥扑手，虚传环召下丹纶。

嘉庆庚申孟夏廿三日。盘陀老人珪。钤“朱珪之印”“盘陀居士”印。

朱珪（1731—1807）字石君，号南崖，晚号盘陀老人。与其兄朱筠，时称“二朱”。随父朱文炳由萧山侨居北京大兴县，故入籍顺天府。乾隆十二年（1747），17 岁殿试为进士，选庶吉士，散馆授编修，侍读学士。乾隆二十四年（1759），主河南乡试，会试同考官。秋，授福建粮道。乾隆二十八年（1763），擢按察使，兼署布政使。乾隆三十二年（1767），补湖北按察使。乾隆三十四年（1769），任山西布政使。乾隆三十六年（1771），权巡抚事。乾隆三十九年（1774），为按察使，授侍讲学士。乾隆四十一年（1776），命在上书房行走，教嘉庆帝读书。乾隆四十五年（1780），督福建学政。乾隆四十九年（1784），内阁学士。乾隆五十一年（1786），礼部侍郎。乾隆五十九年（1794）以及之后，历任两广总督，吏、兵、户部尚书，协办大学士，太子太保，太子太傅等职务。嘉庆四年由安徽巡抚上调北京。嘉庆十一年（1806）十二月五日卒，终年77岁。帝谥"文正"。朱珪作为帝师，其学术观点对嘉庆帝有一定影响。乾嘉朴学的形成，与之有关系。黄易、武亿等人的金石之学，也是受到这个大的学术风气转变的影响。

朱珪《知足斋文集》卷五有《前博山县知县诏起引见武君墓志铭》。[11]

"邑黔"指黎民，"怅望邑黔挥扑手"，也是说武亿因"任性行杖"被革职之事；"丹纶"即皇帝下的诏书，"虚传环召下丹纶"一句指嘉庆帝亲政和珅伏法后，"召君将用之，而君先卒矣"。

4. 翁方纲1800年五月朔题跋：

博山知县武亿虚谷深于经学金石著录

钱塘黄易橅石室肖象，大兴翁方纲因橅武氏祠堂画象汉隶题牓以识之。庚申五月朔。钤"□□"印。

5. 翁方纲1800年夏五月朔题跋：

武君洪赵徒，石墨富编翻。河北涉东齐，林冢日裒拾。石岩森会神，庚庚隐起立。肖尔便腹形，著之濡缯泾。黄九好奇者，修绠古所汲。手剔武氏阙，拓并金乡笈。石室镌扶沟，笑貌如拱揖。橅为石友赠，襟于石盟袭。我仿武氏题，小隶傍厓级。它日并镌勒，真气苔岑吸。耿耿河朔间，幅幅精灵集。紫云岚翠中，老鹘呼风急。

（汉刻武氏祠堂石像在紫云山中）

嘉庆庚申夏五月朔

北平翁方纲题。钤"覃谿"印。

翁方纲是与黄易和武亿均非常密切的友人。武氏后人征求题跋，翁方纲以武梁祠画像石榜题的汉隶字体书写题名，并赋诗纪念武亿，亦是作为老友的应尽之谊。

翁方纲的有关情况不赘述。

6. 吴锡麒1800年夏五月题跋：

武君文雅 吏治以泽

目照今波 胸横古尺

登贾孔堂 夺洪赵席

叶富千秋 景谢初夕

风吹萝中 月落苔壁

有美一人 宛如畴昔

栖神寿藤 擢素贞石

扶沟故侯 与之无斁

虚谷先生像赞

庚申夏五月吴锡麒题。钤"榖人"印。

吴锡麒（1746—1818）清代文学家。字圣征，号谷人。钱塘（今浙江杭州）人。乾隆四十年（1775）进士。与黄易、武亿均友善。

武亿是清代中叶经学研究的著名学者，吴锡麒将其与汉代经师贾逵、孔颖达并称，故云"登贾孔堂"；武亿亦精通金石之学，吴锡麒赞誉他超迈了宋代金石学家洪适和赵明诚，故云"夺洪赵席"。

"无斁"，不厌倦。

7. 张问陶1800年五月题跋：

不放古经难字，能鞭时相私人。爱此书生强项，借他石室摹神。

面目寥寥数笔，精神奕奕如生。一千三百五县，皆如此君太平。

嘉庆五年龙集庚申年建午之月遂宁张问陶题于京师。钤"船山"印。

张问陶（1764—1814）字仲冶，一字柳门，号船山、蜀山老猿，四川遂宁人。清代诗人、诗论家，书画家。乾隆五十五年（1790）进士，曾任翰林院检讨、江南道监察御史、吏部郎中，出任山东莱州知府，后辞官寓居苏州虎邱山塘。晚年遨游大江南北，嘉庆十九年（1814）病卒于苏州寓所。

“爱此书生强项”，也是赞誉武亿因杖击和珅番役被革职一事。

8. 汪学金题跋：

依稀石室想云台，旷代英姿出异才。谁更衣冠貌廉吏，君恩应及子孙来。

镇洋汪学金题。钤“学金小印”“□□□□”印。

汪学金（1748—1804）字敬箴，号杏江，晚号静厓，江苏镇洋（太仓）人。生于清高宗乾隆十三年，卒于仁宗嘉庆九年，年五十七岁。生而颖奇，八岁能诗。年十二，随父廷玙之闽署学政，朱珪见其文，称为“仙才”，廷玙因命师事珪。乾隆四十六年，一甲三名进士，授翰林院编修。嘉庆四年召修《纯庙实录》，擢中允。明年，升侍读，充文渊阁校理、日讲起居注官。帝知其能诗，召对乾清宫，称好学。再洊升左庶子，以病乞归。著有《井福堂文集稿》十卷，《静厓诗初稿》十二卷，《后稿》十二卷，《续稿》六卷，又辑《娄东诗派》二十八卷。诰授中宪大夫。入《清史列传·文苑传》。

此跋无年月，从“君恩应及子孙来”一句推测，也是写于武亿殁后，其子孙持本幅求京师诸家题跋之时。

9. 法式善 1800 年题跋：

莫问前身与后身，风花飘泊倏千春。不知石室当年客，可有丹书诏直臣。

樽酒城南雁去迟，春明门外劵驴儿。诗龛今日披图看，犹是依依新柳时。

虚谷同年谢世之明年，睹此怆感，怀赋二诗以志岁月。梧门法式善题。

钤“法式善印”“时帆”印，像左下又钤“诗龛墨缘”印。

法式善（1752—1813）姓伍尧氏，原名运昌，字开文，别号时帆、梧门、陶庐、小西涯居士。乾隆四十五年进士，授检讨，官至侍读。乾隆帝盛赞其才，赐名“法式善”，满语“奋勉有为”之意。著有《存素堂集》《梧门诗话》《陶庐杂录》《清秘述闻》等。

法式善是武亿的同年，其《武虚谷传》云：“余与虚谷为同年友，交相得也。方其之博山时，登车执手订相见期。君谓半载后，当携樽榼迓我于卢沟桥左。人以为君胡作戏语，余固有以知君之志矣。君生平以读书用世为志，遇权势则强项不为之下，乃卒以是为世所弃。”[12]

10. 熊象阶 1801 年二月题跋：

先生今时像，画出古人手。古人如有知，应亦开笑口。

石室尔何人，乃拟先生像。我欲至金乡，镌名于其上。

辛酉春二月熊象阶题。钤“臣”“阶”印。

熊象阶，字子升，一字松樵。清乾隆五十四年（1789）拔贡生，由河南知县，历卫辉知府，曾与武穆淳共同纂修《浚县志》。

四、第三组题跋五则［嘉庆十三年（1808）前后］

武亿之子武穆淳于嘉庆丁卯（1807）中举，后出任江西吉水、龙泉等地知县。在嘉庆戊辰（1808）前后，又出现了一批题跋。

1. 阮元 1808 年题跋：

武君赞

粹道在面，刚气在腹。汉碑古人，肖君麋目。

时人应为之语曰：强项无欲武虚谷。

嘉庆戊辰阮元撰于大梁行馆。钤“雷塘庵主”印。

阮元也是武氏旧知。乾隆六十年乙卯（1795）三月，武亿曾至阮元幕中，襄助其编纂《山左金石录》。阮元《山左金石志序》云：“元在山左，卷牍之暇，即事考览，引仁和朱朗斋（文藻）、钱塘何梦华（元锡）、偃师武虚谷（亿）、益都段赤亭（松苓）为助。”而桂馥也同时在此，有诗记其事，《乙卯夏秋之间，与虚谷先生同客济南，余将北上，留此奉别》：“一行作吏早归田，金石遗文出郑笺。来往鹊华秋色里，逢人但乞打碑钱。”[13]

是年八月，《山左金石志》草稿略定。据阮元《武虚谷徵君遗事记》云：“书内考证，出先生手者三之一”。乃未及终局，而诸君各散去。此书阮氏后属赵魏续为校勘厘定，成书二十四卷。阮元《武虚谷徵君遗事记》云，“武君以金石文字补经史遗误甚多，余在山左，集碑本于小沧浪亭，延武君校之。武君钩考精博，系以跋语，余所修山左金石志中，考证出君手者三之一”。[14]

但武亿对此次编纂《山左金石录》似有微词。是年十月，武亿《与孙伯渊书第五通》云：“某今岁代阮学使编录此方金石，未及终局，遂各散去。中间为谬人更张，冗舛庞杂，虑为他日笑柄。阁下有少便，须以字致学使‘书成，亦勿遽刻也’”。[15]札中所斥的“谬人”，疑指何元锡。

2. 鲍桂星题跋：

嵩洛英灵气，前身已俨然。至今樵古貌，千五百余年。

博洽追卢植，风棱轶董宣。遗书欣有托，济美勗吾贤。

（嗣子喆孙皆出余门下。）

歙鲍桂星并题。钤“桂星私印”“鲍子”印。

鲍桂星（1764—1824）字双五，一字觉生。安徽歙县人，清朝官吏。嘉庆四年进士，选庶吉士，授编修，迁中允。九年，典试河南，留学政。十三年，典试江西。十五年，督湖北学政。累迁至内阁学士。

此则题跋无年月，由“遗书欣有托”句，知此跋写于武亿辞世后。“嗣子喆孙皆出余门下”，“喆孙”即“哲孙”，武氏子武穆淳、孙武耒皆出鲍氏门下。鲍氏于嘉庆九年（1804）典试河南，留学政；十三年（1808）典试江西。武穆淳于嘉庆十二年丁卯（1807）中举。故武氏“嗣子喆孙皆出余门下”，应在鲍氏典试河南之时。因此，此则题跋系年为嘉庆十三年（1808）年前后。

3. 卢浙题跋：

翙羽翔昊穹，潜虬媚幽壑。翔潜事所殊，进退各有讬。卓哉虚谷翁，精霹禀嵩洛。学古求有用，与世关忧乐。高步践云衢，印累而绶若。志古必违今，刃试鞭伤锷。飘然赋归来，闭户勤讨索。经义深研究，金石穷搜拓。日与古为徒，古人安可作。怪底石室中，图像悬婉约。好古有黄九，摹寄纷诧愕。后贤与前贤，莫辨今与昨。我持中州节，翁子令江郭。文字结心知，两世联花萼。示我以此图，三生费忖度。端居著述存，万卷丹黄著。遥知石室中，神采相映烁。

通家侄武宁卢浙拜稿。钤“臣”“浙”印。

卢浙（1757—1830）字让澜，号容莽，江西武宁人。清代经学家。嘉庆四年（1799）进士。由户部主事逐渐升迁为工科给事中，官至太仆寺卿。长于经史，著有《周易说约》《周易经义审》《读史随笔》以及《三惜诗文》等书。

此则题跋无年月，从诗中“翁子令江郭”，应是在嘉庆十二年丁卯（1807）武穆淳中举出任江西知县后。

4. 陈希祖题跋：

循吏儒林道并尊，阡碑纪实至今存。盘陀老相骑箕去，谁与先生起九原。

江右陈希祖拜题。钤“□”“□”印

陈希祖（1767—1820，一作 1765—1820）字敦一，又字稚孙，号玉香，更号玉方，一作玉芳，江西新城钟贤人。官至御史。

“盘陀老相骑箕去”，指朱珪（1731—1807）去世，故此则题跋系年也在 1808 年前后。

5. 姚文田题跋：

润兮粹兮古之遗兮，我不得见古人得见君者而庶几兮。

气觥觥然强御罔畏兮，黜不以罪又先陨替兮，胡经之明而遇之衰兮。

题博山令武君遗像

吴兴姚文田。钤“姚文田印”“□□□”印。

姚文田（1758—1827）字秋农，号梅漪，归安（浙江吴兴）人。嘉庆四年（1799）己未科进士第一名，世称文状元。翰苑名贤，文坛巨匠。官至礼部尚书。

此则题跋无年月，时间俟考。笔者推测是武穆淳到京师时，请这位状元所题，大致在 1808 年前后。

五、后世观款、题跋二则

1. 袁保恒光绪元年（1875）正月初七日观款：

光绪元年岁在乙亥人日项城袁保恒薰沐敬观。钤“保恒印”“筱邬”印。

袁保恒（1826—1878）字小午，号筱坞，项城（今河南省项城市）人。道光三十年（1850）进士。改庶吉士，授翰林院编修，官至刑部侍郎。卒谥文成。筱坞少随父甲三治军，谙练武事，曾先后佐李鸿章、左宗棠军幕二十余年。

2. 陈豪 1903 年题跋：

武虚谷氏经义名家，尤邃于官礼之学，官博山知县。有金吾卫卒，奉文书借端搜扰，先生擒而治之。顾时方取媚干进，独以忤权贵见劾，人相讶一时强项，岂知所守有不可夺者，非偶然也。先生又尝比于唐衢，若生今日，其所感触不知更复何如。大耳丰下，心古而貌亦古。黄小松氏适于汉朱鲔石室壁间得一画象神似，遂勾橅寄赠，并世名卿钜手多有题记。费研老游汴梁时以重值得之。窃念武氏后之人不能守，为鉴赏家所藏，犹足幸也。此幅先经俗工装裱，今弃去重付装池。出以见示，因为识而归之。

光绪岁在癸卯。仁和陈豪。钤“蓴菜长假”“夷惠之间”印。

陈豪（1839—1910）浙江仁和（今杭州）人。字蓝洲，号迈庵、墨翁、止庵、怡园居士，同治九年（1870）优贡生，官湖北汉阳知县。光绪三年（1877）知房县。近代名人陈叔通的父亲。工诗及书法，学苏轼。画山水，以为浙江画家，自奚冈、黄易之后，当以豪为第一。《清史稿》有传。

题跋中提到的“费研老”，指费龙丁。费氏，字剑石，别号阿龙、长岸行人。松江县人，家居南门外长堤岸。后得秦瓦一方当砚，因改名为砚，字见石，而以龙丁为号。精刻印，力学不倦。早期入南社，曾与李叔同创建金石组织“乐石社”于杭州。参加编辑《乐石集》。还曾加入西泠印社，为该社早期社员。

六、余论

据现有材料看，黄易与武亿早在乾隆五十二年丁未（1787）即有书信交往。是年九月，武亿接黄易来书，属拓登封少林寺（辛秘题名）等。黄易此次以新得汉晋石刻数种赠武亿，并为其刻名印三方。武亿《与黄小松》云："九月中旬始接请所赐书，感慰非常。又承足下推爱，寄到新得汉晋石刻数种，及手镌名印三方，皆为生平所希不敢过望必获者，竟一时并获，益为荣幸。玉版连纸一束已收贮，十月间属令弟往登封如命拓出，续当寄去，断不敢有负雅托也 。"[16] 是年冬，武亿有答黄易书，谢其所赠各物，并告以渠撰《修武梁祠堂记》中有一二字未安，宜改之为善。次年（1788），黄易给武亿寄去汉《白石神君碑》拓本。乾隆五十六年（1791）四月，武亿经山左，从黄易处借得东魏张府君残碑拓本，此碑前人未经著录，武氏著其目于《金石文字续跋》。五十七年夏，又从黄易处假得北齐赵郡王高叡碑拓，因碑在灵寿县祁林院，地僻多虎，摹拓者绝少。武氏阅之数日，著其略于《金石文字续跋》。

乾隆五十八年（1793）正月十九日，武亿到济南拜晤翁方纲，时翁氏为山东学政，武亿出示黄易所绘《虚谷山居图》属题。

翁方纲《题虚谷图，送武进士归偃师》：

君以虚名谷，写为读书图。志在诂三礼，因以匡诸儒。经与传相证，经与纬并胪（原注：仪礼为经，周礼为纬）。本末虽一贯，原委焉可诬。紫阳谂东莱，篇目析经涂。纂言审考注，晏壁非草庐。我爱项平甫，拟以医方储。岂易综百家，遽言成一书。凡今嗜学者，谁肯阙疑乎。多闻而慎言，多师良有余。家居富暇日，所向必修途。虚己以集道，虚心乃获诸。黄子写大意，景然见真吾。空山翕众绿，春雨勤犁锄。"[17]

由诗意绎之，武亿此时正致力于《三礼义证》一书。

嘉庆元年（1796）九月，黄易携拓工二人，由山左赴中州，访碑嵩洛。九日，逾虎牢关，过巩县，渡洛水，傍晚抵王复值师县署。王君欢然道故，告以武亿现正在鲁山修志，约黄君至必归，因驰书促武君返。次日，黄易赴嵩山。十九日，黄易游嵩岳返，武亿已在王复署中相候，并出示所藏金石拓本及古玉圭、晋刘韬碣石等共赏，以拓本数十种贻之。复偕至县学明伦堂，观魏齐至宋元诸石刻。黄易在嵩洛与武亿、王复等盘桓数日之事，因已有秦明等学者撰文考述，此处不再过多论述。

黄易于访碑嵩洛的次年正月四日，摹寄朱鲔石室壁镌画像与武亿，应该是对其在河南访碑活动中给予关照的一种回馈。武氏此时已革职多年，身体大不如前，收到此画后，在生前只邀请了身边两位好友王复和赵希璜题跋。

嘉庆五年（1800），和珅倒台，武亿平反。武氏后人持此画像，请京中政学两界名人题跋，应是有意为之，这既是对武亿的追念，也是恩泽后人的请求。嘉庆五年前后，此帧画像最为集中的那批题跋活动的目的，或许正如汪学金在题诗中所言，"君恩应及子孙来"。

注释：

1. 陈鸿森：《武亿年谱》，《中央研究院历史语言研究所集刊》2014 年第 3 期，第 477–574 页。

2. 图版载故宫博物院编：《故宫藏黄易尺牍研究·考释》，北京：故宫出版社，2015 年，第 268 页。

3.（清）江藩、方东树：《汉学师承记（外二种）》，“武亿”条，上海：中西书局，2012 年，第 76-78 页，引文见第 76 页。

4. 在清人昭梿（1776—1833）《啸亭杂录》中载：武虚谷亿，河南偃师人。中庚子进士。任山东博山县县令，有德声。甲午秋，寿张王伦倡乱，为舒文襄公所扑灭，或传伦实未死，潜匿于他方。庚戌间，山西人董二告王伦藏匿山西某县。和相时专柄，欲希封赏，乃授意觉罗牧庵相公长麟，令其侦缉。牧庵拂其意，以虚妄对，和相艴然。其属番役某，欲获和相欢心，因献计仍向齐省缉访，或可得踪迹。和相乃密签役往山东，至博山县，其役恃和相势，擅作威福。公擒至署中，取捕役签票视，票惟书二公役名，同伙行者几十五人。公督责之，捕役抗横无礼，公大怒，以大杖责数十。役归告和相，和相怒曰“县令疯耶！乃敢杖吾胥役。”乃授意於山东抚臣，以他事劾罢公职，公归装惟书数十簏而已。嘉庆己未有荐公於朝者，上命昭雪，复公职。而公已先时卒，士论惜之。见昭梿：《啸亭杂录续录》，上海：上海古籍出版社，2012 年，第 129-130 页。

5.（清）江藩、方东树：《汉学师承记（外二种）》，“武亿”条，上海：中西书局，2012 年，第 78 页。

6.（清）纪晓岚：《安阳县志序》，《纪晓岚文集（第一册）》，石家庄：河北教育出版社，1991 年，第 165-166 页。

7. 秦明：《黄易〈嵩洛访碑廿四图〉之〈小石山房〉考》，《中国书画》，2016 年第 2 期。

8.（清）武亿：《授堂文钞》卷之八，商务印书馆，民国二十六年“国学基本丛书版”，第一四九－一五一页。

9.（清）赵希璜：《四百三十二峰草堂诗钞》卷十一，乾隆五十八年安阳县署刻本，第八－九页。另，该诗集卷十二页六还有“寄黄小松司马”二首，不赘录。

10. 刘仲华：《朱锡庚治学转变及其与章学诚、阮元的学术交往》，《安徽史学》，2013 年第 4 期，第 69-74 页。

11.（清）朱珪：《前博山县知县诏起引见武君墓志铭》，《知足斋文集》第五卷，商务印书馆，“丛书集成初编”民国二十五年，第 100-101 页。

12.（清）法式善：《武虚谷传》，《存素堂文集》卷四。笔者所见版本载于《授堂遗书》第四册，北京：北京图书馆出版社，2007 年，第 565-568 页。

13.（清）阮元：《小沧浪笔谈》卷一，商务印书馆，丛书集成初编民国二十五年，第二十四页。

14.（清）阮元：《武虚谷徵君遗事记》，《授堂遗书》第四册，附录卷首下“记”，北京：北京图书馆出版社，2007 年版，第 577-582 页。

15. 载武亿：《授堂文钞续集》卷之十，第四－五页。此札后被田家英的小莽苍苍斋收藏，图版载于陈烈主编：《小莽苍苍斋藏清代学者书札（上）》，北京：人民文学出版社，2013 年，第 267-268 页。

16.（清）武亿：《授堂文钞》卷之三，第十二－十三页。

17.（清）翁方纲：《复初斋集外诗》卷第二十二，民国吴兴刘氏嘉业堂刊本，第十一页。

黄易书画中的“文人气”探析

——以广东省博物馆藏品为例

任文岭

广东省博物馆

内容提要：黄易传世书画作品，虽然以富有“金石气”为显著特征，但其中的“文人气”亦不可忽视。在他的《仿古山水册》等作品自题中，就曾提到拟仿查士标、杨文骢、程嘉燧、恽寿平等人，从中可见他对文人意趣的追求与表现。广东省博物馆所藏黄易晚年创作的《荷鱼图》《隶书七言联》等作品，创作风格与其常见的寻古访碑题材作品明显不同，《荷鱼图》所表现出的文人意趣与其他作品明显更为强烈，而《隶书七言联》的个人风格特征明显。本文拟从《荷鱼图》《隶书七言联》两件作品入手，同时结合黄易其他相关作品，对黄易书画中的“文人气”进行初步探析，以求抛砖引玉，引起更多学者同道对此问题进行深入研究与阐释。

关键词：黄易　文人气　荷鱼图　隶书七言联

对于黄易书画作品中的“金石气”，一直以来学界多有论述。如近人李濬之（1868—1953）在其《清画家诗史》中评价黄易山水画“冷逸幽隽，以淡墨简笔写取神韵，妙有金石气味”，著名美术史学者万青力（1945—2017）在其《并非衰落的百年》中将黄易与奚冈称为“融入金石趣味的正统画家”。可以说，无论是在黄易以访碑题材为代表的绘画作品中，抑或是其脱胎于《西狭颂》《校官碑》等秦汉石刻的隶书作品中，均充溢着一股古拙苍莽的金石气息。但同时不可忽视的是，在黄易的诸多书画作品中，也同样有着不可抹却的“文人气”。然而令人遗憾的是，学界对此却鲜有论及。本文试从广东省博物馆所藏黄易《荷鱼图》《隶书七言联》两件作品入手，并结合黄易其他传世书画作品，对其书画中的“文人气”进行初步探析，以求抛砖引玉，引起更多学者同道对此问题进行深入研究与阐释。

黄易《荷鱼图》轴（图 1），纸本墨笔，纵 109 厘米，横 31.5 厘米，1961 年入藏广东省博物馆，20 世纪 60-80 年代曾经张珩（1915—1963）、谢稚柳（1910—1997）、徐邦达（1911—2012）、苏庚春（1924—2001）等鉴定为真迹，并被定为“一级文物”。此图左上作者署题“好似玉人微醉后，一杯推出水晶宫。秋盦仿青藤道人”。署款下钤“易”朱文印，图右下又钤“黄九”朱文方印。画心下部钤有鉴藏印：“南皮张氏可园考藏庚壬两劫所余之一”朱文长方印、“可园清供”朱文长方印、“第

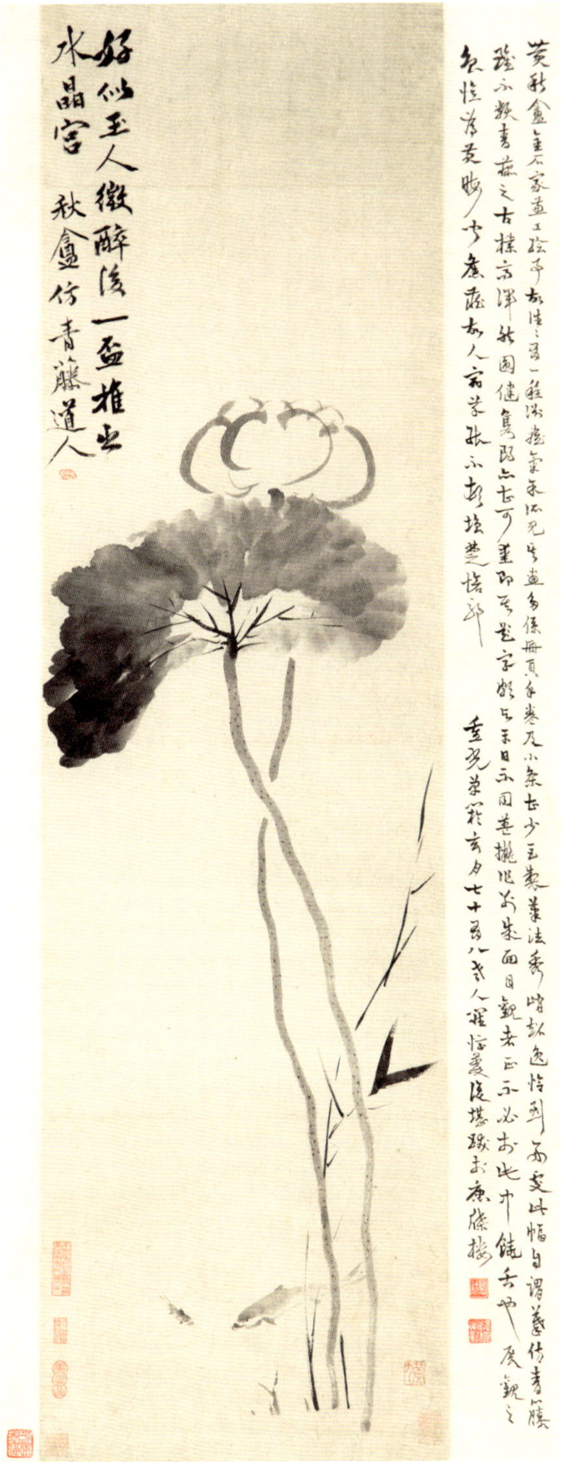

图 1. 黄易《荷鱼图》

三品”朱文印、“黄节所得金石书画记”朱文长方印、“黄节审定”朱文方印。可知此图先后经河北张权（1860—1930）、广东黄节（1873—1935）等人收藏。左裱边另钤有“芳圃眼福”朱文方印，右裱边有近代书法家罗复堪（1872—1955）题跋：

黄秋盦，金石家，兼工绘事，故往往有一种淡雅气。余所见其画多系册页、手卷及小条，甚少巨制，笔法秀峭超逸，恰到好处。此幅自谓摹仿青藤，虽不类青藤之古朴高浑，然圆健隽朗亦甚可爱。即其题字，颇与平日不同，盖拟作别成面目，观者正不必于此中饶舌也。展观之，重光单阏玄月，七十有八老人罗惇爰复堪跋于唐牒楼。

《荷鱼图》构图虽简洁，但笔墨娴熟，挥洒自如，既将徐渭的大写意与恽寿平没骨画法有机地融为一体，又创作出了带有自身风格的艺术面目，当为作者晚年代表作品。荷花与游鱼的画面组合，寓意深远，亭亭玉立的荷花，仿佛代表作者向世人展示自身超凡脱俗的人生与艺术追求，而游鱼又增添了一种“子非鱼，安知鱼之乐”的意境。恰如罗复堪在题跋中所评“此幅自谓摹仿青藤，虽不类青藤之古朴高浑，然圆健隽朗亦甚可爱。即其题字，颇与平日不同，盖拟作别成面目，观者正不必于此中饶舌也”。

《隶书七言联》（图 2），纸本，纵 163 厘米，横 34 厘米，也是 1961 年入藏广东省博物馆，后被定为“二级文物”。所书七言联为“对天可说方开口，于性无加莫动心”。署款“嘉庆三年（1798）十月三日，黄易”，钤“黄易私印”白文方印、“烟波散史”及“碑痴”朱文长方印。黄易隶书主要脱胎于厚重方整的《西狭颂》和《校官碑》等秦

图 2. 黄易《隶书七言联》

汉石刻，带有明显的崇碑倾向，但因其所处时期碑学与帖学界线并不明显，碑学书法在理论与创作实践上都尚在逐渐发展中，不仅仅是其楷书、行书作品，其成熟时期的隶书作品也往往具有碑学与帖学的双重艺术风格，《隶书七言联》恰恰就是这种能够反映其晚年隶书创作风貌的代表作品。

相较于黄易那些带有明显“金石气”的访碑题材作品，《荷鱼图》《隶书七言联》这两件作品中的“文人气”反而更为明显。那么，这究竟是“颇与平日不同，盖拟作别成面目”的个案，还是在其作品中带有普遍性？纵观黄易的整个人生经历与艺术创作历程，可以发现这种“文人气”并非巧合，而是贯穿于其书画艺术创作始终，并由于创作时期或题材等不同而呈现出不同的特点。

一、从书画艺术渊源上来说，黄易的书画创作深受宋元以降文人艺术家熏陶，“文人气”自然贯穿其整个书画创作始终

黄易出身书香门第，其父黄树榖（1700—1751）“能隶书善兰竹工诗”，与金农、黄慎等交好，其母梁瑛（1707—1795）亦有诗名。黄易自幼承袭家学，虽然其父在其八岁时即去世，但家庭对他的影响却极为深远，“年十三即篆书‘云松巢志’，已上石”，[1] 可见在少年时期黄易打下了良好的书画创作基础。

在书画创作上，黄易并无专一宗法，董源、巨然、倪瓒、黄公望、董其昌、查士标、恽寿平等诸家作品，他都曾临仿学习过。钱泳（1759—1844）《履园画学》评其山水画“入李檀园（李流芳）、查梅壑（查士标）一派”，[2] 蒋宝龄（1718—1841）在《墨林今话》中载其“善承家学，尤工山水，与铁生齐名。冯墨香谓：‘得北苑、巨然法。’然其所作，每多干笔，萧疏淡隽，究于倪、黄一派为深。花卉则宗南田，而笔有神韵，别成一格”。[3] 从他传世的许多绘画作品署款中，都可以看出他

对诸家作品的临仿，如民国年间出版的《黄小松仿古山水册》中就有署题“法查梅壑(查士标)”“拟杨龙友(杨文骢)”“临松圆诗老(程嘉燧)”“拟渐江学人”“学且道人(高其佩)”等诸家，天津博物馆藏《得碑十二图》中也有“黄易仿南华散仙(张鹏翀)笔”、“黄易仿白云溪外史(恽寿平)”、“黄易学筱饮山人(陆飞)笔”，《荷鱼图》署款也写道“秋盦仿青藤道人(徐渭)”，无锡博物院藏《书画合册·雨竹图》中绘有“学冬心先生”等。可以说，在长期的临仿与创作之中，文人画意识早已深入到黄易的创作观念之中，正如他在一方“诗情画意”印章边款中所透露：“当夫挥毫为诗，泚笔作画，山容水态，雨意云情，悉驱役于腕下，不知是诗是画。”[4]此外，他还曾在《嵩洛访碑图》题跋中提及“余坐洞内指工人摹拓，望隔河峭壁，皆倪黄粉本”。可见，倪瓒、黄公望等人的影响，已经深入到他的创作观念与意识当中，当其进行书画创作之时，必然会受到倪、黄等诸人影响，“文人气”也就会自然而然地融入到其书画作品中了。

二、从笔墨技法与画面意境来讲，其访碑题材系列作品所描绘的虽然为具象存在，但其画面创造出的意境却延续了传统文人画的艺术特质

黄易传世作品中，以访碑题材系列作品最具个人特色。上文已经提到，《得碑十二图》署款中有“黄易仿南华散仙(张鹏翀)笔”“黄易仿白云溪外史(恽寿平)”“黄易学筱饮山人(陆飞)笔”等，其他访碑题材作品如《嵩洛访碑图》《岱麓访碑图》所运用的笔墨技法，以及这种将题跋、图像有机组合为一个不可分割的画面整体，应该说也是源自文人画的艺术传统。

从另外一个层面上来说，这些访碑题材绘画作品，基本上都属于纪游图的绘画形式，往往“记文人游览自然景观后所绘山水，其中又以记录名山大川的名胜图为主。这类纪游图和名胜图，虽以实景为依据，但主旨仍是缘物寄情，或纪念游赏、雅会等文化活动，或表达超尘脱俗的生活理想，或抒写耽乐山林的闲情逸致，或寄托眷恋家园的乡土之情”。[5]与其他纪游图不同的是，黄易的访碑题材系列作品主要兴趣并不在于描绘风景的秀丽或雄伟，更多的是突出古迹的遗存及古碑的命运。这类作品虽然描绘的是具象的真实存在的事物或景象，但作者却往往意趣为之，构图简淡，用笔多以淡墨干笔为主，并不追求过多的墨色变化，“以淡墨简笔写取神韵”，使画面产生一种梦境般的意味，再加上题跋与内容紧密相连，从而使其作品在风格、意趣上别具一格，可谓延续了传统文人山水画的艺术特质。

三、从时代审美倾向与艺术交游影响方面来说，黄易成熟时期的书画创作最终注定会回归文人审美趣味

就时代背景而言，当时的画坛主流仍然以文人画为主导。作为一个集篆刻家、金石学家、书画家于一身的人文艺术家，黄易书画创作最终所追求的，必然是文人画一直以来所倡导的传统。这一方面是黄易个人艺术历程发展的必然结果，另一方面与他的艺术交游也有很大的关系。

黄易早年师从丁敬学习篆刻，又与陆飞、金农、罗聘、钱大昕、钱坫、奚冈、孙星衍、陈鸿寿、毕沅、阮元、翁方纲都有金石、书画交往。这些人，

要么是金石学家、文人学者，要么就是文人画家，黄易与他们或考论金石，或诗文唱和，或书画相酬，都不同程度地对黄易的书画创作产生了影响。而且，黄易这样的一个交游圈，可谓当时的高端学术圈、文人艺术家圈，黄易身在其中，并不仅仅是受到友朋影响而已，恰恰说明其本身的人文艺术追求，就与这个圈子中的其他艺术家相同或相近，这就注定其成熟时期的书画创作必然具有相当文人趣味。

此外，黄易虽然一直身在官场，但由于其并非科举正途出身，而是由幕僚"援助川运得官山东穀城主簿"，后历任山东兖州、济宁运河同知等职。在当时的仕宦环境下，这样的"异途"出身，对黄易内心而言未必不是一种缺憾，这反而更有可能促使黄易在艺术创作上选择向主流靠拢，在创作一系列具有"金石味"的访碑题材作品之后，重新回归到其早年所学习的文人艺术传统。

万青力先生将黄易与奚冈称为"融入金石趣味的正统画家"，既点出了其二人书画创作不同于前人的独特之处，同时也肯定了二人"正统画家"的地位。那么，最能够体现黄易"正统画家"风格的作品，必然是其晚年重归文人画传统之后，所创作的最终形成自己个人风格的作品。这些作品，哪怕是融入了金石趣味，但其间的"文人气"也同样无法掩盖。

综上所述，从《荷鱼图》《隶书七言联》入手，结合黄易其他传世书画作品，我们大致可以梳理出在黄易书画作品中的"文人气"特征：早期临仿传统文人书画家，作品自然富有"文人气"；访碑题材绘画作品所绘虽然为具象的客观事物，但其画面创造出的意境却延续了传统文人画的艺术特质；成熟时期作品最终仍趋向文人审美趣味，这是时代使然，相信也是黄易内心的追求。

注释：

1.（清）潘庭筠：《稼书堂集》，陈振濂编：《西泠印社百年史料长编》，杭州：西泠印社，2003年。

2.（清）钱泳：《清代史料笔记丛刊：履园丛话》，北京：中华书局，1979年。

3.（清）蒋宝龄：《墨林今话》卷五，《中国书画全书》第十二册，上海：上海书画出版社，1993年，第964页。

4. 黄宾虹、邓实编：《美术丛书》第一册，秦祖永辑：《七家印跋》，南京：江苏古籍出版社，1997年，第846页。

5. 单国强：《古书画史论集》，北京：紫禁城出版社，2001年，第236页。

上海博物馆藏《余集画黄小松像》考辨

戴卓斌

上海博物馆书画部馆员

内容提要：清代画家余集，博学多艺，诗文、书、画时称三绝。本文通过对余集存世作品的梳理，发现上海博物馆藏《余集画黄小松像》轴无论从绘画风格、书法笔性，均与秋室真迹不符。笔者认为此作是落“余集”款的伪作。并据传世《秋室学古录·黄小松影赞》，推论该画作产生的可能原因。

关键词：余集　黄小松像　辨伪　小影赞

上海博物馆藏有一件原定名为《余集画黄小松像》（图 1–1）的绘画作品，《中国书画家印鉴款识》“余集”一栏中第 8、31 条目收录了此画作者的印鉴和款识。[1] 杨仁恺先生著《中国古代书画鉴定笔记》对该画的鉴定意见是“乾隆癸丑年仲秋，小松上款。画年份够，款后加”。[2] 故宫博物院秦明先生撰写的《黄易小像考》一文中也提及此画，目前大家认知黄小松的标准造型是——其手持《宋拓熹平石经残石》册的立像（图 2）。[3] 上博这件藏品会不会给“黄易小像”增添崭新的面貌呢？为此笔者对这件绘画作品进行了辨识。

《余集画黄小松像》纸本设色，纵 71 厘米，横 35 厘米，款识：“乾隆癸丑年仲秋月之朔，为小松司马写照。秋室余集。”钤“秋室居士”朱文方印。是图绘竹荫水榭，文士手持画卷端坐于束腰长方书桌前，凝眸远望。一旁红衣童子倚栏垂钓，水中秋荷盛开。水榭于岸边架起平台，跨水部分以梁柱凌空架设于水面之上，平台临水部分围绕有低平栏杆。屋顶作卷棚歇山式，垂脊下半部分外翘，造型优美。建筑物以界画形式描绘，给人以棱角分明、结构清晰的感观。主人公身着蓝色长衫，衣纹以钉头鼠尾描作，敷彩清丽细腻，人物开脸端庄，须眉细密。身后屏风壁上巧妙书写作者题记，为画面平添丰富的视觉深度，一旁架格上画卷书册整齐摆放，庭院内竹林成荫，典型的一幅文人读书图。

余集（1738—1823）字蓉裳，号秋室，浙江钱塘人。乾隆三十一年（1766）进士，官至侍讲学士。道光二年（1822）江浙两省重宴鹿鸣者，惟集与潘奕隽两人，时称吴越二老先生。山水秀逸，有山光在掌，云气生衣之致。兼长花卉禽鸟，无不入妙。尤工仕女，风神闲静，绝无脂粉气，然不轻为人作。时有余美人之目。晚年惟写兰竹数笔，风神淡逸。书法古秀，手书孙退谷《庚子消夏记》

图 1-1

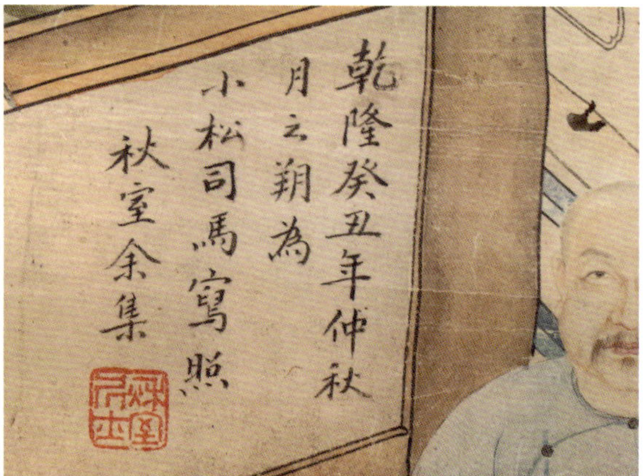

图 1-2

图 2

精刊行世。为诗神韵闲远，不屑作庸俗语，有三绝之称。为人和易，弊车羸马，踯躅道左，无达官气。年八十余尚能作蝇头小楷，卒年八十六。有《秋室集》[4]。

《墨林今话》卷七记载“先生画山水禽鱼兰竹糜不臻妙，尤擅仕女，风神静朗无画史气，然自矜重不轻为人作，得之者比诸仇唐遗迹，晚年多作竹石以塞人请，枯竿劲叶生气满纸……”[5]为此笔者查阅了数十件余集的存世作品，初步探识了他的绘画风格，确于史记相符，并归纳总结了如下特点。

图 3

图 4

图 5

一、拟元代文人画的笔意，疏秀空灵的笔致墨韵，意境幽旷，构图奇谲。如上海博物馆藏《梅下赏月图》（图 3），款署："春吟大表侄雅鉴，秋室余集。"上海博物馆藏余集扇页（图 4），款署："元人意为应谷五兄粲正，秋室并写。"苏州博物馆藏余集扇页（图 5）。

二、摹陈洪绶的绘画风格，画面常以严谨庄重的装饰线条勾画而成，强化疏密组合，景物各自具有独立完整的形象，互相遮掩、相映成趣，使之工笔风格的作品具有小写意的韵味。如上海博物馆藏《花鸟图》（图 6），款署："嘉庆五年（1800）夏日为芑堂世讲，秋室居士余集"（余集 63 岁）。浙江省博物馆藏《一路青莲图》（图 7–2），款署"一路青莲。乙丑（1805）夏橅陈洪绶笔意。秋室"。裱边有钱镜塘题跋（余集 68 岁）。

三、学仿恽寿平的没骨花卉"真别开生面，令人眼目一新"[6]，以宋人画法为宗，综合写生的经验，以色笔随意点染而成。如上海博物馆藏余集扇页（图 8），款署："拔山知雨力，削玉破云根。仿白云溪外史没骨法，为棓皋年大兄清鉴。余集。"上海博物馆藏余集扇页（图 9），款署："秋室并画。"

四、"余美人"传世的仕女人物，风神静朗，端庄大方，无画史气。如常州博物馆藏《蕉阴仕女图》（图 10），款署："乾隆庚寅（1770）秋七月

图6

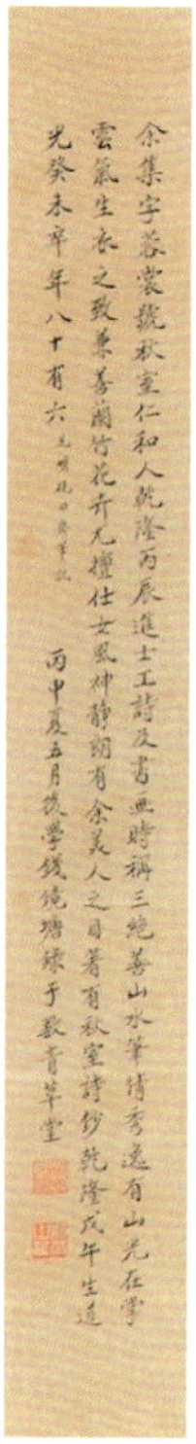

图7-1

图7-2

图8

图9

图 10

图 11

望后三日，秋室居士余集”（余集 33 岁）。上海博物馆藏《姮娥中堂》（图 11），款署“碧海青天夜夜心，辛未（1811）中秋写于大梁书院。秋室。”（余集 74 岁）。

五、余集作人物肖像画，背景画面通常由他人另补。如上海博物馆藏《绒三先生肖像》（图 12），卷首余集题写：“绒三先生清照，秋室余集写。”卷尾款识“吴怀补图”。苏州博物馆藏《梧门学士消夏得子图》（图 13），款识：“梧门学士消夏得子图，余秋室写照，冯鱼山写松，孙铨补

图 12

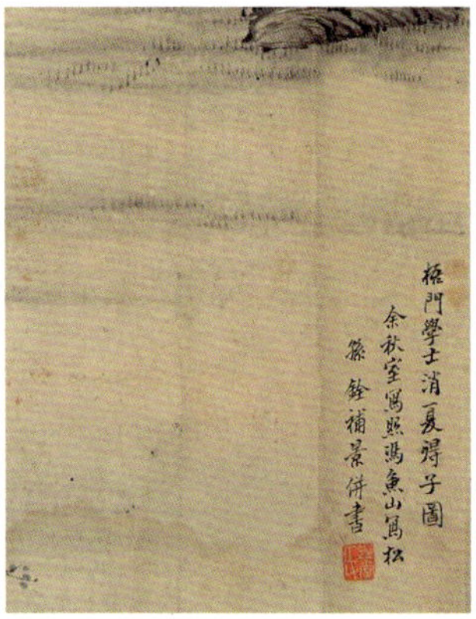

图 13

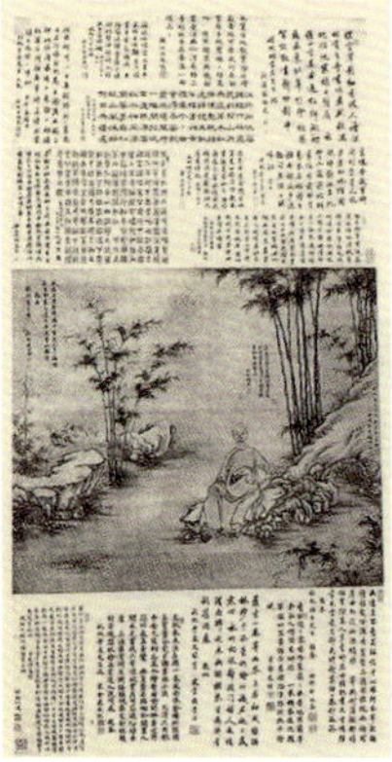

图 14

景并书”。《中国古代书画图目》（浙 5–177）杭州市文物考古所藏《余集、吴坚秋帆像》（图 14），款识：“秋帆先生玉照，秋室余集绘，西园英坚补竹。” 7

梳理了余集的绘画风格后，我们再来重新审视这件《黄小松像》，感觉画中人物线条呆板匠气，缺少“余美人”的灵动转折，同时起笔和收笔缺少节奏感，无法表现出衣纹的飘逸，且设色俗套，毫无文人“逸气”的境界。“余集乾隆丙辰进士，工诗及书、画时称三绝，善山水、笔情秀逸，有山光在掌，云气生衣之致……”这是近代鉴藏家钱镜塘题写在《一路青莲图》裱边的题语（图 7–1），再次强调余秋室是典型的文人画家，讲究笔墨情趣，绘画脱略形似，强调神韵。笔者查阅了《中国古代书画图目》所记的余集绘画作品，没有发现“人物肖像 + 工笔设色 + 界画”这一组合。余集的画风上溯元代钱选，下宗陈洪绶、恽南田，花卉多作没骨法，特别是存世的余集写《缄三先生清照》《梧门学士消夏得子图》《余集、吴坚秋帆像》三幅人物肖像画，余集均只作人物小像，其背景竹、石、兰花、松树均由他人另绘，可见“余美人”没有画界图工笔的先例，其人物画格调高雅，背景多衬以写意山水、树木，追求符合人物神韵的景致意境。

无独有偶，《中国古代书画图目》（沪 1–4063）——《方婉仪墨竹图》8 卷外有陈曾穀题签“白莲居士画竹卷”，卷后有巴慰祖、陈振鹭、潘曾莹、余集等诸家题跋（图 15–1、图 15–2、图 15–3），余集题跋：“白莲手拊青鸾翼，……空教人嘲倒好嬉。壬子小春晦日为练塘世兄题尊慈画竹卷。余集。（图 15–4）”乾隆壬子（1792）余集 55 岁，跋语书法既有二王韵致，俊美秀逸，又有褚遂良的法度，端庄谨严，用笔跌宕洒脱，转折起伏自然风神，行气章法疏朗隽永，令人回味无穷。以此来比对一年后乾隆癸丑（1793）《黄小松像》上的题款书法（图 1–2），则是大相径庭，相差悬殊，判若两人。像轴的题款书法，用笔没有变化、顿挫，缺乏书写的节奏和行气。秋室用笔藏锋，笔意蕴籍含蓄，提按起伏娴熟从容，尤其是使转之处圆润遒劲。如故宫博物院藏《余集行楷书赠未谷得官永平选句页》（余集 59 岁）（图 16），《余集行书评庙堂碑扇面》（图 17）。

综上所述，无论从绘画风格，书法笔性，《余

图 15-2

图 15-1

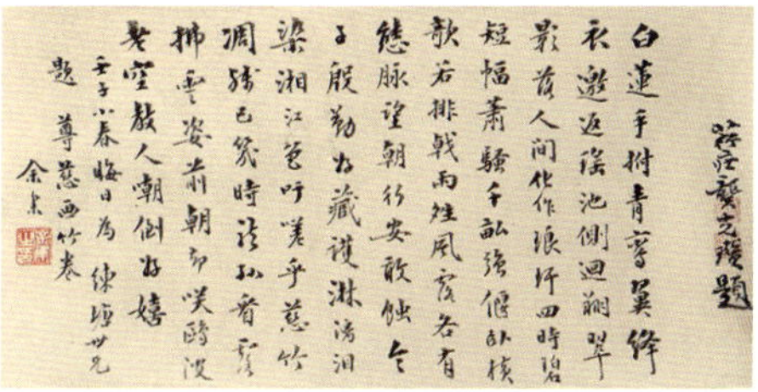

图 15-4

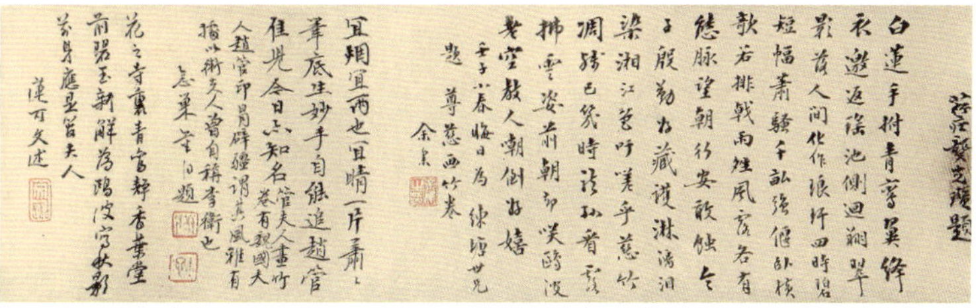

图 15-3

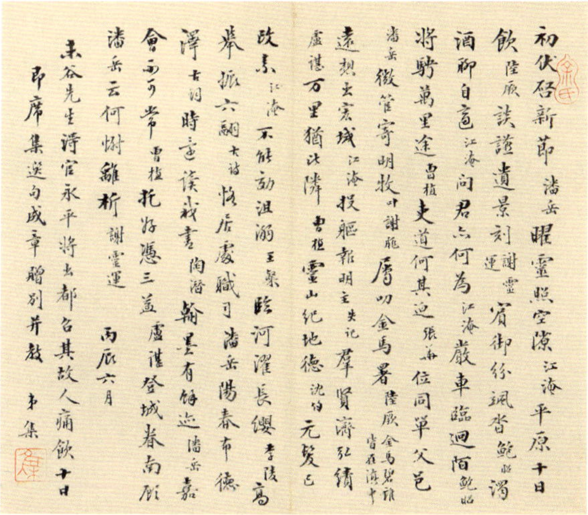

图 16

图 17

集画黄小松像》均与秋室真迹不符，故笔者判断此画是一件余集伪作。

此前拜读故宫博物院秦明先生的《黄易小像考》是笔者行文之启蒙，这幅《黄小松像》款识内容和《秋室学古录·黄小松小影赞》中所诉内容、时间似乎完全相符，乾隆五十八年（1793）十月，余集作《黄小松影赞时年五十癸丑十月》（图 18）曰："秋盦居士当揽揆之令辰，写雅范以自淑。远寄京域，命为赞辞。辞曰：名未登甲与科，而英辞妙墨，颉秦张而比肩，则鲁直之鸿篇也。足未越齐与燕，而爬搜残缺，陋欧赵之戋戋，则伯思之精研也。倾墨渖之淋漓，扫螺翠于遥天，则子久之画禅也。浑清浊于澄淆，使鄙吝之胥捐，则叔度之当年也。朗照若月，冲抱如渊。琳琅金薤，供养云烟。开左司起香之寝，放南宫贯月之船。禄以逮养而千，名以乐志而全。人以为练干之吏，吾以为翰墨之仙也。"[9] 其中"秋盦居士当揽揆之

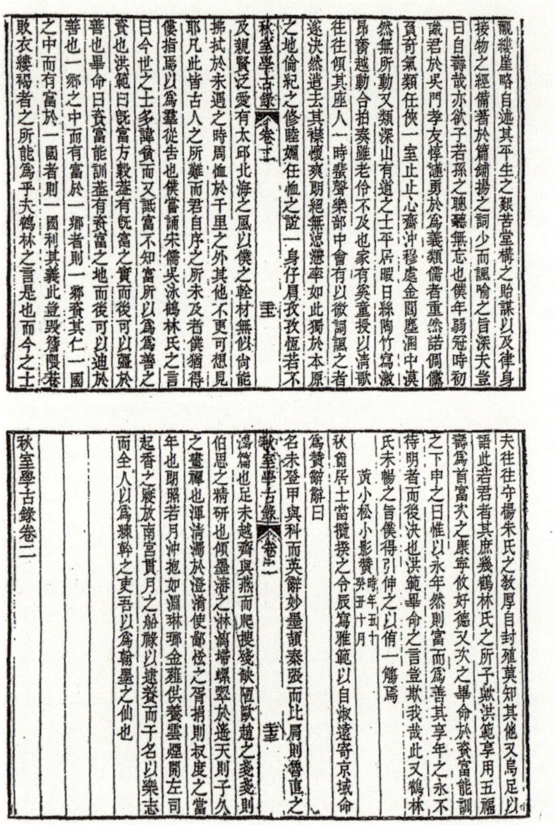

覼縷崖略自述其平生之艱苦堂構之貽謀以及律身
接物之經備著於篇鋪揚之詞少而諷喻之旨深夫豈
曰自壽哉亦欲子若孫之聰聽無忘也僕年弱冠時初
識君於吳門孝友惇謹勇於爲義類儒者重然諾倜儻
負奇氣類任俠一室止止心齋沖穆處金閶塵涸中漠
然無所動又類深山有道之士平居暇日絲陶竹寫激
昂賚越動合拍奏雖老伶不及也家有奚童授以清歌
往往傾其座人一時聲聲樂部中會有以微詞諷之者
遂決然遣去其襟懷爽朗絕無滯戀率如此獨於本原
之地倫紀之修睦婣任恤之誼一身仔肩孜孜恆若不
秋室學古錄　卷十　圭
及親賢泛愛有太邱北海之風以僕之輇材無似尚能
拂拭於未遇之時周恤於千里之外其他不更可想見
耶凡此皆古人之所難而君自序之所未及者僕猶得
僂指焉以爲羣從告也僕嘗誦宋儒吳泳鶴林氏之言
曰今世之士多諱貧而又詆富不知富所以爲爲善之
資也洪範曰既富方穀蓋有既富之實而後可以躋於
善也畢命曰貧富能訓蓋有貧富之地而後可以迪於
善也一鄉之中而有富於一鄉者則一鄉蒙其仁一國
之中而有富於一國者則一國利其義此豈毀殘隈巷
敗衣縷褐者之所能爲乎夫鶴林之言是也而今之士

夫往往守楊朱氏之教厚自封殖莫知其他又烏足以
語此若君者其庶幾鶴林氏之所予歟洪範享用五福
壽爲首富次之康寧攸好德又次之畢命於貧富能訓
之下申之曰惟以永年然則富而爲善其享年之永不
待明者而後決也洪範畢命之言豈欺我哉此又鶴林
氏未暢之旨僕得引伸之以侑一觴焉
黃小松小影贊 時年五十 癸丑十月
秋盦居士當攬揆之令辰寫雅範以自淑遠寄京域命
爲贊辭辭曰
名未登甲與科而英辭妙墨頡秦張而比肩則魯直之
秋室學古錄　卷十二　圭
鴻篇也足未越齊與燕而爬搜殘缺隱獻趙之菱菱則
伯思之精研也傾墨瀋之淋漓壎螺翠於造天則子久
之耋禪也渾清濁於澄滑使鄙啚之胥捐則叔度之當
年也朗照若月沖抱如淵琳瑯金薤供養雲煙開左司
起香之襃放南宮貫月之船艤以逮養而千名以樂志
而全人以爲辣幹之吏吾以爲翰墨之仙也
秋室學古錄卷二

图 18

图 19

令辰，写雅范以自淑。远寄京域，命为赞辞。”笔者解读为，黄易五十岁寿辰之时，确有人为其写小像贺寿，但此像并非余集所绘，黄小松只是将画像寄往京域，请余秋室为其撰写赞颂之词而已。后因《秋室学古录·黄小松小影赞》不断刊印传世，好事之人为了再现这段文人之间的交友佳话，《余集画黄小松像》就由此产生了。

关于另两幅余集画《黄易小像》的猜想。

1.2011 年西泠拍卖《余集写黄易像》（图 19）（原萧军旧藏），画作落款“秋室余集写”，画面上方钱坫篆题“乾隆四十二年岁在丁酉，钱唐黄易三十四岁得汉石经遗字时小像，嘉定钱坫题。”

2. 广东省博物馆藏《余集写黄易官便服像》（图 20），画作落款“小松先生尊照，秋室余集。”画面上方钱坫篆题“乾隆四十四年岁在己亥，钱唐黄易三十八岁在嘉祥仿碑时之小像，嘉定钱坫题”。

两幅画作同为余集为黄易写像，又同有嘉定钱坫篆题，且余集、钱坫用印都如出一辙，让人困惑，疑问丛生。另外，广东省博物馆藏《余集写黄易官便服像》画上钱坫篆题还有两个错误，其一是乾隆四十四年（1779），黄易 36 岁，而不

图 20

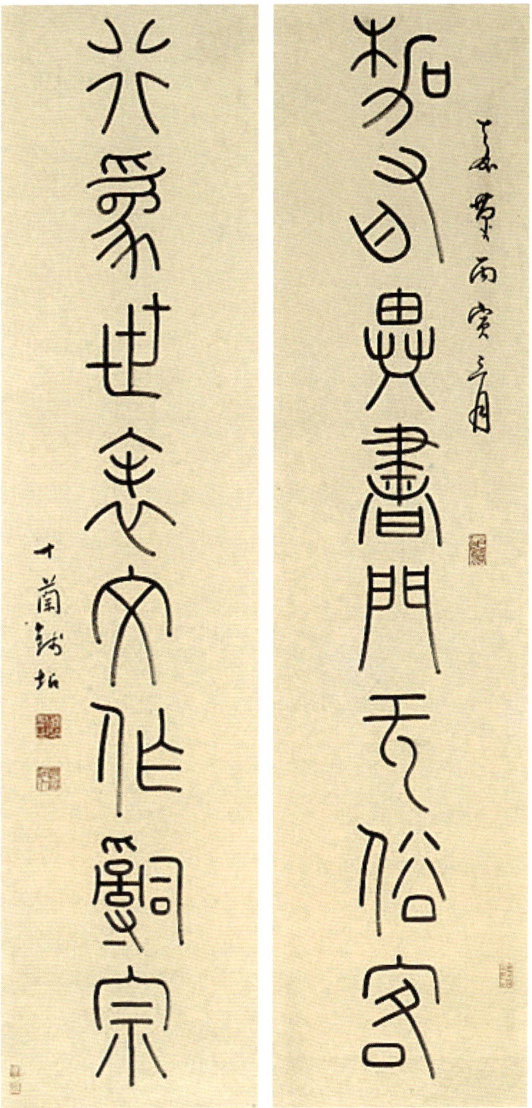

图 21

是 38 岁。黄易（1744—1802），字大易、大业，号小松、秋庵等，浙江钱塘人。清“金石五家”“西泠八家”之一。“其癖金石，精篆隶，工丹青，善诗文，虽仕宦不显，亦不失风雅，可谓乾嘉名士也。”[10] 其二黄小松在嘉祥紫云山是“访碑”，而不是“仿碑”，此处笔误尤为明显。至于两幅画上钱坫的篆题，钱坫（1744—1806）字献之，号小兰，钱大昕从子，乾隆三十九年副榜，累官乾州州判，兼署武功县。通经史、训诂、舆地之学。工书善刻，以篆名天下，宗秦李斯而取法唐李阳冰，孙星衍推为“本朝第一”。钱坫尝言“斯、冰之后，直至小生”。他与黄易同岁，身世经历相仿，学术研究上互相砥砺激赏。[11] 仔细观察两幅画上钱坫的篆书用笔无力，线条呆板，使转牵强，缺少干湿浓淡的书写笔性，描摹的痕迹颇重。钱坫篆法开阔舒展，线条淳厚，富有弹性，秀美雅致（图 21）（上海博物馆藏品 ）。西泠拍卖的《余集写黄易像》画中人物的绘画风格也和秋室完全不类，面部阴影用干笔皴擦的效果令人感觉突兀。明代曾鲸以来的肖像绘画开始以墨线和墨晕为骨，清代中期西洋画法盛行一时，所绘肖像在淡墨勾勒轮廓后不作没骨，全用色彩皴擦晕染，强调明暗立体感和质感。此时扬州地区的文人画家也有以白描淡彩画肖像。余集正是处于这承上启下的阶段中，以图中所见的这类简易粗暴的皴擦，还无法寻其出处。以上两件画作上“余集”落款，与上海博物馆藏《缄三先生肖像》上的落款相较，也只是落形似而脱气韵，难言真迹。黄易的汉魏碑刻研究，对清代金石学产生了较大的影响。以他为代表的一批文士给乾嘉金石学研究提供了大量的第一手资料，从而为金石学在这一时期逐步成为一门显学奠定了基础。作为乾嘉名士，人物小像的摹写、镌刻，拓、刊印在清乾隆中期至民国的150余年间已成为一种流行风气，而后对黄易小像真伪掺杂的不断再复制，也可谓此现象的一个新的注脚。

注释：

1. 上海博物馆编：《中国书画家印鉴款识》，北京：文物出版社，1987年，第480页。

2. 杨仁恺：《中国古代书画鉴定笔记》卷三，沈阳：辽宁人民出版社，2015年，第1275页。

3.《西泠印社国际学术研讨会论文集》，杭州：西泠印社出版社，2013年，第782页。

4.《中国美术家人名词典》，上海：上海人民美术出版社，1981年，第264页。

5.（清）蒋宝龄：《墨林今话》卷七，《中国书画全书》第十二册，上海：上海书画出版社，1993年。

6.《清晖堂同人尺牍汇存·卷一·娄东王时敏（烟客）札》，《恽寿平全集》卷一，天津人民美术出版社，2015年，第12页。

7.《中国古代书画图目》第五册，北京：文物出版社，1999年，第469页。

8.《中国古代书画图目》第十一册，北京：文物出版社，1994年，第228页。

9.《秋室学古录》卷二，第二十三页，清道光刻本，《续修四库全书》第一四六〇册，第三〇七页，上海：上海古籍出版社，1995年。

10. 秦明、杨国栋：《黄易诸传述评》，北京：紫禁城出版社，故宫学刊2011年总第七辑。

11.《西泠印社国际学术研讨会论文集》，杭州：西泠印社出版社，2013年，第788页。

黄易小像研究补证

朱万章

中国国家博物馆研究馆员

内容提要：本文在秦明《黄易小像考》一文基础上，对浙博本黄易小像展开讨论。该画像作于黄易四十二岁的盛年。此时，黄易的金石学成就与地位已经奠定。志得意满的黄易深山闲游，采菊晚归，似有乘桴之想。这与青年时期手持《熹平石经》的形象形成鲜明对比，亦是传统文人由入世到出世转型的深刻写照。同时，本文还对粤博本黄易像做了辨伪。

关键词：黄易　肖像　补遗　浙博本　出世

图 1.《清代学者象传》之黄易像　中国国家博物馆藏

关于金石学家黄易（1744—1802）的小像，据学者秦明在《黄易小像考》[1]一文中考订，至少有十一种。它们分别是《吴俊画黄易像扇面》《余集写黄易像》《沈塘摹黄易像》《沈塘重摹黄易像》《印人画像帖·黄易像》《秋盦遗稿·黄易像》《清代学者象传·黄易像》《黄易尺牍册·黄易像》《清虾头红澄泥砚刻黄易像》《梦坡室藏砚刊黄易像》《老舍藏砚刻黄易像》等。秦明认为“这十一幅黄易小像虽然作者不同，写绘、摹勒时间也不同，但皆以黄易三十四岁得汉石经残字为题材”，都来自于同一个母本，而最初的母本据其推测考证，应为黄易的好友罗聘（1733—1799）所绘。在这十一件小像中，作者认为最接近黄易原貌的，当

图 2. 清裕仁、潘恭寿《黄易小像》 绢本设色
113 厘米 ×34.4 厘米 浙江省博物馆藏

为《清代学者象传·黄易像》。此文在梳理考订黄易小像中，可称学林之嚆矢，厥功至伟。笔者近日在翻检相关资料，意外获得浙江省博物馆藏黄易小像（以下简称“浙博本”），恰是秦文所阙如，遂不揣谫陋，略作补遗，以助其完璧。

浙博本《黄易小像》在画面中并无明确的绘者信息，仅有一行篆书竖题：“小松先生四十二岁小像，南徐恭寿补景，武林裕仁署款”，无任何钤印。因黄易字大易，号小松，故此处之“小松先生”即为黄易。[2] 此像乃为其四十二岁写生，据此可知绘制时间当为清乾隆五十二年（1787）。“恭寿”为潘恭寿（1741—1794）字慎大，号莲巢、莲居士、龟潜居士等，江苏丹徒（今镇江）人。因东晋时侨置徐州于京口，南朝宋时改称南徐，历经齐、梁、陈至隋代开皇年间始废，后来即以南徐为镇江的古称，唐代王昌龄的《客广陵》诗中“楼头广陵近，九月在南徐”和清代吴伟业《赠冯讷生进士教授云中》诗中“忆昔扁舟醉石头，别来几梦南徐客”，都是指镇江，故“南徐恭寿”，当确为潘恭寿无疑。至于“武林裕仁”，遍查典籍及传世画迹，均无所获，疑为杭州的画家（“武林”为杭州别称）。近人龚方纬《清民两代金石书画史》中记载有一位叫裕端的书画家，“自号思元主人，善画”，其名被归入“帝王满族书画名家”中，[3] 因“裕”姓在汉姓中未见，故裕仁或为寓居杭州的满族画家。就其题字内容推测，此画当为裕仁所绘。

秦文所示现存的十一种黄易小像，均来自于同一母本，唯独浙博本是一独立绘本。该图所绘为黄易着青衫长袍，头戴斗笠，右手拈花，左手藏于长袖，行走于山间。身后则跟随一书童，着浅红上衣，肩背竹篓，篓中盛菊花等杂卉，似有“采菊东篱下”的暮归之景。作为人物的衬景，潘恭寿所绘山石嶙峋，古树伫立，黄易在陡峭的山石与云烟缭绕、参天树木的烘托下，有效地显现出远离尘嚣、获得片刻宁静的出尘之感。而人物清秀俊朗，超凡脱俗，与幽深、静谧的山谷相映成趣，表现出传统文人在中晚年时期崇尚逍遥遁世老庄思想的普遍做派。笔者曾经在《从文人画到世俗画——明清人物画的流变与演进》[4]中，从绘画的功能上将肖像画分为祭祀性（礼仪性）、观赏性和宴赏娱乐性等三种，前两种在唐宋元时期便已很兴盛，而宴赏娱乐性肖像画（行乐图）则滥觞于明代。此类画在明代多见于帝王的行乐图，如明无名氏的《宪宗调禽图轴》（中国国家博物馆藏）、《明宪宗元宵行乐图卷》（中国国家博物馆藏）和商喜的《朱瞻基行乐图》（故宫博物院藏）等即属此例。到晚明"波臣画派"的曾鲸（1568—1650）开始，以文人为主角的此类行乐图开始盛行，如曾鲸、沈士鲠《徐元亮像》（广东省博物馆藏）、曾鲸、胡可复《吴允兆像卷》（故宫博物院藏）、曾鲸的《胡尔慥小像》（浙江省德清县博物馆藏）、士中的《李流芳像》（故宫博物院藏）、曾鲸《侯朝宗像秋江钓艇图轴》（吉林博物院藏）等便属此类。秦文所论十一种黄易小像，很显然，均属于观赏性肖像画，而浙博本黄易小像，则属于行乐图。彼时此类文人肖像，极为流行，但凡在文苑、学林中稍具成就者，多有过此类小像行世，如罗聘《王士祯与朱彝尊合像》（大英博物馆藏）、丁以诚的《袁枚小像》（山东博物馆藏）、王章的《临流选石图卷》（中国国家博物馆藏）、王简、张岂的《王圻像卷》（南京博物院藏）、禹之鼎的《写周仪像》（广东省博物馆藏）、费丹旭的《朱熊像》（浙江省博物馆藏）、《乔莱书画娱情图》（南京博物院藏）、吴杏舫的《戴熙像》（浙江省博物馆藏）、张宜尊的《竹林清趣图》（广东省博物馆藏）、沈宗骞的《石门观瀑图》（中国国家博物馆藏）、尹沅、任预的《吴昌硕归田图》（浙江省博物馆藏）、陆仙根、任颐的《陈景华荷静纳凉图》（浙江省博物馆藏）、沈塘等人的《梁鼎芬肖像图》（广东省博物馆藏）等便是如此。有意思的是，这类小像，一般由一个不知名的画家（极有可能是专门以写真像为生的职业画家）写像，再由一个文人画家或在当时画坛中颇具影响的画家补景。浙博本黄易小像即是如此。潘恭寿是清代中期有名的文人画家，曾师从"小四王"之一的王宸（1720—1797），与王文治（1730—1802）时相过从，"求潘画者必求王题"，当时有"潘画王题"之谓，[5]据说两人到吴门，"得其片纸者，如获至宝"，[6]近人叶德辉（1864—1927）在《消夏百一诗》中咏其画："莲巢画籍梦楼题，前事文仇品未低。悟得耕烟青绿云，看君放笔写松溪"，[7]而秦祖永（1825—1884）在《桐阴论画》中称其"山水规模文氏，花卉取法瓯香，颇有韵致"，[8]均可看出清人对其推许之意。在此画中，其山水便可概见其源自文徵明，尚存文氏遗韵。作为功成名就的一代金石名家，黄易的肖像画延请名满一时的潘恭寿为其补景，或可见其自得之意。

秦文所示十一种黄易小像均为像主手持《熹平石经》的半身像或整身像，作者认为《熹平石经》作为中国古代最早刊刻于碑石上的官定儒家经书，有着不可动摇的正统地位，画像如此造型，是因出身监生而非科举的黄易，努力改善自身形象所必需的，同时也是乾嘉金石学学术诉求的需要。这些小像，表现的是黄易三十四岁时的学术形象。而浙博本黄易小像，是其四十二岁的盛年。在这八年间，黄易在山东任上勤政奉公之余，广求碑

图3. 清余集（款）《黄易官便服像》
广东省博物馆藏

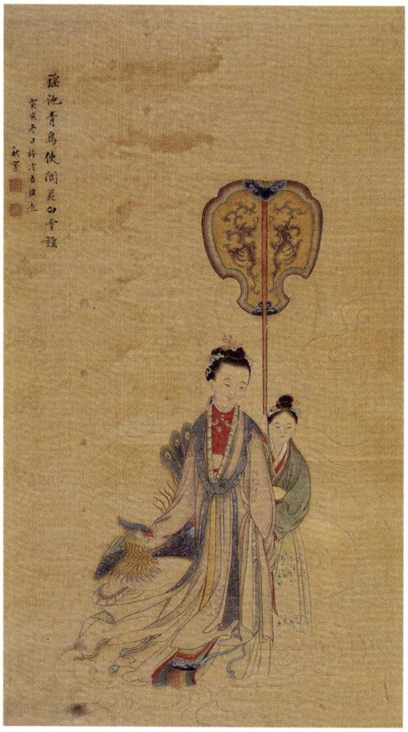

图4. 清余集《瑶池仙女图》 绢本设色
88厘米 ×49.5厘米 广东省博物馆藏

图5. 清余集（款）《黄易读画图》
纸本设色 71厘米 ×35厘米 上海博物馆藏

石铭刻，与李东琪、李克正、毕沅等雅好金石之士交善，其金石学成就与地位已经奠定。有学者考证，在四十二岁画像的这一年六月，“经黄易首倡，天下好古之士醵资于紫云山就地重修武氏祠。同年冬，浙江粮艘十余帮阻冻于山东七级闸，舵下水手乏食，黄易力请借帑，活万余人性命。这两件事，可谓是黄易生平的两大善举”。[9] 在此背景下，志得意满的黄易深山闲游，采菊晚归，似有乘桴之想。这与青年时期手持《熹平石经》的形象形成鲜明对比，亦是传统文人由入世到出世转型的深刻写照。

另据秦文援引《中国书画家印鉴款识》记载，乾隆五十八年（1793），余集画《黄易小像轴》，署款“秋室余集”并钤“秋室居士”印，“却不详出处，可能是上海博物馆的藏品”。今查杨仁恺《古代书画鉴定笔记》，在上海博物馆有一件余集《黄易读画图》，其鉴定意见为：“轴，纸，色。乾隆癸丑仲秋，小松上款，画年份够，款后加。”[10] 此画当即为《中国书画家印鉴款识》中所言之《黄易小像轴》。该鉴定笔记为书画鉴定家杨仁恺（1915—2008）在全国书画巡回鉴定中的记录，其鉴定意见“款后加”，说明此画存疑。随后再查中国古代书画鉴定组编《中国古代书画目录》和《中国古代书画图目》，均未收录此画，说明此画非余集真迹可确证矣。虽然如此，但《黄易读画图》中的黄易形象，当是有据可本的。

有意思的是，在广东省博物馆也收藏一件余集款的黄易小像，名为《黄易便服像》，款署曰：“小松先生尊照，秋室余集”，钤白文方印“余集”和朱文方印“秋室”。画上有钱坫款的篆书题跋：“乾隆四十四年岁在乙亥，钱塘黄易三十八岁在嘉祥仿碑时之小像，嘉定钱坫题”，钤白文方印“钱坫私印”和朱文方印“献之”。该图所绘黄易像为其三十八岁时在山东嘉祥时访碑之时，着青色长袍，面容姣好，脸色红润，画面并无任何衬景。但就余集画风看，与其常见的画风和署款并不一致。同样收藏在广东省博物馆的一件余集的《瑶池仙女图》，是被专家鉴定为其真迹的一件代表作。[11] 两图相比较，便可看出其笔法与款识的迥异之处。画上钱坫的篆书与其常见的风格与相异，其临摹的痕迹极为明显。该图也和上海博物馆所藏余集款的《黄易读画图》一样，当有一底稿，时人或后人据此临摹而成。这类肖像画在清代画坛——尤其是清代中晚期以后，极为盛行。好事者大多以某一稿本，或据某画家之名，配之以不同装束、不同衬景或不同题识，专门临摹名人小像，如在袁枚、赵之谦等人的小像中均存在这种现象。这类画，因其原稿大多已失传，客观上为后世了解画中主人的不同版本小像提供了珍贵的文献资料，是研究清代肖像画演进的重要图像。但从鉴定学上，则容易鱼目混珠，使人误入歧途。所以，我们在关注黄易小像时，是不得不注意这一点的。

注释：

1. 秦明：《黄易小像考》，《西泠印社国际学术研讨会论文集》，杭州：西泠印社出版社，2013 年。

2. 莞城美术馆、浙江省博物馆编：《传神阿堵：明清人物画精品展》，南宁：广西美术出版社，2011 年，第 114 页。

3. 龚方纬：《清民两代金石书画史》卷八，南京：凤凰出版社，2014 年，572 页。

4. 朱万章：《从文人画到世俗画——明清人物画的流变与演进》，朱万章主编：《明清人物画》，广州：岭南美术出版社，2008 年，第 9–33 页。

5. 张伯驹：《云烟过眼》，北京：中华书局，2014 年，第 59 页。

6.（清）钱泳：《履园丛话》卷十一下，北京：中华书局，1979 年。

7. 叶德辉：《消夏百一诗》卷下，上海：华东师范大学出版社，2010 年，第 48 页。

8.（清）秦祖永：《桐阴论画》三编上卷，上海：上海古籍出版社，2015 年，第 197 页。

9. 朱琪：《清代黄易的家世及生平考略》，《荣宝斋》2015 年第 10 期。

10. 杨仁恺：《中国书画鉴定笔记（叁）》，沈阳：辽宁人民出版社，2015 年，第 1275 页。

11. 广东省博物馆编：《明清人物画》，广州：岭南美术出版社，2008 年，第 46 页。

散论黄易题签的禹之鼎摹绘赵孟頫自画像

汪　亓

故宫博物院书画部研究馆员

内容提要：故宫博物院藏赵孟頫《行书高峰和尚行状》卷前，有黄易题签的禹之鼎摹绘《赵孟頫自画像》。赵孟頫是一位划时代的艺术巨匠，书画成就自不待言，艺术理论更是对来者启发多多。而其存世的《自画像》仅仅是将自己置身竹林之间而体现操节高雅，无法满足人们想要了解名贤形象的渴望。据部分文献记载，赵孟頫曾绘制半身自画像，但并无实物存世，现在能够见到的只有清代禹之鼎、汪恭与近代俞明等人的摹绘本。清初肖像画名家禹之鼎画艺精擅，名满朝野，他的摹绘本应是忠于原作的，加之图中人物穿戴符合元代服饰特点，且人物形象与文献记载较为接近，故推断禹之鼎摹本的母本有极大的可能即是赵孟頫半身自画像。此外，对禹之鼎摹绘赵孟頫自画像的部分流传经历稍作介绍，同时就其与黄易之间的关系略加阐述。

关键词：黄易　赵孟頫　禹之鼎　自画像

与赵孟頫[1]涉及的艺术领域宽泛相仿，黄易[2]在书法、绘画、治印上多有成就，为人赞誉。尽管黄易的书画不曾流露出松雪遗韵，但其与松雪关系颇多，显明易见。

首先，黄易于印学一道推崇赵孟頫的主张与艺术风格。松雪对篆刻的审美取向，与其论及书画相同，皆有“复古”之心。在《〈印史〉序》中，他表示出推重“汉魏而下典刑质朴之意”，要去除“新奇相矜”的流俗。[3]“赵氏子昂”“松雪斋”等印文即为赵氏取资小篆、旁参汉魏朱文而自成面目的元朱文。黄易“梧桐乡人”朱文印的边款称：“宋元人印喜作朱文，赵集贤诸章，无一不规模李少温。作篆宜瘦劲，政不必尽用秦人刻符摹印法也。此仿其松雪斋长印式。”（图 1）有学者认为“印学史上，赵孟頫是一位首开‘元朱文’之先的人物，而其篆刻文字，正取资于李阳冰径出秦《泰山刻石》

图 1. 黄易“梧桐乡人”朱文印及边款

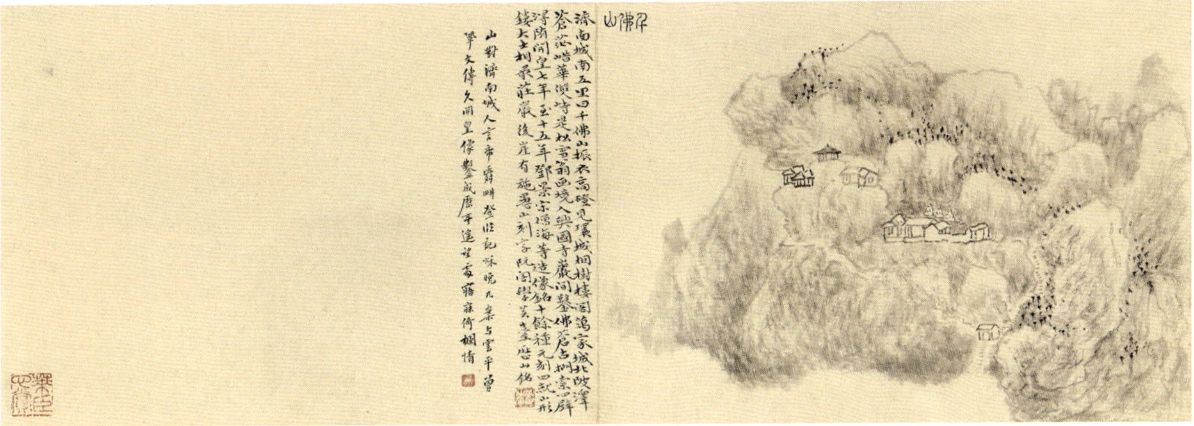

图 2. 黄易《岱麓访碑图·千佛山》页　故宫博物院藏

而自成一体的‘玉箸篆’。李氏‘玉箸篆’劲健圆润的笔体形态显而易见，看来，黄易在顶礼膜拜步履赵、李二氏的同时，是不赞成运用了无生气平匀臃滞且毫无书写趣味可言的虎符文字的”。[4]在“文渊阁检阅张壎私印”朱文长方印上，小松则于仿松雪篆意之外，“用方整的汉缪篆替换圆转的元朱文，将赵氏的流美典雅改写成醇厚拙朴”，成为浙派朱文印成熟时期的代表。[5]不难看出，小松踵武松雪以“元朱文”入印之意，并将其发扬变化之心。

其次，黄易于书画也多留意赵孟頫作品。其《岱麓访碑图》册中的《济南千佛山图》页（图2）题跋言“济南城南五里曰千佛山。振衣高磴，见环城烟树，楼阁万家，城北陂泽苍茫，鹊华双峙，是松雪翁画境”云云，[6]可以想见其对松雪名作《鹊华秋色图》卷并不陌生。黄易交游广泛，常有友朋请托购销古物，或得赠书画，其中不乏松雪作品，这从故宫博物院藏小松致友人的尺牍中便能见到诸多头绪。如《致陈灿粮艘札》（图3）称：“所嘱子昂马卷，问之同人只肯出六两，弟不敢擅卖，暂存之，如可减值，弟当留心，否则明春寄还也”；

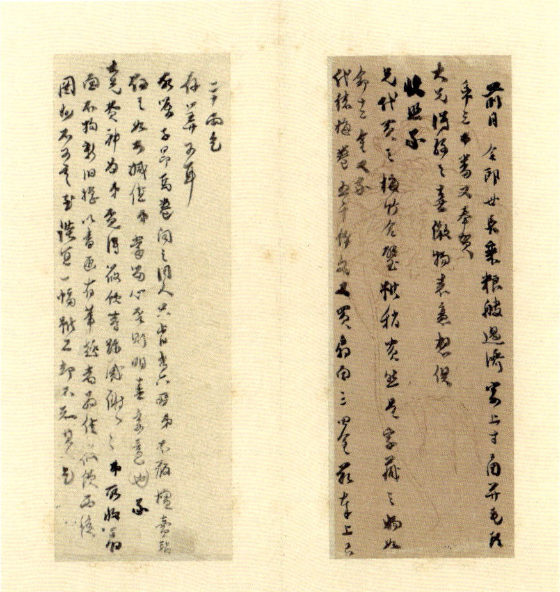

图 3. 黄易《致陈灿粮艘札》页　故宫博物院藏

《致张爱鼎〈刻工札〉》言“昨刻工高姓回济，接荷手书并新刻赵书《无逸》，谢谢。重刻旧帖神气太远，不若尊跋之秀整也”；《张廷济录黄易致赵魏〈北来（妙极）札〉》回复老友“赵文敏《道德经》尚无售处，且存弟处，容另报命，岁底再无人要，弟当寄还”。[7]由是即知，小松过手松雪书画较多，或许其未曾收藏松雪作品，然而对松雪艺术接触、

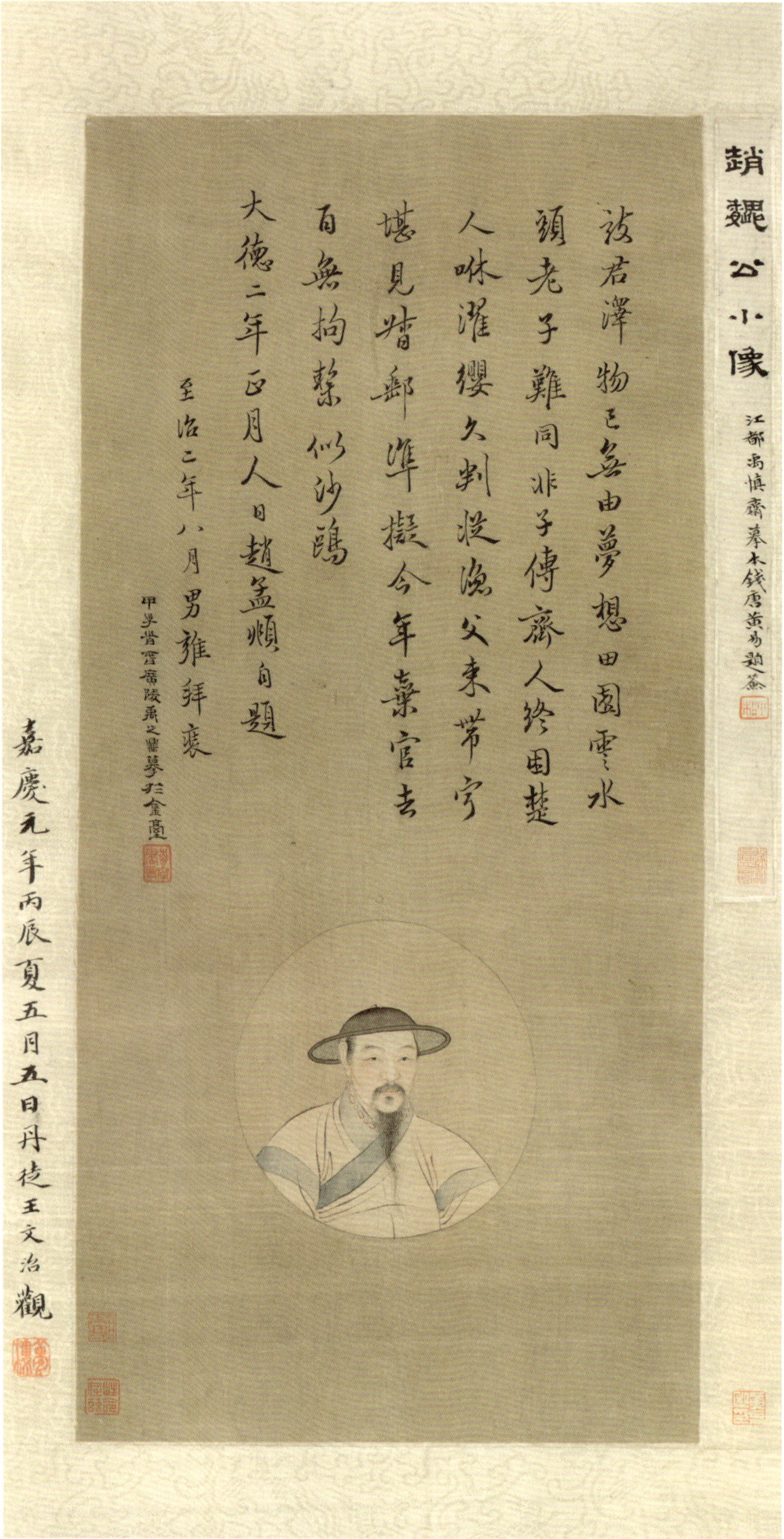

图 4. 禹之鼎摹本《赵孟頫自画像》　故宫博物院藏

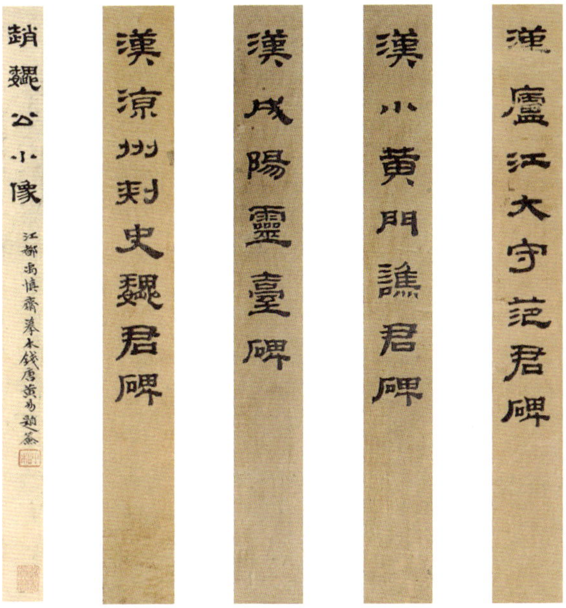

图 5. 黄易为禹之鼎摹本《赵孟頫自画像》与“汉魏五碑”题签　故宫博物院藏

图 6. 赵孟頫《自写小像》页　故宫博物院藏

了解应当甚夥。

除此之外，黄易还曾寓目禹之鼎[8]摹绘《赵孟頫自画像》，并为之落笔题签（图 4）。自书风来看，该签与黄易为所藏的“汉魏五碑”（汉《魏元丕碑》《成阳灵台碑》《谯敏碑》《朱龟碑》魏《范式碑》）题签[9]（图 5）风格相近，时间约在 18 世纪 80 年代至 18 世纪 90 年代初，正是黄易钟情汉魏碑铭时期。此像现装裱于故宫博物院藏赵孟頫《行书高峰和尚行状》卷前。下面便来谈谈这幅小松鉴赏过的画作及其部分流传经历。

一

既然禹之鼎摹绘的是赵孟頫自画像，我们不妨先来看看松雪的形象如何，同时探究其是否有自绘肖像的能力。

自古以来，人们多有一睹名贤具体形象的渴求。从传世画作观之，宋代以降的文人形象多以画家与像主对面“写真”的形式保留下来，而非后人依靠想象对前人完成的形象塑造。如宋人《睢阳五老图》册（分藏美国纽约大都会艺术博物馆、弗利尔博物馆、耶鲁大学博物馆），王绎、倪瓒《杨竹西像》卷（故宫博物院藏）。赵孟頫也是对肖像较为重视的一位艺术家，曾创作《自写小像》册页（故宫博物院藏）（图 6），然而此图仅仅是将其置身竹林之间而体现操节高雅，无法满足人们对于清晰了解其具体形象的希望。那么他的面目究竟如何呢？我们不妨先从文献中做一初步探寻。

元世祖对于赵孟頫的形象有过高度评价。据《谥文》中称“公宋宗室子也，风采凝峻，入见世皇，上奇之，谓神仙中人”。[10]杨载撰《大元故翰林学士承旨荣禄大夫知制诰兼修国史赵公行状》记“至元丙戌十一月……又独引公入见，公神采

图 7. 赵孟頫《人骑图》卷　故宫博物院藏

秀逸，珠明玉润，照耀殿庭。世祖皇帝一见称之，以为神仙中人”。[11]《元史》卷一七二《赵孟頫传》载“至元二十三年……孟頫才气英迈，神采焕发，如神仙中人，世祖顾之喜”。[12] 元仁宗也曾称赞赵孟頫“状貌昳丽”。[13] 更见传奇的是赵氏与好友田衍（田师孟）初会时的情形，据赵氏为田衍母李氏所作《田氏贤母之碑》描述：“始余至京师，与师孟相闻，一日遇诸途，师孟前跽曰：君非子昂乎？余曰：子谓谁？曰：田衍也。余曰：子何自知为余？曰：衍闻诸鲜于伯几，赵子昂神情简远，若神仙中人。衍客京师数年，未尝见若人，非君其谁？遂相与莫逆。”[14] 可知，无论帝王还是友朋，对于赵氏容貌超凡、气质出尘，皆赞誉有加。

谈到绘画，赵孟頫可称全才，其笔下题材丰富，山水、人物、花鸟无不精擅，可谓冠绝群伦。就人物画而言，佳作如《人骑图》（故宫博物院藏）（图 7）、《老子像》（故宫博物院藏《小楷道德经》卷前）、《红衣罗汉图》卷（辽宁省博物馆藏）等，人物面部刻画细腻生动，衣纹勾写自然流畅。藉此极佳的造型功力，绘制肖像自然不成问题。

禅宗临济宗的祖师中峰明本与赵氏谊在师友，往来殊多，感情深厚。赵孟頫为中峰绘制的画像著录于清初吴升的《大观录》，图为“纸本，高二尺，阔一尺，子昂赞款题本身，左上角行书瘦峭有别致。思翁跋真书三行在右下角。中峰坐大禅椅，背靠蒲团，髡顶发鬖鬖，面丰盎，纹皱可掬，栗穀色衲衣，披红袈裟，两手作圆相，双履置小木几上”。赵孟頫题赞：“身如天目山，寂然不动尊。慈云洒法雨，遍满十方界。化身千百亿，非幻亦非真。觅赞不可得，为师作赞竟。至大二年正月人日，弟子吴兴赵孟頫焚香谨赞。”董其昌题跋：“赵文敏师事中峰，因图其像，携以自随，到处供养，画似吴道子，令人望而动悟，其昌。”[15]钱泳也曾见到过这幅中峰明本的肖像，颇为赞赏。[16]乾隆年间的名家潘恭寿曾摹绘此本，王文治则临赵书于其上，竟然被翁方纲误认为松雪真迹。[17]王文治《快雪堂题跋》中亦有类似记载。[18]

在上述涉及赵孟頫为中峰禅师造像的著录中，我们可以知道松雪是具备绘制肖像的能力的，而这一能力的确成为他能够绘制自画像的重要支撑。以此推测，赵孟頫绘制自画像应当不成问题。

据赵氏的外孙女婿陶宗仪记述，当时的肖像名家陈鉴如将一幅赵孟頫像送到像主面前，赵氏提笔修改图中未能尽传神采之处，并指出人中在唇上的缘故是“眼耳鼻皆双窍，自此而下，口暨二便皆单窍。三画阴，三画阳，成泰卦也”。[19]此则记载愈发反映赵孟頫于肖像画的技巧娴熟之外，更有对肖像画的深入体认。而元代至正年间的傅生曾作七绝一首，诗名为《题赵子昂自画小像》，[20]则进一步证实赵氏确有挥翰自写容貌的画像传世。

二

关于赵孟頫绘制自己的肖像，笔者尚未发现原作，查找到的多为蒙元、明清文献与现存图像中的些许痕迹。

经过梳理，约略有以下 12 种包括摹本在内的赵孟頫自画像的版本：

1. 傅生题诗本

傅生《题赵子昂自画小像》诗云：“天人风度故王孙，不见珠明玉润温。想得松窗看镜影，月斜清雪莹无痕。”明代张丑曾在《清河书画舫》中自稍早时候成书的《文翰类选大成》迻录此诗，但没有关于此图的任何描述性文字，当是张氏未见到小像真迹。[21]笔者不曾查到关于该像的更多记载，置此俟考。

2. 魏骥题诗本

明初魏骥曾见一幅赵孟頫像，并为之作《题赵松雪小像》：“天潢玉树溥华滋，水晶宫小春迟迟。沤波桂楫浮轻漪，桃笙豹枕罗香帏。蜀琴啼凤弹吴丝，翠华渺渺鞶尘飞。铜仙泪泣风凄凄，瑶阶土蚀秋虫悲。蝉衫宝珰双蟠螭，玉堂归老江南时。”[22]然其内容多是个人感慨，不见对画面的描述，实难想象画面如何。

3. 宋刻《汉书》本

赵孟頫曾收藏宋刻《汉书》与《后汉书》，《汉书》前有赵孟頫像。明代王世贞购于陆完家，宝爱有加。后经徽商之手，归入钱谦益箧中。经二十余年，钱将两书于崇祯十六年（1643）转鬻谢象三。[23]清初王士禛在《分甘余话》卷二《宋本两汉书》记述，两书在张缙彦手中散出，康熙年间梁清标欲出“五百金”购之而未果。[24]

《分甘余话》初刊本在康熙四十八年（1709）梓行于世，而纳兰揆叙在《益戒堂诗后集》卷六（起壬辰四月尽癸巳三月）的《新正郊居迭西厓院长韵末二章兼呈他山先生观河居士八首（其四）》自注中提及“新正十日赐观宋雕汉书一有赵松雪小像并钱牧斋跋”，[25]说明前附赵孟頫像的《汉书》至少在康熙四十八年至康熙五十二年正月十日之间已经进入清宫收藏。乾隆年间编成的《天禄琳琅书目》曾著录此书，[26]因嘉庆二年（1797）紫禁城乾清宫失火，昭仁殿中所有天禄琳琅辑录的古籍尽数被毁，此书亦未能避开祝融之灾，其中最有可能保留松雪神韵的写真画作终于随着火焰而灰飞烟灭，不能不说是一个遗憾。

图 8. 松江博物馆石刻本《赵孟頫自画像》 松江博物馆藏

4. 松江博物馆石刻本

松江博物馆现存一石，乃元初本一禅院的旧物，其上并刻赵孟僩、中峰明本、赵孟頫像（图 8）。赵孟頫像的左上侧有孙克宏书："此赵松雪自为临写镜容，并玉图刻，贮一银盒内，闻于吴兴故居中得之。其秀颖奇特，足令观者解颐。宜期翰墨之妙，绝天下也，漫勒坚珉。"右有隶书"赵文敏公"，下押"松雪斋"印。[27] 明代崇祯《松江府志》卷五十《寺庙上》述及本一禅院，在"月麓公墓"条目下引陈继儒《本一禅院志叙》记赵孟僩在出家后将北道堂改为本一禅院，其族弟赵孟頫曾请中峰禅师前来讲经说法等旧事，并称"余故属超然特刻中峰、月公、松雪三像，以见缘起之所自，而意则表章月公之忠义也"。[28] 那么此石刻的下限应在崇祯三年之前。此像与禹之鼎摹本相近，然人物脸型稍圆，且胡须之形有所差别。

5. 董其昌题跋本

清中期的陆时化称见过《元赵松雪小像立轴》："像，宋纸，高五寸二分，阔四寸四分半，照在镜光中，另宋白罗纹纸，高五寸三分余，阔四寸三分，松雪自题七律一首，字字如珠，董思翁题于裱绢，有'鼎元'朱文印，知是王弇州物，今户曹金茝石携来观。"同时记录了画上赵孟頫题诗："致君泽物已无由，梦想田园雪水头。老子难同非子传，齐人终困楚人咻。濯缨久判从渔父，束带宁堪见督邮。准拟新年弃官去，百无拘系似沙鸥。大德二年（1298）正月人日，赵孟頫自题。至正二年（1342）八月，男雍拜装。万历戊申（万历三十六年，1608）八月廿三日与陈徵君仲醇同观于宝鼎斋，董其昌记。"[29] 松雪七律名《岁晚偶成》，收录于元沈氏刊本《松雪斋文集》卷五。[30] 陆时化对于这张图描述，与禹之鼎摹本相同，可知或是图即为禹氏临摹的对象，或两画母本相同。关于此图的著录又见于毕泷《广堪斋藏画》，此处称《赵松雪自写镜光小像》。[31] 因此图暂无图像，无法与禹之鼎摹本比照。

6. 黄易题签的禹之鼎摹本

此本在圆光之内绘写赵孟頫半身肖像，并摹松雪行书七律《岁晚偶成》与赵雍书"至治二年（1322）八月男雍拜装"，其左有隶书"甲子首春广陵禹之鼎摹于金台"，钤"慎斋书画"朱文长方印，另钤徐宗浩鉴藏印"石雪"朱文方印，"性命在兹"朱文方印。以此本与董其昌题跋本比照，二者差别最大之处在于，禹之鼎摹本上赵雍"拜装"的时间为至治二年（1322），董其昌题跋本则题为至正二年。

画面右侧有题签，上有"赵魏公小像，江都禹慎斋摹本钱唐黄易题签"，钤"小松"朱文扁方印，徐宗浩鉴藏印“遂园真赏”朱文长方印。签下钤“黄易私印”白文方印。画面左侧有楷书“嘉庆元年（1796）丙辰夏五月五日丹徒王文治观”，钤“梦楼”朱文方印。

此图裱于赵孟頫《行书高峰和尚行状》卷前，卷后为徐宗浩抄录蔡世松跋一，徐氏自家题跋二，其第一跋中谈及将禹之鼎摹本合装于赵书前之事，容待后叙。

7. 钱泳所见第一本

钱泳曾经寓目两幅赵孟頫像，见《履园丛话·丛话十·收藏》：

庚戌三月，余往娄东，在毕涧飞员外家见魏公自绘小像，纸本，长尺许，阔七寸，作一镜。像居其中，仅画半身，头戴一笠，身着月白氅衣，面圆而俊伟，丰神奕奕，微须，真元世祖所称神仙中人也。上惟有仲穆书赞两行。又在友人处见一像，有自题七律云：“致君泽物已无由，梦想田园雪水头。老子难同韩子传，齐人终困楚人咻。濯缨久判从渔父，束带宁堪见督邮？准拟新年弃官去，百无拘系似沙鸥。”后题“大德二年正月人日赵孟頫自题”，又一行云“至治二年八月男雍拜装”。观魏公此诗，其出山服官，非素所愿，然亦何苦作此白珪之玷也。[32]

其中第一本仅有赵孟頫像与赵雍书写的两行像赞，不同于禹之鼎摹本有赵孟頫书七律《岁晚偶成》。

8. 钱泳所见第二本

此本无论对画面的描述，还是赵氏父子题字，均与禹之鼎摹本相同。倘若钱泳在“友人处”所见为真迹，那么此本即为禹之鼎临摹的对象。

9. 汪恭摹本

美国纽约大都会艺术博物馆藏有乾嘉年间的汪恭摹绘相同样式的《赵孟頫像》（图 9），然仅摹赵孟頫自题一段而无赵雍题跋。本幅上钤汪恭“竹坪”朱文方印，另有“海阳孙氏莲叔珍赏书画印信”“莲叔审定”“王禹卿氏”“安思远藏”朱文方印四。未知的是汪恭缘何而摹、摹写的原本为何，已知的是此图绘成之后曾经海阳孙莲叔、无锡王

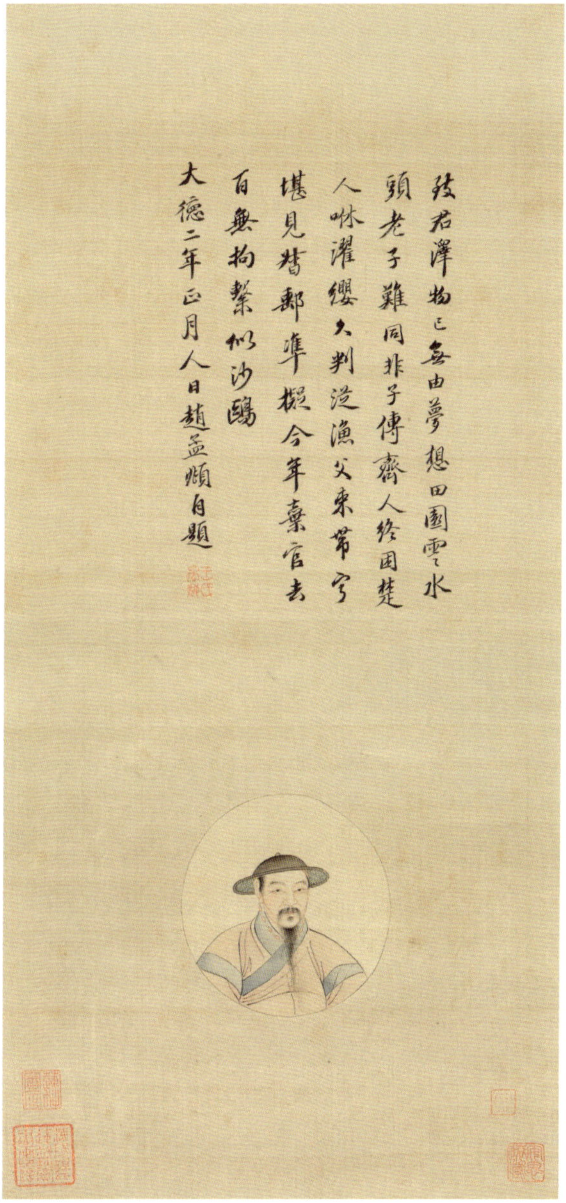

图 9. 汪恭摹本《赵孟頫自画像》轴　美国纽约大都会艺术博物馆藏

图 10. 清人《松雪居士像》页　南京博物院藏

图 11. 俞明摹本《赵孟頫自画像》页　故宫博物院藏

禹卿、美国安思远收藏，终落户于博物馆。

10. 清人绘本

南京博物院藏《三文敏像》册，像主分别为谥号“文敏”的元赵孟頫、明董其昌、清张照，可知此套图册的时间上限是张照去世的乾隆十年（1745）。与禹之鼎摹本相比，册中的《松雪居士像》[33]（图 10）也绘出钹笠冠、半臂，然而半臂的颜色与纹样均有相异之处，松雪的脸型、眉目、胡须更是与前者有径庭之别。虽在此本对题上有“松雪居士”楷书四字，但不知其原本为何。观其劲力十足的线条，可知与松雪画法相去甚远，定非摹自松雪自画像。

11. 俞明摹本

此图裱于赵孟頫《楷书昆山淮云院记》（故宫博物院藏）后附页中，是俞明受徐宗浩之请而为徐氏临摹之作（图 11）。此图与禹之鼎摹本有所区别，其一是图中人物未在圆光之中，其二是赵孟頫面目丰满而皱纹较少。

12. 适云摹本

此图粘于赵孟頫《楷书昆山淮云院记》前附页上，是徐宗浩获得禹之鼎摹本后请适云所临的摹本（图 12）。

从文献记述与现存图像看来，钱泳所见第二本、禹之鼎摹本、汪恭摹本、适云摹本应为同一谱系。但钱泳所见第二本暂时难以判定是否为赵孟頫原作，故无法断其为余下三件摹本的母本。董其昌题跋本，与禹之鼎摹本在赵雍“拜装”时间有二十年的差距。如《吴越所见书画录》和《广堪斋藏画》按语中，未将“至治”误录为“至正”，那么此本或许为禹之鼎摹本的一个源头。

图 12. 适云摹本《赵孟頫自画像》页　故宫博物院藏

松江博物馆石刻本、钱泳所见第一本，皆为赵孟頫像居圆光之内，但与禹之鼎摹本的细节上有所区别，当是同一母本的不同临本。清人绘本、俞明摹本则是在赵孟頫圆光像之外的母本的一个延续。

三

由题跋“甲子首春广陵禹之鼎摹于金台”可知，禹之鼎所摹赵孟頫自画像是康熙二十三年（1684）正月绘制于京师。此前，画家已为多位名家绘制过肖像。如：康熙八年（1669）为吴伟业写照，康熙十三年（1674）为徐乾学、姜宸英、汪懋麟三人绘《三子联句图》，康熙十五年（1676）为汪懋麟绘《少壮三好图》；康熙二十一年（1682）夏绘《高士奇像》卷（故宫博物院藏）（图 13），七月在京师为王士禛、陈廷敬、徐乾学、王又旦、汪懋麟等绘《城南雅集图》卷（日本东京国立博物馆藏）。应该说，禹氏的肖像创作得到了时贤的认可，后人的种种称赞应非虚誉。此外，其临摹古画同样颇具水平，有多幅画作行世。如：《摹周文矩〈东山写照图〉》卷，[34]《临韩滉〈五牛图〉》卷，[35]《仿赵千里三多图》轴（故宫博物院藏）等。倘若说山水画作的摹仿多有写意成分而或许稍欠准确性的话，不妨以其摹自仇英《右军书扇图》轴（云南博物馆藏）的《题扇图》轴（故宫博物院藏）、《临送子天王图》卷（旅顺博物馆藏）（图 14-1、图 14-2）等人物画为例，可见其前后精致细腻、

图 13. 禹之鼎《高士奇像》卷局部　故宫博物院藏

准确流畅的摹古功力。以此功力摹仿赵孟頫自画像，应与原作并无多少偏差。

以上，是从禹之鼎摹绘能力的角度来讲的，那么其摹绘对象——赵孟頫自画像本身是否可信呢？

禹之鼎摹本上，赵孟頫头戴钹笠冠，身着质孙服，外罩比肩。这些在元代的服饰制度与形象上都有相关的记述与文物遗存能够对应。

首先是钹笠冠，因笠形如圆钹，故名。元人冬天戴皮质帽子以保暖，夏日则戴有檐的笠以遮阳。《元史》卷一一四《世祖后察必传》载："胡帽旧无前檐，帝因射，日色炫目，以语后，后即益前檐。帝大喜，遂命为式。"[36] 自此，钹笠冠成为上至帝王、下至黎庶的常用之物，这一点从绘画图像上可以得到证实。如：今藏台北"故宫博物院"的元成宗、元武宗、元仁宗、元文宗像均为头戴钹笠冠（图 15），甘肃安西榆林窟元壁画上有戴宽檐钹笠冠的行香贵族，[37] 元代《卢沟运筏图》上有戴钹笠冠、着交领右衽袍的官吏，[38] 内蒙古赤峰三眼井元墓壁画亦有戴钹笠冠的人物形象；[39] 敦煌莫高窟第 332 窟甬道南壁上戴钹笠冠的男供养人[40]（图 16）。钹笠冠不仅留在绘画中，而且 20 世纪 70 年代曾于甘肃漳县元代汪世显家族墓出土实物，[41] 令今人对钹笠冠有了最为直接的认识。

其次是质孙服，汉语译作一色衣。其形制为上衣较为紧窄，下裳较短，二者相连。经研究，质孙是元代达官贵人地位和身份的象征，皇帝所赐质孙，多以显示对臣僚的宠爱，受赐者往往以此为荣。[42] 元至顺年间刻本《事林广记》前集卷十一的插图中便有身穿质孙服的蒙古官吏与仆从的场景（图 17）。[43]

最后是比肩，其与钹笠冠同样是元人常用之

图 14-1. 吴道子《送子天王图》卷局部　日本大阪市立美术馆藏

图 14-2. 禹之鼎《临吴道子〈送子天王图〉》卷局部　旅顺博物馆藏

图 15.《元仁宗像》页　台北"故宫博物院"藏

图 16. 敦煌莫高窟第 332 窟甬道南壁上戴钹笠冠的男供养人

图 17. 元至顺年间刻本《事林广记》插图中身穿质孙服的蒙古官吏与仆从

物。比肩为罩在男式质孙服或女式窄袖长袍之外，搭配穿着的一种半袖袍服，其袖不及臂长的一半，而适合骑射。[44] 前述敦煌莫高窟第 332 窟甬道南壁上戴钹笠冠的男供养人身后的两位供养人，所着即为比肩。

以上解说，是为说明禹之鼎临摹的对象并非凭空臆造出的赵孟頫自画像，因为摹本上所勾写的冠服细节倘若不是熟悉元代服饰之人绝难向壁虚构。

此外，禹之鼎摹本中的松雪相貌俊朗，态度儒雅平和，正与文献记载相吻合。可以说，这一摹本无论是服饰还是形象都符合赵孟頫形象。

遍检众多图录，尚未见到赵孟頫自画像的原作，但从文献记载来看，到明末的时候，方始有了蛛丝马迹。据前引诸书，知赵孟頫藏《汉书》前有其小像，明末递经陆完、王世贞、新安商贾、钱谦益、谢象三、张缙彦收藏，惜于康熙年间在京城出现，终因鬻价高昂而不知去向。倘若《天禄琳琅书目》所记便是此书，且小像有赵孟頫跋，则为此类圆光肖像的源头。惜两《汉书》早已无存，以致少了一个溯源的重要线索。王士禛与禹之鼎在京师的时间重叠数年，其间禹氏为前者绘肖像 12 幅，[45] 或许画家曾见过《汉书》前置于圆光中的赵孟頫像，于是在其为王士禛《渔洋精华录》配画《戴笠像》时便采用了相似的构图，当然也许是画家应像主王士禛的要求而绘制出这样的肖像。现藏台北“故宫博物院”的乾隆帝御制诗文集中，亦有绘制在圆光内的七帧肖像。[46] 赵慎畛言及，乾隆帝见《汉书》前有赵孟頫、王世贞像，便“命写御容于卷端”。[47] 由此看来，乾隆帝也是受到赵孟頫圆光自画像的启发，[48] 而且不止一次命人绘制这一构图的“御容”。

四

禹之鼎摹本《赵孟頫自画像》在清代的流传，除去王文治、黄易曾寓目之外，暂时没有其他踪迹可寻。及至民国，在 1924 年于北京宣武门内江西会馆举办的“江西赈灾书画古物展览会”上陈季略藏画中出现了“禹之鼎松雪像轴”。[49] 推测此图就是现在装裱于赵孟頫《行书高峰和尚行状》卷前的禹之鼎摹本。陈韬（1870—1937），字季略，湖南衡山人，书斋名玉螭阁。其生于武进（今江苏常州），夫人庄曜孚为民国名流庄蕴宽[50]之妹，善绘事。陈、庄两人二女儿即是民国才女、中国第一位女教授陈衡哲，可谓文化传家。此图之后的故事与徐宗浩密不可分。

徐宗浩（1880—1957）字养吾，号石雪，后以号行，武进人，生于北京，久居通州。富于收藏，名作盈架。倾心于赵孟頫书画，广罗松雪书法墨迹与拓本。精擅书画，花卉、翎毛、山水皆超逸有致，墨竹尤佳，往来元顾定之、明夏仲昭、清郑板桥诸法之间，妙绝一时。擅书法，凭借家藏赵书法众多的优势，步武松雪，不出遗矩，得遒健畅达之姿。

今赵孟頫《高峰和尚行状》卷后有元人危素跋一段，徐宗浩抄录道光年间蔡世松题跋一段，另自题一段。在自题中，徐氏对该卷的创作时间进行考订，认为应是松雪五十岁前后所书，继而言“近得禹尚吉摹魏公真像，并装卷首，当与《昆山淮云院记》筑龛藏之，颜曰双松……己丑夏五月石雪居士识于归云精舍时年七十”云云。[51]由此看来，1949年夏日之前他获得禹氏摹本，见其短边尺寸与《高峰和尚行状》相近，遂合装一处，并作题跋。于此可知，《高峰和尚行状》的最近一次装裱时间也应在己丑（1949）夏五月之后。将同在徐氏箧中的《昆山淮云院记》册对照来看，可以发现徐宗浩将赵孟頫像装裱于卷首的缘故。

徐宗浩在《昆山淮云院记》后写有多段题跋，其中一跋称：“昔赵德父得定武兰亭，帖前有李龙眠蜀纸画右军像，黄小松得汉石经遗字，沈唐为写小像于册首，良以古刻难得，则写作者、藏者之像，一以致仰止之思，一以寓欣赏之意，其珍重为何如也。今余得公此迹。友人俞涤烦为公之乡人，工绘事，又得公遗法，乃为公写像，装于记前，并写余像附于后。余之嗜古，不敢望德父、小松于百一，而涤烦高致逸情，殊不让李、沈云。”[52]原来，无论是在《昆山淮云院记》册前还是在《高峰和尚行状》卷首装赵孟頫像，都是徐氏欲追赵明诚、黄易的故事，借后人所绘松雪像来“致仰止之思”“寓欣赏之意”，从而表示对松雪书作视如拱璧的“珍重”之情。黄易在过世后的140余年，还引发了徐宗浩的追效前贤之举，大概是小松没有想到的。

在《昆山淮云院记》册前的俞明绘《赵孟頫像》《徐宗浩像》《徐宗浩夫人研香居士像》，后两图都是在庚午年（1930）绘制，徐氏夫妇时皆51岁，推想俞明绘《赵孟頫像》的时间应该也是在此前后。而据徐宗浩所书自作《近得赵文敏书昆山淮云院记墨迹册索溥松风贝子忻为写石雪斋临池图纪以二绝》《索溥心畬居士儒补写淮云院图并观韩幹画马卷》两诗为落款癸酉年（1933），以及溥忻于辛未冬日（1931）绘《石雪斋临池图》、徐宗浩于壬申二月（1932）书七绝两首、溥儒癸酉年绘《淮云院图》，知道此册始终居停徐宅。1949年前后，徐氏得到禹之鼎摹《赵孟頫像》轴后，仿宣和装而将此图横裱于《高峰和尚行状》卷首，因俞明已经于1935年或1936年间去世，[53]故请“适云”摹绘禹图置于册间，其对赵孟頫书画的喜爱由此可见一斑。

1953年，徐宗浩及其家属将赵孟頫《高峰和尚行状》卷与《昆山淮云院记》册等文物捐赠给故宫博物院。自此，三件赵孟頫像的摹本安然厕身故宫博物院180余万件藏品之间数十年，成就了继张伯驹、马衡等先生将家藏书画巨迹捐赠国家之后的又一段佳话。

注释：

1. 赵孟頫（1254—1322）字子昂，号松雪、水精宫道人，吴兴（今浙江湖州）人。宋宗室，入元出仕，曾任翰林侍读学士、荣禄大夫等职，卒赠魏国公，谥文敏。倡导“作画贵有古意”，强调以书法用笔入画。工诗文，精音律，擅书画，通印学。绘画取材广泛，山水、人物、花鸟莫不擅长。书法融古开今，篆、隶、真、草各臻神妙。其绘画、书法与印学主张影响深远。

2. 黄易（1744—1802）字大易，号小松，又号秋盦，仁和（今浙江杭州）人。曾官卫河通判、济宁运河同知等职。善绘山水，笔墨苍秀，兼能花卉。书法则以隶书为胜。精于篆刻，风格工稳遒劲，为“浙派”名家。倾心金石碑版研究，寻访碑碣，加以整理与著录，对传统金石学的发展有推动之功。有《小蓬莱阁金石文字》《丁黄印谱》等书行世。

3.（元）赵孟頫：《〈印史〉序》，赵孟頫著，钱伟强点校：《赵孟頫集》卷六，杭州：浙江古籍出版社，2016年，第169-170页。

4. 刘一闻：《从黄易的几则印款说起》，秦明主编：《黄易与金石学论集》，北京：故宫出版社，2012年，第194页。

5. 白洪锦：《清代金石热对黄易印风的影响》，华东师范大学2009年硕士论文，第22-23页。

6. 秦明主编：《蓬莱宿约——故宫藏黄易汉魏碑刻特集》，北京：紫禁城出版社，2010年，第193页。

7. 分见秦明主编：《故宫藏黄易尺牍研究·手迹》，北京：故宫出版社，2014年，第84-85页、第136-139页、第44-46页。

8. 禹之鼎（1647—1716）字尚吉，号慎斋，兴化（今江苏兴化）人。曾官鸿胪寺序班。善画人物、山水、花鸟，尤精写真。肖像画面貌多样，白描法、墨骨法、江南法皆有造诣，所绘人物形神兼备，独具一格。

9. 分见秦明主编：《蓬莱宿约——故宫藏黄易汉魏碑刻特集》，北京：紫禁城出版社，2010年，第107、114、122、118、110页。

10.《谥文》，赵孟頫著，钱伟强点校：《赵孟頫集》附录三，杭州：浙江古籍出版社，2016年，第525页。

11.（元）杨载：《大元故翰林学士承旨荣禄大夫知制诰兼修国史赵公行状》，赵孟頫著，钱伟强点校：《赵孟頫集》附录三，杭州：浙江古籍出版社，2016年，第517页。

12.（明）宋濂等编：《元史》13册，北京：中华书局，1976年，第4018页。

13.（元）杨载：《大元故翰林学士承旨荣禄大夫知制诰兼修国史赵公行状》，赵孟頫著，钱伟强点校：《赵孟頫集》附录三，杭州：浙江古籍出版社，2016年，第523页。

14.（元）赵孟頫：《田氏贤母之碑》，赵孟頫著，钱伟强点校：《赵孟頫集》卷八，杭州：浙江古籍出版社，2016年，第216页

15.（清）吴升：《大观录》卷十六《赵文敏中峰禅师像》，《中国书画全书》8册，中国书画全书编纂委员会编，上海：上海书画出版社，1994年，第485页。

16.（清）钱泳撰，张伟点校：《履园丛话·丛话十·收藏》上册，北京：中华书局，1979年，第279页。

17.（清）陆心源编：《穰梨馆过眼续录》卷二《赵文敏中峰禅师像轴》，《中国书画全书》13册，中国书画全书编纂委员会编，上海：上海书画出版社，1998年，第263页。

18.（清）王文治撰，刘奕点校：《王文治诗文集》（乾嘉名家别集丛刊），北京：人民文学出版社，2014年，第666页。

19.（元）陶宗仪：《南村辍耕录》卷五《人中》，北京：中华书局，1959年，第61页。

20.（元）傅生：《题赵子昂自画小像》，杨镰主编：《全元诗》52册，北京：中华书局，2013年，第298-299页。

21.（明）张丑撰，徐德明点校：《清河书画舫》波字号第十，上海：上海古籍出版社，2011年，第515页。

22.（清）钱谦益编选：《列朝诗集》，顺治九年毛氏汲古斋刻本。“魏尚书骥，骥字仲房，萧山人。永乐三年，乡举起家。松江训导，累官南京礼部尚书致仕。

卒年九十八。谥文靖。郑晓云公，性好吟咏，矢口适情，不求雕饰，自有隽味。”此诗亦见于陈田辑撰：《明诗纪事》乙签卷十，上海：上海古籍出版社，1993年，中册第742–743页。但个别字有所不同：“天潢玉树溥华滋，水晶宫小春迟迟。沤波桂楫浮轻潢，桃笙豹枕罗香帏。蜀琴啼嘱凤弹吴丝，翠华渺渺瓊尘飞。铜仙泪泣风凄凄，瑶阶土蚀秋虫悲。蝉衫宝珰双蟠螭，玉堂归老江南时。”

23.（清）钱谦益撰，钱曾笺注，钱仲联标校：《初学集》卷八十五，《钱谦益全集》3册，上海：上海古籍出版社，2003年，第1780–1781页。

24.（清）王士禛撰，张世林点校：《分甘余话》，北京：中华书局，1989年，第35–36页。

25.（清）纳兰揆叙：《益戒堂诗后集》卷六（起壬辰四月尽癸巳三月）的《新正郊居迭西厓院长韵末二章兼呈他山先生观河居士八首（其四）》，清雍正刻本。

26.（清）于敏中等编：《钦定天禄琳琅书目》卷二《宋版史部·汉书》，《天禄琳琅书目》上册，扬州：江苏广陵古籍刻印社，1992年，第45–58页。

27. 林晓明主编：《松江文物志》，上海：上海人民美术出版社，2001年，第155–156页。

28.（明）方岳贡修，陈继儒纂：《（崇祯）松江府志》（日本藏中国罕见地方志丛刊）下册，据崇祯三年刻本影印，北京：书目文献出版社，1991年，第1308页。

29.（清）陆时化撰，徐德明点校：《吴越所见书画录》卷二，《吴越所见书画录》，上海：上海古籍出版社，2015年，第95页。

30.（元）赵孟頫：《岁晚偶成》，赵孟頫著，钱伟强点校：《赵孟頫集》卷五，杭州：浙江古籍出版社，2016年，第125页。

31.（清）毕泷：《广堪斋藏画》，卢辅圣主编：《中国书画全书》第14册，上海：上海书画出版社，1999年，第750页。

32.（清）钱泳撰，张伟点校：《履园丛话》上册，北京：中华书局，1979年，第278–279页。

33. 图见北京画院编：《笔砚写成七尺躯——明清人物画的情与境》，南宁：广西美术出版社，2017年，第122–123页。

34.（清）高士奇撰，邵彦点校：《江村书画目》之《自怡手卷》394号“国朝禹尚基摹周文矩《东山写照图》一卷，自跋”，《江村消夏录（江村书画目附）》，沈阳：辽宁教育出版社，2000年，第196页。

35.（清）高士奇撰，邵彦点校：《江村书画目》之《自怡手卷》456号“国朝禹尚基临韩晋公《五牛图》一卷”，《江村消夏录（江村书画目附）》，沈阳：辽宁教育出版社，2000年，第199页。

36.（明）宋濂等编：《元史》10册，北京：中华书局，1976年，第2872页。

37. 沈从文：《中国古代服饰研究》图159左，香港：商务印书馆香港分馆，1981年，第394页。

38. 见桥右侧身后有童仆的骑驴官吏，中国历史博物馆编：《华夏之路》第4册，图11–2，北京：朝华出版社，1997年，第17页。

39. 摹绘图见周锡保：《中国古代服饰史》图二一1，北京：中国戏剧出版社，1984年，第367页。壁画见项春松《内蒙昭盟赤峰三眼井元代壁画墓》图版柒1《出猎图》（局部）、2《出猎归来图》（局部），《文物》1982年第1期。

40. 敦煌文物研究所编著：《中国石窟·敦煌莫高窟》第5卷图162，北京：文物出版社、株式会社平凡社，1987年。

41. 甘肃省博物馆、漳县博物馆：《甘肃漳县元代汪世显家族墓葬（简报之一）》图版贰1，《文物》1982年第2期。

42. 李莉莎：《质孙服考略》，《内蒙古大学学报（哲学社会科学版）》2008年2期，第27页。

43.沈从文：《中国古代服饰研究》图161，香港：商务印书馆香港分馆，1981年，第399页。（又见周锡保：《中国古代服饰史》图六，北京：中国戏剧出版社，1984年，第361页；或黄能馥、陈娟娟：《中国服装史》图8–44，北京：中国旅游出版社，1996年，第248页）。

44. 参见董晓荣：《敦煌壁画中蒙古族供养人半臂研究》,《敦煌研究》2010 年 3 期，第 27-33 页，董晓荣：《元代蒙古族所着半臂形制研究》,《内蒙古民族大学学报（社会科学版）》2010 年 5 期，第 23-27 页，张国伟：《元代半臂的形制与渊源》,《内蒙古大学艺术学院学报》2013 年 1 期，第 53-62 页。

45. 参见拙文：《论禹之鼎为王士禛绘制多幅肖像的原因》,《故宫博物院院刊》2016 年 2 期，第 132-146 页。

46. 冯明珠主编:《乾隆皇帝的文化大业》，台北"故宫博物院"，2002 年，第 16-17 页。

47.（清）赵慎畛撰，徐怀宝点校：《榆巢杂识》卷下《天禄琳琅》，北京：中华书局，2001 年，第 227 页。

48. 关于此类在圆光内绘制肖像的形式，施锜在《"镜影图"的道教源头与文人趣味渗透——从赵孟頫〈自写像〉说起》(《民族艺术》2015 年第 6 期，第 148-157 页）一文中，在梳理赵孟頫画像的基础上，认为"赵孟頫《自写像》可能是中国古代艺术史中较早甚至最早的'镜影图'之一，他的《自写像》形式与道教图像极为相似并在题赞中显现了儒道合一的精神"。

49.《甲子年江西赈灾书画古物展览目录·下》,《收藏家》1994 年第 2 期，第 54 页。

50. 庄蕴宽（1866—1932）字思缄，号抱宏，江苏常州人。曾任清广西梧州府知府、浙江布政使。辛亥革命后，历任平政院都肃政史、国务院审计院院长等职。1924 年底任清室善后委员会监察员，次年主持故宫博物院建院典礼，1928 年被国民政府任命为故宫博物院理事。

51. 郝炎峰主编：《故宫博物院藏品大系·书法编 6·元》图 7，北京：故宫出版社，2013 年，第 83 页。

52. 王连起主编：《故宫博物院藏文物珍品大系·元代书法》图第 24 开，上海：上海科学技术出版社、香港：商务印书馆（香港）有限公司，2001 年，第 94 页。

53. 参见周刃：《俞明生平及其绘画》,《收藏家》2005 年第 9 期；倪葭:《关于俞明卒年问题的探讨》,《艺术品》2014 年第 3 期。

黄易《嵩洛访碑图》中的嵩山历史建筑

宫嵩涛

登封市文物管理局

内容提要：清嘉庆元年（1796）秋天，学者黄易来到河南嵩洛地区，九月中旬至嵩山，用了九天时间，考察汉至清代金石文物，收获丰富，为纪行迹，作“嵩山访碑图”10幅，图名“访碑”，实则内容多为历史建筑，这些历史建筑，按使用功能，分别为关隘建筑、公用建筑、传统村落建筑、商用建筑、礼制建筑、宗教建筑、教育建筑和科技建筑等八种类型，构成了一部中国中原地区上下近3000年形象直观的建筑史的实物例证。依图结合实物进行释读，弥补了黄易书画学研究的一项空白。

关键词：黄易 《嵩洛访碑图》 嵩山历史建筑 释读文化价值

黄易（1744—1802）字大易，号小松、秋盦等，浙江钱塘人。清代学者，精通诗词、古文，长于金石之学，与钱大昕、翁方纲、孙星衍、王昶并称“金石五家”。又工书，善绘事，尤精于篆刻，后人将之与丁敬、蒋仁、奚冈、陈豫锺、陈鸿寿、赵之琛、钱松并称为“西泠八家”。黄易是著名金石学家，对清代乾嘉时期金石学的发展起到了巨大的推进作用。黄易为了全面了解嵩山众多金石文物的学术价值，清嘉庆元年（1796）秋天，已经52岁的黄易，精神饱满，携拓工二人，“从兰阳（今河南兰考县）出发，途经祥符（今河南开封）、郑州、荥阳、汜水、巩县、偃师”，来到河南登封嵩山访碑，其间撰写《嵩洛访碑日记》记述自己访碑的过程；绘制《嵩洛访碑图》24帧流传后世，给后人留下访碑瞬间的情形，景行交融，睹之给人许多遐想和向往的空间。在这24帧图中有关嵩山的访碑图10帧，后人多依图谈嵩山金石文物的文化、历史价值，忽略了图中嵩山历史建筑的学术价值，这不能不说是一大遗憾。笔者长期从事嵩山地区文化遗产保护工作，不揣浅陋，就黄易嵩山访碑图中出现的建筑与建筑群，依图和对照现状，解读二百多年来嵩山历史建筑群的延续与发展和其形成的独有的地域性历史文化的内涵。

一、访碑嵩岳　作图纪行

嵩山位于河南省登封市。西周初年的周公摄政四年（约前1039），周公姬旦来到嵩山南麓的阳城（今登封市告成镇），用土圭之法，测土深，正日影，以夏至之日，立八尺之表，日至之景，尺有五寸，谓之天地之中，嵩山因此号称中岳，三千余年沿而未改。悠久的历史为嵩山赢得了尊崇的社会地位，历代帝王乐此不疲的礼祭或封禅、宗教活动的持续繁盛、嵩阳书院名师硕儒的讲学与文化传播、众多官员或文人的纷至踏访，为登封、为嵩岳留下了丰厚的文化遗产。根据第三次全国文物普查登记成果，仅登封市登记在册的东汉及其以后的建筑有800多座、石刻1500多品，均具有极高的历史、艺术、科学和观赏价值。

作为金石学家的黄易，躬临中岳大地、感受历史名碑文化的甘露浸淫的炽烈向往之心应该是由来已久。

在嵩山访碑之前，黄易曾详细阅读了前人金石著作中有关嵩山金石部分，熟悉了嵩山汉三阙、中岳庙汉代翁仲等金石实物的规制及所刻图文；还购买了缺少额文的嵩阳书院《大唐嵩阳观纪圣德感应之颂碑》拓片。黄易还嘱托朋友武亿，帮助拓取嵩山石刻拓片。武亿《与黄小松信札》中说："玉版连纸一束已收贮，十月间属舍弟往登封如命拓出，续当寄出，断不敢有负雅托也。"黄易为嵩岳之行做足了前期准备。

据黄易《嵩洛访碑日记》记载，嘉庆元年（1796）九月初十日至十八日，黄易来到嵩山，利用九天的时间，进行系统的学术考察活动，繁忙而紧凑，收获颇丰。具体行程如下：

初十日至轘辕关、少林寺；

十一日到少室阙；

十二日，因大风，不能出游；

十三日先后游览嵩阳书院、崇福宫、启母阙、启母石、太室阙、中岳庙；

十四日到告成周公庙及观星台、龙华寺遗址、石淙河摩崖题记；

十五日去会善寺；

十六日再游中岳庙、太室阙；

十七日游老君洞，大风扬沙，至逍遥谷口返回，仅游承天宫、嵩岳寺，再游嵩阳书院。回到县城去文昌宫访碑；

十八日从登封县去洛阳，途中行至嵩山西麓缑岭，登仙君庙。

黄易嵩山访碑，来去共用了九天时间，访得有名称可考的汉朝至金代著名金石文物54品（件），又创作10幅"访碑图"，同年十一月图成，即获得翁方纲、伊秉绶、孙星衍、何琪、宋牧仲、黄俞邵等诸多学者的好评，在图册上分别题写有手札或跋语，极大地增加了访碑图的文化厚重感。黄易嵩山访碑图的图名分别是：《轘辕》（图1）、《少林寺》（图2）、《少室石阙》（图3）、《嵩阳书院》（图4）、《开母石阙》（图5）、《中岳庙》（图6）、《石淙》《会善寺》（图7）、《嵩岳寺》（图8）、《缑山》（图9），除《石淙》一图中无建筑外，其他九幅图画均有建筑出现，画面内容有嵩山诸峰、寺庙、书院、河流、道路、村落、访碑人一行数人等构成，山峰为远景、寺庙书院建筑为主体、道路村落为陪衬、访碑人物为点缀，如此搭配，一幅幅凸显生机盎然的嵩山访碑图跃然纸间。画面采用俯瞰的视角，一图一景，将文物名胜置于茫茫大自然奇妙环境之中，充分反映出中岳嵩山独特的文化和自然景观的巧妙融合。在创作方式上，黄易首先观察掌握嵩山形胜特点；其次辨识寺庙、书院等建筑群布局与周围山川风貌的关系；三是弄清所访碑石与建筑之间的位置。如此一来，图画大样结构，几近成形。以《中岳庙》图为例，黄易在嵩山的9天时间里，两访中岳庙，在细览中岳庙、

图 1.《轘辕》 两山壑口处的建筑即是“古轘辕关楼”；轘辕古道中间的房屋是“轘辕关茶庵”；轘辕古道中行走的一行数人，就是访碑人，坐轿者乃是学者黄易

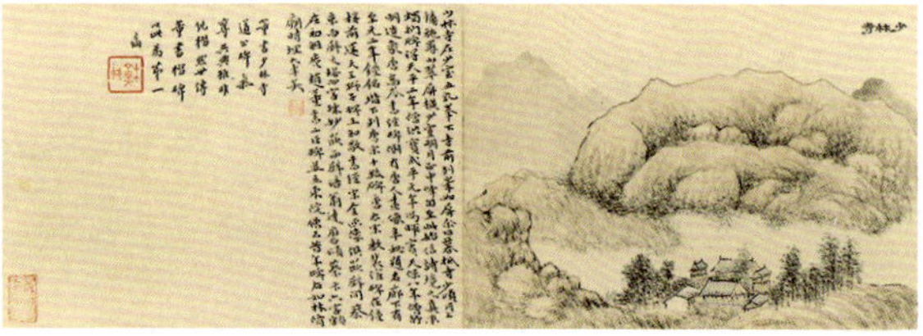

图 2.《少林寺》 图中有少林寺天王殿、钟鼓楼、大雄宝殿等建筑

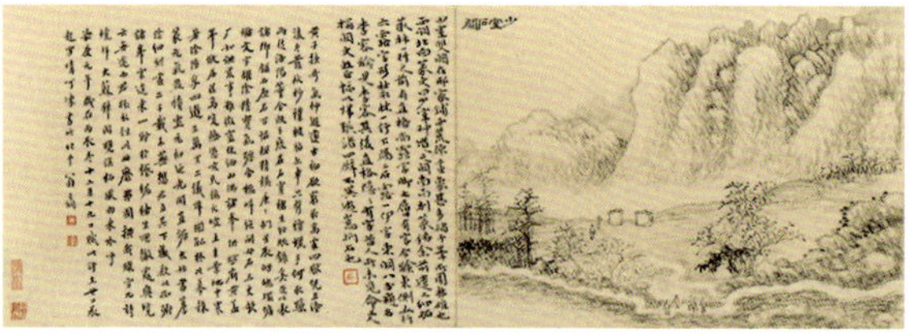

图 3.《少室石阙》 黄易在近距离观赏汉代少室阙的文字、图案；画中少室阙“四阿”式屋顶清晰可见；路旁轿夫在小憩，等候黄易回来

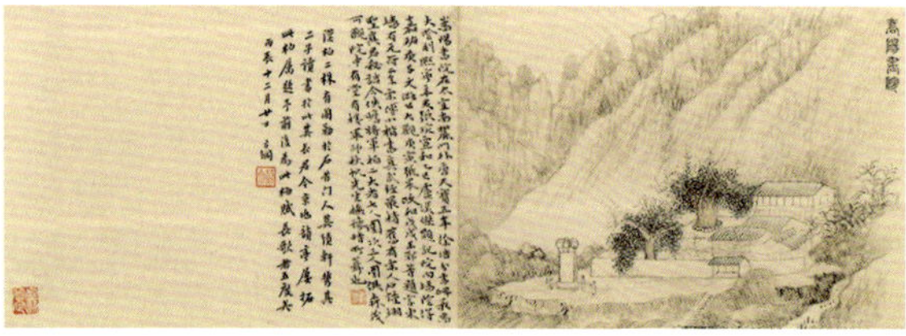

图 4.《嵩阳书院》 图中内容有三部分：首先是嵩阳书院大门、先圣殿、讲堂、藏书楼等建筑；其次是西汉武帝刘彻赐封的大将军柏、二将军柏；三是大唐碑等文物名胜，这些文物完好地保存到了今天，吸引了众多中外游客到此揽胜访古

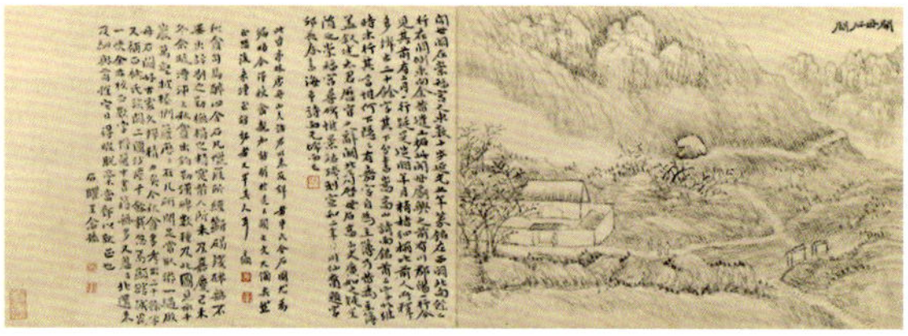

图 5.《开母石阙》 开母石阙即汉代启母阙，阙顶“四阿”式屋顶还保存很完好；阙后启母石，南北呼应，形成一处完整的文化景观；启母阙左侧的院落是崇福宫，司马光《资治通鉴》的第九卷至二十一卷就是在此编纂成书

图 6.《中岳庙》 汉代太室阙、中岳庙建筑群、东西天中街传统村落、文峰塔、黄盖峰与黄盖亭、中岳庙公馆和议事厅等历史建筑尽显画中

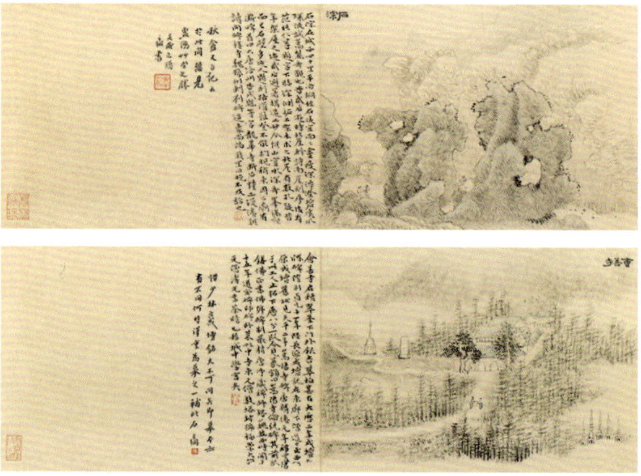

图 7.《石淙》（上）《会善寺》（下） 会善寺建筑群、唐净藏禅师塔、东魏中岳嵩阳寺造像碑、倒卧菜地的唐道安禅师碑、寺东塔林和会善寺周围郁郁葱葱的树林，使这座千年古刹显得更加寂静与幽深

图 8.《嵩岳寺》 嵩山山坳中的嵩岳寺建筑群、承天宫建筑群、嵩阳书院建筑群和嵩阳书院村共处一幅画中，与雄峻的中岳嵩山相得益彰，完美和谐

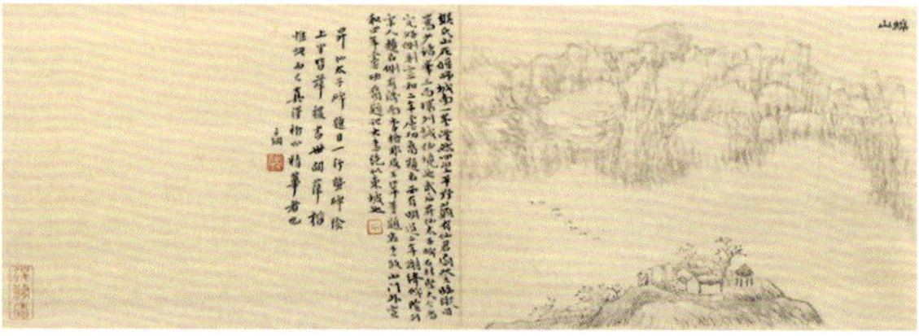

图 9.《缑山》 缑山位于嵩山西麓，山巅升仙太子庙是为纪念西周灵王的儿子王子晋嵩山修道成仙而建。庙旁清乾隆皇帝御碑亭及御碑引人注目

太室阙后，黄易登上太室阙南稍偏东一点的玉案山巅，俯视中岳庙全景，由南向北依次将太室阙、神道、中岳庙、黄盖峰及黄盖亭长达1800余米的南北中轴线和东天中街、中岳庙天中阁、西天中街长达1000余米的东西横轴线，尽囊图画中。此图是目前发现唯一一幅直观反映嵩山中岳庙建筑布局、天中古街（村）傍依庙之两侧和周围山川风貌环境整体融合在一起的图画作品，学术价值极高。

黄易创作的嵩山访碑图，虽然属于山水画系，但其兴趣似乎不在描绘嵩山风景名胜的秀丽和神奥，而在于突出文物建筑或古碑石的保存现状，这与他并非专职画家，作画只是记录访碑的过程有很大关系，画技和内容并无刻意创新意识，在无意识中保留了200多年前嵩山历史建筑及其环境的真实现状，留下了弥足珍贵且无可替代的文献资料。正如与黄易同时期的另一位学者孙星衍在《嵩洛访碑图》的跋语中写道："意境独适，非亲涉者不能知其神似。"

二、画中建筑　历史记忆

黄易在九幅嵩山访碑图中共画出了22处单体古建筑或古建筑群，分别是：轘辕关楼、轘辕关茶庵、少林寺建筑群、少室阙、嵩阳书院建筑群、启母阙、崇福宫建筑群、太室阙、中岳庙建筑群、天中街建筑群、中岳庙公馆、中岳庙议事厅、黄盖亭、文峰塔、会善寺建筑群、净藏禅师塔、会善寺塔林、嵩岳寺建筑群、承天宫建筑群、嵩阳书院村落建筑群、缑山仙君庙建筑群、缑山清乾隆皇帝御碑亭等。

嵩山上下保存东汉、北魏、隋、唐、五代、宋、金、元、明、清时期的不同建筑或建筑群800多座，按建筑材料，可分为砖石建筑和木结构为主体的建筑两大类型；按使用功能，可分为关隘建筑、公共建筑、传统村落建筑、商用建筑、礼制建筑、宗教建筑、教育建筑和科技建筑八种类型，构成了一部中国中原地区上下近3000年形象直观的建筑史的实物例证。

黄易嵩山访碑图的意境，体现了荒寒、萧疏、简淡、冷逸的风格，内容景物，墨笔居多，即便设色，也不过用少许的石青石绿敷染一下树木、野草等植被，整体感觉十分浅淡。画山石时用干笔淡墨，以短小皴笔简单地勾画体形，几乎不做细微的刻画，画面中常常出现大面积的空白，疏松的笔触、干淡的墨痕，在开阔的视野中，又寥寥几笔，模勒出建筑与石刻的形制、坐落位置与四周山水、道路、村落的环境关系，用画笔记录了苍凉、萧索、孤寂的田野自然气氛，而这种氛围与年代久远、饱经风霜的文物古迹的形色极其吻合和搭配。这也是黄易在绘画艺术作品中准确把握历史文化遗产特色、瞬间保留历史文化遗产状态的完美作品，黄易以深厚的文化素养与娴熟的绘画技艺，将嵩山历史建筑与碑石的艺术价值和历史价值完美地结合在一起，呈现给人们。

关隘建筑：1处，即《轘辕》图中显示的主体建筑"轘辕关楼"。轘辕关，东汉灵帝时为京都洛阳设置八关，镇守京师，此为其一。地处嵩山太室山与少室山衔接处的豁口，传说为远古大禹治水时所开凿而成，因地势险要，有弯道十二，回环盘旋，来去复还，故称轘辕。《元和郡县志》载："轘辕关，山路险阻，十二曲道，将近复回，故曰轘辕。"为历代兵家必争和控守要塞，是古代洛阳通往许昌、豫东、豫南及荆楚、江浙一带的捷径要冲。作为军事要地，西周至民国期间，经历过很多次战争。三国时曹植往来洛阳和许昌，均经此过,《洛神赋》中的“背伊阙,越轘辕”即言此也。关楼修筑在山巅隘口，楼之墩台东西两侧紧依陡峭的山崖石壁，用较大的不规则的山石砌筑而成，高大坚固，因年代久远颜色呈深黑色，石面有一层厚厚的苔藓；关楼门洞用大型条石券砌，缝齐规整，洞深阴凉，夏季过此，凉爽惬意；关门两扇，宽大厚实，佚失无存，深埋地下的门枕石经过长时间的雨水漫灌冲刷和人为挖掘，现在裸露可见。墩台之上的关楼,单檐歇山九脊灰筒板瓦顶，面阔三间，周围回廊，气势雄伟壮观。最后一次大规模修建是清乾隆十五年（1750），登封知县礿元方为迎接乾隆皇帝巡游嵩山，认真整饰，并在关门前额嵌置长方形石匾一块，上书“古轘辕关”四个楷书大字，行人远远即可望见。黄易游嵩山时看到并画进访碑图中的古轘辕关楼就是这座建筑。可惜，1966 年河南省洛阳市偃师县某村群众借“破四旧”之名野蛮地扒毁关楼，现在仅存高大的台墩和清代青石匾额。

公用建筑：有 4 处，即《轘辕》图中的“轘辕关茶庵”;《中岳庙》图中的“中岳庙公馆”“中岳庙议事厅”和懊来山顶文峰塔。“轘辕关茶庵”位于偃师参驾店村与轘辕关楼之间山间古道中间的路旁，面临对官道，背临悬崖沟壑，地势局促，图中显示茶庵为一座三开间房屋，现存是四座房屋组成的一组小四合院，均是用山石券砌而成的窑洞式建筑，碑碣文字记载创建于明末清初。据清《登封县志》记载：“庵在轘辕关，为行人往来休息之处。为地高水缺，少林寺僧建一茶庵，以济商旅。”庵内供奉有神像，供过往行旅参拜。

“中岳庙公馆”位于岳庙前西南侧，图中显示由数座建筑组合而成，据清《重修岳庙公馆记》碑载:“公馆者,岳庙之邮亭,行脚之膳食、旅舍也。”

“中岳庙议事厅”位于中岳庙村西天中街西南，仅一座建筑，面阔五间、进深五架椽，硬山式小灰瓦覆顶，出前廊，明间辟板门，两次间、梢间均辟圆形窗。该建筑是古时中岳庙天中街村商议承办庙会、演唱社戏和公议其他事项的地方。

传统村落建筑：有 2 处，分别是《嵩岳寺》图中的“嵩阳书院村”和《中岳庙》图中“中岳庙村”。黄易画中的这两座传统村落，是依附于中岳庙、嵩阳书院等古建筑群逐步形成的古村落，都有较长的历史沿革，所拥有的建筑环境、建筑风貌、建筑格局、村落选址古往今来未有大的变动，其作用主要是为中岳庙、嵩阳书院的发展提供生活服务的村落。如嵩阳书院村的居民主要是为了耕种书院“学田”而慢慢形成的聚落,清《嵩阳书院志》记载，该村北宋时期已有雏形。黄易《嵩岳寺》画中显现嵩阳书院前为双溪河，河之南沿偏东少许，有一片繁茂的树林，林旁农舍簇簇，其地望和今天嵩阳书院村颇为吻合。中岳庙村居民则拥有耕种、商业服务、祭祀、承办庙会等多种功能。据清《中岳庙志》记述，中岳庙村民国以前名“天中街村”，唐代时规模已经形成。清代初年，有“居民一百二十家”。黄易《中岳庙》画中显现的天中街呈东西走向，以中岳庙大门天中阁为中心，阁东是东天中街，阁西是西天中街，与今天的天中街一模一样，只不过居民人数和房屋比过去增加了不少。

商用建筑：位于东西天中街两侧，2006 年，登封市文物管理局登记保存比较完好的商用建筑近 30 座，砖木结构，面阔有三间或五间的，硬山式小灰瓦覆顶，临街一面，均有拆卸、安装方便的板搭门。商业用途有饭馆、药铺、旅社以及出售碑碣拓片、生活百货、烧香用品等店铺。其布局大都是前商后宅即前院作商铺后院作居住的宅院。黄易《中岳庙》图中天中街两侧皆为商用建筑。1919年9月7日，故宫学者陈万里等人畅游嵩山中岳庙，傍晚时分踏访天中街，在傅姓商铺购买北魏《中岳嵩高灵庙碑》拓片数张，也许是记忆颇深的缘故，陈万里在《嵩山十日游》中作了如下记述：

"傍晚，闲步天中街，于傅姓家购得新出魏碑数纸。天中街者，庙外之东西街也。庙门如城阙，中有高楼，曰天中阁，为明知县刘汝登所建。"

陈万里的文字记述，与黄易访碑图内容，可以互补与印证。

礼制建筑：古代宗法礼仪活动，是上层士人社会活动的重要组成部分，历代帝王在嵩山祭祀、封禅，或尊崇先贤而修建的建筑物或构筑物，就属礼制建筑之列。黄易嵩山访碑图中的礼制建筑有始建于东汉安帝年间（107—125）的太室阙、少室阙、启母阙和中岳庙建筑群。太室阙、少室阙、启母阙统称"中岳汉三阙"，黄易嵩山访碑，汉三阙是重点，在《嵩洛访碑日记》中详细记述了实地勘察三阙古文字、古雕刻图案的情况，但只字未提三阙建筑特征，而在《少室石阙》《开母石阙》《中岳庙》（太室阙）三幅图画作品中则形象地描绘出三阙的建筑形制、建筑特点、建筑布局和建筑环境，使人观之一目了然，比文字描述更直观、形象，三阙均由凿石砌成，由东西两座阙体组成一座完整的建筑，造型大同小异，高约4米、两阙间距7米左右，东西两阙结构相同，由阙基、阙身、阙顶三部分构成，每阙又分正阙和子阙；正阙高，子阙低；正阙在内，子阙在外；正阙为"四阿"顶，子阙紧靠正阙，其顶为半个"四阿"式，顶刻仿木结构建筑屋顶，有正脊、垂脊、瓦垄、瓦当和檐下椽等构件组成，脊的一端及瓦当皆饰有柿蒂纹。阙身用长方形石块垒砌，四壁除刻有铭文者外，其余均以石块为单位饰剔地浅浮雕画像。

中岳庙是历代帝王祭祀中岳嵩山的神庙，春秋战国时已有建筑出现。现存建筑是清乾隆年间依照《清工部工程做法》的标准和要求修建的一座规模宏大的建筑群，占地面积11万平方米，保存古建筑400余间，汉至民国时期金石铸器100多座（品），汉至清代古树330余株。黄易《中岳庙》图中的建筑群，表现手法：首先在整体布局上给人规模庞大、建筑数量众多的感觉；其次突出天中阁、中岳庙大殿、寝殿、御书楼、三仙殿、回廊院、黄盖峰顶八角亭等标志性建筑；三是从建筑体量的大小，让观者在视觉中感觉出建筑在礼制中的"尊卑"关系。

宗教建筑：黄易嵩山访碑图中的宗教建筑主要是道教和佛教的活动场所，分别出现在《少林寺》《会善寺》《嵩岳寺》《开母石阙》《缑山》诸图中，佛教建筑有少林寺建筑群、会善寺建筑群及塔林、嵩岳寺建筑群；道教建筑群有崇福宫建筑群、承天宫建筑群、缑山仙君庙建筑群及乾隆御碑亭等，这些建筑群或单体建筑，是中国古代建筑的杰出代表，是初创制度与形制、规制的典范，其初创与典范的地位充分体现出人类杰出的创造力；这些建筑不仅深刻影响了中国内地的同类建筑形式的形成和发展，同时影响了中国和亚洲地区的宗教建筑的规格制度，进而影响到这些地区的文化传统；这些建筑都是各个时代同类建筑的优秀代表，是建筑造型设计和建筑技术的杰出范例和现存标本；这些建筑是古代文化发展至今及其传承的生动见证。

黄易画中的少林寺建筑群就是今天的少林寺常住院，始建于北魏太和十九年（495），寺内现存明、清建筑30余座100余间，每座建筑都承载着令人荡气回肠的历史故事。五百罗汉图、少林拳谱、十三和尚救秦王等彩色壁画以及现存400多品碑碣等文物都是中外文化交流、融合、创新与发展极为珍贵的实物资料。少林寺是佛教禅宗祖庭和少林武术的发源地，成为中国在海外最闪亮的一张名片。

嵩岳寺最具代表性的建筑是嵩岳寺塔，建于北魏正光年间（520—525），是中国现存年代最早的砖塔，也是世界上现存最早的筒体建筑。该塔造型是中国建筑艺术与西域建筑艺术交流结合的完美见证，在世界建筑史上具有不可替代的地位。

会善寺始建于北魏孝文帝时期（471—499），寺内现存元、明、清时期建筑9座，是唐代天文学家僧一行出家修行之所。

崇福宫是北宋专为真宗皇帝祝禧和祈求福佑的场所，范仲淹、司马光、程颢、程颐、杨时、朱熹等20余人在此做过提举、管勾诸官，其中司马光《资治通鉴》的第九卷至二十一卷就是在此编纂成书。宫内现存明清以后建筑9座。

另外，承天宫、仙君庙等古建筑群，也都有一段不平凡的历史，保留的古建筑都有很高的价值，在这篇短文中，不能一一言及了。

教育建筑：共1处，全部在嵩阳书院，经认定有26座，分别是讲学建筑、藏书建筑、祭祀建筑、学舍建筑、庖湢建筑等。黄易画成的嵩阳书院，一样的内容，在两幅画作中出现，一是《嵩阳书院》图，以嵩阳书院为主题；另一幅是《嵩岳寺》图，嵩岳寺与嵩阳书院、承天宫、书院村共处一画中，方位准确，环境一目了然。图中背景均是巍峨苍浑的嵩山，嵩阳书院位于嵩山南麓一处平坦的台地上，黄易用画笔清晰地记录了嵩阳书院三个特点：一是书院大门、先圣殿、讲堂、藏书楼等重要教育建筑；二是院内二株汉封将军柏高大魁梧，枝繁叶茂，生机旺盛；三是“大唐嵩阳观纪圣德感应之颂碑”矗立在书院大门前面，完美的碑体造型和石刻艺术，昭示着书院的悠久历史和深厚的文化积淀。嵩阳书院始建于北魏太和八年（484），宋代成为全国四大书院之首，是中国最早的书院之一，也是程朱理学的策源地和传播中心。其规划布局和实物留存独具特色，对研究中国古代书院建筑形制、教育制度以及儒家文化具有不可替代的标本意义。

科技建筑：1处，即《会善寺》图中的“净藏禅师塔”，始建于唐天宝五年（746），是中国最早出现的八角仿木亭式建筑实例，塔体表现出典型的唐代亭式建筑的特征，尤其是塔檐下“人”字斗拱、塔身东西两面的实扇大门、其他六面六个“破子灵窗”、转角铺作等部分，制作更为逼真。关于它的建筑价值，早在20世纪30年代，我国著名建筑学家梁思成、刘敦桢两先生在《塔概说》书中指出：“唐代砖石结构的墓塔中，采用木构式样最多的，只有……净藏禅师塔一处……全体形范与日本奈良法隆寺梦殿接近，在现在我们所知道的资料里没有比它更重要、年代更古的了。”

三、文化遗产 承传文明

黄易《嵩洛访碑图》成画于清嘉庆元年（1796）

十一月，距今已有220余年，期间历经多人收藏，备受人们珍爱。1953年，经国家文物局调拨，入藏故宫博物院收藏，属国家馆藏一级文物。图中嵩山历史建筑蕴含的诸多文化元素，其价值主要体现在：

首先在建筑文化传承方面，具有承上启下的作用。黄易作图，意在纪录嵩山访碑过程，因碑碣是建筑的附属物，所以图名虽题“访碑图”，内容实为嵩岳山水与建筑。黄易在嵩山访碑图中涉及的东汉、北魏、隋、唐、五代、宋、金、元、明、清时期的历史建筑数22处近400座，在200多年前的清嘉庆元年，这些建筑的现状瞬间让黄易用图画的形式保留了下来。历史上的画家很多，到过嵩山的画家也很多，但用画笔保留这个瞬间的却只有黄易一个人。画中直接反映出来的建筑环境、建筑布局、建筑特征等诸多文化信息，很多是用文字无法描述出来的。如黄易行至会善寺时看见：会善寺在积翠峰下，门外银杏翠柏甚古；唐净藏禅师塔，巍然西峙；寺东元僧数塔，封号极崇大。在一幅小小画作中，黄易尽量将自己所见如实呈现出来。画旁题记文中只写“会善寺在积翠峰下”，没有写建筑规模，但画中已经很详细地表现出来，寺院周围树林茂密，五进建筑，睹之历历在目，清晰明了，不拖泥带水。嵩山古建筑历经千余年、数百年的自然、人为的灾祸，保存至今，实属不易。黄易作画，让大家见证了嵩山历史建筑的真实性、完整性，传承了建筑记忆。这些保存至今的历史建筑，或被联合国教科文组织世界遗产委员会列入《世界文化遗产名录》；或被国务院公布为全国重点文物保护单位，均得到了很好的保护和展示。

其次为已消失的建筑，提供了历史依据。嵩岳寺建筑群、承天宫建筑群、仙君庙建筑群、嵩阳书院村建筑群等地面建筑已经毁损无存，根据遗留地下的遗址，结合图画中的形制，是研究古代嵩山建筑历史不可或缺的重要文献资料。

再次具有方志的学术价值。根据黄易的嵩山访碑图，再结合黄易写的访碑日记，能准确厘清碑碣与建筑、建筑与古树、建筑与道路、河流与建筑、嵩山与建筑的原始环境关系，在嵩山文化研究方面，黄易《嵩洛访碑图》具有无可替代的学术价值。正如清末著名学者吴大澂所说：“览斯图者，其知渊源之所自已”。

清黄易《明湖秋水（烟柳柴门）图卷》本事、逸事索解

陶喻之

上海博物馆书画研究部研究馆员

内容提要：《明湖秋水（烟柳柴门）图卷》，是清乾隆五十八年早春，黄易在金石学友何元锡北京寓所雅集时，应同道所请，为即将踏上归程，别号雪怀的济南名士唐奕恩绘制的历下名胜大明湖风景画，画后并作题画诗一首；湖光柳色，画意诗情，跃然纸上。此后胪列诗歌二十二首，系黄易应唐奕恩恳请书录的近作，内容疑似涉及此前不久他跟朋侪在吴门流连的诗酒风流情形。

关键词：黄易 《明湖秋水（烟柳柴门）图卷》 《黄叶书林图册》 吴门诗 本事 逸事

上海博物馆藏沪上鉴藏家孙煜峰先生（1901—1967）捐赠清“西泠八家”之一黄易（1744—1802）的纸本设色诗画图卷（图1），包首外有沪上书法篆刻家王禔（1879—1960）题签：“黄小松《明湖秋水图》诗、书、画三绝卷。王福厂题签。”

很显然，王福厂先生此题，是因见该黄易山水画后画配诗开宗明义“明湖秋水净如练”而信手拈来，对这卷本身并无画题的山水画卷予以冠名、拟题，并把山水画景致的归属，设定、坐实于山东济南名胜大明湖畔的。

继续披览黄易这首题画诗后自署题款：“癸丑（乾隆五十八年，1793）仲春，客都门，酒集于梦华（何元锡，1766—1829，表字梦华、敬祉，号蜨隐，浙江钱塘人，藏书、金石学家）[1] 斋中，灯炧夜阑，顿动别思。时雪怀先生将之济南，同人属为画赠行。次日，取小卷略加点染，以结墨缘。小松黄易画记。”由此，我们不得不承认王福厂先生就此黄易诗画卷的命题，还是言之有据，不无道理的。这不仅因为黄易自题诗一开始就以“明湖秋水净如练”打头；而且他自己还说得很明白，该诗画卷的贶赠对象是即将酒后分袂，从京城踏上归程回济南去的雪怀先生。

所以，读者据此能够想象：大约在乾隆五十八年农历早春二月的某一天夜里，当黄易在京城跟何元锡等同道雅集而酒酣耳热之际，因席间在座同人倡议，请他以绘画方式替即将登程赴历城的雪怀先生辞行；因而次日他执笔点染，信手绘制了这幅湖山掩映、树石环绕之下的竹篱茅舍浅设色图卷。至于图间门泊归舟处一隅的大片如练留白，无疑正是泉城知名景区大明湖水面的象征了，这由其题画诗首句“明湖秋水净如练”

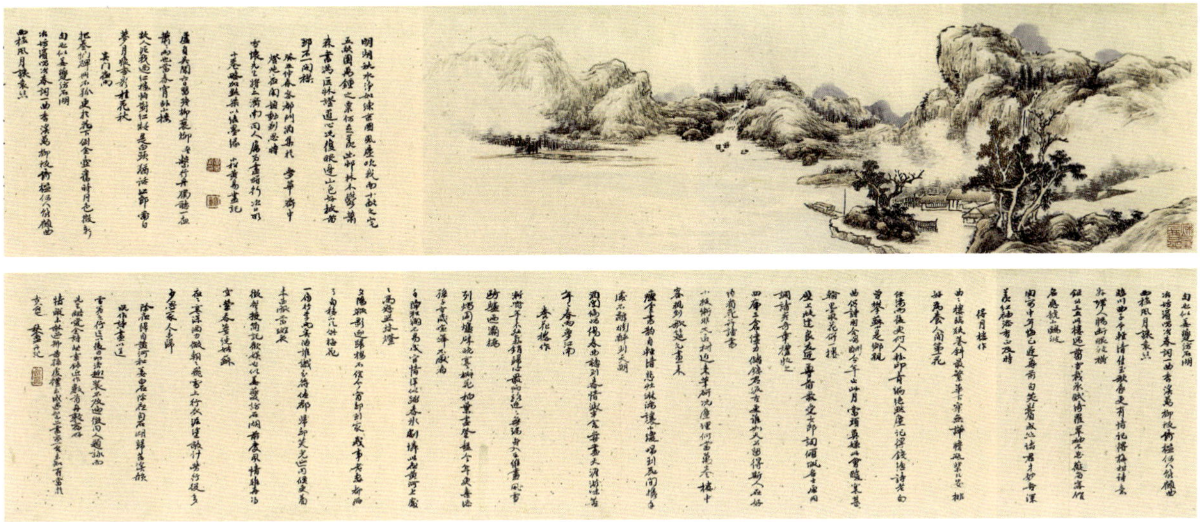

图 1

足以对号入座。

只是当初分明为早春时节，可黄易题画诗却作“明湖秋水”；这抑或是别号“秋盦”的这位“西泠八家”好为鹊华秋色使然，故而还特意在图前钤押了一枚大大的斋堂号朱文方印“秋景盦”。而接下去的“京国风尘吹我面”句，表明诗画卷创作地点是在春风浩荡之下的北国京华。以上大抵就是笔者分析解读黄易这卷《明湖秋水图》向观众呈现的全部时地、人文背景。

接下去有待深入探究的，是跟本诗画卷并无直接关联的黄易诸多其他自作诗，出现在图后的原因和相关逸事；就此，其实黄易在卷后位置“再记”中也已有详尽表述：

既作诗画，以送雪翁之行，迨以后日，即须趣装，不及遍征同人题咏；而先生酷爱余诗，坚索录近作数首，再敦宿好，情殷未敢过拂。时孙虔礼（即唐书法家、书法理论家孙过庭，名虔礼，字过庭，以字行）云：感遇知己，亦书家一合。未知有当于古人否也？秋盦再记。

由黄易此记可知，《明湖秋水图》后胪列跟画面暨题画诗无关的一组诗歌，还是他应那位“雪翁”，应当也正是上述“雪怀先生”央求书录的。起因是雪怀鉴赏了黄易送他的《明湖秋水图》卷暨画配诗后尚觉不过瘾而意犹未尽，遂又向他索取录书新作诗篇若干首。黄易鉴于雪怀南下行期迫近，业已整装待发，即将束装就道而来不及广征其他同道诗作，因此只好将自己的二十多首近作诗再书于卷后应命，以期不负雪怀先生对他的翘首企望而不至于扫他的雅兴。此举表明黄易跟这位“雪翁”即“雪怀先生”私交不错，甚至推测彼此交情还相当深厚。

经梳理排查，别号“雪翁”和“雪怀先生”的清人分别有籍贯浙江海宁，一作山东胶州，表字作肃，别号雪怀居士、梅野的画家高凤翰（1683—1748）父亲高曰恭；籍贯浙江慈溪，占籍归安，原名璧，又名时珩，明末甲申（崇祯十七年，1644）后改名耕，又名甦，表字楚白、野夫，别号雪岩、雪翁、白衣、息贤堂、白衣山人、雪窦居士、雪窦山人的魏耕（？—1663）；和籍贯浙江钱塘，原名炳杰，表字少南、伯儿，别号、斋堂分别作雪翁、雪炊、鸥巢、苏亭、沤巢、雪炊庐、背鹤生、劫海逸叟、渔浦草堂的张道。[2] 不过，这几位跟黄易在世活动的时间明显不合，显然不可能是黄易题记涉及的“雪翁”和“雪怀先生”。

笔者倾向于黄易笔下“雪怀先生”和“雪翁”的真姓实名为籍贯山东济南，表字载熙，[3] 别号和斋堂号分别为“雪怀”和“瓯香砚净斋”的唐奕恩。[4] 因为黄易虽为江浙人氏，可他宦游履历和踏勘访碑从事金石学研究结识、结交颇多齐鲁人氏；经比对与题画诗内容基本叠合的黄易《秋盦遗稿》之《秋盦诗草》收录《烟柳柴门图》诗自注曰：“为唐雪怀画。”至此，“雪怀先生”和“雪翁”姓名果然不出笔者预料而浮现水面，呼之欲出，他就是乾隆三十九年（1774）河北获鹿县知县、原籍历城的唐奕恩。

根据光绪《获鹿县志》卷十“官师·知县”记载：“唐奕恩，山东历城县，庚辰（乾隆二十五年，1760）进士，三十五年（1770）任，移建书院，重兴学校。”而按照同卷载录接替唐奕恩的继任者——江苏常熟周棨到任时间为乾隆四十三年（1778）十二月计，则唐奕恩在获鹿县的任职期限，估计在乾隆三十五到四十三年之间，前后任期大约八年多光景。在获鹿县任上，唐奕恩曾于乾隆三十九年（1774）将逐渐荒废的白鹿书院移建于城内本愿寺西侧，改名鹿泉书院，这是他替获鹿地方文化事业做过贡献而见于今人记录在案的一大功劳。以上就是笔者目前所掌握和了解到的黄易这位济南籍友人的大致背景信息；至于黄易跟唐奕恩交谊的完整始末原委，可留待今后作为黄易交游研究的可持续探索命题。

此间提供一重线索，正好同样见诸上海博物馆另一件黄易书画藏品——纸本《黄叶书林图册》两开暨其后时人题画诗多开。巧合的是，内容就涉及唐奕恩事迹以及黄易并同侪与之交往情况，这里一并稍作介绍，或可视其为跟黄易《明湖秋水图》本事结后缘的前因与缘起。

该诗画册外签系晚近书家郑孝胥民国八年（1919）楷书：“黄小松《黄叶书林图》（下图）。己未闰七月重装，孝胥。”钤朱文方印“苏戡”；内页为黄易隶书题签“黄叶书林。”楷书款识“钱唐黄易为雪怀先生题。”（第一开）钤朱文不规则“易”字印。紧接其后为黄易墨笔画两开，其一绘参天古木间坐落别墅数楹（第二开）；其二绘远山一抹，树林掩映下高墙斋亭别墅一座，墙外一高士曳杖正从板桥由远而近即将叩门造访（第三开）。第一开画页右上侧黄易题款为“黄叶书林。钱唐黄易为雪怀明府画。”钤朱文长方印“黄九”。次开画面无题。此外，另有题画诗词共七开，作者依次分别为黄易、左大治、董元度、陈焯、吴焕、管韩珍、管世铭和万廷兰八人，兹以列表形式公布并考察于下。

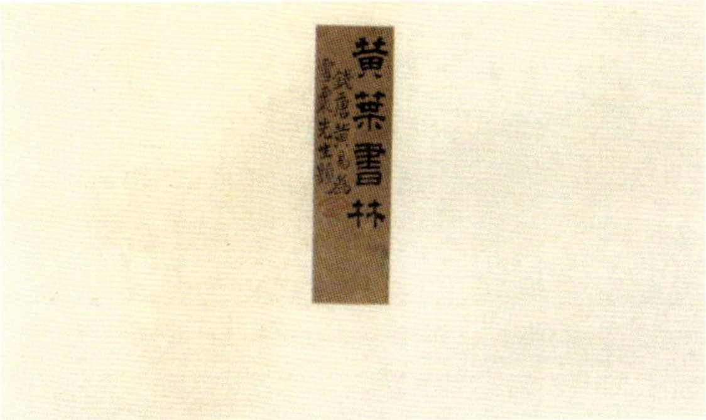
黄葉書林

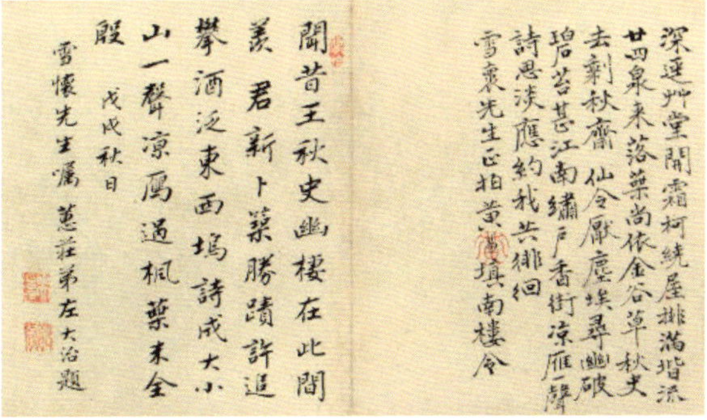

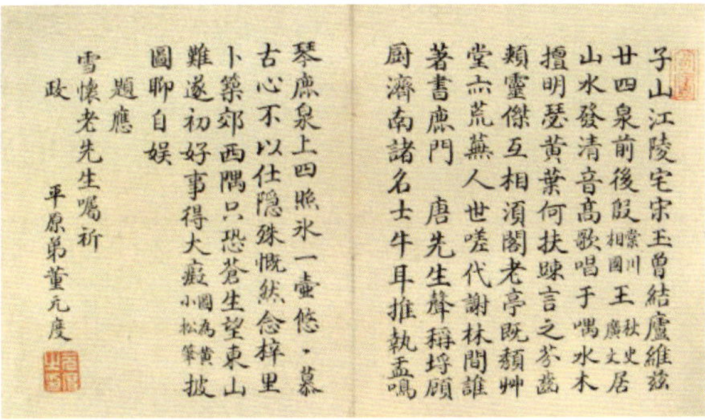

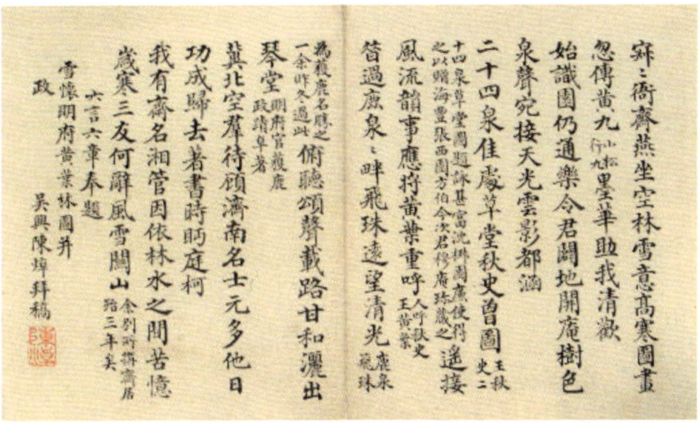

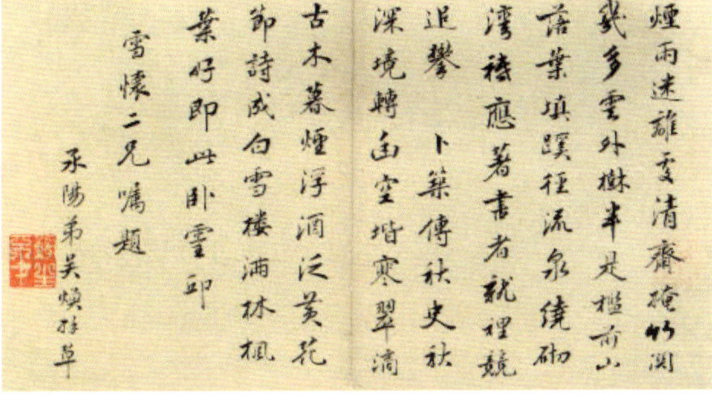

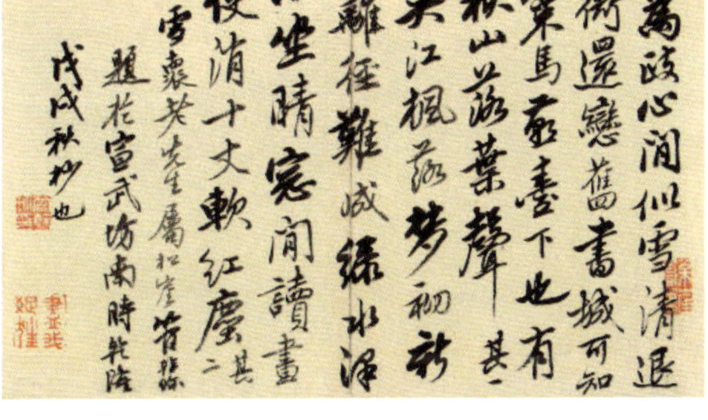

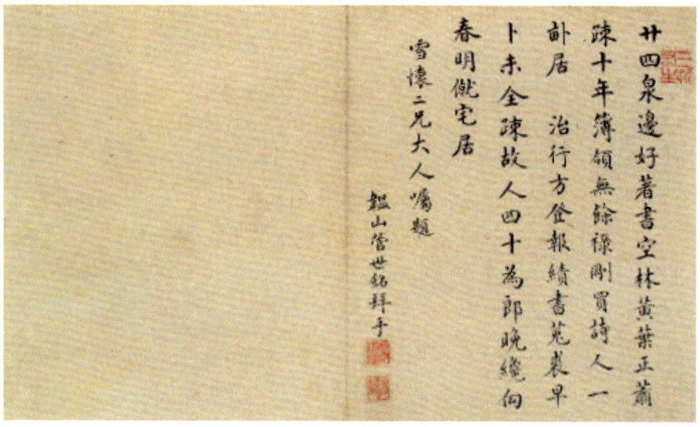

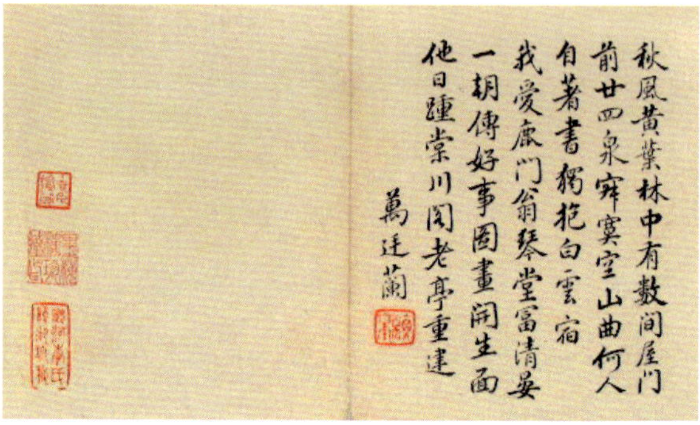

姓名字号	生卒	籍贯	生平事迹	诗词内容
黄易字大易、大业，号小松、秋盦	1744—1802	浙江钱塘	官山东济宁运河同知。嗜金石，所蓄金石甲于一时。“西泠八家”之一。有《小蓬莱阁金石文字》《秋盦诗草》《秋盦词草》等	深径草堂开，霜柯绕屋排。满阶流，廿四泉来。落筑尚依金谷草，秋史去，剩秋斋。 仙令厌尘埃，寻幽破碧苔。甚江南，绣户香街。凉雁一声诗思淡，应约我，共徘徊。雪怀先生正拍，黄易填《南楼令》。[5] 钤朱文圆印：黄
左大治，字敬修，号蕙庄	1740—1790	江苏阳湖	乾隆三十年（1765）举人	闻昔王秋史，幽栖在此间。羡君新卜筑，胜迹许追攀。酒泛东西坞，诗成大小山。一声凉雁过，枫叶未全殷。戊戌秋日，雪怀先生嘱。蕙庄弟左大治题。钤白文方印：左大治印；朱文方印：敬修。白文起首长圆印：闲怡
董元度，字曲江，别号寄庐	1712—1787	山东平原	乾隆十七年（1752）进士，著名诗人，与父思凝声满京国。纪昀好友	子山江陵宅，宋玉曾结庐。维兹廿四泉，前后殷（自注：棠川相国）王（自注：秋史广文）居。山水发清音，高歌唱于喁。水木擅明瑟，黄叶何扶疏。言之芬齿颊，灵杰互相须。阁老亭既颓，草堂亦荒芜。人世嗟代谢，林间谁著书。鹿门唐先生，声称埒顾厨。济南诸名士，牛耳推执盂。鸣琴鹿泉上，四照冰一壶。悠悠慕古心，不以仕隐殊。慨然念梓里，卜筑郊西隅。只恐苍生望，东山难遂初。好事得大痴（自注：图为黄小松笔），披图聊自娱。题应 / 雪怀老先生嘱祈 / 政。平原弟董元度。钤朱文长方印（起首章）：寄庐；白文方印：元度之印

姓名字号	生卒	籍贯	生平事迹	诗词内容
陈焯，字映之，号无轩	1733—1806 后	浙江归安	博雅善赏鉴，工画山水，有自画《湘管斋图》，名流题咏甚多。有《湘管斋诗钞》《湘管斋寓赏编》等	寂寂衙斋燕坐，空林雪意高寒。图画忽传黄九（自注：小松行九），墨华助我清欢。 始识园仍通乐，令君辟地开庵。树色泉声宛接，天光云影都涵。 二十四泉佳处，草堂秋史曾图（自注：王秋史《二十四泉草堂图》题咏甚富。沈树园廉使得之，以赠海丰张西园方伯，今次君穆庵珍藏之）。遥接风流韵事，应将黄叶重呼（人呼秋史王黄叶）。 昔过鹿泉泉畔，飞珠远望清光（自注：鹿泉飞珠，为获鹿名胜之一，余昨冬过此）。俯听颂声载路，甘和洒出琴堂（自注：明府官获鹿，政绩卓著）。 冀北空群待顾，济南名士元多。他日功成归去，著书时眄庭柯。 我有斋名湘管，因依林水之间。苦忆岁寒三友，何辞风雪关山（自注：余别所撰斋居，殆三年矣）。 六言六章奉题 / 雪怀明府《黄叶林图》并 / 政。吴兴陈焯拜稿。钤朱文方印：陈焯
吴焕	不详	不详	不详	烟雨迷离处，清斋掩竹关。几多云外树，半是槛前山。落叶填蹊径，流泉绕砌湾。只应著书者，就里竟追攀。卜筑传秋史，秋深境转幽。空阶寒翠滴，古木暮烟浮。酒泛黄花节，诗成白雪楼。满林枫叶好，即此卧灵丘。/ 雪怀二兄嘱题。/ 荥阳弟吴焕拜草。钤白文方印：鱼生不才
管韩珍，一名管幹贞，字阳复，号松崖	1734—1798	江苏阳湖	乾隆三十一年（1766）进士，内阁学士，五十四年（1789）任漕运总督，诗人、画家	为政心间似雪清，退衙还恋旧书城。可知策马燕台下，也有秋山落叶声。其一。 吴江枫落梦初新，篱径难成绿水深。小坐晴窗闲读画，便消十丈软红尘。其二。 雪怀老先生属松崖管韩珍 / 题于宣武坊南，时乾隆 / 戊戌秋杪也。钤白文方印：管韩珍印；白文长方印：松崖□□；朱文方印：尽我疏狂
管世铭，字缄若，号韫山	1738—1798	江苏阳湖	乾隆四十三年（1778）进士，大学士阿桂尤善之，为人正直不阿	廿四泉边好著书，空林黄叶正萧疏。十年薄领无余禄，刚买诗人一亩居。治行方登报绩书，搜裘早卜未全疏。故人四十为郎晚，才向春明僦宅居。 雪怀二兄大人嘱题。/ 韫山管世铭拜手。钤朱文方印：三折寸生（起首章）？韫山，另一印文模糊不辨
万廷兰，字芝兰，号梅皋	卒年八十九	江西南昌	乾隆十五年（1750）优贡，十七年（1752）举顺天乡试，联捷进士。历官宛平、献县知县，所至有政绩。纂编南昌府县志。有《张仲景医学》	秋风黄叶林，中有数间屋。门前廿四泉，寂寞空山曲。何人自著书，独抱白云宿。我爱鹿门翁，琴堂富清晏。一朝传好事，图画开生面。他日踵棠川，阁老亭重建。万廷兰。钤朱文方印：梅皋

据黄易画后包括他本人在内八位作者题画诗词内容不难发现，黄易两开画页尽管本身没有签署创作年款；但是，从此后左大治和管韩珍题画诗落款作乾隆戊戌（四十三年，1778）秋日分析，黄易两图的绘制时间应当去此不远，至迟也在本年之内。而且从上述《获鹿县志》记录唐奕恩担任获鹿知县的年限，以及黄易和陈焯署款确定“为雪怀明府画”“奉题雪怀明府《黄叶林图》”的“明府”，正是唐以后县令的专称判断，则黄易这两幅《黄叶书林图》暨题画词，显然是他替即将由获鹿县卸任、离任而预备告老还乡，甚至业已在济南西郊规划好了乡村别业，打算从此安度读书隐退生活的唐奕恩，分别以明清济南著名名士殷士儋（1522—1582，字止甫，卒谥文庄）和王苹（1661—1720，字秋史）急流勇退、弃官而归，以经史自娱典故为背景创作的写实图画。画面上的丛林、屋宇、山峦等，可能正是唐准备跟殷、王名士毗邻隐居的居所方位；而黄易恐怕如访碑般作过身体力行的实地考察也未可知。所以，他画的两图当属实景山水，有兴趣的观众或许可以按图索骥。

至于其他同僚继黄易画后应唐所请的题画诗，自然多以黄易在画页本幅和题签两度题书王苹的“黄叶书林”典故，暨题画词“落筑尚依金谷草，秋史去，剩秋斋。仙令厌尘埃，寻幽破碧苔”意境而加以展开了。因为王苹王秋史正是由于赋诗名句“黄叶林间自著书”而人称“王黄叶”的；而同为济南名士的明末殷士儋，则因其逊避返里而学者称为棠川先生。因此，左大治的“闻昔王秋史，幽栖在此间。羡君新卜筑，胜迹许追攀”，董元度的“维兹廿四泉，前后殷（自注：棠川相国）王（自注：秋史广文）居。山水发清音，高歌唱于喁。水木擅明瑟，黄叶何扶疏。言之芬齿颊，灵杰互相须。阁老亭既颓，草堂亦荒芜。人世嗟代谢，林间谁著书。鹿门唐先生，声称埒顾厨。济南诸名士，牛耳推执盂。鸣琴鹿泉上，四照冰一壶。悠悠慕古心，不以仕隐殊。慨然念梓里，卜筑郊西隅”，陈焯的“始识园仍通乐，令君辟地开庵。树色泉声宛接，天光云影都涵。二十四泉佳处，草堂秋史曾图（自注：王秋史《二十四泉草堂图》题咏甚富。沈树园廉使得之，以赠海丰张西园方伯，今次君穆庵珍藏之）。遥接风流韵事，应将黄叶重呼（人呼秋史王黄叶）”“冀北空群待顾，济南名士元多。他日功成归去，著书时眄庭柯”，吴焕的“只应著书者，就里竞追攀。卜筑传秋史，秋深境转幽”，管韩珍的“为政心间似雪清，退衙还恋旧书城”，管世铭的“廿四泉边好著书，空林黄叶正萧疏。十年薄领无余禄，刚买诗人一亩居”，万廷兰的“我爱鹿门翁，琴堂富清晏。一朝传好事，图画开生面。他日踵棠川，阁老亭重建”等等，皆然；即题诗的主题思想，都是遵循黄易命题画页和题画词表彰唐奕恩名士归隐主旨而各自发挥，娓娓道来。特别是像董元度的“鹿门唐先生”和万廷兰的“我爱鹿门翁”的“鹿门”典故，分明正是古代隐士的代名词，指代的就是即将以之前济南名士殷士儋和王苹为楷模，并且由曾主持移建鹿泉书院的获鹿知县任上引退的唐奕恩了。

而且从陈焯诗中“昔过鹿泉泉畔，飞珠远望清光（自注：鹿泉飞珠，为获鹿名胜之一，余昨冬过此）。俯听颂声载路，甘和洒出琴堂（自注：明府官获鹿，政绩卓著）”，管韩珍诗中“为政心间似雪清，退衙还恋旧书城”，董元度诗中“只恐苍生望，东山难遂初”以及管世铭诗中“治行方登报绩书，搜裘早卜未全疏。故人四十为郎晚，才向春明僦宅居”都充分表明唐奕恩在获鹿县任上极有声望而百姓拥戴，是一位为官清廉、政绩卓著，甚至离任时黎民途塞挽留的清官。

而黄易本画页虽然未署创作年款、地点，但他跟唐奕恩交好仿佛由来已久又持续不断；本文重点探讨的其《明湖秋水图卷》，应该就是差不多十五年之后黄易跟唐奕恩在北京再续前缘而赠送的再创作诗书画作品。至于两人的往来本末，看来实在有必要作为今后追溯查考的学术课题。

因黄易《明湖秋水图》，感及受图人唐奕恩与黄易的因缘际会暨另一件相关诗书画册，插叙率述于此；现在再回归原先研讨的学术本题——《明湖秋水图卷》。

需要引起注意的是，前述王福厂先生援引黄易题画诗命名的《明湖秋水图》，在黄易《秋盦遗稿》的《秋盦诗草》中，却以结合画面意境形式，被明确定名为《烟柳柴门图》；可问题是柴门、院落倒似乎于画面上尚能一一检视而观赏得到，可“烟村柳岸”，尤其“柳岸”之说未免差强人意，根本不能依据垂柳依依加以甄别、辨认。那么，这一名称究竟是后来黄易本身又作了改订呢？还是其子女编辑《秋盦遗稿》之《秋盦诗草》时，以大明湖所属济南城“家家泉水，户户垂杨”景观强化诗情画意使然呢？

另外，纵览黄易传世绘画如访碑图等大多数山水画作品，乃至以上《黄叶秋林图册》绘画风格多为墨笔山水；唯独本《明湖秋水图》以设色为之，[6] 且绘画和书法艺术特点跟其习见面目迥异。难怪有学者怀疑这是一卷后世对黄易原作的临摹本了，因邯郸学步、东施效颦和依样画瓢不到位迹象显露，几一览无遗；因而或许把黄易原先表现大明湖畔极有韵致的丝丝垂柳，都没有传情达意地描绘清楚，以致于人们会观其大概，不得要领并难以接受了。[7]

关于《明湖秋水图卷》到底是否为黄易真迹，由于目前尚无确凿证据加以颠覆推翻，姑且容我们搁置争议，将它视为一个存疑待考并需要审慎对待的再研究议题。因为该图题识内容在《秋盦遗稿》基本有案可查，说明相关本事还是值得承认确有其事的，因而可以史料对待；而校勘图卷书法跟遗稿文本，略有字句出入，笔者拟一一指出。因为同一首黄易画配诗，在诗画卷原迹和《秋盦遗稿》之《秋盦诗草》的不同之处，尚不止品目有异一望而知，还凸显在各自著录题画诗的下半部分，两者遣词造句也不尽相同。且看以下列表所示：

近代王福厂题黄易诗画卷原迹冠名并黄易诗	**宣统刊本《秋盦遗稿》之《秋盦诗草》录目并黄易诗**
《明湖秋水图》	《烟柳柴门图》为唐雪怀画
明湖秋水净如练，	明湖秋水净如练，
京国风尘吹我面。	京国风尘吹我面。
十亩之宅五亩园，	十亩之宅五亩园，
万锺之粟何足羡。	万锺之粟何足羡。
幽村林木郁萧森，	烟村柳岸深闭门，
书满匡林证道心。	书满匡林洒满尊。
况复眼边山色好，	况复鹊华秋色好，
披图那不一开襟。	披图那不一消魂。

如何看待诗画卷原迹跟《秋盦遗稿》之《秋盦诗草》中的同一首诗，会存在从品名到具体诗文内容的差异呢？笔者解析虽不排除黄易子女编辑《秋盦遗稿》之《秋盦诗草》时作了改动；但更大的可能还是作为当事人的黄易自己，后来对题画诗原稿作了改订和补正。因为画配诗涉及的绘画由来和题诗因缘、本事，其子女等局外人未必熟谙内情、过程。倒是并赏诗画卷原迹紧接题画诗后一组跟画面没有实质性联系的黄易自作诗内容，与其《秋盦遗稿》之《秋盦诗草》著录大体吻合。像《吴门夜雨》两首、《得月楼作》五首、《养花楼作》八首、《除夜归自黄河，和姜白石〈除夜自石湖归苕溪〉韵》七首共二十二首皆然，两者文本无一字不合。唯独《秋盦遗稿》之《秋盦诗草》的《除夜归自黄河，和姜白石〈除夜自石湖归苕溪〉韵》，诗画卷原迹上"韵"字后，还追记缀有"既作诗画以送雪翁之行，迄以后日，即须趣装，不及遍征同人题咏，而先生酷爱余诗，坚索录近作数首，再敦宿好，情殷未敢过拂。时孙虔礼云：感遇知已，亦书家一合。未知有当于古人否也？秋盦再记"的自注内容。而由文献信息提供的完整性与精准度上认证，自当以此为据。

从《除夜归自黄河，和姜白石〈除夜自石湖归苕溪〉韵》诗题还可以发现，黄易非常喜爱南宋文人词的重要作家姜夔（约1155—约1221）诗词，因而除了步其韵脚作诗外，在《秋盦遗稿》之《秋盦诗草》中，还不乏把姜夔故事应用到自家诗文中去的案例。譬如《铁生此画风致嫣然而骨格秀挺，寄呈晴村大人，必邀赏爱也。谨题一绝附正》的"正似鄱阳姜白石，新词曾到石湖家"；《韦晴帆纳姬而贫，诗以调之》的"疏影暗香姜白石，晓风残月柳耆卿（北宋词人柳永）"等，略见一斑。另外，《得月楼作》第一首诗有"旧时月色征新句，也似姜夔访石湖"句，而在《除夜归自黄河，和姜白石〈除夜自石湖归苕溪〉韵》第六首中，黄易又一次重复运用了遣词造句几乎完全雷同句式的"徵声授简记欢娱，也似姜夔访石湖。前度风情难再得，空萦春梦绕姑苏"。甚至在《过寺前，玉生来舟，见图，戏作"玉"字，寄兰舫，颇具八分体势。姜〈孤雁〉词云："写不成书，只寄得，相思一点。"兰舫得萧娘一缅，正不知一日几回肠也，更书二十八字于后》诗题中，还发生了他将南宋亡国后流落不偶，元代至元二十八年（1291）北上元大都谋取官职失意南归，晚年在浙东、苏州一带漫游作客，工长短句并长于咏物，后世以其与姜夔并称的宋末元初词人张炎（1248—1320）的《解连环·孤雁》词，张冠李戴误作姜夔名句之举，由此足见黄易对姜夔词的痴迷程度委实不浅。

值得提醒的还有，黄易诗画卷原迹上《除夜归自黄河，和姜白石〈除夜自石湖归苕溪〉韵》仅见七首，并非《秋盦遗稿》之《秋盦诗草》著录的十首，不见其余三首："心丝吐尽比春蚕，客路情怀我最谙。不道今年逢此夕，椒花筵上脱征衫。""人到衰年厌官场，凋零师友最凄凉。官贫幸守图书在，遣闷时时味古香。""一抹烟浓冻未消，金乡积白满山腰。遥林已逗新春意，浅碧娇黄发嫩条。"它们应当是黄易当初题写时遗漏而后被增补并编入《秋盦遗稿》之《秋盦诗草》的；[8]而且，诗画卷原迹和《秋盦遗稿》之《秋盦诗草》的《除夜归自黄河，和姜白石〈除夜自石湖归苕溪〉韵》间第二、六首黄易和韵诗，跟姜夔诗韵原作原秩，均恰好呈前后颠倒状，这分明是黄易误记姜夔原诗这两首先后秩序的小过失，白璧微瑕而已。以下谨以列表形式校勘彼此差异。

<table>
<tr><td colspan="3">姜夔《除夜自石湖归苕溪》诗
自注：此诗录寄诚斋，得报云：所寄十诗，有裁云缝雾之妙思，敲金戛玉之奇声。</td></tr>
<tr><td rowspan="10">姜夔诗原秩</td><td>1</td><td>细草穿沙雪半销，吴宫烟冷水迢迢。梅花竹里无人见，一夜吹香过石桥。</td></tr>
<tr><td>2</td><td>美人台上昔欢娱，今日空台望五湖。残雪未融青草死，苦无麋鹿过姑苏。</td></tr>
<tr><td>3</td><td>黄帽传呼睡不成，投篙细细激流冰。分明旧泊江南岸，舟尾春风飐客灯。</td></tr>
<tr><td>4</td><td>千门列炬散林鸦，儿女相思未到家。应是不眠非守岁，小窗春意入灯花。</td></tr>
<tr><td>5</td><td>三生定是陆天随，只向吴松作客归。已拚新年舟上过，倩人和雪洗征衣。</td></tr>
<tr><td>6</td><td>沙尾风回一棹寒，椒花今夕不登盘。百年草草都如此，自琢春词剪烛看。[9]</td></tr>
<tr><td>7</td><td>笠泽茫茫雁影微，玉峰重叠护云衣。长桥寂寞春寒夜，只有诗人一舸归。</td></tr>
<tr><td>8</td><td>桑间篝火却宜蚕，风土相传我未谙。但得明年少行役，只裁白纻作春衫。</td></tr>
<tr><td>9</td><td>少小知名翰墨场，十年心事只凄凉。旧时曾作梅花赋，研墨于今亦自香。</td></tr>
<tr><td>10</td><td>环玦随波冷未销，古苔留雪卧墙腰。谁家玉笛吹春怨，看见鹅黄上柳条。</td></tr>
<tr><td colspan="3">黄易诗画卷和姜韵原迹与《秋盦遗稿·秋盦诗草》著录和诗异同</td></tr>
<tr><td colspan="3">黄易诗画卷和姜韵原迹标题:《除夜归自黄河和姜白石〈除夜自石湖归苕溪〉韵》,自注:“既作诗画,以送雪翁之行。迄以后日，即须趣装，不及遍徵同人题咏；而先生酷爱余诗，坚索录近作数首，再敦宿好，情殷未敢过拂。时孙虔礼（即唐书法家、书法理论家孙过庭，名虔礼，字过庭，以字行）云：感遇知己，亦书家一合。未知有当于古人否也？秋盦再记。”</td></tr>
<tr><td colspan="3">《秋盦遗稿·秋盦诗草》标题：《除夜归自黄河和姜白石〈除夜自石湖归苕溪〉韵》无注。</td></tr>
<tr><td>1</td><td colspan="2">渐觉年来壮气销，归心最怕路迢迢。无端身入王维画，风雪骑驴过灞桥。</td></tr>
<tr><td>2</td><td colspan="2">列烛围炉辟晚寒，椒花柏叶尽登盘。今年更喜添孙子，守岁喧哗不厌看。</td></tr>
<tr><td>3</td><td colspan="2">手障狂澜不易成，宦情浑似踏春水。剧怜此夜黄河上，处处高悬照路灯。</td></tr>
<tr><td>4</td><td colspan="2">夕阳鞭影逐归鸦，不信今宵却到家。岁事老妻都办了，自移小几供梅花。</td></tr>
<tr><td>5</td><td colspan="2">一肩行李两奚随，谁识分符佐郡归。却笑儿迎同候吏，着来品服当斑衣。</td></tr>
<tr><td>6</td><td colspan="2">徵声授简记欢娱，也似姜夔访石湖。前度风情难再得，空萦春梦绕姑苏。</td></tr>
<tr><td>7</td><td colspan="2">夜夜寒深酒力微，朝朝飞雪上行衣。泥途敢计劳行役，多少思家人未归。</td></tr>
<tr><td colspan="3">不见诸黄易诗画卷和姜夔诗韵原迹，但《秋盦遗稿·秋盦诗草》著录在案和姜夔诗三首</td></tr>
<tr><td>8</td><td colspan="2">心丝吐尽比春蚕，客路情怀我最谙。不道今年逢此夕，椒花筵上脱征衫。</td></tr>
<tr><td>9</td><td colspan="2">人到衰年厌官场，凋零师友最凄凉。官贫幸守图书在，遣闷时时味古香。</td></tr>
<tr><td>10</td><td colspan="2">一抹烟浓冻未消，金乡积白满山腰。遥林已逗新春意，浅碧娇黄发嫩条。</td></tr>
</table>

最后拟作索隐和延伸探赜的，是见诸黄易诗画卷原迹《得月楼作》诗第四首："钜公三五此楼过，剪雪裁冰赋绮罗。翠袖不忘微省客，馆名应号小鸥波。"在其中的"翠袖不忘微省客"句下,《秋盦遗稿》之《秋盦诗草》特别标注作："谓赵味辛中翰。"

按，赵味辛，文学家、藏书家赵怀玉（1747—1823）籍贯江苏武进，表字亿孙，别号味辛、味辛先生、收庵居士、映川、漫翁、山中人、涒皋剩人，斋堂号作亦有生斋、味辛斋、琬亭、生斋、收庵、荃提室。他于乾隆四十五年（1780）高宗南巡时曾蒙召试，赐举人，授内阁中书；出为山东青州府海防同知，署登州、兖州知府。后丁父忧归，遂不复出。

如前所述，包括《得月楼作》在内的黄易诗画卷后那二十二首诗歌，均系他应唐奕恩请求录书近作;就此,之前引述诗画卷原迹后黄易"再记"业已说得十分明晰，毋庸笔者再三重复予以赘录了。然而耐人寻味的是，咀嚼这些诗作留给笔者，恐怕也是所有读者共同的观感，不光是姑苏城外得月楼古已有之；最大大出乎人们意料的，竟然是其中的不少诗篇，似乎意味着在书录该诗不久之前的乾隆五十七年（1792）和五十八年（1793）之交的岁末残冬里，黄易、赵怀玉乃至还有唐奕恩等，曾经有过疑似登临得月楼的喝花酒经历。

且看"冶坊滨唱冶春词，……依槛何人能顾曲"；"佳玉歌唇更有情。……妇人肠断眼波横"；"诸君才妙吾深羡，红袖添香正及时"这等诗意呈现的风花雪夜、把酒言欢、醉酒当歌情形，几令人一览无遗又过目难忘，不能不由此及彼而浮想联翩。同样,《吴门夜雨》诗的"虚负吴阊六日留，残冬衰柳系行舟""故人泥我过红楼，怕对红妆是白头"云云，分明更加深了人们就此及时行乐、花天酒地、夜夜笙歌而宴娱欢歌情景的印象坚信不疑。

甚至于赵味辛可能还不止一次造访过得月楼，以致连倚红偎翠、浅酌低唱之下的侑酒歌女都认出了他这位大官人；黄易自然同样记忆深刻，因此特地在《秋盦遗稿》之《秋盦诗草》的这首《得月楼作》诗中作了注解见证。因为"微省"系"紫微省"的简称，借指中枢机要官署；跟黄易差不多同时代的史学家赵翼（1729—1814）《寄题同年项任田青士居祠堂》诗："任田我同榜，微省班稍后。"《胡豫堂视学江南相见话旧》诗的"三十年前同馆阁，微省花砖履交错"皆然，而赵怀玉恰好任职内阁中书。

怎样触碰或谈论也许从不会被人主动挖掘，如窥探隐私般的古人冶游，尤其是针对像黄易这样一位向来受人尊敬，被树为埋首故纸堆，或如行脚僧人般奔走于荒郊野外、古刹残冢，从事严谨、枯燥碑拓钻研的金石学大家，竟然也曾一度流连于声色犬马温柔之乡这等极其敏感的"高压线"议题呢？笔者主张"有一分证据说一分话"的实事求是理念和理解古人的心平气和态度予以解剖。因为毕竟我们无法重返历史现场还原历史真相,只有根据诗歌语境尽量回顾、贴近历史场景。

而且必须指出的是，古人这般在今人看来荒唐的风流韵事，无须承担和背负伤风败俗的原罪思想包袱，接受道德与良心层面的谴责、审判。因为当初文人雅士与江湖歌姬互动交往，大抵是习以为常的世情惯例；甚至于今归属为违法乱纪范畴的纳妾容姬行为，在从前也均不作为个人操守失节的生活作风问题。黄易《秋盦遗稿》的《秋盦诗草》中，就恰好不乏类似跟友人插科打诨、相互戏谑文人无行的调侃诗歌；由此不难认定黄易并非原先人们想象中只是一位识得生硬“黑老虎”而不解风情的无趣迂腐儒生那么简单。

譬如《送陶凫香归娶》诗写得还比较含蓄：[10]“春到苏台处处花，书堂妆阁万横斜。词人自有温柔福，却扇楼前更赌茶。”《调郑震堂纳姬》和《韦晴帆纳姬而贫，诗以调之》基本亦然。[11]但《为汪兰舫作〈兰舟载玉图〉。玉生明艳善歌，兰舫爱之，具小舟送归，因为作图》三首以旁观者和见证人口吻的有感而发，好像就写得相当地感伤动情，而且玉生很可能还是一个娈童；为谨慎论证起见，姑且赘录艳诗于下，以供查证点评作参考。“靳口兰舟送客行，四条弦上带离声。不随我去随君去，潭水桃花自有情。”“歌珠迸处总温柔，叠字声中姓暗留。恨少扬州牛节度，护君夜夜过红楼。”“重来此地玉人空，岸上桃花一树红。多少相思无处说，为君描向画图中。”

幸好接下去的一首《过寺前，玉生来舟，见图，戏作“玉”字，寄兰舫，颇具八分体势。姜〈孤雁〉词云：“写不成书，只寄得，相思一点。”兰舫得萧娘一缅，正不知一日几回肠也，更书二十八字于后》诗题，总算替“玉生”验明正身为女郎给出了正面解释，并还自身以清白；不然的话，黄易个人的双重性取向问题，[12]恐怕也要惊诧于世并惹出大麻烦来，哪怕他浑身上下长满嘴，也将就此说不清更道不明了。

然而不管如何，作为著名金石学家的黄易曾经为江湖歌女的万般柔情或婚外风情所困惑，总是不争的事实。特别是有待追根究底的他那几首《无题》诗，竟然写得那么的缠绵悱恻，极有晚唐惯写情诗或以男女幽情为诗歌题材的著名诗人玉溪生李商隐《无题》诗的况味。“态比花娇曲更娇，客中难觅此良宵。赠诗胜似缠头锦，活脱丰神笔下描。”“万花丛里啭流莺，百种温柔画不成。少小也知伤薄命，鹍弦自拨尽愁声。”“罗巾细认旧啼痕，粉泽衣香过处闻。毕竟诗人解怜惜，天涯知己得朝云。”很显然，读罢这一组《无题》诗，叫人实在怎么都摆脱不了这绝对是黄易写给自己相好伤情诗的念头，这从诗中用典的暧昧程度，不难猜出几分来。

总之，以跃然纸上黄易的一系列艳情诗为证，人们完全有案可查并能据此确信：学究如黄易置身古代温柔乡，亦实属事出自然而未能免俗。只是很有自控力的他就此点到为止，并未沉湎其中而难以自拔；因为有关他涉足风月场所的记录，仿佛唯此“世间乐土”吴门仅见，[13]其他诗文、绘画均未曾留下相关“把柄”或他人诗文旁证、说词。而且黄易上述情诗流露的情感，总体上风流而不下流，煽情而不露骨；即便略伤风化却并无伤大雅。所以，人们大可不必就此讳莫如深、避而不谈，少见多怪而为贤者讳，竟然按下不表的；因为黄易当年本身自陈已津津乐道，绝非他人无中生有、向壁虚造而刻意诽谤。况且事后他子女也襟怀坦荡，没有拒不承认，甚至将此从《秋盦遗稿》中删节，以挽回影响；反倒原封不动地在《秋盦遗稿》保留这些可能会引起世人腹诽而有损父辈声名的遗作。由此观之，今人实在没有道理要戴护目镜而读黄易诗掉泪，替小松担忧伤心的。

本着对黄易研究负责的学术态度，需要尽快落实答案的倒是，搞清楚黄易《无题》诗致送的对象到底是谁？他究竟是哪一年下的苏州？为何上的得月楼？雅集参与者到底一共有多少位？因为这在当今黄易研究前沿学术新成果，如金玲的《黄易编年事辑》和杨国栋的《黄易活动年表简编》

《黄易年谱初编》中，[14]都不曾涉及他此番波谲云诡的行踪动向；而这就黄易生平事迹拼图整合而言，无疑是十分有必要予以查实解答而一一缀合，弄个水落石出的崭新课题。笔者就此，无非浮光掠影，捕风捉影又浅尝辄止开了个头；深入钻研般解码，就全留待有兴趣好事学友去刨根问底吧。

综上所述，黄易录赠唐奕恩的这一组诗歌，无意之中暴露了他"把卷扪碑兴不孤"之余不为人所晓"更于花下倒金壶"（黄易《得月楼作》）的"废都"般别样生活情趣；换言之，它从一个侧面记录、揭示了当年一班文人墨客"翰墨风花并一楼"（黄易《养花楼作》诗）的真实、鲜活交游状态。这对于研究当时士大夫阶层诗酒风流的生活、行为方式，显然是有相当重要的认知参考价值而显得尤为难得的。与此同时，纵然这些花边逸事的存在，想必也是绝对无损黄易作为严谨金石学家的正人君子形象的。

以上论述涉及的专题——黄易诗画卷，见于新近上海博物馆出版的《弘一斋书画集萃——孙煜峰家族捐赠上海博物馆》图录；[15]不过，该手卷没有出现在2016年岁末和2017年年初的"弘一斋"书画精品展览陈列中。为向观众和读者详尽阐述该作品背后的故事，笔者现将原先有限的图录说明文字扩充成完整长篇论文，目的就是希望得到大家的批评指正。特别是由于最初研究应急草率，就黄易"再记"文字标点多所舛误，笔者就此愧悔歉疚良深！并望读者今后以本文释读文本标点为准。同时，随着研究的不断深入和推进，不意之前不为人关注和瞩目的有关黄易感情、私生活话题，蓦然闯入笔者毫无心理防备和知识储备的学术视野中来；因此，在此尤其提请恕我由黄易诗画卷暨题画诗议案本题，竟然"离题""跑题"而顾此兼彼地予以斗胆解读，从而引发了上述抑或为严肃学人所不齿或很不以为然的黄易金石学主题之外的闲言碎语，切盼学界前辈、同道，幸勿腾笑、诘难笔者此举为猎奇、无聊、另类的过度阐释，是所至祷！

注释：

1.《秋盦遗稿》之《秋盦诗草》有《何梦华招集西湖葛林园录别》和《梦华三弟自仙源挈侣南返出画册索题为赋二绝》。

2.参看杨廷福、杨同甫编:《清人室名别称字号索引》（增订本），上海：上海古籍出版社，2001年12月。

3.清王源评订，康熙五十五年（1716）程茂刻本《公羊传》上下卷卷首钤有唐奕恩白文方印"载熙印"。见2016年7月31日德州经纬拍卖有限公司拍品信息。

4.参看杨廷福、杨同甫编:《清人室名别称字号索引》（增订本）下，第416页。

5.此黄易《南楼令》词，《秋盦遗稿》之《秋盦词草》失载。

6.上海博物馆书画研究部已故资深专家夏玉琛先生，在介绍本件2乙等级藏品时认为系"黄易的惬意之作"，并说画面为墨笔。见《中国美术全集》绘画编11清代绘画下 一一〇 诗画卷 清 黄易，上海：上海人民美术出版社，1988年11月，第108页;图版说明第40页。

7.杨仁恺：《中国古代书画鉴定笔记（叁）》记录1985年11月8日赴上海博物馆鉴定意见为："黄易《书画合璧》卷，纸本，设色。作于癸丑仲春，画后长题，雪怀上款。旧伪。"沈阳：辽宁人民出版社，2015年1月，第1059页。劳继雄《中国古代书画鉴定实录》失记。中国嘉德2018年春季拍卖会间第929号拍品——黄易设色纸本《烟柳柴门图》卷，经初步目测图录书画图版、题识、题跋文本等，可确认系黄易原迹真本；相关研究，容另文再议。鉴于本文论述上海博物馆藏复本间黄易诗文内容复制自母本，本事、逸事基本事实照旧，因而本文论证依然成立。

8. 此三首未见诸诗画卷原因或是纸短不及书写使然，一如上海博物馆藏赵孟頫书杜甫《秋兴》诗原作八首，赵署款明确写明："纸短仅得其五耳。"也有可能黄易真迹为全本，而本临摹卷因纸短作了压缩，这涉及本卷真、摹本探讨话题，暂存疑待后论定。

9. 姜夔原诗与黄易和诗彼此不同序列，以字符底纹色差以示区别。

10. 陶凫香即陶梁（1772—1857）字宁求，号凫香，江苏苏州人，嘉庆十三年进士，官至礼部侍郎，内阁学士。富收藏，精鉴赏，提倡风雅，宾接才俊。著有《红豆树馆诗稿》《红豆树馆书画记》八卷。

11. 韦晴帆即韦布，表字晴帆，安徽人，嘉庆间官河南知县。工书及篆刻、花卉。著有《蝶隐园书画杂缀》。

12. 迷恋男扮女装娈童、男宠在古代似乎算不得病态，上海博物馆藏明"吴中四才子"之一书法家祝允明致春野札就有类似流露："今晚到宅洗厨何如？适有一歌僮颇佳，就带来清唱也。"另，祝致某人札曰："闻史家班童颇俊丽，明日可唤一目。闽中尚此，令君想亦然，故及之。"又如明张岱《陶庵梦忆》之《自为墓志铭》也道曾爱美婢、娈童。至于跟黄易同时且同样爱好碑帖金石的清陕西巡抚毕沅（1730—1797）及其幕僚多有同性恋倾向，致署中男宠泛滥而不得不有所谓"打兔子"典故，见清钱泳《履园丛话》二十一笑柄。

13. 苏州跟黄易籍贯的杭州，均人称"世间天堂"或"人间乐土"。明唐寅《阊门即事》诗云："世间乐土是吴中，中有阊门更擅雄。翠袖三千楼上下，黄金百万水西东。"黄易长年在北方齐鲁等地宦游，他跌落"翠袖三千"的吴门温柔乡，或许为人文环境感染使然。

14. 分别载见《西泠印社》总第27辑《黄易研究专辑》，北京：荣宝斋出版社，2010年10月；秦明主编：《黄易与金石学论集》，北京：故宫出版社2012年12月；杨国栋：《黄易年谱初编》，济南：山东画报出版社，2017年3月。

15. 上海博物馆编：《弘一斋书画集萃——孙煜峰家族捐赠上海博物馆》"60 清 黄易 诗画卷"，上海：上海书画出版社，2016年12月，第234页。

18世纪后期文化商品的价格：以黄易的朋友圈为中心

薛龙春

浙江大学文化遗产研究院教授

内容提要：在18世纪最后30年，黄易大部分时间任职于济宁运河同知衙门。济宁是南北交通的重要中转站，依托于这样的便利，黄易一方面帮助家乡友人在北方销售字画、古董与书籍，同时也向杭州、苏州、扬州、南京等地友人求购这类文化商品，尤其是在他的晚年；另一方面，作为乾隆时期最重要的金石收藏家，举凡刻帖、碑拓、刻工、拓工等价格，在黄易往来书札中也有反映。本文试图向读者呈现较完整的相关信息，尽管这些信息还难以重建那一时期文化消费的全貌。此外，本文也关心黄易的收入与生活消费，并藉此理解他这一类中下级官吏的收藏倾向。

关键词：18世纪后期　文化商品　价格　黄易

乾隆二十四年（1759），已经卸任数年的郑板桥为自己的书画订出润格："大幅六，中幅四，小幅二，书条对联一，扇子斗方五钱。凡送礼物食物，总不如白银为妙，公之所送，未必弟之所好也，送现银则中心喜乐，书画皆佳。礼物既属纠缠，赊欠尤易赖帐，年老神倦，亦不能陪诸君子作无益语言也。画竹多于买竹钱，纸高六尺价三千。任渠话旧论交接，只当秋风过耳边。"[1] 在这段文字中，郑板桥为自己各种形式的书法与画竹订出了价码：按尺幅，大、中、小分别是六两、四两、二两，书法条幅、对联则是一两，扇面与斗方递减为五钱。六尺高的竹子卖钱三千文，换算约银四两，当为郑板桥所说的中幅。[2] 这段文字因其风趣，传布甚广，成为我们了解乾隆时期活着的艺术家作品价格的重要资料。

润格或是买卖，表达的是文人的经济关切，这些内容很少会发表于公众场合，或是收入正式的诗文集。研究文化经济史的学者常常感叹材料难得，他们对一个时期文化商品价格的推断，亦往往建立在较为单薄的制度性规定之上。事实上，更多的材料在各时期的信札与日记中不断被发现，尤其是那些收信人较为集中的批量信札，往往有可能构成较为完整的文化商品的价格目录。

2001年，陈智超先生整理出版徽州方氏700余通信札，其中不少涉及书画价格及其区域转移（自苏州、南京销售到徽州），是非常难得的关于万历时期江南书画市场的材料。[3] 近年来，白谦慎先生亦从吴大澂及其友人的信札、日记中，清晰勾勒出晚清书画、碑帖、古董的价格与流通情况。[4]新近不断披露的黄易友朋书札，则几乎完整地涵盖了18世纪后期各类文化商品与服务的价格。这些书札，集中于18世纪最后30年，黄易先后在盐城伍佑场、北直南宫、清苑、山东济宁、河南开封等地佐幕或是做官，其中在济宁运河衙门的任职时间超过20年。济宁为运河上南北交通的重要中转站，依托于这样的便利，黄易一方面帮助家乡友人在北方销售字画、古董与书籍，同时也向杭州、苏州、扬州、南京等地友人求购这类文化商品，尤其是在他的晚年；另一方面，作为乾隆时期最重要的金石收藏家，举凡刻帖、碑拓、刻工、拓工等的价格，在黄易往来书札中也有反映。本文在考释这些书札的基础上，试图向读者呈现较完整的信息。此外，本文也关心黄易的收入与生活消费，并藉此理解他这一类低级官吏的收藏倾向。

一、书画

乾隆三十六年（1771）八月，黄易自杭州北上，前往盐城伍佑场郑制锦幕中，二十七日经过扬州时，他给老友陈灿写信，提及“尊画尚未售去”。三十日他到了场中，又发出一信：“所委觅馆、售画均未能报命，可愧之至。”除了受陈灿之托为卖藏画，他还答应为老师何琪谋馆，但初来乍到，局面一时难以打开。到了这一年冬天，黄易再一次向陈报告：“弟自扬来场，所谋之事，徒成画饼。尊画一幅未售，奈何？弟尚无就绪，枯坐而已。”[5]

自从黄易北上作幕，接受家乡友人的委托，为他们销售字画、书籍等物，便成为他的义务之一。他常常为不能及时脱手感到抱歉，有时甚至还要先行垫付。1776年，赵魏在给黄易的信中，要求他帮忙为所藏赵孟頫《道德经》找到销处，“五十金亦可售矣”。黄易久未售出，赵魏表示可还价到二十两，[6]但还是未有接手者，黄在一封信中说：“弟有银存奚九哥处，请大哥先取十两应用，余俟岁底赵册如卖去，弟当找寄。”[7]赵回信则说：“松雪书不必亟亟，如无售处，不妨寄还。”[8]直到1780年，赵册仍未售出。此时赵魏再将磁、铜器物十余件，开价请黄易帮忙销售，其中“宋炙砚希世之物，弟本不欲去者，知己能为我谋一善价，亦可作御冬之计”。[9]黄易接信之后表示，“各件原欲代为货去，而赏音绝少，宋炙砚殊美，苦少多价，是以数月来未售一件，恐久稽无益，仍俱奉还”。并说“如有可销书画，如赵文敏册之类，乞交来代图，他物则不必矣。”[10]此时的黄易，刚刚入仕，人脉尚未如后来那般广大，友人托售书画与书籍，他常常无法措置。但赵魏这样的友人，委托却源源不断，1792年，赵给黄易寄上十帧装好的奚冈画作，“谅已收拾，恳为布置。前梦华（何元锡）所携，或者难销，乞存尊处，容弟来再商亦可”。何元锡在给黄易的信中也说：“晋斋（赵魏）坐困在家，急切颇难就道，前有画片托阁下代售，谅必为渠设法也。”[11]黄易能否为朋友卖出东西，几乎关系到他们的基本生活。黄易在回信中总是克制着他不耐烦的情绪，也正因为如此，黄易的朋友遍天下，胥绳武感叹其“知交之广、友谊之真”。[12]在与赵魏的通信中，我们看到赵孟頫《道德经》的两次开价：五十两与二十两，到底售出价如何，我们不得而知。同样是赵孟頫的手笔，1797年陈灿委托的《马卷》，黄易问之周边同人，只肯出银六两，“弟不敢擅卖，暂存之，如可减值，弟当留心，否则明春寄还也”。[13]1777年，在给陈

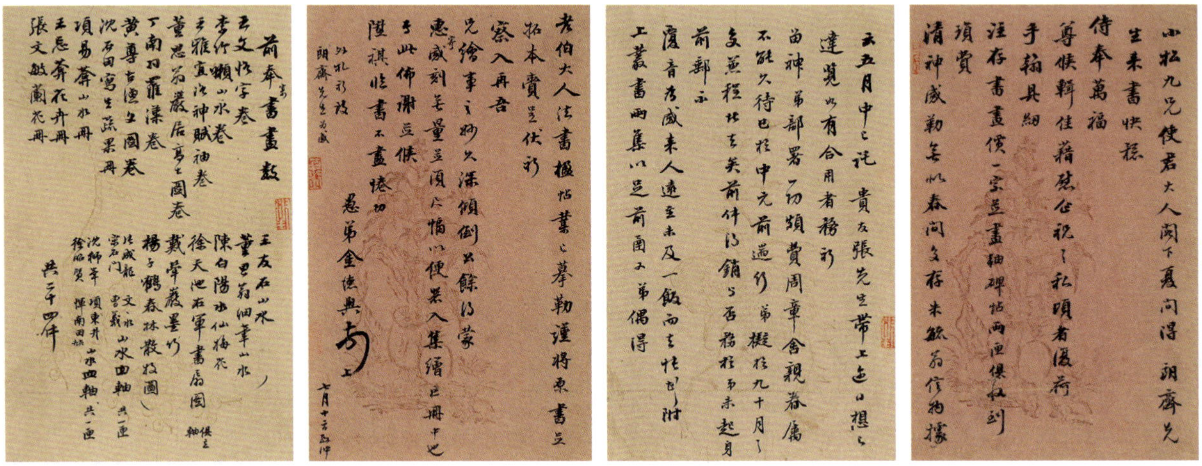

图 1. 金德舆致黄易　故宫博物院

灿的信中，黄易报告“方（方薰）画尚未售，秋间徐图之”；1780 年，为陈灿卖出项（圣谟）画，得银四两。除此之外，我们知道 1792 年，黄易曾为金德舆卖画，寄银六十两，金在随后的信中声称：“前存宋帖五本，半向戚友处集成，八折本系实价，况奉台谕，七折似不可少”，而方薰《寿星》，“欲售此付知不足斋会银者，有八十金，方惬彼愿也。”[14] 他表示，宋代的刻帖，再如何还价不能低于开价的七折，而方薰的画则索价八十两。兜售这些作品成为黄易极为费神之事，1793 年，金德舆在信中催促：“前件得销与否，务于弟未起身前邮示覆音。”[15] 金的姊丈赵怀玉则为此深感不安，他在给黄易的信中写道：“云庄（金德舆）托销诸件，深感费神，余者竟贮尊斋，得售与否，俟伊明岁北上，面交若何？”[16]

黄易也委托南方友人购买书画作品。这中间大致有两种情形，一是作为进贡的礼品。1780 年，黄易在写给弟弟黄童的信中，谈到河督“以画山水贡扇五十柄见委，须得一日一柄，已乡居闭门为之”，[17] 黄易此时画名并不大，相信他的画作只用作比较次要的礼品，重要的进贡还是需要古字画或是古物。[18] 1792 年，黄易曾委托金德舆为买小画卷册，金检所藏明末清初名家之作 24 件，拟价附览：“王文恪《字卷》、李竹懒《山水卷》、王雅宜《洛神赋卷》、董思翁《岩居高士图卷》、丁南羽《罗汉卷》、黄尊古《渔父图卷》；沈石田《写生蔬果册》、项易庵《山水册》、王忘庵《花卉册》、张文敏《兰花册》；王友石《山水》、董思翁《细笔山水》、陈白阳《水仙梅花》、徐天池《右军书扇图》、戴萃岩（考：当为岩萃）《墨竹》、杨子鹤《春林散牧图》（俱立轴）；张成龙、宋石门、文文水、曹羲山水四轴（共一匣）；沈狮峰、徐昭质、项东井、恽南田山水四轴（共一匣）。共二十四件。”[19]（图 1）这批字画从沈周、王鏊、王宠、陈淳等吴门名家，到晚明徐渭、董其昌、丁云鹏、项圣谟，再到清初戴明说、恽寿平、张照等，一应俱全，无疑是充贡之物，可惜金德舆的“拟价”未能流传下来。1797 年，黄易的两个同僚徐、袁二君欲给河宪送礼，出银一百两，由黄易委托陈灿办理，在信中黄易不仅点名要哪种画，还附有参考价。他所点的画作包括：华秋岳人物花鸟（名色不碍者，当然寿意更妙），每幅数二两至十两以内；好颜色美人二三幅；王元勋工致美人、福寿及寿意堂画，每幅数两银子；汪姓友人所藏崔子忠《旌阳移家图》约二十四两，沈周《山水条幅》约十六两，夏珪《山水卷》十两，"这几幅如肯割爱，也为买下。类乎此者，价不甚昂，亦可买，总要裱好者"。至于友人奚冈的真笔，横披山水每幅一两至三两，扇面每件数钱也可以买。董其昌、梁同书的刻板对子，买三四付，每副二千余文。梁的真笔单款对子，也买二付。[20]

黄易以收藏金石拓本著名于时，但他对于书画也有兴趣。早在 1777 年，他就曾委托陈灿帮助购买章谷的作品："《雪梅》一幅，弟甚爱之，乞大兄代弟买之，数金可也，奉托奉托。"[21] 章谷是清初杭州画家，工于烘染，黄易曾在周亮工《读画录》中见到他的传记，他为章谷《雪梅》开出的价格是数两银子。这个价格与京师读画楼（画店）主人给黄易开的清早期画家的价目表差别并不大："陈章侯《人物册》一本，银十六两；张白苎《山水册》一本，银十两；潘南田《梅花卷》一个，银八两；明僧□《山水画》一轴，银六两。上黄九太爷，东读画楼具。"[22] 陈洪绶的人物册页只有十六两，其他人的山水、花卉价格更低。在 18 世纪 70 年代，黄易还曾将所藏董其昌《紫茄五咏》以一两银子卖给魏嘉穀，后来反悔，希望能够赎回，"今寄一金奉还。闻此卷在松窗处，若另有质押，其价不敷，弟再当补上，或松窗甚爱，借弟三年何如"？[23] 可见董其昌作品这一时期价格甚为低廉。

黄易购买书画，除了浙江乡贤，对扬州八怪尤为倾心，他的隶书也颇受汪士慎的影响。[24] 1791 年，黄易书致时在扬州的储润书，储主动承担了购觅的工作，"今先寄上汪士慎行隶书四纸，金寿门八分一幅，希查收。随后再当续寄也。"在另一信中，储润书提及，"所觅各件，现在留心访购，随后寄上。现有数种，索价过昂，少平即可行也"。[25] 1792 年，黄易让徐嘉穀转告南京梅鏐，托他代购李复堂、华秋岳画片，以及汉铜章等。梅在回信中表示，"二家之画伪作颇多，又或大轴虽真，不便邮寄"，他首先为黄购买了铜印两枚、《景君碑》旧拓及《黄叔度碑》拓本，并表示"其他俟从容留意，不敢忘也"。[26] 1796 年，陈灿帮助黄易买到丁敬字一幅，金农扇面一个，黄易还写信给罗聘，请他转让张四教《琵琶美人》及金农《兰亭》。[27]

1797 年，黄易请陈灿代买《梅竹合璧》（作者不知），花了十二两银子，虽觉得稍贵，但毕竟是流传有序的家藏之物。陈又为买扇面，花去三四两。在这封信中，他还提到已经买下的王冕《梅轴》，希望能够退货，如对方不肯退，希望奚冈能鼎力为换扇面。在稍早的一封信中，黄易提及，这件梅花乃通过奚冈以二十四两银子购得，因其上有丁敬题字，故虽然黯淡，当时决意买之。[28]（图 2）

黄易还为朋友之间的买卖居中，1778 年，潘应椿在他的介绍下购买陈焯所藏宋人王升墨迹，花出四十两银子，潘在给陈的信说："读小松手书，再得观《羔羊老人墨迹》，不觉为之狂喜……刻虽囊涩，断不忍舍之他去。谨如数四十金奉缴。"[29]

在山东，黄易与当地友人也有书画交易。1791 年，他询问同在济宁的苏州顾文铁："王新建书、周公瑕单条，实价几何？乞问明示知。"大约同一时期，在给颜崇椝的信中，黄易询及书画及宋版书，以作送礼之用："曲阜有欲销此种否，乞六兄留心，或开价而付来人带回更妙。尊处曾见王雅宜《小楷卷》、李秋锦《灌园图》，尚在否？"[30]

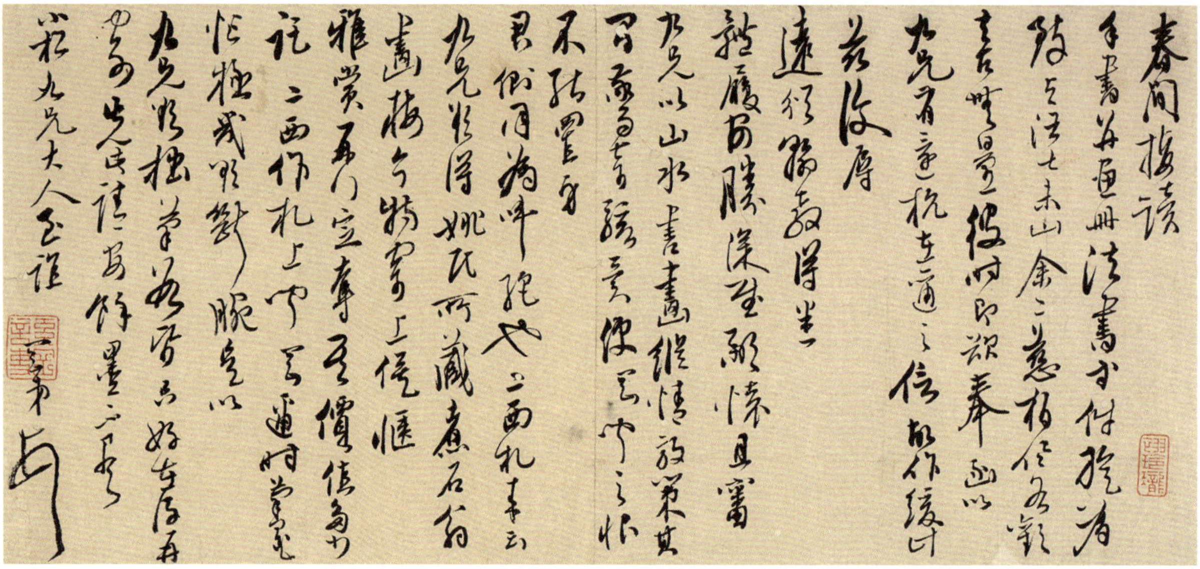

图 2. 奚冈致黄易　故宫博物院藏

大约在 1796—1797 年间，黄易与济宁郑震堂讨论书画相当频繁，其中有鉴定与买卖活动，他所提到的作品有：沈周赝迹、方士庶立幅、沈士充《山水卷》、周鼐《墨竹》、鲜于枢字卷、恽南田册页、徐有贞字卷、《女士扇》、李流芳轴、王翚小卷、金农书册、杨崑源册、勾龙爽画轴等，其中鲜于枢价约数十金，"不可错过也"。[31]

黄易与友人往来信札中提到的价格，二十两以上的只有王升墨迹、赵孟頫《道德经》、鲜于枢字卷、王冕《梅轴》与崔子忠《旌阳移家图》。此外，1778 年，黄易还曾打算花二十两银购买元文宗"永怀"二字拓本，后有康里巎巎小楷题跋。此卷藏于鲍以文，黄易委托陈灿居中求购，然此事并无下文，后因黄易帮助鲍销售了大量的书籍与字画，鲍以文将此作为五十岁生日的礼物赠予黄易。[32] 王升宋代人，赵孟頫、鲜于枢、康里巎巎、王冕皆元代人。崔子忠是晚明人，索价二十四两；方薰当代人，索价八十两，可能是因为尺幅较大或是画面繁复。总体上看，晚明与本朝作品大都在十两以内，这与翁方纲记载宋葆淳 1777 年以十两购得明人张宣《自书诗卷》，[33] 张照书作真而佳者不过四两 [34] 的说法，基本一致。

二、图书

黄易也通过南方友人买书，或是帮助他们销售所刻之书。陈灿、鲍以文等人都有刻书，鲍的知不足斋丛书有名于时。书在北方的销路似乎并不好，1771 年，黄易初到伍佑场时，陈灿托卖书四十部，黄表示"此间不识丁者居多，于无可如何之中极力想法，只好留下十部，其价遵命，所少无多也，其价中秋后措寄，此中甚抱不安。然好此书者甚少，且限于时地"。1774 年，黄易向陈灿报告："《采遗集》止卖去六部，弟自留二部，所余二部，实无销处，今托夫子带还，乞谅之。其八部合扬平每部一两一钱，共八两八钱。《猃

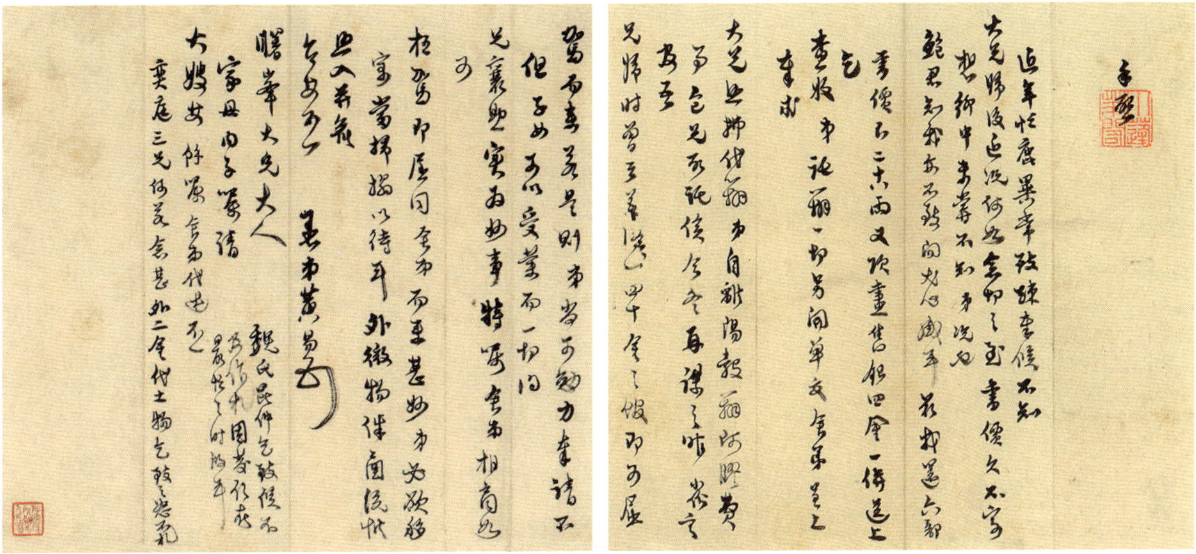

图 3. 黄易致陈灿　故宫博物馆藏

园》十部（系由玉池处转寄者），每部九钱共银九两。”[35]1771 年留下的十部书，三年后才卖掉六部，黄易自己又买下二部，另外二部只能由何琪带回交还。书的价格每部在一两左右。

1777 年，黄易佐幕北直，陈灿为他所购杭世骏《堇浦集》在寄送中途车上遭火灾，仅存诗一部半，文则尽去。“我兄当此窘况，岂可落空，弟当归价另寄。”在另外一信中又说：“杭集虽火，弟必归价。此时有人来北，然多书不能带，只可数部而已。”可知陈灿此际不断让人带书，托黄易销售。1778 年九月，陈灿自济宁回杭，所带书籍黄易让他只留几部，“余者只可带回”。[36]1780 年，黄易奉上六部书价，共银二十八两，每部合四两六钱多。（图 3）

1778 年，鲍廷博曾为黄易寄书，除了家中藏版刷印不收费用外，《十六国春秋》一部，价一两六钱；《隶释》一部，价三两二钱。[37] 总体上看，新书的价格比小名头书画的价格更为昂贵。

三、碑帖

与毕沅刻《经训堂帖》秘而不宣不同，曲阜孔继涑刻《玉虹鉴真帖》一直对外销售。根据周震荣、孔继涑 1786 年写给黄易的书札，由黄易充当中介，永定河南岸同知周震荣自《孔氏帖单》中选购刻帖八种，[38]“付库平纹银十三两一钱五分”，[39] 孔在收钱后，立即根据要求转去所需刻帖。[40] 八种刻帖总共十三两一钱五分，平均一两六钱多一种，与书籍价格相若。孔氏刻帖在当日名声不小，相比之下，赵魏将家藏赵孟頫书欧阳修《憎苍蝇赋》刊石卖钱，就不那么容易，1776 年，他给黄易寄上二十本，“价二星，如可销则销之，否则掷还无妨”。[41] 即使是二钱一本，似乎仍不好卖，黄易最终留下四付，归还了十六付。[42]

相比之下，旧帖的价格要高许多。1776 年，黄易听说“梁玉立孙枝有古帖二箧，质于库，欲售五十金”，为之扰乱心曲。他将这一信息报告了赵魏，[43]赵在次年的回信中要求黄易买下："梁氏古帖为蕉林书屋旧藏，必多明吴恭顺及退谷古帙，兄如不欲为弟致之，当奉上价也。"[44]梁氏所刻《秋碧堂帖》共八册，收西晋陆机至元代赵孟頫作品，成于1691年以后，梁清标旧藏多有得自吴国华（恭顺侯，崇祯间）与孙承泽的名作，故赵魏亟欲得之。而在翁方纲的记载中，康熙间王鸿绪自孙承泽处购得《太清楼帖》，花费一百两银。而孙承泽所藏《澄清堂残帖》，1780年二月书贾向翁方纲推销时，索价三百两。[45]虽然可以讨价还价，但不会相差太大。而钱泳记载当日吴中既有伪书画，又造伪法帖，谓之充头货。买得翻版《绛帖》一部，将每卷头尾两张重刻年月，以新纸染色拓之，充作宋刻，各省碑客，买者纷纷，其价甚贱，不过每部千文而已。但经过一番旧锦、檀匣的装潢，钤上项元汴、高士奇的图章，价格从数十两到三五百两不等。[46]

在一封给友人的信中，翁方纲指出，《善才寺碑》乃魏栖梧所书，书名不比褚遂良，拓本"不过十余金买之，太贵亦不必"。[47]虽说魏栖梧名不及褚遂良，其帖价格只有十余两，但18世纪后期无名氏汉魏碑刻旧拓的价格仍不能相提并论。1776年，黄易在京获《熹平石经》残拓三种，自称董元镜所赠，但根据王昶的记载，黄易其实在董氏嫁女时提供了一份嫁妆，相当于数十两银子。[48]同一年，赵魏向黄易报告南方流传的碑拓价格，"旧本无石者，帖友得之，皆索高价，非数金不得一种"。[49]一件早期的碑刻拓本，价格也就数两银子。潘有为在1777年的一封来信中讲到他购得孔庙汉隶二种（当亦旧本），花费了六两银子，平均一种三两。[50]1783年，王淳为黄易谋取山东人聂剑光所藏汉碑拓片二十余种，在信中，他要求黄易预备百金，所有拓本"俱可为先生所有"。[51]一百两银子可以全得，则每种五两不到。但这项连锅端的买卖并未成交，两年后，聊州知府张玉树从聂处购得《灵台》《朱龟》《谯敏》等旧拓三种，赠予黄易。[52]

四、古董

在黄易的时代，器物的收藏多为小件，比如印章、钱币、古戈、瓦当等，这是因为青铜器出土尚少，而碑刻则大多难以移动，像汪中那样收藏《射阳石门画像》原石的并不多见。[53]1777年，丰润县发现欧阳询所书《九歌》石刻，虽然获得了拓本，但赵魏还是希望能不惜重资购得刻帖原石，并认为此事与薛绍彭获《定武兰亭》原石意义相当。[54]不过黄易似乎并未接受赵的建议。

有关铜器价格，仅见1794年翁树培一札，翁在北京肆上见一周敦，认为是真物，极其重厚，内有款识两行。翁特地在店内借纸拓出，寄给黄易，并说主人索价三十五两，如果连同配置紫檀盖座买，则需要六十两，只买敦的话，价钱再少些亦可。"老伯如要，侄可代买，但无力能垫耳。稍迟又恐为人买去。"[55]

1786年，赵魏在陕西王昶幕中，购得汉玉二件，赵氏平日十分穷困，自称此玉值数百两银子，希望自己回杭州时能在扬州卖掉。黄易在伍佑场作幕时常常往来扬州，朋友众多，故赵希望黄易作札绍介，以便往谋。[56]

古旧文房在其时也有市场。1793年，黄易得到江都汪氏所赠金农用研，铭曰："锐头且秃，不修边幅，腹中有墨君所独。"是黄易之父所书，被他当作至宝。[57]此时颜崇槼向他通报，在北京见到黄汝亭砚台，"此研今存黄左君处。九哥大人须端札致之，或以他研相易，当可必得耳”。[58] 这些砚台值多少钱，没有明说。但 1775 年新乐知县刘启秀通过黄易自陈焯处购得一砚，价格四两。[59]

1793 年，何琪还曾托人带给黄易藏经纸十三张，请他代售。[60] 在 1795 年写给张爱鼎的多封信中，黄易屡屡提及此事，并请好友、临颍知县王复帮忙处置："易有业师何东甫先生托售藏金纸卷筒者，十三张，物虽好，那得知音以重价购之？然千里远托，不可不为设法。计惟王秋塍明府可以消脱，今不知在何处，特托尊处代为寄达，取其回信带掷，感佩不浅。”最终王复答应帮忙，黄易留其稍次者三张，为装潢古迹卷首之用，择其洁净者十张，装潢妥善，交与王复。[61] 宋代藏经纸最有名的有金粟山、法隆寺等处所制，在明中叶的吴门十分流行，祝允明、陈淳、文徵明、王宠等都喜欢挥洒其上。但二百多年过去，藏经纸越来越少，即使是乾隆内府，也止用于装潢引首或是诗塘，足见稀罕。这十三张纸到底卖了多少钱，我们未见到明确的信息。

五、工人价格

在黄易的友朋信札中，还常常提到各种工人的费用。

先看装裱价格。1775 年，黄易委托奚冈装裱册子、条幅等大小十四件，册页一两二钱，锦套四钱，细纸裱画七轴，每幅一钱八分半，一共二两八钱九分半。通过银、钱换算，这批作品装裱费共计二千零二十六文。[62] 因为常有书画在南方装裱，黄易甚至存了一笔钱在友人陈灿那里，1786 年，他委托陈灿帮助装裱恽南田画作，“其工价以内子买物之银扣用可耳”。1797 年，陈灿为黄易代裱《梅卷》，花去五千余文。南方裱工远胜于北，故黄易买书画，常常要求已经装裱好的，[63] 1795 年，他回乡葬母之际，还将张爱鼎所藏王翚《江山无尽图》长卷带至杭州装裱。[64]

再看刻书价格。1777 年，黄易致潘应椿札提及翁方纲为丰润古鼎作跋，交陈焯带回面致，并说，“翁跋已刻就样本，寄上，工人需价已令向贵书酌付矣”。[65] 此书当由丰润知县潘应椿出资，翁跋只有四页，[66] 具体工价不得而知。但 1792 年夏日写给黄易的信中，桂馥谈到了具体的刻书价格，他的《缪篆分韵》需五十两，而《三十五举》则需三十两，都由友人集出资助刊：“馥所集《缪篆分韵》，昨接京信，知司马舍人（名亶）出二十金，江秋史侍御出十金，刘明府（名大观）出二十金，秋冬之间便可刻完；重订《三十五举》，有郑三兄（名光瀫）独任之，不过三十金，即附《缪篆》后，俟印来当寄上。”[67]

至于刻碑（帖），黄易 1792 年托钱泳为摹刻《石经》三页，次年十月钱泳领银后，告知黄易将在明年正月中旬告成奉寄。[68] 1795 年，黄易帮助张爱鼎联系到曲阜高姓刻字工人，为刻赵孟頫《无逸》帖，“系孔十二公家人，业已转借来此，其每字工价照易给发者开明。”刻工是按字计价，但具体多少亦不清楚。[69] 翁方纲在一封写给桂馥的信中，提到他对《宋太翁志》刻工不甚满意，刻手太板，不见神气。更让翁不忿的是，“其石前日原讲二尺宽，三尺高，渠要八两，今量原式止一尺一分宽，二尺六寸高，而渠执定仍必八两，如此减半而价不改，则加入作神道碑，要倍半而价亦不改矣。其人执拗如此”。[70] 可见，六平尺大小的墓志，缩水到一半，刻工费用仍要八两。

据王宗敬《我暇编》，黄易“集宋以上碑帖过五千种，搜辑古镜、古钱最多”，[71] 拓片收藏风气兴起甚晚，黄易的时代除了市面上少量旧碑（所谓唐本、宋本，多不可靠），大多是新拓。拓碑有定价，1777年，周震荣致黄易云："欧碑不可不拓，蒙分二十通，非知我者能如是耶。谨奉到五两二钱拓工费用也，希收入。”[72] 周震荣从黄易这里分得欧阳询《九歌》拓本二十份，费用共五两二钱，平均一份二钱六分。[73]1792年秋，黄易曾派拓工至桂馥处，在其指引下拓《天柱山铭》等摩崖，黄易付银十两，拓工有些不满，桂馥在信中说："来札云付银十两，彼云代买许多东西，又拓许多碑，皆此十两，安有余银？益知此人之不中抬举矣。”次年，桂馥接受四川总督惠龄的委托，为拓曲阜、济宁所有汉碑。"曲阜碑已托运生料理，济宁碑乞命打碑人全拓，工本若干示知酬之。”[74] 可见虽为高官服务，拓碑也必收取工本费。

黄易收藏的大部分碑拓，都来自于友人或是地方官的馈赠，有时他用自己的书画或是印章来进行交换，这些拓本大多当时椎拓，其成本只是纸墨与工人的费用，相比起收藏书画，花费要小很多。

六、黄易的收入

黄易自十五岁随长兄黄庭在湖北一带作幕，[75] 后黄庭缘事发配新疆，黄易则自固安、武冈，转郑制锦伍佑场、清苑、南宫幕中，"初习刑名，有声幕府。其在清苑，文移鞅掌，不废风雅”。[76] 在州县幕中，以刑名、钱谷幕僚的收入较丰厚，书记、挂号、征比一年只有一百两银左右，少的只有四五十两。而且刑名、钱谷易谋得职位，其余幕僚失馆之事常有，且职位不易得。治刑名的幕友，大约一年能有二百六十两的收入。[77]

黄易后来也常常为友人谋馆事。如1774年，黄易为老师何琪在伍佑场谋得教席："外聘金六两先送，修金二十两，其盘费令薛凤自办。”[78]1780年，他在济宁为陈灿谋教职时，陈的心理价位是四十两，比何琪的高出一倍："昨小价言及，吾兄归时曾云，若得一四十金之馆，即可屈驾而来。”[79]1793年，黄易再次为何琪谋江西广信州的幕宾之席，说好脩脯二百两，但广信知府张某最终只肯出一百二十两，职责是管理笔墨事件。何琪虽然最终就道，但并不满意。[80]1801年，赵绀宁在写给黄易的信中抱怨："弟与陈秋堂三兄时时聚首，现在俱有馆，然不过四五十金，无济于事。”[81] 这个价格可能也是西席教职，而非幕友师爷。

乾隆四十三年（1778）春，经郑制锦循例报捐，黄易得授河东主簿，拣发河东，成为一名从九品的小官，根据规定，他的俸禄只有银三十一两五钱二分。到乾隆五十四年（1789）升运河同知，官至五品，每年俸银也只有俸银五十二两一分六厘，加上运河同知养廉银，他一年的合法收入不到九百两，[82] 只相当于他早年作幕收入的三倍多，这笔钱全部用来买字画，只够一卷赵孟頫的《兰亭十三跋》。[83]

我们还应考虑到愈来愈高的粮价与物价。钱泳记载，康熙时米每升十六七文，雍正乾隆初十余文，二十年因虫荒涨至三十五六文，后以十四五文为常价。五十年大旱，每升五十六七文，此后常价为三十四五文之间。[84] 这与魏成宪的说法基本一致，魏成宪《致黄易》云："家江上年积旱，西湖如带，竟作葑田，即七八十老翁亦云前所未睹。石米价值四千，他物亦不少贱，生计实难，流离载道。”[85] 不仅米价，百物价格皆涨，乾隆初田价七八两至十余两，五十年后达到五十余两。上升了五六倍。[86]但官员的俸禄粮饷几乎百年未变。

乾隆五十二年（1787）六月，黄易与李克正、南正炎等在武梁祠原址重立祠堂，“是役也，非数百金不可，易与济宁数人量力先办，海内好事者闻而乐从捐钱，交李君及南君董其役，易与司土诸君成其功，求当代巨公撰碑垂后，仿汉碑例曰‘某人钱万’、‘某人钱千’，详书碑阴，以纪盛事”。[87]据碑阴，共把八十二人捐款，得七十四万一千钱，以 1 ∶ 900 计算，约合八百二十余两，平均每人十两。其中黄易与董理此事的李克正捐款最多，分别为十四万钱与七万钱（皆两次捐款），湖广总督毕沅五万钱，有一定的象征性，[88]紧接着是武梁祠所在地的地方官，济宁直隶州知州李维谦三万钱，嘉祥县知县丰润刘翰周也是三万（两次），自翁方纲以下到济宁本地生员，则两万至一千不等。不过这些名字与捐款数额显然不是一次刻成的，也有一些捐款，在碑刻上并无体现，如乾隆五十九年（1794）印鸿纬曾“奉到白金二两，以代一椽之助”，或许这笔钱是捐给黄易个人的。[89]一项带有公益性质的文化事业捐款，最普通的参与者是一千钱，黄易因主其事，捐款十四万钱，约一百五十余两，差不多是他三年的俸禄，若没有其他的收入来源，这几乎是不可能的事。

更不必说黄易常年要接待往来经过济宁的友人。1778 年，陈灿离开济宁回杭，黄易奉上二十两银子，以作盘费。1789 年，卢荫文中进士，新晋进士开销甚大，黄易“谨奉六十金，聊展寸意，不足言助”。[90]1791 年，黄易为部署赵魏赴东，“托桐乡朱毓山先生由淮城带银五十金赴杭，交至尊处，部署赴东”。[91]1794 年，顾文萁打算自济宁返回苏州老家，黄易“愧无绵力，勉奉青蚨两千”，[92]而邱学敏受黄易之托，“为之设法凑半百两，端人赍到济州，聊解庚癸之厄。嗣此广为区画，俾得挈眷南还，方了此愿”。[93]1792 年，陈灿及一位何姓友人回杭，黄易各赠四十两银子，《与魏成宪》云：“何五世兄与陈象昭大兄夏间过我，俱留住敝斋，极力图维，百无一就。而老五归心益迫，急欲南归，因各赠四十金而去。”[94]像这样资助江南到山东的旅费，一次就得四五十两。而朋友远在家乡，黄易有些人情开销仍无法免除，如 1771 年，黄易从陈恺信中得知陈灿抱恙，寄上银五钱，以示慰问；嗣后又寄一金，聊佐湖楼半醉；1786 年，陈灿向黄易借钱，黄“苦当羞涩，勉奉十金”；1795 年，在无法为陈灿在浙江或是济宁推荐位置之时，黄易赠予十两银子，以表歉意；1798 年，吴锡麒丧父，黄易不能亲诣叩奠，“楮仪四金，绫额一悬”。[95]

黄易出手虽然不小气，但他大部分时候并不富裕。1780 年，在写给弟弟黄童的信中，自称“此时兄用度益大，无日不典质，日日如过除夕。今年三月矣，而家用未寄，心急如焚，虚言非人类也，以是徒深浩叹”，对于弟弟提出的觅屋要求无以回应。[96]1792 年，在写给魏成宪的信中，黄易提到家乡某亲友三次来济宁打秋风，三次俱不甚满意，“益其到署目击困苦情形，始各他往。地当水陆交冲，支持不易，今年河工更困，自上至下，无不患贫，迥非前数年之比”。[97]正因为如此，黄易此际自称官兴渐阑，然家无薄积，退步良难。

1795 年七月，黄易回杭葬母之前，在给张爱鼎的信中写道：“往年除夕结算，不过四千余两之缺，乃四维复来，事事刻薄，以致同人店欠至八千余两。”前文提及因俸禄太低，各级官员无

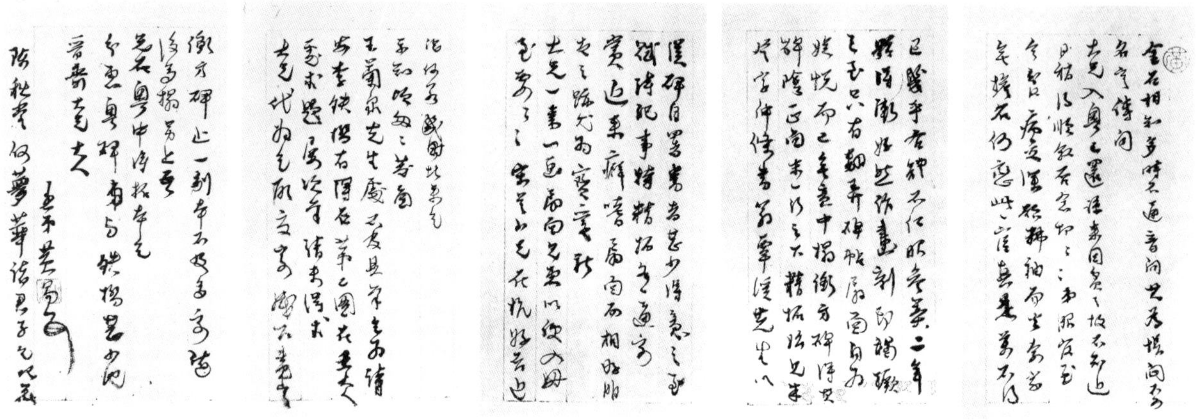

图 4. 黄易致赵魏《西泠八家の书画篆刻》（日本：谦慎书道会）

法养家糊口，故时有贪污之事。黄易这里提到的八千两垫欠，或是将官员贪污的责任归咎于“民欠”。[98] 运河道负责汶水分流、运河蓄泄及支河湖港疏浚堤防之事，每年都有大量工程，即俗称河工，与公款打交道，贪污极易发生。根据清朝的规定，官员亏空钱粮例应追赔，若无银钱可赔，限满则将房产、什物变价抵还，谓之变抵。据黄易所说，此次亏空，一方面得到河督兰第锡的施恩——“河宪亦所深知，施恩于易，格外垂慈，应缴之四数，宪谕赏给，断不肯收”，另一方面有亲家李锺沛帮衬——“今累李亲家代担，易无颜以对至戚，并无颜以对小女”，他才得以逃脱惩罚。但从“不过四千余两之缺”可以看出，每年亏空数千两，几乎是黄易官场生活的常态。[99]

在张爱鼎的帮助下，黄易乾隆六十年（1795）九月五日抵杭，安葬其母。但他并未在家乡多作停留，“故乡无屋无资，贱眷不能久住，乘此河路通行，先令返东。易俟窀穸完备，亦即赴济”。[100] 因为丁忧期间没有俸禄或是俸禄减半，[101] 黄易身在杭州，经济上毫无来源，于是葬事一结束，全家立即返回济宁。1797 年，丁忧期间的黄易，“甚苦空乏，而杭州帮船过此，亲友纷集”，加之此际江南漫口，他要帮助河帅兰第锡往看，“日内即须束装，颇形拮据”，他只得写信给女婿李大峻的从兄弟李琬，以及济宁友人郑震堂，希望将自己的一件海龙褂质押一百两，稍后又说，能有二百二十两，亦可脱去，并一度请李帮助借钱，“银钱均可，子金即烦酌定示知，当照送。弟现缘办差急需用”。最后这件海龙褂卖得京银二十五千文。[102] 这大概是黄易一生生活最困窘的时期。

在这一时期写给陈灿的信中，他提及“捕河一缺，或者可以借补”。不过此时渐形老景，只愿闲小之地，聊以藏拙，“然买山之资，不易办也”。[103]1798 年，在给赵魏的信中，对于艰难近况也有类似的描述：“弟服官至今，贫病交深，欲拂袖而去，奈家无担石，何恋此一官，真是万不得已。”[104]（图 4）即使此时半身不遂，贫病交困，黄易实际上仍然恋此一官，俸禄毕竟是黄易最基本的经济来源。

七、简要的讨论

前文已经谈到，黄易收藏金石拓片，是较为恰当的收藏方向。以他的收入，若介入宋元书画名品的收藏，几乎没有可能，而当日尚未成熟的碑帖市场却给黄易提供了很多机会。大多数碑刻都是临时拓取，其价格远远低于字画与书籍。[105]当毕沅以一千两银子买了一件假苏轼书法时，[106]黄易可以用这笔钱买下二百余种碑刻旧拓，或者派出一百人为他拓取各种摩崖石刻。因为这个原因，黄易虽然是较低级的官员，但很快成为当日金石收藏的明星，也成为他朋友圈中举足轻重的人物。

如同我们前面所谈到的，黄易也收藏字画，但基本是晚近的作品，价格大多低廉。乾隆时期一些重要的宋元名作的交易价，则往往达到数百甚至数千两。如乾隆内府在傅恒的介绍下，以二千两银购入安歧旧藏黄公望《富春山居图》。[107]翁方纲也曾记载，谭组绶以八百两银买下扬州吴绍浣所藏赵孟頫《兰亭十三跋》。[108]钱泳则说，尉迟乙僧的《天王像》后有宣和、绍兴小玺及内府图书之印，为项墨林家物，毕沅以五百两得之，并于乾隆五十六年(1791)七月进呈。[109]嘉庆初年，成亲王向宋荦后人购王蒙《听雨楼图》，花费五百两，而王蒙《乐志论图》及赵孟頫临《黄庭经》，有人放在刘墉处寄卖，成亲王只以一百六十两就得到两件名作，极其合算。[110]像这样大手笔的开销，在黄易及其朋友身上从未发生过。

黄易早期的收藏活动中，似乎也曾计划收藏刻帖与尺牍，[111]但后来均为作为重点。[112]在他的晚年，当金石拓本收藏基本齐备时，其收藏兴趣转移到了扇面，[113]王宗敬《我暇编》云："近年公以中痰甫愈，请假时多，得常常晤，且时饮食，尽展所有以示，收藏之精，世所罕及。名人扇面尤多。凡作扇诸公，均为署其家世本末，而于倪云林、左太冲及本朝陈恪勤诸忠义之士每拳拳不忍释，公之秉性亦可见矣。"嘉庆初年，黄易与友人往来信札亦常常提及扇面，如黄易《与赵魏》："近来癖嗜扇面，而相好朋友之迹尤为宝爱，祈大兄一书一画扇面见惠，以便入册，至要至要。"[114]《与陈灿》："弟所收扇面不拘新旧，总以书画有笔趣者为佳。……弟现有之扇面，令渭符录一清单带回，弟欲觅之扇面，亦开一单奉阅，乞大兄留神。"[115]陆恭在给黄易的信中回应了他的要求："旧人扇面十枚（五字五画）……烟客、廉州扇面俟觅得再寄。"[116]在一封上款不明的信中，黄易声称："扇面已有三百余面，四王之画已有，甚思汪退谷、姜西溟、查初白等人一幅，不可得耳。"[117]相信黄易并非不喜欢大尺幅的卷轴，形制小而价格便宜必是重要的原因。前面我们曾经提到，黄易购买扇面的价格基本在一两以内，一件沈周山水立轴值十六两，这笔钱用来买扇面，可获三四十枚。

在收藏活动中，黄易除了有意识地将他的访碑与购藏包装为金石圈的焦点之外，[118]也时刻伴随着各种买卖。虽然大多数情况下，他只是居中的角色，接受友人或是上司、同僚的委托，但他从事收藏需要更多的钱，收藏活动本身也应该为他生出更多的钱。虽然我们无法得知黄易是否或者如何从中牟利，但我们注意到，南方友人寄来的一些名声不大的画作，为了便于销售，黄易特别为之题跋、装潢，如1777年给陈灿的信中说道："其画有佳者，有醉墨淋漓，弟知其妙，而人不知者，容徐为题识装潢设法。看来不能多售，弟知兄贫，敢不尽力耶？”1780年在给赵魏的信中，黄易甚至提及一件书势微嫌软弱的董其昌《楷册》，但“似可充旧，且为暂存”。[119] 而在帮助同僚购买贡件时，他也会将自己要的东西囊括在内。[120]

黄易在济宁交往密切的李东琪与顾文菼，都有作假的名声。《我暇编》谈到李时，称其常与帖客混在一起，因为“搆帖以牟利”，结果双耳重听，而且没有后嗣，“说者以其倡率他省沽名之士混镌名号，刻毁汉碑，宜有是报”。[121] 黄易在一封写给顾的信中，也曾向他打听：“红铜欲作古色，如前作建初尺相仿，不知用何物为之？然不须积绿色也，乞示知。”[122] 顾深谙做旧之法，黄易专门在信中向他取经。我们虽无法确信黄易也曾从事类似的活动，但这番询问却不免瓜李之嫌。

附记：本文在资料上得到秦明先生无私而慷慨的帮助，谨申谢忱！

注释：

1.（清）郑燮：《板桥润格》，《郑板桥集》，上海：上海古籍出版社，1979年，第184页。

2.（清）汪辉祖：《清汪辉祖先生自定年谱》（一名《病榻梦痕录》），台北：商务印书馆，1980年，第255页。乾隆五十七年条：“辛巳以前，库平纹银一两易钱不过七百八九十文。”

3. 陈智超：《美国哈佛大学哈佛燕京图书馆藏明代徽州方氏亲友手札七百通考释》，合肥：安徽大学出版社，2001年。相关书评参见白谦慎、薛龙春：《尘事的史迹》，《读书》2006年第1期，第51–58页。

4. 白谦慎：《拓本流通与晚清的艺术和学术》（有专节讨论同光之际的拓片市场），《台湾大学美术史研究集刊》2017年第42期，第160–171页，。另白谦慎：《晚清文物市场与官员收藏活动管窥——以吴大澂及其友人为中心》（则较多讨论器物及书画市场），《故宫学术季刊》第33卷第1期，第399–438页。

5. 故宫博物院藏，收入秦明主编：《故宫藏黄易尺牍研究 · 手迹》，北京：故宫出版社，2014年，第93、94、96–97页。

6.《古欢》第三册，国家图书馆藏。

7. 张廷济录本，故宫博物院藏，收入秦明主编：《故宫藏黄易尺牍研究·手迹》，北京：故宫出版社，2014年，第164–169页。

8.《古欢》第十三册，国家图书馆藏。

9.《古欢》第四册，国家图书馆藏。

10. 收入秦明主编：《故宫藏黄易尺牍研究 · 手迹》，北京：故宫出版社，2014年，第172–173页。

11.《古欢》第七册，国家图书馆藏。

12.《小蓬莱阁同人往来信札》第四册，故宫博物院藏。

13. 故宫博物院藏。

14.《小蓬莱阁同人往来信札》第一册，故宫博物院藏。

15.《小蓬莱阁同人往来信札》第一册，故宫博物院藏。

16.《古欢》第十册，国家图书馆藏。

17. 收入秦明主编：《故宫藏黄易尺牍研究 · 手迹》，北京：故宫出版社，2014年，第24–25页。

18.1764年，汉阳知县王凤仪在写给黄庭的信中说：“接得手札，并示古器，洵足珍赏。但此数种气魄均小，为案头佳玩则可，以充贡篚似乎不足。”可见官员对贡物的基本要求。见《古欢》第一册。1797年前后，山东巡抚伊江阿计划觐见并进贡，请黄易帮忙购买古董文玩：“弟意漕船北上后当乘空奉请陛见，寻常可不进贡，此行须备贡数件恭进，方于心安。无如旧物中木石根、旧笔筒、水盛之类，若得数件为佳。价之多宽，不恤也。兄赏鉴家，法眼极高，可为弟谋之否？……或旧铜磁凑一都盛盘亦妙。”见《小蓬莱阁同人往来信札》第二册。

19.《小蓬莱阁同人往来信札》第一册，故宫博物院藏。

20. 收入秦明主编：《故宫藏黄易尺牍研究·手迹》，北京：故宫出版社，2014 年，第 106–111 页。

21. 收入秦明主编：《故宫藏黄易尺牍研究·手迹》，北京：故宫出版社，2014 年，第 59 页。

22.《古欢》第三册，国家图书馆藏。

23. 收入秦明主编：《故宫藏黄易尺牍研究·手迹》，北京：故宫出版社，2014 年，第 90–91 页。

24. 沈阳故宫博物院藏黄易临《尹宙碑》轴，款识云："以汪巢林体临《鄢陵尹宙碑》，乾隆戊戌清和九日雨窗，钱塘黄易。"

25.《古欢》第十一册，国家图书馆藏。

26.《小蓬莱阁同人往来信札》第四册，故宫博物院藏。

27. 收入秦明主编：《故宫藏黄易尺牍研究·手迹》，北京：故宫出版社，2014 年，第 116–117 页。

28. 奚冈《与黄易》："二西札来云，九兄欲得姚氏所藏煮石翁画梅，今特寄上，俟惬雅赏，再行定夺。其价值多少，托二西作札上闻。"所引信札皆收入秦明主编：《故宫藏黄易尺牍研究·手迹》，北京：故宫出版社，2014 年，第 84–85、220–221 页。

29.《古欢》第五册，国家图书馆藏。

30. 辽宁省博物馆藏。

31. 黄易致郑震堂札有数十封，分别藏于故宫博物院、北京艺术博物馆。郑氏富而好古，在黄易去世以后，王宗敬特嘱其留意，收购黄易之子不断散出的藏品，"庶黄公一生裒辑之功，承其志者不在子而在友，亦书画金石之幸也"。参见王宗敬：《我暇编》，《续修四库全书》，上海：上海古籍出版社，1995 年，第 1179 册，第 389 页。

32.（清）黄易《致陈灿》，收入《故宫藏黄易尺牍研究·手迹》，第 72–73 页；（清）鲍以文《致黄易》，《小蓬莱阁同人往来信札》第一册。一些友人也通过向黄易赠送所需书画，求取他的隶书及印章。1791 年，储润书馆于扬州洪锡豫，在一封信中，他告知黄易，市上见到王澍行书致黄易之父黄树穀尺牍四页，洪为设法购得，其交换条件是黄易为洪锡豫作书刻印。储还提及黄雅南赠黄易金农八分书一幅，"雅南书法极佳，所藏前人墨迹多可赏玩，而心慕吾九哥之铁笔与画与字，钦仰已非一朝，前曾乞书联句，现已镂板。今又青田石二方，奉求九哥为渠镌作名号，以为临书之用。"亦以金农书法换黄易对联与印章。《古欢》第十一册。

33.（清）翁方纲：《复初斋文集》卷三十一《跋张藻仲诗卷》，《清代诗文集汇编》，上海：上海古籍出版社，2010 年，第 382 册，第 305 页。

34. 翁方纲《与董洵》，国家图书馆藏，移录自沈津辑：《翁方纲题跋手札集录》，南宁：广西师范大学出版社，2002 年，第 579 页。

35. 收入秦明主编：《故宫藏黄易尺牍研究·手迹》，北京：故宫出版社，2014 年，第 92 页。

36. 三札皆收入秦明主编：《故宫藏黄易尺牍研究·手迹》，北京：故宫出版社，2014 年，第 65、88、72–73 页。在写给陈灿的信中，黄易还答应帮陈代销他带来的蟒袍，不过只可卖 60 两银子。黄易有时也主动为人售书，1789 年，余集托吴人骥为售书，书寄到黄易处，黄主动留下十部，并为售去，余集在信中说："远颁书价，今已照数收领。感谢之至。"见《古欢》第九册。

37.《古欢》第四册，国家图书馆藏。

38. 这类帖单，很可能是一种宣传品。类似于后来的出版书目。

39.《古欢》第六册，国家图书馆藏。

40.《小蓬莱阁同人往来信札》第二册，故宫博物院藏。

41.《古欢》第三册，国家图书馆藏。

42. 张廷济录本，收入秦明主编：《故宫藏黄易尺牍研究·手迹》，北京：故宫出版社，2014 年，第 164–169 页。

43. 收入秦明主编：《故宫藏黄易尺牍研究·手迹》，

北京：故宫出版社，2014年，页43-44。

44.《古欢》第十三册，国家图书馆藏。

45.（清）翁方纲：《跋澄清堂残帖》，《复初斋文集》卷二十八，第286页。

46.（清）钱泳：《履园丛话》卷九《伪法帖》，北京：中华书局，1979年，第256-257页。

47. 嘉德四季第四十四期拍卖会。

48.（清）王昶《金石萃编》卷十六汉十二《石经残字》按语云："孙氏岘山斋本后流传今户部郎中董君元镜所，黄君见而借之。会董方嫁女，贫甚，黄为置奁具直白金数十两，董君无以偿，遂举石经归之。"《续修四库全书》第887册，第108页。

49.《古欢》第三册，国家图书馆藏。

50.《古欢》第十三册，国家图书馆藏。

51.《古欢》第四册，国家图书馆藏。

52.1783年夏，王淳（古愚）自济南购赠《范式碑》《凉州刺史魏元平碑》，这两种皆王淳说聂氏所无者。见天津艺术博物馆藏黄易《得碑十二图》第七图《良友赠碑图》题识。黄易所得《汉魏五种》，皆赵国麟旧藏。

53.1786年，洪亮吉《致黄易》云："前所赠汉《射阳县石门画像》今在宝应县，其石则友人汪容甫已辇之而回。"见《古欢》第五册。

54.《古欢》第十三册，国家图书馆藏。

55.《小蓬莱阁同人往来信札》第一册。关于钱币价格，1793年江德量去世之后，王芑孙屡在扬州肆上见到他旧藏铜钱，有人持其所著《古泉录》，古泉虽已卖去大半，犹索价400两。见（清）法式善：《存素堂文集》卷三《汪云壑、江秋史、程兰翘遗墨合册跋》王芑孙批语，《清代诗文集汇编》第435册，第361页。

56.《古欢》第五册，国家图书馆藏。

57. 上海崇源2002年首拍。

58.《古欢》第十二册，国家图书馆藏。

59.《古欢》第三册，国家图书馆藏。

60.《小蓬莱阁同人往来信札》第三册，故宫博物院藏。

61. 黄易《致张爱鼎》，收入秦明主编：《故宫藏黄易尺牍研究·手迹》，北京：故宫出版社，2014年，第140-143页。

62.《小蓬莱阁同人往来信札》第一册，故宫博物院藏。

63. 黄易《致陈灿》诸札，皆收入秦明主编：《故宫藏黄易尺牍研究·手迹》，北京：故宫出版社，2014年，第66-67、84-85、106-111页。

64. 黄易《致张爱鼎》，收入秦明主编：《故宫藏黄易尺牍研究·手迹》，北京：故宫出版社，2014年，第144-145页。

65. 故宫博物院藏。

66. 黄易《丰润古鼎考》，国家图书馆藏。古鼎图正、背面、铭文、释文各1页，潘应椿题诗6页，汪师韩《丰润古鼎考并歌》及陈焯跋7页，翁方纲跋文4页。

67.《小蓬莱阁同人往来信札》第一册，故宫博物院藏。

68.《小蓬莱阁同人往来信札》第四册，故宫博物院藏。

69. 收入秦明主编：《故宫藏黄易尺牍研究·手迹》，北京：故宫出版社，2014年，第130-135页。

70. 上海图书馆藏《苏斋手札》，引自沈津辑：《翁方纲题跋手札集录》，南宁：广西师范大学出版社，2002年，第554页。

71.（清）王宗敬：《我暇编》，《续修四库全书》，上海：上海古籍出版社，1995年，第1179册，第389页。

72.《古欢》第十三册，国家图书馆藏。

73. 晚清陈介祺拓六朝藏石，每份银一钱五分，价格相差不大。见陈介祺《与王懿荣》，收入《簠斋尺牍》。参见白谦慎：《拓本流通与晚清的艺术和学术》，《台湾大学美术史研究集刊》2017年第42期，第179页。

74.《小蓬莱阁同人往来信札》第一册，故宫博物院藏。

75. 湖北黄梅县监生石卓槐有诗纪黄易兄弟作幕奉母事，《留剑山庄初藁》卷十六《黄小松上舍》："王孙作客逐风尘，幕府雄谈独岸巾。记室岂堪贮国士，高堂无计养慈亲（小松青年擅才，同梦珠宦游幕府，计博升斗以奉老母甘旨）。登楼花萼邀明月，入梦芝颜忆故人。欲藉秋云询往事，可怜遥隔汉江滨。”第 382 页。

76.（清）钱大昕：《小蓬莱阁金石目序》，《石刻史料新编》第三辑，台北：新文丰出版公司，1977 年，第 1 册，第 531 页。

77.《清汪辉祖先生自订年谱》自述乾隆十二年开始课徒，馆修为 12 缗，即 12 千文，折银 15 两。乾隆十七年入金山知县幕，月修三金，每年有 36 两的收入。十九年入扬州盐商程氏，岁修 160 金。但他还是赴常州知府招，掌书记，岁修 24 金。次年每月增 8 金。乾隆五十年，汪曾有这样的比较：“余初幕时，岁修之数，治刑名不过二百六十金，钱谷不过二百二十金，已为极丰。松江董君非三百金不就，号称‘董三百’。壬午（即乾隆二十七年）以后渐次增加。至甲辰、乙巳（乾隆四十九年、五十年），有至八百金者。”第 109–110 页。汪辉祖（1730—1807）生活时代与黄易相仿。

78. 西泠印社 2007 年秋拍。

79. 收入秦明主编：《故宫藏黄易尺牍研究·手迹》，北京：故宫出版社，2014 年，第 76–77 页。

80.《小蓬莱阁同人往来信札》第三册，故宫博物院藏。

81.《小蓬莱阁同人往来信札》第二册，故宫博物院藏。

82.《大清会典》卷十八，《续修四库全书》，上海：上海古籍出版社，1995 年，第 798 册，第 345 页。《（道光）济宁直隶州志》卷三之四：“运河同知俸银五十二两一分六厘。”“运河同知养廉银八百两。”

83. 参见下文。

84.（清）钱泳：《履园丛话》卷一《米价》，北京：中华书局，1979 年，第 27 页。

85.《古欢》第六册。汪辉祖记载，乾隆二十年，绍兴秋收大歉，次年春夏之交，米价斗三百钱。二十五年，米一石银一两。至五十一年江南水灾，无锡米价为一石四千三百钱，丹阳更昂，每石四千八百钱。“忆十余岁时，米价斗九十或一百文，间至一百二十文。乾隆十三年价至一百六十文，十余年来，此为常价。或斗二百钱，则以为贱矣。”第 254 页。

86.（清）钱泳：《履园丛话》卷一《田价》，北京：中华书局，1979 年，第 27 页。

87.（清）翁方纲《重立汉武氏祠石记》原碑及国家图书馆藏拓本。

88. 据《清文献通考》卷四十二《国用四俸饷》，《文渊阁四库全书》第 633 册，台北：商务印书馆，1986 年，第 79–85 页。雍正间，外吏俸禄之外加养廉银，总督每年 13000–30000 两不等。五万钱，对于毕沅来说只是九牛一毛。

89.《小蓬莱阁同人往来信札》第一册，故宫博物院藏。

90. 收入秦明主编：《故宫藏黄易尺牍研究·手迹》，北京：故宫出版社，2014 年，第 48 页。

91. 北京保利 2015 年十周年秋拍。

92. 辽宁省博物馆藏。

93.《古欢》第十册，国家图书馆藏。

94. 收入《黄小松等书札》，国家图书馆藏。

95. 收入秦明主编：《故宫藏黄易尺牍研究·手迹》，北京：故宫出版社，2014 年，第 5–51 页。关于黄易接受他人礼钱的例子不多，如 1796 年，黄易与武亿等嵩山访碑，林县令邹蔚祖奉上 12 两银子，“少佐小松先生膏秣之需，不惟其物，惟其意，当亦先生所不忍却也”。见《小蓬莱阁同人往来信札》第三册。

96. 收入秦明主编：《故宫藏黄易尺牍研究·手迹》，北京：故宫出版社，2014 年，第 24–25 页。

97. 收入《黄小松等书札》，国家图书馆藏。

98. 赵尔巽等：《清史稿》卷一百二十一《赋役》，北京：中华书局，1977 年，第 3540 页。收同治二年两江总督曾国藩、江苏巡抚李鸿章奏疏云：“又官垫民欠一款，不过移杂垫正，移缓垫急，移新垫旧，移银垫米，以官中之钱完官中之粮，将来或豁免，或摊赔，同归无着。”

99. 收入秦明主编：《故宫藏黄易尺牍研究·手迹》，北京：故宫出版社，2014 年，第 136-139 页。

100. 收入秦明主编：《故宫藏黄易尺牍研究·手迹》，北京：故宫出版社，2014 年，第 144-145 页。

101. 盖志芳、黄继红：《以孝管官：孝与古代丁忧制度》，北京：中国国际广播出版社，2014 年，第 199 页。

102. 黄易为售卖衣物写给李琬信札，分别见国家图书馆藏《黄秋庵书札》、2015 年北京保利十周年秋拍；致郑震堂书札，北京艺术博物馆藏。

103. 收入秦明主编：《故宫藏黄易尺牍研究·手迹》，北京：故宫出版社，2014 年，第 84-85 页。

104. 收入《西泠八家の书画篆刻》，谦慎书道会，1996 年。

105. 但到了同光间，拓本也成为收藏家追逐的对象，变得越来越昂贵。一些有名家题跋的旧拓，有些高达数千两银子，如阮元将所藏四明本《华山碑》整拓以 500 两银子质于完颜崇实，梁章钜之子梁恭辰以 300 两银子获得有钱谦益、王铎等人题跋的华阴本《华山碑》。但一般的拓片价格仍在半两至数两。参见白谦慎：《拓本流通与晚清的艺术和学术》，《台湾大学美术史研究集刊》2017 年第 42 期，第 165-166 页。

106.（清）钱泳：《履园丛话》卷十，北京：中华书局，1979 年，第 272 页。“文忠《橘颂卷》有赵松雪题跋，向藏洞庭山席氏。乾隆丙午，有沈某兄弟二人善作伪书，以售于人，遂借以双钩，与原迹无二，以示毕秋帆先生，时先生为河南巡抚，竟以千金得之，实伪迹也。”

107.《石渠宝笈》卷四十二，《文渊阁四库全书》，台北：商务印书馆，1986 年，第 825 册，第 606 页。

108.（清）翁方纲：《苏斋题跋》，《续修四库全书》，上海：上海古籍出版社，1995 年，第 1068 册，第 623 页。

109.（清）钱泳：《履园丛话》卷十，北京：中华书局，1979 年，第 268 页。

110.（清）李佐贤：《书画鉴影》卷五《王叔明乐志论图卷》，《续修四库全书》，上海：上海古籍出版社，1995 年，第 1085 册，第 692 页。此图见 2016 年北京保利春拍。

111. 如黄易佐幕北直时，汪大镛曾割爱赠予曹、朱尺牍，见黄易《与芗圃书》，上海图书馆藏。

112. 收尺牍藏在当时已成风气，如郑辰曾赠黄易黄汝亨尺牍五通，《古欢》第十二册；潘有为《致黄易》称，张燕昌一次性赠予宋葆淳明人尺牍一百余幅，《古欢》第五册；黄易《致梁同书》云：“龚氏尺牍止获纪映钟、杜于皇等四纸，昨已由赵复堂观察呈上，谅邀清照。颜氏尺牍最多，渠今选四会令，不日过曲阜，当求得数种，另行呈上。”收入秦明主编：《故宫藏黄易尺牍研究·手迹》，北京：故宫出版社，2014 年，页 124-125；奚冈在给黄易的信中提及一位亲戚曹雪泉，“此人精藏尺牍，明人者几有五六千纸”。收入秦明主编：《故宫藏黄易尺牍研究·手迹》，北京：故宫出版社，2014 年，第 218-219 页。

113. 袁廷梼《与黄易》：“阁下以金石搜求将尽，复怡神于书画，为颐养之乐，此古人所谓特健药耳。……扇面亦必留意，有以副命。”见《小蓬莱阁同人往来信札》第三册。

114. 收入《西泠八家の书画篆刻》，谦慎书道会，1996 年。

115. 收入秦明主编：《故宫藏黄易尺牍研究·手迹》，北京：故宫出版社，2014 年，第 84-85 页。

116.《古欢》第二册。他如袁廷梼札云：“承赐《云山图卷》，……感此琼玖之投，惭无桃李之报，容觅扇头，以供清玩。”见《小蓬莱阁同人往来信札》第三册。宋葆淳札云：“今托驾堂先生带去铜戈一件，何缓斋扇面十册，旧牙篏印章盒一件，旧旬漆印章盒一件，查收。”何元锡札云：“前云扇面俟尊处差人之便，可令其来取。”皆收入秦明主编：《故宫藏黄易尺牍研究·手迹》，北京：故宫出版社，2014 年，第 214、216-217 页。

117. 北京艺术博物馆藏。

118. 包装的目的是获得身份资本，这一行为本身也有其经济目的。

119. 二札皆收入秦明主编：《故宫藏黄易尺牍研究·手迹》，北京：故宫出版社，2014 年，第 65、172–173 页。

120. 黄易《与陈灿》："承购扇面，价五星，大妙，即于此数内扣算之。"收入秦明主编：《故宫藏黄易尺牍研究·手迹》，北京：故宫出版社，2014 年，第 106–111 页。

121.（清）王宗敬：《我暇编》，《续修四库全书》，上海：上海古籍出版社，1995 年，第 1179 册，第 391 页。

122. 辽宁省博物馆藏。

黄易与何道生交游考略

——以嘉庆五年南池嘉会为中心

贺宏亮

四川省通信管理局

内容提要：何道生（1766—1806）是清代中期著名文士，与黄易、法式善、张问陶、杨芳灿、袁枚等皆有交游。文酒讌集之作，尤多传诵。其诗疏爽雄健，出入昌黎、剑南之间，为王昶所称。著有《双藤书屋诗集》十二卷。嘉庆五年，何道生为山东巡漕御史，巡行济宁，与黄易、钱泳、李铁桥等诗酒唱和，欢聚于南池行馆者凡四五日，饮酒赋诗，赏鉴金石，为一时佳话。本文检索新刊印的何道生家族史料和新披露的何氏所藏黄易书画，结合何道生《双藤书屋诗集》及近年书画拍卖中出现的何道生与黄易之间交游唱和的相关材料，讨论"南池嘉会"的情况及两人之间的往来，以期对黄易的生平事迹有更为丰富的细节展示。

关键词：黄易　何道生　南池嘉会　交游

何道生（1766—1806）字立之，号兰士，山西灵石人。生于清高宗乾隆三十一年，卒于仁宗嘉庆十一年。乾隆五十二年（1787）进士。历工部主事、员外郎、郎中，迁御史。出知江西九江府，以病告归。居官廉敏，政声大著。又起为甘肃宁夏府知府，卒于任。

何道生为清代中叶著名文人之一，与黄易、法式善、张问陶、杨芳灿、袁枚等倡和，诸人皆敛手避之。文酒讌集之作，尤多传诵。其诗疏爽雄健，出入昌黎、剑南之间，为王昶所称。著有《双藤书屋诗集》十二卷。

嘉庆五年（1800），何道生为山东巡漕御史，巡行济宁，与黄易、钱泳、李铁桥等诗酒唱和，欢聚于南池行馆者凡四五日，饮酒赋诗，赏鉴金石，为一时佳话。

本文检索新刊印的何道生家族史料和新披露的何氏所藏黄易书画，[1]结合何道生《双藤书屋诗集》及近年书画拍卖中出现的何道生与黄易之间交游唱和的相关材料，讨论"南池嘉会"的情况及两人之间的往来，以期对黄易生平事迹有更为丰富的细节展示。

一、何道生其人

何道生出身山西灵石世家，室名方雪斋、双藤书屋。[2]其父何思钧曾任翰林院检讨，举家遂居京师。他早年从顾九苞学习经学，长而好诗，与洪亮吉、王念孙等交游。乾隆五十一年中举，次年与兄长何元烺中同登进士榜，授工部主事。乾隆六十年（1795）升工部员外郎（从五品），嘉庆二年（1797）升郎中（正五品）。在工部期间，于乾隆五十七年（1792）、乾隆五十九年（1794）、乾隆六十年（1795）、嘉庆三年（1798）四次充任顺天乡试同考官。嘉庆四年迁御史，有《敬陈亲政四事疏》。[3]嘉庆五年巡视山东漕运，随后任九江府（属江西）知府，因父亡未赴任。服满任甘肃宁夏知府，请求留京，未获准允。赴任不到一个月，即因"假银案"遭劾奏，免职候勘。一年后方知与他无关，得以复任。嘉庆十一年（1806）七月十八日，卒于甘肃宁夏知府任上，年仅四十一岁。

法式善是与何道生交往最为密切的友人，何氏殁后，法式善撰有《朝议大夫宁夏府知府何君墓表》，对何氏世系和生平行迹有较为详细的记述，故录其全文如下：

余交何太守二十年矣，太守少余十三岁，而精力血气胜余不啻倍蓰。官甘肃，不知其病，忽传其病且死，而凶问至矣。呜呼伤哉！天不可信矣。君岂可死之人哉？而君竟死哉！君之子乞余表墓，经年而不能为。兹乃忍恸书之。君讳道生，字立之，号兰士，先代由中州迁灵石。曾祖讳溥，贡生，州同，妣陈。祖讳世基，附贡生，州同知，妣郑、郝。父讳思钧，乾隆乙未科进士，翰林院检讨，妣王、梁、张。三代皆以君贵，赠封朝议大夫，妣皆赠封恭人。君昆季六人，君其仲也。七岁，梁太恭人殁，哀毁如成人。入塾，为耆宿所器。随检讨公居京师，检讨公督课严，江南名士入京，求为弟子师者，莫不知有何氏书塾。君年十五，下笔为文已自不凡，王兰泉、程鱼门、张瘦铜，君父执也，折辈行交。年二十一岁，举于乡。明年丁未，偕其兄道冲今改名元烺者，同登进士，一时传为科名盛事。君以诗负重名，既改工部主事，习勾股精算法，日日入署，與一二老成僚友讲求切实之学。上官胥贤之。君散衔，仍键户读书，遵检讨公教也。君四充顺天乡试同考官，壬子甲寅乙卯戊午四科也。得士如王绍兰、丁履泰、梁承福、王鼎文、邹植行、郑锡琦、赵秉淳、张树谷、朱彬、彭蕴辉、张师泌、刘燻、杨景仁，皆一时之选。余官祭酒，录科列前茅者，盖十居八九云。嘉庆元年，擢本部员外郎，升郎中、御史。四年冬，以大臣密保，召见命巡视济宁漕务。五年，授九江府知府。六年，丁父忧。十年，服阕，授宁夏府知府，召见君，奏宿病未瘳，愿就京职。奉温谕：以汝之为人，朕所素知，宁夏要缺，汝好为之，如果不胜，再请不迟。君遵谕往。君生平勤慎廉洁，官部曹，簿书钱谷，丛脞纷踏，亲为筹画。及巡糟，供张馈贻，裁汰殆尽。山东巡抚惠公语人曰，何御史少年风骨，峻拔如此，且学问人品，皆不可及，方今第一流人也。闻者韪之。九江凋弊，素称难治，值湖湘乱民滋扰，毗连九江，兵差络绎，不辞劳苦。而心力固已大瘁焉。其涖宁夏，一如九江時，乃旬日假银案发。故事，满城兵饷由府库支领，府库又由藩库支领。君未任事，有急需贯衃者，前太守取兵饷垫之。君既任事，饷不敷，以廉俸委县令于钱店兑往，内微杂以铅。将军遂入奏，奉旨解任，听候察办。事白，复任，又以刘公大懿升臬司，姻亲，例回避。去任，而疾笃矣。君工诗善画，豪于酒，又好隐忧。数年以来，时往京师，就余所见，无日不画，无日不诗，更无时不酒，无事不忧也。乃以嘉庆十一年六月十八日，以病骤亡于宁夏，时四十有一耳，可伤也已。诰封朝议大夫，配陈，封恭人。子二，长熙绩，次耿绳，俱读书克家。女五，长适陈映辉，次字杨宝元，余幼、孙男四，福星、福宁，熙绩出；福云、福安，耿绳出。余与君及吴谷人、王惕甫、张船山诗会最久，君死，余订其方雪斋诗集焉。[4]

另，秦瀛（小岘）亦撰有《宁夏府知府兰士何君墓志铭》一篇，内容与法式善所撰略同，不赘引。

二、何道生与黄易共同的朋友圈

何道生少年时即随父居京师，与乾隆中晚期京城文人交游甚多。法式善说他“年十五，下笔为文已自不凡，王兰泉、程鱼门、张瘦铜，君父执也，折辈行交”。何道生在京中时，还与袁枚等人频相往还。[5]

何道生经常参加翁方纲主持的雅集，如震钧《天咫偶闻》曾记载：“昔翁覃溪先生曾集二十四诗人于湖上酒楼，每月有诗会。一时群羡为神仙中人，如法石帆、何兰士、顾南雅、王惕夫、张南山、宋芝山诸人皆与。事载张南山《诗人征略》中。”[6] 何道生还参与了翁方纲等发起的“寿苏会”。

何道生与黄易的初相识，是乾隆五十八年癸丑（1793）在京城翁方纲诗境轩中。据何道生《双藤书屋诗集》卷十《至泲宁喜晤黄小松司马易》诗云：

先生本书生，汲古得要领。识字有深功，探奇自孤秉。矩步虽蹒跚，吐辞剧清鲠。平生所读书，大义日星炳。余事擅书画，笔力善驰骋。我心仪之久，兹行觌胡幸！忆昔岁癸丑，合併在诗境。至今灯烛光，犹记三人影。（癸丑岁，见君于覃溪先生之诗境轩，共谈者，君与宜泉及余三人也。）荏苒八年间，不得一造请。去年见君画，展玩祇俄顷。此日见君面，狂喜失寒冷。握手意温然，俗虑顿为屏。[7]

除翁方纲、翁树培（宜泉）父子之外，何道生与黄易有不少共同的友人。

1. 法式善

法式善号“诗龛”，曾广征诸家绘制《诗龛图》，在其《存素堂诗》中，有两首提及黄易所绘《诗龛图》。其一为嘉庆元年（1796）作《黄小松（诗龛图）》（载《存素堂诗二集》卷七），其二为嘉庆二年（1797）所作《黄小松易别驾自山左寄（诗龛图）至》（载《存素堂诗初集录存》卷六）。[8]

法式善是何道生交游最深的友人，他在《柬王惕甫孝廉，时寄居何兰士宅》云：“王郎与何郎，皆我性命友”（载《存素堂诗初集录存》卷六），法式善与何道生和王芑孙的交情可见一斑。

何道生藏有一帧张道渥所绘《诗龛消暑图》，由何氏第十八世捐献给了苏州博物馆。[9]

2. 孙星衍

据现存材料考据，黄易与孙星衍订交于乾隆丙午（1786）五月廿八日，[10] 其后两人联系密切，以下略举数事。乾隆五十三年（1788）初，黄易与孙星衍一起寻访嘉祥紫云山，黄易曾作《探碑图》，孙氏题诗三首，黄易和诗三首。孙星衍《芳茂山人诗录》载有《正月十一日同黄小松司马易至嘉祥山中访武梁石室画像，小松作图纪游》诗三首。黄易《秋盦遗稿》载有《二月十一日，渊如观察约游紫云山访武氏祠，作图，观察题句依韵奉和》诗三首。黄易诗与孙氏诗完全同韵，可证二人所记游历当为同一次。[11] 嘉庆二年（1797）正月至二月间，黄易与其门婿李此山游泰岱，有《岱岩访古日记》传世。黄易登泰山时，曾与孙星衍会合。同年七月作《岱麓访碑二十四图》记其事，图前有孙星衍题小篆“岱麓访碑二十四图”，并跋。[12] 而《嵩洛访碑图》前引首，为孙星衍所篆“嵩洛访碑廿四图”七字，并题诗一首。

孙星衍与法式善过从甚密，而法式善正是何道生的至交。在京城之外，孙星衍和何道生也有交集。如焦循（理堂）有《张古愚太守敦仁招同赵味辛司马、何兰士太守、孙渊如观察暨江子屏、汪孝婴、李滨石雨中泛湖，夕饮于倚虹园》一首：

冷雨侵人未减欢，一舟来往兴无端。

岂缘太守襟怀放，只为名流聚会难。[13]

这是何、孙在扬州共同参加某次雅集的记载。

3. 阮元

乾隆五十八年十二月，朱文藻应黄易之邀同游山左，并与黄易、孙星衍、阮元约定同修《山左金石志》。据阮元《山左金石志序》云，《山左金石志》中兖、济二州即使用的是黄易已经搜辑的材料。阮元出试曲阜时，还曾与黄易见面。

阮元也是法式善至交，在京师时，常参与法式善主持、何道生等参加的雅集活动。法式善去世之后，阮元撰有《梧门先生年谱》。

4. 宋葆淳

宋葆淳是山西运城人。故宫藏乾嘉名贤致黄小松手简中，有宋葆淳致黄易札，云：“二月间有一信从巡漕寄去，想已收到矣。弟于明日入广，所有扇印等件俱交薛衡兄处，可差人持银到彼取之。今讬驾堂先生带去铜戈一件，何缓斋扇面十册，旧牙簇印章盒一件，旧甸漆印章盒一件查收。弟冬间可以回扬，再寄信奉闻，余不尽言。并候小松九兄先生大人孝履。制葆淳顿首。三月初五日拜。”[14]

宋葆淳是京师翁方纲、法式善、张问陶文人集团的重要成员。罗聘曾绘有《鬼趣图》，遍征题咏，有咸丰元年海山仙馆精刻本行世，所录诸家题咏，凡王昶、汪棣、朴齐家（朝鲜）、袁枚、法式善、沈大成、盛百二、张问陶、张维屏、钱载、程晋芳、陆费墀、伊秉绶、孔继涵、翁方纲、纪昀、蒋士铨、姚鼐、王国栋、吴省钦、方维棋、杭世骏、孔广栻、许实善、何道生、宋葆淳、钱大昕、张埙、叶志诜等七十四家。

5. 罗聘

黄易早年即与罗聘相交。乾隆三十五年五月，黄易二十八岁，曾游扬州，做客竹草诗林，为罗聘刻《香叶草堂》《罗聘》《遯夫》三印。故宫藏有黄易致罗聘信札数件。

罗聘和何道生在京师时，都经常参加洪亮吉、法式善的雅集，在《存素堂诗初集》《卷施阁诗集》《洪亮吉年谱》等材料中，关于罗聘、何道生等交游的记载甚多。如乾隆五十六年八月八日，法式善偕赵怀玉、罗聘、何道生等集于洪亮吉卷施阁。是年秋，应何道生招，洪亮吉、曹锐、张道渥、李銮宣、罗聘、法式善、刘锡五集于秋堂，多人题咏罗、曹、张三人合绘《秋堂雅集图》。洪亮吉《卷施阁诗集》卷十一载《何工部道生招饮，即席罗山人聘、曹指挥锐、张运判道渥合作一图，秋堂雅集，因系以诗》：

一人画山，一人画树。旁有六七人，嘐嘐屋中住。曹兴宗昔时，画马今画松。罗江东画人不工画鬼工。张风子画即有风，獦叶恍起秋堂中。兵曹诗百篇（法时帆），舍人酒一斗（刘湛斋）。比部谈天（李石农）我叉手……[15]

6. 张埙

乾隆四十一年八月，张埙（瘦铜）自京南返，黄易为刻《文渊阁检阅张埙私印》。乾隆四十四年，李东琪得《魏胶东令王君庙门断碑》。黄易为李东琪作《得石图》，张埙有诗记其事。乾隆四十九年，张埙为黄易作《小松藏宋拓〈范巨卿碑〉莛谷借京师乞同人题咏，碑未还而莛谷已殇，覃溪装其遗札碑后，并寄小松》。

法式善在何道生墓志铭中言，“张瘦铜，君父执也，折辈行交”。何道生十余岁时即与张埙相识。

7. 桂馥

乾隆四十四年秋，黄易曾与桂馥同游北河，雨中为桂馥作《北河纪游图册》。

桂馥在京师时，是洪亮吉交友圈中重要一员，与何道多有交往。如嘉庆元年七月初七日，七夕，吴锡麒招饮，洪亮吉、桂馥、赵怀玉、伊秉绶、张问陶、何道生、法式善集澄怀园清凉界看荷花，各有诗记其事。[16]

8. 吴锡麒

乾隆六十年冬，黄易在杭州为母守孝期间，曾与吴锡麒有书信来往。笔者在《名儒尺牍》中还见到一封吴锡麒（榖人）在黄易扶服南还前，吴给黄的信札：

前接手书，知有太夫人之戚，素旐南返，将谋窀穸之安。此时度可卜吉矣。家居读礼，幸无尘事相牵。近闻芸台宫詹复以学使至浙。窃念吾乡金石，颇缺搜罗，得一大力者以提唱之，而又有足下与晋斋诸君，相为翕助。大江东去，如睦婺东瓯缙云诸地，多有访古家屐齿所不到者。瓦砾斜阳，湮没不少。虽吉贞著录汉魏以前之物，未即能与山左颉颃。而剔隐搜奇，以补欧赵诸家所未备，亦必蔚乎大观。固时不可失也。米楼以丁艰归里，其天才秀发，一时无两。犹能究心金石，如任之采访，当必能报最焉。[17]

在《名儒尺牍》中，还载有吴锡麒致何元烺何道生兄弟尺牍一封。[18]

吴锡麒也是京师洪亮吉交游圈中文人。《洪亮吉年谱》载，嘉庆二年三月，翰林院侍读吴锡麒乞养南归，洪亮吉赠序。初八日，清明，与罗聘、赵怀玉、查堂、汪端光、金孝继、马履泰、方体、伊秉绶、魏成宪、王霖、彭田桥、查有忻等携酒于陶然亭饯送吴锡麒归里，并分韵赋诗。《卷施阁诗》卷十八有《清明日同人各携酒至陶然亭饯吴侍读锡麒分韵得郭字》。罗两峰作《江亭饯别图》赠之。[19]

9. 朱鹤年

朱鹤年（1760—1844）字野云，号野堂、野云山人等，泰州人，清代中期的著名画家。黄易在早年即与朱鹤年相识，这是在黄易研究中未曾被人注意的一件事。笔者偶然检读清末潘飞声《在山泉诗话》，在第一卷见有“黄小松”条，载潘氏早年于广州同古斋见一扇册，题为“壬辰六月十三日，晴绮轩联句奉送小松九哥归杭。即题野云所作图后”。这是乾隆三十七年（1772）六月，黄易从扬州返杭，友人们在江昉（斋号晴绮轩）家中相送，朱鹤年作图，江昉、陈玉池、陈春渠、方和、徐柱、汪雪礓、江橙里、江立等联句奉送。[20]可见黄易和朱鹤年在早岁就有互动。

朱鹤年也是何道生的至交，他们都是法式善、张船山文人交游圈中的重要成员。即便是在何道生生命的最晚时期，即宁夏罢官后，他也有信札给“野云八兄”吐露衷肠。北京泰和嘉成拍卖有限公司2012年秋季艺术品拍卖会“明清书法专场”中，有两封何道生致朱鹤年的信札，其中一封写于何刚刚到达宁夏时（六月十九日写于宁夏郡斋，何道生在信中言及途经西安时还曾给朱鹤年一信）；另一封则写于“假银案”发，被罢官后（七月廿六日于宁夏郡斋），信中云：“弟到郡不久即遭满城之事。昨省中有信，现奉严旨查办，弟与宁夏令均须解任质询……”

三、南池嘉会

清人钱泳《履园丛话》中有两条记载与何道生及南池嘉会有关。

其一见卷六“耆旧”中“兰士太守”条：

> 灵石何兰士太守名道生，与其弟元烺俱中乾隆丁未进士。其为人也，温纯缜密；其行事也，胸襟爽朗；其为诗文也，磅礴浑灏，不名一格，要能镕铸古今，以自抒其性灵。嘉庆五年，尝为山东巡漕御史，适余由水路入都，欢聚于南池行馆者凡四五日，饮酒赋诗，为一时佳话。后出知九江，丁外艰。服满，迁知宁夏，卒于官。著有方雪斋诗集十二卷。[21]

其二见卷十八“古迹”中“南池”条：

> 山东济宁州城下有南池，因杜少陵集有与任城许主簿游南池诗而得名也。故今东偏小室中，塑一工部像，而以许主簿配之。城上有太白酒楼，前工部尚书和公为巡漕御史时重建。嘉庆庚申四月，余由水路入京，泊南池，是时灵石何兰士亦为巡漕御史，钱塘黄小松为运河司马，同在南池会饮者三日。小松出示所藏金石图书，与州人李铁桥、山西刘镜古、吴江陆古愚同观，为一时佳会云。[22]

笔者检《双藤书屋诗集》卷十，及《清代两渡何家》一书所载何道生相关史料，将何道生巡视漕务、黄易和何道生为主角的“南池嘉会”有关情况梳理如下。

据法式善所撰“墓表”：“（嘉庆）四年冬，以大臣密保，召见命巡视济宁漕务。”何道生领命从京城出发两日后，在新城遇雪，有《新城途次遇雪》一首。四年除夕夜，过河间（今河北沧州市河间市），晤姚梁（佃芝），留饮，别后寄诗三首给姚。初二日入山东德州境，随后与黄易见面。

上文已引《双藤书屋诗集》卷十所载《至泲宁喜晤黄小松司马（易）》诗，这是何道生“癸丑岁（1793），见君于覃溪先生之诗境轩”之后，八年来两人第一次相见。

据许隽超《故宫藏何道生致黄易札考释》一文，[23]台北“故宫博物院”所建“清代宫中档及军机处档摺件资料库”中有何道生嘉庆五年正月初七日《恭报接印到任日期事摺》图片，此摺揭示何道生行程为：何道生以山东道监察御史，奉命巡视济宁漕务，嘉庆四年十二月二十六日出都。次年正月初四日，与前任王念孙交接于山东茌平，正月初七日抵济宁任事。作为钦差，何道生“到济后，接见在工各员”，运河同知黄易应具手版，随众谒见。

在前引《至沛宁喜晤黄小松司马易》诗后，有《小松司马于南旺途次枉馈酒肴，赋诗报谢》诗：

“我职河渠书，我志《金石录》。何期遇双井，熊鱼兼所欲！天幸已难蕲，君意犹未足。遗我一尊酒，清醇胜醽醁。肴烝出家庖，隽味异凡俗。举世尚苞且，奇珍等酖毒。岂我衣食易，爱君风义笃。再拜而登之，重比仁者粟。独酌遂陶然，浑忘酒祸酷。阅君督治工，照我鬓眉绿。汶流畅且清，瀌瀌漱寒玉。缅维宋公绩，期君为继续。”

何道生在此次聚会后，曾有一札致黄易：

（前缺）倾倒之诚，有难面罄者，辄托为歌诗，奉呈大雅之教，幸砭削之。旅中无他纸可书，书之红单，酒后草草，殊不成字，谅之谅之。专此，奉候即佳。不备。秋盦先生阁下。愚弟道生顿首。初十日，南旺行馆。[24]

五年正月十五日，何道生“阅河”至东昌，并夜宿城内。东昌事毕后返回济宁勾留十余日，曾到黄易“小蓬莱阁”观赏书画、碑拓和其他文玩藏品，有《题黄小松岱岳览古廿四图》《小蓬莱阁观碑图为小松题》《题小松所藏冒巢民姬人金圆玉女史手制贴瓣梅花便面三首》，并为一种文玩“妆域”写了五言《妆域二十韵并序》。

题黄小松岱岩览古廿四图

两峰图岱宗，笔力颇雄骜。卷袤十丈余，势欲五岳冒。我昔曾题词，束缚困豪暴。至今箧衍藏，过眼尘迹扫。揭来沛水上，持节视转漕。江夏夙所钦，把臂剧倾倒。示我廿四图，岱宗昔亲造。每当境绝奇，辄以画自劳。节节貌厥神，层层抉其奥。轩窗走烟岚，几砚湿飞瀑。岩峦各竞秀，松桧森兀傲。我行疏泉源，诸峰拟躬蹈。山灵尚未识，卧游恍已到。天遣豪翰精，示我以先导。画笔本所欣，游屐尤夙好。嗜竟熊兼鱼，喜欲缨绝帽。却念两峰子，年不跻耋耄。好手让君独，中原树旗纛。余子走且僵，颠仆那敢娼。他年两图传，合并比圭瑁。

小蓬莱阁观碑图为小松题

此图索诗今八年，逋夙诺如逋金钱。（癸丑岁小松即寄图索题）小蓬莱阁魂梦牵，兹获躬造宁非天。沛流绕城清且涟，典午署近城南偏。先生宴坐手欲胼，古碑千纸相周旋。订残补阙证史编，爬搜直突欧洪前。武祠画像霏云烟，石经文字陈桓□。起秦汉讫元都燕，册以万计目四千。鉴别真赝分媸妍，较若列眉何连娟。赏奇析疑良朋缘，李髯桂叟（铁桥未谷）执弭鞭。偶有阙佚终必全，烟墨奔凑蚁附羶。鬼相神劳人无权，始知物聚由好专，不须禳祷祈天怜。我惭识字耕砚田，凡将爰历窥陈篇。嗜古空怀丹与铅，所见不广徒拘挛。多君倾倒夔怜蚿，广场恣我为□畋。摩挲如亲携蜡毡，会悟如忽忘蹄筌。如贫贾入都市廛，如乞儿厕宝初筵。口不能语惟流涎。此图况复笔势翩，纯古淡泊殊雕镌。读碑读画屡舞仙，题句栩栩来豪颠。火速作歌书之牍，偿逋聊赎吾前愆。

题小松所藏冒巢民姬人金圆玉女史手制贴瓣梅花便面三首

不须杀粉与传神，却把真身作幻身。为问几生修得到，落花刚遇散花人。

水绘园林蔓草荒，居然留得树头香。红窗小试拈花手，想见纤纤指爪长。

飘茵落溷本难同，慧业偏能夺画工。叹息人

生无汝寿，百年依旧笑春风。

妆域二十韵并序

按赵谷林《爱日堂诗集》妆域联句序，妆域者，形圜如壁，径四寸，以象牙为之，面平镂以树石人物，丹碧粲然，背微隆起，作坐龙屭屈状，旁刻“妆域”二小字，楷法精谨。当背中央凸处，置铁针，仅及寸界。以局手旋之，使针卓立，轮转如飞，复以袖拂，则久久不能停。逾局者有罚。相传为前代宫人角胜之戏，如《武林旧事》所载千千；《日下旧闻》放空钟之类云云。庚申二月在济上，小松司马招集小蓬莱阁，出示二枚。一枚雕漆饰朱，旁刻“嘉靖年造”，字极工，背心凸起，自能旋转，不置铁针。一枚以象牙为之，制度与谷林所叙正同，但不饰丹碧，无“妆域”二字耳。二枚中，雕漆者尤为精致，非近工所能也，纪以五言二百字。

永巷花嫣画，香幮篆袅春。晓妆初罢镜，嬉戏竞舒巾。捧出朱颜好，攘来皓腕频。突围怜月子，宛转捷风轮。髹质雕镂擅，铦锋斫削新。中心棋局似，界道宿躔均。拂拭应难定，回环怕偶迍。响烦金钏促，影驰翠钿匀。盘走珠依样，规圆璧写真。周遭旋蚁磨，晷刻验乌踆。漏箭消停夜，空锺罢放晨。得心还应手，小负合微嗔。嘉靖遗镌字，良工等勒珉。偶然逃劫火，竟尔堕风尘。别有龙蟠制，材维象齿珍。转凭针卓立，错谢采彬璘。数典惟旁证，徵名自昔人。同时归宝格，异代合延津。典午开清閟，佳辰集隐辚。摩挲堕古意，琢句愧彬彬。

其后，何道生前往泰山，有札致黄易，从他那里借得书籍数种在途次阅看。

近作十章，录呈粲政。并附缴樊榭诗、谷林诗、《泰山道里记》《泰山述记》，书四种，共十九本。其泰安相国所藏汉碑数种，并便面册，仍有未见者，希一并捡付数本，以供消遣。耑此顺候，诸容函颂不一。小松九兄先生足下。弟道生顿首。[25]

二月初九，何道生一行来到泰安恭谒岱庙，留下了隶书题名：

嘉庆五年，青龙在涒叹，升枋建卯之月，日次壬辰，巡视济宁漕务山东道监察御史灵石何道生以阅泉至泰安，恭谒岱庙。同来者，靖江郑锡琪。[26]

何道生登泰山时还写有《登泰二首》《岱庙飞来松歌》等诗。

从泰山返回后，何道生曾在开河（今山东梁山县附近）招黄易小饮，有《开河雨泊招小松小饮》一首。

暂维舟处雨潇潇，岸柳风丝故故飘。箬笼分鱼湖口市，钉鞵沽酒牐头桥。闲凭棐几添晨润，倦倚匡床听晚潮。寄语隔船黄司马，肯来小饮共今宵。

何道生返回济宁后，由黄易组织发起，在南池太白楼，文友聚会数日，“饮酒赋诗，为一时佳话”。“南池”原名“古南池”，是济宁古“八景”之一，建于唐代开元、天宝年间（713—756），面积400余亩。据《济宁直隶州志》记载：“王母阁在南关外，周围皆水，一阜屹然中立……取西望瑶池，东降王母之意，遂以名阁。”《济宁县志》记载：“古南池在城南三里许小南门外，小南门即故城也。地周二三里许，内有王母阁，阁西南水中有晚凉亭，夏日荷花盛开时，清香袭人，而白莲尤胜，每有游人宴宴于是。旧有杜文公祠，祀李白、杜甫、贺知章三人。后从州人李毓恒议，并祀许主簿。”参加此次南池嘉会的文人除了何、黄二人外，尚有钱泳、陆绳、李东琪、刘镜古等。

何道生在此次聚会中有《登太白楼》长诗。

我吟太白诗，缥织凌云烟。我登太白楼，仿佛携谪仙。谪仙一去杳何许，兹楼寂寞经千年。骑龙弄凤谁复尔，突兀孤峙高城颠。俯视万瓦密无缝，仰看一气穹而圆。风帆叶叶驶于岛，目穷直到飞霞边。此时我与谁同旋，李耶贺耶来蹁跹。酡颜醉态俨未醒，而我不饮胡乐焉。世间万事只一瞬，斜阳闪闪催栖鸢。富贵常在水流北，此语至实非狂颠。忽忆谪仙寄东鲁，五亩宅据楼之前。平阳伯禽共嬉戏，一株桃拂青烟妍。桃花经今化飞雨，惟余老柳吹轻绵。后有游者字子美，清秋曾进城隅船。薄公好客颇解事，同看洗马听鸣蝉。吁嗟数子俱落拓，今可证者惟遗编。兴酣竟欲呼起起，相与共语沧桑田。明月悄然人窗户，当时曾照诸公筵。揽之盈手不可驻，屋梁颜色心茫然。

李东琪曾于济宁学宫松根下得汉碑，黄易为之作《得石图》。此前，李东祺向何道生出示此图，何在舟中为其题长句。

李铁桥上舍（东琪）有金石癖，于乾隆乙未夏四月从济宁学宫松根下得汉胶东令王君庙门碑，小松作得石图，舟中出示索诗，为题长句：

济宁李君真好古，梦与胶东令君语。侵晓独抚苍髯翁，涛声飒飒逗秋雨。忽惊片石露颠顶，汉代文章久黄土。作使奋锸速出之，心所欲覯天果予。摩挲拍手叫奇绝，松鬣松鳞助飞舞。蛟蟠势挟风雷升，鸟兽形殊茯苓煮。落花千载不敢蚀，字字珠玑折钗股，戟门古碑本森立，待此碑来后天补。东京石墨聚须臾，半夜精灵相尔汝。纪年我时方十龄，识籀遗文究诅楚。何期廿载走黄尘，泲上俄焉此图睹。碑虽未觌神已飞，画欲重抚勇难贾。黄君累日联舟行，茗椀清谈听邪许。兴酣落笔题此词，不惜松腴饮苍鼠。

陆绳带来了其父陆耀《山水图》《晢墓图》等画作，并出示其父与儿家书十三通，何道生为其写诗数首。

题陆朗夫先生山水二首

岱岩我正忆跻攀，忽漫披图壮观还。

仿佛支筇奇绝处，二天门上对松山。

混沦元气本胸中，落墨方能肖化工。

却笑人争谈笔诀，不知难处祇空濛。

朗夫先生晢墓图为令子古愚主簿绳题

读公示儿书，得公之行事（公有示儿家书十三通。多言在官事）。观公晢墓图，识公之所志。志苟不素定，肯以事尝试。要由学养深，非仓卒可至。世人贵苟得，志卑气愈肆。试问身何来，能不忝所自。公心皦如日，炯炯洞幽隧。读书靡不综，只重忠孝字。跪拜仪不謦，忌叹辞然致。永抱冰渊衷，以承簪绂赐。始终竟一节，余庆逮贤嗣。至今所治民，言之尚涕泗。嗟余生也晚，不获隅坐侍。相期共勉旃，庶不负垂示。

北京保利国际拍卖有限公司2015年春季拍卖会图录，载何道生写赠黄易诗片，应是南池嘉会稍后之作：

织篱斜漾一帘青，招我孤航隔夜停。待牐河声正如吼（用赵松雪《兰亭跋》语），船窗恰好写《兰亭》。

孤负南来五两风，连樯戢舂罢张篷。流行坎止吾何与，出处机缘悟静中。

百谷笙镛贯耳鸣，洗将心地十分清。乍疑剪烛西窗话，篷雨淋浪梦不成。

夙仰西令逸老诗，甘于谏果味回时。异书快读如中酒，不负从君借一瓻。（时借读董司农、丁龙泓、厉樊榭、吴西林诸先生诗集。）

黄九工词画更工，老年无寐怯心空（君云近年少用心则少睡，故云）。凭君游戏烟云供，消遣乌篷镇日风。

汶上待闸，口占五绝句，奉柬秋盦先生，兼乞画帧。兰士弟何道生草稿。

此五首诗，何道生《双藤书屋诗集》未收。何道生诗片云"兼乞画帧"，也有下文。黄易同乡魏成宪，有《舟次任城，何兰士侍御道生视漕驻节，同游南池，小松作图，兰士索题》诗云：

君原东阁题诗客，我有《南池话旧图》（前年，与邓兰溪漕使、孙渊如观察于此雅游，小松作《南池话旧图》。）共指云帆转粳稻，相看烟水足菱蒲。风流一字吟安未，月影三人淡对无。可许画中添进艇，晚凉访友到城隅？

是诗前一题为《余将北行，时隐仙菴牡丹盛开……》，题注："四月六日"。后二题为《题兰士〈南池行馆图〉即以寄怀》诗，知黄易四月尝爲何道生写《南池行馆图》。[27]

南池嘉会之后，何道生在台庄拜晤了漕帅铁保，有《台庄晤漕帅铁冶亭先生枉过出示见怀之作奉酬四首》。在拜晤铁保之后，何道生即北返，随后授九江府知府。《双藤书屋诗集》卷十最后四首为《闻出守九江之命》《奏恳入觐蒙恩俞允感赋》《秋日舟中即事》《雨泊郑家口》，即是何道生返京并出守九江这段时间所写。

在《清代两渡何家》一书中，还披露了几件此前未曾面世的黄易与何道生交游资料。

1. 黄易篆书七言联"名花未落如相待，佳客能来不费招"。署款时间为乾隆丙午（1786）秋七月。黄易书写此联时，两人尚未认识。笔者判断是初次相识后，黄易检旧作赠何道生。[28]

2. 何道生所藏黄易先人黄汝亨扇面两帧。两件均有黄易题字。一为"此宋芝山得自扬州，嘉庆五年五月装入"；一为"先少恭寓庸公，万历戊戌进士，官江西参议。此家藏者，已刻石"。这两件扇面，笔者判断是南池之会时由黄易赠给何道生的。[29]

四、风流云散

黄易与何道生诸人"南池嘉会"的次年，即嘉庆六年（1801）十月，济宁运河道道员策丹调离，道员临时空缺，黄易由运河同知护理道员。[30] 嘉庆七年（1802）二月二十三日，黄易由于感寒湿疾，卒于山东运河同知护理运河道任上，享年五十九岁。《济宁直隶州志·职官表》载嘉庆六年十月黄易开始护理运河道，七年二月卒，享年五十有九。六月朔，翁方纲作《黄秋盦传》。

何道生在巡漕返京后不久，于嘉庆五年五月赴九江知府任。九江多瘴，严冬尤甚，何道生在九江任上不到一年，“心力固已大瘁焉”，即乞假返京养病。其父何思钧于嘉庆六年九月十一日病卒，何道生守制丁忧三年。十年三月服除，授宁夏府知府，何道生本想借觐见嘉庆帝的机会，请求改任，但被拒绝。三月二十八日，法式善、张问陶、伊秉绶、查揆等京城文人齐聚太平湖查揆寓所，为何道生送行，法式善有《送何兰士太守之宁夏》四首。[31] 五月下旬，何道生到任掌印，闰六月即发现府库有亏空。他本应及早向布政使详禀，查明隐情。但他却从自己的廉俸银凑垫，并从他的门生潘浩处借银若干。这七百两银子中有小银一百五十两，何道生发给宁夏知县李堂荫到钱铺易换成元宝三锭。当宁夏满营从宁夏府库中将闰六月的兵饷解走后，发现其中掺杂了铅铁。满营将军兴奎和副都统双喜随后将此事向军机处奏参。在山东道监察御史任上的何元烺，在兴奎等奏参何道生的五日后（即嘉庆十年七月初三），得到消息，有长函致何道生商讨应对之事。[32] 嘉庆帝于闰六月二十九日下谕，命陕甘总督倭什布严查：“知府何道生着先行解任，听候查办。”后经查实，假银案确实与何道生无关。十年十二月，何道生官复原职。但是，他的亲家刘大懿于一个月前出任甘肃按察使，何道生必须回避，不得在甘肃任何一个州任职。改任之事一直拖到次年五月，在嘉庆十一年五月的《上谕档》中有载：

丙子。谕内阁。据倭什布等奏：宁夏府知府何道生与臬司刘大懿系属儿女姻亲，应行回避。照例于陕西知府内拣员对调，请于同州府知府洪范、凤翔府知府王骏猷、汉中府知府朱绂三员内钦定一员，与何道生对调等语。所奏殊属非是。外省有应行回避人员，在于总督兼辖省分对调者。该督抚应酌量缺分繁简遴选合例之员。奏明请旨调补。即或该省可调人员内，多与例未符。无指明堪以对调之人。亦应于扣除各员之外。慎选一二人。出具切实考语。分别差等。奏明候朕简用。今倭什布将洪范等三员笼统声叙。未注考语履历。并人地是否相宜之处。亦未据奏明。各直省从无如此办理者。倭什布原摺著驳回。其宁夏府知府一缺，仍交该督等拣员奏请与何道生对调。

何道生一介书生，遭此曲折，郁郁寡欢。还未等到“对调”，嘉庆十一年七月十八日，以病骤亡于宁夏府知府任上。就在此月，倭什布选定了凤翔府知府王骏猷与何道生对调。此时，何道生已报病故。于是王骏猷留本任，宁夏知府缺，由秦州直隶州知州王赐均升署。[33]

至此，黄易和何道生两位文人均作古，风流云散。只有留存下来的诗文书信和画作，以及钱泳笔记中的文字，令我缅怀前辈，低回不已。回头再看前文所引焦循诗中所言“只为名流聚会难”，或许会有更深的一层感悟吧。

注释：

1. 山西三晋出版社于2016年新刊《清代两渡何家——一个文化世族的递进史》一书，其中收录了相当数量的黄易与何道生交游材料。此书承三晋出版社副社长原晋先生赐下一册，谨致谢忱。

2. “方雪斋”三字由郑板桥所题，至今仍存世，藏于何家十八世何吉庆处。何道生的诗集原名《方雪斋诗集》，为避免与其兄何元烺诗集同名，遂改为《双藤书屋诗集》。

3. 何道生《敬陈亲政四事疏》（嘉庆四年）载《皇

朝经世文编》卷十二“治体六 治法下”，此疏提出了四条建议：一曰禁进献。一曰饬吏治。一曰达民隐。一曰厘驿政。

4.（清）法式善:《朝议大夫宁夏府知府何君墓表》，张寅彭编、刘青山校:《法式善诗文集》（下册），北京：人民文学出版社，2015 年，第 1203-1204 页。

5. 王国明：《袁枚与何道生交游考述》，《国学学刊》2015 年第 2 期，第 85-90 页。

6. 震钧：《天咫偶闻》，北京：北京古籍出版社，1982 年版，第 86 页。

7. 载《双藤书屋诗集》卷十，第 1B 页。本文所引何道生诗大多见于《双藤书屋诗集》卷十，以下所引该卷何诗，不再注明详细页码。

8. 转引自李淑岩:《法式善诗学活动研究》，哈尔滨：黑龙江大学出版社，2013 年版，第 146 页。

9. 图版载苏华著：《清代两渡何家——一个文化世族的递进史》，太原：三晋出版社，2016 年，第 166 页。

10. 据叶昌炽：《缘督庐日记》“光绪十年九月初五”条所载孙星衍题跋，长春：吉林文史出版社，2011 年，第一册，第 415 页。

11. 两人诗题所载的月份相差一月，当时手民之误。

12. 孙氏题跋为：嘉庆二年，秋盦司马挚戚友为登岱之游，适余祈雪泰山，会合岱麓，因与访古石经谷、王母池诸胜迹，□题而返。秋盦并纪所历，为二十四图多余按部时所至。意境独造，非亲涉者不能知其神似。越岁南归为题篆于帧，阳湖孙星衍记于舟次。

13. 扬州老年大学《扬州历代诗词》编委会编：《扬州历代诗词（三）》，北京：人民文学出版社，1998 年，第 645 页。

14. 故宫博物院编：《故宫藏黄易尺牍研究・考释》，北京：故宫出版社，2015 年，第 88 页。

15. 李金松：《洪亮吉年谱》，北京：人民出版社，2015 年，第 168 页。

16. 李淑岩：《法式善诗学活动研究》，哈尔滨：黑龙江大学出版社，2013 年，第 229 页。

17.《名儒尺牍》卷上，上海：大达图书供应社，1935 年，第 165 页。

18.《名儒尺牍》卷上，上海：大达图书供应社，1935 年，第 170 页。

19. 李金松：《洪亮吉年谱》，北京：人民出版社，2015 年，第 242 页。

20. 诸人奉送黄易的诗词联句，潘飞声：《在山泉诗话校笺》卷一“黄小松”，北京：人民文学出版社，2016 年，第 16-17 页。

21.（清）钱泳撰、孟裴校点：《履园丛话》，上海：上海古籍出版社，2012 年，第 106 页。

22.（清）钱泳撰、孟裴校点：《履园丛话》，上海：上海古籍出版社，2012 年，第 317 页。

23. 许隽超：《故宫藏何道生致黄易札考释》（未刊稿），此文承故宫秦明兄赐下，特致谢忱。

24. 故宫博物院编：《故宫藏黄易尺牍研究・考释》，北京：故宫出版社，2015 年，第 84 页。

25. 故宫博物院编：《故宫藏黄易尺牍研究・考释》，北京：故宫出版社，2015 年，第 84 页。

26. 刘秀池主编：《泰山大全》，济南：山东友谊出版社，1995 年，第 1073 页。

27. 黄易常与外地来的文友在南池雅聚。如嘉庆三年（1798）夏，魏成宪出守扬州经过济宁任城，黄易与孙星衍、邓兰溪在南池话旧留别，作《南池话旧图》，并有《春松刑部昔年赴官过济州南池承留赠二律，嘉庆三年夏刑部出守扬州，重经斯地，漕使者邓公兰溪、观察孙公渊如攀留话旧，为作此图并和原韵》。魏成宪有和诗云：

何日明湖共画桡，风尘岁岁太无聊。自怜乡思浓于酒，可叹流光迅似潮。问水那堪波浩瀚，买山深悔计迢遥。南池重话当年事，第一魂消合涧桥。

灵源出壑亦清流，诗格高寒定寡俦。一种淡怀浑似水，满襟春气不曾秋。喜联水部题梅句，更上樊川载酒舟。秉宪虚怀空若谷，少陵祠外月如钩。

28. 此作由何氏后人捐给苏州博物馆，图版见苏华：

《清代两渡何家：一个文化世族的递进史》，太原：三晋出版社，2016 年，第 187 页。

29. 此作由何氏后人捐给苏州博物馆，图版见苏华：《清代两渡何家：一个文化世族的递进史》，太原：三晋出版社，2016 年，第 188–189 页。

30. 按清制，省级长官出缺，未能及时派员接替，即以次级官暂代其职务，称为护理。这一年十月济宁运河道缺任，黄易作为同知暂为护理。据翁方纲记载黄易"两护运河兵备道"，另一次护理时间不详。

31. 查揆为何道生送行时所写诗轴现藏何氏第十八世何代安处，图版见苏华：《清代两渡何家：一个文化世族的递进史》，太原：三晋出版社，2016 年，第 175 页。

32. 此札现藏何氏第十八世何引处，图版见苏华：《清代两渡何家：一个文化世族的递进史》，太原：三晋出版社，2016 年，第 156–158 页。

33. 参看"书生从政何道生"，苏华：《清代两渡何家：一个文化世族的递进史》第六章，太原：三晋出版社，2016 年，第 152–159 页。

邓石如与黄易交游新证

——兼议清中期皖派与浙派的篆刻交流

朱 琪

南京晓庄学院美术学院副教授

内容提要：文章从新见邓石如致黄易、梅镠致黄易信札入手，对邓石如与黄易之间的交游关系作出首次披露，重新梳理了清乾嘉时期两大篆刻流派"浙派"与"皖派"之间的交流关系。并涉及邓石如、黄易与当时官员、金石家、篆刻家等社会人物之间的交游问题。

关键词：徽派　浙派　皖派　邓石如　黄易

明清时期文人篆刻勃兴，盛况空前。明中叶时，徽州印人数量庞大，名家辈出，从者如云，自何震有雪渔派、苏宣有泗水派，后继者有朱简、汪关、程朴等。晚明朱简在《印经》中提出篆刻流派"南北宗"的观点，认为"南北归宗，趣异轨同"。清代黄易在"方维翰"印边款中写道："画家有南北宗，印章亦然。文何（文彭、何震），南宗也；穆倩（程邃），北宗也。文何之法，易见姿态，故学者多。穆倩融会六书，用意深妙，而学者寥寥。曲高和寡，信哉。"可视为朱简南北分宗之说的深化。后世又习将清初程邃与巴慰祖、胡唐、汪肇龙（"歙四子"），皆纳入"徽派"。乾隆时安庆怀宁有邓石如异军突起，独竖大纛，世称皖派或邓派。

需要指出的是，"徽""皖"并非同一个概念，"徽"是徽州的简称，并非安徽之简称。古徽州一府六县，即歙县、黟县、休宁、祁门、绩溪、婺源。清康熙六年（1667）建安徽布政司，取"安庆""徽州"两府首字为省名，乾隆二十五年（1760）移省会至安庆，安徽方能简称"皖"。[1]

关于流派的划分，本文不作详细论述，但自清同治年间，胡澍、赵之谦、魏锡曾等人，明确将当时印坛分为"浙派""徽派"两宗。同治二年（1863）赵之谦在《书扬州吴让之印稿》开篇云："摹印宗两家，曰'徽'曰'浙'。"[2]魏锡曾《吴让之印谱跋》云"皖印为北宗，浙为南宗"。[3]胡澍在《赵撝叔印谱序》提出："有明而还，递相祖述，途径益辟，门户聿分，遒劲宕逸者为浙派，浑圆茂美者为徽派。……自我朝钱塘丁龙泓、怀宁邓完白两先生出，精擘苍雅，神明规矩，遂为徽、浙两大宗。"[4]他们所称的"徽派"，其实包含了明代以来的徽州印人群体以及后来邓石如开创的"皖派"，也包括在艺术风格上取法他们的其他印人如吴让之等。自此，"徽派"与"浙派"两大最具影响力的风格流派被确立，它们分属南北，但皆为中国篆刻史上的重镇，犹如董其昌提出画之南北二宗之论，对印史影响深远。

然而，必须明确，无论“徽派（皖派）”还是“浙派”，都是后来学者根据自身的论述（表述）需要而进行的一种流派归结，这种归纳在某种程度上是合理的，但又具有时代局限性。如清人所述“徽派”，与明代中叶至清初的徽州籍印人关涉不大，但由于赵之谦、胡澍、魏锡曾等人提出的“徽浙南北宗”之论影响深远，使得印史研究者又经常不得不使用这一并不严谨的名称，从而造成某种混乱。

同时期的不同艺术流派之间，艺术观念可能不同，虽然看似壁垒森严，但其实多少都是互有联系，相互影响，相互借鉴的。清代以程邃为代表的徽派篆刻的发展壮大先于浙派，在清初与清中期影响很大。至丁敬出，浙派声名日隆，大有分庭抗礼之势，至乾隆时蒋仁、黄易、奚冈出，其声势规模已经后来居上。在印史上，后人也多以两派对峙之势而观之，如陈豫锺“莲庄”印款记其过访陈鸿寿种榆仙馆，观摩被认为徽派篆刻代表的董洵、巴慰祖、胡唐、王声四人模仿汉印的印谱，“乍见绝汉人手笔，良久，觉无天趣，不免刻意。所谓笃古泥规模者是也”。陈豫锺认为学习汉印应该重天趣，去刻意，更加反对“笃古泥规模”，因此贬抑董巴胡王四子。[5]

由于缺少两个流派之间交流的直接证据，因此后人往往存在一种艺术观念上的误会，即徽（皖）派与浙派分属不同地域，他们之间的关系是对峙且互相角力的。尤其是在赵之谦、魏锡曾等人将两派进行对比之后，这种观念更加深入人心。然而事实却并非如此，笔者曾于数年前见到国家图

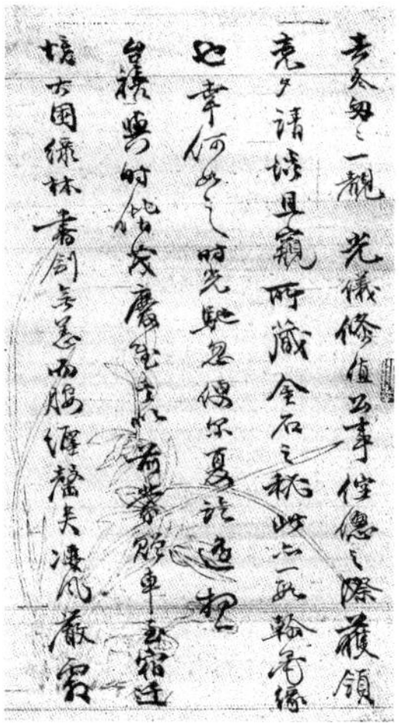
图 1. 邓石如致黄易信札（一）

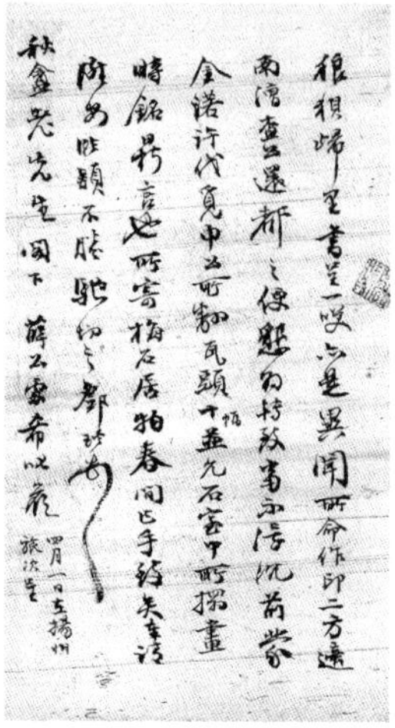
图 2. 邓石如致黄易信札（二）

书馆藏《古欢》册中邓石如致黄易的信札，足以证明在乾嘉时期，两派印人之间的交流往是十分深入的。兹将信札全文照录（图 1、图 2）：

去冬匆匆一睹光仪，倏值公事倥偬之际，获领竟夕清谈，且窥所藏金石之秘，此亦一段翰墨缘也，幸何如之！时光驰忽，倏尔夏讫，遥想台禧，与时偕茂，快慰奚似。前蒙赠车，至宿迁境，大困绿林，书剑无恙，而腰缠罄矣。凄风严霜，狼狈归里，书呈一笑，亦是异闻。所命作印二方，适南漕查公还都之便，恳为转致，当不浮沉。前蒙金诺许代觅申公所翻瓦头十幅，并允石室中所拓画，时铭鼎言也。所寄梅石居物春间已手致矣。奉请升安，临颖不胜驰切之。邓琰顿首。秋盦老先生阁下。薛公处希叱候。四月一日。在扬州旅次呈。

此新见信札虽无纪年，但落款署名邓琰，可知在嘉庆帝颙琰即位邓石如避讳更名之前。现根据信札内容将札中所涉及人物与事件列为下表并略作考证：

表：邓石如致黄易信札所涉人物、事件表

涉及人物	秋盦（黄易） 查公（查莹） 申公（申兆定） 梅石居（梅鏐） 薛公（待考）
涉及事件	一、邓石如观赏黄易所藏金石。 二、黄易赠车资助行。 三、邓石如至宿迁境，大困绿林，书剑无恙，而腰缠罄矣……狼狈归里。 四、黄易请邓石如作印二方。 五、黄易许诺代觅申兆定所翻瓦当及拓寄武梁祠画像。 六、黄易托邓石如转交物品给梅鏐。

受信人黄易（1744—1802）字大易，号小松、秋盦等，钱塘人。诗、古文、词皆精通，长于金石之学，与钱大昕、翁方纲、孙星衍、王昶并称“金石五家”。又工书，善绘事，尤精于篆刻，后人将之与丁敬、蒋仁、奚冈、陈豫锺、陈鸿寿、赵之琛、钱松等并称为“西泠八家”。其著作有《小蓬莱阁金石文字》《小蓬莱阁金石目》《秋盦遗稿》等，另辑有《黄氏秦汉印谱》《种德堂集印》等印谱传世。

邓石如与黄易同时，活动于乾嘉时期，论年齿邓年长于黄一岁，从以往的资料和相关研究来看，从未见有关两人有接触、交往的证明。邓石如于乾隆三十九年（1774）鬻书印至寿州，梁巘介之客江宁梅鏐家。梅鏐字既美，字石居，安徽宣城人，梅文鼎曾孙，翰林院编修、左都御史梅瑴（珏）成之子，早岁随父移籍江宁。梅鏐家藏金石善本甚富，邓石如客其家八年，遍观金石，苦学书印，学成后遍游名山大川。乾隆五十五年（1790）随曹文埴入都，曹文埴以四体书皆为“国朝第一”遍赞于诸公。其时京城有翁方纲夙擅分篆，以邓石如不至其门而力诋之，耳食者附和其说，未几被迫“顿踬出都”。因为黄易与翁方纲订交极早，又是相交数十年的金石挚友，而邓石如在京城与翁方纲发生龃龉，甚至因此无法居留京城，则让人很容易推测黄易在此事件中的立场可能是倾向于翁方纲的。但在这封信札中所还原出的事实却并非如此，黄易与邓石如会面相谈甚欢且在分别之后互有投赠，二人皆未因翁方纲非议之事而心存芥蒂。黄易为人宽容随和，故能交友遍天下，这一点从黄易与严长明、孙星衍两人之间关系（严、孙二人曾共事毕沅幕府矛盾极大）皆十分友善，也可为证。

此札约作于邓石如离京归里之后，即乾隆五十六年（1791）四月一日。[6]今由此札可知，邓石如离京后曾短暂归里（这一点是以往邓石如研究中未曾提及的），复以曹文埴之介往楚中毕沅节署，三年而辞归。邓石如在致徐嘉穀信札中云：“石如自甲寅年（1794）游楚归，治田四十亩，年可获稻七十余挑，除国课外，仅足敷终岁饘粥之资”，[7]可为证明。

邓石如致黄易信札中所言“去冬匆匆一睹光仪，倏值公事倥偬之际，获领竟夕清谈，且窥所藏金石之秘”，可知邓石如离开京城，在乾隆五十五年（1790）冬已游历至山东济宁，并与黄易作竟夕清谈，获观黄易所收藏的金石碑版，谈话之内容当是围绕金石、书法、篆刻，故云“翰墨缘”也。临别之际黄易复赠车资为邓石如助行，可见晤谈甚欢。黄易还托请邓石如治印两方，虽然这两方印章已佚，甚至连篆刻的内容都不知道，但这条文字记录，却是乾嘉时期徽（皖）、浙两派印人进行篆刻交流的重要证据。也许是作为报答，黄易许诺邓石如代为寻觅申兆定翻沙摹刻的瓦当拓片，并拓寄武梁祠画像石拓片。除此之外，黄易还托请邓石如转寄物品给江宁梅镠，因此关于黄易与梅镠之间的交往，也是十分值得研究的。

“前蒙赠车，至宿迁境，大困绿林，书剑无恙，而腰缠罄矣。凄风严霜，狼狈归里，书呈一笑，亦是异闻。”邓石如喜好游历，“尝一笻一笠，肩襆被，日孤行百里，自号笈游道人，扪岱、峄古碑，住山中，旬月而返。登匡庐绝境，蛇行猿挂，粮绝饿八日，茹草木实，得不死。游黄山，踏遍三十六峰，云海奇幻，尽得其变，见黄山石秀诡者，辄拾而藏之，累累贮两巨囊，担而归。足破肩肿，扬扬有喜色”。[8]然而孤身独游是时常会碰到危险的，邓石如札中所述于宿迁境内遭遇“绿林好汉”剪径，而最终能“书剑无恙”，可能得益于他身材高大，魁伟异于常人。[9]据《怀宁县志》载：“（邓石如）气刚力健，能伏百人。客楚时，有群匪聚踞僧舍，僧不能制。偶夜半僧应门缓，匪怒，捶僧，石如起救僧，一匪前斗石如，拳至则踣，众匪齐进，连踣数十人，遂大骇窜去，石如每被酒必述前事，自豪也。”以往读到此条，尝怀疑其真实性，现在从札中所叙之事来看，可信度似又提高几分。

除之前提及的与邓石如关系密切的梅镠之外，信札中出现的人物还有查莹、申兆定等。查莹（1743—1803）字韫辉，号映山，别号竹南逸史。祖籍山东海丰，入籍浙江海宁。乾隆三十一年（1766）进士，授编修，官文渊阁校理、武英殿提调官，后升为山西道御史，吏科给事中。信札中言“所命作印二方，适南漕查公还都之便，恳为转致，当不浮沉”，可知邓石如为黄易所作两印由查莹帮忙转达。查莹曾祖父查升（1650—1707）字仲韦、号声山。选翰林院庶吉士，授编修。康熙帝选儒臣侍值以备顾问，他经荐入直南书房多年，累迁至少詹事，著有《淡远堂集》。查莹自乾隆五十六年（1791）即出任巡视南漕御史，乾隆壬子年（1792）八月任湖北学政，故1792年赵翼有《送查映山漕史入都》诗可为佐证：

家声内相侍丹枫（君曾祖声山宫詹，康熙中直南书房），奉使今资转漕功。双纛尘清骢马步，千艘帆饱鲤鱼风。辞金暮夜虚斋白，挥翰云烟画烛红。报最殊迁有成例，伫看节钺镇繁雄（管松崖巡漕三年，即洊擢漕督，今君亦巡漕两年，最绩久邀宸鉴，故云）。[10]

今见邓石如墨迹中，亦有乾隆癸丑（1793）所书自作诗《癸丑秋送湖北督学查映山黄门予告归京邸》（图3）可证两人交游：

江楼玉笛暗飞花，鄂渚晴云别思赊。选隽朱全归玉尺，陈情竟遂捧黄麻。香喷驿路三秋桂，风薄旌旗八月槎。湖海两逢嗟仆仆，又将清梦逐京华。

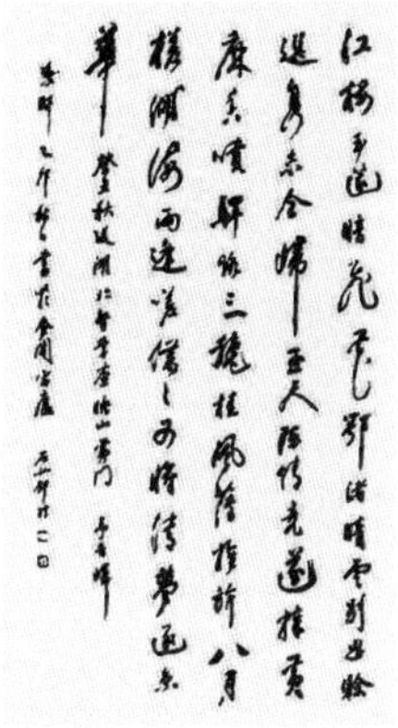

图 3. 邓石如赠查映山行草书诗轴

笔者曾以为此札作于乾隆五十九年甲寅（1794）四月一日邓石如自毕沅节署笈游回乡之后，今以文中"南漕查公"之称谓来看未妥。因乾隆壬子年（1792）八月查莹已转任湖北学政，不在漕任，故此札理当作于壬子年（1792）八月之前，那么较为合理书札的时间节点，应是乾隆五十六年（1791）邓石如离京归里之后。

申兆定，字圆南，号铁蟾、绳斋。山西阳曲人。乾隆庚辰（1760）举人，官定远（一说白水）知县。其人聪明绝特，驰骋名场，以风流自命。与人交，意气如云，邮筒走天下。中年沉迷于道教神仙，后生魔障，迷罔以终。[11] 乾隆二十九年（1764）重修《天仙正理》，善诗歌，工八分、飞白书，精篆刻，遇有汉魏碑碣，必于黼缺寻其点画，凡偏旁波磔反复考证，临摹数十过乃已。撰有《涵真阁金石文字》（又作《涵真阁汉碑文字》），如《郙阁颂》《张寿》诸碑跋，皆精深详密，能订《隶释》《隶辨》《金石图》之异同。

申兆定精于分隶，尝覆刻《王稚子阙》等汉碑。因宦游陕西，他也是清乾隆年间较早收藏、研究瓦当的金石学家，著有《涵真阁秦汉瓦当图说》。程敦《秦汉瓦当文字》成书，即源自客陕西时申兆定、赵魏、钱坫、俞肇修等人将自已秘藏瓦当拓片相赠。申兆定所藏的"有万熹"瓦当，与钱坫"各得其半，合以成文"，是瓦当收藏史上一段奇缘佳话。[12]

由札中"前蒙金诺许代觅申公所翻瓦头十幅，并允石室中所拓画，时铭鼎言也"，可知黄易许诺邓石如向申兆定寻其所翻沙摹刻瓦当十幅，并允拓赠汉武梁祠画像。清代金石学兴盛，各类金石文字渐次进入当时收藏家与学者的视野，秦汉瓦当就是其中之一，朱枫《秦汉瓦当图记》、王昶《金石萃编》、黄易《小蓬莱阁金石目》等金石学著作都开始记载和收录瓦当文字。黄易对于秦汉瓦当的收藏研究很有兴趣，曾汇辑自藏及友人拓赠的瓦当拓片为《集秦汉瓦当册》（今藏故宫博物院），还与申兆定选取瓦当中文辞佳吉者，属郑支宗翻砂仿制，分惠好友，黄易许诺寄赠邓石如者即此。黄易曾题跋郑支宗仿制的秦汉瓦当拓本："秦汉瓦当文字著于《渑水燕谈录》《研北偶谈》《东观余论》《长安图志》诸书。自魏晋唐宋以来，获者殊少，国朝康熙年间侯官林同人得'长生未央'一瓦，海内名贤詠歌纪事，莫不叹为奇遘。乾隆已卯，朱氏排山作《秦汉瓦图记》，所收始多，制府毕公秋帆、侍郎王公兰泉官陕西时宾客最盛，如钱献之、申铁蟾、赵晋斋、宋芝山、程彝斋、俞竹居诸人搜求甚力，各得多瓦。'长乐未央''长生无极''延年益寿''千秋万岁'之类叠出不穷。凡物之显晦，固有其时，然一旦收得如许之多，且皆吉祥颂美之文，岂非会逢盛世，作善降祥，为寿国寿民之徵。与申铁蟾曾选诸瓦，翻沙摹刻，已无从拓取。今复录其文，属郑鲁门重刻，以广其传。庶观览者知铁蟾汲古功深，今时不可多得也。壬子六月，钱唐黄易识于古任城官舍。"

乾隆五十一年（1786）黄易于嘉祥紫云山访得汉建和元年《敦煌长史武君之碑》，后又陆续访得武氏石阙铭、武氏祠阙画像题字甚多。次年（1787）经黄易首倡，天下好古之士醵资于紫云山就地重修武氏祠保护石刻，并监拓汉画分赠金石学者。此乃乾隆时金石界轰动一时的重要事件，自武梁祠被黄易原址保护之后，监拓的拓片数量并不多，故在当时十分珍贵，四方学者、金石家、书法家也皆以能得之为荣幸。[13] 由此可见，黄易与邓石如交情并非泛泛。黄易本以篆刻名世，他请邓石如治印，当怀有惺惺相惜之意，更深一步说，这也是同道之间以金石订交，互相切磋交流印艺的佳话。黄易与邓石如相识订交之始末已泯然无考，但其中梅镠的绍介与推手定然是主要原因，此外也与罗聘、毕沅等人相关。今见国家图书馆藏梅镠致黄易信札，保存了梅镠推荐邓石如的相关史料（图4）：

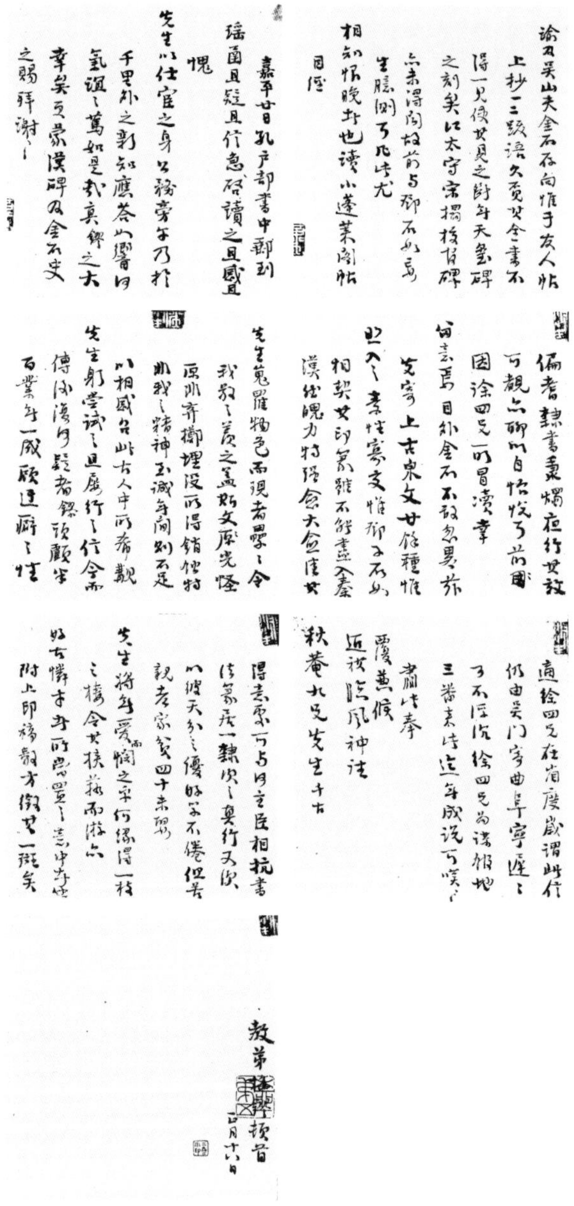

图4. 梅镠致黄易信札

嘉平廿日孔户部书中邮到瑶函，且疑且信，急启读之，且感且愧。先生以仕宦之身，公务旁午，乃于千里外之新知应答如响，何气移之笃如是哉！真镠之大幸矣，更蒙汉碑及金石史之赐，拜谢拜谢。谕及吴山夫（指吴玉搢，字籍五，有《天发神谶碑考》）《金石存》，向惟于友人帖上抄一二跋语，久觅其全书，不得一见。使其见之，断无《天玺碑》之刻矣。江太守宋拓《校官碑》亦未得闻，故前与邓石如妄生臆测耳，凡此尤相知恨晚者也。读《小蓬莱阁帖目》，经先生搜罗物色而现者累累，令我敬之羡之，盖斯文【原】光怪，原非弃置埋没所得销蚀。特非我之精神至诚无间，则不足以相感召，此古人中所希覯。先生躬尝试之，且屡行之，信今而传后，復何疑者。镠头颅半百，业无一成，顾迂癖之性，偏耆隶书，秉烛夜行，其效可睹，亦聊以自怡悦耳。前因徐四兄所冒渎，幸留意焉。《目》外金石，不敢忽略，兹先寄上古泉文廿余种，惟照入之。素性寡交，惟邓子石如相契，其印篆虽不能尽入秦汉，然魄力特强，愈大愈佳，其得意处可与何主臣相抗。书法篆居一，隶次之，真行又次。以彼天分之优，好学不倦，但苦亲老家贫，四十未娶，先生将无爱而悯之乎？何缘得一枝之栖，令其挟艺而游，亦好古怜才者所当置之意中者也。附上印稿数方，徵其一斑矣。适徐四兄在省度岁，谓此信仍由吴门寄曲阜，宁迟迟可不浮沉。

徐四兄为谋馆地三番来此，迄无成说，可叹可叹！肃此奉复，兼候近祺，临风神往。秋庵九兄先生千古。教弟梅镠顿首。正月十八日。（札末钤“柳下第五”朱文方印）

其中言及“惟邓子石如相契，其印篆虽不能尽入秦汉，然魄力特强，愈大愈佳，其得意处可与何主臣相抗。书法篆居一，隶次之，真行又次。以彼天分之优，好学不倦，但苦亲老家贫，四十未娶，先生将无爱而悯之乎？何缘得一枝之栖，令其挟艺而游，亦好古怜才者所当置之意中者也。附上印稿数方，徵其一斑矣。”陈硕先生由邓石如“四十未娶”、及孔继涵卒于乾隆四十八年（1783）十二月十八日，将此札系于乾隆四十九年（1784）正月十八日，甚为精允。可见早在乾隆四十九年（1784）梅镠已向黄易力荐邓石如，盛赞其书法、篆刻天分与力学兼具，并希望黄易能为其谋得“挟艺而游”之门径，关爱之情溢于言表。关于印事者，梅镠认为邓石如的得意之作可与何震抗衡，并且寄去邓石如印稿数方请黄易鉴赏。从时间上推算，邓石如在乾隆四十九年（1784）之前所作印章业已步入印风的成熟时期，尤其是在乾隆四十六年（1781）至乾隆四十八年（1783）之间，先后创作了一系列经典的大印作品，其中包括“淫读古文甘闻异言”（图5）、“意与古会”（图6）、“折芳馨兮遗所思”（图7）、“振衣千仞冈濯足万里流”（图8）、“休轻追七步须重惜三余”（图9）、“事无盘错学有渊源”（图10）、“古欢”“燕翼堂”“以介眉寿”（图11）、“江流有声断岸千尺”（图12）、“笔歌墨舞”（图13）、“新篁补旧林”（图14）、“被明月兮佩宝璐驾青虬兮骖白螭”（图15）等，皆以邓氏所精擅之篆书入印，结字用刀婉曲流丽，正是“书从印入，

图5. 邓石如篆刻“淫读古文甘闻异言”

图6. 邓石如篆刻“意与古会”

图7. 邓石如篆刻“折芳馨兮遗所思”

图8. 邓石如篆刻“振衣千仞冈濯足万里流”

图9. 邓石如篆刻“休轻追七步须重惜三余”

图10. 邓石如篆刻“事无盘错学有渊源”

图11. 邓石如篆刻“以介眉寿”

图12. 邓石如篆刻“江流有声断岸千尺”

图 13. 邓石如篆刻“笔歌墨舞”

图 14. 邓石如篆刻“新篁补旧林”

图 15. 邓石如篆刻“被明月兮佩宝璐驾青虬兮骖白螭”

图 16. 邓石如篆刻“毕沅秋帆之章”

图 17. 邓石如篆刻“家住灵岩山下香水溪边”

图 18. 黄易篆刻“河声岳色”

图 19. 邓石如篆刻“河声岳色”

印从书出”的典型，这也是梅镠札中所特称邓印“魄力特强，愈大愈佳”的原因。由此推想，梅镠所寄印稿当为上列印章中之佳者，惜已无从考索黄易作为浙派印人代表在当时是如何评价邓石如篆刻的了。

除梅镠的关系之外，黄易、邓石如早年皆与罗聘交厚，时有画、印互赠，而毕沅喜金石篆刻，邓石如曾为其篆刻姓名巨印“毕沅秋帆之章”、“家住灵岩山下香水溪边”（图 16、图 17）。毕沅其幕府尤其重视金石搜访和研究，编纂有《关中金石记》《中州金石记》等，黄易与毕沅多有金石方面的交流，此外黄易与邓石如皆为其篆刻过“河声岳色”同文大印（图 18、图 19）。[14] 邓石如书法以篆隶著称，他对各种金石碑版自然十分关注，以往在研究邓石如的“皖派”篆刻时，往往强调其“书从印入，印从书出”的风格特征，却忽视了其书风（包括其楷书与行草书）、印风所受到的金石学影响，现在从这些新见信札的内容来看，邓石如对于当时新出现的金石文字资料，是非常关注和重视的。这些金石资料所提供的滋养和借鉴，转化到邓石如的艺术创作中，才有了今天我们看到的艺术面貌。

邓石如作为书法篆刻史上的重要人物，相关研究并不少见，但是由于他既非学者，又未入仕，只是湖海飘零的一介布衣，因此对于他的研究多停留在纯粹的艺术层面，对于他在当时的社会交游、个性心理、艺术与学术影响力及接受程度等方面的深入研究并不多见。本文所披露的资料，证明他与乾嘉时期主流的学术圈层，以及官员、书画家、金石家、篆刻家等都保持着密切联系。而从篆刻史研究的角度来看，以邓石如、黄易的交游为例，说明在他们所处的乾嘉时代，即使印人之间存在亲疏有别的交游圈，但被刻意划分的派别之间的隔阂并不显著，而后人想象出来的艺术阵营之间的壁垒更加无从谈起。今不揣简陋，撰小文抛砖引玉，相信其中定然还有可以发掘的线索，等待广大学者进行更加深入的研究。

注释：

1. 翟屯建：《徽派篆刻》，合肥：安徽人民出版社，2005 年，第 31 页。

2.（清）赵之谦：《书扬州吴让之印稿》，韩天衡：《历代印学论文选》，杭州：西泠印社出版社，1999 年，第 597 页。

3.（清）魏锡曾：《吴让之印谱跋》，韩天衡：《历代印学论文选》，杭州：西泠印社出版社，1999 年，第 596 页。

4.（清）胡澍：《赵撝叔印谱序》，韩天衡：《历代印学论文选》杭州：西泠印社出版社，1999 年，第 608 页。

5. 朱琪：《西泠八家之陈豫锺研究》，《西泠印社国际学术研讨会论文集》，杭州：西泠印社出版社，2013 年，第 260 页。

6.2017 年 3 月，笔者在故宫博物院主办之“内涵暨外延：故宫黄易尺牍研究国际学术研讨会”上提交并宣读关于邓石如致黄易此信的论文《皖派与浙派篆刻交流的重要物证——邓石如与黄易交游新探》时，曾将此札时间误系于乾隆五十九年甲寅（1794）四月一日邓石如自毕沅节署笈游回乡之后。承陈硕先生撰《新见梅镠、邓石如致黄易信札三通考略》（载《中国书画》2017 年第 6 期），以邓石如作札时查莹尚在南漕御史任上为证，予以修正作札时间为乾隆五十六年（1791）四月一日，考证精当，耑此志谢。

7.（清）邓石如：《复徐嘉穀》，穆孝天、许佳琼：《邓石如研究资料》，北京：人民美术出版社，1988 年，第 181 页。

8. 朱之英等：《怀宁县志》卷二十一，民国五年铅印本。

9.（清）李兆洛：《石如邓君墓志铭》，《养一斋文集》卷十，清光绪四年刊本。

10.（清）赵翼：《瓯北集》卷三十五，上海：上海古籍出版社，1997 年，第 808 页。

11.（清）纪昀：《阅微草堂笔记》卷八，成都：巴蜀书社，1995 年，第 161 页。

12.（清）汪和礼：《秦汉瓦当文字缩本》，嘉庆元年钤印稿本。

13. 朱琪：《黄易的家世、生平与金石学贡献》，秦明主编：《黄易与金石学论集》，北京：故宫出版社，2012 年，第 362-363 页。

14.（清）黄易：《黄小松印存》，民国间神州国光社印本。

孙星衍与黄易的金石交

马振君

内江师范学院文学院副教授

内容提要：孙星衍与黄易皆为乾嘉著名的金石学家，学术旨趣使二人有了交集。二人始神交并互赠拓本，于乾隆五十一年（1786）五月二十八日在毕沅大梁节署结识。其后交往日密，特别是同任职山东时，多次共游访古，频繁交流，书写了一段金石学史上的佳话。

关键词：孙星衍　黄易　交游　金石学

黄易与孙星衍是乾嘉时著名的金石学家。黄易因《小蓬莱阁金石文字》《嵩洛访碑日记》《岱岩访古日记》而著称，孙星衍也以著录《平津馆金石萃编》《寰宇访碑录》而闻名。共同的兴趣爱好使二人结识并成为好友。我们可以通过现存的一些文献资料，探寻二人的这段“金石交”。

一、碑石牵“红缕”，结缘汴梁城

黄易生于乾隆九年（1744），孙星衍生于乾隆十八年（1753），二人结缘于石刻拓本《汉凉州刺史魏君碑》《汉幽州刺史朱君碑》《汉小黄门谯君碑》《汉成阳灵台碑》《汉庐江太守范君碑》等。[1]乾隆五十年（乙巳，1785），黄易将五种汉碑拓本陆续寄送或亲携至大梁毕沅抚署。恰巧此时，孙星衍正供职于毕沅幕中，因此有机会亲睹这批珍贵的文献。孙星衍在这批文献中的题记题于不同时期，现在按时间的先后进行考查。《汉凉州刺史魏君碑》中有两段有关孙星衍观研拓本的题记：

乾隆乙巳秋七月，江宁严长明道甫、易湖洪倞吉稚存、孙星衍渊如、王复秋塍，同观于大梁节署。（笔者按：是跋在毕沅同年题跋之左。图1）[2]

星衍按，文若为“額”，实是貌字，非“類”也。（笔者按：是跋在张埙跋左。[3]题跋下钤“孙喜”白文方印。图2）

第一段文字未题书写者姓氏，严长明、洪亮吉、孙星衍皆工篆书，不能确定是何人所题。

第二段文字紧邻张埙题记。张埙跋作于癸卯（乾隆四十八年，1783），乃肯定翁方纲所释“类”“断”二字并谈自己的考释成果。[4]孙氏此跋又提出自己对疑字的见解。[5]其题写时间当亦在乾隆五十年（1785）秋。

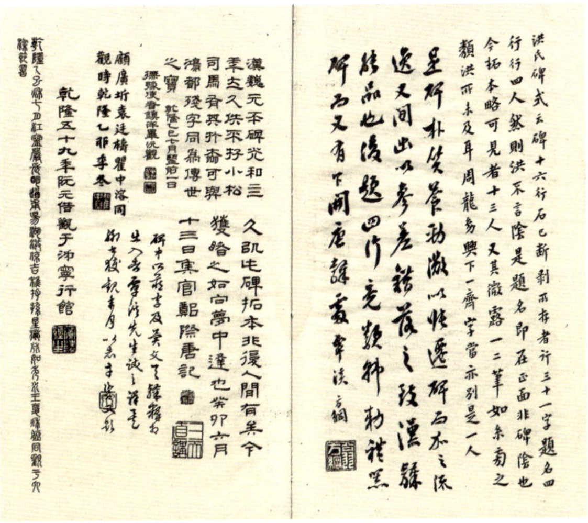

图 1. 黄易拓《汉凉州刺史魏君碑》之孙星衍等观碑题跋

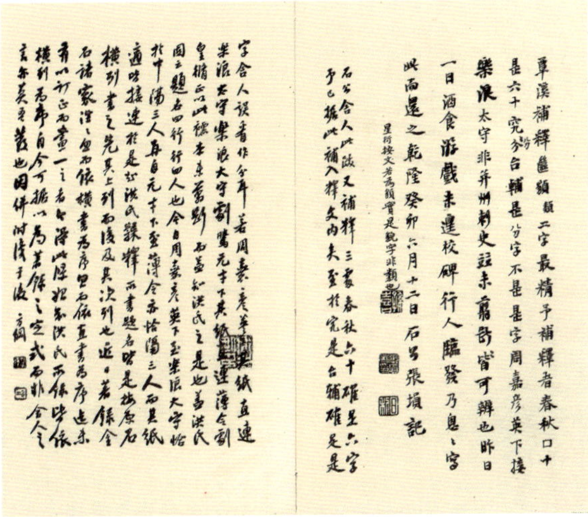

图 2. 黄易拓《汉凉州刺史魏君碑》之孙星衍跋

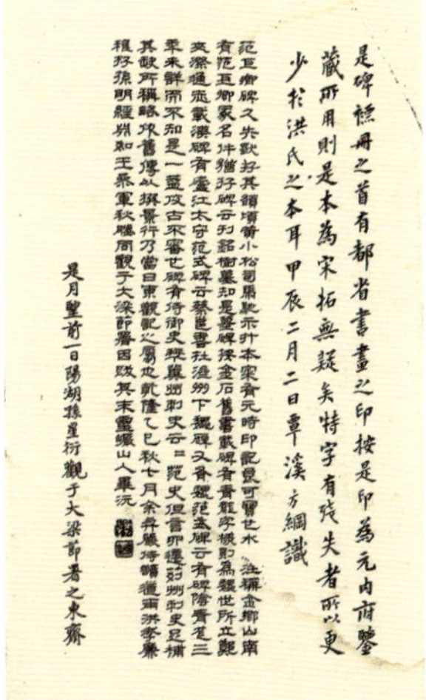

图 3. 黄易拓《汉庐江太守范君碑》之孙星衍观碑题跋

《汉庐江太守范君碑》中有孙星衍的一则题记。

> 是月望前一日，阳湖孙星衍观于大梁节署之东斋。（图 3）

此段文字右侧是毕沅于乾隆五十年七月所书隶书题记，[6] 知当题于乾隆五十年的七月十四日。

以上三段文字证明，黄易在乾隆五十年七月将《汉凉州刺史魏君碑》《汉庐江太守范君碑》寄至毕沅大梁节署，请其与幕僚题记。

对此，需补充一点背景资料，上述题跋中所涉之严长明、洪亮吉、孙星衍、王复等，早在毕沅开幕西安时，即已在幕中了。乾隆四十五年（1780），孙星衍应毕沅之邀，于年末入幕。此前，孙星衍曾师事卢文弨、钱大昕，对金石小学产生浓烈的兴趣。到毕沅幕后，不仅常与幕友考古览胜，扪碑拓棰，还实质性参与助修《关中金石记》，更广开眼界。毕沅于乾隆五十年三月调河南巡抚，一干幕僚相随赴任，孙星衍也在四月自句容返回大梁节署。七月十四日即看到了黄易寄来的拓本。

所以，至迟在乾隆五十年，孙星衍已通过拓本知道黄易。而二人见面的时间，孙星衍在《汉幽州刺史朱君碑》中的一则题记中云：

> 仆与小松神交久矣，金石投报，殆无虚时。至是始识面于中州节署，时五月廿八日也。并携宋摹两碑来属题字。按此碑有‘永昌太守曹鸾上疏’云云，《隶释》缺‘疏’字，《玉篇》云：‘疏，所除、所去二切，亦疏字。’据此知即‘上疏’异文，又证顾野王之有本。潭溪宫詹、瘦桐舍人之言，皆未然也。书此以质小松先生。乾隆丙午六月五日，孙星衍记。”（下钤“渊如”朱文方印。图 4）

由此可知孙星衍与黄易的初次见面是在乾隆五十一年（1786）五月廿八日，在毕沅的大梁节署。[7]“神交久矣，金石投报，殆无虚时”，在拓本往来，有关金石文字的探讨等方面，二人的这种书面交往和拓片往来已经很频繁了。可能在乾隆五十年之前就已经有过投赠之事，但尚未发现能证明这一点的相关文献，只能做一假说，以俟将来。而二人谋面的时间是可以确定的，《济上停云集》中的《正月十一日，同黄小松司马易至嘉祥山中访武梁石室画象，小松作图纪游》一诗有“把臂梁园近十年”句，诗作于嘉庆元年（1796）正月十一日，上溯至乾隆五十一年五月廿八日，确未满十年之数，故云“近十年”。此句亦从侧面证实了二人谋面的时间。

碑石古拓，如同一位友谊的使者，抛出红线，将两位同好牵连起来。自此至黄易去世，二人的交往从未中断。

二、京鲁飞鸿雁，山左交谊深。

乾隆五十二年，黄易在济宁任职。而此时，孙星衍以一甲二名进士及第，开始了八年京官生涯。虽然济宁与京城相隔不远，但因各自职务繁忙，所以二人的交往多通过信笺往来。然而遗憾的是，二人之间的信札传至现在的极其稀少，孙星衍致黄易的信札至今未见。关于二人此期的交往，在黄易一通手札中，尚可略窥一二。

储玉琴来，[8]接兄与稚存兄手书，[9]并询知大兄近祉嘉和，兴怀顺适，无任欣慰。弟繁累已极，幸吉金乐石，日有所得。武宅山又得有字者一版。《太康晋碑》下版已得，且有碑阴。《中州金石》如有

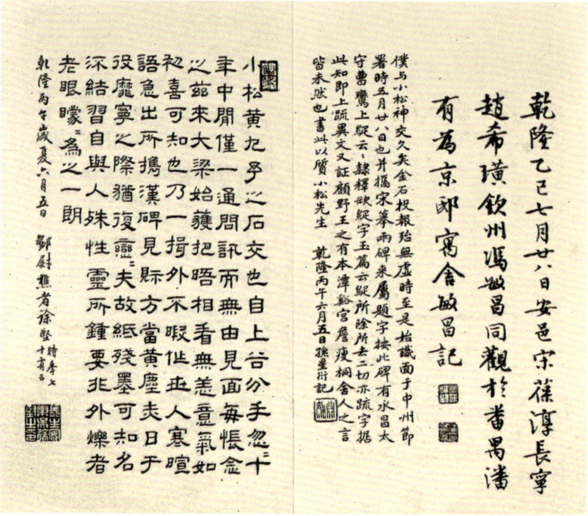

图 4. 黄易拓《汉幽州刺史朱君碑》之孙星衍跋

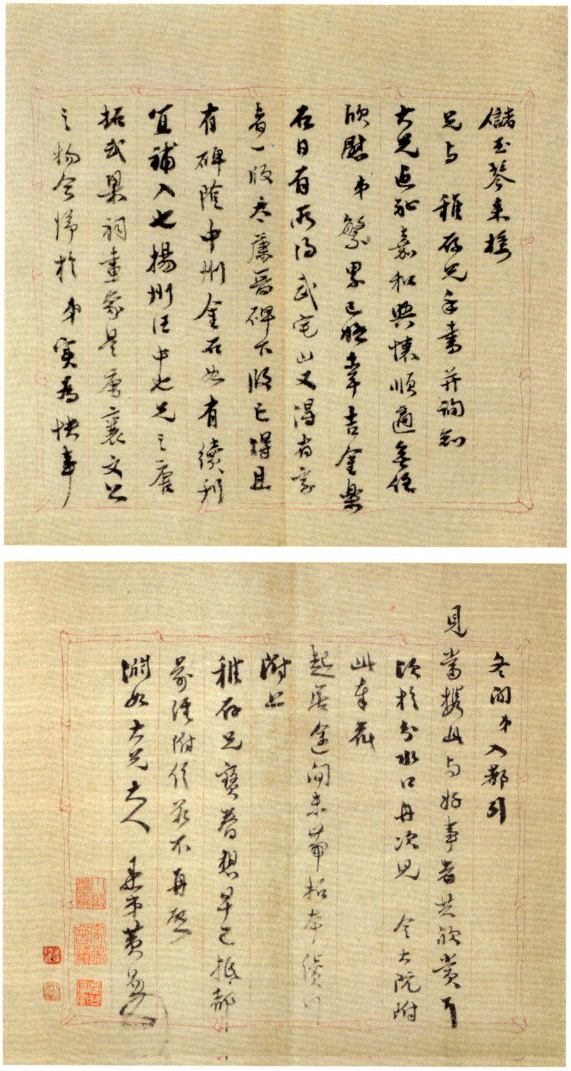

图 5. 黄易致孙星衍札 小莽苍苍斋藏

续刊，宜补入也。扬州汪中也兄之《唐拓武梁祠画象》，[10]是唐襄文公之物，今归于弟，实为快事。冬间弟入都引见，当携此与好事者共欣赏耳。倾于分水口舟次见令大阮，附此奉候起居。途间未带拓本，续行附上。稚存兄宝眷想早已抵都，前经附信，兹不再启。渊如大兄大人。愚弟黄易顿首。[11]（图 5）

按，乾隆五十六年正月，黄易得汪雪礓《唐拓武梁祠画像》，因此有记云："唐拓武梁祠画像，石友汪雪礓物也。余得原石于嘉祥，雪礓欣然以拓本许赠。辛亥正月，其弟领初果践宿诺。鸿宝忽来，可胜感幸！小松并记。"[12]又札中有"稚存兄宝眷想早已抵都"语，检吕培等撰《洪北江先生年谱》，知乾隆五十六年"四月，蒋宜人率眷属，由水路抵都"。[13]又由"冬间弟入都引见"语，可推知黄易此札当作于是年夏秋间。黄易时任山东济宁运河同知，孙星衍时任刑部江苏司员外郎。札中所言多金石之事，从中可窥二人共同的旨趣。

乾隆六十年（1795）五月，孙星衍奉旨简放山东兖沂曹济兼管黄河兵备道。在赴任之前十日，即五月十三日在正阳门所乘马车倾覆，足部骨折，很多文献记载了此事。[14]虽未见黄易有关此事的慰问札或诗，但在故宫藏"新 00155999-4/8"号黄易的《致张爱鼎南归札》中有云："渊如至兖郡，大妙！闻其车压腿，幸无害。今已赴热河请训，七日到此也。"[15]（图 6）透出其对挚友的拳拳之心。此札写作时间，据"今已赴热河请训"一句及《孙渊如先生年谱》乾隆六十年"七月，至热河。奉旨不必请训，即行赴任"，[16]可知应该写于七月。又札中首云"易定期月半南归"，则写此札时当在七月上旬。所谓南归者，乃为送母灵柩归里。此事

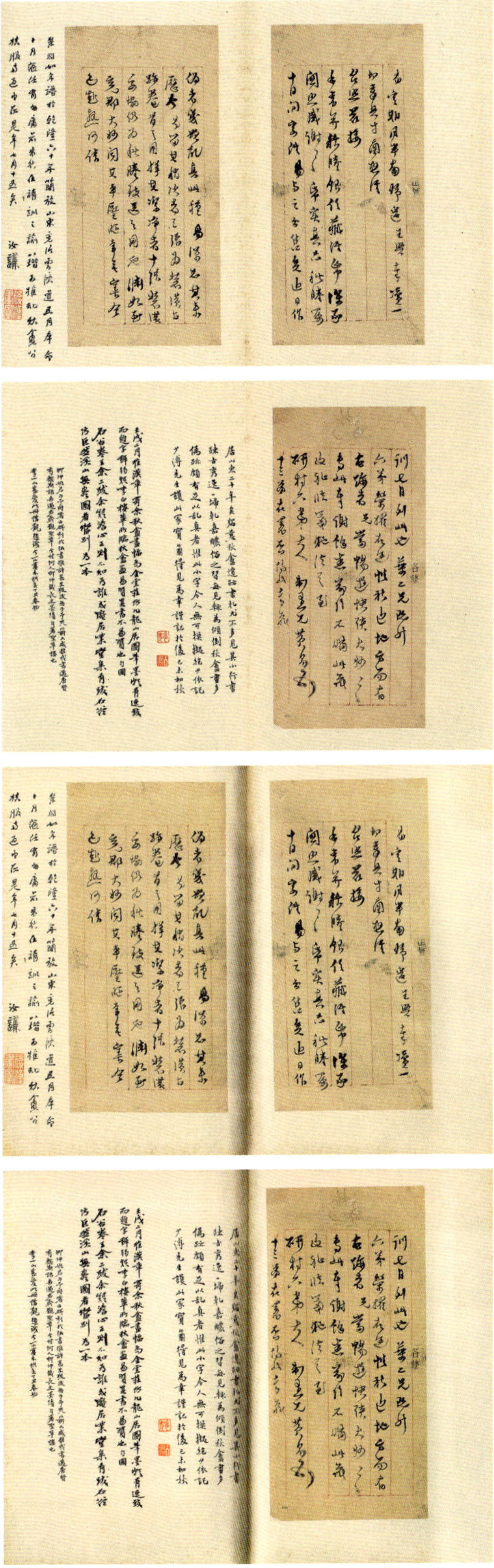

图 6. 黄易致张爱鼎南归札 故宫博物院藏

潘庭筠在墓志铭中记载："六十年闰二月，丁内艰，扶柩归葬。"[17] 由此可推断，黄易闰二月遭母丧，准备七月中旬扶柩南归。在此期间听闻孙星衍覆车折足及外放山东的消息，既为友人伤势无碍欣慰，又为友人即将莅任而喜悦。

通过《致张爱鼎南归札》，黄易盼望老友莅任兖郡的热切心情昭然可见，然而人事蹭蹬，二人在山东的欢会一直迟延到嘉庆元年。黄易乾隆六十年七月中旬护送母柩南归，关于此行日程，《致张爱鼎荣擢札》中云："兹于九月初五日抵杭，已奉先灵到山，即日安葬。故乡无屋无资，贱眷不能久住，乘此河路通行，先令返东，易俟窀穸完备，亦即赴济。"[18] 此札当写于乾隆六十年九月初五日到杭州后不久。因在故乡"无屋无资"，所以令家眷先期返济宁，自己在安葬事毕，亦即刻返回。根据其去程所用时间，黄易返回济宁应该在该年年终。回济宁后丁忧守制期间，黄易也时常与友人外出访古。嘉庆元年正月，黄易与孙星衍至嘉祥考古，关于此事，孙星衍在《题吴君文徵为予画〈海岱搴帷图〉十帧》之《东缗访古》小序记云：

汉平狄将军朱鲔石室在金乡城北，有画象奇古。予官沛上，每岁防河曹单过此，摩挲故刻，拓本藏之。后为黄流所漫，旧迹都湮矣。嘉祥又有新出武氏祠画象及肥城郭巨石室，皆与黄司马易亲至其地。[19]

要说明的是，除上述小序外，二人还另有诗记载此事。孙星衍诗题为《正月十一日，同黄小松司马易至嘉祥山中访武梁石室画象，小松作图纪游》，[20] 黄易诗作《二月十一日，渊如观察约游紫云山，访武氏祠。作图，观察题句，依韵奉和》，[21] 二人所记时间相差一月，孰是孰非尚需考辨。《孙渊如先生年谱》对此事记载为："（嘉庆元年）正月，奉檄至曹南，谕祭刘督部峩。礼毕，同黄司马易游嘉祥紫云山，观武梁祠画象归。"[22] 且孙诗中有句云"高寒到骨清如许""雪鸿忽聚此山前"，当是正月寒冬之景，较黄易诗所作之二月更为恰当。因此可确定游嘉祥观武梁祠的时间为嘉庆二年正月十一日。

嘉庆二年服阕后，[23] 黄易又于正月、二月间至泰山访碑，记录在《岱岩访古日记》中。其中涉及到与孙星衍的交往，现简列于左。[24]

正月十四日，黄易至济南按察使署拜访孙星衍，得以"纵观嘉石轩所藏吉金欵器"，高兴地"命工拓之"。

十七日，孙星衍招请至按察使署，同至者有王穀、吴人骥。[25]

十九日，黄易受孙星衍、兖沂观察金棨招请游大明湖。[26]

二月初二日，黄易携江凤彝等人下山时在壶天阁与孙星衍、金棨相遇，[27] 孙星衍邀黄易再次上山，黄易以山高难攀辞之。

二月初三日，孙星衍等人下泰山，招黄易观王母池、吕公洞等名胜，并于老君堂、岱庙观碑。夜宿岱麓书院。孙星衍为黄易篆书题名，并请刻工刻在泰山石上。此题名即《泰山石刻大全》所收《岱庙阙形方柱碑题名》，[28] 其文云：

嘉庆二年癸酉，署按察使孙星衍来谒岱庙。泰安府知府金棨、运河同知黄易、阳湖杨元锡、钱唐江凤彝同至。[29] 次日，宿登封台，观日出始去。

癸酉即二月二日。

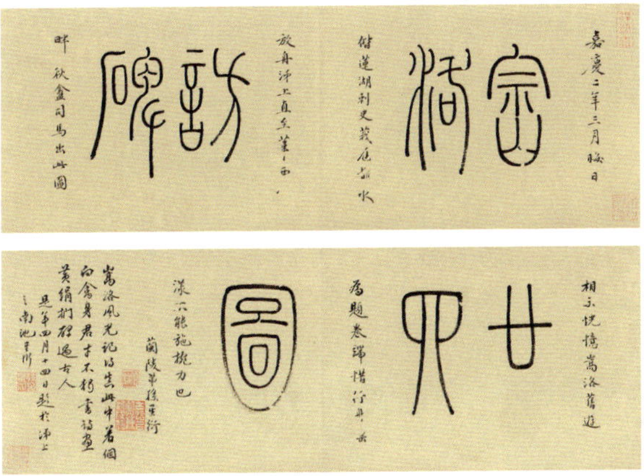

图 7. 黄易《嵩洛访碑图》孙星衍题引首

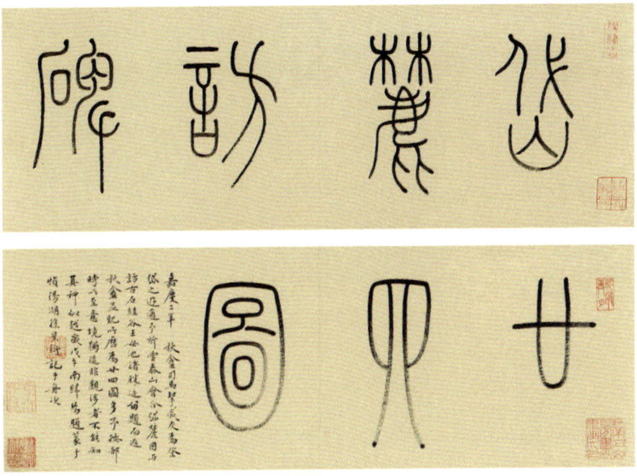

图 8. 黄易《岱麓访碑图》孙星衍题引首

访碑考古，是二人此期的主要交往方式，共同对友人的热情款待，也促进了二人的友谊。兖州、济宁为运河要道，南北往来所必经，孙星衍和黄易的任所自然是友人途中必访之地。吴锡麒于嘉庆二年春间由京城返里，[30] 自四月十九日至二十九日在济宁，受到黄易和孙星衍的热情招待，吴锡麒将这些经历都写入《南归记》中，[31] 为我们留下了生动、鲜活的资料。在这十余天里，孙星衍、黄易轮番招待吴锡麒，畅游济宁太白楼、南池、浣笔泉等名胜，老友相见，快意非常。

嘉庆三年三月，魏成宪自京赴任扬州府知府，[32] 途经济宁，亦受到孙星衍、黄易的热情款待。魏成宪《清爱堂集》卷八有《任城访黄小松司马易，因与邓兰溪漕使再馨、孙渊如观察星衍偕游南池，[33] 觞咏竟日。小松用余〈丙午北上过泲奉赠〉元韵，赋诗二章，并作〈南池话旧图〉见贻，迭韵答之》《渊如廉访招同兰溪侍御、小松司马游浣笔泉，即用壁间木兰山人刘浦获江氏诗韵》二题四首，记载了这二次欢游之会。

在这三年中，二人过从之数，还可从孙星衍的一些题记窥之一二。黄易注重实地考察，曾两次大规模访碑，他不仅有日记传世，且精心绘为访碑图，即著名的《嵩洛访碑图》和《岱麓访碑图》，分别二十四帧。（图 7、图 8）图成，遍求名家题记，其中即有孙星衍的很多笔墨。朋友的诗文也从侧面记载了这一事实，《湖海诗传》卷四十有王芑孙的一首诗，[34] 题为《家秋塍大令复，以嘉庆元年九月，与黄小松易、武虚谷亿为嵩少、伊阙之游，[35] 寻碑选胜，作图纪事。其年十二月，求孙渊如星衍篆题其首。明年五月，以书抵余华亭官所求诗》，所谓“篆题其首”，即指以篆书题名于图之卷端，[36] 所题为“嵩洛访碑廿四图”。

嘉庆二年三月三十日，孙星衍又在《嵩洛访碑图》篆书引首的行间题记：“嘉庆二年三月晦日，偕莲湖刺史、莪庭都水放舟泲上，直至苇西□畔。秋盦司马出此图相示。恍忆嵩洛旧游，为题卷端。惜行舟遥漾，不能施腕力也。兰陵孙星衍。”四月十四日，再题诗云：“嵩洛风光记得真，此中若个白禽身。君才不独书诗画，黄绢扪碑过古人。是年四月十四日题于泲上之南池。星衍。”（图 7）

孙星衍在送母柩归葬前夕，黄易请其为《岱麓访碑图》题辞，孙星衍为题“岱麓访碑廿四图”篆书引首，并题记云：“嘉庆二年，秋盦司马挈戚友为登岱之游。适予祈雪泰山，会合岱麓，因与访古石经、王母池诸胜迹，留题而返。秋盦并纪所历为《廿四图》，多予按部时所至，意境独造，非亲涉者不能知其神似。越岁戊午南归，为题篆于帧。阳湖孙星衍记于舟次。”（图 8）此题记不仅记载了二人共同至泰山访古，更重要的是“意境独造，非亲涉者不能知其神似”之语，不是客套性地赞美，而是由衷地评价，同时也透露出二人基于共同爱好的惺惺相惜的挚情。

黄易也多次为孙星衍作图或题记。《孙渊如先生年谱》载：“（嘉庆二年二月）道过泰安，大雪盈尺。君去年祷雪泰山，至是如有神应，为诗云‘半压红尘半遮树，却嫌絜白太分明’。黄司马易写为图，吴祭酒锡麒有诗。”[37] 孙星衍曾得一司马迁印，黄易有《孙渊如观察得“司马迁”三字铜印，题二绝句》：

篆势雄浑迥不群，斯文也合妙香熏。龙门手泽先生握，天许词坛共策勋。

内使印归虞秘监，书家物又付书家。姓名三字分明在，寄语吴君莫漫夸。

昔在张止原斋中见吴竹堂所藏“史迁”铜章，以为太史公物，余疑是姓史名迁之印，不若此印为真也。[38]

嘉庆三年八月孙星衍因母丧归里守制，亲友祭吊慰问的诗文很多，黄易虽然无相关文献留传，但他与孙星衍近在咫尺，亲与丧仪当无疑问。在故宫博物院所藏“新 00138487-1/17”《黄易致吴锡麒锦帆札》中云：“渊如观察无端改归地方候补（按指因背负河工赔项留补地方道之事），春松太守到扬，自可详悉。今其太母金恭人化去，近况之苦，难以宣述也。”[39] 饱含着对挚友的关心与同情。在此之后，二人肯定还会有很多交往，但这方面

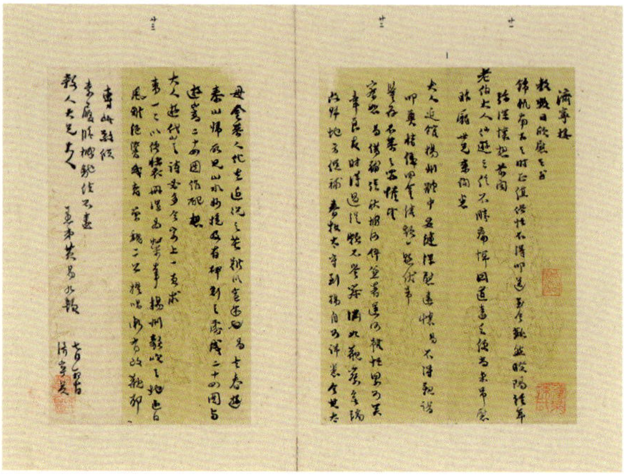

图 9. 黄易致吴锡麒锦帆札　故宫博物院藏

的文献尚需查访。

嘉庆八年十二月孙星衍再次以督粮道职莅任山东，而此前之一年的二月二十三日，黄易已经在济宁任上与世长辞了。

几乎与黄易逝世同时，本年二月，孙星衍与邢澍合编的《寰宇访碑录》书成，此书以《续通志》中邵晋涵所编《金石略》为基础，益以孙氏二十多年搜集的大量成果，最后由邢澍再据自己藏书修订而成。孙星衍在此书序中说：

昔邵学士晋涵纂书三通馆，檄取海内石刻进之内廷编书，以续郑樵《金石略》，录其副本，举以相赠。藏在行笈，廿载有余。中间游学四方，思以目见手摸，为之增补。盖西游河华，北集神京，东揽三齐，南穷越纽，至山川城邑，古陵废庙，或有残碑断碣，无不怀墨握管，拓本看题，录入兹编，岁有加益。其足迹不到之处，又值同世通人名士，搜奇好异，邮示所获，扩其见闻。若今王少寇昶、钱少詹大昕、翁阁学方纲、冯编修敏昌、阮抚部元、黄司马易、武大令亿、赵明经魏、何文学元锡，皆为此学，藉以订正邵书，又增倍

莛。顷归吴下，获交邢明府澍，出以相质。明府博学洽闻，藏书万卷，复据筐箧所有，补其不备，删其复重，乃始成书，刊以问世，题为《寰宇访碑录》。[40]

此书的资料有很多来自友朋“邮示”，这些都标注于每一碑目之下。其中凡是黄易所藏者标为“浙江钱塘黄氏藏”。计有卷一《侍御史河内温令王稚子阙》《成阳灵台碑》《熹平石经〈尚书〉〈论语〉残字》《凉州刺史魏元丕碑》《幽州刺史朱龟碑》《小黄门谯敏碑》《圉令赵君碑》《汉残碑》，卷三《灵岩寺碑》，共九种。自黄易处所得，相较全书7849种碑目，数目并不多，但都是汉、魏碑石的珍稀拓本，其价值不能以数目来衡量，在这些拓本上所承载的友谊，也同样值得珍藏牢记。

如今，斯人已逝，但二人的风流余韵仍然辉映在传世文献中，二人的“金石”之交，也为我辈学人提供了学习的样板。但更为重要的，正如秦明先生所言，若要使相关研究更加深入，必须把单个学者放入当时他所在的群体之中，在梳理学者之间动态的交流活动中进行研究，从而还原出那时的学术网络，在对这种学者之间相互交流与关联的研究中，推动诸如金石学等方面研究的进展。[41]

注释：

1.（清）黄易：《黄小松藏汉碑五种》五册，上海有正书局珂罗版影印，中华民国四年一月，南图藏本GJ/350651。

2. 严长明，字冬友、道甫，江苏江宁府上元县人。雍正九年（1731）八月二十七日生，乾隆五十二年（1787）八月十三日卒。乾隆二十七年召试举人，授内阁中书，三十六年成进士，仕至翰林院侍读学士。著有《归求草堂诗文集》《毛诗地理疏证》等。 王复，字敦初，号秋塍，浙江嘉兴府秀水县人。乾隆十三年（1748）生，嘉庆二年（1797）九月二日卒，监生，由主簿，仕至堰师知县。著有《晚晴轩稿》八卷，附词一卷。

3. 张埙，字商言，一字商贤，号瘦铜（同），又号吟乡，江苏苏州府吴县人。雍正九年（1731）十月生，乾隆五十四年（1789）卒。乾隆三十年举人。官内阁中书、景山学宫教习，三十八年入四库馆任编校。著有《竹叶庵文集》《张氏吉金贞石录》。

4. 翁方纲，字正三，号覃溪、苏斋，顺天府大兴县人。雍正十一年（1733）八月十六日生，嘉庆二十三年（1818）正月二十七日卒。乾隆十二年举人，十七年成进士。由翰林院编修，累至内阁学士。著有《复初斋诗文集》《苏诗补注》等。

5. 黄易在《汉凉州刺史魏君碑》书末跋尾中称：“孙刑部渊如以‘巤’下‘頟’字是‘貌’字，非‘類’字。”黄易则认为“貌”字上从“艸”，疑为“藐”字。并举《太室阙颍川太守铭》及《武荣碑》内“藐”字证之，并与碑中“余類不辑”之“類”相较绝不同，故释其为“藐”字。跋中称“孙刑部”，是指孙星衍于乾隆五十四年九月题补刑部直隶司主事，后又在乾隆五十九年升任广东司郎中，一直在刑部总办秋审，故作此称。由此可知，黄跋亦当作于乾隆五十四年至五十九年间。

6. 毕沅跋：“范巨卿碑久失，独存其额。顷黄小松司马驰示打本，审有元时印记，良可宝也。《水经注》称金乡南有范巨卿冢，名件犹存，碑云‘刊铭树墓’，知是墓碑。按金石旧书载，碑有‘青龙’字样，则为魏世所立。郑夹漈《通志》载汉碑，有《庐江太守范式碑》，云蔡邕书，在济州。下魏碑，又有《魏范式碑》，云有碑阴‘青龙三年，未详’，而不知是一，盖考古不审也。碑有‘侍御史拜冀州刺史’云云。范《史》但言四迁荆州刺史，足补其缺。所称‘略依旧传以撰景行’，乃当日《东观记》之属也。乾隆乙巳秋七月，余与严侍读道甫、洪孝廉稚存、孙明经渊如、王参军秋塍同观于大梁节署，因跋其末。灵岩山人毕沅。”

7. 在这一年的五月廿八日至六月四日之间，孙星衍等人多次观摩研读过黄易所携来的拓本。如《汉幽州刺史朱君碑题记》：“镇洋毕沅、余姚邵晋涵、江宁严长明、铅山蒋知让、易湖洪倞吉、孙星衍，同观于中州卩院。时乾隆丙午六月三日。”（篆书）《汉成阳灵台碑题记》：“乾隆丙午六月四日，镇洋毕沅、吴徐坚、余姚邵晋涵、江宁严长明、易湖洪倞吉、孙星衍，同观于中州卩院。”

8. 储润书，字玉琴，号旅农，江苏常州府宜兴县人。乾隆十年（1745）生，嘉庆十六年（1811）卒。乾隆己酉优贡生。著《秋兰馆烬余剩稿》四卷。

9. 洪亮吉，初名莲，又名礼吉，字君直，一字稚存，号北江，晚号更生居士，江苏常州府阳湖县人。乾隆十一年（1746）生，嘉庆十四年（1809）五月十二日卒。乾隆五十五年（1790）年成进士，由翰林院编修，仕至贵州学政。著有《洪北江先生全集》《北江诗话》《春秋左传诂》等。

10. 汪畲，字中也，又字雪礓，扬州府江都县人。

11. 陈烈主编：《小莽苍苍斋藏清代学者书札》，北京：人民文学出版社，2013 年，第 259、260 页。

12. 黄易《汉画室》白文印边款，转引自李文兰《黄易访碑图研究》，中国台湾国立台北艺术大学九十五学年度美术史研究所硕士论文，2007 年，第 83 页。

13.（清）吕培等：《洪北江先生年谱》，《洪亮吉集》，北京：中华书局，2001 年，第 2340 页。

14. 如张绍南、王德福《孙渊如先生年谱》乾隆六十年五月条。另张问陶《船山诗集》卷十二《五月十三日，渊如比部覆车正阳门，伤足。时以京察将得外任》诗，张问安《亥白诗草》卷五《孙刑部坠车行为渊如赋。时将得外任。渊如先有驾车马，最劣，并赋其事》诗，此二诗更详尽地说明了日期与伤足原因。

15. 故宫博物院编：《故宫藏黄易尺牍研究・手迹》，北京：故宫出版社，2014 年，第 140、141 页，第 144 页，第 50、51 页。

16.（清）张绍南、王德福：《孙渊如先生年谱》，《北京图书馆藏珍本年谱丛刊》影缪荃孙《藕香零拾丛书》本，第 469 页，第 472 页，第 479 页。

17.（清）潘庭筠《山东兖州府运河同知钱塘黄易墓志铭》，收录在黄易《山水册》册尾，横 23.3 厘米，纵 27.7 厘米，浙江省博物馆藏。

18. 同注 15。

19.（清）孙星衍：《孙渊如先生全集》，《丛书集成初编》本，商务印书馆，中华民国二十六年（1937）版，《芳茂山人诗录》（二）第 104、105 页，《芳茂山人诗录》（一）第 49 页。

20. 同注 19。

21.（清）黄易《秋盦遗稿》，李汝谦石印本，宣统二年（1910）。

22. 同注 16。

23. 同注 17。

24.（清）黄易：《岱岩访古日记》，《石刻史料新编》第三辑第二十八册，台北：新文丰出版公司，1982 年，第 83-87 页。

25. 王毂，字御軨，号东莲、莲湖，安徽徽州府黟县人。乾隆十一年（1746）生，嘉庆十四年（1809）九月卒。以贡生考充四库誊录，加捐县丞，由山东菏泽县丞，仕至江苏淮安知府。辑有《王氏家藏印谱》。吴人骥，号念湖，直隶天津府天津县人。乾隆九年（1744）生。乾隆三十年举人，翌年成进士，由山东蓬莱知县，仕至莱州府知府。

26. 金棨，字丹采，号素中，浙江杭州府仁和县人。监生，官济南府知府。著有《清晖阁集》。

27. 江凤彝，字秬香，晚号盥道老人，浙江杭州府钱塘县人。嘉庆三年举顺天乡试。

28. 泰安市文物局辑：《泰山石刻大全》，济南：齐鲁书社，1993 年，第 644 页。

29. 杨元锡，字云珊，江苏常州府阳湖县人。曾任河南长垣知县。喜游燕。博学工诗，诗才敏捷，援笔千言，倚马立就。著有《览辉阁诗抄》六卷、《词草》四卷，并纂有《天津枣强志乘》《长垣县志》。

30. 吴锡麒，字圣徵，号谷人，浙江杭州府钱塘县人。乾隆十一年（1746）七月二十八日生，嘉庆二十三年（1818）卒。乾隆三十九年举人，翌年成进士。由翰林院编修，仕至国子监祭酒。著有《有正味斋全集》。

31.（清）吴锡麒：《还京日记·南归记下》，《清代稿抄本》第一册，广州：广东人民出版社，2007年，第168-173页。

32. 魏成宪，字宝臣，一字宝传，号春松，又号仁庵，浙江杭州府仁和县人。乾隆二十一年（1756）生，道光十一年（1831）卒。乾隆四十二年举人，四十九年成进士，由刑部主事，仕至山东道监察御史。著有《清爱堂集》。

33. 邓再馨，字兰溪，贵州兴义府普安县人。乾隆四十二年举人，四十九年成进士，由翰林院检讨，仕至山东莱州府知府。

34.（清）王昶：《湖海诗传》，嘉庆刻本。

35. 武亿，字虚谷，一字小石，号半石山人，河南河南府偃师县人。乾隆十年（1745）十一月二十二日生，嘉庆四年（1799）十月二十九日卒。乾隆三十五年（1770）举于乡，四十五年（1780）成进士。官山东博山县知县。

36. 图7、图8为黄易《嵩洛访碑图》《岱麓访碑图》的引首，17.5厘米×50.8厘米，故宫博物院藏。

37. 同注16。

38. 同注21。

39. 同注15。

40.（清）孙星衍：《寰宇访碑录序》，《寰宇访碑录》，吴县朱记荣槐庐家塾刊本，清光绪十一年。

41. 秦明：《故宫藏黄易尺牍中的金石碑帖》，《故宫藏黄易尺牍研究·考释》，北京：故宫出版社，2015年版，第41、42页。

艺术与学术之间

——关于焦山鼎的再思考

孔令伟

中国美术学院艺术人文学院教授

内容提要：金石学家黄易在《小蓬莱阁金石目·金目》中著录了“焦山鼎”，以此为起点，本文对焦山鼎进行了新的讨论，强调了其在历史、艺术史及书法艺术研究上的重要价值。文末讨论了与焦山鼎有关的全形拓问题。笔者认为，焦山鼎的全形拓，其意义与“空山堂金石图”和“百汉碑研”缩刻古碑全形的做法一致，这改变了吴门文人以册页装池碑拓的做法，用意在于“读图”而非“读书”。

关键词：焦山鼎　全形拓

焦山鼎又称“无叀鼎”，其最初信息来自于晚明。此后，文人学者不断对此鼎进行题咏、考释——承秦明先生提示，金石学家黄易在《小蓬莱阁金石目—金目》中就著录了“焦山鼎”，此外，故宫藏新00069087-11/12《黄易致汪畚等楚事札》中也提到“焦山鼎铭”。

近代以来，画家（如吴昌硕）还以焦山鼎全形拓为媒材创作了许多精彩的画作。焦山鼎备受关注，充分展示了它在历史、艺术史及书法研究上的重要价值。通过吴昌硕画作中的焦山鼎拓片，我们还可以进一步推求焦山寺僧“六舟上人”释达受的古器物传拓技法，重现他与阮元、程木庵等人的交往，进而丰富我们对清中后期古物全形拓的认识。

记录古物全形，除了《宣和博古图录》的传统之外，牛运震《空山堂金石图》所开创的缩刻碑碣全形的传统也特别值得我们关注，缩刻古碑全形，改变了吴门文人以册页装池碑拓的做法，其意义在于“读图”而非“读书”。释达受十八岁时曾得到《金石图》二本——本文认为：他的器物全形拓，其意义与“空山堂金石图”和“百汉碑研”一致，从六舟为阮元家庙古器制作的全形拓，或为程木庵拓拓制的彝器四大卷来看，他所强调的重点是完整的器物及器物组合图像，在《宣和博古图录》之后开辟了新的古物图像表达范式。

一

浙江省博物馆藏有吴昌硕作于1902年的巨幅《鼎盛图》（图1），画面中出现了两件全形拓古鼎，左下方为“肇祺鼎”，右上方为“无叀鼎”。吴昌硕曾多次创作这样的作品（图2），画中的“无叀鼎”

图 1. 吴昌硕《鼎盛图》浙江省博物馆

图 2. 北京匡时 2012 年秋拍吴昌硕《鼎盛图》

图 3. 荣宝斋（上海）2011 年首场大型艺术品拍卖会　吴昌硕《玉堂富贵图》（周无叀鼎）

图 4. 上海铭广拍卖有限公司 2012 首届艺术品拍卖会　吴昌硕《博古图》

图 5. 赵叔孺《焦山周无叀鼎拓本》

又称“鄦专鼎”“鄦惠鼎”“焦山鼎”。

吴昌硕（1844 —1927）还有一件作品单独表现“周无叀鼎”（图 3），画面题款介绍了“无叀鼎”的来历，内容为：“无叀鼎铭九十四字，器今在焦山。相传鼎系魏氏物，分宜相当国，以不得此鼎将罪之，分宜败，魏氏惧终不保，移置焦山。无专无字尚读为鄦。因古鄦字每省邑旁也……”这位“分宜”是权相严嵩，在其抄没家产目录中还有一幅“张宪副”的“东坡博古图”。吴昌硕这件作品以玉兰、牡丹与古鼎相配，有“玉堂富贵”的寓意。吴昌硕另以梅花、无叀鼎为题创作过一件类似的作品（图 4），画面还题有一首诗：

穆穆焦山鼎，剪剪孤山花。
古色斗寒香，斑驳而光华。
好参文字禅，如坐冰雪涯。
携去挂粉壁，月上飞龙蛇。

无叀鼎拓片是一个极好的媒材，在这里，“焦山鼎、孤山花”为画家提供了灵感，并在无形中营造了深沉古雅的气息。

无独有偶，画家赵叔孺（1874—1945）也有一件以无叀鼎为题的作品（图 5），画面题跋同样介绍了焦山鼎的来历：“鼎本前明润州魏氏物，严分宜当国时，百计欲得之，几为所陷。寻分宜败，魏氏恐终不保，遂送焦山，付寺僧永守之。余既补缋牡丹一枝，并记鼎之缘起于左。”

显然，无论是对吴昌硕还是赵叔孺而言，“无叀鼎”都是一件极为重要古器，而且它才是画面的主角。从上述两跋可以看出，“无叀鼎”的最初信息来自于晚明。也正是从晚明起，文人学者开始不断对此鼎反复进行题咏、考释，诸如王士禄、张潮《焦山古鼎考》、顾炎武（1613—1682）《金石文字记》、朱彝尊（1629—1709）《吉金贞石记》、宋荦（1634—1713）《筠廊偶笔》、王士禛（1634—1711）《池北偶谈》、牛运震（1706—1758）《焦山鼎》、翁方纲《焦山鼎铭考》、张廷济、徐同柏《焦山周鼎文》、阮元（1764—1849）《积古斋钟鼎彝器款识》、冯云鹏《金索》、徐同柏（1775—1860）《从古堂款识学》、吴式芬（1796—1856）《攈古录金文》、吴大澄（1835—1902）《愙斋集古录》、郑业敦（1842—1919）《独笑斋金石文考》、刘心源

图 6.《金石画报》第十号 民国十四年十二月九日

图 7. 无叀鼎铭文《殷周金文集成》

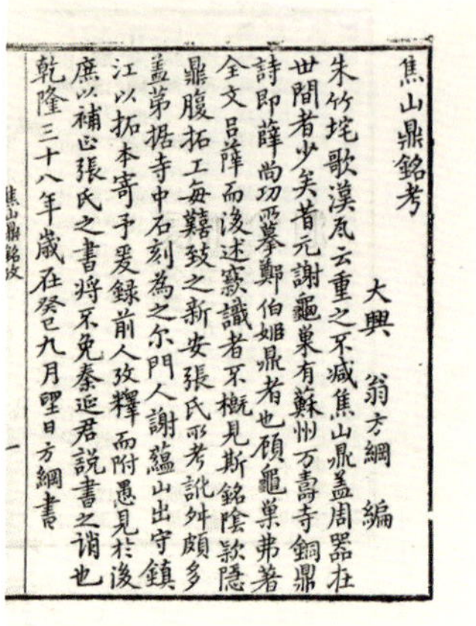

焦山鼎銘考

大興 翁方綱 編

朱竹垞歌漢瓦云重之不減焦山鼎蓋周器在世間者少矣昔元謝龜巢有蘇州万壽寺銅鼎詩即薛尚功所摹鄭伯姬鼎者也顧龜巢弗著全文呂薛而後述款識者不概見斯銘陰款隱鼎腹拓工每艱致之新安張氏所考訛舛頗多蓋第据寺中石刻爲之尒門人謝蘊山出守鎮江以拓本寄予爰録前人攷釋而附愚見於後庶以補正張氏之書將不免秦延君說書之誚也乾隆三十八年歲在癸巳九月望日方綱書

焦山鼎銘攷 一

图 8. 翁方纲《焦山鼎铭考》

（1848—1915）《奇觚室吉金文述》、邹安（1864—1940）《周金文存》、罗振玉（1866—1940）《三代吉金文存》、刘体智（1879—1962）《小校经阁金石文字》、近代的《金石画报》（图 6），及郭沫若（1892—1978）的《两周金文辞大系图录考释》……皆对无叀鼎有研究和记载。而且，这种热情一直延续到了今天（主要是拍卖会场）。

《殷周金文集成》5·2814 也著录了无叀鼎（图 7），称：无叀鼎时代为西周晚期，铭文九十三字（又合文一），现藏镇江博物馆，铭文内容为：

惟九月既望甲戌，王格于周庙，述於图室，辞徒南仲佑许惠入门，立中廷。王呼史翏册命许惠，曰："官辞𬻰王，偵側虎臣，赐女玄衣黹纯，戈琱戟，厚柲彤沙，鋚勒銮旂。"许惠敢对扬天子丕显鲁休，用作尊鼎，用享於朕烈考，用介眉寿万年，子孙永宝用。[1]

而早在乾隆三十八年，翁方纲就对"无叀鼎"进行过考释，并附录前人考释文字，辑成《焦山鼎铭考》（图 8）付梓。其后，翁方纲将《焦山鼎铭考》毁版，另撰〈焦山鼎篆铭考〉一篇，并保留了最初的考释文字：

江南焦山鼎，著称二百余年矣……取予旧所撰考，稍芟其冗蔓，略记于此。此鼎不当以焦山鼎名之，就吕、薛著录之例，应题曰"无□鼎"。无□者，人名也。其上一字非世字，是"无"字也。下一字非"惠"、非"专"，只可阙之。就此二字人名，则周时本有此鼎，其文极古，久不存矣。不知何时何人不知篆法者妄摹字形于此重铸一鼎，欲以冒充古物。其或严嵩妄人闻人赞美而欲得之，容有此事；西樵、竹垞、尧峰诸先生则不当出此也。人名下一字是"内门"二字，内门者，入庙门也。释佥、释宾皆误。第四行"册"下是"命"非"令"，第二行"丙子烝"三字尚未敢定。第四行"册"上或是"友"字也。第五行首是"官司"二字，第五行"侧"上释"颇"，"侧"下释"弗作"皆非也。第七行人名上当是"鋚勒銮旂"四字。第八行"丕显"下一字释"睿"释"敷"释"敬"皆非。第九行"用享于"下间泐处是"朕"字，其下一字释"到"亦非也。凡十行，其阙者不啻过半，实由重摹之失。其原本不可得见也……

翁方纲之所以毁版，是因为传世焦山鼎铭文有鼎腹拓本和石翻刻拓本两种。翁方纲最初作《焦山鼎铭考》，依据的是石翻刻拓本。其后，翁方纲门人谢蕴山守镇江，带来精拓鼎腹拓本。但翁方纲认为鼎腹拓本“实有讹误”，而且焦山鼎“非真周时器”。翁方纲判断自己的《焦山鼎铭考》有误，遂毁版。但是，三十年后，明末闽侯徐兴公（1570—1645）旧藏焦山鼎铭册再度现世，册首焦山鼎图、鼎腹拓文各一纸。[2]这件事证明焦山鼎铭并非伪作，焦山鼎亦非伪器——至少是在明末就已经流传有绪，但翁方纲此时已不在人世。此后，冯云鹏《金索》中也著录了“无叀鼎”铭文及器形，不过，这里的铭文与器形与褚俊在《金石经眼录》中摹刻的铭文与器形一样，均为翻刻之作。（图 9-1、图 9-2、图 9-3）。

焦山鼎之所以备受关注，是因为这件古器于历史、艺术史及书法艺术均有极高之价值。

《诗·大雅·常武》：“赫赫明明，王命卿士：南仲大祖，大师皇父。整我六师，以脩我戎。既敬既戒，惠此南国……”学者认为，焦山鼎铭中的“南仲”就是《大雅·常武》中述及的西周宣王时期的虎将。在一件《无叀鼎》拓片中（图 10），谭镳（1863—1924）曾留下过一段考证文字：

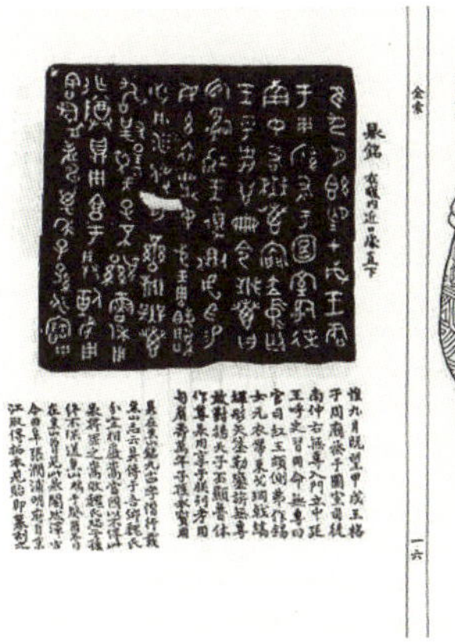

图 9-1.《金索》中著录的“周无叀鼎”

图 9-2.《金石经眼录》中摹刻的焦山鼎

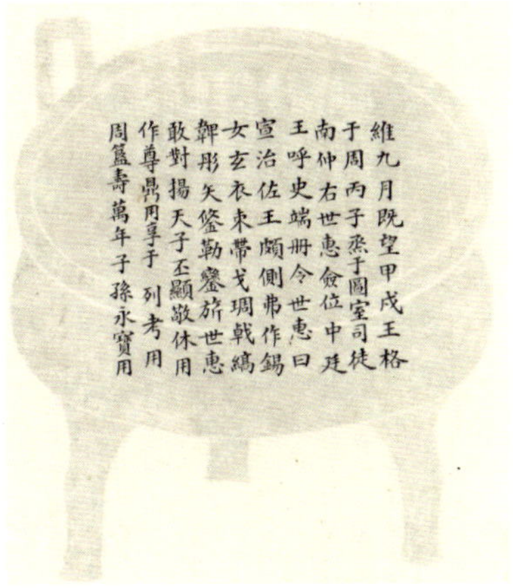

图 9-3.《金石经眼录》中摹刻的焦山鼎铭文

诗《常武》篇，赫赫明明，王命卿士，南仲大祖。又《出车》篇，王命南仲，往城于方。此鼎文之南中，即诗之南仲也。王谓周宣王也。

《出车》之南仲，毛传以为周文王时人，而《汉书·匈奴传》《盐铁论·繇役篇》则皆以为周宣王时人，其说当出《鲁诗》，今从之。比诗言南仲城方伐玁狁，《六月》篇言，尹吉甫伐玁狁侵方，必同为一事，毛说误也。又鼎文言王征侧虎方，与两诗之方疑同为一地。《出车》言城方，又言城朔方，朔，虎古音，同在第五部例，得通借，虎方或即朔方也。

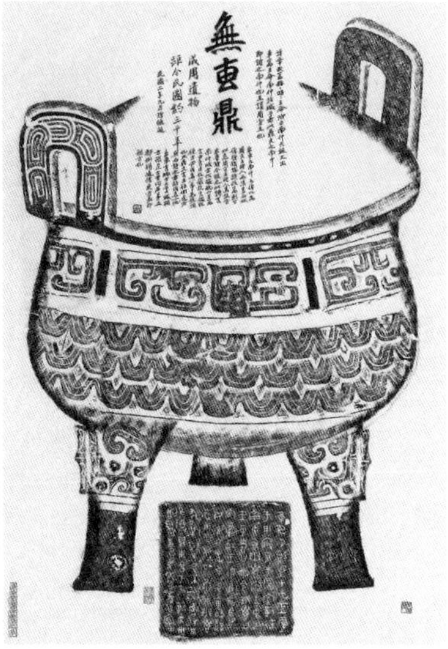

图 10. 上海朵云轩 2010 年秋季艺术品拍卖会《谭镳题无叀鼎拓片》

在艺术史上，“无叀鼎”的意义同样不可小觑。西周“无叀鼎”和“善父山鼎”都出现过“图室”二字。《孔子家语》记载：“孔子观乎明堂，睹四门墉，有尧舜之容，桀纣之像，而各有善恶之状，兴废之戒焉。又有周公相成王，抱之负斧扆南面以朝诸侯之图焉。”阮元《积古斋钟鼎彝器款识》卷四称，“图室”即周之明堂太庙。从《孔子家语》的记载判断，明堂图室中的绘画是各类历史人物及历史故事绘画，用意是诏示善恶兴废，而不是以祖先为对象的、用作祭祀的纪念性“像设”（顾炎武认为，画祖先图像进行祭祀，这是很晚才出现的事情，所谓“尸礼废而像事兴”）。“无叀鼎”提到的南仲、“无叀”立于“图室”中庭，之后孔子入周观礼，也出现在同样的位置。辨析图室的问题，一方面可以让我们对古代庙堂壁画及历史故事画产生新的认识，对《天问》《灵光殿赋》这一类文献产生新的兴趣；另一方面又可以延伸到所谓“像设”问题，对战汉之后下层贵族的祠堂或地下墓室壁画产生新的观察视角。

在书法史上，无叀鼎也被赋予了极高的地位。书家谈楷法，喜欢讨论中锋，而无叀鼎铭正是一个极好的参照。王文治（1730—1802）《论书绝句三百首》开篇称：“焦山鼎腹字如蚕，石鼓遗文笔落酣。魏晋总教传楷法，中锋先向此中参。”而无叀鼎铭圆浑古朴的气息同样也打动了康有为。康有为“壬午试京兆……仰瞻高宗纯皇帝所颁彝尊十器，乃始讲识鼎彝。南还游扬州，入焦山，阅周《无叀鼎》，暗然浑古，疏落欹斜，若崩云乍颓，连山忽起，为之心醉……”（《广艺舟双楫》）同样道理，吴昌硕是晚清以来以篆籀笔法入画的重要人物，他反复运用“无叀鼎”拓片作画，必然也有书法上的会心之处。

二

吴昌硕多次画过《鼎盛图》，作品中出现的古器为“全形拓”。这些拓片，多出自焦山鹤洲上人之手（图 11）。丁辅之有一件《鼎盛图》，“无叀鼎”拓片也是出自鹤洲上人之手（图 12）。而鹤洲上人的手法则出自六舟上人释达受（1791—1858）。据《宝素室金石书画编年》，六舟在任焦山寺住持之前，曾两次拓印焦山鼎全形。道光十四年，六舟过访苏州沧浪亭（俟后任沧浪亭大云庵住持），“重拓无叀、陶陵二鼎全图。一存寺中，一携归行笈。”[3] 后来六舟住持焦山寺，期间多次拓印无叀鼎。

六舟上人的“全形拓”手法则起源于嘉庆、道光时期，徐康《前尘梦影录》称：

吴门椎拓金石，向不解作全形。道光初年嘉兴马傅岩能之。六舟得其传授，曾在玉佛庵为阮文达公作百岁图，先以六尺匹巨幅，外廓草书一

图 11.2010 年北京泰和嘉成春季艺术品拍卖会《鹤州上人手拓古器》

图 12. 嘉德 2013 年春季拍卖会　丁辅之《鼎盛图》

大寿字，再取金石百种椎拓，或一角，或上或下，皆能不见全体。着纸须时干时湿，易至五六次，始得蒇事。装池既成，携至邗江，文达极赏之，酬以百金。更令人镌一石印曰“金石僧”赠之。阳湖李锦鸿亦善是技，则得之六舟者，曾为吴子苾、刘燕庭、吴荷屋、吴平斋诸老辈所赏识。[4]

关于嘉兴马傅岩，褚德彝《金石学录续补》中称：“马起凤，字傅岩，浙江海宁人，诸生。藏有遽白睘彝、立簋、朱太宰簋。好古嗜奇，慕宋时毕少董之为人，因以‘小死轩’颜其居。始创拓钟鼎全形，为向来所未有。”容庚先生在《商周彝器通考》中也提到了“嘉兴马傅岩”，并作了考证：“彝器拓全形始于嘉兴马起凤，《金石屑》（一：卅三）录一汉洗，马氏题云：汉洗，旧拓本，戊午六月十八日，傅岩马起凤并记。戊午乃嘉庆三年也。清仪阁所藏古器物文（第一册）有全形爵四及仲皃父敦，均不甚工。张廷济题识在道光二年。”

马起凤[5]的“汉洗”拓片是目前已知比较早的关于全形拓的记录，容庚先生称马起凤拓“汉洗”，时间是“嘉庆三年”（1798），这一年“六舟上人”八岁，尚未出家。此后“六舟上人”如何从嘉兴马傅岩处学习“全形拓”，其事尚不明了。《前尘梦影录》等书称全形拓起于马起凤，但桑椹说：“从《金石屑》一书所刊图像来看，实际上仅由两素面组成，椎拓甚为简单。”[6]也就是说，马起凤嘉庆三年的全形拓还是比较粗糙。

嘉庆时期，除了马起凤，在阮元身边应该还有一些擅长全形拓的能手。徐珂《清稗类钞》称：

阮文达家庙藏器，周虢叔大棽（林）钟、格伯簋、寰盘、汉双鱼洗，皆无恙。惟全角推拓不易，因而真迹甚稀。况夔笙求之经年，仅获一本。复本所见非一，石刻较优于木，然真赝相形，神味霄壤，可意会不可言传，不仅在花纹字画间也。

寰盘拓本上款下形，又于形中拓款，作侧悬形。真本拓不及半，复本辄过之，以毡椎有难易之分，凹与平之不同也。

真器拓本，悉出阮氏先后群从之手，墨色浓淡不匀，字口微漫，不能甚精。（《清稗类钞·鉴赏类之三》）

徐珂的记录非常细致，阮元之后，其家庙古器全形拓已经非常罕见。况夔笙[7]求之经年，“仅获一本”。徐珂提到了“真本”、石刻与木刻这三种全形拓，以及上款下形、形中拓款两种手法。其中值得一提的是形中拓款这一手法，其中器物作侧悬形，而且“真本拓不及半”，这些都是非常准确的感受，也是我们鉴定全形拓真本、石刻本与木刻本的重要依据。

在协助阮元拓印古器的拓手中，“六舟上人”释达深受阮元赏识，并以“金石僧”目之。[8] 道光十八年，六舟四十八岁，阮元七十五岁。《宝素室金石书画编年》记载：“（是年）九月，云伯大令自维扬来，持阮文达公书及诗幅见贻。句云：‘旧向西湖访秀能，南屏庵内有诗镫。哪知行脚天台者，又号南屏金石僧。’后跋云：‘……今南屏六舟开士，博于金石，所藏所拓甚多且精，云伯陈氏来书称之为金石僧，又为西湖添一段佳话……’文达书中云，欲重刊《积古斋钟鼎款识》，嘱余襄任其役。后商之及门吴荷屋中丞，谓考订近拓，难以速成，遂不果其事”。[9]

一年之后，六舟来到扬州拜谒阮元，“文达公款留旬日，以家庙齐侯罍等器出观。坐绿野小舟，游平山诸胜”[10] 在这段时间内，六舟为阮元制作了一批全角拓片。此事在《六舟山野纪事诗》中亦有记载：

余访阮相国于维扬，下榻积古斋中。其左即文选楼，存贮三代彝器，皆属拓全角。相国欣赏之，谓《宣和博古图》真退避三舍矣。

商鼎周钟与汉铜，属摹款识任人工。全角要合云雷古，须得庐山面目同。[11]

除了为阮元拓印三代鼎彝，六舟还有几件非常重要的全形拓作品，即《千岁图》《古甎花供》《二十四器百花卷》、为“程木庵”拓彝器四大卷，以及《剔镫图》（图 13）。

《千岁图》是道光十二年六舟“以所藏金石小品，效钱舜举《锦灰堆》法拓成立轴，名曰《百岁图》凡二十余幅，又曰《百岁祝寿图》。嗣因慈师松溪老人大衍之庆，又叙千种，名曰《千岁图》。阮文达公为之跋，一时题者，边幅皆盈，以为创金石家所未有。”[12] 钱镜塘藏有六舟《百岁图》（图 14），现藏浙江省博物馆，《千岁图》如何？目前未见实物，已不可知（郑岩先生称，《百岁图》与《千岁图》题款大致相同，二图属同一系列）。

图 13.2009 年中国嘉德秋拍　六舟《剔镫图》

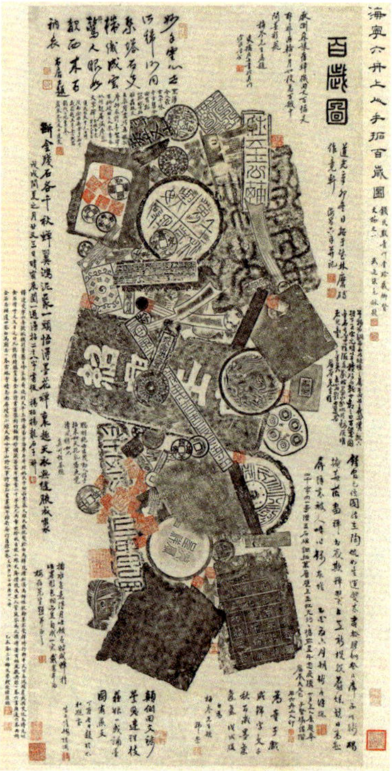

图 14. 六舟上人释达受《百岁图》

为“木庵”拓彝器四大卷，其事始于道光十六年，终于道光二十二年。《宝素室金石书画编年录》记载，道光十六年丙申，“吴康甫二尹过访余曰：新安程木庵孔目洪溥，见师手拓鼎彝全图，谓创从来未有之事，开金石家一奇格。仰望慈云，莫慰饥渴。因木庵家富收藏，三代彝器不下千种，欲延师至彼亲承品鉴云云……中秋节后，木庵始出三代彝器，嘱拓大屏二十四幅”。[13] 道光二十一年二月："仍至新安为木庵拓彝器四大卷，未及竣事。时英咦攻陷乍浦等处，海上在处戒严。远忆故乡，愁心莫释。自春至秋，始成二大卷，凡五百余种……"，[14] 道光二十二年，六舟为木庵拓彝器四大卷告蒇，装池之后，整件作品“高二尺五寸，长五丈余”。[15]

在古器物拓片上作画，现在看到比较早的材料是六舟上人的《剔镫图》。在拓片上添加花卉，较早的记录是六舟上人的《古甎花供》和《二十四器百花图卷》，浙江省博物馆王屹峰先生有新出《古砖花供》一书，对此问题有精彩研究。

《剔镫图》六舟为程木庵制作鼎彝拓片时的一个意外发现。程木庵有雁足镫，六舟审视后发现“隐隐有字迹，并为剔之。其镫文曰：竟宁元年寺工工护为内者造铜雁足镫，重四斤十二两。护武、啬夫霸、椽广汉主、右丞赏、令尊护工卒史、不禁省，中宫内者第廿五，受内者。”[16]六舟据此事创作了《剔镫图》，一时传为佳话。

《古甎花供》是道光十八年六舟“以所藏甎头瓦角有字迹年号者，拓成瓶、罍、盆、盎等件为长卷，凡友人中能写生者，各随意补以杂花，即名曰《古甎花供》。后汤雨生将军见之，为隶书‘磨砖非作镜，著手尽成春’十字弁其端。”[17]《古甎花供》现藏浙江省博物馆，《宝素室金石书画编年》提到：道光二十年，六舟曾经请吴荷屋为《二十四器百花图卷》题字，[18]《古甎花供》和《二十四器百花图卷》是同一类作品。

关于器物全形拓，六舟上人自己也留下了丰富的记录。在《宝素室金石书画编年录》自序中，六舟说自己“壮岁行脚所至，穷山邃谷之中遇有摩崖，必躬自拓之。或于鉴赏之家得见钟鼎彝器，亦必拓其全形，庶几古人之制度可考，而究无关于实证也……余所藏之书画，所拓之金石，知交中设有见赏，随即散去……”[19] 相对与阮元等金石大家而言，六舟说全形拓“无关于实证”，这是一句谦辞。但客观来讲，全形拓却产生了另外一种意想不到的、独立于“实证”之外的效果。自清中叶以来，金石学家的学术注意力已产生了多样变化，除了旧有的小学、经学、史学的研究传统，学者对“碑体”书法趣味也越来越浓厚。对碑刻及器物图像的玩味，让金石学家在埋头考据之余也找到了自己特殊的乐趣，它从考据之学向外延伸，进而发展成新的“鉴赏之学”，并对清代中叶之后的书画和绘画变革产生了深刻的影响。

阮元等学者对这一变化起到了极大作用，他们是古物的真正拥有者、研究者和欣赏者。全形拓的问世离不开这批学者的诱劝、奖掖和扶持。2006年5月26日至6月25日，国家图书馆举办的“中华古籍特藏珍品暨保护成果展”中有一件《阮文达公积古图》（图15），为我们理解阮元及其金

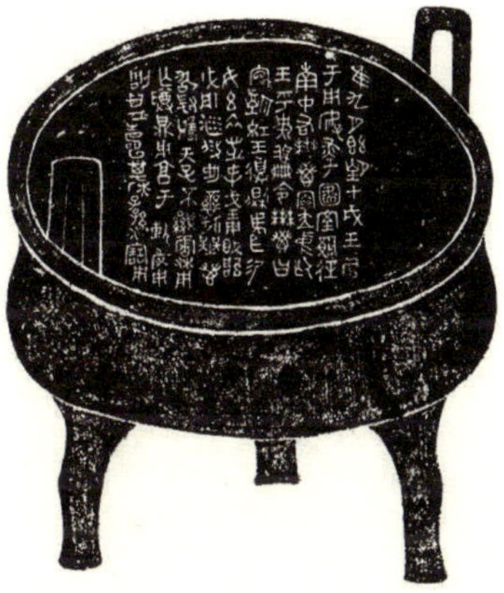

图15. 清周瓒绘《阮文达公积古图》（局部） 国家图书馆善本特藏 吴燕武提供

石传拓群体提供了非常珍贵的历史信息。画面背景中悬挂的是周大林钟，此器另有多种全形拓传世（图 16、图 17）。

当然，讨论清人的古器全形拓，我们还应该提及另外一位早于阮元的先驱式人物——牛运震。牛运震的《空山堂金石图》首开缩刻碑碣全形之先河，其用意不是单纯保留点画，而是再现碑刻的整体形态，这是古物图形制作技术，以及鉴赏趣味转移的重要标志。冯云鹏、冯云鹓的《金石索》在著录古碑时也采用了《空山堂金石图》的做法。同样，王原祁玄孙王曰申（1788—1844）也是牛运震的继起者，他缩刻的百汉碑也是金石学史上著名的例子。[20] 缩刻古碑，重现了吕大临所言“观其器、诵其言”的传统，改变了吴门文人以册页装池碑拓的做法，其意义在于“读图”而非“读书”（图 18）。

在六舟那里，还有用木版刷制的焦山鼎全形拓。桑椹提到，上海朵云轩 1998 年秋季拍卖会拍品中有一件木版印刷的焦山鼎全形拓，其上有阮元题跋：“焦山周鼎余三见之矣，此图所摹丝毫不差，细审之，盖六舟僧画图刻本而印成鼎形，又以此折纸小之，以拓其有铭处乎。再审之，并铭亦是木刻。所拓篆迹浑成器于无别，真佳刻也。”[21] 这类拓片难免让人想起牛运震《金石图》缩刻古碑的做法。[22]

嘉庆十三年，六舟释达受十八岁时得到《金石图》二本，[23] 现在还不清楚这本书对他产生了何种影响。我认为，六舟的器物全形拓，其意义与“空山堂金石图”和“百汉碑研”一致，所强调的重点是完整的图像。由于古器物体积小于碑刻，故而适合制作等大真器拓片。但器物不是平面，所以制作的难度更高。也就是说，拓手必须

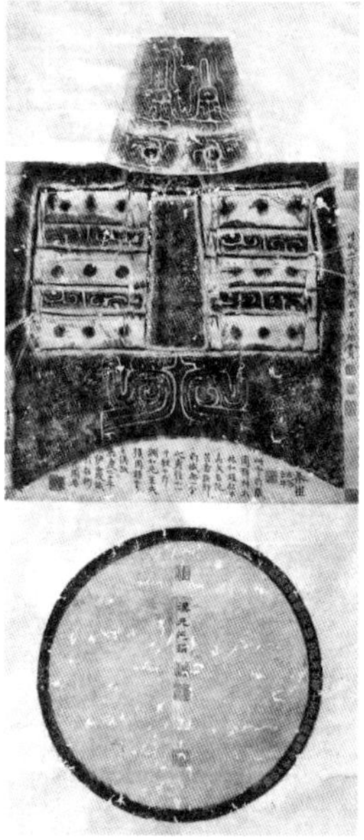

图 16. 周虢叔夌（林）钟、汉元延鋗拓本合轴

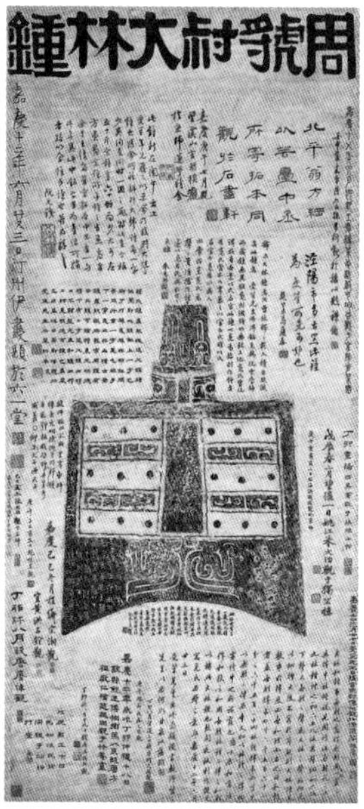

图 17. 周虢叔大夌（林）钟

图 18. 百汉碑研斋－王稚子开缩本　王子若摹刻

图 19.《西清研谱》

要具备绘画的技能与经验，甚至还要具备透视与明暗对照法的知识，才能成功地将三维的立体形象转换为二维平面物像。乾隆时期的《西清研谱》是采用透视法和明暗对照法制作器物谱的佳例（图 19），但我们还不知道六舟有没有接触过类似的物品。至于吴昌硕《鼎盛图》中“肇祺鼎”和“无叀鼎”前后掩映的空间暗示方法，拓工的经验或许是得自周希丁，周氏学过西洋透视法，曾为古物陈列所制作过大量全形拓，其中就有两件古器

图 20. 亚夫觚　西周早期　器高 25 厘米
孙壮旧藏　周希丁手拓　国家图书馆藏

前后遮掩的构图方法（图 20），这是古器物传拓技术中的新经验，与六舟及其传派的手法不同，与北京大学画法研究会则有着隐秘的关联。

注释：

1. 中国社会科学院考古研究所编：《殷周金文集成释文》第二册，香港：香港中文大学出版社，2000 年，第 380 页，原文无标点。

2. 许习文有《关于焦山鼎铭的一段学林公案》，论此事甚详，可供我们参考。见许习文：《关于焦山鼎铭的一段学林公案》，《收藏·拍卖》2013 年 6 月刊，第 82-87 页。

3.（清）释达受编：《宝素室金石书画编年录》，（清）汪士骧订，国家图书馆藏影印清钞本，上册，叶五十五。

4.（清）徐康撰、孙迎春校点：《前尘梦影录》，杭州：中国美术学院出版社，2000 年，第 218-219 页。

5. 马起凤另有《马傅岩集明清印谱》一卷（国家图书馆藏）。

6. 桑椹：《全形拓之传承与流变》，《紫禁城》2006 年第 5 期，第 52-55 页。

7. 况周颐（1859—1926），字夔笙，一字揆孙，晚号蕙风词隐。临桂（今广西桂林）人，原籍湖南宝庆。光绪五年（1879）举人。后官内阁中书、会典馆纂修，曾入两江总督张之洞、端方幕府。

8.《清代碑传全集》记载，六舟：“……于金石凡商秦汉之彝器，皆能考古以证其原，后阮文达公闻其名，招至文选楼，以‘金石僧’目之……”见（清）管庭芬：《南屏退叟传》，钱仪吉编：《清代碑传全集》卷五十八，上海：上海古籍出版社，1987 年，第 1608 页。

9. 同注 3，下册，叶十、十一。

10. 同注 3，下册，叶十三。

11. 收入释达受撰，《小绿天庵遗诗》附《纪事诗》一卷，民国九年海宁姚氏古朴山房校印本。

12. 同注 3，上册，叶五十。

13. 同注 3，下册，叶一、五。

14. 同注 3，下册，叶十七、十八。

15. 同注 3，上册，叶五十五。

16. 同注 3，下册，叶五。

17. 同注 3，下册，叶十二。

18. 同注 3，下册，叶十五。

19. 同注 3，《自序》。

20. 参阅（清）万廉山藏并编、王应绶缩摹：《百汉碑研斋缩本各种汉碑》，光绪十八年（1892）石印本；以及（清）王曰申撰、（清）王褧之编：《王子若摹刻砚史手牍》，北京：文物出版社，1962 年；或杭州：中国美术学院出版社，2000 年。

21. 同注 6。

22. 翁方纲“焦山鼎篆铭考”亦有“牛空山又缩本绘，珉石底借充玙璠”一句。

23. 同注 3，上册，叶二。

乾嘉时期的秦汉瓦当收藏

桑　湛

浙江省博物馆

内容提要：陕西一带的大小博物馆都藏有数量相当丰富的秦汉瓦当，以动物瓦当和吉语瓦当数量居多。瓦当上的吉语，如“长乐无极”“长毋相忘”，现在读来仍觉得情意绵绵。本文分四部分，就乾嘉时期瓦当大藏家交游、瓦当时价起伏、金石藏家互赠拓本以及拓本的制作进行了详细论述。

关键词：乾嘉时期　秦汉瓦当　翻模拓片

一

秦汉瓦当的发现，始于北宋，宋人王辟之《渑水燕谭录》载有宝鸡出土的“羽阳千岁”瓦，黄伯思《东观余论》载有“益延寿”三字瓦，乃瓦当出土与收藏的最早文献记录。瓦当出土地点，虽非仅限于陕西一地，但关中为秦汉都城所在地，出土的瓦当数量位居全国之首，历来是金石家搜访的重点区域。康熙初年，闽人林佶游历关中，访得“长生未央”瓦，著有《汉甘泉宫瓦记》一书，当时名士如王士禛、朱彝尊、查慎行等皆有题咏，一时名声大震。[1]乾隆初年，浙人朱枫因其子官乾州牧，就养西安，搜获瓦当三十余种，著成《秦汉瓦图记》四卷、补遗一卷。以上两家著作，拉开了清代瓦当收藏的帷幕。

陶澍曾有诗云：“是时乾隆岁丙午，秦中大府多嗜古。刓苔剔藓访籀斯，倡者弇山和青浦。”[2]弇山即毕沅，青浦指王昶，乾隆中期，瓦当始大彰于世，掀起一股收藏热潮，与毕沅、王昶相继为官陕西，门人幕客大肆搜访，有着直接关系。

毕沅从乾隆三十八年（1773）至五十年（1785），担任陕西巡抚长达十三年之久，幕府下学者文士云集，其中如钱坫、孙星衍、洪亮吉、张埙、程敦、宋葆淳等，当时皆以讲究金石著称。孙星衍在《汉宫访古》一诗中曾记述了当时毕沅幕府下诸名士，一道出游汉城，搜访瓦当的情形。搜访所获，后来成为程敦编纂《秦汉瓦当文字》一书的重要资料来源。[3]（图1）

王昶入秦比毕沅晚了整整十年，乾隆四十八年（1783）始出任陕西按察使，在陕为官时间仅三年，不过，他对于瓦当收藏的热情，似大有后来居上之势，所获也更丰。王昶在跋伊秉绶所藏“汉并天下”瓦当砚图时，回忆当年情形道：

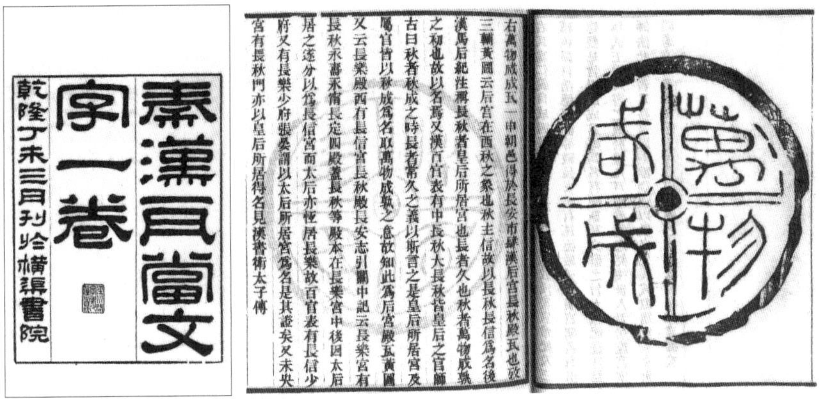

图 1. 程敦《秦汉瓦当文字》

图 2. 汉高安万世瓦《金石索》 钱坫藏

乾隆癸卯，余以按察使西安，见瓦当爱之，因令访于咸宁、长安、淳化诸县土人，而嘉定钱州判坫、钱塘赵上舍魏助余求索甚力，于是瓦当出者多至三四十种，未见者独忠文所谓“储胥未央”及曹氏云“太极未央”二种耳。[4]

程敦《秦汉瓦当文字》一书中收录“长生未央”瓦十九种，皆为王昶藏品。他还不断以所获瓦当馈赠友人，如上面提到的伊秉绶藏“汉并天下”瓦砚，即为当年王昶赠纪晓岚之物。成书于嘉庆十年（1805）的《金石萃编》，共著录秦汉瓦当五十五种，较之乾隆四十六年（1781），由毕沅刊印的《关中金石记》仅存目十七种，不仅著录数量大增，而且体例也更为完备。

王昶言及他在关中搜访瓦当，主要得力于钱坫与赵魏两君之助。程敦在《秦汉瓦当文字》序中，亦推崇两人为当时收藏瓦当之“最著者”。[5]

钱坫（1744—1806）字献之，号小兰、十兰，自署泉坫，江苏嘉定（今属上海嘉定区）人，钱大昕之侄。乾隆三十九年（1774）举人，累官知乾州，兼署武功县。生平嗜金石，精训诂舆地之学，尤工小篆。钱坫于乾隆三十九年（1774）初游毕沅幕府，后一度离去，四十五年（1780）冬复至毕沅幕中，四十八年（1783）后宦游陕西各地，直到嘉庆五年（1800）前后归里，客居陕西二十余年之久。[6] 钱坫酷嗜收藏瓦当，幕友王复、族叔钱大昕都曾有诗，颇能刻画出其搜访不辞辛劳，庋藏珍如拱璧，考释如醉如痴的形象：

忆昨入关访陈迹，故宫何处迷荒基。吾友钱（献之）孙（渊如）癖嗜好，沙砾踏遍荆榛披。瓦当罗致几什伯，拓文细释少阙疑。（王复《秦长生无极瓦枕歌》，《晚晴轩稿》卷七）

汲古赵（晋斋）与俞（竹居），爬搜入藏弆。吾家篆秋生（献之），臭味亦其伍。各有芰痂癖，宝此若璜琥。用以代陶泓，不惜锦囊贮。（钱大昕《题王定山所藏秦汉瓦当拓本》，《潜研堂诗续集》卷五）

钱坫著有《汉瓦图录》四卷，“文革”前稿本曾藏私人处，今未见流传。[7] 程敦《秦汉瓦当文字》序中，提及其“出重值购瓦三十余”，今综合诸家著录，钱坫收藏的重要瓦当有：“延年”半瓦、朱雀殿瓦、“上林农”官瓦、“高安万世”瓦、“有万憙”瓦、“嵬氏冢舍”瓦、“延年益寿”瓦、“长乐未央”瓦、“金”字瓦等，其中较著名的有“高安万世”瓦。（图 2）此瓦当时出土有二，一全一残，

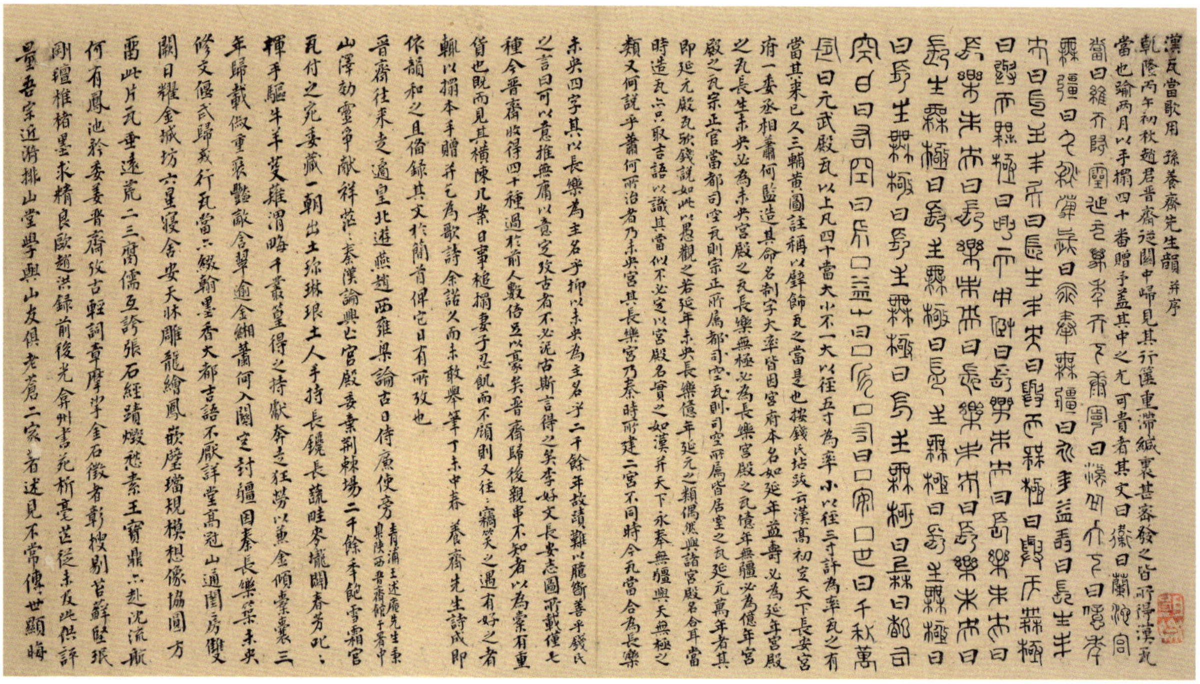

图 3. 朱文藻跋秦汉瓦当文字册　中国国家图书馆藏

全瓦归钱坫，又一半瓦归赵魏。[8] 钱坫误定为董贤赐第之瓦，曾征诗于友人冯敏昌，冯氏题诗赞曰："钱侯篆笔逼斯冰，好古披秦遍汉陵。未央甘泉藏弁富，尤珍此瓦秘缄縢"，可见钱氏对于此瓦甚为珍视。[9]

赵魏（1746—1825）字洛生，号晋斋，仁和（今浙江杭州）人。嘉庆二十五年（1820）恩贡生，精于金石碑版之学，著有《竹崦盦金石目录》《御史台精舍碑题名》等。赵魏与黄易、何元锡，同为乾嘉时期两浙金石学最具有代表性的人物，吴士鉴在《竹崦盦金石目录》序中，对赵魏的金石学成就评价尤高，称何元锡"无所撰述"，黄易"于三代吉金阙焉未备"，独赵魏"所藏金石至为赅富……其专精笃好，盖未有能过之者"。[10]

赵魏于乾隆四十九年（1784）秋赴西安，入王昶幕府，至乾隆五十一年（1786）秋归里，曾在关中游幕二年。程敦《秦汉瓦当文字》序中称其在关中"获瓦二十余"，不过，从他本人后来馈赠友人的瓦当拓片品种来看，至少应在四十种以上。中国国家图书馆藏赵魏赠孙霖（养斋）秦汉瓦当拓本册，前有徐同柏篆首，后有孙霖、邵志纯、朱文藻、陈焯、张廷济等诸家题跋，朱文藻在跋文中，还详细开列了赵氏赠送给他的四十种瓦当的目录。[11]（图 3）其中尤为珍贵者，当属汉"维天降灵，延元万年，天下康宁"十二字瓦。（图 4）此瓦西安汉城遗址出土，赵魏当时购得于长安肆中，在给黄易的信中，曾多次提及此瓦，言辞间颇为得意：

关中古物甚多，廉使（王昶）得建昭雁足镫最佳，弟得汉瓦为多，就中十二字一枚，不独排山老人（朱枫）未见，即古人亦未见也。

汉瓦购至卅余种，较排山先生所得尚阙一二种，而十二字一种尤为至宝，案之知为延元、延

图 4. 汉“维天降灵，延元万年，天下康宁”十二字瓦

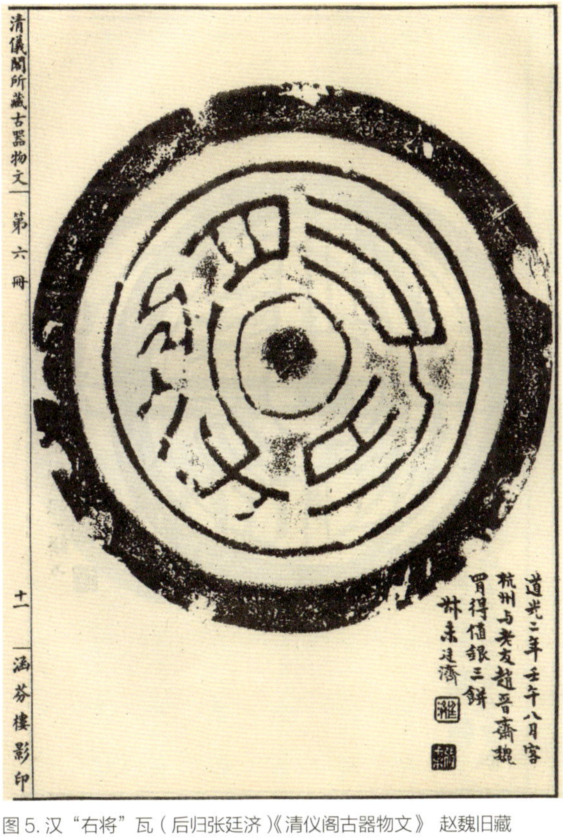

图 5. 汉“右将”瓦（后归张廷济）《清仪阁古器物文》 赵魏旧藏

年二殿物。

弟所得延年汉瓦，廉使欲夺不可得，献之、渊如诸兄，亦为之惊绝。[12]

赵魏从关中带回的瓦当，和他的大量金石拓本一样，因为生计所迫，生前已有散出，但也有后来陆续补入者。张廷济与赵魏交情深厚，两人相识于乾隆六十年（1795）赵魏归里之后，据张氏回忆，当时竹崦盦所藏诸瓦“已闻有后来易补，不尽自陕携归者，然累累都无恙”，“然至甚穷，难忍之时，人亦往往以老米易一二去，而洛生于他处获见，辄又市以充之”。[13] 如嘉庆二十三年（1818），赵魏赠给张廷济的汉“万年”瓦，道光二年（1822），张廷济以银三饼从赵魏处购得汉“右将”瓦，均不在关中带回的四十种目录之内。[14]（图 5）

除了钱坫、赵魏两家以外，曾在陕西共同参与搜访瓦当者还有孙星衍、申兆定、俞肇修、程敦、张埙、宋葆淳等诸家，而江浙一带藏瓦之家也不乏其人，限于篇幅，不复一一，名录及藏品可参见附表。

从当时各家斋号命名上，也颇能反映出相关收藏情况。如张廷济藏有汉并天下瓦，乃钱载旧物，遂署其斋曰“汉瓦晋砖唐碑三宝砚之室”；[15] 梁章钜有“古瓦砚斋”，因收藏有业师纪晓岚所赠汉“未央宫”瓦当二方而得名；张埙藏有汉“长毋相忘”瓦，斋号曰“商盉汉瓦轩”，翁方纲为其书匾；宋葆淳及翁树培皆题其室曰“三十四汉瓦轩”；俞肇修有所谓“百二十瓦当斋”，足见各家藏瓦之富。

二

乾嘉时期，瓦当收藏渐成为一种新的收藏风尚，阮元甚至有“好旧碑板，不如弄古砖瓦”之论。[16] 究其原因，主要有以下几个方面：

首先，清初以降，所谓“篆分遗意”逐渐成为书家经常讨论的一个话题。诚如傅山所言：“楷书不知篆隶，任写到妙境，终是俗格。”然而在嘉道以前，古物出土不多，能够供揣摩所谓“古意”的金石材料十分有限，“近时小学多榛芜，正行讹错况隶篆。断碑残瓦存万一，用古医俗比卢扁”。[17] 除了传统的汉碑额、印章之外，新出土的砖瓦文字，自然成为人们习篆的重要取法对象。

图6. 汉“八风寿存当”瓦

其次，对于乾嘉时期的朴学研究，尤其是舆地之学而言，出土瓦当材料，亦足补史籍记载之阙，故备受学者重视。瓦当文字内容繁多，如“羽阳千岁”“兰池宫当”“上林”“黄山”“成山”“八风寿存当”“骀荡万岁”等，均为宫殿建筑用瓦；“空”“左空”“右空”“都司空瓦”“卫”“宗正官当”等瓦系官署建筑用瓦；“嵬氏冢当”等瓦则乃墓冢用瓦，对于考证秦汉时期宫殿陵寝的名称、位置，具有十分重要的学术价值。又譬如汉“八风寿存当”瓦，在朱枫《秦汉瓦图记》中已见著录，但误释为“益寿存当”，程敦始改释之。(图6)《汉书·郊祀志》载，王莽以方士苏乐言，起八风台于宫中，故程氏定作八风台建筑用瓦，可谓甚确。当然，清人考证也不乏附会失实者。如钱东垣将汉四神玉树纹瓦定作周代丰宫瓦，朱枫谓“卫”字瓦为秦阿房宫仿六国宫殿之瓦，黄易谓“亿年无疆”瓦是王莽妻亿年陵墓瓦，钱坫以为“高安万世”瓦乃董贤赐第瓦等，皆不足信。此外，在瓦当断代上，当时金石家多将十二字瓦、“永受嘉福”“兰沱宫当”“与天无极”“卫”字等汉瓦定作秦瓦，今天看来，也是十分错误的。

瓦当收藏之所以能风靡一时，还有一个十分重要的客观因素，就是相比其他古器物门类而言，瓦当的价格较为低廉，诚如傅以礼所言：“余夙嗜金石，而于古砖瓦当搜罗尤多，以其值廉，力所能致。”[18] 因而颇受普通金石收藏爱好者的追捧。不过，瓦当的价格，在不同时期，也曾有过明显波动。

张廷济曾以赵魏的经历，对乾隆年间的瓦当收藏热有过如下描述：

乾隆甲辰、乙巳间，青浦王兰泉昶司臬陕西，仁和赵洛生魏游其幕，于市中潜收数品，土人不知重也，同幕多通材，渐物色之，关中人以可得重值搜求益力，时抚部为太仓毕秋帆沅暨其门下士，哄相购有古瓦砾祟阜数十处，案其地，率秦汉宫殿基址，令人发之，于是异品迭出，得之者群相夸耀，甚至吏卒傔从，亦人思怀随和之璧焉。洛生贫不能悬重金，苦心损节衣食积之，比归，得四十余种。[19]

历来收藏一门，实乃“好之而有力”者方能为之，赵魏仅一介布衣寒士，财力有限，起初是私下收购之，“独珍祕之，不轻示人”（《秦汉瓦当文字》程敦序）。故往往能廉价得之，但好景不长，由于众人群相趋效，很快便出现了“悬金以与之抗”的局面。在众多竞争者中，钱坫是被文献提到最多的一位。程敦说他“亦出重值，购瓦三十余，以与赵君相抗”。陈直曾见过钱坫《汉瓦图录》稿本，上面记录的“长生无极”“与天无极”之类普通瓦当的价格，也均高达每瓦白银十两或八两不等，不由惊叹乾隆年间瓦价之昂。[20] 这或从另一侧面反映出，所谓悬金相抗之说，并非空穴来风。

乾隆五十一年（1786）秋，赵魏离陕返杭，嘉庆五年（1800），钱坫亦致仕归乡。随着这些最重要的瓦当收藏者相继离开，早期收藏瓦当的新鲜与狂热时期也逐渐过去。另一方面，受到前期市场需求的刺激，出土瓦当的数量还在不断增加，这种供需的失衡，最终导致至嘉庆初年时，瓦当的价格已普遍有所回落。

嘉庆八年（1803），张廷济在杭州购得汉“永受嘉福”瓦一枚，值银一饼。（图7）张氏在题跋中，转述赵魏游幕关中时的见闻，说此瓦因文字系鸟虫书，早期较为罕见，曾一度贵至数十金：

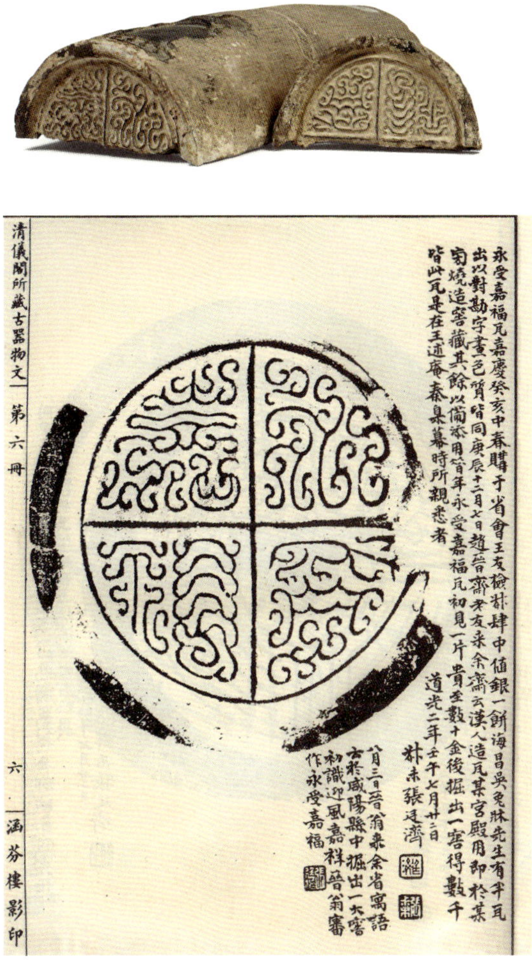

图7. 汉“永受嘉福”瓦及张廷济藏拓本《清仪阁古器物文》

庚辰（嘉庆二十五年，1820）十二月七日，赵晋斋老友来余斋，云汉人造瓦，某宫殿用，即于某旁烧造窖藏其余，以备添用。昔年“永受嘉福”瓦，初见一片，贵至数十金，后掘出一窖，得数千，皆此瓦，是在王述庵秦臬幕时所亲悉者。[21]

从乾隆年间“贵至数十金”，至嘉庆八年（1803），张廷济在杭州购入价格仅“银一饼”，瓦当价格之波动受出土数量之影响，可见一斑。

从张廷济《清仪阁古器物文》记载的瓦价来看，嘉道年间，一般瓦当价格几乎都在二三百钱左右，稀见者也不过二三两白银，这与钱坫的记录已有天壤之别。

《清仪阁古器物文》所载张廷济购买瓦当价格一览表

瓦当名称	购买价格	购买时间	购买地点
汉“长乐未央”瓦	钱一百四十	嘉庆八年四月	郡城道衖陈氏肆中
汉“长乐万岁”瓦	大钱一百七十	嘉庆七年二月	京都顺城门内西单牌楼市上
汉“长乐未央”瓦	大钱二百五十	嘉庆十一年九月	嘉兴郡城集街朱友象九所贻
汉“长生未央”瓦	大钱三百	嘉庆八年闰二月	杭州旧货肆
汉“长生未央”瓦	大钱三百	嘉庆九年三月	湖州郡城
汉“永奉无疆”瓦	大钱三百	嘉庆二十年四月	郡人朱象九售来
汉“长乐无极”瓦	大钱三百五十	嘉庆七年三月	京都琉璃厂肆
汉“长乐未央”瓦	大钱五百	嘉庆七年六月	济宁州市
王文安铬铜雀瓦研	大钱五百	嘉庆十五年	松江肆中
汉“永受嘉福”瓦	银一饼	嘉庆八年	省会王友检叔肆
汉“上林”瓦	银一饼	道光五年八月	从武林王检叔买得
汉“上林甘泉”瓦	银一饼	道光二年七月	杭城青云街李氏肆
汉“右空”瓦	银一饼	道光二年七月	杭城青云街李氏肆
汉“长毋相忘”瓦	银一饼	道光二年八月	从海盐杨也鲁买得
汉“甘林”瓦	银二饼	道光三年十月	从闵笏山会礼买得，笏山云得自河南禹州
汉“右将”瓦	银三饼	道光二年八月	客杭州，与老友赵晋斋魏买得

值得一提的是，嘉道年间，古砖收藏异军突起，大有取代之势。汉晋古砖无论书法艺术价值，还是文物收藏趣味上，与瓦当难分伯仲。瓦当收藏虽在乾嘉年间风靡一时，但其主要出土地点远在西北，对于江浙藏家而言，获取不易，相比之下，古砖多系南方本地出土，价格低廉，数量极大，既占有地利之便，又关系乡邦文献，因而受到南方藏家的追捧，也在情理之中。当时嘉兴金石家李遇孙已经注意到这一现象："近时瓦当日出于西土，而吾浙之霅溪、武原二处山巅海滨，（古砖）掇拾更多，皆有年号可据，好古者收藏而加以考订，亦并录之。"[22] 故嘉道以后，古砖成为又一更为大众化的收藏门类。

三

瓦当及其拓本，既是当时金石藏家之间重要的馈赠之礼，也是一类颇受文人士大夫喜爱的文房雅玩。

嘉庆初年，张廷济曾客京师赵谦士邸第，赵

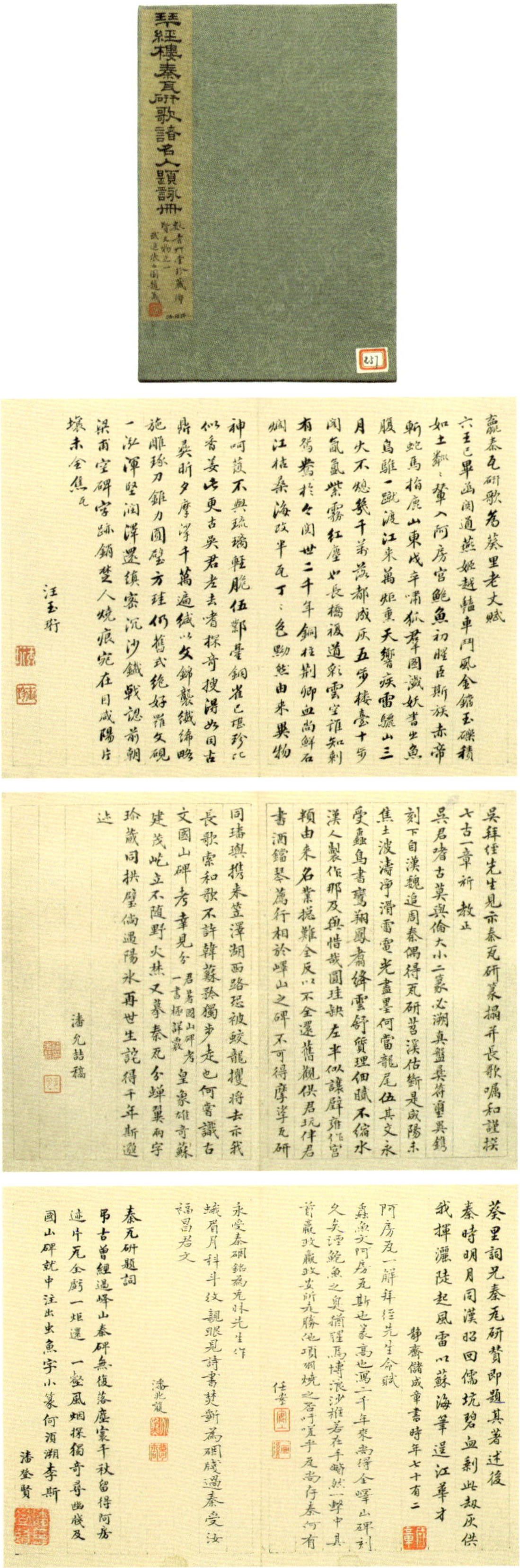

图 8.《拜经楼秦瓦研歌名人题咏》册　浙江省博物馆藏

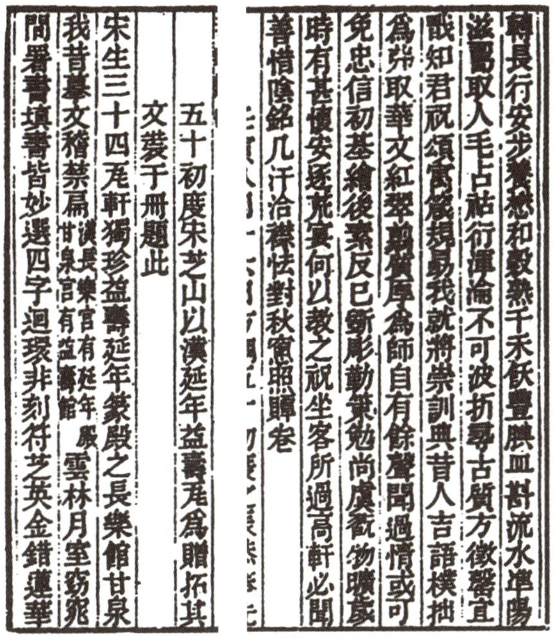

觴長行安步養恬和穀熟千禾飫豐膴皿蔚流水準陽
滋駡取人毛占祜衍渾淪不可波折尋古質方徵馨宜
戩知君祇頌寓箴規易我就將崇訓典昔人吉語模拙
爲犇取華文紅翠鵝覆厚爲師自有餘馨聞過憤或可
免忠信初基繪後素反已斲彫勤業勉尚虞叡物曠歲
時有甚懷安逸荒宴何以教之祝坐客所過高軒必聞
善惜陰銘几汗洽襟怯對秋窗照轉卷

五十初度宋芝山以漢延年益壽瓦爲贈拓其
文裝于冊題此
宋生三十四瓦軒獨珍益壽延年篆殿之長樂館甘泉
我昔摹文稽禁扁漢長樂宮有延年殿甘泉宮有益壽館雲林月室窈窕
閒署書填書皆妙選四字迴環非刻符芝英金錯蓮華

图 9. 翁方纲五十生日题汉“延年益寿”瓦诗《复初斋诗集》卷七

氏藏有秦汉瓦当八种，南旋临别之际，即以汉“上林”一瓦相赠。有时瓦当还可以作为一种润笔的替代形式。如同乡葛时徵向张廷济求字，赠以钱载旧藏汉“高安万世”瓦作为答谢。[23] 李文杏为钱泰吉摹徐季海隶书《多宝塔碑》额，钱氏也以所藏汉“永奉无疆”瓦当砚酬之。[24] 由于瓦当文字内容，多包含有“长生”“千秋”“万岁”“延年”“益寿”等吉语媚辞，因此，以馈赠瓦当作为寿礼，也颇为盛行。如乾隆年间著名藏书家吴骞八十岁寿辰时，友人赠以“永受嘉福”一瓦相贺，吴氏甚为宝重，曾遍征题咏，今浙江省博物馆藏《拜经楼秦瓦研歌名人题咏》册一种，即为当时十余家所作题诗的汇集。[25]（图 8）在清人别集中，我们还可以找到不少以瓦当祝寿为题材的诗文。乾隆四十七年（1782），翁方纲五十岁时，弟子宋葆淳以关中所获“延年益寿”瓦当赠贺，翁氏拓文装册，并作题诗，当时程晋芳等亦有和作。[26]（图 9）

时隔六十六年，道光二十八年（1848）十二月初五，恰好又是何绍基五十岁寿辰，何氏亦以自藏翁氏所题此瓦拓本，用苏斋原韵，题诗四首，相继题咏奉祝者有乔松年、边浴礼、张穆、叶名沣、梅曾亮、祁寯藻、黄彭年、王庆云等，均见于诸家诗集，可谓风雅之极。[27]

瓦当拓本，显然要比器物本身更为易得，传播也更为广泛（图 10）。孙星衍在《寰宇访碑录》一书中著录瓦当五十八种，每种后面都注明藏家籍贯姓氏，凡十一家，分别为：浙江仁和赵氏（赵魏）、江苏吴江陆氏（陆恩绳）、浙江钱塘何氏（何元锡）、安徽歙县程氏（程敦）、江苏嘉定钱氏（钱坫）、江苏阳湖孙氏家藏（孙星衍）、江苏青浦王氏（王昶）、安徽全椒俞氏（俞肇修）、江西建昌顾氏（不详）、山西阳曲申氏（申兆定）、江苏吴县张氏（张埙）。他在凡例中还特加说明：“兹编录秦汉瓦文数十种，皆江浙好古者所得，携归故里，虽不尽属一人，聊举其一，以示欲得拓本者之助云。”算得上是一份颇为简明实用的访求拓本指南。

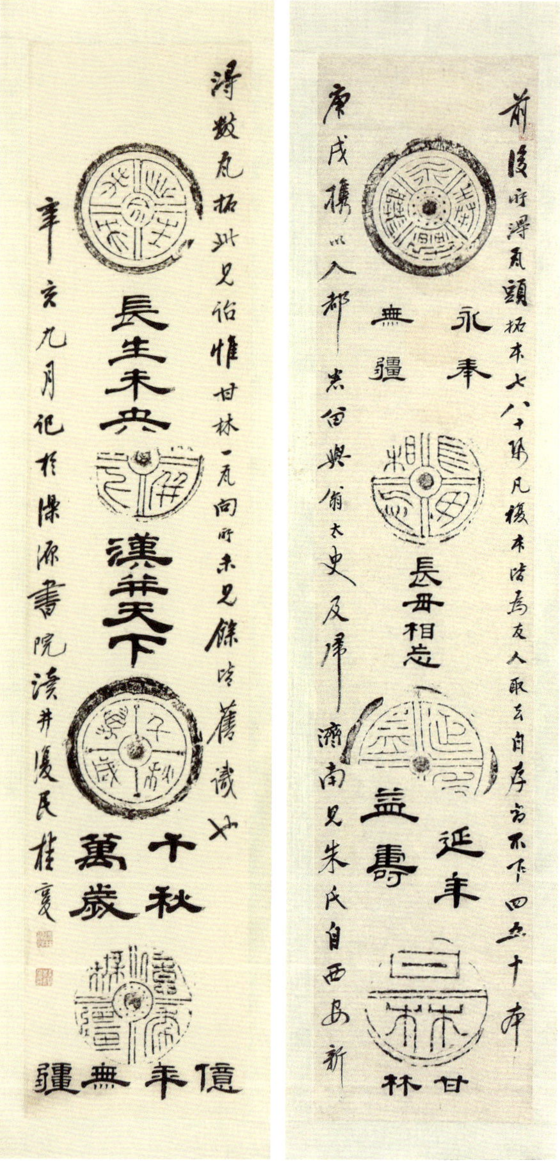

图 10. 桂馥藏汉瓦当拓本二屏 浙江省博物馆藏

对于那些无缘亲自涉足陕西搜访的藏家而言，来自为官或游幕秦地友人的寄赠，无疑成为他们获取拓本的重要途径之一。以翁方纲为例，翁氏在当时金石收藏圈地位显赫，朋友门生甚多，还不乏众多仰慕他的后学，纷纷寄赠拓本，求诗索跋，仅“长生未央”一瓦，他就先后收到过毕沅、严长明、张埙、宋葆淳、钱坫、赵魏、桂馥各家寄来的拓本。[28]《复初斋诗集》中颇多题咏瓦当之作，成为其金石诗创作的一项重要题材。[29]

藏家馈赠拓本的目的之一，是想请权威学者、金石至交为拓本题跋歌咏，以附会风雅。如赵魏归浙后，便开始传拓从关中带回的瓦当，几乎到了废寝忘食的地步：“亲串不知者，以为橐有重货也，既而见其横陈几案，日事椎拓，妻子忍饥而不顾，则又往往窃笑之。遇有好之者，辄以拓本手赠，并乞为歌诗。”[30]他曾将每份四十种的自藏瓦当精品全拓，寄赠给黄易、卢文弨、孙霖、朱文藻等友人。在给黄易的信中，不忘叮嘱这位同乡兼金石至交为所寄拓本题跋：“汉瓦拓本前寄四十番，刻下诗题跋语，裒然成集矣。惟不获兄一题

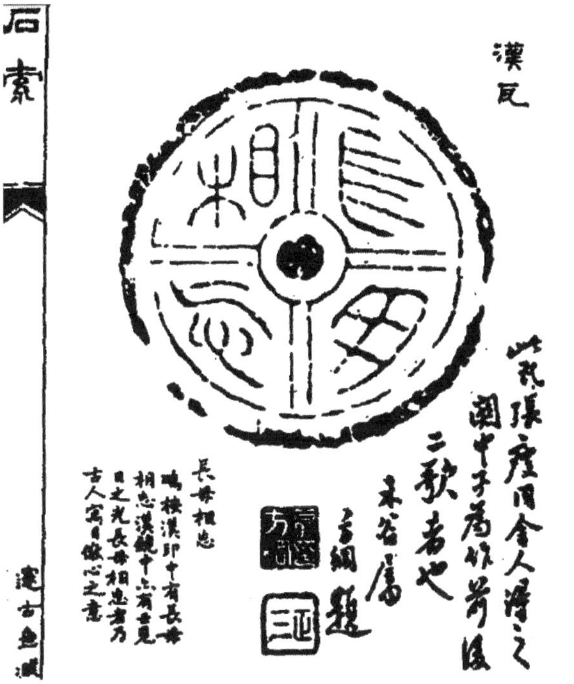

图 11. 汉“长毋相忘”瓦 《金石索》 张埙藏

品为怅。务恳作一畅跋，寄我以便付梓，至嘱至嘱。”[31] 又如翁方纲的门生张埙，游幕西安时曾得“长毋相忘”瓦（图 11）。乾隆四十三年（1778）夏，钱坫先将拓本寄赠给当时在北京的张燕昌，翁方纲等人纷纷传观。不久，翁方纲收到张埙的来信，乃知是瓦为其所得，信中且云“献之（钱坫）极嫉此瓦，乞作歌以吓之”，翁氏遂作《长毋相忘汉瓦歌》前后两首咏之。[32] 除翁方纲外，蒋士铨、赵怀玉、吴锡麒、杨芳灿、冯敏昌、吴省兰等诸家诗文集中，皆见有唱赋之作，张埙还请罗聘作《竹叶庵看瓦赋诗图》，由翁方纲题跋，一时传为佳话，可见当时金石圈此风之炽。[33]

瓦当还常见被改制成砚台，作为文房雅玩之物。以瓦制砚，由来已久，宋苏易简《文房四谱》记载：“魏铜雀台遗址，人多发其古瓦，琢之为砚甚工，而贮水数日不燥。”明曹昭《格古要论·汉末未央宫瓦砚记》云：“汉未央宫诸殿瓦……其背平，可研墨。唐宋以来，人得之即去其身以为砚，故俗呼瓦头砚也。”康熙初年林佶所获“长生未央”瓦，从张燕昌《金石契》所载图像来看，也已被改制成砚台。乾嘉以降，以瓦当作砚之风愈盛，如王昶赠给纪晓岚“长生无极”双瓦，纪氏改制成一砚一盖，两瓦合一，翁方纲为题铭刻，后又转赠给了梁章钜，题咏者甚多。[34] 此外，如段玉裁曾赠送给翁方纲一方“永奉无疆”瓦砚；龚自珍将所藏汉瓦琢成砚台，赐其子龚橙；韩崇之子韩洁华，宦山西河曲时，搜得“万岁富贵”瓦，携归后韩崇亦凿为砚，并属人作图纪之。瓦砚甚至还成为闺阁中物，朱为弼就曾藏有一方乾隆年间湖州闺秀诗人沈彩所用汉“未央宫”东阁瓦研……[35] 无论文献记载，还是实物流传，此类例子，不胜枚举。

瓦当砚的制作之法，一般是割去筒身，只用瓦头，将无文字或花纹一面磨平做砚堂。这在某种程度上，也可视为对古物的一种破坏。张廷济曾对当时将古砖凿为砚台的风气颇不以为然：

> 余谓汉晋砖完其太璞，不琢为研，是鉴藏第一义。不则当仿隋唐以前琢法，如一作眉池平面，则已落宋人窠臼矣。乃一二十年来，海盐人琢砖为研，辄用墨海式样（俗名淌研），无识之徒一唱百和，种种古物败于庸夫，可叹！可叹！[36]

至于瓦当是否真适合作砚台，只能说是见仁见智了。陈直就认为，汉瓦真品往往质地较松，吸水性极大，反倒并不适合为砚。毫无疑问，这其中也有崇古、嗜古的心理在起作用。

瓦当还有被改制成臂搁，甚至有作瓦枕者，[37] 瓦当文字也成为一种重要的装饰图案，有被印制成笺纸，绘作屏风，拓于扇面，或摹镌于印石者，至此，赏玩的趣味，已经完全占据了收藏的主流。[38]

四

瓦当的形制，与铜镜十分相近，乳丁及周缘突出，当面高低不平。此外，陶瓦器质地松，吸水量大，所以上纸时，如用水过少，立刻被其吸去，用水过多，未等纸干就上墨，则墨容易污损器物，故椎拓并非易事。[39]

由于瓦当的尺寸一般不大，文字较少，纹饰也不复杂，因而翻刻便成为一种常见的权宜之策。最初是在枣木或砖石上摹刻，前者因质地迥异，笔道容易失真，相比之下，用旧砖摹刻瓦当文字及纹饰后翻拓，则较易逼真。此法早在乾隆初年就已出现，如朱枫在诗中曾提到"闾昆季"者，以古砖铁笔摹古瓦，绝如拓本。[40]乾隆年间最著名的当属申兆定。申兆定，字圆南，号铁蟾，山西阳曲人。乾隆二十七年（1762）举人，官定边知县，著有《涵真阁秦汉瓦当图说》一书。此书今已佚，据王昶所述，其体例应与程敦《秦汉瓦当文字》近似，"图其形象，志其尺寸，推其命名之故"，[41]王氏《金石萃编》瓦当部分，多征引之。申氏工八分书，亦能飞白，尤以擅长摹刻碑刻文字著称，"遇有汉魏碑碣，必于蠹缺寻其点画，凡偏旁波磔，反复考证，临摹数十过乃已"（《湖海诗传小传》）。他本人收藏的瓦当，数量虽不及钱坫、赵魏诸家之多，但"一瓦出即用旧甎摹放其字，能使豪发无差缪，虽尘坌满前，锥凿之声丁丁，达夜分不息，不自以为苦也。以故三君（指钱坫、赵魏、俞肇修）所得瓦，苟有异文奇字，申君皆仿而弆之，靡有遗者"。[42]申兆定摹刻的瓦当，据说可以达到乱真的地步，时人曾有诗赞叹曰："弁首者谁铁蟾子（阳曲申兆定），我闻此公澄泥刻画摹千张，其下一一加辩证，观者真贋莫得分微茫。"[43]不过，陈直在《秦汉瓦当概述》"伪刻"一节中提到，曾亲见申氏的作品，瓦作深黑色，正面堆缀鱼子小点，质地较为坚实，与原瓦相差甚大。由于当时学者"足未涉齐秦之地，手未拂瓦砾之尘者，往往为其所蒙蔽"（陈直语），可见前人记载，或许有过誉之嫌。

除了用砖翻刻外，当时还出现了一种制范翻拓的办法，即直接以原瓦为范，进行翻模，再将锡熔铸于模中制版，据以濡脱，遂于勒石、绣梓之外，又别创一格。此法可以钱坫、程敦等为代表，黎简在诗中曾提到，钱坫传拓瓦当即采取这种办法："初钱得当便试拓，拓不妥帖槌妨伤。当脐辄阜若镜钮，泉肉四薄郭四昂。遂模于土铸以锡，杀虚乔亦柔其刚。自时瓦当喜得代，而以范当胜槌创。"[44]程敦所著《秦汉瓦当文字》二卷、续一卷，共收录瓦当一百三十九种，堪称乾隆年间瓦当收藏一部集大成之作。书中的拓本图像，大部分也是用此法制作的。他在致孙星衍的信中告之："此书瓦文始用枣木摹刻，较诸原字终有差池，后以汉人铸印翻沙之法，取本瓦为范，镕锡成之，独长毋相忘、有万熹二瓦，犹为仿本，他日倘睹真文，尚当更铸之。"[45]长毋相忘瓦为张埙藏瓦，程敦搜访数年而不获，起先便只能以张氏拓本刻木为之，后来终得一真品，正式刊行时，已将"仿本易去"。程敦还用此法，对残瓦进行复原，如有万熹三字瓦，钱坫先于汉城获一残瓦，仅有"万熹"二字，后申兆定于长安市上购得半瓦，有一"有"字及半"万"字，上下文字皆能相合，经程氏拼凑后，翻模成一全璧，遂以完整图像刊之。[46]（图12）翻模的优点在于，不用担心传拓原瓦导致损器或者污

图 12. 汉有“万熹”瓦翻模拓本　程敦《秦汉瓦当文字》

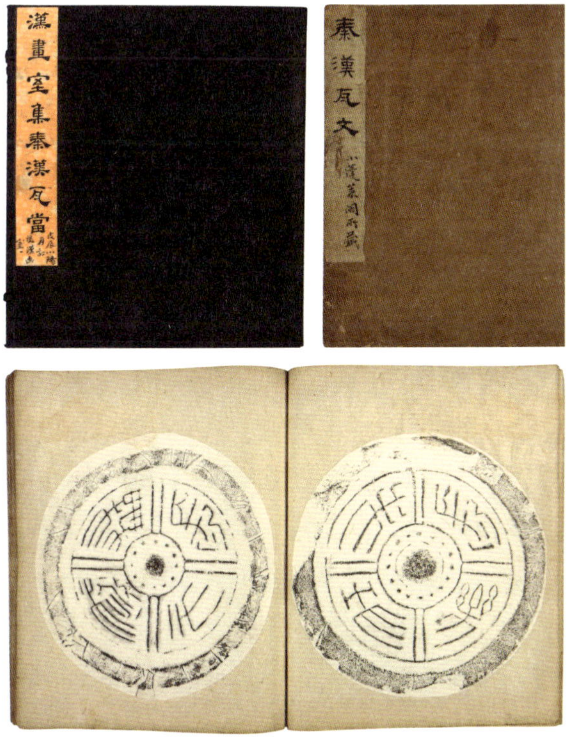

图 13. 黄易《汉画室集秦汉瓦当》拓本册书影　故宫博物院藏

图 14. 汉“建章”瓦（伪）　黄易《汉画室集秦汉瓦当》拓本册
故宫博物院藏

图 15. 黄易《汉画室集秦汉瓦当》拓本册中的部分翻拓本　故宫博物院藏

器，便于大量复制，满足了当时金石家对于瓦当拓本旺盛的需求，但与原瓦拓本之间，质感与气韵上，其实还是存在不小的差距，中郎虎贲，识者当自能辨之。

古瓦的翻刻、伪刻，在当时已十分常见。冯云鹏曾有“迩日长安入市肆，竟以伪刻淆其真”的诗句，[47] 诚如王昶所言：“瓦既世所贵，摹仿伪作亦出其中。”[48] 在当时藏家广泛馈赠的瓦当拓本中，应该有相当一部分系此类翻本，甚或是伪作。以故宫博物院藏黄易《汉画室集秦汉瓦当》拓本四册为例，黄易自藏“建章”一瓦，今人即疑伪赝。[49]（图 13）（图 14）小蓬莱阁所藏一册中的“千秋万岁”“富贵昌宜”“万岁无极”瓦；何元锡等诸家所拓一册中的“与天毋极”“亿年无疆”“宗正官当”“千秋长乐”瓦；翁树培拓赠一册中的“千秋万岁”“兰池宫当”“任义自成”“长生未央”瓦；宋葆淳所得拓寄一册中的“都司空”“与天无极”等瓦当，都应该属于此类翻模拓本。（图 15）

注释：

1.（清）王士禛：《甘泉宫长生瓦歌为林吉人作并寄同人》，《渔洋精华录》卷四；朱彝尊《甘泉汉瓦歌为侯官林（佪）赋》，《曝书亭诗集》卷十八；查慎行《甘泉汉瓦歌为侯官林同人赋》，《敬业堂诗集》卷四。

2.（清）陶澍：《纪晓岚师〈双瓦砚歌〉应梁茝邻同年》，《陶文毅公全集》卷五十九。

3.（清）孙星衍：《汉宫访古》，《芳茂山人诗录·冶城集》卷下。诗序云：“岁戊戌至甲辰，入关七载，值毕中丞沅开翘才之馆，著述之暇，与诸名士出游曲江乐游原，访汉长安古城，所得瓦当文字奇古，程上舍（敦）尝镕锡印沙，释录成书，流传海内。”

4.（清）王昶：《跋伊墨卿藏汉并天下瓦当砚图》，《春融堂集》卷四十四。当时协助其搜访的，除了钱坫、赵魏外，还有申兆定、孙星衍、俞肇修、程敦等人。（王昶《金石萃编》卷二十二）

5. 程敦云：“先是镇洋毕公巡抚陕西，著《关中金石记》，采瓦当文字十余入记中，幕府之士，若吴县张舍人埙获‘长毋相忘’瓦，安邑宋学博葆淳获十二字瓦，后俱携入都门，一时名公钜卿，皆争先睹为快。久之，青浦王公来为廉访，亦获瓦十余，而海内通博之士，依两公以游陕者，岁不乏人，亦往往获瓦以去，若钱、赵诸君，乃其最著者也。”《秦汉瓦当文字》自序，乾隆五十二年（1787）刻本。

6. 参见莫家良：《钱坫书法四论》，《故宫学术季刊》29 卷 3 期。

7. 据陈直言，稿本曾藏刘军山处，参见陈直：《秦汉瓦当概论》，《文物》，1963 年第 11 期。

8. 赵魏在致黄易信中提及：“近又见高安万世瓦二，其全者为献之购去，弟得其半，是董贤赐第瓦，亦一奇也。今具拓寄，祈吾兄品题致我也。”见中国国家图书馆藏黄易友朋信札第五册。

9.（清）冯敏昌：《汉高安万世瓦歌钱献之别驾属赋》，《小罗浮草堂诗钞》卷三。

10.（清）吴士鉴：《竹崦盦金石目录》序，宣统元年（1909）刻本。

11. 赵魏赠给卢文弨、黄易、孙霖、朱文藻等友人的拓片数量均为四十种，参见卢文弨《汉瓦当字跋》，《抱经堂文集》卷十六；黄易友朋信札（致赵魏），中国国家图书馆藏稿本；赵魏赠孙霖秦汉瓦当拓本册，中国国家图书馆藏。赠孙霖拓本后有朱文藻题跋，云：“乾隆丙午初秋，赵君晋斋从关中归，见其行箧重滞，缄裹甚密，发之皆所得汉瓦当也。逾两月，以手拓四十番赠予，盖其中之尤可贵者，其文曰卫、曰兰池宫当、曰维天归灵延元万年天下康宁、曰汉并天下、曰亿年无疆、曰千秋万岁、曰永奉无疆、曰永年益寿、曰长生未央、曰长生未央、曰长生未央、曰与天无极、曰与天无极、曰与天无极、曰与天无极、曰长乐未央、曰长乐未央、曰长乐未央、曰长乐未央、曰长乐未央、曰长乐未央、曰长生无极、曰长生无极、曰长生无极、曰长生无极、曰长生无极、曰长生无极、曰长生无极、曰上林、曰都司空、曰右空、曰长□益寿、曰□年□寿、曰□安□世、曰千秋万岁、曰元武殿瓦，以上凡四十当，大小不一，大以径五寸为率，小以径三寸许为率……今晋斋收得四十种，过于前人数倍，足以豪矣。”

12. 中国国家图书馆藏黄易友朋信札第五册。此十二字瓦当，程敦《秦汉瓦当文字》共收录三种，分别为宋葆淳、钱坫、俞肇修所藏。

13.（清）张廷济跋赵魏赠孙霖瓦当拓本册，中国国家图书馆藏。

14. 前者见《张叔未解元所藏金石文字》，光绪十年（1884）四会严氏鹤缘斋石印本；后者见《清仪阁古器物文》第六册。

15.（清）张廷济藏有汉并天下瓦，与咸和二年甎、唐天宝七载子产庙残碑，同贮一室，瓦图见《清仪阁古器物文》第六册。

16. 祁寯藻《题何子贞编修（绍基）延年益寿瓦当文，用苏斋韵》：“碑板何如古甎瓦，阮公好古言诚善。（仪征相国书云好旧碑板，不如弄古甎瓦。）《（谷曼）（谷九）亭集》卷二十九。

17.（清）黄彭年：《何子贞五十初度得翁覃溪先生题延年益寿瓦当拓本诗册，赋韵属和》，《陶楼诗文辑校》，济南：齐鲁书社，2015 年，64 页。

18.（清）傅以礼：《秦汉瓦当文字续集跋》，《华延年室题跋》，上海：上海古籍出版社，2009年，215页。

19.（清）张廷济：《秦汉瓦当文字（赵晋斋藏本）跋》，《清仪阁题跋》。

20.同注7。

21.（清）张廷济：《清仪阁古器物文》，第六册。

22.（清）李遇孙：《金石学录》凡例，道光四年（1824）李氏芝省斋刻本。

23. 同注 21。

24.（清）钱泰吉：《得永奉无疆瓦当砚赠李实盦（文杏），媵之以诗》，《甘泉乡人稿》卷二；《皇清书史》卷二十三“李文杏条”。

25.（清）吴骞：《吴兔床日记》，南京：凤凰出版社，2015 年，251 页。

26.（清）翁方纲：《五十初度，宋芝山以汉延年益寿瓦为赠，拓其文装于册题此》，《复初斋诗集》卷七。

27.（清）何绍基：《五十岁初度日，题所藏翁题延年益寿瓦当拓本，用苏斋原韵四首。苏斋五十岁时，宋芝山以此瓦为寿，为芝山所收三十四瓦之一》，《东洲草堂诗钞》卷十三；（清）乔松年：《题何子贞丈延年益寿瓦拓本》，《萝藦亭遗诗》卷二；（清）边浴礼：《何子贞（绍基）太史五十生日，出旧藏瓦当文拓本见示，系宋芝山赠翁覃溪先生物，用覃溪韵为子贞寿》，《健修堂诗集》卷十二；（清）张穆：《十二月初五日，子贞五十初度，出所藏宋芝山赠覃溪学士延年益寿瓦当文拓本示坐客，即席用翁诗韵奉祝》，《月斋诗集》卷四；（清）叶名沣：《延年益寿瓦当文册，用翁覃溪先生元韵寿何子贞编修（绍基）五十》，《敦夙好斋诗初编》卷九；（清）梅曾亮：《延年益寿瓦拓文一页，有翁覃溪学士自题，程渔门编修和诗，翁年五十时，客以此瓦为祝，今拓文为何子贞编修得之，子贞五十生日出以示客，题此为寿》，《柏枧山房诗集》卷八；（清）祁寯藻：《题何子贞编修（绍基）延年益寿瓦当文，用苏斋韵》，《（谷曼）（谷九）亭集》卷二十九；（清）黄彭年：《何子贞五十初度，得翁覃溪先生题延年益寿瓦当拓本诗册，赋韵属和》，转引自《陶楼诗文辑校》，济南：齐鲁书社，2015 年，64 页；（清）王庆云：《题覃溪先生延年益寿瓦拓，用原韵寿子贞五十》，《荆花馆遗诗》不分卷。

28.（清）翁方纲：《长生未央汉甎歌，题钱献之所寄拓本》，《复初斋诗集》卷三十二。

29.（清）翁方纲《复初斋诗集》有《甘泉宫瓦歌为侯官林道山赋》、（卷七）《宝庆寺瓦歌》《甘泉长生瓦歌》（以上卷二十一）、《题汉瓦当拓本二首》、（卷五十九）、《林吉人兰话堂未央瓦册邀兰卿兰雪同赋又书一绝》（卷六十七）、《上林瓦歌》、（《外集》卷十三）《秦羽阳宫瓦摹本歌寄芑堂（文曰“羽阳千岁”）》《长生无极瓦歌》《未谷以所得秦汉瓦文拓本九种装轴索诗得三首》等。（以上《外集》卷十五）

30.（清）朱文藻跋赵魏赠孙霖瓦当拓本册，中国国家图书馆藏。

31. 同注 12。

32.（清）翁方纲：《长毋相忘汉瓦后歌并序（献之自陕寄此瓦文以赠芑堂云，近拓得此瓦殊不佳，予见而异焉。伯恭因出二石俾予摹，倩芑堂镌印，以其一赠予，既歌之矣。今瘦同书来，乃知是其所得，且云献之极嫉此瓦，乞作歌以吓之，因复赋此）》，《复初斋诗集》卷十七。

33.（清）吴省兰：《汉长无相忘瓦赋》，《湖海文传》卷二；（清）蒋士铨：《长毋相忘汉瓦歌》，《忠雅堂诗集》卷二十五；（清）赵怀玉：《长毋相忘汉瓦歌为张舍人埙赋》，《湖海诗传》卷三十七；（清）吴锡麒：《汉长毋相忘歌为张度铜赋》，《有正味斋诗集》卷五；（清）杨芳灿：《长毋相忘汉瓦砚歌》，《芙蓉山馆诗钞》卷六；（清）冯敏昌：《长毋相忘汉瓦歌为张度铜同年舍人作》，《小罗浮草堂诗钞》卷三。

罗聘所作《竹叶庵看瓦赋诗图》，曾藏潘遵祁家，潘氏有诗云："竹叶庵中汉瓦失，翁诗（覃溪）罗画（两峰）今空存。长毋相忘一再拓，古艷足傲林同人。"见潘遵祁《西圃集》卷二。

34.（清）李宗昉：《纪文达公汉瓦砚歌为梁茝林同年作》，《闻妙香室诗》卷九；（清）陶澍：《纪晓岚师〈双瓦砚歌〉应梁茝林同年》，《陶文毅公全集》卷五十九；（清）石韫玉：《汉长生无极瓦砚为梁茝林廉访赋》，《独学庐五稿》卷一；（清）冯云鹏：《茝林先生命题汉双瓦研歌（汉长生无极双瓦，系王兰泉观察所得，赠纪文达公，制为一砚一盖，翁覃溪阁学为题铭刻，文达复赠茝林先生，云三世交情，视此砚矣，先生重之，征诗成册。）》，《扫红亭吟稿》卷九；（清）胡承珙：《题梁茝林方伯所藏纪文达公古瓦研》，《求是堂诗集》卷十九；（清）韩崶：《题梁茝林方伯汉未央宫瓦双砚拓本后，用渔洋山人为林吉人赋甘泉宫长生瓦歌韵》，《还读斋诗稿》续刻卷三。

35.（清）翁方纲：《懋堂观察赠汉瓦研》（文曰"永奉无疆"），《复初斋外集》卷二十）；（清）龚自珍：《以汉瓦琢为砚赐橙儿，因集斋中汉瓦拓本字成一诗，并付之》；（清）潘遵祁：《山右河曲县娄子营相传为汉文帝行宫遗址，土人掘地往往得瓦文，曰万岁富贵。韩履卿（崇）从子（洁华）官斯土，得其一，携归琢为砚，绘〈看瓦赋诗图〉。先是余家藏张度铜舍人竹叶庵〈看瓦赋诗图〉，而其瓦已失，丈得瓦属陆侣松仿其意为之》，《西圃集》卷二；（清）朱为弼：《以沈虹屏女史所藏汉未央宫东阁瓦研赠小云滕之以诗》，《蕉声馆诗集》卷七。

36.（清）张廷济：《跋晋兴宁二年砖》，《清仪阁题跋》。

37.（清）黄易：《小蓬莱阁金石目》著录有钱坫藏"延年"半瓦，注云"得自汉城，琢为臂阁"；（清）马履泰：《陆古愚以长生无极瓦作枕戏题》，《秋药庵诗钞》卷二；（清）孔昭虔：《长生无极瓦枕歌为颜心斋先生赋》，《镜虹吟室诗集》卷一。

38.（清）翁方纲：《秦汉瓦当屏歌酬申铁蟾作》："阳曲申侯出奇思，瓦当排出屏风匀。文绮交光双六扇，圆规叠构檐撩芬。燕几之图巧环抱，彫花相向周重轮。"《复初斋诗集》卷三十七；（清）黄国瑾：《伯藏太守为拓汉鹿瓦于扇上，即送之官江西》，《训真书屋遗稿》；又见嘉庆元年秀水汪和礼缩摹瓦当文字原印钤拓本一种，西泠印社拍卖有限公司 2016 年春季拍卖会拍品，王氏话雨楼旧藏。

39. 参见马子云《金石传拓技法》相关章节，北京：人民美术出版社，1988 年。

40.（清）朱枫：《秦汉瓦图，梨枣传刻失真，高君云闾昆季以古砖铁笔摹之，绝如拓本，喜赋一首》，《排山续集》卷七。

41. 同注 4。

42. 同注 5。

43.（清）吴照：《王定山所藏汉瓦当歌》，《听雨斋诗集》卷五。

44.（清）黎简：《赵明府渭川以汉瓦当一枚及朱拓瓦当文三十款装十轴，益以钱氏题识二轴见寄，为作歌》，《五百四峰草堂诗钞》，卷二十四下。

45.（清）程敦：《秦汉瓦当文字》附《致孙编修渊如书》。

46. 同注 5。

47.（清）冯云鹏：《长生未央瓦研歌酬张存斋》，《扫红亭吟稿》卷十一。

48. 同注 4。

49. 赵力光：《中国古代瓦当图典》，北京：文物出版社，1998 年，323 页。

附表：乾嘉时期重要瓦当收藏家举例

人物生卒	字号籍贯	重要藏品	文献出处	备注
钱载（1708—1793）	字坤一，号萚石，又号匏尊，晚号万松居士、浙江嘉兴人	汉“汉并天下”瓦、“高安万世”瓦	《清仪阁古器物文》第六册	两瓦后均归张廷济
钱东垣（生卒年不详）	字既勤，钱大昭之子，上海嘉定人	汉“丰”字瓦	阮元《揅经室文集》引《丰宫瓦考》	钱氏误作周丰宫瓦
吴骞（1733—1813）	字槎客，号兔床，浙江海宁人	汉“永受嘉福”瓦	《吴兔床日记》	
桂馥（1736—1805）	字未谷，一字东卉，号雩门，别号萧然山外史，山东曲阜人	汉“汉并天下”瓦等	《未谷诗集》卷二《题汉瓦头（瓦文汉并天下）》	
黄易（1744—1802）	字大易，号小松，又号秋庵，仁和（今浙江杭州）人	汉“汉并天下”瓦、“婴桃转舍”瓦等	《小蓬莱阁金石目》	“汉并天下”瓦乃孙星衍所赠
宋葆淳（1748—？）	字帅初，号芝山，晚号倦陬，山西安邑人	汉“维天降灵，延元万年，天下康宁”十二字瓦	《张叔未解元所藏金石文字》	此瓦后归上海赵秉冲
孙星衍（1753—1818）	字源和，号伯渊，阳湖（今江苏武进）人	汉“汉并天下”瓦、“万岁富贵”瓦等	《寰宇访碑录》	
陆恩绳（？—1821）	字直之，号古愚，江苏吴江人	汉“亿年无疆”“长生无极”等瓦	黄易《小蓬莱阁金石目》	
申兆定（生卒年不详）	字圆南，号铁蟾，山西阳曲人	汉“便”字瓦、“万物咸成”“宗正官当”等	孙星衍《寰宇访碑录》 黄易《小蓬莱阁金石目》 程敦《秦汉瓦图记》	

人物生卒	字号籍贯	重要藏品	文献出处	备注
俞肇修（生卒年不详）	安徽全椒人，曾客毕沅幕府	飞廉观瓦、建章宫凤阙瓦、三雀观瓦、“延寿万岁”“永受嘉福”“鹿甲天下”“黄山宫”“大”字、“飞鸿延年”瓦等	孙星衍《寰宇访碑录》 黄易《小蓬莱阁金石目》 程敦《秦汉瓦图记》	程敦在《秦汉瓦当文字》序中，提及其“获瓦四十余”，继赵魏、钱坫之后，堪称大宗，颜其室曰“百二十瓦当斋”……
程敦（生卒年不详）	字彝斋，号勉之，安徽歙县人	“八风寿存当”等	孙星衍《寰宇访碑录》 程敦《秦汉瓦图记》	孙星衍《寰宇访碑录》著录安徽歙县程氏藏瓦十二种。所著《秦汉瓦当文字》共收录一百三十九种，主要出自赵魏、钱坫、申兆定、俞肇修四家所藏
张埙（生卒年不详）	字商言，号瘦铜，江苏吴县人	“长毋相忘”瓦	翁方纲《复初斋诗集》卷十七	
翁树培（1764—？）	字宜泉，号申之，顺天大兴（今北京）人，翁方纲次子	“惟天降灵延元万年天下康宁”“兰池宫当”“卫”“汉并天下”“长乐未央”“长生无极”“黄山”“长生未央”“永奉无疆”“长年益寿”“迎风嘉祥”“八风寿存当”“与天无极”“千秋万岁”“亿年无疆”“延寿万岁”“延年益寿”“万物咸成”“上林”“上林农官”“宗正宫当”“都司空瓦”“都司”“右空”“高安万世”“大”“有万熹”“长毋相忘”“宜富当贵”“仁义自成”“甲天下”等约四十种	陈鳣《简庄文钞》卷五《秦汉瓦当记》	
何元锡（1766—1829）	字梦华，钱塘（今浙江杭州）人	“甘林”“万年大吉”瓦	黄易《小蓬莱阁金石目》 孙星衍《寰宇访碑录》	

人物生卒	字号籍贯	重要藏品	文献出处	备注
赵秉冲（生卒年不详）	字谦士，号研怀，上海人	“维天降灵延元万年天下康宁”“上林”“长乐无极”瓦以及“卫”字瓦范等秦汉瓦当八种	《清仪阁题跋》	十二字瓦系宋葆淳旧藏，汉上林瓦后赠张廷济
张廷济（1768—1848）	字顺安，号叔未，晚号眉寿老人，浙江嘉兴人	汉“长乐万岁”“长乐无极”“长生未央”“长乐未央”“汉并天下”“永受嘉福”“高安万世”“永奉无疆”“卫”字、“上林”“上林甘泉”“右空”“右将”“长毋相忘”“甘林”诸瓦以及汉铜雀台瓦砚等	《清仪阁古器物文》	《清仪阁古器物文》著录汉瓦二十四种
王福田（1779—？）	字心耕，浙江秀水（今嘉兴）人	著有《竹里秦汉瓦当文存》二册，收录秦汉瓦当六十三种		其藏品的主要来源，包括沈半桐、葛钟祥、徐同柏、张开福、陈畯，以及张叔未廷济清仪阁等诸家旧藏
董金瓯（生卒年不详）	字相函，河南洛阳人	汉“长乐未央”四字横书瓦	《两汉金石记》卷五	
韩崇（1783—1860）	字符芝、元之，一字履卿，别称南阳学子，江苏苏州人	汉“万岁富贵”瓦	沈涛《柴辟亭诗集》二集《万岁富贵瓦歌为韩履卿差尹（崇）赋并序》	
许莲（1787—1862）	字叔夏，号珊林，浙江海宁人	汉“千秋长安”“骀汤万年”瓦	冯云鹏《金石索》 李遇孙《金石学录》	
钱泰吉（1791—1863）	字铺宜，号警石，别署深庐、冷斋，浙江嘉兴人	汉“永受嘉福”“永奉无疆”瓦	《甘泉乡人稿》卷二《得永奉无疆瓦当砚赠李实翕（文杏），媵之以诗》，卷二十一《古瓦砚歌赋谢徐夫子并序》	
龚自珍（1792—1841）	字瑟人，号定庵，浙江仁和（今杭州）人	藏有“与天无极”“长乐未央”“永奉无疆”等汉瓦十三种	冯云鹏《金石索》 龚自珍《己亥杂诗》	曾集斋中汉瓦拓本字成一联曰：“平生自熹，传世千秋。高官上第，甘与阿侯”
刘喜海（1793—1853）	字吉甫，号燕庭，山东诸城人	汉“佐戈瓦”	《嘉荫移集》卷下《佐戈瓦歌并序》	

《泉文》与黄易的钱币收藏

刘舜强

故宫博物院科研处研究馆员

内容提要：《泉文》是清代金石学家黄易所著钱币拓本。该书曾被王懿荣收藏、鲍康著录，后人称为《黄小松泉拓》。全书共四卷，收录了黄易本人收藏的上迄先秦下至嘉庆朝的历代货币正用品、外国钱币、民俗花钱的拓片千余枚，反映了黄易在钱币收藏与研究上取得的成就，见证了黄易与当时古泉藏家与学者的交往，是乾嘉时期钱币学研究领域中的一部重要文献。

关键词：《泉文》《黄小松泉拓》　黄易　钱币

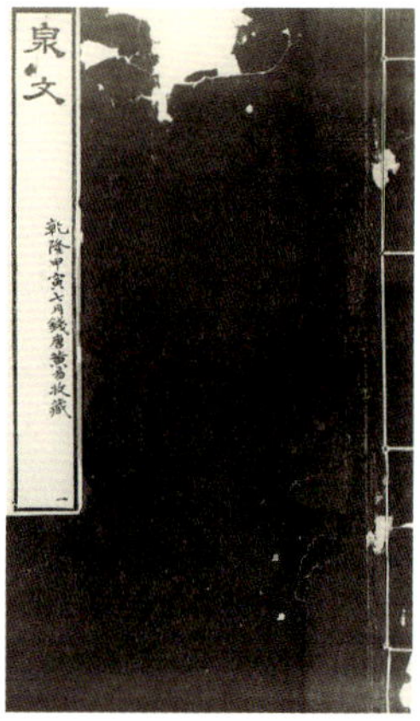

图 1

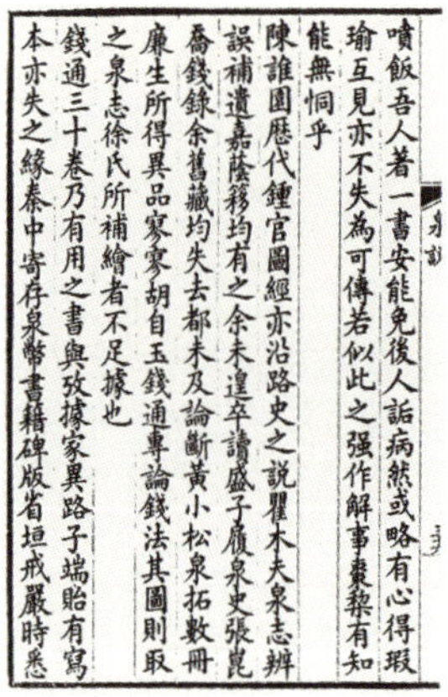

噴飯吾人著一書安能免後人詬病然或略有心得瑕
瑜互見亦不失為可傳若似此之强作解事棗棃有知
能無恫乎
陳誰園歷代鍾官圖經亦沿路史之説瞿木夫泉志辨
誤補遺嘉蔭簃均有之余未遑卒讀盛子履泉史張崑
嵒錢錄余舊藏均失去都未及論斷黃小松泉拓數冊
廉生所得異品寥寥胡自玉錢通專論錢法其圖則取
之泉志徐氏所補繪者不足據也
錢通三十卷乃有用之書與攷據家異路子端貽有寫
本亦失之緣秦中寄存泉幣書籍碑版省垣戒嚴時悉

图 2

黄易（1744—1802），清代浙江钱塘（杭州）人。字小松，号秋盦，别署秋景庵主，散花滩人，莲宗弟子。父树穀以孝闻，工隶书，博通金石。作为清代金石学的重要人物，西泠八家之一的学者，黄易在碑学和篆刻上的成就早已被人熟知，但是除了碑学和篆刻，黄易在其他相关的领域也广为涉猎，成就颇多。他曾潜心收集历代货币，所藏古钱异品甚多，后加以拓印、著录，著成《泉文》一书，在清代后期的古泉学研究领域产生了影响。

黄易所著《泉文》为古泉拓本（现藏国家图书馆）（图 1），成书于乾隆五十九年，全书共四卷，收录了黄易本人收藏的上迄先秦下至嘉庆朝的历代货币正用品、外国钱币、民俗花钱的拓片，内容丰富，包罗万象。拓片中兼有黄氏的批注，反应出黄易对钱币收藏研究的心得。该书成书后一度为王懿荣收藏，后由鲍康[1]题跋并加以校订，存名于鲍氏所著《观古阁泉说》（图 2）。

《泉文》一书在《中国钱币学辞典》中称其为《黄小松泉拓》：《黄小松泉拓》，书名。清钱塘黄易藏泉拓本。是书为清王懿荣所得，时已多为人揭取，鲍康曾观并为跋语，谓异品寥寥，然古人手拓，纸墨皆旧，亦难得之珍。[2]书称《黄小松泉拓》是因袭了鲍康的说法，并不是此书的本名，《中国钱币图书纂要》中也称其为《黄小松泉拓》，[3]盖引自丁福保《古钱学纲要》：按《观古阁泉说》曰，黄小松泉拓数册，廉生所得，异品寥寥。[4]其实这里指的也是《泉文》这本书。

《泉文》一书四册，线装本。藏蓝色封面，每册封面有隶书题签“泉文”二字，下有“乾隆甲寅七月钱唐黄易收藏”字样。可以看出《泉文》所收录的泉品应当都是黄易本人的钱币藏品，这是一本有目录性质的著作。该书第一册辑录清代货币七十四枚，其中有满族人未入关前在关外所著的满文天命汗钱二枚，宽缘、窄缘各一枚，汉文“天命通宝”一枚；清朝建立后铸行的“顺治通宝”各式四十枚，其中包括早期铸造的光背仿古顺治钱，背“阳”“工”“河”“东”“云”等背单汉字纪局钱，背满汉文“同”“宣”“宁”“浙”“原”“蓟”等纪局钱，背“宁一厘”“昌一厘”“云一厘”“临一厘”等纪局折银钱等；“康熙通宝”二十二枚（其中有背满汉文“同”“福”“临”“东”“江”“宣”“原”“苏”“蓟”“昌”“南”“河”“宁”“广”“浙”“台”“桂”“陕”“云”“漳”套子钱一套共二十枚，有罗汉钱一枚、五点“熙”一枚）；“雍正通宝”三枚（宝泉、宝源、宝巩三局各一枚，后多页空白，疑有拓片被揭去）；“乾隆通宝”七枚（其中新疆乌什局红钱一枚，宝泉、宝苏、宝浙等局六枚），上册收录的最后一枚钱币是宝泉局“嘉庆通宝”，钱币的铸行时间晚于封面题签时间，应当是成书后补录进去的。是册收录的清钱，都是当朝货币，并无珍稀品目，作者却将其列为收卷，也反映了作者的特别用心。

第二册的内容较为丰富，不但收入了多枚珍稀泉品，卷首开篇还有鲍康的题跋，全文如下：“廉生农部好古多闻，素所心折，收藏亦甚富。一日持示所得黄小松泉拓四册，余于近代藏泉家无不相识，即未获缔交者，亦往往得其墨本，独小松所藏无所见。是册虽佳者已为人选去，无甚新奇之品，然乾隆朝所拓纸墨殊旧，可珍也。标识间有误之处为正之。同治十一年十二月歙鲍康识。”后钤印两方，一白文“鲍康之印”，一朱文“臆园野人”。按，廉生者，王懿荣（1845—1900），清代晚期著名金石学家，以发现甲骨闻名于世，山东福山人，精研古钱币，著有《古泉精选》一卷。孙殿起在《贩书偶记》中将跋语全文录下，进行了介绍。[5]在鲍康题跋之后，第三页便是正文部分，上有黄易题“三代至秦”字样，页下有白文印“鲍康读过”。《泉文》在这一部分收录了先秦至秦汉时期的货币多种，其中以齐国的刀币最有特色。第二册中收录齐刀二十六枚，其中有“齐返邦长法化”六字刀两枚，一背文“卜”，一背文“日”。“齐返邦长法化”或释文“齐建邦长法化”“齐返邦长大刀”等，[6]虽然到目前为止人们对该钱的面文释读还不统一，但由于其存世稀少，长期以来被视为大珍之品。另外齐刀中还收录五字刀“即墨之法化”三枚，背文分别为“大行”“安邦”“吉”；收录“安阳之法化”两枚，背文分别为“工”和“中”，都是齐刀中的名誉品。齐刀中尚有四字刀“即墨法化”，一枚背文“上”，“齐之法化”两枚背文分别是“上”和“日”。除以上少见的几种齐刀外，还收录了十六枚存世略多的三字刀“齐法化”，背文有“上”“甘”“吉”“卜”“化”等，面文也略有差异。黄易收录的齐刀币，涵盖了齐国早期的“即墨法化”，中期的“齐之法化”“即墨之法化”“安阳之法化”和晚期的“齐返邦长法化”“齐法化”，[7]

是成序列的，无论从数量上还是种类上的是非常可观的，这可能和他在山东出仕和生活相关。除了齐刀外，书中还收录明刀十七枚，分早期圆折刀和晚期磬折刀两类。背文有“左”“右”“行”“卜”等数种，均常见品。但在这十七枚明刀中有一枚十分独特，刀身为晚期磬折刀形，但面文却是“半两”二字，可能是榆荚半两和明刀同时入土并锈结在一起后的样子（图3）。鲍康在其所著《观古阁泉说》中提到此钱：廉生见示所得黄小松泉拓数册，有磬折刀上著一榆荚半两，颇奇。或同时入土岁久黏合刀上，特仅见拓本，真伪不能遽断。[8]但是这枚钱形制特殊，也不符合当时的货币制度，不排除是臆造品。书中收录釿布（桥足布）十枚，包括“安邑一釿”“安邑二釿”“梁正尚百当寽”“梁充釿五十二当寽”等，[9]均为魏国货币，虽少见，但无大珍之品。是册中收录楚布“旆布当釿”背“十货”一枚，名誉品，较少见。书中又有战国圆形方孔钱“賹四化”两枚，尖足布十四枚，面文有“兹氏”“兹氏半”“武平”“武安”“郛”“平州”“大阴”“新城”等，方足布八枚有“安阳”“坪阴”“梁邑”“昌邑”等，种类较多，但拓印不清，文字漫漶，已不易辨识。先秦货币中尚收录锐角布“百涅”（或释为“涅金”）一枚，较少见。空首布三枚，一为平肩空首布，面文“土”，另两枚斜肩空首布，面文“武”，均残。收录战国圜钱三枚，“垣”字钱两枚，“共”字钱一枚，罕见品，另有圆形方孔钱“明化”两枚，合面钱一枚。两汉钱币中无甚精品，有各式半两、五铢数枚；莽泉有“货布”“一刀平五千”“大泉五十”“货泉”“小泉直一”等。莽泉几页空白多处，疑曾有泉拓，后被揭去。三国钱币中，黄易批注讹误较多，如蜀国的“直百五铢”黄易在批注中误隶为“吴钱”（图4），“太平百钱”

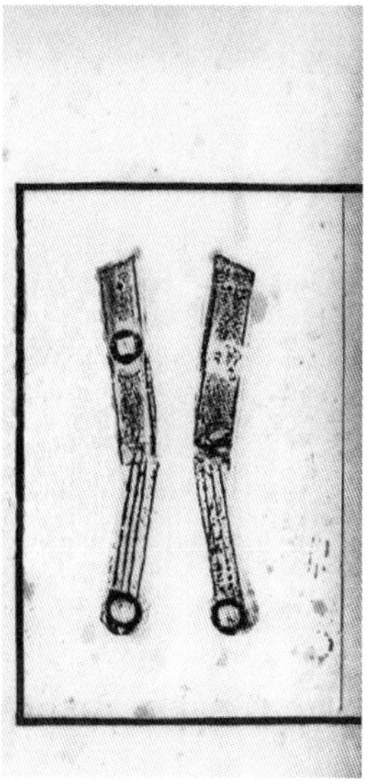

图3

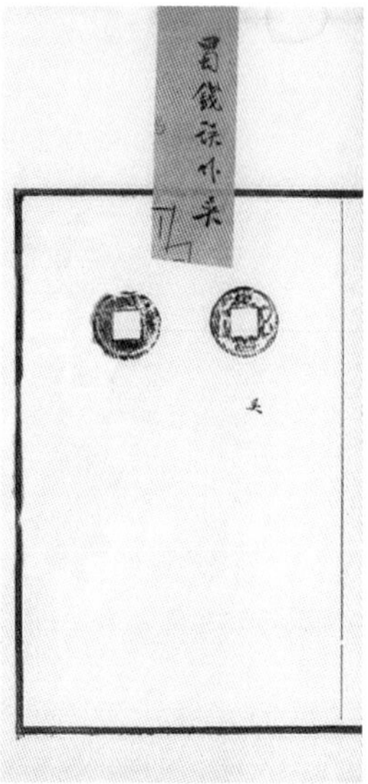

图4

隶为“梁”，东吴的“大泉五百”“大泉当千”黄易误隶为“蜀钱”，幸被鲍康在旁边一一作注，进行了更正。魏晋南北朝至隋的钱币收录有北魏“永安五铢”四枚，其中背四出文一枚，背异文一枚（应是年代略晚的压胜钱）。北齐“常平五铢”两枚，“布泉”两枚，一枚为北周玉箸篆布泉，另一枚为新莽布泉。鲍康在旁边批注：“布泉悬针一种，非北周铸。”又有“五行大布”三枚，其中一种背异文的，应是后铸的压胜钱，隋五铢两枚，另收录无文龙凤纹花钱四枚。第二卷中空白页甚多，其中一部分上有批注，应当是有原拓，后被揭去。

《泉文》第三卷辑录唐至明代货币，唐钱中有“开元通宝”二十七枚，其中背有单字的会昌年间所著“开元通宝”十二枚，其中一枚背“蜀”字“开元通宝”（图5）非常奇特。鲍康在此泉后批注：“蜀字一品存参”似指出了该钱真伪存疑了。按背单字的“开元通宝”是唐武宗会昌五年（公元845年）时，朝廷下令各地所铸“开元通宝”钱，钱背增添地名，统称“会昌开元”。背文记有“昌

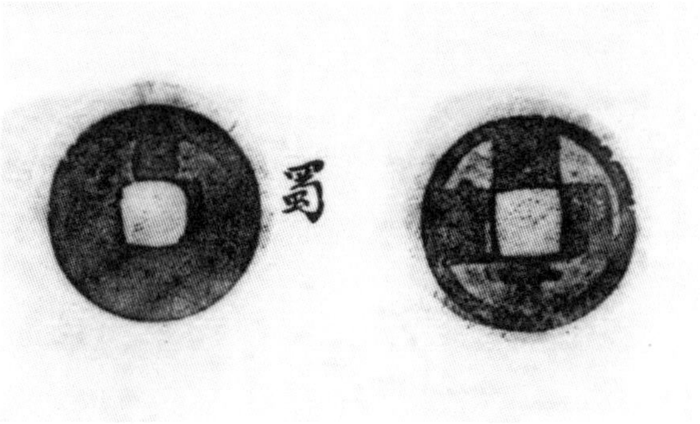

图5

（昌字为会昌年号缩写，扬州铸）、京（长安）、洛（洛阳）、益（成都）、荆（江陵）、襄（襄阳）、蓝（蓝田）、越（杭州）、宣（宣城）、洪（南昌）、潭（长沙）、兖（兖州）、润（镇江）、鄂（武汉）、平（北京）、兴（略阳）、梁（汉中）、广（广州）、梓（绵阳）、福（福州）、桂（桂阳）、丹（宜川）、永（永州）等二十三种，未见有“蜀”字者。[10]清人陈元龙在《格致镜原》卷三十五中提到：钱，封演《钱谱》武宗会昌五年铸开元钱时，废天下佛寺，宰相李德裕请以废寺铜钟佛像及僧尼瓶碗等物，命所在铸钱。扬州节度使李绅乃以所废寺名铸钱，背加昌字以表年号，又有敕令铸钱所各加本郡州号名为背文京（京兆）、洛（河南）、秦（凤翔）、梁（汴州）、荆（江陵）、桂（广西）、潭（河南）、广（广东）、福（福建）、越（浙东）、洪（江西）、润（镇江）、蜀（成都）、鄂（湖广）、兖（兖州）、梓（东川）、襄（襄州）、丹（河北）、益（四川）、宣（宣州）、平（燕山）、扬（扬州）、蓝（蓝田）共二十三监。[11]此处记载了背“蜀”字“开元通宝”钱，但根据周昆宁的研究，背“秦”“蜀”即不见文献记载和出土报道，又不见传世真品，应当是改刻和伪造赝品。[12]《泉文》中唐钱部分中除“开元通宝”外，尚有“乾元重宝”小平钱及当十钱，有安史之乱时史思明所铸“顺天元宝”背上月纹钱一枚。五代十国钱中，有前蜀“天汉元宝”“乾德元宝”，南唐铸造的“开元通宝”“大唐通宝”，都是常见品。另外此处尚有两枚“大和通宝”泉拓，宽缘窄缘各一。鲍康注：“大和二品，外国钱，非吴也。”按“大和通宝”是安南国古钱币之一。后黎朝仁宗黎濬大和年间（1443—1453）铸，时值明正统与景泰间。此钱形体较薄，有大小数种。“大和通宝”四字楷书，直读，文笔含瘦金体意，潇洒自如。均小平光背无文，边廓修整。此钱存世较丰。黄易将“大和通宝”误隶为五代十国钱，应是把它当作后吴睿帝杨溥在大和年间（929—935）铸造的年号钱而收录于此处。《泉文》收录的北宋钱币中有宋太祖“宋元通宝”至宋徽宗“宣和通宝”的历代钱币一百零一枚，其中有小平、折二及铁钱多种，大多为常见的品类。在这些北宋钱中，行书“大观通宝”小平钱应是铁钱，较少见。书中收录的几枚“太平通宝”“太平圣宝”“天圣元宝”“治平圣宝”等钱分别为安南钱和日本钱，[13]黄易未能加以区分而列入宋钱。鲍康在批注中进行了订正。另有日本铸造的“元丰通宝”钱，[14]黄易也未能分辨出，误将其作为北宋铸造的“元丰通宝”一并列入宋钱中。南宋钱中，收录了建炎至咸淳各代年号钱，小平、折二及铁钱均有，均为较常见的品种。该卷中，西夏及金元部分多页被揭去，仅存有西夏“乾祐元宝”铁钱；金代“正隆元宝”，“大定通宝”光背钱、合背钱、背“申”、背“酉”字钱，“泰和重宝”折十钱；元代“大元通宝”“至大元宝”“至正通宝”背“辰”字折二、折三钱拓片共十二品。明钱收录五十九品，有“大中通宝”小平、折二、当十等四枚，“洪武通宝”十三枚，除了常见的小平光背及背“北平”“福”“一钱”，又有背“十”“十福”

大钱，其中一枚背“治”字钱是日本于1636年铸于加治木地方的货币，[15]不是明朝的货币。明钱中还收录“永乐通宝”“宣德通宝”“弘治通宝”“嘉靖通宝”“隆庆通宝”钱各一枚，“万历通宝”三枚分别是光背及背“公”字小平钱，折二钱。“泰昌通宝”不同版式小平钱两枚，“天启通宝”七枚，其中背“十一两”和背下“十”大钱各一枚，另为小平钱，有光背及背“工”“户”“云”“浙”字等。“崇祯通宝”二十一枚，其中有当五钱背“户五”，折二钱背左“二”，又有“崇祯通宝”小平钱背下马纹及不同文字者。书中在明钱部分尚收录“正德通宝”折二、折三型钱各一枚，背后均为龙凤纹。黄易将此钱归入明钱，但明代在朱厚照的正德年间并没有铸钱，书中辑录的这两枚钱是民间所铸的用于佩戴或悬挂的花钱。[16]

《泉文》第四卷内容为南明钱、外国钱、三藩钱及花钱。南明钱中收录了“弘光通宝”凤阳版、云南版小平钱及南京版折二钱各一枚，“隆武通宝”收录有背上“工”“户”字钱及光背钱各一枚，“永历通宝”钱收录有光背及背“工”“户”“辅”“明”“督”小平钱各一枚，背“二厘”钱一枚，郑成功铸的行书“永历通宝”折三钱两枚，鲁王监国朱以海铸造的“大明通宝”背上“户”字钱一枚。外国钱三十一枚，有西班牙双柱银元等外国银币两枚（图6），又有日本铸造的“宽永通宝”钱，安南铸造的“景兴通宝”“光中通宝”“洪顺通宝”“永盛通宝”等钱，皆为常见品。惜外国钱部分多页空白，或为他人揭去，甚可惜。外国钱后收录李自成、张献忠、孙可望铸钱及三藩钱，有李自成铸造的“永昌通宝”当五钱和小平钱各一枚，张献忠铸造的“大顺通宝”钱一枚，孙可望铸造的“兴朝通宝”背“壹分”“五厘”大钱及背“工”字钱各一枚。吴三桂

图6

图7

铸的“利用通宝”光背小平钱及背“厘”“二厘”“五厘”折银钱共六枚，“昭武通宝”正书小平钱及篆书背“壹分”大钱各一枚，吴三桂孙吴世璠铸“洪化通宝”光背及背“工”、背“户”小平钱各一枚，“裕民通宝”光背及背“一分”钱各一枚。其间多页空白，恐为人揭去。是册最后一部分是花钱、压胜钱等非正用钱，也包括当时被认作无考品的器物。其中就有过去被称为“藕心钱”（图7）的砝码，汉代“钱牌”，楚国的蚁鼻钱等。又收录大型十二生肖花钱、“孝悌忠信”大花钱等各式花钱多枚，马钱、咒语钱等。有趣的是作者将象棋棋子“马”“炮”“卒”等的拓片一并收录了进来而未甄别。鲍康对其也进行批注，指出不妥。

总的看来，《泉文》一书中辑录泉品种类繁杂，精粗互见，但总体上讲以先秦齐国的刀币和历代民俗花钱最有特色，反映了黄易收藏钱币的倾向和偏好。该书第二卷中收录版式各异的“节墨之法化”“节墨法化”“安阳之法化”“齐之法化”“齐法化”等珍贵齐刀品种，更收录了“齐建邦长法化”等稀有币种多枚。这可能和他在山东生活多年密切相关。民俗花钱收录于该书的第四卷，包含了各类咒语钱、生肖钱、八卦钱、挂花、牌符等，种类繁多，内容丰富，对于现代研究民俗花钱来

说具有重要参考价值。另外该书中还收录了部分外国货币，如西班牙双柱银币等，对于当时的钱币学研究而言也很有意义。

但是现在看到的《泉文》一书也存在一些问题。首先是部分重要的或有价值的拓片缺失使这部著作的完整性大打折扣。书中有数处本应连贯而呈空白页，上残存有纸张被揭去的痕迹，极有可能人为揭去原有拓片，另加收藏了。有几页空白处上墨书标记“已寄翁刑部”（图 8），这应当是黄易自己写的批注。此翁刑部者，翁方纲之子翁树培也，乾隆时期古泉学之集大成者，收藏甚富有，在当时赫赫有名。黄易可能在和他交往中将拓片甚至是钱币相赠了。这样的现象也被鲍康关注，他在跋语中写道：“是书中佳者已被人揭去，逸品寥寥……”说的可能也就这件事。其次是作者对部分泉品的时代、性质隶定有误。如将日本、安南铸钱隶定为宋钱，将“直百五铢”隶定为“吴钱”，将大泉当千隶定为“蜀钱”，将“正德通宝”花钱隶定为明代年号钱，将棋子归入花钱一类。鲍康在阅看后对谬误之初一一订正。另外，书中收录的部分泉品真伪存疑。

然而，瑕不掩瑜，《泉文》一书在乾嘉时期的钱币学著作中是有一定贡献的。首先是它辑录钱币的广泛性和资料的丰富性，它不但收录了历代正用品，还收录了外国货币和花钱，这是乾隆以前钱币著作中还是比较少见的。其次，它见证了黄易与当时古泉藏家与学者的交往，书中数处批注“已寄翁刑部”，说明作者和翁树培有比较密切的交往，他的藏品也被翁氏认可，可见在乾隆时期的钱币学领域，黄易是占有一席之地的。而《泉文》一书先后辗转于王懿荣、鲍康之手，并且被《观古阁泉说》等多部钱币学著作著录，见证了中

图 8

国钱币学发展的历史。

另外，在故宫现藏黄易手札中，也能看到黄易对钱币的收藏。如故宫收藏文物新 00069087-12/12 号《黄易致赵魏惠碑札》(《手迹》页 34-36）云：“正月七日接手书，并惠碑种种，感谢感谢。宋元碑目有误，乞更正见示。郑道昭等碑俟觅得即寄，此外得碑甚多，今匆匆发信，不及携寄，下次必寄。古钱弟拓出二册，亦俟再寄。所得颇可观也，小品随意检呈。朱朗兄来，乞拓本见惠，至望至望。毕中丞大办金石，吾兄能一游否？翁公来信必问兄也。此候近祉，诸容再报，不一。晋斋大兄。愚弟黄易顿首。”从这封信札中可以看出黄易收藏的钱币应当是比较丰富的，他曾拓印两册，准备作为礼物送给赵魏。黄易制作泉拓，并将其作为礼物进行馈赠，是他与当时金石学者交往的一种方式。

故宫藏新 00069087-12/12 号文物附七：《张廷济录黄易致赵魏北来（妙极）札》中有张廷济注云：“右黄小松手札六，嘉庆戊寅八月日，晋斋连吉金款识廿五种饷余，余赠以番银钱十枚。以札中多论及金石，可作道古故实，因手录而并识之。

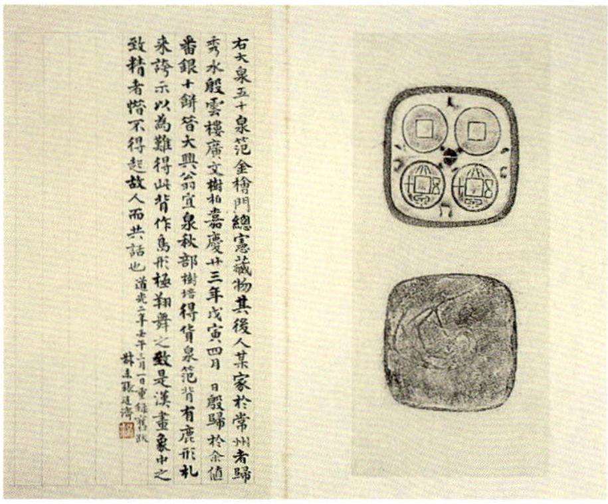

图 9

十二月十七日。叔未随笔。”其中“番银钱”应指当时流入中国的西方银元。自明代中后期开始，西方银元大量流入中国，清初实行“海禁”，外国银元流入中国的数量大大减少。但是，随着海禁渐弛，中外民间贸易日益活跃，西方银元又大量流入中国，且受到民间的欢迎。至清代中期，西方的银元由于相对于中国的称量货币“银两”使用更为简单，而被中国民间广泛接受，在交易中也常常被使用，被称为“蕃饼”。[17] 张廷济本人在钱币及古器物收藏过程中就常常使用银元进行交易。如张廷济著《清仪阁藏古器物文》第三册（京都大学图书馆藏，1037200 号）中，在记载齐刀“即墨之法化”时说：节墨邑之吉货……从杭州王检叔购得，值洋银六饼；又记载“賹六化”时说：宝六货……值银十饼；记载“大泉五十”钱范：值番银十饼（图 9）；“大布黄千”：值银六饼；“货泉”范：值番银六饼；这都说明张廷济等金石收藏家在收藏活动中频繁使用银元进行交易。

注释：

1. 鲍康（1810—1881）字子年，号观古阁主人、臆园野人，歙县岩寺人。道光十九年（1839）举人，官至四川夔州知府。随叔父桂星居京城，收藏古币甚丰，晚年撰写《观古阁泉说》《大泉图录》等颇具影响力的著作，被同行尊为“泉师”。

2. 唐石父：《中国钱币学辞典（上）》，北京：北京出版社，2000 年 8 月，第 284 页。

3. 司理等：《中国钱币图书纂要》，北京：中国金融出版社，2002 年 6 月，第 54 页。

4. 丁福保：《古钱学纲要》，天津：天津古籍出版社，1989 年 7 月，第 25 页。

5. 孙殿起：《贩书偶记》，北京：中华书局，1959 年 8 月，第 261 页。

6. 关于齐国刀币铭文的释读，至今尚无确信的说法，此处可参见张弛：《中国刀币汇考》“第二章 刀币若干铭文的考释”，石家庄：河北人民出版社，1997 年 12 月，第 29 页。

7. 关于齐国刀币的分期，可参见张弛：《中国刀币汇考》“齐大型刀币的铸行年代”，石家庄：河北人民出版社，1997 年 12 月，第 135 页。

8.（清）鲍康：《观古阁泉说》，同治十二年刊本，第四十六页。

9. 梁布释文数种，尚无定论，相关释读可参阅黄锡全：《先秦货币通论》，北京：紫禁城出版社，2001 年 6 月；此处暂从国家文物局《中国古钱谱》编纂组：《中国古钱谱》，北京：文物出版社，1989 年 10 月，第 50-51 页。

10. 关于“会昌开元”背字的解释，说法颇多，但周坤宁的《会昌开元钱研究》一文最具说服力，今从之。

11. 陈元龙：《格致镜原》卷三十五，扬州：江苏广陵古籍刻印社影印，1989 年 11 月，第 386 页。

12. 周坤宁：《会昌开元研究》，《中国钱币》，2001 年 1 期，第 20 页。

13. 此处可参见〔日〕三浦清吾：《安南泉谱》，小野谷印刷，1975 年 11 月，第 76–77 页;[日] 增尾富房、增尾和之:《东洋古钱图录》,穴钱堂版,1977 年,第 13 页,第 86 页。

14.〔日〕馬島杏雨 :《養真亭蔵泉譜——水戸手、加治木手類銭譜》、日本国立国会图书馆藏，第 5 页。

15. 静岡いずみ会 :《洪武通宝図譜》，1974 年，第 96 页。

16. 黄易著录的正德通宝，与之类似的图片可见于林春雄 :《正德通宝小集》，该书收录林春雄十余年间收藏的正德通宝一百五十余枚，赖立川作序进行考证，内容丰富，是对正德通宝进行专门记述的著作。

17. 此处可参见姚会元 :《中外钱币交流及西方银元流入对中国货币近代化的影响》,《福建论坛（文史哲版）》，2000 年 6 期，第 39 页。

上海博物馆藏黄易篆刻简述

孔品屏

上海博物馆青铜器研究部馆员

内容提要：本文以上海博物馆所藏黄易篆刻作品为研究对象，梳理了这批藏品在历经1860—1861年“庚辛之乱”和1937年“丁丑之劫”两次战火后的印石概况，同时厘清这批藏品的源流所在。

关键词：黄易　篆刻　上博

上海博物馆收藏的明清文人篆刻作品在国内外享有盛誉，在流派和代表印家方面都是目前最为完整的收藏体系。浙派自清代中期以后延续发展二百余年，成为中国篆刻史上最重要的篆刻家群体之一，黄易名列浙派“西泠四家”，是其中代表人物。上海博物馆藏有黄易篆刻原石45方，先后由上海博物馆的前身——前上海市历史博物馆及新中国成立以后的上海博物馆，在20世纪30年代至70年代之间购藏或接受捐赠而来，其中一部分来源于华笃安毛明芬夫妇在1983年的捐赠。[1]这批篆刻作品多数可见于各著录，为学界所了解和研究利用。然而限于时代条件，著录多为印蜕与边款，其中关于原石本身，较少提及。因此，本文主要从印石本身入手，简述这批篆刻作品概况，以供学界进一步研究。

一

印主多、边款文字多且纪年跨度广，是这批藏品的两个主要特点。因此也成为学者研究考证黄易的重要实物资料。

1. 印主可考者包括有陆筱饮、陈灿、陈西堂、奚冈、魏嘉穀、翁方纲、蒋仁、梁肯堂、张埙、宋葆淳、姚立德[2]、洪孟章、袁廷梼、潘奕隽、陆奎、仇梦岩、潘庭筠、顾元揆、姚筠[3]等二十多位，从此可窥黄易交游的一部分范围。

2. 近半篆刻作品的边款上刊有纪年信息。时间跨度在黄易20岁至55岁间，即始于乾隆三十八年（1773），迄于嘉庆三年（1798）。其中年20至29岁之间有4方；30至39岁间，这也是黄易精力最为充沛的十年，计有14方，近总数的三分之一；40至49岁间有3方。50至55岁间有2方。因此，这批篆刻作品大致可窥见黄易篆刻风格的演变轨迹。陆筱饮、陈灿与黄易在20岁左右时交往较为频繁。1773年，黄易为陈灿所刻斋号“师竹斋”就有三方，其中一方藏上海博物馆（图1）。为陆筱饮所刻“乙酉解元”也有朱白文各一

图 1. 师竹斋
1.3 厘米 ×1.3 厘米

图 2. 乙酉解元
1.8 厘米 ×1.8 厘米

图 3. 自度航
2.8 厘米 ×1.6 厘米

图 4. 卖画买山
2.5 厘米 ×2.5 厘米

枚。为他们所刻之印目前成为了研究黄易早期篆刻风格的重要资料。在 30 至 39 岁之间，他为陈西堂、魏嘉穀、奚冈、翁方纲、蒋仁、梁肯堂[4]、张埙、宋葆淳、姚立德所刻甚多，从侧面也可证这个时期黄易与他们的交游较为频繁。四十岁之后，则为孟洪章、梁肯堂所刻为多。

对于研究印人的交游与生平或是编集活动年表，边款所刊时间与内容历来为研究者所重。因此，上博这批已经著录的黄易篆刻作品，学人运用甚多。择其中有趣者与诸位分享。

黄易为陆筱饮所刻“自度航”一印，享有盛名。此印是 20 世纪 70 年代购得。陆飞（1719—？）字起潜，号筱饮，仁和（今杭州）人。乾隆三十年（1765）解元。善山水、人物、花卉，性高旷。徐珂编撰的《清稗类钞》[5]载有：“陆筱饮解元尝于杭州之西湖造小舟，曰‘自度航’，笔床茶灶，以水为家，不复知有软红尘土。‘得鱼沽酒，卖画买山’，则舟中楹帖也。”一则小故事，含有黄易为之所刻有四印：“乙酉解元”（朱白文两种）、“自度航”“卖画买山”（图 2、图 3、图 4）。“自度航”款曰：“先少参寓林公造湖舫，董文敏题曰浮梅槛。东生公亦造船，名破浪。樊榭山人湖船录载其事，船今无家藏。破浪船子一印犹存，仲文所刻也。筱饮解元营自度舫，明湖韵事，他年续录，必传余是印，亦不朽矣。黄易。”“性高旷”的陆氏定是爱印之人，可惜自度航因“以贫，售之他人，作卖自度航诗”。在《西湖游船名录》[6]中有载此舟名，或如黄易所说“传余是印”。然而，对于印学研究而言，是以印传陆氏名耳。

黄易或确有借他人传名于后世之心，当然或也有抬重印主之意。此中情怀在“苏门所藏”一印边款中亦有流露：“苏门司马，嗜学味古，卷册之富，不让青父书画舫也。古人收藏印，苟不慎择，翻为翰墨累。天籁阁物最可憎，前人已言之矣，易为司马作此，施诸卷册，后人重司马名，或美此印。正如见金粟道人、云林子诸印，悬知为周伯琦所篆，黄易。”（图 5）

黄易摹印，所留甚少，“永寿”是其中一方。（图 6）“永寿玉印见顾氏印谱，汪工部于都门市上得之。拓一纸寄示，劲古完好，千载如新，重摹为春淙先

图 5. 苏门所藏
1.8 厘米 ×1.6 厘米

图 6. 永寿
2.4 厘米 ×2.3 厘米

图 7. 永寿 《印薮》

生六十寿，黄易。”黄易在“永寿”边款上记录了他摹此印的因由：汪启淑购得此印，将印拓寄黄易，以其美好寓意，遂摹此印为梁肯堂六十寿。检索王常、顾从德《印薮》，可见纵 2.4 厘米，横 2.3 厘米的“永寿”一印（图 7）。两印相较，可以看出得黄易摹印之高妙。后来黄易所摹“永寿”印归丁辅之时，恰“辅之今年周甲，适得此石，为小松寿梁春淙六十之作。乡贤遗物，永寿姻缘，摩挲赞叹，为识之”。王福厂在印石顶部加刻之款，使这则金石姻缘永传。

二

上海博物馆受赠于华先生的黄易篆刻作品原为丁仁旧藏。丁仁（1879—1949）原名仁友，字子修、辅之，号鹤庐。浙江杭州人。祖父丁申、叔祖丁丙即以收藏浙派前六家闻名，辑有《西泠四家印谱 附存四家》等谱。延至其父丁立诚，又觅得后两家印章甚多；至丁仁时期，浙派诸子印章收藏已成规模。丁丑劫后，这批印章被收录在丁仁、俞人萃、葛昌楹、高时敷合辑的《丁丑劫余印存》中（下称《丁丑》）。《丁丑》一书所录小松篆刻 41 枚，其中上博现存原石计 37 枚。具体印文可见下文表格。这批印石多为青田石质，少数为昌化石与寿山石。

这批篆刻作品曾经历了两次战火。清咸丰十年（庚申，1860）、十一年（辛酉，1861），杭州两次被李秀成所率太平军所攻占，后人称之为“庚辛之乱”。这两年间，西泠四家主要收藏者“辛酉安伯、西堂同殉难，卜堂丈庚申先逝”，其所藏印石也皆散乱，后多归于丁丙。丁氏从 1867 年始拓家藏西泠诸子篆刻作品，称为《西泠四家印谱 附存四家》，[7] 上博藏有其过渡版本之《西泠四家印谱 附存三家》（此本原签为《西泠印谱》，下简称“上博本”）。[8] 上博本黄易卷（图 8）成于 1885 年，存印蜕 24 方，边款未录，其中 20 方原石现存上博。此卷与何元锡何澍父子所辑拓的《西泠四家印谱》[9] 比对，发现在庚辛之乱中残损的有“姚立德字次功号小坡之图书”（图 9、图 10）和“一笑百虑忘”

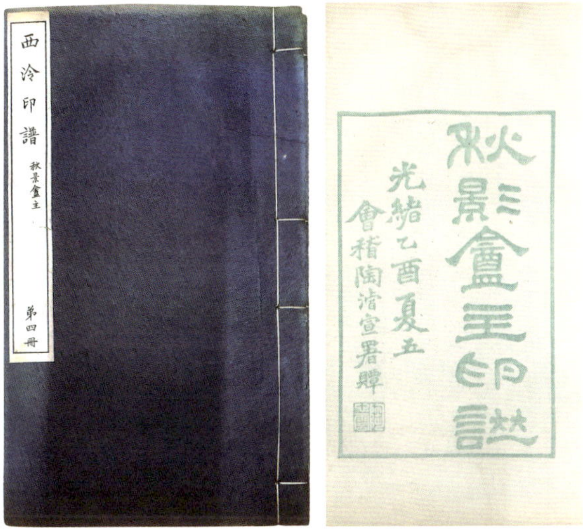

图 8.《西泠印谱 秋影盦主》卷和扉页　上海博物馆藏

图 9. 姚立德字次功号小坡之图书《西泠四家印谱》

图 10. “姚立德字次功号小坡之图书”原石现状
6.6 厘米 ×6.6 厘米

图 11. 一笑百虑忘《西泠四家印谱》
2.0 厘米 ×2.0 厘米

图 12. 一笑百虑忘

图 13. 乙酉解元《西泠四家印谱》

图 14. “乙酉解元”原石现状
1.8 厘米 ×1.8 厘米

（图 11、图 12）、“覃谿鉴藏”、“鹤渚生”等。

而后，1937 年吴淞兵陷致使江南重要藏印巨擘——浙西四家的印章又一次经历战火，使原石多有残损，“仓皇避地，御寒物外一切不暇顾及矣。兵燹之余，文物荡然，即藏印一事，亦多散佚”。[10] 在战火间隙，诸家从废墟中捡回所藏，“互以劫余相慰藉，都计四家，所藏尚得千数百纽，丁兹乱世，幸得会合，惧其聚而复散也，因亟谋汇辑为谱，名曰《丁丑劫余印存》”。[11] 这是浙派遗印又一次汇集，作为流传有序的代表作，《丁丑》所录印蜕和边款为我们比对和研究提供了一个重要的资料依据。其残损之状，是历经两次战火的印石现状的呈现。检索原石，石材有裂痕，或有火烧痕迹者近三分之一。其中残损比较严重的有：印体经火烧且中部残缺的“乙酉解元”（图 13、图 14）、“陈氏晤言室珍藏书画”（图 15、图 16）、“小坡”等；有经火烧而裂纹遍体、印体呈弧线状的“留余春山房”（图 17）、“翠玲珑”（图 18、图 19）、“自度航”等；其他石经火的还有“凝庵”（图 20）、“金石癖”、“得自在禅”等；有印体曾经断裂后经修复的“同心而离居”（图 21）、“陆奎私印”等印。这种现象还存在于同为上博所藏、同样为浙派代表人物、同样历经劫难、同样曾经丁家旧藏的丁敬、蒋仁篆刻原石上。如丁敬的“南屏明中、赐紫沙门”两面印、“曹芝印信”（图 22）、“陈鸿宾印”，蒋仁的“真水无香”等印（图 23），其印石都经战火且有残缺；与黄易“翠玲珑”同样因印石经火之后，受热不均、石材密度不同等因素造成了印体弯曲变形的，还有丁敬的“荔帷”一印（图 24）。比对《丁丑》所录和馆藏品今拓之形态，可以发现边款上的残裂痕迹与当时著录基本一致。也就是说，目前藏品现状基本保存了丁丑劫后原貌。历史似乎凝固在那个烽烟四起的年代。

上海博物馆所藏黄易 45 印，以早期版本中印面完整的《西泠四家印谱》和《西泠四家印谱 附存三家》（上海博物馆本）、《丁丑劫余印存》及现

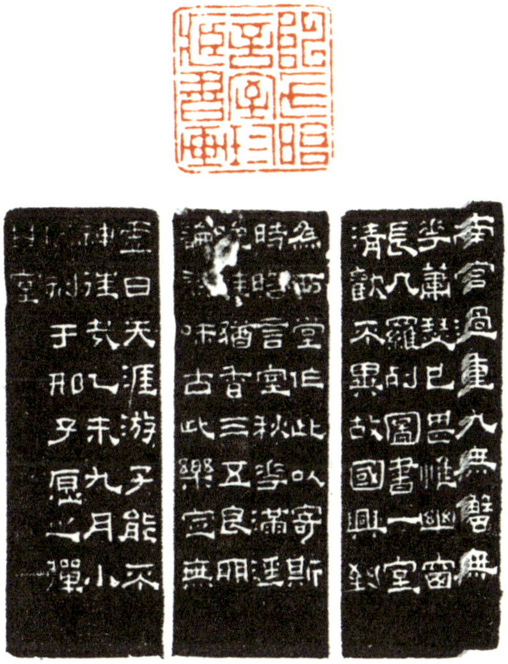

图 15. 陈氏晤言室珍藏书画《西泠四家印谱》

图 16. “陈氏晤言室珍藏书画”原石现状
2.1 厘米 ×2.1 厘米

图 17. “留余春山房”原石现状
2.5 厘米 ×2.1 厘米

图 18. 翠玲珑《西泠四家印谱》

图 19. “翠玲珑”原石现状
2.7 厘米 ×1.3 厘米

图 20. “凝庵”原石现状
1.9 厘米 ×1.9 厘米

图 21. “同心而离居”原石现状
1.7 厘米 ×2.0 厘米

图 22. 丁敬“曹芝印信”原石现状（非原大）
2.51 厘米 ×3.6 厘米

图 23. 蒋仁“真水无香”原石现状（非原大）
3.3 厘米 ×3.25 厘米 ×8.25 厘米

图 24. 丁敬“荔帷”原石现状（非原大）
3.49 厘米 ×1.88 厘米

存原石进行比对，其残损及收藏变化情况如下表所示：

印文	《西泠四家印谱》	《西泠四家印谱　附存三家》	《丁丑劫余印存》	原石现状
师竹斋	未录	未录	未录	完好，边款有磨痕
卖画买山	未录	印面边框略有残损	同前	同前
金石癖	印面基本完好，边款左侧可见磨损	印面同前	印面基本同前，四周略有磨损	印面同前。石经火，印体呈灰黑色
凝庵	印面边框有残。边款基本完整，有小缺	印面同前	印面、边款同前	印面同前。石经火，印体呈灰黑色
乙酉解元	印面边款完好	印面基本同前，边框四周略有残损	印面线条有损，印体中部缺损严重	同前。石经火，印体中部见残损
自度航	印面边款完好	未录	印面基本同前。边款可见裂纹	同前。石经火，印石颜色呈黑白渐变，印体裂痕遍身且弯曲变形
师竹斋记	未录	未录	印面边款完好	同前
小松所得金石	未录	未录	印面完好，印体顶部有磕	同前
翠玲珑	印面边款完好	未录	印面、印体可见裂痕	同前。石经火，印体弯曲变形
得自在禅	未录	印面四周笔画略有残损	同前	同前

印文	《西泠四家印谱》	《西泠四家印谱 附存三家》	《丁丑劫余印存》	原石现状
一字值百金	印面边款完好	未录	未录	完好
留余春山房	未录	印面边框略有残损，余字左下笔画有残	同前	印面同前。石经火，印体有残损，弯曲变形
陈氏晤言室珍藏书画	完好	未录	印面及印体出现残损	同前。石经火，印体呈黑色，有磕损
同心而离居	未录	印面基本完整	印面同前	印面同前
振衣千仞	未录	未录	印面边款完好	印面边款完好
魏嘉縠印	印面边款完好	未录	同前	基本同前，印面四周略有磕。印体完好
两峰	未录	未录	印面边款完好	同前。印石呈酱油色
立德	印面边款完好	同前	同前	同前
小坡	印面边款完好	未录	印面基本完整，印体有见残裂	同前。石经火，印体表面呈灰白、褐色，有裂痕及磕缺
翟画溪山院长	印面基本完好。印体侧面略有损	印面同前	基本同前	同前。印石呈深酱油色。印面右侧及顶上略有磕损，印体增几处小磕
一笑百虑忘	印面完整，边框右侧中部有小磕	“忘”字笔画出现残损	印面同前	印面同前。印体呈黑色且出现裂痕
永寿	未录	未录	完好	同前
石墨楼	未录	印面完整	同前	印面略有磨损，基本同前
覃溪鉴藏	印面基本完好。印面边框左右有损	印面基本同前，边框右侧上方较前者稍损	同前	同前。印石呈酱油色
苏门所藏	未录	未录	完好	同前
文渊阁检阅张埙私印	完好	基本完好。印面四周微磕数处。“检”字右部横画未断	基本同前。“检”字右部横画已断	同前
葆淳	印面完好	未录	同前	同前。完好。印石呈酱油色
诗境	未录	未录	未录	完好。印石呈酱油色
姚筠	印面边款完好	未录	印面同前，印体略有磕。添赵次闲观款	同前
绶阶	印面边款完好	未录	未录	同前
潘庭筠印	未录	印面四周笔画有残损	同前	同前
姚立德字次功号小坡之图书	印面边款完好	印石残损严重。印面四周文字笔画皆有残损。印石顶部残缺数处，划痕多处。边款首行文字缺“乾隆”，第二行首字“月”笔画有损	残损情况同前	同前

印文	《西泠四家印谱》	《西泠四家印谱 附存三家》	《丁丑劫余印存》	原石现状
潜云	未录	印面完整	同前	同前
鹤渚生	印面边款完好	印面同前	基本完好，右上角微磕	同前。石经火，印面边框右上角有残。印体呈黑色
仇梦岩印、鲁英父两面	未录	未录	印面边款完好	同前
梦花馆	未录	未录	未录	印面基本同前
汉画室	未录	未录	未录	完好
建侯父	未录	未录	印面边款完好	同前。印体略有磕痕。印石呈酱油色
梁肯堂印	未录	印面四周笔画略有残损	同前	同前
春淙亭主	未录	印面四周笔画略有残损	同前	同前。边框左下线条有损
陆奎私印	印面右上方、左下略有残损	印面同前	印面同前。边款有见裂纹	同前。四印体有断痕，已修复
榕皋	印面完好	未录	未录	完好
洪氏孟章	未录	未录	印面边款完好	同前
梅坡	未录	未录	完好	同前
五砚楼	印面边款完好	未录	未录	完好

从上表可见，上博所藏黄易篆刻原石中，在《西泠四家印谱》里有23印未见，在上博本《西泠四家印谱附三家》中，有25印未见，《丁丑》则有8印未见。

现存原石中，“立德”“小坡”对章是其中比较特殊的。印主姚立德，字次功，浙江仁和人。自乾隆三十六年八月至四十四年任河东河道总督，黄易上司。对章平头无钮，高5.2厘米，方1.5厘米（图25、图26）。两石颇有意思，是因为它们呈现出了战前战后两种不同面貌：两印石材为昌化鸡血石，“立德”尚存原貌，至今色泽鲜艳生动；“小坡”则裂痕遍体，满目疮痍，中段曾断裂，虽经修补，但已有缺损，印石表面尚可见色块轮廓，再不复昔日光彩。此印在上博本《西泠四家印谱 附三家》中未见，至《丁丑》已见残断。不排除此印在庚辛时受损的可能性。上揭黄易为姚立德所刊另一石：“姚立德字次功号小坡之图书”，亦是在庚辛之乱中现已磕损多处，印面周边文字笔画、边款文字皆有残缺，此外还有当时留下的粗粗细细的历史划痕。这是黄易在乾隆四十三年（1778）四月在济宁节署平治山堂刻成，时年35岁。文字线条浑厚，有肃穆之气。想来前贤从战火中捡出这些印石，心中之沧桑，只能惨然一叹。

图 25.“立德”原石现状
1.5 厘米 ×1.5 厘米

图 26.“小坡”原石现状
1.5 厘米 ×1.5 厘米

图 27. 榕皋
1.75 厘米 ×1.8 厘米

图 28. 绶阶
2.0 厘米 ×1.25 厘米

三

20 世纪 30 年代入藏前上海市历史博物馆的有四印。其中“师竹斋”“榕皋”“绶阶”三印原为陆树基旧藏。陆树基（1882—1979）浙江湖州人。字培之，号公培，亦号秀重，别署老培、培芝、培知、固庐、五湖印伯。善篆刻。光绪年间辑《宝史斋古印存》，1941 年辑自刻印成《陆培之印存》一册，1963 年辑自刻印成《固庐治石》。三印皆为青田石，品相完好。“师竹斋”一印即上揭 1773 年，时年二十岁的黄易为陈灿之所刊。“榕皋”印石高 3.5 厘米，印面纵 1.75 厘米，横 1.8 厘米，为潘奕隽[12]所刻（图 27）。“绶阶”印石高 4.65 厘米，印面纵 2.0 厘米，横 1.25 厘米，为袁廷梼[13]所刻（图 28）。

除此之外，有一印此前未经旧谱著录，印文内容为“诗境”（图 29）。此石高 3.4 厘米，印面边长 1.75 厘米。青田石质，现今已成酱油色。1936 年于吴曼公处购得。吴曼公（1895—1979）原名观海，字颂芄，号飞雨词人、圣沧居士，斋号珠字堂、仰喜楼、花曼寿庵等。江苏武进人，民国间任故宫博物院顾问，故宫博物院古物馆编纂课主任，新中国成立后为上海文物保管委员会特约编纂。

“诗境”一石属翁方纲。翁氏有“诗境轩”，是其与诸友赏碑论学之所，黄易为此中客，两人交往过密。[14]“乾隆四十一年，按试韶州，得陆放翁书‘诗境’二字刻石，拓归匾于其斋。”[15]翁氏曾倩周绍良制“诗境”墨，[16]墨铭放翁“诗境”二字，并作《赠吴舜华制墨歌》。关于是印，吴氏曾有跋文交代[17]（图 30）：“予寻此印于宣南，边款十字‘丁酉十月黄易刻于京师’。当时即定为覃溪先生遗印，而未有证明，今见此则无疑矣。乃加钤一印以资质对，笔画似稍肥，则以用久微泐也。

翰墨因缘如此云云。辛巳秋，毗陵吴曼公记于海上花园坊之窥时楼。

按丁酉为乾隆四十二年，覃溪年四十五，而小松只三十四，距嘉庆十二年丁卯已三十年。小松久下世而覃溪年七十六矣。曼公又记。”

吴曼公获此印时，印面文字线条与黄易其他朱文篆刻相比较，已见粗厚，说明其时印面已有磨损。因黄易与翁方纲之深厚交情，为翁昏黄所刻之印为数不少，上博所藏印中除“诗境”外，还有“石墨楼”和“覃谿鉴藏”两印。其中“覃谿鉴藏”一印因边款记录了翁氏得宋刻《欧阳苏集》之事而广被研究者熟悉，其实此印存在着“双胞胎”现象，且两石均藏于上博。（图 31、图 32）

名家名作，价值高昂，再者也因种种原因不易见得真容，因此“双胞胎”应运而生。有些仿作做工粗劣，一眼可知真伪，在此略过。然而有的伪作却是高手所为，不论石材、刀法、印面及边款的文字形态各方面都极其相似，似如“双兔傍地走”，真假莫辨，如赵之谦“印奴”“郑斋”等印都有早期所作伪印。时过境迁，早期高手仿作也具有一定的研究价值。基于此，另一“覃谿鉴藏”（伪印）作为研究资料在 1989 年时被收入公藏。同年，孙慰祖先生发表了《“覃谿鉴藏”印真伪辨》一文，[18] 对两印从印石状况、刀法、边款文字等方面进行了详细考证，最终得出：“黄易所刻真品，最初见于何梦华辑本的著录。何氏与黄易过从甚密，曾随黄易在山东搜访名碑古刻，同时，收集了黄易印蜕，合以丁敬之作辑为《丁黄印谱》，后经其子何澍补充又成《丁蒋黄奚四家印谱》。谱中所录‘覃溪鉴藏’一印，上下边尚完整。二十年代初，王福厂在北京访得原石，旋又转入八千卷楼主人丁辅之家。丁氏辑入《西泠八家印选》时，

图 29.“诗境”原石现状
1.75 厘米 × 1.75 厘米

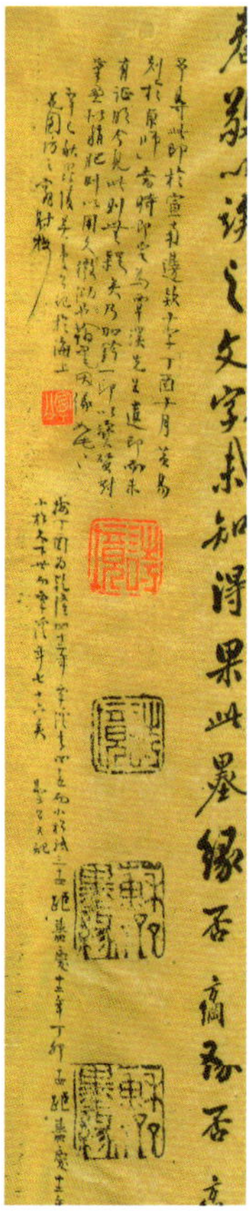

图 30. 吴曼公“诗境”跋文

图 31.“覃谿鉴藏”原石现状
2.4 厘米 × 1.8 厘米

图 32. 覃谿鉴藏（伪）

印石下边已断至‘溪’字左旁。可见伪印应是据此时钤本仿刻。”

除孙先生文中所论之外，从印石尺寸与印蜕尺寸的关系上也可见其端倪。原印印蜕与印石印面尺寸一致，而伪印印面尺寸则大于印蜕尺寸，盖因是为迎合原印右侧残损之形态，将印石右侧削去一块，正所谓削足适履也。

黄易篆刻作品原石所留不多，“海内珍重，片石珙璧”。上海博物馆所藏者，不论是已有残缺还是保存完好，它们的存在本身传达的就是前贤对金石的热爱。面对这些遗惠余泽，让它维持原貌，进而研究，厘清事情过程，是为敬意。

注释：

1. 华笃安先生生前汇集的明清各家篆刻原石有1546方，印人有250家。1968年，遵华先生遗嘱，华夫人毛明芬率家人将这批印章捐给上海博物馆。上海书画出版社1984年9月出版的《明清篆刻选》，录有其中精品。

2. 姚立德（？—1783）字次功，浙江仁和人。官兵部尚书。自乾隆三十六年八月至四十四年任河东河道总督。

3. 姚筠，号俊卿，番禺（今广州）人。同治六年（1867）优贡生，十二年（1873）举人，补饶平县学训导，学海堂学长。工诗，山水仿吴镇、倪瓒，尤善画松。年八十七卒。

4. 梁肯堂：生于康熙五十六年（1717）十一月。钱塘人。字沟亭、构亭，号春淙、石幢、静渊、春淙亭主。乾隆丙子举人，官刑部尚书、直隶总督。能治印。

5.（清）徐珂：《清稗类钞》，北京：中华书局，2010年1月。

6. 孟东生选注：《西湖游船名录》，杭州：杭州出版社，2013年10月。

7. 朱琪：《钱塘丁氏辑〈西泠四家印谱〉及其附存印谱新探——兼议“西泠八家”名称之流变》，《艺术品》，2018年7月。

8.（清）丁丙辑：《西泠四家印谱附存三家》，上海博物馆藏。印谱封面签为“西泠印谱”，扉页高学治署检“西泠四家印谱 附存三家”，一函八册。

9. 西泠印社编辑部：《西泠四家印谱》，杭州：西泠印社，1979年3月。这是以杭州饮马井巷朱家旧藏为底本出版的，这一版本保存了原石未损时的完整面貌，为目前可见的早期版本。

10. 丁仁、俞人萃、葛昌楹、高时敷：《丁丑劫余印存》，上海：上海书画出版社，1999年。

11. 同上。

12. 潘奕隽（1740—1830）清代学者。字守愚，号榕皋，又号水云漫士，三松居士，晚号三松老人，室名三松堂、探梅阁、水云阁、归帆阁。吴县（今江苏苏州）人，祖籍安徽歙州。

13. 袁廷梼，清著名藏书家。字又恺，一字寿阶，又作绶阶，号又恺。吴县（今江苏苏州）人。富藏书，蓄书先后达7万余卷，皆宋椠元刻及传抄秘本、金石碑版、法书名画之属。

14. 两人交游可参见杨国栋：《黄易与翁方纲交游考论》，故宫博物院编：《故宫学刊》2013年总第10辑，故宫出版社，2013年。

15. 沈津：《翁方纲年谱》，台北：中研院史语所，中国文哲专刊24，2002年2月。

16. 周绍良：《清代名墨谈丛》，北京：文物出版社，1982年5月。

17. 此图蒙朱琪先生提供，特此致谢。李声白《黄易为翁方纲作“诗境”印考略》一文交代，作者曾得吴曼公在1941年手装的《静娱室四珍》稿本，上有“诗境”印的题记考证和原印印蜕，应为一物。

18. 孙慰祖：《“覃谿鉴藏”印真伪辨》，《孙慰祖论印文稿》，上海：上海书店出版社，1999年1月。

天津博物馆藏黄易铭砚小考

王 璐／蔡鸿茹

天津博物馆馆员／研究馆员

内容提要：黄易是清乾嘉时期著名的金石学家，有关黄易藏砚的研究还是鲜有涉及，本文拟就以天津博物馆藏砚为基础，介绍几方黄易铭砚。

关键词：黄易 砚 金石

黄易（1744—1802）字大易，号小松，又号秋盦，别署秋影庵主、散花滩人等，浙江钱塘（今杭州）人。擅书画、篆刻，是清乾嘉时期著名的金石学家。近年来，纷然问世的金石学研究成果充分显示了中国古代金石学研究的深入，有关黄易其人、交游、金石学成就的研究，一些研究者已经做出很多成绩，这里不一一赘述。[1] 故宫博物院曾于2010年策划展出《蓬莱宿约——故宫博物院藏黄易小蓬莱阁藏汉魏碑刻特展》，使研究爱好者更加关注黄易这位金石学的重要人物。有关黄易藏砚的研究还是鲜有涉及，这一著名的篆刻家所藏之砚，自是不凡。天津博物馆藏砚以量多质精在国内外博物馆界享有盛誉，本文拟就以天津博物馆藏砚为基础，介绍几方黄易铭砚。

常言道“将士爱马，文人爱砚”。古代文人写字绘画，必不可少的使用工具即是砚台，笔耕不辍，须臾不离，终身相伴，相处日久，产生情愫，乃至用砚、爱砚、藏砚并重。历史上有许多文人亦是藏砚家。清代纪晓岚藏砚多多，辑成《阅微草堂砚谱》流传后世，书画家金农，有“百二研田富翁”之别号集，自谓“予平昔无他嗜好，惟与研为侣，贫不能改，以至损衣缩食以购置，自谓合乎岁寒不谕之盟焉”。（《七家印跋》）书画家高凤翰则自刻砚台，辑成巨帙自命名《砚史》等，这些艺事已成砚林佳话。文人使用或庋藏的砚台，大多质地优良造型规整，纹饰高雅，不俗不繁，有的有铭文或诗词，或叙事，文辞优美，字形隽永，书刻俱佳。有的则具有历史含量，传达着历史信息，值得后世加以研究。这些砚均有浓浓的书卷气，从而在众多古砚中形成独有的一个门类，即所谓的文人砚。现初步检索三件经黄易收藏铭刻，不同特点的砚台，与大家探讨。

一、清黄易摹武梁祠画像石砚

长12厘米，宽13.5厘米，高6厘米。一面为砚堂，右上署铭“汉武氏石室碎石柱，因材为研，

图 1. 黄易摹武梁祠画像石砚（清）

补刻缺字。黄易”。背面刻人物，砚四侧分别刻铭："此亭长(半字),前石室此亭长三字今缺","蔺相(半字)如赵臣也,武梁祠像初拓本,蔺相二字尚露","公子无（半字）获于外黄兄，左石室今少无、兄二字，获字亦损"，"于王舟（半字）、王胜（半字），祥瑞图今少舟、王、胜三字"。由砚铭可知此石砚是黄易以武氏祠碎石而制作并四侧铭文为武梁祠铭刻的字迹记录了当时铭文现状。

乾隆五十一年（1786）黄易官山东济宁时访得武梁祠原石，即在其地筑武氏祠堂，砌石祠内，保存至今，济宁乃汉魏六朝以来吉金最富之地。黄易于政务之余极力搜求，付出了财力、劳力，使得文化遗产得以保护。古代文献即有著录记载，黄易自画《得碑十二图》（天津博物馆藏），记录了当时艰辛经历。并以残石作砚刻铭。以古代砖、瓦、石刻改制砚台是古代砚中一大类别，这种砚台材料来源简便，而且放置书案既有金石兴味，又交古无比，因而受到文人学者的青睐，更何况这是一件很有意义的砚台，它见证了黄易发现及建立武梁祠的艰辛历程。

此砚曾经清人邹安《广仓砚录》著录[2]（邹安，1864—1940，字受祺，一字景叔，号适庐，浙江杭县人。嗜金石，精鉴藏）。有关此砚的研究始自天津博物馆研究馆员蔡鸿茹先生，她在《中华古砚 100 讲》[3]述及此砚的情况。另《三老砚事考 黄任·纪昀·阮元》一书中谈及我馆藏这方砚，“津博所藏之黄易拓片,《广仓砚录》有录。则黄易以武梁祠碎石所制之砚，原或不止一方，津博所藏之砚，是由‘武氏石室碎石柱’所制；而阮伯元所得之砚，是以‘祠阙碎石’制成”。[4]需要说明的是天津博物馆不仅藏有此砚的拓片，而且还藏有砚台原件，经仔细比对,《广》所录拓片和我馆所藏砚台是同一件；欧先生所说我馆藏此砚拓片，《广》有录，所以黄易用武梁祠碎石制砚，或许不止一方，似乎没有因果关系。故宫博物院藏有一套《黄易镜研拓本合辑》，共二册凡六十三开，清拓本。黄易分别题签“镜铭 乾隆甲寅（1794）七月钱塘黄易收藏”，“砚铭秋影盦藏玩”。其中《汉武氏石室石柱砚铭》分拓 3 张，刻字云：“汉武氏石室碎石柱，因材为研补刻缺字。黄易。”“武梁祠像初拓本‘蔺相’二字尚露。前石室‘此亭长’三字今缺。”“祥瑞图今少‘舟王胜’三字。左右室今少‘无’‘兄’二字‘获’字已损。”[5]此拓片与我馆所藏武氏祠砚是否是一方，因未见实物及图片，待核对。

此砚是在新中国成立后我馆征集入藏砖瓦石刻类文物的，其入馆前的流传经历我们不得而知，

图 2. 黄易铭长方形端砚（清 徐世昌先生捐献）

图 3. 黄易铭玄武端砚（明）

目前与之相关的新材料的不断刊出，相信在不久的将来，我们可以将这些碎片式的新材料缀合，以了解它的流传经历。

二、清黄易铭长方形端砚

长 12 厘米，宽 8.6 厘米，高 3.7 厘米，长方形小砚，光素无纹，砚体小巧别致，虽无纹饰，反而显得素雅大方，堪称无工大美，石上有数处虫蛀纹，或为端石中麻子坑石材，应是优质砚材而制，故而砚面光洁润泽。砚一侧铭文“乾隆六十年（1795）十月八日杭人黄易得于湖上”。

巧合的是清人方浚頤《梦园书画录·卷二十四》著录了一件黄易作于同年同月同日的画作：“黄小松临元人观瀑图小幅 纸本 今尺高三尺，阔一尺，悬崖绝巘，飞瀑下注，石罅对面，一岩上有高阁，一人独坐其中，烟云苍莽，雨气满纸。左角钤‘仁和孙□吴芥孙一字亚卿’印。元人观瀑图（隶书）乾隆六十年十月八日黄易于湖上草堂。”[6]

“湖上”即杭州西湖。查考文献，得知此时黄易正身处杭州。吴锡麟《有正味斋尺牍》卷上：“乾隆六十年（1795）闰二月丁内艰，扶柩归葬。”[7]杨守敬《书学迩读》中记载伊秉绶致黄易的一封信札：“暮春接读手书并惠寄新搜碑拓二本珍感珍感。伏审太夫人谢世，吾兄至性过人，哀毁骨立……还望节哀自爱……愚弟伊秉绶顿首。六月八日谨空。”[8]乾隆六十年闰二月，黄易之母梁瑛[9]去世，黄易归杭州一事于其《嵩洛访碑日记暨丙辰随录》手稿[10]中也有记述。文物、史料两相印证，再次坐实了此麻子坑长方小砚的确是黄易的旧藏。

砚匣上刻有：“乙亥（1935）四月得于故都，濠园记”下刊“濠园藏砚”。黄易得于乾隆六十年，越 140 年后被天津古物收藏家徐世章收藏，此砚两遇知音，岂非古物之幸哉！

三、明黄易铭玄武端砚

长22厘米，宽15.2厘米，高4.3厘米，腰圆形，砚池与砚堂相交处浮略玄武，砚背作宽边框，中间略15枚星眼柱，两侧有铭，一为楷书“如星之聚，睒睒其光，或疏或密，或低或昂，其砚之璞，为此一方。乾隆丁酉七月钱塘黄易识”，一为行书“小蓬莱阁遗砚，辛丑十月经海上得归，心愉目尝，古欢无量，因记数语藏之梅岩，岂非墨林韵事耶！汉阳万中立”。下刊万字印。

此砚铭字体秀丽，流畅自如，砚作古朴端花，质地润洁。观其砚作风格应为明代制品，早于黄易所处时代。黄易款署“乾隆丁酉”，为乾隆四十二年（1777），时年34岁。万中立，号梅岩，清代光绪甲午举人，富收藏，以碑帖，金石为多。黄易所藏汉石经残字拓本，大都由万氏所收藏。辛丑，即光绪二十七年（1901）。此砚收藏年代顺序合理，这是黄易收藏过的一件很有价值的古砚。

注释：

1. 台北艺术大学美术学院李文兰硕士论文《黄易“访碑图”研究》；中国美术学院叶玉2009年博士论文《黄易访碑活动与交友》；曾蓝莹2003年论文《遗迹探寻与记忆重塑：谈黄易嵩洛访碑图册》；秦明《黄易的访碑图与碑刻鉴藏》系列论文；朱琪2010年西泠研讨会论文《黄易的生平与金石学贡献》；杨国栋论文《黄易家事小考》等。

2. 桑行之：《说砚》，《广仓砚录》，上海：上海科技教育出版社，1994年版第1551页。

3. 蔡鸿茹：《中华古砚100讲》，广州：百花文艺出版社，2007年，第80页。

4. 欧忠荣：《三老砚事考》，北京：文化艺术出版社，2005年，第368页。

5. 秦明：《黄易的访碑图与碑刻鉴藏之四——武氏祠》，《紫禁城》2010年7月，第118页。

6.（清）方浚颐：《梦园书画录》卷二十四，《中国书画全书》第十二册，上海：上海书画出版社，2000年版。

7.（清）吴锡麒：《有正味斋尺牍》卷上，清光绪刊本。转引自朱琪《黄易的生平与金石学贡献》刊载于2009年《“重振金石学”国际学术研讨会论文集》。

8.（清）杨守敬：《学书迩言·评书》，北京：文物出版社，1982年版。

9. 梁瑛，字美玉，号梅君，钱塘（今浙江杭州）女诗人，生于康熙四十六年（1707），卒于乾隆六十年（1795）。她的父亲梁师燧，丈夫是钱塘人黄树穀。详见苏者聪主编《中国历代才女（下册）》，郑州：河南人民出版社，1996年。

10.2014年西泠印社春拍黄易《嵩洛访碑日记暨丙辰随录》手稿，包含《嵩洛访碑日记》原稿、诗文稿、致梁同书信札底稿、画稿一幅、印稿一幅、藏书简目以及读书札记等。

故宫藏《小松集拓研铭册》述考

冯小夏

故宫博物院书画部馆员

内容提要：故宫博物院藏有一函《黄秋菴竟研拓本合辑》，函内分别有《小松集拓竟铭册》《小松集拓研铭册》两册拓本，由题签可知系清中期著名金石学家黄易所藏镜、砚传拓之籍。本文将围绕《合辑》展开，结合题署、印章与文献著录，探讨其年代与递藏顺序。此外，将逐页梳理《小松集拓研铭册》中砚拓内容，考证所录古砚之数量、名称、来源、铭文、流传与现状，从而揭示黄易的古砚收藏志趣及相关情况。冀希本文考证之内容可为黄易的金石收藏研究提供些许补充。

关键词：《黄秋菴竟研拓本合辑》《小松集拓研铭册》 黄易 砚品

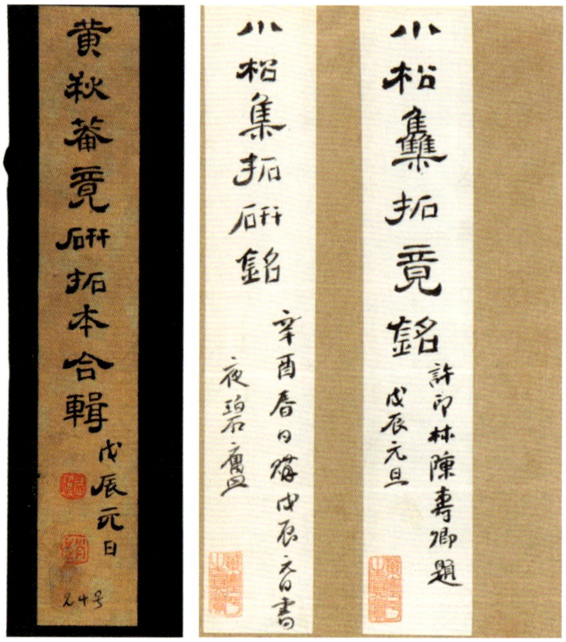

图 1.《合辑》函套及函内两册封面题签

一、《黄秋菴竟研拓本合辑》的年代与递藏

1.《黄秋菴竟研拓本合辑》年代考

《黄秋菴竟研拓本合辑》[1]（下文简称《合辑》）为一函两册线装，内有《小松集拓竟铭册》《小松集拓研[2]铭册》（下文简称《竟铭册》《研铭册》）。函套及内装两册封面均有题签，分别为“黄秋菴竟研拓本合辑”“小松集拓研铭”“小松集拓竟铭”。由题签内容可知此《合辑》应是清中期著名金石学家黄易所藏镜、砚的拓本集成。其中，仅《研铭册》有“夜碧庐”三字题款，但从结字、笔法可推断三种题签系同一人所写，出自李汝谦[3]之笔。此外，三种题签均写有日期，虽用字有个别差异，但均表明《合辑》的装裱时间为“戊辰元日”，即

图 2.《竟铭册》首开前附页

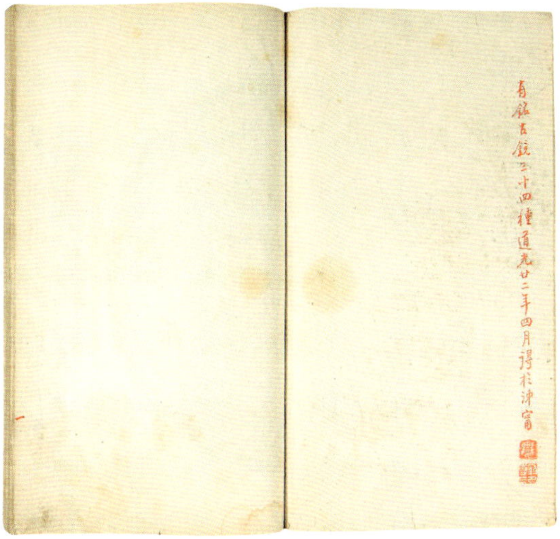

图 5.《竟铭册》第二开前附页

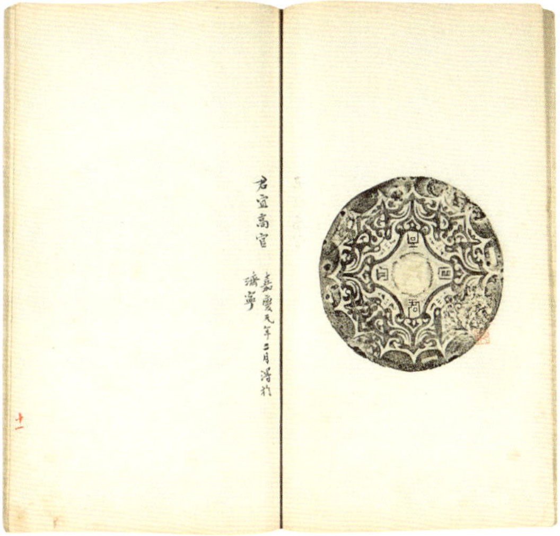

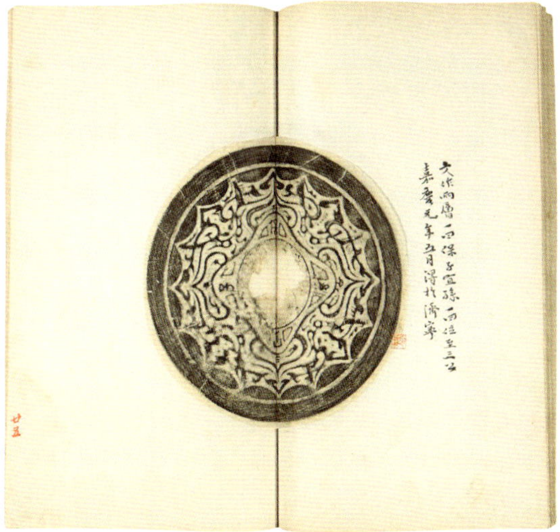

图 3、图 4.《竟铭册》第十开“君宜高官”镜、第二十四开“保子宜孙，位至三公”镜黄易题识显示镜铭拓得时间不早于嘉庆元年

1929 年元旦。

（1）《竟铭册》年代

《竟铭册》有三开前附页，二开后附页。首开前附页有黄易原签，以墨笔在黑色长方形线框中题写，内容为“镜铭，乾隆甲寅七月钱塘黄易收藏”，指明制作时间为乾隆五十九年（1794）农历七月。但根据册中第十开“君宜高官”镜“嘉庆元年（1796）二月得于济宁”与第二十四开“保子宜孙，位至三公”镜“嘉庆元年五月得于济宁”黄易所写二题识推断，该册成书时间应不早于 1796 年。

第三开前附页右侧有朱笔题记“有铭古镜三十四种道光廿二年（1842）四月得于济宁”，下方钤朱文“无邑”、白文“翰印”二印章。此页起始，每开左下以朱笔标明开数，共三十五开。第二至三十五开，每开有一种镜拓，共三十四种，与题记吻合。每种镜拓右下墨纸与白纸连接处均钤“印林”朱文印。题写与钤印者为清中后期著名金石学家许瀚。[4] 道光二十二年（1842）农历四月，许瀚在济宁获藏《竟铭册》时，内页有三十四种古镜拓。纵观拓工，墨色匀净一致，其中二十四开有黄易题识，可认定册中所载镜拓应是黄易原作。首开后附页左下钤“小松所得金石”朱文印。册中内页除黄易、许瀚题记外，另有一种题识，写于黄纸条上，附于书页中。从结字与李汝谦题签“许印林陈寿卿题”判断，应为陈介祺[5]观看时留题。

（2）《研铭册》年代

《研铭册》有二开前附页，二十八开后附页。第二开前附页有“小松所得金石”钤印及黄易题签。规格与《竟铭册》题签近似，内容为“砚铭，秋影龕藏玩”，未写明制作时间。但册中“洪氏同文汉石经砚”拓本文字有“乾隆五十有八年金匮钱泳识”的明确纪年，可知该册集成时间应不早于乾隆五十八年（1793）。故《竟铭册》与《研铭册》两册制作时间相仿，但不能确定此二册在黄易生前便是《合辑》形式。

《研铭册》共有墨纸二十九开，每开砚拓数量不等。第一开至第二十三开，不论从纸、墨、拓工，还是砚的风格都比较统一。从砚铭内容等可推知应是黄易原装。而最后六开拓本则差别较大。综合此六开的纸、墨、拓工及砚拓内容，特别是“慈竹居写经”砚、“茱堂先生自铭”砚与“樱桃芭蕉图画”砚拓本旁所钤“建卿手拓”朱文印，及茱堂先生自铭砚拓用纸有“有容堂监制”朱文款，[6]可知皆系朱善旂所补。此外，“慈竹居写经”砚题识文字有“道光丁未夏，销假北上，道出袁浦，印林同年有砚拓，得借观，因拓研数种装后”，其后钤“善”“旂”朱文印。再观拓本，可知最末六开砚拓是朱善旂在道光二十七年（1847）夏补配的。第一开后附页，内附黄纸条，上有墨笔字“古砚铭卅九种”，应是后人阅览时所留，但与本册现有砚拓数目不相符。该册末尾数开纵向纸缘上部有轻微过火痕迹。册

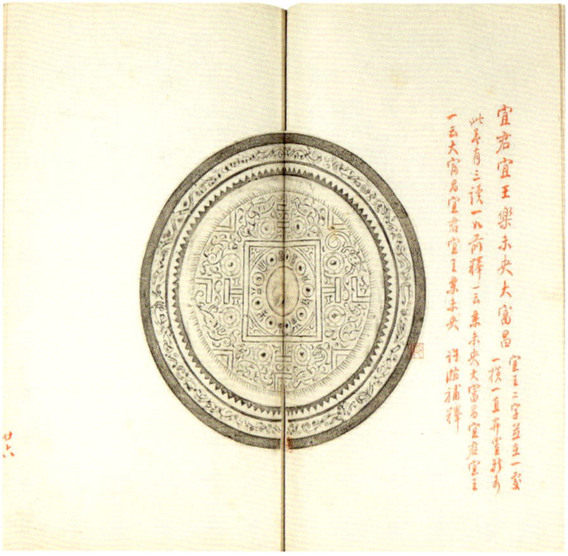

图6.《竟铭册》第二十七开“宜君宜王，乐未央，大富昌”镜有许瀚朱笔题识、计数标记，钤印“印林”

后众多空白页，相信是为了不断集拓新砚而预留。

综上，《竟铭册》与《研铭册》最初是黄易于18世纪末着手制作，但不能确定其初始状态是否为《合辑》。《竟铭册》载黄易藏镜拓三十四开，共三十四种。《研铭册》载黄易藏砚拓二十三开，共十七种。道光二十七年（1847），《研铭册》持有者许瀚在黄易原册后增补朱善旂[7]拓砚六开，使砚拓种类丰富至二十三种。《竟铭册》则于许瀚持有时（1842），在原有内容上增加了其朱笔题识及陈介祺题识。此二册于1929年被李汝谦重装成一函两册，即如今整体面貌。

另，《研铭册》还有如下鉴藏印：内签及“翁方纲摹礼器碑砚”页钤朱文“余集之印”，武氏祠碎石砚页钤白文“汉画室”印，“汪由敦、翁方纲缩临兰亭”砚页钤“朱善旂临观”朱文印。

2.《黄秋菴竟研拓本合辑》之递藏顺序

根据《合辑》上题签、题记与印章，可将递

图 7.《竟铭册》首开后附页钤“小松所得金石”印

图 9.《研铭册》第二开前附页

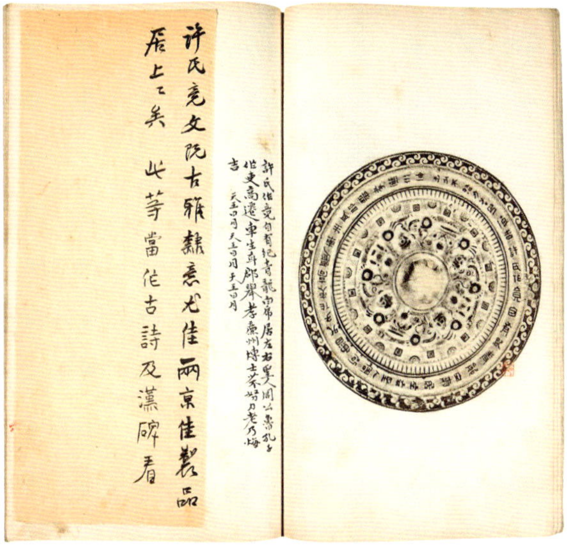

图 8.《竟铭册》第五开“许氏”镜附陈介祺书黄纸条

图 10 .《研铭册》“洪氏同文石经”砚砚铭

藏顺序大致梳理如下：函中两册拓本于 18 世纪末由黄易始成。清道光时，皆归许瀚所有。许瀚收藏时，除自己对《竟铭册》做了朱笔批校外，还邀陈介祺作了校注。该册墨纸第十五开“长宜子孙”镜许瀚钤印倒印在陈介祺附纸题识这一情况显示，陈作校注时间应在许瀚钤印之前。《研铭册》则补装了六开朱建卿拓砚。民国时，两册又归黄易第六世外孙李汝谦所有，并于 1929 年元旦重装成一函二册线装合辑。此外，《合辑》函套题签钤白文“武进”、朱文“赵”印，两册封皮题签及首开前附页所钤“药农平生真赏”“半句留阁”朱文印，表明李汝谦后此《合辑》又归赵爔黄[8]收藏。赵爔黄 1960 年去世，同年该《合辑》入藏故宫博物院。

图 11.《研铭册》“慈竹居写经”砚砚拓上的朱善旂题识

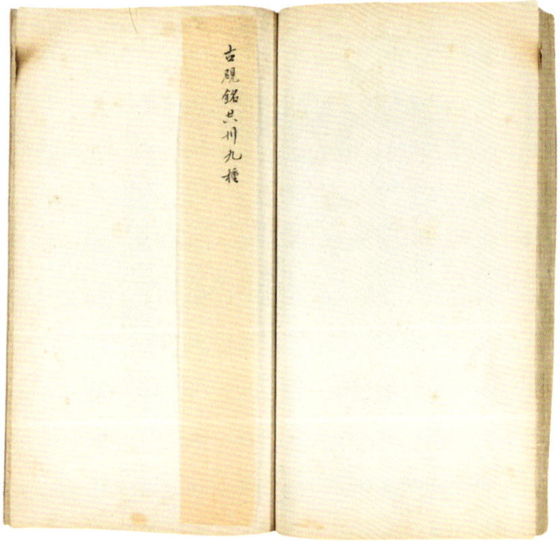

图 12.《研铭册》首开后附页

图 13.《竟铭册》第十五开“长宜子孙”镜

二、黄易集拓砚铭考略

1.《研铭册》集砚一览

（1）林佶、余甸铭砚（第一开）（图 14）

随形，砚宽 90 毫米，长 127 毫米。砚底右侧镌林佶篆书识语，署款“吉人之辞”“长林山庄”，左侧刻余甸楷书识语，署款“甸”。

题识：

篆书“离汝一生则俗，依汝一生奚福，不得不藏汝于椟”。

楷书“文之蹙如远山，质之秀可订顽，寻乐处对孔颜”。

按：

林佶，字佶人，号鹿原，清康熙进士。授内阁中书，王世祯入室弟子。工书，擅篆，尤精小楷。所藏书印有“长林”“佶之”“吉人之辞”“臣佶之印”等朱文印。家富藏砚，多著录于林正青《砚史》。

余甸，字田生，又字仲敏，福建福清人，清康熙进士。书法、文章皆冠绝一时，喜藏砚。篆、隶、行、草皆能。

《水曹清暇录》[9] 有载：“桂未谷藏林佶人所制蕉白石砚。形制质朴。铭文古雅。其辞曰：离汝一生则俗，依汝一生奚福，不得不藏汝于椟。”

本开右下空白处有“此归伊公”四字行书，系黄易笔迹。伊公即伊秉绶，字祖似，号墨卿，晚号默庵，清乾隆嘉庆间汀州人。与黄易交谊深厚。

（2）黄松石书金农铭缺角砚（第二开）（图 15）

砚宽 120 毫米，长 195 毫米。砚缘右下有五字隶书铭“冬心斋第五研”，砚侧镌篆书“冬心先生得于王屋山中”、楷书署款“松石题”。砚底右

图 14.“林佶、余甸铭”砚

图 15.“黄松石书金农铭缺角”砚

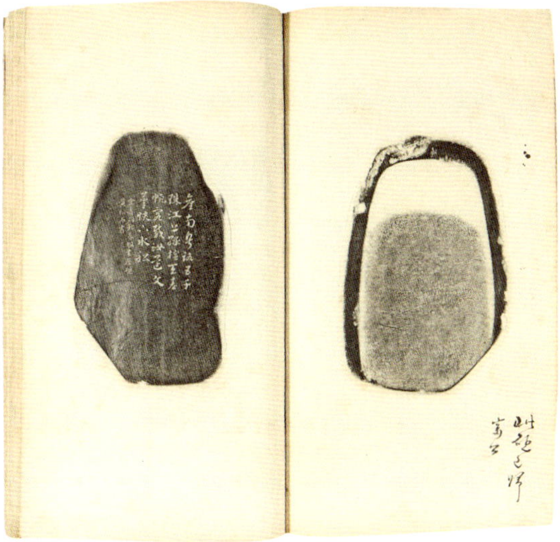

图 16.“黄松石书金寿门铭春帆书屋”砚

侧镌楷书识语。

题识：

楷书“头锐且秃，不修边幅，腹中有墨，君所独。金农铭”。

按：

金农，字寿门，号冬心。又号稽留山民，清康熙乾隆间仁和人。善诗文，精鉴别，尤长金石书画，楷书有隶意，篆刻得秦汉法。

黄树榖，字松石，号榴瘿斋，别署黄山、佛国山人，清康熙乾隆间钱塘人。博通金石、典籍，善书画，尤以篆隶为精。与金农交好。

金农著《冬心斋研铭》[10] 载此“缺角研”研铭。

（3）黄松石书金寿门铭春帆书屋砚（第三开）（图 16）

随形，砚宽 80 毫米，长 130 毫米。砚底刻行书识语，署款“金寿门铭春帆书屋砚，黄松石书”。

题识：

行书“产南粤，路五千，珠江上，绿椌天，春帆客，载汝还，文笔快，下水船”。

按：

此砚砚铭与金农著《冬心斋研铭》[11] 载“春帆书屋砚”砚铭相同。此砚分别于 2009 年、2011 年，先后于西泠印社、朵云轩上拍，可知砚材为端石。

本开右下空白处，有“此（砚已）归富公”四字行书，系黄易笔迹。富公身份，待考。

（4）黄松石书冬心铭不自满砚（第四开）（图 17）

砚宽 60 毫米，长 102 毫米，高 20 毫米。砚底刻隶书识语，署款“冬心铭，松石书”。砚侧镌四篆书字“不自满研”。

题识：

隶书“虽小缺而如句丽之天，虽小蚀却享大

图 17.“黄松石书冬心铭不自满”砚

椿之年，谷神抱虚，真气绵绵，惟其不满兮，得方寸之独全”。

按：

据金农著《冬心斋研铭》，[12] 此砚铭出自金农制“获亭主人不自满研”。

（5）武氏祠碎石砚（第五至七开）（图 18、图 19、图 20）

砚宽 135 毫米，长 120 毫米，高 60 毫米。砚堂右上有题署：“汉武氏石室碎石柱，因材为砚，补刻缺字。黄易。”砚背刻人物。砚四侧分别刻铭：“此亭长（半字），前石室‘此亭长’三字今缺。”“蔺相（半字）如，赵臣也，武梁祠像初拓本‘蔺相’二字尚露。”“公子无（半字）获于外黄兄，左石室今少‘无’‘兄’二字，‘获’字亦损。”“于王舟（半字）、王胜（半字），祥瑞图今少‘舟’‘王’‘胜’三字。”

按：

黄易于乾隆五十一年（1786）访得山东嘉祥武梁祠堂画像题字，特制此砚，以兹纪念。此砚

图 18、图 19、图 20.“武氏祠碎石”砚

图21、图22."北齐造像片石"砚

现藏天津博物馆。

《广仓砚录》录有此砚。

（6）北齐造像片石砚（第八至九开）（图21、图22）

随形，砚宽173毫米，长125毫米。砚缘有款署：右为"吴朱煜得北齐造像片石于正定寄"，左为"钱塘黄易因以为研乾隆戊申重制"。砚底为八行残存的造像题记。

题记内容：

"大齐天保十年七月十五日，比丘道朏敬造庐舍那法界中人像一区，愿尽虚空边法界，一切众生成等正觉。"

按：

《金石萃编》[13]《全北齐文》[14]《平津读碑记》[15]均录有此造像题记，《金石萃编》《平津读碑记》《授堂遗书》[16]有载黄易将此题记残石制砚后送与武虚谷。此外，《金石萃编》还考证了残石出处，即最初出土于济宁普照寺，时造像已矣，只存题记，后转徙藏于正定，由朱豹泉（朱煜）所得，寄赠黄易为砚材。此砚后归阮元，僧达受曾为其手拓砚背造像题记，现藏国家图书馆。罗振玉《海外贞珉录》谓日本东京博物馆藏有此题记未琢成砚时的拓本。

（7）黄易摹雪浪盆铭砚（第十至十一开）（图23、图24）

砚宽160毫米，长245毫米。砚缘刻黄易摹苏轼楷书《雪浪盆铭》，砚底中心有线刻"雪浪石"，底缘镌翁方纲楷书《为黄易雪浪盆铭作赞》。

楷书《雪浪盆铭》："尽水之变蜀两孙，与不传者归九原。异哉驳石雪浪翻，石中乃有此理存。玉井芙蓉丈八盆，伏流飞空漱其根。东坡作铭岂多言，四月辛酉绍圣元。"

楷书《为黄易雪浪盆铭作赞》："《雪浪盆铭》今毁失，坡公大楷吾谁质？研池神光雪以帅，庚庚刻画盆口匹。依然老守中山笔，秋盦笑证宝苏室。七百二年辰溯戌，方纲续铭仲夏日。"

按：

北宋元祐八年（1093）苏轼任定州知州时，偶得一黑质白脉石，如获至宝，定名"雪浪石"，又以曲阳白石琢盆，激水其上盛放该石。其作《雪

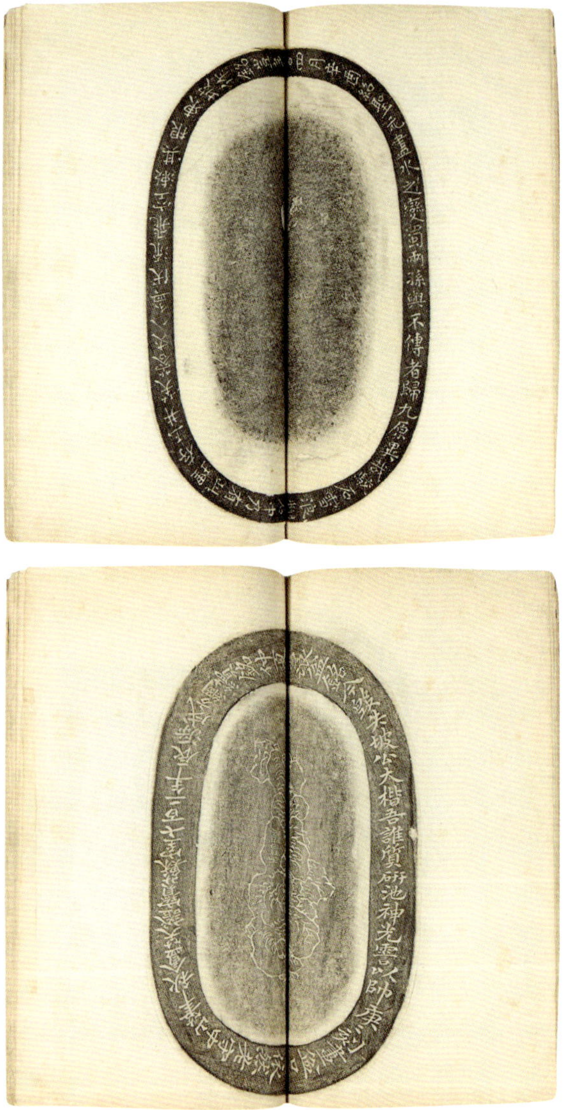

图 23、图 24.“黄易摹雪浪盆铭”砚

浪盆铭》即刻于盆缘。

翁方纲，字正三，号覃溪，又号苏斋，清大兴人。精心汲古，书法冠绝一时。与黄易志同道合，在金石、篆隶、音韵等诸多方面有共同爱好，交谊深厚。

（8）温卧砚（第十二开右半）（图 25）

砚直径 136 毫米。青铜质，原为烛盘，有铭文。

铭文：

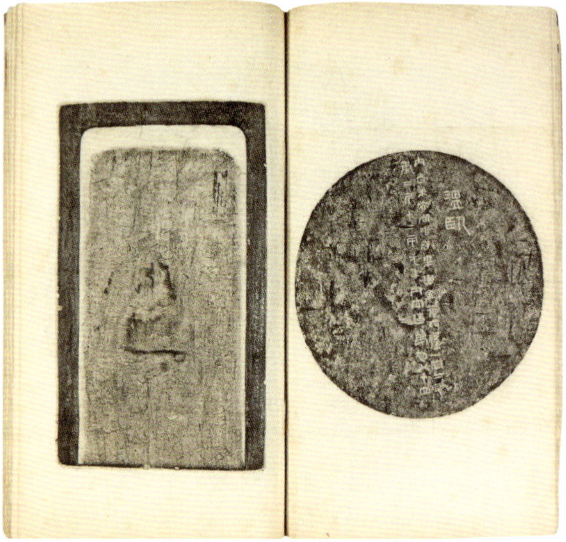

图 25.“温卧”砚

“内者，未央尚浴府乘舆金行烛盘一，容二升，重二斤十二两，元年内宫造，第初八十四 。”

按：

又见陈介祺藏墨拓青铜器八条屏中有此物拓本，除有铭文一面外，还有全形，系清同治十年（1871）九月，陈精选其所藏汉代青铜器请助手姚学桓绘图刻版制成。陈介祺，字寿卿，号簠斋，晚号海滨病史、齐东陶父，清潍县人，官至翰林院编修，工金石、书画，藏书颇丰。

（9）汪由敦、翁方纲缩临兰亭砚（第十二开左、第十三开）（图 26）

砚宽 110 毫米，长 186 毫米，高 68 毫米。砚两侧，一侧镌“汪由敦缩临小字兰亭序”，一侧刻翁方纲跋。“汪由敦缩临小字兰亭序”“翁方纲缩临小字兰亭序”：

“永和九年，岁在癸丑，暮春之初，会于会稽山阴之兰亭，修禊事也。群贤毕至，少长咸集。此地有崇山峻领，茂林修竹，又有清流激湍，映带左右，引以为流觞曲水，列坐其次。虽无丝竹

图 26.“汪由敦、翁方纲缩临兰亭”砚

管弦之盛，一觞一咏，亦足以畅叙幽情。是日也，天朗气清，惠风和畅。仰观宇宙之大，俯察品类之盛，所以游目骋怀，足以极视听之娱，信可乐也。夫人之相与，俯仰一世。或取诸怀抱，晤言一室之内；或因寄所托，放浪形骸之外。虽趣舍万殊，静躁不同，当其欣于所遇，暂得于己，快然自足，不知老之将至；及其所之既倦，情随事迁，感慨系之矣。向之所欣，俯仰之间，已为陈迹，犹不能不以之兴怀，况修短随化，终期于尽！古人云：“死生亦大矣。”岂不痛哉！每揽昔人兴感之由，若合一契，未尝不临文嗟悼，不能喻之于怀。固知一死生为虚诞，齐彭殇为妄作。后之视今，亦犹今之视昔，悲夫！故列叙时人，录其所述，虽世殊事异，所以兴怀，其致一也。后之揽者，亦将有感于斯文。”

另，汪由敦临本后有“乾隆庚午九月甲子由敦临”署款。

翁方纲跋：“元皇庆初，赵文敏以乌丝栏临兰亭于月江学士所藏定武真迹卷内。至大己酉，畴斋张仲寿复以乌丝栏临定武本于后。至明嘉靖戊午，文衡山又以乌丝栏临兰亭于后。此卷归项子京家，今不知藏于谁氏矣。秋盦九兄以汪文端公缩临兰亭属为题尾。爰不揣弱劣，辄亦效作于后。乾隆壬子秋七月廿有二日，识于小石帆亭，方纲”

按：

汪由敦，初名汪良金，字师茗，号谨堂，又号松泉居士，清安徽休宁人。官至吏部尚书，工书法，善篆隶。

《苏斋题跋》中有载，乾隆五十七年（1792）七月二十二日：“黄易以汪由敦缩临《兰亭》属先生题尾。先生‘不揣弱劣，辄亦效作于后’，并有跋自临小字《兰亭》后。”由跋语内容可知翁氏系以赵孟頫临本缩写小《兰亭》。另据《复初斋文集·跋汪由敦细楷尚书》[17]，翁氏对汪氏细楷字评价颇高，称其书法“衣被天下”，称其细楷“纤逾植发，而无一笔不应规入矩，且于庄重之中出以冲和渊秀之致，此则鲁公正书之妙，所以上接永兴、河南，问津山阴者”。

另，根据曾雪梅对甘肃图书馆藏《翁方纲致黄易手札考释》[18]之考证，该册内第九札与第十一札言及黄易以汪由敦缩临《兰亭》小卷请翁方纲题尾事。乾隆五十七年（1792）六月二十日，翁方纲自言将“以蝇头所本兰亭附后耳”。乾隆五十七年（1792）七月二十二日，翁方纲完成黄易所嘱题尾事，以“《小兰亭》一卷（并袱并匣）并奉缴”，另嘱黄易“《小兰亭》若再觅题识非极小之字不可，若用指顶外之行草即不称矣”。

据蔡鸿茹《中华古砚100讲》[19]，此砚为长方形抄手式砚。砚面边缘有铭：“覃溪先生所赠，种松书屋珍藏。嘉庆七年壬戌，颐园书识。”可知此砚由黄易赠与翁方纲后，翁又复赠予他人。颐园身

图 27.“集句半碑端溪石”砚

图 28.“秋盦填词”砚

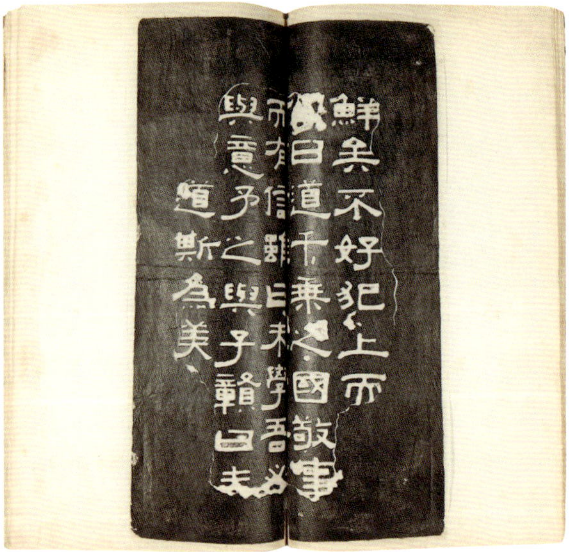

图 29、图 30.“洪氏同文汉石经”砚

份待考。该砚现藏天津博物馆。

（10）集句半碑端溪石砚（第十四开）（图 27）

砚宽 94 毫米，长 211 毫米，高 65 毫米。老坑石，砚为淌池，砚头半雕半天然。砚底有黄易隶书识语。

题识：

隶书“芳丽其华，珪璋其质。敦书乐古，拴善表德。乾隆癸丑十月得汉熹平二年半碑于曲阜，适购此研，集句为铭。小松”。

按：

乾隆癸丑（1793）十月十九日，黄易于曲阜东门外得“熹平二年半碑”后颇兴奋，特意购砚刻铭，即此半碑砚。

（11）秋盦填词砚（第十五开）（图 28）

砚宽 65 毫米，长 132 毫米。砚底有隶书识语。

题识：

隶书“秋盦填词砚小松工于倚声，音节清婉，今之白石也。卣堂以砚媵诗寄赠，苞苴风雅，用订石交，甲午二月，属冈志之”。

按：

卣堂即孙文焕，字卣堂，绵州人，清乾隆甲午举人。

冈即奚冈，原名钢，字铁生、纯章，号萝龛、蝶野子，别号鹤渚生、蒙泉外史、蒙道士、奚道士、散木居士、冬花庵主，清歙县人。不应科举，寄情诗画，与黄易同为“西泠八家”。

（12）洪氏同文汉石经砚（第十六至十七开）（图 29、图 30）

砚宽 170 毫米，长 160 毫米。砚正面上方刻钱泳识语。砚底镌汉石经残字。

汉石经残字：“鲜矣。不好犯上，而……子曰：‘道千乘之国，敬事而有信，虽曰未学，吾必与，意予之与？’子赣曰：‘夫……道，斯为美’”。

题识：

隶书“余既模石经之后，九年八月复于破书中得此。盖论语学而篇之文也。第钩本星碎以意连属得三十八字。其“抑與之與”作“意予之与”正与洪氏所载同文。并刻于石质之博雅。乾隆五十有八年十二月朔，金匮钱泳识”。

按：

钱泳，字立群，号台仙，一号梅溪，清江苏金匮人。工诗词、篆、隶，精镌碑版，善于书画。有缩临小汉碑，集各种小唐碑石刻行世。

熹平石经始刻于东汉灵帝熹平四年（175），由当时著名的经学家蔡邕主持，包含《周易》《尚书》《诗经》《仪礼》《春秋》《公羊传》《论语》等，规模宏大，校刻精良。熹平石经残石自宋代间或出土，宋洪适收入《隶释》，后失传。清孙承泽、黄易得残石墨拓，钱泳获双钩本数幅，亲摹刻石。

图 31、图 32、图 33.“莘田铭方形井地”砚

（13）莘田铭方形井地砚（第十八至第二十开右半开）（图 31、图 32、图 33）

砚宽 177 毫米，长 177 毫米。砚正面为井地九宫格，左侧镌莘田行书题诗，右侧镌“莘田”“但存方寸地，留与子孙耕”二款识。砚底左侧刻莘田行书识语，右侧镌其行书题诗一首。砚两侧又镌二款识：“雍正三年腊月十有三日书于绥江署斋，黄任”“品香斋”。

题识：

行书“不学临池不力田，散衙高咏晚凉天。野夫本是农桑客，多写豳风七月篇。丙午初秋八日”

行书“余视端州事八阅月，未尝得一研，其冬，端之人伐东西巖，群采取焉。因馈片石，予制井田研并系以诗记于其上。莘田”。

行书“他山半亩佃秋烟，琢得方形井地连。自笑不曾持一研，留将片石当公田。”

按：

黄任，字于莘，号莘田，有砚癖，自号十砚先生，清福建永福人。

黄任在其所著《秋江集》[20]中写明琢得此砚过程：“余视端州事八阅月，未尝得一砚。其冬，端之人伐东西岩，群采取焉，馈余片石，予制为井田砚，因系以诗‘他山半亩佃秋烟，琢得方形井地连。自笑不曾持一砚，留将片石当公田’”。

（14）铁桥砚（第二十开左半）（图 34）

砚直径 95 毫米。砚底有黄易隶书题识。

题识：

隶书“铁桥研，小松镜，金石交，欣合并，同录碑，发清兴，刊书成，与之永”。

按：

铁桥即李东琪，字铁桥，清山东济宁人。黄易挚友，家风好古，搜碑之功最著。由此砚铭可读出黄易与李东琪之间志同道合的默契与交往深厚的情谊。

（15）圆形佚名砚（第二十一开）（图 35）

直径 181 毫米。

（16）冬心先生写周易砚（第二十二开）（图 36）

砚宽 98 毫米，长 140 毫米。砚底有隶书识语，署款“金农”。砚侧镌“冬心先生写周易研”。

题识：

隶书“蛊履之节，君子是敦，一卷周易，垂

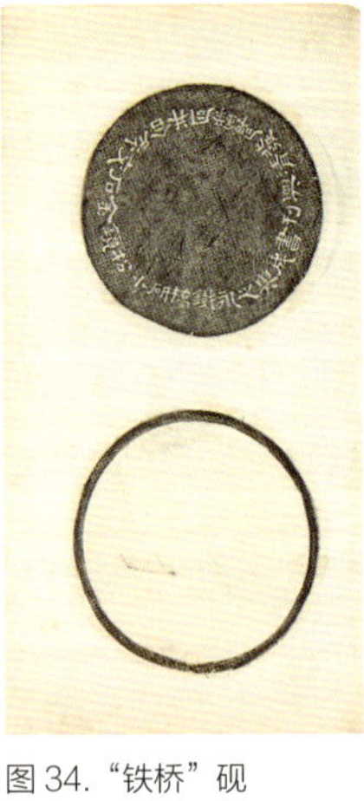

图 34.“铁桥”砚

图 35. 圆形佚名砚

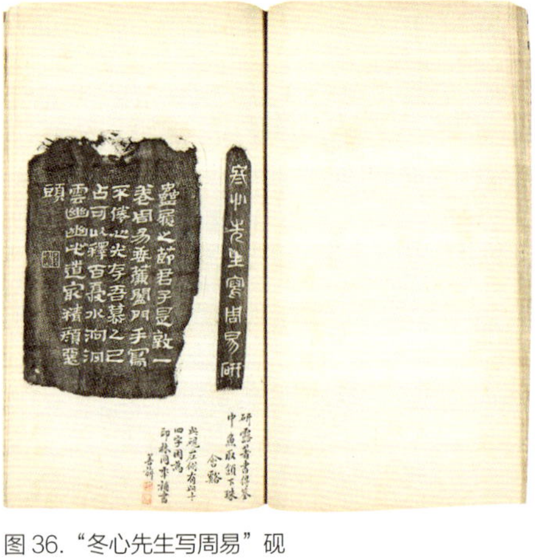

图 36.“冬心先生写周易”砚

图 37.“翁方纲摹礼器碑”砚

帘阖门，手写不倦，心光存，吾慕，乙巳占，可以释百忧。水洞洞，云幽幽，此道最精颜恶头”。

按：

《冬心斋研铭》[21] 著录有此“写周易研铭”。

本开白纸处又有朱善旗补书“研露著书得筌中鱼，取颔下珠。含溪。”“此砚左侧有此十四字，因为印林同年补书，善旂”。

含谿即王秉韬，字含谿（溪），延庆人，清乾隆十二年举人。累官至清资政大夫，兵部侍郎兼督查院右副都御使，河东河道总督提督军务。嘉庆六年，黄易任运河同知期间，时任河东总督的王秉韬曾奏请“委任黄易护理运河道篆”。黄易生平最后一次出示其潜心所绘《嵩洛访碑图》，就是给王秉韬阅览并题跋。可见两人交谊深厚。

朱善旂，字大章，号建卿，浙江平湖人。清道光辛卯举人，累官至国子监助教。

（17）翁方纲摹礼器碑砚（第二十三开）（图 37）

随形，砚宽100毫米，长142毫米。砚底有识语，以行书署款“礼器碑阴伯威伯世下有此十三字。方纲摹，寄小松”。

题识：

隶书“熹平三年左冯翊池阳项伯修来”。

按：

《复初斋诗集》[22] 有载：“‘熹平三年，左冯翊池阳项伯修来’凡十三字，从来著录家所未见也。予以滁阳顾云美所藏旧本审定得之，因摹勒以传，作歌志喜。”

综上，《黄易集拓研铭册》内页第一开至二十三开共载黄易藏砚拓本十七种。

2. 黄易的集砚志趣

《研铭册》制作于黄易五十岁前后，现存其藏砚拓本十七种。回顾黄易一生，岁至半百虽已是暮年，但不论致学、交游，他都正处于前所未有的黄金时期。此时的黄易，在寻古访碑、书画创作、金石收藏、学术交往等方面多面开花、硕果累累，于是诸如本文考证的《研铭册》等一系列专项收藏集成[23] 便刚好在他“知天命”的年纪应运而生了。

基于上文对《研铭册》内容之梳理，黄易的集砚志趣可谓略见一斑。首先，黄易的收藏中有诸如林佶、余甸、黄任等名噪一时的大家制（藏）砚。《钦定西清砚谱》是清代第一部官修砚谱，于乾隆四十三年（1778）由皇帝钦定编撰。在其收录的乾隆鉴藏砚二百四十件乾隆藏砚中就包含林佶、余甸和黄任题铭的砚品。

其次，黄易父亲黄树穀与金农的“合作”砚也是黄易藏砚的重要来源之一。之所以称“合作”是因为这些砚品多为金农撰铭、黄树穀作书。金农自号“百二砚田富翁”是十足的砚痴，工书法、擅诗文。作为金农挚友，黄树穀不仅与之交往密切，其书法造诣亦可谓名声在外，正、行、篆、隶皆能。因此，这些“合作”砚不仅仅是单纯的先人遗物，还具有较高的艺术价值。珍藏家传砚品至半百，可见家学渊源对黄易平生致学、交游的深远影响。

黄易藏砚的第三大特色就是“自制”砚，所谓一砚知文人，黄易的“自制”砚便贴着典型的黄易标签，从侧面映衬着黄易人生的巅峰状态。这些“自制”砚，不仅记录着黄易的重大考古发现与重要藏品的获得，还标识着黄易的“朋友圈”。“武氏祠碎石”砚与“集句半碑端溪石”砚便是为了纪念武梁祠汉画和东汉熹平残碑的发现而制作。“温卧”砚是《研铭册》中唯一一件“金”器，从其铭文“未央尚浴府乘舆金行烛盘”可知为汉宫旧物，品相完好地流传至清代实属难得，黄易为己所用当作砚品，可见他对此物的喜爱之情。“汪由敦、翁方纲缩临《兰亭序》”砚虽未在研铭上写明制砚缘由，但从《翁方纲致黄易手札考释》内容，可推知系黄易因获藏《汪由敦小兰亭》而制此砚。册中的“自制”砚还反映着黄易与朋辈金石交游的情况，涉及人物包括朱豹泉、翁方纲、李铁桥等。其中，“北齐造像片石”砚砚铭记述了朱豹泉提供北齐造像题记砚材事。铁桥砚铭文“铁桥研，小松镜，金石交，欣合并，同录碑，发清兴，刊书成，与之永”。真挚直白地记录了黄易与李东琪因金石结缘的深厚情谊：铁桥研（石），小松镜（金），以金石相交，和合融洽，一同抄录碑文，美妙溢于言表，一同著录成书，愿永葆治学成果与二人友谊。嘉庆元年（1796），翁方纲获藏苏轼书《雪浪盆铭》“原刻真本”，相信与黄易制摹雪浪盆铭砚不无关系。

友人赠砚也是黄易藏砚的重要来源。“秋盦填词”砚铭文显示孙文焕因黄易精通声率节奏特选掷地有声的白石为材嘱奚冈制砚，“以砚媵诗”，寄赠黄易。“洪氏同文汉石经”砚是钱泳得黄易汉石经残石拓本后摹刻所制。“翁方纲摹礼器碑”砚则是因校碑时在礼器碑上新发现十三字为与知己分享而制。“冬心先生写周易”砚虽不明作者，但从朱善旂补书王秉韬识语“研露著书得筌中魚，取含下珠”可知他与黄易的交往已达到难能可贵、心照不宣、默契十足的程度。

结语：

从《研铭册》批注看，“林佶篆铭”砚与“黄松石书金寿门铭春帆书屋”砚在拓得砚铭后，黄易便赠送给了友人。文献资料也能反映出一些册中集砚的历史递藏信息，如“林佶篆铭”砚曾被桂馥收藏、“北齐造像片石”砚由黄易曾送武亿后又归阮元收藏。此砚有不同时期多种拓本存世。“温卧”砚则后由陈介祺收藏。“冬心先生写周易”砚可能后归朱善旂收藏，这样，他才有机会补注砚侧的王秉韬识语。

在当代，“武氏祠碎石”砚和“汪由敦、翁方纲缩临《兰亭序》”砚已入藏天津博物馆。“黄松石书金寿门铭春帆书屋”砚则在最近十年屡次上拍。

古语道“以文为业砚为田”，可见砚之于中国古代文人即如同安身立命的伴侣。本文所讨论的这本《研铭册》，制作于黄易的巅峰时期。虽然其存砚数量并不多，不过十余种，但足以反映黄易的金石人生。这些黄易钟情的藏砚忠实地传达着他的治学关键词，即传承（家学）、交游（广阔）、探索（访碑）、发现（名品）、记录（成果）。由于篇幅所限，本文没能对册中砚品的背景及延伸信息进行展开讨论。但从目前看，与本册相关，值得进一步研究的法书、尺牍、碑帖、砚品、文献等十分丰富。关于黄易的砚品收藏，特别是在金石交游方面的砚品收藏，值得被进一步关注与深入研究。

注释：

1. 黄易（1744—1802），字大易、大业，号小松、秋庵（菴），别署秋景庵主、散花滩人、莲宗弟子等。仁和（今浙江杭州）人，树穀子。

2. 研，假借字，通“砚”。

3. 李汝谦（1878—1931）黄易六世外孙，平生搜罗大量黄易藏品，并出版《秋盦遗稿》。“夜碧庐”为其书斋名号。

4. 许瀚（1797—1866）字印林，一字元翰，山东日照人。

5. 陈介祺（1813—1884）字寿卿，号簠斋，晚号海滨病史、齐东陶父，山东潍坊人。著名金石学家。

6. 19世纪初，济南府张氏在当地经营书画折扇商店，名“有容堂”。该店常年生意兴隆直至民初。1914年大东出版社出版叶春墀著《济南指南》第四章中有载。

7. 朱善旂（？—1867）字大章，号建卿，浙江平湖人。

8. 赵燏黄（1883—1960）字午乔，号药农，又名一黄，江苏武进人。

9.（清）汪启淑著，杨辉君点校：《水曹清暇录》卷十三，北京：北京古籍出版社，1998年6月，第197页。

10. 桑行之等：《说砚》，上海：上海科技教育出版社，1994年10月，第412页。

11. 桑行之等：《说砚》，上海：上海科技教育出版社，1994年10月，第413页。

12. 桑行之等：《说砚》，上海：上海科技教育出版社，1994年10月，第417页。

13.（清）王昶辑：《金石萃编》卷三十三，扫叶山房石印本，民国十年（1921）第7a页。

14.（清）严可均辑，史建桥审订：《全后周文》，北京：商务印书馆，1999年，第115页。

15.（清）洪颐煊：《平津读碑记》卷三，光绪十二年（1886）刻本，第3a页。

16.（清）武亿：《授堂遗书》卷四，北京：北京图书馆出版社，2007年9月，第249页。

17.（清）翁方纲：《复初斋文集》卷三十三，光绪四年（1878）刻本，第17a页。

18. 曾雪梅：《翁方纲致黄易手札考释》，兰州大学学报《社会科学》，2012年4期总40期，第31-39页。

19. 蔡鸿茹：《中华古砚100讲》，天津：百花文艺出版社，2007年5月，第80-82页。

20.（清）黄任撰，陈名实、黄曦点校：《黄任集外四种》卷三，北京：方志出版社，2011年12月，第65页。

21. 桑行之等：《说砚》，上海：上海科技教育出版社，1994年10月，第412页。

22.（清）翁方纲：《复初斋诗集》卷二十五，乾隆五十八年（1793）刻本，第8a页。

23. 故宫博物院除收藏有本文著述的《镜研合辑》外，还收藏有一函四册风格近似的黄易《集秦汉瓦当》拓本。现藏山东博物院的《攀古小庐砖瓦文字》中包含大量黄易旧藏砖瓦拓本，其中砖纹拓本即有九十八种。

故宫藏明清碑形墨

林 欢

故宫博物院器物部副研究馆员

内容提要：在清代，由于“碑学”大兴，徽墨的造型多以古碑作为参考。它们已经不再拘泥于传拓技艺中必不可少的工具，而是成为文人交往的媒介，以及他们雅致的鉴藏赏玩之物。我们通过对于碑形墨的分析，有助于理解以下观点：徽墨作为一个兼具实用性与艺术性的地理性名牌，迎合了当时金石学研究与碑帖艺术发展的要求。

关键词：碑形 徽墨 金石文化

墨是中国古代的文房用品之一，它因文化交流应运而生，并凭借其巧妙的造型设计备受文人们的喜爱。借助于这种神奇的材料，中国古代书法奇幻美妙的艺术意境才得以实现。正所谓“笔墨精良，人生一乐”。自明嘉靖年以后，徽墨作为一个地理性知名品牌逐渐成为文人案头的欣赏把玩之物。它们不仅质地精良，而且装饰题材也更加丰富，集中反映了当时文人阶层的兴趣爱好。尤其是自清乾隆以后，“碑学”大兴，在金石考据学的盛行之下，碑形墨作为一个典型性代表，开始在明清两代徽墨造型中处于较为显著的地位。它集明代以来图像墨与文字墨于一体，集中反映了古人在精神世界中的寄托，道德上的约束，或者对未知世界的想象与再现。这种以记录信息的方式在相当程度上迎合了文人内心的诉求并贯穿整个时代。笔者拟从故宫博物院所藏明清两代墨品之中，选择其中颇具代表性者进行专文探讨，以期引起金石、碑帖研究家和古墨爱好者的重视和关注。

一、墨品中碑形设计的具体表现

墨品按照内容大致可分为三类：人、自然界中天然之物（自然物）与人造之器（人造物）。其中碑形墨属于人造之器。故而碑形墨的形制分析是本文最基本和最首要的环节，它是后续明清两代墨品特点分析的基础。许慎在《说文解字》中将“碑”注解为“竖石也”，[1] 即竖立在地上的石头。而在《现代汉语大辞典》中，“碑”被解释为“书刻图案或文字，记死者生平功德，作为纪念物或标记的石头。也用以刻文告。秦称刻石，汉以后称碑”。[2]

自东汉始，中国古碑作为文化艺术品载体，其基本形制得以确定。不仅如此，其内涵也往往与“金石”“碣”“石”“刻石”“石刻”“摩崖”等相互重叠，综合了雕刻、书法、文学、历史等诸多信息。

故宫博物院藏有明清时期多位制墨名家所制的碑形墨，尤其是在清乾隆年到民国初年近二百年间，徽州三大制墨派别：“歙派”“休宁派”“婺源派”各个代表墨家纷纷有精品问世。由于碑首是碑的形制中最具造型活力以及装饰多样性的区域，也最能体现碑“物美工巧”的特质。据此，本文依据墨品自身造型差异，将其大致分为以下六型。

图 1. 金凤元珍珠香墨

图 2. 胡开文造方悟斋退斋合制既翕堂墨

1. 圭首（A 型）

碑首即碑身正上方部分。碑形墨中所见碑首多为圭首、半圆、平首和螭（龙）首四种，皆与汉代流行的谶纬思想有直接的关联。就石碑本身而言，圭形碑的形制与圭本身丰富的寓意内涵相映衬。圭首之形来自玄圭的形状，含有“言洁”的寓意。圭为五瑞（珪、璧、琮、璜、璋）之一。《说文解字》曰“瑞玉也。瑞者，以玉为信也。”其基本形状为上锐下方，系古代用于祭祀、丧葬和朝聘活动中的玉石礼器，又取之以为信物。不仅如此，汉代以圭比喻人的品德高洁且显示身份。故《礼记·聘义》云：“圭璋特达，德也。”[3]

（1）圭首策体

金凤元珍珠香墨（图 1）：高 8.7 厘米，宽 2.5 厘米，厚 0.7 厘米。墨体似竹策。正面上端为日月，其内分别有金乌飞翔与玉兔捣杵，下饰祥云。其下有阳文楷书“定册惟幕，有安社稷之勋”十字。背面署阳文楷书作者名款“龙飞宣德岁次甲辰宫在应钟鉴撰”及“新安金凤元家藏珍珠香墨”。

（2）圭首平体

方鼎录、方鼎锐合制既翕堂墨（图 2）：长 13.8 厘米，宽 3.1 厘米，厚 1 厘米。正面中部凸起似剑脊，双螭戏珠，珠下楷书“既翕堂”三字；一面光平，楷书“同治甲戌（1874）方悟斋、退斋合制”，侧款分别为“五石顶烟”及“徽州休城胡开文造”。“既翕”二字取自《诗经·小雅·鹿鸣之时·常棣之花》：“妻子好合，如鼓瑟琴，兄弟既翕，和乐且湛。”表示兄弟合翕之意。

2. 圆首（B 型）

圆首碑为“琬圭”之形，当属于“天圆地方”的哲学产物。又称为“琬碑”[4]。通常碑首与碑身等齐，且为一整块石料制成，故此类碑型可称为齐肩式，多见于汉碑。

（1）圆首有穿

在碑额部位，多有被称为“穿”的圆形孔洞。代表日、月。关于其来源，当是为穿系简牍或佩玉而设，以便人们保存或佩戴之。在清代墨品中，常有穿之表现。如胡澍、赵之谦联名墨（图 3）的“穿”孔即是如此。此墨长 8.8 厘米，宽 3.3 厘

图 3. 胡澎赵之谦校经之墨

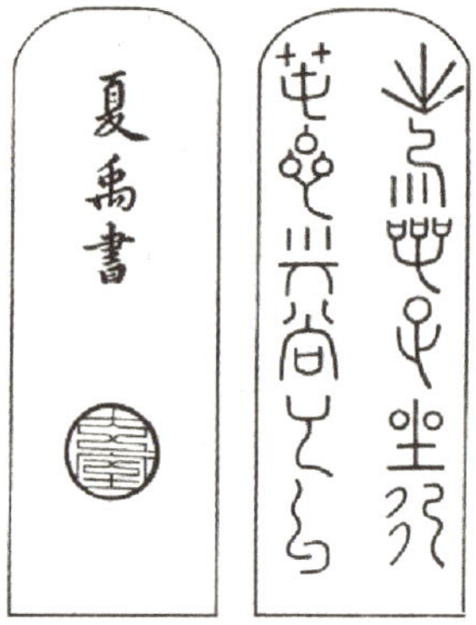

图 4.《程氏墨苑 · 夏禹书墨》图样

图 5. 余子上旭亭氏惜如金墨

图 6. 褚德彝角茶轩勘碑墨

米、厚 0.9 厘米。正面作两行楷书阳识“绩溪胡甘伯会稽赵撝叔校经之墨”；背面亦两行“同治九年（1870）正月初吉”，篆书阴识。侧款“徽州休城胡开文制”。“胡甘伯”即胡澎，“赵撝叔”即赵之谦，二人均为清末金石名家。墨上手迹“盖胡之手笔。”[5]

（2）圆首无穿

与此类相似的墨式，可见于明人程君房所辑《程氏墨苑 · 夏禹书墨》（图 4）。墨上十二字传说为治水有功的夏代王室祖先——大禹所书。十二字分两排布于墨面上，墨背面题“夏禹书”三字，下钤“玄玄室”印。又如余旭亭惜如金墨（图 5）。其正面“惜如金”三字，背面“新安余春舫藏墨”，皆阴识填金。侧款“徽州余子上旭亭氏选烟”。

（3）圆首带晕

汉代圆首碑的顶端边缘部分多有晕或螭纹装饰。位置多在穿之上，象征着日月光环。《说文》：“晕，日月气也。”唐裴骃《史记集解》则引孟康说：“晕，日旁气也。”“穿”与“晕”一道，成为汉碑的基本特征之一。在实例中，晕的数量多为三道，少数刻四道或五道。晕纹形成的半弧皆偏向一方，即是碑额题字所在。在具体的墨品中，螭纹通常被简化为晕纹。胡开文制褚德彝角茶轩碑形墨（图 6），正面篆文二行“礼堂属士陵选烟”，阴识填金；背面篆文“光绪甲辰年造”，阳识。侧款为“徽州休城胡开文制”及“顶烟”，俱楷书。“士陵”为黄士陵，“礼堂”为褚德彝（德仪）。此墨半圆形碑首上左有一晕，右有二晕，皆凸起，呈弧线相交。碑额位于碑身中心偏左。碑上有圆穿一，位置在中间偏上处。

（4）笏式圆首

某些碑形墨品的造型被处理为圆首偏平或碑首稍带弧形的样式，类似于大臣上朝时使用的笏版，故可称之为“笏板”式或“木牍”式。目前我们可见最早的实例为明代罗小华曹娥碑墨（图 7）：高 9.1 厘米，宽 2.5 厘米，厚 0.9 厘米。墨为长方形，正面上端横排阳文篆书“曹娥碑”三字，下竖排阳文隶书“黄绢幼妇外孙齑臼”八字。背面有凹槽，内竖排阳文行书“绝妙好辞”四字，下署阳文楷书作者名款“小华藏”三字。又如《程氏墨苑 · 墨卦》图样（图 8）中，编者使用三个最基本的图形来表示天（圆形）、地（方形）、人（三角形）三者之间

图 7. 罗小华曹娥碑墨

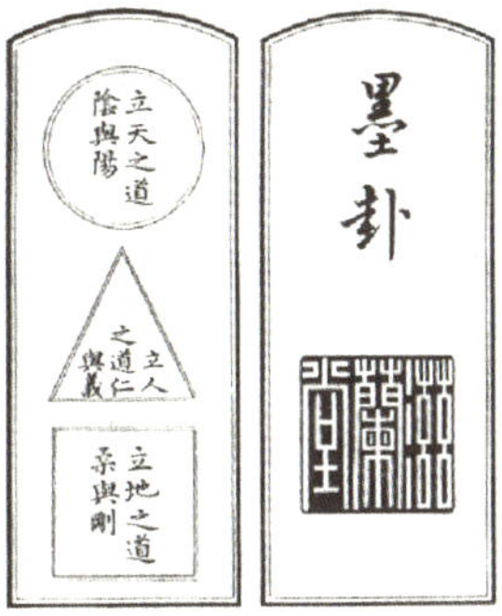

图 8.《程氏墨苑 · 墨卦墨》图样

图 9. 天琛再和墨

图 10. 吴去尘墨光歌墨

的关系。墨的总体造型仍为笏式圆首。

3. 平首（C 型）

平首碑式应该与“碣”有关，符合魏晋南北朝时期“碑志合一”这一趋势。汉时品级较低的臣下或某些名人去世后可立碣，这种碑形也就随之出现。魏晋时期，碣多充作墓志使用，具有“既私褒美”的作用。此类墨多被人们归入长方形或正方形墨的变化范围中。

（1）平首圆角

天琛再和墨（图 9）：正面额间隶书“天琛”二字，阴识填金，下阳文篆书“再和墨”三字；背面阳文楷书“王量提学取李承晏李惟一张谷潘谷墨之断碎者再和胶成之”，侧款为“玄粟斋仿古”。又明代吴去尘墨光歌墨（图 10），长 8.7 厘米，宽 4.2 厘米，厚 0.9 厘米。墨面有阳识隶书《墨光歌》：“品茶欲白墨欲黑，古人风雅千秋隔……为去尘词兄作光歌。钱塘社弟潘之淙无声甫”以及“之淙”长方小印。背面阳识钟鼎文字体题录“崇祯元年八月朔始至三年春二月望止共采烟一百六十三两炼墨八十九锭止一”侧款为阳识篆书“延陵吴去尘藏墨”。

（2）平首折角

乾隆御制梅石碑诗墨（图 11），正面为山水亭台图，四周有框，框上饰以“∽”纹。背面为阴文楷书《题梅石碑用乙酉仿孙杕蓝瑛画韵(庚子)》：“蓝石孙梅合作碑，曾经考证仿图之。有疑质乃从来惯，大略观其夫岂为。落落一拳犹古貌，英英几朵亦春姿。笑他四柱新亭覆，先我来兹尔许时。”此文亦刻见于《清高宗御制诗四集》卷七十。

4. 螭首（D 型）

碑首中以“螭首”最为精美，同时又保留了圆首与圭形的丰富寓意。“螭”本指一种不带角的龙。东汉许慎《说文解字》：“螭，若黄而龙，北方谓之地蝼……或云‘无角曰螭’。”汉以后，螭首的造型产生了极为丰富的变化，一般是通过盘曲的螭纹取代晕纹，并采用对称手法。不仅在石碑上形式新颖，在墨品上也变化多端。

（1）螭首带穿

其一，齐身式。如吴锡麟金壶仙液墨（图 12）：面背俱为双螭拥一穿，作戏珠状。面篆书“金

图 11. 乾隆御制梅石碑诗墨

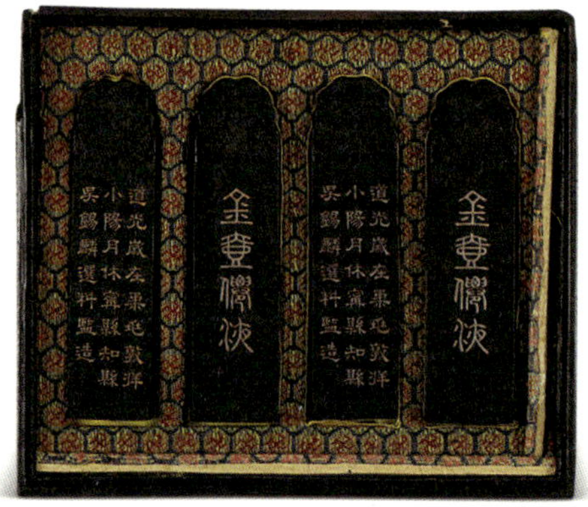

图 12. 吴锡麟金壶仙液墨

图 13. 叶韵笙说剑盦藏墨

图 14. 陶文毅安化陶氏校书之墨

壶仙液”四字。背隶书三行“道光岁在柔兆敦牂（二十六年，1846）小阳月休宁知县吴锡麟选料监制”，俱阴识填金。侧款为“徽州胡开文按十万杵法”十字，俱楷书阳识填金。又叶韵笙说剑盦墨（图 13）：面额双螭，下光平，隶书“说剑盦藏墨”。背面楷书三行“同治阏逢阉茂（十三年，1874）古歙叶韵笙选烟属同郡胡子卿法制”。下钤二篆文方连珠印“韵”“笙”。侧“顶烟”二字，楷书阳识。

其二，收身式。安化陶氏校书之墨（图 14）长 9 厘米，宽 2.3 厘米，厚 0.8 厘米。正面填金楷书“安化陶氏校书之墨”，碑额顶端边缘饰二螭戏珠，背面阳文楷书“道光二年（1822）制”。侧款阳文楷书“汪节庵监造”。陶文毅，字子霖，号六汀，湖南安化人，嘉庆壬戌进士。曾任安徽布政使。

（2）螭首带有字碑额

碑首中间题署之处，称为“碑额”。它一般都处于使用者或所有者的视觉中心。墨品上的碑额多为长方形，通常空白，如前文所述若干墨品者。但某些墨品也有祈语祝词。此类碑额周边多环以螭龙纹，广泛采用对称形式。如明万历孙玉泉万寿无疆墨（图 15），残长 10.3 厘米，宽 5.8 厘米，厚 1.2 厘米。正面额间阴文楷书“万寿无疆”四字，下阴文篆书三十余字，填金；背面额间“万历己亥年（1599）制”，俱阴文隶书，正反两额间龙凤两两相对。周侧缠枝松梅纹，隙间阳文楷书“孙玉泉”三字。

5. 云（阙）首（E 型）

“唐碑”中碑首与碑身的分开制作，使得古碑装饰的形式更为丰富。这种变化，直接影响到了墨品的设计。例如在碑首的设计上，原汉碑中常见的圭形碑首得以改变，最终形成如意云朵或亭檐楼阁等形式。仿佛在碑身上添加了一个冠帽。如胡开文造墨农选烟墨（图 16）：顶端作云头状，面作回纹栏，额间一珠，中间楷书“墨农选烟”。背线栏，中间篆书“宣统二年闰二月制”。一侧下端楷书“徽州休城胡开文造”。文字俱阴识填金。“墨农”为清代末任安徽巡抚朱家宝。

6. 阙首带碑座（F 型）

碑座又称“碑趺”，为碑身下端承托稳固的部分。唐以后，方形、长方形、须弥座形或龟（赑屃）

图 15. 孙玉泉万寿无疆墨

图 16. 胡开文造墨农选烟墨

图 17. 胡开文八宝奇珍墨

形的碑趺更为普遍，装饰的精细程度也日益加强起来。胡开文八宝奇珍套墨（图 17）中有碑形墨三锭。其中之一长 13 厘米，宽 3.2 厘米，厚 1 厘米。此墨中的碑首为阙首，略窄于碑身，另带碑颈。碑座为须弥式，略宽于身。三者均饰以如意纹。碑颈即碑首与碑身连接的部分。墨上通体龙缠碑图样。正面阴文填金楷书“湘阴左式藏烟”。墨侧阴文楷书“徽州休城胡开文造”。除此之外，另外两锭碑形墨分别为圆首和残碑式：前者饰以“有虞十二章”图，后者饰以双龙戏珠纹装饰。

7. 其他

从广义上讲，关于清代碑形墨还包括石鼓式墨、钟形墨、柱形墨以及覆瓦（铁券）式墨等。其中乾隆御制石鼓套墨（图 18）仿秦代石鼓。其石鼓之型亦可视作碑的雏形。此套墨上的文字为籀文，内容记叙了秦国君主游猎的情况。然而仿秦刻石之墨品与本文所论之碑形墨在形制上尚有较大差异，故不必多论。又如造像碑式墨。南北朝时期佛教的盛行，催生了“造像碑”这一重要形式的出现，同时也与“碣”一样符合魏晋南北朝时期“碑志合一”的趋势。在清墨中尤其以巴慰祖金涂塔墨（图 19）独树一帜：此墨为南朝金涂塔式，长 9.5 厘米，宽 4.9 厘米，厚 0.8 厘米。墨品正面为塔面佛造像图案，背面则有楷书阳文四行：“乾隆壬子（1792）浴佛日巴慰祖子安黄泳依宣胡唐寿客朱文翰见庵集黄钺左君紫阳山馆观钱忠懿王金涂塔拓本因缩摹四面之一同造墨”。顶角内侧有篆文“金涂塔”三字，阴识填金。类似的墨形还有巴慰祖中大同刻石如此墨（图 20）：此墨仿梁萧侍中神道石柱形，顶上一狮。正面阴识篆书“中大同刻石如此”，填金。背面阴识楷书“圣清嘉庆六年青龙在作孟月会于天府蟫藻阁造”，填金。侧款“孟嘉”二字，楷书。“孟嘉”为巴慰祖字。“梁萧侍中”，是指梁吴平忠侯萧景。萧景墓石柱是南朝陵墓石柱中保存最为完好的一件。据张子高先生考证：《礼记 · 月令》：“季秋之月，日在房。”按房宿四星曰天府，日月会于天府者，九月也[6]。又吴大澂“铜柱”墨（图 21）圆柱形，通体涂金。正面篆书阴文填蓝“铜柱”二字，下端

图 18. 御制重排石鼓文墨

图 19. 巴慰祖金涂塔墨

图 20. 巴慰祖中大同刻石如此墨

图 21. 吴大澂铜柱墨

楷书阳文“徽州屯镇老胡开文造”九字竖列于旁边。后面篆书铭文“光绪十二年（1886）四月都察院左副都御史吴大澂珲春副都统依克唐阿奉命会勘中俄边界既竣事立此铜柱铭曰疆域有共国有维此柱可立不可移”，共五十八字，阴文填蓝；墨的顶部有“五石顶烟”四字分布于四方，为楷书阳文。吴大澂，清代官员、金石学家和书法家，字清卿，号恒轩。同治年间进士，曾任广东和湖南的巡抚。

二、碑形墨与古代碑石形制的联系与区别

碑形墨之形制，基本概括了中国古碑形制演变的轨迹，同时体现了功能与形式的相互影响、相互统一的特点。例如碑石所具有的纪念标识、信息传播和教育警示三大意义同样适合于墨品，两者在漫长的历史时期中既有各自的不断发展、演绎历程，又有着密不可分的互动和交融关系。从一定程度上讲，如果没有墨这种工具，中国的传拓技术也许要经历另外一条路才能得以施行。同样，古代碑刻的艺术再现与流传，也需要墨色的表现。

1. 碑形墨的不同种类反映了中国碑石艺术发展的演变历史

从前文所述若干碑形墨的种类来看，汉碑的定型与演化与汉代后期“天圆地方”“天人一体”等思想逐渐兴起或有关联。汉代流行的谶纬思想影响了汉碑的形制。尽管汉碑作为具有真正独立意义的碑开始出现，并且具备了“碑首、碑身、碑座”这一基本结构要素，进而被唐碑所继承，但是从记录其功用表述的历代文献来看，“碑”的概念几乎涵盖所有石刻文化乃至铭刻文化。以致成为一种独特的承载多种文化信息的载体。狭义的汉碑专指东汉时期形成的、具有形制制度的石刻文字，包括碑、碣、画像石、题记、摩崖、石经等汉代所有的石刻文字。汉碑皆有穿。此时的圭首碑和圆首碑它们与晕纹一道是具有时代识别性的：圭首和圆首的形制来源于玉圭之形。随着

图 22. 霁峰氏监制碑式墨

图 23. 凤池氏世宝墨

图 24. 胡奎章法制裕盛选烟漱金家藏墨

图 25. 胡奎章法制漱金家藏墨

时代的变迁，穿的形制渐渐变为象征式的直至基本消弭。就碑的形制而言，汉碑的基本形制没变，而且作为碑形墨造型艺术中最主要的组成部分之一，是清墨造型的基本参照物。

2. 墨品图案设计中对于具体碑型的简化处理

“螭首龟趺”虽然代表了唐碑最具寓意性的部分，但是具体到墨的设计中，由于各种因素制约，在墨品中也不易经常见到。最能体现碑的价值的碑穿、圭首、碑趺等部位只能是用意会的手段体现。但作为碑形墨中的一种特殊存在，其形式和寓意，皆有特定的解释空间。

（1）碑首

碑首是碑形墨结构的核心造型要素，由此走向了一个独特发展的轨迹。与扁立方体的碑身相比，虽然碑首上的文字不多，并非碑刻内容的主要载体，但是因其种类相对更为丰富，多设计有精美纹饰，对碑文内容起到了相互补充的作用。它同时也是碑石设计丰富发展的部分。

在常见的大型石碑顶上，多有相对缠绕的螭龙，数量多四或六，最多的有八条。而在具体的墨造型中，除了前文已述的齐肩式（B 型）外，还有过肩式和收肩式。所谓过肩式：即碑首两侧螭体部分略宽于碑身。如吴邦庆订制霁峰氏监制碑式墨（图 22）。而收肩式则是碑身宽度超过碑首，如凤池氏世宝墨（图 23）。三者之间的区别，在于碑首螭纹与碑身之间的宽窄差别上。螭龙纹的出现，不仅使碑首更具有装饰性，更主要的是增加了深层的神圣感和神秘感。它源于东汉时“河图洛书”谶纬学说的出现，进而有了“龙龟负衔”“青龙衔玄图”之意。清代民间墨品中碑首的螭纹部分有两个发展方向。

一是简化，即螭纹成为边框的一部分，或者转变为云纹；如胡魁章法制漱金家藏墨的图案为双螭共戏一珠，原本在碑首的双螭下移到碑身之上，而穿则演变为火珠，或仅存象征性的痕迹。类似的还有胡奎章法制裕盛选烟漱金家藏墨（图 24）和胡奎章法制漱金家藏墨（图 25）。又如关于

图 26. 胡魁章纯一氏古隃麋墨

图 27. 朱烈爵禄封侯墨

图 28. 睢阳五老图墨——始平冯平墨

四螭的设计：如胡魁章纯一氏古隃麋墨（图 26）即是将原本分配与碑正背两边的四螭集中于一面，环成一框，形成四螭追逐龙珠的动感十足。由此可见，此时的螭纹已经与碑首为一整体，形似而已，不再是像搭在碑首上的样子。有的不太真实罢了。

二是夸张，即螭纹在碑首上仍以相对前者较为繁琐的形式表现。最初，石碑上的螭龙是缠在碑顶上的，先是作双龙攫碑首形以作护持，后又因为碑有两面，又作四龙相交，如此便显得更为稳固。具体而言，抽象的螭纹变形可以分为双螭、四螭两种情况。如凤池氏世宝墨：碑首主题为两螭对戏一珠，尾部相交。正面隶书“世宝”二字，阴识填蓝，下阳文“凤池氏”三字，楷书。背面“玉壶冰冽且清……贾沽诸”等共六十六字，另“张习孔题”，皆楷书。

值得注意的是，某些碑形墨中弯曲的螭纹经过极度变形，已经转变为天空中卷曲的云首纹。如朱烈爵禄封侯墨（图 27）：长 10.7 厘米，宽 4.7 厘米，厚 1 厘米。正面阴识“爵禄封侯”，隶书。下“文公裔孙朱烈按易水法制”，凹底阳文。背面“爵禄封侯”图。此墨碑首即为单头云式。又双头云式：睢阳五老图墨（图 28）中的始平冯平墨，长 8.3 厘米，宽 3.3 厘米，厚 1 厘米。正面碑身处与其他碑形墨无异，唯独在碑首的设计上独具特色——云纹两朵，分别在其中间饰有一点，象征双螭之眼。从总体来看，双“云”仍然起到了双“螭”盘于碑身的效果。

（2）穿

穿是辨识汉碑的特点之一。从现存资料来看，有“穿”的汉碑绝大多数为圭首碑和圆首碑。现存最早的带穿圆首汉碑是桓帝时期的《孔谦碑》（东汉永兴二年，154）和《泰山都尉孔宙碑》（东汉延熹七年，164）。关于其作用，在历史上大致有“下棺”说、“丽牲”说、“神主”说和“日月”说四种。其位置高低、形状大小各不相同。但就一般而言，穿孔位于碑额的额题之下，碑身的碑文之上，起到分界碑额与碑身的作用。在具体的碑形墨中，虽然在制作中生产成本较高，不被商家所推荐，但是穿仍以多种形式存在，并且演变为不同的形式。如某些墨品上的穿的位置，在碑首之上，距离顶端较远，如胡宝春钱叔云同造墨（图 29）：碑身正面篆书“道光四年四月丁甲朔歙西胡宝春娄东钱叔云同造”，阴识填金；背光平无字。此墨的穿已经位于碑额的题字之下。再程公瑜制庆云露墨（图 30）：平首，长 6.1 厘米，宽 2.8 厘米，厚 0.8 厘米。碑首双螭相对中间“国宝”二字作下沉状。其上火龙珠一颗，当为穿之变形。由于穿作用的减弱，此墨的碑身版式发生了重要的变化。特别是墨品的边框得以突出，以抽象螭纹为主体的四栏分布明确，纹饰也较为精美。不过，穿的各种变形在整体上属于日趋简化并渐渐消失。如詹奎监制刘瑞芬论道经邦墨（图 31）正面额上一珠，楷书“论道经邦”，下“新安詹奎仿古选烟监制”，背楷书“芝田方伯著书之墨”，皆阴识填金。两侧铭曰：“用紫草桐油下缸将生漆麻油亥油搅混

图 29. 胡宝春钱叔云同造墨

图 30. 程公瑜制庆云露墨

图 31. 詹奎监制论道经邦墨

图 32. 程洪溥积古斋摹拓金石文字之墨

用红芯点文火制成担烟造”，共三十二字，楷书阳文。在此墨中，穿的位置仅有细微的痕迹，并无珠的存在。又胡爱棠鉴莹斋制胡澍、赵之谦联名墨一锭，形制、纹饰、题识与前者完全相同，唯面额间穿孔被简化为一微痕，嵌一珠。

（3）碑额

碑额处于碑首正中，处于人们的视觉中心位置，是碑形墨中最具设计创意与变化一个区域。其造型相对而言更为细致，并因工匠的创意而充满了表现力。如霁峰氏监制碑式墨正面中间碑额处有圆形“寿”字一，周边饰有花纹，在众多碑形墨的碑首中独具一格。这种在碑额周围盘曲缠绕的螭龙纹加以装饰，更加突出了碑额的重要性。不仅如此，在墨品碑额上书写与墨有关的内容也成为碑形墨得以整体传颂，并可以记于典籍，流传于世。如程洪溥积古斋墨（图 32），碑头额间篆书三行“积古斋摹拓金石文字之墨”，阴识填金，其下半截光素。背籀文三行：“太岁在己巳（1809），四月既生霸，歙程洪溥用奚廷珪法造”，阴识填蓝。又如前述孙玉泉万寿无疆墨，在墨品已残且墨身字迹甚难认清的情况下，其碑额间的内容：“万寿无疆”及“万历己亥年（1599）制”等文字，已经成为辨别其年代的重要标识之一。

三、碑形墨在明清时期得以发展的原因

1. 清代金石学的大兴与中国传统制墨技术的总结

清代是中国传统制墨技术的总结时期，同时也是金石学的大兴时期。碑拓的盛行不仅与清代中后期碑学书法的兴起有关，而且与乾嘉时期人们推崇汉儒朴实治学之风的考据之风有关。另外，清代文人心中普遍的崇尚古雅的心态也是金石学兴起的一个重要因素。

此时，传拓技法作为传统金石学载体的资料复制方法与保存形式，在我国已流传甚久。其基本方法是将宣纸用水刷湿覆在要传拓的部位，再用棉花或打刷等一点点地按压捶打，利用纸的韧性和蘸湿后的黏性，令其完全附着，再用沾了墨的扑子在表面轻轻扑打，凸出的部分着墨变黑，凹陷的文字和花纹空白显现。根据拓片的墨色特征，人们将古代拓印碑刻分为“蝉翼拓”与“乌金拓”两种。种类不同，效果各异。在用墨方面，早期拓本均用松烟墨。松烟墨色虽然较淡，但层次分明。拓片的表面墨色雅淡而匀净素洁，浅淡

的底纹会把主体画像衬托得鲜明而突出。望之如鸣蝉之冀，纤毫毕露。故此法被人形象地称为“蝉翼拓”。宋及以后，随着松林资源在北方的匮乏，油烟墨得到长足的发展。因其具有墨色饱满细腻、表现力强，光洁沉稳、不易形成积墨板结的特点，故宋代以后的精拓本多用油烟墨拓成乌金拓。所谓“乌金拓”，是指用油烟墨拓出拓片的表面墨色既黑且光，黑白对比度强烈，色似乌金，具有一种震撼人心的魅力。多用于拓印平面阴线刻画像。这种拓法可使黑色的底面与白色的阴刻线条形成一种强烈鲜明的对比色调。在椎拓过程中，面对较小的碑刻时，由于耗墨不多，人们可直接使用墨锭在砚台上研磨。但是在椎拓较大和较多的碑刻时，所需墨品的数量和质量便严格起来，适当的时候还须根据需要在墨汁加适量清水。当然无论应拓的碑石数量多少、形制大小，从墨色上讲，都要使墨色匀净一致，特别是在同一张拓片、或同一套碑帖墨本中，仍然以墨色如一为至高境界。由此可知，传统传拓技艺的形成与发展不仅依赖于中国历史与文化发展的大背景，更依赖于中国传统纸墨的发明和纸墨质量的保证。其所追求的目标便是准确地将金石铭刻上的文字再现于拓片之上，并使之保存长久。例如清代金石学家黄易在给友人的信札一再提到“薄楮精墨”的字眼。他的《致赵魏妙极札》(新 180743-43/44)[7]提道：“三公碑一经品题，顿觉纸贵，弟欲得佳拓，饥渴之至，正定拓《秋碧堂帖》之匠甚佳，昨专请此人携薄楮精墨往拓多张，约在中秋必得，当[8]择其尤者奉寄，何如……”“楮墨”即纸与墨。借指诗文或书画。唐刘知几《史通・暗惑》：“无礼如彼，至性如此，猖狂生态，正复跃见楮墨间。”由此可见，精良的纸墨工具，已经成为清代乾嘉时期金石学发展的重要物质保障之一。故宫藏有数锭靳治荆雁堂墨（图 33）上便提到了当时的制墨法：此墨亦为碑式，凹地阳文：“康熙岁在屠维大荒落（二十八年，1689），购得仲将古法酌以君房程氏旧传用紫草染镫茎独炷然点每桐子油五石参漆十二得烟百两入熊胆龙脑麝脐金箔如数于凝清书屋秘制法胶诹吉和炼铁臼中捣三万杵始成”，背凹地阳文隶书填金赞语：“烟温一线生微芒日月积累冰紫霜筑之范之铿珄璋触石而出流耿光洋溢艺苑垂芬芳雁堂铭”。印二，分别为“黄山长”“靳氏熊封”。从墨品文字来看，此墨主料为“桐子油”，另有熊胆、龙脑、麝香、金箔等配料若干。按古法制胶并捣制而成。

图 33. 靳治荆雁堂墨

2. 文人收藏与文人墨

有清以来，文人之间互赠文房用品的事例层出不穷，在当时的社会风尚中，此举不仅为一种高雅而婉转的增强彼此感情的方式，而且也是当时士人交游的一般惯例。有证据表明，文人阶层的参与以及商品经济的发展对于明清徽墨的装饰设计起到了重要的指导作用。不论是自行设计，抑或求购于墨商，他们希望通过墨品的独特设计，来彰显自己的品味。金棻清啸阁拓碑之墨（图 34）：高 9.4 厘米，宽 2.4 厘米，厚 0.9 厘米。长方形，通体凸起冰裂纹。正面作者题款“清啸阁拓碑之墨”七字，背面阴文填金楷书作者年款“嘉庆三年制”五字。又阮元拓泰华双碑之墨（图 35）：长 7.5 厘米，宽 1.6 厘米，厚 0.9 厘米。正面隶书“墨松使者”，下墨精小像。背面隶书“拓泰华双碑之墨”，下“阮氏”二字方印，皆阴识填金。此时随着考

图 34. 金棻清啸阁拓碑之墨

图 35 阮氏拓泰华双碑之墨

图 36. 翁方纲天都捣松三万杵墨

图 37. 钱塘黄易摹碑之墨

图 38. 江鹤亭选烟随月读书楼墨

据学的兴起，金器碑碣的大量出土，人们逐渐发现了一个新的艺术世界，唐碑、魏碑、汉碑、秦刻石乃至周铭文、商甲骨等，那些早已被遗忘的、带着粗犷、进取、刚强和自信的古典之美苏醒了，再次放射出夺目的光彩。圆劲浑朴的篆书、丰厚雄劲的隶书取代了楷书、行书，成为了书家效仿的主要书体。故宫藏有翁方纲制天都捣松三万杵墨（图 36），长 7.6 厘米，宽 2 厘米，厚 0.5 厘米。正面阴文隶书“天都捣松三万杵”。背面阴文楷书“乾隆癸巳（1773）九月望日北平翁方纲制于苏米斋中”。松烟质，字口填银，风格朴雅，反映了清代文人墨重于表现个人情趣的特点。此墨当为歙县著名士绅、墨工吴舜华所制，翁氏有诗赞曰：“天都捣松三万杵，不用君房建元谱。自候桐芭紫草烟，神理绵绵轻一缕，呼吸黄庭内景经。磊砢册书群玉府，元之又元我虚室。碧影窗纱日当午，我室苏诗扁陆书。文以载道道集虚，相着而黑信有诸。诗境磨人习不除。更秃千兔穿五车，子惠制之珍琼琚，谢郎押字入我室，天下朋友皆胶漆。”[9] 翁方纲不仅仅本人涉及墨品样式，而且专门向当时社会上的知名墨家订做墨品作为礼品相送。如汪节庵造钱塘黄易摹碑之墨（图 37），腰圆形，正面有隶书“小蓬莱阁”四字，下楷书“翁方纲题”四字，皆阴识填金；背面为楷书“钱塘黄易摹碑之墨”八字，分作两行，阳识。侧款为“乾隆甲寅（1794）仲春歙汪节庵造”，楷书阳文。目前虽然未发现黄易向翁方纲回赠过墨品的证据，但是他在诗文中透露出他曾与许多友人之间互索、互赠墨品的事实。在《记室录黄易古墨札》（新 00151921-32/32）[10] 中他曾写道：“（乾隆六十年，1795）夏初，接奉手函，深荷垂注。并承远赐古墨等物，祗领之余，感深五内，比维大兄（陈灿）大人近祉绥和，起居安吉，以颂以慰。”又《黄易致汪淼等奉候札》（新 069087-5/12）涉黄易向汪淼（汪大淼）求佳墨等事：“弟苦无墨用，前札奉求者，幸惠我为祷。十斛量珠，千丝结网，兄得其人否？念念。”又如黄易书于乾隆四十四年（1779）九月十六日的《黄易致汪淼等楚事札》（新 69087-11/12）中提到：“封茅社墨乞见惠，弟自北来，墨已告尽。祈大哥转恳鹤亭（江春）先生随日读书楼小墨数笏妙极，拜托拜托。”[11] 文中的“随日（月）读书楼墨”为扬州籍徽州盐商江春的私人定制墨，在当时算得上墨中精品。故宫博物院藏有曹素功监制江鹤亭选烟随月读书楼墨若干（图 38）：方柱形，面额间一

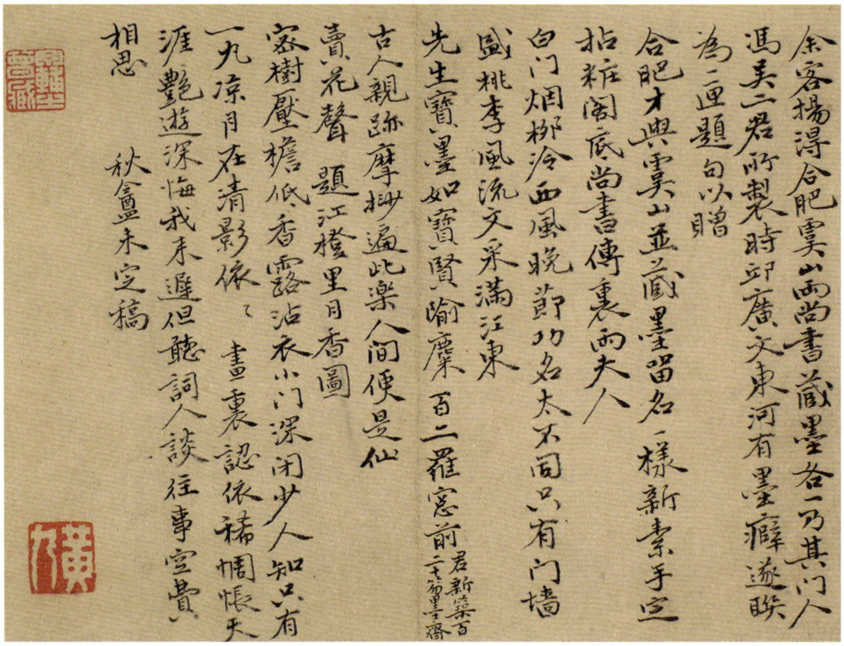

图 39. 黄易书画合册之赠邱学敏诗　无锡博物院藏

珠，下题“乾隆甲子（1744）”，背题“随月读书楼”五字，俱楷书阴识填金。一侧“江鹤亭选烟”，一侧“曹素功监制”，俱楷书阳识。清李斗《扬州画舫录》卷十二：“江方伯名春，字颖长，号鹤亭，歙县人。初为仪征诸生，工制艺，精于诗，与齐次风、马秋玉齐名。……遇事识大体。居南河下街，建随月读书楼。选时文付梓行世，名《随月读书楼时文》。……自著有《水南花墅吟稿》。”此墨署款“曹素功监制”，时为“乾隆甲子（九年，1744）”从《曹氏墨林》考之，这是主持曹素功墨务者，当是曹素功的曾孙曹士悦（1692—1769）、士恂（1696—1758）。江春作为乾隆时两淮总商，在乾隆皇帝南巡中承办一切供应，[12] 一时有“布衣上交天子”的盛誉。[13] 许承尧在他的名著《歙事闲谭》也说：“江春，字颖长，号鹤亭，仪征籍，诸生。以总理盐务赐内务府奉宸苑卿，加授布政使衔。著《黄海游录》《随月读书楼集》。”[14] 江春本为文人出身，“喜吟咏，广结纳，主持淮南风雅。”[15] 因此其豪宅之中“奇才之士，座中常满”。[16]

对于文中所提“封茅社墨”，目前不知哪家墨肆所制，但我们可以参考周绍良先生之兄周珏良所藏詹致和封茅社墨的著述。此墨为六角形，通体涂金，面镌双龙捧珠，中间楷书阳识“封茅社”三字，下有小方印“致和监制”。背花纹与正面同，中间题字两行：“质惟一，化五色，受天苞，胙侯祐。詹致和藏。”“致和”二字已坏，仅可依稀辨识。顶“辛未”二字，亦楷书阳识。[17] 据汉人孔安国《尚书注疏》中《韩诗外传》云：“天子社，广五丈，东方青，南方赤，西方白，北方黑。上冒以黄土。将封诸侯，各取其方色土，苴以白茅，以为社。”蔡邕《独断》云：“天子大社，以五色土为坛。皇子封为王者，授之大社之土，以所封之方色，苴以白茅，使之归国以立社，谓之‘茅社’。”[18] 由此可知，墨取“封茅社”名，当有求取功名之意。而书于乾隆四十一年（1776）“七月初三日清苑署中”的《黄易致赵魏妙极札》（新 180743-43/44）也提到：“……有

图 40. 吴守默
尚书奏草墨

二墨致东河(邱学敏),甚妙,兄可赏之。"[19] 邱学敏,乾隆时期著名的藏墨家之一,著有《百二十家墨录》,历来是研究中国古墨的必读书目之一。黄易曾赠诗于邱学敏(图 39),他题道:"余客扬,得合肥、虞山两尚书藏墨各一,乃其门人冯、吴二君所制。时邱广文东河有墨癖,遂联为一匣,题句以赠:合肥才与虞山并,藏墨留名一样新,素手定拈妆阁底,尚书传里两夫人……先生宝墨如宝贤,隃麋百二罗窗前(君新筑百二十笏墨斋)。古人新迹摩挲遍,此乐人间便是仙。"又"北山秋水名相亚,古墨生香一样新。记取芸总拈素手,尚书传里两夫人(时方得龚铁两尚书墨,邮书寄之甬上)。白门烟柳舞东风,江上蘼芜态不同。只有西园旧桃李,春来得气美人中。先生宝墨如宝贤,隃麋百二罗总前。古人亲迹摩挲遍,此乐人间便是仙。"[20] 对比两段文字,虽然在内容上略有不同,但是我们仍可以从中体会到两人之间的墨趣相投。文中所谓"尚书墨",当为吴守默尚书奏草墨(图 40):此墨亦为碑形,通体涂金。高 7.1 厘米,宽 1.8 厘米,厚 0.7 厘米。康熙墨之珍品。两面上端均是由凸起的垂云纹。墨面阴文楷书"尚书奏草"四字,填蓝。背饰双龙戏珠纹。两侧有分书阳文楷书作者年款"吴守默墨"及"康熙年制"各四字。吴守默,清代徽州歙县人,墨肆延绿斋。其制墨匠心独具,康熙年间与曹素功齐名。

四、结论

碑形墨作为怡情养性的工具,在我国具有悠久历史并深受文人们的欣赏和喜爱。徽墨之名扬天下,除制墨技法高超是最关重要的原因外,还包含有美术、图案、设计、墨模雕刻、漆器、书画、裱糊、印刷等诸多因素。就中国古代碑的形制而言,取象于竹木简版及佩玉,并深受汉代谶纬思想的影响。自明代中后期以来,墨面的装饰题材更为丰富,数量也骤然增多。注重文具的外表之风发展到了极致。人们对墨面装饰的重视,甚至会达到追逐外形而忘记墨的实用功能的程度,如碑形墨就是一个典型实例。制墨家们在设计时既要照顾到表里相称,仿照碑的造型来制作墨形,又必须精心设计,使墨的造型、圆案、色调、题识等也需要殚精竭虑。当然最关键的还是要有卓越的造墨技法与墨模的雕刻技术,这才能显示出墨的尽善尽美。就总体而言,东汉"碑首、碑身、碑座"这一典型形制确立后,进一步延伸而产生的丰富变化,使得对碑形墨的认识需要更为系统和严谨的总结。当然,社会风气的变化会逐渐影响时人的审美趣味。碑形墨在清代的发展过程中,在保留"碑首、碑身、碑座"这一核心结构要素的情况下,也相应发生了丰富的变化,其具体形制渐渐消殆,一般多只具有象征意蕴。这种文字墨大量增加,反映了清人对于汉学追求的本质更为务实,给人朴质、实用之感。同时,由于清代文人对书法的研究与挚爱,对文房清玩十分重视与偏爱并会自已设计墨样,反映了清代文人的喜好与风气。

注释：

1.（汉）许慎：《说文解字》卷 9，北京：中华书局 1963 年，第 90 页。

2.《现代汉语大辞典》，北京：汉语大词典出版社 2010 年，第 244 页。

3.（清）阮元：《十三经注疏》，北京：中华书局 1980 年，第 922 页。

4. 刘海宇：《汉碑的形制与谶纬思想》，《齐鲁学刊》2011 年第 2 期。

5. 周绍良：《蓄墨小言・胡澍、赵之谦墨》，北京：北京燕山出版社，1999 年，第 638–639 页。

6. 张子高：《清墨图录：张子高藏墨》，北京：故宫出版社，2013 年，第 343 页。

7. 故宫博物院编：《故宫藏黄易尺牍研究・手迹》，北京：故宫出版社 2014 年，第 164–169 页。

8.《张廷济录黄易致赵魏北来（妙极）札（新 69087–12/12）》中无"当"字。详见故宫博物院编：《故宫藏黄易尺牍研究・手迹》，北京：故宫出版社，2014 年 6 月，第 44–46 页。

9.（清）翁方纲：《赠吴舜华制墨歌——墨铭放翁书诗境字》，翁方纲：《复初斋诗集》卷 15，《续修四库全书》，上海：上海古籍出版社，2003 年，第 490 页。

10. 故宫博物院编：《故宫藏黄易尺牍研究・手迹》，北京：故宫出版社，2014 年 6 月，第 112–113 页。

11. 故宫博物院编：《故宫藏黄易尺牍研究・手迹》，北京：故宫出版社，2014 年 6 月，第 32–33 页。

12. 徐珂：《清稗类钞》第一册，《园林类・大虹园之塔》，北京：中华书局，1984 年，第 206 页。

13. 许承尧等：《歙县志》卷 9，《人物志・义行》，民国二十六年（1937）铅印本，国家图书馆古籍馆藏，第 45 页。

14. 许承尧：《歙事闲谭》卷 8，《江氏诸人诗》，合肥：黄山书社 2001 年，第 247–248 页。

15.（清）阮元：《淮海英灵录（戊集）》卷 4，《"江春"条》，摘自张海鹏、王廷元：《徽商研究》，合肥：安徽人民出版社，1995 年，第 493 页。

16.（清）李斗一：《扬州画舫录》，北京：中华书局，1960 年，第 274 页。

17. 周绍良：《清墨谈丛・詹致和墨》，北京：紫禁城出版社，2000 年，第 289 页。

18.《今文尚书考证》卷 3，《禹贡三・夏书三》，刘俊文总纂《中国基本古籍库（电子版）》，北京爱如生数字化技术研究中心研制，合肥：黄山书社，2005 年。

19. 故宫博物院编：《故宫藏黄易尺牍研究・手迹》，北京：故宫出版社，2014 年 6 月，第 164–169 页。

20.（清）黄易：《题邱铁香太守百十二家墨》，黄易：《秋盦遗稿・秋盦诗草》，《续修四库全书》，上海：上海古籍出版社，2003 年，第 1466 册，第 5 页。

故宫明清尺牍文物数字化影像采集札记

金悦平

故宫博物院资料信息部馆员

内容提要：本文围绕故宫博物院2015年完成的明清尺牍的数字化影像采集工作展开，通过介绍、分析影像采集相关的各类技术标准，项目进度管理及实施过程，以及编目及数据系统的应用规则，探讨如何利用当代的设备、技术与理念更好地开展书画类文物数字化影像采集及影像数据服务、利用工作。

关键词：故宫　尺牍文物　影像　数字化　采集　技术标准　实践

故宫博物院文物藏品包罗万象，其中古书画文物是其中重要的组成部分。由于展览空间、保存状况等诸多因素的限制，这些文物很难被外界接触到，更谈不上研究与利用了。因此，故宫的古书画数字化影像工作显得尤为重要。通过这项工作采集的影像，最真切地还原了文物的外观面貌，使得文物信息能够得到更广泛的传播，也提供了文物研究与利用的可多可能性。

在故宫收藏的古书画文物中，明清尺牍类文物也是其中的重要的组成部分。明清尺牍类文物数量达到4万7千余件，而且全部没有数字化影像。这在很大程度上限制了对这些文物的深入研究与利用。为了解决这一难题，故宫资料信息部摄影组利用了三年时间（2012—2014）进行文物的数字化影像采集工作。此项工作已于2015年完成了全部的采集工作。

一、前期准备

明清尺牍属于古书画类文物，对于保存与操作环境有较高的要求。根据一般经验，环境温度在15℃左右，环境湿度在50%左右。所以，明清尺牍文物数字化影像采集工作的工作环境必须在恒温恒湿的地下文物库房内进行。

本次数字化影像采集工作选用的设备是高清晰数码输入扫描机。（图1）它将传统线扫描设备同现代数码相机的有机结合，具有非常高的分辨率，线CCD可达上亿像素。其工作原理为通过超高分辨力的CCD线性采集，将光学信号转变为数码信号，直接进入计算机系统。随即，再利用专门的图像软件进行处理。

作为传统线扫描输入同数码照相的有机结合，

高清数码输入扫描仪专用于文物表面材质的效果输入。其功能强大，具备专用光源，可实现多种不同的灯光组合。输入分辨率可变的同时，可在全输入范围内实现高分辨率和一致的质量与清晰度。此外，还能实现金色与银色等专色输入并支持全线色彩管理系统。

与传统线扫描设备相比，它简化了扫描流程，实现了三维实物处理，且拥有更强的原稿适应能力。与数码相机相比，它又克服了过分依赖环境光源，无法实现精确还原原稿中所有材质及还原尺寸畸变的弱点，选择性地将传统线扫描设备与数码相机的优点结合在一起。具有精度高、速度快、输入尺寸大等优越特性。（参见表 1）根据采集设备的特性，存储电脑主机选用了配置如下：显示器 19 寸；CPU 四核，主频 3.8GHZ；硬盘 4T；显卡 8G 独立显卡；内存 64G。

表：高清晰数码输入扫描机技术参数一览

光学分辨率（Pixel）	16000 × 12000
颜色深度	48 比特
原稿厚度	50mm
原稿类型	反射稿
密度范围	0–3.9D
光源	专用光源
文件格式	Gray Tiff，RGB Tiff
电器数据	230V 50/60Hz 3KVA

采集工作的影像分辨率为 300ppi。数字影像分辨率描述通常使用 PPI 与 DPI 参数。PPI 是指"每英寸的像素数 Pixels Per Inch"，DPI 是指"每英寸的点数 dot per inch"。所以 PPI 是关于图像细节的，是每英寸有多少个有用的像素，DPI 是输出设备

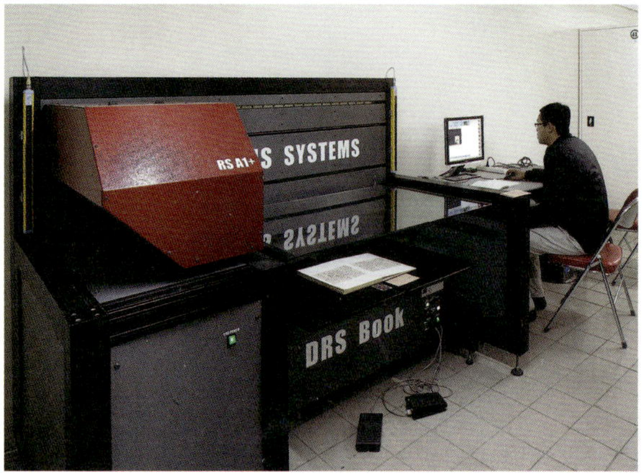

图 1. 扫描仪

的物理能力，是每英寸有多少个墨滴。只有明确了影像使用精度，才能进一步明确影像的采集精度，控制影像采集质量。扫描文件数量约为 5 万件，单个文件数据量平均为 90MB，总计需要约 4.5T 的硬盘存储空间。

采集工作配置三人：一人负责测量尺牍的尺寸，一人负责在扫描仪上操作翻页，一人控制电脑进行扫描。除此以外，工作团队在准备阶段还须解决其他关键问题，包括把大型影像采集设备运进文物库房，确保在文物安全的情况下有效开展采集工作，快速、及时地保存、处理采集的影像数据等。

二、操作过程

在系统的采集工作正式启动前，工作团队进行了流程预演。首先，将经拆卸后的大型扫描设备搬进文物库房，再由厂家技术人员进行组装。本次尺牍项目使用的大型扫描设备是 metis systems，生产于意大利。其扫描最大分辨率为 600ppi。确认设备到位且运转正常后，建议库房管理人员扫描同一个尺牍进行试验，比较 300 ppi

和 600ppi 的清晰度。本次试验扫描的文物为尺牍《事茗》卷，根据扫描结果，确定了以 300 ppi 的精度开展后序工作，这样既能保证图书出版的要求，又能提高扫描的效率，在兼顾时间的前提下，保质保量地推进项目开展。

本次尺牍整理项目使用的是意大利的扫描设备 metis systems 是专门为图书扫描而设计的。它的上方有一块玻璃板，下方有两块可上下移动的挡板。扫描时两块挡板同时上升，把图书平整地压到玻璃板下后，开始扫描。这样，在具体操作中就解决了图书翻开后由于左右两边厚度不同而造成的被扫描书页不在同一平面的问题，大大提高了扫描照片的清晰度。

为了能够提高扫描的速度，我们采集工作流程是：一人负责测量尺牍的尺寸，一人负责在扫描仪上进行翻页，一人控制电脑进行扫描。通过三人同步配合工作，大大增加了采集效率。

尺牍扫描的一个重要步骤就是对扫描过程进行色彩管理。整个过程可大致分为三个步骤：灰平衡、均等化、白平衡。（图 2）首先将扫描仪的灯光模式确定好，然后将白平衡参数选为 none（如 white balance 没有选项，先选一下 Installation，就会出 none 选项），将原稿厚度设为 0.5cm，将采集分辨率设为 400dpi，将扫描预览框上顶天、下顶地，宽度为 5cm；一切准备好开始以下操作：

第一步是灰平衡过程，选择菜单中 Installation/Calibrate Current Mode/Lens Combination，然后点击 Start，观察 MAX 值，要求控制在 40000-60000 之间，通过改变 Gain 值或曝光时间（Integration Time）或曝光次数（Oversampling）以达到要求。Gain 值要求 R、G、B 通道中必须有一个为零，曝光时间范围 5ms-50ms，曝光次数范围 1-5 次，当 MAX 值达到 40000-60000 时，调整 R、G、B 通道另两个通道 Gain 值，以达到 Avg 均衡。然后将镜头盖盖上，观察 Min 值，调整 Offset 值，要求 Min 值达到大于 100 又接近 100 为佳。为防止调整 Offset 值时影响之前白场的均衡效果，做完黑场后需拿下镜头盖，检查白场时的各项数据。检查完毕后，再盖上镜头盖，点击 Save to Exposure Control 以保存参数。

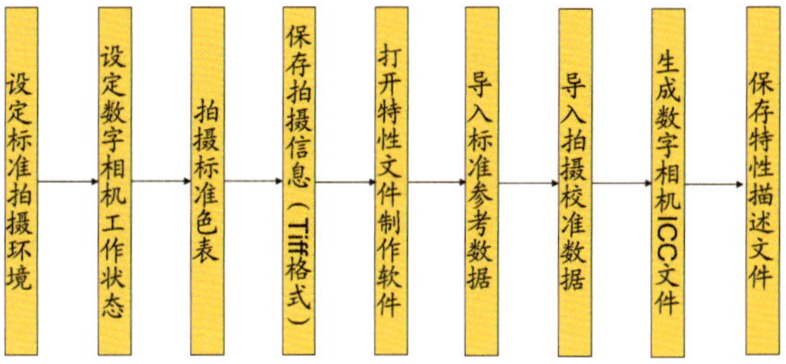

图 2. 色彩管理工作流程

第二步是均等化，点击 Equalization 进入均等化界面（同一个对话框内），直接点击 Equalize Low，软件会自动生成黑场均等化参数；做完后，拿下镜头盖，放上毛玻璃，点击 Equalize High，软件会自动生成白场均等化参数。（毛玻璃推回）

第三步是白平衡，选择菜单中 Administration/Whitebalances/Manage，选择 Check All，点击 Go，选中，然后继续点击 Go，一直到出现完成为止。

在影像扫描过程中，我对影像文件的存储和工作进度也做了初步计算：扫描文件总工作量为 5 万件左右，单个文件量平均为 90MB，总计需要约 4.5T 的硬盘存储空间。从实际工作出发，我们平均一天扫描 120 个文件量，单个文件平均为 90MB，需 10.8G 的硬盘空间。如果一年扫描 150 个工作日，约需使用 1.62T 的硬盘存储空间。故此项目约需三年完成。

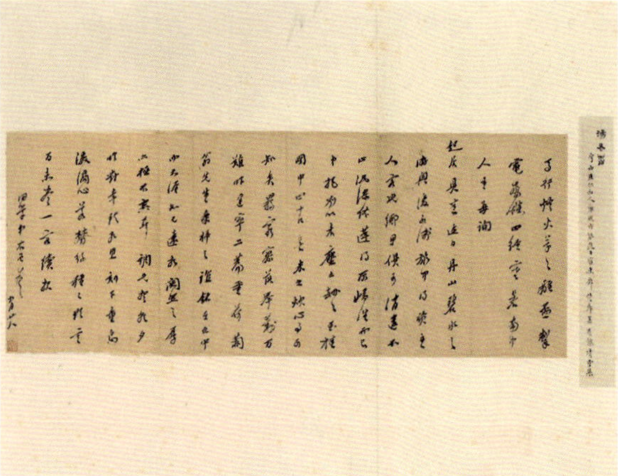
图 3. 折页类型

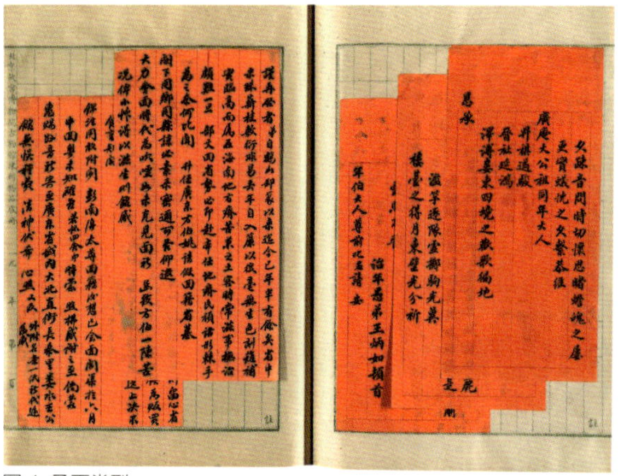
图 4. 叠页类型

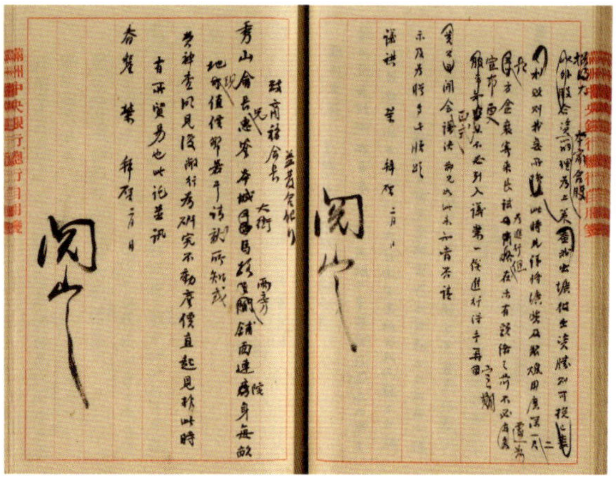
图 5. 线装类型

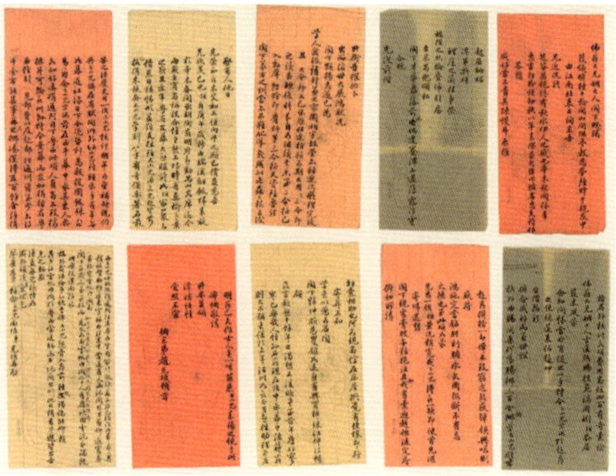
图 6. 散页类型

尺牍文物的性质属于书札类文物，影像采集中也自有特点。根据装帧的不同形式，可以大致分为单页扫描和成册扫描。单页扫描时如果是有颜色信札式的尺牍，需要放在白色背景纸上。而一般白色纸黑色字的普通信札式尺牍，则需要放在黑色背景纸上，使文物整体显得比较清晰。

在影像采集过程中，除了普通装裱成册，保存品相良好的尺牍文物之外，有四种相对比较特殊的尺牍装裱形式，扫描时需要针对不同的装裱形式，采用相对应的影像采集方法。第一种尺牍装裱形式是以线装书形式的尺牍，这种尺牍单页纸很薄，扫描时需要把玻璃板紧压在尺牍上，防止其因变形而影响扫描效果（图 3）；第二种尺牍文物的尺寸超出了装裱的尺寸，所以有尺牍有折页的情况，扫描时需要把折页打开，并插入一张白纸垫在下面，保证色调统一（图 4）；第三种是尺牍装裱时有叠页的情况，扫描时需要分页扫描，每一页下面插入白纸（图 5）；第四种尺牍文物是散页形式，没有装裱，只能在扫描仪的挡板上铺上白纸，把尺牍依次放在白纸上再进行扫描（图 6）。

尺牍文物由于经历长时间的保存，特别是有些原来的保存环境相当恶劣，所以可以分为保存良好、虫蛀类、火烧类、水浸类等。根据不同的文物状况，有针对地采取保护措施，特别是在采集时，妥善存取、固定状况不好的文物，兼顾文物安全与采集影像的清晰程度。

三、后续工作

本次采集是按文物库房中文物柜的编号顺序进行采集并对数字影像进行编目，这种方法的好处就是不会遗漏文物。取用文物时，将实物与原有的文物卡片对照，确保文物信息的准确。

采集后的影像存入故宫文物影像管理系统，这个系统管理着故宫全部文物之相关影像数据，是一个完整的影像资源管理系统。将采集好的影像录入上述系统管理，需进行属性录入、原始精修和制作影像文件链接三个步骤。

属性录入包括：项目类型、项目启动时间、项目名称、影像类别、文物编号、文物类别、文物影像名称、拍摄内容、拍摄时间、片种、片幅、每套影像数、影像个数、内容描述、数字化方式、数字化设备、链接数码影像、原始文件名称、序号、影像数据量、保存现状等。

通过扫描仪采集的尺牍文物的数码影像需要通过 Photoshop 软件的后期处理，进一步调整曝光、水平、锐度等影像指标，提高影像质量。

制作影像链接是关键步骤，它把属性信息和精修的数码影像链接在一起，达成一一对应的关系，保证影像信息的正确无误，并可以方便快捷地进行查询。

采集后的尺牍文物影像，在故宫文物影像系统里可以实现快速查询，即根据属性信息里的关键词查找并浏览，还可申请尺牍文物影像的利用。

历时三年多的故宫尺牍文物数字化影像采集项目已经完成。这项工程，通过对文物影像采集的精细化管理，针对不同类别、保存状况不同的尺牍文物利用光学采集设备进行影像采集，并利用色彩管理技术确保影像质量，通过管理信息系统管理技术，极大程度上尽可能完整地保存了文物信息，为今后的研究利用提供了真实可靠的素材与有效的技术保障。该项目作为故宫数字化影像基础采集工作的重要组成部分和先行者，谨以此文聊作纪念。

附 录

故宫藏黄易友朋书札（补充）

文 宣

黄易友朋书札四册原为钱塘黄易自藏，故宫博物院于1960年购藏。据统计，四册信札共计74通，涉及55人。其中新00133235-1-19/19《小蓬莱阁同人往返手札册（一）》凡19通，涉及翁方纲、余集、邵晋涵等16人；新00133236-1-21/21《小蓬莱阁同人往返手札册（二）》凡20通，涉及赵存道、汪端光、鲍廷博等13人；新00133237-1-17/17《小蓬莱阁师友往返手札册（一）》凡17通，涉及何琪、何元锡、潘庭筠等12人；新00133238-1-19/19《小蓬莱阁师友往返手札册（二）》凡18通，涉及张燕昌、丁传、钱泳等14人。故宫藏黄易友朋书札四册与国家图书馆藏黄易友朋书札十三册（又名《古欢》册），在人员结构上形成互补，对于黄易研究颇具意义。2017年3月，“内涵暨外延：故宫黄易尺牍研究国际学术研讨会”在济南召开期间，故宫藏黄易友朋书札四册相关信息首次对外公布，即引起学界高度重视。值此研讨会论文集出版之际，与另外新发现之翁方纲致黄易三札（新00087200-40/52翁方纲致黄易《嵩阙札》、新00151509-1/2翁方纲致黄易《新锓札》、新00151509-2/2翁方纲致黄易《河南札》）一并附录于后，以飨广大读者，亦弥补《故宫藏黄易尺牍研究》之《手迹》《考释》两卷未刊之遗憾。受本书篇幅所限，于此仅作释文，关于这批信札的详细考释，参见薛龙春《黄易友朋往来书札辑考》（北京三联书店2019年版）。

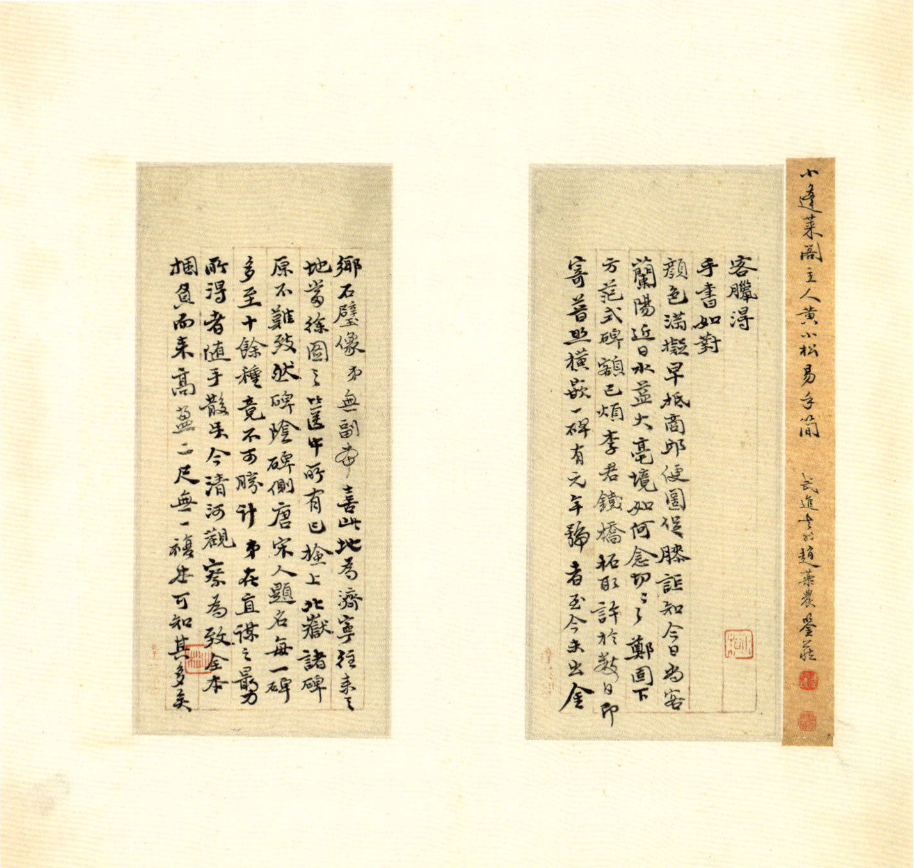

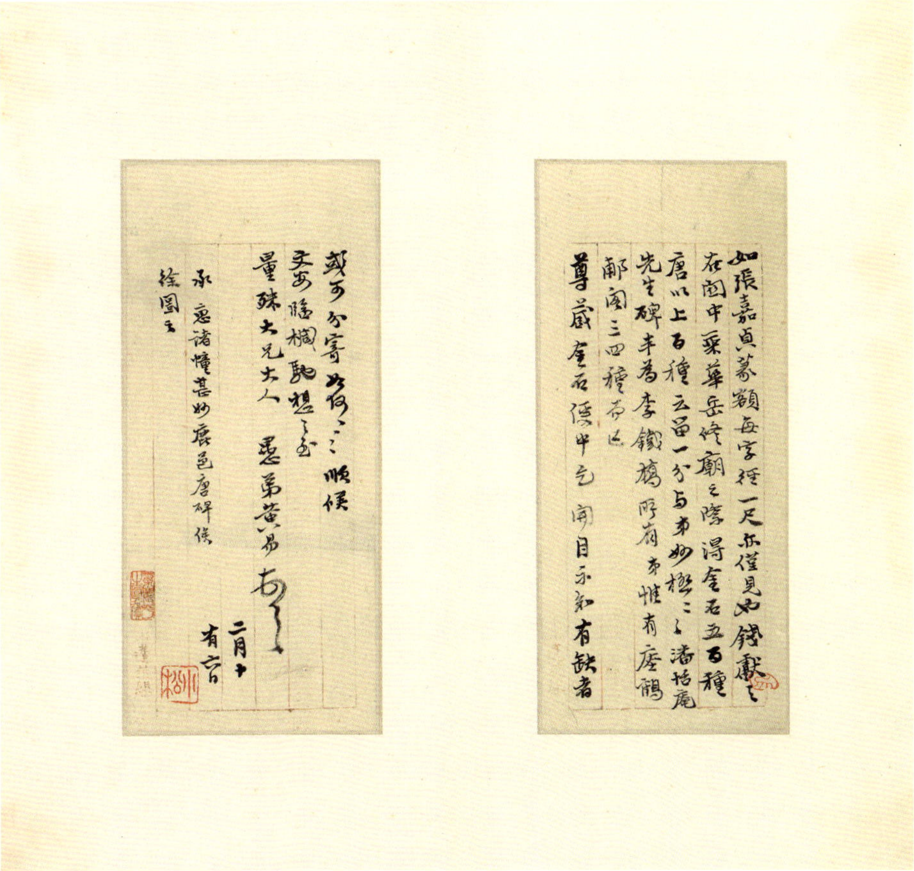

新 00133235-1—19/19《小蓬莱阁同人往返手札册（一）》

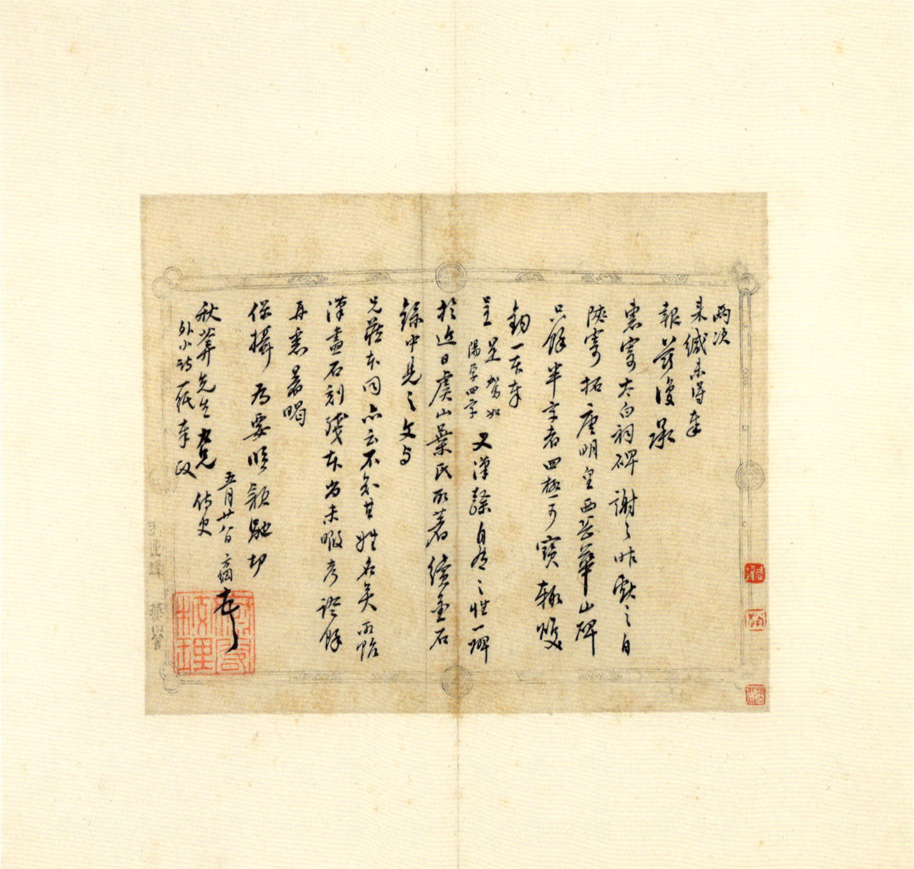

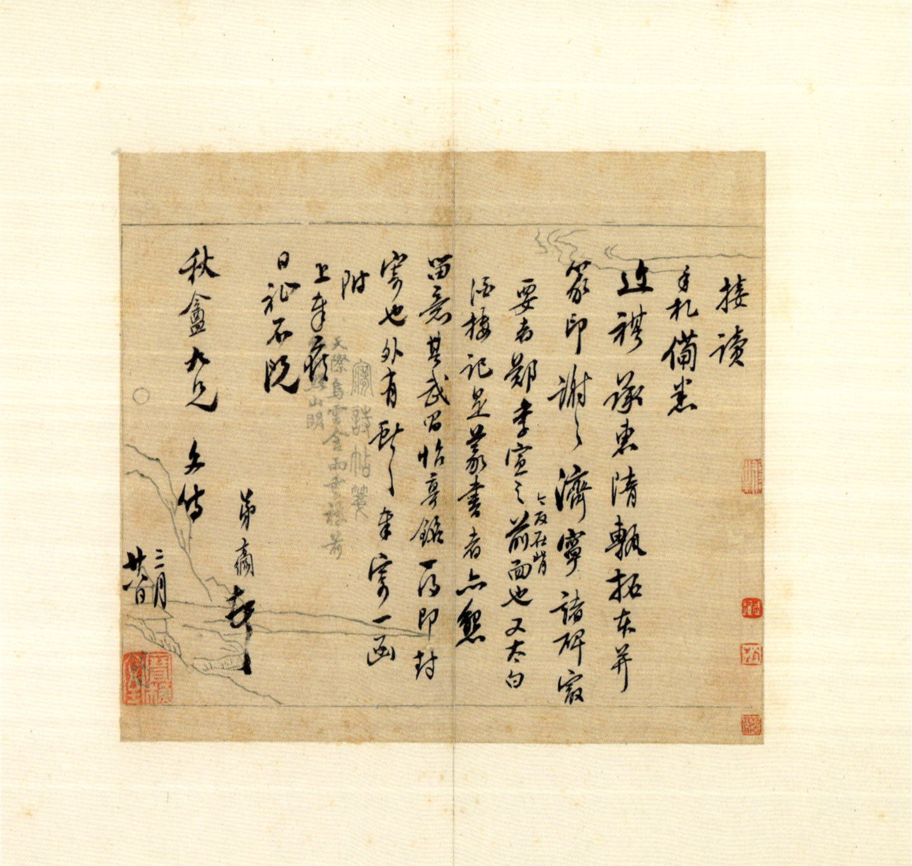

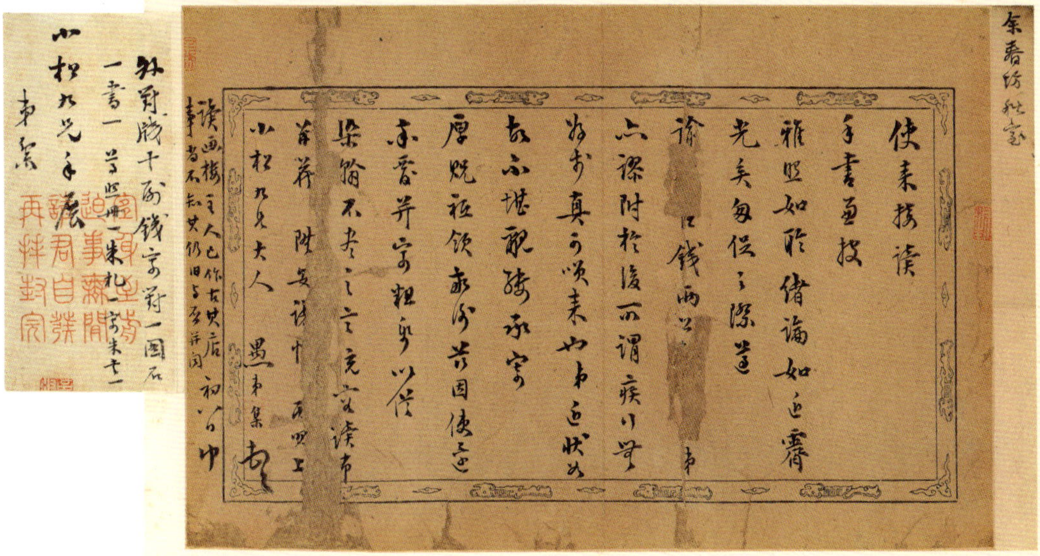

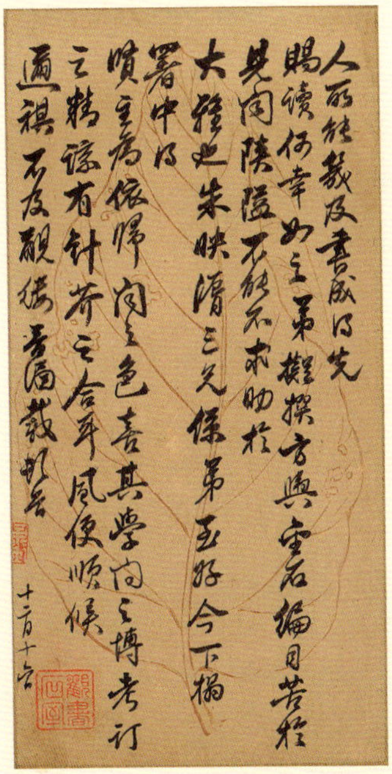

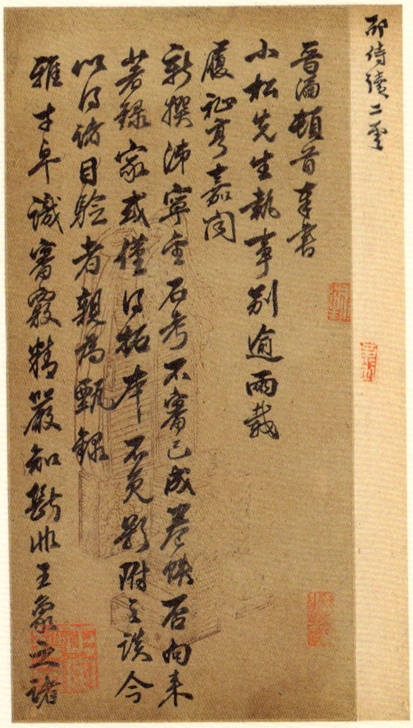

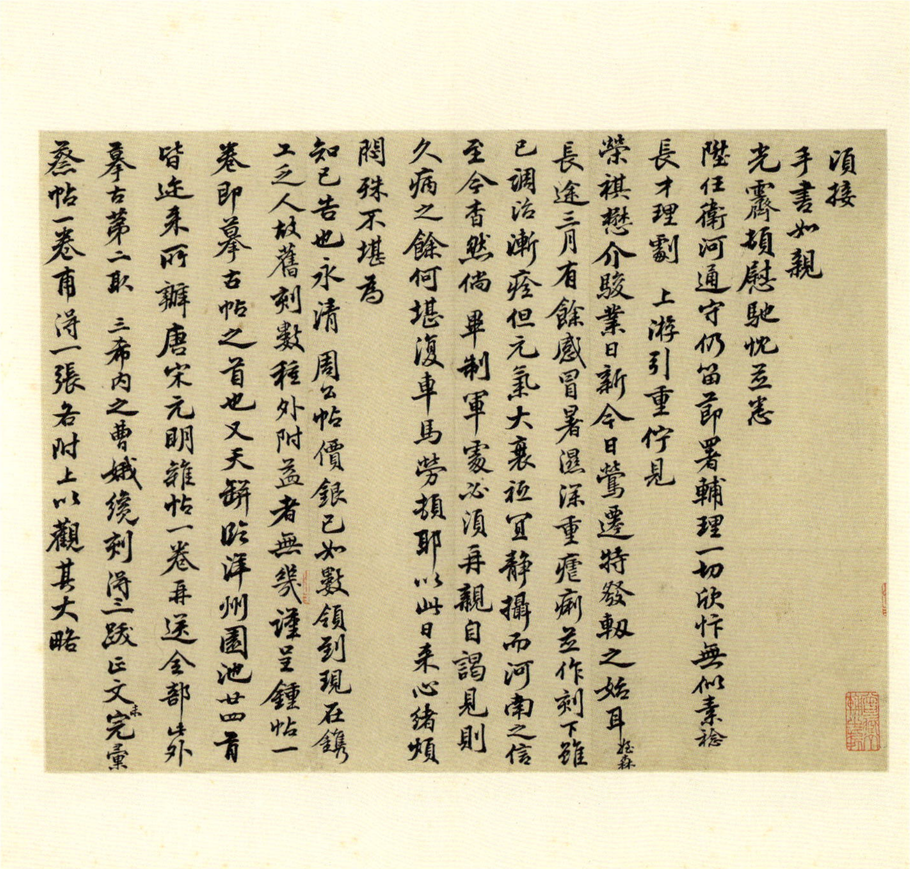

須接
手書如親
光霽頓慰馳忱並悉
陞任衛河通守仍留節署輔理一切欣忭無似素稔
長才理劇 上游引重佇見
榮祺懋介駿業日新今日鶯遷特發軔之始耳
長途三月有餘感冒暑退深重癥痢並作刻下雖
已調治漸痊但元氣大衰祗宜靜攝而河南之信
至今杳然備畢制軍處必須再親自謁見則
久病之餘何堪復車馬勞頓耶以此日來心緒煩
悶殊不堪為
知己告也永清 周公帖價銀已如數領到現在鐫
工之人故舊刻數種外附益者無幾謹呈鍾帖一
卷即摹古帖之首也又天餅臨洋州園池卅四首
皆近來所辦唐宋元明雜帖一卷再送全部此外
摹古第二取 三希內之曹娥續刻得三跋正文未完彙
叅帖一卷甫得一張名附上以觀其大略

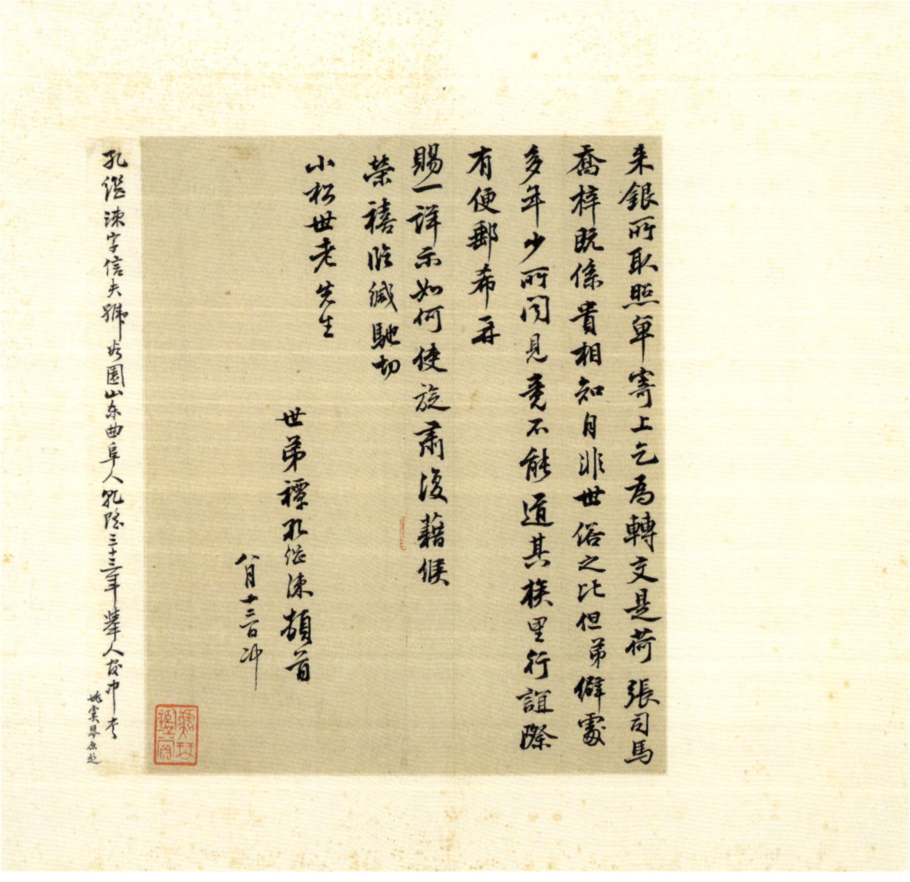

來銀所取照單寄上乞為轉交是荷 張司馬
喬梓既係貴相知自非世俗之比但弟僻處
多年少所聞見竟不能道其梗里行誼際
有便郵希再
賜一詳示如何使旋爾後藉候
榮禧臨緘馳切
小松世老先生
世弟穆孔繼涑頓首
八月十三日冲

孔繼涑字信夫號谷園山東曲阜人乾隆三十三年舉人官中書
[illegible]

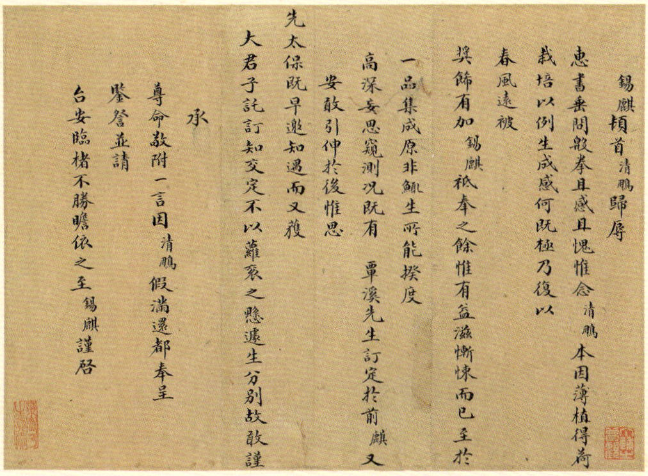

錫麒頓首清鵬歸辱
惠書垂問殷拳且感且愧惟念清鵬本因薄植得荷
栽培以例生成感何既極乃復以
春風遠被
奬飾有加錫麒祇奉之餘惟有益滋慚悚而已至於
一品集成原非鯫生所能揆度
高深妄思窺測况既有覃溪先生訂定於前麒又
安敢引伸於後惟思
先太保既早邀知遇而又獲
大君子託訂知交定不以蘿衰之懸遠生分别故敢謹
承
尊命敬附一言因清鵬假滿還都奉呈
鑒詧並請
台安臨楮不勝瞻依之至錫麒謹啓

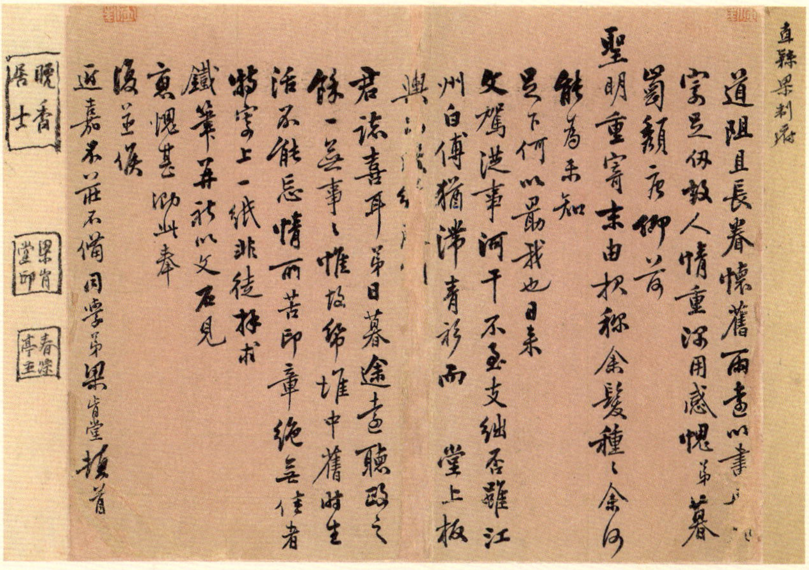

直隸梁制府

道阻且長眷懷舊雨書以書
寄足仞教人情重深用感愧弟暮
蜀顏府御前
聖明重寄來由撫稱余髮種種余何
能為乘知
足下何以勖我也日來
文駕巡事河干不至支絀否雖江
州白傳猶滯青衫而堂上板
輿
君諒喜耳弟日暮途遠聽此之
餘一無事事惟於錦堆中舊時生
活不能忘情而苦即章絕無佳者
皆寫上一紙非徒搏求
鐵筆再於以文石見
惠愧甚勿此奉
復並候
近嘉未莊不備同學弟梁肯堂頓首

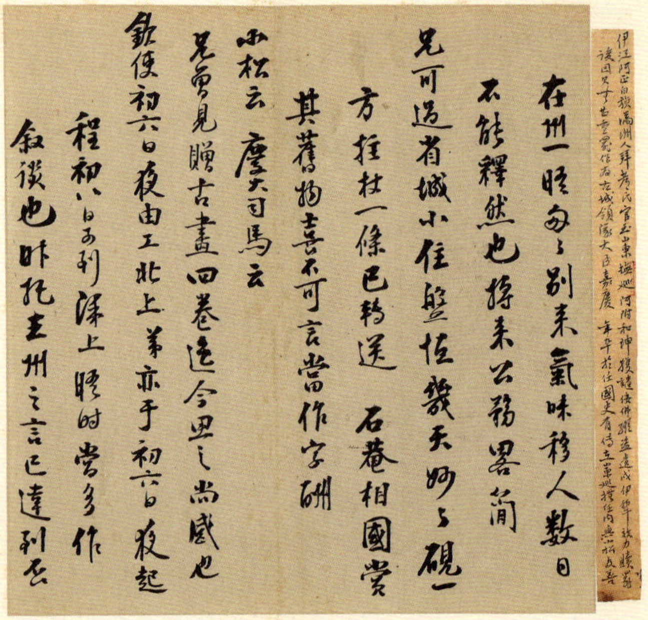
在州一晤匆匆别来氣味移人数日
不能釋然也拵來公務畧簡
兄可過省城小住與作竟天妙妙硯一
方拄杖一條已轉送 石菴相國當
其舊物喜不可言當作字酬
小松云 慶大司馬云
兄曾見贈古畫四卷送今思之尚感也
欽使初六日夜由工北上弟亦于初六日夜起
程初八日可到濮上晤时當多作
叙談也昨托王州之言已達到否

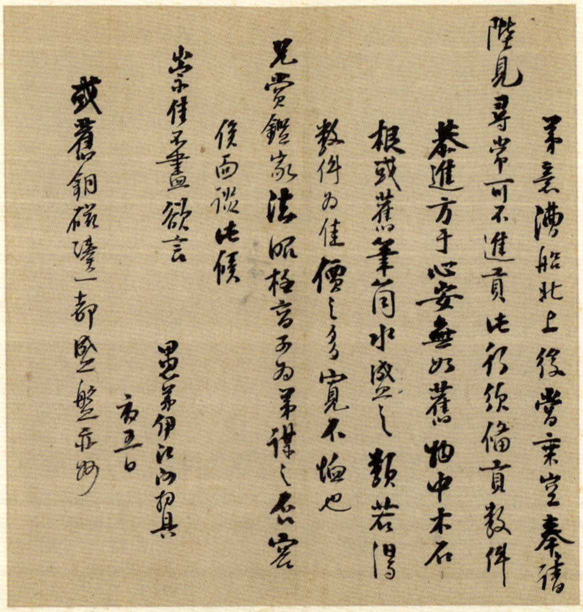
弟喜濟船北上後當柬呈奉請
陛見尋常可不進貢此行須備貢数件
恭進方于心安無以舊物中木石
根或舊筆筒水盛之類若得
数件為佳價之多寡不論也
兄賞鑒家法眼極高可為弟謀之否定
復而頌近候
愚弟伊江阿頓具
初五日
崇偉之畫欲言
或舊銅𤃬鐙一部與盤亦妙

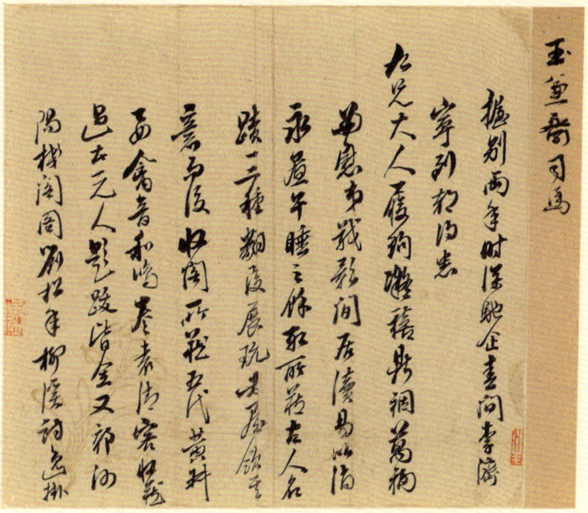

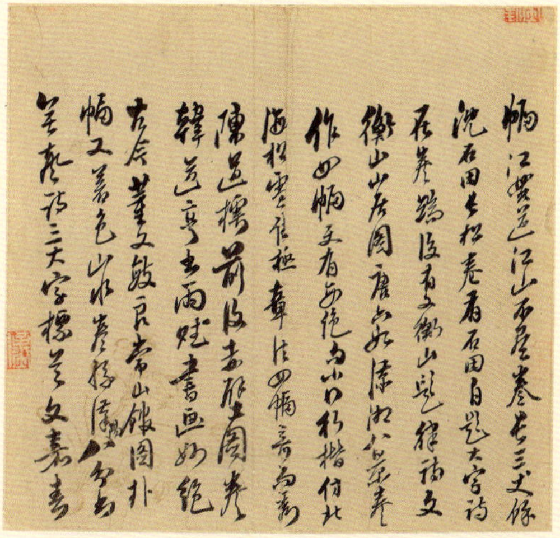

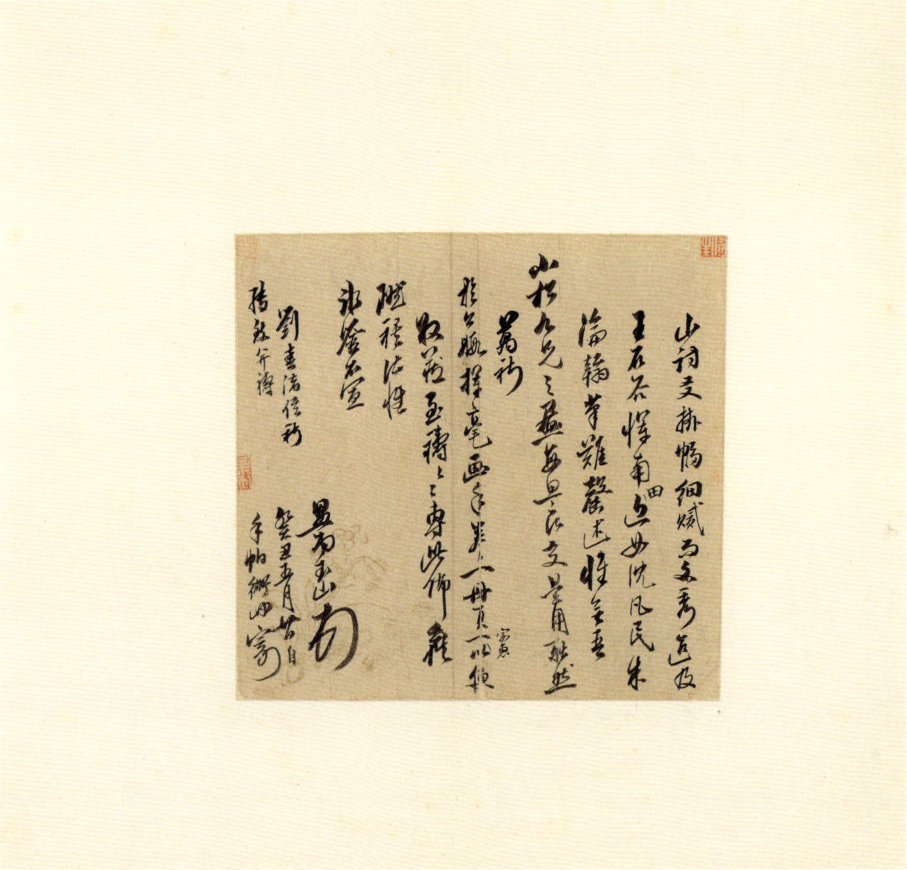

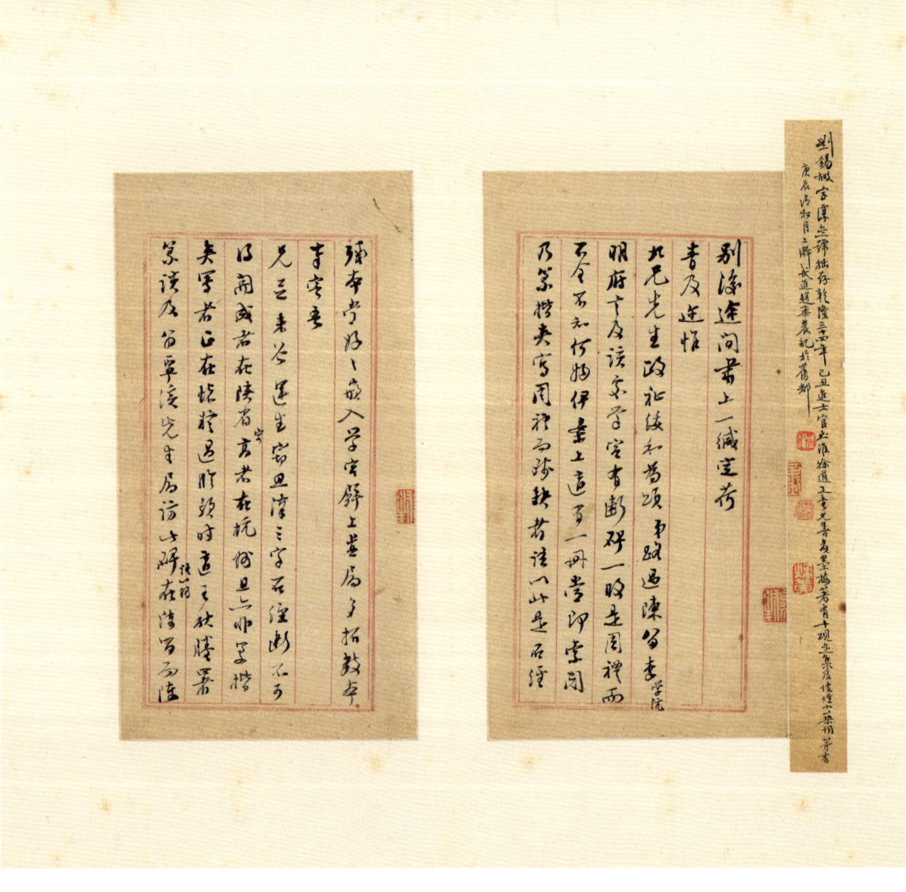

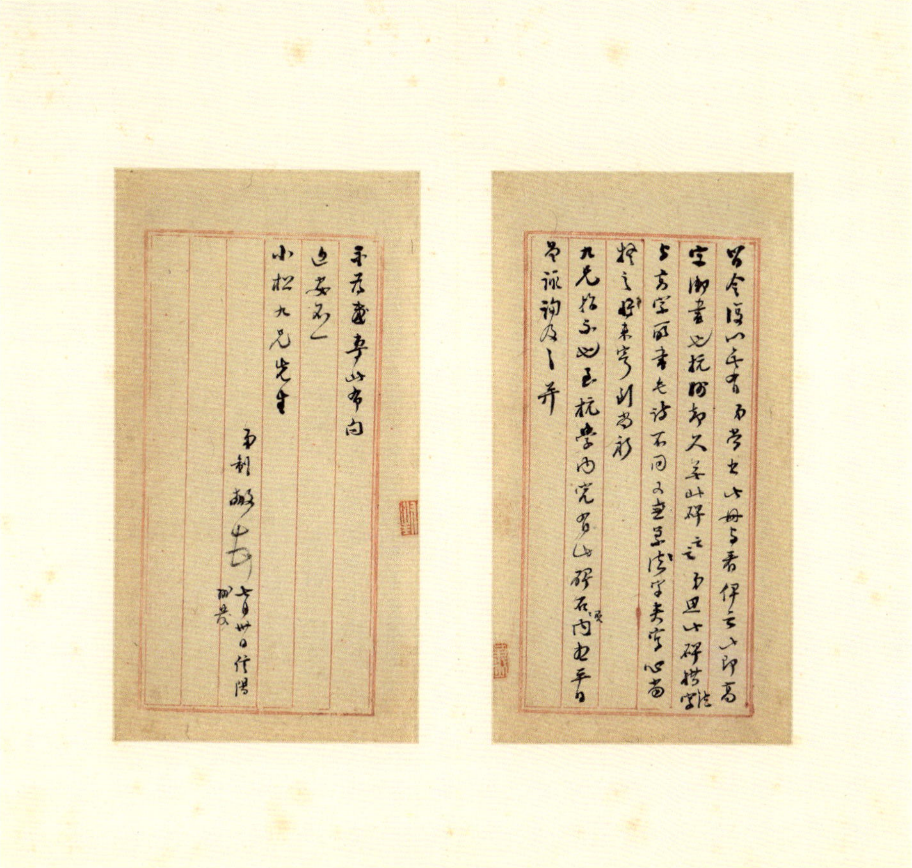

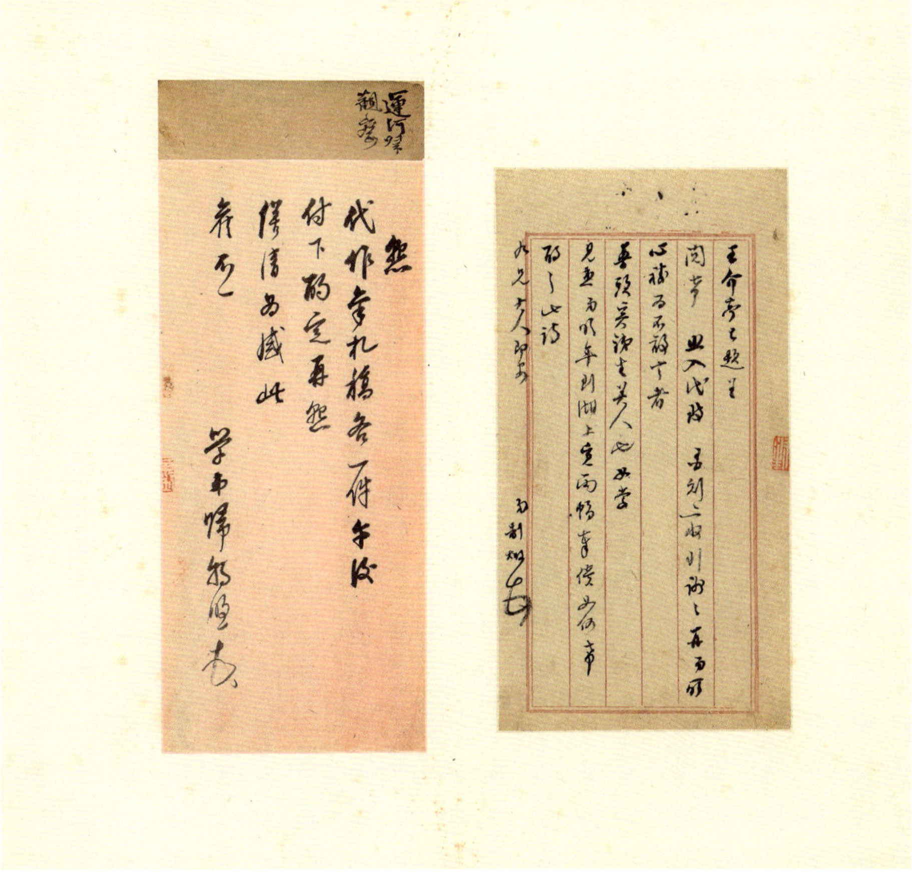

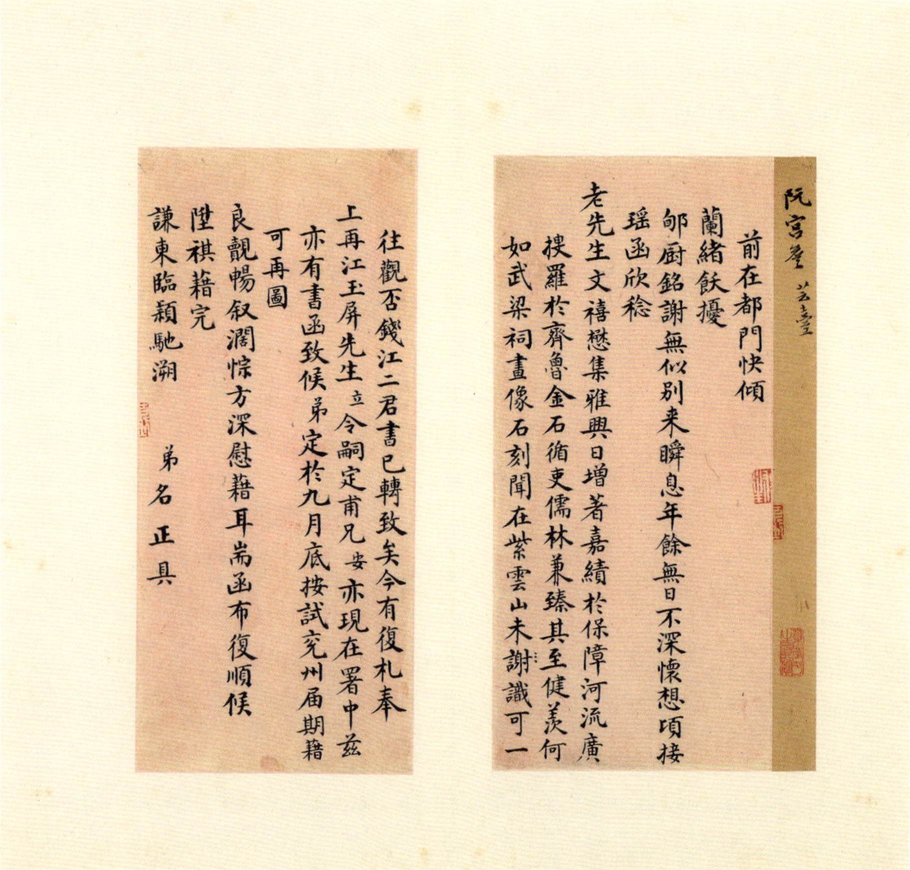
阮宮保 芸臺

前在都門快傾
蘭緒飫擾
郇厨銘謝無似別来瞬息年餘無日不深懷想頃接
瑶函欣稔
老先生文禧懋集雅興日增著嘉績於保障河流廣
搜羅於齊魯金石循吏儒林兼臻其至健羨何
如武梁祠畫像石刻聞在紫雲山未識可一
往觀否錢江二君書已轉致矣今有復札奉
上再江玉屏先生並令嗣定甫兄安 亦現在署中茲
亦有書函致候弟定於九月底按試兖州屆期藉
可再圖
良覿暢叙闊悰方深慰藉耳耑函布復順候
陞祺藉完
謙柬臨穎馳溯 弟名正具

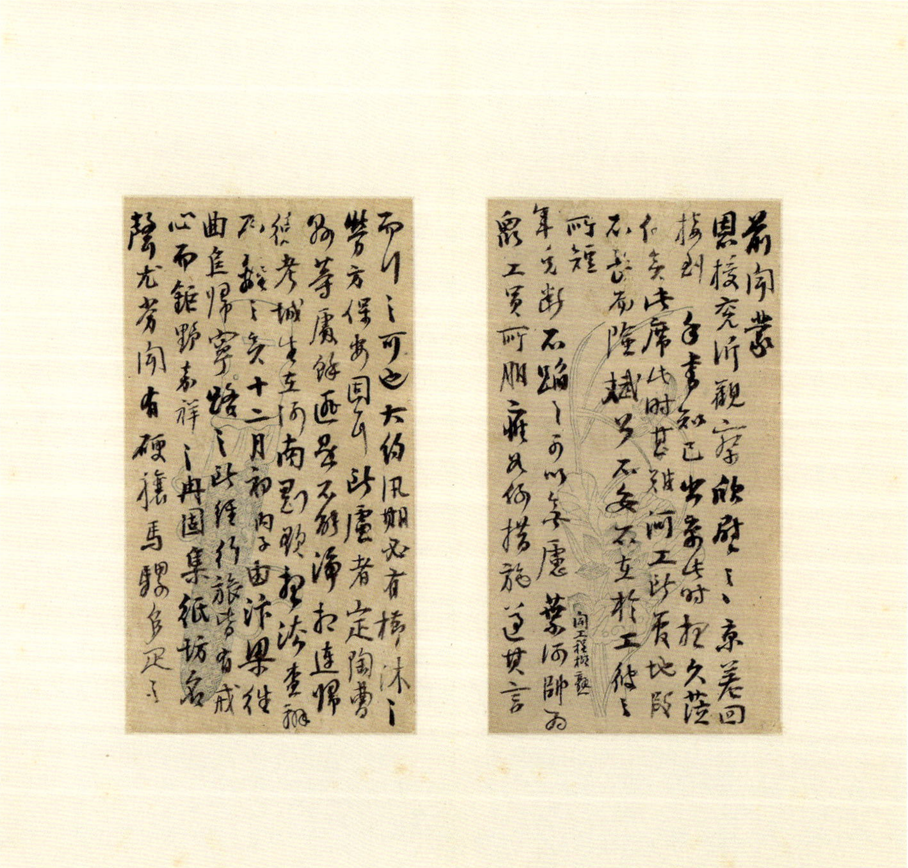

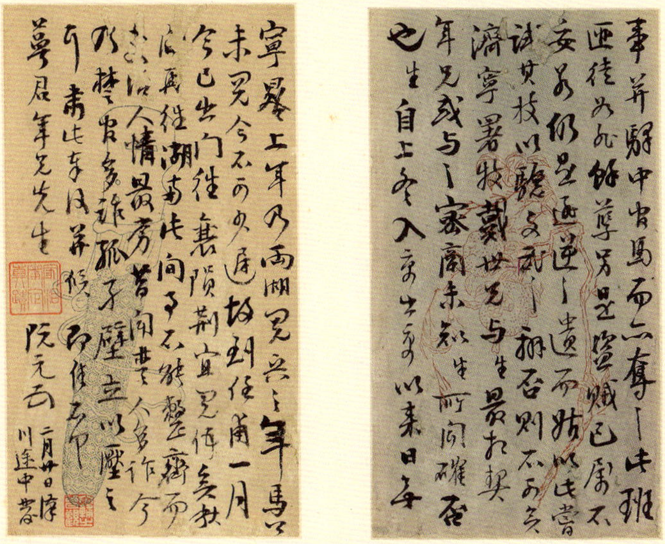

事并鄂中省馬而亦奉丨片班
匝往如何錢尊另是黨賊已屬不
安若仍是逼迫丨遣而赔以此嘗
誠其技以聽其武丨頻否則不可矣
濟寧署牧戴世兄與生最相契
年兄我與丨家商未知生所聞確否
也生自上冬入京出京以來日本

寧署上年乃兩湖兄亦丨年馬
未見今不可如屬遇故到任滿一月
今已出門往甚隕荊宜兒傳爰秋
後再往湖南此間子不能整齊而
如治人情最為昔日惟人多作今
則楚省多強孤子壁立以歷丨
耳肅此奉復并候
尊居年兄先生　阮元頓首
二月廿日潯川途中寄

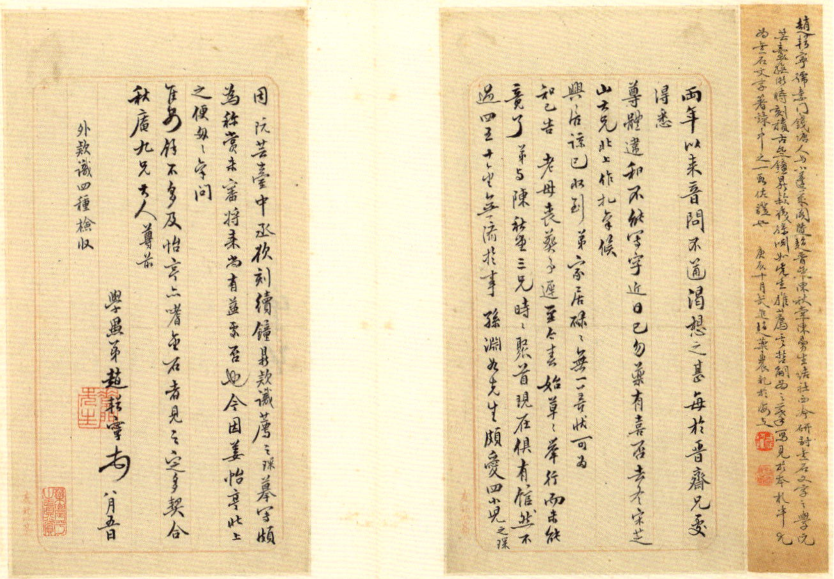

趙魏字洛生號晉齋錢塘人少以蓬萊閣題晉齋陳秋堂陳曼生諸社西泠研討金石文字之學阮
芸臺撫浙時刻積古齋鐘鼎款識阮先生推為晉齋之學見於本札中
為金石文字著錄中之一大佐證也
庚辰十月武進趙叔孺記於海上

兩年以來音問不通渴想之甚每於晉齋兄處
得悉
尊體違和不能寫字近日已勿藥有喜否去冬宋芝
山世兄北上作札奉候
興居諒已收到弟家居碌碌無一善狀可為
知己告　老母衰邁子遲至今未始葬葬行而未能
竟了　第五陳秋堂三兄時時聚首現在俱有館然不
過四五十金無濟於事　孫淵如先生頗愛四小兒之孫

因阮芸臺中丞欲刻續鐘鼎款識屬為採摹守頓
為斟賞未審將來尚有益於吾也今因姜怡亭北上
之便匆匆寄問
佳安餘不多及怡亭亦嗜金石晤見之定多契合
秋盦九兄大人尊前
學愚弟趙魏頓首　八月五日
外款識四種檢收

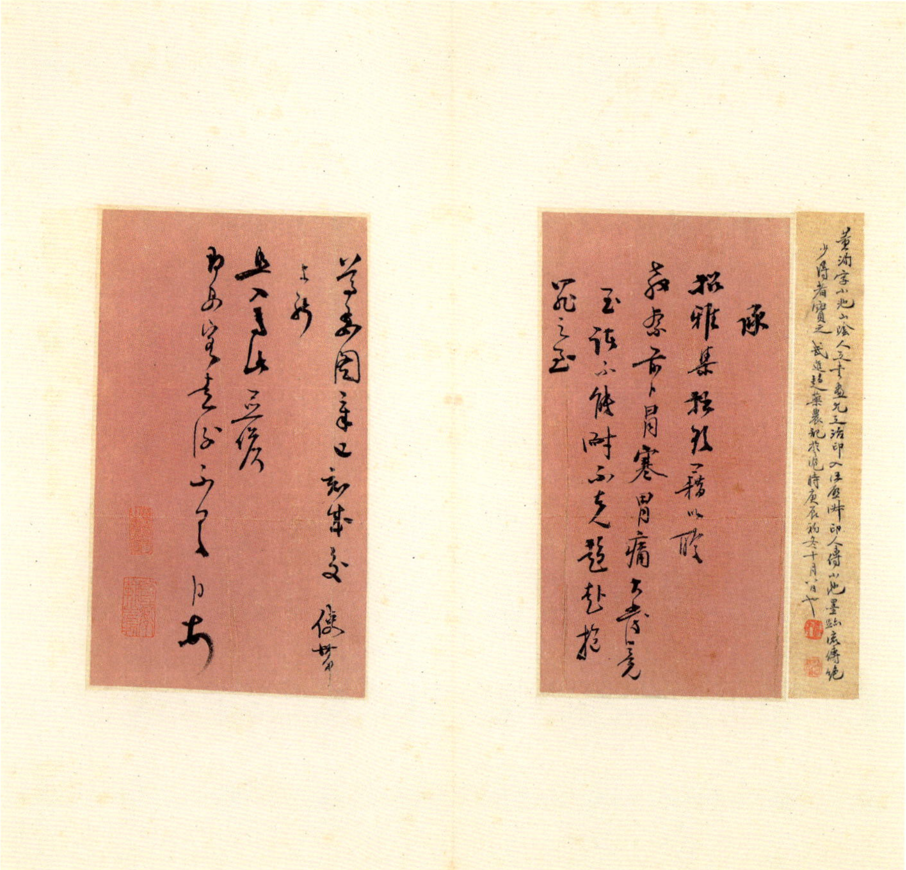

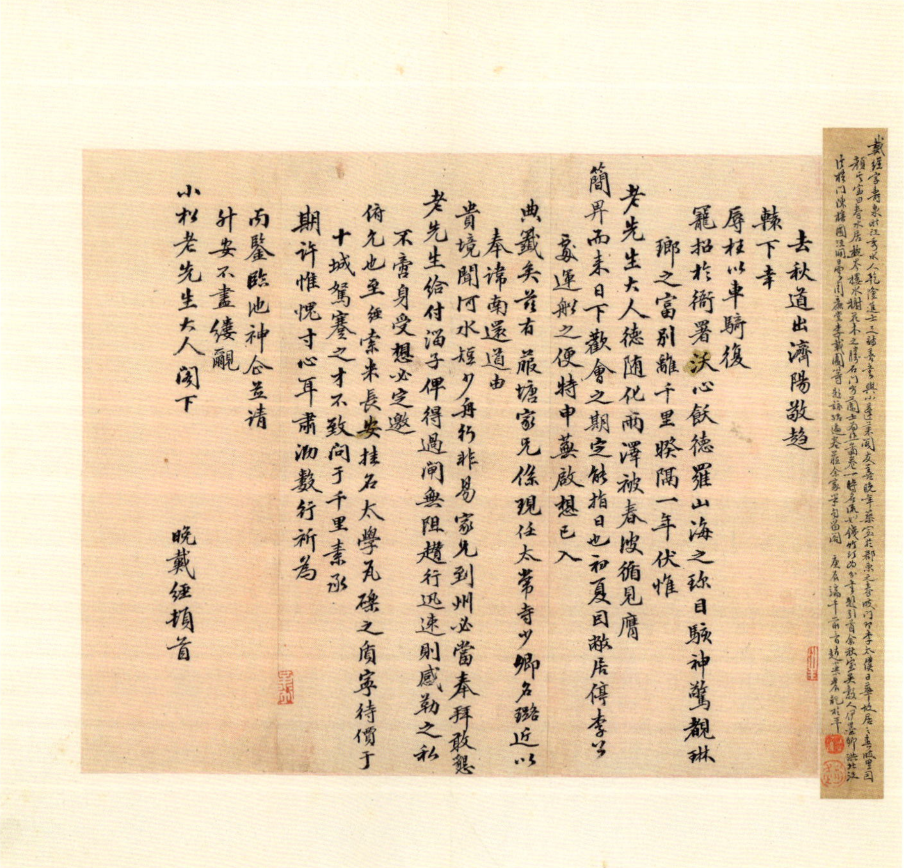

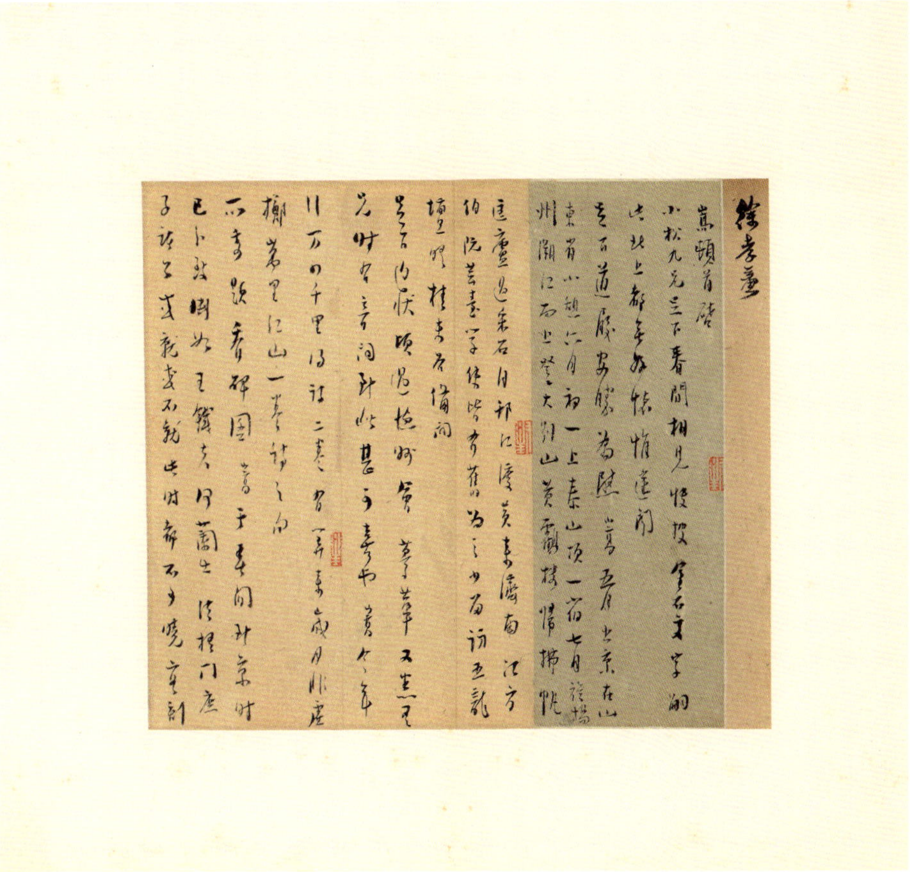

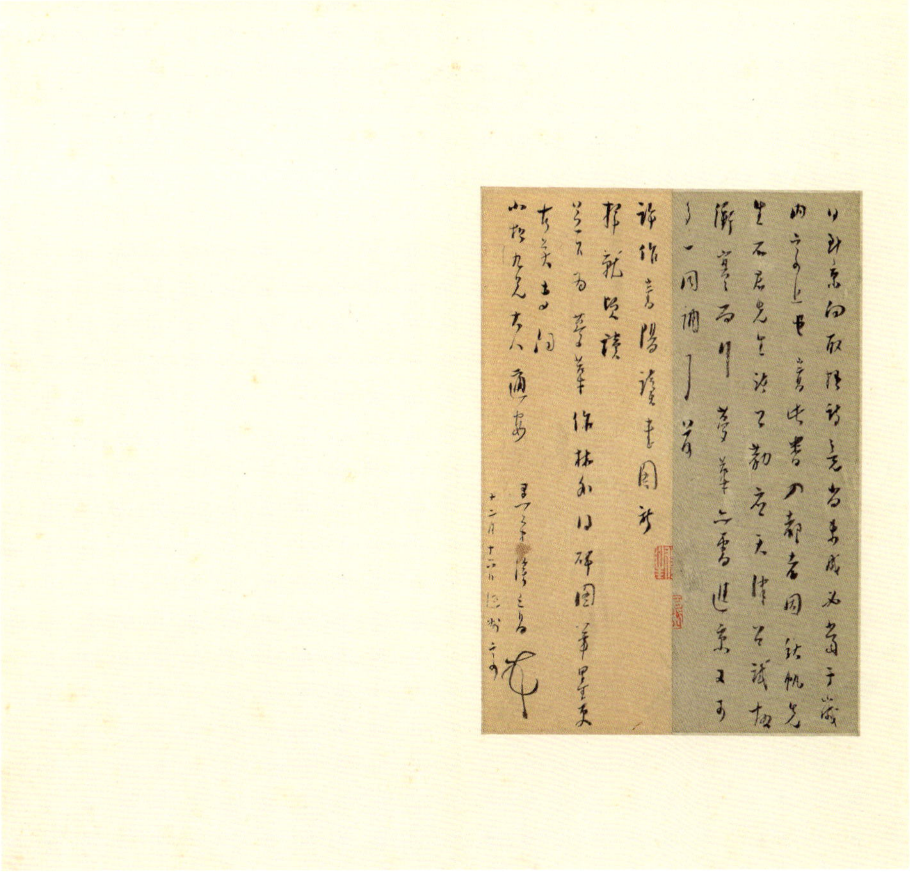

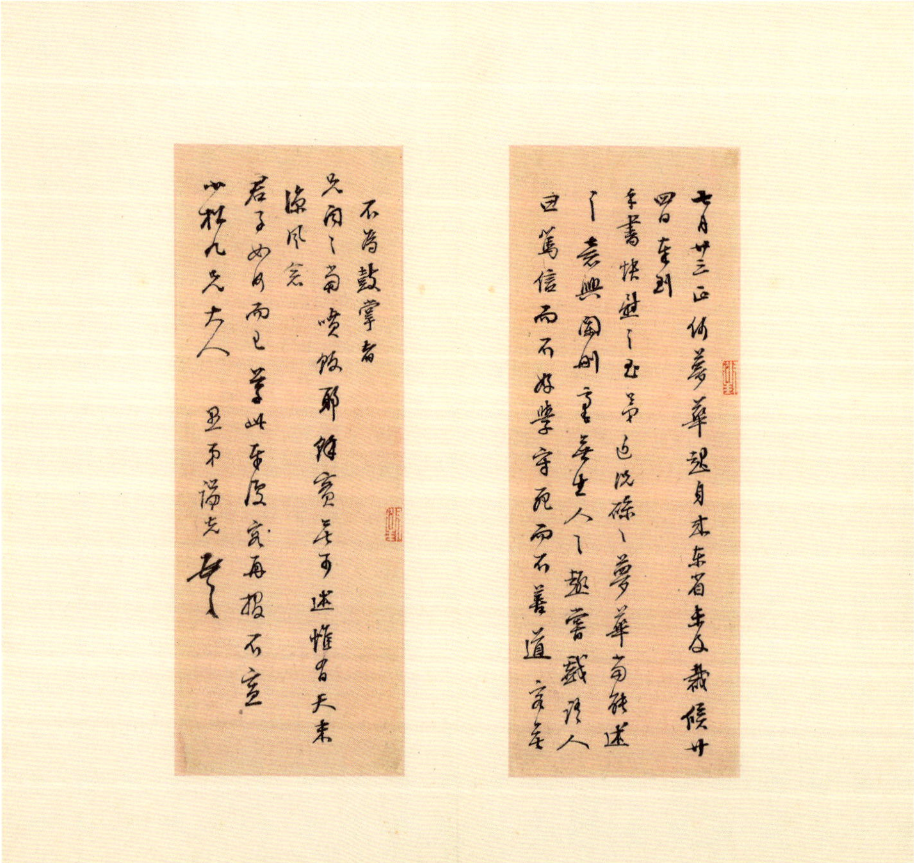

新 00133236-1—21/21《小蓬莱阁同人往返手札册（二）》

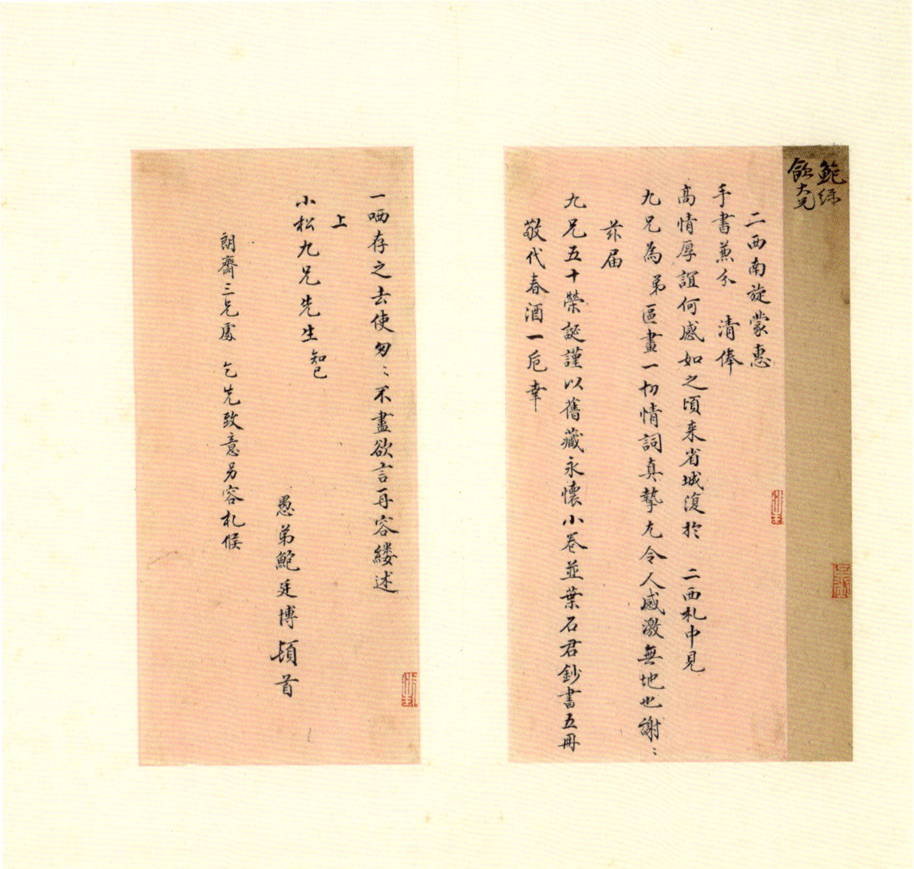

鮑綠飲先

二酉南旋蒙惠
手書兼多 清俸
高情厚誼何感如之頃來省城復於 二酉札中見
九兄為弟匿畫一切情詞真摯尤令人感激無地也謝謝
恭届
九兄五十榮誕謹以舊藏永懷小卷並葉石君鈔書五冊
敬代春酒一卮幸
一哂存之去使匆匆不盡欲言再容縷述
上
小松九兄先生 知己
愚弟鮑廷博 頓首
朗齋三兄處 乞先致意另容札候

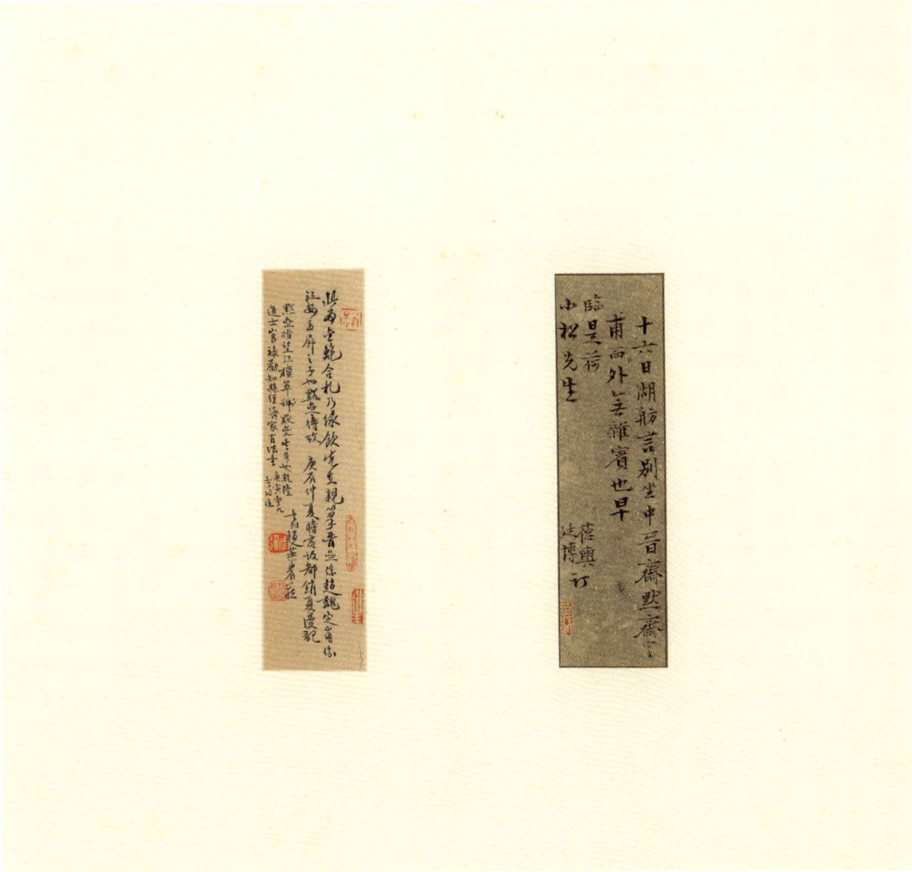

此兩紙鮑合札乃綠飲先生親筆晉齋係趙魏定甫係
江安玉屏之子也默齋待攷 庚辰仲夏時客坡都錆夏廬記

十六日湖舫言別坐中晉齋默齋
甫西外無雜賓也早
臨吴衍
小松先生
廷博 信與 訂

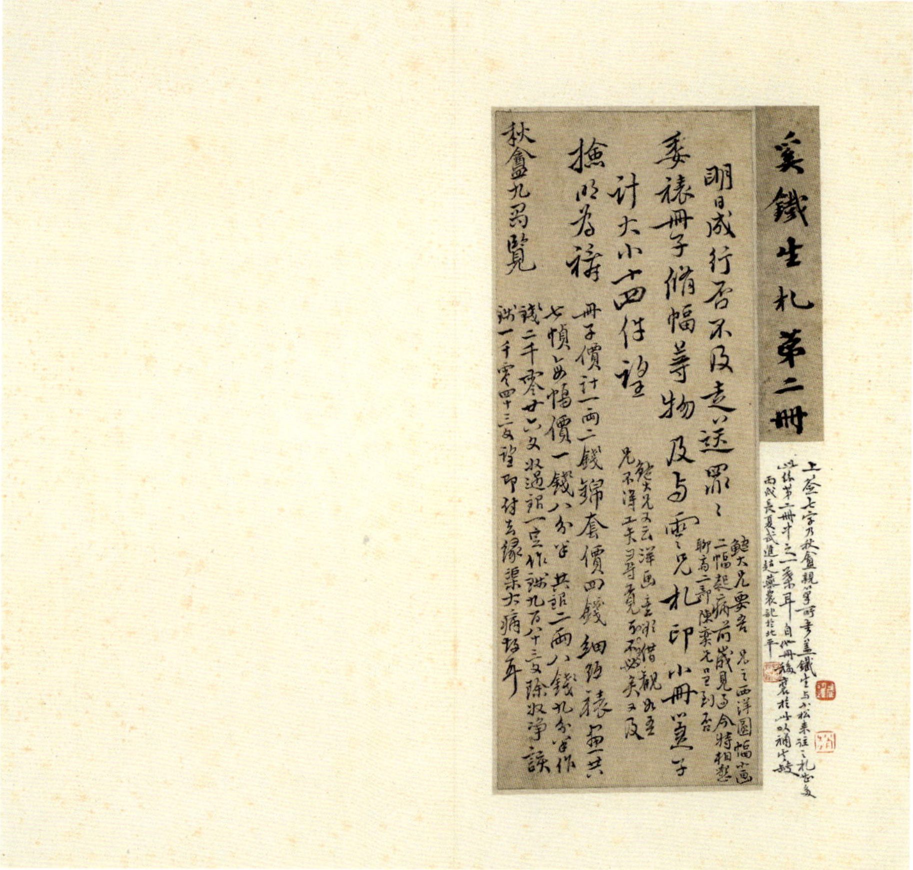
奚鐵生札第二冊

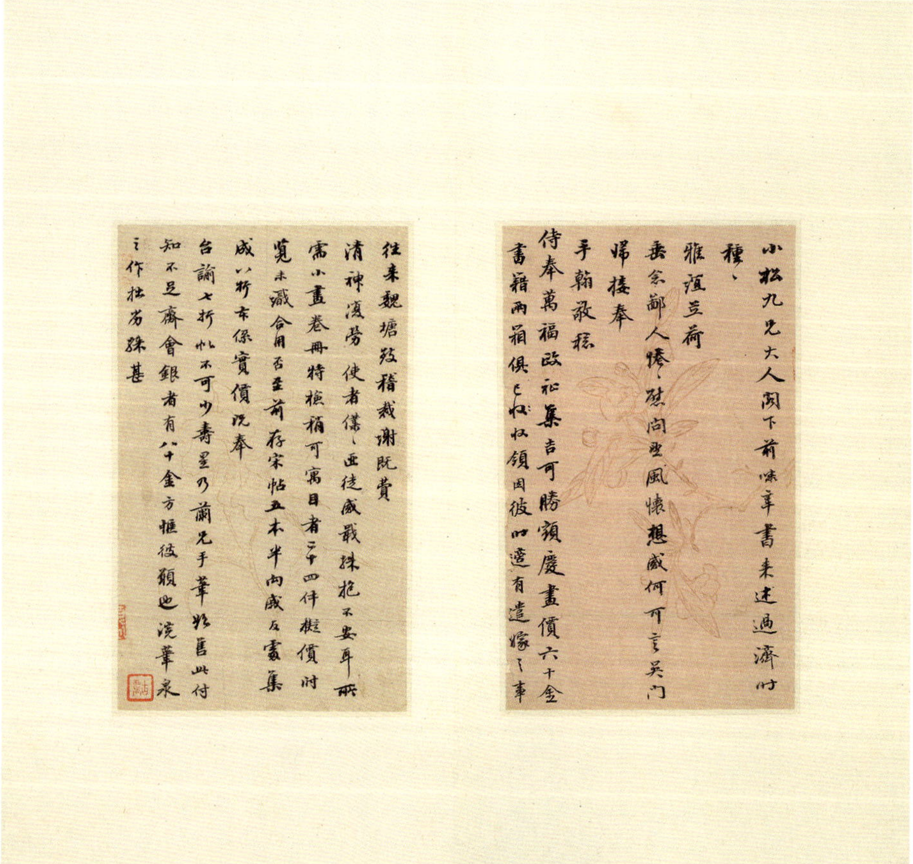

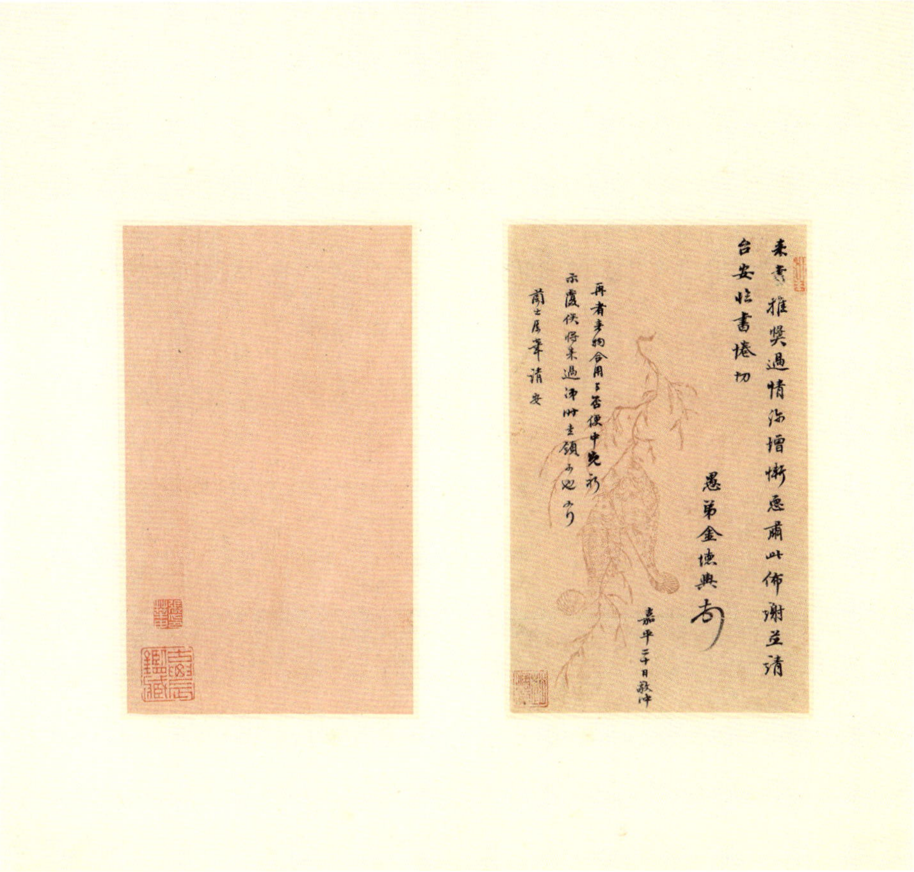

来书推奖过情，弥增惭恧。肃此布谢，並请
台安，临书惓切。
愚弟金德舆顿首
嘉平二十日敬冲
再者，麦物合用之否，便中见示。
亦复伏俟来过，面叙之頌，不一一。
蘭士居尊兄 请安

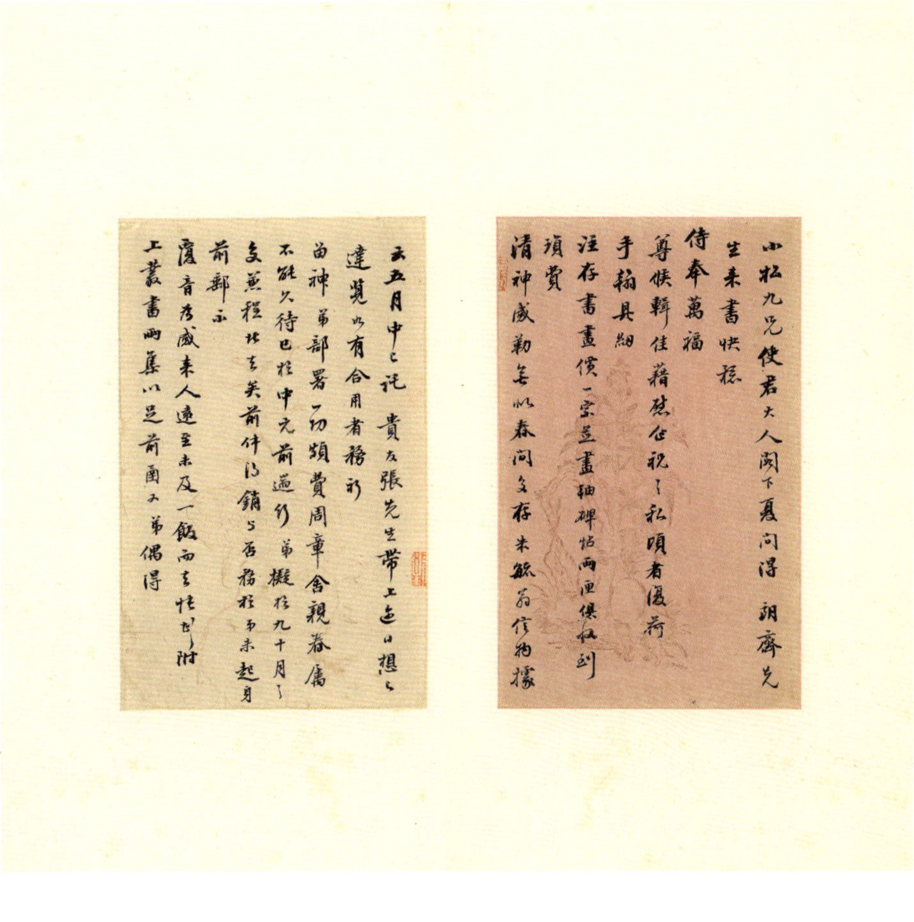

小松九兄使君大人阁下：夏间得 朗斋先
生来书，快悉
侍奉万福，
尊候轻佳，藉慰私祝。了顷者复荷
手翰具细
注存，书画价一宗並画轴、碑帖两匣俱收到，
顷赏
清神，感勒无以。春间又存未能为作物[illegible]

於五月中已托 贵友张先生带上，想已
达览。如有合用者，务祈
留神。弟部署一切，须费周章，舍亲春[illegible]
不能久待，已於中元前遄归。弟拟於九十月之
交兼程北上矣。前件乃销之否，务於弟未起身
前覆示。
覆音[illegible]盛来人远至，未及一饭而去，情[illegible]附
上丛书两集，以呈前图。弟偶得

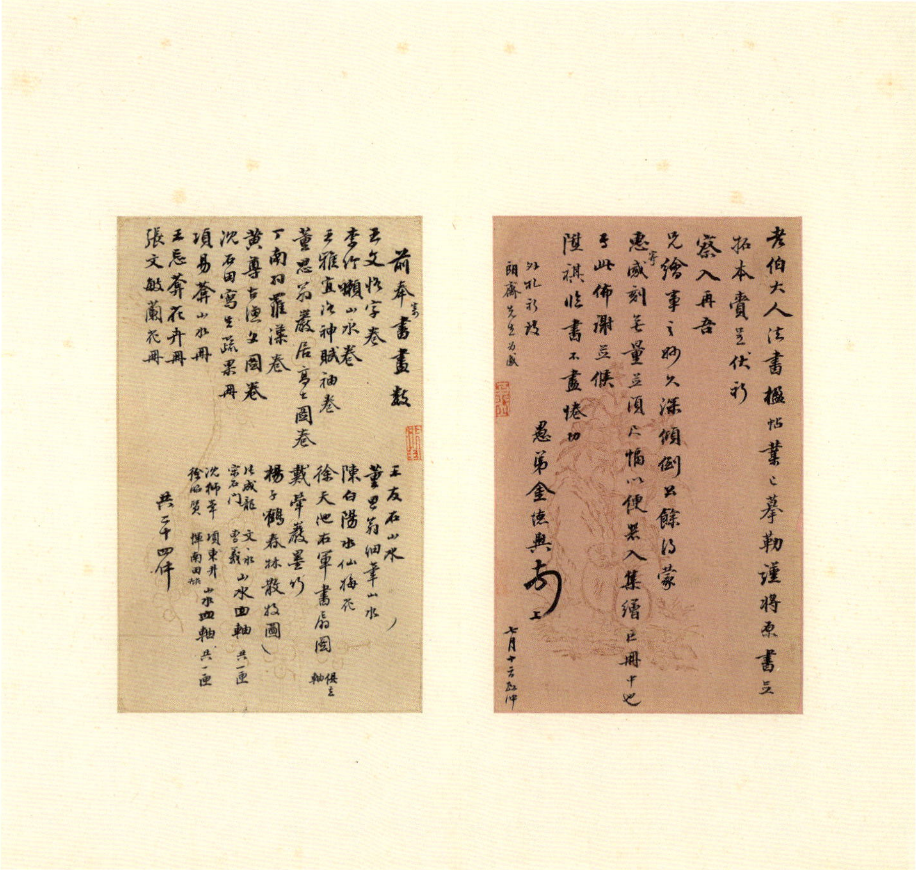

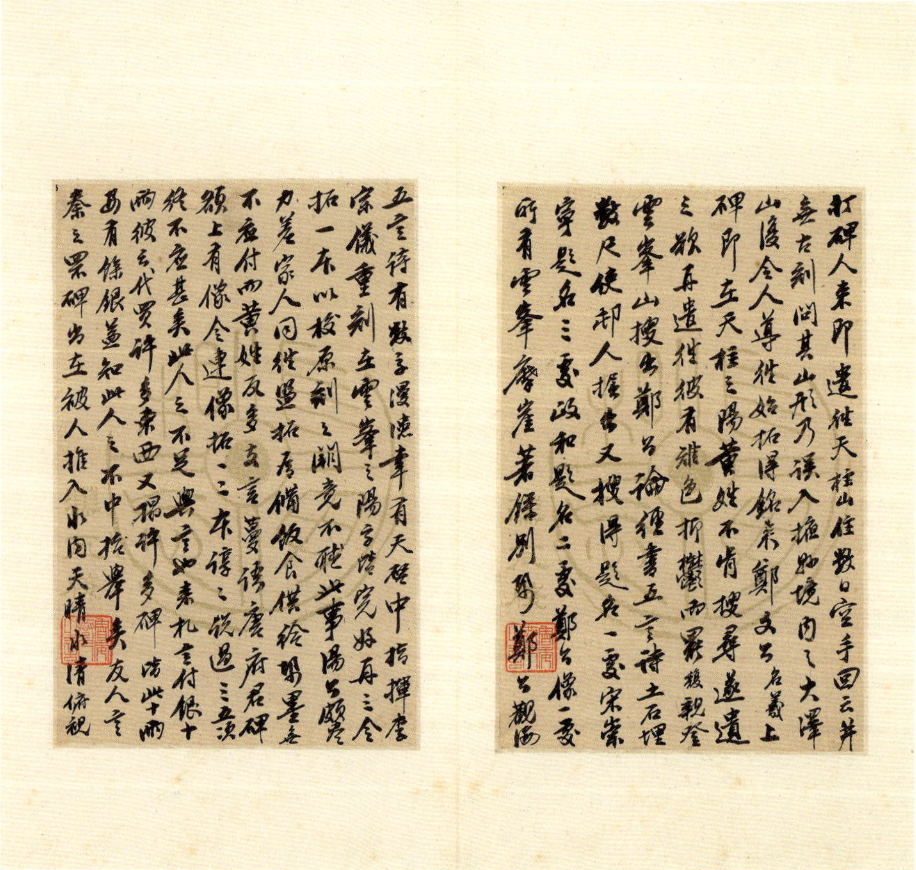

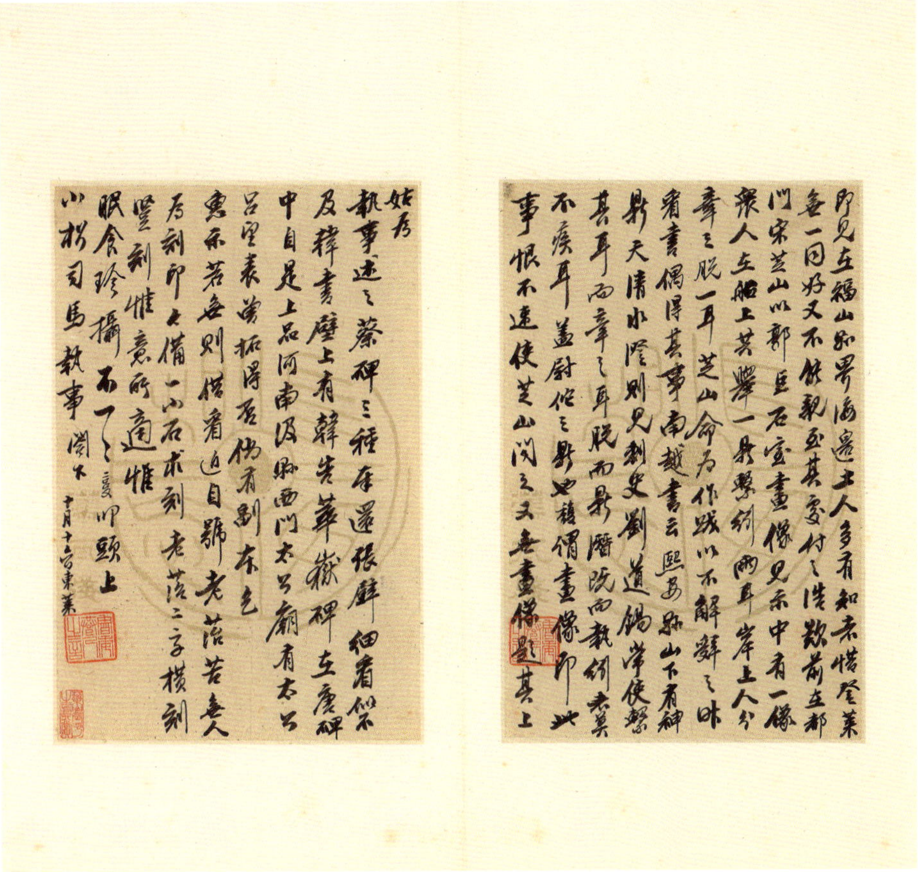
即見在福山縣署海邊土人多有知者惜登萊
無一回好又不能親至其處付之浩歎前在鄒
門宋芝山以鄒縣石室畫像見示中有一像
衆人在船上共擎一鼎繫繩兩耳岸上人分
牽之脫一耳芝山命為作跋以不解辭之昨
看書偶得其事南越書云熙安縣山下有神
鼎天清水澄則見劉史劉道錫常使繫
其耳而牽之耳脫而鼎潛沒而執繩者莫
不病耳蓋尉佗之鼎也韓偓畫像即此
事恨不速使芝山聞之又無畫像題其上

姑存
執事述之蔡碑三種本還張辟細看似不
及韓書壁上有韓告華嶽碑在唐碑
中自是上品河南汲縣西門太公廟有太公
呂望表嘗拓得否偽有別本也
惠示若無則借看過目鼎老落若無人
為剝即可備一小石求刻老落二字橫刻
豎刻惟意所適惟
眠食珍攝不一一 易叩頭上
小松司馬執事 閣下 十月十六日東萊

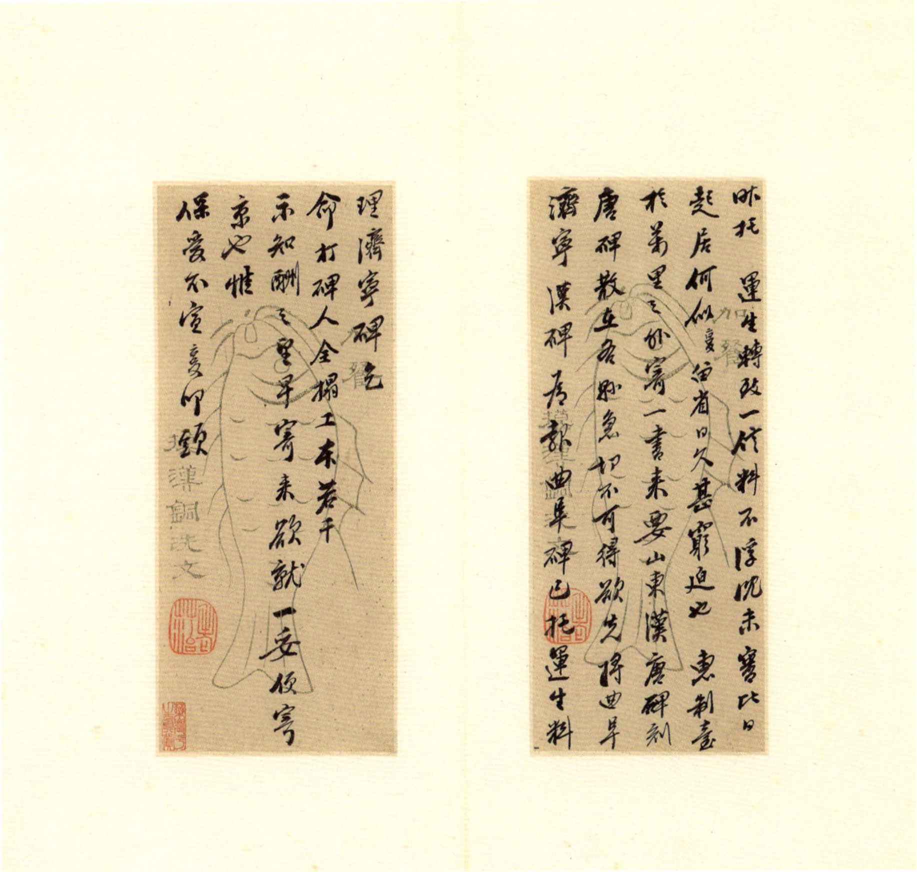
昨托 運生轉致一緘料不浮沉未審比日
起居何似 易留省日久甚窮迫也 惠制壺
於萬里之外寄一書來要山東漢唐碑刻
唐碑散在各縣急切不可得欲先將曲阜
濟寧漢碑為郭曲阜碑已托運生料
理濟寧碑已
命打碑人全搨工本若干
示知酬之望早寄來欲就一妥便寄
京也惟
保愛不宣 易叩頭

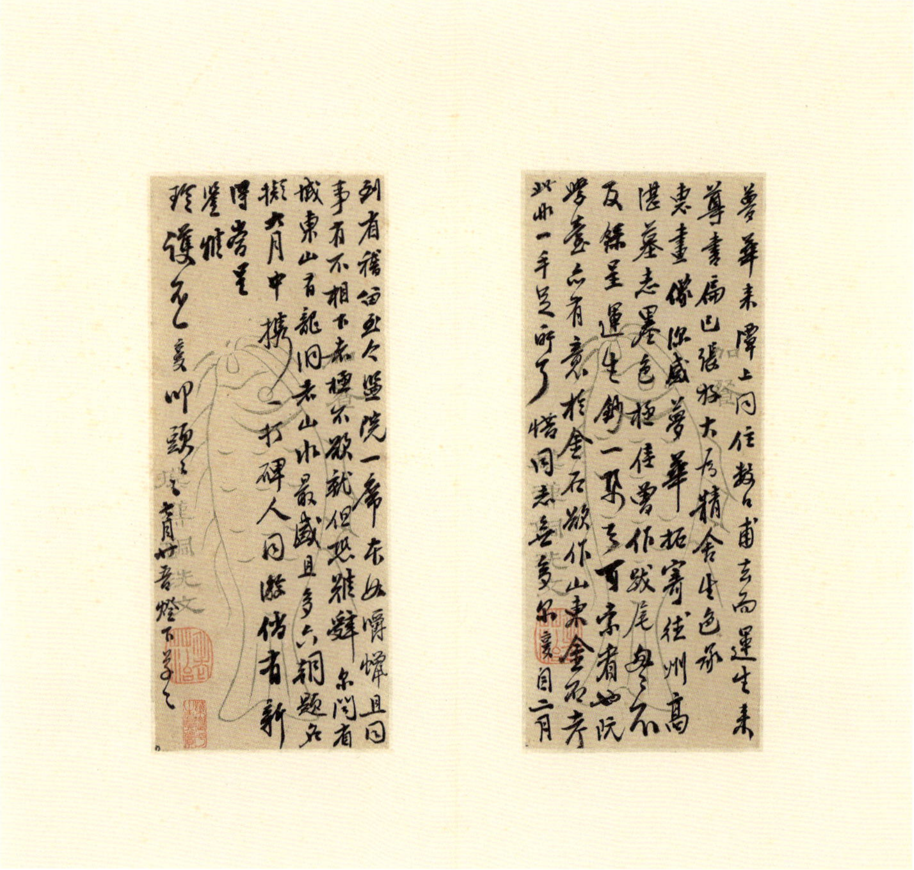

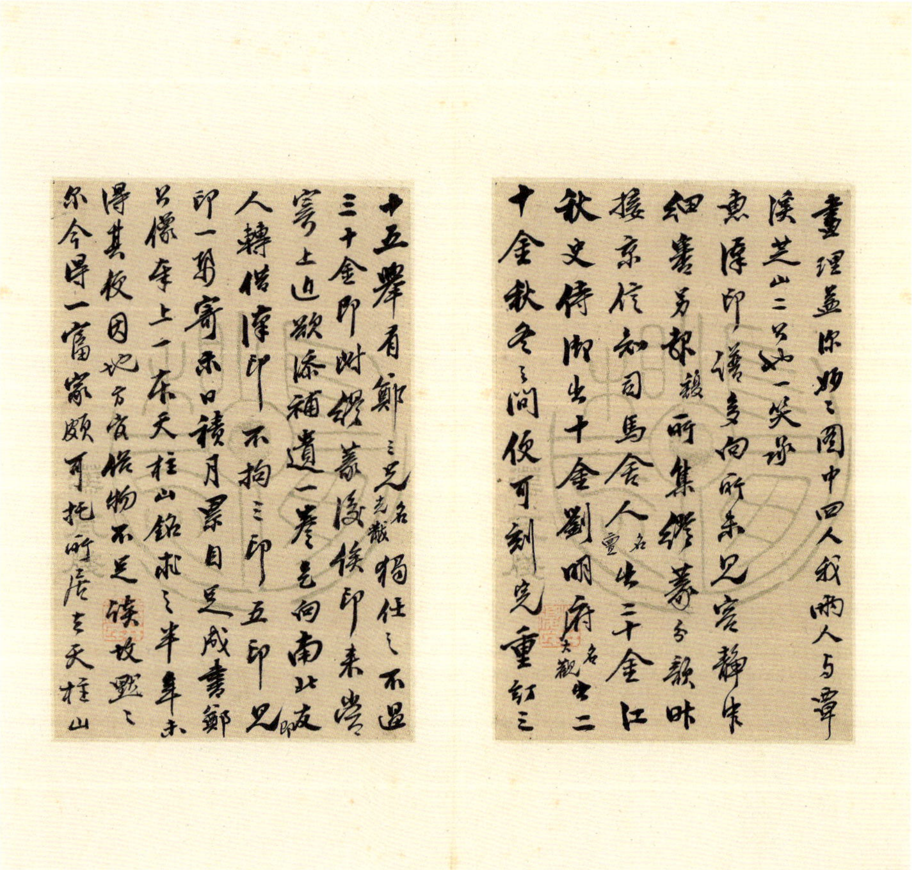

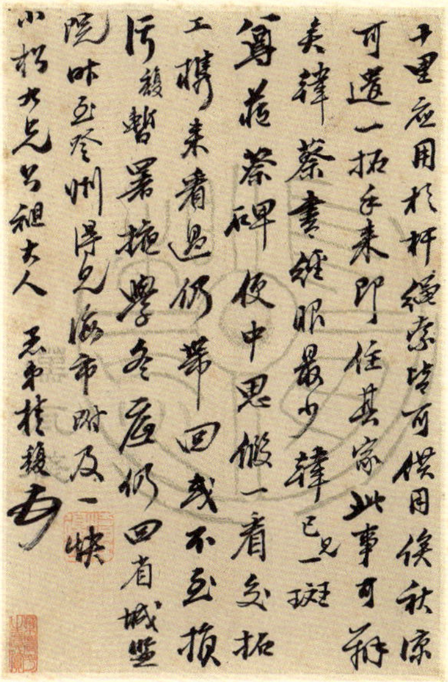

千里应用于杆，缓凉皆可供用，候秋凉
可遣一拓手来，即任其家。此事可称
夫肆蔡書經眼最少，肆已見一斑
寫范蔡碑，便中思假一看，如拓
工携来，看過仍帶回，我不至損
污。積暑拖學冬底仍回，有城壁
院吩至登州，得見海市，附及。一映
小松九兄外祖大人　易弟拜覆

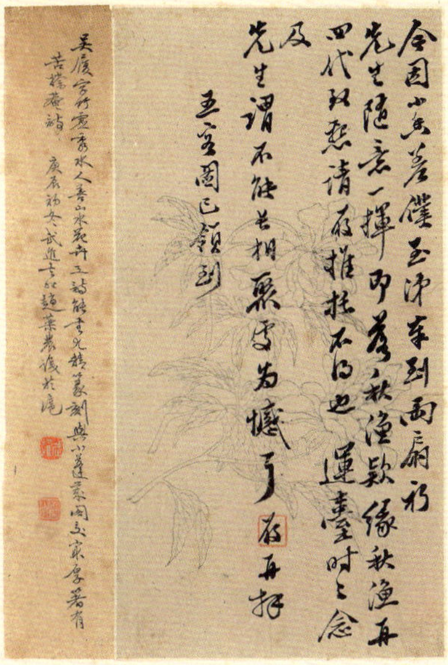

令图以為惠，謹至沖卒到西扇，祈
先生隨意一揮，即為秋潼款，緣秋潼再
四代以懇請，故推拒不得也。運臺時時念
及
先生謂不能書相聚，實為憾耳。啟再拜
五字图已領到

吴履字竹虚，秀水人，善山水花卉，工詩能書，兄精篆刻，與小蓬萊閣交，家學著有吉樸庵詩。庚辰秋冬武進七如趙葉卷識於滬

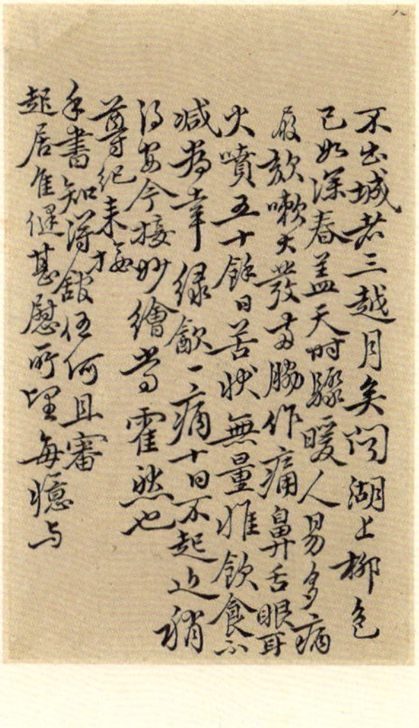

不出城者三越月矣，聞湖上柳色
已如深春，蓋天時驟暖，人易多病，
啟欬嗽大發，由肺作痛，鼻舌眼耳
火噴五十餘日，苦状無量，雖飲食不
減，為華綠飲一痛，十日不起，近稍
好，前寄紀來，今接妙繪，當霍然也
手書，知滑館位何且審
起居住健，甚慰所望。每憶與

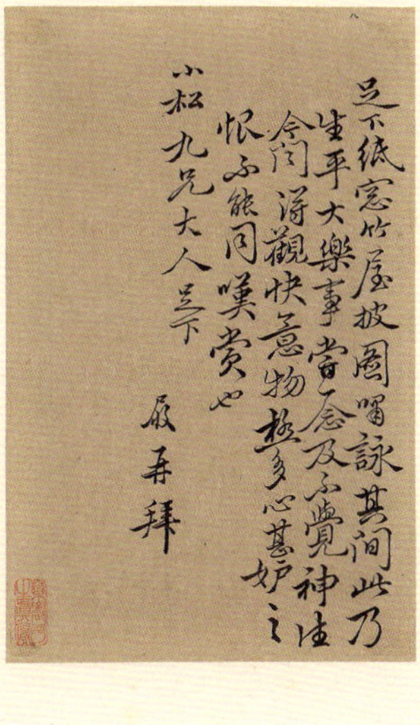

足下紙窗竹屋，披閱吟詠，其間此乃
生平大樂事，當念及，不覺神往
令閒得觀快意物，極多，心甚妒之
恨不能同賞也
小松九兄大人足下
啟再拜

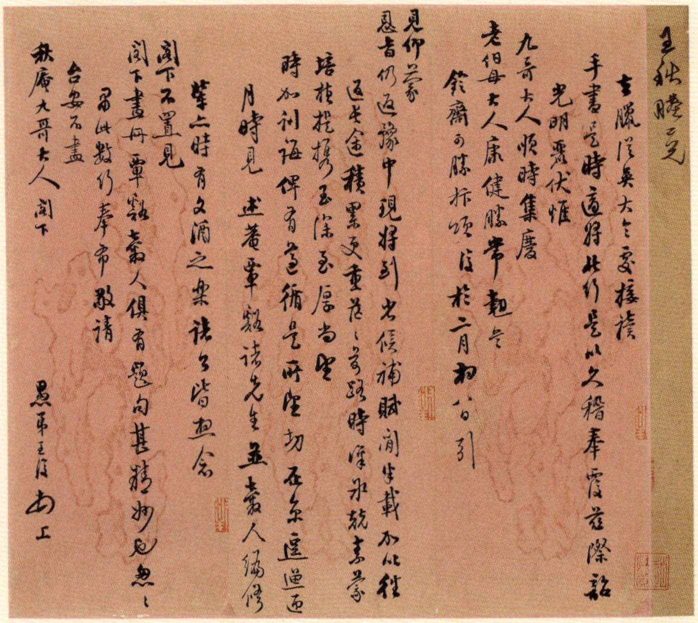

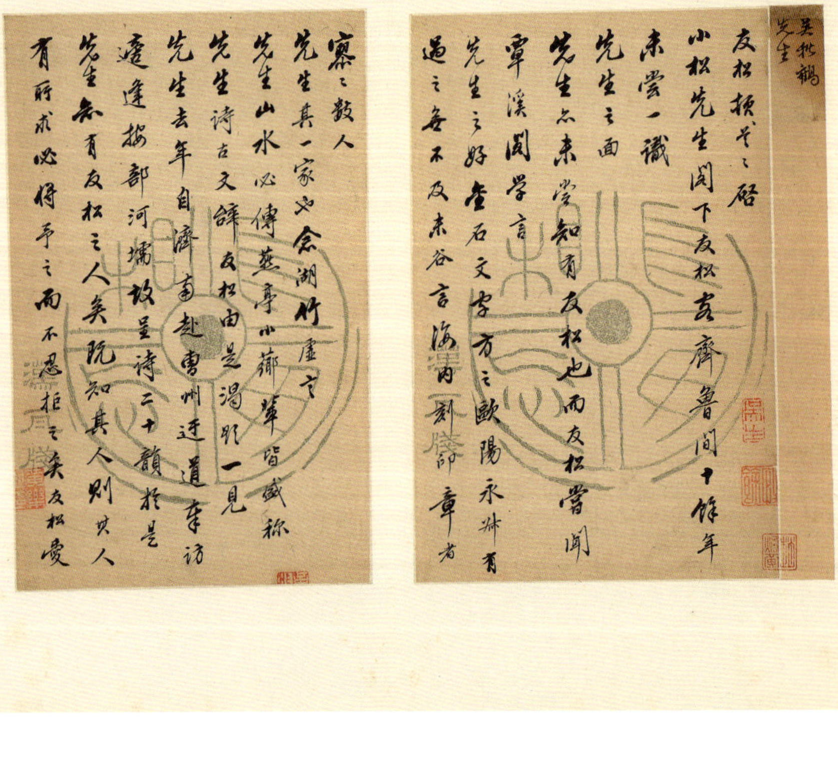

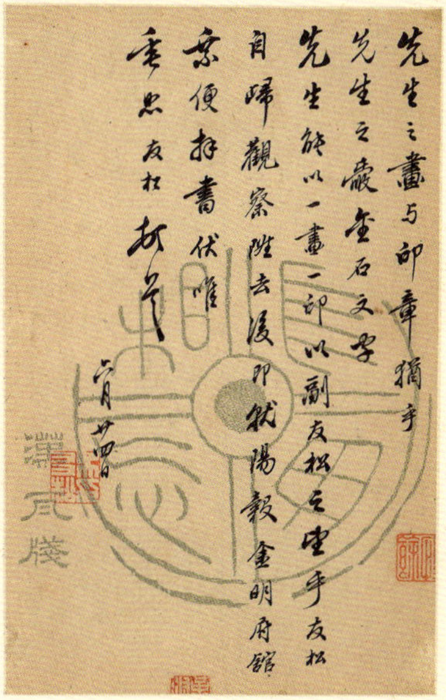

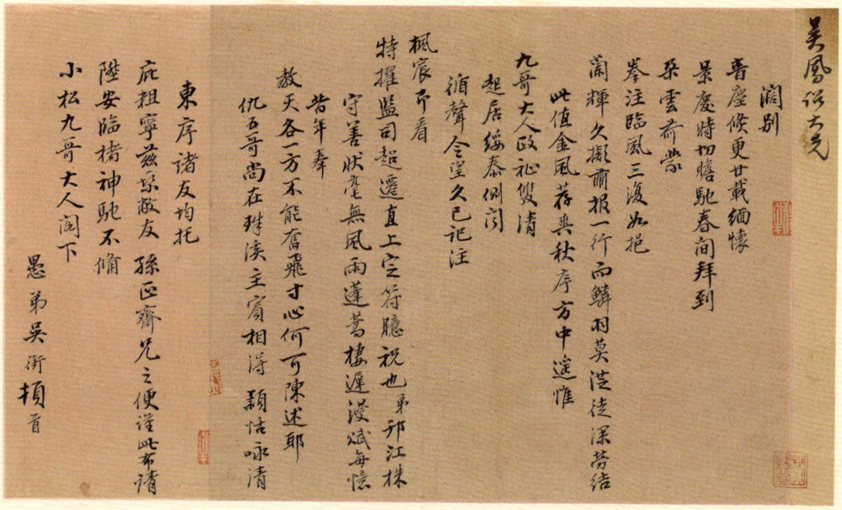

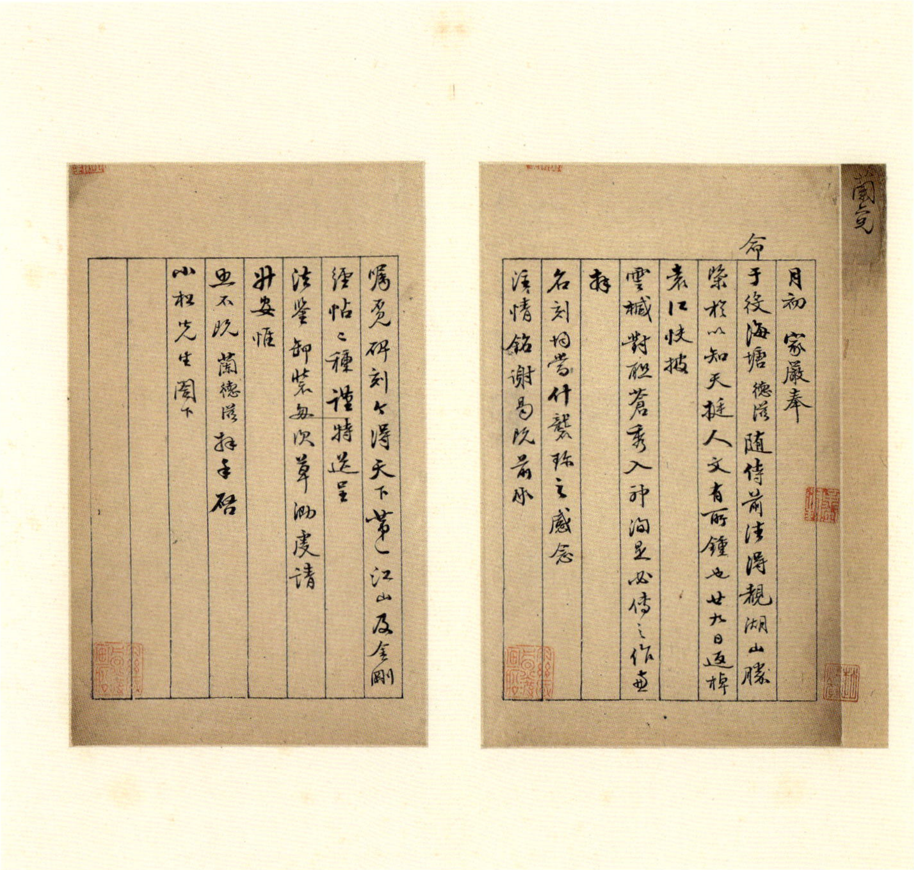

月初家嚴奉
命于役海塘德清隨侍前往得觀湖山勝
槩於以知天挺人文有所鍾也廿九日返棹
素江快披
雲械對雅蒼秀入神洵足以傳之作無
疆
名刻均堪什襲殊之感念
深情銘謝易既前承
賜覓碑刻々得天下第一江山及金剛
經帖二種謹特送呈
法鑒即紫無次草泐虔請
升安惟
亞不既 蘭德頓首啓
小松先生閣下

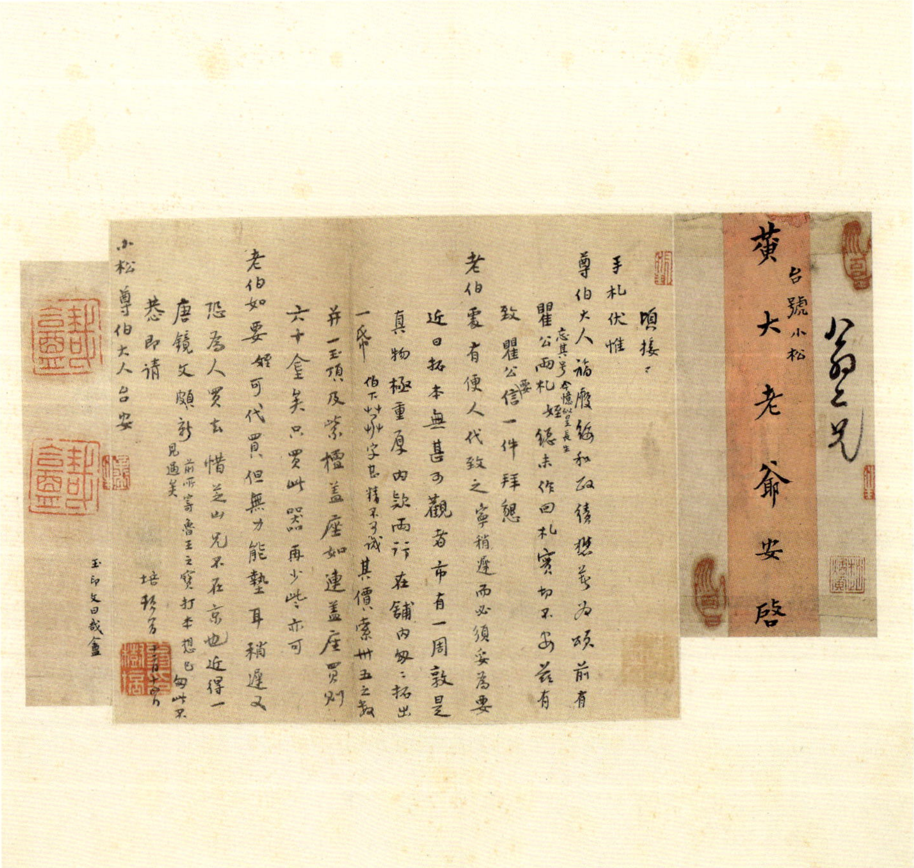

台號小松
黃大老爺安啓

頃接々
手札伏惟
尊伯大人福履綏和爲頌前有（忘其号今憶似是長生）
瞿公兩札姪總未作回札實切不安茲有
致瞿公要信一件拜懇
老伯處有便人代致之寧稍遲而必須妥爲要
近日拓本無甚可觀者市有一周敦是
真物極重厚內款兩行在鋪內匆々拓出
一紙（伯下些些字甚精不可識）其價索卅五之數
并一玉頂及紫檀蓋座如連蓋座買則
六十金矣只買此器再少些亦可
老伯如要姪可代買但無力能墊耳稍遲又
恐爲人買去惜蘧山兄不在京也近得一
唐鏡文頗新（前所寄魯王之寶打本想已見過矣）匆此不
恭即請
小松尊伯大人台安
培拜手

玉印文曰戩盦

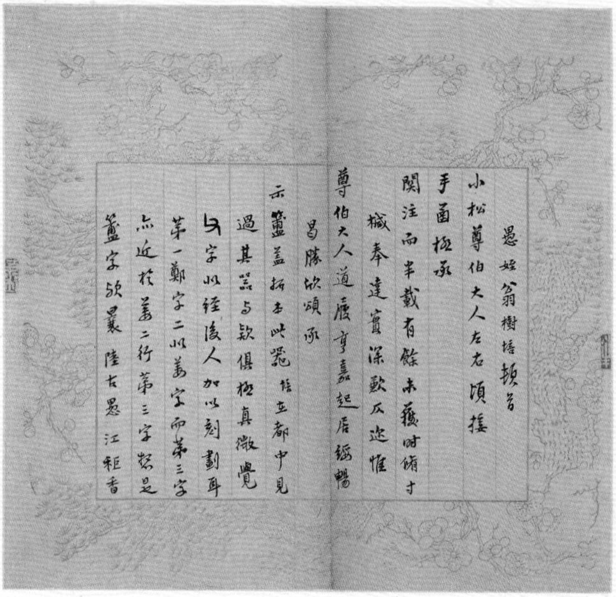

愚姪翁樹培頓首
小松尊伯大人左右：頃接
手函，極承
關注。而半載有餘，未獲時脩寸
椷奉達，實深歉仄。邇惟
尊伯大人道履亨嘉，起居綏暢，
曷勝欣頌。承
示蠶蓋拓本，此器培在都中見
過，其器与款俱極真，微覺
[illegible]字似經後人加以刻劃耳。
第一鄭字二似姜字，而第三字
亦近於姜。二行第三字恐是
蓋字歟。蒙陸古愚、江秬香

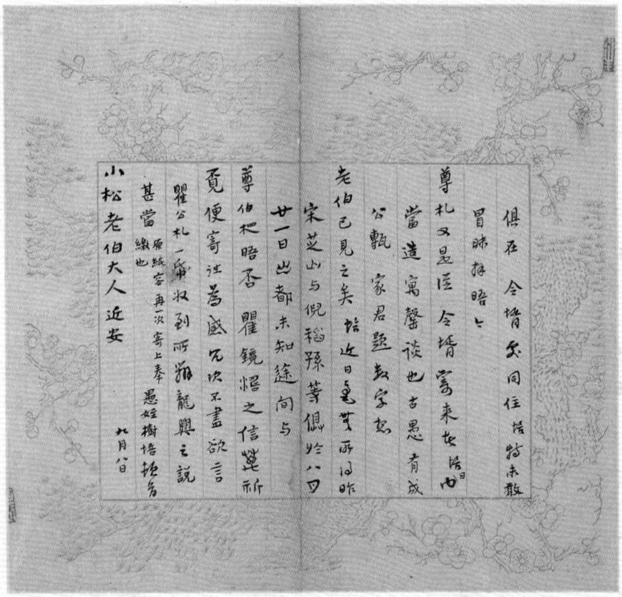

俱在令婿處同住，培特未敢
冒昧拜晤。
尊札又是從令婿寄來者，培日內
當造寓罄談也。古愚肯成
公甎，家君題數字，然
老伯已見之矣。培近日竟無所得。昨
宋芝山与倪稻孫等偶於八日
廿一日出都，未知遂向与
尊伯相晤否？瞿鏡濤之信並祈
覓便寄往為感。兄次不盡欲言。
瞿公札一函收到，所稱龍興之說
甚當。原紙容再一次寄上奉繳也。愚姪樹培頓首
小松老伯大人近安
九月八日

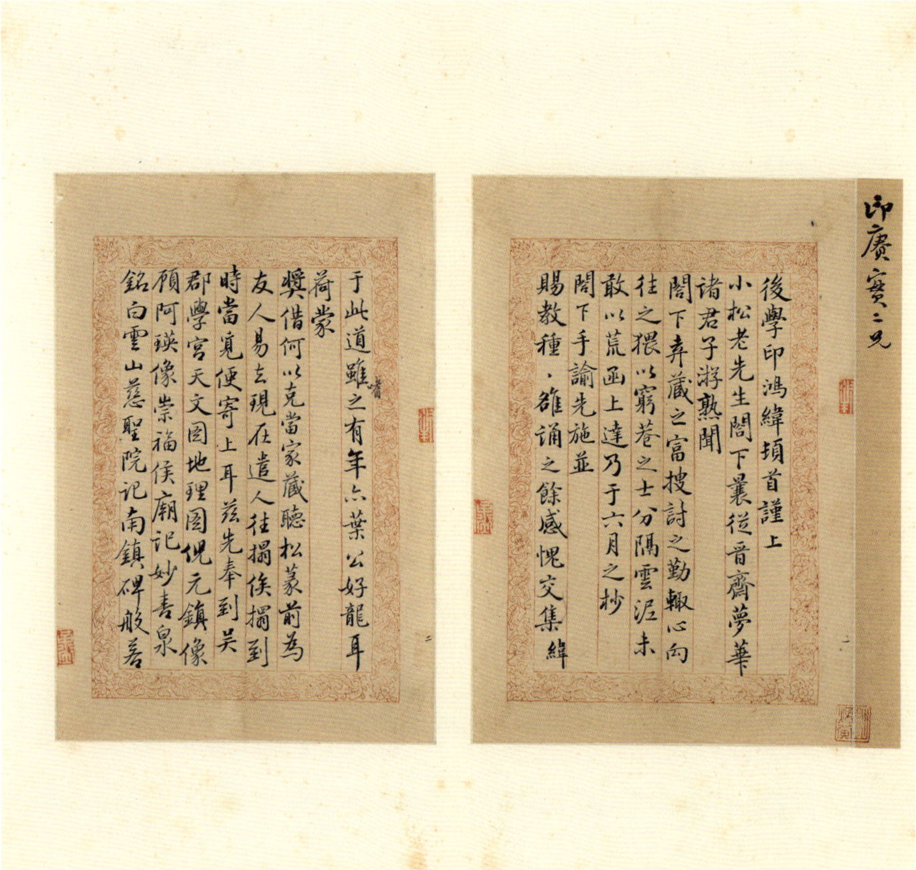

印賡寶二兄

後學印鴻緯頓首謹上
小松老先生閣下曩從晉齋夢華
諸君子洊熟聞
閣下弆藏之富搜討之勤輒心向
往之猥以窮巷之士分隔雲泥未
敢以荒函上達乃于六月之杪
閣下手諭先施並
賜教種種誦之餘感愧交集緯
于此道雖嗜之有年亦葉公好龍耳
荷蒙
獎借何以克當家藏聽松篆前為
友人易去現在遣人往搨俟搨到
時當覓便寄上耳茲先奉到吳
郡學宮天文圖地理圖倪元鎮像
顧阿瑛像崇福侯廟記妙書泉
銘白雲山慈聖院記南鎮碑般若

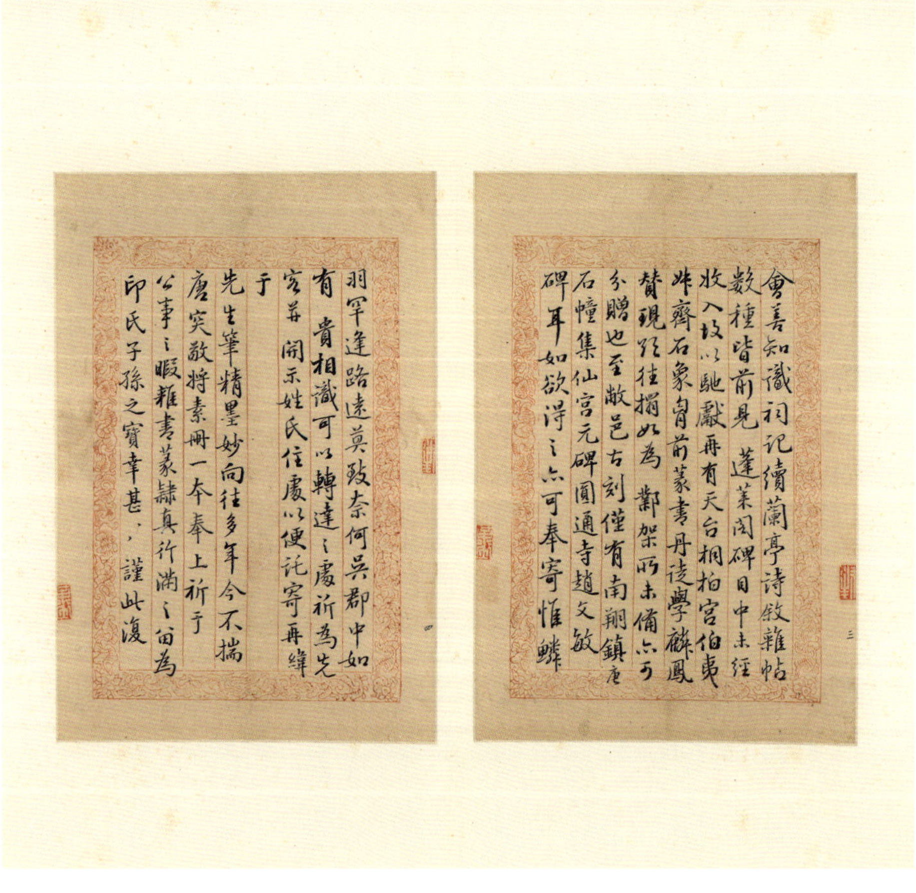

會善知識祠記續蘭亭詩敘雜帖
數種皆前見蓬萊閣碑目中未經
收入故以馳獻再有天台桐柏宮伯夷
叔齊石象自前篆書丹徒學麟鳳
贊現經往搨如為　鄴架所未備亦可
分贈也至敝邑古刻僅有南翔鎮唐
石幢集仙宮元碑圓通寺趙文敏
碑耳如欲得之亦可奉寄惟鱗
羽罕逢路遠莫致奈何吳郡中如
有貴相識可以轉達之處祈為先
容為　開示姓氏住處以便託寄再緯
于
先生筆精墨妙向往多年今不揣
唐突敢將素冊一本奉上祈于
公事之暇雜書篆隸真行滿之留為
印氏子孫之寶幸甚幸甚謹此復

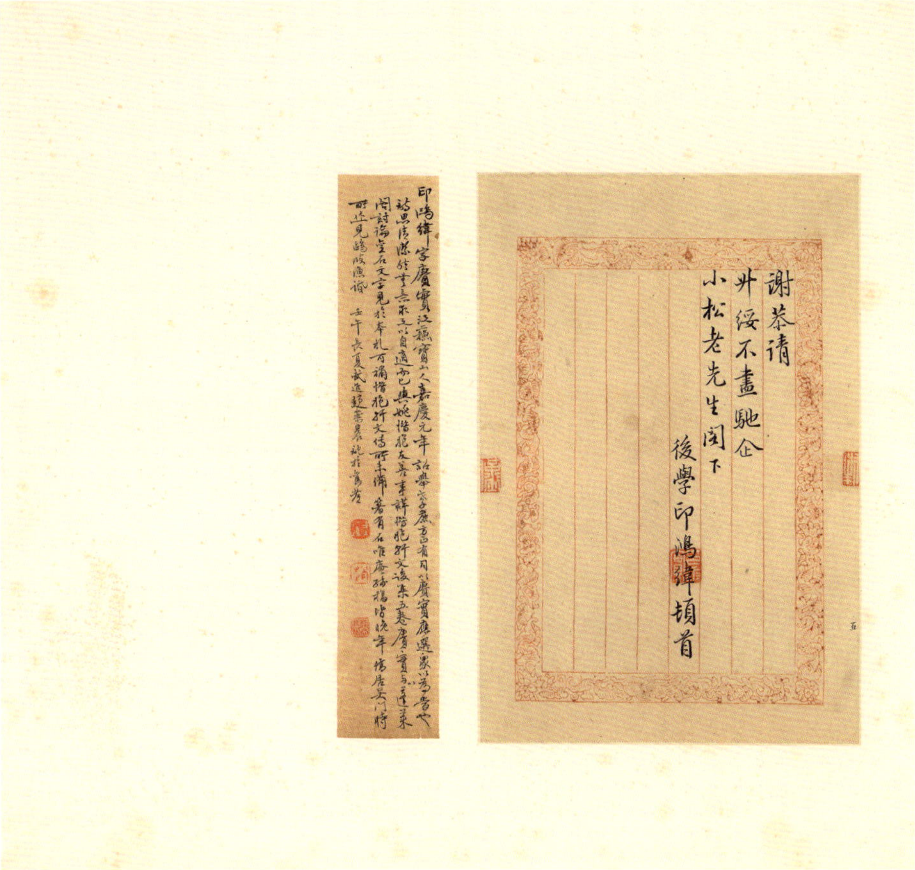

印鴻緯字廣實號[illegible]寶山人嘉慶元年[illegible]孝廉方正有司以廣實應選辭以為布衣
[illegible]清操於書[illegible]以自適而已與姚惜抱友善李詳惜抱軒文後集五卷廣實與蓬萊
閣詩論金石文字見於本札可補惜抱軒文集所未備著有石唯庵稿惜抱晚年居吴門時
所[illegible]見[illegible]識　壬午長夏武進趙[illegible]識於[illegible]

謝茶請
升綏不盡馳企
小松老先生閣下
後學印鴻緯頓首

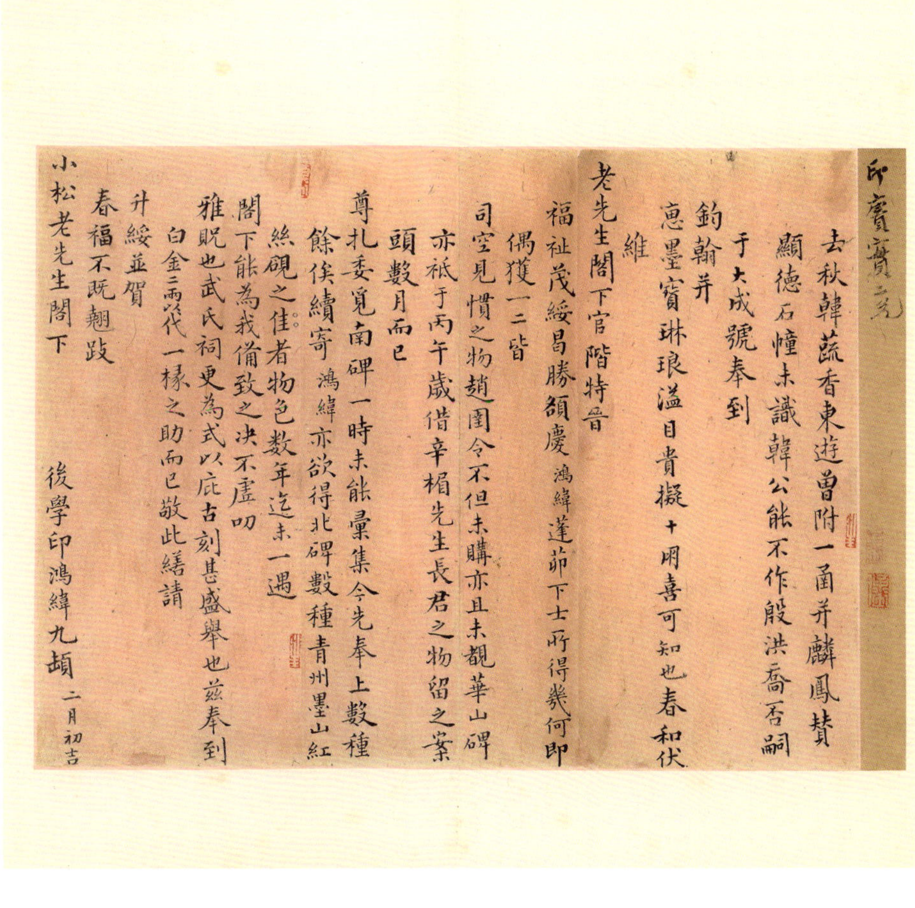

印賡實二札

去秋韓蔬香東遊曾附一函并麟鳳贊
顯德石幢未識韓公能不作殷洪喬否嗣
于大成號奉到
鈞翰并
惠墨寶琳琅溢目貴擬十朋喜可知也春和伏
維
老先生閣下官階特晉
福祉茂綏昌勝頌慶鴻緯蓬蓽下士所得幾何即
偶獲一二皆
司空見慣之物趙園令不但未購亦且未覯華山碑
亦祇于丙午歲借辛楣先生長君之物留之案
頭數月而已
尊札委覓南碑一時未能彙集今先奉上數種
餘俟續寄鴻緯亦欲得北碑數種青州墨山紅
絲硯之佳者物色數年迄未一遇
閣下能為我備致之決不虛叨
雅貺也武氏祠更為式以庇古刻甚盛舉也茲奉到
白金二兩代一椽之助而已敬此繕請
升綏並賀
春福不既翹跂
小松老先生閣下
後學印鴻緯九頓 二月初吉

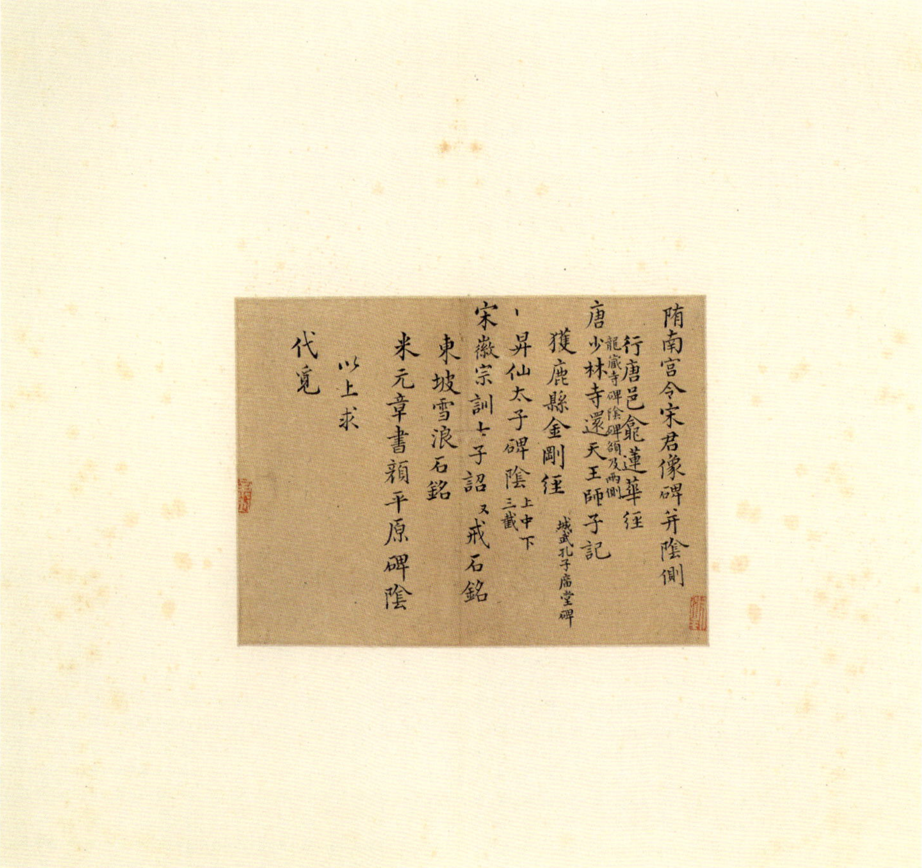
隋南宫令宋君像碑并陰側
行唐邑龕蓮華經
龍藏寺碑陰碑額及兩側
唐
少林寺還天王師子記
城武孔子廟堂碑
獲鹿縣金剛經
、昇仙太子碑陰 上中下三截
宋徽宗訓士子詔 又戒石銘
東坡雪浪石銘
米元章書顔平原碑陰
以上求
代覓

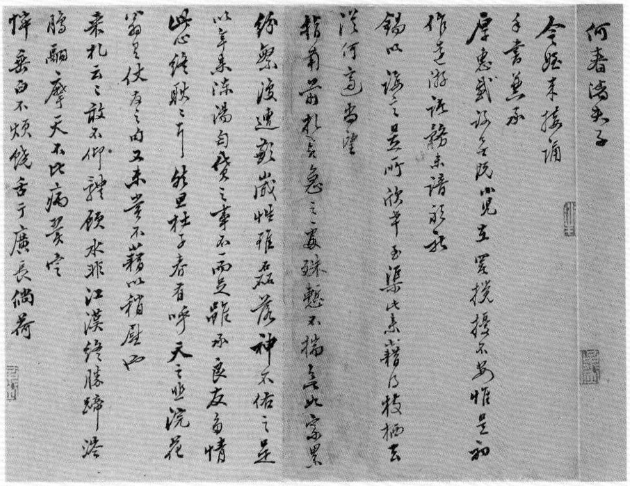

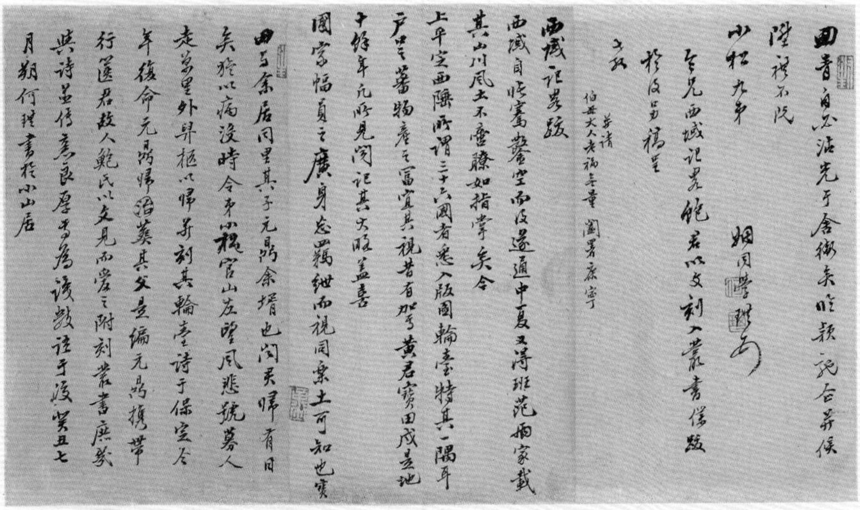

新 00133237-1—17/17《小蓬莱阁师友往返手札册（一）》

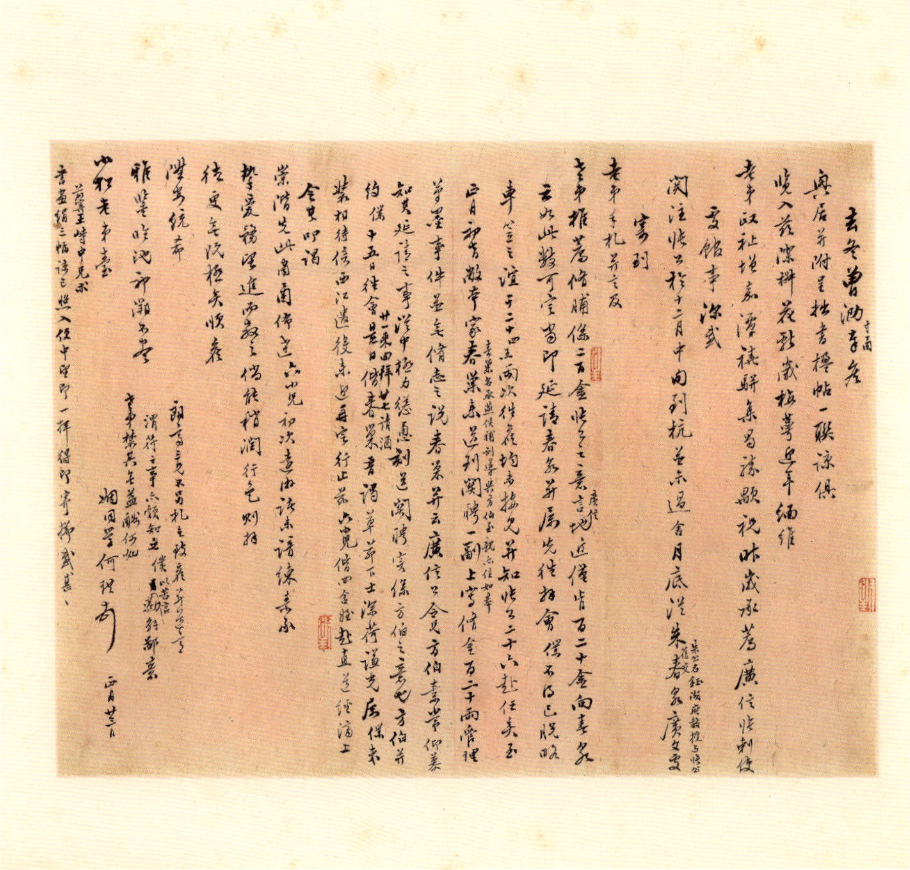

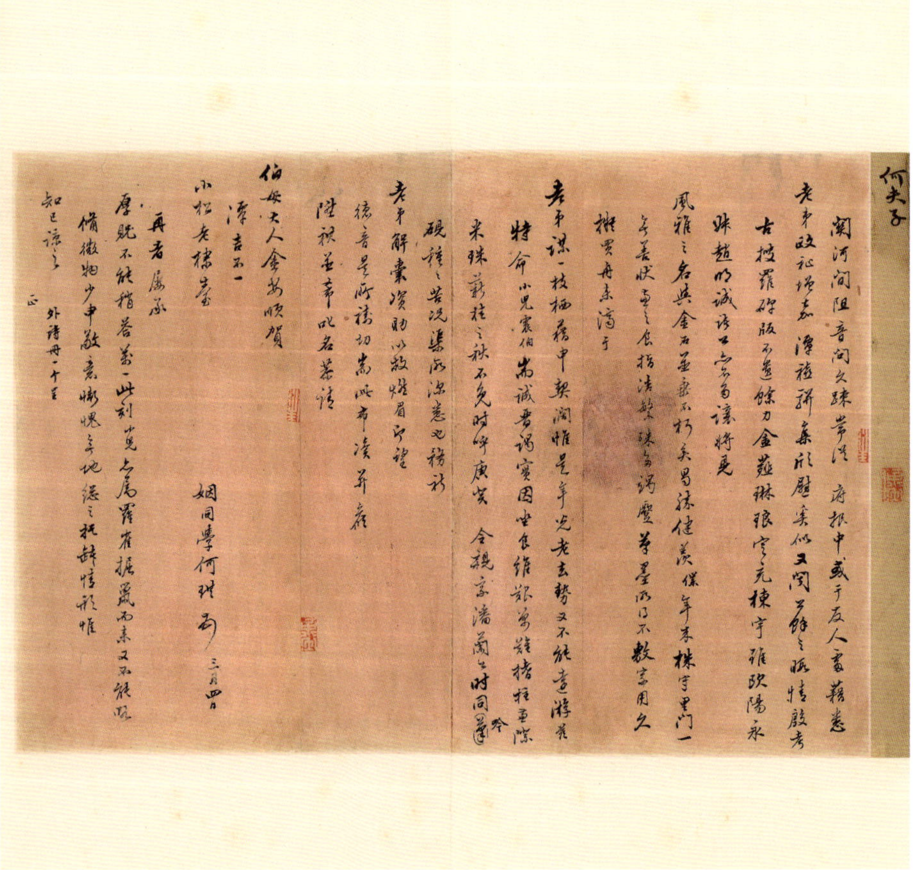

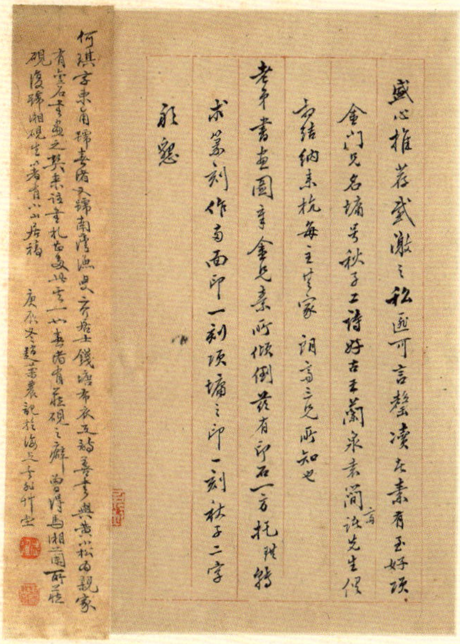

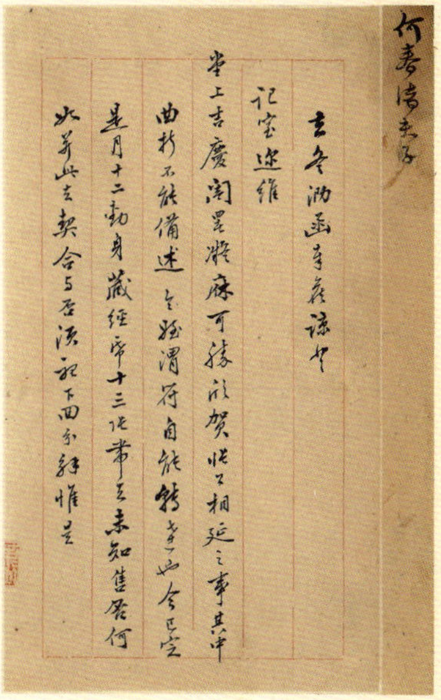

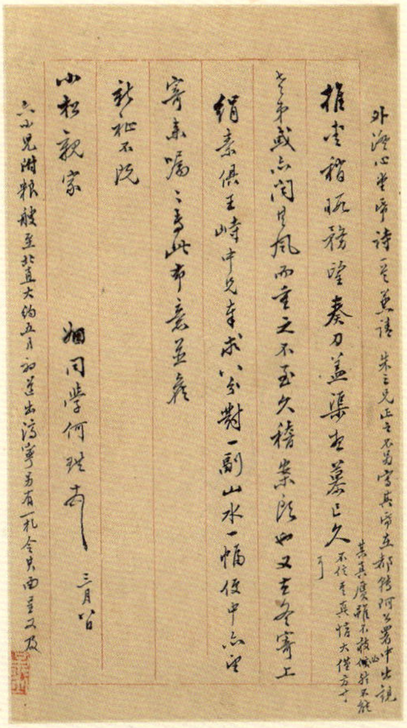

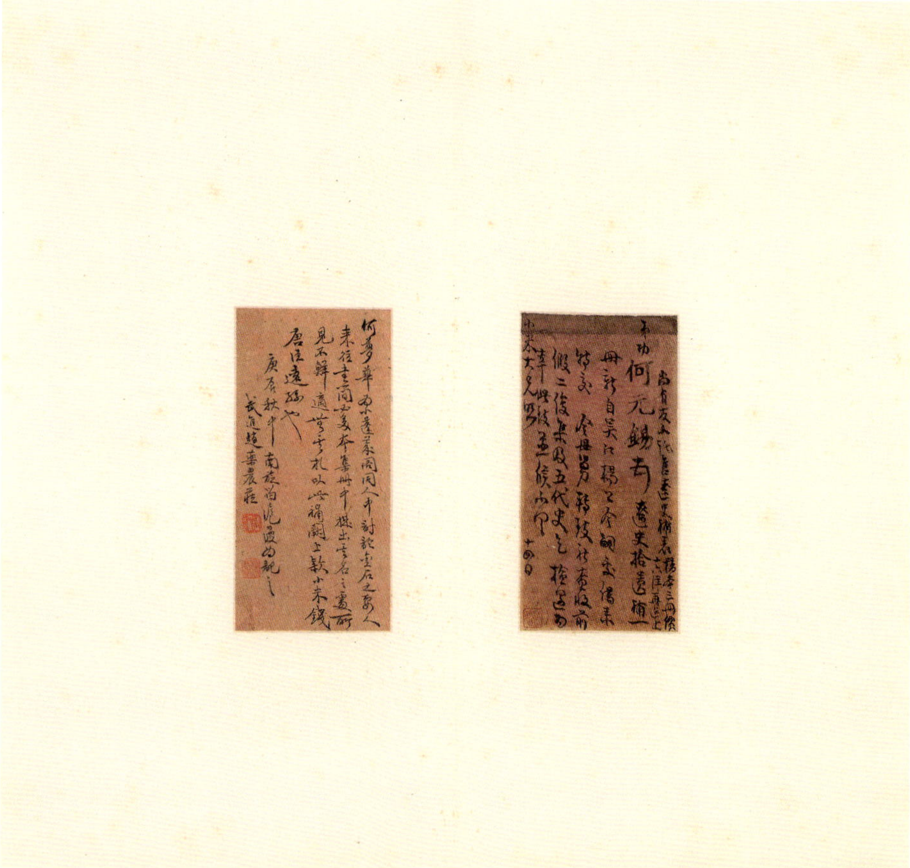

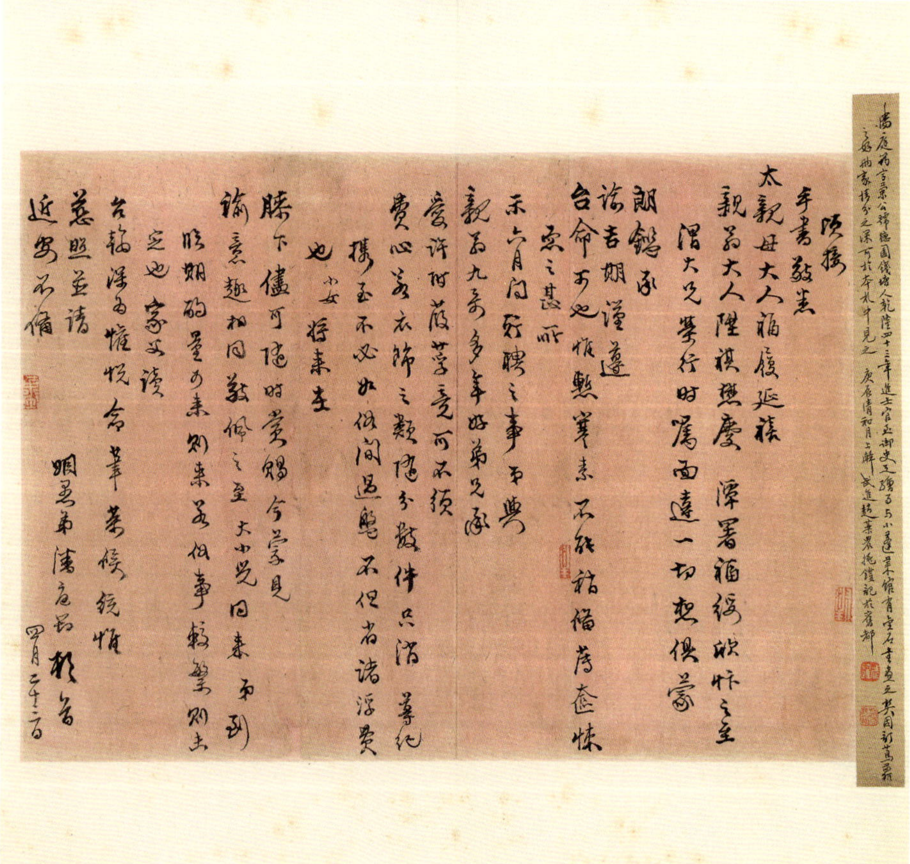

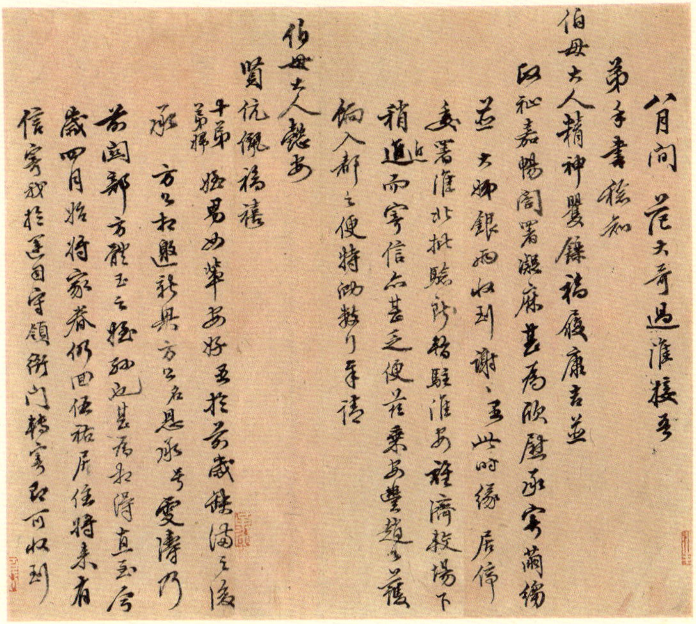

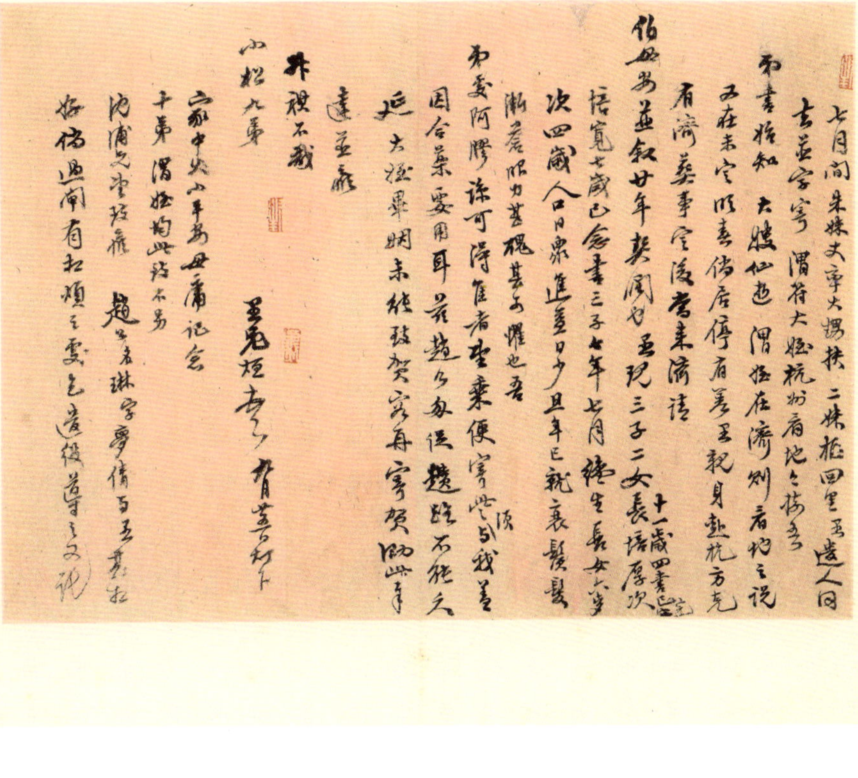

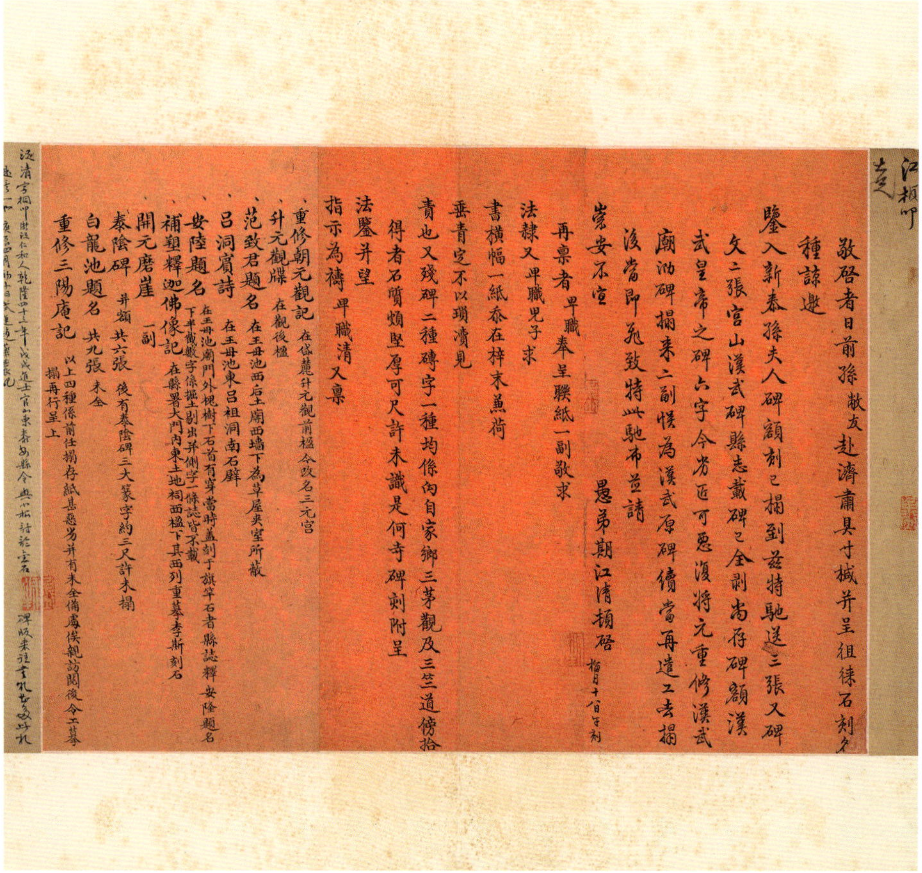

江桐叩
𢕝

敬啓者日前孫　敬友　赴濟肅具寸械并呈祖徠石刻名
種諒邀
鑒入新泰孫夫人碑額刻已搨到茲特馳送三張又碑
文二張宫山漢武碑縣志載碑已全剥尚存碑額漢
武皇帝之碑六字今劣匠可惡復將元重修漢武
廟泐碑搨來二副恨為漢武原碑續當再遣工去搨
後當即飛致特此馳布並請
崇安不宣　　　愚弟期江清頓啓　梅月十八日午刻
再禀者　卑職　奉呈聯紙一副敬求
法隸又　卑職兒子求
書横幅一紙汞在梓末薫荷
垂青定不以瑣瀆見
責也又殘碑二種磚字一種均係伊自家鄉三茅觀及三竺道傍拾
得者石質頗堅厚可尺許未識是何寺碑刻附呈
法鑒并望
指示為禱　卑職清又禀

、重修朝元觀記　在岱麓升元觀前楹今改名三元宫
、升元觀牒　在觀後楹
、范致君題名　在王母池西后土廟西墻下為草屋夾室所蔽
、呂洞賓詩　在王母池東呂祖洞南石壁
、安陸題名　在王母池廟門外槐樹下石首有穿當時蓋刻于旗竿石者縣誌釋安隆題名下半截數字係掘土剔出并側字一條誌皆不載
、補塑釋迦佛像記　在縣署大門内東土地祠西楹下其西列重摹李斯刻石
、開元磨崖　一副
秦陰碑　并額　共六張　後有秦陰碑三大篆字約三尺許未搨
白龍池題名　共九張　未全
重修三陽庵記　以上四種係前任搨存紙甚惡劣并有未全備為俟親訪閲後令工摹搨再行呈上

江清字桐叩，樹溪仁和人，乾隆四十三年戊戌進士，官山東泰安縣令，與小松時話金石，……碑版來往書札甚多……

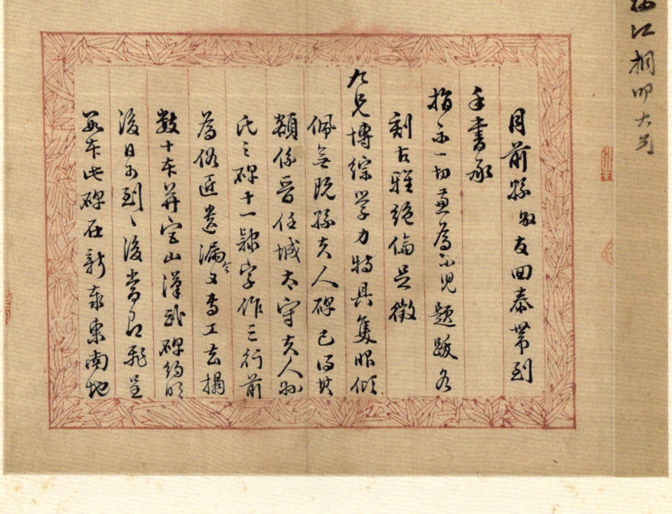

秦安寄江桐叩大兄

月前接　叔友回秦帶到
手書承
指示一切並為示兒題跋各
刻古雅絕倫至徵
大兄博綜學力特具隻眼佩
佩無既孫夫人碑已得其
額係晉任城太守夫人孫
氏之碑十一隸字作三行前
為俗匠遺漏今令工去搨
數十本并宫山漢武碑約明
後日可到，到後當即郵呈
武宅此碑在新泰東南地

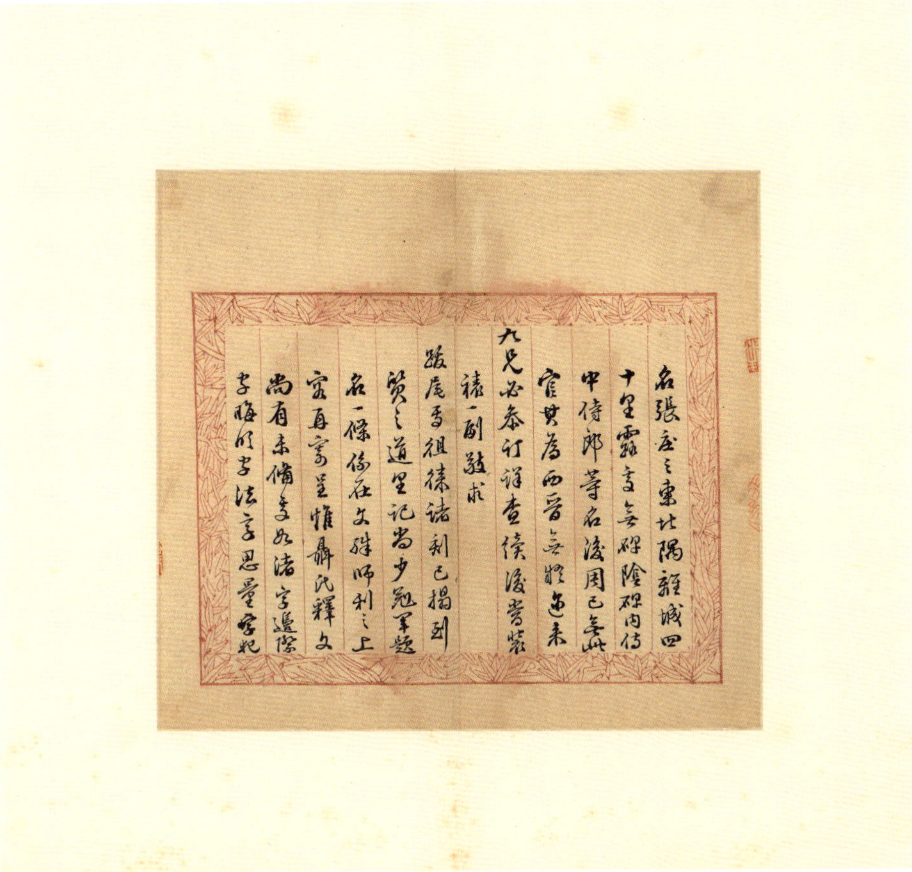

名張彦之東北隅雜識四
十里靈巖寺無碑陰碑內侍
中侍郎等名後周已無此
官其為西晉無疑也來
九兄必參訂詳查續後當繁
錄一副敬求
跋尾香祖樣諸刻已搨到
贊之道里記嵩少冠軍題
名一條係在文殊師利之上
宜再審呈惟彝氏釋文
尚有未備處如諸字邊際
字勝所字法字思量寧把

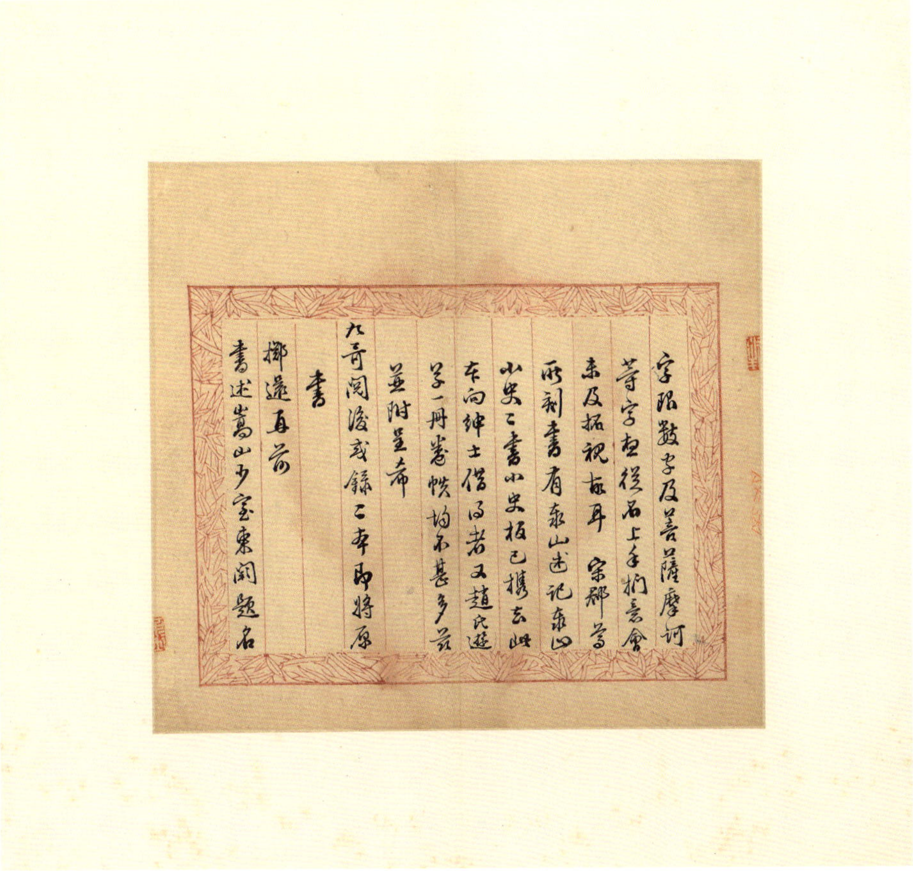

字跟數字及菩薩摩訶
等字查從石上手摹會
未及拓視故耳　宗鄒當
所刻書有泰山述記泰山
小史二書小史板已攜去此
本向紳士借得者又趙氏遊
草一冊卷帙均不甚多茲
並附呈希
九哥閱後或錄二本即將原
書
擲還爲荷
書述嵩山少室東闕題名

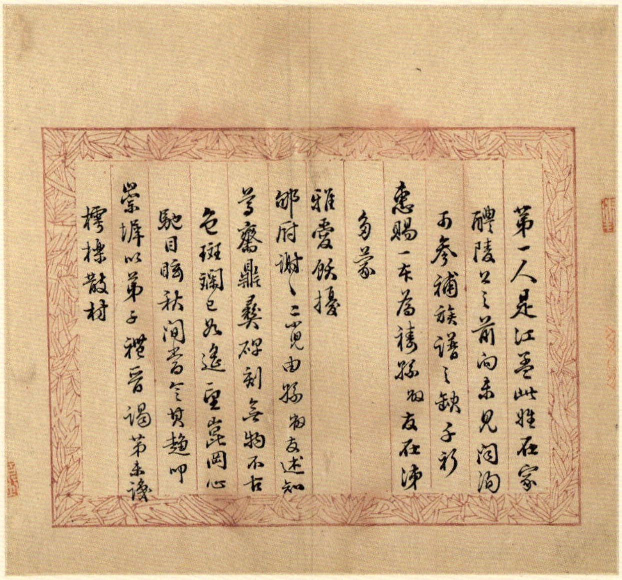

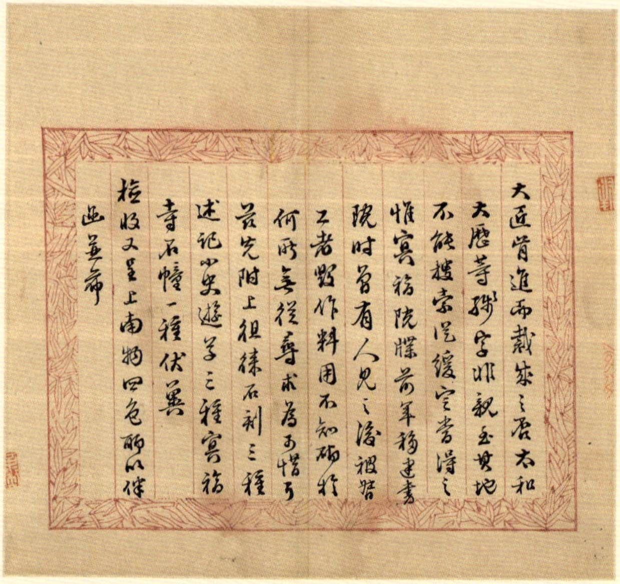

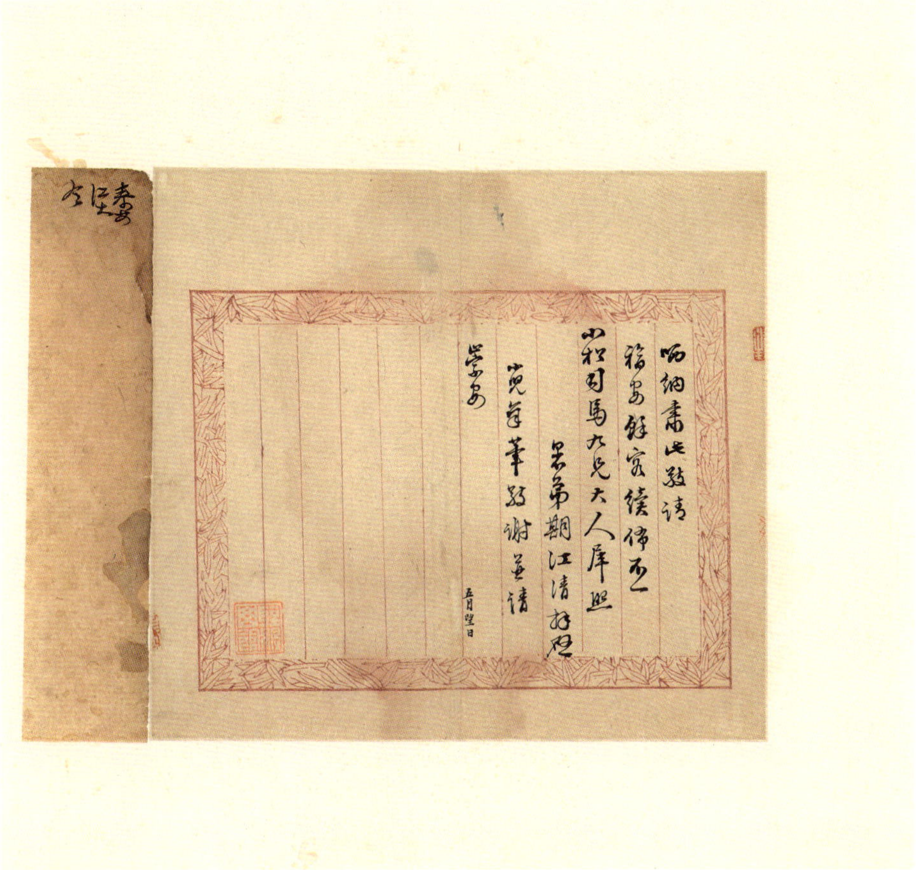

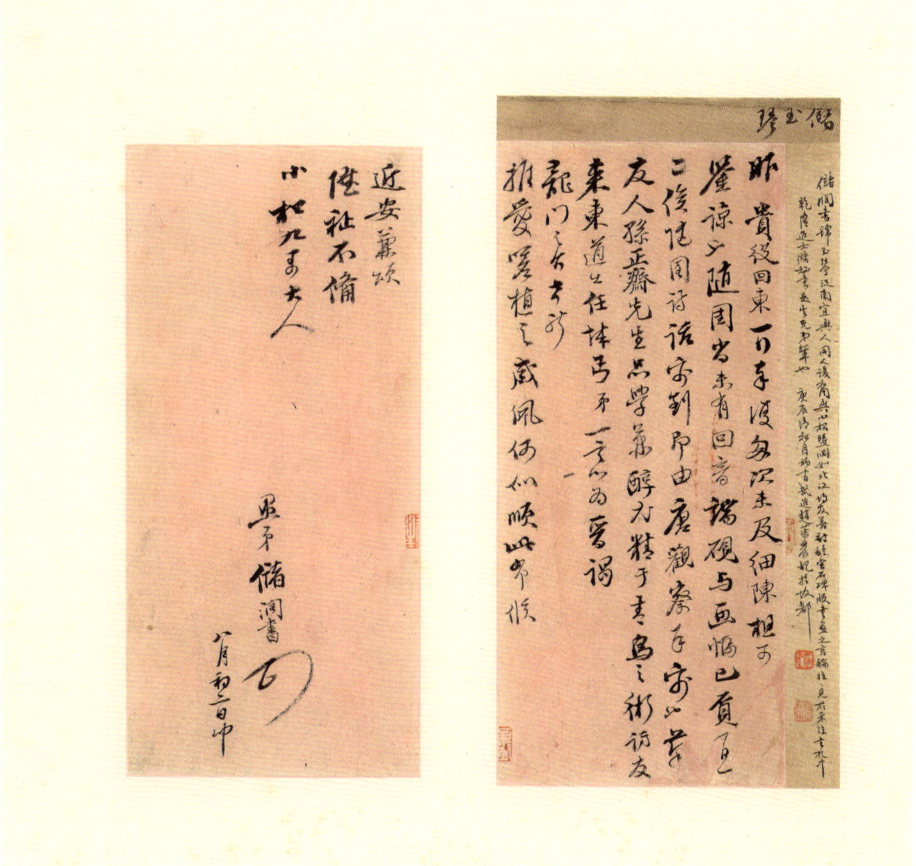

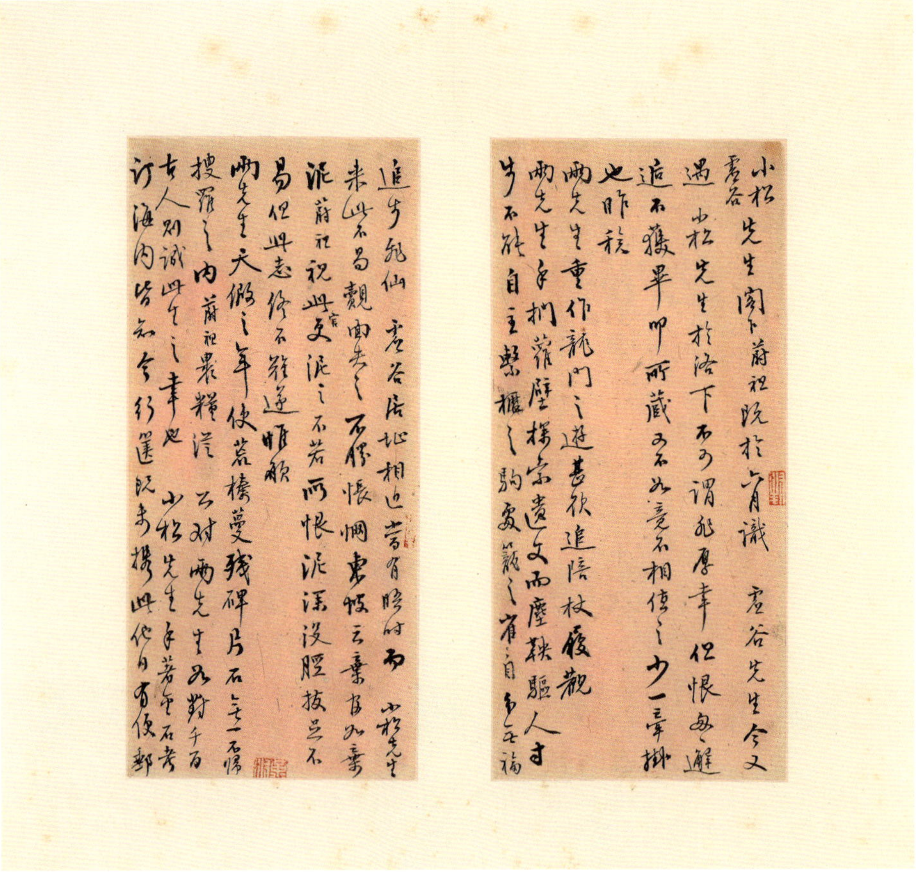

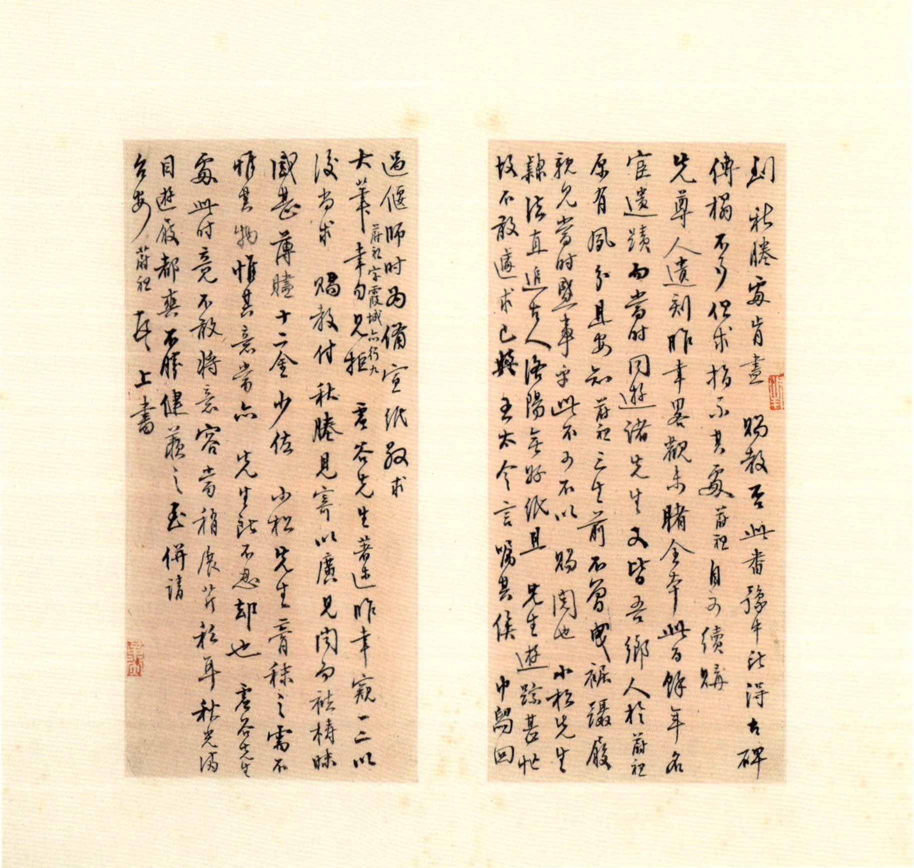

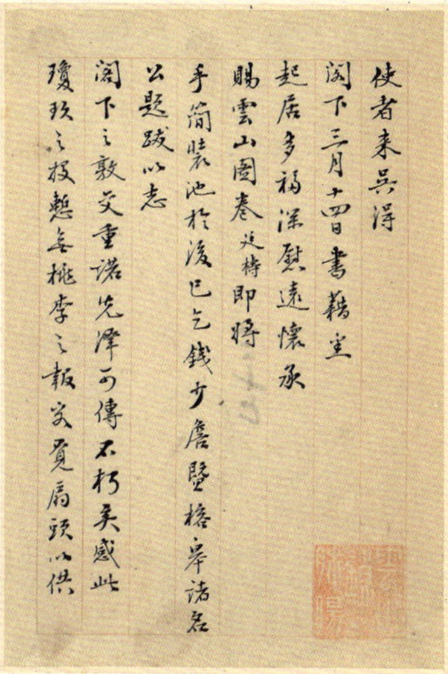

使者来吴得
閣下三月十四日書藉審
起居多福深慰遠懷承
賜雲山圖卷廷梼即將
手簡裝池於後已乞錢少詹暨梧岸諸名
公題跋以志
閣下之敦交重諾先澤可傳不朽矣感此
瓊玖之投愧無桃李之報容覓扇頭以供

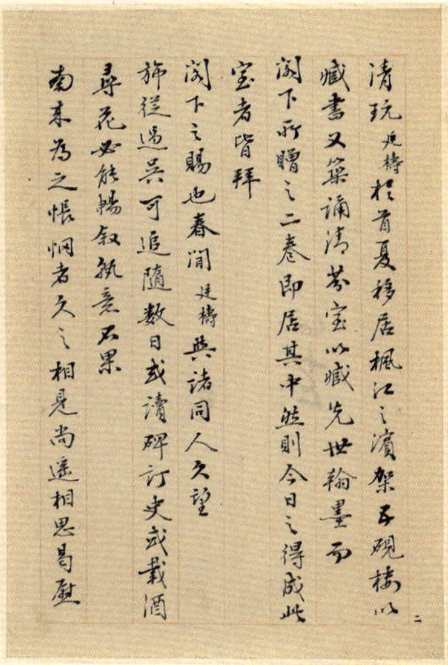

清玩廷梼於前夏移居楓江之濱架五硯樓以
藏書又築誦清芬室以藏先世翰墨而
閣下所贈之二卷即居其中然則今日之得成此
室者皆拜
閣下之賜也春間廷梼與諸同人久望
旆從過吴可追隨數日或讀碑訂史或載酒
尋花必能暢叙孰意不果
南來為之悵惘者久之相見尚遥相思曷慰
二

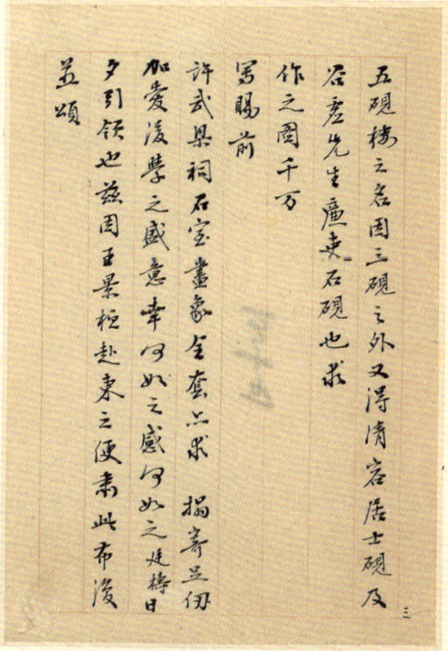

五硯樓之名因三硯之外又得清容居士硯及
石君先生廣東石硯也求
作之圖千万
寫賜前
許武梁祠石室畫象全套亦求　搨寄並仍
加愛後學之盛意幸何如之感何如之廷梼日
夕引領也茲因王景柱赴東之便肅此布復
並頌
三

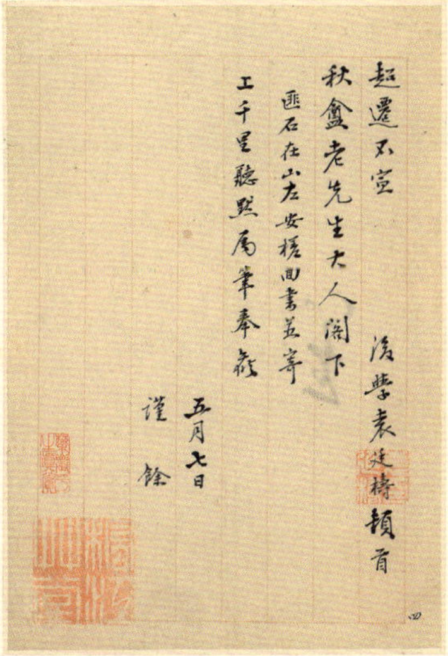

起還不宣
秋盦老先生大人閣下　後學袁廷梼頓首
匯石在山左安樵回書並寄
工千里聽默屬筆奉叙
五月七日
謹餘
四

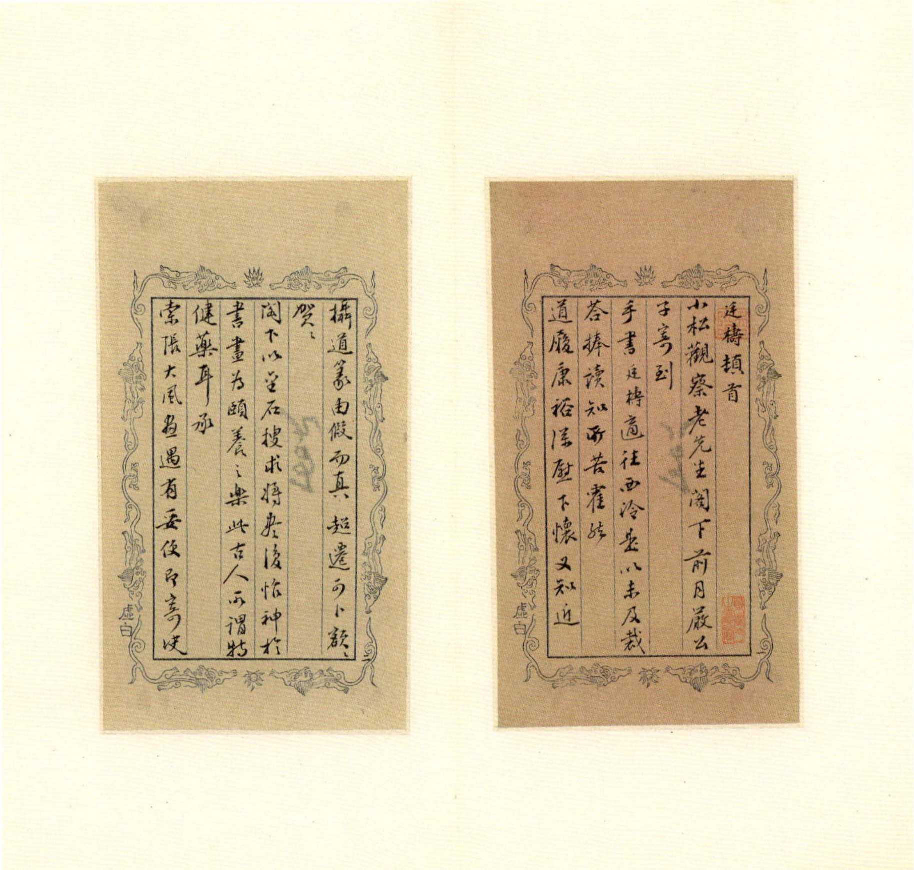

廷鑄頓首
小松觀察老先生閣下前月嚴公
子亭到
手書廷鑄適往西泠並以未及裁
答捧讀知所苦瘧疾
道履康裕深慰下懷又知近

撝道篆雖做而真趣遠不下款之
賢之
閣下以金石搜求將來復怡神於
書畫為頤養之樂此古人所謂將
健藥耳承
索張大風畫遇有妥便即寄呈

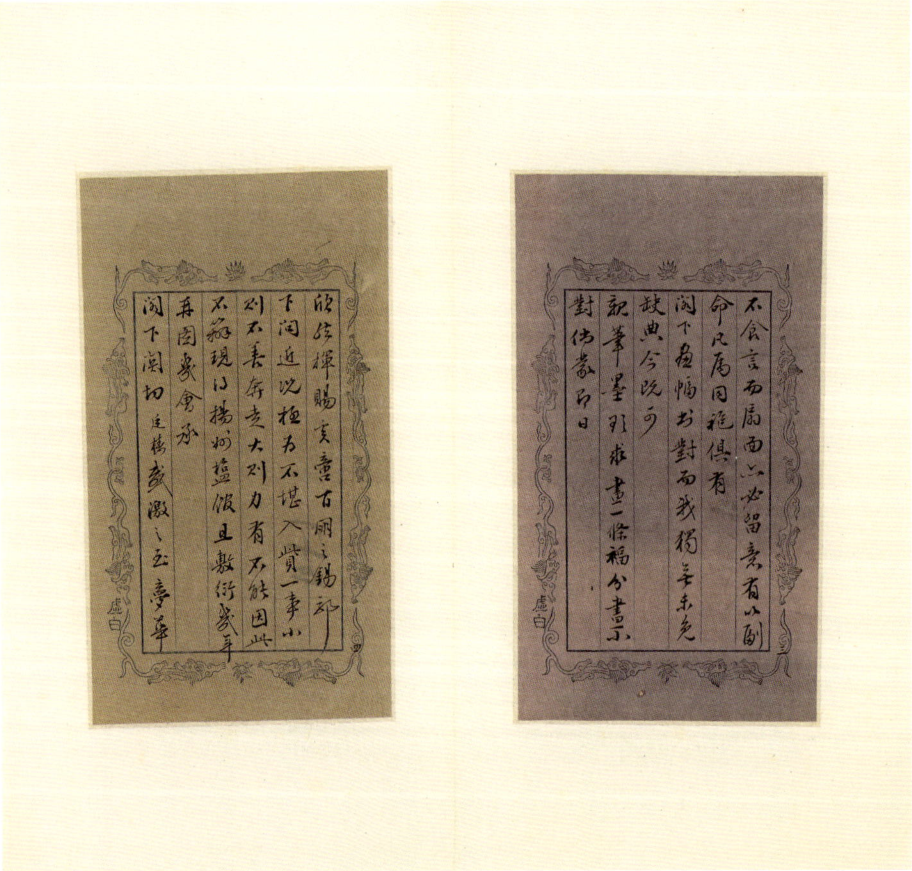

不食言而尙再以必留意有以副
命尺為同行俱有
閣下畫幅於對面我獨無未免
缺典今既承
許筆墨則求畫一條幅分書示
對便當即日

所作揮賜尤壹百朋之錫部
下閣近況極為不堪入貲一事小
[illegible]不善存支大到力有不能因此
不能現以揚州鹽做且數行幾年
再圖彙會承
閣下閣切廷鑄感激之至亭華

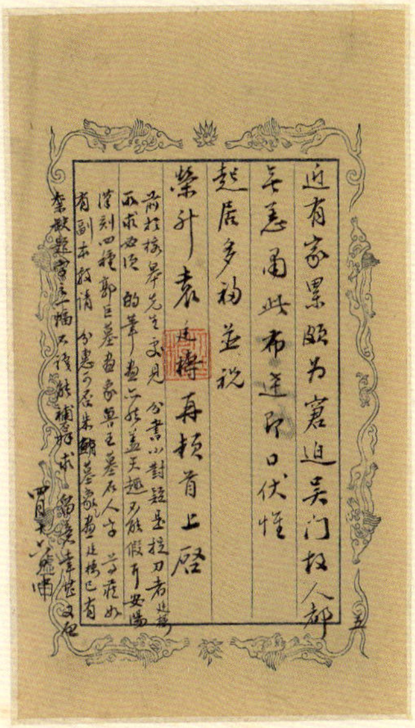

近有家累，頗为窘迫。吴门故人鄗
无恙，因此布達。即日伏惟
起居多福，並祝
榮升。袁廷檮再頓首上啓

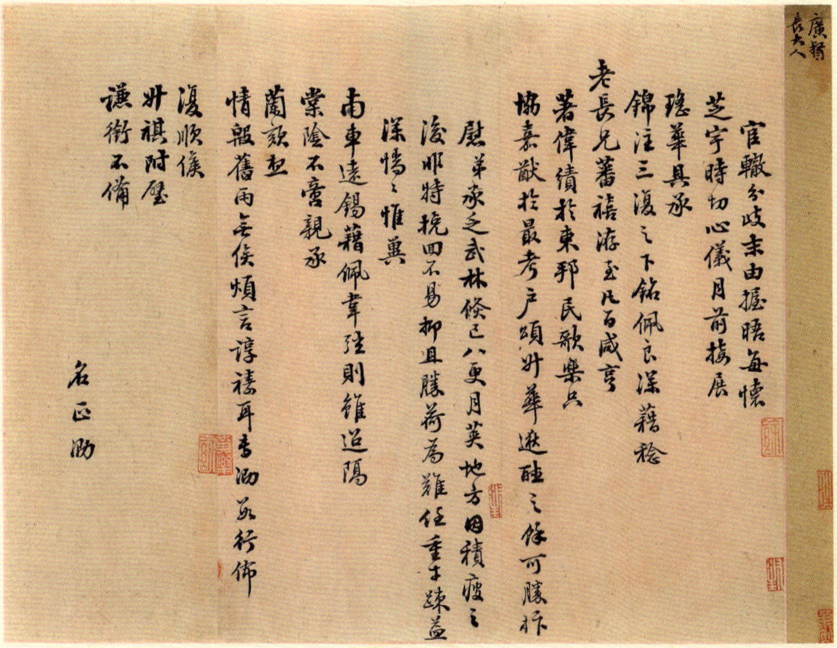

宦轍分歧，末由握晤，每懷
芝宇，時切心儀。月前接展
瑤華，具承
錦注，三復之下，銘佩良深。藉稔
老長兄蓄積涵玉，凡百咸亨，
著偉績於東郡，民歌樂只，
協輿歡於最考，頌升華，遄陞之作，可勝抃
慰。弟承乏武林，倏已八更月矣，地方因積疲之
後，那特挽回不易，抑且勝荷為難，任重才疏，益
深惕惕。惟冀
南車遠錫，藉佩韋弦，則雖迢隔
棠陰，不啻親承
蘭款也。
情殷舊雨，無俟煩言，謹肅耳寸函，布頌祈佈
復順候
升祺，附壓
謙衔不備
名正泐

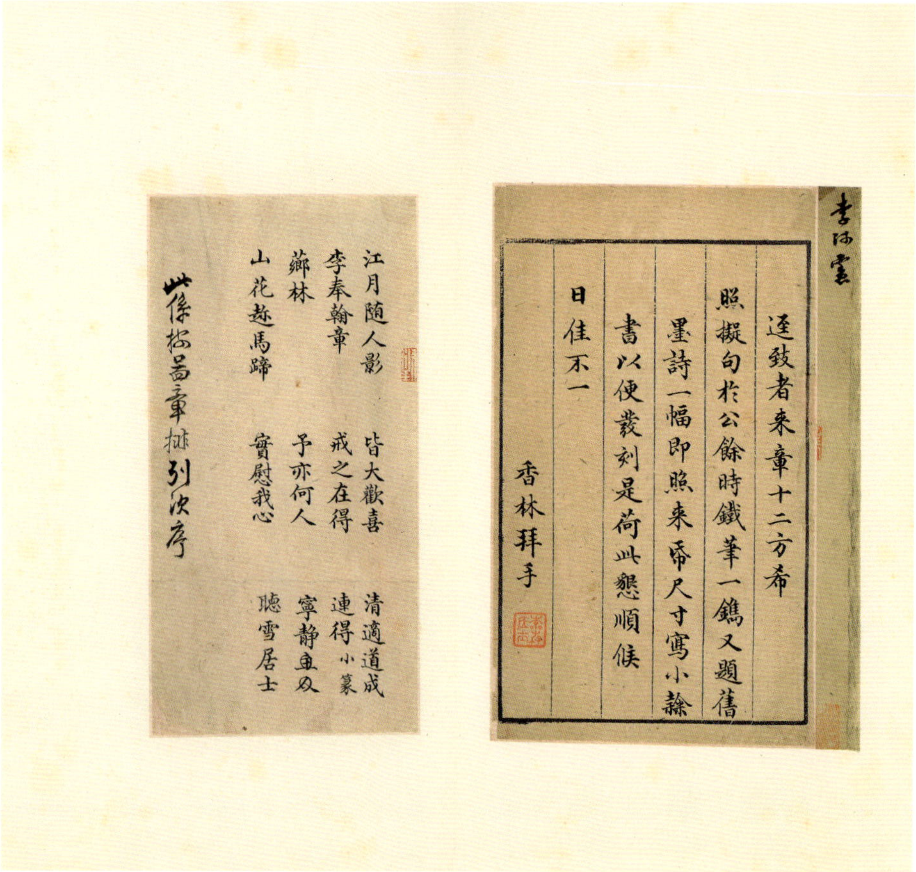
江月隨人影 皆大歡喜 清適道成
李奉翰章 戒之在得 連得小篆
鄰林 予亦何人 寧靜重久
山花趁馬蹄 實慰我心 聽雪居士
此係松昌章擬引次序

逕致者來章十二方希
照擬句於公餘時鐵筆一鐫又題舊
墨詩一幅即照來箋尺寸寫小論
書以便鐫刻是荷此懇順候
日佳不一
香林拜手

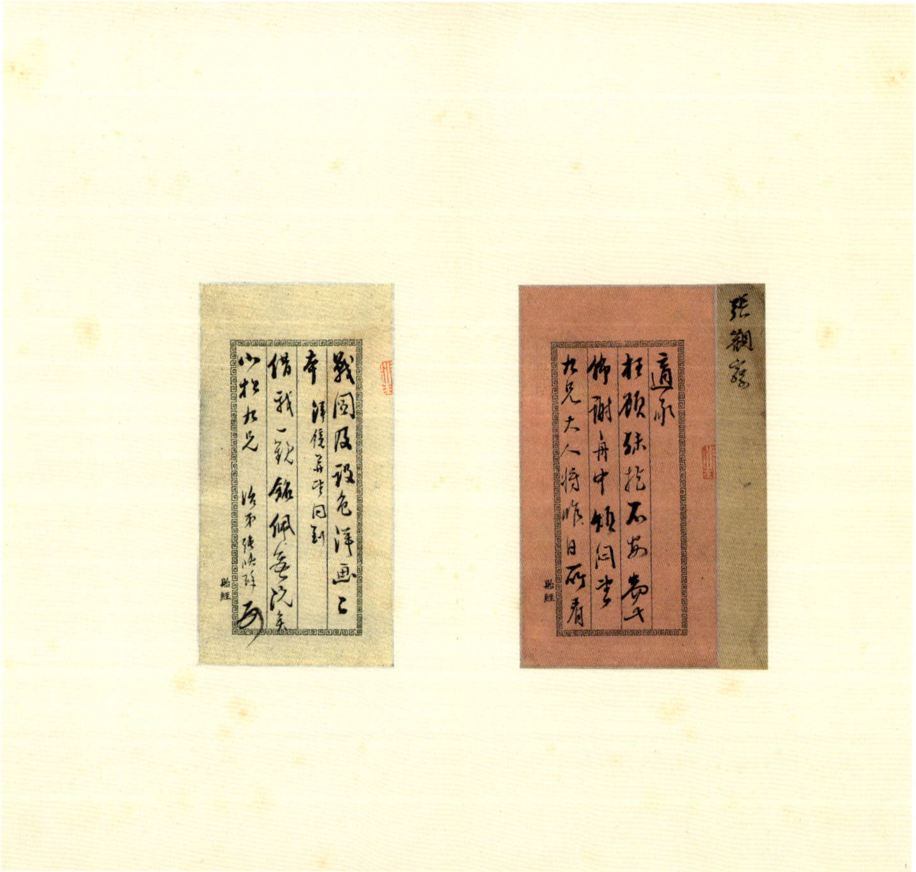

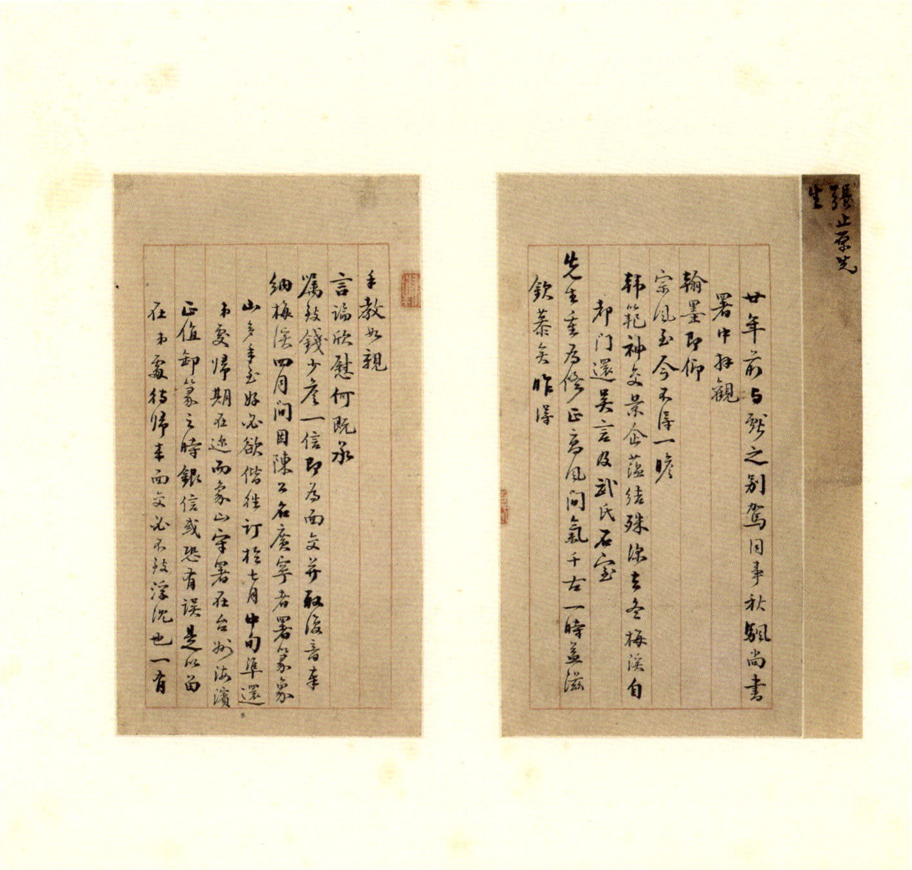

張芑堂先生

廿年前與[illegible]之別駕因事秋颿尚書
署中拜觀
翰墨即仰
宗風至今不得一晤
韩範神交景企蕴结殊深去冬梅溪自
都門還吳言及武氏石室
先生重為修正高風问氣千古一時益滋
欽慕矣昨得

手教如覿
言論欣慰何既承
屬致錢少詹一信即為面交并取復音奉
細梅溪四月間因陳子名廣寧者署篆象
山乃年老好古必欲偕往訂於七月中旬準還
弟處歸期在途而象山宰署在台州海濱
正值卸篆之時銀信或恐有誤是以留
在弟處待歸來面交必不致浮沉也一肯

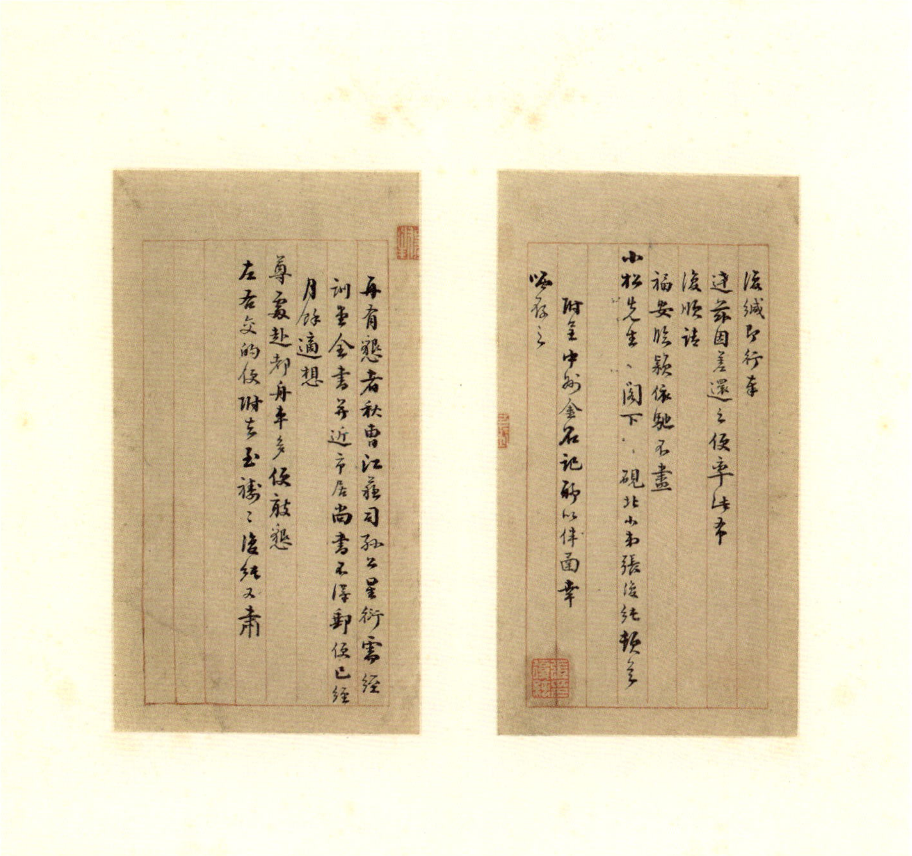

復緘即行奉
達兹因差還之便率此布
復順請
福安臨穎依馳不盡
小松先生閣下　硯北小弟張復純頓首
附呈中州金石記祈以伴函幸
哂存之

再有懇者秋曹江蘇司孫公星衍需經
訓堂全書并近年居尚書不得郵便已經
月餘適想
尊處赴都舟車多便敢懇
左右交的便附去至禱之復純又肅

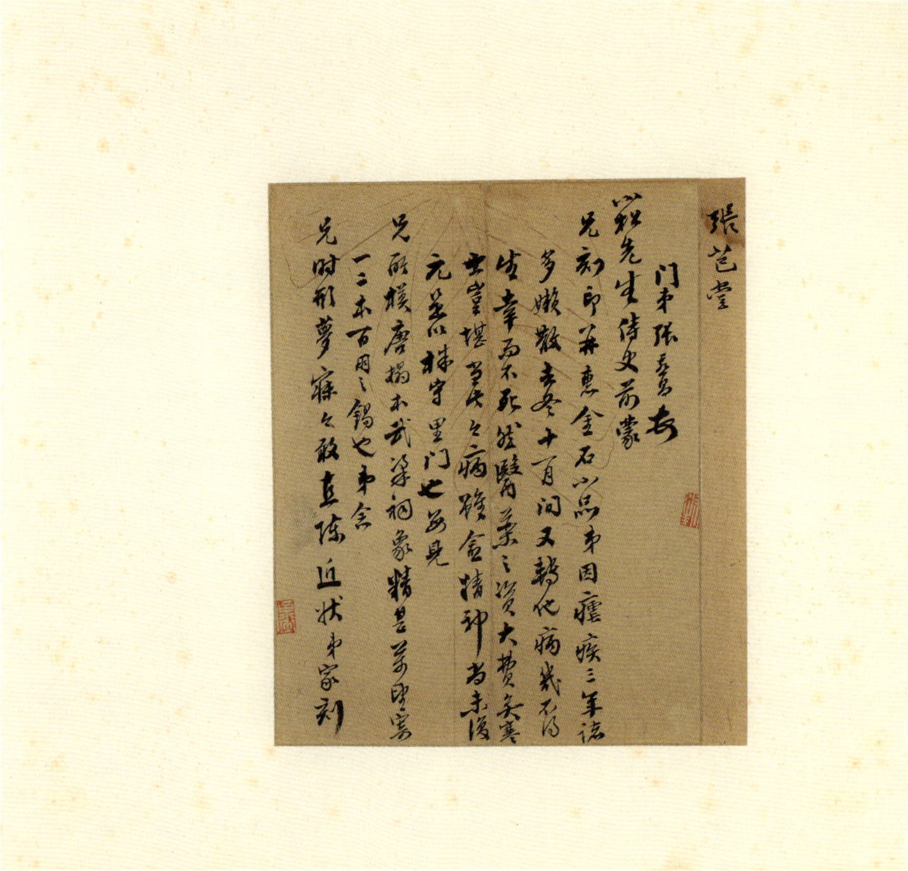

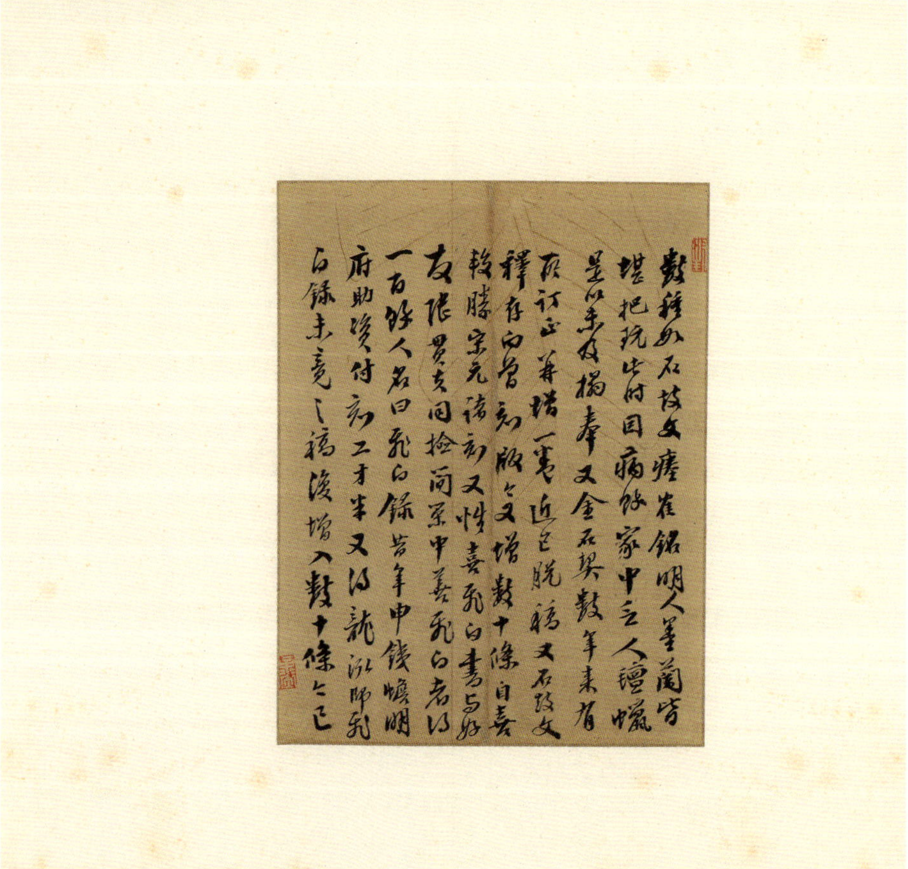

新 00133238-1-19/19 小蓬莱阁师友往返手札册（二）

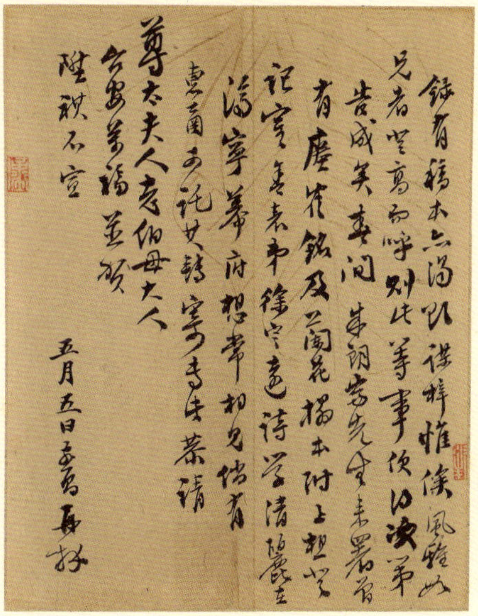

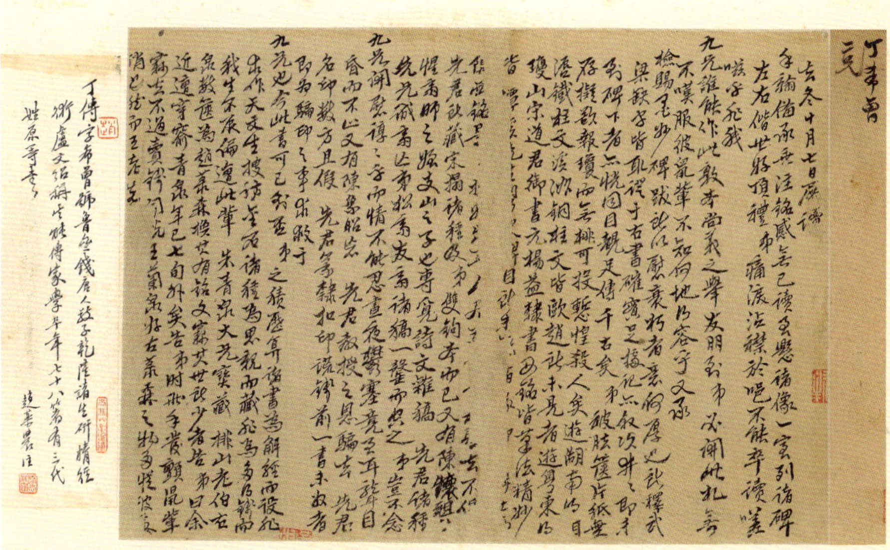

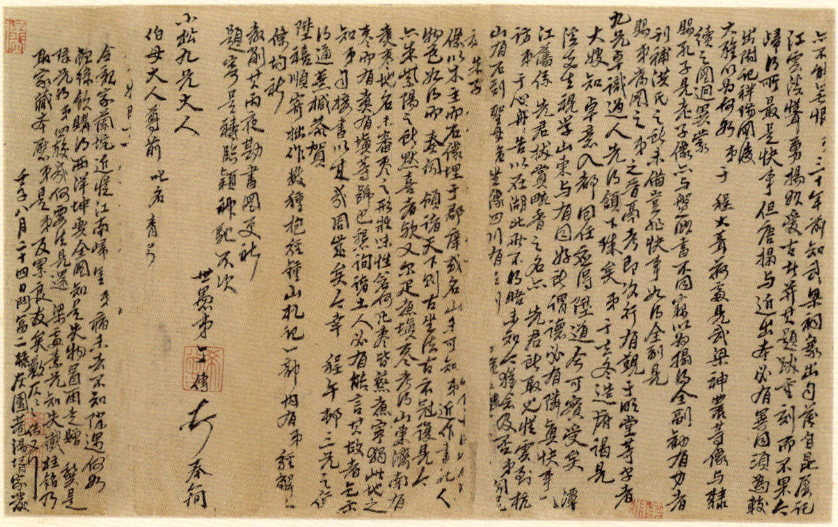

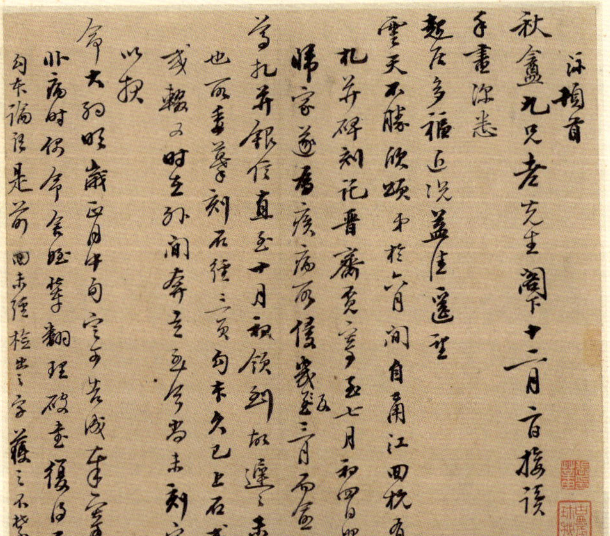

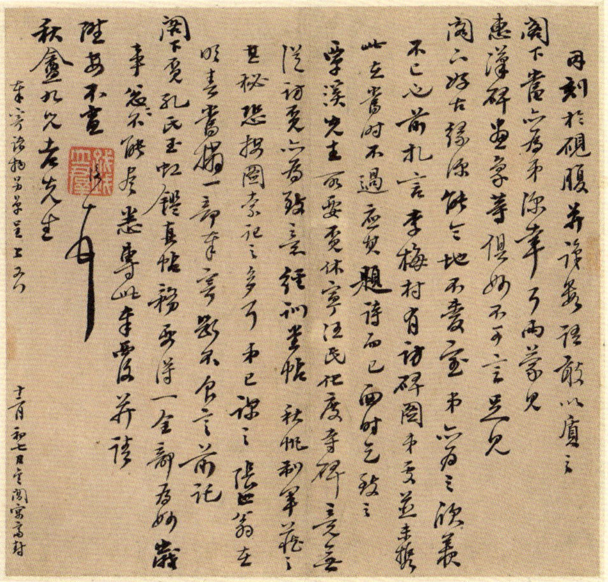

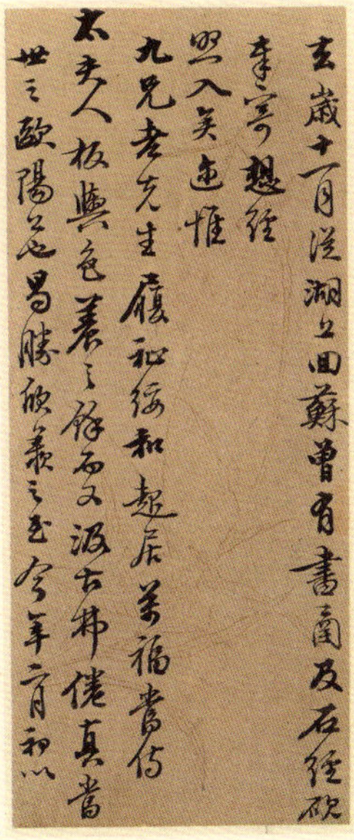

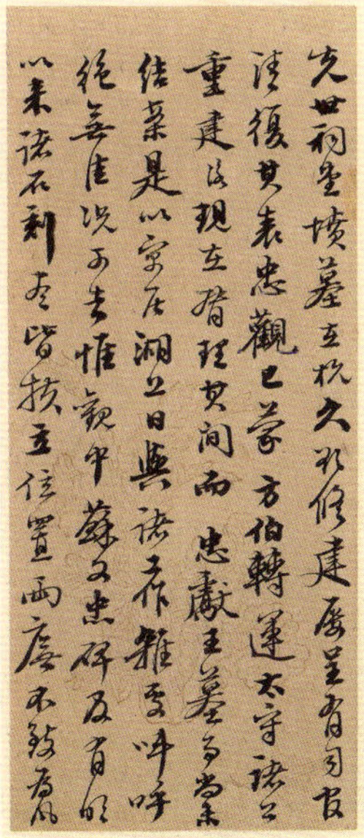

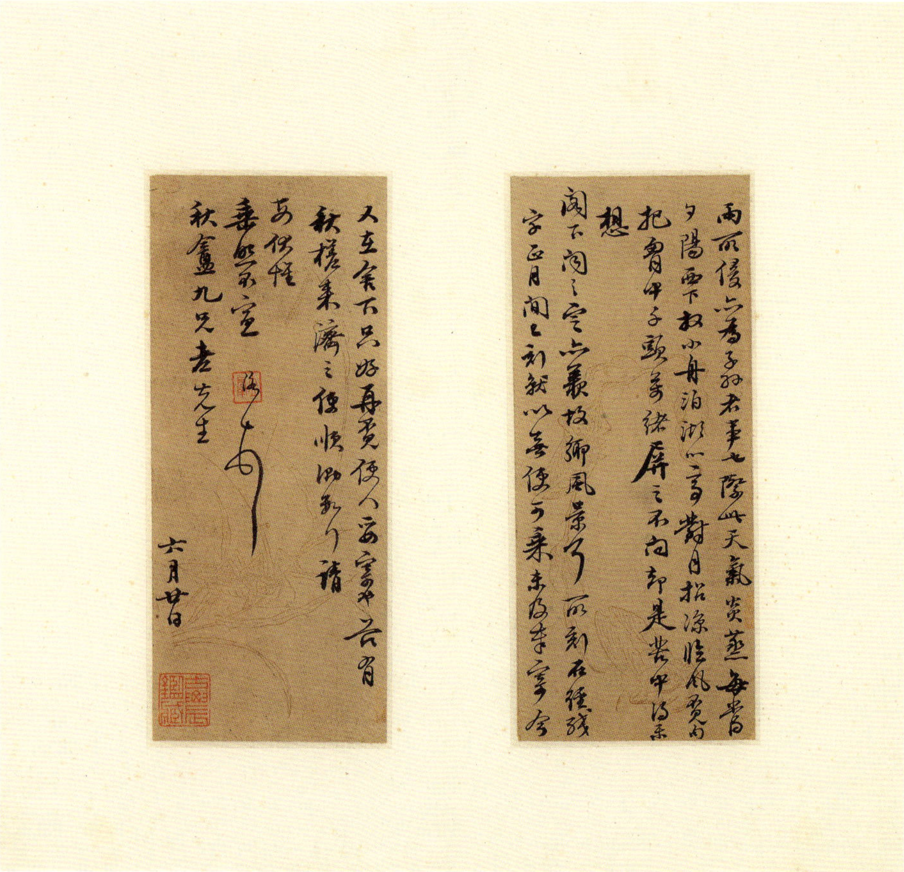

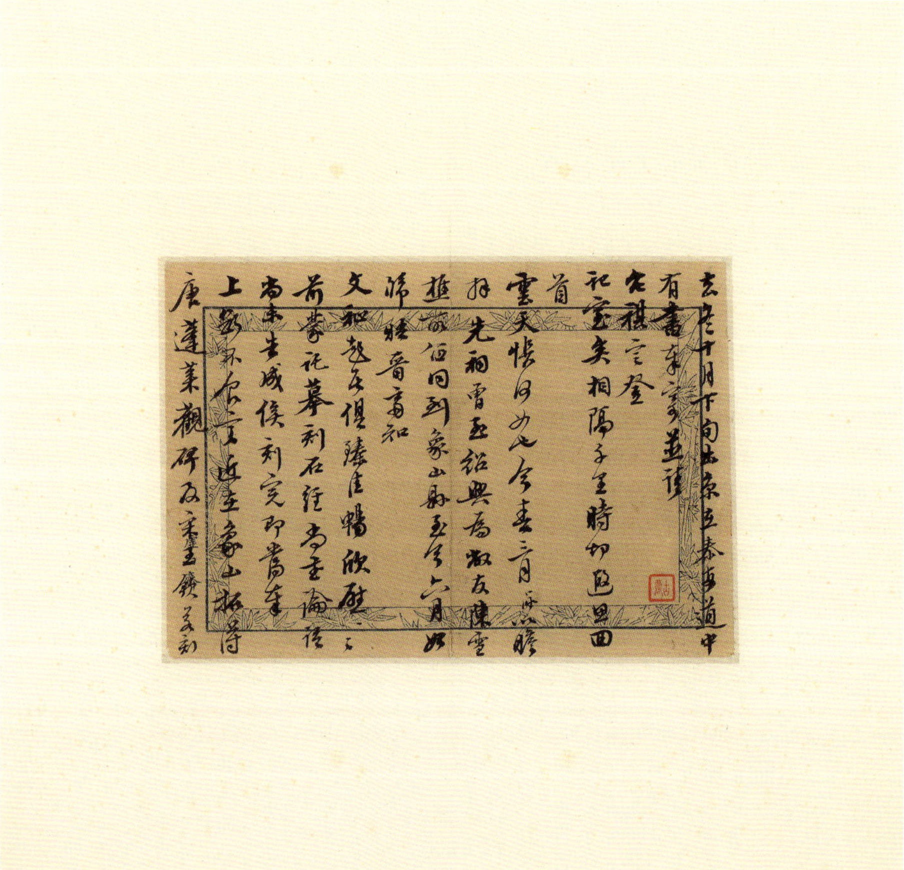

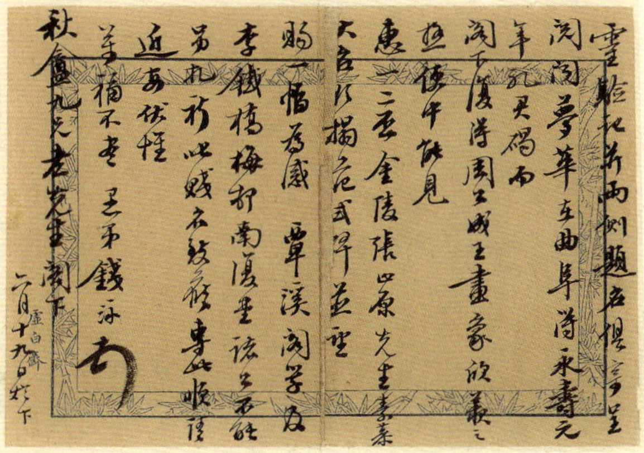

雲驂於浙西刻題名俱已呈
閱閱夢華在曲阜得永壽元
年孔君碣兩
閱下復得周王成王畫象欲兼之
拓便中能見
惠一二否金陵張心原先生索
大兄所搨泉式早並望
賜一備爲感 覃溪閣學及
李鐵橋梅郊南溟皆諒之不能
另札於此賤名致候專此順請
近安 伏惟
垂照不宣 愚弟錢泳頓首
秋盦九兄老先生閣下
六月十九日燈下

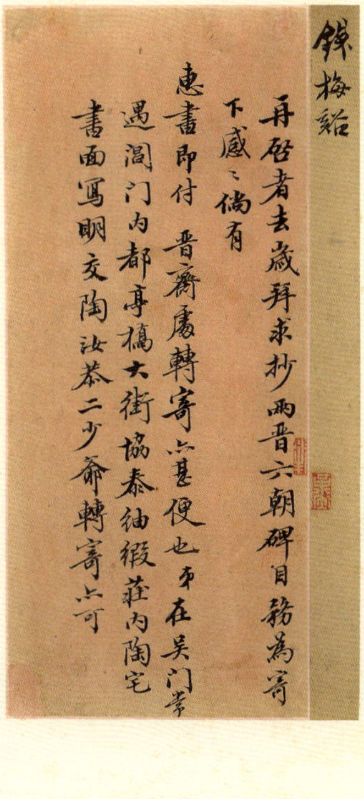

錢梅谿

再啓者去歲拜求抄兩晉六朝碑目務爲寄
下感感倘有
惠書即付 晋齋處轉寄亦甚便也弟在吳門常
遇閶门内都亭橋大街協泰紬緞莊内陶宅
書面寫明交陶汝恭二少爺轉寄亦可

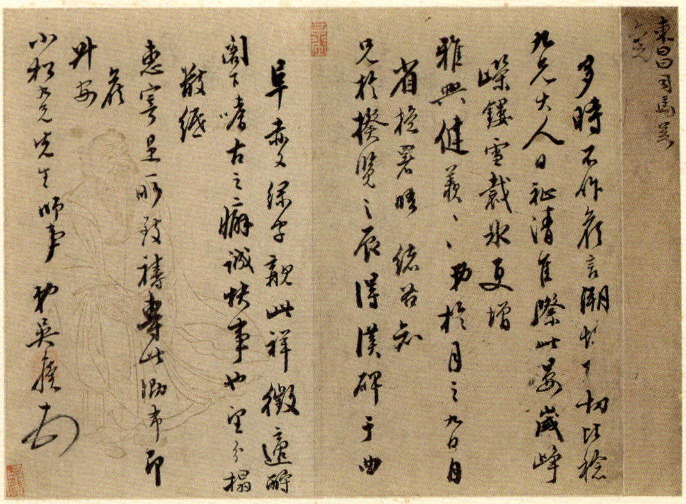

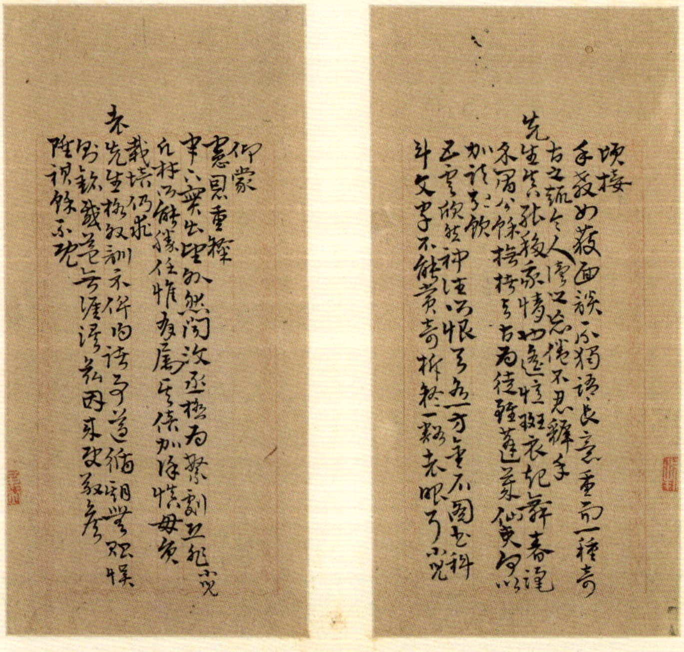

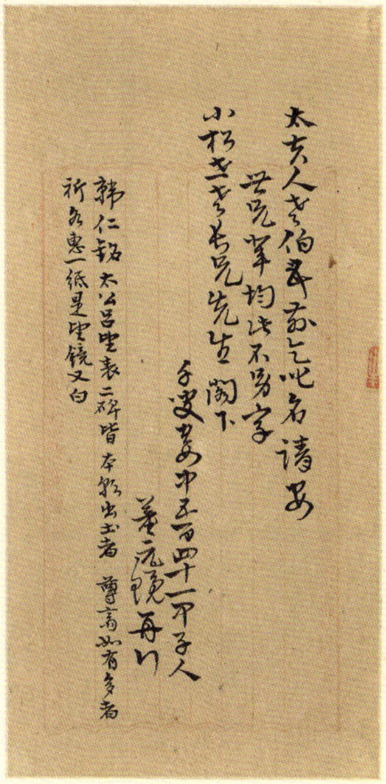

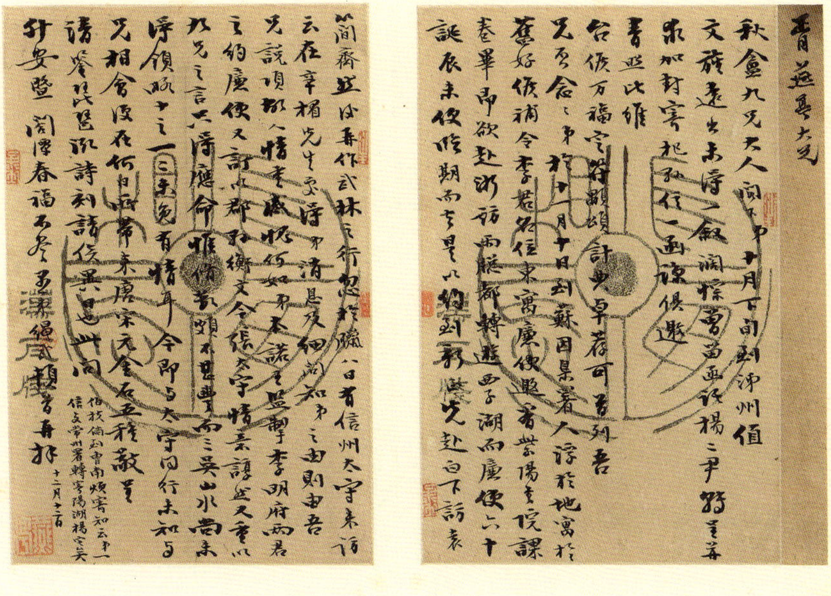

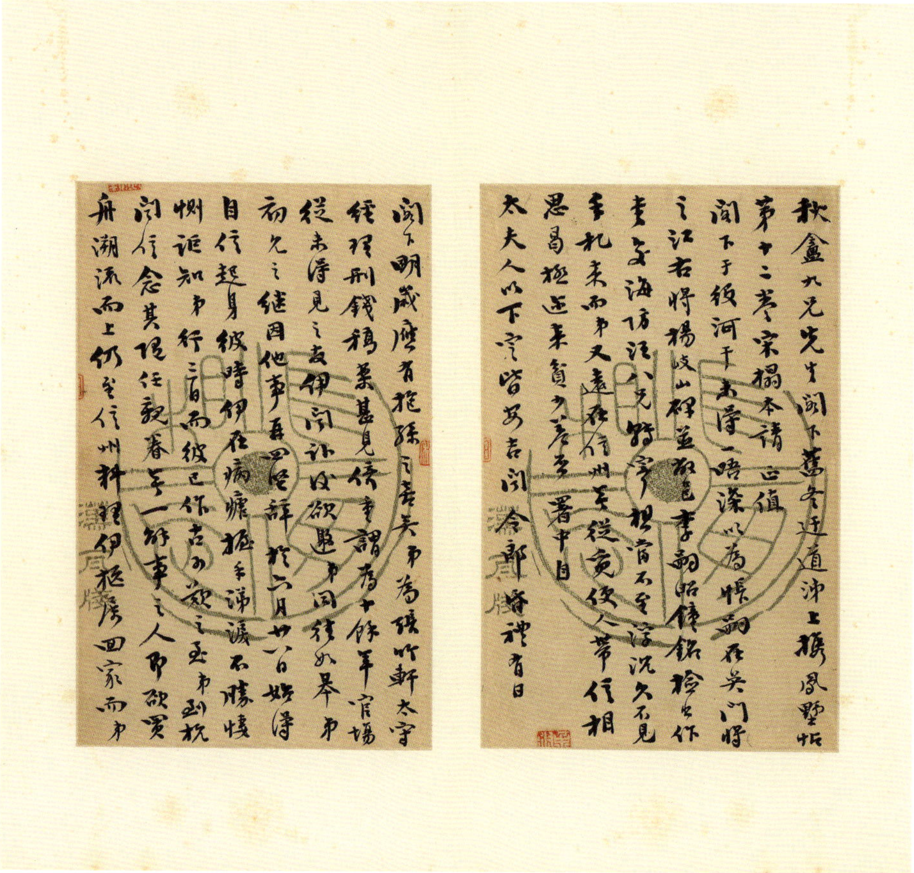

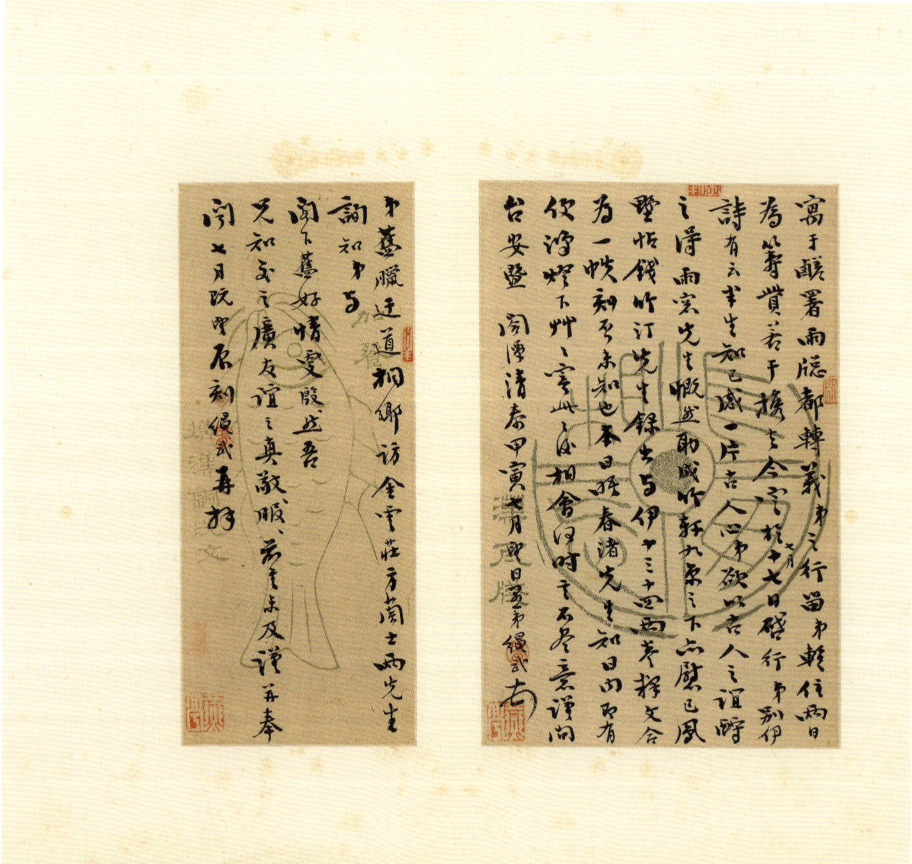

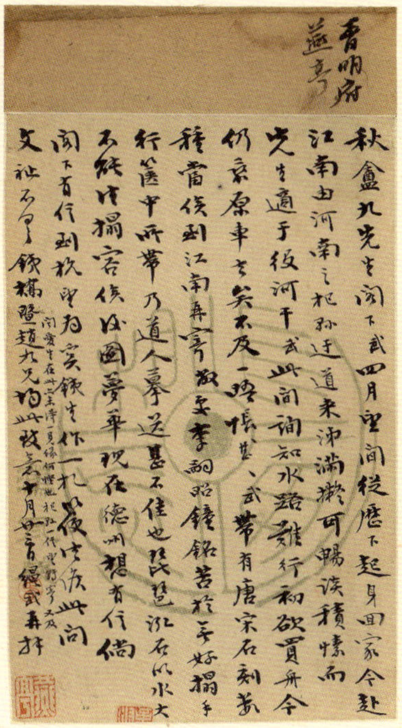
香明府
燕亭

秋盦九兄先生閣下武四月望間從歷下起身回家今赴
江南由河南之杞縣迂道來汴滿擬可暢談積悰而
先生適于役河干武此間詢知水路難行初欲買舟今
仍從原車去矣不及一晤悵甚悵甚武帶有唐宋石刻萬
種當俟到江南再寄敬安李翮昭鐘銘若於手好搨手
行篋中所帶乃道人摹送甚不佳也琵琶泓石從水大
不能作搨容俟返圖奉華現在德州想有行備
閣下有行到秋即為密錄寄作一札後依此閒
文祉不一 鈞錄 趙九兄均此致意 十月廿六日 武再拜

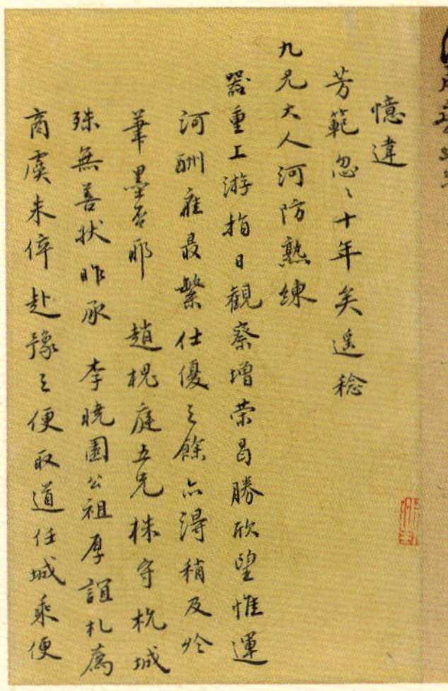
汪成斋

憶違
芳範忽忽十年矣遙稔
九兄大人河防熟練
器重上游指日觀察增榮昌勝欣望惟運
河酬雍最繁仕優之餘亦得稍及於
筆墨否耶 趙搨庭五兄株守枕城
殊無善狀昨承 李曉園公祖厚誼札薦
商虞來倅赴豫之便取道任城乘便

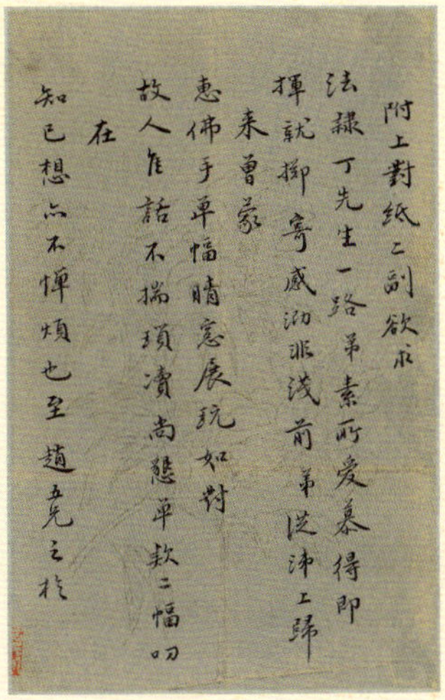
附上對紙二副欲求
法隸丁先生一路弟素所愛慕得即
揮就擲寄感泐非淺前弟從汴上歸
來曾蒙
惠佛手卑幅晴窓展玩如對
故人乍話不揣瑣瀆尚懇卑款二幅叨
在
知己想亦不憚煩也至趙五兄之杇

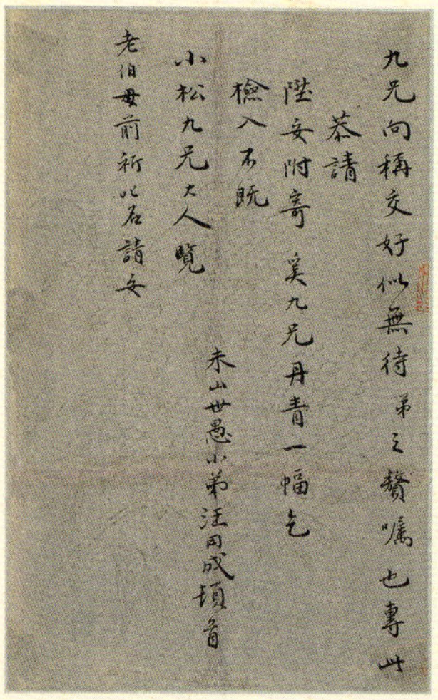

九兄向稱交好似無待弟之贅爲也專此
恭請
陞安附寄　吳九兄丹青一幅乞
檢入爲既
小松九兄大人覽
朱山世愚小弟汪□成頓首
老伯母前祈代爲請安

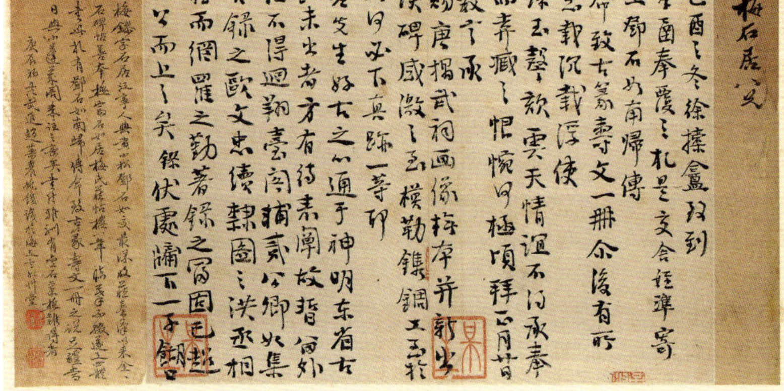

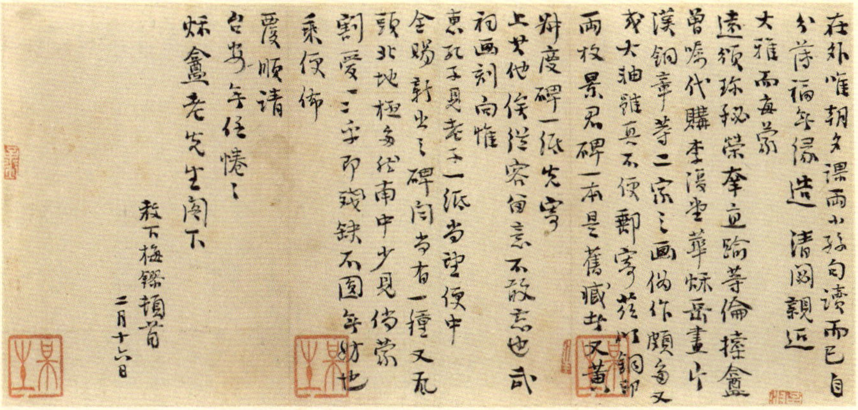

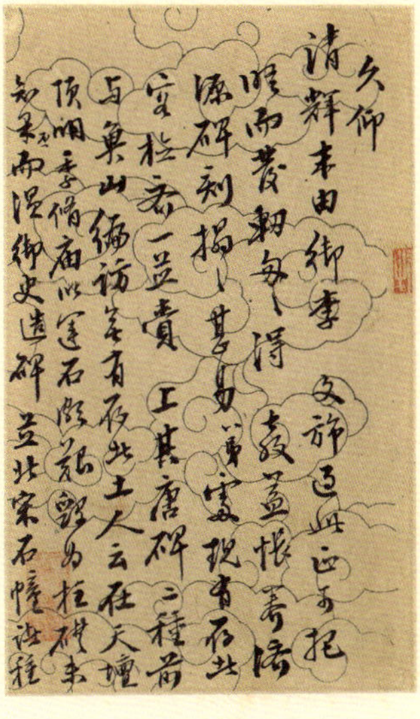

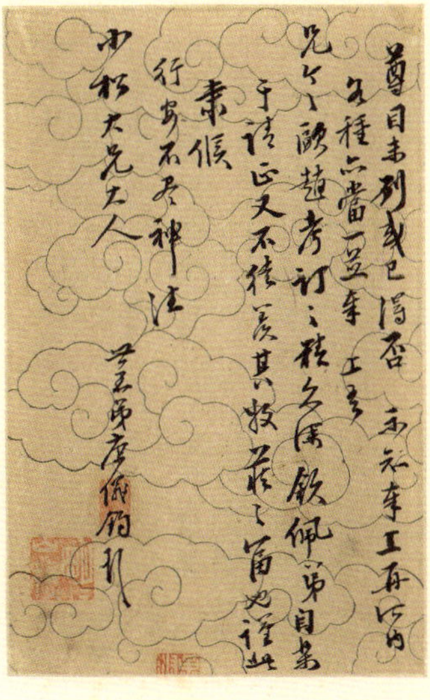

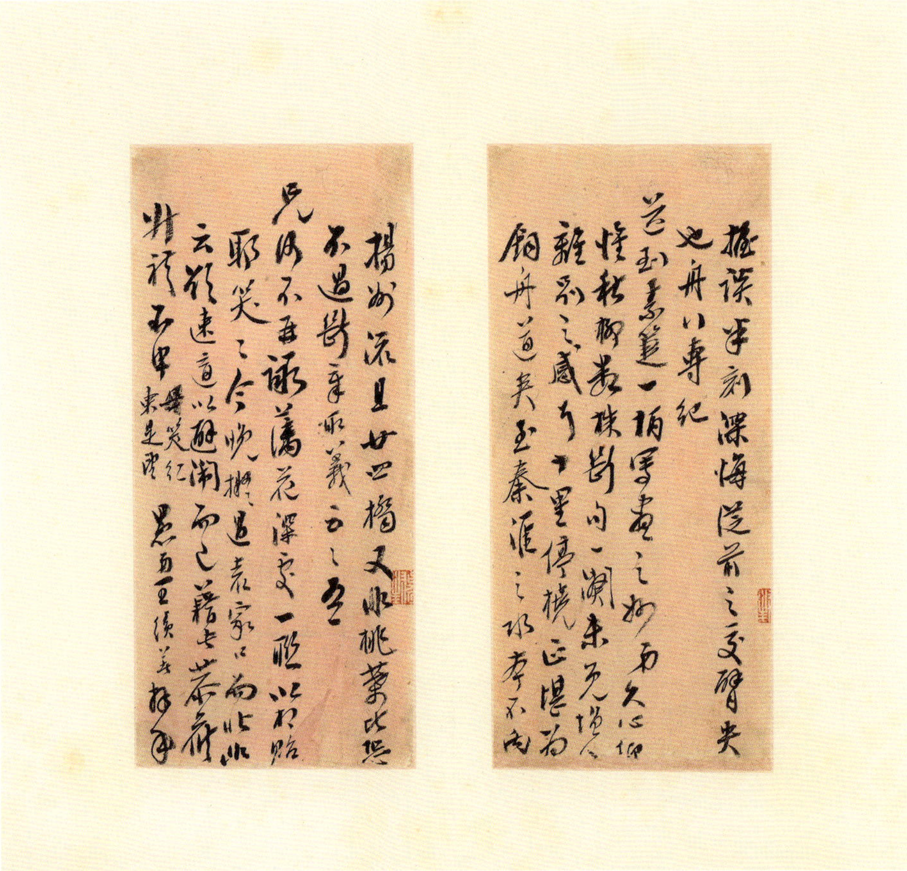

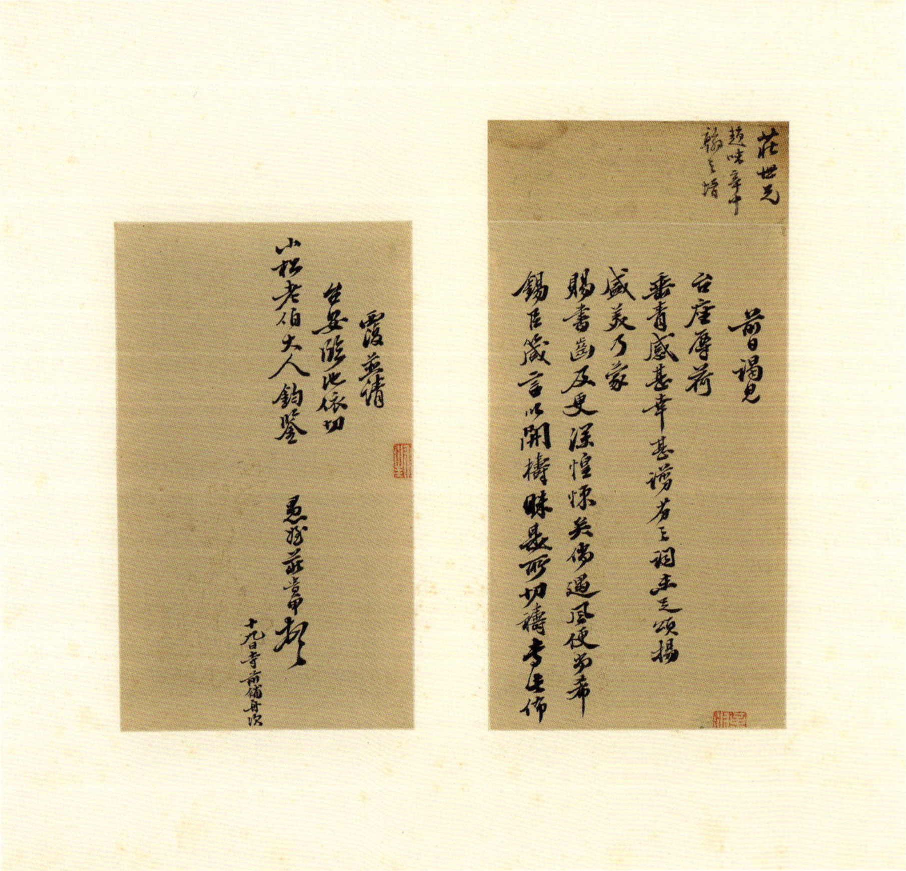

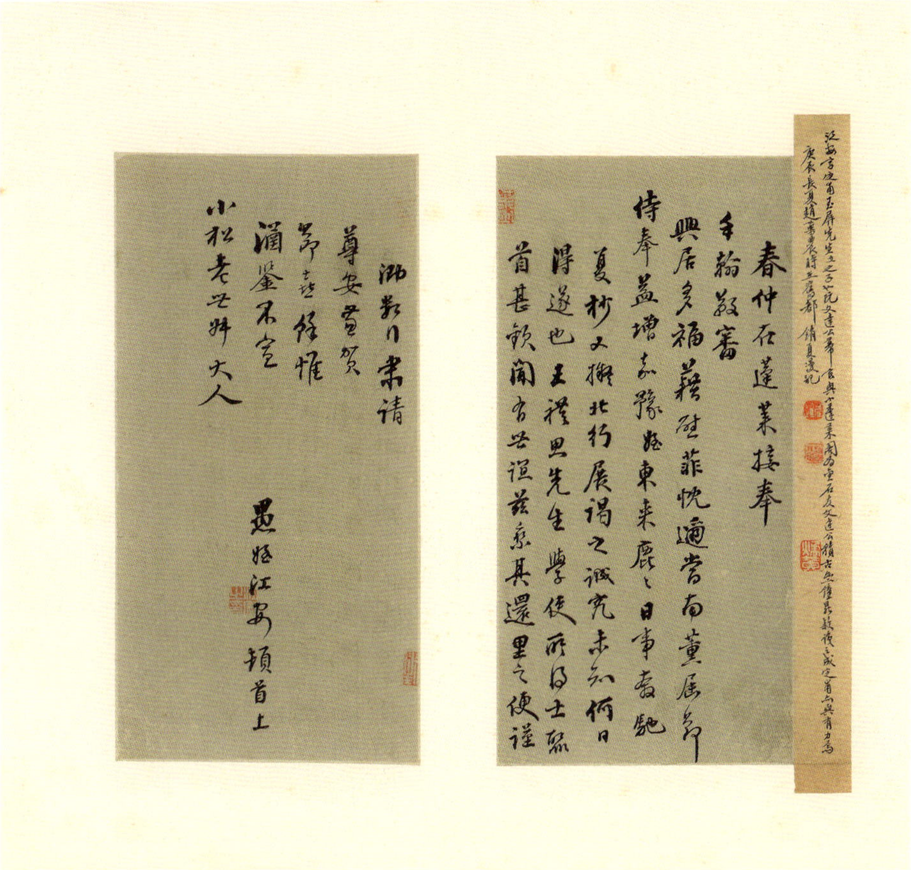

春仲在蓬萊接奉
手翰敬審
興居多福藉慰菲忱適當南董展節
侍奉益增□豫惟東來匱匱日事奔馳
夏杪又擬北行展謁之誠究未知何日
得遂也王禮思先生學使所得士
首甚欽聞其品誼茲京兆還里之便謹
泐數行肅請
尊安並賀
節禧維惟
涵鑒不宣
小松老世伯大人
愚姪江安頓首上

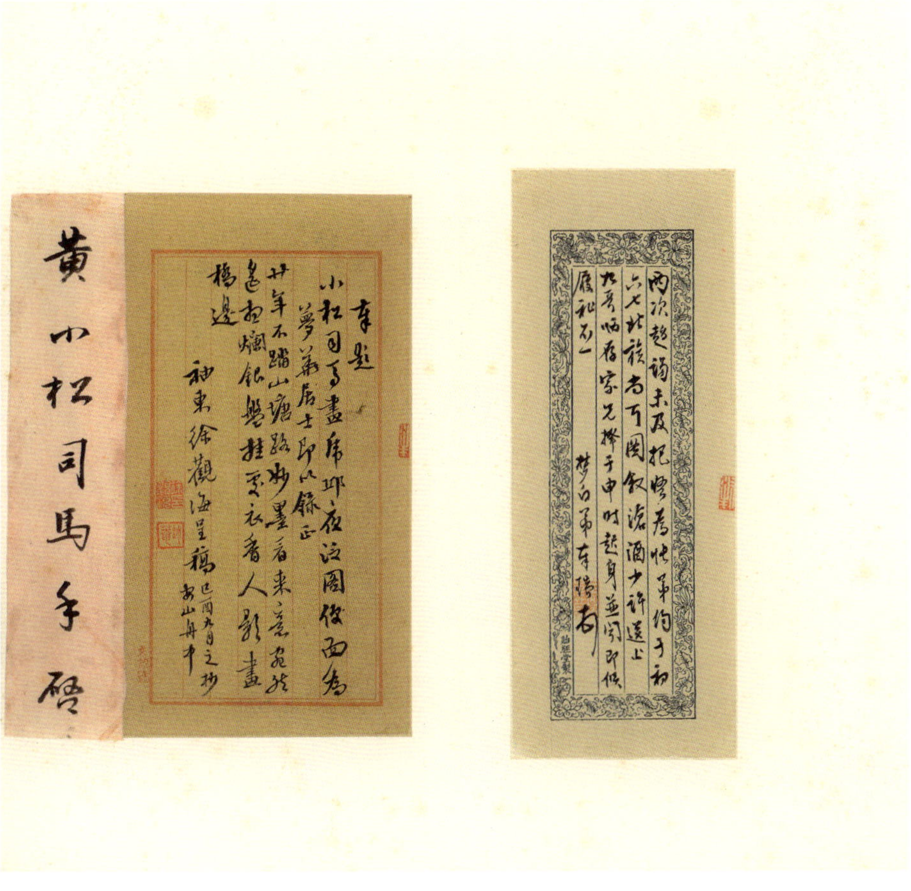

黃小松司馬手啓

奉題
小松司馬畫扇即夜泊圖作西爲
夢華居士即以録正
廿年不踏山塘路水墨看來意豈能
忘却烟帆與桂影衣香人影畫
橋邊
秋東徐觀海呈稿 己酉九月之杪
虎山舟中

兩次趨謁未及把晤爲怅弟約于初
六七日北旋尚可圖叙新酒少許送上
九兄哂存宋光擇于申時起身並聞即候
履祉不一
夢白弟奉璋

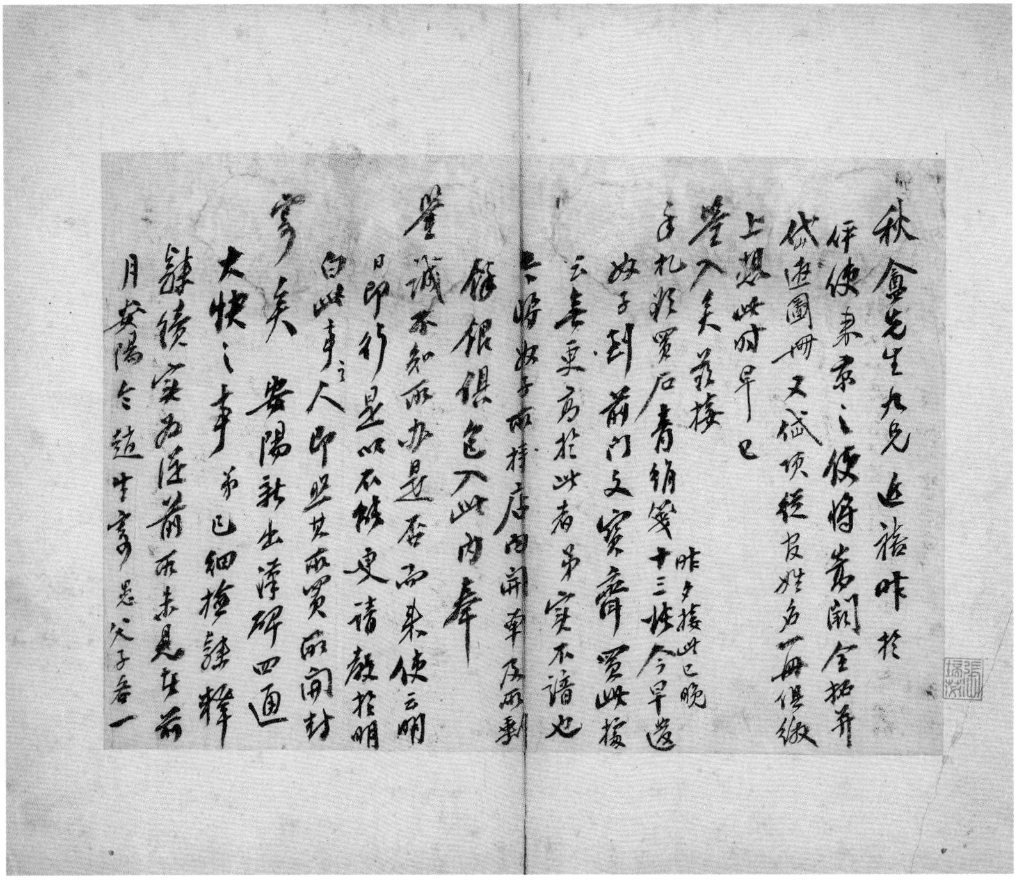

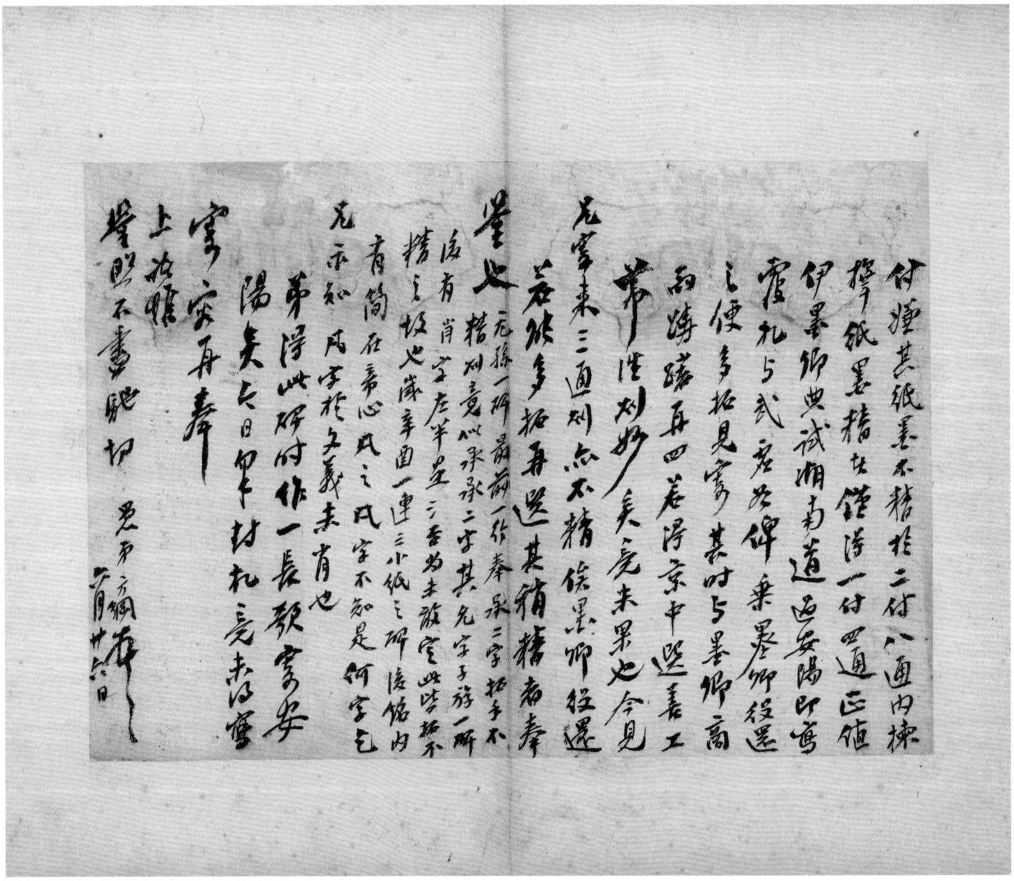

新 00087200-40/52 翁方纲致黄易《嵩阙札》

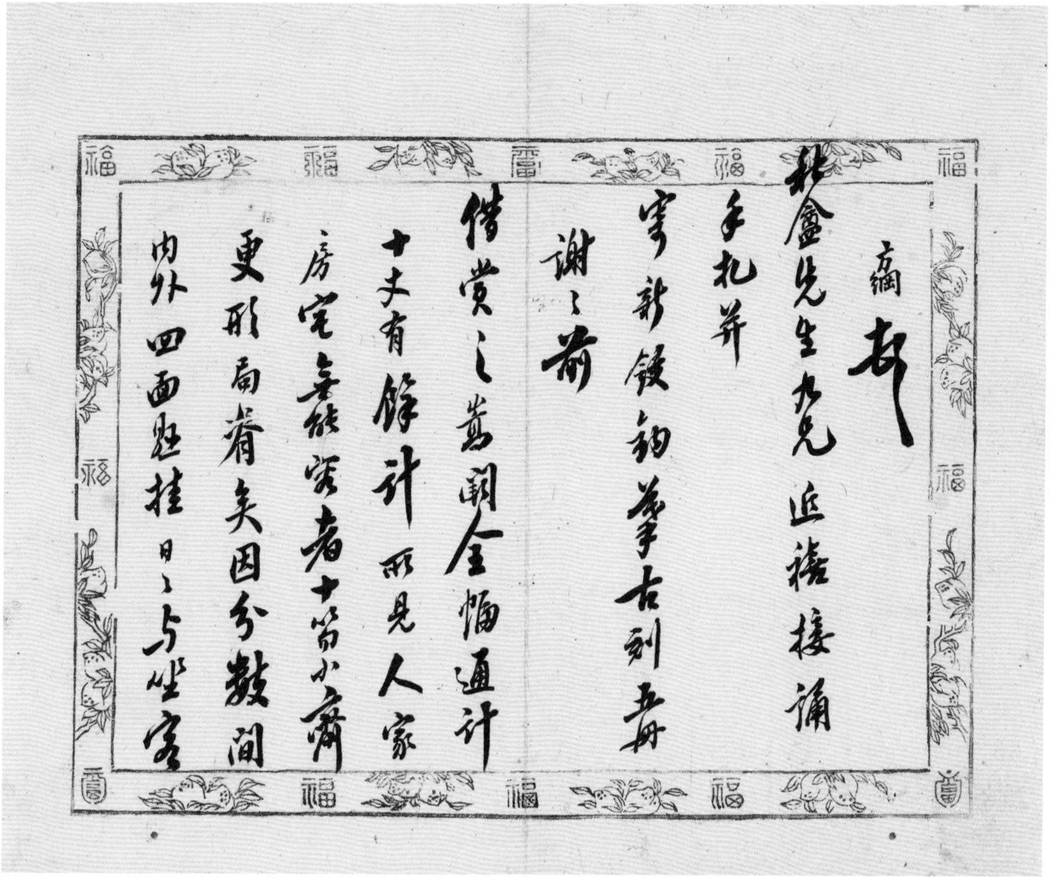

肅啓
秋盦先生九兄近禧。接誦
手札，并
寄新鐫鈎摹古刻二冊，
謝謝。前
借賞之嵩嶽全幅，通計
十丈有餘，計所見人家
房室無能容者，十笏小齋
更形局脊矣。因分數間
內外四面懸掛，日日與坐客

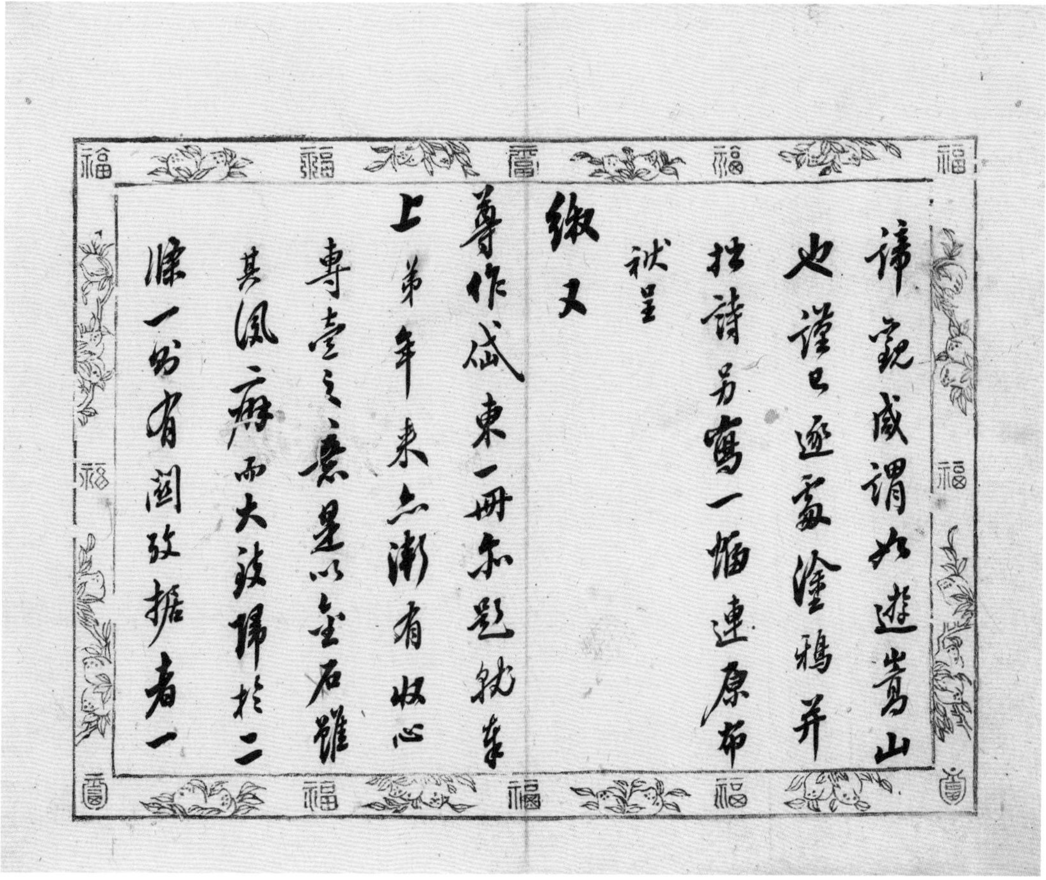

諦觀，咸謂如遊嵩山
也。謹已遞寄塗鴉，并
拙詩另寫一幅，連原布
祇呈
繳。又
尊作儀東一冊，尔題就奉
上。弟年來亦漸有收心
專壹之意，是以金石雖
其風雅，而大致歸於二
漢，一物有關考據者，一

新 00151509-1/2 翁方纲致黄易《新镌札》

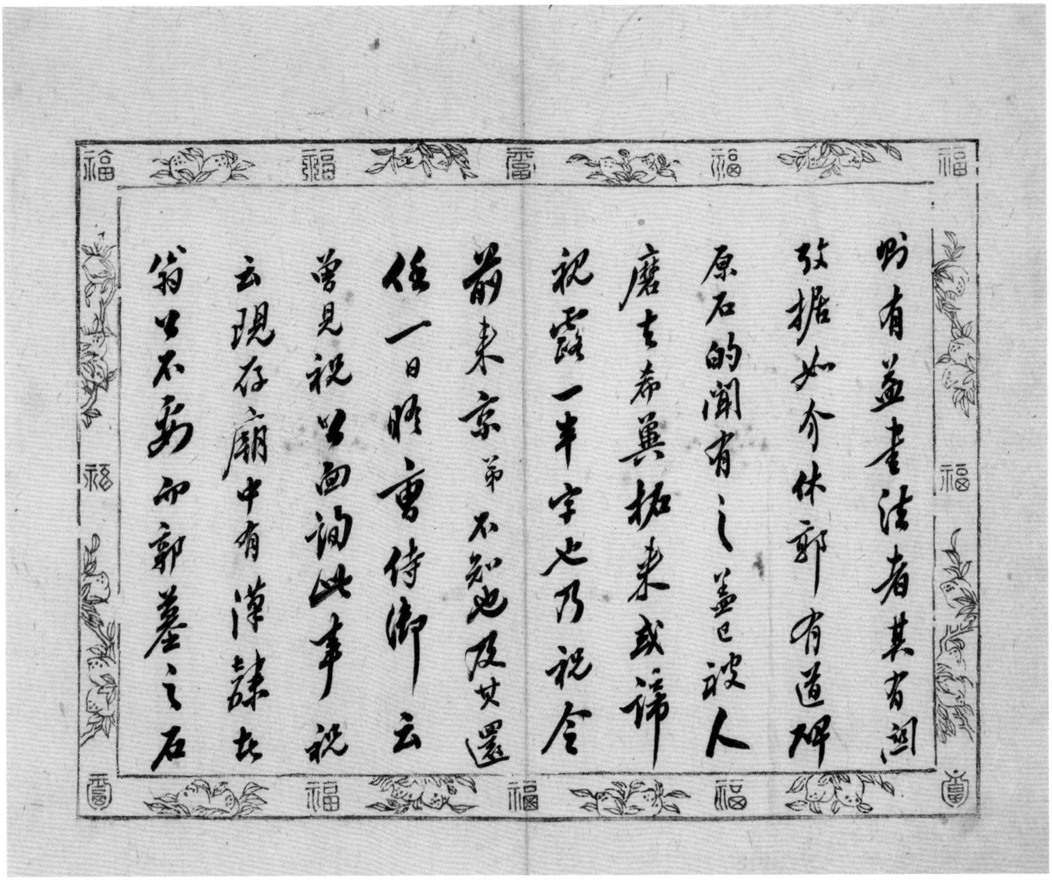
好有益書法者其有涵
碑拓如介休郭有道碑
原石的聞有之（蓋已被人
磨去）希冀拓來或論
祝霞一半字也乃祝令
前來京（弟不知也）及其還
任一日晤曹侍御云
曾見祝以函詢此事（祝
云現存廟中有漢隸也
翁以不知而郭碑之石

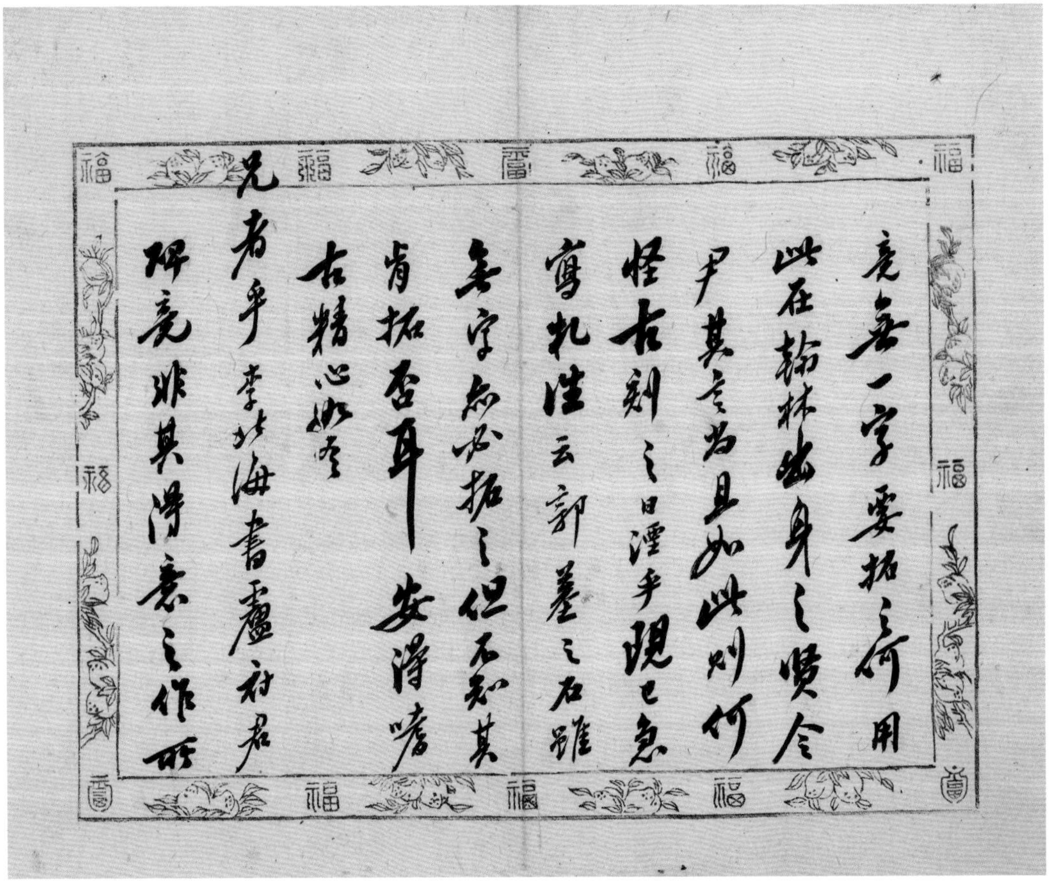
亦無一字要拓何用
此在翰林出身之賢令
尹其言尚且如此則何
怪古刻之日湮乎現已急
寄札往云郭碑之石雖
無字亦必拓之但不知其
肯拓否耳　安得嗜
古精心如老
兄者乎（李竹海書盧府君
碑亮非其得意之作所

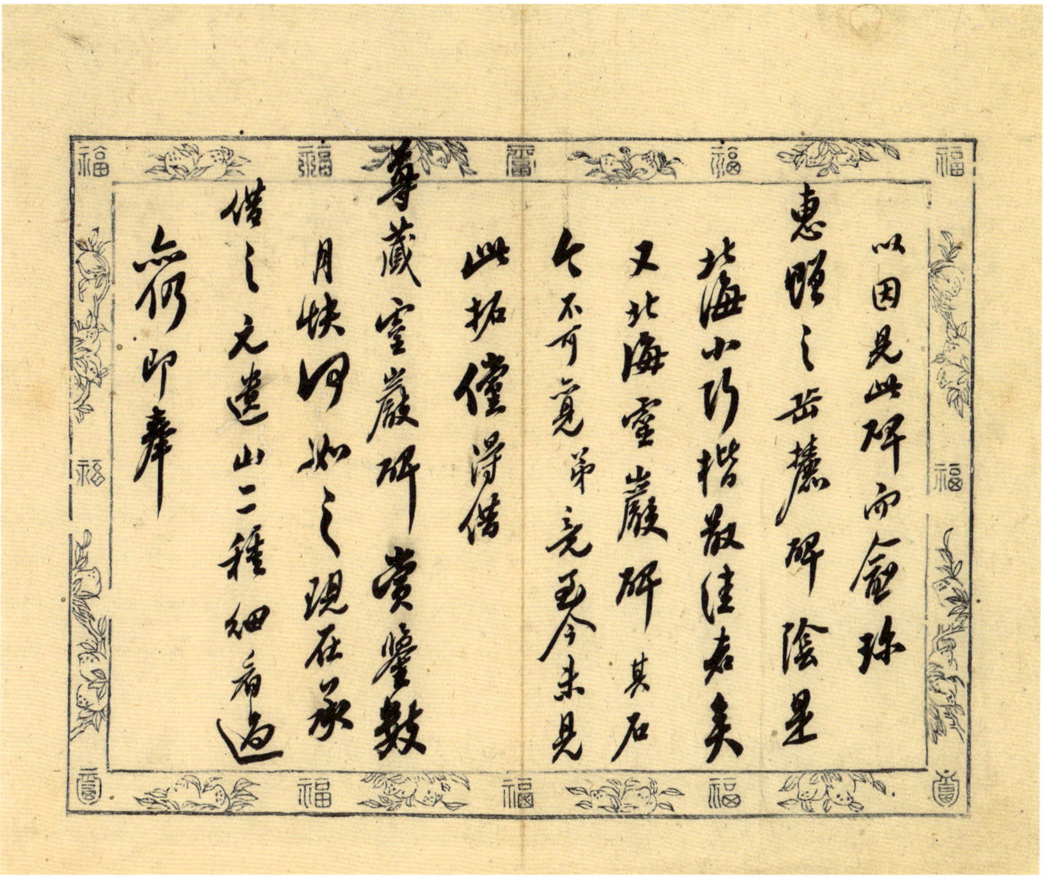
以因是此碑而念珍
惠贻之岳麓碑阴是
北海小行楷最佳者矣
又北海云麾碑 其石
久不可觅 弟竟至今未见
此拓 倘得借
尊藏云麾碑 赏鉴数
月 快何如之 现在家
借之元遗山二种 细看过
旋即奉

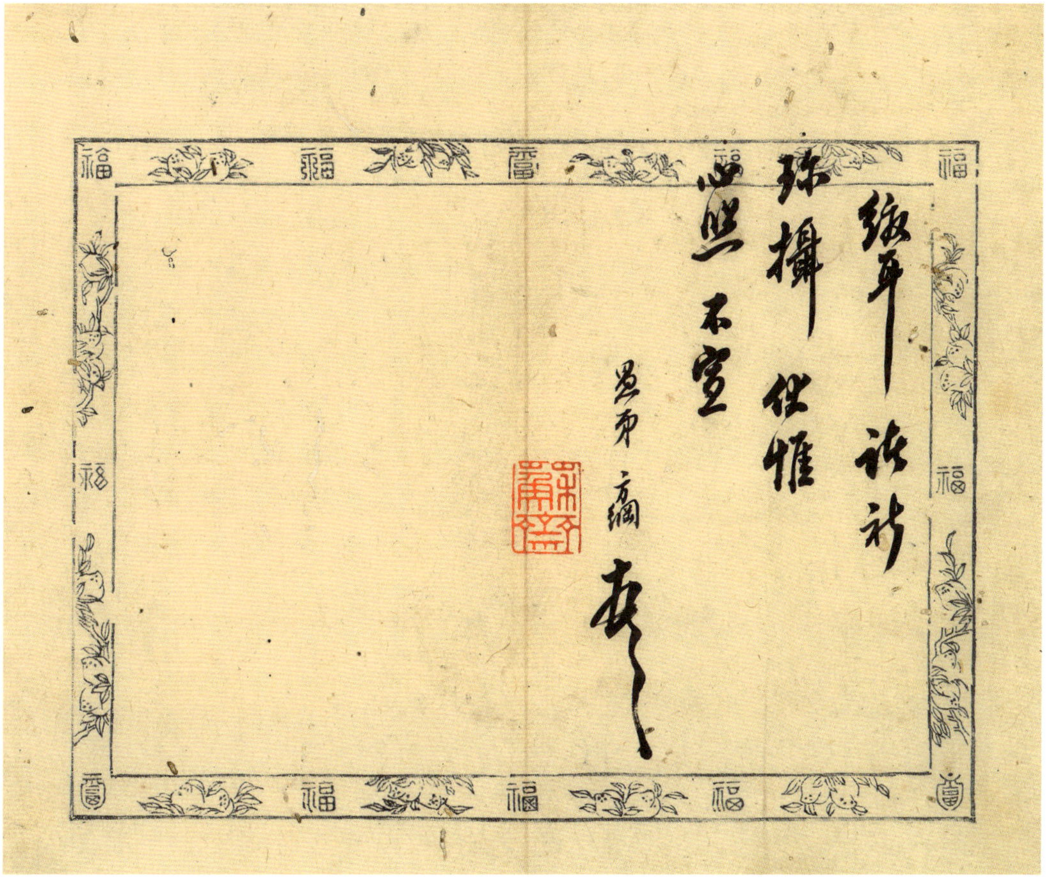
缴耳 敬祈
珍摄 伏惟
心照 不宣
愚弟方纲顿首

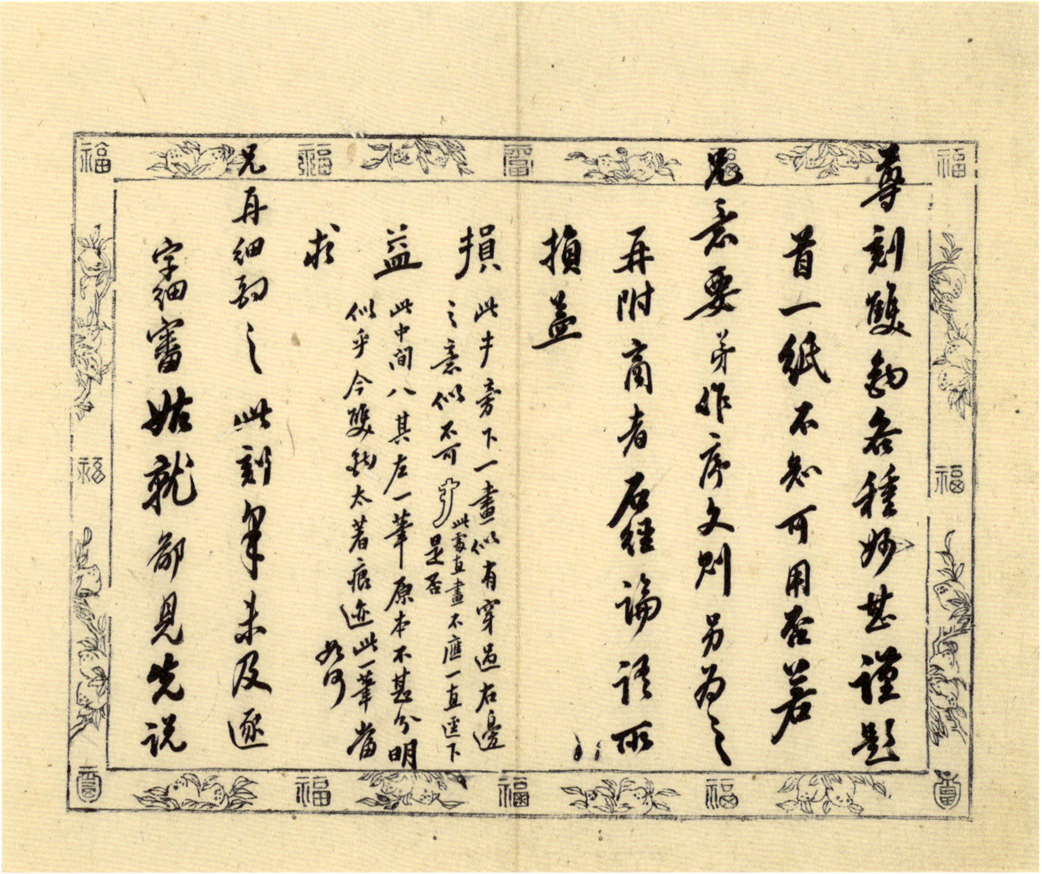

尊刻雙鉤各種妙甚，謹題
首一紙，不知可用否。若
見示要另作序文，則另為之。
再附商者，石經論語所
損益
損　此手旁下一畫，似有穿過右邊之意，似不可。此字直畫不應一直垂下，是否？
益　此中間八，其左一筆原本不甚分明，似乎今雙鉤太著痕迹，此一筆當如何？
求
見再細勘之。此刻[illegible]未及逐
字細審，姑就鄙見先說

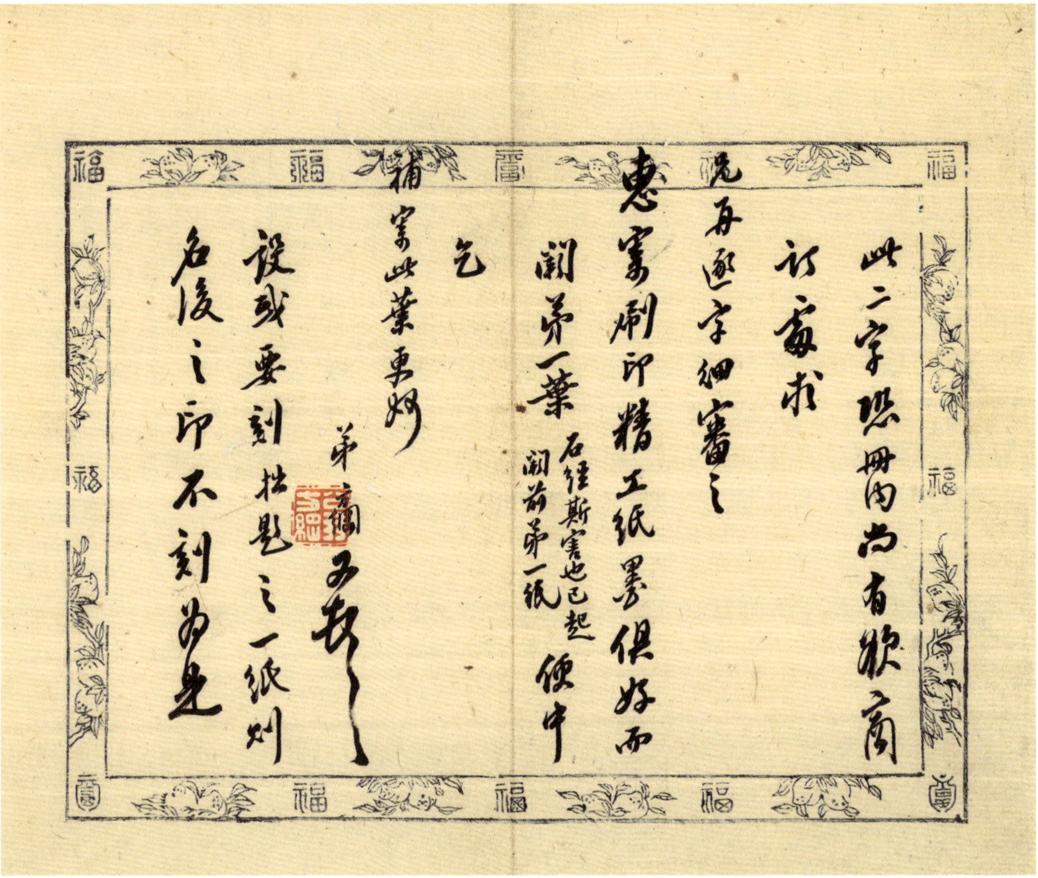

此二字恐冊內尚有，欲商
訂，敬求
見再逐字細審之。
惠寄刷印精工，紙墨俱好，而
闕第一葉　石經斯害也已起，闕前第一紙　便中
乞
補寄此葉更好。
弟易頓首
設或要刻拙題之一紙，則
名後之印不刻為是。

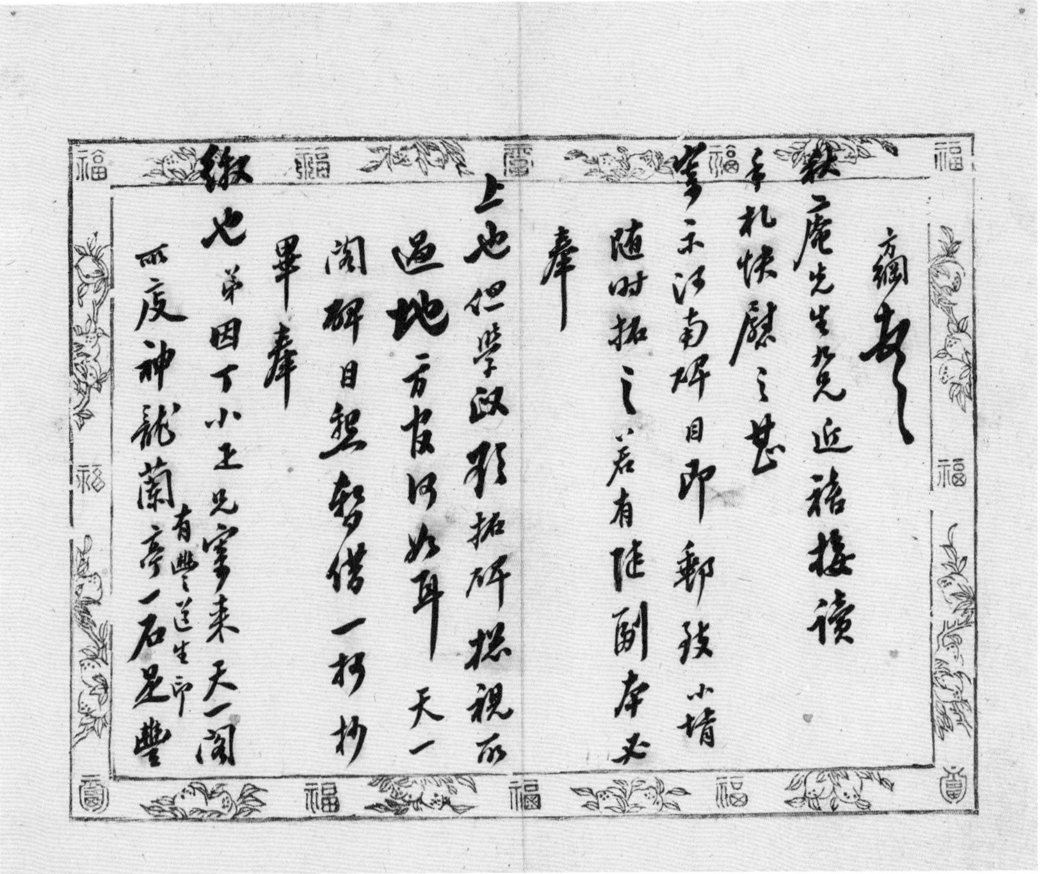

方綱頓首
秋庵先生足下：近諸接讀
手札，快慰之甚。
寄示河南碑目，即郵致小情，
隨時拓之，以後有陸副本來
奉。
上也。但學政衙拓碑，總視所
過地方官何如耳。天一
閣碑目想暫借一抄，抄
畢奉
繳也。弟因丁小疋兄寄來天一閣
所度神龍蘭亭一石，是豐（有豐道生印）

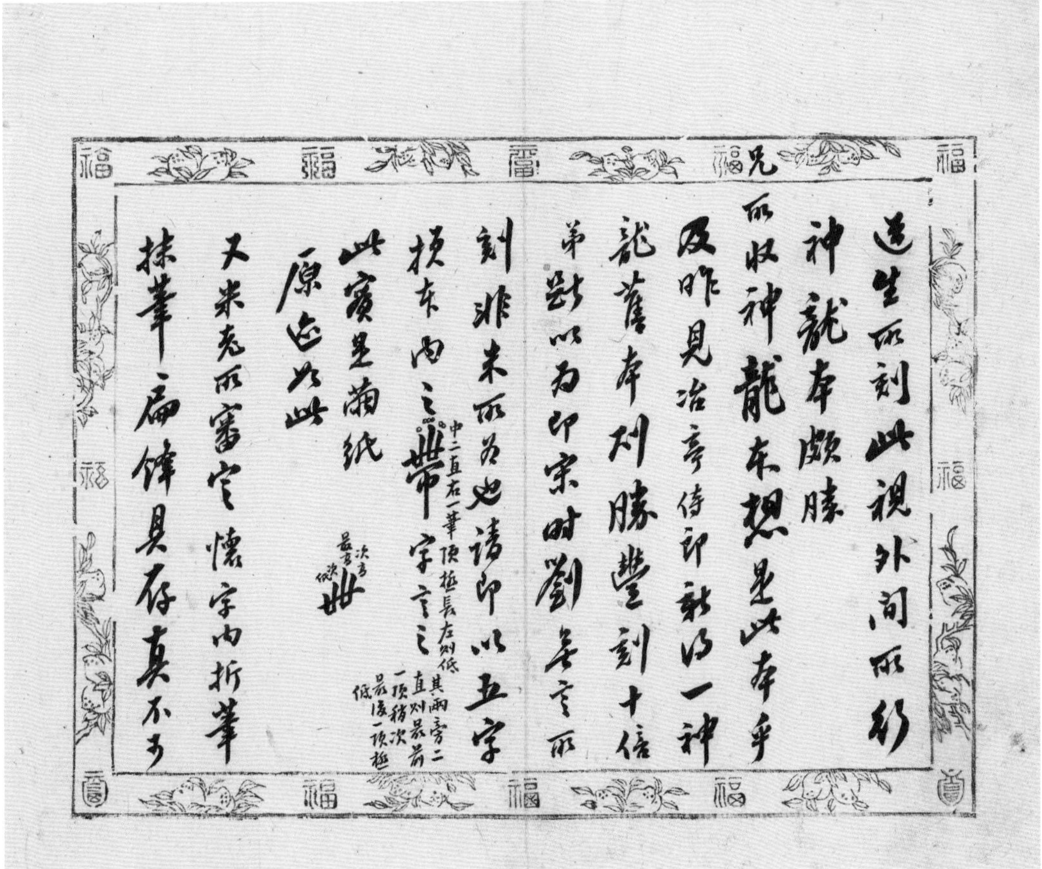

道生所刻，此視外間所行
神龍本頗勝。
兄所收神龍本，想是此本乎？
及昨見冶亭侍郎新得一神
龍舊本，則勝豐刻十倍。
弟斷以為即宋時劉[illegible]之所
刻，非米所為也。請印以五字
損本內之"帶"字言之（中二直右一筆須極長，左則低；其兩旁二直則最前一項稍次，最後一項極低）
此實是蒲紙
原迹如此 卌（次高、最高、次低）
又米老所寫"它"字，"懷"字內折筆
抹筆，偏鋒具存，真不可

新 00151509-2/2 翁方纲致黄易《河南札》

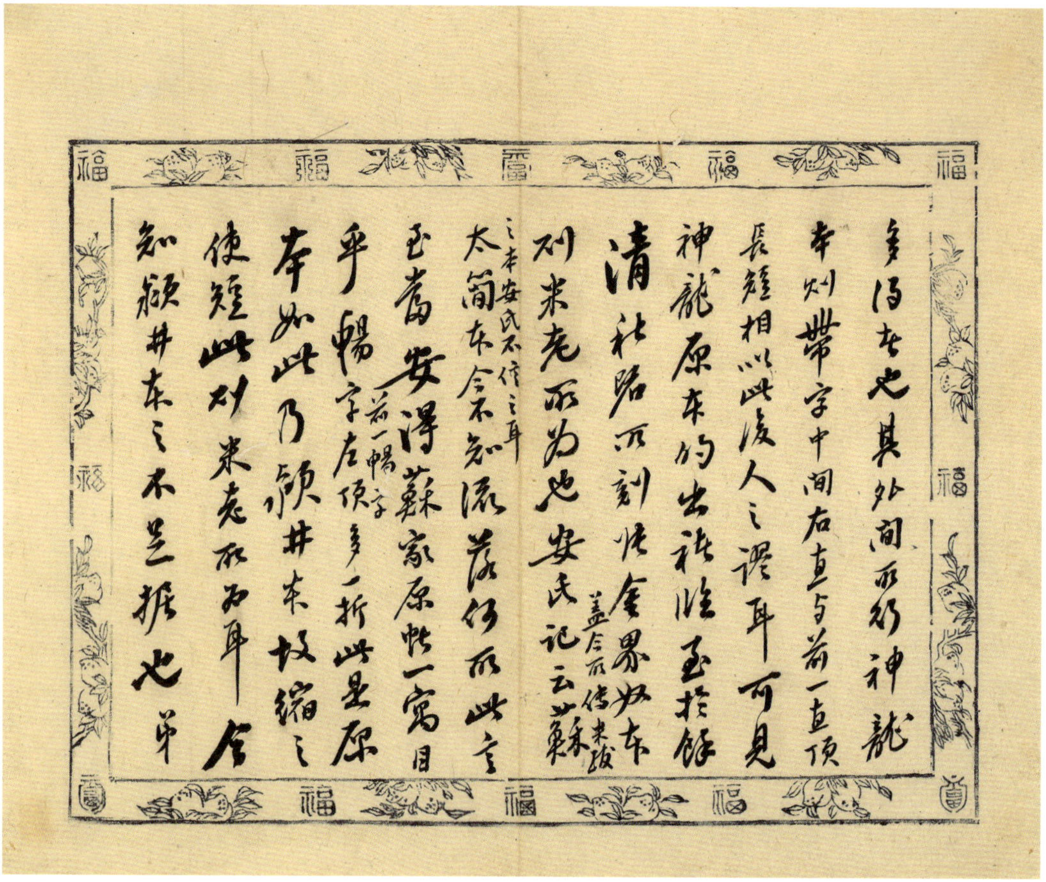

多得矣也其外间所行神龍
本則帶字中間右直與前一直頃
長短相似此後人之誤耳可見
神龍原本的出褚臨至於餘
清社路所刻作金界奴本
則米老所為也安氏蓋今所傳米跋記云蘇
太簡本今不知流落何所此之本安氏不得之耳
至高安得蘇家原帖一寫目
乎暢字右須多一折前一暢字此是原
本如此乃領井本較縮之
使短此則米老所為耳今
知顧井本之不足推也弟

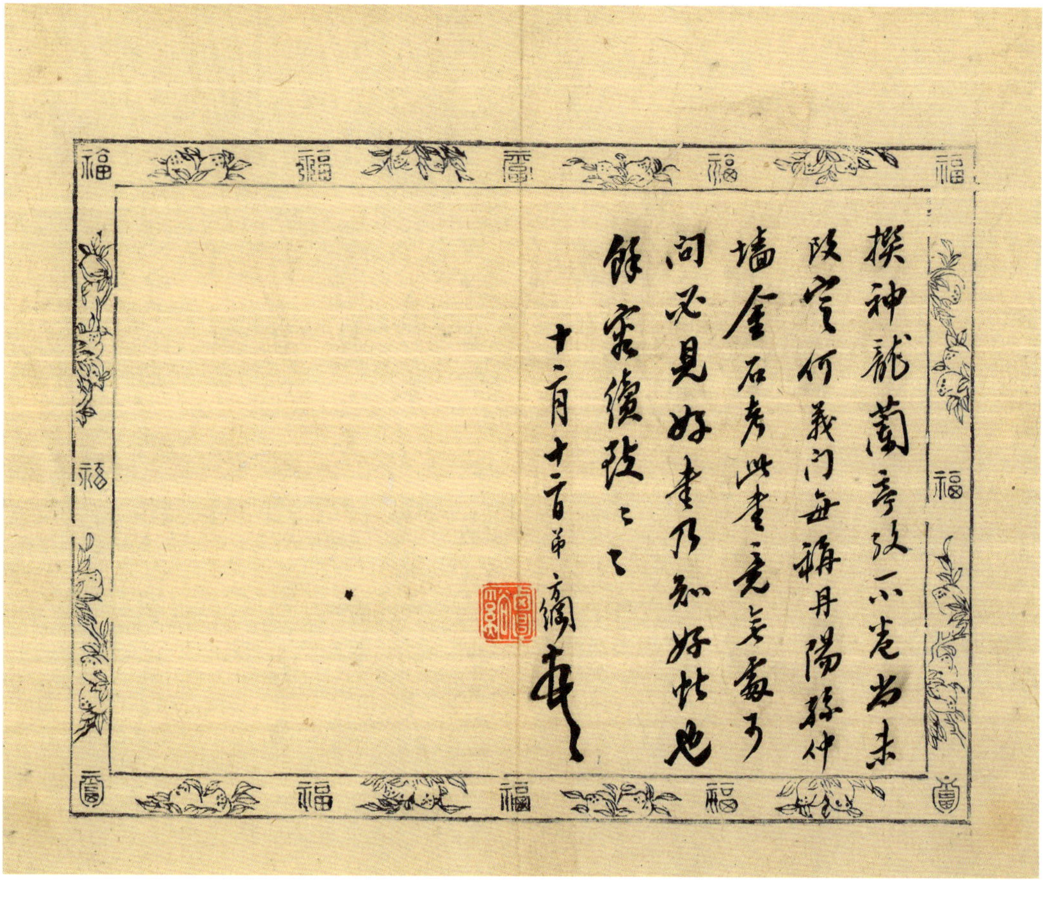

揆神龍蘭亭跋一示光為未
跋定何義門每稱丹陽孫仲
墻金石考此本竟無有方
問必見好本乃知好帖也
餘容續跋之之
十二月十三日弟易頓首

故宫藏黄易友朋书札（补充）释文

薛龙春

第一册

新 00133235-1-19/19 小蓬莱阁同人往返手札册（一）

1. 黄易致江德量：客腊得手书，如对颜色，满拟早抵商邱，便图促膝，讵知今日尚客兰阳，近日水益大，亳境如何？念切念切。《郑固》下方、《范式碑额》已烦李君铁桥拓取，许于数日即寄。普照横嵌一碑，有元（按：当夺“贞”字）年号者，至今未出。《金乡石璧（按：当为壁）像》弟无副本，喜此地为济宁往来之地，当徐图之。箧中所有已检上。北岳诸碑原不难致，然碑阴、碑侧唐人题名，每一碑多至十余种，竟不可胜计。弟在直谋之最力，所得者随手散失矣。今清河观察为致全本，捆负而来，高盈二尺，无一复本，可知其多矣。如张嘉贞篆额，每字径一尺，亦仅见也。钱献之在关中，乘华岳修庙之际，得金石五百种，唐以上百种，云留一分与弟，妙极妙极。潘恬庵先生碑半为李铁桥所有，弟惟有《瘗鹤》《郙阁》三四种而已。尊藏金石，便中乞开《目》示知，有缺者或可分寄，如何如何？顺候文安，临缄驰想之至。量殊大兄大人，愚弟黄易顿首。二月十有六日。

承惠诸幢，甚妙。鹿邑唐碑，俟徐图之。

钤“易”“小松”印。用“小蓬莱阁笺”。

2. 翁方纲：两次来缄，未得奉报，承惠寄《太白祠碑》，谢谢。昨献之自陕寄拓《唐明皇西岳华山碑》只余半字者四，极可宝，辄双钩一本奉呈（是驾、如、阳、孕四字）。又汉隶“自然之性”一碑，于近日虞山叶氏所著《续金石录》中见之，文与兄藏本同，亦云不知其姓名矣。所贻汉画石刻残本尚未暇考证，余再悉。暑暍，保摄为要。临颖驰切。五月廿八日，方纲顿首，秋菴先生九兄侍史。

外小诗一纸奉政。

钤“文渊阁校理”印。用“玉连环 燕誉笺”。

3. 翁方纲：接读手札，备悉近祺。承惠隋甎拓本并篆印，谢谢。济宁诸碑，最要者《郑季宣》之前面也（今反在背）。又《太白酒楼记》是篆书者，亦恳留意。其武昌《怡亭铭》一得即封寄也。外有献之奉寄一函附上，奉候日祉，不既。弟方纲顿首，秋盦九兄文侍。三月廿八日。

钤“宝苏室”印。用“梦诗帖笺”。

4. 余集：使来，接读手书，兼披雅照，如聆绪论、如近霁光矣。匆促之际，遵谕□□、钱两公□□□，弟亦谬附于后，所谓疾行无好步，真可笑来也。弟近状如故，不堪覼缕。承寄厚贶，祇领敬谢。兹因使还，率复并寄粗纸，以供染翰。不尽之言，统容续布。并候升安，诸惟丙照。上小松九兄大人，愚弟集顿首。初八日。冲。

读画楼主人已作古，其店事尚不知其仍旧与否，并闻。

外对笺十副、钱寄对一、图石一、书一、尊照册一、朱札一、寄朱书一。小松九兄手展。弟集。

钤“宜身至前迫事无闲请君自发再拜封完”印。

5. 邵晋涵：晋涵顿首奉书小松先生执事，别逾两载，履祉亨嘉。闻新撰《泲宁金石考》，不审已成卷帙否？向来著录家或仅得拓本，不免影附之谈，今以得诸目验者亲为甄录，雅才卓识，审覈精严，知断非王象之诸人所能几及。书成得先赐读，何幸如之。弟拟撰《方舆金石编目》，苦于见闻狭隘，不能不求助于大雅也。朱映湄三兄系弟至好，今下榻署中，得贤主为依归，闻之色喜。其学问之博，考订之精，谅有针芥之合耳。风便，顺候迩祺，不及覼缕。晋涵载顿首。十二月十六日。

钤“观书石室”印。

6. 孔继涑：顷接手书，如亲光霁，顿慰驰忱。并悉升任卫河通守，仍留节署辅理一切，欣忭无似。素稔长才理剧，上游引重，伫见荣祺懋介，骏业日新，今日莺迁，特发轫之始耳。侄森长途三月有余，感冒暑湿深重，疟痢并作，刻下虽已调治渐痊，但元气大衰，祇宜静摄，而河南之信杳然。倘毕制军处必须再亲自谒见，则久病之余，何堪复车马劳顿耶？以此日来心绪烦闷，殊不堪为知己告也。永清周公帖价银已如数领到，现在镌工乏人，故旧刻数种外附益者无几，谨呈锺帖一卷，即摹古帖之首也。又天瓶《临洋州园池廿四首》皆迩来所办，《唐宋元明杂帖》一卷再送全部，此外摹古第二取《三希》内之《曹娥》，才刻得三跋，正文未完。汇《蔡帖》一卷，甫得一张，各附上以观其大略。来银所取，照单寄上，乞为转交是荷。张司马乔梓既系贵相知，自非世俗之比，但弟僻处多年，少所闻见，竟不能道其族里行谊，际有便邮，希再赐一详示如何？使旋肃复，藉候荣禧，临缄驰切。小松世老先生，世弟禫孔继涑顿首。八月十三日。冲。

7. 吴锡麒：锡麒顿首，清鹏归，辱惠书垂问殷拳，且感且愧。惟念清鹏本因薄植，得荷栽培，以例生成，感何既极，乃复以春风远被，奖饰有加，锡麒祇奉之余，惟有益滋惭悚而已。至于一品集成，原非鲰生所能揆度高深，妄思窥测，况既有覃溪先生订定于前，麒又安敢引伸于后，惟思先太保既早邀知遇，而又获大君子托订知交，定不以萝衮之悬邃生分别，故敢谨承尊命，敬附一言，因清鹏假满还都，奉呈鉴督，并请台安，临楮不胜瞻依之至。锡麒谨启。（非致黄易者）

8. 梁肯堂：道阻且长，眷怀旧雨，远以画册□寄，足仞故人情重，深用感愧。弟暮齿颓唐，仰荷圣明重寄，未由报称。余发种种，余何能为，未知足下何以勖我也？日来文驾从事河干，不至支绌否？虽江州白傅，犹滞青衫，而堂上板舆□□□□，□君志喜耳。弟日暮途远，听政之余，一无事事，惟故纸堆中旧时生活不能忘情。所苦印章绝无佳者，特寄上一纸，非徒拜求铁笔，并祈以文石见惠。愧甚，泐此奉复，并候近嘉，不庄不备。同学弟梁肯堂顿首。

手书“晚香居士”“梁肯堂印”“春淙亭主”印。

9. 伊江阿：在州一晤匆匆，别来气味移人，数日不能释然也。将来公务略简，兄可过省城小住，盘恒（按：当是桓字）几天，妙妙。砚一方，拄杖一条，已转送石庵相国，赏其旧物，喜不可言，当作字酬小松云。庆大司马云兄曾见赠古画四卷，迄今思之，尚感也。钦使初六日夜由工北上，弟亦于初六日夜起程，初八日可到沛上，晤时当多作叙谈也。昨托王州之言已达到否？弟意漕船北上后当乘空奉请陛见，寻常可不进贡，此行须备贡数件恭进，方于心安。无如旧物中木石根、旧笔筒、水盛之类，若得数件为佳。价之多宽，不恤也。兄赏鉴家，法眼极高，可为弟谋之否？容俟面谈。此候崇佳，不尽欲言。愚弟伊江阿拜具。初五日。

或旧铜磁凑一都盛盘亦妙。

10. 玉山：握别两年，时深驰企，春间李济宁到都，得悉九兄大人履絇凝禧，鼎裀万福，为慰。弟戢影闲居，读《易》以消永昼。午睡之余，取所藏古人名迹一二种，翻覆展玩，必尽领其意而后收阁。所藏五代黄叔要《禽音和鸣卷》，袁清容收藏过者，元人题跋皆全。又郭河阳《栈阁图》。刘松年《柳溪访逸》挂幅。江贯道《江山不尽卷》，长三丈余。沈石田《长松卷》，有石田自题大字诗在卷端，后有文衡山题律诗。文衡山《山居图》。唐六如《潇湘八景卷》作四幅，更有每绝句，小行、行楷仿北海、松雪，佳极，章法四幅奇而秀。陈道樗《前后赤壁图卷》，韩道亨书两赋，书画妙绝古今。董文敏《良常山馆图》挂幅，又《着色山水卷》，孙汉阳八分书“无声诗”三大字标首。文嘉《春山访友》挂幅，细腻而文秀。迨及王石谷、恽南田，近如沈凡民、朱沦翰，笔难罄述。惟无吾小松九兄之画，每思良友，是用耿然。万祈于公暇挥毫画手卷一、册页一寄惠，以便收藏，至祷至祷。专此布候升祺，诸惟冰鉴，不宣。愚弟玉山顿首。癸丑五月廿日自手帕胡同寄。

刘春渚信祈转致，并祷。

11. 刘锡嘏：别后途间肃上一缄，定荷青及。迩惟九兄先生政祉绥和，为颂。弟路过陈留，李学沆明府言及该处学宫有断碑一段，是《周礼》而不全，不知何物。伊案上适有一册，当即索阅，乃篆、楷夹写《周礼》而残缺者，语以此是《石经》残本，当好好嵌入学宫壁上，齿扃，多拓数本奉寄吾兄并未谷、运生。窃思汉《三字石经》断不可得，开成者在陕省，宋高者在杭州，且亦非篆楷夹写者。正在怀疑，过临颍时，适王秋塍署篆，谈及翁覃溪先生属访此碑，语以现在陈留，而陈留令复以无有。弟尝出此册与看，伊语此即高宗御书也，杭州却久无此碑云云。弟思此碑楷法与高宗所书《毛诗》不同，又兼篆字夹写，心尚疑之。将来寄到，尚祈九兄指示也。至杭学内究有此碑石否？想平日曾诹询及之，并示为感。专此布问近安，不一。小松九兄先生，弟制嘏顿首。七月卅日信阳州发。

12. 刘锡嘏：王介亭已题，呈阅，希照入代致。墨刻二收到，谢谢。再：弟所心祷而不敢言者，案头奚铁生《美人》也，如蒙见惠，弟明年到湖上觅两幅奉偿，如何？希酌之。此祈九兄大人即安。弟制嘏顿首。

13. 归朝煦：恳代作禀、札稿各一件，午后付下，酌定再恳缮清，为感。此候不一。学弟归朝煦顿首。

14. 阮元：前在都门，快倾兰绪，饫扰郇厨，鸣谢无似。别来瞬息年余，无日不深怀想。顷接瑶函，欣稔老先生文禧懋集，雅兴日增，著嘉绩于保障河流，广搜罗于齐鲁金石，循吏儒林，兼臻其至，健羡何如。《武梁祠画像石刻》闻在紫云山，未识可一往观否？钱、江二君书已转致矣，今有复札奉上。再：江玉屏先生立令嗣定甫兄安亦现在署中，兹亦有书函致候。弟定于九月底按试兖州，届期藉可再图良觌，畅叙阔悰，方深慰藉耳。耑函布复，顺候升祺。藉完谦柬，临颖驰溯。弟名正具。

15. 阮元：前闻蒙恩授兖沂观察，欣慰欣慰。京差回，接到手书，知已出京，此时想久莅任矣。此席此时甚难，河工所管地段不长而险，斌公不妥不在于工，彼之所短，年兄断不蹈之，可以无虑。叶河帅（闻工程极熟）为众工元所服，应如何措施，遵其言而行之可也，大约汛期必有栉沐之劳，方保安固耳。所虑者定陶、曹县等处余匪是不能净，相连归德、考城。生在河南刚欲想法查办，而离之矣。十二月初内子由汴梁往曲阜，归宁路之所经，行旅皆有戒心，而钜野、嘉祥之冉固集纸坊，名声尤劣，闻有硬攘马骡多疋之事，并驿中官马而亦夺之，此班匪徒，如非余孽，另是盗贼，已属不妥，若仍是匪孽之遗，而姑以此尝试其技，以验文武之辨，否则不可矣。济宁署牧戴世兄与生最相契，年兄或与之密商，未知生所闻确否也。生自上冬入京，出京以来，日无宁晷，上年乃两湖阅兵之年，马公未阅，今不可少迟。故到任甫一月，今已出门往襄郧荆宜阅伍矣。秋间再往湖南，此间事不能整齐而□□人情最劣，昔闻楚人多诈，今乃楚官多诈，孤孑壁立以压之耳。肃此奉复，并候即佳，不具。莩君年兄先生，阮元顿首。二月廿日汉川途中发。（非致黄易者）

16. 赵辑宁：两年以来，音问不通，渴想之甚。每于晋斋兄处得悉尊体违和，不能写字，近日已勿药有喜否？去冬宋芝山大兄北上，作札禀候兴居，谅已收到。弟家居碌碌，无一善状可为知己告。老母丧葬事迟至今春始草草举行，而未能竟了。弟与陈秋堂三兄时时聚首，现在俱有馆，然不过四五十金，无济于事。孙渊如先生颇爱四小儿之琛，因阮芸台中丞欲刻续钟鼎款识，荐之琛摹写，颇为称赏，未审将来尚有益处否也。今因姜怡亭北上之便，匆匆禀问佳安，余不多及。怡亭亦嗜金石者，见之定多契合。秋盦九兄大人尊前，学愚弟赵辑宁顿首。八月五日。

外款识四种检收。

钤"素门先生"印。用"友益斋笺"。

17. 董洵：承招雅集，拙欲藉以聆教，奈前日冒寒，胃痛大发，竟至诸不能耐，不克趋赴，抱罪之至。尊委图章已刻成，交使带上，祈照入。专此，并候即安。容走谢，不具。洵顿首。

18. 戴经：去秋道出济阳，敬趋辕下，幸辱枉以车骑，复宠招于衙署。沃心饫德，罗山海之珍；目骇神惊，睹琳琅之富。别离千里，暌隔一年。伏惟老先生大人德随化雨，泽被春波，循见膺简畀而来日下，欢会之期，定能指日也。初夏因敝居停李公处运船之便，特申芜启，想已入典签矣。兹有蔗塘家兄，系现任太常寺少卿，名璐，近以奉讳南还，道由贵境，闻河水短少，舟行非易，家兄到州必当奉拜，敢恳老先生给付溜子，俾得过闸无阻，趱行迅速，则感勒之私不啻身受，想必定邀俯允也。至经索米长安，挂名太学。瓦砾之质，宁待价于十城；驽蹇之才，不致问于千里。素承期许，惟愧寸心耳。肃泐数行，祈为丙鉴，临池神企，并请升安，不尽缕覼。小松老先生大人阁下，晚戴经顿首。

19. 徐嵩：嵩顿首启小松九兄足下。春间相见，快披金石文字，嗣此北上，都无好怀，惟遥闻足下道履安胜，为慰。嵩五月出京，在山东省小憩，六月初一上泰山顶一宿，七月旋扬州，溯江而上，登大别山、黄鹤楼，归拂帆匡庐，过采石。自邗江渡黄来济南，江方伯、阮芸台学使皆有旧，为之少留，访五龙坛（按：当是潭字），晤桂未谷，备问足下近状。顷过德州，会梦华，又悉吾兄时有音问到此，甚可喜也。嵩今年行万四千里，得诗二卷，有"算来岁月非虚掷，万里江山一卷诗"之句。所委题《看碑图》，嵩于春间到京，时已分致渊如、王铁夫、何兰士、法梧门庶子诸公，或就或不就，此时都不可晓，容刻日到京问取。拙诗竟尚未成，当于岁内寄上也。嵩此番入都者，因秋帆先生、石君先生劝应天津召试，故冲寒而行。梦华亦需进京，又可多一同调耳。荷许作《嵩阳读书图》，祈挥就。顷读足下为梦华作《林外得碑图》，笔墨更古矣。专问小松九兄大人迩安，愚弟徐嵩顿首。十二月十六日德州寄。

第二册

新 00133236-1-21/21 小蓬莱阁同人往返手札册（二）

小蓬莱阁同人尺牍。丁卯孟秋，荔庵欣赏属篆，存道。

1. 汪端光：七月廿三，正何梦华起身来东省，未及裁候。廿四日奉到手书，快慰之至，弟近况碌碌，梦华当能述之。意兴阑删，毫无生人之趣，尝戏语人曰：笃信而不好学，守死而不善道。客无不为鼓掌者，兄闻之，当喷饭耶？余实无可述，惟有天末凉风，念君子何如而已。草此奉复，容再报，不宣。小松九兄大人，愚弟端光顿首。

2. 鲍廷博：二西南旋，蒙惠手书，兼分清俸，高情厚谊，何感如之？顷来省城，复于二西札中见九兄为弟区画一切，情词真挚，尤令人感激无地也，谢谢。兹届九兄五十荣诞，谨以旧藏《永怀》小卷并叶石君钞书五册，敬代春酒一卮，幸一哂存之。去使匆匆，不尽欲言，再容缕述。上小松九兄先生知己，愚弟鲍廷博顿首。

朗斋三兄处乞先致意，另容札候。

3. 金德舆、鲍廷博：十六日，湖舫言别，坐中晋斋、默斋、定甫而外，无杂宾也。早临是荷。小松先生。德舆、廷博订。

4. 奚冈：明日成行否？不及走送，罪罪。委裱册子、修幅等物及与云兄札、印、小册、箑子计大小十四件，望检明，为祷。秋盦九哥览。

鲍大兄要吾兄之西洋圆幅小画二幅起病，前岁见过，今特相恳，《聊斋》二部，陈奕兄呈到否？

鲍大兄又云：洋画意欲借观，如吾兄不得工夫寻觅，可不必矣。又及。

册子价计一两二钱，锦套价四钱，细纸裱画共七帧，每幅价一钱八分半，共银二两八钱九分半，作钱二千零廿六文，收过银一定，作钱九百八十三文，除收，净该钱一千零四十三文，望即付去，缘渠大病故耳。

5. 金德舆：小松九兄大人阁下，前味辛书来，述过济时种种雅谊，并荷垂念鄙人，惓惓慰问，望风怀想，感何可言。吴门归，接奉手翰，敬稔侍奉万福，政祉集吉，可胜额庆。画价六十金，书籍两箱，俱已收领，固彼时适有遣嫁之事，往来魏塘，致稽裁谢。既费清神，复劳使者仆仆，匪徒感戢，殊抱不安耳。所需小画卷册，特检稍可寓目者二十四件，拟价附览，未识合用否？至前存宋帖五本，半向戚友处集成，八折本系实价，况奉台谕，七折似不可少。《寿星》乃兰兄手笔，欲售此付知不足斋会银者，有八十金，方惬彼愿也。浣笔泉之作，拙劣殊甚，来书推奖过情，弥增惭恧。肃此布谢，并请台安。临书惓切。愚弟金德舆顿首。嘉平二十日。敬冲。

再者：来物合用与否，便中先祈示覆，俟将来过泲时走领可也。又拜。兰士属笔请安。

6. 金德舆：小松九兄使君大人阁下，夏间得朗斋先生来书，快稔侍奉万福，尊候辑佳，藉慰企祝之私。顷者复荷手翰，具纫注存。书画价一宗并画轴、碑帖两匣俱收到，琐费清神，感勒无似。春间交存朱毓翁信物，据云五月中已托贵友张先生带上，迩日想已达览，如有合用者，务祈留神。弟部署一切，颇费周章，舍亲眷属不能久待，已于中元前遄行，弟拟于九十月之交兼程北去矣。前件得销与否，务于弟未起身前邮示覆音，为感。

来人远至，未及一饭而去，怅甚怅甚。附上丛书两集，以足前函。又：弟偶得老伯大人法书楹帖，业已摹勒，谨将原书并拓本赍呈，伏乞察入。再：吾兄绘事之妙，久深倾倒，公余得蒙惠寄，感刻无量。并须尺幅，以便装入集绘巨册中也。专此布谢，并候升祺。临书不尽惓切。愚弟金德舆顿首上。七月十二日，敬冲。

外札祈致朗斋先生，为感。

前奉寄书画数：

王文恪《字卷》、李竹懒《山水卷》、王雅宜《洛神赋袖卷》，董思翁《岩居高士图卷》、丁南羽《罗汉卷》、黄尊古《渔父图卷》、沈石田《写生蔬果册》、项易庵《山水册》、王忘庵《花卉册》、张文敏《兰花册》；王友石《山水》、董思翁《细笔山水》、陈白阳《水仙梅花》、徐天池《右军书扇图》、戴莘岩（按：当为岩莘）《墨竹》、杨子鹤《春林散牧图》（俱立轴）；张成龙、宋石门、文文水、曹羲山水四轴（共一匣）；沈狮峰、徐昭质、项东井、恽南田山水四轴（共一匣）。共二十四件。

7. 桂馥：打碑人来，即遣往天柱山，住数日，空手回，云并无古刻。问其山形，乃误入掖县境内之大泽山。复令人导往，始拓得铭来。《郑文公（名羲）上碑》即在天柱山之阳，黄姓不肯搜寻，遂遗之。欲在遣往，彼有难色，抑郁而罢。馥亲登云峰山，搜出郑公《论经书五言诗》，土石埋数尺，使郭人掘出。又搜得题名一处，宋崇宁题名三处，政和题名二处，《郑公像》一处。所有云峰摩崖著录别纸。郑公《观海五言诗》有数字漫漶，幸有天启中指挥李宗仪重刻，在云峰之阳，字皆完好，再三令拓一本，以校原刻之阙，竟不听。此事汤公颇尽力，差家人同往监拓，为备饭食，供给纸墨，无不应付，而黄姓反多支言蔓语。《唐府君碑》额上有像，令连像拓一二本，谆谆说过三五次，终不应。甚矣此人之不足与言也！来札言付银十两，彼云代买许多东西，又拓许多碑，皆此十两，安有余银？益知此人之不中抬举矣。友人言，秦《之罘碑》尚在，被人推入水内，天晴水清，俯视即见，在福山县界海边，土人多有知者。惜登莱无一同好，又不能亲至其处，付之浩叹。前在都门，宋芝山以《郭巨石室画象》见示，中有一像，众人在船上共举一鼎，系纼两耳，岸上人分牵之，脱一耳。芝山命为作跋，以不解辞之。昨看书偶得其事，《南越书》云："熙安县山下有神鼎，天清水澄则见，刺史刘道锡常使系其耳而牵之，耳脱而鼎潜，继而执纼者莫不疾耳。盖尉佗之鼎也。"馥谓画像即此事，恨不速使芝山闻之，又无画像题其上，姑为执事述之。蔡碑三种奉还，张壁细看，似不及韩书，壁上有韩《告华岳碑》，在唐碑中自是上品。河南汲县西门太公庙有《太公吕望表》，曾拓得否？倘有副本，乞惠示。若无，则借看。近自号"老苕"，苦无人为刻印，今备一小石求刻"老苕"二字，横刻、竖刻惟意所适。惟眠食珍摄，不一一。复叩头，上小松司马执事阁下。十月十六日，东莱。

钤"鲁委巷人之言"印。用"汉瓦笺"。

8. 桂馥：昨托运生转致一信，料不浮沉，未审比日起居何似。复留省日久，甚穷迫也。惠制台于万里之外寄一书来，要山东汉唐碑刻。唐碑散在各县，急切不可得，欲先将曲阜、济宁汉碑为报。曲阜碑已托运生料理，济宁碑乞命打碑人全拓，工本若干示知酬之。望早寄来，欲就一妥便寄京也。惟保爱不宣。复叩头。

钤"老苕"印。用"模汉铜洗文笺"。

9. 桂馥：梦华来潭上同住数日，甫去，而运生来，尊书扁已张好，大为精舍生色。承惠画像，深感。梦华拓寄德州《高湛墓志》，墨色极佳，曾作跋尾，匆匆不及录呈，运生钞一纸去，可索看也。阮学台亦有意于金石，欲作《山东金石考》，此非一手足所了，惜同志无多尔。复自二月到省，稽留至今，监院一席本如嚼蜡，且同事有不相下者，极不欲就，但恐难辞尔。闻省城东山有龙洞者，山水最盛，且多六朝题名，拟九月中携一打碑人同游，倘有新得，当呈鉴。惟珍护不一。复叩头叩头。七月廿五日，灯下草草。

钤"老苕"印。用"模汉铜洗文笺"。

10. 桂馥：画理益深，妙妙。图中四人，我两人与覃溪、芝山二公也。一笑。承惠《汉印谱》，多向所未见，容静中细审另报。馥所集《缪篆分韵》，昨接京信，知司马舍人（名亶）出二十金，江秋史侍御出十金，刘明府（名大观）出二十金，秋冬之间便可刻完。《重订三十五举》，有郑三兄（名光黻）独任之，不过三十金，即附《缪篆》后，俟印来当寄上。近欲添《补遗》一卷，乞向南北友人转借汉印，不拘三印、五印，见印一纸寄示，日积月累，自足成书。《郑公像》奉上一本，《天柱山铭》求之半年，未得其便，因地方官俗物，不足谈，故默默尔。今得一富家，颇可托，所居去天柱山十里，应用杉杆绳索皆可供用，俟秋凉可遣一拓手来，即住其家，此事可办矣。韩、蔡书经眼最少，韩已见一斑，尊藏蔡碑，便中思假一看，交拓工携来，看过仍带回，或不至损污。

馥暂署掖学，冬底仍回省城监院。昨至登州，得见海市，附及，一快。小松九兄公祖大人，愚弟桂馥顿首。

钤“渎井复民”印。用“汉瓦笺”。

11. 吴履：今因小香差仆至泲，奉到两扇，祈先生随意一挥，即落秋渔款，缘秋渔再四代致恳请，履推托不得也。运台时时念及先生，谓不能长相聚处为憾耳。履再拜。

《五客图》已领到。

钤“履”印。

12. 吴履：不出城者三越月矣，闻湖上柳色已如深春，盖天时骤暖，人易多病，履欬嗽大发，两协作痛，鼻舌眼耳火喷五十余日，苦状无量，惟饮食不减为幸。绿饮一病十日不起，近稍得安，今接妙绘，当霍然也。尊纪来，接手书，知得馆伍河，且审起居佳健，甚慰所望。每忆与足下纸窗竹屋，披图啸咏其间，此乃生平大乐事，尝一念及，不觉神往。今闻得观快意物极多，心甚妒之，恨不能同叹赏也。小松九兄大人足下，履再拜。

13. 王复：去腊从吴大令处接读手书，是时适将北行，是以久稽奉复。兹际韶光明丽，伏惟九哥大人顺时集庆，老伯母大人康健胜常，翘首铃斋，可胜抃颂。复于二月初八日引见，仰蒙恩旨，仍返豫中，现将到省候补。赋闲半载，加以往返长途，积累更重，茫茫前路，时深冰兢。素蒙培植提携，至深至厚，尚望时加训诲，俾有遵循，是所望切。在京逗遛匝月，时见述庵、覃溪诸先生并穀人编修辈，亦时有文酒之乐。诸公皆想念阁下不置，见阁下画册，覃溪、穀人俱有题句，甚精妙也。匆匆肃此数行奉布，敬请台安，不尽。秋庵九哥大人阁下，愚弟王复顿首上。

14. 吴友松：友松顿首顿首，启小松先生阁下。友松客齐鲁间十余年，未尝一识先生之面，先生亦未尝知有友松也。而友松尝闻覃溪阁学言先生之好金石文字，方之欧阳永叔，有过之无不及。未谷言海内刻印章者寥寥数人，先生其一家也。念湖、竹虚言先生山水必传，燕亭、小芗辈皆盛称先生诗古文辞，友松由是渴欲一见先生。去年自济南赴曹州，迂道奉访，适逢按部河壖，故呈诗二十韵，于是先生知有友松之人矣。既知其人，则其人有所求将予之，而不忍拒之矣。友松爱先生之画与印章，犹乎先生之爱金石文字，先生能以一画、一印以副友松之望乎？友松自归观察升去后即就阳谷金明府馆，乘便拜书，伏惟垂照。友松顿首。六月廿四日。

钤“吴生”“性余”“吴友松印”印。用“汉瓦笺”。

15. 吴衔：阔别音尘，倏更廿载，缅怀景庆，时切瞻驰。春间拜到朵云，荷蒙拳注，临风三复，如挹兰辉。久拟肃报一行，而鳞羽莫从，徒深劳结。此值金风荐爽，秋序方中，遥惟九哥大人政祉双清，起居绥泰。侧闻循声令望，久已记注枫宸，即看特擢监司，超迁直上，定符臆祝也。弟邗江株守，善状毫无，风雨蓬蒿，栖迟漫赋，每忆昔年奉教，天各一方，不能奋飞，寸心何可陈述耶？仇五哥尚在珠溪，主宾相得，颖恬、咏清、东序诸友均托芘粗宁，兹乘敝友孙正斋兄之便，谨此布请升安，临楮神驰，不备。小松九哥大人阁下，愚弟吴衔顿首。

16. 兰德滋：月初家严奉命于役海塘，德滋随侍前往，得睹湖山胜概，于以知天挺人文，有所钟也。廿九日返棹袁江，快披云缄，对联苍秀入神，洵是必传之作。兼拜名刻，均当什袭珍之。感念注情，铭谢曷既。前承嘱附觅碑刻，今得“天下第一江山”及《金刚经帖》二种，谨特送呈法鉴。卸装匆次草泐，虔请升安，惟照不既。兰德滋拜手，启小松先生阁下。

钤“雨丝风片烟波画船”印。

17. 翁树培：顷接手札，伏惟尊伯大人福履绥和，政绩懋著，为颂。前有瞿公（忘其号，今忆似是长生）两札，侄总未作回札，实切不安。兹有致瞿公要信一件，恳老伯处有便人代致之，宁稍迟而必须妥为要。近日拓本无甚可观者，市有一《周敦》，是真物，极重厚，内款两行，在铺内匆匆拓出一纸（伯下“[illegible]”字甚精，不可识）。其价索卅五之数，并一玉顶及紫檀盖座，如连盖座买，则六十金矣。只买此器，再少些亦可。老伯如要，侄可代买，但无力能垫耳，稍迟又恐为人买去，惜芝山兄不在京也。近得一唐镜，文颇新。匆此不恭，即请小松尊伯大人台安，培顿首。十二月十四日。

前所寄“鲁王之宝”打本，想已见过矣。

钤“翁树培印”印。

又钤“哉龕”印，书：玉印文曰“哉龕”。

信封：黄大老爷安启，台号小松。

18. 翁树培：愚侄翁树培顿首，小松尊伯大人左右。顷接手函，极承关注，而半载有余，未获时修寸缄奉达，实深歉仄。迩惟尊伯大人道履亨嘉，起居绥畅，曷胜欣颂。承示簠盖拓本，此器培在都中见过，其器与款俱极真，微觉“[illegible]”字似经后人加以刻划耳。第一“郑”字，二似“姜”字，而第三字亦近于“姜”，二行第三字想是“簠”字欤。曩陆古愚、江秬香俱在令婿处同住，培特未敢冒昧拜晤，今尊札又是经令婿寄来者，培日内当造寓罄谈也。古愚有《成公瓿》，家君题数字，想老伯已见之矣。培近日毫无所得，昨宋芝山与倪稻孙等俱于八月廿一日出都，未知途间与尊伯相晤否？瞿镜涛之信，万祈觅便寄往，为感。冗次不尽欲言。瞿公札一纸收到，所辨龙兴之说甚当，原纸容再一次寄上奉缴也。愚侄树培顿首，小松老伯大人近安。九月八日。

19. 印鸿纬：后学印鸿纬顿首，谨上小松老先生阁下。曩从晋斋、梦华诸君子游，熟闻阁下弆藏之富，搜讨之勤，辄心向往之。猥以穷巷之士分隔云泥，未敢以荒函上达，乃于六月之杪阁下手谕先施，并赐教种种，雒诵之余，感愧交集。纬于此道虽嗜之有年，亦叶公好龙耳，荷蒙奖借，何以克当。家藏“听松”篆前为友人易去，现在遣人往拓，俟拓到时当觅便寄上耳。兹先奉到吴郡学宫《天文图》《地理图》《倪元镇像》《顾阿瑛像》《崇福侯庙记》《妙喜泉铭》《白云山慈圣院记》《南镇碑》《般若会善知识祠记》《续兰亭诗叙》杂帖数种，皆前见《蓬莱阁碑目》中未经收入，故以驰献。再有天台《桐柏宫伯夷叔齐石象》胸前篆书、丹徒学《麟凤赞》现欲往拓，如为邺架所未备，亦可分赠也。至敝邑古刻，仅有南翔镇唐石幢、集仙宫元碑、圆通寺赵文敏碑耳，如欲得之，亦可奉寄。惟鳞羽罕逢，路远莫致，奈何？吴郡中如有贵相识可以转达之处，祈为先容并开示姓氏、住处，以便托寄。再：纬于先生笔精墨妙向往多年，今不揣唐突，敬将素册一本奉上，祈于公事之暇，杂书篆隶真行满之，留为印氏子孙之宝，幸甚幸甚。谨此复谢，恭请升绥，不尽驰企。小松老先生阁下，后学印鸿纬顿首。

钤“印赓实”印。

20. 印鸿纬：去秋韩蔬香东游，曾附一函，《麟凤赞》《显德石幢》，未识韩公能不作殷洪乔否？嗣于大成号奉到钧翰并惠墨宝，琳琅溢目，贵拟十朋，喜可知也。春和，伏维老先生阁下官阶特晋，福祉茂绥，曷胜頟庆。鸿纬蓬茆下士，所得几何，即偶获一二，皆司空见惯之物，《赵国令》不但未购，亦且未睹。《华山碑》亦祇于丙午岁借辛楣先生长君之物，留之案头数月而已。尊札委觅南碑，一时未能汇集，今先奉上数种，余俟续寄。鸿纬亦欲得北碑数种，青州墨山红丝砚之佳者，物色数年迄未一遇，阁下能为我备致之，决不虚叨雅贶也。武氏祠更为式以庇古刻，甚盛举也，兹奉到白金二两，以代一椽之助而已。敬此缮请春福不既，翘歧小松老先生阁下，后学印鸿纬九顿。二月初吉。

《隋南宫令宋君像碑并阴侧》《行唐邑龛莲华经》《龙藏寺碑阴碑额及两侧》《获鹿县金刚经》《城武孔子庙堂碑》《升仙太子碑阴上中下三截》《宋徽宗训士子诏》、又《戒石铭》《东坡雪浪石铭》《米元章书颜平原碑阴》。以上求代觅。

第三册

新 00133237-1-17/17 小蓬莱阁师友往返手札册（一）

1. 何琪：令侄来，接诵手书，兼承厚惠，感谢无既。小儿在署，搅扰不安，惟是初作远游，诸务未谙，敢祈锡以诲言，是所欣幸。至渠此来藉得枝栖，去从何适，尚望指南。前札□急之处，殊惭不揣，无如家累纷繁，复遭歉岁，性虽磊落，神不佑之，是以年来陈汤匄贷之事，不一而足。虽承良友多情，此心终耿耿耳。然思杜子春有呼天之悲，浣花翁有仗友之句，又未尝不藉以稍慰也。来札云云，敢不仰体。顾水非江汉，终胜蹄涔；鹏翮摩天，不比病翼。定怜垂白，不烦饶舌于广长；倘荷回青，自必沾光于舍卫矣。临颖驰企，并候升祺，不既。小松九弟，姻同学琪顿首。

令兄《西域记略》鲍君以文刻入丛书，仆跋于后，另稿呈教。并请伯母大人老福无量，阖署康宁。

《西域记略》跋：西域自张骞凿空而后，遂通中夏，又得班、范两家载其山川风土，不啻瞭如指掌矣。今上平定西陲，所谓三十六国者悉入版图，轮台特其一隅耳。户口之蕃，物产之富，宜其视昔有加焉。黄君宝田戍是地十余年，凡所见闻，记其大略，盖喜国家幅员之广，身忘羁绁，而视同乐土，可知也。宝田与余居同里，其子元鼎予婿也。闻君归有日矣，旋以病没。时令弟小松官山左，望风悲号，募人走万里外舁柩以归，并刻其《轮台诗》于保定。今年复命元鼎归葬其父，是编元鼎携带行箧，君故人鲍氏以文见而爱之，附刻丛书，庶几与诗并传，意良厚焉，为识数语于后。癸丑七月朔，何琪书于小山居。

钤“何”、“琪”印。

2. 何琪：去冬曾泐寸函奉候兴居，并附呈拙书楹帖一联，谅俱览入。兹际椒花献岁，梅萼迎年，缅维老弟政祉增嘉，潭禧骈集，曷胜颙祝。昨岁承荐广信张刺史处馆事，深感关注。张公于十二月中旬到杭，并未过舍，月底从朱春泉广文处（朱公名钰，湖府教授，与张公旧交）寄到老弟手札，并言及老弟推荐，脩脯系二百金，张公之意言广信地近，仅肯百二十金，向春泉云，如此数可定，当即延请。春泉并属先往拜会，仆不得已，脱略车笠之谊，于二十四、五两次往候，均未接见，并知张公二十六赴任矣。至正月初七日，敝本家春巢（春巢名承燕，候补训导，与方伯至亲，亦住如皋）来，送到关聘一副，上写金百二十两，管理笔墨事件，并无修志之说。春巢并云，广信公令兄方伯素常仰慕，知其延请之事，从中极力怂恿，刻送关聘，实系方伯之意也。方伯并约仆十五日往会，廿一来回拜，廿七请酒，是日偕春巢晋谒，草茅下士，深荷谦光，属仆束装相待，俟西江遣役来迎，再定行止。兹六小儿偕四舍侄赴直，道经济上，令其叩谒崇阶，先此肃函布达。六小儿初次远游，诸未谙练，素承挚爱，务望进而教之，倘能稍润行色，则拜德更无既极矣。顺候升安，统希雅鉴，临池神溯，不尽。姻同学何琪顿首，小松老弟台。

前寄王峙中兄求书画绢三幅，谅已照入，便中望即一挥，得即寄掷，感甚感甚。

朗斋三兄不另札，乞致候并道意。渭符之事亦颇知之，仆以苦言劝解，鄙意老弟禁其无益酬，何如？

3. 何琪：关河间阻，音问久疏，常从府报中或友人处藉悉老弟政祉增嘉，潭喜骈集，欣慰奚似。又闻公余之暇，情殷考古，搜罗碑版不遗余力，金薤琳琅，定充栋宇，虽欧阳永叔、赵明诚诸公亦不多让，将见风雅之名与金石并垂不朽矣，曷胜健羡！仆年来株守里门，一无善状，兼之食指浩繁，殊多竭蹶，笔墨所得，不敷家用，久拟买舟来济，于老弟谋一枝栖，藉申契阔。惟是年光老去，势又不能远游，兹特命小儿震伯耑诚晋谒，实因坐食维艰，万难搘拄，兼际米珠薪桂之秋，不免时呼庚癸。令亲家潘兰公时同吟砚，种种苦况，其所深悉也。务祈老弟解囊资助，以救燃眉，即望德音，是所祷切。耑此布渎，并候升祺。并希叱名恭请伯母大人金安，顺贺潭吉，不一。小松老棣台，姻同学何琪顿首。三月四日。

厚贶不能稍答万一，此刻小儿亦属罗雀掘鼠而来，又不能略修微物，少申敬意，惭愧无地。总之托钵情形，惟知己谅之。外诗册一个呈正。

4. 何琪：去冬泐函奉候，谅登记室，迩维堂上吉庆，阖署凝庥，可胜欣贺。张公相延之事，其中曲折不能备述，令侄渭符自能转达也。今已定是月十二动身。藏经纸十三张带去，未知售否？何如？并此去契合与否，须听下回分解。惟是盛心推荐，感激之私匪可言罄。渎者：素有至好项金门兄，名墉，号秋子，工诗好古，王兰泉、袁简斋诸先生俱相结纳，来杭每主其家，朗斋三兄所知也。老弟书画图章金兄素所倾倒，兹有印石一方，托琪转求篆刻，作两面印，一刻“项墉之印”，一刻“秋子”二字，敢恳推爱，稍暇务望奏刀，盖渠想慕已久。老弟或亦闻其风而重之，不至久稽案头也。又去冬寄上绢素，俱王峙中兄奉求八分对一副，山水一幅，便中亦望寄来，嘱嘱。专此布意，并候新祉，不既。小松亲家，姻同学何琪顿首。三月八日。

六小儿附粮艘至北直，大约五月初道出济宁，另有一札令其面呈，又及。

外澄心堂纸诗一首，兼请朱三兄正之，不另写。其纸在都转阿公署中出观，其真赝虽不敢必，然不能不信其真，惜大仅方寸耳。

5. 何元锡致汪远孙：弟功何元锡顿首。《辽史拾遗补》一册，新自吴江杨公令嗣处借来，特交令母舅转致，祈查收。前假《二俊集》及《五代史》乞检还为幸。此致并候，不具。小米大兄照。十四日。

尚有友人托售《辽史补表》，稿本三册，价十六洋。再送上。（与黄易无关）

6. 潘庭筠：顷接手书，敬悉太亲母大人福履延禧，亲翁大人升祺懋庆，潭署福绥，欣忭之至。渭大兄荣行时，嘱面达一切，想俱蒙朗鉴。承谕吉期，谨遵台命可也。惟惭寒素，不能稍备薄奁，悚恧之甚。所示六月间行聘之事，弟与亲翁九哥多年好弟兄，承爱许附葭莩，竟可不须费心，若衣饰之类，随分数件，只消尊纪携至，不必如俗间过盘，不但省诸浮费也，小女将来在膝下，俘可随时赏赐。今蒙见谕，意趣相同，敬佩之至。大小儿同来，弟到临期酌量，可来则来，若俗事较繁，则未定也。家父读台翰，深为欢悦，命笔恭候，统惟慈照，并请近安，不备。姻愚弟潘庭筠顿首。四月二十三日。

7. 黄烜：八月间，范大哥过淮，接吾弟手书，稔知伯母大人精神矍铄，福履康吉，并政祉嘉畅，合署凝庥，甚为欣慰。承寄茧绉并大姊银两收到，谢谢。愚此时缘居停委署淮北，批验所暂驻淮安，离济较场下稍近，而寄信亦甚乏便。兹乘安丰赵公护饷入都之便，特泐数行，奉请伯母大人懿安，贤伉俪福禧，十弟、弟妇、侄男女辈安好。愚于前岁缺满之后，承方公相邀新兴，方公名恩承，号雯涛，乃前关部方体玉之侄孙也，甚为相得。直至今岁四月始将家眷仍回伍佑居住，将来有信寄我，于运司守领衙门转寄，即可收到。七月间朱妹丈率大甥扶二妹柩回里，愚遣人同去，并字寄渭符大侄杭州看地，今接吾弟书，始知大嫂仙逝，渭侄在济，则看地之说又在未定。明春倘居停有差，愚亲身赴杭，方克有济。葬事定后，当来济请伯母安，并叙廿年契阔也。愚现三子二女，长培厚（十一岁，《四书》已完），次培宽七岁，已念书，三子今年七月才生，长女六岁，次四岁，人口日众，进益日少，且年已就衰，须发渐苍，眼力甚丑，甚可惧也。吾弟处阿胶谅可得佳者，望乘便寄些须与我，盖因合药要用耳。兹赵公匆促趱路，不能久延。大侄毕姻，未能致贺，容再寄贺。泐此奉达，并候升祺，不戬。小松九弟，愚兄烜顿首。九月廿五日灯下。

家中大小平安，毋庸记念。十弟、渭侄均此致，不另。沈浦兄望致候。赵公名琳，字梦倩，与余甚相好，倘过闻有相烦之处，乞遣役导之。又托。

8. 江清：敬启者，日前孙敞友赴济，肃具寸缄，并呈徂徕石刻各种，谅邀鉴入。新泰《孙夫人碑》额刻已拓到，兹特驰送三张，又碑文二张。《宫山汉武碑》县志载碑已全剥，尚存碑额"汉武皇帝之碑"六字，今劣匠可恶，复将元重修汉武庙泐碑拓来二副，悮为汉武原碑，续当再遣工去，拓后当即飞致。特此驰布，并请崇安，不宣。愚弟期江青顿启。榴月十八日午刻。

再禀者：卑职奉呈联纸一副，敬求法隶，又卑职儿子求书横幅一纸，忝在梓末，兼荷垂青，定不以琐渎见责也。又：残碑二种，砖字一种，均系向自家乡三茅观及三竺道傍拾得者，石质颇坚，厚可尺许，未识是何寺碑刻，附呈法鉴，并望指示，为祷。卑职清又禀。

《重修朝元观记》，在岱麓升元观前楹，今改名三元宫。

《升元观牒》，在观后楹。

《范致君题名》，在王母池西后土庙西墙下，为草屋夹室所蔽。

《吕洞宾诗》，在王母池东吕祖洞南石壁。

《安陆题名》，在王母池庙门外槐树下，石首有穿，当时盖刻于旗竿石者，《县志》释安隆题名，下半截数字系掘土剔出，并侧字一条，县志皆不载。

《补塑释迦佛像记》，在县署大门内东土地祠西楹下，其西列《重摹李斯刻石》。

《开元磨崖》，一副。

《泰阴碑》并额，共六张，后有"泰阴碑"三大篆字，约三尺许，未拓。

《白龙池题名》，共九张，未全。

《重修三阳庵记》。以上四种，系前任拓存，纸甚恶劣，并有未全备处，俟亲访阅后令工摹搨，再行呈上。

9. 江清：月前孙敞友回泰，带到手书，承指示一切，兼为小儿题跋各刻，古雅绝伦，足征九兄博综学力，特具只眼，倾佩无既。《孙夫人碑》已得其额，系《晋任城太守夫人孙氏之碑》十一隶字，作三行，前为俗匠遗漏，今又专工去拓数十本，并《宫山汉武碑》，约明后日可到，到后当即飞呈数本。此碑在新泰东南地名张庄之东北隅，离城四十里露处，无碑阴，碑内侍中、侍郎等名，后周已无此官，其为西晋无疑。迩来九兄必参订详查，续后当装裱一副，敬求跋尾焉。徂徕诸刻已拓到，质之《道里记》，尚少《冠军题名》一条，系在文殊师利之上，容再寄呈。惟聂氏释文尚有未备处，如"诸"字、"边际"字、"晦明"字、"法"字、"思量"字、"犯"字、"限数"字及"菩萨摩诃"等字，想从石上手扪意会，未及拓视故耳。宋郡尊所刻书有《泰山述记》《泰山小史》二书，《小史》板已携去，此本向绅士借得者。又《赵氏游草》一册，卷帙均不甚多，兹并附呈，希九哥阅后，或录二本，即将原书掷还。再：前述述嵩山少室东阙题名第一人是江孟，此姓在家醴陵公之前向未见闻，洵可参补族谱之缺，千祈惠赐一本，为祷。孙敞友在泲多蒙雅爱，饫扰郇厨，谢谢。二小儿由孙敞友述知尊斋鼎彝、碑刻，无物不古色斑斓，已如遥望崑冈，心驰目眩。秋间当令其趋叩崇墀，以弟子礼晋谒，第未识樗栎散材，大匠肯进而裁成之否？太和、大历等残字非亲至其地不能搜索，从缓定当得之。惟《冥福院牒》前年移建书院时曾有人见之，后被督工者毁作料用，不知砌于何所，无从寻求，为可惜耳。兹先附上《徂徕石刻》三种，《述记》《小史》《游草》三种，《冥福寺石幢》一种，伏冀检收。又呈上南物四色，聊以伴函，并希哂纳。肃此，敬请福安，余容续布，不一。小松司马九兄大人犀照，愚弟期江清拜启。小儿禀笔敬谢，并请崇安。五月望日。

钤“听鹂山馆”印。

10. 储润书：昨贵役回东，一行奉复，匆次未及细陈，想可鉴谅也。随园尚未有回音，端砚与画幅已觅有一二，俟《随园诗话》寄到，即由唐观察奉寄也。兹有友人孙正斋先生，品学兼醇，尤精于青乌之术，访友来东，道出任城，丐弟一言以为晋谒龙门之介，希祈推爱嘘植之，感佩何似。顺此布候近安，兼颂升祉，不备。小松九哥大人。愚弟储润书顿首。八月初二日，冲。

11. 邹蔚祖：小松、虚谷先生阁下，蔚祖既于六月识虚谷先生，今又遇小松先生于洛下，不可谓非厚幸。但恨匆匆邂逅，不获毕叩所藏，又不如竟不相值之少一牵挂也。昨稔两先生重作龙门之游，甚欲追陪杖履，观两先生手扪萝壁，探索遗文，而尘鞅驱人，寸步不能自主，系枥之驹，处笼之雀，自分无福追步飞仙。虚谷居址相近，当有晤时，而小松先生来此不易，觌面失之，不胜怅惘。东坡云“弃官如弃泥”，蔚祖视此官更泥之不若，所恨泥深没胫，拔足不易，但此志终不难遂。惟愿两先生天假之年，使荒榛蔓残碑片石无一不归搜罗之内，蔚祖裹粮从公，对两先生如对千百古人，则诚此生之幸也。小松先生手著金石考订，海内皆知，今行箧既未携此，他日有便邮到秋塍处，肯尽赐教否？此番豫中所得古碑，传拓不多，但求指示其处，蔚祖自可续购。先尊人遗刻，昨幸略观，未睹全本，此百余年名宦遗迹，而当时同游诸先生又皆吾乡人，于蔚祖原有夙分，且安知蔚祖三生前不曾曳裾蹑屐，亲见当时盛事乎？此不可不以赐阅也。小松先生隶法直追古人，洛阳无好纸，且先生游踪甚忙，故不敢遽求，已与王太令言，嘱其俟中舄回，过偃师时，为备宣纸，敬求大笔，幸勿见拒（蔚祖字霞城，亦行九）。虚谷先生著述昨幸窥一二，以后尚求赐教，付秋塍见寄，以广见闻而祛檮昧，感甚。薄赆十二金，少佐小松先生膏秣之需，不惟其物，惟其意，当亦先生所不忍却也。虚谷先生处此时竟不敢将意，容当稍展芹私耳。秋光满目，游屐都爽，不胜健羡之至。并请台安。蔚祖顿首上书。

12. 袁廷檮：使者来吴，得阁下三月十四日书，藉悉起居多福，深慰远怀。承赐《云山图卷》，廷檮即将手简装池于后，已乞钱少詹暨榕皋诸名公题跋，以志阁下之敦交重诺，先泽可传不朽矣。感此琼玖之投，惭无桃李之报，容觅扇头，以供清玩。廷檮于首夏移居枫江之滨，架五砚楼以藏书，又筑诵清芬室以藏先世翰墨，而阁下所赠之二卷，即居其中。然则今日之得成此室者，皆拜阁下之赐也。春间廷檮与诸同人久望旆从过吴，可追随数日，或读碑订史，或载酒寻花，必能畅叙，孰意不果南来，为之怅惘者久之。相见尚遥，相思曷慰？五砚楼之名，因三砚之外又得清容居士砚及谷虚先生廉吏石砚也，求作之图，千万写赐。前许《武梁祠石室画象》全套，亦求拓寄，足仞加爱后学之盛意，幸何如之，感何如之，廷檮日夕引领也。兹因王景桓赴东之便，肃此布复，并颂超迁不宣。后学袁廷檮顿首，秋盦老先生大人阁下。匪石在山左，安槎回书并寄上，千里、听默属笔奉候。五月七日。谨余。

钤“袁廷檮印”“云山锁肺肠”“枫江草堂”印。

13. 袁廷檮：廷檮顿首，小松观察老先生阁下。前月严公子寄到手书，廷檮适往西泠，是以未及裁答。捧读知所苦霍然，道履康裕，深慰下怀。又知近摄道篆，由假而真，超迁可卜，额贺额贺。阁下以金石搜求将尽，复怡神于书画，为颐养之乐，此古人所谓特健药耳。承索张大风画，遇有妥便即寄，决不食言。而扇面亦必留意，有以副命。凡属同袍，俱有阁下画幅、书对，而我独无，未免缺典。今既可亲笔墨，欲求画一条幅，分书一小对，倘蒙即日欣然挥赐，奚啻百朋之锡耶？下问近况，极为不堪，入赀一事，小则不善奔走，大则力有不能，因此不办。现得扬州盐馆，且敷衍几年，再图几会。会承阁下关切，廷檮感激之至。梦华近有家累，颇为窘迫。吴门故人都无恙。肃此布达，即日伏惟起居多福，并祝荣升。袁廷檮再顿首上启。

钤“寿阶”“廷檮”印。

前于榕皋先生处见分书小对，疑是捉刀者。廷檮所求，必须的笔，画亦然，盖天趣不能假耳。《安阳汉刻四种》《郭巨墓画象》《鲁王墓石人字》，尊藏如有副本，敢请分惠，可否？《朱鲔墓画象》，廷檮已有，奈缺题字之一幅，不识能补否，拜求留意，幸甚。又启。四月十六日。冲。

钤“廷檮”印。

14. 长麟：官辙分歧，末由握晤，每怀芝宇，时切心仪。月前接展瑶华，具承锦注，三复之下，铭佩良深。藉稔老长兄蕃禧洊至，凡百咸亨。著伟绩于东邦，民歌乐只；协嘉猷于最考，户颂升华。逖听之余，可胜忭慰。弟承乏武林，倏已八更月荚，地方因积疲之后非特挽回不易，抑且胜荷为难，任重才疏，益深惴惴。惟冀南车远锡，藉佩韦弦，则虽迢隔棠阴，不啻亲承兰欬。想情殷旧雨，无俟烦言谆祷耳。专泐数行布复，顺候升祺，附璧谦衔，不备。名正泐。

15. 李奉翰：迳致者，来章十二方，希照拟句于公余时铁笔一镌，又题旧墨诗一幅，即照来纸尺寸写小隶书，以便发刻是荷。此恳，顺候日佳，不一。香林拜手。

钤“本存居士”印。

江月随人影、皆大欢喜、清适道成、李奉翰章、戒之在得、连得（小篆）、芗林、予亦何人、宁静、山花趁马蹄、实慰我心、听雪居士（此系按所列图章排列次序）。

16. 张映玑：适承枉顾，殊抱不安，耑此布谢。舟中烦闷，望九兄大人将昨日所看《战图》及设色洋画二本借我一观，铭佩无既矣。小松九兄，治弟张映玑顿首。

洋镜亦望同到。用“贻经笺”。

17. 张复纯：廿年前与献之别驾同事秋帆尚书署中，拜观翰墨，即仰宗风，至今不得一瞻韩范，神交景企，蕴结殊深。去冬梅溪自都门还吴，言及武氏石室，先生重为修正，高风间气，千古一时，益滋钦慕矣。昨得手教，如亲言论，欣慰何既。承嘱致钱少詹一信，即为面交，并取复音奉纳。梅溪四月间因陈公名广宁者署篆象山，多年至好必欲偕往，订于七月中旬准还弟处，归期在迩，而象山守署在台州海滨，正值卸篆之时，银信或恐有误，是以留在弟处，待归来面交，必不致浮沉也。一有复缄，即行奉达。兹因差还之便，率此布复，顺请福安。临颖依驰，不尽。小松先生阁下，砚北小弟张复纯顿首。

附呈《中州金石记》，聊以伴函，幸哂存之。

再有恳者，秋曹江苏司孙公星衍需《经训堂全书》并近市居《尚书》，不得邮便，已经月余，适想尊处赴都舟车多便，敢恳左右交的便附去，至祷至祷。复纯又肃。

钤“张复纯印”印。

第四册

新00133238–1–19/19小蓬莱阁师友往返手札册（二）

1. 张燕昌：门弟张燕昌顿首，小松先生侍史。前蒙兄刻印并惠金石小品，弟因疟疾三年，诸多懒散，去冬十一月间又转他病，几不得生，幸而不死，然医药之资大费矣，寒士岂堪当此？今病虽愈，精神尚未复元，是以株守里门也。每见兄所模《唐拓本武梁祠象》，精甚，万望寄一二本，百朋之锡也。弟念兄时形梦寐，今敢直陈近状，弟家刻数种如《石鼓文》《瘗鹤铭》《明人墨兰》

皆堪把玩，此时因病余，家中乏人毡蜡，是以未及拓奉。又《金石契》数年来有所订正，并增一卷，近已脱稿。又《石鼓文释存》向曾刻版，今又增数十条，自喜较胜宋元诸刻。又性喜飞白书，与好友陆贯夫同捡简策中善飞白者，得一百余人，名曰《飞白录》，昔年申铁蟾明府助资付刻，工才半，又得龙泓师《飞白录》未竟之稿，复增入数十条，今已录有稿本，亦渴欲谋梓，惟俟风雅如兄者登高而呼，则此等事便得次第告成矣。春间朱朗斋先生来署，曾有《瘗鹤铭》及《兰花》拓本附上，想登记室。舍表弟徐定远诗学清丽，在济宁幕府，想常相见，倘有惠函，可托其转寄。专此，恭请尊太夫人老伯母大人台安万福，并贺升祺，不宣。五月五日，燕昌再拜。

2. 丁传：去冬十月七日，□读手翰，备承垂注，铭感无已。读至"悬诸象一室，列诸碑左右，偕世好顶礼"，弟痛泪沾襟，于邑不能卒读。嗟嗞乎，非我九兄，谁能作此敦本尚义之举？友朋到，弟必开此札，无不叹服，彼鼠辈不知何地得容乎？又承检赐墨妙碑跋，所以慰衰朽者，意何厚也。所释《武梁》缺字，皆取证于古书，确实足据。记亦叙次井井，即未到碑下者亦恍同目睹，足传千古矣。弟被胠箧，片纸无存，拟欲报琼而无桃可投，惭惶杀人矣。游湖南得《□湣铁柱文》《溪州铜柱文》，皆欧赵所未见者。游粤东得《琼山宋道君御书》《元杨益隶书西铭》，皆笔法精妙，皆覃溪先生《粤东碑目》所未□□□□□□□□□□□□□□□□□□□□□，不但先君所藏宋拓诸种及弟双钩本而已。又有陈□祖，□惺斋师之侄、支山之子也，专觅诗文杂稿，先君诸种、先兄诚斋、亡弟松斋、友斋诸稿一罄而空之。弟岂不念九兄开慰谆谆乎？而情不能忍，昼夜郁塞，竟至耳聋目昏而不止。又有陈象昭，忘先君教授之恩，骗去先君名印数方，且假先君篆隶，扣印谎钱，前一书未收者即为骗印之事求救于九兄也。今此书可已到否？弟之积历算诸书为解经而设，非求作天文生；搜访金石诸种，为思亲而藏，非为多得钱。而我生不辰，偏遭此辈。朱青泉大兄宝藏排山老伯古泉数篋，为赵菉森换其有铭文，窃其世所少者，告弟曰，近遭穿窬。青泉年已七旬外矣，告弟时两手发颤。鼠辈窃去不过卖钱，闻说王兰泉好古，菉森之物多从彼处消也，然而王老先□□□□□□□□□□□□□□□□亦不能无恨。弟三十年前知《武梁祠象》出，自薄自昆屡托江云溪耸勇扬州爱古者并其题跋重刻而不果，今归得所，最是快事，但唐拓与近出本必有异同，须为较出，附记《祥瑞图》后，大雅以为何如？弟于程大葺荷处见武梁、神农等像，与《隶续》之图迥异，蒙赐《孔子见老子像》，亦与盘洲书不同，窃以为拓得全副，劝有力者刊补洪氏之所未备，岂非快事？如得全副见赐，弟当图之。弟之《晋鬲考》即次行"有覲于明堂"等字者，九兄卓识过人，先得颔下珠矣。弟于去冬造府，谒见大嫂，知卓意（按：当为异）入都，回任应得升道，今可实受矣？覃溪先生视学山东，与有同好，所谓德必有邻，真快事也。江藩（按：当为兰）系先君拔赏，畹香之名亦先君所取也，从云到杭，访弟于心舟，心舟告以在湖北，两不得晤，未知今犹念及否？弟闻□山有石刻《圣母铭坐像》，四川有□□□□□□□□□□□□像，以木主而石像埋于郡庠，或名山，未可知。弟近作书托人物色，如得而奏闻，颁诸天下，则古坐法、古衣冠复见今日，亦朱紫阳之所默喜者欤。又《尔雅》煮填枣，考得山东济南有煮枣地名，未审枣之形状、味性若何。北枣皆蒸煮，宁独此地之枣而有煮有填等号也。恳询诸土人，必有能言其故者，乞示知。弟自接书以来，几周岁矣，今幸程午邨三兄之便，得通芜缄，恭贺升禧。顺寄拙作数种，抱经《锺山札记》一部，内有弟经解□条，均祈教削。其《丙夜勘书图》更祈题寄，是祷。临颖神驰，不次。世愚弟丁传顿首奉简，小松九兄大人。伯母大人尊前叱名请安。

钤“希曾”印。

□□□□□□。令亲家兰坨近从江南归里，弟病未去，不知际遇何如？鲍绿饮购得《西洋坤舆全图》，知是失物，冒雨走赠；龚是璋兄得弟《四较几何要法》见还；梁处素兄知失《铁柱铭》，乃取家藏本慰弟，是弟反累良友矣，歉仄歉仄。传又拜。

壬子八月二十四日，斗富二桥灰团巷汤婿家发。

钤“希”“曾”印。

3. 钱泳：泳顿首，秋盦九兄老先生阁下。十二月二日接读手书，深悉起居多福，近况益佳，遥望云天，不胜欣颂。弟于六月间自甬江回杭，有荒札及碑刻托晋斋觅寄，至七月初四日始得归家，遂为疾病所侵，几及三月而愈。尊札并银信直至十月初领到，故迟迟未答也。所委摹刻《石经》三页，勾本久已上石，或作或辍，又时在外间奔走，至今尚未刻完，难以报命，大约明岁正月中旬定可告成奉寄。弟非病时偶命舍侄辈翻理破书，复得《石经》勾本《论语》，是前回未经检出之字，获之不禁大喜，因刻于砚腹，并识数语，敢以质之阁下，当亦为弟深幸耳。两蒙见惠汉碑、画象等，俱妙不可言，足见阁下好古缘深，能令地不爱宝，弟亦为之欣羡不已也。前札言李梅村有《访碑图》，弟处并未携此，在当时不过应其题诗而已，面时乞致之。覃溪先生所要觅休宁汪氏《化度寺碑》，竟无从访觅，亦为致意。《经训堂帖》秋帆制军藏之甚秘，恐按图索记之多耳。弟已谋之张止翁，在明春当拓一部奉寄，断不食言。前托阁下觅孔氏《玉虹》《鉴真帖》，务要得一全部为妙。岁事匆匆，不能尽悉，专此奉复，并请升安，不宣。泳顿首，秋庵九兄老先生。

奉寄诸物，另单呈上。又拜。十二月初七日金阊寓斋封。

钤“钱立群”印。

4. 钱泳：去岁十一月从湖上回苏，曾有书函及石经砚奉寄，想经照入矣。迩惟九兄老先生履祉绥和，起居万福，当侍太夫人板舆色养之余，而又汲古弗倦，真当世之欧阳公也，曷胜欣羡之至。今年二月初，以先世祠堂坟墓在杭，久欲修建，屡呈有司官请复其表忠观，已蒙方伯、转运、太守诸公重建，泳现在督理其间，而忠献王墓事尚未结案，是以寓居湖上，日与诸工作杂处叫呼，绝无佳况可告。惟观中苏文忠碑及有明以来诸石刻尽皆扶立，位置两庑，不致为风雨所侵，亦为子孙者事也。际此天气炎蒸，每当夕阳西下，放小舟，泊湖心亭，对月招凉，临风觅句，把胸中千头万绪屏之不问，却是苦中得乐，想阁下闻之定亦羡故乡风景耳。所刻《石经残字》正月间已刻就，以无便可乘，未及奉寄。今又在舍下，只好再觅便人妥寄也。兹有秋槎来济之便，顺泐数行请安，伏惟垂照不宣。泳顿首，秋盦九兄老先生。六月廿日。

钤“立群”印。

5. 钱泳：去冬十月下旬出京，在泰安道中有书奉寄，并请台祺，定登记室矣。相隔千里，时切遐思，回首云天，怅何如也。今春三月，泳以瞻拜先祠，曾至绍兴，为敝友陈雪樵所留，同到象山县，至今六月始归，晤晋斋知文祉起居俱臻佳畅，欣慰欣慰。前蒙托摹刻《石经尚书》《论语》，尚未告成，俟刻完即当奉上，断不食言。近在象山拓得《唐蓬莱观碑》及宋王钦若刻《灵验记》并两侧题名，俱寄呈阅。闻梦华在曲阜得《永寿元年孔君碣》，而阁下复得《周公成王画象》，欣羡之极，便中能见惠一二否？金陵张止原先生素慕大名，欲拓《范式碑》，并望赐一幅为感。覃溪阁学及李铁桥、梅村、南复堂诸公，不能另札，祈叱贱名致候。专此，顺请近安，伏惟万福，不尽。愚弟钱泳顿首，秋盦九兄老先生阁下。六月十九日灯下。

再启者：去岁拜求抄《两晋六朝碑目》，务为寄下，感感。倘有惠书，即付晋斋处转寄，亦甚便也。弟在吴门，常遇阊门内都亭桥大街协泰细缎庄内陶宅，书面写明交陶汝恭二少爷转寄，亦可。

用“虚白斋笺”。

6. 吴人骥：多时不作候言，溯怀□切。比稔九兄大人日祉清佳，际此晏岁峥嵘，镂雪裁冰，更增雅兴，健羡健羡。弟于月之九日自省旋署，晤绪谷知兄于揆览之辰得汉碑于曲阜，赤文绿字，觏此祥征，适酹阁下嗜古之癖，诚快事也。望分拓数纸惠寄，是所致祷。专此泐布，即候升安。小松九兄先生师事，弟吴人骥顿首。

钤“人骥”印。

7. 董元镜：顷接手教，如获面谈。不独语长意重，而一种奇古之趣令人读之忘倦，不忍释手，先生真能移我情也。遥忆斑衣起舞，春酒介眉，公余抚楮，与古为徒，虽蓬莱仙吏，何以加诸？□领五云，欣然神往，所恨天各一方，金石图书，科斗文字，不能赏奇析疑，一豁老眼耳。小儿仰蒙宪恩，重隶宇下，实出望外。然闻汶丞极为繁剧，恐非小儿凡材所能胜任，惟有属其倍加谨慎，毋负栽培，仍求老先生格外训示，俾得诸事遵循，期无贻悮，则铭感益无涯涘。兹因来使，敬候升祺，余不既。太夫人老伯母前乞叱名请安，世兄辈均此，不另字。小松世老长兄先生阁下，千叟宴中五百四十一甲子人董元镜再拜。

《韩仁铭》《太公吕望表》二碑，皆本朝出土者，尊斋如有多者，祈各惠一纸是望。镜又白。

8. 胥绳武：秋庵九兄大人阁下，弟十月下旬到泲州，值文旌远出，未得一叙阔悰，曾留函托杨二尹转呈，并求加封寄杞县信一函，谅俱邀青照。比惟台候万福，定符颙颂，计典卓荐可曾列吾兄否？念念。弟于十一月十日到苏，因臬署人浮于地，寓于旧好候补令李君名位东寓，廉使邀看紫阳书院，课卷毕，即欲赴浙访雨窗都转，游西子湖，而廉使六十诞辰未便临期而去，是以约到新正先赴白下访袁简斋，然后再作武林之行。忽于腊八日有信州太守来访，云在辛楣先生处得弟消息，及细问知弟之由，则由吾兄说项，故人情重，感愧何如？弟本诸王监掣、李明府两君之约，廉使又订以郡县衡文，今张太守情意醇然，又重以九兄之言，只得应命，惟修数颇不甚丰，而三吴山水尚未得领略十之一二，未免有情耳。今即与太守同行，未知与兄相会便在何日。所带来唐宋元金石五种敬呈清鉴，《琵琶泓诗刻》请俟异日也。此问升安暨潭府春福不尽。愚弟绳武顿首再拜。十二月十二日。

伯扶倘到曹南，烦寄知，云弟一信交常州署转寄阳湖杨宅矣。

钤“胥”“燕亭”印。用“汉瓦笺”。

9. 胥绳武：秋盦九兄先生阁下，旧冬迂道泲上，携《凤墅帖》第十二卷宋拓本请正，值阁下于役河干，未得一晤，深以为怅。嗣在吴门，将之江右，将《杨歧山碑》并敝邑《李嗣昭钟铭》检出，作书交海防汪八兄转寄，想当不至浮沉。久不见手札来，而弟又远在信州，无从觅便人带信，相思曷极。迩来贫少差否？署中自太夫人以下定皆安吉，闻令郎昏礼有日，阁下明岁应有抱孙之喜矣。弟为张竹轩太守经理刑钱稿案，甚见倚重，谓为十余年官场从未得见之友。伊闻讣后欲邀弟同往如皋，弟初允之，继因他事再四坚辞，于六月廿八日始得自信起身，彼时伊在病痁，握手涕泪，不甚凄恻，讵知弟行三日而彼已作古，可叹之至。弟到杭闻信，念其随任亲眷无一解事之人，即欲买舟溯流而上，仍至信州，料理伊柩属回家，而弟寓于鹾署，雨窗都转义弟之行，留弟暂住两日，为筹赀若干携去。今定于七月十七日启行，弟别伊诗有云：“半生知己感，一片古人心。”弟欲以古人之谊酧之，得雨窗先生慨然助成，竹轩九原之下亦慰已。《凤墅帖》钱竹汀先生录出，与伊十三、十四两卷释文合为一帙，刻否未知也。本日晤春渚先生，知日内即有便鸿，灯下草草寄此，此后相会何时，言不尽意，谨问台安暨合潭清泰。甲寅七月望日，弟绳武顿首。

弟旧腊迂道桐乡，访金云庄、方兰士两先生，询知弟与阁下旧好，情更殷然。吾兄知交之广、友谊之真，敬服敬服。前书未及，谨并奉闻。七月既望辰刻，绳武再拜。

10. 胥绳武：秋盦九先生阁下，武四月望间从历下起身回家，今赴江南，由河南之杞县迂道来泲，满拟可畅谈积愫，而先生适于役河干。武此间询知水路难行，初欲买舟，今仍乘原车去矣。不及一晤，怅甚怅甚。武带有唐宋石刻数种，当俟到江南再寄。敝处《李嗣昭钟铭》苦于无好拓手，行箧中所带乃道人摹送，甚不佳也。琵琶泓石以水大不能往拓，容嗣后图。梦华现在德州，想有信，倘阁下有信到杭，望为奚铁生作一札，以便往候。此问文祉，不具。铁桥暨赵九兄均此致意。十月廿三日，绳武再拜。

闻爱生在此，亦未得一见，缘何悭也。杞县一信，望转寄。又及。

钤“胥”“燕亭”印。用“汉瓦笺”。

11. 汪用成：忆违芳范，忽忽十年矣。遥稔九兄大人河防熟练，器重上游，指日观察增荣，曷胜欣望。惟运河酬应最烦，仕优之余，亦得稍及于笔墨否耶？赵槐庭五兄株守杭城，殊无善状，昨承李晓园公祖厚谊，札荐商虞朱倅，赴豫之便，取道任城，乘便附上对纸二幅，欲求法隶丁先生一路，弟素所爱慕，得即挥就掷寄，感泐非浅。前弟从泲上归来，曾蒙惠《佛手》单幅，晴窗展玩，如对故人佳话。不揣琐渎，尚恳单款二幅，叨在知己，想亦不惮烦也。至赵五兄之于九兄，向称交好，似无待弟之赘嘱也。专此，恭请升安。附寄奚九兄丹青一幅，乞检入，不既。未山世愚小弟汪用成顿首，小松九兄大人览。老伯母前祈叱名请安。

12. 梅镠：己酉之冬，徐搡盦致到手函，奉复之札，是交舍侄准寄上。邓石如南归，传命致《古篆寿文》一册，尔后有所惠，载沉载浮，使珠玉謦欬，云天情谊，不得承奉而弃藏之，恨惋何极？顷拜正月廿日教言，承赐《唐拓武梁祠画像》樵本并新出汉碑，感激之至，摹勒镌錭工至于此，何必下真迹一等耶？老先生好古之心通于神明，东省古迹未出者方有待表阐，故暂留外任，不得回翔台阁，辅贰公卿，如《集古录》之欧文忠，续隶图之洪丞相，然而网罗之勤，著录之富，固已超二公而上之矣。镠伏处牖下，一子糊口在外，唯朝夕课两小孙句读而已。自分薄福，无缘造清閟亲近大雅，而每蒙远颁珍秘，荣幸直踰等伦。搡盦曾嘱代购李复堂、华秋岳画片，汉铜章等。二家之画伪作颇多，又或大轴虽真，不便邮寄，兹以铜印两枚、《景君碑》一本是旧藏者、又《黄叔度碑》一纸先寄上，其他俟从容留意，不敢忘也。武祠画刻向惟惠《孔子见老子》一纸，尚望便中全赐。新出之碑闻尚有一种，又瓦头北地极多，然南中少见，倘蒙割爱一二乎，即残缺不圆，无妨也。乘便布覆，顺请台安，无任惓惓。秋盦老先生阁下，教下梅镠顿首。二月十六日。

钤“梅生”印。

13. 康仪钧：久仰清辉，未由御李。文旆过此，正可把晤，而发轫匆匆，得教益怅养。济源碑刻拓之甚易，弟处现有存者容检齐一并赍上。其唐碑二种前与鱼山编访，无有存者，土人云在天坛顶，明季修庙，以运石颇艰，毁为柱础，未知果否。而《温御史造碑》并北宋石幢诸种，尊《目》未列，或已得否？示知奉上。再：河内各种亦当一并奉上。吾兄今之欧赵，考订之精久深钦佩，弟自乐于请正，又不徒羡其收藏之富也。谨此，肃候行安，不尽神往。小松大兄大人，世愚弟康仪钧顿首。

钤“少山”“明明山樵”“曾□花林一卷书”印。

14. 王绩著：握谈半刻，深悔从前之交臂失也。舟行，专纪送到素箑一柄，写画之妙，弟久心仰，惟秋柳数株，断句一阕，未免增人离别之感耳。十里停桡，正堪为铜舟道矣。至秦淮之水，本不向扬州流，且廿四桥又非桃叶比，恐不过断章取义云云。吾兄何不再咏蒲花深处一联以相贻耶？笑笑。今晚拟过袁家口而北，非云欲速，适以避闹而已。藉此恭候升祺，不申。毋笑红柬是望。愚弟王绩著拜手。

15. 庄贵甲：前日谒见台座，辱荷垂青，感甚幸甚。谫劣之词，未足颂扬盛美，乃蒙赐书齿及，更深惶悚矣。倘遇风便，尚希锡以箴言，以开檮昧，是所切祷。专此布覆，并请台安。临池依切。小松老伯大人钧鉴，愚侄庄贵甲顿首。十九日寺前铺舟次。

16. 江安：春仲在蓬莱接奉手翰，敬审兴居多福，藉慰菲忱。迩当南熏届节，侍奉益增嘉豫。侄东来鹿鹿，日事奔驰，夏杪又拟北行，展谒之诚，究未知何日得遂也。王礼思先生，学使所得士，聚首甚欢，闻有世谊，兹乘其还里之便，谨泐数行，肃请尊安，兼贺节喜，余惟涵鉴不宣。愚侄江安顿首，上小松老世叔大人。

钤“江安之印”印。

17. 李奉瑞：两次趋谒，未及把晤，为怅。弟约于初六七北旋，尚可图叙。沧酒少许送上九哥哂存。家兄择于申时起身，并闻。即候履祉不一。梦白弟奉瑞顿首。

钤“梦白呈草”印。

用“贻经堂制笺”。

18. 徐观海：奉题小松司马画《虎丘夜泛图》便面为梦华居士，即以录正：廿年不踏山塘路，妙墨看来意宛然。遥想烂银盘挂处，衣香人影画桥边。袖东徐观海呈稿。己酉九月之杪，安山舟中。

钤“徐观海印”“幼庵”印。

信封：黄小松司马手启。用“文茂号笺”。

翁方纲致黄易三札

新 00087200–40/52 翁方纲致黄易《嵩阙札》

1. 翁方纲：秋盦先生九兄近禧，昨于伻使来京之便，将嵩阙全拓并《岱游图册》又《岱顶从官姓名》一册俱缴上，想此时早已鉴入矣。兹接手札，欲买石青绢笺十三张，昨夕接此已晚，今早遣奴子到前门文宝斋买此，据云无更高于此者，弟实不谙也，今将奴子所持店内开单及所剩余银俱包入此内奉鉴，诚不知所办是否，而来使云明日即行，是以不能更请教于明白此事之人，即照其所买所开封寄矣。安阳新出汉碑四通，大快之事，弟已细检《隶释》《隶续》，实为从前所未见者，前月安阳令赵生寄愚父子各一付，嫌其纸墨不精，于二付八通内拣择纸墨精者，仅得一付四通。正值伊墨卿典试湖南，道过安阳，即写覆札与武虚谷，俾乘墨卿役还之便，多拓见寄，其时与墨卿商而踌躇再四，若得京中选善工带往则妙矣，竟未果也。今见兄寄来三通，则亦不精，俟墨卿役还，若能多拓，再选其稍精者奉鉴也。元孙一碑，最前一行“奉承”二字拓手不精，则竟似“承承”二字。其允字子荐一碑，后有“肖”字，左半是“氵”否？尚未敢定。此皆拓本不精之故也。岁辛酉一连三小纸之碑，后铭内有“简在帝心之”，“”字不知是何字，乞兄示知，“凡”字于文义未肖也。弟得此碑时作一长歌寄安阳矣，今日匆匆封札，竟未得寄，容再奉上。诸惟鉴照，不尽驰切。愚弟方纲顿首。六月廿六日。

新 00151509–1/2 翁方纲致黄易《新锓札》

2. 翁方纲：方纲顿首，秋盦先生九兄近禧。接诵手札并寄新锓钩摹古刻五册，谢谢。前借赏之嵩阙全幅，通计十丈有余，计所见人家房宅无能容者，十笏小斋更形局脊矣。因分数间，内外四面悬挂，日日与坐客谛观，咸谓如游嵩山也。谨已逐处涂鸦，并拙诗另写一幅连原袱呈缴。又尊作岱东一册，亦题就奉上。弟年来亦渐有收心专壹之意，是以金石虽其夙癖，而大致归于二条，一则有关考据者，一则有益书法者。其有关考据，如介休《郭有道碑》，原石的闻有之，盖已被人磨去，希冀拓来，或谛视露一半字也。乃祝令前来京，弟不知也，及其还任，一日晤曹侍御，云曾见祝公，面询此事，祝云现存庙中有汉隶者翁公不要，而郭墓之石竟无一字，要拓之何用？此在翰林出身之贤令尹，其言尚且如此，则何怪古刻之日湮乎？现已急写札往，云郭墓之石虽无字亦必拓之，但不知其肯拓否耳。安得嗜古精心如吾兄者乎？李北海书《卢府君碑》竟非其得意之作，所以因见此碑而愈珍惠赠之《岳麓碑阴》，是北海小行楷最佳者矣。又北海《灵岩碑》，其石今不可觅，弟竟至今未见此拓，倘得借尊藏《灵岩碑》赏鉴数月，快何如之。现在承借之元遗山二种，细看过亦仍即奉缴耳，诸祈珍摄，伏惟心照，不宣。愚弟方纲顿首。

尊刻双钩各种妙甚，谨题首一纸，不知可用否？若兄意要弟作序文，则另为之。再附商者，《石经论语》“所损益”，损：此手旁下一画似有穿过右边之意，似不可“”。此处直画不应一直迳下，是否？益:此中间八，其左一笔原本不甚分明，似乎今双钩太著痕迹，此一笔当如何？求兄再细酌之。此刻匆匆未及逐字细审，姑就鄙见先说此二字，恐册内尚有欲商订处，求兄再逐字细审之。惠寄刷印精工，纸墨俱好，而阙弟一叶（《石经》“斯害也已”起，阙前弟一纸），便中乞补寄此叶，更妙。弟方纲又顿首。

设或要刻拙题之一纸，则名后之印不刻为是。

钤“苏斋”“翁方纲”印。

新 00151509-2/2 翁方纲致黄易《河南札》

3. 翁方纲：方纲顿首，秋盦先生九兄近禧。接读手札，快慰之甚。承寄示《河南碑目》，即邮致小婿，随时拓之，若有□副本必奉上也。但学政欲拓碑，总视所遇地方官何如耳。《天一阁碑目》恳暂借一抄，抄毕奉缴也。弟因丁小疋兄寄来天一阁所庋《神龙兰亭》一石（有奉道生印），是丰道生所刻，此视外间所行神龙本颇胜，兄所收神龙本想是此本乎？及昨见冶亭侍郎新得一神龙旧本，则胜丰刻十倍，弟断以为即宋时刘无言所刻，非米所为也。请即以五字损本内之“帶”字言之，中二直，右一笔顶极长，左则低，其两旁二直则最前一顶稍次，最后一顶极低。此实是茧纸原迹如此。“”又米老所审定“怀”字，内折笔、抹笔、扁锋俱存，真不可多得者也。其外间所行神龙本，则“帶”字中间右直与前一直顶长短相似，此后人之谬耳。可见神龙原本的出褚临，至于《余清》《秋碧》所刻张金界奴本，则米老所为也。安氏记云（盖今所传米跋之本，安氏不信之耳）：苏太简本今不知流落何所。此言至当，安得苏家原帖一寓目乎？“畅”字（前一“畅”字）左顶多一折，此是原本如此，乃颍井本故缩之使短，此则米老所为耳，今知颍井本之不足据也。弟撰《神龙兰亭考》一小卷，尚未改定。何义门每称丹阳孙仲墙《金石考》，此书竟无处可问，必见好书，乃知好帖也。余容续致，余容续致。十二月十二日，弟方纲顿首。

钤“覃溪”印。